전산세무 2급 합격을 위한
해커스금융의 특별 혜택

이론+실무 기초특강&빈출분개+연말정산 특강

해커스금융(fn.Hackers.com) 접속 후 로그인 ▶ 페이지 상단의 [회계/세무] 클릭 ▶
좌측의 [전산세무회계 전급수 인강무료] 클릭 후 이용

* 수강신청 후 7일간 수강 가능하며, 강의는 자동으로 시작됩니다.

▲
QR코드로
확인하기

이남호 교수님의 최신기출문제 해설강의(124강)+해설집

해커스금융(fn.Hackers.com) 접속 후 로그인 ▶ 페이지 상단의 [회계/세무] 클릭 ▶
좌측의 [전산세무회계 기출해설 무료] 클릭 ▶ 급수 선택 후 이용

▲
QR코드로
확인하기

2025 최신 개정세법 해설 특강+자료집(PDF)

VFN2E9CE8FB2F755Z2

해커스금융(fn.Hackers.com) 접속 후 로그인 ▶ 페이지 하단의 [쿠폰&수강권 등록] 클릭 ▶
[수강권입력] 란에 쿠폰번호 입력 후 이용

* 유효기간 : 2026년 12월 31일까지(등록 후 7일간 수강 가능)
* 수강권 등록 시 강의는 자동으로 시작되며, 제공된 강의는 연장이 불가합니다.
* 자료집(PDF)은 특강 내 교안으로 제공됩니다.

기본기를 점검하는 강의+학습자료

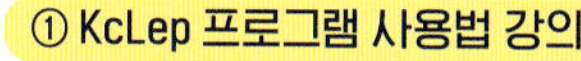

해커스금융(fn.Hackers.com) 접속 후 로그인 ▶ 페이지 상단의 [회계/세무] 클릭 ▶
좌측의 [전산세무회계 기출해설 무료] 클릭 후 이용

② 기초 회계원리 학습자료(PDF)

WUEXJMT55XA6

해커스금융(fn.Hackers.com) 접속 후 로그인 ▶ 페이지 우측 상단의 [교재] 클릭 ▶
좌측의 [무료 자료 다운로드] 클릭 ▶ 쿠폰번호 입력 후 이용

▲
QR코드로
확인하기

▲
QR코드로
확인하기

분개연습 노트(PDF)

GWS6DSWEBRGB

해커스금융(fn.Hackers.com) 접속 후 로그인 ▶ 페이지 우측 상단의 [교재] 클릭 ▶
좌측의 [무료 자료 다운로드] 클릭 ▶ 쿠폰번호 입력 후 이용

▲
QR코드로
확인하기

합격의 기준, 해커스금융 fn.Hackers.com

▌이 책의 저자

이남호

학 력
단국대학교 회계학과 졸업

경 력
현 | 해커스금융 온라인 및 오프라인 전임교수

전 | KPMG 삼정회계법인(세무사업본부, Manager)

강의경력
현 | 한국생산성본부 회계·세무 실무강의

자격증
한국공인회계사(CPA), 세무사, 미국공인회계사(AICPA)

해커스 전산세무 2급 한권합격

이론+실무 | 상

해커스

목차

이론+실무 상편

이론

제1장 재무회계

이론

제2장 원가회계

실무

제3장 거래자료의 입력·결산

fn.Hackers.com
금융·세무회계 전문 교육기관 해커스금융

이론+실무 하편

이론

제4장 부가가치세

실무

제5장 부가가치세의 입력·신고

이론

제6장 소득세

실무

제7장 연말정산

최신기출편

최신기출문제

[책속의 책]
최신기출문제 정답 및 해설

- 빈출분개 80선 + 연말정산 필수이론정리 [별책부록]
- 최신 개정세법 자료집(PDF)
- 기초 회계원리 학습자료(PDF)
- 분개연습 노트(PDF)
- 최신기출문제 및 해설집(HWP)

• 모든 PDF와 HWP 자료는 해커스금융 사이트(fn.Hackers.com)에서 무료로 다운받으실 수 있습니다.

1 출제경향을 파악하고 학습플랜으로 전략적으로 학습한다.

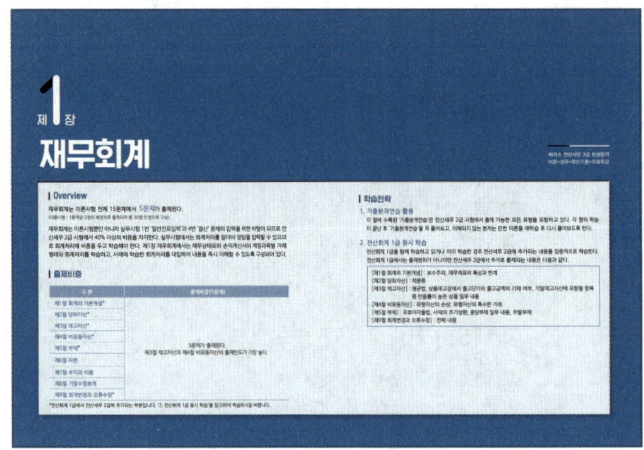

출제비중 및 학습전략

장별로 기출문제를 철저히 분석한 최신출제경향을 통해 효과적인 학습전략을 세울 수 있습니다. 또한, 절별 출제비중을 수록하여 출제비중에 맞게 보다 전략적으로 학습할 수 있습니다.

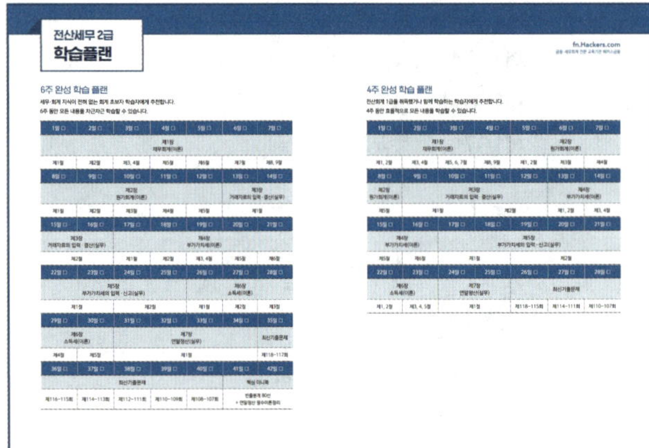

학습플랜

학습자의 상황에 따라 적합한 학습플랜을 선택할 수 있도록 6주/4주/2주 학습플랜을 수록하였습니다.
학습플랜을 통해 이론부터 실무까지 계획적으로 학습이 가능합니다.

2 시험에 꼭 나오는 이론을 확실하게 정리한다.

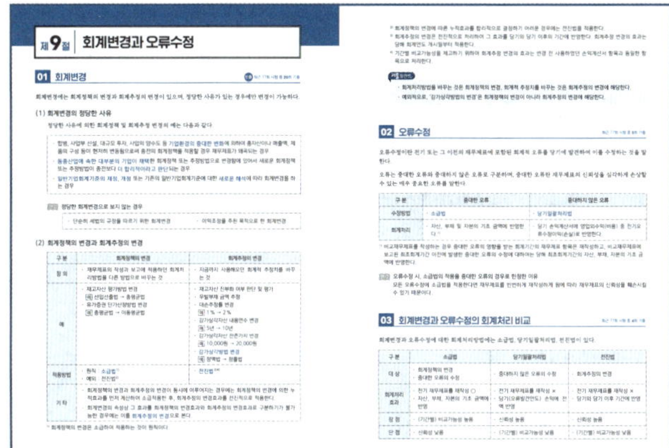

기출 횟수 및 빈출 표시

최근 77회 시험 중 각 이론과 관련된 문제의 출제 횟수를 표기하였고, 시험에 자주 나오는 이론에는 빈출을 표시하여 출제 경향과 중요한 이론을 파악할 수 있습니다.

기출포인트

시험에 자주 출제되는 포인트를 확인할 수 있습니다.

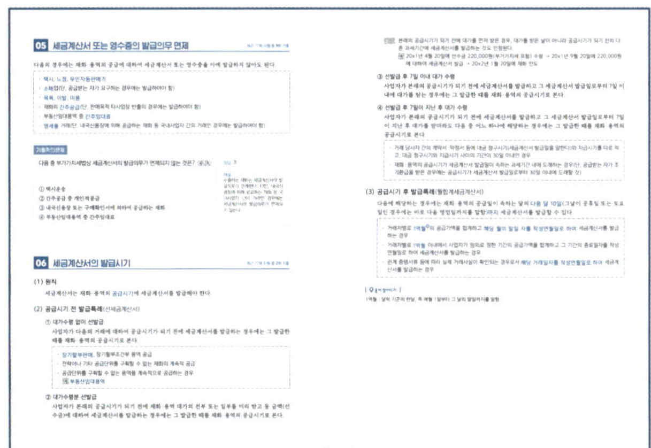

기출확인문제

학습한 이론을 바로 기출문제에 적용하여 풀어보면서 문제 적용 능력을 키울 수 있습니다.

용어 알아두기

본문 내용 중 생소한 용어를 설명하여 세무·회계 지식이 없는 학습자도 쉽게 학습할 수 있습니다.

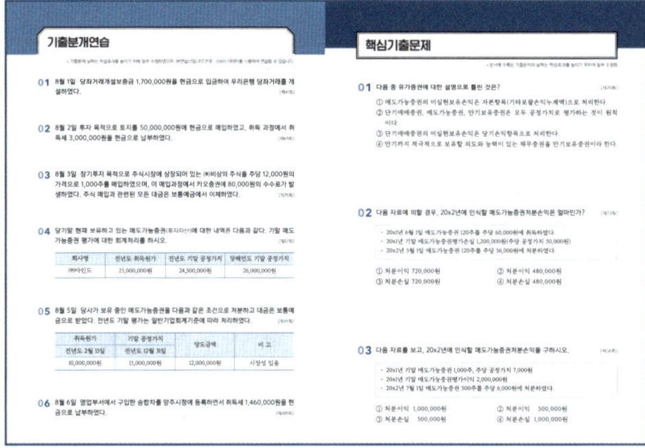

기출분개연습

이론에서 배운 대표 계정과목 분개연습을 KcLep 프로그램((㈜)연습산업 : 0301)으로도 풀어보며 이론과 실무를 연계하여 학습할 수 있습니다.

핵심기출문제

시험에 자주 출제되는 핵심기출문제를 풀어보며 실전에 충분히 대비할 수 있습니다.

3   대표 출제유형 문제로 실무문제를 완전히 정복한다.

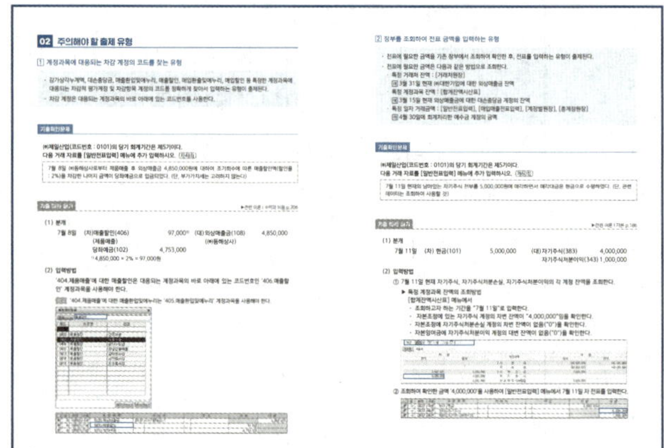

기출확인문제 및 기출 따라 하기

기출확인문제를 통해 대표적인 출제유형을 파악하고, 기출 따라 하기의 상세한 단계별 풀이과정을 통해 순서대로 답을 입력하며 자연스럽게 문제 해결 방법을 익힐 수 있습니다.

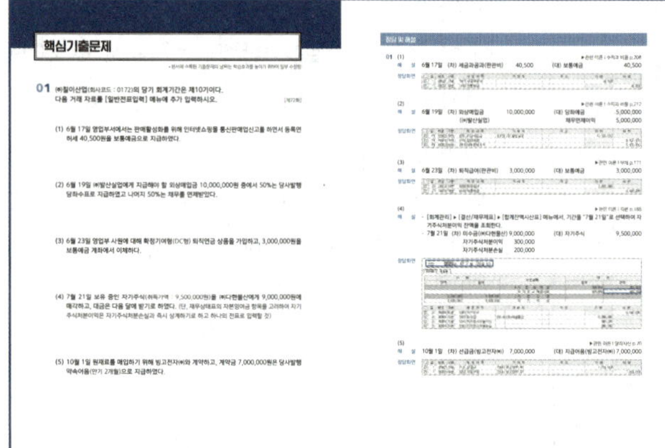

관련 이론 페이지

각 실무 문제 해설에 관련 이론 페이지를 표시하여 이론과 연계하여 학습할 수 있습니다.

4 | 풍부한 최신기출문제로 실전감각을 극대화한다.

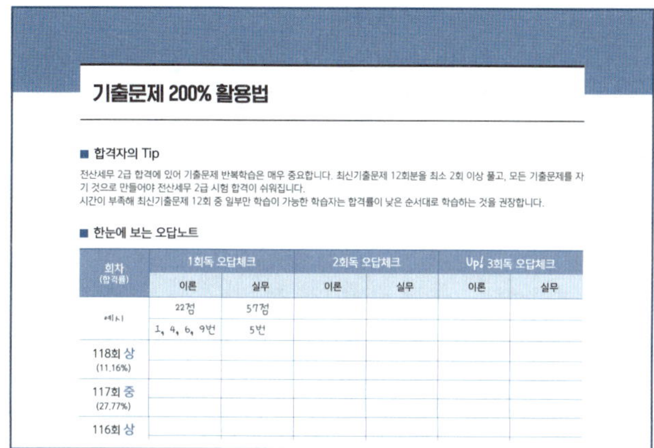

기출문제 200% 활용법

교재에 수록된 12회분의 최신기출문제를 보다 효율적으로 활용할 수 있습니다. 회차별 합격률을 확인하여 합격률이 낮은 순서대로 학습할 수 있고 각 회독마다 틀린 문제를 파악하여 효율적으로 복습할 수 있습니다.

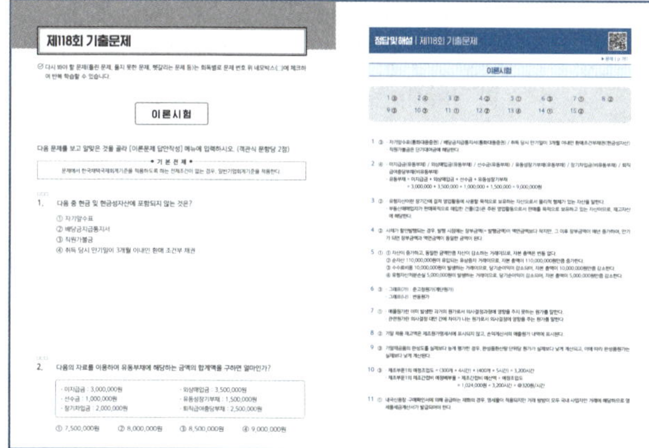

최신기출문제와 정답 및 해설

최신기출문제 12회분과 상세한 정답 및 해설을 제공합니다. 많은 기출문제를 풀어보며 확실하게 실전 마무리가 가능합니다.

기출문제 해설강의

잘 이해되지 않는 문제는 해커스금융(fn.Hackers.com)에서 선생님의 자세한 최신기출문제 해설강의로 확실하게 이해할 수 있습니다.

5 시험 직전 핵심 미니북으로 최종 마무리한다.

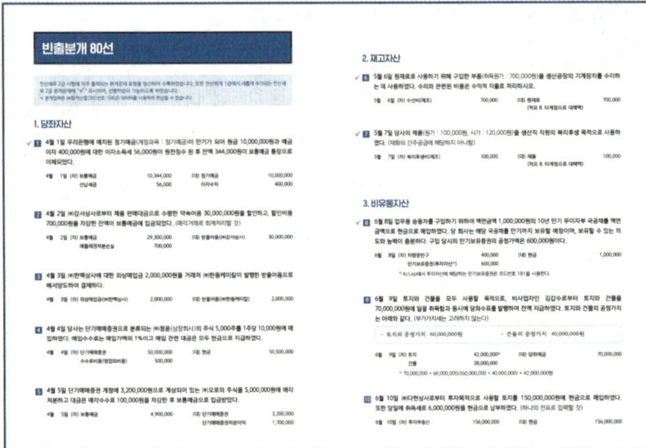

빈출분개 80선

합격을 위해 반드시 알아야 할 분개문제 80개를 엄선하여 별책으로 제공합니다. 이동 중에도 휴대하여 수시로 학습하여 분개문제에 충분히 대비할 수 있습니다.

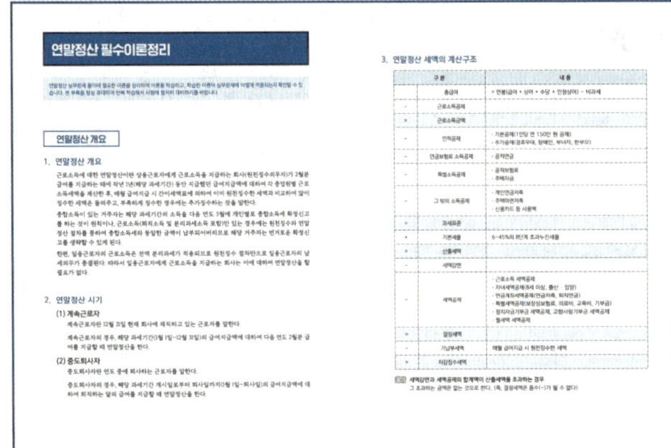

연말정산 필수이론정리

까다로운 연말정산 실무문제를 위해 꼭 알아야 할 필수이론을 정리하여 별책으로 제공합니다. 시험 직전과 이동 중에도 수시로 학습하여 연말정산 실무문제에 충분히 대비할 수 있습니다.

6 | 다양한 추가 학습자료로 교재를 200% 활용한다.

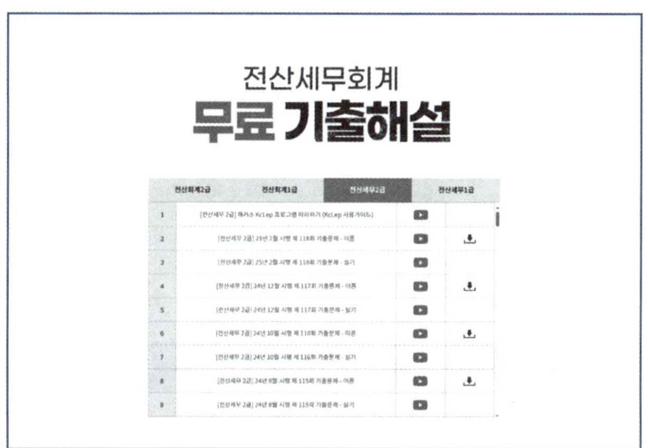

13개년 기출문제 및 해설(HWP) + 해설강의

해커스금융(fn.Hackers.com) 사이트에서는 교재에 수록된 최신기출문제 2개년(12회분)을 포함한 13개년의 기출문제와 한국세무사회에서 공식 발표한 확정답안, 이에 대한 해설강의를 제공하여 모르는 문제 없이 기출문제 학습이 가능합니다.

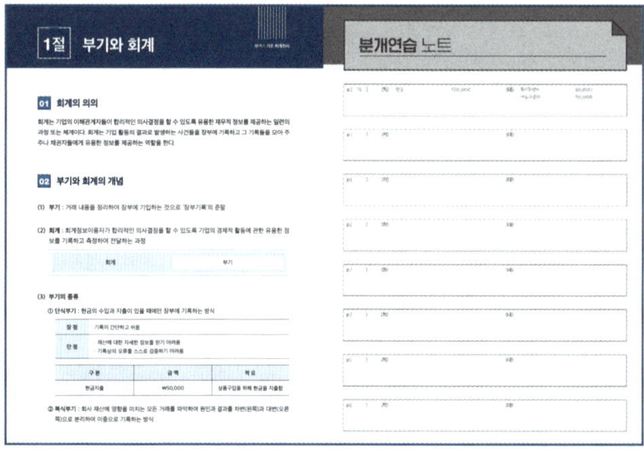

기초 회계원리(PDF)

기초 회계지식을 확실히 학습할 수 있도록 기초 회계원리를 정리했습니다. 워밍업 단계로 학습하면 회계 초급자도 쉽게 전산세무 2급을 시작할 수 있습니다.

분개연습 노트(PDF)

분개문제를 필기하며 편리하게 풀어볼 수 있습니다.

전산세무 2급 합격 가이드

▌전산세무 2급이란?

전문대학 졸업 수준의 재무회계와 원가회계, 세무회계(부가가치세, 소득세)에 관한 지식과, 기업체의 세무회계 책임자로서
전산세무회계 프로그램을 활용한 세무회계 전반의 실무처리 업무를 수행할 수 있는지에 대한 능력을 평가하는 시험

▌자격시험 안내

■ 시험일정

회 차	시험일	원서 접수일	합격자 발표
제118회	2/9(일)	1/2(목)~1/8(수)	2/27(목)
제119회	4/5(토)	3/6(목)~3/12(수)	4/24(목)
제120회	6/7(토)	5/2(금)~5/8(목)	6/26(목)
제121회	8/2(토)	7/3(목)~7/9(수)	8/21(목)
제122회	9/28(일)	8/28(목)~9/3(수)	10/23(목)
제123회	12/6(토)	10/30(목)~11/5(수)	12/24(수)

* 자세한 시험 일정은 한국세무사회 자격시험 사이트(http://license.kacpta.or.kr.)에서도 확인할 수 있습니다.

■ 시험 관련 세부사항

시험방법	이론(30%)은 객관식 4지선다형 필기시험으로, 실무(70%)는 PC에 설치된 전산세무회계 프로그램(케이렙 : KcLep)을 이용한 실무시험으로 진행
합격자 결정기준	100점 만점에 70점 이상
시험시간	90분
응시자격	제한 없음 (다만, 부정행위자는 해당 시험을 중지 또는 무효로 하며, 이후 2년간 시험에 응시할 수 없음)
접수방법	한국세무사회 자격시험 사이트(http://license.kacpta.or.kr)로 접속하여 단체 및 개인별 선착순 접수(회원가입 및 사진등록)
시험주관	한국세무사회(02 - 521 - 8398, http://www.kacpta.or.kr)

■ **시험 평가범위**

구 분		평가범위
이 론 (15문항, 30%)	재무회계 (10%)	회계의 이론적 기초, 당좌자산, 재고자산, 유·무형자산, 유가증권과 투자유가증권, 부채, 자본, 수익과 비용, 회계변경과 오류수정
	원가회계 (10%)	원가의 개념, 요소별 원가계산, 부문별 원가계산, 개별원가계산, 종합원가계산
	세무회계 (10%)	부가가치세법, 소득세법
실 무 (5문항, 70%)	재무회계 및 원가회계 (35%)	초기이월, 일반전표입력, 입력자료의 검토·수정, 결산자료입력, 입력자료 및 제장부의 조회
	부가가치세 (20%)	매입·매출거래자료입력, 부가가치세신고서의 작성 및 전자신고
	원천제세 (15%)	사원등록 및 급여자료입력, 근로소득의 원천징수와 연말정산 기초 및 전자신고

· 각 구분별 ±10% 이내에서 범위를 조정할 수 있으며, 전산세무 2급은 전산회계 1급의 내용을 포함함
· 답안매체로는 문제 USB 메모리가 주어지며, 이 USB 메모리에는 전산세무회계 실무과정을 폭넓게 평가하기 위하여 회계처리 대상 회사의 기초등록사항 및 1년간의 거래자료가 전산 수록되어 있음
· 답안수록은 문제 USB 메모리의 기본 DATA를 이용하여 수험프로그램상에서 주어진 문제의 해답을 입력하고 USB 메모리에 일괄 수록(저장)하면 됨

┃ 합격 전략

● **TIP 1. 전산세무 2급 시험은 2~6주 정도 학습하는 것이 좋습니다.**

해커스가 분석한 결과, 전산세무 2급 합격자의 평균 학습기간은 4주입니다. 본 교재는 이러한 학습자의 성향과 해커스만의 단기 합격 비법을 듬뿍 담아 6주/4주/2주 완성 학습플랜을 수록하였으며, 학습자의 상황에 따라 적합한 플랜을 선택할 수 있어 최적의 학습이 가능합니다. 또한 본 교재는 전산세무 2급 기출문제를 철저히 분석하여 출제되지 않은 불필요한 내용은 줄이고 기출된 핵심 이론을 풍부하게 수록하여 단기간에 전략적인 학습이 가능합니다.

● **TIP 2. '이론 → 실무'의 순서대로 학습하는 것이 가장 효율적입니다.**

전산세무 2급은 이론 30%, 실무 70%인 시험이지만, 이론이 바탕이 되어야 실무문제를 쉽게 풀 수 있습니다. 본 교재는 이론 학습 후 실무를 바로 연결하여 학습할 수 있도록 구성되어 있어 가장 효율적인 학습이 가능합니다.

● **TIP 3. 기출문제를 많이 풀어볼수록 유리합니다.**

전산세무회계 시험은 과거 기출되었던 문제가 반복해서 출제되는 경향이 있습니다. 따라서 기출문제 학습은 매우 중요하며, 최소 1년 치(6회분) 이상의 기출문제를 학습하는 것을 권장합니다. 해커스는 총 12회분의 기출문제를 수록하여 다양한 기출문제를 학습할 수 있고 효과적으로 반복학습할 수 있도록 '기출문제 200% 활용법'을 수록하여 충분한 실전 연습이 가능합니다.

▎시험 시작 전

1. 고사장 가기 전	• 수험표, 신분증, 일반계산기, 필기구(흑색 또는 청색)를 반드시 준비합니다. • 교재 부록인 <핵심 미니북>을 준비하여, 시험 시작 전까지 최종 정리를 합니다. 수험표　　신분증　　일반 계산기　　필기구　　<핵심 미니북> **참고** 유효신분증 　주민등록증(분실 시 임시 발급확인서), 운전면허증, 여권, 생활기록부 사본(사진부착, 학교 직인 포함), 중·고등학생의 학생증(사진부착, 생년월일 포함), 청소년증(분실 시 청소년증 임시 발급확인서), 장애인카드, 공무원증, 중·고등학교 재학증명서(사진부착, 생년월일과 학교 직인 포함)
2. 고사장 도착 (PM 12:10 이전)	• 고사장에는 오후 12시 10분(시험 시작 20분 전) 이전에 도착해야 합니다. • 고사장 입구에서 자신의 이름과 수험번호로 해당 고사실을 확인한 후, 고사실 입구에서 자신의 자리를 확인합니다.
3. 쉬는 시간 (도착 후~PM 12:20)	• 고사장에 도착한 후, 약 12시 20분까지 쉬는 시간이 주어집니다. 시험이 시작되면 쉬는 시간이 없으므로 반드시 이 시간에 화장실을 다녀오도록 합니다. • 컴퓨터를 부팅하여 키보드, 마우스 작동 상태 및 KcLep 프로그램 설치 유무를 확인합니다. • 준비해 간 <핵심 미니북>을 보면서 최종 마무리 학습을 합니다.
4. USB 수령 및 문제 수록 파일 설치 (PM 12:20~12:25)	• USB 수령 : 감독관에게 USB를 수령한 후, USB 꼬리표에 기재된 내용이 본인이 응시한 시험 종목 및 급수가 맞는지 확인하고, 꼬리표에 수험정보(수험번호, 성명)를 기재합니다. • USB 내 문제 수록 파일 설치 　· USB를 컴퓨터에 꽂은 후, 내 컴퓨터를 실행하여 USB 드라이브로 이동합니다. 　· USB 드라이브에서 문제 수록 파일인 'Tax.exe' 파일을 설치합니다. 　　**주의** Tax.exe 파일은 처음 설치한 이후, 수험자 임의로 절대 재설치(초기화)하지 말아야 합니다. 　· 파일이 설치되면 KcLep 프로그램을 실행한 후, 　　수험정보 [수험번호(8자리)] – [성명] – [문제유형(A, B)]을 정확히 입력합니다. 　　**주의** · 처음 수험정보를 입력한 이후에는 수정이 불가합니다. 　　　　· 수험정보를 잘못 입력하여 발생하는 일체의 불이익과 책임은 수험자 본인에게 있습니다.
5. 시험지 수령 (PM 12:25~12:30)	• 시험지가 USB 꼬리표에 기재된 시험 종목 및 급수와 동일한지 확인하고, 총 페이지 및 인쇄 상태를 확인합니다.

▌시험 시작 후

1. 시험 시작 (PM 12:30)	감독관이 불러주는 [감독관 확인번호]를 정확히 입력한 후, 엔터를 누르면 시험이 시작됩니다.
2. 문제 풀이 및 답안 저장 (PM 12:30~2:00)	이론문제와 실무문제를 푸는 순서가 정해져 있지 않으므로, 본인이 편한 순서로 문제를 풉니다.

이론문제 답안부터 입력하는 방법

① 시험지에 답안 체크

② [이론문제 답안작성] 클릭

③ 이론문제 답안 입력

④ 실무문제 답안 입력

⑤ [답안저장(USB로 저장)] 클릭

실무문제 답안부터 입력하는 방법

① 시험지에 답안 체크

② 실무문제 답안 입력

③ [이론문제 답안작성] 클릭

④ 이론문제 답안 입력

⑤ [답안저장(USB로 저장)] 클릭

> **참고** ·[이론문제 답안작성]을 클릭하여 작성한 답안은 USB에 저장되는 것이 아니며, PC상에 임시로 작성되는 것입니다. 따라서 실무문제 답안까지 작성한 후, [답안저장(USB로 저장)] 버튼을 눌러야 모든 답안이 USB에 저장됩니다.
> ·실무문제 답안은 KcLep 프로그램 입력 시 자동으로 저장됩니다.

> **주의** ·답안저장 소요시간도 시험시간에 포함됩니다.
> [답안저장(USB로 저장)] 후 답안을 수정한 경우 반드시 다시 저장해야 하며, [답안저장(USB로 저장)]을 하지 않음으로써 발생하는 일체의 불이익과 책임은 수험자 본인에게 있습니다.
> ·타인의 답안을 자신의 답안으로 부정 복사한 경우, 해당 관련자 모두 불합격 처리됩니다.

3. 시험 종료 (PM 2:00)	답안이 수록된 USB를 감독관에게 제출한 후, 시험지를 가지고 조용히 퇴실합니다. **참고** 퇴실은 오후 1시 40분(시험 종료 20분 전)부터 가능합니다.

KcLep & 백데이터
설치방법

1. KcLep 수험용 프로그램 설치방법

CASE 1 | 해커스금융(fn.Hackers.com)에서 다운로드 받는 방법

☐1 해커스금융(fn.Hackers.com)에 접속합니다.

☐2 홈페이지 상단 bar 메뉴 '회계/세무' ▶ 무료콘텐츠 ▶ 무료 자료실 클릭 후, KcLep 최신 버전을 클릭합니다.

회계/세무

수강신청 ▸

전산회계
전산세무
재경관리사
회계관리
FAT
TAT
왕초보회계
회계원리

무료콘텐츠 ▸

회계자격증 초보 수험가이드
회계자격증 FAQ Ⓝ
회계자격증 입문패키지 무료
전산세무회계 전급수 인강무료
전산세무회계 기출해설 무료
전산세무회계 요약노트 무료
전산세무회계 분개연습 무료
최신 개정세법 무료특강
나에게 맞는 회계자격증 찾기
해커스금융 웰컴패키지 무료 Ⓝ
무료 자료실

무료 자료실

No.	제목	글쓴이	조회수
공지	전산세무 1급/2급 2025 개정세법 추록 업데이트 안내	해커스 금융	569
공지	2025년 전산세무 1급·2급 4월 시험 학습방법 안내	해커스 금융	15752
공지	2025 해커스 전산세무 2급 이론+실무+최신기출+무료특강 백데이터	해커스 금융	81108
공지	2025 해커스 전산회계 1급 이론+실무+최신기출+무료특강 백데이터	해커스 금융	23389
공지	2025 해커스 전산회계 2급 이론+실무+최신기출+무료특강 백데이터	해커스 금융	15521
공지	케이렙(KcLep) 메뉴실행 안되는 오류에 대한 원인 및 조치 안내	해커스 금융	11696
공지	2025년 KcLep 버전 (2025년 3월 07일 업데이트)	해커스 금융	920987
공지	2024 해커스 전산세무 1급 법인세 이론+실무+최신기출 백데이터	해커스 금융	26100
공지	2024 해커스 전산세무 2급 이론+실무+최신기출 백데이터	해커스 금융	81108
공지	2024 해커스 전산회계 1급 이론+실무+최신기출 백데이터	해커스 금융	103902
공지	2024 해커스 전산회계 2급 이론+실무+최신기출 백데이터	해커스 금융	74809
공지	전산세무 1급/2급 2024 개정세법 추록/특강 업데이트 안내	해커스 금융	9297
공지	2024년 전산세무 1급·2급 세법상 접대비 명칭 변경 안내 및 추록	해커스 금융	12529
공지	2024년 전산회계 1급·2급 세법상 접대비 명칭 변경 안내 및 추록	해커스 금융	14216
공지	2024년 AT자격시험 적중모의고사 백데이터 다운로드	해커스 금융	5760
공지	2024년 AT자격시험 프로그램(SmartA) 다운로드	해커스 금융	35080
공지	2024년 해커스 AT자격시험 기본서 백데이터(FAT1급,2급/TAT1급,2급)	해커스 금융	4253
공지	전산세무 1급/2급 2023 개정세법 추록/특강 업데이트 안내	해커스 금융	19881

3 다운로드 파일을 클릭하여 KcLep 설치 파일을 다운로드합니다.

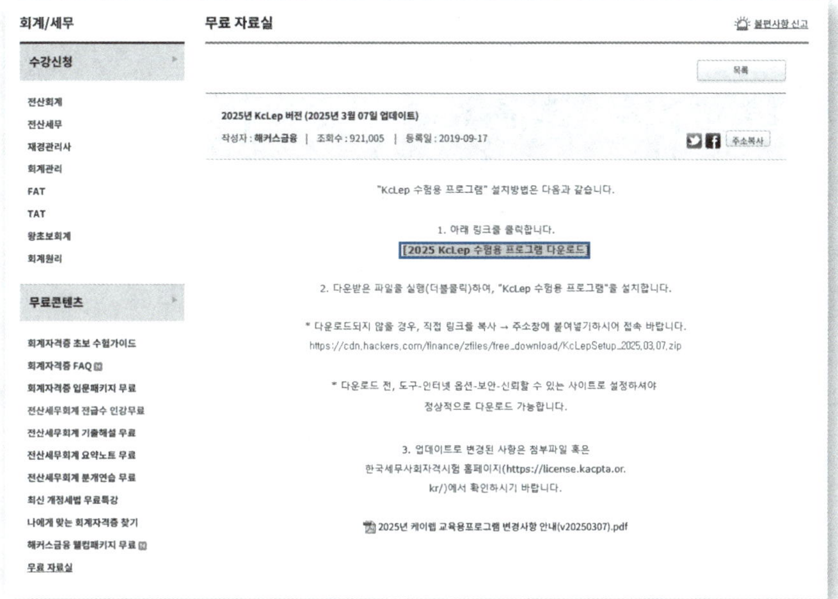

4 KcLepSetup_2025.03.07 설치파일이 설치폴더에 정상적으로 다운로드되었는지 확인합니다.

* KcLep 프로그램은 한국세무사회 업데이트 일정에 따라 버전이 달라질 수 있습니다.

5 다운로드 받은 파일을 실행하여 KcLep 수험용 프로그램을 설치합니다.

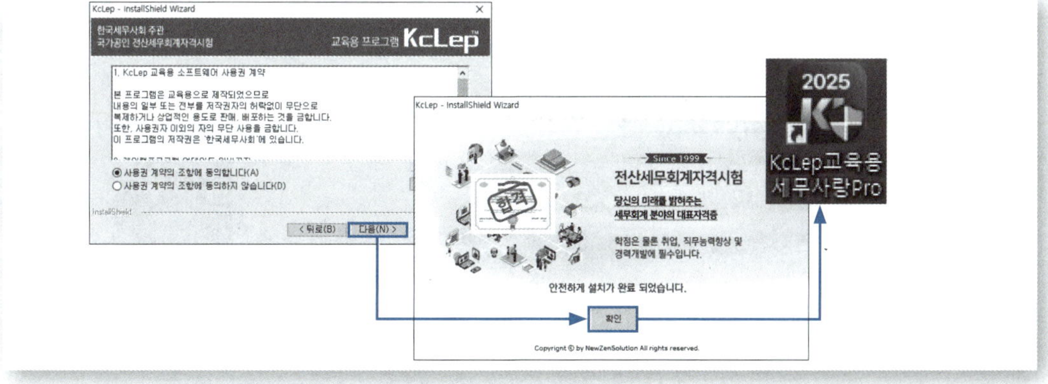

CASE 2 | 한국세무사회 홈페이지(license.kacpta.or.kr)에서 다운로드 받는 방법

☐1 한국세무사회 자격시험 홈페이지(license.kacpta.or.kr)에 접속 후 왼쪽 하단에 있는 케이렙(수험용) 다운로드를 클릭하여 다운로드합니다.

☐2 KcLepSetup_2025.03.07 설치파일이 설치폴더에 정상적으로 다운로드되었는지 확인합니다.

* KcLep 프로그램은 한국세무사회 업데이트 일정에 따라 버전이 달라질 수 있습니다.

☐3 다운로드 받은 파일을 실행하여 KcLep 수험용 프로그램을 설치합니다.

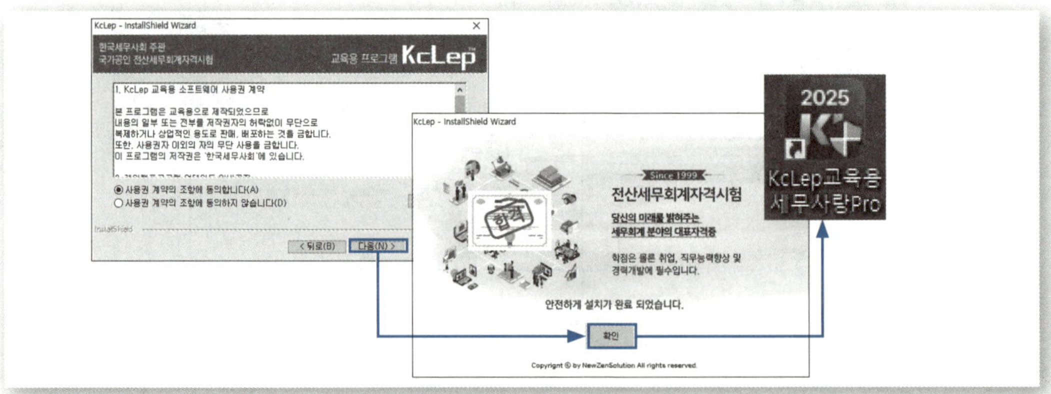

2. 백데이터 설치방법

[1] 해커스금융(fn.Hackers.com)에 접속 후 상단 bar 메뉴 '회계/세무' ▶ 무료콘텐츠 ▶ 무료 자료실 클릭 후, 전산세무 2급 백데이터를 클릭합니다.

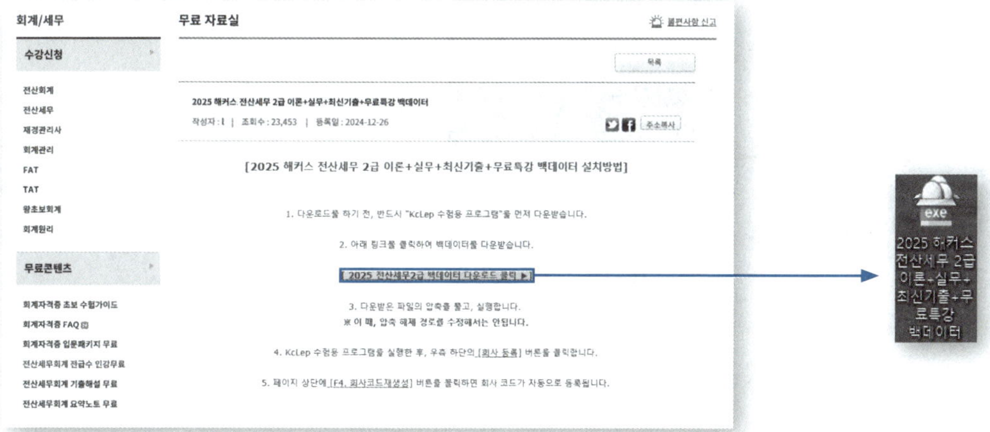

[2] 다운로드 파일을 클릭하여 백데이터 파일을 다운로드합니다. (다운로드 완료 시, 압축파일이 생성됨)

* 백데이터 업데이트 일정에 따라 파일명이 달라질 수 있습니다.

3 압축파일을 더블 클릭 시, 자동으로 정해진 위치에 압축이 해제되어 저장됩니다.

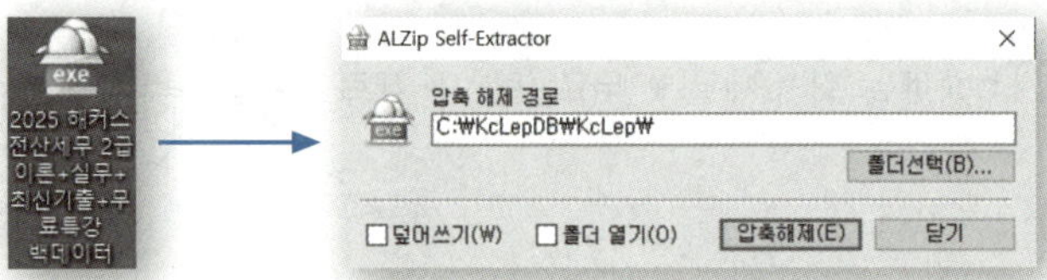

4 다운로드 완료 시, 다음과 같이 저장됩니다.

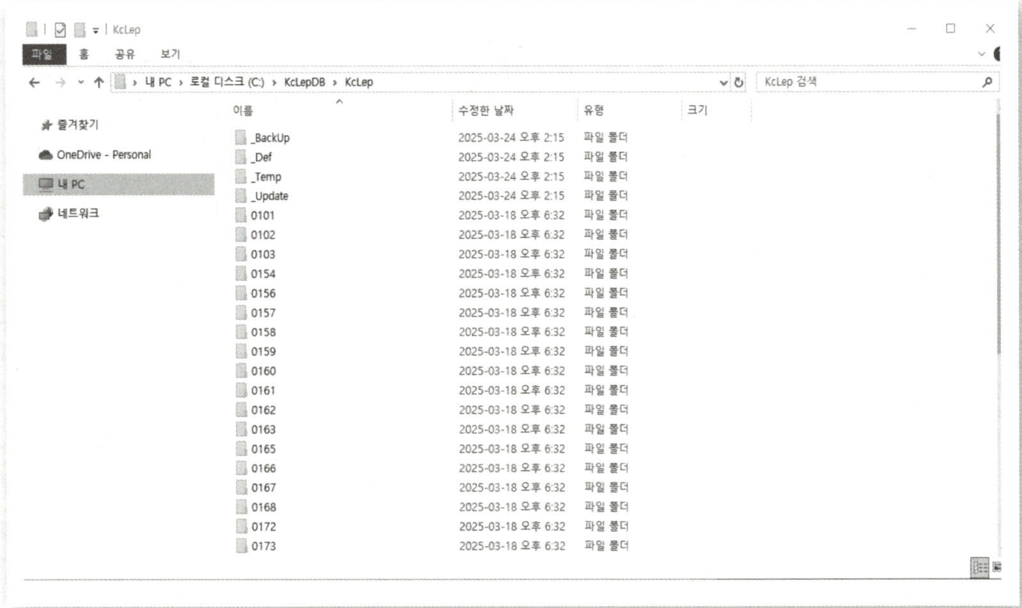

* 정렬방식 등에 따라 보이는 이미지와 다를 수 있습니다.

5 KcLep 프로그램을 실행시킨 후 회사등록 버튼을 클릭합니다.

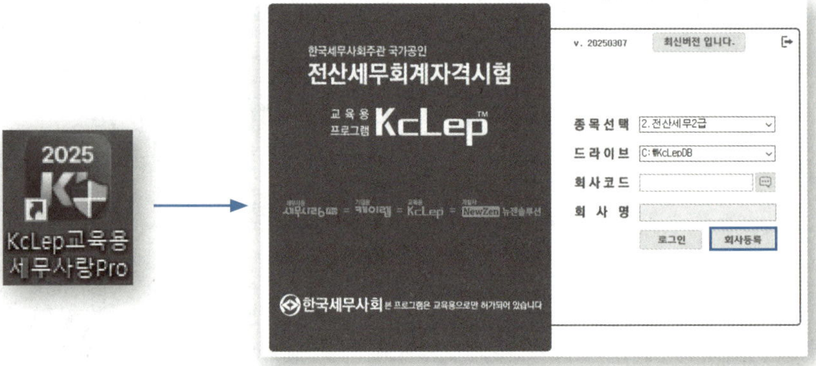

6 [회사등록] 버튼 클릭 시 아래의 화면을 확인할 수 있으며 [F4 회사코드재생성] 클릭 후, [예(Y)] 버튼을 클릭합니다.

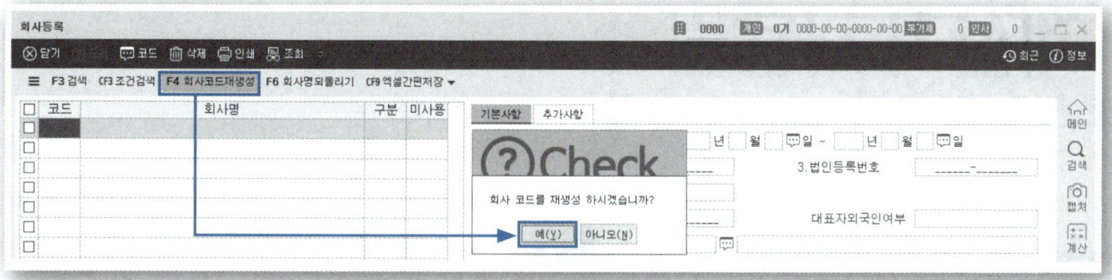

7 회사등록이 완료되었습니다.

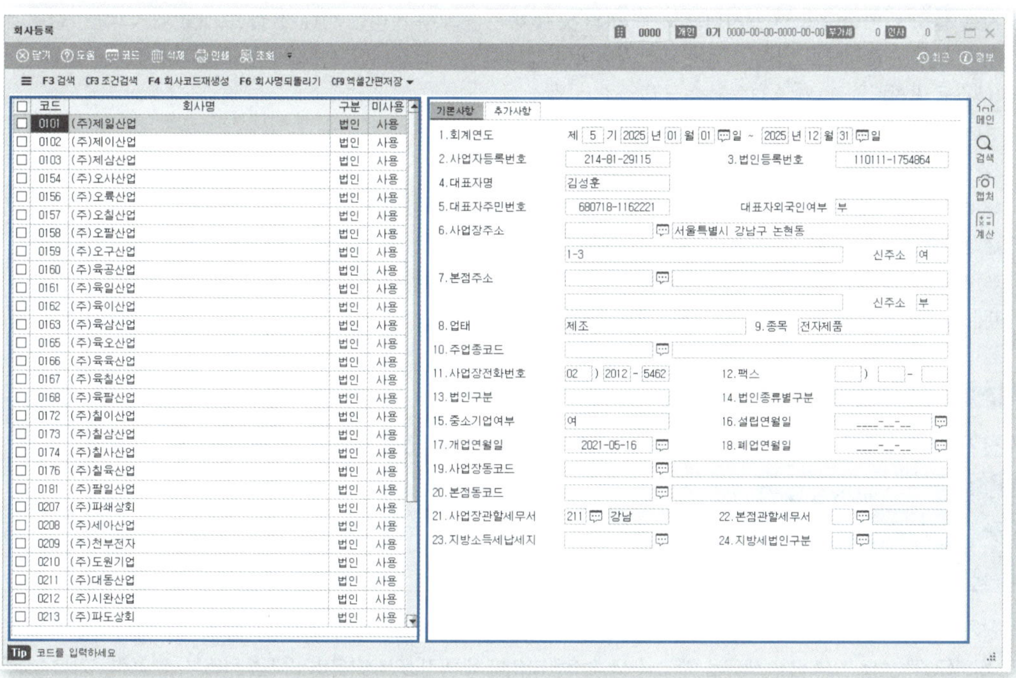

* 백데이터 업데이트에 따라 보이는 이미지와 다를 수 있습니다.

Q. 저장되어 있는 실무 답을 지우고 다시 풀어보고 싶은데, 어떻게 하나요? (백데이터 초기화 방법)

A. 백데이터를 다시 다운받을 시 초기화된 상태에서 실무문제를 풀 수 있습니다. 백데이터를 다시 다운받기 전, p.20 4번과 같이 번호가 있는 폴더를 모두 이동(정답 데이터를 저장해두고 싶을 경우) 또는 삭제합니다. 이후 p.19의 순서대로 백데이터를 다시 다운로드하면 초기화할 수 있습니다.

알아두면 유용한
계산기 사용법

▌ 전산세무 학습에 적합한 계산기 선택 방법

- ▣, ▣, ▣, ▣만 되는 일반계산기이어야 합니다.
  - 공학용 계산기, 전자사전 등은 공식 저장 기능이 있기 때문에 시험장에서 사용 불가

- 숫자를 빨리 입력하다 보면 일시적으로 두 개의 숫자 버튼이 모두 눌러진 상태가 될 수 있는데, 그러한 경우에도 두 숫자가 모두 순차적으로 입력이 되는 계산기이어야 합니다.
  - (테스트 방법) ① → ② → ③ → ④ → ⑤
    - ① 숫자 1을 누름
    - ② 숫자 1을 누른 상태에서, 숫자 2를 누름
    - ③ 숫자 1과 숫자 2를 모두 누른 상태에서, 숫자 1에서 손가락을 뗌
    - ④ 숫자 2만 누른 상태에서, 다시 숫자 1을 누름
    - ⑤ 숫자 2와 숫자 1을 모두 누른 상태에서, 숫자 2에서 손가락을 뗌
  - (테스트 결과) 화면에 1 2 1이 표시되는지 확인

▌ 계산기 설정 방법

- 계산기에 'F', 'CUT', '5/4' 등의 기호가 표시되어 있는 스위치가 있는 경우 'F'를 선택합니다.

F (Full)	계산 결과 금액을 표시할 때 소수점 이하를 모두 표시
CUT	계산 결과 금액을 표시할 때 소수점 이하를 일정한 자리에서 내림하여 표시
5/4	계산 결과 금액을 표시할 때 소수점 이하를 일정한 자리에서 반올림하여 표시

- 계산기에 '4', '3', '2', '1', '0' 등의 기호가 표시되어 있는 스위치가 있는 경우, 어느 것을 선택하더라도 상관없습니다.
  - 예 4 : 'CUT' 또는 '5/4'를 선택했을 때 소수점 4번째 자리에서 내림 또는 반올림 ('F'를 선택한 경우에는 기능 없음)

▌ 알아두면 유용한 계산기 기능

- M+, M−, MR, MC

M+ (Memory Plus)	계산한 금액을 더하면서 저장함
M− (Memory Minus)	계산한 금액을 빼면서 저장함
MR (Memory Result)	저장된 금액을 불러옴
MC (Memory Clear)	저장된 금액을 지움

[사례] (2 × 3) + (2 × 2) = 10
[입력방법]

순서	①	②	③	④*	⑤	⑥	⑦	⑧	⑨*	⑩	⑪
입력	2	×	3	=	M+	2	×	2	=	M+	MR
결과				6	6				4	4	10

* 생략 가능

▪ $\boxed{GT}$, $\boxed{C}$, $\boxed{AC}$

$\boxed{GT}$ (Grand Total)	$\boxed{=}$를 눌러서 나온 금액들을 모두 합한 금액을 불러옴
$\boxed{C}$ (Clear)	$\boxed{GT}$ 금액은 지우지 않고, 방금 전에 계산한 금액만 지움
$\boxed{AC}$ (All Clear)	방금 전에 계산한 금액과 $\boxed{GT}$ 금액을 모두 지움

[사례] (2 × 3) + (2 × 2) = 10
[입력방법]

순서	①	②	③	④	⑤*	⑥	⑦	⑧	⑨	⑩
입력	2	×	3	=	C	2	×	2	=	GT
결과				6	0				4	10

* 생략 가능

▪ A $\boxed{+}$ $\boxed{+}$ B : B에서 출발하여 A만큼씩 계속 더하기

[사례] 3에서 출발하여 2씩 더하기
[입력방법]

순서	①	②	③	④	⑤	⑥	⑦	⑧	⑨	⑩
입력	2	+	+	3	=	=	=	=	=	=
결과			K	K	5	7	9	11	13	…

▪ A $\boxed{-}$ $\boxed{-}$ B : B에서 출발하여 A만큼씩 계속 빼기

[사례] 15에서 출발하여 2씩 계속 빼기
[입력방법]

순서	①	②	③	④	⑤	⑥	⑦	⑧	⑨	⑩
입력	2	−	−	15	=	=	=	=	=	=
결과			K	K	13	11	9	7	5	…

▪ A $\boxed{×}$ $\boxed{×}$ B : B에서 출발하여 A만큼씩 계속 곱하기

[사례] 3에서 출발하여 2씩 계속 곱하기
[입력방법]

순서	①	②	③	④	⑤	⑥	⑦	⑧	⑨	⑩
입력	2	×	×	3	=	=	=	=	=	=
결과			K	K	6	12	24	48	96	…

▪ A $\boxed{÷}$ $\boxed{÷}$ B : B에서 출발하여 A만큼씩 계속 나누기

[사례] 192에서 출발하여 2씩 나누기
[입력방법]

순서	①	②	③	④	⑤	⑥	⑦	⑧	⑨	⑩
입력	2	÷	÷	192	=	=	=	=	=	=
결과			K	K	96	48	24	12	6	…

전산회계 1급을 함께 학습하고 있거나 이미 학습한 경우 전산세무 2급에 추가되는 내용을 집중적으로 학습하시길 바랍니다. 전산회계 1급에서는 출제범위가 아니지만 전산세무 2급에서 추가로 출제되는 내용은 다음과 같습니다.

구 분		추가되는 내용
제1장	제1절	04. > (5) > 참고 보수주의 06. > (3) 재무제표의 특성과 한계
	제2절	05. > (3) 재분류
	제3절	04. > (2) > 참고 평균법 04. > (3) > ④ > 참고 상품재고장에서 출고단가와 출고금액의 기재 여부 05. 기말재고자산에 포함될 항목의 결정 > (5)~(6)
	제4절	07. 유형자산의 손상 09. 유형자산의 특수한 거래
	제5절	03. > (5) 유효이자율법 03. > (6) 사채의 조기상환 04. > (1) 충당부채 > ③~④ 04. > (2) 우발부채
	제6절	–
	제7절	–
	제8절	–
	제9절	**전체**
제2장	제1절	–
	제2절	–
	제3절	–
	제4절	–
	제5절	06. > (2) 공손원가 관련 고려사항 07. 결합원가계산
제3장	제1절	–
	제2절	02. > 4) 매출원가의 계상(재고자산 기말 재고액 입력) 03. 재무제표 작성 > 기출유형

제4장	제1절	–
	제2절	–
	제3절	–
	제4절	–
	제5절	01. > (1) 재화와 용역의 공급에 대한 과세표준 > ⑤, ⑧, ⑨ 01. > (3) 재화의 간주공급에 대한 과세표준 02. 대손세액공제 04. > (3) > 참고 세금계산서 지연수취 또는 사전발급에 대한 매입세액 공제 　　　　　 허용범위 확대 05. 의제매입세액공제 06. 공통매입세액의 안분, 정산, 재계산
	제6절	01. 경감·공제세액 05. 간이과세자 06. 가산세
제5장	제1절	02. > ③ > 참고 '건별[14]'에 해당하는 대표적인 사례
	제2절	전체
제6장	제1절 ~ 제5절	전체
제7장	제1절	전체

전산세무 2급 학습플랜

6주 완성 학습 플랜

세무·회계 지식이 전혀 없는 회계 초보자 학습자에게 추천합니다.
6주 동안 모든 내용을 차근차근 학습할 수 있습니다.

1일 □	2일 □	3일 □	4일 □	5일 □	6일 □	7일 □
제1장 재무회계(이론)						
제1절	제2절	제3, 4절	제5절	제6절	제7절	제8, 9절

8일 □	9일 □	10일 □	11일 □	12일 □	13일 □	14일 □
제2장 원가회계(이론)					제3장 거래자료의 입력·결산(실무)	
제1절	제2절	제3절	제4절	제5절	제1절	

15일 □	16일 □	17일 □	18일 □	19일 □	20일 □	21일 □
제3장 거래자료의 입력·결산(실무)		제4장 부가가치세(이론)				
제2절		제1절	제2절	제3, 4절	제5절	제6절

22일 □	23일 □	24일 □	25일 □	26일 □	27일 □	28일 □
제5장 부가가치세의 입력·신고(실무)				제6장 소득세(이론)		
제1절		제2절		제1절	제2절	제3절

29일 □	30일 □	31일 □	32일 □	33일 □	34일 □	35일 □
제6장 소득세(이론)		제7장 연말정산(실무)				최신기출문제
제4절	제5절	제1절				제118~117회

36일 □	37일 □	38일 □	39일 □	40일 □	41일 □	42일 □
최신기출문제					핵심 미니북	
제116~115회	제114~113회	제112~111회	제110~109회	제108~107회	빈출분개 80선 + 연말정산 필수이론정리	

4주 완성 학습 플랜

전산회계 1급을 취득했거나 함께 학습하는 학습자에게 추천합니다.
4주 동안 효율적으로 모든 내용을 학습할 수 있습니다.

1일 ☐	2일 ☐	3일 ☐	4일 ☐	5일 ☐	6일 ☐	7일 ☐
제1장 재무회계(이론)				제2장 원가회계(이론)		
제1, 2절	제3, 4절	제5, 6, 7절	제8, 9절	제1, 2절	제3절	제4절
8일 ☐	**9일 ☐**	**10일 ☐**	**11일 ☐**	**12일 ☐**	**13일 ☐**	**14일 ☐**
제2장 원가회계(이론)	제3장 거래자료의 입력·결산(실무)				제4장 부가가치세(이론)	
제5절	제1절		제2절		제1, 2절	제3, 4절
15일 ☐	**16일 ☐**	**17일 ☐**	**18일 ☐**	**19일 ☐**	**20일 ☐**	**21일 ☐**
제4장 부가가치세(이론)		제5장 부가가치세의 입력·신고(실무)				
제5절	제6절	제1절		제2절		
22일 ☐	**23일 ☐**	**24일 ☐**	**25일 ☐**	**26일 ☐**	**27일 ☐**	**28일 ☐**
제6장 소득세(이론)		제7장 연말정산(실무)		최신기출문제		
제1, 2절	제3, 4, 5절	제1절		제118~115회	제114~111회	제110~107회

2주 완성 학습 플랜

전산회계 1급을 취득했으며 기초적인 세무·회계지식이 있는 학습자에게 추천합니다.

2주 동안 빠르고 확실하게 모든 내용을 학습할 수 있습니다.

1일 ☐	2일 ☐	3일 ☐	4일 ☐	5일 ☐	6일 ☐	7일 ☐
제1장 재무회계(이론)		제2장 원가회계(이론)	제4장 부가가치세(이론)	제5장 부가가치세의 입력·신고(실무)		
제3, 4, 9절		제5절	제5절	제2절		

8일 ☐	9일 ☐	10일 ☐	11일 ☐	12일 ☐	13일 ☐	14일 ☐
제6장 소득세(이론)		제7장 연말정산(실무)		최신기출문제		
제1, 2절	제3, 4, 5절	제1절		제118~115회	제114~111회	제110~107회

fn.Hackers.com

제 1 장

재무회계

재무회계

| Overview

재무회계는 이론시험 전체 15문제에서 5문제가 출제된다.
(이론시험 : 1문제당 2점의 배점으로 출제되어 총 30점 만점으로 구성)

재무회계는 이론시험뿐만 아니라 실무시험 1번 '일반전표입력'과 4번 '결산' 문제의 입력을 위한 바탕이 되므로 전산세무 2급 시험에서 40% 이상의 비중을 차지한다. 실무시험에서는 회계처리를 알아야 정답을 입력할 수 있으므로 회계처리에 비중을 두고 학습해야 한다. 제1장 재무회계에서는 재무상태표와 손익계산서의 계정과목별 거래형태와 회계처리를 학습하고, 사례에 학습한 회계처리를 대입하여 내용을 즉시 이해할 수 있도록 구성되어 있다.

| 출제비중

구 분	출제비중(5문제)
제1절 회계의 기본개념*	
제2절 당좌자산*	
제3절 재고자산*	
제4절 비유동자산*	
제5절 부채*	5문제가 출제된다. 제3절 재고자산과 제4절 비유동자산의 출제빈도가 가장 높다.
제6절 자본	
제7절 수익과 비용	
제8절 기말수정분개	
제9절 회계변경과 오류수정*	

*전산회계 1급에서 전산세무 2급에 추가되는 부분입니다. '2. 전산회계 1급 동시 학습'을 참고하여 학습하시길 바랍니다.

▎학습전략

1. 기출분개연습 활용

각 절에 수록된 '기출분개연습'은 전산세무 2급 시험에서 출제 가능한 모든 유형을 포함하고 있다. 각 절의 학습이 끝난 후 '기출분개연습'을 꼭 풀어보고, 이해되지 않는 분개는 관련 이론을 재학습 후 다시 풀어보도록 한다.

2. 전산회계 1급 동시 학습

전산회계 1급을 함께 학습하고 있거나 이미 학습한 경우 전산세무 2급에 추가되는 내용을 집중적으로 학습한다.
전산회계 1급에서는 출제범위가 아니지만 전산세무 2급에서 추가로 출제되는 내용은 다음과 같다.

> [제1절 회계의 기본개념] : 보수주의, 재무제표의 특성과 한계
> [제2절 당좌자산] : 재분류
> [제3절 재고자산] : 평균법, 상품재고장에서 출고단가와 출고금액의 기재 여부, 기말재고자산에 포함될 항목
> 　　　　　　　　중 반품률이 높은 상품 일부 내용
> [제4절 비유동자산] : 유형자산의 손상, 유형자산의 특수한 거래
> [제5절 부채] : 유효이자율법, 사채의 조기상환, 충당부채 일부 내용, 우발부채
> [제9절 회계변경과 오류수정] : 전체 내용

01 회계의 정의

회계(Accounting)란 회계정보이용자가 합리적인 판단과 의사결정을 할 수 있도록 기업의 경제적 활동에 관한 유용한 정보를 식별, 측정, 기록하여 전달하는 과정을 말한다.

02 회계의 종류

최근 77회 시험 중 2회 기출

회계는 주된 정보이용자가 누구인지에 따라 크게 재무회계(Financial Accounting)와 원가회계(관리회계 또는 원가관리회계라고도 함, Cost and Management Accounting)로 분류된다. 재무회계는 외부정보이용자를, 원가회계는 내부정보이용자를 주된 정보이용자로 하는 회계이다.

구 분	재무회계	원가회계
정보이용자	외부정보이용자(주주, 채권자)	내부정보이용자(경영자)
목 적	외부정보이용자의 공통된 요구를 충족시키기 위한 일반목적 **재무제표**(Financial Statements) 작성을 주요 목적으로 함	경영자의 영업활동에 필요한 재무정보를 산출하고 이를 분석하는 것을 주요 목적으로 함
정보전달수단	재무제표	특수목적 보고서
작성원칙	**일반적으로 인정된 회계원칙**(GAAP : Generally Accepted Accounting Principles)에 따라 작성	특별한 기준이나 일정한 원칙에 구애받지 않고 작성

03 회계의 기본가정과 특징

회계에는 ① 계속기업, ② 기업실체, ③ 기간별 보고라는 기본가정이 깔려 있으며, ④ 발생주의를 기본적 특징으로 한다.

계속기업의 가정 (Going Concern)	· 계속기업의 가정이란 기업이 예상가능한 기간 동안 영업을 계속할 것이라는 가정을 말한다. · 이는 앞으로 학습하게 될 여러 가지 회계처리에 대하여 이론적인 근거를 제공한다.
기업실체의 가정 (Business Entity)	· 회계에서는 기업을 소유주와 분리된 독립적인 존재로 보아 기업실체라고 부른다. · 기업실체의 가정이란 기업의 관점에서 경제활동에 대한 정보를 측정, 보고한다는 가정을 말한다. · 예를 들어 기업의 지분 전액을 한 사람이 보유하고 있는 경우라 하더라도, 기업은 소유주와 분리된 별도의 회계단위로 인정되며 회계 처리의 주체는 기업이다. · 경제활동을 측정, 보고하기 위하여 구분하는 장소적 범위를 회계단위라고 한다. 일반적으로 하나의 기업이 하나의 회계단위가 된다.
기간별 보고의 가정 (Periodicity)	· 기간별 보고의 가정이란 기업의 존속기간을 일정한 기간 단위로 분할하여 각 기간 단위별로 정보를 측정, 보고한다는 가정을 말한다. · 기업의 경제활동은 사업을 개시하는 날부터 계속적으로 이루어지므로 경영성과를 파악하기 위해서는 인위적으로 6개월 또는 1년 등으로 구분하여 기간적 범위를 설정하여야 하는데, 이를 회계연도 또는 회계기간이라 한다. · 회계기간은 1년을 초과할 수 없다. 개인기업은 회계기간이 1월 1일부터 12월 31일까지로 정해져 있으며, 법인기업은 기업이 정관에서 정한 기간으로 한다.
발생주의 (Accrual Basis)	· 수익과 비용을 인식하는 시점을 언제로 볼 것인지에 대한 기준으로 현금기준과 발생기준이 있을 수 있는데, 회계에서는 이 중 발생기준에 따른다. <table><tr><td>현금기준 (현금주의, Cash Basis)</td><td>현금이 유입될 때 수익으로 인식하고, 현금이 유출될 때 비용으로 인식한다.</td></tr><tr><td>발생기준 (발생주의, Accrual Basis)</td><td>현금의 수수에 관계없이 거래나 사건이 발생한 시점에 수익과 비용을 인식한다.</td></tr></table>

회계정보의 질적 특성이란 정보이용자의 의사결정에 유용한 정보를 제공하기 위하여 회계정보가 갖추어야 할 속성을 말한다.

회계정보의 질적 특성은 다음과 같은 체계로 나타낼 수 있다.

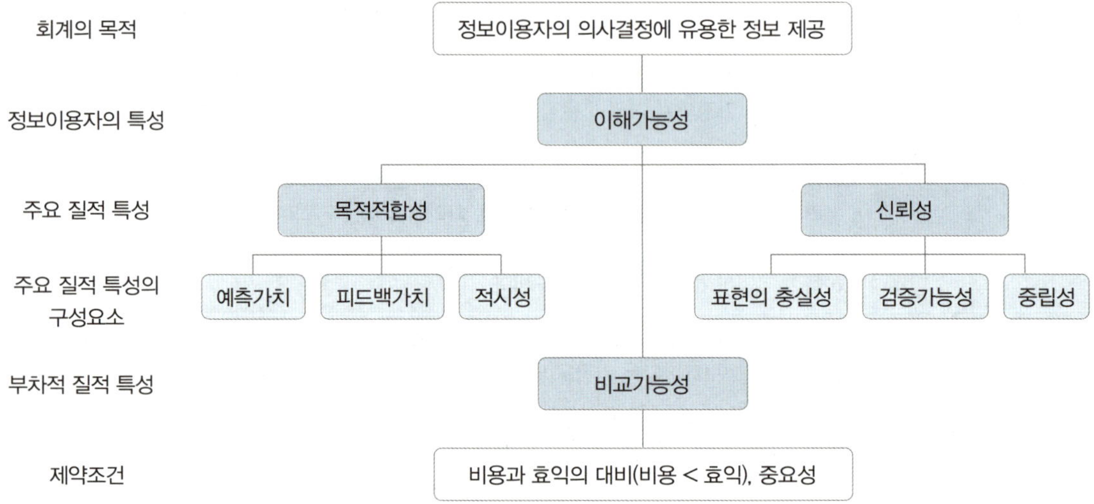

회계정보의 **주요 질적 특성**은 **목적적합성**과 **신뢰성**이다.

목적적합성과 신뢰성은 서로 상충될 수 있으나, 둘 중 어느 하나가 완전히 상실될 경우 그 회계정보는 유용한 정보가 될 수 없다.

이해가능성은 회계정보이용자가 갖추어야 할 특성으로 볼 수 있고, 비교가능성은 목적적합성과 신뢰성을 충족시킨 다음 확보하여야 하는 부차적 특성에 해당한다.

(1) 이해가능성

이해가능성이란 회계정보는 회계정보이용자가 쉽게 이해할 수 있어야 한다는 것을 말한다. 이는 회계정보이용자가 기업실체의 경제활동에 대한 지식을 가지고 회계정보를 이해하기 위해 노력을 할 것이라는 가정을 전제로 하는 것이므로 회계정보이용자가 갖추어야 할 특성으로 해석된다.

(2) 목적적합성

목적적합성이란 회계정보는 정보이용자의 의사결정 목적과 관련 있어야 한다는 특성을 말한다.

목적적합성의 구성요소는 다음과 같다.

예측가치	회계정보는 기업실체의 재무상태, 경영성과, 순현금흐름 등에 관한 정보이용자의 미래 예측에 활용될 수 있어야 한다.
피드백가치	회계정보는 기업실체의 재무상태, 경영성과, 순현금흐름 등에 관한 정보이용자의 당초 기대치를 확인시켜주거나 수정시켜줄 수 있어야 한다.
적시성	회계정보는 정보이용자가 의사결정을 하는 시점에 이용 가능해야 한다.

(3) 신뢰성

신뢰성이란 회계정보는 믿을 수 있는 것이어야 한다는 특성을 말한다.

신뢰성의 구성요소는 다음과 같다.

표현의 충실성	회계정보는 기업실체의 경제적 자원과 의무, 그리고 이들의 변동을 정확한 측정치로 충실하게 표현하여야 한다.
검증가능성	회계정보는 **동일한 경제적 사건이나 거래**에 대하여 동일한 측정방법을 적용할 경우 **다수의 측정자가 각각 독립적으로 측정**하더라도 거의 **유사한 측정치**에 도달하게 되는 것이어야 한다.
중립성	회계정보는 의도적으로 미리 정해 놓은 특정한 결과를 가져오게 하는 편견이나 편의가 없어야 한다.

(4) 비교가능성

비교가능성이란 회계정보는 기간별로, 그리고 기업 간에 비교 가능한 것이어야 한다는 특성을 말한다.

계속성 (기간별 비교가능성)	여러 회계기간에 걸쳐 일관된 회계처리방법을 사용하여 기간별로 비교가 가능하여야 한다.
통일성 (기업 간 비교가능성)	여러 기업이 동일한 회계처리방법을 사용하여 기업 간에 비교가 가능하여야 한다.

(5) 제약조건

① 비용과 효익의 대비

비용과 효익의 대비란 어떠한 회계정보에서 기대되는 효익은 그 정보를 제공하기 위하여 소요되는 원가보다 커야 한다는 것을 말한다. (비용 < 효익)

② 중요성

중요성이란 회계정보가 정보이용자의 의사결정에 영향을 미치는 정도를 말한다. 어떠한 회계정보가 **잘못 표시되거나 생략됨으로** 인하여 정보이용자의 **의사결정이 잘못될 수 있다면** 해당 정보는 중요한 정보인 것으로 볼 수 있다.

> **참고** 보수주의
>
> 재무적 기초를 견고히 하고자 하는 취지에서, 가능한 한 자산과 수익은 작게, 부채와 비용은 크게 회계처리하는 것을 말한다. 보수주의에 입각한 회계처리의 대표적인 예는 다음과 같다.
>
> | · 우발부채의 처리 | · 재고자산의 저가법 평가 | · 광고비 지출액의 비용 처리 |
> | --- | --- | --- |

다양한 외부정보이용자에게 제공되는 회계정보가 유용한 것이 되기 위해서는 그 회계정보가 일정한 기준에 따라 작성된 것이어야 한다.

기업이 회계처리를 하거나 재무제표를 작성할 때 기준으로 삼는 원칙을 '일반적으로 인정된 회계원칙(GAAP : Generally Accepted Accounting Principles)'이라고 하며, GAAP을 성문화한 규정들을 통칭하여 기업회계기준이라고 부른다.

우리나라의 기업회계기준은 금융위원회의 권한을 위임받아 한국회계기준원에서 제정하고 있으며, 다음과 같이 구성되어 있다.

구 분	내 용
한국채택국제회계기준 (K-IFRS)[1]	재무제표의 국제적 통일성 향상과 국가경쟁력 강화를 도모하고자, 국제회계기준위원회가 공표하는 회계기준에 맞추어 제정한 새로운 회계기준
일반기업회계기준	K-IFRS를 적용하지 않는 기업을 위하여 종전의 기업회계기준을 수정·보완하여 제정한 편람식 회계기준
중소기업회계기준[2]	중소기업이 회계처리를 단순화할 수 있도록 제정한 회계기준

[1] K-IFRS : Korean-International Financial Reporting Standards
[2] 중소기업회계기준은 일반기업회계기준 중에서 중소기업에 허용되는 특례들만 모아 놓은 규정집으로서, 일반기업회계기준의 일부로 볼 수 있음

우리나라 기업이 선택할 수 있는 기업회계기준은 다음과 같이 요약할 수 있다.

구 분		K-IFRS	일반기업회계기준	중소기업회계기준
외부감사대상 기업[1]	상장기업[2]	○		
	비상장기업	○	○	
외부감사대상이 아닌 기업		○	○	○

[1] 외부감사대상 : '주식회사의 외부감사에 관한 법률'에서 정하는 일정 규모(예 직전 사업연도 말의 자산총액 120억 원) 이상의 기업
[2] 상장기업이란 증권거래소나 코스닥 등의 유가증권 시장에 등록되어 주식이 거래되고 있는 기업을 말하며, 상장기업은 반드시 K-IFRS를 적용하여야 함

이 책에서는 K-IFRS와 일반기업회계기준(중소기업회계기준 포함)에서 공통으로 규정하고 있는 내용을 학습하게 되며, 전산세무 자격시험은 일반기업회계기준을 출제범위로 한다.

재무제표란 **외부정보이용자**에게 기업에 관한 유용한 회계정보를 전달하기 위하여, 기업회계기준에 따라 일정한 양식으로 작성하는 보고서를 말한다.

(1) 재무제표의 작성 책임

재무제표를 작성할 책임은 일차적으로 경영자에게 있다.

(2) 재무제표의 종류

일반기업회계기준에 따르면 재무제표의 종류는 다음과 같다.

재무상태표	일정 시점 현재 기업의 재무상태(자산, 부채, 자본)를 나타내는 보고서
손익계산서	일정 기간 동안의 기업의 경영성과(수익, 비용)를 나타내는 보고서
자본변동표	기업의 자본에 관하여 일정 시점 현재 크기와 일정 기간 동안의 변동 내역을 나타내는 보고서
현금흐름표	기업의 현금에 관하여 일정 시점 현재 크기와 일정 기간 동안의 변동(유입, 유출) 내역을 나타내는 보고서
주 석	재무제표상의 과목 또는 금액에 기호를 붙여 해당 항목에 대한 추가적인 정보를 나타내는 별지

기출포인트

- **주석**은 재무제표 뒷부분에 있는 **별지**를 말한다. 여기에는 재무제표상의 과목 또는 금액 중 기호가 표시된 항목들에 대한 세부내역이 기재된다. 이뿐만 아니라 기업이 적용한 기업회계기준(K-IFRS or 일반기업회계기준), 금액으로 표시되지 않은 소송사건 등과 같이 재무제표를 이해하는 데 필요한 여러 정보가 기재되므로 주석은 **재무제표에 포함**된다.
- **주기**는 재무제표상의 과목 다음에 간단한 단어나 금액을 **괄호** 안에 표시하는 것을 말한다. 주기는 단순히 부연 설명 역할만 하는 것이므로 **재무제표에 포함되지 않는다.**
- **이익잉여금처분계산서(결손금처리계산서)는 재무제표에 포함되지 않는다.** 다만 상법 등 관련 법규에서 요구하는 경우에는 주석에 포함하여 공시할 수 있다.

(3) 재무제표의 특성과 한계

- 재무제표는 화폐단위로 측정된 정보를 주로 제공한다.
- 재무제표는 대부분 과거에 발생한 거래나 사건에 대한 정보를 나타낸다.
- 재무제표는 추정에 의한 측정치를 포함하고 있다.
- 재무제표는 특정 기업실체에 관한 정보를 제공하며, 산업 또는 경제 전반에 관한 정보를 제공하지 않는다.

재무상태표는 기업의 **재무상태**를 보고하기 위하여 **일정 시점** 현재의 자산, 부채, 자본을 나타내는 보고서이다.

(1) 재무상태표의 기본구조

재무상태표

xx기업	20x1년 12월 31일 현재
자산	부채
유동자산	유동부채
당좌자산	비유동부채
재고자산	자본
비유동자산	자본금
투자자산	자본잉여금
유형자산	자본조정
무형자산	기타포괄손익누계액
기타비유동자산	이익잉여금

(2) 재무상태표의 작성기준

구분 표시	· 자산, 부채, 자본 중 중요한 항목에 대해서는 별도 항목으로 구분 표시하여야 한다.
총액주의	· 자산, 부채, 자본은 총액으로 기재함을 원칙으로 한다. 자산 항목과 부채·자본 항목을 상계함으로써 그 전부 또는 일부를 재무상태표에서 제외하여서는 안 된다.
1년 기준	· 자산과 부채는 '보고기간 종료일로부터 1년'을 기준으로 각각 유동과 비유동으로 구분한다. 다만, '보고기간 종료일로부터 1년'을 초과하더라도 '정상적인 1영업주기' 이내인 경우에는 유동으로 분류할 수 있다. · 정상영업주기란 영업활동을 위하여 자산을 취득하는 시점부터 그 자산을 외부로 팔고 판매대금을 회수하는 시점까지 소요되는 기간을 말한다. 정상영업주기를 명확하게 식별할 수 없는 경우에는 이를 1년으로 추정한다.
유동성 배열법	· 자산과 부채는 유동성이 높은 계정(현금화하기 쉬운 계정)부터 배열한다. · 이에 따라, 재무상태표의 자산은 '당좌자산, 재고자산, 투자자산, 유형자산, 무형자산, 기타비유동자산'의 순서로 배열한다.
잉여금의 구분	· 법인 기업의 경우 자본 항목 중 잉여금은 자본거래에서 발생한 자본잉여금과 손익거래에서 발생한 이익잉여금을 구분하여 표시한다.
미결산항목 표시금지	· 가지급금, 가수금 등과 같은 미결산항목 또는 비망계정이 있는 경우에는 동 항목이 재무상태표상 자산·부채 항목으로 표시되지 않도록 그 내용을 나타내는 적절한 계정으로 대체하여야 한다.

다음 중 재무상태표에 대한 설명으로 옳은 것은? (제51회)

① 재무상태표는 자산, 부채, 자본으로 구성되어 있다.
② 재무상태표는 일정 기간 동안의 기업의 경영성과에 대한 정보를 제공해 준다.
③ 기타포괄손익누계액은 부채에 해당한다.
④ 자산과 부채는 원칙적으로 상계하여 순액으로 표시하여야 한다.

정답 ①

해설
② 손익계산서에 대한 설명이다.
③ 기타포괄손익누계액은 자본에 해당한다.
④ 자산과 부채는 원칙적으로 상계하지 않고 총액으로 표시하여야 한다.

08 손익계산서

최근 77회 시험 중 5회 기출

손익계산서는 기업의 **경영성과**를 보고하기 위하여 **일정 기간** 동안의 수익, 비용, 순이익을 나타내는 보고서이다.

(1) 손익계산서의 기본구조

손익계산서
20x1년 1월 1일부터 20x1년 12월 31일까지

xx기업

Ⅰ. 매출액	
Ⅱ. 매출원가	
Ⅲ. 매출총이익	(= 매출액 – 매출원가)
Ⅳ. 판매비와관리비	
Ⅴ. 영업이익	(= 매출총이익 – 판매비와관리비)
Ⅵ. 영업외수익	
Ⅶ. 영업외비용	
Ⅷ. 법인세비용차감전순이익	(= 영업이익 + 영업외수익 – 영업외비용)
Ⅸ. 법인세비용	
Ⅹ. 당기순이익	(= 법인세비용차감전순이익 – 법인세비용)

(2) 손익계산서의 작성기준

발생주의	· 수익과 비용이 그 현금의 유출입이 있는 기간이 아니라 해당 거래나 사건이 발생한 기간에 정당하게 배분되도록 회계처리 하여야 한다.
실현주의	· 실현주의란 발생주의를 구현하기 위한 **수익 인식의 원칙**으로서, "수익은 실현된 기간에 인식하여야 한다."는 원칙을 말한다. · 수익이 실현되는 시점은 "㉠ 수익획득을 위한 노력이 완료되거나 실질적으로 거의 완료되고 ㉡ 금액을 합리적으로 측정할 수 있는 때"를 의미한다. · 예를 들어 상품을 판매하고 한 달 후에 대금을 받는 거래에서, 상품 포장 완료, 주문 수령, 상품 인도, 대금 회수 등 여러 시점 중에서 상품 인도 시점을 수익이 실현되는 시점으로 보아 그 시점에 수익을 인식한다.
수익·비용 대응의 원칙	· 수익·비용 대응의 원칙이란 발생주의를 구현하기 위한 **비용 인식의 원칙**으로서, "비용은 그와 관련된 수익이 인식되는 기간에 그 관련 수익에 대응시켜서 인식해야 한다."는 원칙을 말한다.
총액주의	· 수익과 비용은 총액으로 기재함을 원칙으로 한다. 수익 항목과 비용 항목을 직접 상계함으로써 그 전부 또는 일부를 손익계산서에서 제외하여서는 안 된다.
구분 계산	· 손익계산서상 이익은 매출총이익, 영업이익, 법인세비용차감전순이익, 당기순이익으로 구분하여 계산하여야 한다.

참고 비용의 인식방법 3가지

비용을 인식하는 가장 기본적인 원칙은 수익·비용 대응의 원칙이다. 그러나 수익과 비용의 직접적인 인과관계를 파악할 수 없을 때에는, 발생 즉시 비용으로 인식하거나, 또는 합리적으로 추정된 여러 기간으로 나누어 비용으로 인식하는 방법도 사용되고 있다.

관련 수익에 직접 대응	관련 수익과 직접적인 인과관계를 파악할 수 있는 비용은 관련 수익에 직접 대응시킨다. [예] 당기 매출액에 대한 당기 매출원가
즉시 비용처리	관련 수익과 직접적인 인과관계를 파악할 수 없고 당해 지출이 미래 경제적 효익을 제공하지 못하거나 미래 경제적 효익의 유입가능성이 불확실한 경우에는 이를 발생 즉시 비용으로 처리한다. [예] 광고선전비
합리적이고 체계적인 방법에 의한 기간배분	관련 수익과의 직접적인 인과관계를 파악할 수는 없지만 당해 지출이 일정 기간 동안 수익창출활동에 기여하는 것으로 판단되면 이를 해당되는 기간에 걸쳐 합리적이고 체계적으로 배분하여 비용으로 처리한다. [예] 감가상각비

fn.Hackers.com

핵심기출문제

* 본서에 수록된 기출문제의 날짜는 학습효과를 높이기 위하여 일부 수정함

01 다음 중 재무회계에 관한 설명으로 가장 적절하지 않은 것은?　　　　　　　[제32회 수정]

① 재무제표에는 재무상태표, 손익계산서, 자본변동표, 현금흐름표, 주석이 있다.
② 특정 시점의 재무상태를 나타내는 보고서는 재무상태표이다.
③ 기업의 내부이해관계자에게 유용한 정보를 제공하는 것을 주된 목적으로 한다.
④ 일반적으로 인정된 회계원칙의 지배를 받는다.

02 회계이론을 연역적으로 설명하기 위하여 기본적인 가정 또는 전제가 필요하다. 재무제표를
작성·공시하는 데 있어 기초가 되는 기본 가정이 아닌 것은?　　　　　　　[제21회 수정]

① 기업실체　　　　　　　　　　② 화폐단위 측정
③ 기간별 보고　　　　　　　　　④ 계속기업

03 다음은 회계정보가 정보이용자의 의사결정에 유용성을 충족하기 위해서 갖추어야 할 회계
정보의 질적 특성 중 목적적합성에 대한 설명이다. 목적적합성의 하부 속성에 해당하지
않는 것은?　　　　　　　　　　　　　　　　　　　　　　　　　　　　[제49회]

① 예측가치　　　　　　　　　　② 표현의 충실성
③ 피드백가치　　　　　　　　　④ 적시성

04 재무제표정보의 질적 특성인 신뢰성에 대한 내용이 아닌 것은?　　　　　　　　　　[제58회]

① 재무정보가 의사결정에 반영될 수 있도록 적시에 제공되어야 한다.
② 재무정보가 특정 이용자에게 치우치거나 편견을 내포해서는 안 된다.
③ 거래나 사건을 사실대로 충실하게 표현하여야 한다.
④ 동일 사건에 대해 다수의 서로 다른 측정자들이 동일하거나 유사한 측정치에 도달하여야 한다.

05 다음 중 회계정보가 갖추어야 할 질적 특성에 대한 설명으로 틀린 것은?　　　　　　[제28회]

① 예측가치란 회계정보이용자가 기업실체의 미래 재무상태, 경영성과, 순현금흐름 등을 예측하는 데에 그 정보가 활용될 수 있는 능력을 의미한다.
② 피드백가치란 제공되는 회계정보가 기업실체의 재무상태, 경영성과, 순현금흐름 등에 대한 정보이용자의 당초 기대치를 확인 또는 수정되게 함으로써 의사결정에 영향을 미칠 수 있는 능력을 말한다.
③ 중립성이란 동일한 경제적 사건이나 거래에 대하여 동일한 측정방법을 적용할 경우 다수의 독립적인 측정자가 유사한 결론에 도달할 수 있어야 함을 의미한다.
④ 표현의 충실성은 재무제표상의 회계수치가 회계기간 말 현재 기업실체가 보유하는 자산과 부채의 크기를 충실히 나타내야 한다는 것이다.

01 ③　기업의 내부이해관계자에게 유용한 정보를 제공하는 것을 주된 목적으로 하는 것은 관리회계이다.

02 ②　화폐단위 측정은 기본 가정에 해당하지 않는다. 재무제표는 일정한 가정하에서 작성되며, 기본가정에는 기업실체에 대한 가정, 기간별 보고의 가정, 계속기업의 가정이 있다.

03 ②　표현의 충실성, 검증가능성, 중립성은 회계정보의 질적 특성 중 신뢰성을 갖추기 위한 속성에 해당한다.

04 ①　적시성에 대한 내용으로 예측가치, 피드백가치와 함께 목적적합성에 해당한다.

05 ③　중립성이 아니라 검증가능성에 대한 설명이다.

06 일반기업회계기준에서 계속성의 원칙을 중요시하는 이유는? [제54회]

① 중요한 회계정보를 필요한 때에 적시성 있게 제공하기 위함이다.
② 기간별로 재무제표의 비교를 가능하도록 하기 위함이다.
③ 수익과 비용을 적절히 대응하기 위함이다.
④ 기업 간 회계처리의 비교가능성을 제고하기 위함이다.

07 다음 중 보수주의에 대한 설명으로 잘못된 것은? [제59회]

① 우발부채의 인식은 보수주의에 해당한다.
② 보수주의는 재무적 기초를 견고히 하는 관점에서 이익을 낮게 보고하는 방법을 선택하는 것을 말한다.
③ 재고자산의 평가 시 저가법을 적용하는 것은 보수주의에 해당한다.
④ 보수주의는 이익조작의 가능성이 존재하지 않는다.

08 다음 중 일반기업회계기준에서 설명하고 있는 재무제표의 특성과 한계가 아닌 것은?

[제43회 수정]

① 재무제표는 추정에 의한 측정치를 허용하지 않는다.
② 재무제표는 화폐단위로 측정된 정보를 주로 제공한다.
③ 재무제표는 대부분 과거에 발생한 거래나 사건에 대한 정보를 나타낸다.
④ 재무제표는 특정 기업실체에 관한 정보를 제공하며, 산업 또는 경제 전반에 관한 정보는 제공하지 않는다.

09 다음 중 재무상태표 구성요소의 구분과 관련된 설명 중 틀린 것은?

① 유동자산은 당좌자산, 매출채권, 재고자산으로 구분한다.
② 비유동자산은 투자자산, 유형자산, 무형자산, 기타 비유동자산으로 구분한다.
③ 부채는 유동부채와 비유동부채로 구분한다.
④ 자본은 자본금, 자본잉여금, 자본조정, 기타포괄손익누계액 및 이익잉여금(또는 결손금)으로 구분한다.

10 다음은 재무제표의 작성과 관련된 설명이다. 올바르지 않은 것은?

① 자산·부채 및 자본은 총액에 의하여 기재함을 원칙으로 하며, 자산·부채의 항목 및 자본의 항목을 상계함으로써 그 전부 또는 일부를 재무상태표에서 제외하여서는 안 된다.
② 자산과 부채는 1년을 기준으로 하여 유동자산 또는 비유동자산, 유동부채 또는 비유동부채로 구분하는 것을 원칙으로 한다.
③ 자산과 부채는 유동성이 높은 항목부터 배열하는 것을 원칙으로 한다.
④ 중요한 항목은 재무제표의 본문이나 주석에서 성격이나 기능이 유사한 항목과 통합하여 표시하여야 한다.

정답 및 해설

06 ② 계속성의 원칙은 회계처리의 기간별 비교를 위해 중요시된다.

07 ④ 보수주의에서는 자산과 수익은 작게, 부채와 비용은 크게 회계처리하므로 이익조작의 가능성이 존재한다.

08 ① 재무제표는 추정에 의한 측정치를 포함하고 있다.

09 ① 유동자산은 당좌자산과 재고자산으로 구분한다.

10 ④ 중요한 항목은 재무제표의 본문이나 주석에 그 내용을 가장 잘 나타낼 수 있도록 구분하여 표시하여야 하며, 중요하지 않은 항목은 성격이나 기능이 유사한 항목과 통합하여 표시할 수 있다.

01 당좌자산

(1) 유동자산

유동자산이란 보고기간 종료일로부터 1년 이내에 현금화되는 자산을 말한다.

유동자산은 당좌자산과 재고자산으로 나누어진다.

(2) 당좌자산의 정의

당좌자산이란 판매과정을 거치지 않고 보고기간 종료일로부터 1년 이내에 현금화되는 자산을 말한다.

(3) 당좌자산에 해당하는 계정과목

계정과목	내 용
현 금	통화(지폐, 동전)와 통화대용증권(타인발행수표, 자기앞수표, 우편환증서 등)
보통예금	수시로 자유로이 입·출금할 수 있는 통장식 은행예금
당좌예금	은행과의 당좌거래 약정에 의하여 당좌수표를 발행할 수 있는 예금
현금성자산	채무증권이나 금융상품 중에서 취득 당시에 만기가 3개월 이내인 것
현금및현금성자산	**외부보고용** 재무상태표에서 사용되는 **통합 표시 계정**으로서, '현금 + 요구불예금(보통예금, 당좌예금 등) + 현금성자산'을 말함
단기금융상품[1]	만기가 결산일로부터 1년 이내에 도래하는 금융상품(정기예금, 정기적금, 양도성예금증서(CD), CMA 등)으로서 현금성자산이 아닌 것
단기매매증권[1]	기업이 여유자금으로 단기간 내에 매매차익을 얻기 위하여 취득하는 유가증권(주식 등 지분증권, 회사채 등 채무증권)
단기대여금[1]	차용증서를 받고 타인에게 빌려준 금전으로서 만기가 결산일로부터 1년 이내에 도래하는 것
외상매출금	기업의 주된 영업활동(일반적인 상거래)인 상품매출을 하고 아직 받지 않은 외상대금
받을어음	기업의 주된 영업활동(일반적인 상거래)인 상품매출을 하고 이에 대한 대금으로 상대방으로부터 받은 어음
매출채권	**외부보고용** 재무상태표에서 사용되는 **통합 표시 계정**으로서, '외상매출금 + 받을어음'을 말함
대손충당금	상대방의 파산 등의 사유로 인하여 외상매출금, 받을어음 등을 회수하지 못할 가능성을 추정하여 금액으로 표시하는 차감적 평가계정 참고 외상매출금, 받을어음 등의 차감계정

미수금	일반적인 상거래 이외의 거래에서 발생한 외상대금
미수수익	당기에 속하는 수익 중 차기에 회수될 예정인 것(미수이자, 미수임대료 등)으로서 기말 결산 시 발생주의에 따라 추가 계상하는 수익상당액
선급금	계약금 성격으로 미리 지급한 대금
선급비용	당기에 지급한 비용 중 차기 비용에 해당하는 부분(선급이자, 선급임차료, 선급보험료 등)으로서 기말 결산 시 발생주의에 따라 차감하는 비용상당액
소모품	소모품 구입 시 이를 자산으로 처리한 것
가지급금	금전을 지급하였으나 그 내용이 확정되지 않았을 경우 그 내용이 확정될 때까지 임시적으로 사용하는 계정과목
부가세대급금	외부로부터 재화나 용역을 구입할 때 부담하는 부가가치세로서 매입세액공제를 받을 수 있는 것
선납세금	법인세 중간예납세액 + 법인의 이자수익에 대한 원천납부세액
현금과부족	장부상 현금 잔액과 금고에 있는 실제 현금 잔액이 일치하지 않을 경우 그 원인이 밝혀질 때까지 임시적으로 사용하는 계정과목

1) 외부보고용 재무상태표를 작성할 때 '단기금융상품 + 단기매매증권 + 단기대여금'에 대하여, 각 항목의 금액이 중요한 경우에는 각각 구분 표시하지만, 중요하지 않은 경우에는 이를 합하여 '단기투자자산'계정으로 통합 표시할 수 있다.

참고   기업 내부 목적용 상세 계정과목

기업 내부적으로 거래를 자세히 기록·관리하기 위하여 필요한 경우에는 상세 계정과목을 사용하여 회계처리한 다음, 재무제표를 작성할 때 상기 계정과목으로 합산하여 표시한다. 예를 들어, 단기금융상품에 대한 상세 계정과목에는 정기예금, 정기적금 등이 있다.

02   현금및현금성자산

최근 77회 시험 중 **14**회 기출

현금및현금성자산이란 자산 중에서 결제수단으로 자유롭게 사용 가능한 것들을 통틀어 나타내는 개념으로서 '현금 + 요구불예금(보통예금, 당좌예금 등) + 현금성자산'으로 구성되어 있다.

기업 내부적으로 회계처리를 할 때는 현금 계정, 보통예금 계정 등을 사용하고, 외부보고용 재무제표를 작성할 때는 현금및현금성자산 계정으로 통합 표시한다.

(1) 현금

현금은 기업이 보유하고 있는 자산 중 유동성이 가장 높은 자산이다.

회계상 현금은 지폐나 동전 등의 통화뿐만 아니라 통화처럼 사용할 수 있는 통화대용증권을 포함한다. 예를 들어 거래처로부터 통화대용증권인 자기앞수표를 받은 경우 이는 장부에 현금 계정으로 기록된다.

- 통화 : 지폐, 동전
- 통화대용증권 : 은행발행 자기앞수표, 타인발행 당좌수표, 송금수표, 우편환증서, 만기가 도래한 공·사채의 이자표, 배당금지급통지표 등

우표나 수입인지는 통화대용증권(현금)으로 보지 않고 통신비나 세금과공과 등 비용으로 분류한다.

(2) 요구불예금

요구불예금이란 만기 없이 언제든지 인출할 수 있는 예금을 말하며, 보통예금, 당좌예금 등이 여기에 해당한다.

> - 보통예금 : 만기 없이 수시로 자유로이 입·출금할 수 있는 통장식 은행예금
> - 당좌예금 : 은행과의 당좌거래 약정에 의하여 현금을 예입하고 당좌수표를 발행하여 언제든지 인출할 수 있는 예금

(3) 현금성자산

현금성자산이란 ㉠ 큰 거래비용 없이 현금으로 전환이 용이하고 ㉡ 이자율 변동에 따른 가치변동의 위험이 중요하지 않은 것으로서 ㉢ **취득 당시**에 만기가 3개월 이내인 **채무증권 또는 금융상품**을 말한다.

만기가 3개월 이내인지 여부를 판단하는 기산일은 결산일이 아니라 취득일이라는 점에 주의해야 한다.

주식(지분증권)은 만기가 없기 때문에 현금성자산에 포함되지 않는다. 다만, 상환우선주의 경우에는 만기 성격인 상환일이 정해져 있으므로 예외로 한다.

현금성자산의 예는 다음과 같다.

> - 취득 당시에 만기가 3개월 이내에 도래하는 채무증권(국채, 공채, 회사채)
> - 취득 당시에 상환일이 3개월 이내에 도래하는 상환우선주
> - 취득 당시에 3개월 이내의 환매조건인 환매채
> - 취득 당시에 만기가 3개월 이내에 도래하는 금융상품(정기예금, 정기적금, CD, CMA 등)

기출확인문제

다음 중 현금및현금성자산에 해당하지 않는 것은? 제74회	정답 ②
① 자기앞수표 ② 수입인지 ③ 보통예금 ④ 취득 당시 만기가 3개월 이내에 도래하는 양도성예금증서(CD)	**해설** 수입인지는 현금(통화대용증권)으로 보지 않고 세금과공과 등 비용으로 분류한다.

(1) 당좌수표의 정의

당좌수표란 당좌예금을 예입한 발행인이 수표소지인에게 일정한 금액을 지급하겠다는 내용을 기재한 증서를 말한다.

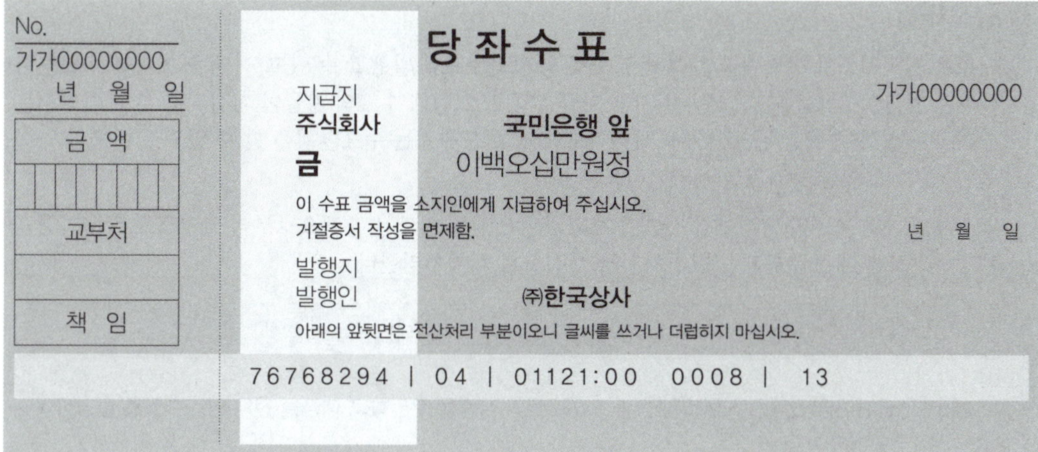

> **참고** 인터넷뱅킹
>
> 최근에는 인터넷뱅킹이 보편화됨에 따라 실무에서 당좌수표는 그 쓰임새가 많이 줄어들었다. 그러나 이론적으로나 수험목적으로는 당좌수표는 여전히 중요한 주제에 해당한다.

(2) 당좌수표의 회계처리

① 당사가 당좌수표를 발행하면 당좌예금 계정을 대변

당좌예금의 예금주인 기업 입장에서 볼 때 당좌수표를 발행하면 당좌예금 잔고가 감소하므로, 당사가 당좌수표를 발행하면 당좌예금 계정을 대변으로(자산의 감소) 회계처리한다.

(차) [계정명]	xxx	(대) 당좌예금	xxx

[사례] 상품을 4,000원에 구입하고 대금은 당좌수표를 발행하여 지급하였다.

(차) 상품	4,000	(대) 당좌예금	4,000

② 타인발행 당좌수표는 현금 계정

타인발행 당좌수표(타인발행수표)란 다른 회사가 발행한 당좌수표를 말한다.

당사 입장에서 볼 때 타인발행 당좌수표는 언제든지 현금으로 바꿀 수 있는 통화대용증권에 해당한다. 따라서 타인발행 당좌수표를 수령하면 현금 계정을 차변으로(자산의 증가), 보유하고 있던 타인발행 당좌수표를 대금 결제에 사용하면 현금 계정을 대변으로(자산의 감소) 회계처리한다.

(차) 현금	xxx	(대) [계정명]	xxx

[사례] 상품을 5,000원에 판매하고 상대방 거래처가 발행한 당좌수표를 받았다.

(차) 현금	5,000	(대) 상품매출	5,000

(차) [계정명]	xxx	(대) 현금	xxx

[사례] 상품을 2,000원에 구입하고 대금은 보유하고 있던 타인발행 당좌수표로 지급하였다.

(차) 상품	2,000	(대) 현금	2,000

(3) 당좌차월

기업은 원칙적으로 당좌예금 잔액 범위 내에서 당좌수표를 발행할 수 있고, 잔액을 초과하여 발행하면 은행에서 지급이 거절된다. 그러나 일시적 자금 부족으로 인해 수표의 지급이 거절되고 부도 처리되는 것을 방지하기 위하여, 예금 잔액이 부족하더라도 일정 한도까지는 수표발행을 할 수 있도록 은행과 약정을 맺을 수 있는데, 이를 당좌차월 계약이라고 한다.

당좌차월 계약에 따라 당좌예금 잔액을 초과하여 인출된 금액은 은행으로부터 일시적으로 차입한 금액에 해당하므로 부채로 분류되는 단기차입금 계정으로 회계처리한다.

(차) [계정명]	xxx	(대) 단기차입금	xxx

[사례] 당좌예금 잔액은 3,000원인데, 4,000원의 상품을 구입하고 대금을 전액 당좌수표를 발행하여 지급하였다.

(차) 상품	4,000	(대) 당좌예금	3,000
		단기차입금[1]	1,000

[1] 기중에는 '당좌차월'이라는 임시 계정과목을 사용하다가 기말 결산 때 단기차입금으로 계정 대체하는 것도 가능하다.

(4) 자기앞수표의 정의

자기앞수표란 발행인인 은행이 수표소지인에게 일정한 금액을 지급하겠다는 내용을 기재한 증서를 말한다.

즉, 자기앞수표란 발행인이 은행인 수표를 말하는 것이며, 이는 일상생활에서 현금처럼 사용되고 있는 대표적인 통화대용증권에 해당한다.

(5) 자기앞수표의 회계처리

자기앞수표는 통화대용증권이므로 **현금** 계정으로 회계처리한다. 따라서 자기앞수표를 수령하면 현금 계정을 차변으로(자산의 증가), 보유하고 있던 자기앞수표를 대금 결제에 사용하면 현금 계정을 대변으로 (자산의 감소) 회계처리한다.

(차) 현금	xxx	(대) [계정명]	xxx

[사례] 상품을 6,000원에 판매하고 자기앞수표를 받았다.

(차) 현금	6,000	(대) 상품매출	6,000

(차) [계정명]	xxx	(대) 현금	xxx

[사례] 상품을 3,000원에 구입하고 대금은 보유하고 있던 자기앞수표로 지급하였다.

(차) 상품	3,000	(대) 현금	3,000

04 단기금융상품

단기금융상품이란 금융기관에서 불특정 다수의 고객을 상대로 개발한 정형화된 금융상품(정기예금, 정기적금, 양도성예금증서(CD), 어음관리계좌(CMA), 환매채(RP), 신종기업어음(CP 등) 중에서 당사가 보유하고 있는 것으로서 만기가 결산일로부터 1년 이내에 도래하지만 현금성자산이 아닌 것을 말한다.

기업이 보유하는 금융상품은 그 만기에 따라 다음과 같이 분류한다.

- 현금및현금성자산 : 취득 당시 만기가 3개월 이내
- 단기금융상품 : 결산일로부터 만기가 1년 이내
- 장기금융상품 : 결산일로부터 만기가 1년 이후

예를 들어 기업이 정기예금을 개설했을 때, 개설 당시에 만기가 3개월 이내에 도래하는 경우에는 현금및현금성자산으로 분류하고, 만기가 결산일로부터 1년 이내에 도래하는 경우에는 단기금융상품으로, 결산일로부터 1년 이후에 도래하는 경우에는 장기금융상품으로 분류한다.

단기금융상품의 경우 기업 내부적으로는 정기예금, 정기적금 등 상세 계정과목을 사용하여 회계처리하고, 재무상태표를 작성할 때에는 단기금융상품 계정으로 합산하여 표시한다.

참고 사용이 제한되어 있는 예금
- 보통예금이나 당좌예금이라 하더라도 사용이 제한되어 있는 경우(예 차입금에 대한 담보로 제공된 예금)에는 이를 현금및현금성자산으로 분류할 수 없다.
- 사용이 제한되어 있는 예금은 만기에 따라 단기·장기금융상품으로 분류하며, 그 내용을 주석에 기재하여야 한다.

- 정기예금 : 정해진 기간 동안 일정한 금액을 예치한 후 만기가 되면 이자와 원금을 돌려받는 금융상품
- 정기적금 : 정해진 기간 동안 매월 일정 금액을 불입한 후 만기가 되면 이자와 원금을 돌려받는 금융상품
- 양도성예금증서(CD, Certificate of Deposit) : 예금의 만기일에 예금증서 소지인에게 원금과 이자를 지급하는 무기명 정기예금 증서
- 어음관리계좌(CMA, Cash Management Account) : 종금사에서 예탁금을 어음이나 채권에 투자하여 그 수익을 돌려주는 실적배당 상품
- 환매채(RP, Repurchase Agreement) : 환매조건부채권의 줄임말로 발행기관이 일정 기간 후에 다시 매입하는 조건으로 판매하는 채권
- 신종기업어음(CP, Commercial Paper) : 신용도 높은 우량기업이 단기적인 자금조달을 위해 발행하는 단기 무담보 융통어음

05 유가증권

(1) 개요

유가증권이란 재산적인 권리를 표시하는 증서를 말한다.

유가증권은 증권시장 등을 통하여 거래되며 여유자금이 있는 기업은 이를 취득한다.

유가증권의 형태는 지분증권과 채무증권으로 나눌 수 있다.

지분증권이란 주식 등과 같이 발행한 회사의 순자산에 대한 소유권을 나타내는 유가증권을 말한다. 지분증권은 만기가 없다. 지분증권을 취득하면 보유기간 동안 배당을 받고 주주총회에서 의결권을 행사할 수 있다.

채무증권이란 국채, 공채, 회사채 등과 같이 발행자에게 금전을 청구할 수 있는 권리를 나타내는 유가증권을 말한다. 채무증권은 만기가 있다. 채무증권을 취득하면 보유기간 동안 이자를 받고 만기가 되면 액면금액을 받는다.

(2) 계정과목

기업이 유가증권을 취득하면, 유가증권의 형태가 지분증권(주식)인지 채무증권(채권)인지에 따라, 그리고 기업이 유가증권을 보유하는 목적이 무엇인지에 따라 해당 유가증권을 단기매매증권, 만기보유증권, 지분법적용투자주식, 매도가능증권 중 하나의 계정과목으로 처리한다.

계정과목	보유목적	유가증권 형태		재무상태표에서의 위치
		주 식	채 권	
단기매매증권	단기간 내의 매매차익 목적	O	O	당좌자산
만기보유증권	만기까지 보유할 목적	X	O	투자자산 (만기가 1년 이내로 도래하면 유동자산)
지분법적용투자주식	유의적인 영향력을 행사할 목적	O	X	투자자산
매도가능증권	장기투자 목적	O	O	투자자산 (만기가 1년 이내로 도래하면 유동자산)

기출포인트

- 지분증권(주식)은 만기가 없으므로 만기보유증권 계정과목으로 처리할 수 없다.
- 채무증권(채권)은 주주총회에서 의결권을 행사할 수 없으므로 지분법적용투자주식 계정과목으로 처리할 수 없다.
- 채무증권(채권)이면서 그 만기가 당기 결산일로부터 1년 이내에 도래하는 경우에는, 만기보유증권 계정과목 또는 매도가능증권 계정과목으로 처리되어 있다 하더라도 당기말 재무상태표 작성 시 이를 유동자산(당좌자산)으로 분류한다.
- 만약 채무증권(채권)이면서 취득 당시에 만기가 3개월 이내에 도래하는 경우라면 이를 현금성자산 계정과목(현금및현금성자산)으로 처리한다.

(3) 재분류

- 취득 후 보유목적이 바뀌더라도 기업 임의대로 '단기매매증권 ↔ 다른 범주'로 재분류할 수는 없다.
- 취득 후 보유목적이 바뀌면 '매도가능증권 ↔ 만기보유증권'으로는 재분류할 수 있다.
- 단기매매증권이 시장성을 상실한 경우에는 반드시 매도가능증권으로 재분류하여야 한다.
- 유가증권을 재분류할 때에는 먼저 재분류일 현재의 공정가치로 평가한 후 분류변경을 한다. ('선평가 후분류'의 원칙)

06 단기매매증권

최근 77회 시험 중 15회 기출

단기매매증권이란 단기간 내의 매매차익을 목적으로 취득한 유가증권을 말한다.

(1) 단기매매증권의 취득

단기매매증권의 경우 해당 주식이나 채권의 순수한 매입가액(취득 시점의 공정가치)만 취득원가로 처리하고, 수수료 등 취득과 관련하여 발생하는 취득부대비용은 당기 비용(영업외비용)으로 처리한다.

(차) 단기매매증권	XXX	(대) [계정명]		XXX
수수료비용	XXX			

[사례] 단기매매차익을 목적으로 주식 10주를 주당 2,000원에 매입하였으며 매입수수료 1,000원을 포함하여 현금으로 지급하였다.

(차) 단기매매증권	20,000	(대) 현금		21,000
수수료비용(영업외비용)	1,000			

참고 유가증권 취득 시 취득부대비용의 회계처리

- 자산 취득 시 발생하는 취득부대비용은 해당 자산의 취득원가로 처리하는 것이 원칙이다.
- 단기매매증권의 경우만은 예외적으로 취득부대비용을 당기 비용(영업외비용)으로 처리한다. 이는 단기매매증권의 성격상 순수한 매입가액을 사용하여 매매수익률을 산정해 보아야 할 필요가 있기 때문이다.
- 따라서 취득하는 유가증권을 단기매매증권 계정과목이 아니라 매도가능증권이나 만기보유증권 등의 계정과목으로 처리하는 경우에는, 취득부대비용을 일반적인 원칙에 따라 자산의 취득원가로 처리한다.

(2) 보유기간 중 배당금수익 및 이자수익

단기매매증권을 보유하는 기간 중 주식에 대한 배당금을 받았을 경우에는 배당금수익 계정(수익)을, 채권에 대한 이자를 받았을 경우에는 이자수익 계정(수익)을 인식한다.

(차) [계정명]	xxx	(대) 배당금수익	xxx
[사례] 보유 중인 단기매매증권(주식)에 대하여 배당금 1,000원이 보통예금으로 입금되었다.			
(차) 보통예금	1,000	(대) 배당금수익	1,000

(차) [계정명]	xxx	(대) 이자수익	xxx
[사례] 보유 중인 단기매매증권(채권)에 대하여 이자 1,500원이 보통예금으로 입금되었다.			
(차) 보통예금	1,500	(대) 이자수익	1,500

(3) 단기매매증권의 기말평가

단기매매증권을 취득하여 기말 현재 보유하고 있는 경우에는 이를 기말 공정가치(시가)로 평가한다.

기말 공정가치가 평가 전 장부금액보다 크다면 단기매매증권평가이익 계정(수익)을, 기말 공정가치가 평가 전 장부금액보다 작다면 단기매매증권평가손실 계정(비용)을 인식한다.

기말 공정금액 > 평가 전 장부금액 : 단기매매증권평가이익			
(차) 단기매매증권	xxx	(대) 단기매매증권평가이익	xxx
[사례] 당기중에 단기매매차익을 목적으로 매입가액 10,000원에 취득한 주식의 기말(12월 31일) 공정가치가 12,000원으로 상승하였다.			
12월 31일 (차) 단기매매증권	2,000	(대) 단기매매증권평가이익	2,000

기말 공정금액 < 평가 전 장부금액 : 단기매매증권평가손실			
(차) 단기매매증권평가손실	xxx	(대) 단기매매증권	xxx
[사례] 당기중에 단기매매차익을 목적으로 매입가액 10,000원에 취득한 채권의 기말(12월 31일) 공정가치가 9,000원으로 하락하였다.			
12월 31일 (차) 단기매매증권평가손실	1,000	(대) 단기매매증권	1,000

(4) 단기매매증권의 처분

단기매매증권을 처분하는 경우에는 처분금액과 처분 전 장부금액을 비교하여 처분손익을 인식한다.

처분금액이 처분 전 장부금액보다 크다면 단기매매증권처분이익 계정(수익)을, 처분금액이 처분 전 장부금액보다 작다면 단기매매증권처분손실 계정(비용)을 인식한다.

처분금액을 계상할 때, 수수료 등 매각 시 부대비용이 있는 경우에는 매각금액에서 동 부대비용을 차감한 순매각금액을 처분금액으로 본다.

처분 전 장부금액을 계상할 때, 처분하는 단기매매증권이 당기에 취득한 것이라면 취득원가가 곧 장부금액이 되지만, 만약 전기에 취득하여 전기말에 공정가치로 평가한 것이라면 전기말 공정가치가 장부금액이 된다.

처분금액 > 처분 전 장부금액 : 단기매매증권처분이익

| (차) [계정명] | xxx | (대) 단기매매증권 | xxx |
| | | 단기매매증권처분이익 | xxx |

[사례] 당기 3월 1일에 단기매매차익을 목적으로 매입가액 10,000원에 취득한 주식을 9월 1일에 13,000원에 매각처분하고 대금은 매각수수료 1,000원을 차감한 후 현금으로 받았다.

| 9월 1일 (차) 현금 | 12,000 | (대) 단기매매증권 | 10,000 |
| | | 단기매매증권처분이익 | 2,000[1] |

[1] 처분금액 − 처분 전 장부금액 = (13,000 − 1,000) − 10,000 = 2,000원

처분금액 < 처분 전 장부금액 : 단기매매증권처분손실

| (차) [계정명] | xxx | (대) 단기매매증권 | xxx |
| 단기매매증권처분손실 | xxx | | |

[사례] 전기 11월 1일에 단기매매차익을 목적으로 주식을 매입가액 14,000원에 취득하고 전기 결산일인 12월 31일에 공정가치 20,000원으로 평가하였다. 이 주식을 당기 8월 1일에 18,000원에 매각처분하고 대금은 매각수수료 2,000원을 차감한 후 현금으로 받았다.

| 8월 1일 (차) 현금 | 16,000 | (대) 단기매매증권 | 20,000 |
| 단기매매증권처분손실 | 4,000[1] | | |

[1] 처분금액 − 처분 전 장부금액 = (18,000 − 2,000) − 20,000 = (−)4,000원

참고 자산을 취득할 때와 처분할 때 발생하는 운송료, 수수료, 제세금 등의 회계처리

구 분		회계처리
자산 취득 시 운송료, 수수료, 제세금 등	원 칙	자산의 취득과 관련하여 발생하는 취득부대비용은 **자산의 취득원가**로 회계처리한다.
	예 외	단기매매증권의 취득과 관련하여 발생하는 취득부대비용은 **당기비용(영업외비용)**으로 회계처리한다.
자산 처분 시 운송료, 수수료, 제세금 등	일반적인 상거래	기업의 주된 영업활동인 상품매출(재고자산의 처분)과 관련하여 발생하는 부대비용은 **운반비, 수수료비용, 세금과공과 등 별도의 비용 계정**(판매비와관리비)으로 회계처리한다.
	일반적인 상거래 이외의 거래	기업의 주된 영업활동이 아닌 자산의 처분(재고자산이 아닌 자산의 처분)과 관련하여 발생하는 부대비용은 자산의 처분금액에서 직접 차감하여 **해당 자산의 처분손익 계정**(영업외수익 또는 영업외비용)으로 회계처리한다.

(1) 어음의 정의

어음(약속어음)이란 발행인이 미래의 일정한 날짜에 어음상의 수취인 또는 어음소지인에게 일정한 금액을 지급하겠다는 내용을 기재한 증서를 말한다.

약 속 어 음

㈜루비전자 귀하　　　　가가00000000

금 오백만원정　　　　　　　　**5,000,000원**

위의 금액을 귀하 또는 귀하의 지시인에게 지급하겠습니다.

지급기일 20x1년 9월 30일	**발행일** 20x1년 4월 1일
지 급 지 우리은행	**발행지**
지급장소 구로지점	**주 소**
	발행인 ㈜한국상사

00000000| 23 |　　　　　　　13 | 000010000

> **참고** 전자어음
> 최근에는 실무에서 어음을 발행할 때 종이어음 형태가 아니라 대부분 전자어음 형태로 발행하고 있다. 전자어음이란 작성자의 신원을 확인할 수 있는 공인인증시스템을 거쳐 정보통신망으로 발급하는 어음을 말한다.

(2) 분류

어음(약속어음)은 약속증서일 뿐 채무증권 또는 정형화된 금융상품이 아니므로, 설사 취득 당시에 어음의 만기가 3개월 이내인 경우라 하더라도 이는 현금성자산에 포함되지 않는다.

어음을 타인으로부터 수령하면 향후에 돈을 받을 수 있으므로 이는 수취채권(받을 돈)에 해당하고, 어음을 타인에게 발행하면 향후에 돈을 지급해야 하므로 이는 지급채무(줄 돈)에 해당한다.

(3) 수표와 어음의 차이점

수표소지인과 어음소지인은 모두 증서에 기재된 금액을 받을 수 있다는 공통점이 있지만, 그 시기를 보면 수표소지인은 지금 즉시 받을 수 있는 반면, 어음소지인은 어음의 만기가 되어야 받을 수 있다는 점에서 차이가 있다.

> **참고** 선일자수표
> 실무에서는 장래의 어느 일자가 발행일로 기재된 수표가 발행되어 유통되는 것을 볼 수 있는데, 이를 선일자수표라고 부른다. 수표는 어음에 비해 발행이 간편한 대신 유효기간이 짧은데, 은행과 어음거래를 할 수 없는 소규모 기업은 수표를 어음처럼 활용하기 위하여 이러한 선일자수표를 발행하게 된다. 따라서, 선일자수표에 대한 회계처리는 어음과 동일하다. 선일자수표를 수령하거나 발행하면 어음을 수령하거나 발행한 것으로 보고 회계처리한다.

(4) 외상거래와 어음거래의 차이점

어음이라는 증서는 제3자에게 양도가 가능하므로, 어음소지인은 어음의 만기가 되기 전에 자금을 유통할 수 있다는 장점이 있다.

예를 들어, A사가 B사에게 물건을 팔고 대금은 인도일로부터 일정 기간 후에 받기로 했을 때, 어음을 발행하지 않는 단순 외상거래인 경우라면 A사는 대금을 받기로 한 날까지 기다렸다가 B사로부터 돈을 직접 받아야 한다. 이와 달리 B사가 A사에게 어음을 발행한 경우라면 A사는 제3자인 C사에게 어음을 양도하면서 대금을 지불할 수 있으므로 어음의 만기 전이라도 자금을 유통할 수 있다.

08 수취채권과 지급채무

수취채권(채권)이란 타인에게 재화, 용역, 금전을 제공한 대가로 청구할 수 있는 권리(즉, 받을 돈)를 말한다.

지급채무(채무)란 타인에게 재화, 용역, 금전을 제공받은 대가로 지급하여야 할 의무(즉, 줄 돈)를 말한다.

일반적인 상거래란 기업의 사업 목적을 달성하기 위한 계속적·반복적 영업활동(즉, **주된 영업활동**)에서 발생하는 거래를 말한다. 도·소매업을 영위하는 기업의 경우 상품을 구입하는 거래(재고자산의 취득)와 상품을 판매하는 거래(재고자산의 처분), 제조업을 영위하는 기업의 경우 원재료를 구입하는 거래(재고자산의 취득)와 제품을 판매하는 거래(재고자산의 처분)가 이에 해당한다.

수취채권과 지급채무에 대하여 사용하는 계정과목은 다음과 같다.

구 분		수취채권(자산)	지급채무(부채)
일반적인 상거래	외 상	외상매출금	외상매입금
	어 음	받을어음	지급어음
일반적인 상거래 이외의 거래	외 상	미수금	미지급금
	어 음		
금전대차거래		대여금	차입금

일반적인 상거래 이외의 거래에서 어음을 수령하는 경우

(차) 미수금   xxx   **(대)** [계정명]   xxx

[사례] 사용하던 토지(장부금액 : 50,000원)를 50,000원에 매각하고 어음을 받았다.

    (차) 미수금   50,000   (대) 토지   50,000

일반적인 상거래 이외의 거래에서 어음을 발행하여 지급하는 경우

(차) [계정명]   xxx   **(대) 미지급금**   xxx

[사례] 사무실에서 사용할 비품을 4,000원에 구입하고 대금은 어음을 발행하여 지급하였다.

    (차) 비품   4,000   (대) 미지급금   4,000

참고 '채권'이라는 용어의 서로 다른 두 가지 뜻

09 매출채권

최근 77회 시험 중 **3**회 기출

매출채권이란 기업의 주된 영업활동(일반적인 상거래)인 상품매출을 하고 획득한 금전적인 권리를 통틀어 나타내는 개념으로서 '외상매출금 + 받을어음'으로 구성되어 있다.

기업 내부적으로 회계처리를 할 때는 외상매출금 계정과 받을어음 계정을 사용하고, 외부보고용 재무제표를 작성할 때는 매출채권 계정으로 통합 표시한다.

(1) 외상매출금

외상매출금이란 기업의 주된 영업활동인 상품매출을 하고 아직 받지 않은 외상대금을 말한다.

① 외상판매

(차) 외상매출금	xxx	(대) 상품매출	xxx

[사례] 상품을 10,000원에 판매하고 3,000원은 현금으로 받고 나머지는 다음 달 10일에 받기로 하였다.

(차) 현금	3,000	(대) 상품매출	10,000
외상매출금	7,000		

② 외상매출금의 회수

(차) [계정명]	xxx	(대) 외상매출금	xxx

[사례] 외상매출금 7,000원을 현금으로 회수하였다.

(차) 현금	7,000	(대) 외상매출금	7,000

(2) 받을어음

받을어음이란 기업의 주된 영업활동인 상품매출을 하고 이에 대한 대금으로 상대방으로부터 받은 어음을 말한다.

받을어음을 수령한 기업은, 어음의 만기까지 기다렸다가 금액을 회수(추심)할 수도 있지만, 대금 지불 수단으로 다른 기업에 양도(배서양도)하거나 은행에서 현금화(할인) 함으로써 만기가 되기 전에 자금을 유통할 수도 있다.

① 받을어음의 수령

당사가 상품매출을 하고 이에 대한 대금으로 상대방이 발행하였거나 상대방이 보유하고 있던 어음(타인발행 약속어음)을 수령하면 받을어음 계정으로 회계처리한다.

(차) 받을어음	xxx	(대) 상품매출	xxx

[사례] 상품을 5,000원에 판매하고 약속어음을 받았다.

(차) 받을어음	5,000	(대) 상품매출	5,000

② 받을어음의 추심

어음의 만기가 되면 어음소지인은 어음에 기재된 지급장소에서 어음을 제시하여 어음에 기재된 금액을 받을 수 있다. 그러나 일반적으로는 어음소지인이 어음상의 지급장소로 직접 방문하지 않고 자신의 거래 은행에 이러한 대금 회수 업무를 위임하는데, 위임을 받은 은행이 어음의 대금을 회수하는 것을 추심이라고 한다.

어음을 양도할 때에는 어음의 뒷면에 양도자의 인적사항을 기재하게 되는데, 이를 배서라고 한다. 거래 은행에 추심을 의뢰할 때에도 배서를 하기 때문에 실무에서는 추심의뢰를 추심위임배서라고 부르기도 한다.

어음소지인이 거래 은행에 추심을 의뢰하면서 지급하는 수수료는 수수료비용 계정(비용)으로 회계처리한다.

(차) [계정명]	xxx	(대) 받을어음	xxx
수수료비용	xxx		

[사례] 상품매출 대금으로 받아 보유 중이던 타인발행 약속어음 5,000원의 만기일이 도래하여 거래 은행에 추심을 의뢰하고 추심료 100원을 차감한 잔액을 현금으로 받았다.

(차) 현금	4,900	(대) 받을어음	5,000
수수료비용	100		

③ 받을어음의 배서양도

배서양도란 어음소지인이 다른 기업에 대금을 지불하기 위하여 자신이 보유하고 있던 타인발행 약속어음을 어음의 만기가 되기 전에 배서하여 양도하는 것을 말한다.

(차) [계정명]	xxx	(대) 받을어음	xxx

[사례] 강원상사에서 상품을 6,000원에 구입하고, 대금 결제를 위하여 제주상사로부터 상품매출 대금으로 받아 보유 중이던 약속어음 5,000원을 강원상사로 배서양도하고, 나머지 1,000원은 현금으로 지급하였다.

(차) 상품	6,000	(대) 받을어음	5,000
		현금	1,000

④ 받을어음의 할인

어음의 할인이란 어음소지인이 어음의 만기가 되기 전에 이를 현금화 시키기 위하여 은행에 배서양도하는 것을 말한다.

어음을 할인하면 어음소지인은 어음에 기재된 금액에서 만기까지 남은 기간에 대한 선이자를 차감한 금액을 받게 되는데, 이러한 선이자를 할인료라고 한다.

어음의 할인 거래는 일반적으로 수취채권의 매각거래로 보므로, 어음소지인이 어음을 할인하면서 지급하는 할인료는 매출채권처분손실 계정(비용)으로 회계처리한다.

(차) [계정명]	xxx	(대) 받을어음	xxx
매출채권처분손실	xxx		

[사례] 만기가 2개월 남은 받을어음 5,000원을 할인하고 할인료 400원을 차감한 잔액을 현금으로 받았다. (매각거래로 가정함)

(차) 현금	4,600	(대) 받을어음	5,000
매출채권처분손실	400		

10 대손충당금

(1) 개요

① 대손의 정의

대손이란 외상매출금, 받을어음 등의 수취채권을 채무자의 파산 등의 이유로 받지 못하게 되는 것을 말한다.

② 대손 관련 비용의 인식방법

대손에 대하여 비용을 인식하는 방법으로는 직접상각법과 충당금설정법이 있을 수 있는데, 기업회계기준에서는 충당금설정법만 인정하고 있다.

직접상각법	대손이 예상되는 시점에는 별도의 회계처리를 하지 않고 실제로 대손이 확정된 시점에만 비용(대손상각비)을 인식하는 방법
충당금설정법	각 회계연도 말에 대손이 예상되는 금액을 추정하여 자산의 차감적 평가계정(대손충당금)을 설정함으로써 미리 비용(대손상각비)을 인식하고, 실제로 대손이 확정된 시점에는 설정되어 있던 대손충당금과 우선 상계하고 대손충당금 잔액이 부족한 부분에 대하여만 비용(대손상각비)을 인식하는 방법

③ 충당금설정법의 회계처리 흐름

- 상품 외상매출 : 20x1년 6월 15일 상품을 200,000원에 외상판매하였다.

  20x1. 6. 15.　(차) 외상매출금　　　　　　　200,000　　　　(대) 상품매출　　　　　　　200,000

- 대손예상액의 추정 : 20x1년 12월 31일 기말 결산 시 외상매출금 200,000원 중 2,000원이 대손 발생할 것으로 추정되어 대손충당금을 설정하였다.

  20x1. 12. 31.　(차) 대손상각비　　　　　　　2,000　　　　(대) 대손충당금　　　　　　　2,000

- 대손의 확정 : 20x2년 2월 1일 외상매출금 중 3,000원이 대손으로 확정되었다.

  20x2. 2. 1.　(차) 대손충당금　　　　　　　2,000　　　　(대) 외상매출금　　　　　　　3,000
  　　　　　　　　　 대손상각비　　　　　　　1,000

④ 충당금설정법의 장점

- 20x1년 기말 현재 외상매출금 잔액은 200,000원이지만 그에 대한 대손예상액 2,000원을 차감함으로써, 재무상태표에서 수취채권을 회수가능한 금액으로 표시할 수 있다.

- 3,000원의 대손이 20x2년에서야 확정되었지만, 그에 대한 비용 금액을 20x1년에 2,000원, 20x2년에 1,000원으로 합리적이고 체계적인 방법에 의하여 기간배분함으로써, 손익계산서에서 비용을 수익·비용 대응의 원칙에 부합하는 금액으로 표시할 수 있다.

⑤ 대손충당금의 표시방법

대손충당금이란 외상매출금, 받을어음, 미수금, 대여금 등 수취채권 성격이 있는 계정들의 잔액에 대한 대손예상액을 말한다.

회계처리를 할 때 대손충당금 계정은 수취채권 **계정과목마다** 별도의 계정(예 외상매출금에 대한 대손충당금 계정, 미수금에 대한 대손충당금 계정)을 사용한다.

재무상태표를 작성할 때 대손충당금 계정은 아래 예시와 같이 각 수취채권 계정별로 구분하여 차감적 평가계정으로 표시한다.

재무상태표

자산		
외상매출금	200,000	
대손충당금	(2,000)	
	198,000	
미수금	50,000	
대손충당금	(500)	
	49,500	

(2) 회계처리

① 대손충당금의 설정

기말 현재 보유 중인 수취채권에 대한 대손예상액(대손추산액)은 일반적으로 '기말 현재 수취채권 잔액'에 과거 데이터를 분석하여 통계적으로 산출한 '대손추정률'을 곱하여 계산한다.

각 수취채권 계정별로 기말 대손추산액을 구하고 나면 이 금액이 기말 재무상태표상 대손충당금 잔액이 되도록 대손충당금을 설정한다. 즉, 기말에 대손충당금을 설정할 때 만약 과거에 설정했던 대손충당금 잔액이 남아 있다면 기말 대손추산액에서 이 금액을 차감하여 부족한 금액만을 당기에 추가로 설정하는데, 이러한 설정 방식을 보충법이라고 부른다.

> 대손충당금 추가설정액 = (기말채권 잔액 × 대손추정률) − 기 설정 대손충당금

대손충당금 계정은 자산의 차감적 평가계정이므로 증가할 때는 대변으로(자산 차감의 증가 = 자산의 감소), 감소할 때는 차변으로(자산 차감의 감소 = 자산의 증가) 회계처리한다는 점에 주의해야 한다.

기말 대손추산액이 기 설정 대손충당금보다 큰 경우에는 부족한 금액만큼 대손충당금을 추가로 설정하여야 하는데, 이때는 대변에 대손충당금 계정의 증가를, 차변에 판매비와관리비에 해당하는 대손상각비 계정(비용의 증가) 또는 영업외비용에 해당하는 기타의대손상각비 계정(비용의 증가)을 회계처리한다.

반대로 기말 대손추산액이 기 설정 대손충당금보다 작은 경우에는 과다한 금액만큼 대손충당금을 환입하여야 하는데, 이때는 차변에 대손충당금 계정의 감소를, 대변에 판매비와관리비의 차감 항목에 해당하는 대손충당금환입 계정(비용 차감의 증가 = 비용의 감소) 또는 영업외수익에 해당하는 대손충당금환입 계정(수익의 증가)을 회계처리한다.

대손충당금 추가설정 및 환입과 관련된 계정과목과 손익계산서상 위치를 요약하면 다음과 같다.

구 분	수취채권 계정과목	계정과목과 손익계산서상 위치	
		대손충당금 추가설정	대손충당금환입
일반적인 상거래	외상매출금	대손상각비 (판매비와관리비)	대손충당금환입 (판매비와관리비의 차감항목)
	받을어음		
일반적인 상거래 이외의 거래	미수금	기타의대손상각비 (영업외비용)	대손충당금환입 (영업외수익)
금전대차거래	대여금		

대손추산액 > 외상매출금, 받을어음의 기 설정 대손충당금

(차) 대손상각비 (판매비와관리비)	×××	(대) 대손충당금	×××

[사례] 20x1년 12월 31일 결산일 현재 외상매출금 잔액은 500,000원이다. 외상매출금에 대한 대손추정률이 1%이고 전기로부터 이월된 대손충당금 잔액이 3,000원 남아 있을 때, 기말 결산 시 대손충당금을 보충법으로 회계처리하였다.

20x1.12.31. (차) 대손상각비	2,000	(대) 대손충당금	2,000[1]

---

[1] (500,000원 × 1%) − 3,000원 = 2,000원

대손추산액 > 미수금, 대여금의 기 설정 대손충당금

(차) 기타의대손상각비　　　xxx　　　(대) 대손충당금　　　xxx
　　(영업외비용)

[사례]　20x1년 12월 31일 결산일 현재 미수금 잔액은 150,000원이다. 미수금에 대한 대손추정률이 2%이고 전기로부터 이월된 대손충당금 잔액이 없을 때, 기말 결산 시 대손충당금을 보충법으로 회계처리하였다.

　　20x1. 12. 31.　(차) 기타의대손상각비　　　3,000　　　(대) 대손충당금　　　3,000[1]

[1] (150,000원 × 2%) − 0원 = 3,000원

대손추산액 < 외상매출금, 받을어음의 기 설정 대손충당금

(차) 대손충당금　　　xxx　　　(대) 대손충당금환입　　　xxx
　　　　　　　　　　　　　　　　(판매비와관리비의 차감항목)

[사례]　20x1년 12월 31일 결산일 현재 외상매출금 잔액은 600,000원이다. 외상매출금에 대한 대손추정률이 1.5%이고 전기로부터 이월된 대손충당금 잔액이 10,000원 남아 있을 때, 기말 결산 시 대손충당금을 보충법으로 회계처리하였다.

　　20x1. 12. 31.　(차) 대손충당금　　　1,000[1]　　　(대) 대손충당금환입　　　1,000

[1] (600,000원 × 1.5%) − 10,000원 = (−)1,000원

대손추산액 < 미수금, 대여금의 기 설정 대손충당금

(차) 대손충당금　　　xxx　　　(대) 대손충당금환입　　　xxx
　　　　　　　　　　　　　　　　(영업외수익)

[사례]　20x1년 12월 31일 결산일 현재 미수금 잔액은 500,000원이다. 미수금에 대한 대손추정률이 1%이고 전기로부터 이월된 대손충당금 잔액이 6,000원 남아 있을 때, 기말 결산 시 대손충당금을 보충법으로 회계처리하였다.

　　20x1. 12. 31.　(차) 대손충당금　　　1,000[1]　　　(대) 대손충당금환입　　　1,000

[1] (500,000원 × 1%) − 6,000원 = (−)1,000원

② 대손의 확정

회계기간 중에 채무자의 파산 등으로 인해 대손이 확정되었을 경우, 해당 수취채권은 더 이상 회수할 수 없으므로 수취채권 계정과목을 대변으로(자산의 감소) 회계처리한다. 차변에는 동 수취채권에 대하여 설정되어 있는 대손충당금 계정을 우선 상계 처리하고 대손충당금 잔액이 부족한 부분에 대하여만 비용(대손상각비 계정, 기타의대손상각비 계정)으로 인식한다.

대손확정액 < 외상매출금, 받을어음, 미수금, 대여금의 대손충당금 잔액

(차) 대손충당금	xxx	(대) 해당 수취채권 계정	xxx

[사례] 20x2년 3월 15일 채무자의 파산으로 외상매출금 4,000원을 회수할 수 없음이 확정(대손 확정)되었다. 외상매출금에 대한 대손충당금 잔액은 5,000원이 있었다.

20x2. 3. 15.	(차) 대손충당금	4,000	(대) 외상매출금	4,000

대손확정액 > 외상매출금, 받을어음의 대손충당금 잔액

(차) 대손충당금	xxx	(대) 외상매출금, 받을어음	xxx
대손상각비 (판매비와관리비)	xxx		

[사례] 20x2년 3월 30일 채무자의 파산으로 외상매출금 4,000원을 회수할 수 없음이 확정(대손 확정)되었다. 외상매출금에 대한 대손충당금 잔액은 3,000원이 있었다.

20x2. 3. 30.	(차) 대손충당금	3,000	(대) 외상매출금	4,000
	대손상각비	1,000		

대손확정액 > 미수금, 대여금의 대손충당금 잔액

(차) 대손충당금	xxx	(대) 미수금, 대여금	xxx
기타의대손상각비 (영업외비용)	xxx		

[사례] 20x2년 4월 15일 채무자의 파산으로 미수금 4,000원을 회수할 수 없음이 확정(대손 확정)되었다. 미수금에 대한 대손충당금 잔액은 1,000원이 있었다.

20x2. 4. 15.	(차) 대손충당금	1,000	(대) 미수금	4,000
	기타의대손상각비	3,000		

③ 전기에 대손처리한 수취채권의 회수

대손이 확정되어 수취채권 계정을 감소시키는 대손 확정 회계처리를 하였는데 그 이후 회계연도에 그 수취채권이 현금 등으로 다시 회수되는 경우가 있다.

전기에 이미 대손 확정 회계처리한 수취채권이 당기 회계연도 중에 현금 등으로 회수되는 경우에는, 회수되는 시점에 회수되는 현금 계정과목 등을 차변으로 회계처리하고, **대변**에는 **대손충당금 계정**으로(대손충당금 계정의 증가 = 자산 차감의 증가 = 자산의 감소) 회계처리한다.

이와 같이 회수 시점의 회계처리를 하면, 기중 회계처리에서는 회수액에 대하여 수익·비용 계정이 나타나지 않지만, 기말 결산 때 대손충당금 추가설정 금액이 그만큼 줄어들게 되므로 결국 회수액 만큼 당기 비용을 감소시키는 효과(= 당기순이익을 증가시키는 효과)를 가져온다.

(차) [계정명]	xxx	(대) 대손충당금	xxx

[사례] 20x3년 2월 20일 전기에 대손 확정되어 감소시켰던 외상매출금 중 1,500원을 현금으로 회수하였다.

20x3. 2. 20.	(차) 현금	1,500	(대) 대손충당금	1,500

20x3년 12월 31일 결산일 현재 외상매출금 잔액은 800,000원이다. 외상매출금에 대한 대손추정률이 1%이고, 전기로부터 이월된 대손충당금 기초잔액은 3,000원이다. 전기에 이미 대손 확정 회계처리를 하였으나 당기에 현금으로 회수되어 대손충당금의 증가로 회계처리한 금액 1,500원이 있을 때, 기말 결산 시 대손충당금을 보충법으로 회계처리하였다.

20x3. 12. 31.	(차) 대손상각비	3,500	(대) 대손충당금	3,500[1]

[1] • (800,000원 × 1%) − (3,000원 + 1,500원) = 3,500원
  • 기중에 회수된 금액 1,500원을 대손충당금의 증가로 회계처리함에 따라 기말 결산 시 비용으로 인식하여야 하는 대손충당금 추가설정액이 동 금액만큼 줄어들었다.

④ 당기에 대손처리한 수취채권의 회수

대손이 확정되어 수취채권 계정을 감소시키는 대손 확정 회계처리를 하였는데 해당 회계연도에 그 수취채권이 현금 등으로 다시 회수되는 경우도 있다.

당기에 이미 대손 확정 회계처리한 수취채권이 당기 회계연도 중에 현금 등으로 회수되는 경우에는, 회수되는 시점에 회수되는 현금 계정과목 등을 차변으로 회계처리하고, 대변에는 당기 대손 확정 시점에 차변으로 회계처리했던 대손충당금 또는 대손상각비 계정을 그대로 대변으로 회계처리한다.

이와 같이 회수 시점의 회계처리를 하면, 당기의 대손 확정 분개와 당기의 대손채권 회수 분개를 합했을 때 수취채권 계정이 현금 등으로 회수되는 결과만 남게 된다.

| (차) [계정명] | xxx | (대) 대손충당금 | xxx |
| | | 대손상각비, 기타의대손상각비 | xxx |

[사례] 20x3년 1월 10일 채무자의 파산으로 외상매출금 300,000원을 회수할 수 없게 되었다. 외상매출금에 대한 대손충당금 잔액은 400,000원이 있었다.
20x3년 2월 10일 당기 1월 10일에 대손 확정되어 감소시켰던 외상매출금 300,000원을 현금으로 회수하였다.

- 대손 확정

  20x3. 1. 10. (차) 대손충당금　　300,000　　(대) 외상매출금　　300,000

- 회수

  20x3. 2. 10. (차) 현금　　300,000　　(대) 대손충당금　　300,000

[사례] 20x3년 3월 20일 채무자의 파산으로 외상매출금 300,000원을 회수할 수 없게 되었다. 외상매출금에 대한 대손충당금 잔액은 200,000원이 있었다.
20x3년 4월 20일 당기 3월 20일에 대손 확정되어 감소시켰던 외상매출금 300,000원을 현금으로 회수하였다.

- 대손 확정

  20x3. 3. 20. (차) 대손충당금　　200,000　　(대) 외상매출금　　300,000
  　　　　　　　　　대손상각비　　100,000

- 회수

  20x3. 4. 20. (차) 현금　　300,000　　(대) 대손충당금　　200,000
  　　　　　　　　　　　　　　　　　　　　대손상각비　　100,000

[사례] 20x3년 5월 30일 채무자의 파산으로 외상매출금 300,000원을 회수할 수 없게 되었다. 외상매출금에 대한 대손충당금 잔액은 0원이었다.
20x3년 6월 30일 당기 5월 30일에 대손 확정되어 감소시켰던 외상매출금 300,000원을 현금으로 회수하였다.

- 대손 확정

  20x3. 5. 30. (차) 대손상각비　　300,000　　(대) 외상매출금　　300,000

- 회수

  20x3. 6. 30. (차) 현금　　300,000　　(대) 대손상각비　　300,000

11 그 밖의 당좌자산

(1) 단기대여금

단기대여금이란 금전대차거래에 따라 차용증서 등을 받고 타인에게 빌려준 금전으로서 만기가 **회계기간 종료일**로부터 1년 이내에 도래하는 것을 말한다. 만기가 회계기간 종료일로부터 1년 이후에 도래하는 경우에는 장기대여금으로 분류한다.

① 대여

(차) 단기대여금	xxx	(대) [계정명]	xxx

[사례] 거래처에 6개월 만기로 현금 50,000원을 대여하였다.

(차) 단기대여금	50,000	(대) 현금	50,000

② 원금과 이자의 회수

(차) [계정명]	xxx	(대) 단기대여금	xxx
		이자수익	xxx

[사례] 거래처에 6개월 만기로 빌려주었던 대여금의 만기가 도래하여 원금 50,000원과 이자 2,000원을 현금으로 회수하였다.

(차) 현금	52,000	(대) 단기대여금	50,000
		이자수익	2,000

기출포인트

- 단기대여금은 회계기간 종료일로부터 만기가 1년 이내에 도래하는 것이므로, 전체 대여기간이 1년을 초과하는 대여금도 경우에 따라 단기대여금으로 분류될 수 있다.
- 예를 들어 20x1년 4월 1일에 빌려준 18개월 만기 대여금의 경우, 만기(20x2. 9. 30.)가 회계기간 종료일 (20x1. 12. 31.)로부터 1년 이내이므로 회사는 대여일에 이를 단기대여금 계정으로 회계처리한다.

(2) 미수금

미수금이란 일반적인 상거래 이외의 거래(예 사용하던 기계장치의 매각)에서 발생한 외상대금을 말한다.

일반적인 상거래 이외의 거래에서는 타인발행 약속어음을 수령하더라도 이를 받을어음 계정이 아니라 미수금 계정으로 회계처리한다.

① 외상 매각

(차) 미수금	xxx	(대) [계정명]	xxx

[사례] 사용하던 토지(장부금액 600,000원)를 600,000원에 외상으로 매각하였다.

(차) 미수금	600,000	(대) 토지	600,000

② 어음 수령

(차) 미수금	xxx	(대) [계정명]	xxx
[사례] 사용하던 토지(장부금액 600,000원)를 600,000원에 매각하고 약속어음을 받았다.			
(차) 미수금	600,000	(대) 토지	600,000

③ 미수금의 회수

(차) [계정명]	xxx	(대) 미수금	xxx
[사례] 사용하던 토지를 매각하고 발생한 외상대금 600,000원을 현금으로 회수하였다.			
(차) 현금	600,000	(대) 미수금	600,000

(3) 선급금

선급금이란 계약금 성격으로 미리 지급한 대금을 말한다.

① 계약금 선지급

(차) 선급금	xxx	(대) [계정명]	xxx
[사례] 공급처에 상품 20,000원을 구입 주문하고 계약금 4,000원을 현금으로 지급하였다.			
(차) 선급금	4,000	(대) 현금	4,000

② 상품 인수

(차) 상품	xxx	(대) 선급금	xxx
		[계정명]	xxx
[사례] 구입 주문했던 상품 20,000원이 창고에 입고되어 계약금 4,000원을 제외한 잔액을 현금으로 지급하였다.			
(차) 상품	20,000	(대) 선급금	4,000
		현금	16,000

(4) 선납세금

선납세금이란 회계연도 중에 미리 납부한 법인세를 말한다.

법인세는 회계연도(각 사업연도)가 종료된 후 3개월 이내에 신고·납부하는 것이 원칙이지만, 조세수입의 조기 확보를 도모하고자 하는 세법의 규정에 따라 기업은 '법인세 중간예납세액'과 '법인의 이자수익에 대한 원천납부세액'이라는 두 가지 형태로 회계연도 중에 법인세의 일부를 미리 납부하게 된다.

이에 따라 기업은 기말 결산을 할 때 당기 사업연도 소득에 대하여 납부하여야 하는 법인세부담액(법인세비용)에서 기중에 미리 납부한 중간예납세액 및 원천납부세액 금액(선납세금)을 차감함으로써 법인세부담액 중 아직 납부하지 않은 금액(미지급세금)을 계산할 수 있게 된다.

미지급세금 = 법인세비용 − 선납세금

① 법인세 중간예납세액

(차) 선납세금	xxx	(대) [계정명]	xxx

[사례] 당해 사업연도의 법인세 중간예납세액 500,000원을 현금으로 납부하였다.

(차) 선납세금	500,000	(대) 현금	500,000

② 법인의 이자수익에 대한 원천납부세액

(차) 선납세금	xxx	(대) 이자수익	xxx
[계정명]	xxx		

[사례] 보통예금 예입액에 대한 이자수익 10,000원이 발생하여 법인세 원천납부세액 1,540원을 제외한 잔액이 보통예금 통장에 입금되었다.

(차) 선납세금	1,540	(대) 이자수익	10,000
보통예금	8,460		

참고 **선납세금 vs 예수금**

세법의 규정에 의거하여 특정한 소득을 지급하는 기업은 소득을 지급받는 자가 납부하여야 하는 법인세나 소득세 등을 지급액에서 공제하여 일시적으로 보관하고 있다가 다음 달 10일에 해당 기관에 대신 납부하게 되는데, 이를 원천징수라고 한다.

당사에게 이자수익을 지급하는 은행은 당사의 법인세를 이자 지급액에서 공제하여 잔액만 지급하고 공제한 금액은 다음 달에 당사 대신 납부하게 된다. 이와 같이 은행이 원천징수하여 당사 대신 납부한 금액은 당사 입장에서는 은행에 원천징수되어 미리 납부한 법인세가 되므로 이를 자산에 해당하는 선납세금 계정으로 회계처리한다.

이와 반대로, 종업원에게 급여를 지급하는 당사는 종업원의 소득세 등을 급여 지급액에서 공제하여 잔액만 지급하고 공제한 금액은 다음 달에 종업원 대신 납부하게 된다. 이때 당사가 원천징수하여 일시적으로 보관하고 있는 금액은 당사 입장에서는 다음 달에 종업원 대신 해당 기관에 납부하여야 하는 금액이므로 이를 부채에 해당하는 예수금 계정으로 회계처리한다.

(5) 가지급금

가지급금이란 금전을 지급하였으나 그 내용이 확정되지 않았을 경우 그 내용이 확정될 때까지 임시적으로 사용하는 계정과목을 말한다.

가지급금은 그 내용이 확정되면 적절한 계정과목으로 대체하여야 하며, 대표적인 미결산항목에 해당하므로 기말 결산 때까지는 반드시 적절한 계정과목으로 대체하여 최종 재무제표에는 나타나지 않도록 하여야 한다.

① 가지급

(차) 가지급금	xxx	(대) [계정명]	xxx

[사례] 영업사원에게 출장을 명하고 출장비 예상액 50,000원을 현금으로 지급하였다.

(차) 가지급금	50,000	(대) 현금	50,000

② 내용 확정

(차) [계정명]	xxx	(대) 가지급금	xxx

[사례] 출장 후 복귀한 영업사원으로부터 어림잡아 지급했던 금액 50,000원 중 40,000원은 교통비 및 숙박비 지출증빙을 제출받아 확인하고 남은 금액 10,000원은 현금으로 반환받았다.

(차) 여비교통비	40,000	(대) 가지급금	50,000
현금	10,000		

(6) 현금과부족

현금과부족이란 장부상 현금 잔액과 금고에 있는 실제 현금 잔액이 일치하지 않을 경우 그 원인이 밝혀질 때까지 임시적으로 사용하는 계정과목을 말한다.

현금과부족은 그 원인이 규명되면 적절한 계정과목으로 대체하여야 하며, 기말 결산 때까지 그 원인이 밝혀지지 않을 경우에는 잡이익 계정(수익)이나 잡손실 계정(비용)으로 대체한다.

① 현금과잉 : 실제 현금 잔액 > 장부상 현금 잔액

· 현금과잉 발생

(차) 현금	xxx	(대) 현금과부족	xxx

[사례] 20x1년 4월 1일 현재 장부상 현금 잔액은 50,000원이나, 금고에 있는 실제 현금 잔액은 60,000원이다.

20x1. 4. 1.	(차) 현금	10,000	(대) 현금과부족	10,000

· 원인 규명분 계정 대체

(차) 현금과부족	xxx	(대) [계정명]	xxx

[사례] 20x1년 4월 15일 월초에 발견되었던 현금과잉액 중 8,000원은 이자수익을 회수한 것에 대한 회계처리 누락임을 확인하였다.

20x1. 4. 15.	(차) 현금과부족	8,000	(대) 이자수익	8,000

· 기말 결산 시 원인 불명분 계정 대체

(차) 현금과부족	xxx	(대) 잡이익	xxx

[사례] 20x1년 12월 31일 기말 결산 시까지 현금과잉액 2,000원의 원인이 밝혀지지 않았다.

20x1. 12. 31.	(차) 현금과부족	2,000	(대) 잡이익	2,000

② 현금부족 : 실제 현금 잔액 < 장부상 현금 잔액

· 현금부족 발생

(차) 현금과부족	xxx	(대) 현금	xxx

[사례] 20x1년 9월 1일 현재 장부상 현금 잔액은 50,000원이나 금고에 있는 실제 현금 잔액은 43,000원이다.

20x1. 9. 1.	(차) 현금과부족	7,000	(대) 현금	7,000

· 원인 규명분 계정 대체

(차) [계정명]	xxx	(대) 현금과부족	xxx

[사례] 20x1년 9월 15일 월초에 발견되었던 현금부족액 중 4,000원은 이자비용을 지급한 것에 대한 회계처리 누락임을 확인하였다.

20x1. 9. 15.	(차) 이자비용	4,000	(대) 현금과부족	4,000

· 기말 결산 시 원인 불명분 계정 대체

(차) 잡손실	xxx	(대) 현금과부족	xxx

[사례] 20x1년 12월 31일 기말 결산 시까지 현금부족액 3,000원의 원인이 밝혀지지 않았다.

20x1. 12. 31.	(차) 잡손실	3,000	(대) 현금과부족	3,000

참고 가지급금·가수금 vs 현금과부족

가지급금	누구에게 금전을 지급하였는지는 알고 있으나 그 내용이 확정되지 않았을 때 사용한다.
가수금	누구로부터 금전을 받았는지는 알고 있으나 그 내용이 확정되지 않았을 때 사용한다.
현금과부족	장부상 현금 잔액과 금고에 있는 실제 현금 잔액이 일치하지 않고, 누구에게 지급하였거나 누구로부터 받았는지도 모를 때 사용한다.

기출분개연습

＊ 기출문제 날짜는 학습효과를 높이기 위해 일부 수정하였으며, ㈜연습산업(코드번호 : 0301) 데이터를 사용하여 연습할 수 있습니다.

01 6월 1일 ㈜나라에 대한 외상매출금 10,000,000원에 대하여 ㈜나라가 발행한 당좌수표를 받았다.

[제80회]

02 6월 2일 당사는 단기투자목적으로 시장성이 있는 주식을 주당 20,000원에 2,000주를 매입하고, 매입수수료 300,000원을 포함하여 보통예금에서 이체하였다.

[제91회]

03 당사는 단기매매차익 목적으로 시장성이 있는 유가증권인 ㈜코스파의 주식 1,000주를 다음과 같이 매입하였다. 기말 시가는 1주당 33,000원이고, 당기말까지 해당 주식의 매매거래는 없었다. 기말수정분개를 하시오.

[제75회]

취득일	취득단가	주식수	취득수수료	지급총액
올해 6. 3.	1주당 30,000원	1,000주	300,000원	30,300,000원

04 6월 4일 단기매매목적으로 보유 중인 ㈜삼삼의 주식(장부금액 50,000,000원)을 전부 47,000,000원에 처분하였다. 주식처분 수수료 45,000원을 차감한 잔액이 보통예금으로 입금되었다.

[제92회]

05 6월 5일 매출처 그린실업㈜에 제품을 매출하고 수령한 그린실업㈜ 발행 약속어음 12,000,000원을 국민은행에 추심의뢰하였는데, 금일 만기가 도래하였다. 이에 대하여 국민은행으로부터 추심수수료 70,000원을 차감한 잔액을 당사 보통예금 계좌에 입금하였다는 통지를 받았다.

[제27회]

06 6월 6일 회사는 부족한 운영자금문제를 해결하기 위해 ㈜해일기업으로부터 제품 판매대금
으로 받았던 약속어음 30,000,000원(만기일 : 9월 30일)을 대박은행에 할인하고 할인비용
300,000원을 제외한 금액을 보통예금으로 수령하였다. (약속어음의 할인은 매각거래에 해당
한다)

[제73회]

07 6월 7일 ㈜필연에 제품을 판매하고 받은 약속어음 3,000,000원이 ㈜필연의 부도로 인하
여 대손이 확정되었다. 받을어음에 대한 대손충당금 2,000,000원이 기 설정되어 있으며,
부가가치세는 고려하지 아니한다.

[제86회]

정답 및 해설

01 6월 1일 (차) 현금[1]   10,000,000   (대) 외상매출금(㈜나라)   10,000,000
[1] 타인발행 당좌수표는 통화대용증권에 해당하므로 '현금' 계정으로 회계처리한다.

02 6월 2일 (차) 단기매매증권   40,000,000   (대) 보통예금   40,300,000
　　　　　　　　수수료비용(영업외비용)[1]   300,000
[1] 단기매매증권 구입 시 발생하는 제비용은 '수수료비용' 계정 등 영업외비용으로 회계처리한다.

03 12월 31일 (차) 단기매매증권   3,000,000   (대) 단기매매증권평가이익   3,000,000[1]
[1] (1,000주 × @33,000원) − (1,000주 × @30,000원) = 3,000,000원

04 6월 4일 (차) 보통예금   46,955,000   (대) 단기매매증권   50,000,000
　　　　　　　　단기매매증권처분손실   3,045,000

05 6월 5일 (차) 보통예금   11,930,000   (대) 받을어음(그린실업㈜)   12,000,000
　　　　　　　　수수료비용(판관비)   70,000

06 6월 6일 (차) 보통예금   29,700,000   (대) 받을어음(㈜해일기업)   30,000,000
　　　　　　　　매출채권처분손실   300,000

07 6월 7일 (차) 대손충당금(받을어음)   2,000,000   (대) 받을어음(㈜필연)   3,000,000
　　　　　　　　대손상각비   1,000,000

08 6월 8일 당사는 ㈜한국물류에게 대여한 단기대여금 10,000,000원이 회수불능인 것으로
확인되어 전액 대손처리하였다. 기 설정되어 있는 대손충당금은 7,000,000원이다. [제46회]

09 6월 9일 전기에 대손처리한 ㈜지구상사에 대한 외상매출금 전액이 보통예금 계좌로 입금
되었다. 전기에 회계처리한 내용은 아래와 같았고, 부가가치세는 고려하지 않는다. [제38회]

(차) 대손충당금	1,000,000	(대) 외상매출금	2,000,000
대손상각비	1,000,000	(㈜지구상사)	

10 6월 10일 ㈜대한에 9,000,000원을 15개월 후 회수조건(만기 : 내년 9월 30일)으로 대여하
기로 하고 보통예금 계좌에서 이체하였다. [제87회]

11 6월 11일 원재료를 매입하기 위해 ㈜SJH전자와 계약하고, 계약금 5,000,000원을 보통예
금으로 지급하였다. [제85회]

12 8월 31일 당해 사업연도의 법인세 중간예납세액(자산으로 처리) 5,000,000원을 보통예금
에서 이체하였다. [제96회]

13 6월 13일 원금 30,000,000원인 정기예금이 만기가 되어 이자수익 1,500,000원에 대한 원천징수세액(231,000원)을 제외한 원금과 이자 전액이 보통예금으로 이체되었다. (원천징수세액은 법인세와 지방소득세를 합한 금액이고 자산으로 처리할 것) [제80회]

14 6월 14일 6월 1일에 계상된 가지급금 900,000원은 영업팀 이무영 씨가 대전에 출장을 다녀온 후 출장비로 다음과 같이 정산되었다. (단, 가지급금의 거래처 입력은 생략함) [제60회]

출장비 지출 내역	• 현금 잔액 : 30,000원 • 교통비, 음식비, 숙박비 : 870,000원

정답 및 해설

08 6월 8일 (차) 대손충당금(단기대여금) 7,000,000 (대) 단기대여금((주)한국물류) 10,000,000
　　　　　　　기타의대손상각비 3,000,000

09 6월 9일 (차) 보통예금 2,000,000 (대) 대손충당금(외상매출금)[1] 2,000,000
　　　　[1] 전기에 대손처리한 채권을 회수하는 경우에는 대변을 대손충당금 계정으로 회계처리한다.

10 6월 10일 (차) 단기대여금((주)대한)[1] 9,000,000 (대) 보통예금 9,000,000
　　　　[1] 전체 대여기간은 1년을 초과하나, 만기가 결산일(당해연도 12월 31일)로부터 1년 이내에 도래하므로 유동자산에 해당하는 '단기대여금' 계정으로 회계처리한다.

11 6월 11일 (차) 선급금((주)SJH전자) 5,000,000 (대) 보통예금 5,000,000

12 8월 31일 (차) 선납세금 5,000,000 (대) 보통예금 5,000,000

13 6월 13일 (차) 보통예금 31,269,000 (대) 정기예금 30,000,000
　　　　　　　선납세금 231,000 　　　이자수익 1,500,000

14 6월 14일 (차) 현금 30,000 (대) 가지급금 900,000
　　　　　　　여비교통비(판관비) 870,000

* 본서에 수록된 기출문제의 날짜는 학습효과를 높이기 위하여 일부 수정함

01 다음 중 현금및현금성자산에 해당하지 않는 것은? [제73회]

① 타인발행당좌수표
② 당좌예금
③ 당좌차월
④ 취득 당시에 3개월 이내의 환매조건을 가진 환매채(RP)

02 다음 중 현금및현금성자산에 대한 설명으로 틀린 것은? [제92회]

① 취득 당시 만기가 1년인 양도성예금증서(CD)는 현금및현금성자산에 속한다.
② 지폐와 동전(외화 포함)은 현금및현금성자산에 속한다.
③ 우표와 수입인지는 현금및현금성자산이라고 볼 수 없다.
④ 직원가불금은 단기대여금이므로 현금및현금성자산이라고 볼 수 없다.

03 다음 중 현금및현금성자산으로 분류되는 것은? [제54회]

① 미국 달러화 지폐 $100
② 질권이 설정된 보통예금 300,000원
③ 11월 1일에 수취한 양도성예금증서(CD) 1,000,000원(만기일 : 다음 연도 3월 1일)
④ 12월 1일에 ㈜한국에 대여한 단기대여금 500,000원(상환일 : 다음 연도 3월 15일)

04 다음 중 유가증권에 대한 설명으로 옳은 것은? [제67회]

① 채무증권을 취득하면 단기매매증권이나 매도가능증권 중 하나로만 분류한다.

② 단기매매증권이 시장성을 상실한 경우에는 매도가능증권으로 분류하여야 한다.

③ 매도가능증권은 만기보유증권으로 재분류할 수 있으며, 만기보유증권은 매도가능증권으로 재분류할 수 없다.

④ 매도가능증권은 주로 단기간 내의 매매차익을 목적으로 취득한 유가증권이다.

정답 및 해설

01 ③ 당좌차월이란 당좌예금 잔액을 초과하여 수표를 발행하였을 경우 그 초과 금액을 말하며, 이는 부채에 해당한다.

02 ① ・취득 당시 만기가 3개월 이내에 도래하는 양도성예금증서(CD)는 현금성자산에 해당한다.

・취득 당시 만기가 1년인 양도성예금증서(CD)는 단기금융상품에 해당한다.

03 ① ① 외국통화(외화현금)

② 사용이 제한되어 있는 예금

③ 단기금융상품

④ 단기대여금

04 ② ① 채무증권을 취득하면 단기매매증권, 매도가능증권, 만기보유증권 중 하나로 분류한다.

③ 매도가능증권은 만기보유증권으로 재분류할 수 있으며, 만기보유증권은 매도가능증권으로 재분류할 수 있다.

④ 매도가능증권은 주로 장기투자 목적으로 취득한 유가증권이다.

05 ㈜우연의 단기매매목적으로 취득한 유가증권의 취득 및 처분 내역은 다음과 같다. 당기 ㈜우연의 손익계산서에 보고될 유가증권의 평가손익은 얼마인가? (㈜우연의 결산일은 12월 31일이며, 시가를 공정가치로 본다)　　　　　　　　　　　　　　　　　　[제87회]

- 당기 2. 15. : 1주당 액면금액이 4,000원인 ㈜필연의 주식 20주를 주당 150,000원에 취득
- 당기 10. 20. : ㈜필연 주식 중 6주를 주당 220,000원에 처분
- 당기 12. 31. : ㈜필연 주식의 시가는 주당 130,000원

① 평가이익 80,000원　　　　　　　　② 평가이익 420,000원
③ 평가손실 280,000원　　　　　　　　④ 평가손실 120,000원

06 다음 자료를 보고 당기에 인식할 처분손익을 계산하면 얼마인가?　　　　　　　[제85회]

- 전기 기말 단기매매증권 1,000주, 주당 공정가치 10,000원
- 전기 기말 단기매매증권 평가이익 1,500,000원
- 당기 8월 1일에 1,000주를 주당 8,000원에 처분하였다.

① 처분이익 500,000원　　　　　　　　② 처분손실 1,500,000원
③ 처분이익 1,500,000원　　　　　　　④ 처분손실 2,000,000원

07 대손금 회계처리에 대한 다음의 설명 중 틀린 것은?　　　　　　　　　　　　[제68회]

① 대손예상액은 기말 채권잔액에 대손추정률을 곱하여 산정한다.
② 모든 채권에서 발생된 대손처리 비용은 판매비와관리비로 처리한다.
③ 대손 발생 시 대손충당금 잔액이 있으면 먼저 상계한다.
④ 대손충당금은 수취채권의 평가성 항목으로서 수취채권에서 차감하는 형식으로 표시한다.

08 다음은 ㈜한국산업의 대손충당금과 관련된 내용이다. 당기 대손충당금 추가설정 금액은 얼마인가?

[제84회]

- 전기말의 매출채권 잔액은 500,000원이고 대손충당금 잔액은 180,000원이다.
- 당기에 매출채권 중 150,000원이 대손확정되었다.
- 전기에 대손처리했던 매출채권 중에 10,000원이 당기에 현금으로 회수되었다.
- 당기말의 대손충당금 잔액은 210,000원이다.

① 180,000원　　　② 170,000원　　　③ 150,000원　　　④ 130,000원

정답 및 해설

05 ③　· 기말 공정가치 = (20주 − 6주) × @130,000원 = 1,820,000원
　　　· 평가 전 장부금액 = (20주 − 6주) × @150,000원 = 2,100,000원
　　　· 평가손익 = 기말 공정가치 − 평가 전 장부금액 = 1,820,000 − 2,100,000 = (−)280,000원

06 ④　· 처분손익 = 처분금액 − 처분 전 장부금액
　　　　　　 = (1,000주 × @8,000원) − (1,000주 × @10,000원) = (−)2,000,000원
　　　· 처분 시 회계처리

(차) 현금 등	8,000,000	(대) 단기매매증권	10,000,000
단기매매증권처분손실	2,000,000		

07 ②　매출채권 이외의 채권에서 발생된 대손처리 비용은 영업외비용으로 처리한다.

08 ②　· 대손충당금의 총계정원장

대손충당금

대손확정	150,000	기초	180,000
		대손채권 회수	10,000
기말	210,000	추가설정	170,000
	360,000		360,000

· 대손확정 회계처리

(차) 대손충당금	150,000	(대) 매출채권	150,000

· 전기 대손처리 채권의 회수 회계처리

(차) 현금	10,000	(대) 대손충당금	10,000

· 추가설정 회계처리

(차) 대손상각비	170,000	(대) 대손충당금	170,000[1]

　　　[1] 기말잔액 − 기 설정 대손충당금
　　　 = 210,000 − (180,000 − 150,000 + 10,000) = 170,000원

01 재고자산

(1) 재고자산의 정의

재고자산이란 기업의 주된 영업활동에서 ㉠ 판매를 목적으로 보유하고 있는 자산(상품, 제품), ㉡ 판매를 목적으로 생산과정에 있는 자산(재공품, 반제품), ㉢ 판매할 자산의 생산과정에 투입될 자산(원재료, 저장품)을 말한다.

재고자산은 해당 기업의 업종에 따라 범위가 달라질 수 있다. 예를 들어, 토지나 건물은 영업활동에 사용할 목적으로 보유하는 유형자산으로 분류되는 것이 일반적이나, 부동산매매업을 주업으로 하는 기업이 판매를 목적으로 토지나 건물을 구입하여 보유하고 있다면 이는 재고자산으로 분류된다.

(2) 재고자산에 해당하는 계정과목

도·소매업을 영위하는 기업(상기업)에서 재고자산에 해당하는 계정과목은 상품이다. 상품이란 기업의 주된 영업활동으로서 판매하기 위하여 외부에서 완성품 형태로 구입한 물품을 말한다. 상기업의 재무상태표상 재고자산은 기말 현재 판매되지 않고 남아있는 상품의 가액이 된다.

제조업을 영위하는 기업(제조기업)에서 재고자산에 해당하는 계정과목은 원재료, 재공품, 제품 등이다. 제품이란 기업의 주된 영업활동으로서 판매하기 위하여 당사가 직접 만든 물품을 말한다. 제조기업의 재무상태표상 재고자산은 기말 현재 남아있는 원재료 잔량, 미완성된 재공품, 판매되지 않은 제품 등의 가액으로 구성된다.

계정과목	내용
상품	상기업의 주된 영업활동으로서 판매할 목적으로 외부로부터 구입한 물품
제품	제조기업의 주된 영업활동으로서 판매할 목적으로 재료비, 노무비, 제조경비를 투입하여 제조한 생산품
재공품	재료비, 노무비, 제조경비를 투입하여 제조 과정에 있는 미완성품(완성된 제품은 아니나 현재 상태에서도 판매 가능한 재공품인 반제품도 포함)
원재료	제품을 만들기 위하여 구입한 원료
저장품	생산과정에 투입될 소모품, 수선용 부분품 등으로서 비용으로 처리하지 않고 재고자산으로 처리한 것
미착품	상품 또는 원재료를 주문하였으나 결산일 현재 운송 중에 있는 것
매입환출및에누리	구입한 상품 또는 원재료 중 하자나 파손이 발견되어 해당 물품을 반품하거나 값을 깎는 것 참고 상품 또는 원재료의 차감계정
매입할인	상품 또는 원재료의 구매자가 외상매입대금을 조기에 지급하여 약정에 따라 할인 받는 것 참고 상품 또는 원재료의 차감계정

(1) 주된 영업활동에 대한 회계처리방법

기업이 주된 영업활동(일반적인 상거래)을 하여 얻는 수익을 매출이라고 하며 이러한 매출을 창출하기 위하여 투입된 원가로서 매출에 직접 대응되는 비용을 매출원가라고 한다.

제조기업은 구입한 원재료에 노무비와 제조경비를 투입한다는 점에서 상기업과 차이가 있지만, 매출과 매출원가를 인식하는 원리는 기본적으로 상기업과 제조기업이 동일하며, 이하에서는 상기업을 전제로 하여 설명하기로 한다.

상기업의 주된 영업활동은 상품을 싸게 사와서 그 상품에 이윤을 붙여서 파는 거래이다.

주된 영업활동에 대하여 회계처리하는 방법을 살펴보면, 이론적으로는 '처분손익만 표시하는 방법(1분법)'과 '매출과 매출원가를 모두 표시하는 방법(2분법)' 두 가지가 있을 수 있는데, 일반적으로 인정된 회계원칙(GAAP)에서는 이 중 후자의 방법(2분법)으로 회계처리하도록 하고 있다.

처분손익만 표시하는 방법 (1분법)	· 주된 영업활동이 아닌 자산의 매매거래(예 유형자산의 구입·처분)에 사용되는 회계처리방법 · 판매할 때마다 처분손익을 인식함
매출과 매출원가를 모두 표시하는 방법 (2분법)	· 주된 영업활동인 상품의 매매거래에 사용되는 회계처리방법 · 판매할 때에는 매출(수익)만 인식하고, 매출원가(비용)는 기말 결산 시점에 인식함

(2) 1분법 및 2분법에 의한 상품 매매거래의 회계처리

상기업인 A사의 제2기 회계연도에 다음과 같은 거래가 발생했을 때 이를 분개하여 보자.

- 기초재고 : 20x1년 1월 1일 기초 현재, 전기로부터 이월된 상품 1개가 있으며 당초 취득원가는 80원이었다.
- 당기매입 : 20x1년 2월 15일 상품 10개를 개당 100원에 현금으로 구입하였다.
- 당기매출 : 20x1년 3월 20일 전기에 구입했던 상품(개당 원가 80원) 1개와 당기에 구입한 상품(개당 원가 100원) 8개를 합한 총 9개를 개당 110원에 현금으로 판매하였다.
- 기말재고 : 20x1년 12월 31일 기말 현재, 상품 2개가 판매되지 않고 남아 있으며 취득원가는 개당 100원이었다.

① 처분손익만 표시하는 방법(1분법)

- 기초재고 : 기초 재무상태표상 재고자산 금액은 80원으로 계상되어 있다.
- 당기매입 : 자산의 취득으로 회계처리한다.

20x1. 2. 15.	(차) 상품	1,000	(대) 현금	1,000

- 당기매출 : 처분금액으로 받는 현금 계정과목 등을 차변으로(자산의 증가 등), 상품 계정과목의 처분 전 장부금액을 대변으로(자산의 감소) 회계처리한다. 처분금액과 처분 전 장부금액의 차이만큼 처분손익을 인식한다.

20x1. 3. 20.	(차) 현금	990[1]	(대) 상품	880[2]
			상품처분이익	110[3]

    [1] 처분금액 = 9개 × @110원 = 990원
    [2] 처분 전 장부금액 = (1개 × @80원) + (8개 × @100원) = 880원
    [3] 처분금액 - 처분 전 장부금액 = 990 - 880 = 110원

- 기말재고 : 기말 결산 시 별도의 기말수정분개가 필요 없으며, 기말재고자산 금액은 200원[4](= 2개 × @100원)이 남아 있다.

    [4] 기초재고 + 당기매입 − 당기판매분 = 80 + 1,000 − 880 = 200원

② 매출 및 매출원가를 모두 표시하는 방법(2분법)

- 기초재고 : 기초 재무상태표상 재고자산 금액은 80원으로 계상되어 있다.
- 당기매입 : 자산의 취득으로 회계처리한다.

(차) 상품	xxx	(대) [계정명]	xxx
20x1. 2. 15. (차) 상품	1,000	(대) 현금	1,000

- 당기매출 : 차변에는 처분금액으로 받는 현금 계정과목 등으로(자산의 증가 등) 회계처리하고, 대변에는 동일한 금액을 상품매출 계정과목으로(수익의 발생) 회계처리한다. 상품 계정의 감소 및 그에 따른 비용을 인식하지 않고, 처분금액 전체에 대하여 수익만 인식한다.

(차) [계정명]	xxx	(대) 상품매출	xxx
20x1. 3. 20. (차) 현금	990	(대) 상품매출	990[1]

[1] 처분금액 = 9개 × @110원 = 990원

- 기말재고 : 기말 결산 시 기말재고를 파악하여 매출원가를 역으로 계산하고, 이 금액만큼 차변에 상품매출원가 계정(비용의 발생)으로, 대변에 상품 계정으로(자산의 감소) 회계처리한다. 이러한 기말 수정분개에 따라 기말재고자산 금액은 200원(= 2개 × @100원)이 남게 된다.

(차) 상품매출원가	xxx	(대) 상품	xxx
20x1. 12. 31. (차) 상품매출원가	880[2]	(대) 상품	880

[2] 기초재고 + 당기매입 − 기말재고 = 80 + 1,000 − 200 = 880원

(3) 2분법의 장점

기업의 주된 영업활동에 대하여 '매출과 매출원가를 모두 표시하는 방법(2분법)'으로 회계처리하는 경우, '처분손익만 표시하는 방법(1분법)'과 비교할 때 다음과 같은 장점이 있다.

① 유용한 정보 제공

주된 영업활동에 대하여 단순히 처분손익(상품처분이익)만을 보여주는 것이 아니라 얼마만큼의 판매(상품매출)가 이루어졌는지, 그리고 그 판매에 대응하는 비용(매출원가)은 얼마인지를 보여줌으로써 회계정보이용자에게 보다 유용한 정보를 제공할 수 있다.

손익계산서에는 상품매출에서 상품매출원가를 차감한 매출총이익이 별도로 표시되며 이는 상품처분이익과 동일한 금액이다.

$$매출총이익 \ = \ 상품매출 \ - \ 상품매출원가 \ = \ 상품처분이익$$

② 실무상 적용 용이

주된 영업활동인 상품의 구입과 판매는 매우 빈번하게 일어나고 동일한 상품이더라도 구입 시점에 따라 그 가격이 달라지기 때문에, 1분법에 따라 판매 시점마다 일일이 상품의 처분 전 장부금액(당초 구입원가)과 처분손익(상품처분이익)을 구하는 것은 현실적으로 어렵다.

반면, 2분법으로 회계처리하는 경우에는 기말 결산 시점에 상품 실지재고조사를 통하여 구입 상품 중에서 당기에 판매된 분을 역으로 계산하고 이를 상품매출원가로 한 번에 계정 대체하기 때문에 실무상 적용이 편리하다.

참고 상품, 상품매출, 상품매출원가의 비교

계정과목	구 분
상 품	자산(재고자산)
상품매출	수익(매출액)
상품매출원가	비용(매출원가)

(4) 상품매출원가

상품매출원가란 당기에 팔린 상품들의 당초 구입원가를 말한다.

상품매출원가는 기초상품재고액에서 당기상품매입액을 가산한 후 기말상품재고액을 차감하여 계산한다.

여기서 기초상품재고액과 당기상품매입액을 합한 금액은 분개와 전기를 통하여 상품 계정의 총계정원장에서 차변으로 집계되는데, 이를 판매가능상품 금액이라고 한다.

기말 결산 시점까지 집계된 판매가능상품 금액은 당기에 판매된 부분(상품매출원가)과 기말 현재 판매되지 않고 남아 있는 부분(기말상품재고액)으로 배분된다.

따라서 기말 결산 시 실지재고조사를 통하여 기말상품재고액을 파악한 후 이를 장부상 판매가능상품 금액에서 차감함으로써 상품매출원가를 역산할 수 있는 것이다.

$$\begin{aligned}
\text{상품매출원가} \;&=\; \text{기초상품재고액} \;+\; \text{당기상품매입액} \;-\; \text{기말상품재고액} \\
&=\; \text{판매가능상품금액} \quad\qquad\qquad\;\; -\; \text{기말상품재고액}
\end{aligned}$$

참고 상품의 총계정원장

A사의 제2기 회계연도를 사례로 2분법에 따른 상품 계정의 총계정원장을 작성하여 보면 다음과 같다.

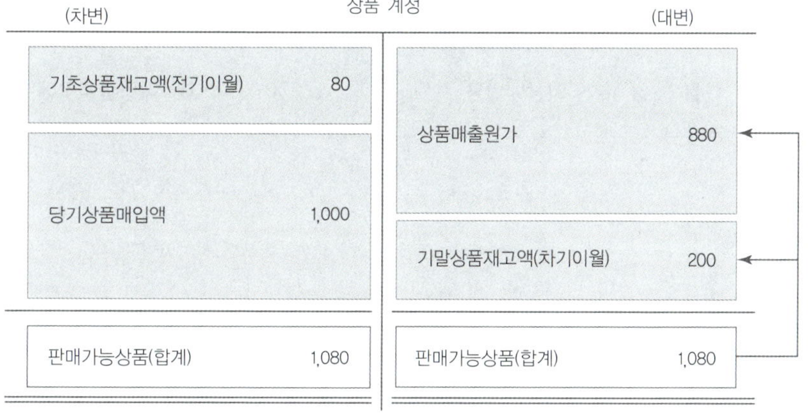

03 재고자산의 취득원가

(1) 상품의 취득원가

> 취득원가 = 당기(순)매입액
> = 매입가액 + 취득부대비용[1] − 매입환출[2] − 매입에누리[3] − 매입할인[4]

[1] 매입운임, 매입하역료, 매입수수료, 취득세 등 상품을 취득하는 과정에서 정상적으로 발생하는 비용
[2] 구입한 상품 중 하자나 파손이 발견되어 해당 물품을 반품하는 것
[3] 구입한 상품 중 하자나 파손이 발견되어 값을 깎는 것
[4] 상품의 구매자가 외상매입대금을 조기에 지급하여 약정에 따라 할인 받는 것

기출포인트

- 상품 취득 시 운송료, 수수료, 제세금 : 자산의 취득과 관련한 취득부대비용이므로 상품의 취득원가에 포함한다.
- 상품 매출 시 운송료, 수수료, 제세금 : 기업의 주된 영업활동인 상품의 매출과 관련하여 발생하는 비용이므로 운반비, 수수료비용, 세금과공과 등 별도의 비용 계정(판매비와관리비)으로 회계처리한다.

(2) 상품의 취득에 대한 회계처리

상품을 취득할 때 취득부대비용은 상품 계정을 사용하여 취득원가에 그대로 합산되도록 회계처리하고, 매입환출·매입에누리·매입할인은 상품의 차감계정을 사용하여 취득원가에서 차감되도록 회계처리한다.

매입환출·매입에누리·매입할인 계정은 기중에 기업 내부적으로 사용하는 상세 계정과목이므로, 기말 결산 시 재무제표를 작성할 때에는 상품 계정에서 직접 차감한다.

① 취득부대비용

(차) 상품	xxx	(대) [계정명]	xxx

[사례] 1월 10일 상품을 20,000원에 외상으로 매입하고 매입운임 1,000원을 현금으로 지급하였다.

1월 10일 (차) 상품	21,000	(대) 외상매입금	20,000
		현금	1,000

② 매입환출 및 매입에누리

(차) 외상매입금	xxx	(대) 매입환출및에누리	xxx

[사례] 1월 12일 이틀 전 매입했던 상품 중에서 일부 파손이 발견되어 외상매입대금 중 5,000원을 깎았다.

1월 12일 (차) 외상매입금	5,000	(대) 매입환출및에누리	5,000

③ 매입할인

(차) 외상매입금	xxx	(대) [계정명]	xxx
		매입할인	xxx

[사례] 1월 18일 8일 전에 매입했던 상품의 외상매입대금 15,000원에 대하여 현금으로 결제하였다. 판매자와의 약정에 따라 조기 결제금액인 15,000원의 2%를 할인 받았다.

1월 18일 (차) 외상매입금	15,000	(대) 현금	14,700
		매입할인	300[1)

[1) 15,000원 × 2% = 300원

④ 상품 계정의 당기(순)매입액

= 매입가액 + 취득부대비용 − 매입환출 − 매입에누리 − 매입할인

= 20,000 + 1,000 − 0 − 5,000 − 300

= 15,700원

04 기말재고자산가액의 결정

기말 결산 시 회사는 상품 총계정원장의 차변에 집계된 판매가능상품 금액에서 재고실사로 파악한 기말상품재고액을 차감하여 상품매출원가를 산출한다. 따라서 기말상품재고액의 결정은 상품매출원가에 영향을 끼침으로써 당기순이익을 달라지게 할 수 있다.

기말재고자산가액(기말상품재고액)은 다음과 같이 결정된다.

기말상품재고액	=	수량	×	단가
		① 계속기록법		① 개별법
		② 실지재고조사법		② 선입선출법
		③ 혼합법		③ 후입선출법
				④ 총평균법
				⑤ 이동평균법

(1) 수량 결정방법

계속기록법	· 기중에 상품의 입고와 출고 수량을 계속적으로 기록하여 기말에 장부에 의하여 수량을 파악하는 방법을 말한다. · 계속기록법에서는 기초재고수량, 당기매입수량, 당기판매수량이 모두 기록되므로 장부상 재고수량은 언제든지 파악할 수 있으나, 실제 재고수량은 조사하지 않으므로 이를 파악할 수 없다.
실지재고조사법	· 기말에 직접 조사를 통하여 실제 재고수량을 파악하는 방법을 말한다. · 실지재고조사법에서는 기중에는 상품의 입고만 기록하고 입고란에 기록된 수량에서 기말에 직접 조사한 실제 수량을 차감하여 판매된 수량을 산출한다. 즉, 기초재고수량과 당기매입수량만 기록되므로 당기판매수량은 기말에 실지재고조사를 마쳐야만 일괄적으로 파악할 수 있다.

혼합법	· 실무에서는 기말재고수량을 파악할 때 **계속기록법**과 **실지재고조사법**을 **병행**하고 있는데, 이를 혼합법이라고 한다. · 혼합법에서는 장부상 재고수량과 직접 조사한 실제 재고수량을 모두 알 수 있기 때문에 보관 중에 발생한 재고감모수량(도난이나 파손 등)을 파악할 수 있다.

(2) 단가 결정방법(원가흐름의 가정)

상품의 구입시기에 따라 동일한 상품의 구입단가가 계속하여 변동하는 경우 구입한 상품이 팔리는 순서에 관하여 일정한 가정을 하게 되는데, 이를 원가흐름의 가정이라고 한다.

재고자산의 원가흐름을 어떻게 가정하는가에 따라 매출원가와 기말재고자산가액을 계산할 때 사용되는 단가가 달라지게 된다.

원가흐름의 가정, 즉 기말재고자산의 단가 결정방법은 다음과 같다.

개별법	· 개별 상품 각각에 가격표를 붙여서 개별 물량흐름을 직접 추적하여 출고단가를 산정하는 방법을 말한다. · 가장 정확한 단가 산정방법이나 실무에서 적용하기는 현실적으로 어렵다.
선입선출법	· 먼저 매입(입고)한 상품을 먼저 판매(출고)한다는 가정하에 출고단가를 산정하는 방법을 말한다. (FIFO : First-In-First-Out) · 기말재고자산이 가장 최근 매입분으로 구성되므로 시가에 가깝게 표시된다(장점). 반면, 오래전 매입분이 매출원가로 기록되므로 수익·비용 대응이 적절히 이루어지지 않는다(단점).
후입선출법	· 나중에 매입(입고)한 상품을 먼저 판매(출고)한다는 가정하에 출고단가를 산정하는 방법을 말한다. (LIFO : Last-In-First-Out) · 가장 최근 매입분이 매출원가로 기록되므로 수익·비용 대응이 적절히 이루어진다(장점). 반면, 기말재고자산이 오래전 매입분으로 구성되므로 시가에 가깝게 표시되지 않는다(단점).
총평균법	· 기말에 총입고금액을 총입고수량으로 나누어 총평균단가를 구하고 총평균단가로 출고단가를 산정하는 방법을 말한다. · 공식 $$총평균단가 = \frac{기초재고액 + 당기매입액}{기초재고수량 + 당기매입수량}$$
이동평균법	· 매입할 때마다 새로 입고되는 상품의 매입액과 기존 상품의 장부금액을 합하여 새로운 평균단가(이동평균단가)를 구하고 이동평균단가로 출고단가를 산정하는 방법을 말한다. · 공식 $$이동평균단가 = \frac{매입 직전 재고액 + 추가 매입액}{매입 직전 재고수량 + 추가 매입수량}$$

> **참고** 평균법
>
> 먼저 매입한 상품과 나중에 매입한 상품이 평균적으로 판매된다는 가정하에 일정 기간 동안의 재고자산매입액을 평균한 평균단가로 출고단가를 산정하는 방법을 평균법(또는 가중평균법)이라고 한다. 평균법에는 총평균법(실지재고조사법하에서의 평균법)과 이동평균법(계속기록법하에서의 평균법)이 있다.

(3) 단가 결정방법에 따른 기말재고자산가액의 결정 사례

상기업인 B사의 제2기 회계연도에 다음과 같은 상품 거래가 발생했을 때 선입선출법, 후입선출법, 총평균법, 이동평균법에 따라 상품재고장(재고수불부)을 작성하고 기말재고자산가액 및 매출원가를 구하여 보자.

> · 1월 1일 기초 현재, 전기로부터 이월된 상품 10개가 있으며 개당 120원이었다.
> · 2월 2일 공급처로부터 상품 30개를 개당 140원에 현금 매입하였다.
> · 3월 3일 고객사에 상품 20개를 개당 200원에 현금 매출하였다.
> · 7월 7일 공급처로부터 상품 20개를 개당 165원에 현금 매입하였다.
> · 11월 11일 고객사에 상품 20개를 개당 200원에 현금 매출하였다.
> · 12월 31일 기말 결산 시, 창고를 직접 조사하여 기말 현재 판매되지 않고 남아있는 재고수량이 20개라는 것을 확인하였다.

① 선입선출법

상품재고장

(단위 : 원)

날 짜	구 분	입 고			출 고			잔 고		
1/1	전기이월	10개	@120	1,200				10개	@120	1,200
2/2	매 입	30개	@140	4,200				10개	@120	1,200
								30개	@140	4,200
3/3	매 출				10개	@120	1,200			
					10개	@140	1,400	20개	@140	2,800
7/7	매 입	20개	@165	3,300				20개	@140	2,800
								20개	@165	3,300
11/11	매 출				20개	@140	2,800	20개	@165	3,300
12/31	차기이월				20개	@165	3,300			
합 계		60개		8,700	60개		8,700			

· 기말재고자산가액 = 20개 × @165원 = 3,300원
· 매출원가 = 판매가능상품 금액 − 기말재고자산가액 = 8,700 − 3,300 = 5,400원

② 후입선출법

상품재고장

(단위 : 원)

날 짜	구 분	입 고			출 고			잔 고		
1/1	전기이월	10개	@120	1,200				10개	@120	1,200
2/2	매 입	30개	@140	4,200				10개	@120	1,200
								30개	@140	4,200
3/3	매 출				20개	@140	2,800	10개	@120	1,200
								10개	@140	1,400
7/7	매 입	20개	@165	3,300				10개	@120	1,200
								10개	@140	1,400
								20개	@165	3,300
11/11	매 출				20개	@165	3,300	10개	@120	1,200
								10개	@140	1,400
12/31	차기이월				10개	@120	1,200			
					10개	@140	1,400			
합 계		60개		8,700	60개		8,700			

- 기말재고자산가액 = (10개 × @120원) + (10개 × @140원) = 2,600원
- 매출원가 = 판매가능상품 금액 − 기말재고자산가액 = 8,700 − 2,600 = 6,100원

③ 총평균법

상품재고장

(단위 : 원)

날 짜	구 분	입 고			출 고			잔 고		
1/1	전기이월	10개	@120	1,200				10개		
2/2	매 입	30개	@140	4,200				40개		
3/3	매 출				20개			20개		
7/7	매 입	20개	@165	3,300				40개		
11/11	매 출				20개			20개		
12/31	차기이월				20개					
합 계		60개		8,700	60개					

- 총평균단가 = 총입고금액 ÷ 총입고수량 = 8,700원 ÷ 60개 = @145원
- 기말재고자산가액 = 기말재고수량 × 총평균단가 = 20개 × @145원 = 2,900원
- 매출원가 = 판매가능상품 금액 − 기말재고자산가액 = 8,700 − 2,900 = 5,800원

④ 이동평균법

상품재고장

(단위 : 원)

날 짜	구 분	입고			출 고			잔 고		
1/1	전기이월	10개	@120	1,200				10개	@120	1,200
2/2	매 입	30개	@140	4,200				40개	@135	5,400
3/3	매 출				20개	@135	2,700	20개	@135	2,700
7/7	매 입	20개	@165	3,300				40개	@150	6,000
11/11	매 출				20개	@150	3,000	20개	@150	3,000
12/31	차기이월				20개	@150	3,000			
합 계		60개		8,700	60개		8,700			

- 2월 2일 이동평균단가 = (1,200원 + 4,200원) ÷ (10개 + 30개) = @135원
  7월 7일 이동평균단가 = (2,700원 + 3,300원) ÷ (20개 + 20개) = @150원
- 기말재고자산가액 = 기말재고수량 × 이동평균단가 = 20개 × @150원 = 3,000원
- 매출원가 = 판매가능상품 금액 − 기말재고자산가액 = 8,700 − 3,000 = 5,700원

참고 상품재고장에서 출고단가와 출고금액의 기재 여부

실무에서는 상품재고장을 작성할 때 출고수량만 기재하고 출고단가와 출고금액은 기재하지 않는 경우가 많다. 왜냐하면 이는 매출시점마다 일일이 상품의 처분 전 장부금액을 구하는 것에 준하는 번거로운 작업이기 때문이다.

다만, ㉠ 이동평균법을 적용할 때에는 상품재고장에 출고금액과 잔고금액을 지속적으로 기재하여야만 이동평균단가를 계산할 수 있으며, ㉡ 후입선출법을 적용할 때에는 상품재고장에 출고단가 및 출고금액을 기재하는 경우(계속기록법하에서의 후입선출법)와 그렇지 않은 경우(실지재고조사법하에서의 후입선출법) 계산결과가 서로 달라질 수 있다.

⑤ 단가 결정방법에 따른 기말재고자산가액, 매출원가, 당기순이익의 계산 결과

(단위 : 원)

구 분	선입선출법	이동평균법	총평균법	후입선출법
판매가능상품 금액	8,700	8,700	8,700	8,700
기말재고자산가액	3,300	3,000	2,900	2,600
매출원가	5,400	5,700	5,800	6,100
매출액	8,000	8,000	8,000	8,000
매출총이익, 당기순이익	2,600	2,300	2,200	1,900

구 분	계산 결과
기말재고자산가액	선입선출법 > 이동평균법 > 총평균법 > 후입선출법
매출원가	선입선출법 < 이동평균법 < 총평균법 < 후입선출법
당기순이익	선입선출법 > 이동평균법 > 총평균법 > 후입선출법

기출확인문제   * 2025년 출제예상

다음 중 계속적으로 물가가 상승하고, 기말상품재고량은 기초상품재고량보다 증가한 상황일 때 미치는 영향으로 옳지 않은 것은? 제71회	정답 ④

다음 중 계속적으로 물가가 상승하고, 기말상품재고량은 기초상품재고량보다 증가한 상황일 때 미치는 영향으로 옳지 않은 것은? 제71회

① 매출원가는 선입선출법이 총평균법보다 작게 평가된다.
② 기말상품가액은 선입선출법이 후입선출법보다 크게 평가된다.
③ 당기순이익은 선입선출법이 후입선출법보다 크게 평가된다.
④ 기말상품가액은 선입선출법이 이동평균법보다 작게 평가된다.

정답 ④

해설
선입선출법에서 기말재고는 가장 최근에 구입한 단가로 구성되므로, 물가(단가)가 점점 상승하는 상황일 때 선입선출법에서의 기말재고자산가액은 그 외 방법에서의 기말재고자산가액보다 크게 평가된다.

05 기말재고자산에 포함될 항목의 결정

회사의 재고자산은 실질적인 소유권에 따라 판단하여야 한다. 기말 현재 창고에 보관 중인 자산이라 하더라도 회사의 소유가 아닐 수 있으며, 창고에 없는 자산이라 하더라도 회사의 소유일 수 있다.

특수한 상황들에 대하여 회사의 기말재고자산에 포함하여야 하는지 여부를 정리하여 보면 다음과 같다.

(1) 미착품

미착품이란 상품을 주문하였으나 결산일 현재 운송 중에 있는 것을 말한다. 미착품에 대한 소유권이 판매자에게 있는지 구매자에게 있는지는 매매계약조건에 따라 결정된다.

구 분	선적 전	선적시점	운 송	도착시점
선적지 인도조건	판매자 소유	구매자 소유		
도착지 인도조건	판매자 소유			구매자 소유

① 선적지 인도조건

선적지 인도조건일 경우 판매자는 재화를 선적하는 시점에 수익을 인식한다.

선적지 인도조건에서는 상품을 선적하는 시점에 소유권이 구매자에게 이전되기 때문에, 기말 현재 운송 중에 있는 미착품은 구매자의 재고자산에 포함된다.

② 도착지 인도조건

도착지 인도조건일 경우 판매자는 재화가 목적지에 도착하는 시점에 수익을 인식한다.

도착지 인도조건에서는 상품이 도착하는 시점에 소유권이 구매자에게 이전되기 때문에, 기말 현재 운송 중에 있는 미착품은 판매자의 재고자산에 포함된다.

(2) 적송품(위탁판매)

위탁판매란 회사가 자신의 상품을 홈쇼핑 등에 위탁하는 방식으로 판매하는 것을 말한다.

이때 판매를 위탁한 회사를 위탁자, 판매를 위탁받아서 판매를 대행하는 홈쇼핑 등을 수탁자라고 하며, 위탁자가 수탁자에게 판매를 위탁하기 위하여 보낸 상품을 적송품이라고 한다.

위탁판매일 경우 위탁자는 수탁자가 적송품을 판매한 시점에 수익을 인식한다.

적송품은 고객에게 판매되기 전까지 위탁자의 소유 자산이므로, 기말 현재 판매되지 않은 적송품은 수탁자의 창고에 보관되어 있더라도 위탁자의 재고자산에 포함된다.

수탁자는 적송품을 재고자산으로 포함하지 않으며 판매 시 수수료만을 수익으로 계상하게 된다.

(3) 시송품(시용판매)

시용판매란 회사가 자신의 상품을 고객에게 먼저 보낸 다음 고객이 일정 기간 사용해보고 구매 여부를 결정할 수 있는 방식으로 판매하는 것을 말한다.

이때 고객이 일정 기간 사용해보고 구매 여부를 결정할 수 있도록 판매자가 고객에게 보내놓은 상품을 시송품이라고 한다.

시용판매일 경우 판매자는 고객이 구매의사를 표시한 시점에 수익을 인식한다.

시송품은 고객이 구매의사를 표시하기 전까지는 판매된 것이 아니므로, 기말 현재 구매의사표시가 없는 시송품은 판매자의 재고자산에 포함된다.

(4) 할부판매상품

할부판매란 회사가 자신의 상품을 고객에게 먼저 인도한 다음 대금을 2회 이상 분할하여 회수하는 방식으로 판매하는 것을 말한다.

할부판매일 경우 판매자는 재화를 고객에게 인도하는 시점에 수익을 인식한다.

할부판매에서는 상품을 인도하는 시점에 소유권이 구매자에게 이전되기 때문에, 할부판매된 상품은 기말 현재 대금이 아직 회수되지 않았더라도 판매자의 재고자산에 포함되지 않는다.

(5) 반품률이 높은 상품의 판매

일반조건의 매매계약이라 하더라도 반품률이 높은 상품을 판매한 경우에는 해당 반품률을 합리적으로 추정할 수 있는지 여부에 따라 기말재고자산 포함 여부가 달라진다.

① 반품률이 합리적으로 추정 가능한 경우

판매자는 인도 시점에 예상반품금액을 반영하여 매출을 인식하므로, 반품률이 합리적으로 추정 가능한 판매 상품은 판매자의 기말재고자산에 포함되지 않는다.

② 반품률이 합리적으로 추정 불가능한 경우

판매자는 반품기간이 종료될 때까지는 매출 인식하지 않으므로, 기말 현재 반품기간이 남아있고 반품률이 합리적으로 추정 불가능한 판매 상품은 판매자의 기말재고자산에 포함된다.

(6) 저당상품

저당상품이란 금융기관 등으로부터 자금을 차입하면서 그 담보로 제공한 상품을 말한다.

저당상품은 저당권이 실행되어 소유권이 이전되기 전까지는 담보제공자가 소유권을 가지고 있으므로, 기말 현재 저당권이 실행되지 않은 저당상품은 담보제공자의 재고자산에 포함한다.

다음 중 재고자산에 대한 설명으로 가장 옳지 않은 것은? 제85회

① 도착지 인도조건인 경우 미착상품은 매입자의 재고자산에 포함된다.
② 매입자가 매입의사를 표시하지 않은 경우 시송품은 판매자의 재고자산에 포함된다.
③ 수탁자가 제3자에게 판매를 한 경우 적송품은 위탁자의 재고자산에 포함되지 않는다.
④ 할부판매상품의 경우 대금이 모두 회수되지 않았더라도 판매자의 재고자산에 포함되지 않는다.

정답 ①

해설
도착지 인도조건에서는 상품 등이 도착하는 시점에 소유권이 구매자에게 이전되기 때문에 기말 현재 운송 중에 있는 미착품은 판매자의 재고자산에 포함된다.

---

06 재고자산감모손실과 재고자산평가손실

(1) 재고자산감모손실

재고자산감모손실이란 재고자산의 도난, 분실, 파손, 증발, 마모 등으로 인하여 재고자산의 실제 수량이 장부상 수량보다 부족한 경우 발생하는 손실을 말한다.

$$\text{재고자산감모손실} = (\text{장부상 수량} - \text{실제 수량}) \times \text{장부상 단가}$$
$$= \text{장부상 수량에 대한 취득원가} - \text{실제 수량에 대한 취득원가}$$

재고자산감모손실이 발생하면 감모손실만큼 대변에 상품 계정으로(자산의 감소), 차변에 비용 계정으로(비용의 발생) 회계처리한다.

차변에서 비용을 인식할 때, 감모손실 중 정상적 범위 내에서 발생한 감모손실(정상감모손실)은 원가성이 인정되는 것으로 보아 상품매출원가 계정(매출원가)으로 회계처리하고, 비정상적으로 발생한 감모손실(비정상감모손실)은 원가성이 인정되지 않는 것으로 보아 재고자산감모손실 계정(영업외비용)으로 회계처리한다.

① 정상적인 감모손실

(차) 상품매출원가 (매출원가)	xxx	(대) 상품	xxx

② 비정상적인 감모손실

(차) 재고자산감모손실 (영업외비용)	xxx	(대) 상품	xxx

(2) 재고자산평가손실

재고자산평가손실이란 재고자산의 물리적 손상, 진부화, 판매가격 하락 등으로 인하여 보유 중인 재고자산의 가치가 하락하는 경우 발생하는 손실을 말한다.

재고자산을 평가할 때, 기말 단가가 취득원가보다 상승한 경우에는 별도의 회계처리(재고자산평가이익 인식)를 하지 않고, 기말 단가가 취득원가보다 하락한 경우에만 재고자산평가손실을 인식하는데, 이와 같은 회계처리 방법을 저가법(Lower of Cost or Market)이라고 한다.

저가법 회계처리의 결과, 기말 재무상태표의 재고자산은 취득원가와 시가(순실현가능가치) 중 낮은 금액으로 측정된다. 순실현가능가치(Net Realizable Value)란 정상적인 영업과정에서의 예상 판매가격에서 예상 판매비용을 차감한 금액을 말한다.

재고실사를 통하여 실제 기말재고자산을 파악할 때 회사는 수량과 단가 중 수량을 먼저 확정하게 된다. 따라서 재고자산감모손실과 재고자산평가손실이 모두 있는 경우, 재고자산감모손실을 먼저 계산한 다음에 재고자산평가손실을 계산한다.

> 재고자산평가손실 = (장부상 단가 − 실제 단가) × 실제 수량
> = 실제 수량에 대한 취득원가 − 실제 수량에 대한 시가

재고자산평가손실이 발생하면 평가손실만큼 대변에 상품의 차감적 평가계정인 상품평가충당금 계정으로(자산 차감의 증가 = 자산의 감소), 차변에 비용 계정으로(비용의 발생) 회계처리한다.

대변에서 자산의 감소를 인식할 때, 상품 계정을 직접 감소시키는 것이 아니라 상품의 차감적 평가계정인 상품평가충당금 계정을 사용한다는 점에서 감모손실에서의 회계처리와 차이가 있다.

차변에서 비용을 인식할 때, 재고자산평가손실은 매출원가에 해당하는 것으로 보아 상품매출원가 계정(매출원가)으로 회계처리한다.

향후에 평가손실을 초래했던 상황이 해소되어 시가가 회복되는 경우에는 최초의 취득원가(최초의 장부금액)를 회복된 시가의 한도로 하여 시가회복분(평가손실환입액)을 계산하고, 시가회복분만큼 차변에 상품평가충당금 계정으로(자산 차감의 감소 = 자산의 증가), 대변에 상품매출원가 계정(매출원가)으로(비용의 감소) 회계처리한다.

① 재고자산평가손실

(차) 상품매출원가	xxx	(대) 상품평가충당금	xxx
(매출원가)		(상품의 차감계정)	

② 재고자산평가손실환입

(차) 상품평가충당금	xxx	(대) 상품매출원가	xxx
(상품의 차감계정)		(매출원가)	

[사례] 20x1년에 매입한 상품 A의 취득원가는 30,000원, 20x1년 기말 순실현가능가치는 28,000원이었고 회사는 저가법에 따라 20x1년에 재고자산평가손실 2,000원을 인식하였다.
20x2년 말 현재 상품 A가 재고로 남아 있고 기말 순실현가능가치가 31,000원으로 회복된 경우, 20x2년의 결산 시 회계처리는?

(차) 상품평가충당금	2,000	(대) 상품매출원가	2,000[1]

[1] Min[㉠ 회복된 시가, ㉡ 최초 취득원가] − 장부금액 = Min[㉠ 31,000, ㉡ 30,000] − 28,000 = 2,000원

(3) 사례

상기업인 C사의 기말 상품과 관련한 자료가 다음과 같을 때, 재고자산감모손실과 재고자산평가손실을 계산하고 일반기업회계기준에 따라 회계처리를 하여 보자. (단, 해당 상품의 특성상 30개의 수량감소는 정상적인 범위인 것으로 가정함)

구분	수량	단가	금액
장부상 기말재고	200개	@20원	4,000원
재고실사 결과	100개	@18원	1,800원

① 계산

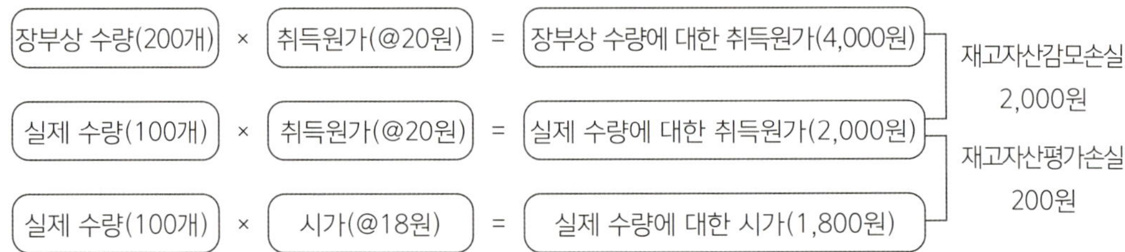

- 재고자산감모손실 = (장부상 수량 − 실제 수량) × 장부상 단가 = (200개 − 100개) × @20원 = 2,000원
  - 정상감모손실 = 정상적인 감모수량 × 장부상 단가 = 30개 × @20원 = 600원
  - 비정상감모손실 = 재고자산(총)감모손실 − 정상감모손실 = 2,000 − 600 = 1,400원
- 재고자산평가손실 = (장부상 단가 − 실제 단가) × 실제 수량 = (@20원 − @18원) × 100개 = 200원

② 회계처리

- 정상감모손실

(차) 상품매출원가	600	(대) 상품	600

- 비정상감모손실

(차) 재고자산감모손실 (영업외비용)	1,400	(대) 상품	1,400

- 재고자산평가손실

(차) 상품매출원가	200	(대) 상품평가충당금	200

---

07 타계정 대체

(1) 타계정대체의 정의와 회계처리

기업이 보유하고 있는 상품은 외부에 판매됨으로써 매출원가로 대체되는 것이 원칙이다. 그러나 기업이 영업활동을 하는 과정에서 자사의 상품을 외부판매 이외의 용도로 사용하는 경우가 있는데, 이를 타계정대체라고 한다.

타계정대체는 상품을 광고선전 목적으로 사용하는 경우, 접대 목적으로 사용하는 경우, 종업원의 복리후생 목적으로 사용하는 경우 등 다양한 유형으로 나타날 수 있다.

타계정대체 거래가 발생하면 대변을 상품 계정으로(재고자산의 감소), 차변을 매출원가 이외의 적절한 비용 계정과목으로(매출원가가 아닌 비용의 발생) 회계처리한다.

비정상감모손실에 대하여 상품 계정을 감소시키고 매출원가 이외의 비용인 재고자산감모손실 계정(영업외비용)을 인식하는 것도 이러한 타계정대체 거래에 해당한다.

(2) 사례

상기업인 D사의 상품과 관련한 자료가 다음과 같을 때, 기중의 타계정대체 거래와 기말 결산에 대한 회계처리를 하고, 상품 계정의 총계정원장과 당기 손익계산서를 작성하여 보자. (단, 해당 상품의 특성상 30개의 수량감소는 정상적인 범위인 것으로 가정함)

· 기초상품재고액 : 1,000원
· 당기상품매입액 : 30,000원
· 상품 중 일부(원가 500원)를 사무실 직원의 복리후생 목적으로 사용
· 상품 중 일부(원가 1,500원)를 거래처에 선물로 증정
· 기말상품 내역

구분	수량	단가	금액
장부상 기말재고	200개	@20원	4,000원
재고실사 결과	100개	@18원	1,800원

① 기중의 타계정대체 거래 회계처리

· 원가 500원의 상품을 사무실 직원의 복리후생 목적으로 사용

(차) 복리후생비(판매비와관리비)	500	(대) 상품	500

· 원가 1,500원의 상품을 거래처에 선물로 증정

(차) 기업업무추진비(판매비와관리비)	1,500	(대) 상품	1,500

② 기말 결산 회계처리

· 장부상 기말재고에 의한 매출원가
  = 기초재고 + 당기매입 − 기중의 타계정대체 − 장부상 기말재고
  = 1,000 + 30,000 − (500 + 1,500) − 4,000 = 25,000원

(차) 상품매출원가	25,000	(대) 상품	25,000

· 정상감모손실
  = 정상적인 감모수량 × 장부상 단가 = 30개 × @20원 = 600원

(차) 상품매출원가	600	(대) 상품	600

· 비정상감모손실
  = 재고자산(총)감모손실 − 정상감모손실 = 2,000 − 600 = 1,400원

(차) 재고자산감모손실 (영업외비용)	1,400	(대) 상품	1,400

· 재고자산평가손실
  = (장부상 단가 − 실제 단가) × 실제 수량 = (@20원 − @18원) × 100개 = 200원

(차) 상품매출원가	200	(대) 상품평가충당금	200

③ 상품 계정의 총계정원장

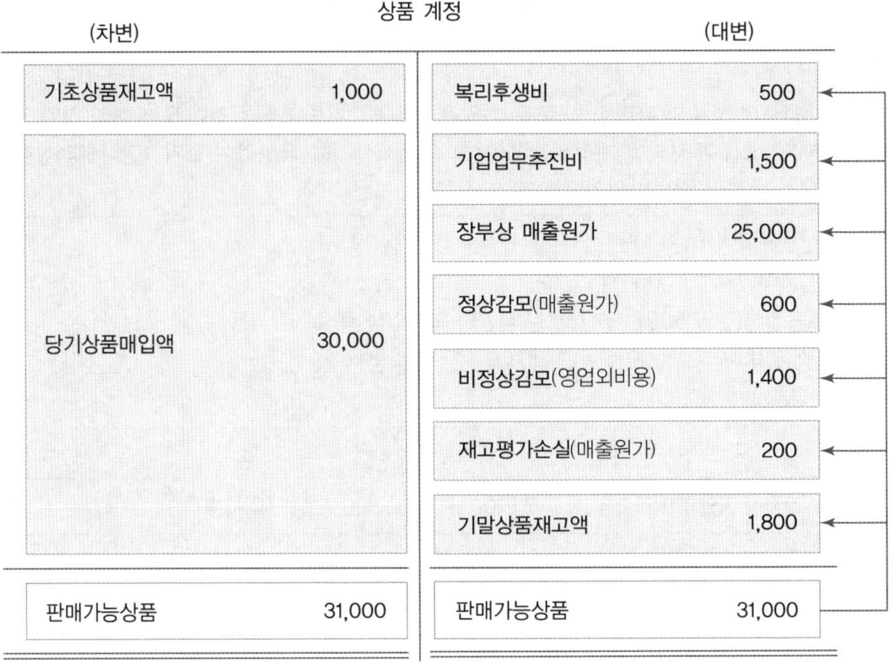

참고 재무상태표에서의 표시
재무상태표에서는 기말상품재고액 1,800원이 상품 계정 2,000원과 상품평가충당금 계정 (−)200원으로 구분 표시된다.

재무상태표

자산	
상품	2,000
상품평가충당금	(200)
	1,800

④ 당기 손익계산서

기출포인트

타계정대체가 있을 때 상품매출원가를 구하는 방법

(방법1) [상품 계정의 총계정원장 접근법]
상품매출원가 = 장부상 기말재고에 의한 매출원가 + 정상감모손실 + 재고자산평가손실
       = (기초재고 + 당기매입 − 기중의 타계정대체 − 장부상 기말재고) + 정상감모손실 + 재고자산평가손실
       = {1,000 + 30,000 − (500 + 1,500) − 4,000} + 600 + 200
       = 25,000 + 600 + 200
       = 25,800원

(방법2) [손익계산서 접근법]
상품매출원가 = (기초재고 + 당기매입 − 실제 기말재고) − 타계정대체
       = (기초재고 + 당기매입 − 실제 기말재고) − 기중의 타계정대체 − 비정상감모손실
       = (1,000 + 30,000 − 1,800) − {(500 + 1,500) + 1,400}
       = (31,000 − 1,800) − 2,000 − 1,400
       = 25,800원

 KcLep 프로그램에서의 타계정대체

KcLep 프로그램에서는 기말 결산 시 [결산자료입력]이라는 메뉴에 기말재고액만 입력해주면 매출원가 금액(= 판매가능상품 – 기말재고)이 역산되고, 동 금액의 매출원가를 인식하는 분개가 자동으로 생성된다.

타계정대체 금액은 기말재고액에 포함되지 않으면서 동시에 매출원가에도 포함되지 않기 때문에, 프로그램 상에서 매출원가가 정확하게 역산되기 위해서는 타계정대체로 인한 상품의 감소를 기록할 때 전표 입력 단계에서 '적요 8. 타계정으로 대체액'이라는 적요를 입력해 주어야 한다.

D사를 사례로 KcLep 프로그램에 타계정대체 거래와 기말 결산 회계처리를 입력하여 보면 다음과 같다.

- 기중 거래 입력 시, 타계정대체를 '적요 8'을 사용하여 입력한다.
  - 원가 500원의 상품을 사무실 직원의 복리후생 목적으로 사용

    (차) 복리후생비   500   (대) 상품   500
       (판매비와관리비)   (적요 8. 타계정으로 대체액)

  - 원가 1,500원의 상품을 거래처에 선물로 증정

    (차) 기업업무추진비   1,500   (대) 상품   1,500
       (판매비와관리비)   (적요 8. 타계정으로 대체액)

- 기말 결산 시, [일반전표입력] 메뉴에 재고자산의 비정상감모손실(타계정대체)을 '적요 8'을 사용하여 입력한다. (수동결산)

  (차) 재고자산감모손실   1,400   (대) 상품   1,400
     (영업외비용)   (적요 8. 타계정으로 대체액)

- 기말 결산 시, [결산자료입력] 메뉴에 정상·비정상 감모손실과 평가손실까지 모두 차감된 실제 기말재고액 (1,800원)을 입력한 다음, 메뉴 상단의 '전표추가'를 클릭한다. (자동결산)

- 상기 절차를 거치면 프로그램 내에서 타계정대체 금액까지 반영하여 매출원가 금액이 정확하게 계산되고, 동 금액의 매출원가를 인식하는 분개가 생성되어 손익계산서와 재무상태표까지 자동으로 작성된다. 다만, 프로그램에서는 상품평가충당금 계정을 사용하지 않으므로 자동으로 작성된 재무상태표에는 상품 계정이 순액인 1,800원으로 표시되는데, 외부 공시용 재무상태표에서는 이를 상품 계정 2,000원과 상품평가충당금 계정 (−)200원으로 구분 표시해 준다.

* 기출문제 날짜는 학습효과를 높이기 위해 일부 수정하였으며, ㈜연습산업(코드번호 : 0301) 데이터를 사용하여 연습할 수 있습니다.

01 7월 1일 일본 소니사로부터 원재료를 수입하고, 당해 원재료 수입과 관련하여 발생한 다음의 경비를 현금으로 지급하였다.

[제27회]

품 목	금 액	비 고
관 세	500,000원	납부영수증을 교부받다.
운반수수료	48,000원	간이영수증을 교부받다.

02 7월 2일 원재료로 사용하기 위해 구입했던 과일(취득원가 1,000,000원)을 당사 영업팀 회식에 사용하였다.

[제63회]

03 7월 3일 당사는 산불피해 이재민을 돕기 위하여 제품인 컴퓨터 10대를 강릉시에 기부하였다. 컴퓨터 10대의 원가는 30,000,000원이며 시가는 35,000,000원이다.

[제97회]

정답 및 해설

01 7월 1일 (차) 원재료   548,000   (대) 현금   548,000

02 7월 2일 (차) 복리후생비(판관비)   1,000,000   (대) 원재료   1,000,000
                                                                     (적요 8. 타계정으로 대체액)

03 7월 3일 (차) 기부금   30,000,000   (대) 제품   30,000,000
                                                                     (적요 8. 타계정으로 대체액)

* 본서에 수록된 기출문제의 날짜는 학습효과를 높이기 위하여 일부 수정함

01 ㈜선화는 재고자산에 대하여 선입선출법을 적용한다. 다음 자료를 이용한 경우 기말의 재고액은 얼마인가?

[제30회]

날 짜	내 용	수 량	단 가	금 액
1월 1일	기초재고	100개	10원	1,000원
3월 10일	매 입	50개	12원	600원
5월 15일	매 출	70개	–	–
12월 31일	기말재고	80개	–	( )

① 900원　　　　② 880원　　　　③ 800원　　　　④ 960원

02 물가가 하락한다고 가정할 경우 당기순이익이 가장 적게 계상되는 재고자산의 평가방법은 무엇인가?

[제90회]

① 선입선출법　　② 후입선출법　　③ 총평균법　　④ 이동평균법

03 다음의 자료에서 설명하는 재고자산의 평가방법은?

[제79회]

- 일반적인 물가상승 시 당기순이익이 과소계상되어 당기의 법인세를 줄이는 효과가 있다.
- 기말재고자산이 현시가를 반영하지 못한다.
- 디플레이션 시에는 경영진의 경영 실적을 높이려는 유혹을 가져올 수 있다.

① 선입선출법　　② 후입선출법　　③ 개별법　　④ 이동평균법

04 다음 중 재고자산에 대한 설명으로 틀린 것은?

[제96회]

① 재고자산이란 정상적인 영업과정에서 판매를 목적으로 하는 자산을 말한다.
② 재고자산의 수량을 결정하는 방법에는 계속기록법, 실지재고조사법, 혼합법이 있다.
③ 재고자산의 단가결정방법에는 개별법, 선입선출법, 후입선출법, 가중평균법이 있다.
④ 가중평균법 적용 시, 계속기록법하에서 적용한 평균법을 총평균법이라 하고, 실지재고
  조사법하에서 적용한 평균법을 이동평균법이라 한다.

정답 및 해설

01 ① ·상품재고장

상품

기초재고 100개 × @10 = 1,000원	매출원가	70개	
3월 10일 50개 × @12 = 600원	기말재고	80개	
150개 1,600원		150개	1,600원

·선입선출법
  - 기말재고 = (50개 × @12원) + (30개 × @10원) = 900원
  - 매출원가 = 판매가능상품 금액 − 기말재고 = 1,600 − 900 = 700원

02 ① ·물가가 상승하는 경우, 단가결정방법에 따른 기말재고자산가액 및 당기순이익의 크기 순서
    : 선입선출법 > 이동평균법 > 총평균법 > 후입선출법
  ·물가가 하락하는 경우, 단가결정방법에 따른 기말재고자산가액 및 당기순이익의 크기 순서
    : 선입선출법 < 이동평균법 < 총평균법 < 후입선출법

03 ② ·후입선출법의 경우, 매출원가가 가장 최근 매입분으로 구성되므로 수익·비용의 대응이 적절히 이루어지는 장점
    이 있는 반면 기말재고자산이 오래 전 매입분으로 구성되므로 현시가를 반영하지 못하는 단점이 있다.
  ·물가상승 시 후입선출법은 선입선출법에 비해 당기순이익을 과소계상하므로, 당기의 법인세를 줄이고 세부담
    을 이연하는 효과가 있다.

04 ④ ·(가중)평균법에는 총평균법과 이동평균법이 있다.
  ·계속기록법하에서 적용한 평균법을 이동평균법이라 하고, 실지재고조사법하에서 적용한 평균법을 총평균법이
    라 한다.

05 다음과 같은 특징이 있는 재고자산의 평가방법으로 옳은 것은?　　　　　　　　　　　　[제99회]

> - 기말재고자산이 최근에 매입한 단가가 적용되므로 시가에 가깝게 표시된다.
> - 현재의 수익에 과거의 원가가 대응된다.
> - 물가가 상승하는 상황에서는 당기순이익이 과대계상 된다.
> - 기말재고자산가액 및 매출원가를 계산할 때, 계속기록법하에서 적용하는 경우와 실지재고
>   조사법하에서 적용하는 경우 모두 동일한 결과값을 얻을 수 있다.

① 선입선출법　　　　② 후입선출법　　　　③ 이동평균법　　　　④ 총평균법

06 아래의 자료에서 기말재고자산에 포함해야 할 금액은 얼마인가?　　　　　　　　　　　[제100회]

> - 도착지 인도조건으로 매입한 미착상품 : 3,000,000원
> - 구매자가 매입의사를 표시한 시송품 : 5,000,000원
> - 제3자에게 판매하기 전인 적송품 : 2,000,000원
> - 담보로 제공한 저당상품 : 7,000,000원

① 7,000,000원　　　② 8,000,000원　　　③ 9,000,000원　　　④ 10,000,000원

07 기말재고자산을 확인하기 위하여 창고에 있는 재고자산을 실사한 결과 창고에 보관 중인
재고자산의 가액은 2,000,000원으로 확인되었다. 그 외에 재고자산과 관련된 자료는 다음
과 같다. 정확한 기말재고액을 계산하면 얼마인가?　　　　　　　　　　　　　　　[제95회]

항 목	금 액	비 고
미착상품	150,000원	선적지 인도조건으로 매입하여 운송 중인 상품
시송품	500,000원	40%는 소비자가 매입의사를 표시함
장기할부판매	250,000원	할부판매에 따라 고객에 인도하였으나 대금이 모두 회수되지 않음
적송품	400,000원	수탁자로부터 75% 판매되었음을 통지 받음

① 2,350,000원　　　② 2,550,000원　　　③ 2,700,000원　　　④ 2,800,000원

08 다음 설명 중 ㈜태성의 기말재고자산에 포함되지 않는 것은?

[제38회]

> 가. ㈜태성은 기말 현재 운송 중인 상품을 선적지 인도조건으로 ㈜황소로부터 구입하였다.
> 나. ㈜태성이 ㈜북부에게 판매를 위탁한 상품(적송품)이 기말 현재 ㈜북부의 창고에 보관 중이다.
> 다. ㈜태성은 반품률을 합리적으로 추정 가능한 상태로 상품을 ㈜한국에게 판매(인도)하였다.
> 라. ㈜태성은 기말 현재 운송 중인 상품을 도착지 인도조건으로 ㈜남부에 판매하였다.

① 가　　　　　② 나　　　　　③ 다　　　　　④ 라

정답 및 해설

05 ①
- 선입선출법의 장점 : 기말재고자산이 가장 최근 매입분으로 구성되므로 시가에 가깝게 표시된다.
- 선입선출법의 단점 : 매출원가가 오래전 매입분으로 구성되므로 수익·비용의 대응이 적절히 이루어지지 않는다.
- 물가가 상승하는 상황에서, 단가결정방법에 따른 당기순이익의 크기 순서
  : 선입선출법 > 이동평균법 > 총평균법 > 후입선출법
- 선입선출법에서는, 기말재고자산가액 및 매출원가를 계산할 때, '상품재고장에 출고단가를 기재하는 방법(계속기록법하에서의 선입선출법)'일 때의 계산결과와 '상품재고장에 출고단가를 기재하지 않는 방법(실지재고조사법하에서의 선입선출법)'일 때의 계산결과가 항상 동일하다.

06 ③
- 도착지 인도조건인 경우 상품 등이 도착하는 시점에 소유권이 구매자에게 이전되기 때문에, 기말 현재 운송 중에 있는 미착품은 판매자(거래상대방)의 재고자산에 포함된다.
- 시송품은 고객이 구매의사를 표시하는 시점에 소유권이 구매자에게 이전되기 때문에, 기말 현재 구매자가 구매의사를 표시한 시송품은 구매자(고객)의 재고자산에 포함된다.
- 적송품은 고객에게 판매되기 전까지는 위탁자의 소유 자산이므로, 기말 현재 판매되지 않은 적송품은 수탁자의 창고에 보관되어 있더라도 위탁자(당사)의 재고자산에 포함된다.
- 저당상품은 저당권이 실행되어 소유권이 이전되기 전까지는 담보제공자(당사)가 소유권을 가지고 있으므로, 이는 당사의 재고자산에 포함된다.
- 기말재고자산에 포함해야 할 금액 = 기말 현재 판매되지 않은 적송품 + 담보 제공 저당상품
  $$= 2,000,000 + 7,000,000$$
  $$= 9,000,000원$$

07 ②
- 선적지 인도조건인 경우 상품 등을 선적하는 시점에 소유권이 구매자에게 이전되기 때문에, 기말 현재 운송 중에 있는 미착품은 구매자의 재고자산에 포함된다.
- 할부판매의 경우, 인도 시점에 소유권이 구매자에게 이전되기 때문에, 할부판매된 상품 등은 기말 현재 대금이 아직 회수되지 않았더라도 판매자의 재고자산에 포함되지 않는다.
- 기말재고액 = 당사 창고 재고액 + 선적지 인도조건으로 매입하여 운송 중인 상품
  + 구매의사표시가 없는 시송품 + 기말 현재 판매되지 않은 적송품
  $$= 2,000,000 + 150,000 + (500,000 \times 60\%) + (400,000 \times 25\%)$$
  $$= 2,550,000원$$

08 ③ 반품률을 합리적으로 추정 가능한 상태로 판매한 상품은 판매자의 기말재고자산에 포함되지 않는다.

09 재고자산의 시가가 취득원가보다 하락한 경우에는 저가법을 사용하여 장부금액을 결정한다. 이와 같이 저가법을 적용하는 사유에 해당하지 않는 것은?　　[제69회]

① 보고기간 말로부터 1년 또는 정상영업주기 내에 판매되지 않았거나 생산에 투입할 수 없어 장기체화 된 경우
② 도난, 분실, 파손, 증발, 마모 등이 발생한 경우
③ 완성하거나 판매하는 데 필요한 원가가 상승한 경우
④ 진부화하여 정상적인 판매시장이 사라지거나 기술 및 시장 여건 등의 변화에 의해서 판매 가치가 하락한 경우

10 다음은 일반기업회계기준상 재고자산에 대한 설명이다. 괄호 안에 들어갈 내용으로 옳은 것은?　　[제60회]

재고자산은 이를 판매하여 수익을 인식한 기간에 (㉠)(으)로 인식한다.
재고자산의 시가가 장부금액 이하로 하락하여 발생한 평가손실은 재고자산의 차감계정으로 표시하고 (㉡)에 가산한다.
재고자산의 장부상 수량과 실제 수량과의 차이에서 발생하는 감모손실의 경우 정상적으로 발생한 감모손실은 (㉢)에 가산하고 비정상적으로 발생한 감모손실은 (㉣)(으)로 분류한다.

	㉠	㉡	㉢	㉣
①	매출원가	영업외비용	영업외비용	매출원가
②	매출원가	매출원가	매출원가	영업외비용
③	영업외비용	매출원가	매출원가	영업외비용
④	영업외비용	영업외비용	영업외비용	매출원가

11 다음의 자료는 ㈜아주상사의 기말재고자산 내역이다. 재고자산감모손실이 당기 매출총이익에 미치는 영향을 바르게 설명한 것은?

[제105회]

> • 장부상 기말재고 수량 : 1,000개
> • 단위당 원가 : 1,500원(단위당 시가 : 1,700원)
> • 실사에 의한 기말재고 수량 : 950개
> • 재고자산감모손실의 5%는 비정상적으로 발생하였다.

① 매출총이익이 71,250원 감소한다.
② 매출총이익이 75,000원 감소한다.
③ 매출총이익이 76,500원 감소한다.
④ 매출총이익이 85,000원 감소한다.

정답 및 해설

09 ② ·재고자산의 도난, 분실, 파손, 증발, 마모 등으로 인하여 실제 수량이 장부상 수량보다 부족한 경우 발생하는 손실은 감모손실에 해당한다.
· 재고자산의 물리적 손상, 진부화, 판매가격 하락, 장기체화, 완성하는 데 필요한 원가상승 등으로 인하여 보유 중인 재고자산의 가치가 하락하는 경우 발생하는 손실은 평가손실에 해당한다.

10 ② ㉠ 매출원가, ㉡ 매출원가, ㉢ 매출원가, ㉣ 영업외비용

11 ① · 총감모손실 = (장부상 수량 − 실제 수량) × 장부상 단가
= (1,000개 − 950개) × @1,500원 = 75,000원
· 정상감모손실 = 정상적인 감모수량 × 장부상 단가
= (50개 × 95%) × @1,500원 = 71,250원(→ 매출원가 증가 → 매출총이익 감소)
· 비정상감모손실 = 총감모손실 − 정상감모손실
= 75,000 − 71,250 = 3,750원(→ 영업외비용 증가)
· 재고자산평가손실 : 없음(∵ 저가법)

01 비유동자산의 정의

비유동자산이란 장기간 보유하는 자산으로서 보고기간 종료일로부터 1년 이후에 현금화되는 자산을 말한다.

비유동자산은 투자자산, 유형자산, 무형자산, 기타 비유동자산으로 나누어진다.

02 투자자산

최근 77회 시험 중 **14**회 기출

(1) 투자자산의 정의

투자자산이란 장기적인 투자수익을 목적으로 보유하고 있는 자산을 말한다.

(2) 투자자산에 해당하는 계정과목

계정과목	내 용
장기금융상품	만기가 결산일로부터 1년 이후에 도래하는 금융상품(정기예금, 정기적금 등)
장기대여금	차용증서를 받고 타인에게 빌려준 금전으로서, 만기가 결산일로부터 1년 이후에 도래하는 것
투자부동산	투자 목적으로, 즉 시세차익을 얻기 위하여 보유하는 토지, 건물 및 기타의 부동산
매도가능증권	단기매매증권, 만기보유증권, 지분법적용투자주식으로 분류되지 않는 유가증권으로서 장기투자 목적으로 보유하는 것
만기보유증권	만기가 확정된 채무증권으로서 만기까지 보유할 적극적인 의도와 능력이 있는 것
지분법적용투자주식	다른 회사에 유의적인 영향력을 행사할 목적으로 보유하는 주식

> **참고** 장기금융상품의 경우 기업 내부적으로는 거래를 상세하게 기록하기 위하여 장기성예금♀, 특정현금과예금♀ 등 상세 계정과목을 사용하여 회계처리하고, 재무상태표를 작성할 때에는 장기금융상품으로 합산하여 표시한다.

| ♀ 용어 알아두기 |

- 장기성예금 : 사용이 제한되어 있지 않은 일반적인 장기금융상품
- 특정현금과예금 : 사용이 제한되어 있는 장기금융상품

(3) 당좌개설보증금

당좌개설보증금이란 기업이 당좌예금을 개설할 때 은행에 맡겨야 하고 당좌거래를 유지하는 동안 찾을 수 없는 보증금을 말한다.

당좌개설보증금은 사용이 제한되어 있는 예금으로서 만기(당좌거래계약 종료일)가 결산일로부터 1년 이후에 도래하는 것이므로 장기금융상품으로 분류하며, 그 내용을 주석에 기재한다.

기업 내부적으로는 상세 계정과목(특정현금과예금)을 사용하여 회계처리한다.

(차) 특정현금과예금	xxx	(대) [계정명]	xxx

[사례] 은행과 3년간 당좌거래계약을 체결하고 당좌개설보증금 2,000원을 현금으로 납입하였다.

(차) 특정현금과예금	2,000	(대) 현금	2,000

(4) 매도가능증권

매도가능증권이란 단기매매증권, 만기보유증권, 지분법적용투자주식으로 분류되지 않는 유가증권으로서 장기투자 목적으로 보유하는 것을 말한다.

매도가능증권의 형태에는 지분증권(주식)과 채무증권(채권)이 있다. 여기서는 주식 형태인 매도가능증권으로 가정하여 회계처리를 설명하기로 한다.

① 매도가능증권의 취득

자산 취득 시 발생하는 취득부대비용은 해당 자산의 취득원가로 처리하는 것이 원칙이다.

이러한 일반 원칙에 따라, 매도가능증권의 취득원가는 해당 주식이나 채권의 순수한 매입가액(취득 시점의 공정가치)에 수수료 등 취득과 관련하여 발생하는 취득부대비용을 더한 금액으로 한다.

(차) 매도가능증권	xxx	(대) [계정명]	xxx

[사례] 20x1년 3월 1일 당사는 장기투자 목적으로 A사의 주식 5주를 주당 1,800원에 매입하였으며 매입수수료 1,000원을 포함하여 현금으로 지급하였다.

20x1. 3. 1. (차) 매도가능증권	10,000[1]	(대) 현금	10,000

[1] (5주 × @1,800) + 1,000 = 10,000원

② 보유기간 중 배당금수익

매도가능증권을 보유하는 기간 중에 주식에 대한 배당금을 받았을 경우에는 배당금수익 계정(수익)을 인식한다. 매도가능증권의 배당금수익에 대한 회계처리는 단기매매증권과 동일하다.

(차) [계정명]	xxx	(대) 배당금수익	xxx

[사례] 20x1년 9월 1일 보유 중인 매도가능증권(주식 A)에 대하여 배당금 1,000원이 보통예금으로 입금되었다.

20x1. 9. 1. (차) 보통예금	1,000	(대) 배당금수익	1,000

③ 매도가능증권의 기말평가

매도가능증권을 취득하여 기말 현재 보유하고 있는 경우에는 단기매매증권과 마찬가지로 기말 공정가치(시가)로 평가하여야 한다. 그러나 평가손익을 회계처리하는 방법에는 단기매매증권과 차이가 있다.

매도가능증권은 단기간 내에 처분할 목적이 아니므로, 평가손익을 당기 손익으로 직접 반영하지 않고 자본항목(기타포괄손익누계액)으로 회계처리하여, 공정가치 변동에 따른 손익을 처분 시점까지 이연한다.

즉, 보유 중인 매도가능증권의 기말 공정가치가 평가 전 장부금액보다 크다면 자본항목(기타포괄손익누계액)인 매도가능증권평가이익 계정으로, 기말 공정가치가 평가 전 장부금액보다 작다면 자본항목(기타포괄손익누계액)인 매도가능증권평가손실 계정으로 회계처리한다.

매도가능증권평가이익·손실 계정은 자본에 해당하므로 전기말 금액이 당기초로 이월이 되고, 당기말 재무상태표에는 매도가능증권을 취득했던 회계연도부터 당기 회계연도까지 매 기말마다 회계처리했던 금액들의 누적액이 표시된다.

따라서, 주식 형태인 매도가능증권의 경우 재무상태표상 매도가능증권평가이익·손실은 항상 기말 공정가치와 취득원가의 차액이 된다.

바꾸어 말하면, 주식 형태인 매도가능증권의 경우 재무상태표상 자산 항목인 매도가능증권 계정의 잔액(= 기말 공정가치)과 재무상태표상 자본 항목인 매도가능증권평가이익·손실 계정의 잔액(= 기말 공정가치와 취득원가의 차액)을 차변(= 자산계정의 잔액이 남는 위치)에서 집계하여 보면 항상 취득원가가 된다는 점을 확인할 수 있다.

기말 공정가치 > 평가 전 장부금액 : 매도가능증권평가이익

| (차) 매도가능증권 | xxx | (대) 매도가능증권평가이익 | xxx |
| | | (기타포괄손익누계액) | |

[사례] 장기투자 목적으로 20x1년 3월 취득했던 주식 A(취득원가 10,000원)의 20x1년 기말(12월 31일) 공정가치가 12,000원으로 상승하였다.

20x1. 12. 31. (차) 매도가능증권 2,000[1] (대) 매도가능증권평가이익 2,000[2]
(기타포괄손익누계액)

---

[1] 기말 공정가치 − 평가 전 장부금액 = 12,000 − 10,000 = 2,000원

[2] 20x1년 기말 평가 후 재무상태표에서 자산 항목인 매도가능증권 계정의 차변 잔액과 자본 항목인 매도가능증권평가이익 계정의 대변 잔액을 차변에서 집계하여 보면 취득원가가 된다.

재무상태표

자산	부채
	자본
매도가능증권　12,000	매도가능증권평가이익　2,000

차변 집계 결과

매도가능증권 (자산)	12,000
매도가능증권평가이익 (기타포괄손익누계액)	(2,000)
취득원가 (차변 집계금액)	10,000

> 기말 공정가치 < 평가 전 장부금액 : 매도가능증권평가손실
>
> (차) 매도가능증권평가손실   xxx   (대) 매도가능증권   xxx
>   (기타포괄손익누계액)

[사례] 장기투자 목적으로 20x1년 3월 취득했던 주식 A(취득원가 10,000원, 20x1년 기말 공정가치 12,000원, 장부금액 12,000원)의 20x2년 기말(12월 31일) 공정가치가 9,000원으로 하락하였다.

20x2. 12. 31. (차) 매도가능증권평가이익   2,000[2)]   (대) 매도가능증권   3,000[1)]
    (기타포괄손익누계액)
    매도가능증권평가손실   1,000[3)]
    (기타포괄손익누계액)

[1)] 기말 공정가치 − 평가 전 장부금액 = 9,000 − 12,000 = (−)3,000원

[2)] 해당 주식에 대하여 자본 항목에 매도가능증권평가이익(손실)이 있는 상태에서 당기말 공정가치가 평가 전 장부금액보다 하락(상승)한 경우에는 기존에 있던 매도가능증권평가이익(손실)을 먼저 차감하고 초과분을 매도가능증권평가손실(이익)로 회계처리한다.

[3)] 20x2년 기말 평가 후 재무상태표에서 자산 항목인 매도가능증권 계정의 차변 잔액과 자본 항목인 매도가능증권평가손실 계정의 차변 잔액을 차변에서 집계하여 보면 취득원가가 된다.

재무상태표

자산		부채	
		자본	
매도가능증권	9,000	매도가능증권평가손실	(1,000)

차변 집계 결과

매도가능증권 (자산)	9,000
매도가능증권평가손실 (기타포괄손익누계액)	1,000
취득원가 (차변 집계금액)	10,000

④ 매도가능증권의 처분

매도가능증권을 처분하는 경우에는 자산항목인 매도가능증권 계정뿐만 아니라 해당 매도가능증권에 대하여 공정가치 변동 손익을 자본항목으로 이연시켜왔던 매도가능증권평가이익·손실 계정까지 함께 제거하여야 한다.

주식 형태인 매도가능증권의 경우 재무상태표상 매도가능증권 잔액과 매도가능증권평가이익·손실 잔액을 차변에서 집계하면 항상 취득원가가 되기 때문에, 매도가능증권을 처분할 때 인식하는 처분손익 금액은 '처분금액'과 '취득원가'의 차액이라고 요약할 수 있다.

처분금액이 취득원가보다 크다면 매도가능증권처분이익 계정(수익)을, 처분금액이 취득원가보다 작다면 매도가능증권처분손실 계정(비용)을 인식한다.

처분금액을 계상할 때, 수수료 등 매각 시 부대비용이 있는 경우에는 매각금액에서 동 부대비용을 차감한 순매각금액을 처분금액으로 본다.

처분금액 > 취득원가 : 매도가능증권처분이익			
(차) [계정명]	xxx	**(대)** 매도가능증권	xxx
매도가능증권평가이익	xxx	매도가능증권평가손실	xxx
		매도가능증권처분이익	xxx

[사례] 장기투자 목적으로 20x1년 3월 취득했던 주식 A(취득원가 10,000원, 20x1년 기말 공정가치 12,000원, 20x2년 기말 공정가치 9,000원, 장부금액 9,000원)를 20x3년 2월 1일에 18,000원에 매각처분하고 대금은 매각수수료 2,000원을 차감한 후 현금으로 받았다.

20x3. 2. 1. (차) 현금	16,000	(대) 매도가능증권	9,000
		매도가능증권평가손실	1,000
		매도가능증권처분이익	6,000[1]

[1] 처분금액 − 취득원가 = (18,000 − 2,000) − (9,000 + 1,000) = 6,000원

처분금액 < 취득원가 : 매도가능증권처분손실			
(차) [계정명]	xxx	**(대)** 매도가능증권	xxx
매도가능증권평가이익	xxx	매도가능증권평가손실	xxx
매도가능증권처분손실	xxx		

[사례] 장기투자 목적으로 20x1년 10월 취득했던 주식 B(취득원가 20,000원, 20x1년 기말 공정가치 16,000원, 20x2년 기말 공정가치 15,000원, 장부금액 15,000원)를 20x3년 4월 1일에 19,000원에 매각처분하고 대금은 매각수수료 2,000원을 차감한 후 현금으로 받았다.

20x3. 4. 1. (차) 현금	17,000	(대) 매도가능증권	15,000[1]
매도가능증권처분손실	3,000[2]	매도가능증권평가손실	5,000[1]

[1] 20x3년 처분 직전 시점 재무상태표에서 자산 항목인 매도가능증권 계정의 차변 잔액과 자본 항목인 매도가능증권평가손실 계정의 차변 잔액을 차변에서 집계하여 보면 취득원가가 된다.

재무상태표

자산		부채	
		자본	
매도가능증권	15,000	매도가능증권평가손실	(5,000)

차변 집계 결과

매도가능증권 (자산)	15,000
매도가능증권평가손실 (기타포괄손익누계액)	5,000
취득원가 (차변 집계금액)	20,000

[2] 처분금액 − 취득원가 = (19,000 − 2,000) − (15,000 + 5,000) = (−)3,000원

주식인 것으로 가정할 때, 일반기업회계기준에 따른 단기매매증권과 매도가능증권의 회계처리를 비교하여 보면 다음과 같다.

구 분	단기매매증권	매도가능증권
취득부대비용 발생 시 취득원가의 계산	취득원가 = (only) 취득 시점의 공정가치	취득원가 = 취득 시점의 공정가치 + 취득부대비용
평가손익[1]의 분류	· 평가이익 : 수익 · 평가손실 : 비용	· 평가이익 : 자본(기타포괄손익누계액) · 평가손실 : 자본(기타포괄손익누계액)
처분손익[2]의 계산	처분손익 = 처분금액 − 처분 전 장부금액	처분손익 = 처분금액 − 취득원가
처분손익[2]의 분류	· 처분이익 : 수익 · 처분손실 : 비용	· 처분이익 : 수익 · 처분손실 : 비용

[1] '평가손익'을 '미실현보유손익'이라고 함
[2] '처분손익'을 '실현보유손익'이라고 함

(5) 만기보유증권

만기보유증권이란 만기가 확정된 채무증권으로서 만기까지 보유할 적극적인 의도와 능력이 있는 것을 말한다.

지분증권(주식)은 만기가 없으므로, 만기보유증권의 형태는 채무증권(채권)이다.

만기보유증권은 처분할 목적이 아니므로, 기말에 공정가치(시가)가 변동하여 장부금액과 달라지더라도 평가손익을 인식하지 않는다.

03 유형자산

최근 77회 시험 중 8회 기출

(1) 유형자산의 정의

유형자산이란 장기간에 걸쳐 영업활동에 사용할 목적으로 보유하는 자산으로서 물리적 형체가 있는 자산을 말한다.

(2) 유형자산에 해당하는 계정과목

계정과목	내 용
토 지	영업활동에 사용할 목적으로 보유하는 대지, 임야, 전, 답 등
건 물	영업활동에 사용할 목적으로 보유하는 공장, 사무실, 창고 등으로서 냉난방, 조명, 기타 건물 부속설비를 포함함
구축물	영업활동에 사용할 목적으로 보유하는 것으로서 토지 위에 정착된 건물 이외의 토목설비, 공작물 및 이들의 부속설비(교량, 도로포장, 굴뚝, 정원설비 등)
기계장치	영업활동에 사용할 목적으로 보유하는 기계장치, 운송설비 및 이들의 부속설비

차량운반구	영업활동에 사용할 목적으로 보유하는 승용차, 트럭, 오토바이 등
비품	영업활동에 사용할 목적으로 보유하는 컴퓨터, 복사기, 책상, 의자 등
건설중인자산	유형자산의 건설을 위하여 지출한 금액을 건설 완료 전까지 집계하기 위한 계정 (건설이 완료되면 건물 등 해당 계정으로 대체함)
감가상각누계액	건물, 구축물, 기계장치, 차량운반구, 비품 등 유형자산에 대하여 가치감소분을 누적적으로 표시하는 차감적 평가계정 참고 건물, 구축물, 기계장치, 차량운반구, 비품 등의 차감계정

(3) 유형자산의 특징

① 영업활동에 사용할 목적으로 보유

유형자산은 기업이 영업활동에 사용할 목적으로 보유하고 있는 것이어야 한다. 예를 들어 토지나 건물이라 하더라도, 기업이 이를 영업활동에 사용하지 않고 투자목적으로(시세차익을 얻기 위하여) 보유하고 있다면 투자자산(투자부동산 계정)으로 분류되어야 하고, 부동산매매업을 주업으로 하는 기업이 이를 판매를 목적으로 보유하고 있다면 재고자산으로 분류되어야 한다.

② 여러 회계기간에 걸쳐 사용

유형자산은 여러 회계기간에 걸쳐 수익창출활동에 기여하는 것이어야 한다. 예를 들어 비품을 취득하였는데 해당 자산이 수익창출활동에 기여하는 기간(내용연수)이 1년 미만이라면 이는 유형자산이 아니라 당기 비용(소모품비 계정)으로 분류되어야 한다.

③ 물리적 형체가 있는 자산

유형자산은 물리적 형체가 있는 것이어야 한다. 예를 들어 컴퓨터 소프트웨어인 ERP 프로그램을 구입하였다면 이는 물리적 형체가 없으므로 무형자산(소프트웨어 계정)으로 분류되어야 한다.

04 유형자산의 취득원가

(1) 취득원가의 구성

유형자산의 취득원가는 해당 자산의 매입가액(외부구입 시) 또는 제조원가(자가건설 시)에 취득부대비용을 더하며 매입할인 등이 있는 경우에는 이를 취득원가에서 차감한다.

취득부대비용에 해당하는 대표적인 항목은 다음과 같다.

· 설치장소 준비를 위한 지출	· 설계와 관련하여 전문가에게 지급하는 수수료
· 외부 운송비	· 취득과 관련된 중개인수수료
· 설치비	· 취득세 등 취득과 직접 관련된 제세공과금
· 정상적인 사용을 위한 시운전비	

기출포인트

재산세, 자동차보험료, 보관비용 등은 자산의 보유와 관련된 지출이므로 취득부대비용(취득원가)으로 보지 않고 당기 비용으로 분류한다.

(2) 외부구입

취득원가 = 매입가액 + 취득부대비용 − 매입할인 등			
(차) 해당 유형자산 계정	xxx	(대) [계정명]	xxx

[사례] 사무실 건물을 20,000원에 외상으로 구입하고 건물 구입과 관련하여 취득세 1,000원을 현금으로 지급하였다.

(차) 건물	21,000	(대) 미지급금	20,000
		현금	1,000

(3) 자가건설(건설중인자산)

건설과 관련하여 소요되는 지출은 건설중인자산 계정으로 집계하였다가 건설이 완료되면 건물이나 기계장치 등 해당 유형자산 계정으로 대체한다.

건설 완료 전까지 지출 발생			
(차) 건설중인자산	xxx	(대) [계정명]	xxx
건설 완료되어 공사 잔금을 지급			
(차) 해당 유형자산 계정	xxx	(대) 건설중인자산	xxx
		[계정명]	xxx

[사례] 1월 11일 사무실 건물을 신축하기로 결정하고 공사 착수금 30,000원을 현금으로 지급하였다.
9월 30일 사무실 건물 신축 공사를 완료하고 잔금 50,000원을 보통예금으로 지급하였다.

1월 11일	(차) 건설중인자산[1]	30,000	(대) 현금	30,000
9월 30일	(차) 건물	80,000	(대) 건설중인자산	30,000
			보통예금	50,000

[1] 유형자산을 건설하기 위하여 지출한 금액으로서 아직 건설이 완료되지 않은 것을 말한다.

(4) 증여에 의한 무상취득

증여에 의하여 무상으로 취득한 경우에는 그 자산의 공정가치를 취득원가로 한다.

공정가치(Fair Value)란 합리적인 판단력과 거래의사가 있는 독립적 당사자 사이의 거래에서 인정되는 해당 자산의 교환가치를 말한다.

취득원가 = 공정가치 + 취득부대비용			
(차) 해당 유형자산 계정	xxx	(대) 자산수증이익	xxx
		[계정명]	xxx

[사례] 회사의 임원 홍길동으로부터 공정가치 50,000원인 토지를 증여받고 취득세 2,000원을 현금으로 지급하였다.

(차) 토지	52,000	(대) 자산수증이익[1]	50,000
		현금	2,000

[1] 회사가 주주 또는 기타의 자로부터 재산을 무상으로 증여받음으로써 발생하는 수익을 말한다.

(5) 현물출자에 의한 취득

현물출자에 의하여 취득한 유형자산은 그 자산의 공정가치를 취득원가로 한다.

현물출자란 기업이 주식을 발행하여 교부하고 그 대가로 유형자산 등의 현물을 취득하는 것을 말한다. 기업이 발행하는 주식은 취득한 현물의 공정가치를 발행금액으로 한다.

(차) 해당 유형자산 계정	xxx	(대) 자본금	xxx
		주식발행초과금	xxx
[사례] 주식 10주(주당 액면금액 5,000원)를 발행하고 공정가치 80,000원인 토지를 현물출자 받았다.			
(차) 토지	80,000	(대) 자본금	50,000
		주식발행초과금[1]	30,000

[1] 기업이 주식을 발행할 때 발행금액 중 주식의 액면금액까지는 대변을 자본금 계정으로(자본의 증가), 액면금액을 초과하는 금액은 대변을 주식발행초과금 계정으로(자본의 증가) 회계처리한다.

(6) 자본화대상인 차입원가

유형자산을 취득하기 위한 자금을 차입금으로 조달한 경우, 그 차입금에 대한 이자비용은 당기 비용으로 회계처리하는 것이 원칙이다. 그러나 예외적으로 ㉠ 건설이 시작된 날로부터 완공되기 전까지의 이자비용 중에서 ㉡ 기업회계기준에서 정하는 방법에 따라 계산한 금액에 대하여는 자산의 취득원가(건설중인자산 계정)로 회계처리할 수 있는데, 이를 '자본화대상인 차입원가'(또는 '차입원가 자본화')라고 한다.

(차) 건설중인자산	xxx	(대) [계정명]	xxx
[사례] 6월 30일 사무실 건물 신축 자금으로 사용된 은행대출금에 대하여 이자 10,000원이 보통예금에서 계좌이체되었다. (사무실 건물의 착공일은 올해 2월 1일, 준공예정일은 내년 10월 31일이며, 해당 대출금에 대한 이자는 전액 자본화대상에 해당한다)			
6월 30일 (차) 건설중인자산	10,000	(대) 보통예금	10,000

(7) 국·공채의 의무매입

유형자산을 취득할 때 관련 법규에 따라 불가피하게 국·공채 등을 공정가치보다 높은 가격으로 매입하여야 하는 경우가 있다.

이러한 경우 매입하는 국·공채의 취득원가는 공정가치로 계상하고, 국·공채의 공정가치와 실제 매입가격의 차액은 유형자산의 취득과 관련된 취득부대비용으로 보아 해당 유형자산의 취득원가에 가산한다.

(차) 해당 유형자산 계정	xxx	(대) [계정명]	xxx
국·공채의 유가증권 계정	xxx		
[사례] 업무용 차량을 100,000원에 6개월 할부로 취득하고, 차량 구입과 관련하여 공채(액면금액 5,000원)를 액면금액에 취득하고 대금을 현금으로 지급하였다. 취득 당시 해당 공채의 공정가치는 3,000원이며, 회사는 이를 단기매매증권으로 분류하였다.			
(차) 차량운반구	102,000[1]	(대) 미지급금	100,000
단기매매증권	3,000	현금	5,000

[1] 100,000 + (5,000 − 3,000) = 102,000원

(8) 토지와 건물의 일괄구입

일괄구입이란 두 종류 이상의 자산을 일괄 취득하는 것을 말한다. 건물이 있는 토지의 경우 토지와 건물이 함께 매매되는 경우가 일반적이므로 매입자 입장에서는 토지와 건물을 일괄구입하게 된다.

① 토지와 건물을 모두 사용할 목적으로 일괄구입하는 경우

· 토지와 건물의 취득원가는 총지급금액을 토지와 건물의 공정가치 비율로 안분한 금액으로 한다.

(차) 토지	xxx	(대) [계정명]	xxx
건물	xxx		

[사례] 토지와 건물을 모두 사용할 목적으로, 건물이 있는 토지를 400,000원에 현금으로 일괄구입하였다. 취득 당시 토지와 건물의 공정가치는 각각 300,000원과 200,000원이다.

(차) 토지	240,000[1]	(대) 현금	400,000
건물	160,000		

[1] $400,000 \times \dfrac{300,000}{(300,000 + 200,000)} = 240,000$원

② 토지만 사용할 목적으로 일괄구입하는 경우

· 건물은 철거하여 사용하지 않을 것이므로 **건물 구입가격**도 토지의 취득원가에 가산한다.

· **건물의 철거비용**과 **토지정지비용**은 토지의 취득원가에 가산한다.

· **철거된 건물에서 나온 부산물을 판매하여 얻은 수익**은 토지의 취득원가에서 차감한다.

(차) 토지	xxx	(대) [계정명]	xxx

[사례] 건물을 신축할 목적(토지만 사용할 목적)으로 건물이 있는 토지를 400,000원에 현금으로 일괄구입하였다. 구 건물 철거비용 20,000원과 토지정지비용 10,000원을 현금으로 추가 지급하였고, 철거한 건물의 부산물을 5,000원에 현금으로 처분하였다.

(차) 토지	425,000[1]	(대) 현금	425,000

[1] $400,000 + 20,000 + 10,000 - 5,000 = 425,000$원

(9) 사용 중이던 회사 소유 건물의 철거

· 기존 건물의 장부금액을 제거하여 유형자산처분손실 계정(비용)으로 회계처리한다.

· 기존 건물의 철거 관련 비용은 유형자산처분손실 계정(비용)으로 회계처리한다.

(차) 감가상각누계액	xxx	(대) 건물	xxx
유형자산처분손실	xxx	[계정명]	xxx

[사례] 본사 사옥을 신축하기 위하여 사용 중이던 회사 소유 건물(취득원가 300,000원, 감가상각누계액 180,000원)을 철거하였다. 구 건물 철거비용 20,000원은 현금으로 지급하였다.

(차) 감가상각누계액	180,000	(대) 건물	300,000
유형자산처분손실	140,000[1]	현금	20,000

[1] $(300,000 - 180,000) + 20,000 = 140,000$원

유형자산을 취득한 이후에 이를 영업활동에 사용하는 과정에서 각종 지출이 발생하게 되는데, 회사는 지출의 성격에 따라 다음과 같이 '자본적 지출'과 '수익적 지출'로 구분하여 회계처리한다.

(1) 자본적 지출

자본적 지출이란 유형자산의 취득 이후에 발생하는 지출이 해당 자산의 내용연수를 연장하거나 성능 수준을 현저히 향상시키는 등 **미래 경제적 효익을 증가**시키는 경우를 말한다.

자본적 지출에 해당하는 대표적인 항목은 다음과 같다.

- 본래의 용도를 변경하기 위한 개조
- 엘리베이터 또는 냉난방 장치의 설치
- 빌딩 등에 있어서 피난시설 등의 설치
- 기타 개량, 확장, 증설 등 자산의 가치를 증가시키는 것

자본적 지출이 발생하는 경우에는 지출금액을 **해당 자산의 취득원가에 가산**한다. 그 후, 지출의 효익이 지속되는 기간에 걸쳐 감가상각을 통하여 비용을 인식한다.

(차) 해당 유형자산 계정	xxx	(대) [계정명]	xxx

[사례] 사무실 건물에 엘리베이터를 설치하고 공사대금 20,000원은 현금으로 지급하였다.

(차) 건물	20,000	(대) 현금	20,000

(2) 수익적 지출

수익적 지출이란 유형자산의 취득 이후에 발생하는 지출이 해당 자산을 수선하는 등 **당초 예상되었던 성능 수준으로 회복시키거나 유지**하기 위한 경우를 말한다.

수익적 지출에 해당하는 대표적인 항목은 다음과 같다.

- 건물 또는 벽의 도장
- 파손된 유리나 기와의 대체
- 기계의 소모된 부속품과 벨트의 대체
- 자동차의 타이어 튜브의 대체
- 기타 조업 가능한 상태의 유지 등을 위한 것

수익적 지출이 발생하는 경우에는 지출금액을 수선비 계정이나 차량유지비 계정 등 **당기 비용**으로 회계처리한다.

(차) 수선비, 차량유지비 등 (당기 비용)	xxx	(대) [계정명]	xxx

[사례] 사무실 건물의 외벽이 낡아 페인트 공사를 실시하고 도색비용 10,000원은 현금으로 지급하였다.

(차) 수선비	10,000	(대) 현금	10,000

자본적 지출과 수익적 지출에 대한 회계처리 오류 발생 시 영향

오류 유형	자 산	비 용	당기순이익	자 본
자본적 지출을 수익적 지출로 처리하는 경우 (자산으로 처리하여야 하는 것을 비용으로 처리하는 경우)	과 소	과 대	과 소	과 소
수익적 지출을 자본적 지출로 처리하는 경우 (비용으로 처리하여야 하는 것을 자산으로 처리하는 경우)	과 대	과 소	과 대	과 대

자본적 지출로 처리하여야 할 것을 수익적 지출로 잘못 회계처리한 경우 재무제표에 미치는 영향으로 옳지 않은 것은? 제78회

① 당기순이익이 과소계상된다. ② 비용이 과대계상된다.
③ 자산이 과소계상된다. ④ 자본이 과대계상된다.

정답 ④

해설
자본적 지출(자산)을 수익적 지출(비용)로 회계처리하는 경우, 재무제표에 미치는 영향
: 자산 과소, 비용 과대 → 당기순이익 과소 → 자본 과소

06 유형자산의 감가상각

최근 77회 시험 중 13회 기출

(1) 감가상각의 정의

유형자산은 영업활동에 사용되면서 소모되므로 시간의 경과에 따라 자산가치가 점점 감소하게 되는데, 이러한 현상을 측정하여 유형자산의 사용기간에 걸쳐 비용으로 배분하는 절차를 감가상각이라고 한다.

감가상각은 수익·비용 대응의 원칙에 입각한 비용의 인식을 위하여, 유형자산의 취득원가에서 잔존가치를 차감한 감가상각대상금액을 그 자산이 사용되면서 수익창출활동에 기여하는 기간에 걸쳐 합리적이고 체계적인 방법으로 배분하는 것이라고 할 수 있다.

· 토지는 감가상각을 하지 않는다.
· 건설중인자산은 아직 건설이 완료되지 않은 것이므로 감가상각을 하지 않는다. (건설이 완료되어 건물 등 해당 계정으로 대체되고 자산이 사용 가능한 때부터 감가상각을 시작한다)

(2) 감가상각의 회계처리

각 회계연도 말에 당기 감가상각 금액을 계산하여, 차변에는 비용인 감가상각비 계정으로(비용의 발생), 대변에는 자산의 차감적 평가계정인 감가상각누계액 계정으로(자산 차감의 증가 = 자산의 감소) 회계처리한다.

(차) 감가상각비	xxx	(대) 감가상각누계액	xxx

감가상각누계액이란 건물, 기계장치 등 유형자산에 해당하는 계정들의 취득원가에 대한 가치감소분의 누적액을 말한다.

회계처리를 할 때 감가상각누계액 계정은 유형자산 계정과목마다 별도의 계정(예 건물에 대한 감가상각누계액 계정, 기계장치에 대한 감가상각누계액 계정)을 사용한다.

재무상태표를 작성할 때 감가상각누계액 계정은 아래 예시와 같이 각 유형자산 계정별로 구분하여 차감적 평가계정으로 표시한다.

유형자산의 취득원가에서 감가상각누계액을 차감한 금액을 유형자산의 장부금액(또는 미상각잔액)이라고 한다.

재무상태표

유형자산		
건물	200,000	
감가상각누계액	(80,000)	
	120,000	
기계장치	50,000	
감가상각누계액	(25,000)	
	25,000	

[사례] 20x1년 1월 1일에 건물을 1,000,000원에 취득하였고, 20x1년 기말에 감가상각비 200,000원을 인식하였다. 20x2년의 감가상각비가 200,000원으로 계산되었을 때, 20x2년 기말의 감가상각 회계처리를 하고 20x2년 손익계산서와 20x2년 말 재무상태표에 표시하여 보자.

[풀이] · 20x2년 기말 결산 시 감가상각 회계처리

  20x2. 12. 31.　(차) 감가상각비　　　　　200,000　　　(대) 감가상각누계액　　　　　200,000

· 20x2년 회계연도 손익계산서

판매비와관리비		
감가상각비	200,000	

· 20x2년 회계연도 기말 재무상태표

유형자산		
건물	1,000,000	
감가상각누계액[1]	(400,000)	
	600,000	

[1] 가치감소분의 누적액 = 200,000(20x1년 가치감소분) + 200,000(20x2년 가치감소분) = 400,000원

(3) 감가상각비의 계산요소

당기 감가상각비를 계산하기 위해서는 취득원가, 잔존가치, 내용연수를 알아야 한다.

취득원가	취득 시점의 장부금액을 말하며, 취득 시점 이후 자본적 지출이 발생하는 경우에는 이를 가산한다.
잔존가치	자산을 내용연수가 종료하는 시점까지 사용한 후 처분할 때 받을 것으로 예상되는 처분금액에서 예상되는 처분비용을 차감한 금액을 말한다.
내용연수	자산에 대한 예상 사용기간을 말한다.

(4) 감가상각방법

① 정액법

정액법이란 감가상각대상금액(= 취득원가 - 잔존가치)을 내용연수 동안 매기 동일한 금액으로 균등하게 배분하는 방법을 말한다.

$$감가상각비 \; = \; (취득원가 \; - \; 잔존가치) \times \frac{1}{내용연수}$$

[사례] 20x1년 1월 1일에 기계장치를 1,000,000원에 취득하였다. 내용연수는 4년, 잔존가치는 100,000원이다. 감가상각방법이 정액법일 경우 각 회계연도별 감가상각비를 계산하여 보자.

[풀이]

회계연도	감가상각비 계산근거	당기 감가상각비	기말 감가상각누계액	기말 장부금액
20x1년	(1,000,000 - 100,000) × (1/4)	225,000	225,000	775,000
20x2년	(1,000,000 - 100,000) × (1/4)	225,000	450,000	550,000
20x3년	(1,000,000 - 100,000) × (1/4)	225,000	675,000	325,000
20x4년	(1,000,000 - 100,000) × (1/4)	225,000	900,000	100,000

참고 **정액법일 경우 감가상각비와 장부금액의 변동 추이**

자산을 기초 시점에 취득하였다고 가정하면 정액법일 경우, 감가상각비는 매년 동일하고, 이에 따라 장부금액은 매년 일정한 금액만큼씩 감소하게 된다. 이러한 변동 추이를 그림으로 살펴보면 다음과 같다.

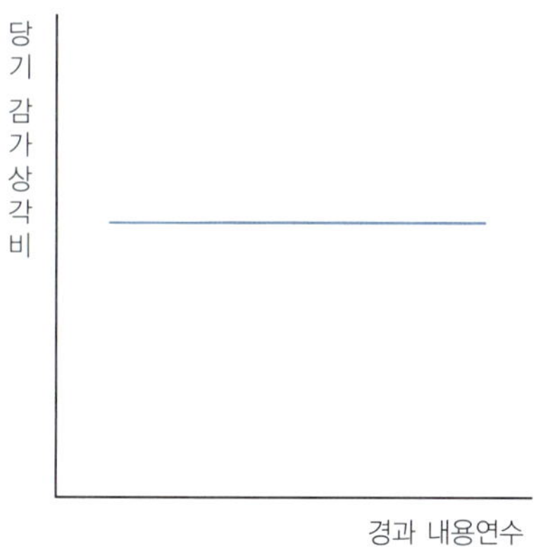

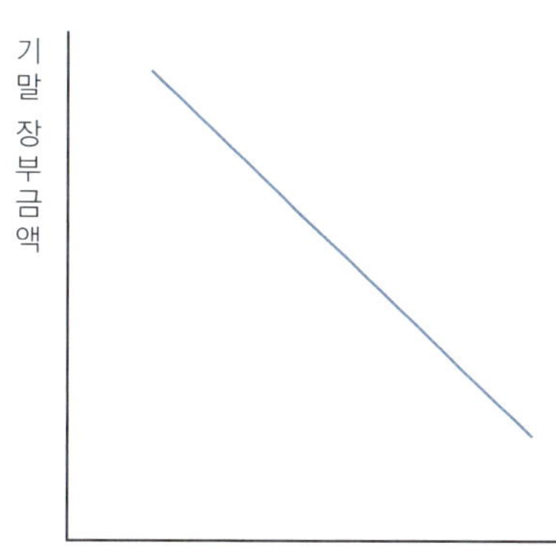

② 정률법

정률법이란 기초의 미상각잔액(= 취득원가 − 감가상각누계액)에 매기 동일한 상각률을 곱해서 감가상각비를 구하는 방법을 말한다.

정률법을 적용하면 내용연수 초기에는 감가상각비를 많이 인식하고 후기로 갈수록 적게 인식하게 된다.

정률법의 상각률은 제곱근을 사용하여 계산되므로 문제에서 값이 주어지는 것이 일반적이다.

감가상각비 = (취득원가 − 기초의 감가상각누계액) × 감가상각률[1]

[1] 감가상각률 = $1 - \sqrt[n]{\text{잔존가치/취득원가}}$ (n : 내용연수)

[사례] 20x1년 1월 1일에 기계장치를 1,000,000원에 취득하였다. 내용연수는 4년, 잔존가치는 100,000원이다. 감가상각방법이 정률법(감가상각률 : 0.438[2])일 경우 각 회계연도별 감가상각비를 계산하여 보자.

[풀이]

회계연도	감가상각비 계산근거	당기 감가상각비	기말 감가상각누계액	기말 장부금액
20x1년	(1,000,000 − 0) × 0.438	438,000	438,000	562,000
20x2년	(1,000,000 − 438,000) × 0.438	246,156	684,156	315,844
20x3년	(1,000,000 − 684,156) × 0.438	138,340	822,496	177,504
20x4년	(1,000,000 − 822,496) × 0.438	77,504[3]	900,000	100,000

[2] 감가상각률 = $1 - \sqrt[4]{100,000/1,000,000} = 0.438$

[3] 감가상각이 종료되는 20x4년의 감가상각비 계산 시 기말 장부금액이 잔존가치와 일치되도록 끝수를 조정하였는데, 이는 계산에 사용되었던 감가상각률이 정확한 비율이 아니라 소수점 넷째 자리에서 반올림한 것이기 때문이다.

> **참고** 정률법일 경우 감가상각비와 장부금액의 변동 추이
>
> 자산을 기초 시점에 취득하였다고 가정하면 정률법일 경우, 감가상각비는 매년 일정한 비율(= 1 − 감가상각률)로 감소하고[1], 이에 따라 장부금액은 매년 체감적으로 감소하게 된다[2]. 이러한 변동 추이를 그림으로 살펴보면 다음과 같다.

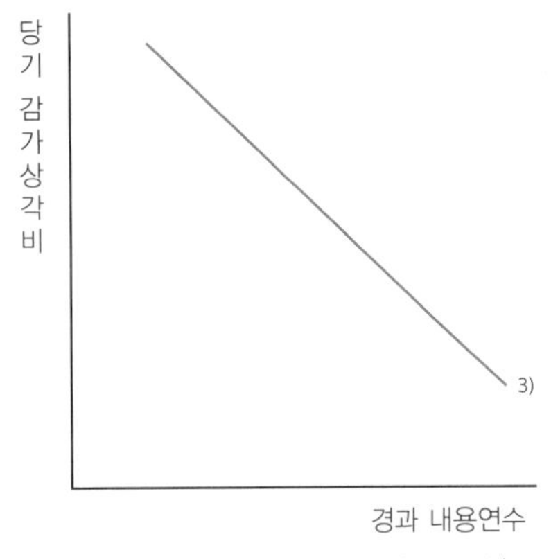

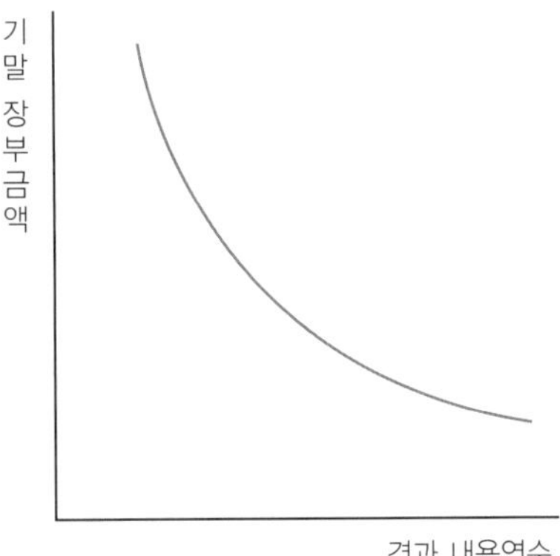

[1] 상기 사례에서 감가상각비는 매년 0.562(= 1 − 0.438)라는 일정한 비율로 감소한다.

[2] 정률법의 경우, 내용연수 초기에는 감가상각비를 많이 인식하고 후기로 갈수록 적게 인식하기 때문에 장부금액이 내용연수 초기에는 급격히 감소하나 후기로 갈수록 완만하게 감소하게 되는데, 이와 같이 장부금액이 체감적으로 감소하는 행태를 보이는 감가상각방법들을 통칭하여 '체감잔액법'이라고 한다. 정률법 외에도 이중체감법이나 연수합계법이 체감잔액법에 해당한다.

3) 체감잔액법에 해당하는 감가상각방법의 경우 경과 내용연수에 따른 당기 감가상각비 그래프는 모두 우하향한다. 우하향 그래프의 형태를 보면, 정률법 또는 이중체감법일 때는 거의 직선에 가까운 곡선 형태로, 연수합계법일 때는 완전한 직선 형태로 나타난다.

③ 이중체감법

이중체감법이란 기초의 미상각잔액(= 취득원가 − 감가상각누계액)에 '2 ÷ 내용연수'로 계산한 감가상각률을 곱해서 감가상각비를 구하는 방법을 말한다.

기초 미상각잔액에 매년 일정한 감가상각률을 곱하여 감가상각비를 구한다는 점에서 이중체감법은 정률법과 동일한 구조이다. 정률법의 감가상각률이 정확한 것이기는 하나 제곱근을 사용하여 도출하여야 하는 단점이 있기 때문에 이를 보완하여 간편하게 감가상각률을 구하고자 고안된 방법이 이중체감법이다.

이중체감법을 적용하면 내용연수 초기에는 감가상각비를 많이 인식하고 후기로 갈수록 적게 인식하게 된다.

$$\text{감가상각비} = (\text{취득원가} - \text{기초의 감가상각누계액}) \times \frac{2}{\text{내용연수}}$$

[사례] 20x1년 1월 1일에 기계장치를 1,000,000원에 취득하였다. 내용연수는 4년, 잔존가치는 100,000원이다. 감가상각방법이 이중체감법[1]일 경우 각 회계연도별 감가상각비를 계산하여 보자.

[풀이]

회계연도	감가상각비 계산근거	당기 감가상각비	기말 감가상각누계액	기말 장부금액
20x1년	(1,000,000 − 0) × 0.5	500,000	500,000	500,000
20x2년	(1,000,000 − 500,000) × 0.5	250,000	750,000	250,000
20x3년	(1,000,000 − 750,000) × 0.5	125,000	875,000	125,000
20x4년	(1,000,000 − 875,000) × 0.5	25,000[2]	900,000	100,000

[1] 감가상각률 $= \dfrac{2}{\text{내용연수}} = \dfrac{2}{4} = 0.5$

[2] 이중체감법에서 감가상각이 종료되는 20x4년의 감가상각비는 기말 장부금액을 잔존가치와 일치시키기 위한 금액을 역산하여 산출한다.

④ 연수합계법

연수합계법이란 감가상각대상금액(= 취득원가 − 잔존가치)에 내용연수의 합계를 분모로 하고 기초 현재 잔여내용연수를 분자로 하여 계산한 감가상각률을 곱해서 감가상각비를 구하는 방법을 말한다.

연수합계법을 적용하면 내용연수 초기에는 감가상각비를 많이 인식하고 후기로 갈수록 적게 인식하게 된다.

$$\text{감가상각비} = (\text{취득원가} - \text{잔존가치}) \times \frac{\text{기초 현재 잔여내용연수}}{\text{내용연수의 합계}}$$

[사례] 20x1년 1월 1일에 기계장치를 1,000,000원에 취득하였다. 내용연수는 4년, 잔존가치는 100,000원이다. 감가상각방법이 연수합계법[1]일 경우 각 회계연도별 감가상각비를 계산하여 보자.

[풀이]

회계연도	감가상각비 계산근거	당기 감가상각비	기말 감가상각누계액	기말 장부금액
20x1년	(1,000,000 − 100,000) × (4/10)	360,000	360,000	640,000
20x2년	(1,000,000 − 100,000) × (3/10)	270,000	630,000	370,000
20x3년	(1,000,000 − 100,000) × (2/10)	180,000	810,000	190,000
20x4년	(1,000,000 − 100,000) × (1/10)	90,000	900,000	100,000

[1] 내용연수의 합계 = 1 + 2 + 3 + 4 = 10년

⑤ **생산량비례법**

생산량비례법이란 감가상각대상금액(= 취득원가 − 잔존가치)에 총예정생산량을 분모로 하고 당기 실제생산량을 분자로 하여 계산한 감가상각률을 곱해서 감가상각비를 구하는 방법을 말한다.

생산량비례법은 주로 석탄 등의 채굴산업을 하는 기업에서 사용하는 방법으로서 전체 매장량을 추정하고 채굴되어 나오는 만큼 유형자산을 감가상각해 주는 방법이다.

$$\text{감가상각비} = (\text{취득원가} - \text{잔존가치}) \times \frac{\text{당기 실제생산량}}{\text{총예정생산량}}$$

[사례] 20x1년 1월 1일에 기계장치를 1,000,000원에 취득하였다. 내용연수는 4년, 잔존가치는 100,000원이다. 감가상각방법이 생산량비례법일 경우 각 회계연도별 감가상각비를 계산하여 보자. 단, 당사는 기계장치를 사용하여 총 100톤의 석탄을 채굴할 것으로 추정하였으며, 실제생산량은 1차 연도에 30톤, 2차 연도에 30톤, 3차 연도에 20톤, 4차 연도에 20톤이었다.

[풀이]

회계연도	감가상각비 계산근거	당기 감가상각비	기말 감가상각누계액	기말 장부금액
20x1년	(1,000,000 − 100,000) × (30/100)	270,000	270,000	730,000
20x2년	(1,000,000 − 100,000) × (30/100)	270,000	540,000	460,000
20x3년	(1,000,000 − 100,000) × (20/100)	180,000	720,000	280,000
20x4년	(1,000,000 − 100,000) × (20/100)	180,000	900,000	100,000

(5) 기중에 취득하는 경우의 감가상각

유형자산을 기초가 아니라 기중에 취득하는 경우, 첫 회계기간의 감가상각비는 취득 시점부터 기말까지의 기간에 대하여만 인식하여야 한다.

기중에 취득한 유형자산에 대한 각 회계연도별 감가상각비를 계산할 때에는, 먼저 취득 시점을 기준으로 하여 1년 단위로 감가상각비를 구한 다음, 이를 각 회계기간이 차지하는 기간 비율에 따라 안분한다.

다만, 감가상각방법이 연수합계법인 경우를 제외하면, 그 외의 감가상각방법에서는 각 회계연도별 감가상각비를 간편법으로도 계산할 수 있다.

[사례] 20x1년 4월 1일에 기계장치를 1,000,000원에 취득하였다. 내용연수는 4년, 잔존가치는 100,000원이다.

감가상각방법이 정액법, 정률법(감가상각률 : 0.438), 이중체감법, 연수합계법일 경우를 가정하여 20x1년과 20x2년의 감가상각비를 각각 계산하여 보자. (단, 결산일은 매년 12월 31일이며, 월할 계산한다)

[풀이] · 정액법

회계연도	감가상각비 계산근거	당기 감가상각비
20x1년	(1,000,000 − 100,000) × (1/4) × (9개월/12개월)	168,750
20x2년	{(1,000,000 − 100,000) × (1/4) × (3개월/12개월)} + {(1,000,000 − 100,000) × (1/4) × (9개월/12개월)}	225,000[1]

[1] 간편법 = (취득원가 − 잔존가치) × $\dfrac{1}{내용연수}$

= (1,000,000 − 100,000) × $\dfrac{1}{4}$ = 225,000원

· 정률법

회계연도	감가상각비 계산근거	당기 감가상각비
20x1년	(1,000,000 − 0) × 0.438 × (9개월/12개월)	328,500
20x2년	{(1,000,000 − 0) × 0.438 × (3개월/12개월)} + {(1,000,000 − 438,000) × 0.438 × (9개월/12개월)}	294,117[2]

[2] 간편법 = (취득원가 − 기초의 감가상각누계액) × 감가상각률

= (1,000,000 − 328,500) × 0.438 = 294,117원

· 이중체감법

회계연도	감가상각비 계산근거	당기 감가상각비
20x1년	(1,000,000 − 0) × 0.5 × (9개월/12개월)	375,000
20x2년	{(1,000,000 − 0) × 0.5 × (3개월/12개월)} + {(1,000,000 − 500,000) × 0.5 × (9개월/12개월)}	312,500[3]

[3] 간편법 = (취득원가 − 기초의 감가상각누계액) × $\dfrac{2}{내용연수}$

= (1,000,000 − 375,000) × 0.5 = 312,500원

· 연수합계법

회계연도	감가상각비 계산근거	당기 감가상각비
20x1년	(1,000,000 − 100,000) × (4/10) × (9개월/12개월)	270,000
20x2년	{(1,000,000 − 100,000) × (4/10) × (3개월/12개월)} + {(1,000,000 − 100,000) × (3/10) × (9개월/12개월)}	292,500[4]

[4] 연수합계법의 경우 기중 취득 시점을 기준으로 하여 1년 단위로 감가상각률이 변하므로, 반드시 취득 시점으로부터 1년 단위로 감가상각비를 계산한 후 회계기간 단위로 배분하여야 한다.

07 유형자산의 손상

(1) 손상차손

유형자산의 손상징후가 있다고 판단되고, 당해 유형자산의 사용 및 처분으로부터 기대되는 미래 경제적 효익(= 회수가능액[1]이라고 함)이 장부금액에 미달하는 경우에는 장부금액을 회수가능액으로 조정하고 그 차액을 손상차손으로 인식한다.

[1] 회수가능액이란 유형자산의 사용으로 얻을 수 있는 '사용가치'와 유형자산의 처분으로 얻을 수 있는 '순공정가치' 중 큰 금액을 말한다.

(차) 유형자산손상차손	xxx	(대) 손상차손누계액	xxx
(영업외비용)		(자산의 차감적 평가계정)	

(2) 손상차손 환입

향후에 회수가능액이 회복되어 장부금액을 초과하는 경우에는, '그 자산이 감액되기 전의 장부금액의 감가상각 후 잔액[2]'을 회복된 회수가능액의 한도로 하여 그 초과액을 손상차손환입으로 인식한다.

[2] '손상되지 않았을 경우를 가정한 현재시점의 장부금액'을 의미한다.

(차) 손상차손누계액	xxx	(대) 유형자산손상차손환입	xxx
(자산의 차감적 평가계정)		(영업외수익)	

(3) 손상차손누계액의 표시방법

손상차손누계액이란 건물, 기계장치 등 유형자산에 해당하는 계정들의 취득원가에 대한 손상차손의 누적액을 말한다.

회계처리를 할 때 손상차손누계액 계정은 유형자산 계정과목마다 별도의 계정(예 건물에 대한 손상차손누계액 계정)을 사용하고, 재무상태표를 작성할 때 감가상각누계액 계정은 아래 예시와 같이 각 유형자산 계정별로 구분하여 차감적 평가계정으로 표시한다.

손상차손누계액이 있는 경우, 유형자산의 취득원가에서 감가상각누계액과 손상차손누계액을 차감한 금액을 유형자산의 장부금액이라고 한다.

재무상태표

건물	100,000
감가상각누계액	(20,000)
손상차손누계액	(10,000)
	70,000

08 유형자산의 처분

유형자산을 처분하는 경우에는 처분금액과 처분 전 장부금액(= 취득원가 − 감가상각누계액)을 비교하여 처분손익을 인식한다.

처분금액이 처분 전 장부금액보다 크다면 유형자산처분이익 계정(수익)을, 처분금액이 처분 전 장부금액보다 작다면 유형자산처분손실 계정(비용)을 인식한다.

처분금액을 계상할 때, 수수료 등 매각 시 부대비용이 있는 경우에는 매각금액에서 동 부대비용을 차감한 순매각금액을 처분금액으로 본다.

처분금액 > 처분 전 장부금액 : 유형자산처분이익

(차) [계정명]	xxx	(대) 해당 유형자산 계정	xxx
감가상각누계액	xxx	유형자산처분이익	xxx

[사례] 사용하던 기계장치를 거래처에 100,000원으로 매각처분하고 대금은 매각수수료 1,000원을 차감한 후 현금으로 받았다. 처분 시점 현재 기계장치의 장부상 취득원가는 200,000원, 감가상각누계액은 120,000원이었다.

(차) 감가상각누계액	120,000	(대) 기계장치	200,000
현금	99,000	유형자산처분이익	19,000[1]

---

[1] 처분금액 − 처분 전 장부금액 = (100,000 − 1,000) − (200,000 − 120,000) = 19,000원

처분금액 < 처분 전 장부금액 : 유형자산처분손실

(차) [계정명]	xxx	(대) 해당 유형자산 계정	xxx
감가상각누계액	xxx		
유형자산처분손실	xxx		

[사례] 사용하던 차량을 중고자동차매매업체에 30,000원으로 매각처분하고 대금은 현금으로 받았다. 처분 시점 현재 차량의 장부상 취득원가는 100,000원, 감가상각누계액은 60,000원이었다.

(차) 감가상각누계액	60,000	(대) 차량운반구	100,000
현금	30,000		
유형자산처분손실	10,000[1]		

---

[2] 처분금액 − 처분 전 장부금액 = 30,000 − (100,000 − 60,000) = (−)10,000원

(1) 교환으로 인한 취득

유형자산의 교환이란 당사가 보유 중이던 유형자산을 거래상대방에게 제공하고 대신 거래상대방이 보유 중이던 유형자산을 취득하는 거래를 말한다.

구 분	유형자산처분손익	유형자산의 취득원가
이종자산 간의 교환	인식 ○	제공한 자산의 공정가치 + 현금지급액 – 현금수령액
동종자산 간의 교환	인식 ×	제공한 자산의 장부금액 + 현금지급액 – 현금수령액

① 이종자산 간의 교환

기존 자산을 매각하고 그 매각 대금으로 다른 종류의 자산을 취득한 것으로 본다. 따라서 유형자산처분손익을 인식하고, 유형자산의 취득원가는 제공한 자산의 공정가치로 측정한다.

자산의 교환에 현금 수수액이 있는 경우에는 취득원가에 이를 반영하고, 예외적으로 제공한 자산의 공정가치가 불확실한 경우에는 취득한 자산의 공정가치를 취득원가로 할 수 있다.

(차) 감가상각누계액	xxx	(대) 이종자산(구)	xxx
이종자산(신)	xxx	유형자산처분이익	xxx
유형자산처분손실	xxx		

[사례] 당사 A는 사용 중이던 기계장치(취득원가 300,000원, 감가상각누계액 160,000원, 공정가치 190,000원)와 현금 10,000원을 B사에 제공하고 B사가 보유 중이던 건물(공정가치 200,000원)을 취득하였다.

(차) 감가상각누계액	160,000	(대) 기계장치(구)	300,000
건물(신)	200,000[1]	현금	10,000
		유형자산처분이익	50,000[2]

[1] 제공한 자산의 공정가치 + 현금지급액 = 190,000 + 10,000 = 200,000원

[2] 처분금액 – 처분 전 장부금액 = 제공한 자산의 공정가치 – 제공한 자산의 장부금액
= 190,000 – (300,000 – 160,000) = 50,000원

② 동종자산 간의 교환

기존 자산의 수익창출과정이 연속되는 것으로 본다. 따라서 유형자산처분손익을 인식하지 않고, 유형자산의 취득원가는 제공한 자산의 장부금액으로 측정한다.

교환과정에서 현금 수수액 등 다른 종류의 자산이 포함될 수 있는데, 그 금액이 중요하지 않은 경우에는 취득원가에 이를 반영하면 되고, 그 금액이 중요한 경우에는 거래를 이종자산 간의 교환에 준하여 회계처리한다.

| (차) 감가상각누계액 | xxx | (대) 동종자산(구) | xxx |
| 동종자산(신) | xxx | | |

[사례] 당사 A는 사용 중이던 기계장치(취득원가 300,000원, 감가상각누계액 160,000원, 공정가치 200,000원)를 B사에 제공하고 B사가 보유 중이던 유사한 용도의 기계장치(공정가치 200,000원)를 취득하였다.

| (차) 감가상각누계액 | 160,000 | (대) 기계장치(구) | 300,000 |
| 기계장치(신) | 140,000[1] | | |

[1] 제공한 자산의 장부금액 = 300,000 - 160,000 = 140,000원

(2) 정부보조금에 의한 취득

- 정부보조금에 의해 유형자산을 무상 또는 저가로 취득한 경우 그 자산의 공정가치를 취득원가로 한다.
- 정부보조금은 재무상태표를 작성할 때 **취득원가에서 차감하는 형식으로 표시**한다.
- 정부보조금은 자산의 내용연수에 걸쳐 **감가상각비와 상계**한다.

정부보조금을 지원받을 때

| (차) 현금 | xxx | (대) 정부보조금 | xxx |
| | | (현금 차감계정) | |

지원받은 정부보조금을 사용하여 유형자산을 취득할 때

(차) 해당 유형자산계정	xxx	(대) 현금	xxx
정부보조금	xxx	정부보조금	xxx
(현금 차감계정)		(유형자산 차감계정)	

감가상각비를 인식할 때

(차) 감가상각비	xxx	(대) 감가상각누계액	xxx
정부보조금	xxx	감가상각비	xxx
(유형자산 차감계정)			

[사례] 20x1년 1월 1일 정부보조금 600,000원을 현금으로 지원받았다.

| 20x1. 1. 1. (차) 현금 | 600,000 | (대) 정부보조금 | 600,000 |
| | | (현금 차감계정) | |

20x1년 1월 2일 정부보조금을 사용하여 기계장치를 1,000,000원에 현금 취득하였다.

20x1. 1. 2. (차) 기계장치	1,000,000	(대) 현금	1,000,000
정부보조금	600,000	정부보조금	600,000
(현금 차감계정)		(유형자산 차감계정)	

20x1년 12월 31일 기계장치의 감가상각비를 인식하였다. (내용연수 2년, 잔존가치 없음, 정액법, 월할 계산)

20x1. 12. 31. (차) 감가상각비	500,000	(대) 감가상각누계액	500,000
정부보조금	300,000	감가상각비	300,000[1]
(유형자산 차감계정)			

[1] 500,000 × (600,000/1,000,000) = 300,000원
→ 20x1년 감가상각비={(1,000,000-600,000)-0}÷2=200,000원

 각 연도별 장부금액

재무상태표	20x1년 초	20x1년 말	20x2년 말
기계장치	1,000,000	1,000,000	1,000,000
감가상각누계액	(0)	(500,000)	(1,000,000)
정부보조금	(600,000)	(300,000)	(0)
장부금액	400,000	200,000	0

장부금액의 연도별 추이

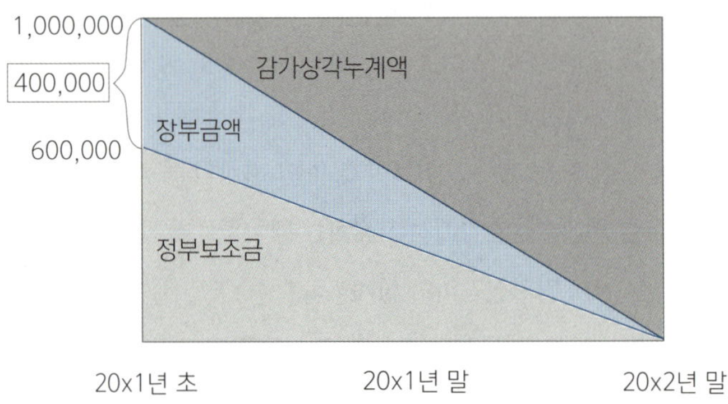

10 무형자산

(1) 무형자산의 정의

무형자산이란 장기간에 걸쳐 영업활동에 사용할 목적으로 보유하는 물리적 형체가 없는 자산으로서 ㉠ **식별 가능**하고, ㉡ **기업이 통제**하고 있으며, ㉢ **미래 경제적 효익**이 있는 것을 말한다.

(2) 무형자산에 해당하는 계정과목

계정과목	내용
영업권	우수한 경영진, 뛰어난 영업망, 유리한 위치, 기업의 좋은 이미지 등 동종의 다른 기업에 비하여 특별히 유리한 사항들을 집합한 무형의 자원 (사업결합 등 외부로부터 취득한 영업권만 인정되며, **내부적으로 창출한 영업권은 인정되지 않음**)
산업재산권	일정 기간 동안 독점적·배타적으로 이용할 수 있는 권리 예 특허권, 실용신안권, 디자인권, 상표권
소프트웨어	컴퓨터 소프트웨어의 구입 금액 예 회계프로그램, ERP프로그램, MS오피스프로그램
개발비	신제품이나 신기술의 개발단계에서 발생한 지출로서 취득원가를 개별적으로 식별 가능하고 미래 경제적 효익을 창출할 수 있는 것

 임차권리금

임차권리금이란 사업체를 인수할 때 유리한 위치, 좋은 이미지 등에 대한 대가로 기존 사업자인 점포임차인에게 지급하는 금전을 말하며, 실무에서는 '프리미엄'이라고도 부른다. 사업체를 인수하는 자 입장에서, 이는 외부로부터 취득하는 영업권에 해당한다.

(3) 개발비

신제품이나 신기술의 개발 활동은 연구단계와 개발단계로 구분한다.

연구단계(Research phase)란 새로운 지식을 탐색하고 여러 가지 대체안을 평가하여 최종안을 선택하는 단계를 말한다.

개발단계(Development phase)란 상업화를 결정하고 관련 시제품과 모형을 설계·제작·시험하는 단계로서, 연구단계보다 훨씬 더 진전되어 있는 상태를 말한다.

개발 활동과 관련하여 발생한 지출을 무형자산인 개발비 계정으로 회계처리하기 위해서는 ㉠ **개발단계**에서 발생한 것이어야 하고, ㉡ 기업회계기준에서 정하는 개발비 인식요건[1]을 모두 충족하는 것이어야 한다.

[1] 예 취득원가를 신뢰성 있게 측정 가능, 미래 경제적 효익을 창출, 무형자산을 완성하여 사용하려는 기업의 의도와 능력

연구단계에서 발생한 지출은 당기 비용인 연구비 계정으로, 개발단계에 발생한 지출 중 개발비 인식요건을 충족하지 못하는 것은 당기 비용인 경상개발비 계정으로 회계처리한다.

내부 프로젝트를 연구단계와 개발단계로 구분할 수 없는 경우에는 그 프로젝트에서 발생한 지출은 모두 연구단계에서 발생한 것으로 본다.

구 분		회계처리
연구단계에서 발생한 지출		연구비(비용)[2]
개발단계에서 발생한 지출	개발비 인식요건을 미충족	경상개발비(비용)[2]
	개발비 인식요건을 충족	개발비(무형자산)

[2] KcLep 프로그램에서는 연구비와 경상개발비를 합해서 경상연구개발비 계정을 사용한다.

(차) 개발비	xxx	(대) [계정명]	xxx

[사례] 신제품 개발을 위하여 실험재료비 30,000원을 현금으로 지급하였다. 동 지출은 개발단계에서 발생하였으며 무형자산의 인식요건을 모두 충족한다.

(차) 개발비	30,000	(대) 현금	30,000

(4) 무형자산의 상각

- 용어 : 매년 인식하는 가치감소분에 대하여 유형자산에서는 '감가상각(Depreciation)'이라는 용어를, 무형자산에서는 '상각(Amortization)'이라는 용어를 사용한다.
- 회계처리 : 유형자산 감가상각을 회계처리할 때에는 '감가상각누계액'이라는 자산의 차감적 평가계정을 사용하지만, 무형자산 상각을 회계처리할 때에는 일반적으로 해당 자산계정을 '직접 차감'한다. (직접법)
- 잔존가치 : 무형자산 상각 시 잔존가치는 원칙적으로 '0'인 것으로 본다.
- 상각방법 : 무형자산의 상각방법에는 유형자산과 마찬가지로 정액법, 정률법 등이 있는데, 소비되는 형태를 신뢰성 있게 결정할 수 없는 경우에는 '정액법'을 사용한다.
- 내용연수 : 무형자산의 상각기간은 독점적·배타적인 권리를 부여하고 있는 관계 법령이나 계약에 정해진 경우를 제외하고는 20년을 초과할 수 없다.

 직접법과 간접법

무형자산 상각의 회계처리 방법으로는 취득원가에서 무형자산상각액을 직접 차감하는 '직접법'과 유형자산에서와 같이 취득원가는 그대로 두고 평가적 평가계정인 상각누계액 계정을 사용하는 '간접법'이 모두 허용된다. 일반적으로는 두 가지 방법 중 '직접법'으로 처리하고 있다.

직접법으로 회계처리를 하면, 재무상태표에서 무형자산 계정은 미상각잔액(= 장부금액 = 취득원가 – 상각누계액)으로만 표시되며 취득원가와 상각누계액 금액은 별도로 표시되지 않는다.

(차) 무형자산상각비	xxx	(대) 해당 무형자산 계정	xxx

[사례] 20x2년 기말 결산 시 무형자산인 개발비를 상각하려고 한다. 이는 전기인 20x1년 1월 초에 취득한 것으로서, 전기말 재무상태표상 미상각잔액은 24,000원, 총내용연수는 5년, 잔존가치는 0원, 상각 방법은 정액법이다. (직접법으로 회계처리할 것)

20x2. 12. 31. (차) 무형자산상각비   6,000[1)]   (대) 개발비   6,000

[1)] · (방법1) (기초의 미상각잔액 – 잔존가치) $\times \dfrac{1}{\text{기초 현재 잔여내용연수}}$

$$= (24{,}000 - 0) \times \dfrac{1\text{년}}{(5\text{년} - 1\text{년})} = 6{,}000\text{원}$$

· (방법2) (취득원가 – 잔존가치) $\times \dfrac{1}{\text{총내용연수}}$ = 20x2년 상각비

$$\rightarrow \{(24{,}000 + ?) - 0)\} \times \dfrac{1\text{년}}{5\text{년}} = ?$$

$$\therefore ? = 20\text{x1년 상각비} = 20\text{x2년 상각비} = 6{,}000\text{원}$$

기출확인문제

다음 중 무형자산에 해당하는 것으로 볼 수 없는 것은? (제82회)

① 산업재산권

② 소프트웨어

③ 내부적으로 창출한 영업권

④ 내부 프로젝트의 개발단계에서 발생한 지출로서 자산인식요건을 모두 충족하는 개발비

정답 ③

해설
내부적으로 창출한 영업권은 원가를 신뢰성 있게 측정할 수 없을 뿐만 아니라 기업이 통제하고 있는 식별 가능한 자원도 아니기 때문에 자산으로 인식하지 않는다.

11 기타 비유동자산

(1) 기타 비유동자산의 정의

기타 비유동자산이란 비유동자산 중에서 투자자산, 유형자산, 무형자산에 속하지 아니하는 자산을 말한다.

(2) 기타 비유동자산에 해당하는 계정과목

계정과목	내 용
임차보증금	월세 등의 조건으로 타인의 동산이나 부동산을 사용하기 위하여 임대차계약에 따라 임차인이 임대인에게 지급하는 보증금(계약기간이 만료되면 다시 반환 받음)
전세권	월세 조건 없이 타인의 부동산을 사용하기 위하여 임대차계약에 따라 임차인이 임대인에게 지급하는 전세금(계약기간이 만료되면 다시 반환 받음)
장기외상매출금	기업의 주된 영업활동(일반적인 상거래)인 상품매출을 하고 아직 받지 않은 외상대금으로서, 만기가 결산일로부터 1년 이후에 도래하는 것
장기받을어음	기업의 주된 영업활동(일반적인 상거래)인 상품매출을 하고 이에 대한 대금으로 상대방으로부터 받은 어음으로서, 만기가 결산일로부터 1년 이후에 도래하는 것
장기매출채권	외부보고용 재무상태표에서 사용되는 통합 표시 계정으로서, '장기외상매출금 + 장기받을어음'을 말함
대손충당금	상대방의 파산 등의 사유로 인하여 장기외상매출금, 장기받을어음 등을 회수하지 못할 가능성을 추정하여 금액으로 표시하는 차감적 평가계정 참고 장기외상매출금, 장기받을어음 등의 차감계정
장기미수금	일반적인 상거래 이외의 거래에서 발생한 외상대금으로서, 만기가 결산일로부터 1년 이후에 도래하는 것
부도어음과수표	부도 처리된 어음을 따로 관리하기 위하여 기업 내부적으로 사용하는 임시계정

(3) 임차보증금

① 임차계약 체결 시 임차보증금의 지급

(차) 임차보증금	xxx	(대) [계정명]	xxx

[사례] 월세를 조건으로 사무실 임차계약을 체결하고 보증금 100,000원을 현금으로 지급하였다.

(차) 임차보증금	100,000	(대) 현금	100,000

② 임차계약 만료 시 임차보증금의 회수

(차) [계정명]	xxx	(대) 임차보증금	xxx

[사례] 사무실 임차계약기간이 만료되어 계약 체결 당시 납입했었던 보증금 100,000원을 현금으로 돌려받았다.

(차) 현금	100,000	(대) 임차보증금	100,000

 임차보증금, 임대보증금, 임차료, 임대료의 비교

동산이나 부동산의 임대차계약을 체결할 때, 임료를 내고 상대방의 물건을 빌리는 사람(세입자)을 임차인이라고 하고, 임료를 받고 자신의 물건을 빌려주는 사람(집주인)을 임대인이라고 한다.

임대차계약에서 임료의 형태는 크게 월세와 보증금으로 나누어 볼 수 있다.

임차인과 임대인의 입장에서 월세와 보증금을 회계처리할 때 사용하는 계정과목은 각각 다음과 같다.

구 분	임차인(세입자)	임대인(집주인)
월 세	임차료(비용)	임대료(수익)
보증금	임차보증금(자산)	임대보증금(부채)

(4) 부도어음과수표

부도란 만기가 되어 지급을 청구하였으나 지급을 받지 못하는 것을 말한다.

보유하고 있는 타인발행 약속어음에 대하여 은행으로부터 부도 통보를 받으면 이를 부도어음과수표 계정으로 대체하는 회계처리를 한다.

부도어음과수표 계정은 부도 통보된 어음을 실제 대손이 확정될 때까지 일반 어음과 구분하여 관리하기 위해 기업 내부적으로 사용하는 임시계정이다. 따라서 외부보고용 재무제표를 작성할 때에는 이를 부도 통보 전 계정에 포함하여 보고한다.

(차) 부도어음과수표	xxx	(대) 받을어음	xxx

[사례] 상품매출 대금으로 받아 보유 중이던 타인발행 약속어음 50,000원이 부도 처리되었다는 것을 은행으로부터 통보받았다. 해당 어음은 회수가능성이 있어 대손처리는 하지 않았다.

(차) 부도어음과수표	50,000	(대) 받을어음	50,000

fn.Hackers.com

* 기출문제 날짜는 학습효과를 높이기 위해 일부 수정하였으며, ㈜연습산업(코드번호 : 0301) 데이터를 사용하여 연습할 수 있습니다.

01 8월 1일 당좌거래개설보증금 1,700,000원을 현금으로 입금하여 우리은행 당좌거래를 개설하였다.

[제41회]

02 8월 2일 투자 목적으로 토지를 50,000,000원에 현금으로 매입하였고, 취득 과정에서 취득세 3,000,000원을 현금으로 납부하였다.

[제69회]

03 8월 3일 장기투자 목적으로 주식시장에 상장되어 있는 ㈜비상의 주식을 주당 12,000원의 가격으로 1,000주를 매입하였으며, 이 매입과정에서 카오증권에 80,000원의 수수료가 발생하였다. 주식 매입과 관련된 모든 대금은 보통예금에서 이체하였다.

[제78회]

04 당기말 현재 보유하고 있는 매도가능증권(투자자산)에 대한 내역은 다음과 같다. 기말 매도가능증권 평가에 대한 회계처리를 하시오.

[제87회]

회사명	전년도 취득원가	전년도 기말 공정가치	당해연도 기말 공정가치
㈜마인드	25,000,000원	24,500,000원	26,000,000원

05 8월 5일 당사가 보유 중인 매도가능증권을 다음과 같은 조건으로 처분하고 대금은 보통예금으로 받았다. 전년도 기말 평가는 일반기업회계기준에 따라 처리하였다.

[제49회]

취득원가	기말 공정가치	양도금액	비 고
전년도 2월 15일	전년도 12월 31일		
10,000,000원	15,000,000원	12,000,000원	시장성 있음

06 8월 6일 영업부서에서 구입한 승합차를 양주시청에 등록하면서 취득세 1,460,000원을 현금으로 납부하였다.

[제100회]

07 8월 7일 대표이사 이만수씨로부터 시가 30,000,000원의 업무용차량을 증여받고, 취득세로 2,100,000원을 현금으로 지출하였다.

[제78회]

08 8월 8일 신축 중인 본사 사옥의 공사대금으로 사용한 차입금에 대한 이자비용 1,250,000원을 보통예금으로 지급하였다. 동 이자비용은 자본화대상이며, 본사 사옥은 내년 9월 30일 완공예정이다.

[16년 8월 특별회차]

09 8월 9일 업무용승용차를 구입하기 위하여 액면금액 1,000,000원의 10년 만기 무이자부 국공채를 액면금액으로 현금으로 매입하였다. 당 회사는 해당 국공채를 만기까지 보유할 예정이며, 보유할 수 있는 의도와 능력이 충분하다. 구입 당시의 만기보유증권의 공정가치는 600,000원이다.

[제63회]

정답 및 해설

01 8월 1일 (차) 특정현금과예금 1,700,000 (대) 현금 1,700,000

02 8월 2일 (차) 투자부동산 53,000,000 (대) 현금 53,000,000

03 8월 3일 (차) 매도가능증권(투자) 12,080,000 (대) 보통예금 12,080,000

04 12월 31일 (차) 매도가능증권(투자) 1,500,000 (대) 매도가능증권평가손실 500,000
　　　　　　　　　　　　　　　　　　　　　　매도가능증권평가이익 1,000,000[1]

> [1] 당기말 재무상태표에서 매도가능증권 계정과 매도가능증권평가이익 계정의 잔액을 차변으로 집계하여 보면 취득원가 금액이 된다.
>
> | | |
> |---|---|
> | 매도가능증권 (투자자산) | 26,000,000 |
> | 매도가능증권평가이익 (기타포괄손익누계액) | (1,000,000) |
> | 취득원가 (차변 집계금액) | 25,000,000 |

05 8월 5일 (차) 보통예금 12,000,000 (대) 매도가능증권(투자) 15,000,000
　　　　　　　　매도가능증권평가이익 5,000,000 　　　매도가능증권처분이익 2,000,000[1]

> [1] 처분금액 − 취득원가 = 12,000,000 − 10,000,000 = 2,000,000원

06 8월 6일 (차) 차량운반구 1,460,000 (대) 현금 1,460,000

07 8월 7일 (차) 차량운반구 32,100,000 (대) 자산수증이익 30,000,000
　　　　　　　　　　　　　　　　　　　　　　현금 2,100,000

08 8월 8일 (차) 건설중인자산 1,250,000 (대) 보통예금 1,250,000

09 8월 9일 (차) 차량운반구 400,000 (대) 현금 1,000,000
　　　　　　　　만기보유증권(투자) 600,000

10 8월 10일 토지와 건물을 모두 사용할 목적으로, 비사업자인 김갑수로부터 토지와 건물을 70,000,000원에 일괄 취득하고 대금은 보통예금으로 지급하였다. 토지와 건물의 공정가치는 아래와 같다. (부가가치세는 고려하지 않는다) [제63회]

- 토지의 공정가치 : 60,000,000원
- 건물의 공정가치 : 40,000,000원

11 8월 11일 새로운 공장을 짓기 위하여 건물이 있는 부지를 구입하고, 구입 즉시 건물을 철거하였다. 건물이 있는 부지의 구입비 100,000,000원과 철거비용 5,000,000원을 보통예금 계좌에서 이체하여 지급하였다. (부가가치세는 고려하지 않는다) [제36회]

12 8월 12일 사용 중인 공장건물을 새로 신축하기 위하여 기존 건물을 철거하였다. 철거 당시의 기존 건물의 취득원가 및 감가상각누계액의 자료는 다음과 같다. [제35회]

- 건물의 취득원가 : 100,000,000원
- 철거 당시 감가상각누계액 : 80,000,000원
- 건물 철거비용 : 3,000,000원을 현금 지급함(부가가치세는 고려하지 말 것)

13 8월 13일 내용연수가 경과하여 운행이 불가능한 승용차(취득원가 8,500,000원, 감가상각누계액 8,499,000원)를 폐차대행업체를 통해 폐차시키고, 당해 폐차대행업체로부터 고철비 명목으로 30,000원을 현금으로 받다. (단, 부가가치세는 고려하지 않는다) [제27회]

14 8월 14일 ㈜동국 소유의 건물로 사무실을 이전하고 보증금 15,000,000원 중 계약금 5,000,000원(7월 14일 지급)을 제외한 잔금 10,000,000원을 보통예금 계좌에서 지급하였다. [제103회]

15 8월 15일 제품을 매출하고 인천상사로부터 수취한 약속어음 3,300,000원이 부도 처리되었다는 것을 은행으로부터 통보받았다. [제69회]

16 다음의 자산의 당기(20x4년) 감가상각비를 결산에 반영하시오. (월할 계산할 것) [제98회]

구 분	취득원가	전기말 상각누계액	잔존가치	상각방법	내용 연수	상각률	취득일자
건물 (본사 사무실)	200,000,000원	12,500,000원	0원	정액법	40년	0.025	20x1. 7. 1.
기계장치 (영업부서)	50,000,000원	15,650,000원	2,500,000원	정률법	8년	0.313	20x3. 1. 1.

17 당기(20x3년) 결산 마감 전 영업권(무형자산)의 기초 미상각잔액이 6,000,000원이 있으며, 이 영업권은 20x1년 1월 초에 취득한 것이다. 기말수정분개를 하시오. (단, 비용은 판매비와 관리비로 분류하고, 회사는 무형자산에 대하여 5년간 월할 균등상각하고 있다) [제88회]

정답 및 해설

10 8월 10일 (차) 토지   42,000,000   (대) 보통예금   70,000,000
               건물   28,000,000

11 8월 11일 (차) 토지   105,000,000   (대) 보통예금   105,000,000

12 8월 12일 (차) 감가상각누계액(건물)   80,000,000   (대) 건물   100,000,000
               유형자산처분손실   23,000,000   현금   3,000,000

13 8월 13일 (차) 감가상각누계액(차량운반구) 8,499,000   (대) 차량운반구   8,500,000
               현금   30,000   유형자산처분이익   29,000

14 8월 14일 (차) 임차보증금((주)동국)   15,000,000   (대) 선급금((주)동국)   5,000,000
               보통예금   10,000,000

15 8월 15일 (차) 부도어음과수표(인천상사)   3,300,000   (대) 받을어음(인천상사)   3,300,000

16 12월 31일 (차) 감가상각비(판관비)   15,751,550   (대) 감가상각누계액(건물)   5,000,000[1]
               감가상각누계액(기계장치)   10,751,550[2]

     [1] (취득원가 – 잔존가치) ÷ 내용연수
       = (200,000,000원 – 0원) ÷ 40년 = 5,000,000원
     [2] (취득원가 – 기초의 감가상각누계액) × 감가상각률
       = (50,000,000원 – 15,650,000원) × 0.313 = 10,751,550원

17 12월 31일 (차) 무형자산상각비(판관비)   2,000,000   (대) 영업권   2,000,000[1]

     [1] (전기말 미상각잔액 – 잔존가치) ÷ 기초 현재 잔여내용연수
       = (6,000,000원 – 0원) ÷ (5년 – 2년) = 2,000,000원

> 참고   무형자산 상각 시, 잔존가치에 대하여 별도의 언급이 없는 경우 '0'인 것으로 본다.

＊ 본서에 수록된 기출문제의 날짜는 학습효과를 높이기 위하여 일부 수정함

01 다음 중 유가증권에 대한 설명으로 틀린 것은? [제70회]

① 매도가능증권의 미실현보유손익은 자본항목(기타포괄손익누계액)으로 처리한다.
② 단기매매증권, 매도가능증권, 만기보유증권은 모두 공정가치로 평가하는 것이 원칙이다.
③ 단기매매증권의 미실현보유손익은 당기손익항목으로 처리한다.
④ 만기까지 적극적으로 보유할 의도와 능력이 있는 채무증권을 만기보유증권이라 한다.

02 다음 자료에 의할 경우, 20x2년에 인식할 매도가능증권처분손익은 얼마인가? [제73회]

- 20x1년 6월 1일 매도가능증권 120주를 주당 60,000원에 취득하였다.
- 20x1년 기말 매도가능증권평가손실 1,200,000원(주당 공정가치 50,000원)
- 20x2년 5월 1일 매도가능증권 120주를 주당 56,000원에 처분하였다.

① 처분이익 720,000원
② 처분이익 480,000원
③ 처분손실 720,000원
④ 처분손실 480,000원

03 다음 자료를 보고, 20x2년에 인식할 매도가능증권처분손익을 구하시오. [제56회]

- 20x1년 기말 매도가능증권 1,000주, 주당 공정가치 7,000원
- 20x1년 기말 매도가능증권평가이익 2,000,000원
- 20x2년 7월 1일 매도가능증권 500주를 주당 6,000원에 처분하였다.

① 처분이익 1,000,000원
② 처분이익 500,000원
③ 처분손실 500,000원
④ 처분손실 1,000,000원

04 다음의 유가증권을 단기매매증권으로 분류하는 경우와 매도가능증권으로 분류하는 경우의
올해 계상되는 당기순이익 차이 금액은 얼마인가?

[제79회]

> ㈜대한은 A회사 주식 1,000주를 주당 5,000원(공정가치)에 매입하면서 거래비용으로
> 50,000원이 발생하였고 기말에 주당 공정가치가 5,500원으로 평가되었다.

① 50,000원   ② 450,000원   ③ 500,000원   ④ 550,000원

정답 및 해설

01 ②   만기보유증권은 처분할 목적이 아니므로, 기말에 공정가치(시가)가 변동하여 장부금액과 달라지더라도 평가손익
을 인식하지 않는다.

02 ④

· 20x1. 6. 1.	(차) 매도가능증권	7,200,000	(대) 현금 등		7,200,000
· 20x1. 12. 31.	(차) 매도가능증권평가손실	1,200,000	(대) 매도가능증권		1,200,000
· 20x2. 5. 1.	(차) 현금 등	6,720,000	(대) 매도가능증권		6,000,000
	매도가능증권처분손실	480,000[1]	매도가능증권평가손실		1,200,000

[1] 처분금액 − 취득원가

= (120주 × @56,000원) − (120주 × @60,000원) = (−)480,000원

03 ②   (처분 시 분개)

(차) 현금 등	3,000,000	(대) 매도가능증권	3,500,000[1]
매도가능증권평가이익	1,000,000[2]	매도가능증권처분이익	500,000[3]

[1] (1,000주 × @7,000원) × (500주/1,000주) = 3,500,000원

[2] 2,000,000원 × (500주/1,000주) = 1,000,000원

[3] 처분금액 − 취득원가

= (500주 × @6,000원) − (500주 × @5,000원) = 500,000원

04 ②

· 단기매매증권으로 분류하는 경우

− 취득일 : (차) 단기매매증권	5,000,000	(대) 현금 등		5,050,000
수수료비용(영업외비용)	50,000			
− 결산일 : (차) 단기매매증권	500,000	(대) 단기매매증권평가이익		500,000
		(영업외수익)		

− 당기순이익 영향 = (−)50,000 + 500,000 = 450,000원 증가

· 매도가능증권으로 분류하는 경우

− 취득일 : (차) 매도가능증권	5,050,000	(대) 현금 등		5,050,000
− 결산일 : (차) 매도가능증권	450,000	(대) 매도가능증권평가이익		450,000
		(기타포괄손익누계액)		

− 당기순이익 영향 = 0원

05 다음 자료는 시장성 있는 유가증권에 관련된 내용이다. 이 유가증권을 단기매매증권으로 분류하는 경우와 매도가능증권으로 분류하는 경우 20x2년 당기손익의 차이는 얼마인가?

[제87회]

> - 20x1년 7월 1일 A회사 주식 1,000주를 주당 6,000원에 매입하였다.
> - 20x1년 기말 A회사 주식의 공정가치는 주당 7,000원이다.
> - 20x2년 6월 30일 A회사 주식 전부를 주당 7,500원에 처분하였다.

① 차이 없음　　　　② 500,000원　　　　③ 1,000,000원　　　　④ 1,500,000원

06 다음은 유형자산의 취득원가에 관한 설명이다. 옳지 않은 것은?

[제81회]

① 유형자산의 취득과 관련된 운송비와 설치비용은 취득원가에 가산한다.
② 유형자산의 취득과 관련된 중개인 수수료는 취득원가에 가산한다.
③ 유형자산의 보유와 관련된 재산세는 취득원가에 가산한다.
④ 유형자산의 취득과 관련된 취득세는 취득원가에 가산한다.

07 유형자산의 취득원가에 관한 내용 중 옳지 않은 것은?

[제33회]

① 취득원가는 구입원가 또는 제작원가 및 경영진이 의도하는 방식으로 자산을 가동하는 데 필요한 장소와 상태에 이르게 하는 데 직접 관련되는 원가로 구성된다.
② 새로운 건물을 신축하기 위하여 사용 중인 기존 건물을 철거하는 경우 기존 건물의 장부금액은 새로운 건물의 취득원가에 가산한다.
③ 정부보조금에 의해 유형자산을 무상 또는 공정가치보다 낮은 대가로 취득한 경우 정부보조금은 유형자산의 취득원가에서 차감하는 형식으로 표시한다.
④ 유형자산의 취득과 관련하여 국·공채를 불가피하게 매입하는 경우 국·공채의 매입금액과 기업회계기준에 따라 평가한 현재가치와의 차액을 해당 유형자산의 취득원가에 가산한다.

08 다음은 일반기업회계기준에 따른 유형자산의 취득원가에 대한 설명이다. 옳지 않은 것은?

[제52회]

① 새로운 건물을 신축하기 위하여 기존 건물이 있는 토지를 취득하고 그 건물을 철거하는 경우 기존 건물의 철거 관련 비용은 건물의 취득원가에 가산한다.
② 유형자산이 정상적으로 작동되는지 여부를 시험하는 과정에서 발생하는 원가는 취득부대비용으로 보아 취득원가에 가산한다.
③ 현물출자로 취득하거나 증여로 취득한 자산은 공정가치를 취득원가로 한다.
④ 정부보조금에 의해 유형자산을 무상 또는 공정가치보다 낮은 대가로 취득한 경우에도 그 유형자산의 취득원가는 취득일의 공정가치로 한다.

정답 및 해설

05 ③ · 단기매매증권으로 분류하는 경우의 처분 회계처리 : 당기손익 500,000원

20x2. 6. 30. (차) 현금 등	7,500,000	(대) 단기매매증권	7,000,000	
		단기매매증권처분이익	500,000[1]	
		(영업외수익)		

[1] 처분금액 – 처분 전 장부금액
= (1,000주 × @7,500원) – (1,000주 × @7,000원) = 500,000원

· 매도가능증권으로 분류하는 경우의 처분 회계처리 : 당기손익 1,500,000원

20x2. 6. 30. (차) 현금 등	7,500,000	(대) 매도가능증권	7,000,000	
매도가능증권평가이익	1,000,000	매도가능증권처분이익	1,500,000[2]	
		(영업외수익)		

[2] 처분금액 – 취득원가
= (1,000주 × @7,500원) – (1,000주 × @6,000원) = 1,500,000원

06 ③ 유형자산의 보유와 관련된 재산세는 당기 비용으로 처리한다.

07 ② 새로운 건물을 취득하기 위하여 사용 중인 기존 건물을 철거하는 경우에 기존 건물의 장부금액과 철거 관련 비용은 유형자산처분손실로 처리한다.

08 ① 새로운 건물을 신축하기 위하여 기존 건물이 있는 토지를 취득하고 그 건물을 철거하는 경우 기존 건물의 철거 관련 비용은 토지의 취득원가에 가산한다.

09 다음은 일반기업회계기준상 유형자산의 교환에 대한 내용이다. 옳지 않은 것은? [제47회]

① 이종자산 간 교환하는 경우 취득한 유형자산의 취득원가는 제공한 자산의 장부금액으로 측정한다.
② 자산의 교환에 현금수수액이 있는 경우에는 그 현금수수액을 반영하여 취득원가를 결정한다.
③ 동종자산 간 교환하는 경우 취득한 유형자산의 취득원가는 제공한 자산의 장부금액으로 측정한다.
④ 동종자산과의 교환이라 하더라도 교환에 포함된 현금 등의 금액이 유의적이라면 그 거래를 동종자산 간 교환으로 보지 않고 이종자산 간 교환에 준하여 회계처리한다.

10 다음 자료는 본사건물 건설용 토지의 취득과 관련된 내용이다. 토지의 취득원가는 얼마인가? [제25회]

- 토지 취득대금 : 30,000,000원
- 토지상의 구건물 철거비용 : 3,700,000원
- 토지 취득세 : 1,400,000원
- 토지 재산세 : 450,000원
- 구건물 철거 시 철골자재 등 매각대금 : 2,100,000원

① 30,000,000원　　② 33,000,000원　　③ 33,450,000원　　④ 33,100,000원

11 다음은 자본적 지출과 수익적 지출에 대한 설명이다. 틀린 것은? [제86회]

① 엘리베이터 설치 등 자산의 가치를 증대시키는 지출은 자본적 지출로 처리한다.
② 증축, 개축 등 자산의 내용 연수를 연장시키는 지출은 자본적 지출로 처리한다.
③ 파손된 유리 교체 등 자산의 원상복구를 위한 지출은 수익적 지출로 처리한다.
④ 건물의 도색 등 자산의 현상유지를 위한 지출은 자본적 지출로 처리한다.

12 수익적 지출 항목을 자본적 지출로 잘못 회계처리한 경우 재무제표에 미치는 영향으로 틀린 것은? [제87회]

① 당기순이익이 과대계상된다.　　② 비용이 과소계상된다.
③ 자산이 과대계상된다.　　④ 자본이 과소계상된다.

13 다음 중 유형자산의 감가상각에 관한 설명으로 틀린 것은?　　　　[제71회]

① 유형자산의 감가상각대상금액은 내용연수에 걸쳐 합리적이고 체계적인 방법으로 배분한다.

② 유형자산의 감가상각은 자산을 구입한 때부터 즉시 시작한다.

③ 유형자산의 감가상각방법은 자산의 경제적 효익이 소멸되는 형태를 반영한 합리적인 방법이어야 한다.

④ 초기 감가상각비의 크기는 정률법이 정액법보다 더 크다.

14 기계장치의 감가상각 관련 자료가 다음과 같을 때, 2차연도인 20x2년의 손익계산서상 감가상각비와 20x2년 말 재무상태표상 감가상각누계액을 바르게 표시한 것은?　　　　[제57회]

- 취득일 : 20x1년 1월 1일　　　· 취득원가 : 2,000,000원　　　· 내용연수 : 10년
- 정률법 감가상각률 : 10%　　　· 감가상각방법 : 정률법

	감가상각비	감가상각누계액		감가상각비	감가상각누계액
①	200,000원	300,000원	②	180,000원	380,000원
③	200,000원	400,000원	④	180,000원	180,000원

정답 및 해설

09 ① 이종자산 간 교환하는 경우 취득한 유형자산의 취득원가는 제공한 자산의 공정가치로 측정한다. 예외적으로 제공한 자산의 공정가치가 불확실한 경우에는 취득한 자산의 공정가치로 측정할 수 있다.

10 ② 토지의 취득원가 = 토지 취득대금 + 구건물 철거비용 − 구건물 철거 시 철골자재 등 매각대금 + 취득세
= 30,000,000 + 3,700,000 − 2,100,000 + 1,400,000
= 33,000,000원

11 ④ 건물의 도색 등 자산의 현상유지를 위한 지출은 수익적 지출로 처리한다.

12 ④ 수익적지출(비용)을 자본적지출(자산)로 회계처리하는 경우, 재무제표에 미치는 영향
: 자산 과대, 비용 과소 → 당기순이익 과대 → 자본 과대

13 ② · 유형자산의 감가상각은 자산이 사용 가능한 때부터 시작한다. 즉, 경영진이 의도하는 방식으로 자산을 가동하는 데 필요한 장소와 상태에 이른 때부터 시작한다.
· 정액법의 경우 감가상각비가 매년 동일한 금액인 반면, 정률법(체감잔액법)의 경우 내용연수 초기에는 감가상각비를 많이 인식하고 후기로 갈수록 적게 인식하기 때문에, 내용연수 초기 감가상각비의 크기는 정률법이 정액법보다 더 크다.

14 ② · 1차연도 감가상각비 = (2,000,000원 − 0원) × 0.1 = 200,000원
· 2차연도 감가상각비 = (2,000,000원 − 200,000원) × 0.1 = 180,000원
· 2차연도 말 감가상각누계액 = 200,000 + 180,000 = 380,000원

15 유형자산의 감가상각방법 중 정액법, 정률법 및 연수합계법 각각에 의한 3차연도의 감가상 각비를 계산하였을 때, 금액이 큰 것부터 바르게 나열한 것은? [제72회]

> • 기계장치 취득원가 : 1,000,000원(1월 1일 취득)
> • 내용연수 : 5년 • 잔존가치 : 취득원가의 10% • 정률법 상각률 : 0.4

① 정률법 > 정액법 = 연수합계법
② 정률법 > 연수합계법 > 정액법
③ 연수합계법 > 정률법 > 정액법
④ 연수합계법 = 정액법 > 정률법

16 다음 중 무형자산의 인식요건이 아닌 것은? [제63회]

① 식별가능성
② 검증가능성
③ 통제가능성
④ 미래의 경제적 효익의 유입가능성

17 다음 중 무형자산에 대한 설명으로 틀린 것은? [제72회]

① 무형자산의 상각은 자산이 사용 가능한 때부터 시작한다.
② 무형자산의 공정가치가 증가하면 그 공정가치를 반영하여 상각한다.
③ 합리적인 상각방법을 정할 수 없는 경우에는 정액법을 사용한다.
④ 무형자산의 잔존가치는 없는 것을 원칙으로 한다.

18 다음 중 무형자산에 관한 설명으로 옳지 않은 것은? [제35회]

① 내부적으로 창출한 영업권은 취득원가를 신뢰성 있게 측정할 수 없을 뿐만 아니라 기업이 통제하고 있는 식별 가능한 자원도 아니기 때문에 자산으로 인식하지 않는다.

② 무형자산을 창출하기 위한 내부 프로젝트를 연구단계와 개발단계로 구분할 수 없는 경우에는 그 프로젝트에서 발생한 지출은 모두 개발단계에서 발생한 것으로 본다.

③ 연구단계에서 발생한 지출은 무형자산으로 인식할 수 없고 발생한 기간의 비용으로 인식한다.

④ 무형자산의 상각기간은 독점적·배타적인 권리를 부여하고 있는 관계 법령이나 계약에 정해진 경우를 제외하고는 20년을 초과할 수 없다.

19 다음 중 일반기업회계기준의 무형자산에 속하지 않는 것은? [제67회]

① 산업재산권   ② 라이선스와 프랜차이즈

③ 임차권리금   ④ 전세권

정답 및 해설

15 ④ (3차연도의 감가상각비)
- 정액법 = (1,000,000 − 100,000) × 1/5 = 180,000원
- 정률법 = (1,000,000 − 400,000 − 240,000) × 0.4 = 144,000원
- 연수합계법 = (1,000,000 − 100,000) × $\dfrac{3}{1 + 2 + 3 + 4 + 5}$ = 180,000원

16 ② 무형자산이란 장기간에 걸쳐 영업활동에 사용할 목적으로 보유하는 물리적 형체가 없는 자산으로서 ⊙ 식별 가능하고, ⓒ 기업이 통제하고 있으며, ⓒ 미래 경제적 효익이 있는 것을 말한다.

17 ② 무형자산의 공정가치가 증가하더라도 상각은 취득원가에 기초한다.

18 ② 무형자산을 창출하기 위한 내부 프로젝트를 연구단계와 개발단계로 구분할 수 없는 경우에는 그 프로젝트에서 발생한 지출은 모두 연구단계에서 발생한 것으로 본다.

19 ④ · 일반기업회계기준에 열거된 무형자산의 예 : 산업재산권(특허권, 실용신안권, 디자인권, 상표권 포함), 라이선스와 프랜차이즈, 저작권, 컴퓨터 소프트웨어, 개발비, 임차권리금, 광업권, 어업권
- 전세권 또는 임차보증금은 비유동자산 중 기타비유동자산에 해당한다.

01 유동부채

(1) 유동부채의 정의

유동부채란 보고기간 종료일로부터 1년 이내에 상환기한이 도래하는 부채를 말한다.

(2) 유동부채에 해당하는 계정과목

계정과목	내 용
외상매입금	기업의 주된 영업활동(일반적인 상거래)인 상품 매입을 하고 아직 지급하지 않은 외상대금
지급어음	기업의 주된 영업활동(일반적인 상거래)인 상품 매입을 하고 이에 대한 대금으로 상대방에게 발행하여 지급한 어음
매입채무	**외부보고용** 재무상태표에서 사용되는 **통합 표시 계정**으로서, '외상매입금 + 지급어음'을 말함
단기차입금	타인으로부터 빌려온 금전으로서 만기가 결산일로부터 1년 이내에 도래하는 것
미지급금	일반적인 상거래 이외의 거래에서 발생한 외상대금
미지급비용	당기에 속하는 비용 중 차기에 지급할 예정인 것(미지급이자, 미지급임차료 등)으로서 기말 결산 시 발생주의에 따라 추가 계상하는 비용상당액
선수금	계약금 성격으로 미리 받은 대금
선수수익	당기에 받은 수익 중 차기 수익에 해당하는 부분(선수이자, 선수임대료 등)으로서 기말 결산 시 발생주의에 따라 차감하는 수익상당액
예수금	최종적으로는 제3자에게 지급해야 할 금액을 거래처나 종업원으로부터 미리 받아 일시적으로 보관하고 있는 금액
부가세예수금	외부에 재화나 용역을 공급하고 거래징수한 부가가치세로서 매출세액으로 납부하여야 하는 것
가수금	금전을 수취하였으나 그 내용이 확정되지 않았을 경우 그 내용이 확정될 때까지 임시적으로 사용하는 계정과목
유동성장기부채	장기차입금 등 비유동부채 중에서 당기 결산일을 기준으로 1년 이내에 만기가 도래하는 부채
미지급세금	당기 사업연도 소득에 대하여 회사가 납부하여야 하는 법인세부담액 중 아직 납부하지 않은 금액
미지급배당금	배당결의일 현재 미지급된 현금배당액

(3) 매입채무

① 외상매입금

- 외상 구입

(차) 상품	×××	(대) 외상매입금	×××

[사례] 상품을 10,000원에 구입하고 3,000원은 현금으로 지급하고 나머지는 다음 달 10일에 지급하기로 하였다.

(차) 상품	10,000	(대) 현금	3,000
		외상매입금	7,000

- 외상매입금의 상환

(차) 외상매입금	×××	(대) [계정명]	×××

[사례] 외상매입금 7,000원을 현금으로 지급하였다.

(차) 외상매입금	7,000	(대) 현금	7,000

② 지급어음

- 어음을 발행하여 구입

(차) 상품	×××	(대) 지급어음	×××

[사례] 상품을 4,000원에 구입하고 대금은 약속어음을 발행하여 지급하였다.

(차) 상품	4,000	(대) 지급어음	4,000

- 어음대금의 상환

(차) 지급어음	×××	(대) [계정명]	×××

[사례] 상품 구입 대금으로 발행하였던 약속어음의 만기일이 도래하여 어음소지인에게 어음상 액면금액인 4,000원을 현금으로 지급하였다.

(차) 지급어음	4,000	(대) 현금	4,000

(4) 단기차입금

① 차입

(차) [계정명]	xxx	(대) 단기차입금	xxx

[사례] 은행으로부터 6개월 만기로 현금 50,000원을 차입하였다.

(차) 현금	50,000	(대) 단기차입금	50,000

② 원금과 이자의 상환

(차) 단기차입금	xxx	(대) [계정명]	xxx
이자비용	xxx		

[사례] 은행으로부터 6개월 만기로 빌려왔던 차입금의 만기가 도래하여 원금 50,000원과 이자 2,000원을 현금으로 지급하였다.

(차) 단기차입금	50,000	(대) 현금	52,000
이자비용	2,000		

기출포인트

- 단기차입금은 회계기간 종료일로부터 만기가 1년 이내에 도래하는 것이므로, 전체 차입기간이 1년을 초과하는 차입금도 경우에 따라 단기차입금으로 분류될 수 있다.
- 예를 들어 20x1년 4월 1일에 빌려온 18개월 만기 차입금의 경우, 만기(20x2. 9. 30.)가 회계기간 종료일(20x1. 12. 31.)로부터 1년 이내이므로 회사는 차입일에 이를 단기차입금 계정으로 회계처리한다.

(5) 미지급금

① 일반적인 상거래 이외의 거래에서 외상 구입

(차) [계정명]	xxx	(대) 미지급금	xxx

[사례] 사무실에서 사용할 비품을 10,000원에 외상으로 구입하였다.

(차) 비품	10,000	(대) 미지급금	10,000

② 일반적인 상거래 이외의 거래에서 어음을 발행하여 구입

(차) [계정명]	xxx	(대) 미지급금	xxx

[사례] 사무실에서 사용할 비품을 10,000원에 구입하고 대금은 약속어음을 발행하여 구입하였다.

(차) 비품	10,000	(대) 미지급금[1]	10,000

[1] 일반적인 상거래 이외의 거래에서는 약속 어음을 발행하여 대금을 지급하더라도 이를 지급어음 계정이 아니라 미지급금 계정으로 회계처리한다.

③ 일반적인 상거래 이외의 거래에서 신용카드로 결제하여 구입

(차) [계정명]	xxx	(대) 미지급금	xxx

[사례] 사무실에서 사용할 비품을 A사로부터 10,000원에 구입하고 대금은 신용카드(현대카드)로 결제하였다.

(차) 비품	10,000	(대) 미지급금[1]	10,000

[1] 일반적인 상거래 이외의 거래에서 발생한 지급채무이므로 미지급금 계정으로 회계처리하되, 신용카드로 결제하여 발생한 지급채무이므로 그 거래처를 A사가 아니라 현대카드로 기록하여 관리하여야 한다.

참고 신용카드로 결제하여 발생한 지급채무

거래상대방(A거래처)으로부터 재화나 용역을 구입하고 그 대금을 신용카드(B신용카드사)로 결제한 경우, 동 지급채무에 대한 회계처리방법은 다음과 같다.

- 계정과목 : 외상매입금(일반적인 상거래) 또는 미지급금(일반적인 상거래 이외의 거래)
- 거래처 : B신용카드사(이유 : 당사가 향후 카드대금을 지급하여야 할 곳은 A거래처가 아니라 B신용카드사임)

④ 미지급금의 상환

(차) 미지급금	xxx	(대) [계정명]	xxx

[사례] 사무실에서 사용할 비품을 구입하고 발생한 외상대금 10,000원을 현금으로 지급하였다.

(차) 미지급금	10,000	(대) 현금	10,000

(6) 선수금

① 계약금 선수령

(차) [계정명]	xxx	(대) 선수금	xxx

[사례] 고객사로부터 상품 20,000원을 주문받고 계약금 4,000원을 현금으로 받았다.

(차) 현금	4,000	(대) 선수금	4,000

② 인도

(차) 선수금	xxx	(대) 상품(제품)매출	xxx
[계정명]	xxx		

[사례] 주문받았던 상품 20,000원을 고객사에 인도하고 계약금 4,000원을 제외한 잔액을 현금으로 받았다.

(차) 선수금	4,000	(대) 상품매출	20,000
현금	16,000		

(7) 예수금

예수금이란 최종적으로는 제3자에게 지급해야 할 금액을 거래처나 종업원으로부터 미리 받아 일시적으로 보관하고 있는 금액을 말한다.

예를 들면, 종업원에게 급여를 지급할 때 기업은 관련 법규에 따라 종업원이 납부하여야 하는 소득세, 국민연금, 건강보험료 등을 급여 지급액에서 공제하여 일시적으로 보관하고 있다가 다음 달 10일에 해당 기관에 종업원 대신 납부하게 된다. 이와 같이 기업이 급여 등을 지급할 때 소득귀속자의 세금 등을 미리 공제하는 것을 원천징수라고 하며, 원천징수된 금액은 기업의 장부에 예수금 계정으로 회계처리된다.

> **참고** 4대보험
>
> - 우리나라의 사회보장법에 따르면, 회사가 종업원을 고용하면 사회보험에 가입하여야 하고 해당 보험료를 회사와 종업원이 분담하도록 정하고 있다. 사회보험의 종류에는 국민연금, 건강보험(장기요양보험 포함), 고용보험, 산재보험이 있으며 이를 4대보험이라고 한다.
> - 일반적으로 기업은 소득을 지급할 때 세법에 따른 법인세·소득세·지방소득세만 원천징수하면 되나, 종업원에게 급여를 지급할 때에는 사회보험료에 대한 종업원 부담분까지 원천징수를 하여야 하고, 다음 달 10일에 해당 기관에 납부할 때 사회보험료에 대하여는 종업원으로부터 원천징수한 종업원 부담분 외에 기업이 부담하여야 할 회사 부담분까지 같이 납부하게 된다.
> - 회사 부담분 사회보험료를 납부할 때 회사는 복리후생비, 보험료, 세금과공과 등의 계정과목을 사용하여 비용을 인식한다.

① 원천징수

(차) 급여 등	xxx	(대) 예수금	xxx
		[계정명]	xxx

[사례] 2월 25일, 2월분 급여 총액 1,200,000원 중에서 소득세 등 192,500원을 원천징수하고 나머지 금액을 종업원에게 현금으로 지급하였다.

2월 25일	(차) 급여	1,200,000	(대) 예수금	192,500
			현금	1,007,500

② 원천징수한 금액을 해당 기관에 납부

| (차) 예수금 | xxx | (대) [계정명] | xxx |

[사례] 3월 10일, 2월분 급여 지급 시 원천징수했던 금액과 회사 부담분 4대보험료를 각 해당 기관에 현금으로 납부하였다. 소득세 및 4대보험 납부내역은 다음과 같으며, 4대보험료에 대하여 회사는 복리후생비 계정을 사용한다.

(단위 : 원)

구 분	근로소득세	지방소득세	국민연금	건강보험	장기요양보험	고용보험	산재보험	계
종업원 부담분	100,000	10,000	50,000	30,000	2,000	500	–	192,500
회사 부담분	–	–	50,000	30,000	2,000	900	1,200	84,100
계	100,000	10,000	100,000	60,000	4,000	1,400	1,200	276,600

3월 10일 (차) 예수금 192,500 (대) 현금 276,600
복리후생비 84,100

(8) 가수금

가수금이란 금전을 수취하였으나 그 내용이 확정되지 않았을 경우 그 내용이 확정될 때까지 임시적으로 사용하는 계정과목을 말한다.

가수금 역시 가지급금과 마찬가지로 그 내용이 확정되면 적절한 계정과목으로 대체하여야 하며, 대표적인 미결산계정에 해당하므로 기말 결산 때까지는 반드시 적절한 계정과목으로 대체하여 최종 재무제표에는 나타나지 않도록 하여야 한다.

① 가수금

| (차) [계정명] | xxx | (대) 가수금 | xxx |

[사례] 내용을 알 수 없는 보통예금 10,000원을 계좌이체 받았다.

(차) 보통예금 10,000 (대) 가수금 10,000

② 내용 확정

| (차) 가수금 | xxx | (대) [계정명] | xxx |

[사례] 원인 불명으로 계좌이체 받았던 보통예금 10,000원이 외상매출금의 회수였던 것으로 밝혀졌다.

(차) 가수금 10,000 (대) 외상매출금 10,000

(9) 유동성장기부채

장기차입금 등 비유동부채 중에서 결산일을 기준으로 1년 이내에 만기가 도래하는 부채가 있는 경우, 결산 시 이를 비유동부채에서 유동부채로 대체하여야 하는데, 유동성장기부채란 이러한 대체 분개를 할 때 사용되는 유동부채 계정과목을 말한다.

(차) 장기차입금	xxx	(대) 유동성장기부채	xxx

[사례] 20x2년 12월 31일 기말 결산일 현재 장기차입금 300,000원(차입기간 : 20x1. 4. 1.~20x3. 3. 31.)의 상환기일이 내년으로 도래하였음을 확인하였다.

20x2년 12월 31일	(차) 장기차입금	300,000	(대) 유동성장기부채	300,000

(10) 미지급세금

미지급세금이란 당기 사업연도 소득에 대하여 회사가 납부하여야 하는 법인세부담액 중 아직 납부하지 않은 금액을 말한다.

회사는 기말 결산 시 법인세차감전순이익에 대하여 회사가 납부하여야 하는 법인세부담액(법인세비용)을 계산하여 비용으로 인식하고, 법인세부담액에서 회계연도 중에 미리 납부한 중간예납세액 및 원천납부세액 금액(선납세금)을 차감하여 법인세부담액 중 아직 납부하지 않은 금액(미지급세금)을 구하고 이를 부채로 인식한다.

부채로 계상한 미지급세금은 법인세법에 따라 회계연도(각 사업연도)가 종료된 후 3개월 이내에 납부하게 된다.

$$미지급세금 = 법인세비용 - 선납세금$$

(차) 법인세등[1]	xxx	(대) 선납세금	xxx
		미지급세금	xxx

[사례] 20x1년 8월 31일, 당해 사업연도의 법인세 중간예납세액 500,000원을 현금으로 납부하였다.
20x1년 9월 30일, 보통예금 예입액에 대한 이자수익 10,000이 발생하여 법인세 원천납부세액 1,540원을 제외한 잔액이 보통예금 통장에 입금되었다.
20x1년 12월 31일, 기말 결산 시 법인세비용차감전순이익에 대한 법인세 추산액은 1,200,000원이다.
20x2년 3월 31일, 법인세 미납액을 현금으로 납부하였다.

20x1. 8. 31.	(차) 선납세금	500,000	(대) 현금	500,000
20x1. 9. 30.	(차) 선납세금	1,540	(대) 이자수익	10,000
	보통예금	8,460		
20x1. 12. 31.	(차) 법인세등	1,200,000	(대) 선납세금	501,540
			미지급세금	698,460
20x2. 3. 31.	(차) 미지급세금	698,460	(대) 현금	698,460

[1] KcLep 프로그램에서는 '법인세비용' 대신 '법인세등' 계정과목을 사용한다.

02 비유동부채

(1) 비유동부채의 정의

비유동부채란 보고기간 종료일로부터 1년 이후에 상환기한이 도래하는 부채를 말한다.

(2) 비유동부채에 해당하는 계정과목

계정과목	내 용
사 채	기업이 회사채라는 채무증권을 발행하여 장기자금을 조달함으로써 발생하는 부채
사채할인발행차금	사채를 액면가액보다 낮게 발행하는 경우 그 차액 참고 사채의 차감계정
사채할증발행차금	사채를 액면가액보다 높게 발행하는 경우 그 차액 참고 사채의 가산계정
임대보증금	월세 등의 조건으로 타인(임차인)에게 동산이나 부동산을 임대하는 임대차계약을 체결하고 임차인으로부터 받는 보증금(계약기간이 만료되면 다시 반환하여야 함)
장기차입금	타인으로부터 빌려온 금전으로서 만기가 결산일로부터 1년 이후에 도래하는 것
장기외상매입금	기업의 주된 영업활동(일반적인 상거래)인 상품 매입을 하고 아직 지급하지 않은 외상대금으로서, 만기가 결산일로부터 1년 이후에 도래하는 것
장기지급어음	기업의 주된 영업활동(일반적인 상거래)인 상품 매입을 하고 이에 대한 대금으로 상대방에게 발행하여 지급한 어음으로서, 만기가 결산일로부터 1년 이후에 도래하는 것
장기매입채무	**외부보고용** 재무상태표에서 사용되는 **통합 표시 계정**으로서, '장기외상매입금 + 장기지급어음'을 말함
장기미지급금	일반적인 상거래 이외의 거래에서 발생한 외상대금으로서, 만기가 결산일로부터 1년 이후에 도래하는 것
퇴직급여충당부채	종업원이 퇴직할 때 지급해야 할 퇴직급여를 충당하기 위하여 미리 부채로 설정해 놓은 것

(3) 임대보증금

① 임대계약 체결 시 임대보증금의 수취

(차) [계정명]	xxx	(대) 임대보증금	xxx

[사례] 회사가 보유하고 있는 건물을 월세 조건으로 임대하고 세입자(임차인)로부터 보증금 100,000원을 현금으로 받았다.

(차) 현금	100,000	(대) 임대보증금	100,000

② 임대계약 만료 시 임대보증금의 지급

(차) 임대보증금	xxx	(대) [계정명]	xxx

[사례] 건물 임대계약기간이 만료되어 계약 체결 당시 받았던 보증금 100,000원을 현금으로 반환하였다.

(차) 임대보증금	100,000	(대) 현금	100,000

03 사채

(1) 사채의 정의

사채란 기업이 장기자금을 조달하기 위하여 회사채라는 채무증권을 발행하고, 회사채에서 정해진 바에 따라 만기까지의 기간 동안 표시이자(액면이자)를 지급하고 만기일에 원금(액면금액)을 상환할 것을 약정하는 부채를 말한다.

(2) 사채의 발행유형

사채의 현금흐름을 발행자(채무자) 입장에서 살펴보면, 사채를 발행하는 시점에 발행금액만큼 자금이 유입되고 그 후 만기까지의 기간 동안 액면이자와 액면금액이 유출된다.

사채의 발행금액은 미래 현금흐름인 액면이자와 액면금액을 시장이자율을 사용하여 현재가치로 할인한 금액으로 결정되는데, 여기서 시장이자율이란 일반투자자들이 동 회사채에 투자하는 대신 다른 곳에 투자할 경우 받을 수 있는 이자율을 의미한다.

액면이자율과 시장이자율 간의 관계에 따라 사채는 다음과 같은 유형으로 발행된다.

사채의 발행유형	이자율 간의 관계	비 고
액면발행 (액면금액으로 발행)	액면이자율 = 시장이자율	–
할인발행 (액면금액보다 낮게 발행)	액면이자율 < 시장이자율	액면이자율이 시장에서 주는 이자율(시장이자율)보다 더 낮다면 투자자들이 해당 회사채를 매입하려 하지 않을 것이므로 사채발행회사는 회사채를 액면금액 보다 낮게 할인발행할 수밖에 없음
할증발행 (액면금액보다 높게 발행)	액면이자율 > 시장이자율	액면이자율이 시장에서 주는 이자율(시장이자율)보다 더 높다면 투자자들이 해당 회사채를 적극적으로 매입하려 할 것이므로 사채발행회사는 회사채를 액면금액 보다 높게 할증발행하게 됨

참고 사채의 발행유형 사례

사채의 액면금액이 100,000원, 액면이자율은 10%일 때, 사채의 발행금액은 발행 당시 시장이자율에 따라 다음과 같이 결정된다.

> **[사채발행조건]**
> · 발행일 : 20x1. 1. 1. · 만기 : 20x3. 12. 31.
> · 액면금액 : 100,000원 · 액면이자 : 매년 10,000원(액면이자율 : 연 10%)
> · 이자지급시기 : 매년 12월 31일

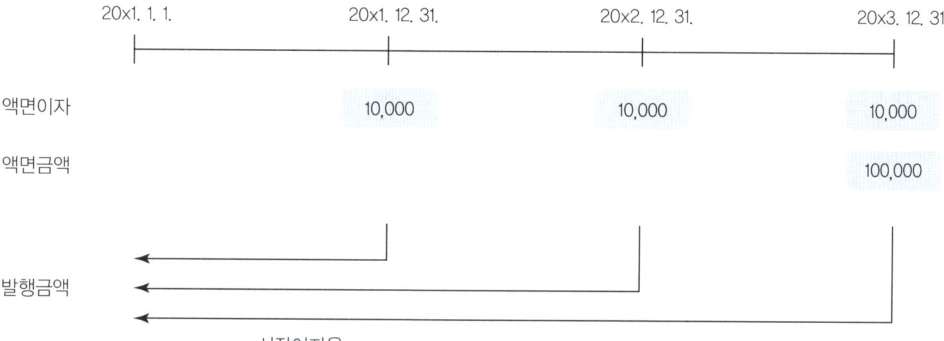

$$\text{(시장이자율이 10\%일 때) 발행금액} = \frac{10,000}{(1+0.1)^1} + \frac{10,000}{(1+0.1)^2} + \frac{10,000}{(1+0.1)^3} + \frac{100,000}{(1+0.1)^3} = 100,000\,\text{(액면발행)}$$

$$\text{(시장이자율이 12\%일 때) 발행금액} = \frac{10,000}{(1+0.12)^1} + \frac{10,000}{(1+0.12)^2} + \frac{10,000}{(1+0.12)^3} + \frac{100,000}{(1+0.12)^3} = 95,196\,\text{(할인발행)}$$

$$\text{(시장이자율이 8\%일 때) 발행금액} = \frac{10,000}{(1+0.08)^1} + \frac{10,000}{(1+0.08)^2} + \frac{10,000}{(1+0.08)^3} + \frac{100,000}{(1+0.08)^3} = 105,154\,\text{(할증발행)}$$

(3) 사채의 발행에 대한 회계처리

사채를 발행하면 사채 계정은 만기에 상환하여야 하는 액면금액으로 회계처리한다. 발행금액과 액면금액과의 차액은 사채의 차감 또는 가산 계정에 해당하는 사채할인발행차금 또는 사채할증발행차금 계정으로 회계처리한다.

· 액면발행

(차) [계정명]	xxx	(대) 사채	xxx

[사례] 액면금액 100,000원의 사채를 100,000원에 액면발행(만기 3년, 액면이자율 10%, 시장이자율 10%)하고 대금은 보통예금 계좌로 송금받았다.

(차) 보통예금	100,000	(대) 사채	100,000[1]

[1]

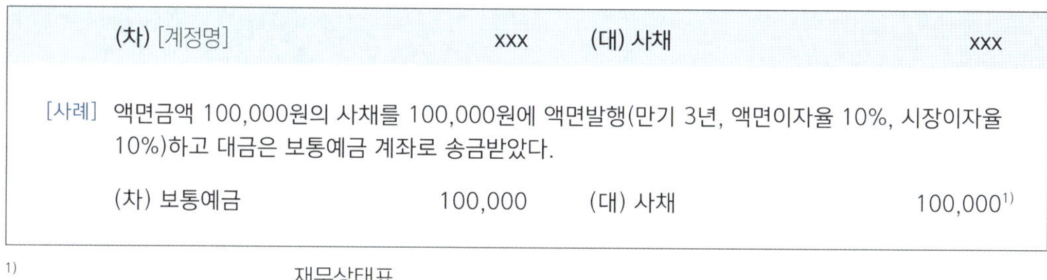

• 할인발행

<table>
<tr><td>(차) [계정명]</td><td>xxx</td><td>(대) 사채</td><td>xxx</td></tr>
<tr><td>　　사채할인발행차금</td><td>xxx</td><td></td><td></td></tr>
</table>

[사례] 액면금액 100,000원의 사채를 95,196원에 할인발행(만기 3년, 액면이자율 10%, 시장이자율 12%)하고 대금은 보통예금 계좌로 송금받았다.

<table>
<tr><td>(차) 보통예금</td><td>95,196</td><td>(대) 사채</td><td>100,000</td></tr>
<tr><td>　　사채할인발행차금</td><td>4,804[2]</td><td></td><td></td></tr>
</table>

[2]

재무상태표

부채

사채	100,000
사채할인발행차금	(4,804)
	95,196

• 할증발행

<table>
<tr><td>(차) [계정명]</td><td>xxx</td><td>(대) 사채</td><td>xxx</td></tr>
<tr><td></td><td></td><td>　　사채할증발행차금</td><td>xxx</td></tr>
</table>

[사례] 액면금액 100,000원의 사채를 105,154원에 할증발행(만기 3년, 액면이자율 10%, 시장이자율 8%)하고 대금은 보통예금 계좌로 송금받았다.

<table>
<tr><td>(차) 보통예금</td><td>105,154</td><td>(대) 사채</td><td>100,000</td></tr>
<tr><td></td><td></td><td>　　사채할증발행차금</td><td>5,154[3]</td></tr>
</table>

[3]

재무상태표

부채

사채	100,000
사채할증발행차금	5,154
	105,154

(4) 사채발행비에 대한 회계처리

사채발행비란 사채발행과 직접 관련된 회사채인쇄비, 사채발행수수료 등의 거래원가를 말한다.

사채발행비는 사채의 발행에 필수적으로 소요되는 지출로서, 사채발행을 통하여 유입되는 **발행금액을 감소**시키는 결과를 가져온다. 따라서 사채가 액면발행되었거나 할인발행된 경우에는 사채발행비만큼 사채할인발행차금을 가산하는 회계처리를 하고, 사채가 할증발행된 경우에는 사채발행비만큼 사채할증발행차금을 차감하는 회계처리를 한다.

사채발행비가 있는 경우

| (차) [계정명] | xxx | (대) 사채 | xxx |
| 사채할인발행차금 | xxx | 사채할증발행차금 | xxx |

[사례] 액면금액 100,000원의 사채를 100,000원에 액면발행(만기 3년, 액면이자율 10%, 시장이자율 10%)하고, 대금은 발행수수료 2,000원을 제외한 잔액을 보통예금 계좌로 송금받았다.

| (차) 보통예금 | 98,000[1] | (대) 사채 | 100,000 |
| 사채할인발행차금 | 2,000 | | |

[사례] 액면금액 100,000원의 사채를 95,196원에 할인발행(만기 3년, 액면이자율 10%, 시장이자율 12%)하고, 대금은 발행수수료 2,000원을 제외한 잔액을 보통예금 계좌로 송금받았다.

| (차) 보통예금 | 93,196[2] | (대) 사채 | 100,000 |
| 사채할인발행차금 | 6,804 | | |

[사례] 액면금액 100,000원의 사채를 105,154원에 할증발행(만기 3년, 액면이자율 10%, 시장이자율 8%)하고, 대금은 발행수수료 2,000원을 제외한 잔액을 보통예금 계좌로 송금받았다.

| (차) 보통예금 | 103,154[3] | (대) 사채 | 100,000 |
| | | 사채할증발행차금 | 3,154 |

---

[1] 100,000 − 2,000 = 98,000원
[2] 95,196 − 2,000 = 93,196원
[3] 105,154 − 2,000 = 103,154원

(5) 유효이자율법

사채를 할인발행 또는 할증발행 하였더라도 만기에는 원금인 액면금액으로 상환하여야 하기 때문에, 사채할인발행차금 또는 사채할증발행차금을 만기일이 될 때까지 일정한 방법으로 상각하여야 하는데, 이때 사용하는 상각방법을 유효이자율법이라고 한다.

[사례]
- 발행일 : 20x1. 1. 1.
- 액면금액 : 100,000원
- 이자지급시기 : 매년 12월 31일
- 만기 : 20x3. 12. 31.
- 액면이자 : 매년 10,000원 (액면이자율 : 연 10%)
- 사채발행비 : 없음
- 사채발행금액 유입, 이자지급, 원금상환 모두 현금이라고 가정
- 사채발행금액
  [Case 1 (할인발행)] 95,196원 (유효이자율 : 연 12%)
  [Case 2 (할증발행)] 105,154원 (유효이자율 : 연 8%)

① 할인발행의 상각

- 상각표

기 간	유효이자(12%) (장부금액 × 유효이자율)	액면이자(10%) (액면금액 × 액면이자율)	상각액[1] (유효이자 – 액면이자)	장부금액 (액면금액 – 할인차금)
20x1. 1. 1.	–	–	–	95,196
20x1. 12. 31.	11,424	10,000	1,424	96,620
20x2. 12. 31.	11,594	10,000	1,594	98,214
20x3. 12. 31.	11,786	10,000	1,786	100,000
합 계	34,804	30,000	4,804	–

[1] 상각액은 매년 1.12(= 1 + 유효이자율 = 1 + 0.12)라는 일정한 비율로 증가한다.

- 회계처리

20x1. 1. 1.	(차) 현금 95,196 사채할인발행차금 4,804	(대) 사채 100,000
20x1. 12. 31.	(차) 이자비용 11,424	(대) 현금 10,000 사채할인발행차금 1,424
20x2. 12. 31.	(차) 이자비용 11,594	(대) 현금 10,000 사채할인발행차금 1,594
20x3. 12. 31.	(차) 이자비용 11,786 (차) 사채 100,000	(대) 현금 10,000 사채할인발행차금 1,786 (대) 현금 100,000

② 할증발행의 상각

• 상각표

기간	유효이자(8%) (장부금액 × 유효이자율)	액면이자(10%) (액면금액 × 액면이자율)	상각액[1] (유효이자 – 액면이자)	장부금액 (액면금액 + 할증차금)
20x1. 1. 1.	–	–	–	105,154
20x1. 12. 31.	8,412	10,000	(–)1,588	103,566
20x2. 12. 31.	8,285	10,000	(–)1,715	101,851
20x3. 12. 31.	8,149	10,000	(–)1,851	100,000
합 계	24,846	30,000	(–)5,154	–

[1] 상각액의 절댓값 크기는 매년 1.08(= 1 + 유효이자율 = 1 + 0.08)이라는 일정한 비율로 증가한다.

• 회계처리

20x1. 1. 1.	(차) 현금	105,154	(대) 사채	100,000
			사채할증발행차금	5,154
20x1. 12. 31.	(차) 이자비용	8,412	(대) 현금	10,000
	사채할증발행차금	1,588		
20x2. 12. 31.	(차) 이자비용	8,285	(대) 현금	10,000
	사채할증발행차금	1,715		
20x3. 12. 31.	(차) 이자비용	8,149	(대) 현금	10,000
	사채할증발행차금	1,851		
	(차) 사채	100,000	(대) 현금	100,000

③ 유효이자율법에 따른 금액 변동 요약

• 유효이자율법의 특성상 매기 상각액의 절댓값 크기는 점점 커진다.

• 이자비용은 할인발행의 경우 '액면이자 + 상각액', 할증발행의 경우 '액면이자 – 상각액'이다.

• 사채의 장부금액, 상각액, 이자비용의 변동

구 분	사채의 장부금액	액면이자	상각액의 증감률	이자비용	비 고
액면발행	일 정	일 정	–	일 정	–
할인발행	증 가	일 정	증 가	증 가	이자비용 = 액면이자(일정) + 상각액(점점 커짐)
할증발행	감 소	일 정	증 가	감 소	이자비용 = 액면이자(일정) – 상각액(점점 커짐)

상기 사례의 [Case 1(할인발행)]에서 20x2. 12. 31. 현재 사채의 장부금액을 신속하게 계산하는 방법은 다음과 같다.

(방법1) 상각액이 매년 '1 + 유효이자율' 비율로 증가한다는 점을 이용

· 1차연도(20x1년) 상각액 = (발행금액 × 유효이자) − 액면이자
　　　　　　　　　　　　 = 95,196 × 0.12 − 10,000 = 1,424원
· 2차연도(20x2년) 상각액 = 1차연도의 상각액 × (1 + 유효이자율)
　　　　　　　　　　　　 = 1,424 × 1.12 = 1,594원
· 2차연도 말(20x2. 12. 31.) 장부금액 = 할인발행금액 + 1차연도 상각액 + 2차연도 상각액
　　　　　　　　　　　　　　　　　 = 95,196 + 1,424 + 1,594 = 98,214원

(방법2) 상각표에서 '전기말 장부금액 + (전기말 장부금액 × 유효이자율) − 액면이자 = 당기말 장부금액' 관계가 성립한다는 점을 이용

· 1차 연도 말(20x1. 12. 31.) 장부금액 = 전기말 장부금액 × (1 + 유효이자율) − 액면이자
　　　　　　　　　　　　　　　　　 = 95,196 × 1.12 − 10,000 = 96,620원 [1)]
· 2차 연도 말(20x2. 12. 31.) 장부금액 = 96,620 × 1.12 − 10,000 = 98,214원
　　　1) 연속해서 계산 가능

(방법3) '장부금액 = 잔여 미래 현금흐름을 유효이자율♦을 사용하여 현재가치로 할인한 금액' 관계가 성립한다는 점을 이용

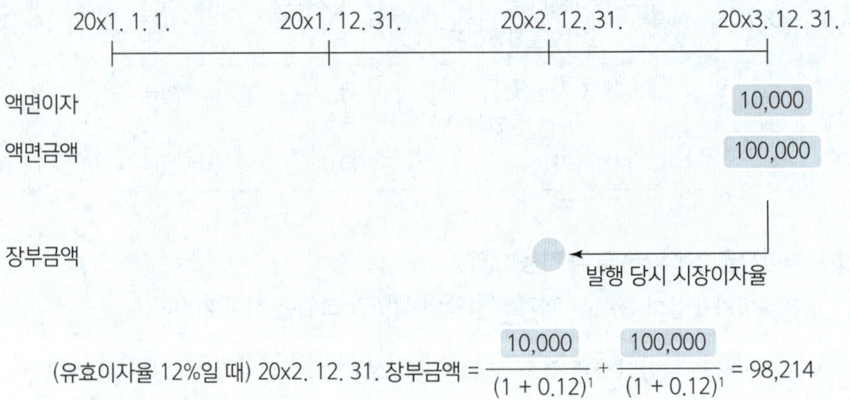

$$(\text{유효이자율 12\%일 때}) \; 20x2. \; 12. \; 31. \; 장부금액 = \frac{10,000}{(1 + 0.12)^1} + \frac{100,000}{(1 + 0.12)^1} = 98,214$$

♦ 용어 알아두기

유효이자율 : 사채의 발행금액과 미래 현금흐름의 현재가치를 일치시켜주는 이자율을 말하며, 이를 실질이자율이라고도 한다. 사채발행비가 없다면 유효이자율은 발행 당시 시장이자율과 일치한다.

(6) 사채의 조기상환

사채를 발행한 회사가 자금에 여력이 생겨서 사채의 만기일이 되기 전에 사채를 상환하는 경우가 있는데, 이를 조기상환이라고 한다.

사채를 만기에 상환하는 경우에는 상환금액과 장부금액이 모두 액면금액과 동일하므로 상환손익이 발생하지 않는 반면, 사채를 조기에 상환하는 경우에는 상환금액[1]과 장부금액[2]이 서로 다르므로 차액만큼 상환손익이 발생한다.

[1] 상환금액 = 상환일 현재 사채의 공정가치
= 잔여 미래 현금흐름을 상환 시점의 시장이자율을 사용하여 현재가치로 할인한 금액

[2] 장부금액 = 액면금액 ± 상환일 현재 사채할인·할증발행차금
= 잔여 미래 현금흐름을 발행 당시의 시장이자율을 사용하여 현재가치로 할인한 금액

상환금액이 상환 전 장부금액보다 크다면 사채상환손실 계정(비용)을, 상환금액이 상환 전 장부금액보다 작다면 사채상환이익 계정(수익)을 인식한다.

상환금액 > 상환 전 장부금액 : 사채상환손실

(차) 사채	xxx	(대) [계정명]	xxx
사채할증발행차금	xxx	사채할인발행차금	xxx
사채상환손실	xxx		

[사례] 장기자금 조달 목적으로 20x1년 초에 할인발행했던 사채(발행금액 95,196원, 액면금액 100,000원, 만기 20x3. 12. 31., 액면이자율 연 10%, 이자지급시기 매년 12월 31일)를 20x3년 1월 1일에 99,000원에 조기상환하고 대금은 현금으로 지급하였다. 상환시점 현재 사채의 액면금액은 100,000원, 사채할인발행차금은 1,786원이었다.

20x3. 1. 1.	(차) 사채	100,000	(대) 사채할인발행차금	1,786
	사채상환손실	786[1]	현금	99,000

---

[1] 상환금액 − 상환 전 장부금액 = 99,000 − (100,000 − 1,786) = 786원(부채를 비싸게 상환하였으므로 상환손실)

상환금액 < 상환 전 장부금액 : 사채상환이익

(차) 사채	xxx	(대) [계정명]	xxx
사채할증발행차금	xxx	사채할인발행차금	xxx
		사채상환이익	xxx

[사례] 장기자금 조달 목적으로 20x1년 초에 할인발행했던 사채(발행금액 95,196원, 액면금액 100,000원, 만기 20x3. 12. 31., 액면이자율 연 10%, 이자지급시기 매년 12월 31일)를 20x3년 1월 1일에 98,000원에 조기상환하고 대금은 현금으로 지급하였다. 상환시점 현재 사채의 액면금액은 100,000원, 사채할인발행차금은 1,786원이었다.

20x3. 1. 1.	(차) 사채	100,000	(대) 사채할인발행차금	1,786
			현금	98,000
			사채상환이익	214[1]

---

[1] 상환금액 − 상환 전 장부금액 = 98,000 − (100,000 − 1,786) = (−)214원(부채를 싸게 상환하였으므로 상환이익)

사채에 관한 다음 설명 중 틀린 것은? (제32회)

① 사채할인발행차금은 사채의 액면금액에서 차감하는 형식으로 표시한다.
② '액면이자율 > 시장이자율'인 경우에는 할인발행된다.
③ 유효이자율법을 적용하여 분개할 때 사채할인발행차금 상각액은 매년 증가한다.
④ 유효이자율법을 적용하여 분개할 때 사채할증발행차금 상각액은 매년 증가한다.

정답 ②

해설
'액면이자율 > 시장이자율'인 경우에는 할증발행된다.

04 충당부채

(1) 충당부채

① 충당부채의 정의

충당부채란 지출시기나 금액이 불확실하지만 부채로 인식할 만한 성격을 지닌 것을 말한다.

② 충당부채의 인식요건

충당부채는 다음의 요건을 모두 충족하는 경우에 인식한다.

- 과거사건이나 거래의 결과로 현재 의무가 존재한다.
- 당해 의무를 이행하기 위하여 자원이 유출될 **가능성**이 매우 높다.
- 그 의무의 이행에 소요되는 금액을 신뢰성 있게 **추정**할 수 있다.

③ 충당부채의 측정

충당부채로 인식하는 금액은 현재의무의 이행에 소요되는 지출에 대한 보고기간 말 현재 최선의 추정치이어야 한다.

충당부채의 금액에 대한 최선의 추정치는 관련된 사건과 상황에 대한 불확실성이 고려되어야 한다.

충당부채의 명목금액과 현재가치의 차이가 중요한 경우에는 의무를 이행하기 위하여 예상되는 지출액의 현재가치로 평가한다.

충당부채는 보고기간 말마다 그 잔액을 검토하고, 보고기간 말 현재 최선의 추정치를 반영하여 증감조정한다.

④ 충당부채의 사용

충당부채는 최초의 인식시점에서 의도한 목적과 용도에만 사용하여야 한다. 다른 목적으로 충당부채를 사용하면 상이한 목적을 가진 두 가지 지출의 영향이 적절하게 표시되지 못하기 때문이다.

⑤ **충당부채의 예**

충당부채에 해당하는 대표적인 계정은 다음과 같다.

> - 퇴직급여충당부채 : 직원이 퇴직할 때 지급해야 할 퇴직급여를 충당하기 위하여 미리 부채로 설정해 놓은 것
> - 제품보증충당부채 : 상품이나 제품을 판매한 후 품질보증기간 동안 발생할 것으로 예상되는 비용을 미리 부채로 설정해 놓은 것

참고 충당금 vs 충당부채

충당금	· 권리의 감소 · 해당 계정(예 대손충당금)을 자산의 차감계정으로 분류
충당부채	· 의무의 증가 · 해당 계정(예 퇴직급여충당부채)을 부채로 분류

기출포인트

대손충당금, 상품평가충당금, 감가상각누계액, 사채할인발행차금, 사채할증발행차금은 충당부채가 아니라, 자산 및 부채 계정과목에 가산 또는 차감하는 형식으로 표시하는 평가계정에 해당한다.

(2) 우발부채

① 우발자산과 우발부채의 정의

우발자산이란 자산의 인식요건은 충족하지 않으나 자원의 유입가능성이 있는 잠재적인 자산을 말한다.

우발부채란 부채의 인식요건은 충족하지 않으나 자원의 유출가능성이 있는 잠재적인 부채를 말한다.

② 우발자산과 우발부채의 처리

우발자산은 자산으로 인식하지 아니하고, 자원의 유입가능성이 매우 높은 경우에만 주석에 기재한다.

우발부채는 부채로 인식하지 아니하나, 자원의 유출가능성이 아주 낮지 않는 한 주석에 기재한다. (보수주의)

(3) 충당부채와 우발부채의 비교

자원의 유출가능성	금액의 추정가능성	
	신뢰성 있게 추정 가능	신뢰성 있게 추정 불가능
가능성이 매우 높음	충당부채로 부채 인식	우발부채로 주석 공시
가능성이 어느 정도 있음	우발부채로 주석 공시	우발부채로 주석 공시
가능성이 거의 없음	공시하지 않음	공시하지 않음

(1) 퇴직급여충당부채의 회계처리

일반기업회계기준에 따르면, 회사는 결산일 현재 전 종업원이 일시에 퇴사한다고 가정했을 때 관련 법규 및 회사 규정에 따라 지급하여야 할 퇴직금 상당액(퇴직금추계액)을 계산하고, 이 금액이 기말 재무상태표상 퇴직급여충당부채 잔액이 되도록 퇴직급여충당부채를 설정한다.

기말 결산 시 퇴직금추계액이 기 설정 퇴직급여충당부채보다 큰 경우에는 부족한 금액만큼 퇴직급여충당부채를 추가로 설정(전입)하여야 하는데, 이때는 대변을 퇴직급여충당부채 계정으로(부채의 증가), 차변을 퇴직급여 계정으로(비용의 증가) 회계처리한다.

기말 결산 시 퇴직금추계액이 기 설정 퇴직급여충당부채보다 작은 경우에는 과다한 금액만큼 퇴직급여충당부채를 환입하여야 하는데, 이때는 차변을 퇴직급여충당부채 계정으로(부채의 감소), 대변을 퇴직급여 계정으로(비용의 감소) 회계처리한다.

실제로 종업원이 퇴사하여 퇴직금을 지급할 때에는, 지급하는 현금 계정과목 등을 대변으로 회계처리한다. 차변에는 설정되어 있던 퇴직급여충당부채 계정을 우선 상계 처리하고 퇴직급여충당부채 잔액이 부족한 부분에 대하여만 비용(퇴직급여 계정)으로 인식한다.

$$\text{퇴직급여충당부채 전입액} = \text{기말 퇴직금추계액} - \text{기 설정 퇴직급여충당부채}$$

퇴직급여충당부채 전입 : 퇴직금추계액 > 기 설정 퇴직급여충당부채

(차) 퇴직급여	xxx	(대) 퇴직급여충당부채	xxx

퇴직급여충당부채 환입 : 퇴직금추계액 < 기 설정 퇴직급여충당부채

(차) 퇴직급여충당부채	xxx	(대) 퇴직급여	xxx

퇴직금 지급

(차) 퇴직급여충당부채	xxx	(대) [계정명]	xxx
퇴직급여	xxx		

[사례] 전기말 전입 : 20x1년 12월 31일 기말 현재 전 종업원이 일시에 퇴사할 경우 지급해야 할 퇴직금은 1,000,000원으로 예상되었다. 설정 전 장부상 퇴직급여충당부채 잔액은 없었다.

20x1. 12. 31.	(차) 퇴직급여	1,000,000	(대) 퇴직급여충당부채	1,000,000

당기중 지급 : 20x2년 9월 15일 종업원 1명이 퇴사함에 따라 퇴직금 200,000원을 현금으로 지급하였다.

20x2. 9. 15.	(차) 퇴직급여충당부채	200,000	(대) 현금	200,000

당기말 전입 : 20x2년 12월 31일 기말 현재 전 종업원이 일시에 퇴사할 경우 지급해야 할 퇴직금은 1,300,000원으로 예상되었다.

20x2. 12. 31.	(차) 퇴직급여	500,000	(대) 퇴직급여충당부채	500,000[1)

[1)] 1,300,000 − (1,000,000 − 200,000) = 500,000원

(2) 퇴직연금제도

퇴직연금이란 종업원의 퇴직금 지급 재원을 안전하게 보장하기 위하여 회사가 외부의 금융기관에 일정금액을 적립하고 퇴직급여 지급을 위탁하는 제도를 말한다. 퇴직연금은 그 성격에 따라 확정급여형과 확정기여형으로 나누어진다.

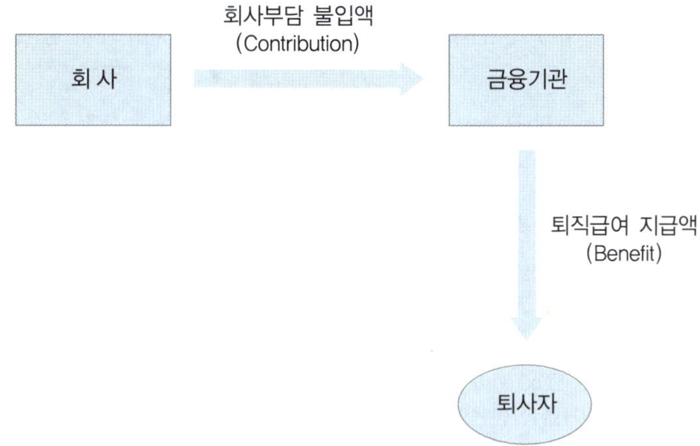

① 확정급여형(Defined Benefit : DB형) 퇴직연금

확정급여형 퇴직연금이란 종업원이 퇴직할 때 지급해야 하는 퇴직급여(Benefit) 금액의 확보에 대하여 회사에 책임이 있는 계약방식을 말하며, 다음과 같은 특징이 있다.

> · 기업의 의무는 지급규정에 따라 정해진 퇴직급여를 종업원에게 지급하는 것이다.
> · 퇴직연금 적립금은 퇴직급여 지급 전까지 회사의 소유이므로, 퇴직연금 적립금의 운용에 관한 위험(책임) 과 효익(권한)은 회사에 귀속된다.

확정급여형 퇴직연금에서는 회사가 연금을 불입하더라도 회사의 퇴직금 지급의무가 소멸되지 않으므로, 회사는 퇴직금추계액을 퇴직급여충당부채 계정(부채)으로, 연금적립금을 퇴직연금운용자산 계정(자산)으로 회계처리하면서 장부에서 계속 관리해 간다.

퇴직연금운용자산 금액이 있으면 동 금액만큼 회사의 퇴직금 지급의무가 감소하므로, 재무상태표를 작성할 때에는 퇴직연금운용자산 계정(자산)을 퇴직급여충당부채 계정에서 차감(부채의 차감)하는 형식으로 표시한다.

회사부담 불입액 납입 시

| (차) 퇴직연금운용자산 | xxx | (대) [계정명] | xxx |
| 수수료비용 | xxx | | |

퇴직연금 적립액의 운용수익 발생

| (차) 퇴직연금운용자산 | xxx | (대) 퇴직연금운용수익 | xxx |
| | | 또는 이자수익 | |

기말 결산 시 퇴직급여충당부채 전입

| (차) 퇴직급여 | xxx | (대) 퇴직급여충당부채 | xxx |

퇴직금 지급

| (차) 퇴직급여충당부채 | xxx | (대) 퇴직연금운용자산 | xxx |
| 퇴직급여 | xxx | [계정명] | xxx |

[사례] 불입액 납입 : 20x1년 7월 1일 회사는 확정급여형(DB형) 퇴직연금에 가입하고 회사부담 불입액 800,000원을 신한은행에 현금으로 납부하였다. 운용수수료 10,000원은 별도로 현금 지급하였다.

| 20x1. 7. 1. | (차) 퇴직연금운용자산 | 800,000 | (대) 현금 | 810,000 |
| | 수수료비용 | 10,000 | | |

운용수익 발생 : 20x1년 9월 30일 신한은행으로부터 확정급여형 퇴직연금의 운용수익 20,000원이 발생하였음을 통보받았다.

| 20x1. 9. 30. | (차) 퇴직연금운용자산 | 20,000 | (대) 퇴직연금운용수익 | 20,000 |
| | | | 또는 이자수익 | |

퇴직급여충당부채 전입 : 20x1년 12월 31일 기말 현재 전 종업원이 일시에 퇴사할 경우 지급해야 할 퇴직금은 1,000,000원으로 예상되었다. 설정 전 장부상 퇴직급여충당부채 잔액은 없었다.

| 20x1. 12. 31. | (차) 퇴직급여 | 1,000,000 | (대) 퇴직급여충당부채 | 1,000,000[1] |

퇴직금 지급 : 20x2년 8월 31일 종업원 2명이 퇴사하였고 회사 규정에 따른 퇴직금이 900,000원인데, 이 중 820,000원은 신한은행에 불입했던 확정급여형 퇴직연금 적립액으로 지급하였고, 나머지는 회사가 현금으로 지급하였다.

| 20x2. 8. 31. | (차) 퇴직급여충당부채 | 900,000 | (대) 퇴직연금운용자산 | 820,000 |
| | | | 현금 | 80,000 |

[1] 20x1. 12. 31. 현재 재무상태표

재무상태표

	부채	
	퇴직급여충당부채	1,000,000
	퇴직연금운용자산	(820,000)
		180,000

② **확정기여형**(Defined Contribution : DC형) **퇴직연금**

확정기여형 퇴직연금이란 금융기관에 납입하는 회사부담 불입액(Contribution) 금액의 확보에 대하여 회사에 책임이 있는 계약방식을 말하며, 다음과 같은 특징이 있다.

> · 기업의 의무는 약정에 따라 정해진 회사부담 불입액을 금융기관에 납입하는 것이다.
> · 퇴직연금 적립금은 종업원의 소유이므로, 퇴직연금 적립금의 운용에 관한 위험(책임)과 효익(권한)은 종업원 개인에게 귀속된다.

확정기여형 퇴직연금에서는 회사가 연금을 불입하면 회사의 퇴직금 지급의무가 소멸되므로, 회사는 납입 시점에 불입한 금액만 퇴직급여 계정(비용)으로 인식하면 되고, 퇴직급여충당부채 계정이나 퇴직연금운용자산 계정에 대하여는 회계처리하지 않는다.

회사부담 불입액 납입 시				
(차) 퇴직급여	xxx	(대) [계정명]		xxx

[사례] 불입액 납입 : 20x1년 7월 1일 회사는 확정기여형(DC형) 퇴직연금에 가입하고 회사부담 불입액 800,000원을 신한은행에 현금으로 납부하였다.

20x1. 7. 1.	(차) 퇴직급여	800,000	(대) 현금	800,000

기출포인트

확정기여형 퇴직연금에 가입하고 회사부담 불입액을 납입한 경우에는 적립금의 운용, 종업원의 퇴직금 수취, 퇴직급여충당부채의 전입에 관하여 회사는 더 이상 회계처리할 필요가 없다.

*기출문제 날짜는 학습효과를 높이기 위해 일부 수정하였으며, ㈜연습산업(코드번호 : 0301) 데이터를 사용하여 연습할 수 있습니다.

01 9월 1일 당사는 ㈜우주상사에 제품을 공급하기로 계약을 맺고, 계약금 11,000,000원을 보통예금 계좌로 이체받았다.

[제41회]

02 9월 30일 9월분 직원급여가 아래와 같을 경우 이에 대한 회계처리를 하시오. 당사의 급여 지급일은 매월 말일이며, 보통예금에서 지급하였다.

[제96회]

[9월 급여대장]

(단위 : 원)

부서	성명	지급내용		공제내용						차감 수령액
		기본급	직책수당	소득세	지방소득세	고용보험	국민연금	건강보험	공제계	
영업	박상민	2,400,000	100,000	41,630	4,160	16,800	94,500	77,200	234,290	2,265,710
영업	차희찬	2,300,000	–	29,160	2,910	16,000	90,000	73,530	211,600	2,088,400
합 계		4,700,000	100,000	70,790	7,070	32,800	184,500	150,730	445,890	4,354,110

03 9월 10일 본사 영업부의 4대보험 및 근로소득세 납부내역은 다음 표와 같다. 회사는 보통예금으로 동 금액을 납부하였다. 국민연금은 세금과공과 계정을 사용하고, 건강보험과 장기요양보험은 복리후생비 계정, 고용보험과 산재보험은 보험료 계정을 사용한다.

[제62회]

구 분	근로소득세	지방소득세	국민연금	건강보험	장기요양보험	고용보험	산재보험
회사 부담분	–	–	50,000원	30,000원	2,000원	850원	1,200원
본인 부담분	100,000원	10,000원	50,000원	30,000원	2,000원	550원	–
계	100,000원	10,000원	100,000원	60,000원	4,000원	1,400원	1,200원

04 9월 4일 영업사원 직무교육에 대한 강사료 3,500,000원을 지급하고 원천징수 하였다. 강사료는 원천징수세액(지방소득세 포함) 115,500원을 차감하고 보통예금 계좌에서 이체하였다.

[제88회]

05 9월 5일 하나은행으로부터 5년 후 상환조건으로 100,000,000원을 차입하고, 보통예금 계좌로 입금받았다.

[제102회]

06 9월 6일 기업은행에서 차입한 단기차입금 100,000,000원의 만기상환일이 도래하여 원금을 상환하고, 동시에 차입금의 이자 300,000원도 함께 보통예금 계좌에서 이체하여 지급하였다.

[제103회]

정답 및 해설

01 9월 1일 (차) 보통예금 11,000,000 / (대) 선수금((주)우주상사) 11,000,000

02 9월 30일 (차) 급여(판관비) 4,800,000 / (대) 예수금 445,890
보통예금 4,354,110

03 9월 10일 (차) 예수금 192,550 / (대) 보통예금 276,600
세금과공과(판관비) 50,000
복리후생비(판관비) 32,000
보험료(판관비) 2,050

04 9월 4일 (차) 교육훈련비(판관비) 3,500,000 / (대) 예수금 115,500
보통예금 3,384,500

05 9월 5일 (차) 보통예금 100,000,000 / (대) 장기차입금(하나은행) 100,000,000

06 9월 6일 (차) 단기차입금(기업은행) 100,000,000 / (대) 보통예금 100,300,000
이자비용 300,000

07 20x3년 기말 현재 한솔은행에 대한 장기차입금 내역은 다음과 같다. 아래 자료를 근거로 결산 시 회계처리를 하시오.

[16년 8월 특별회차]

구 분	금액(원)	상환예정시기	차입일	상환방법
장기차입금	100,000,000	20x4. 8. 31.	20x1. 8. 31.	만기 일시상환
장기차입금	150,000,000	20x5. 8. 31.	20x3. 8. 31.	만기 일시상환
합 계	250,000,000			

08 당기 법인세(지방소득세 포함)는 3,300,000원으로 확정되었다. 기말수정분개를 하시오. (법인세 중간예납액 1,000,000원과 이자수익에 대한 원천징수세액 1,000,000원이 선납세금으로 계상되어 있다)

[제75회]

09 9월 9일 당사는 자금조달을 위하여 액면금액 1,000,000원의 사채를 960,000원에 할인발행하였다. 사채발행대금은 보통예금 계좌로 입금되었고, 사채발행비 20,000원은 현금으로 지급하였다.

[제100회]

10 다음 제시된 자료를 토대로 당초 할인발행한 사채의 이자비용에 대한 기말 회계처리를 하시오.

[제72회]

구 분	금 액	비 고
(올해 귀속) 사채 액면이자	10,000,000원	보통예금으로 이체함(지급일 : 12월 31일)
(올해 귀속) 사채할인발행차금 상각액	1,423,760원	–

11 9월 11일 회사는 영업부서 직원들에 대해 확정급여형 퇴직연금(DB)에 가입하고 있으며, 9월 불입액인 3,000,000원을 보통예금에서 지급하였다.

[제92회]

12 9월 12일 당사는 확정급여형(DB) 퇴직연금을 가입하고 있으며, 가입한 퇴직연금에 대한 이자 200,000원이 퇴직연금 계좌로 입금되었다.

[제79회]

13 9월 13일 영업부 사원에 대해 확정기여형(DC형) 퇴직연금상품을 가입하고, 3,000,000원을 보통예금 계좌에서 이체하였다.

[제72회]

정답 및 해설

07	12월 31일	(차) 장기차입금(한솔은행)	100,000,000	(대) 유동성장기부채(한솔은행)	100,000,000
08	12월 31일	(차) 법인세등	3,300,000	(대) 선납세금	2,000,000
				미지급세금	1,300,000
09	9월 9일	(차) 보통예금	960,000	(대) 사채	1,000,000
		사채할인발행차금	60,000	현금	20,000
10	12월 31일	(차) 이자비용	11,423,760	(대) 보통예금	10,000,000
				사채할인발행차금	1,423,760
11	9월 11일	(차) 퇴직연금운용자산	3,000,000	(대) 보통예금	3,000,000
12	9월 12일	(차) 퇴직연금운용자산	200,000	(대) 이자수익	200,000
13	9월 13일	(차) 퇴직급여(판관비)	3,000,000	(대) 보통예금	3,000,000

*본서에 수록된 기출문제의 날짜는 학습효과를 높이기 위하여 일부 수정함

01 다음 중 부채의 유동성에 따른 분류가 다른 것은? [제83회]

① 선수금   ② 퇴직급여충당부채

③ 사채   ④ 장기차입금

02 다음 사례의 회계처리를 할 경우 대변의 빈칸에 적절한 계정과목은? [제94회]

> 관리부문 직원의 6월 급여 2,500,000원을 지급하면서 원천세 등 공제항목 250,000원을 제외한 나머지 금액 2,250,000원을 보통예금으로 지급하였다.
>
> (차변) 급여   2,500,000원   (대변) (   )   250,000원
>   보통예금   2,250,000원

① 예수금   ② 가수금   ③ 선수금   ④ 미지급금

03 다음의 사채를 20x1년 1월 1일 발행하였다. 사채발행비는 없고 이자는 매년 말에 현금으로 지급한다고 가정할 경우 사채와 관련한 다음 설명 중 잘못된 것은? [제90회]

액면금액	액면이자율	시장이자율	만 기	발행금액
100,000원	8%	10%	3년	95,026원

① 20x1년 결산일 현재 사채 장부금액은 사채 액면금액보다 작다.
② 20x1년 현금으로 지급된 이자는 8,000원이다.
③ 20x3년 말 이자비용 인식 후 사채할인발행차금 잔액은 0원이다.
④ 사채할인발행차금 상각액은 매년 감소한다.

04 사채가 할인발행되고 유효이자율법이 적용되는 경우, 다음 설명 중 틀린 것은? [제48회]

① 사채의 액면이자율이 시장이자율보다 낮다.
② 매기간 인식하는 이자비용은 기간이 지날수록 금액이 작아진다.
③ 사채의 장부금액은 기간이 지날수록 금액이 커진다.
④ 사채발행시점에 발생한 사채발행비는 즉시 비용으로 처리하지 않고, 사채의 만기 동안의 기간에 걸쳐 유효이자율법을 적용하여 비용화한다.

정답 및 해설

01 ① 선수금(유동부채), 퇴직급여충당부채(비유동부채), 사채(비유동부채), 장기차입금(비유동부채)

02 ① 기업이 급여 등을 지급할 때 관련 법규에 따라 소득귀속자의 세금 등을 원천징수하는 경우, 원천징수 금액을 예수금 계정으로 회계처리한다.

03 ④ 사채할인발행차금 상각액은 매년 증가한다.

04 ② 사채가 할인발행되고 유효이자율법이 적용되는 경우, 매기간 인식하는 이자비용은 기간이 지날수록 금액이 커진다.

05 사채와 관련된 다음 설명 중 옳지 않은 것은? [제86회]

① 사채할인발행차금에 대한 상각액은 매년 증가한다.
② 사채할증발행차금에 대한 상각액은 매년 증가한다.
③ 사채가 할인발행되면 매년 인식하는 이자비용은 증가한다
④ 사채가 할증발행되면 매년 인식하는 이자비용은 증가한다.

06 다음 중 충당부채로 인식할 수 있는 요건이 아닌 것은? [제72회]

① 과거사건이나 거래의 결과로 현재 의무가 존재한다.
② 당해 의무를 이행하기 위하여 자원이 유출될 가능성이 매우 높다.
③ 지출의 시기 및 금액을 확실히 추정할 수 있다.
④ 당해 의무의 이행에 소요되는 금액을 신뢰성 있게 추정할 수 있다.

07 다음은 충당부채에 관한 설명이다. 잘못된 것은? [제65회]

① 충당부채로 인식하는 금액은 현재의무의 이행에 소요되는 지출에 대한 보고기간 말 현재 최선의 추정치이어야 한다.
② 충당부채의 명목금액과 현재가치의 차이가 중요한 경우에는 의무를 이행하기 위하여 예상되는 지출액의 현재가치로 평가한다.
③ 충당부채는 보고기간 말마다 그 잔액을 검토하고, 보고기간 말 현재 최선의 추정치를 반영하여 증감 조정한다.
④ 충당부채는 최초의 인식시점에서 의도한 목적과 용도 외에도 사용할 수 있다.

08 다음 중 충당부채, 우발부채 및 우발자산에 대한 설명으로 틀린 것은?

[제92회]

① 우발부채는 부채로 인식하지 않으나 우발자산은 자산으로 인식한다.
② 우발부채는 자원의 유출가능성이 아주 낮지 않은 한, 주석에 기재한다.
③ 충당부채는 자원의 유출가능성이 매우 높으며 부채로 인식한다.
④ 충당부채는 그 의무 이행에 소요되는 금액을 신뢰성 있게 추정할 수 있다.

정답 및 해설

05 ④ ・유효이자율법의 특성상 매기 상각액의 절댓값 크기는 매년 커진다.
  ・할인발행 이자비용 = 액면이자(일정) + 상각액(매년 절댓값 커짐) = 매년 증가
  ・할증발행 이자비용 = 액면이자(일정) − 상각액(매년 절댓값 커짐) = 매년 감소

06 ③ 충당부채란 지출의 시기나 금액이 불확실하지만 부채로 인식할 만한 성격을 지닌 것을 말한다.

07 ④ 충당부채는 최초의 인식시점에서 의도한 목적과 용도에만 사용하여야 한다. 다른 목적으로 충당부채를 사용하면 상이한 목적을 가진 두 가지 지출의 영향이 적절하게 표시되지 못하기 때문이다.

08 ① ・우발부채는 부채로 인식하지 않는다. 자원의 유출가능성이 아주 낮은 경우를 제외하고는 우발부채를 주석에 기재한다.
  ・우발자산은 자산으로 인식하지 않는다. 자원의 유입가능성이 아주 높은 경우에만 우발자산을 주석에 기재한다.

01 자본의 구성

자본이란 자산총액에서 부채총액을 차감한 잔액을 말하며, 이를 순자산, 자기자본, 잔여지분이라고도 한다.

재무상태표를 작성할 때, 법인기업은 자본을 자본금, 자본잉여금, 자본조정, 기타포괄손익누계액, 이익잉여금으로 구분하여 표시한다.

02 자본에 해당하는 계정과목 

(1) 자본금

자본금이란 주주가 납입한 법정자본금을 말한다. 이는 '주당 액면금액[1] × 발행주식수'로 계산한 금액이다.

[1] 주당 발행금액 아님

계정과목	내 용
(보통주) 자본금[2]	기업이 발행한 보통주 주식의 액면금액
우선주 자본금	기업이 발행한 우선주 주식의 액면금액 참고 우선주는 배당을 받을 때 우선권이 있으나 주주총회에서 의결권이 없다는 점에서 보통주와 차이가 있음

[2] 회사가 단일 종류의 주식만 발행한 경우에는 특별히 보통주라는 명칭을 붙이지 않아도 됨

(2) 자본잉여금

자본잉여금이란 증자나 감자 등 주주와의 자본거래에서 발생하여 자본을 증가시키는 잉여금을 말한다.

계정과목	내 용
주식발행초과금	주식을 발행할 때 발행금액이 액면금액보다 큰 경우 그 차액
감자차익	자본금을 감소시킬 때 감자대가가 액면금액보다 작은 경우 그 차액
자기주식처분이익	자기주식을 처분할 때 처분금액이 처분 전 장부금액보다 큰 경우 그 차액

(3) 자본조정

자본조정이란 당해 항목의 성격상 자본거래에 해당하나 최종 납입된 자본으로 볼 수 없는 것, 또는 자본 총액에 대한 가산·차감 성격이 있으나 자본금·자본잉여금으로 분류할 수 없는 것을 말한다.

계정과목	내 용
주식할인발행차금	주식을 발행할 때 발행금액이 액면금액보다 작은 경우 그 차액
감자차손	자본금을 감소시킬 때 감자대가가 액면금액보다 큰 경우 그 차액
자기주식	회사가 이미 발행한 자기 회사의 주식을 다시 매입하여 보유하고 있는 것
자기주식처분손실	자기주식을 처분할 때 처분금액이 처분 전 장부금액보다 작은 경우 그 차액
미교부주식배당금	배당결의일 현재 미교부된 주식배당액

(4) 기타포괄손익누계액

기타포괄손익누계액이란 당기 수익·비용으로 분류할 수 없는 잠재적인 손익항목(기타포괄손익)에 대한 누적액을 말한다.

계정과목	내 용
매도가능증권 평가이익(손실)	매도가능증권을 기말에 공정가치로 평가할 때 기말 공정가치가 평가 전 장부금액보다 큰 (작은) 경우 그 차액

(5) 이익잉여금

이익잉여금이란 매기 손익거래에서 벌어들인 이익(손익계산서상 당기순이익) 중 사외유출(배당) 되지 않고 사내에 유보되어 온 금액을 말한다.

계정과목	내 용
이익준비금	상법 규정에 따라 자본금의 1/2에 달할 때까지 금전에 의한 이익배당액의 1/10 이상의 금액을 적립한 금액 참고 법령에 따라 적립이 강제되므로 이를 법정적립금이라고도 함
임의적립금	회사의 정관이나 주주총회의 결의에 따라 임의로 적립한 금액 예 사업확장적립금(사업확장을 위하여 적립), 감채기금적립금(부채 상환을 위하여 적립)
미처분이익잉여금[1]	매기 발생한 손익계산서상 당기순이익 중에서 배당이나 적립금으로 처분되지 않고 남아 있는 금액 참고 당기순손실이 발생하여 금액이 마이너스(−)인 경우 : 미처리결손금[2]

[1] KcLep 프로그램에서는 '미처분이익잉여금' 대신 '이월이익잉여금' 계정과목을 사용한다.

[2] KcLep 프로그램에서는 '미처리결손금' 대신 '이월결손금' 계정과목을 사용한다.

일반기업회계기준상 자본은 '자본금, 자본잉여금, 자본조정, 기타포괄손익누계액, 이익잉여금(또는 결손금)'으로 분류되는데, 다음 중 나머지 셋과 다르게 분류되는 것은? 제39회

① 주식발행초과금　　　　② 자기주식처분이익
③ 이익준비금　　　　　　④ 감자차익

정답 ③

해설
주식발행초과금(자본잉여금), 자기주식처분이익(자본잉여금), 이익준비금(이익잉여금), 감자차익(자본잉여금)

03 주식의 발행 (유상증자)

회사는 법인 설립 때 신고했던 발행가능주식수(수권주식수)의 범위 내에서 주식을 발행할 수 있다.

주식을 발행하면 자본금이 증가하므로, 주식의 발행을 증자라고 한다.

일반적으로 주식을 발행하면 발행금액만큼 자산이 증가하거나 부채가 감소하므로 순자산이 증가하는데, 순자산의 증가를 수반하는 주식의 발행을 유상증자라고 한다.

(1) 주식의 발행유형

주식의 발행유형은 발행금액과 액면금액 간의 관계에 따라 액면발행, 할증발행, 할인발행으로 구분할 수 있다.

주식의 발행유형	발행금액과 액면금액 간의 관계	비 고
액면발행	발행금액 = 액면금액	–
할증발행	발행금액 > 액면금액	발행금액과 액면금액의 차액 : 주식발행초과금(자본잉여금)
할인발행	발행금액 < 액면금액	발행금액과 액면금액의 차액 : 주식할인발행차금(자본조정)

① 액면발행

(차) [계정명]	xxx	(대) 자본금	xxx

[사례] 주당 액면금액이 1,000원인 주식 100주를 주당 1,000원으로 발행하고 대금은 보통예금 계좌로 송금받았다.

(차) 보통예금	100,000	(대) 자본금	100,000

② 할증발행

(차) [계정명]	xxx	(대) 자본금	xxx
		주식발행초과금	xxx

[사례] 주당 액면금액이 1,000원인 주식 100주를 주당 1,200원으로 발행하고 대금은 보통예금 계좌로 송금받았다.

(차) 보통예금	120,000	(대) 자본금	100,000
		주식발행초과금	20,000

③ 할인발행

(차) [계정명]	xxx	(대) 자본금	xxx
주식할인발행차금	xxx		

[사례] 주당 액면금액이 1,000원인 주식 100주를 주당 900원에 발행하고, 대금은 보통예금 계좌로 송금받았다.

(차) 보통예금	90,000	(대) 자본금	100,000
주식할인발행차금	10,000		

(2) 신주발행비

신주발행비란 주식발행과 직접 관련된 법률비용, 주주모집을 위한 광고비, 주권인쇄비, 증권회사수수료 등의 거래원가를 말한다.

신주발행비는 주식의 발행에 필수적으로 소요되는 지출로서, 주식발행을 통하여 유입되는 발행금액을 감소시키는 결과를 가져온다. 따라서 주식이 할증발행된 경우에는 신주발행비만큼 주식발행초과금을 차감하는 회계처리를 하고, 주식이 액면발행되었거나 할인발행된 경우에는 신주발행비만큼 주식할인발행차금을 가산하는 회계처리를 한다.

신주발행비가 있는 경우				
(차) [계정명]	xxx	(대) 자본금		xxx
주식할인발행차금	xxx	주식발행초과금		xxx

[사례] 주당 액면금액이 1,000원인 주식 100주를 주당 1,000원에 발행하고 대금은 발행수수료 2,000원을 제외한 잔액을 보통예금 계좌로 송금받았다.

(차) 보통예금	98,000[1]	(대) 자본금	100,000
주식할인발행차금	2,000		

[사례] 주당 액면금액이 1,000원인 주식 100주를 주당 1,200원에 발행하고 대금은 발행수수료 2,000원을 제외한 잔액을 보통예금 계좌로 송금받았다.

(차) 보통예금	118,000[2]	(대) 자본금	100,000
		주식발행초과금	18,000

[사례] 주당 액면금액이 1,000원인 주식 100주를 주당 900원에 발행하고 대금은 발행수수료 2,000원을 제외한 잔액을 보통예금 계좌로 송금받았다.

(차) 보통예금	88,000[3]	(대) 자본금	100,000
주식할인발행차금	12,000		

[1] 100,000 − 2,000 = 98,000원
[2] 120,000 − 2,000 = 118,000원
[3] 90,000 − 2,000 = 88,000원

(3) 현물출자

현물출자란 주식발행 대가를 금전 이외의 현물(유형자산 등)로 납입받는 것을 말한다.

현물출자에 의하여 취득한 유형자산은 그 자산의 공정가치를 취득원가로 하며, 기업이 발행하는 주식은 취득한 현물의 공정가치를 발행금액으로 한다.

(차) 해당 유형자산계정	xxx	(대) 자본금	xxx
		주식발행초과금	xxx

[사례] 주식 10주(주당 액면가액 5,000원)를 발행하고 공정가치 80,000원인 토지를 현물출자 받았다.

(차) 토지	80,000	(대) 자본금	50,000
		주식발행초과금	30,000

(4) 출자전환

출자전환이란 주식발행의 대가로 자산의 증가가 아니라 부채의 감소가 발생하는 것을 말한다.

(차) 해당 부채계정	xxx	(대) 자본금	xxx
		주식발행초과금	xxx

[사례] A사에 대한 단기차입금 60,000원이 주식으로 출자전환됨에 따라, 회사는 주식 10주(주당 액면금액 5,000원, 주당 공정가치 6,000원)를 발행하여 A사에 교부하였다.

(차) 단기차입금	60,000	(대) 자본금	50,000
		주식발행초과금	10,000

04 주식의 소각 (유상감자)

주식의 소각이란 주주에게 현금 등을 지급하여 회사의 주식을 사들인 후 소각함으로써 자본금을 감소시키는 것을 말한다.

주식을 소각하면 자본금이 감소하므로, 주식의 소각을 감자라고 한다.

일반적으로 주식을 소각하면 소각금액만큼 자산이 감소하므로 순자산이 감소하는데, 순자산의 감소를 수반하는 주식의 소각을 유상감자라고 한다.

주식을 소각할 때, 감자대가(지급한 금액)가 액면금액보다 작은 경우에는 그 차액을 감자차익 계정(자본잉여금)으로, 감자대가가 액면금액보다 큰 경우에는 그 차액을 감자차손 계정(자본조정)으로 회계처리한다.

감자대가 < 액면금액 : 감자차익 (자본잉여금)

(차) 자본금	xxx	(대) [계정명]	xxx
		감자차익	xxx

[사례] 주당 액면금액이 1,000원인 주식 100주를 주당 700원에 현금으로 매입하여 소각하였다.

(차) 자본금	100,000	(대) 현금	70,000
		감자차익	30,000

감자대가 > 액면금액 : 감자차손 (자본조정)

(차) 자본금	xxx	(대) [계정명]	xxx
감자차손	xxx		

[사례] 주당 액면금액이 1,000원인 주식 100주를 주당 1,100원에 현금으로 매입하여 소각하였다.

(차) 자본금	100,000	(대) 현금	110,000
감자차손	10,000		

회사가 이미 발행한 자기 회사의 주식을 다시 매입하여 보유하고 있는 것을 말한다.

회사는 보유하고 있는 자기주식을 외부로 '처분'할 수도 있고 '소각'할 수도 있다.

(1) 자기주식의 취득

자기주식을 취득(매입)하면, 취득 시 지불하는 금액을 취득원가로 하여 자기주식 계정(자본조정)으로 회계처리한다.

(차) 자기주식	xxx	(대) [계정명]	xxx
[사례] 자기주식 100주를 주당 1,200원에 현금으로 취득하였다. (주당 액면금액 1,000원)			
(차) 자기주식	120,000	(대) 현금	120,000

(2) 자기주식의 처분

자기주식을 처분할 때, 처분금액이 처분 전 장부금액(= 취득원가)보다 큰 경우에는 그 차액을 자기주식처분이익 계정(자본잉여금)으로, 처분금액이 처분 전 장부금액보다 작은 경우에는 그 차액을 자기주식처분손실 계정(자본조정)으로 회계처리한다.

처분금액 > 처분 전 장부금액(= 취득원가) : 자기주식처분이익 (자본잉여금)			
(차) [계정명]	xxx	(대) 자기주식	xxx
		자기주식처분이익	xxx
[사례] 주당 1,200원에 취득했던 자기주식 100주를 주당 1,300원에 현금으로 처분하였다. (주당 액면금액 1,000원)			
(차) 현금	130,000	(대) 자기주식	120,000
		자기주식처분이익	10,000

처분금액 < 처분 전 장부금액(= 취득원가) : 자기주식처분손실 (자본조정)			
(차) [계정명]	xxx	(대) 자기주식	xxx
자기주식처분손실	xxx		
[사례] 주당 1,200원에 취득했던 자기주식 100주를 주당 1,100원에 현금으로 처분하였다. (주당 액면금액 1,000원)			
(차) 현금	110,000	(대) 자기주식	120,000
자기주식처분손실	10,000		

(3) 자기주식의 소각

자기주식을 소각하면 자본금이 감소하므로, 자기주식의 소각도 주식의 소각에 준하여 회계처리하면 된다.

자기주식을 소각할 때, 감자대가(= 자기주식의 장부금액 = 자기주식의 취득원가)가 액면금액보다 작은 경우에는 그 차액을 감자차익 계정(자본잉여금)으로, 감자대가가 액면금액보다 큰 경우에는 감자차손 계정(자본조정)으로 회계처리한다.

감자대가(= 자기주식의 장부금액 = 자기주식의 취득원가) < 액면금액 : 감자차익 (자본잉여금)

(차) 자본금	xxx	(대) 자기주식	xxx
		감자차익	xxx

[사례] 주당 700원에 취득했던 자기주식 100주를 소각하였다. (주당 액면금액 1,000원)

(차) 자본금	100,000	(대) 자기주식	70,000
		감자차익	30,000

감자대가(= 자기주식의 장부금액 = 자기주식의 취득원가) > 액면금액 : 감자차손 (자본조정)

(차) 자본금	xxx	(대) 자기주식	xxx
감자차손	xxx		

[사례] 주당 1,200원에 취득했던 자기주식 100주를 소각하였다. (주당 액면금액 1,000원)

(차) 자본금	100,000	(대) 자기주식	120,000
감자차손	20,000		

참고 주식의 소각 vs 자기주식의 소각

주식의 소각	・회사가 이미 발행한 자기 회사의 주식을 매입하여 즉시 소각 ・소각 시점의 회계처리에서 감자대가 금액을 기록하는 대변 계정과목 : 현금, 보통예금 등
자기주식의 소각	・회사가 이미 발행한 자기 회사의 주식을 매입하여 일정 기간 보유한 다음 소각 ・소각 시점의 회계처리에서 감자대가 금액을 기록하는 대변 계정과목 : 자기주식

(1) 주식발행초과금과 주식할인발행차금의 상계

장부에 자본 항목인 주식발행초과금(주식할인발행차금) 계정이 먼저 계상되어 있으면, 주식의 발행을 회계처리할 때 이를 우선 상계하고 초과분에 대하여만 주식할인발행차금(주식발행초과금) 계정을 인식한다.

> [사례] 주당 액면금액이 1,000원인 주식 100주를 주당 700원에 발행하고 대금은 보통예금 계좌로 송금받았다. (주식발행 당시 장부에는 주식발행초과금 10,000원이 계상되어 있음)
>
> | (차) 보통예금 | 70,000 | (대) 자본금 | 100,000 |
> |---|---|---|---|
> | 주식발행초과금 | 10,000 | | |
> | 주식할인발행차금 | 20,000 | | |

(2) 감자차익과 감자차손의 상계

장부에 자본 항목인 감자차익(감자차손) 계정이 먼저 계상되어 있으면, 주식의 소각을 회계처리할 때 이를 우선 상계하고 초과분에 대하여만 감자차손(감자차익) 계정을 인식한다.

> [사례] 주당 액면금액이 1,000원인 주식 100주를 주당 1,300원에 현금으로 매입하여 소각하였다. (주식소각 당시 장부에는 감자차익 10,000원이 계상되어 있음)
>
> | (차) 자본금 | 100,000 | (대) 현금 | 130,000 |
> |---|---|---|---|
> | 감자차익 | 10,000 | | |
> | 감자차손 | 20,000 | | |

(3) 자기주식처분이익과 자기주식처분손실의 상계

장부에 자본 항목인 자기주식처분이익(자기주식처분손실) 계정이 먼저 계상되어 있으면, 자기주식의 처분을 회계처리할 때 이를 우선 상계하고 초과분에 대하여만 자기주식처분손실(자기주식처분이익) 계정을 인식한다.

> [사례] 주당 1,400원에 취득했던 자기주식 100주(주당 액면금액 1,000원)를 주당 1,100원에 현금으로 처분하였다. (자기주식처분 당시 장부에는 자기주식처분이익 10,000원이 계상되어 있음)
>
> | (차) 현금 | 110,000 | (대) 자기주식 | 140,000 |
> |---|---|---|---|
> | 자기주식처분이익 | 10,000 | | |
> | 자기주식처분손실 | 20,000 | | |

07 이익잉여금의 처분

회계연도가 종료되고 나면 3개월 내에 정기주주총회가 개최되어 재무제표가 승인되고, 이익잉여금이 주주총회의 결의에 따라 배당이나 적립금으로 처분된다.

여기서 주의할 점은, 이익잉여금 처분에 대한 회계처리는 해당 회계연도가 종료된 이후 실제로 처분이 결의되는 시점에 이루어지므로, **당기말 재무상태표상 미처분이익잉여금**은 당기 회계연도에 대한 이익잉여금 **처분 내용이 반영되기 전 금액**이라는 점이다.

(1) 현금배당

현금배당이란 회사가 창출한 이익을 주주들에게 금전으로 배분하는 것을 말한다.

배당결의일♀에 현금배당이 결의되면 회사는 자본 항목인 미처분이익잉여금 계정을 부채 항목인 미지급배당금 계정으로 대체하는 회계처리를 하고, 배당지급일♀에 현금배당을 이행하는 회계처리를 한다.

미지급배당금 계정은 배당결의일과 배당지급일 사이에 한시적으로 장부에 기록되는 계정과목이라고 할 수 있다.

상법 규정에 따르면, 회사는 자본금의 1/2에 달할 때까지 현금배당액의 1/10 이상을 이익준비금으로 적립하여야 한다. 따라서, 실무나 시험에서 현금배당 결의에 대한 회계처리를 할 때에는 이익준비금의 적립 여부를 반드시 확인하여야 한다.

배당결의일			
(차) 이월이익잉여금	xxx	(대) 이익준비금	xxx
		미지급배당금	xxx
배당지급일			
(차) 미지급배당금	xxx	(대) [계정명]	xxx

[사례] 배당결의일
20x2. 3. 15. 정기주주총회가 개최되어 20x1년 회계연도(1월 1일~12월 31일)의 재무제표를 승인하고, 20x1년 재무상태표상 미처분이익잉여금에 대하여 다음과 같이 처분하기로 결의하였다.

· 현금배당	100,000원	· 이익준비금 적립	10,000원

20x2. 3. 15.	(차) 이월이익잉여금	110,000	(대) 이익준비금	10,000
			미지급배당금	100,000

[사례] 배당지급일
20x2. 4. 10. 배당 결의 내용에 따라 배당금 100,000원을 보통예금 계좌에서 이체하여 지급하였다.

20x2. 4. 10.	(차) 미지급배당금	100,000	(대) 보통예금	100,000

♀ 용어 알아두기

· 배당기준일 : 배당을 받을 권리가 있는 주주들이 결정되는 날(예 20x1. 12. 31.)을 말하며, 배당기준일에는 배당에 관하여 아무런 회계처리를 하지 않음
· 배당결의일 : 회계기간이 종료된 이후 이익잉여금을 배당으로 처분하도록 주주총회에서 결의한 날(예 20x2. 3. 15.)
· 배당지급일 : 주주총회에서 배당으로 결의된 금액을 실제 지급하는 날(예 20x2. 4. 10.)

(2) 주식배당

주식배당이란 회사가 창출한 이익에 대한 배당 명목으로 주주들에게 주식을 발행하여 교부하는 것을 말한다.

장부상 이익이 발생했지만 신규 투자 등의 이유로 자금이 부족한 회사의 경우, 주식배당을 하면 배당금 지급에 따른 자금의 유출 없이도 배당을 한 것과 동일한 효과를 낼 수 있다는 장점이 있다.

① 주식배당의 회계처리

배당결의일에 주식배당이 결의되면 회사는 자본 항목인 미처분이익잉여금 계정을 자본 항목인 미교부주식배당금 계정(자본조정)으로 대체하는 회계처리를 한다.

주식배당을 할 때에는 주식의 액면금액[1]을 발행금액으로 하므로, 배당지급일의 회계처리에서는 미교부주식배당금 계정을 전액 자본금 계정으로 대체한다.

[1] 주식의 공정가치 아님

미교부주식배당금 계정은 배당결의일과 배당지급일 사이에 한시적으로 장부에 기록되는 계정과목이라고 할 수 있다.

상법 규정에 따른 이익준비금의 적립 규정은 금전에 의한 배당을 대상으로 하므로, 주식배당에는 적용되지 않는다.

	배당결의일			
(차) 이월이익잉여금	xxx	(대) 미교부주식배당금	xxx
	배당지급일			
(차) 미교부주식배당금	xxx	(대) 자본금	xxx

[사례] 배당결의일

20x2. 3. 15. 정기주주총회가 개최되어 20x1년 회계연도(1월 1일~12월 31일)의 재무제표를 승인하고, 20x1년 재무상태표상 미처분이익잉여금 200,000원에 대하여 주식배당하기로 결의하였다.

20x2. 3. 15.	(차) 이월이익잉여금	200,000	(대) 미교부주식배당금	200,000

[사례] 배당지급일

20x2. 4. 10. 배당 결의 내용에 따라 200,000원의 주식을 발행하여 배당 명목으로 교부하였다.

20x2. 4. 10.	(차) 미교부주식배당금	200,000	(대) 자본금	200,000

② 주식배당의 특징

- 주식배당을 하면 주식배당금액만큼 미처분이익잉여금 계정이 감소하고 자본금 계정이 증가하기 때문에, 회사 입장에서 자금 유출 또는 순자산 감소가 발생하지 않는다.
- 주식배당을 하면 주식이 발행되므로 주식수는 증가하나, 회사의 자본 총액은 변하지 않는다.
- 주식배당을 받으면 보유하게 되는 주식의 수는 증가하나 주당 가치가 동시에 감소하기 때문에, 주식배당을 받은 주주 입장에서 보유 주식의 재산가치 총액은 변하지 않는다. 따라서, 주식배당을 받더라도 별도의 회계처리는 하지 않고, 주식수에 대한 비망기록만 하면 된다.

(3) 임의적립

임의적립이란 회사가 필요에 의하여 이익잉여금을 별도 목적의 적립금으로 대체하여 사내에 유보해 두는 것을 말한다.

배당결의일에 임의적립이 결의되면 회사는 자본 항목인 미처분이익잉여금 계정을 자본 항목인 해당 임의적립금 계정(예 사업확장적립금, 감채기금적립금)으로 대체하는 회계처리를 한다.

배당결의일

(차) 이월이익잉여금   xxx   (대) 해당 임의적립금 계정   xxx

[사례] 배당결의일

20x2. 3. 15. 정기주주총회가 개최되어 20x1년 회계연도(1월 1일~12월 31일)의 재무제표를 승인하고, 20x1년 재무상태표상 미처분이익잉여금 150,000원에 대하여 사업확장적립금으로 적립해 두기로 결의하였다.

20x2. 3. 15.   (차) 이월이익잉여금   150,000   (대) 사업확장적립금   150,000

(4) 이익잉여금처분계산서의 작성

이익잉여금처분계산서[1]란 기업의 미처분이익잉여금에 관하여 일정 시점 현재 크기와 일정 기간 동안의 변동 내역을 나타내는 보고서를 말한다.

[1] 미처리결손금인 경우에는 결손금처리계산서라고 함

이익잉여금처분계산서에는 당기 회계연도에 대한 이익잉여금 처분 내용이 기재되지만, 재무상태표일 시점에서 동 처분 내용은 미발생사건일 뿐이므로, 기말 재무상태표상 미처분이익잉여금 계정은 처분 내용이 반영되기 전 금액으로 기재된다.

[사례] 결산일이 12월 31일인 법인기업 A사의 다음 자료를 보고, 20x2년 회계연도의 이익잉여금처분계산서(처분예정일 : 20x3년 2월 25일)를 작성하여 보자.

> · 20x1년 기말 재무상태표상 미처분이익잉여금 : 500,000원
> · 20x1년 이익잉여금처분계산서상 이익잉여금 처분 : 220,000원(= 현금배당 200,000원 + 이익준비금 20,000원)
> · 20x2년 수정전시산표상 미처분이익잉여금 : 280,000원
> · 20x2년 손익계산서상 당기순이익 : 650,000원
> · 20x2년 이익잉여금처분계산서상 이익잉여금 처분 : 630,000원(= 현금배당 300,000원 + 이익준비금 30,000원 + 주식배당 100,000원 + 사업확장적립금 200,000원)

[풀이]

이익잉여금처분계산서

20x2년 1월 1일~20x2년 12월 31일

처분예정일 : 20x3년 2월 25일

A사   (단위 : 원)

	Ⅰ. 미처분이익잉여금		930,000[1]
	전기이월미처분이익잉여금	280,000[2]	
	중간배당[3]	0	
	당기순이익	650,000	
(+)	Ⅱ. 임의적립금 이입액		0
	임의적립금의 이입[4]	0	
(−)	Ⅲ. 이익잉여금 처분액		630,000
	이익준비금의 적립	30,000	
	현금배당	300,000	
	주식배당	100,000	
	사업확장적립금의 적립	200,000	
(=)	Ⅳ. 차기이월미처분이익잉여금		300,000

[1] 20x2년 기말 재무상태표상 미처분이익잉여금 = 930,000원

[2] 20x1년 기말 재무상태표상 미처분이익잉여금 − 20x1년 이익잉여금처분계산서상 이익잉여금 처분
= 500,000 − 220,000 = 280,000원

[3] 중간배당이란 기중의 영업실적을 감안하여 결산일이 되기 전에(= 회계연도 중에) 실시하는 배당을 말한다. 상법 규정에 따르면 중간배당은 정관에 정함이 있어야 하고 연 1회에 한하여 이사회의 승인을 거쳐 진행할 수 있다.

[4] 임의적립금의 이입이란 과거에 적립해 두었던 임의적립금을 다시 미처분이익잉여금으로 환원시키는 것을 말한다.

(1) 자본잉여금 등의 자본전입 (무상증자)

자본전입이란 자본잉여금이나 이익준비금을 자본금으로 대체하고 증가된 자본금만큼 액면금액을 발행금액으로 하여 주식을 발행하는 것을 말한다.

자본전입을 하면 자본잉여금 또는 이익준비금 계정이 감소하고 자본금 계정이 증가하기 때문에, 회사 입장에서 자금 유입 또는 순자산 증가가 발생하지 않는다.

자본전입 거래에서는 주식이 발행되지만 순자산의 증가가 나타나지 않으므로, 자본전입을 무상증자라고 한다.

① 무상증자의 회계처리

(차) 해당 자본잉여금 계정 또는 이익준비금	xxx	(대) 자본금	xxx

[사례] 20x2. 3. 15. 이익준비금 200,000원을 자본전입하기로 주주총회에서 결의하고, 주식 1,000주(주당 액면금액 200원)를 발행하였다.

20x2. 3. 15. (차) 이익준비금	200,000	(대) 자본금	200,000

② 무상증자의 특징

- 유상증자와의 차이점 : 자금유입 또는 순자산 증가가 발생하지 않으므로 자본 총액이 변하지 않는다.
- 주식배당과의 차이점 : 주식배당은 미처분이익잉여금을 재원으로 하나, 무상증자는 이익준비금 또는 자본잉여금 계정을 재원으로 한다.

(2) 결손금 보전에 따른 자본금 감소 (무상감자)

결손금 보전이란 회사의 결손금이 누적된 경우 이를 감소시키기 위하여 감자대가의 지급 없이 주식을 회수하여 소각시키는 것을 말한다.

결손금 보전을 하면 미처리결손금 계정이 감소하고 자본금 계정이 감소하기 때문에, 회사 입장에서 자금 유출 또는 순자산 감소가 발생하지 않는다.

결손금 보전 거래에서는 주식이 소각되지만 순자산의 감소가 나타나지 않으므로, 결손금 보전을 무상감자라고 한다.

① 무상감자의 회계처리

(차) 자본금	xxx	(대) 이월결손금	xxx

[사례] 20x2. 3. 15. 정기주주총회가 개최되어 20x1년 회계연도(1월 1일~12월 31일)의 재무제표를 승인하고, 20x1년 재무상태표상 미처리결손금 100,000원을 보전하기 위하여 주식 1,000주(주당 액면금액 200원)을 500주로 무상감자하기로 결의하였다.

20x2. 3. 15. (차) 자본금	100,000	(대) 이월결손금	100,000

② 무상감자의 특징

유상감자와의 차이점 : 자금유출 또는 순자산 감소가 발생하지 않으므로 자본 총액이 변하지 않는다.

 주주들로부터 주식을 회수하여 무상감자를 수행하는 방법

> · 주식수는 그대로 두고 주당 액면금액을 감소시키는 방법
>   예 1,000주(주당 액면금액 200원) → 1,000주(주당 액면금액 100원)
>
> · 주당 액면금액은 그대로 두고 주식수를 감소시키는 방법
>   예 1,000주(주당 액면금액 200원) → 500주(주당 액면금액 200원)

(3) 주식분할

주식분할이란 주식의 한 주당 가격이 너무 높은 경우 주식시장에서 매매가 잘 안 되는 어려움을 해소하기 위하여 발행한 주식의 액면금액을 일제히 나누는 것을 말한다.

주식분할을 하면 주식의 수는 증가하나 주당 액면금액이 감소하기 때문에, 회사 입장에서 자본금 계정과 자본 총액은 변하지 않는다.

주식분할에서는 계정과목의 증감변화가 나타나지 않기 때문에, 주식분할을 하더라도 회사는 별도의 회계처리는 하지 않고, 주식수에 대한 비망기록만 하면 된다.

[사례] 당사 주식의 거래 편의성을 높이기 위하여 다음과 같이 주식분할하기로 주주총회에서 결의하였다. 회사의 회계처리는?

구 분	주식분할 전	주식분할 후
주당 공정가치	200,000원	100,000원
주당 액면금액	100,000원	50,000원
주식수	100주	200주
자본금 계정 금액	10,000,000원	10,000,000원

[풀이] 회사는 별도의 회계처리는 하지 않고, 주식수에 대한 비망기록만 하면 된다.

09 법인기업에서 재무상태표와 손익계산서의 관계

재무상태표의 기초 자본
+ 유상증자[1] − 현금배당[2] ± 그 외 순자산 변동을 가져오는 주주와의 자본거래[3]
+ 손익계산서의 당기순이익 ± 기타포괄손익누계액의 증가·감소[4]
= 재무상태표의 기말 자본

[1] 순자산 변동이 없는 무상증자는 제외

[2] 순자산 변동이 없는 주식배당은 제외

[3] 예 현물출자, 출자전환, 유상감자, 자기주식의 취득과 처분

[4] 예 (차) 매도가능증권   xxx   (대) 매도가능증권평가이익   xxx

참고 총포괄손익

총포괄손익(CI 손익 : Comprehensive Income)이란 주주와의 자본거래를 제외한 모든 거래에서 발생한 순자산의 변동을 말한다.

총포괄손익 = 당기순이익 ± 기타포괄손익누계액의 증가·감소

오늘날 회계는 당기순이익뿐만 아니라 총포괄손익에 대한 정보까지 제공한다.

일반기업회계기준에서는 주석에, K-IFRS 에서는 (포괄)손익계산서 하단부에, 당기순이익[1] 정보와 함께 기타포괄손익누계액의 증가·감소[2]를 추가하여 표시하도록 규정하고 있다.

[1] 당기순이익 (NI 손익 : Net Income)
[2] 기타포괄손익 (OCI 손익 : Other Comprehensive Income)

NI 손익   = 당기순이익   = 수익 − 비용
(±) OCI 손익   = 기타포괄손익   = 기타포괄손익누계액의 증가·감소
(=) CI 손익   = 총포괄손익

기출분개연습

* 기출문제 날짜는 학습효과를 높이기 위해 일부 수정하였으며, ㈜연습산업(코드번호 : 0301) 데이터를 사용하여 연습할 수 있습니다.

01 10월 1일 당사는 액면금액 1주당 10,000원인 보통주 1,000주를 1주당 12,000원에 발행하고 전액 보통예금으로 납입받았으며, 주식발행에 관련된 법무사 수수료(부가가치세는 무시하기로 함) 500,000원은 현금으로 지급하였다. (주식할인발행차금 잔액은 없다) [제87회]

02 10월 2일 당사는 보통주(액면금액 주당 5,000원) 10,000주를 주당 4,500원에 발행하고 주식대금은 보통예금 계좌로 납입받았다. 신주발행 당시 주식발행초과금의 잔액은 3,000,000원이며, 신주발행수수료 1,500,000원은 현금으로 지급하였다. [제77회]

03 10월 3일 사업축소를 위하여 당사의 주식 2,000주(액면금액 주당 5,000원)를 1주당 4,000원에 매입 후 즉시 소각하고 대금은 보통예금으로 지급하였다. [제69회]

04 10월 4일 주주총회의 승인을 얻어 당사의 보통주 1,000주(주당 액면금액 5,000원)를 소각하기 위하여 주당 5,500원에 매입하고 현금을 지급하였다. 취득한 주식은 전액을 즉시 소각하였다. [제73회]

05 10월 5일 1월 15일에 자기주식 400주를 1,350,000원에 취득하였었는데, 이 중 300주를 주당 5,700원에 매각하고 대금은 전액 보통예금으로 입금받았다. 자기주식의 주당 액면금액은 5,400원이다.

[제87회]

정답 및 해설

01 10월 1일 (차) 보통예금　　　　　12,000,000　　(대) 자본금　　　　　10,000,000
　　　　　　　　　　　　　　　　　　　　　　주식발행초과금　　1,500,000
　　　　　　　　　　　　　　　　　　　　　　현금　　　　　　　　500,000

02 10월 2일 (차) 보통예금　　　　　45,000,000　　(대) 자본금　　　　　50,000,000
　　　　　　　　주식발행초과금　　 3,000,000　　　　현금　　　　　　1,500,000
　　　　　　　　주식할인발행차금　　3,500,000

03 10월 3일 (차) 자본금　　　　　　10,000,000　　(대) 보통예금　　　　 8,000,000
　　　　　　　　　　　　　　　　　　　　　　감자차익　　　　　2,000,000

04 10월 4일 (차) 자본금　　　　　　 5,000,000　　(대) 현금　　　　　　 5,500,000
　　　　　　　　감자차손　　　　　　 500,000

05 10월 5일 (차) 보통예금　　　　　 1,710,000　　(대) 자기주식　　　1,012,500[1]
　　　　　　　　　　　　　　　　　　　　　　자기주식처분이익　　697,500

[1] 1,350,000원 × (300주/400주) = 1,012,500원

06 10월 6일 회사가 보유 중인 자기주식 전량을 10,000,000원에 처분하고 매각대금은 보통예금으로 입금받았다. 단, 처분 시점의 자기주식 장부금액은 8,000,000원이며, 자기주식 처분손실 계정의 잔액은 1,300,000원이다.

[제102회]

07 10월 7일 1,000,000원에 취득하였던 자기주식을 모두 소각하였다. 자기주식의 소각일 현재 공정가치는 1,200,000원이고, 액면금액은 500,000원이다.

[제67회]

08 3월 8일 주주총회에서 현금배당 5,000,000원과 현금배당액의 10%인 500,000원의 이익준비금 설정을 결의하였다.

[제99회]

09 10월 9일 주식발행초과금 5,000,000원을 자본금에 전입하기로 하고, 1주당 액면금액 5,000원의 주식 1,000주를 발행하여 기존 주주들에게 무상으로 교부하였다.

[제94회]

10 10월 10일 무상증자를 위하여 이익준비금 20,000,000원을 자본금으로 전입하고, 무상주 4,000주(1주당 액면금액 5,000원)를 발행하였다.

[제53회]

정답 및 해설

06	10월 6일	(차) 보통예금	10,000,000	(대) 자기주식	8,000,000
				자기주식처분손실	1,300,000
				자기주식처분이익	700,000
07	10월 7일	(차) 자본금	500,000	(대) 자기주식	1,000,000
		감자차손	500,000		
08	3월 8일	(차) 이월이익잉여금	5,500,000	(대) 미지급배당금	5,000,000
				이익준비금	500,000
09	10월 9일	(차) 주식발행초과금	5,000,000	(대) 자본금	5,000,000
10	10월 10일	(차) 이익준비금	20,000,000	(대) 자본금	20,000,000

핵심기출문제

* 본서에 수록된 기출문제의 날짜는 학습효과를 높이기 위하여 일부 수정함

01 자본에 대한 다음 설명 중 틀린 것은?　　　　　　　　　　　　　　　　[제70회]

① 자본은 자산총액에서 부채총액을 차감한 잔액을 말한다.
② 자본금은 법정 납입자본금으로서 주당 발행금액에 발행주식수를 곱한 금액을 말한다.
③ 주식발행과 직접 관련된 비용은 주식발행초과금에서 차감하거나 주식할인발행차금에 가산한다.
④ 상법 규정에 따라 자본금의 1/2에 달할 때까지 금전에 의한 이익배당액의 1/10 이상의 금액을 이익준비금으로 적립하여야 한다.

02 다음 중 자본조정 항목에 해당하지 않는 것은?　　　　　　　　　　　　　[제75회]

① 자기주식
② 주식할인발행차금
③ 감자차손
④ 자기주식처분이익

03 다음 자료를 이용하여 자본잉여금에 해당하는 금액을 구하면 얼마인가?　　　[제104회]

- 주식발행초과금 : 500,000원
- 매도가능증권평가이익 : 300,000원
- 자기주식처분손실 : 1,000,000원
- 이익준비금 : 1,000,000원
- 임의적립금 : 400,000원
- 감자차익 : 700,000원

① 1,100,000원　　② 1,200,000원　　③ 1,500,000원　　④ 2,500,000원

04

04 ㈜거성의 당기초 자본금은 **40,000,000원**(주식수 40,000주, 주당 액면금액 1,000원)**이다.** 당기 8월 1일 주당 900원에 10,000주를 유상증자 하였다. 당기말 자본금은 얼마인가?

[제87회]

① 49,000,000원 ② 50,000,000원 ③ 53,000,000원 ④ 65,000,000원

정답 및 해설

01 ② 자본금은 법정 납입자본금으로서 주당 액면금액에 발행주식수를 곱한 금액을 말한다.

02 ④ 자기주식(자본조정), 주식할인발행차금(자본조정), 감자차손(자본조정), 자기주식처분이익(자본잉여금)

03 ② ・주식발행초과금(자본잉여금), 매도가능증권평가이익(기타포괄손익누계액), 자기주식처분손실(자본조정), 이익
　　 준비금(이익잉여금), 임의적립금(이익잉여금), 감자차익(자본잉여금)
　　 ・자본잉여금 = 주식발행초과금 + 감자차익 = 500,000 + 700,000 = 1,200,000원

04 ② ・회계처리

(차) 현금 등	9,000,000	(대) 자본금	10,000,000
주식할인발행차금	1,000,000		

　　 ・기말 자본금 = (방법1) : 기초 자본금 ± 기중 증감액 = 40,000,000 + 10,000,000
　　　　　　　　 = (방법2) : 기말 주식수 × 주당 액면금액 = (40,000주 + 10,000주) × @1,000원
　　　　　　　　 = 50,000,000원

05 주식배당에 관한 다음 설명 중 잘못된 것은? [제58회]

① 주식배당은 순자산의 유출이 없이 배당효과를 얻을 수 있다.
② 주식배당 후에도 자본 총액의 크기는 변동이 없다.
③ 미교부주식배당금 계정은 이익잉여금처분계산서상의 주식배당액을 의미하며, 주식교부 시 자본금 계정으로 대체된다.
④ 주식배당 후에도 발행주식수는 변동이 없다.

06 다음 중 자본 총액이 증가하는 거래가 아닌 것은? [제55회]

① 액면금액 100만 원인 주식을 60만 원에 유상증자하였다.
② 장부금액 100만 원인 자기주식을 70만 원에 처분하였다.
③ 감자를 위하여 액면금액 100만 원인 자사의 주식을 80만 원에 취득하여 바로 소각하였다.
④ 90만 원 상당의 특허권을 취득하고, 그 대가로 액면금액 100만 원의 주식을 새로 발행하여 교부하였다.

07 다음 중 자본 총액이 감소하는 거래만으로 짝지어진 것은? [제78회]

> 가. 결손금 보전을 위해 10,000주를 무상감자하다.
> 나. 현금배당을 실시하다.
> 다. 주식배당을 실시하다.
> 라. 10,000주를 무상증자하다.
> 마. 액면금액 5,000원인 자사의 주식을 4,000원에 취득 후 바로 소각하다.

① 가, 나   ② 나, 마   ③ 가, 라   ④ 나, 다

05 ④ · 주식배당을 하면 미처분이익잉여금이 감소하면서 동시에 자본금이 증가하기 때문에 자본 총액은 변하지 않는다.

　　　· 주식배당을 하면 주식이 발행되므로 주식수는 증가하나 자본 총액에는 변화가 없다.

06 ③ · 자본거래 회계처리에서 거래요소 결합관계를 이용하여 자본 총액의 변동 금액을 계산하는 요령

　　　(이유 : 자본거래 회계처리에서는 수익 계정과 비용 계정이 나타나지 않기 때문)

> 자본 총액의 증가(감소) 금액 = 자산 계정의 증가(감소) 금액 − 부채 계정의 증가(감소) 금액

　　　· ① : (차) 현금 등(자산의 증가) 　　　600,000 　　　(대) 자본금(자본의 증가) 　　　1,000,000

　　　　　　 주식할인발행차금(자본의 감소) 　400,000

　　　　→ 자산 600,000원 증가 → 자본 총액 600,000원 증가

　　　· ② : (차) 현금 등(자산의 증가) 　　　700,000 　　　(대) 자기주식(자본의 증가) 　　　1,000,000

　　　　　　 자기주식처분손실(자본의 감소) 　300,000

　　　　→ 자산 700,000원 증가 → 자본 총액 700,000원 증가

　　　· ③ : (차) 자본금(자본의 감소) 　　　1,000,000 　　　(대) 현금 등(자산의 감소) 　　　800,000

　　　　　　　　　　　　　　　　　　　　　　　　　　　감자차익(자본의 증가) 　　　200,000

　　　　→ 자산 800,000원 감소 → 자본 총액 800,000원 감소

　　　· ④ : (차) 특허권(자산의 증가) 　　　900,000 　　　(대) 자본금(자본의 증가) 　　　1,000,000

　　　　　　 주식할인발행차금(자본의 감소) 　100,000

　　　　→ 자산 900,000원 증가 → 자본 총액 900,000원 증가

07 ② · 가 : (차) 자본금(자본의 감소) 　　　xxx 　　　(대) 미처리결손금(자본의 증가) 　　　xxx

　　　　→ 자본 총액 불변

　　　· 나 : (차) 미처분이익잉여금(자본의 감소) 　xxx 　　　(대) 현금 등(자산의 감소) 　　　xxx

　　　　→ 자본 총액 감소

　　　· 다 : (차) 미처분이익잉여금(자본의 감소) 　xxx 　　　(대) 자본금(자본의 증가) 　　　xxx

　　　　→ 자본 총액 불변

　　　· 라 : (차) 자본잉여금 등(자본의 감소) 　xxx 　　　(대) 자본금(자본의 증가) 　　　xxx

　　　　→ 자본 총액 불변

　　　· 마 : (차) 자본금(자본의 감소) 　　　5,000 　　　(대) 현금 등(자산의 감소) 　　　4,000

　　　　　　　　　　　　　　　　　　　　　　　　　　　감자차익(자본의 증가) 　　　1,000

　　　　→ 자본 총액 감소

01 손익계산서 양식

최근 77회 시험 중 7회 기출

Ⅰ. 매출액

Ⅱ. 매출원가

Ⅲ. 매출총이익   (= 매출액 − 매출원가)

Ⅳ. 판매비와관리비

Ⅴ. 영업이익   (= 매출총이익 − 판매비와관리비)

Ⅵ. 영업외수익

Ⅶ. 영업외비용

Ⅷ. 법인세비용차감전순이익   (= 영업이익 + 영업외수익 − 영업외비용)

Ⅸ. 법인세비용

Ⅹ. 당기순이익   (= 법인세비용차감전순이익 − 법인세비용)

｜♀ 용어 알아두기 ｜

- 매출총이익률 = $\dfrac{\text{매출총이익}}{\text{매출액}}$

- 영업이익률 = $\dfrac{\text{영업이익}}{\text{매출액}}$

02 매출액

(1) 매출액의 정의

매출액이란 기업의 주된 영업활동에서 발생하는 수익을 말한다.

(2) 매출액에 해당하는 계정과목

상기업에서 매출액에 해당하는 계정과목은 상품매출이고, 제조기업에서 매출액에 해당하는 계정과목은 제품매출이다.

계정과목	내용
상품(제품)매출	기업의 주된 영업활동으로서 외부에 판매한 상품(제품)의 판매금액
매출환입및에누리	매출한 상품 중 하자나 파손이 발견되어 해당 물품을 반품받거나 값을 깎는 것 참고 상품매출의 차감계정
매출할인	상품의 구매자로부터 외상매출대금을 조기에 회수하여 약정에 따라 할인해 주는 것 참고 상품매출의 차감계정

(3) 상품매출의 회계처리

매출액 = 당기(순)매출액
= 총매출액 - 매출환입 - 매출에누리 - 매출할인

① 총매출액

	(차) [계정명]	xxx	(대) 상품매출	xxx

[사례] 1월 10일 상품을 30,000원에 판매하고 대금은 한 달 후에 받기로 하였다.

	1월 10일 (차) 외상매출금	30,000	(대) 상품매출	30,000

② 매출환입 및 매출에누리

	(차) 매출환입및에누리	xxx	(대) 외상매출금	xxx

[사례] 1월 12일 이틀 전에 판매했던 상품 중에서 일부 파손이 발견되어 외상매출대금 중 5,000원을 깎아주기로 하였다.

	1월 12일 (차) 매출환입및에누리	5,000	(대) 외상매출금	5,000

③ 매출할인

| (차) [계정명] | xxx | (대) 외상매출금 | xxx |
| 매출할인 | xxx | | |

[사례] 1월 18일 8일 전에 판매했던 상품의 외상매출대금 25,000원에 대하여 현금으로 결제받았다. 구매자와의 약정에 따라 조기 결제금액인 25,000원의 2%를 할인해 주었다.

| 1월 18일 (차) 현금 | 24,500 | (대) 외상매출금 | 25,000 |
| 매출할인 | 500[1) | | |

[1) 25,000원 × 2% = 500원

④ 당기순매출액

= 총매출액 – 매출환입 – 매출에누리 – 매출할인

= 30,000 – 0 – 5,000 – 500

= 24,500원

다음 중 자료를 이용하여 순매출액을 계산하는 데 있어 차감하면 안 될 항목은? (제49회)

① 매출운임   ② 매출에누리
③ 매출환입   ④ 매출할인

정답 ①

해설
기업의 주된 영업활동인 상품·제품을 매출하는 과정에서 발생하는 운송료(매출운임)은 판매비와 관리비에 해당하는 운반비 계정으로 회계처리한다.

03 매출원가

(1) 매출원가의 정의

매출원가란 매출액에 직접 대응되는 비용을 말한다.

(2) 매출원가에 해당하는 계정과목

계정과목	내 용
상품매출원가	상기업의 주된 영업활동으로서 당기에 판매한 상품들의 당초 구입원가
제품매출원가	제조기업의 주된 영업활동으로서 당기에 판매한 제품들의 제조원가

(3) 상품매출원가의 회계처리

·상품매출원가 = 기초상품재고액 + 당기상품(순)매입액 − 기말상품재고액
　　　　　　　 = 　　　판매가능상품금액　　　　　 − 기말상품재고액

·당기상품(순)매입액 = 매입가액 + 취득부대비용 − 매입환출 − 매입에누리 − 매입할인

(차) 상품매출원가　　　　xxx	(대) 상품　　　　xxx

[사례] 12월31일 기말 결산 시 상품매출원가를 계산하고 상품 계정을 상품매출원가 계정으로 대체하는 분개를 하여 보자.

> ·기초 재무상태표상 상품 계정 금액 : 2,000원
> ·당기 상품 순매입액 : 60,000원
> ·기말 결산 시 실지재고조사를 통하여 파악한 상품 재고액 : 5,000원

12월 31일　(차) 상품매출원가　　　57,000[1]　　(대) 상품　　　57,000

[1] 기초재고 + 당기매입 − 기말재고 = 2,000 + 60,000 − 5,000 = 57,000원

04 판매비와관리비

(1) 판매비와관리비의 정의

판매비와관리비란 상품(제품)의 판매활동과 기업의 관리활동에서 발생하는 비용으로서 매출원가에 속하지 않는 모든 영업비용을 말한다.

(2) 판매비와관리비에 해당하는 계정과목

계정과목	내용
급 여	종업원에게 근로의 대가로 지급하는 급여와 수당 참고 공장 등에서 근무하는 종업원에 대한 급여는 제조원가에 산입하며 이때는 '임금'이라는 계정과목을 사용함
상여금	종업원에게 지급하는 상여금과 보너스
잡 급	일용직 근로자에게 지급하는 일당
퇴직급여	종업원의 근속기간이 경과함에 따라 증가하는 퇴직금에 대한 비용 인식분
복리후생비	종업원의 근로환경 개선 및 근로의욕 향상을 위한 지출 예 식대, 차·음료, 당사 종업원의 경조사비, 직장체육대회, 야유회, 피복비, 회사가 부담하는 국민연금·건강보험료 등 사회보험료 참고 회사가 부담하는 국민연금·건강보험료 등 사회보험료에 대하여 '보험료' 또는 '세금과공과' 계정과목을 사용하기도 함
여비교통비	종업원의 업무와 관련된 여비(출장)와 교통비(이동) 예 출장에 따른 철도운임, 항공운임, 숙박료, 식사대, 시내교통비, 주차료, 통행료
기업업무추진비	영업을 목적으로 거래처와의 관계를 유지하기 위하여 소요되는 지출 예 거래처 접대비, 거래처 선물대금, 거래처 경조사비 참고 종전의 '접대비'에서 '기업업무추진비'로 계정과목 명칭이 변경되었음
통신비	전화, 핸드폰, 인터넷, 우편 등의 요금 예 전화료, 정보통신료, 우편료
수도광열비	수도, 전기, 가스, 난방 등의 요금 예 상하수도 요금, 전기 요금, 도시가스 요금, 난방용 유류대 참고 공장 등에서 발생하는 수도료, 가스료, 전기료는 제조원가에 산입하며 이때는 '가스수도료' 또는 '전력비'라는 계정과목을 사용함
세금과공과	세금과 공과금 예 재산세, 자동차세, 대한상공회의소 회비, 협회비, 벌금, 과태료
감가상각비	건물, 기계장치, 차량운반구 등 유형자산의 당해 연도 가치감소분에 대한 비용 인식분
무형자산상각비	산업재산권, 개발비, 소프트웨어 등 무형자산의 당해 연도 가치감소분에 대한 비용 인식분
임차료	타인의 토지, 건물, 기계장치, 차량운반구 등을 임차하여 그 사용료로 지불하는 비용 예 사무실 임차료, 복사기 임차료

수선비	건물, 기계장치 등의 현상유지를 위한 수리비용 예 건물 수리비, 비품 수리비
보험료	보험에 가입하고 납부하는 보험료 예 화재 보험료, 자동차 보험료
차량유지비	차량의 유지와 수선에 소요되는 지출 예 유류대, 차량 수리비, 차량 검사비, 정기주차료
경상연구개발비	신제품이나 신기술의 연구 및 개발 관련 지출로서, 무형자산(개발비)의 인식요건을 충족하지 못하여 당기 비용으로 처리되는 '연구비'와 '경상개발비'를 합한 계정과목
운반비	기업의 주된 영업활동인 상품(제품)을 매출하는 과정에서 발생하는 운송료 예 상·하차비, 배달비 참고 상품을 취득하는 과정에서 발생하는 운송료는 취득부대비용에 해당하므로 상품 계정으로 회계처리함
교육훈련비	종업원의 직무능력 향상을 위한 교육 및 훈련에 소요되는 지출 예 강사 초청료, 교육장 대관료, 위탁 교육비
도서인쇄비	도서 구입비, 신문이나 잡지 구독료, 인쇄비 등에 소요되는 지출 예 도서 대금, 신문·잡지 구독료, 제본비, 명함인쇄비
소모품비	소모성 사무용품 등을 구입하는 데 소요되는 지출 예 복사 용지, 문구류, 소모자재
수수료비용	용역(서비스)을 제공받고 지불하는 비용 예 은행의 송금수수료, 어음의 추심수수료, 신용카드 결제수수료, 세무기장료, 무인경비시스템 이용료
광고선전비	상품(제품)의 판매촉진을 위하여 불특정 다수인을 대상으로 광고하고 선전하는 활동에 소요되는 지출 예 TV 광고료, 신문 광고료, 광고물 제작비, 선전용품 제작비
대손상각비	매출채권(외상매출금, 받을어음)에 대하여 기중에 회수불능(대손 확정)되었을 때 또는 기말 결산 시 대손충당금을 추가설정할 때 비용으로 인식하는 계정과목
대손충당금환입	매출채권(외상매출금, 받을어음)에 대하여 기말 결산 시 대손충당금을 환입할 때 사용하는 계정과목 참고 손익계산서 작성 시 판매비와관리비의 차감항목으로 표시함
잡 비	판매비와관리비에는 해당하나 그 금액이 중요하지 않은 지출

참고 차량과 관련된 비용의 계정과목

> · 여비교통비 : 출장에 따른 주차료 및 통행료
> · 차량유지비 : 유류대, 차량 수리비, 차량 검사비, 정기주차료
> · 보험료 : 자동차보험료
> · 세금과공과 : 자동차세, 벌금, 과태료

(3) 판매비와관리비의 회계처리

(차) 해당 비용 계정	xxx	(대) [계정명]	xxx
(판매비와관리비)			

[사례] 사무실 직원들의 야근 식대 100,000원을 현금으로 지급하였다.

(차) 복리후생비	100,000	(대) 현금	100,000

[사례] 당사 종업원의 결혼축하금 50,000원을 현금으로 지급하였다.

(차) 복리후생비	50,000	(대) 현금	50,000

[사례] 종업원의 시내출장비 30,000원을 현금으로 지급하였다.

(차) 여비교통비	30,000	(대) 현금	30,000

[사례] 거래처 사장과 A식당에서 저녁식사를 하고 식사대금 50,000원을 당사 신용카드(비씨카드)로 결제하였다.

(차) 기업업무추진비	50,000	(대) 미지급금[1]	50,000

[사례] 거래처 직원의 결혼축하금 50,000원을 현금으로 지급하였다.

(차) 기업업무추진비[2]	50,000	(대) 현금	50,000

[사례] 우체국에서 업무용 서류를 등기우편으로 발송하고 우편요금 20,000원을 현금으로 지급하였다.

(차) 통신비	20,000	(대) 현금	20,000

[사례] 인터넷 사용료 30,000원이 보통예금 통장에서 자동인출되었다.

(차) 통신비	30,000	(대) 보통예금	30,000

[사례] 사무실 난방용 유류 80,000원을 구입하고 대금을 현금으로 지급하였다.

(차) 수도광열비	80,000	(대) 현금	80,000

[사례] 대한상공회의소 회비 50,000원을 현금으로 납부하였다.

(차) 세금과공과	50,000	(대) 현금	50,000

[사례] 회사 보유 차량에 대한 자동차세 200,000원을 현금으로 납부하였다.

(차) 세금과공과	200,000	(대) 현금	200,000

[사례] 사무실 임차료 200,000원을 보통예금 계좌에서 이체하여 지급하였다. 계좌 이체 과정에서 수수료 1,000원이 발생하여 보통예금으로 지급하였다.

(차) 임차료	200,000	(대) 보통예금	201,000
수수료비용	1,000		

[사례] 사무실 복사기를 수리하고 수리비 50,000원을 현금으로 지급하였다. (수익적 지출로 처리할 것)

(차) 수선비[3]	50,000	(대) 현금	50,000

[사례] 업무용 차량에 대한 자동차 보험에 가입하고 보험료 300,000원을 현금으로 지급하였다.

(차) 보험료	300,000	(대) 현금	300,000

[1] 일반적인 상거래 이외의 거래에서 발생한 지급채무이므로 미지급금 계정으로 회계처리하되, 신용카드로 결제하여 발생한 지급채무이므로 그 거래처를 A식당이 아니라 비씨카드로 기록하여 관리하여야 한다.

[2] 당사 종업원의 경조사비인 경우에는 복리후생비 계정으로, 거래처 관련 경조사비인 경우에는 기업업무추진비 계정으로 회계처리한다.

[3] 수익적 지출인 경우에는 수선비 계정 등 당기 비용으로, 자본적 지출인 경우에는 해당 자산 계정으로 회계처리한다.

[사례]	업무용 차량에 주유하고 대금 80,000원을 현금으로 지급하였다.			
	(차) 차량유지비	80,000	(대) 현금	80,000

[사례]	업무용 차량의 1개월 정기주차료 100,000원을 현금으로 지급하였다.			
	(차) 차량유지비	100,000	(대) 현금	100,000

[사례] 신제품 개발을 위하여 실험재료비 30,000원을 현금으로 지급하였다. 동 지출은 무형자산의 인식요건을 충족하지 못하는 것으로 확인되었다.

	(차) 경상연구개발비	30,000	(대) 현금	30,000

[사례] 고객사에 상품을 판매하고 택배로 발송하면서 택배비 20,000원을 현금으로 지급하였다.

	(차) 운반비	20,000	(대) 현금	20,000

[사례] 신입사원 교육을 위해 위탁교육기관에 교육비 100,000원을 현금으로 지급하였다.

	(차) 교육훈련비	100,000	(대) 현금	100,000

[사례] 영업부서에서 구독하는 월간지와 신문대금 30,000원을 현금으로 지급하였다.

	(차) 도서인쇄비	30,000	(대) 현금	30,000

[사례] 사무실에서 사용할 복사 용지를 50,000원에 현금으로 구입하였다. (비용으로 처리할 것)

	(차) 소모품비[4]	50,000	(대) 현금	50,000

[사례] 회계법인에 세무기장료 200,000원을 현금으로 지급하였다.

	(차) 수수료비용	200,000	(대) 현금	200,000

[사례] 사무실 건물 구입과 관련하여 공인중개사 수수료 300,000원을 현금으로 지급하였다.

	(차) 건물[5]	300,000	(대) 현금	300,000

[사례] 사무실 건물 임차와 관련하여 공인중개사 수수료 300,000원을 현금으로 지급하였다.

	(차) 수수료비용[6]	300,000	(대) 현금	300,000

[사례] 새벽일보에 회사 광고를 게재하고 광고료 200,000원을 현금으로 지급하였다.

	(차) 광고선전비	200,000	(대) 현금	200,000

[사례] 광고용 전단지 인쇄대금 30,000원을 현금으로 지급하였다.

	(차) 광고선전비	30,000	(대) 현금	30,000

[4] 소모성 사무용품을 구입할 때, 비용으로 처리하는 경우에는 '소모품비' 계정으로, 자산으로 처리하는 경우에는 '소모품' 계정으로 회계처리한다.

[5] 건물 취득 과정에서 발생하는 중개인수수료는 취득부대비용에 해당하므로 해당 자산 계정으로 회계처리한다.

[6] 건물 임차 과정에서 발생하는 중개인수수료는 취득부대비용에 해당하지 않으므로 당기 비용인 수수료비용 계정으로 회계처리한다.

(1) 영업외수익의 정의

영업외수익이란 기업의 주된 영업활동이 아닌 부수적인 활동에서 발생하는 수익을 말한다.

(2) 영업외수익에 해당하는 계정과목

계정과목	내 용
이자수익	예금이나 대여금에서 받는 이자
배당금수익	보유 중인 유가증권 중 주식(지분증권)에서 받는 배당금
임대료	임대업을 주업으로 하지 않는 기업이 타인에게 동산이나 부동산을 임대하고 받는 대가
단기매매증권평가이익	단기매매증권을 기말 결산 시 공정가치로 평가할 때, 기말 공정가치가 평가 전 장부금액보다 클 경우 그 차액
단기매매증권처분이익	단기매매증권을 처분할 때, 처분금액이 처분 전 장부금액보다 클 경우 그 차액
매도가능증권처분이익	매도가능증권을 처분할 때, 처분금액이 당초 취득원가보다 클 경우 그 차액 참고 매도가능증권평가이익 계정은 기타포괄손익누계액으로 분류함
유형자산처분이익	유형자산을 처분할 때, 처분금액이 처분 전 장부금액보다 클 경우 그 차액
대손충당금환입	매출채권 이외의 수취채권(미수금, 대여금)에 대하여 기말 결산 시 대손충당금을 환입할 때 사용하는 계정과목
외화환산이익	외화자산이나 외화부채를 기말 결산 시 결산일 환율로 환산할 때, 환율의 차이로 인하여 발생하는 수익
외환차익	외화자산을 회수하거나 외화부채를 상환할 때, 환율의 차이로 인하여 발생하는 수익
자산수증이익	회사가 주주, 채권자 등으로부터 재산을 무상으로 증여받음으로써 발생하는 수익
채무면제이익	회사가 주주, 채권자 등으로부터 지급채무를 면제받음으로써 발생하는 수익
보험금수익	보험에 가입된 자산이 피해를 입었을 경우 보험회사로부터 받는 보험금
잡이익	영업외수익에는 해당하나 그 금액이 중요하지 않은 수익

(3) 영업외수익의 회계처리

(차) [계정명]	xxx	(대) 해당 수익 계정 (영업외수익)	xxx

[사례] 매장의 일부를 빌려주고 당월분 사용료 300,000원을 현금으로 받았다.

(차) 현금	300,000	(대) 임대료	300,000

[사례] 관계회사인 A사에 지급하여야 할 외상매입금 300,000원을 전액 면제받았다.

(차) 외상매입금	300,000	(대) 채무면제이익	300,000

(1) 영업외비용의 정의

영업외비용이란 기업의 주된 영업활동이 아닌 부수적인 활동에서 발생하는 비용을 말한다.

(2) 영업외비용에 해당하는 계정과목

계정과목	내 용
이자비용	차입금에 대하여 지급하는 이자
기부금	업무와 관련 없이 무상으로 기증하는 재산
매출채권처분손실	수취채권의 매각거래로 보는 어음의 할인 거래에서 발생하는 할인료
단기매매증권평가손실	단기매매증권을 기말 결산 시 공정가치로 평가할 때, 기말 공정가치가 평가 전 장부금액보다 작을 경우 그 차액
단기매매증권처분손실	단기매매증권을 처분할 때, 처분금액이 처분 전 장부금액보다 작을 경우 그 차액
매도가능증권처분손실	매도가능증권을 처분할 때, 처분금액이 당초 취득원가보다 작을 경우 그 차액 참고 매도가능증권평가손실 계정은 기타포괄손익누계액으로 분류함
유형자산처분손실	유형자산을 처분할 때, 처분금액이 처분 전 장부금액보다 작을 경우 그 차액
기타의대손상각비	매출채권 이외의 수취채권(미수금, 대여금)에 대하여 기중에 회수불능(대손 확정)되었을 때 또는 기말 결산 시 대손충당금을 추가설정할 때 비용으로 인식하는 계정과목
외화환산손실	외화자산이나 외화부채를 기말 결산 시 결산일 환율로 환산할 때, 환율의 차이로 인하여 발생하는 비용
외환차손	외화자산을 회수하거나 외화부채를 상환할 때, 환율의 차이로 인하여 발생하는 비용
재고자산감모손실	재고자산의 도난, 분실, 파손, 증발, 마모 등으로 인하여 재고자산의 실제 수량이 장부상 수량보다 비정상적으로 부족한 경우 발생하는 손실 참고 정상적인 감모손실은 상품매출원가 계정으로 회계처리함
재해손실	천재지변 또는 예측치 못한 사건으로 인하여 발생하는 손실
잡손실	영업외비용에는 해당하나 그 금액이 중요하지 않은 지출

(3) 영업외비용의 회계처리

(차) 해당 비용 계정 (영업외비용)	xxx	(대) [계정명]	xxx

[사례]　폭우로 피해를 입은 수재민을 돕기 위해 현금 300,000원을 지역 신문사에 기탁하였다.

(차) 기부금	300,000	(대) 현금	300,000

[사례]　창고에 보관 중이던 상품 500,000원이 화재로 소실되었다. 당사는 화재보험에 가입되어 있지 않다.

(차) 재해손실(영업외비용)	500,000	(대) 상품[1]	500,000

[1]　· 재고자산인 상품 계정을 감소시키면서 매출원가 이외의 비용 계정을 인식하므로 타계정대체 거래에 해당한다.
　　· 타계정대체가 있을 때 상품매출원가 = (기초재고 + 당기매입 − 실제 기말재고) − 타계정대체

(1) 자산을 취득할 때

자산을 취득하는 과정에서 발생하는 운송료, 수수료, 제세금 등의 부대비용은 **자산의 취득원가**로 회계처리한다.

다만, 예외적으로 단기매매증권을 취득하는 과정에서 발생하는 부대비용은 **당기 비용**(영업외비용)으로 회계처리한다.

(2) 자산을 처분할 때

기업의 주된 영업활동인 상품매출(재고자산의 처분) 과정에서 발생하는 운송료, 수수료, 제세금 등의 부대비용은 운반비 계정, 수수료비용 계정, 세금과공과 계정 등 **별도의 비용 계정**(판매비와관리비)으로 회계처리한다.

반면, 기업의 주된 영업활동이 아닌 자산의 처분(재고자산이 아닌 자산의 처분) 과정에서 발생하는 부대비용은 자산의 처분금액에서 직접 차감함으로써 유형자산처분손익, 단기매매증권처분손익 등 **해당 자산의 처분손익 계정**(영업외수익 또는 영업외비용)으로 회계처리한다.

(1) 화폐성 외화자산·부채

화폐성 자산·부채란 확정된 화폐단위 수량으로 회수하거나 지급하여야 하는 자산·부채를 말한다.

구 분	자 산	부 채
화폐성	· 외국통화, 외화예금 · 매출채권, 미수금, 대여금, 임차보증금	· 매입채무, 미지급금, 차입금, 임대보증금
비화폐성	· 선급금 · 재고자산, 유형자산, 무형자산	· 선수금

외화로 표시된 화폐성 자산·부채, 즉 화폐성 외화자산·부채(예 외상매출금 500달러)는 환율이 변동되면 원화환산액이 달라지기 때문에 외화환산손익과 외환차손익이 발생한다.

외화환산손익	화폐성 외화자산·부채를 기말 결산일 현재 보유하고 있을 때 인식
외환차손익	화폐성 외화자산·부채가 기중에 없어질 때 인식

(2) 외화환산손익

외화거래에 따라 화폐성 외화자산·부채가 발생하면 거래발생일의 환율로 원화 금액을 계산하여 장부에 회계처리한다.

기말 현재 회사가 보유하고 있는 화폐성 외화자산·부채는 결산일 현재 환율로 환산하여야 하는데, 기말 환산액과 환산 전 장부금액의 차액을 외화환산이익 계정(수익) 또는 외화환산손실 계정(비용)으로 인식한다.

만약 환율이 상승하여 기말 환산액이 환산 전 장부금액보다 커졌다면, 외화자산에 대하여는 자산의 증가로 인하여 외화환산이익이 발생하나, 외화부채에 대하여는 부채의 증가로 인하여 외화환산손실이 발생하게 된다.

① 외화자산

기말 환산액 > 환산 전 장부금액 : 외화환산이익

(차) 해당 외화자산 계정	xxx	(대) 외화환산이익	xxx

기말 환산액 < 환산 전 장부금액 : 외화환산손실

(차) 외화환산손실	xxx	(대) 해당 외화자산 계정	xxx

② 외화부채

기말 환산액 > 환산 전 장부금액 : 외화환산손실

(차) 외화환산손실	xxx	(대) 해당 외화부채 계정	xxx

기말 환산액 < 환산 전 장부금액 : 외화환산이익

(차) 해당 외화부채 계정	xxx	(대) 외화환산이익	xxx

(3) 외환차손익

회사가 외화자산을 회수하거나 외화채무를 상환하는 경우 실제 수수한 외화의 원화 환산액(실제 회수·상환일의 환산액)과 회수·상환 전 장부금액의 차액을 외환차익 계정(수익) 또는 외환차손 계정(비용)으로 인식한다.

만약 환율이 상승하여 실제 회수·상환일의 환산액이 회수·상환 전 장부금액보다 커졌다면, 외화자산에 대하여는 자산의 증가로 인하여 외환차익이 발생하나, 외화부채에 대하여는 부채의 증가로 인하여 외환차손이 발생하게 된다.

① 외화자산

실제 회수일의 환산액 > 회수 전 장부금액 : 외환차익

(차) [계정명]	xxx	(대) 해당 외화자산 계정	xxx
		외환차익	xxx

실제 회수일의 환산액 < 회수 전 장부금액 : 외환차손

(차) [계정명]	xxx	(대) 해당 외화자산 계정	xxx
외환차손	xxx		

② 외화부채

<table>
<tr><td colspan="4">실제 상환일의 환산액 > 상환 전 장부금액 : 외환차손</td></tr>
<tr><td>(차) 해당 외화부채 계정</td><td>xxx</td><td>(대) [계정명]</td><td>xxx</td></tr>
<tr><td>　　외환차손</td><td>xxx</td><td></td><td></td></tr>
</table>

<table>
<tr><td colspan="4">실제 상환일의 환산액 < 상환 전 장부금액 : 외환차익</td></tr>
<tr><td>(차) 해당 외화부채 계정</td><td>xxx</td><td>(대) [계정명]</td><td>xxx</td></tr>
<tr><td></td><td></td><td>　　외환차익</td><td>xxx</td></tr>
</table>

(4) 사례

① 외화자산 사례

A사는 20x1년 10월 20일에 미국에 있는 고객사에 상품 500달러($)를 외상으로 수출하였으며 대금은 20x2년 2월 20일에 보통예금으로 회수하였다. A사의 결산일은 12월 31일이다. 각 일자별 환율이 다음과 같을 때, 회계처리를 하여 보자.

- 20x1년 10월 20일 : 1,000원/$
- 20x1년 12월 31일 : 1,100원/$
- 20x2년　2월 20일 : 1,200원/$

20x1. 10. 20.	(차) 외상매출금	500,000[1]	(대) 상품매출	500,000
20x1. 12. 31.	(차) 외상매출금	50,000	(대) 외화환산이익	50,000[2]
20x2.　2. 20.	(차) 보통예금	600,000	(대) 외상매출금	550,000
			외환차익	50,000[3]

[1] $500 × @1,000원 = 500,000원

[2] 기말 환산액 – 환산 전 장부금액 = ($500 × @1,100원) – 500,000원 = 50,000원

[3] 실제 회수일의 환산액 – 회수 전 장부금액 = ($500 × @1,200원) – 550,000원 = 50,000원

② 외화부채 사례

B사는 20x1년 10월 20일에 미국에 있는 공급처로부터 상품 300달러($)를 외상으로 매입하였으며 대금은 20x2년 2월 20일에 보통예금으로 상환하였다. B사의 결산일은 12월 31일이다. 각 일자별 환율이 다음과 같을 때, 회계처리를 하여 보자.

- 20x1년 10월 20일 : 1,000원/$
- 20x1년 12월 31일 : 1,200원/$
- 20x2년　2월 20일 : 1,100원/$

20x1. 10. 20.	(차) 상품	300,000	(대) 외상매입금	300,000[1]
20x1. 12. 31.	(차) 외화환산손실	60,000[2]	(대) 외상매입금	60,000
20x2.　2. 20.	(차) 외상매입금	360,000	(대) 보통예금	330,000
			외환차익	30,000[3]

[1] $300 × @1,000원 = 300,000원

[2] 기말 환산액 – 환산 전 장부금액 = ($300 × @1,200원) – 300,000원 = 60,000원(부채이므로 외화환산손실)

[3] 실제 상환일의 환산액 – 상환 전 장부금액 = ($300 × @1,100원) – 360,000원 = (–)30,000원(부채이므로 외환차익)

(1) 재화의 판매

① 수익인식요건

재화의 판매로 인한 수익은 다음 요건이 모두 충족될 때 인식한다.

> · 재화의 소유에 따른 유의적인 위험과 보상이 구매자에게 이전된다.
> · 판매자는 판매한 재화에 대하여 소유권이 있을 때 통상적으로 행사하는 정도의 관리나 효과적인 통제를 할 수 없다.
> · 수익금액을 신뢰성 있게 측정할 수 있다.
> · 경제적 효익의 유입 가능성이 매우 높다.
> · 거래와 관련하여 발생했거나 발생할 원가를 신뢰성 있게 측정할 수 있다.

② 각 거래형태별 구체적 수익인식시기

· 일반적인 상품 및 제품 판매 : 인도한 시점
· 위탁판매 : 수탁자가 적송품을 판매한 시점
· 시용판매 : 고객이 구매의사를 표시한 시점
· 결산일 현재 운송 중에 있는 재화의 판매

선적지 인도조건	판매자가 재화를 선적하는 시점
도착지 인도조건	재화가 목적지에 도착하는 시점

· 할부판매

원 칙	인도한 시점[1]
예 외	중소기업인 경우에는 장기할부판매에 대하여 회수되는 금액으로 매출을 인식하는 것(회수기일 도래기준)도 가능

· 상품권 발행 : 상품권을 회수하고 재화를 인도하는 시점[2]
· 정기간행물

금액이 매기간 동일	구독기간에 걸쳐 매기간 동일한 금액(정액기준)으로 수익 인식
금액이 기간별로 상이	총예상판매금액을 해당 기간 금액의 비율로 안분하여 수익 인식

[1] 단, 장기할부판매의 경우에는 인도시점에 현재가치로 수익(매출)을 인식하고, 명목금액과 현재가치의 차액(현재가치할인차금)은 기간 경과에 따라 수익(이자수익)을 인식한다.

[2] 상품권을 판매하는 시점에는 수익을 인식하지 않고, 받은 돈을 부채(선수금)로 기록한다.

(2) 용역의 제공

① 수익인식요건

용역의 제공으로 인한 수익은 다음 요건이 모두 충족될 때 진행기준[1]에 따라 인식한다.

> ・거래 전체의 수익금액을 신뢰성 있게 측정할 수 있다.
> ・경제적 효익의 유입 가능성이 매우 높다.
> ・진행률을 신뢰성 있게 측정할 수 있다.
> ・이미 발생한 원가 및 거래의 완료를 위하여 투입하여야 할 원가를 신뢰성 있게 측정할 수 있다.

[1] 진행기준이란 작업 진행 정도에 따라 수익을 인식하는 것을 말한다.

② 각 거래형태별 구체적 수익인식시기

> ・일반적인 용역매출 및 예약매출[1] : 진행기준
> ・건설형 공사계약 : 장기·단기를 불문하고 모두 진행기준
> ・주문개발 소프트웨어 : 진행기준
> ・광고제작사의 광고제작수익 : 진행기준
> ・방송사의 광고수익 : 광고를 대중에게 전달하는 시점
> ・공연입장료 : 행사가 개최되는 시점
> ・수강료 : 강의 기간 동안 발생기준에 따라 인식

[1] 예약매출이란 주문을 먼저 받은 후 제조하는 거래로서 도급공사, 아파트분양, 대형선박 등이 이에 해당한다.

(3) 그 밖의 거래

① 수익인식요건

자산을 타인에게 사용하게 함으로써 발생하는 이자, 배당금, 로열티 등의 수익은 다음 요건이 모두 충족될 때 인식한다.

> ・수익금액을 신뢰성 있게 측정할 수 있다.
> ・경제적 효익의 유입 가능성이 매우 높다.

② 각 거래형태별 구체적 수익인식시기

이자수익	유효이자율을 적용하여 발생기준에 따라 인식
배당금수익	배당금을 받을 권리와 금액이 확정되는 시점
로열티수익	관련된 계약의 경제적 실질을 반영하여 발생기준에 따라 인식

fn.Hackers.com

* 기출문제 날짜는 학습효과를 높이기 위해 일부 수정하였으며, ㈜연습산업(코드번호 : 0301) 데이터를 사용하여 연습할 수 있습니다.

01 11월 1일 영업부 연말회식을 연말식당(간이과세자)에서 하고 법인카드(비씨카드)로 500,000원을 결제하였다. (부가가치세는 고려하지 말 것) [제81회]

02 11월 2일 영업부 직원 김사랑의 결혼 시 경조사비 지급규정에 의해 축의금 200,000원을 보통예금에서 이체하였다. [제76회]

03 11월 3일 당사는 매출거래처인 ㈜역삼에 선물을 하기 위해 ㈜홍삼에서 홍삼을 250,000원에 구입하고, 전액 당사의 비씨카드로 결제하였다. (단, 부가가치세는 고려하지 않는다) [제68회]

04 11월 4일 매출거래처 직원인 김갑수의 결혼축의금으로 500,000원을 보통예금에서 이체하였다. [제86회]

05 11월 5일 영업부서의 난방용 유류대 350,000원과 공장 작업실의 난방용 유류대 740,000원을 보통예금 이체로 결제하였다. [제42회]

06 11월 6일 전기요금 800,000원(본사관리부 300,000원, 공장 500,000원)이 보통예금 통장에서 자동 이체되었다. [제68회]

07 11월 7일 영업부가 사용하는 건물에 대한 재산세 1,260,000원을 보통예금으로 납부하였다.

[제104회]

08 11월 8일 영업부서 차량에 대한 자동차세 200,000원을 보통예금으로 납부하였다. [제61회]

09 11월 9일 영업부에서 무역협회(법정단체) 일반회비 200,000원을 보통예금으로 지급하였다.

[제45회]

정답 및 해설

01 11월 1일	(차) 복리후생비(판관비)	500,000	(대) 미지급금(비씨카드)	500,000
02 11월 2일	(차) 복리후생비(판관비)	200,000	(대) 보통예금	200,000
03 11월 3일	(차) 기업업무추진비(판관비)	250,000	(대) 미지급금(비씨카드)	250,000
04 11월 4일	(차) 기업업무추진비(판관비)	500,000	(대) 보통예금	500,000
05 11월 5일	(차) 수도광열비(판관비)	350,000	(대) 보통예금	1,090,000
	가스수도료(제조)	740,000		
06 11월 6일	(차) 수도광열비(판관비)	300,000	(대) 보통예금	800,000
	전력비(제조)	500,000		
07 11월 7일	(차) 세금과공과(판관비)	1,260,000	(대) 보통예금	1,260,000
08 11월 8일	(차) 세금과공과(판관비)	200,000	(대) 보통예금	200,000
09 11월 9일	(차) 세금과공과(판관비)	200,000	(대) 보통예금	200,000

10 11월 10일 KBC 방송국의 납품입찰에 들어가기 위하여 보증보험에 가입하면서, 보험료 900,000원(보험기간 : 올해 11월 10일~올해 12월 31일)을 현금으로 지급하였다. [제40회]

11 11월 11일 매출거래처에게 제품을 화물차로 보내고 운임 300,000원을 현금으로 지급한 뒤 운송장을 발급받았다. (부가가치세는 무시할 것) [제80회]

12 11월 12일 당사가 보유하는 ㈜한경상사 주식에 대하여 2,000,000원이 중간배당되어 당사의 보통예금에 입금되었다. (단, 원천징수세액은 고려하지 말 것) [제66회]

13 11월 13일 ㈜발산실업에게 지급해야 할 외상매입금 10,000,000원 중에서 50%는 보통예금 계좌에서 송금하였고 나머지 50%는 채무를 면제받았다. [제72회]

14 기말 현재 장기대여금 계정과목 중에는 RET사에 외화로 빌려준 10,000,000원($10,000) 이 계상되어 있다. 기말 현재 기준환율은 $1당 1,200원이다. 기말수정분개를 하시오. [제87회]

15 올해 10월 1일 미국의 ABS사로부터 $100,000를 3년 후 상환하는 조건으로 차입하였다. 환율정보가 다음과 같을 때 결산분개를 하시오. (단, 외화장기차입금 계정으로 회계처리 할 것) [제82회]

10월 1일	12월 31일
₩ 1,050 = $ 1	₩ 1,100 = $ 1

16 11월 16일 전기에 제품을 수출한 수출거래처 STAR사의 외화외상매출금 $100,000이 전액 보통예금으로 입금되었다. 전기말 적용 환율은 $1당 1,200원으로서 외화자산·부채 평가는 적절하게 이루어졌고, 회수 시 적용환율은 $1당 1,100원이다. (단, 외화외상매출금은 외상매출금 계정과목으로 반영할 것)

[제88회]

17 11월 17일 뉴욕은행으로부터 차입한 외화장기차입금 $10,000와 올해 발생분 이자 $200를 보통예금으로 상환하였다. 전기말 적용환율은 $1당 1,000원이며, 상환 시 적용환율은 $1당 1,100원이다. (단, 뉴욕은행에 대한 차입금은 외화장기차입금 계정과목으로 반영할 것)

[16년 8월 특별회차]

정답 및 해설

10 11월 10일 (차) 보험료(판관비) 900,000 (대) 현금 900,000

11 11월 11일 (차) 운반비(판관비) 300,000 (대) 현금 300,000

12 11월 12일 (차) 보통예금 2,000,000 (대) 배당금수익 2,000,000

13 11월 13일 (차) 외상매입금(㈜발산실업) 10,000,000 (대) 보통예금 5,000,000
채무면제이익 5,000,000

14 12월 31일 (차) 장기대여금(RET) 2,000,000 (대) 외화환산이익 2,000,000[1]

    [1] ($10,000 × @1,200원) − 10,000,000원 = 2,000,000원(자산이므로 외환환산이익)

15 12월 31일 (차) 외화환산손실 5,000,000[1] (대) 외화장기차입금(ABS사) 5,000,000

    [1] ($100,000 × @1,100원) − ($100,000 × @1,050원) = 5,000,000원(부채이므로 외환환산손실)

16 11월 16일 (차) 보통예금 110,000,000 (대) 외상매출금(STAR사) 120,000,000
외환차손 10,000,000[1]

    [1] ($100,000 × @1,100원) − ($100,000 × @1,200원) = (−)10,000,000원(자산이므로 외환차손)

17 11월 17일 (차) 외화장기차입금(뉴욕은행) 10,000,000 (대) 보통예금 11,220,000[1]
이자비용 220,000[2]
외환차손 1,000,000[3]

    [1] ($10,000 + $200) × @1,100원 = 11,220,000원
    [2] $200 × @1,100원 = 220,000원
    [3] ($10,000 × @1,100원) − ($10,000 × @1,000원) = 1,000,000원(부채이므로 외환차손)

*본서에 수록된 기출문제의 날짜는 학습효과를 높이기 위하여 일부 수정함

01 ㈜세무는 홍수로 인해 재고자산이 유실되었다. 다음 자료에 따르면 재고자산이 유실된 금액은 얼마인가?

[제65회]

- 기초재고자산 : 80,000원
- 당기중 매출액 : 800,000원
- 평상시 매출총이익률 : 20%
- 당기중 매입액 : 1,020,000원
- 홍수피해 후 기말재고 실사금액 : 100,000원

① 360,000원　　② 460,000원　　③ 560,000원　　④ 640,000원

02 다음은 ㈜성일상사의 재고자산(상품) 관련 자료이다. 당기 손익계산서상 매출원가는 얼마인가?

[제29회]

- 기초재고액 : 150,000원
- 매입환출 : 50,000원
- 타계정 대체액 : 20,000원
  (접대목적의 거래처 증정분)
- 당기총매입액 : 270,000원
- 매입할인 : 30,000원
- 기말재고액 : 30,000원

① 270,000원　　② 290,000원　　③ 320,000원　　④ 340,000원

03 다음 중 손익계산서상 영업이익에 영향을 미치지 않는 항목은?

[제55회]

① 유형자산인 사무실 건물에 대한 감가상각비의 인식
② 판매 사원에 대한 급여의 지급
③ 매출채권에 대한 대손상각비의 인식
④ 유형자산인 기계장치의 처분으로 발생한 처분손실

04 다음 자료를 이용하여 영업이익을 계산하면 얼마인가?

[제58회]

> · 매출액 : 30,000,000원　　· 매출원가 : 20,000,000원　　· 급여 : 2,000,000원
> · 소모품비 : 2,000,000원　　· 감가상각비 : 800,000원　　· 기업업무추진비 : 500,000원
> · 세금과공과 : 200,000원　　· 이자수익 : 100,000원　　· 기부금 : 300,000원

① 10,000,000원

② 6,000,000원

③ 4,500,000원

④ 4,300,000원

정답 및 해설

01 ① · 매출총이익률 = (매출액 − 매출원가) ÷ 매출액
　　　→ 20% = (800,000 − ?) ÷ 800,000
　　　∴ 매출원가 = 640,000원
　　· 매출원가 = 기초재고 + 당기매입 − 장부상 기말재고
　　　→ 640,000 = 80,000 + 1,020,000 − ?
　　　∴ 장부상 기말재고 = 460,000원
　　· 실제 기말재고 = 장부상 기말재고 − 유실된 금액
　　　→ 100,000 = 460,000 − ?
　　　∴ 유실된 금액 = 360,000원

02 ② · 당기순매입액 = 당기총매입액 − 매입환출 − 매입에누리 − 매입할인
　　　　　　　　 = 270,000 − 50,000 − 30,000 − 0
　　　　　　　　 = 190,000원
　　· 타계정대체가 있을 때 상품매출원가 = (기초재고 + 당기순매입액 − 실제 기말재고) − 타계정대체
　　　　　　　　 = (150,000 + 190,000 − 30,000) − 20,000
　　　　　　　　 = 290,000원

03 ④ ① 감가상각비(판관비), ② 급여(판관비), ③ 대손상각비(판관비), ④ 유형자산처분손실(영업외비용)

04 ③ · 이자수익(영업외수익), 기부금(영업외비용)
　　· 판매비와관리비 = 급여 + 소모품비 + 감가상각비 + 기업업무추진비 + 세금과공과
　　　　　　　 = 2,000,000 + 2,000,000 + 800,000 + 500,000 + 200,000 = 5,500,000원
　　· 영업이익 = 매출액 − 매출원가 − 판매비와관리비
　　　　　　 = 30,000,000 − 20,000,000 − 5,500,000 = 4,500,000원

05 재화의 판매로 인한 수익인식요건에 대한 설명으로 옳지 <u>않은</u> 것은? [제90회]

① 수익금액을 신뢰성 있게 측정할 수 있다.
② 판매자는 판매한 재화에 대하여 소유권이 있을 때 통상적으로 행사하는 정도의 관리나 효과적인 통제를 할 수 없다.
③ 재화의 소유에 따른 유의적인 위험과 보상이 판매자에게 있다.
④ 거래와 관련하여 발생했거나 발생할 원가를 신뢰성 있게 측정할 수 있다.

06 다음의 거래형태별 수익인식기준 중 잘못된 것은? [제80회]

① 위탁판매 : 위탁자가 수탁자에게 물건을 인도하는 시점
② 시용판매 : 고객이 구매의사를 표시하는 시점
③ 상품권 판매 : 상품권을 회수하고 재화를 인도하는 시점
④ 일반적인 상품 및 제품판매 : 인도하는 시점

07 거래처로부터 6월 10일에 상품주문을 받아서 6월 28일에 인도하였으며, 대금 중 절반은 6월 30일에 현금으로 받았고, 나머지는 7월 2일에 현금으로 받았다. 이러한 상품 판매의 수익인식시점은 언제인가? [제22회]

① 6월 10일   ② 6월 28일   ③ 6월 30일   ④ 7월 2일

08 다음 중 용역 제공에 따른 수익을 진행기준으로 인식하기 위한 요건으로 옳지 않은 것은?

[제47회]

① 재화의 소유에 따른 유의적인 위험과 보상이 구매자에게 이전될 것
② 경제적 효익의 유입가능성이 매우 높을 것
③ 진행률을 신뢰성 있게 측정할 수 있을 것
④ 이미 발생한 원가 및 거래의 완료를 위하여 투입하여야 할 원가를 신뢰성 있게 측정할 수 있을 것

09 용역 제공의 거래형태별 수익인식기준과 관련하여 다음 중 옳은 것은? [제29회]

① 광고제작사 등의 광고제작수수료는 관련 용역이 모두 완료되는 시점에 수익을 인식한다.
② 수강료는 현금주의에 따라 수익을 인식한다.
③ 주문 개발하는 소프트웨어의 대가로 받는 수수료는 진행기준에 따라 수익을 인식한다.
④ 예술공연 등의 행사에서 받는 입장료는 입장권을 발매하는 시점에 수익을 인식한다.

05 ③ 재화의 소유에 따른 유의적인 위험과 보상이 구매자에게 이전된다.

06 ① 위탁판매 : 수탁자가 적송품을 판매하는 시점

07 ② 일반적인 상품 및 제품판매 : 인도하는 시점

08 ① '재화의 소유에 따른 유의적인 위험과 보상이 구매자에게 이전될 것'은 재화 판매의 수익인식요건에 해당한다.

09 ③ ① 광고제작사 등의 광고제작수수료는 진행기준에 따라 수익을 인식한다.
　　② 수강료는 강의 기간 동안 발생기준에 따라 수익을 인식한다.
　　④ 예술공연 등의 행사에서 받는 입장료는 행사가 개최되는 시점에 수익을 인식한다.

01 개요

기중의 회계처리만으로는 자산·부채·자본·수익·비용을 정확하게 나타낼 수 없기 때문에, 기말 결산 때 각 계정의 실제 잔액을 파악하여 총계정원장의 잔액이 실제 잔액과 일치하도록 조정해주는 분개를 하는데, 이를 기말수정분개(또는 결산정리분개)라고 한다.

기말수정분개에 해당하는 대표적인 항목은 다음과 같다.

- 수익·비용의 발생과 이연
- 소모품의 정리
- 부가세예수금·부가세대급금의 정리
- 마이너스 통장의 정리
- 현금과부족의 정리
- 가지급금·가수금의 정리
- 화폐성 외화자산·부채의 환산
- 단기매매증권의 평가
- 매도가능증권의 평가
- 비유동부채의 유동성 대체
- 퇴직급여충당부채의 설정
- 대손충당금의 설정
- 감가상각비의 계상
- 매출원가의 계상
- 법인세비용의 계상

(1) 수익의 발생(미수수익)

당기에 속하는 수익이지만 결산일까지 회수되지 않은 금액을 당기의 수익으로 인식한다.

(차) 미수수익 (자산)	xxx	(대) 해당 수익 계정	xxx

[사례]　당기 결산 시 : 20x1년 12월 31일 기말 결산일 현재 은행예금에 대한 당기분 이자 미수액 40,000원을 수익으로 계상하다. (이자수령일은 다음 연도 1월 2일이다)

20x1. 12. 31.　(차) 미수수익　　　40,000　　　(대) 이자수익　　　40,000

실제 입금 시 : 20x2년 1월 2일 은행예금에 대한 전년도분 이자 40,000원이 보통예금 계좌로 입금되었다.

20x2. 1. 2.　(차) 보통예금　　　40,000　　　(대) 미수수익　　　40,000

(2) 비용의 발생(미지급비용)

당기에 속하는 비용이지만 결산일까지 지급되지 않은 금액을 당기의 비용으로 인식한다.

(차) 해당 비용 계정	xxx	(대) 미지급비용(부채)	xxx

[사례]　당기 결산 시 : 20x1년 12월 31일 기말 결산일 현재 은행차입금에 대한 당기분 이자 미지급액 100,000원을 비용으로 계상하다. (이자지급일은 다음 연도 1월 2일이다)

20x1. 12. 31.　(차) 이자비용　　　100,000　　　(대) 미지급비용　　　100,000

실제 지급 시 : 20x2년 1월 2일 은행차입금에 대한 전년도분 이자 100,000원을 보통예금 계좌에서 이체하여 지급하였다.

20x2. 1. 2.　(차) 미지급비용　　　100,000　　　(대) 보통예금　　　100,000

참고　미지급금 vs 미지급비용

실무에서 미지급금과 미지급비용은 구분이 모호한 경우가 많다. 또한, 분개를 작성해야 하는 시험에서도 두 계정과목이 모두 정답으로 인정되는 경우가 많다.

수험목적으로는 기말수정분개 및 관련 분개일 때에는 미지급비용 계정과목으로, 그 외에는 미지급금 계정과목으로 회계처리하면 된다.

(3) 수익의 이연(선수수익)

당기에 이미 받은 금액 중에서 차기에 속하는 부분을 계산하여 당기의 수익에서 차감한다. (즉, 차기의 수익으로 이연시킨다)

<table>
<tr><td colspan="4" align="center">기중에 수령액을 전액 수익으로 처리한 경우 기말수정분개</td></tr>
<tr><td>(차) 해당 수익 계정</td><td>xxx</td><td>(대) 선수수익(부채)</td><td>xxx</td></tr>
</table>

[사례] 기중 입금 시 : 20x1년 6월 1일 1년분(20x1. 6. 1.~20x2. 5. 31.) 임대료 120,000원을 현금으로 미리 받고 전액 수익으로 계상하였다.

20x1. 6. 1.	(차) 현금	120,000	(대) 임대료	120,000

기말 결산 시 : 기중 회계처리에서 계상되어 있는 임대료 계정 120,000원 중 50,000원은 다음 연도 해당분 임대료임을 확인하였다. (단, 월할 계산한다)

20x1. 12. 31.	(차) 임대료	50,000	(대) 선수수익	50,000[1)

[1)] · 120,000원 × (5개월/12개월) = 50,000원
· 임대료 수령액 중 최종 재무제표에 당기 수익(임대료 계정)으로 표시되는 금액 = 70,000원

<table>
<tr><td colspan="4" align="center">기중에 수령액을 전액 부채로 처리한 경우 기말수정분개</td></tr>
<tr><td>(차) 선수수익 (부채)</td><td>xxx</td><td>(대) 해당 수익 계정</td><td>xxx</td></tr>
</table>

[사례] 기중 입금 시 : 20x1년 6월 1일 1년분(20x1. 6. 1.~20x2. 5. 31.) 임대료 120,000원을 현금으로 미리 받고 전액 부채로 계상하였다.

20x1. 6. 1.	(차) 현금	120,000	(대) 선수수익	120,000

기말 결산 시 : 기중 회계처리에서 계상되어 있는 선수수익 계정 120,000원 중 50,000원이 다음 연도 해당분 임대료임을 확인하였다. (단, 월할 계산한다)

20x1. 12. 31.	(차) 선수수익	70,000	(대) 임대료	70,000[1)

[1)] 임대료 수령액 중 최종 재무제표에 당기 수익(임대료 계정)으로 표시되는 금액 = 70,000원

(4) 비용의 이연(선급비용)

당기에 이미 지급한 금액 중에서 차기에 속하는 부분을 계산하여 당기의 비용에서 차감한다. (즉, 차기의 비용으로 이연시킨다)

기중에 지급액을 전액 비용으로 처리한 경우 기말수정분개

(차) 선급비용(자산)	xxx	(대) 해당 비용 계정	xxx

[사례] 기중 지급 시 : 20x1년 10월 1일 1년분(20x1. 10. 1.~20x2. 9. 30.) 보험료 240,000원을 현금으로 미리 지급하고 전액 비용으로 계상하였다.

20x1. 10. 1.	(차) 보험료	240,000	(대) 현금	240,000

기말 결산 시 : 기중 회계처리에서 계상되어 있는 보험료 계정 240,000원 중 180,000원은 다음 연도 해당분 보험료임을 확인하였다. (단, 월할 계산한다)

20x1. 12. 31.	(차) 선급비용	180,000[1]	(대) 보험료	180,000

---

[1] ·240,000원 × (9개월/12개월) = 180,000원
  ·보험료 지급액 중 최종 재무제표에 당기 비용(보험료 계정)으로 표시되는 금액 = 60,000원

기중에 지급액을 전액 자산으로 처리한 경우 기말수정분개

(차) 해당 비용 계정	xxx	(대) 선급비용(자산)	xxx

[사례] 기중 지급 시 : 20x1년 10월 1일 1년분(20x1. 10. 1.~20x2. 9. 30.) 보험료 240,000원을 현금으로 미리 지급하고 전액 자산으로 계상하였다.

20x1. 10. 1.	(차) 선급비용	240,000	(대) 현금	240,000

기말 결산 시 : 기중 회계처리에서 계상되어 있는 선급비용 계정 240,000원 중 180,000원이 다음 연도 해당분 보험료임을 확인하였다. (단, 월할 계산한다)

20x1. 12. 31.	(차) 보험료	60,000[1]	(대) 선급비용	60,000

---

[1] 보험료 지급액 중 최종 재무제표에 당기 비용(보험료 계정)으로 표시되는 금액 = 60,000원

기중에 소모성 사무용품 등을 구입할 때, 지출액을 전액 비용(소모품비 계정)으로 처리하는 경우도 있고 전액 자산(소모품 계정)으로 처리하는 경우도 있다.

기말 결산일에는 구입한 소모품을 사용액과 미사용액으로 구분하여, 최종 재무제표에 사용액은 당기 비용으로, 미사용액은 자산으로 표시되도록 하는 기말수정분개를 한다.

기중에 지출액을 전액 비용으로 처리한 경우 기말수정분개			
(차) 소모품 (자산)	xxx	(대) 소모품비 (비용)	xxx

[사례]　기중 구입 시 : 20x1년 9월 1일 소성 사무용품 100,000원을 현금으로 구입하고 전액 비용으로 계상하였다.

20x1. 9. 1.　(차) 소모품비　　100,000　　(대) 현금　　100,000

기말 결산 시 : 기중 회계처리에서 계상한 소모품비 계정 100,000원 중에서 12월 31일 기말 현재 미사용액은 40,000원이고 당기 사용액은 60,000원인 것으로 확인하였다.

20x1. 12. 31.　(차) 소모품　　40,000[1)]　　(대) 소모품비　　40,000

[1)] · 전액 비용으로 처리되었던 소모품 구입액 중 당기 미사용 잔액 40,000원을 자산으로 대체한다.
　　· 소모품 구입액 중 최종 재무제표에 당기 비용(소모품비 계정)으로 표시되는 금액 = 60,000원

기중에 지출액을 전액 자산으로 처리한 경우 기말수정분개			
(차) 소모품비 (비용)	xxx	(대) 소모품 (자산)	xxx

[사례]　기중 구입 시 : 20x1년 9월 1일 소성 사무용품 100,000원을 현금으로 구입하고 전액 자산으로 계상하였다.

20x1. 9. 1.　(차) 소모품　　100,000　　(대) 현금　　100,000

기말 결산 시 : 기중 회계처리에서 계상한 소모품비 계정 100,000원 중에서 12월 31일 기말 현재 미사용액은 40,000원이고 당기 사용액은 60,000원인 것으로 확인하였다.

20x1. 12. 31.　(차) 소모품비　　60,000[1)]　　(대) 소모품　　60,000

[1)] · 전액 자산으로 처리되었던 소모품 구입액 중 당기 사용액 60,000원을 비용으로 대체한다.
　　· 소모품 구입액 중 최종 재무제표에 당기 비용(소모품비 계정)으로 표시되는 금액 = 60,000원

부가세예수금이란 외부에 재화나 용역을 공급하고 거래징수한 부가가치세로서 매출세액으로 납부하여야 하는 것을 말하며, 부채에 해당한다.

부가세대급금이란 외부로부터 재화나 용역을 구입할 때 부담하는 부가가치세로서 매입세액공제를 받을 수 있는 것을 말하며, 자산에 해당한다.

기업은 부가가치세법 규정에 따라 일정 기간마다 매출세액(부가세예수금)과 매입세액(부가세대급금)을 정리하는 분개를 한다.

매출세액이 매입세액보다 큰 경우에는 납부세액을 미지급세금 계정(부채)으로 회계처리하고, 매출세액이 매입세액보다 작은 경우에는 환급세액을 미수금 계정(자산)으로 회계처리한다.

(차) 부가세예수금	xxx	(대) 부가세대급금	xxx
		미지급세금	xxx

[사례] 상품 매입 : 10월 15일 상품을 100,000원(부가가치세 별도)에 현금 매입하였다.

20x1. 10. 15. (차) 상품	100,000	(대) 현금	110,000
부가세대급금	10,000		

상품 매출 : 11월 25일 상품을 150,000원(부가가치세 별도)에 현금 판매하였다.

20x1. 11. 25. (차) 현금	165,000	(대) 상품매출	150,000
		부가세예수금	15,000

기말 결산 시 : 장부에 기록되어 있는 부가가치세 2기 확정신고기간(10월~12월)의 매출세액(부가세예수금)은 15,000원이고 매입세액(부가세대급금)은 10,000원이다.

20x1. 12. 31. (차) 부가세예수금	15,000	(대) 부가세대급금	10,000
		미지급세금	5,000

실제 납부 시 : 20x2년 1월 25일, 부가가치세 2기 확정신고기간(10월~12월)의 납부세액을 현금으로 납부하였다.

20x2. 1. 25. (차) 미지급세금	5,000	(대) 현금	5,000

기업은 원칙적으로 보통예금에 대하여 잔고 범위 내에서만 돈을 인출할 수 있다. 그러나 신용거래의 일환으로, 예금 잔액이 부족하더라도 일정 한도까지는 금액을 인출할 수 있도록 은행과 약정을 맺을 수 있는데, 이를 흔히 마이너스 통장이라고 부른다.

기말 결산 시 마이너스 통장에서 보통예금 잔액을 초과하여 인출된 금액이 있는 경우, 이는 은행으로부터 일시적으로 차입한 금액에 해당하므로 부채로 분류되는 단기차입금 계정으로 대체한다.

(차) 보통예금	xxx	(대) 단기차입금	xxx

[사례] 당사의 보통예금은 마이너스 통장이다. 기말 결산일 현재 보통예금 차변 잔액이 (−)1,500,000원이므로 이를 단기차입금 계정으로 대체하였다.

20x1. 12. 31.　(차) 보통예금　1,500,000　(대) 단기차입금　1,500,000

(1) 현금과부족의 정리

현금과부족은 장부상 현금 잔액과 금고에 있는 실제 현금 잔액이 일치하지 않을 경우 그 원인이 밝혀질 때까지 임시적으로 사용하는 계정과목이다. 기말 결산 때까지 현금과부족의 원인이 밝혀지지 않을 경우에는 현금과부족 계정을 잡이익 계정(수익)이나 잡손실 계정(비용)으로 대체한다.

현금과잉의 원인이 기말 결산 때까지 밝혀지지 않을 경우

(차) 현금과부족	xxx	(대) 잡이익	xxx

[사례] 현금과잉 발생 : 20x1년 11월 1일 현재 장부상 현금 잔액은 50,000원이나 금고에 있는 실제 현금 잔액은 60,000원이다.

20x1. 11. 1.	(차) 현금	10,000	(대) 현금과부족	10,000

기말 결산 시 : 12월 31일 기말 결산 시까지 현금과잉액 10,000원의 원인이 밝혀지지 않았다.

20x1. 12. 31.	(차) 현금과부족	10,000	(대) 잡이익	10,000

현금부족의 원인이 기말 결산 때까지 밝혀지지 않을 경우

(차) 잡손실	xxx	(대) 현금과부족	xxx

[사례] 현금부족 발생 : 20x1년 11월 1일 현재 장부상 현금 잔액은 50,000원이나 금고에 있는 실제 현금 잔액은 43,000원이다.

20x1. 11. 1.	(차) 현금과부족	7,000	(대) 현금	7,000

기말 결산 시 : 12월 31일 기말 결산 시까지 현금부족액 7,000원의 원인이 밝혀지지 않았다.

20x1. 12. 31.	(차) 잡손실	7,000	(대) 현금과부족	7,000

---

(2) 가지급금·가수금의 정리

가지급금 또는 가수금은 금전을 지급 또는 수취하였으나 그 내용이 확정되지 않았을 경우 그 내용이 확정될 때까지 임시적으로 사용하는 계정과목이다. 이들은 미결산항목에 해당하므로 기말 결산 때까지는 반드시 적절한 계정과목으로 대체하여 최종 재무제표에는 나타나지 않도록 하여야 한다.

① 가지급금

(차) [계정명]	xxx	(대) 가지급금	xxx

[사례] 가지급 시 : 20x1년 10월 15일 영업사원에게 출장을 명하고 출장비 예상액 50,000원을 현금으로 지급하였다.

20x1. 10. 15.	(차) 가지급금	50,000	(대) 현금	50,000

기말 결산 시 : 12월 31일 출장 후 복귀한 영업사원으로부터 어림잡아 지급했던 금액 50,000원 중 40,000원은 교통비 및 숙박비 지출증빙을 제출받아 확인하고 남은 금액 10,000원은 반환받았다.

20x1. 12. 31.	(차) 여비교통비	40,000	(대) 가지급금	50,000
	현금	10,000		

② 가수금

(차) 가수금	xxx	(대) [계정명]	xxx

[사례] 가수취 시 : 20x1년 10월 15일 내용을 알 수 없는 보통예금 10,000원을 계좌이체 받았다.

20x1. 10. 15.	(차) 보통예금	10,000	(대) 가수금	10,000

기말 결산 시 : 12월 31일 원인 불명으로 계좌이체 받았던 보통예금 10,000원이 외상매출금의 회수였던 것으로 밝혀졌다.

20x1. 12. 31.	(차) 가수금	10,000	(대) 외상매출금	10,000

(3) 화폐성 외화자산·부채의 환산

기말 현재 회사가 보유하고 있는 화폐성 외화자산·부채는 결산일 현재 환율로 환산한다.

① 외화자산

기말 환산액 > 환산 전 장부금액 : 외화환산이익

| (차) 해당 외화자산 계정 | xxx | (대) 외화환산이익 | xxx |

기말 환산액 < 환산 전 장부금액 : 외화환산손실

| (차) 외화환산손실 | xxx | (대) 해당 외화자산 계정 | xxx |

[사례] 20x1년 10월 20일에 미국에 있는 고객사에 상품 500달러($)를 외상으로 수출하고 외상매출금 500,000원을 계상하였다. 20x1년 12월 31일 결산일 현재 환율은 1,100원/$이다.

| 20x1. 12. 31. (차) 외상매출금 | 50,000 | (대) 외화환산이익 | 50,000[1] |

[1] 기말 환산액 − 환산 전 장부금액
= ($500 × @1,100원) − 500,000원 = 50,000원

② 외화부채

기말 환산액 > 환산 전 장부금액 : 외화환산손실

| (차) 외화환산손실 | xxx | (차) 해당 외화부채 계정 | xxx |

기말 환산액 < 환산 전 장부금액 : 외화환산이익

| (차) 해당 외화부채 계정 | xxx | (대) 외화환산이익 | xxx |

[사례] 20x1년 10월 20일에 미국에 있는 공급처로부터 상품 300달러($)를 외상으로 매입하고 외상매입금 300,000원을 계상하였다. 20x1년 12월 31일 결산일 현재 환율은 1,200원/$ 이다.

| 20x1. 12. 31. (차) 외화환산손실 | 60,000[2] | (대) 외상매입금 | 60,000 |

[2] 기말 환산액 − 환산 전 장부금액
= ($300 × @1,200원) − 300,000원 = 60,000원 (부채이므로 외화환산손실)

(4) 단기매매증권의 평가

단기매매증권을 취득하여 기말 현재 보유하고 있는 경우에는 이를 기말 공정가치(시가)로 평가한다.

기말 공정가치 > 평가 전 장부금액 : 단기매매증권평가이익			
(차) 단기매매증권	xxx	(대) 단기매매증권평가이익	xxx

[사례] 당기중에 단기매매차익을 목적으로 매입가액 10,000원에 취득한 주식의 기말(12월 31일) 공정가치가 12,000원으로 상승하였다.

20x1. 12. 31. (차) 단기매매증권	2,000	(대) 단기매매증권평가이익	2,000

기말 공정가치 < 평가 전 장부금액 : 단기매매증권평가손실			
(차) 단기매매증권평가손실	xxx	(대) 단기매매증권	xxx

[사례] 당기중에 단기매매차익을 목적으로 매입가액 10,000원에 취득한 채권의 기말(12월 31일) 공정가치가 9,000원으로 하락하였다.

20x1. 12. 31. (차) 단기매매증권평가손실	1,000	(대) 단기매매증권	1,000

(5) 매도가능증권의 평가

매도가능증권을 취득하여 기말 현재 보유하고 있는 경우에는 이를 기말 공정가치(시가)로 평가한다.

기말 공정가치 > 평가 전 장부금액 : 매도가능증권평가이익			
(차) 매도가능증권	xxx	(대) 매도가능증권평가이익 (기타포괄손익누계액)	xxx

[사례] 20x1년 3월 장기투자 목적으로 10,000원에 취득한 주식 A의 20x1년 기말(12월 31일) 공정가치가 12,000원으로 상승하였다.

20x1. 12. 31. (차) 매도가능증권	2,000[1]	(대) 매도가능증권평가이익 (기타포괄손익누계액)	2,000[2]

[1] 기말 공정가치 − 평가 전 장부금액 = 12,000 − 10,000 = 2,000원

[2] 20x1년 기말 재무상태표에서 자산 항목인 매도가능증권 계정의 차변 잔액과 자본 항목인 매도가능증권평가이익 계정의 대변 잔액을 차변에서 집계하여 보면 취득원가가 된다.

재무상태표

자산		부채	
		자본	
매도가능증권	12,000	매도가능증권평가이익	2,000

차변 집계 결과

매도가능증권 (자산)	12,000
매도가능증권평가이익 (기타포괄손익누계액)	(2,000)
취득원가 (차변 집계금액)	10,000

<table>
<tr><td colspan="4" align="center">기말 공정가치 < 평가 전 장부금액 : 매도가능증권평가손실</td></tr>
<tr><td>(차) 매도가능증권평가손실
(기타포괄손익누계액)</td><td>xxx</td><td>(대) 매도가능증권</td><td>xxx</td></tr>
</table>

[사례] 장기투자 목적으로 20x1년 3월 취득했던 주식 A(취득원가 10,000원, 20x1년 기말 공정가치 12,000원, 장부금액 12,000원)의 20x2년 기말(12월 31일) 공정가치가 9,000원으로 하락하였다.

20x2. 12. 31.	(차) 매도가능증권평가이익 (기타포괄손익누계액)	2,000	(대) 매도가능증권	3,000[1]
	매도가능증권평가손실 (기타포괄손익누계액)	1,000[2]		

[1] 기말 공정가치 − 평가 전 장부금액 = 9,000 − 12,000 = (−)3,000원

[2] 20x2년 기말 재무상태표에서 자산 항목인 매도가능증권 계정의 차변 잔액과 자본 항목인 매도가능증권평가손실 계정의 차변 잔액을 차변에서 집계하여 보면 취득원가가 된다.

재무상태표

자산	부채
	자본
매도가능증권　　　　　9,000	매도가능증권평가손실　 (1,000)

차변 집계 결과

매도가능증권 (자산)	9,000
매도가능증권평가손실 (기타포괄손익누계액)	1,000
취득원가 (차변 집계금액)	10,000

(6) 비유동부채의 유동성 대체

장기차입금 등 비유동부채 중에서 당기 결산일을 기준으로 1년 이내에 만기가 도래하는 부채가 있는 경우, 결산 시 이를 비유동부채에서 유동부채(유동성장기부채 계정)로 대체한다.

(차) 장기차입금	xxx	(대) 유동성장기부채	xxx

[사례] 20x2년 12월 31일 결산일 현재 장기차입금 300,000원(차입기간 : 20x1. 4. 1.~20x3. 3. 31.)의 상환기일이 내년으로 도래하였음을 확인하였다.

20x2. 12. 31.	(차) 장기차입금	300,000	(대) 유동성장기부채	300,000

(7) 퇴직급여충당부채의 설정

기말 현재 퇴직금추계액을 구하고 이 금액이 기말 재무상태표상 퇴직급여충당부채 잔액이 되도록 퇴직급여충당부채를 추가설정(전입) 한다.

(차) 퇴직급여	xxx	(대) 퇴직급여충당부채	xxx

[사례] 20x1년 12월 31일 결산일 현재 전 종업원이 일시에 퇴사할 경우 지급해야 할 퇴직금은 1,300,000원으로 예상되었다. 당기 설정 전 장부상 퇴직급여충당부채 잔액은 800,000원이다.

20x1. 12. 31. (차) 퇴직급여	500,000	(대) 퇴직급여충당부채	500,000[1]

[1] 1,300,000 − 800,000 = 500,000원

(8) 대손충당금의 설정

기말 현재 회사가 보유하고 있는 수취채권에 대하여 각 계정별로 대손추산액을 구하고, 이 금액이 기말 재무상태표상 대손충당금 잔액이 되도록 대손충당금을 추가설정 또는 환입한다.

대손추산액 > 외상매출금, 받을어음의 기 설정 대손충당금

(차) 대손상각비	xxx	(대) 대손충당금	xxx
(판매비와관리비)			

[사례] 20x1년 12월 31일 결산일 현재 외상매출금 잔액은 500,000원이다. 외상매출금에 대한 대손추정률이 1%이고 전기로부터 이월된 대손충당금 잔액이 3,000원 남아 있을 때, 기말 결산 시 대손충당금을 보충법으로 회계처리하였다.

20x1. 12. 31. (차) 대손상각비	2,000	(대) 대손충당금	2,000[1]

[1] (500,000원 × 1%) − 3,000원 = 2,000원

대손추산액 > 미수금, 대여금의 기 설정 대손충당금

(차) 기타의대손상각비	xxx	(대) 대손충당금	xxx
(영업외비용)			

[사례] 20x1년 12월 31일 결산일 현재 미수금 잔액은 150,000원이다. 미수금에 대한 대손추정률이 2%이고 전기로부터 이월된 대손충당금 잔액이 없을 때, 기말 결산 시 대손충당금을 보충법으로 회계처리하였다.

20x1. 12. 31. (차) 기타의대손상각비	3,000	(대) 대손충당금	3,000[1]

[1] (150,000원 × 2%) − 0원 = 3,000원

대손추산액 < 외상매출금, 받을어음의 기 설정 대손충당금			
(차) 대손충당금	xxx	(대) 대손충당금환입	xxx
		(판매비와관리비의 차감항목)	

[사례] 20x1년 12월 31일 결산일 현재 외상매출금 잔액은 600,000원이다. 외상매출금에 대한 대손추정률이 1.5%이고 전기로부터 이월된 대손충당금 잔액이 10,000원 남아 있을 때, 기말 결산 시 대손충당금을 보충법으로 회계처리하였다.

20x1. 12. 31. (차) 대손충당금　　1,000[1]　　(대) 대손충당금환입　　1,000

[1] (600,000원 × 1.5%) − 10,000원 = (−)1,000원

대손추산액 < 미수금, 대여금의 기 설정 대손충당금			
(차) 대손충당금	xxx	(대) 대손충당금환입	xxx
		(영업외수익)	

[사례] 20x1년 12월 31일 결산일 현재 미수금 잔액은 500,000원이다. 미수금에 대한 대손추정률이 1%이고 전기로부터 이월된 대손충당금 잔액이 6,000원 남아 있을 때, 기말 결산 시 대손충당금을 보충법으로 회계처리하였다.

20x1. 12. 31. (차) 대손충당금　　1,000[1]　　(대) 대손충당금환입　　1,000

[1] (500,000원 × 1%) − 6,000원 = (−)1,000원

(9) 감가상각비의 계상

기말 현재 보유하고 있는 유형자산과 무형자산에 대하여 각 계정별로 당기 감가상각비와 당기 상각비를 계산하여 비용으로 인식한다.

(차) 감가상각비	xxx	(대) 감가상각누계액	xxx

[사례] 20x2년 12월 31일 기말 결산 시 유형자산인 기계장치에 대하여 당기 감가상각비를 인식하려고 한다. 동 기계장치는 전기인 20x1년 1월 1일에 1,000,000원에 취득한 것으로서, 총내용연수는 4년, 잔존가치는 100,000원, 감가상각방법은 정액법이다.

20x2. 12. 31. (차) 감가상각비　　225,000[1]　　(대) 감가상각누계액　　225,000

[1] $(\text{취득원가} - \text{잔존가치}) \times \dfrac{1}{\text{총내용연수}} = (1{,}000{,}000원 - 100{,}000원) \times \dfrac{1}{4} = 225{,}000원$

(10) 매출원가의 계상

기말 결산 시 실지재고조사를 통하여 기말상품재고액을 파악한 후 이를 장부상 판매가능상품 금액에서 차감하여 상품매출원가를 계산하고 비용으로 인식한다.

장부상 기말재고와 실제 기말재고 간에 차이가 있는 경우, 정상적인 재고자산감모손실은 상품매출원가 계정(매출원가)으로, 비정상적인 재고자산감모손실은 재고자산감모손실 계정(영업외비용)으로, 재고자산평가손실은 상품매출원가 계정(매출원가)으로 회계처리한다.

장부상 기말재고에 의한 매출원가					
(차) 상품매출원가		xxx	(대) 상품		xxx
정상적인 감모손실					
(차) 상품매출원가		xxx	(대) 상품		xxx
비정상적인 감모손실					
(차) 재고자산감모손실 (영업외비용)		xxx	(대) 상품		xxx
재고자산평가손실					
(차) 상품매출원가		xxx	(대) 상품평가충당금		xxx

[사례] 상기업인 A사의 20x1년 12월 31일 결산일 현재 상품과 관련한 자료가 다음과 같을 때 기말수정분개를 하여 보자. (단, 일반기업회계기준에 따라 회계처리를 하며, 해당 상품의 특성상 수량 감소분 중 60%는 정상적인 범위인 것으로 가정함)

- 기초상품재고액 : 1,000원
- 당기상품매입액 : 60,000원
- 기말상품 내액

구 분	수 량	단 가	금 액
장부상 기말재고	200개	@20원	4,000원
재고실사 결과	100개	@20원	2,000원

20x1. 12. 31.	(차) 재고자산감모손실	800[1]	(대) 상품	800
			(적요 8. 타계정으로 대체액)	
20x1. 12. 31.	(차) 상품매출원가	58,200[2]	(대) 상품	58,200

[1] · 총감모손실 = (장부상 수량 − 실제 수량) × 장부상 단가
　　　　　　 = (200개 − 100개) × @20원 = 2,000원

　 · 정상적인 감모손실 = 정상적인 감모수량 × 장부상 단가
　　　　　　　　　　 = (100개 × 60%) × @20원 = 1,200원

　 · 비정상적인 감모손실 = 총감모손실 − 정상감모손실
　　　　　　　　　　　 = 2,000 − 1,200 = 800원

[2] ・ (방법1)

상품매출원가 = 장부상 기말재고에 의한 매출원가 + 정상감모손실 + 재고자산평가손실
= (기초재고 + 당기매입 − 기중의 타계정대체 − 장부상 기말재고) + 정상감모손실 + 재고자산평가손실
= (1,000 + 60,000 − 0 − 4,000) + 1,200 + 0
= 57,000 + 1,200 + 0
= 58,200원
・ (방법2)

상품매출원가 = (기초재고 + 당기매입 − 실제 기말재고) − 타계정대체
= (기초재고 + 당기매입 − 실제 기말재고) − 기중의 타계정대체 − 비정상감모손실
= (1,000 + 60,000 − 2,000) − (0 + 800)
= (61,000 − 2,000) − 0 − 800
= 58,200원

(11) 법인세비용의 계상

기말 결산 시 법인세비용차감전순이익에 대하여 회사가 납부하여야 하는 법인세부담액(법인세비용)을 계산하여 비용으로 인식하고, 법인세부담액에서 회계연도 중에 미리 납부한 중간예납세액 및 원천납부세액 금액(선납세금)을 차감하여 법인세부담액 중 아직 납부하지 않은 금액(미지급세금)을 구하고 이를 부채로 인식한다.

| (차) 법인세등[1] | xxx | (대) 선납세금 | xxx |
| | | 미지급세금 | xxx |

[사례] 20x1년 12월 31일, 기말 결산 시 법인세비용차감전순이익에 대한 법인세 추산액은 1,200,000 원이다. 법인세 중간예납세액과 원천납부세액은 장부상 선납세금 501,540원으로 계상되어 있다.

| 20x1. 12. 31. (차) 법인세등 | 1,200,000 | (대) 선납세금 | 501,540 |
| | | 미지급세금 | 698,460 |

[1] KcLep 프로그램에서는 '법인세비용' 대신 '법인세등' 계정과목을 사용한다.

기출분개연습

* 기출문제 날짜는 학습효과를 높이기 위해 일부 수정하였으며, ㈜연습산업(코드번호 : 0301) 데이터를 사용하여 연습할 수 있습니다.

01 아래의 자료에 근거하여 정기예금에 대한 당기분 경과이자를 회계처리 하시오. [제94회]

> - 예금금액 : 300,000,000원
> - 연 이자율 : 1%(월할 계산할 것)
> - 가입기간 : 올해 4. 1.~내년 3. 31.
> - 이자수령시점 : 만기일(내년 3. 31.)에 일시불 수령

02 올해 5월 1일 하나은행으로부터 3억 원을 연 4%의 이자율로 1년간 차입하였다. 이자는 원금상환과 함께 1년 후에 보통예금에서 지급할 예정이다. (단, 월할 계산할 것) [제96회]

03 9월 1일 사무실 건물 중 일부를 12개월간 임대(임대기간 : 올해 9. 1.~내년 8. 31.)하고, 12개월분 임대료 12,000,000원 전액을 수령하여 임대료(영업외수익)로 회계처리하였다. (부가가치세는 고려하지 않으며, 월할 계산할 것) [제56회]

04 10월 1일에 영업부서에서 납부한 자동차보험료(보험계약기간 : 올해 10. 1.~내년 9. 30.) 1,200,000원에 대하여 모두 보험료 계정으로 회계처리하였다. (월할 계산할 것) [제54회]

05 영업부서에서 월간기술지를 6개월 정기구독(정기구독기간 : 올해 12. 1.~내년 5. 31.)하고 구독료 900,000원을 12월 1일에 전액 지급하고 선급비용으로 회계처리하였다. (월할 계산할 것) [제66회]

06 당사는 광고 선전 목적으로 구입한 탁상시계를 광고선전비(판관비)로 계상하였으나, 결산 시 미사용분 500,000원을 소모품으로 대체하였다.

[제94회]

정답 및 해설

01 12월 31일 (차) 미수수익 2,250,000 (대) 이자수익 2,250,000[1]
   [1] (300,000,000원 × 연 1%) × (9개월/12개월) = 2,250,000원

02 12월 31일 (차) 이자비용 8,000,000[1] (대) 미지급비용 8,000,000
   [1] (300,000,000원 × 4%) × (8개월/12개월) = 8,000,000원

03 12월 31일 (차) 임대료 8,000,000[1] (대) 선수수익 8,000,000
   [1] 12,000,000원 × (8개월/12개월) = 8,000,000원
   (→ 임대료 수령액 중 당기 수익(임대료)으로 계상되는 금액 = 4,000,000원)

   참고 if 기중 임대료 수령 시 12,000,000원을 전액 수익(임대료)이 아니라 부채(선수수익)으로 처리한 경우라면, 기말수정분개는 아래와 같다.
   12월 31일 (차) 선수수익 4,000,000 (대) 임대료 4,000,000[2]
   [2] 12,000,000원 × (4개월/12개월) = 4,000,000원
   (→ 임대료 수령액 중 당기 수익(임대료)으로 계상되는 금액 = 4,000,000원)

04 12월 31일 (차) 선급비용 900,000 (대) 보험료(판관비) 900,000[1]
   [1] 1,200,000원 × (9개월/12개월) = 900,000원

05 12월 31일 (차) 도서인쇄비(판관비) 150,000[1] (대) 선급비용 150,000
   [1] 당기 비용으로 계상되는 금액 = 900,000원 × (1개월/6개월) = 150,000원

06 12월 31일 (차) 소모품 500,000 (대) 광고선전비(판관비) 500,000

07 당사는 영업부서에서 사용할 소모품 5,000,000원을 올해 연중에 구입하고 전액 소모품 계정과목으로 회계처리하였는데, 기말에 소모품 잔액을 확인해보니 500,000원이 남아있었다.

[제75회]

08 제2기 확정신고기간의 부가가치세와 관련된 내용이 다음과 같다고 가정한다. 12월 31일 부가세예수금과 부가세대급금을 정리하는 회계처리를 하시오. (단, 납부세액(또는 환급세액)은 미지급세금(또는 미수금)으로, 경감공제세액은 잡이익으로 회계처리할 것)

[제72회]

- 부가가치세 대급금 : 25,000,000원
- 부가가치세 예수금 : 55,000,000원
- 전자신고세액공제 : 10,000원

09 당사는 별빛은행으로부터 1년마다 갱신조건의 마이너스 통장(보통예금)을 개설하였다. 12월 31일 현재 통장잔고는 (−)10,154,000원이다.

[제98회]

10 당기중 현금시재가 부족하여 현금과부족으로 처리했던 130,000원을 결산일에 확인한 결과 내용은 다음과 같았다. (단, 기중에 인식된 현금과부족은 적절히 회계처리되었다고 가정하며, 회계처리 날짜는 결산일로 한다)

[제78회]

내 용	금 액	비 고
영업부 매출 거래처 대표이사의 자녀 결혼 축의금	100,000원	적절한 계정과목 선택
원재료 매입 시 운반비 지급액 누락분(간이영수증 수령)	30,000원	적절한 계정과목 선택

11 독일의 벤스에서 차입한 외화장기차입금 4,500,000원(차입 당시 900원/$)에 대한 결산일 현재의 환율은 1,150원/$이다. (단, 외화장기차입금 계정과목으로 반영할 것)

[제68회]

12 당기말 현재 보유하고 있는 단기매매증권의 내역은 다음과 같다.

[제90회]

주식명	취득일	주식수	전기말 주당 공정가치	당기말 주당 공정가치
㈜갑돌	전년도 12. 30.	1,000주	105,000원	115,000원

정답 및 해설

07 12월 31일 (차) 소모품비(판관비) 4,500,000[1] (대) 소모품 4,500,000

    [1] 당기 비용으로 계상되는 금액 = 5,000,000원 − 500,000원 = 4,500,000원

08 12월 31일 (차) 부가세예수금 55,000,000 (대) 부가세대급금 25,000,000
    잡이익 10,000
    미지급세금 29,990,000

09 12월 31일 (차) 보통예금 10,154,000 (대) 단기차입금(별빛은행) 10,154,000

10 12월 31일 (차) 기업업무추진비(판관비) 100,000 (대) 현금과부족 130,000
    원재료 30,000

11 12월 31일 (차) 외화환산손실 1,250,000[1] (대) 외화장기차입금(벤스) 1,250,000

    [1] ($5,000 × @1,150) − ($5,000 × @900) = 1,250,000원(부채이므로 외화환산손실)

12 12월 31일 (차) 단기매매증권 10,000,000 (대) 단기매매증권평가이익 10,000,000[1]

    [1] (1,000주 × @115,000원) − (1,000주 × @105,000원) = 10,000,000원

13 시장성이 있는 주식인 매도가능증권에 대한 보유내역이 다음과 같다. 20x2년 기말 매도가
능증권 평가에 대한 회계처리를 하시오. [제55회]

> · 20x1년 취득원가 : 2,000,000원
> · 20x1년 기말 공정가치 : 2,200,000원
> · 20x2년 기말 공정가치 : 1,900,000원

14 서울은행으로부터 차입한 장기차입금 중 100,000,000원은 내년 9월 30일에 상환기일이
도래한다. [제99회]

15 퇴직급여충당부채를 설정하기 전 기말 현재 퇴직급여추계액 및 퇴직급여충당부채의 잔액
은 다음과 같다. 퇴직급여충당부채는 퇴직급여추계액의 100%를 설정한다. [제72회]

구 분	퇴직급여추계액	퇴직급여충당부채 잔액
본사 사무직	15,000,000원	6,000,000원

16 당기(20x3년) 결산항목 반영 전에 개발비의 기초 미상각잔액 7,200,000원이 있다. 이는
20x1년 1월 초에 취득한 것으로서 취득 후 즉시 사용하였으며 모든 무형자산은 사용 가능
시점부터 5년간 상각한다. (월할 상각하고, 비용은 판매비와관리비로 분류한다) [제63회]

17 당기분 법인세(지방소득세 포함)가 10,500,000원으로 계산되었다. 단, 회사는 당기 법인세 중간예납세액 4,600,000원을 납부 시점에 법인세등 계정으로 회계처리하였다. 추가 납부할 세금은 미지급세금 계정으로 회계처리한다.

[제63회]

정답 및 해설

13 12월 31일 (차) 매도가능증권평가이익 200,000 (대) 매도가능증권(투자) 300,000
　　　　　　　　 매도가능증권평가손실 100,000[1]

[1] 당기말 재무상태표에서 매도가능증권 계정과 매도가능증권평가손실 계정의 잔액을 차변으로 집계하여 보면 취득원가 금액이 된다.

매도가능증권 (투자자산)	1,900,000
매도가능증권평가손실 (기타포괄손익누계액)	100,000
취득원가 (차변 집계금액)	2,000,000

14 12월 31일 (차) 장기차입금(서울은행) 100,000,000 (대) 유동성장기부채(서울은행) 100,000,000

15 12월 31일 (차) 퇴직급여(판관비) 9,000,000 (대) 퇴직급여충당부채 9,000,000

16 12월 31일 (차) 무형자산상각비(판관비) 2,400,000 (대) 개발비 2,400,000[1]

[1] (전기말 미상각잔액 − 잔존가치) ÷ 기초 현재 잔여내용연수
　 = (7,200,000원 − 0원) ÷ (5년 − 2년) = 2,400,000원

> 참고 무형자산 상각 시, 별도의 언급이 없는 경우 잔존가치는 '0', 상각방법은 '정액법'인 것으로 본다.

17 12월 31일 (차) 법인세등 5,900,000[1] (대) 미지급세금 5,900,000

[1] 10,500,000원 − 4,600,000원 = 5,900,000원
　 (→ 당기 비용(법인세등)으로 계상되는 금액 = 10,500,000원)

> 참고 if 기중 법인세 중간예납세액 납부 시 4,600,000원을 비용(법인세등)이 아니라 자산(선납세금)으로 처리한 경우라면, 기말 수정분개는 아래와 같다.
>
> 12월 31일 (차) 법인세등 10,500,000[2] (대) 선납세금 4,600,000
> 　　　　　　　　　　　　　　　　　 미지급세금 5,900,000

[2] 법인세(지방소득세 포함) 계산 금액 = 10,500,000원
　 (→ 당기 비용(법인세등)으로 계상되는 금액 = 10,500,000원)

핵심기출문제

01 결산 수정 전 당기순이익이 950,000원이었다. 기말 정리사항이 다음과 같을 때 수정 후 당기순이익은 얼마인가?　　　　　　　[제20회]

> · 미수이자 40,000원 과소계상　　　　· 미지급임차료 15,000원 과소계상
> · 선수임대료 33,000원 과소계상　　　　· 선급보험료 50,000원 과소계상

① 992,000원　　　　② 958,000원　　　　③ 942,000원　　　　④ 908,000원

02 수정분개를 하기 전의 당기순이익은 500,000원이었다. 수정 전 당기순이익을 계산할 때 선급비용 10,000원을 당기의 비용으로 계상하였고, 미수수익 6,000원이 고려되지 않았다. 수정분개를 반영한 정확한 당기순이익은 얼마인가?　　　　　　　[제74회]

① 484,000원　　　　② 496,000원　　　　③ 504,000원　　　　④ 516,000원

03 ㈜나라는 올해 4월 1일 다음의 조건으로 10,000,000원을 차입하였으며, 차입일에는 이자비용에 대한 회계처리를 하지 않았다. 올해 12월 31일 이자비용에 대한 결산분개를 누락한 경우 재무제표에 미치는 영향으로 올바른 것은? (단, 월할 계산한다)　　　　　　　[제79회]

> · 만기일 : 내년 3월 31일　　　　· 연 이자율 : 12%
> · 원금 및 이자 : 만기일에 전액 상환

① 자산 300,000원 과소계상　　　　② 부채 900,000원 과소계상
③ 자본 300,000원 과대계상　　　　④ 비용 900,000원 과대계상

정답 및 해설

01 ① · 미수수익 과소계상을 수정하는 회계처리 = 미수수익 누락을 추가반영하는 회계처리 (ⓐ)
　(차) 미수수익 (자산의 증가)　　　　40,000　　　(대) 이자수익 (수익의 증가)　　　40,000
　(→ 미수수익(자산) 증가 → 수익 증가 → 당기순이익 증가)

· 미지급비용 과소계상을 수정하는 회계처리 = 미지급비용 누락을 추가반영하는 회계처리 (ⓑ)
　(차) 임차료 (비용의 증가)　　　　　15,000　　　(대) 미지급비용 (부채의 증가)　　15,000
　(→ 미지급비용(부채) 증가 → 비용 증가 → 당기순이익 감소)

· 선수수익 과소계상을 수정하는 회계처리 = 선수수익 누락을 추가반영하는 회계처리 (ⓒ)
　(차) 임대료 (수익의 감소)　　　　　33,000　　　(대) 선수수익 (부채의 증가)　　　33,000
　(→ 선수수익(부채) 증가 → 수익 감소 → 당기순이익 감소)

· 선급비용 과소계상을 수정하는 회계처리 = 선급비용 누락을 추가반영하는 회계처리 (ⓓ)
　(차) 선급비용 (자산의 증가)　　　　50,000　　　(대) 보험료 (비용의 감소)　　　　50,000
　(→ 선급비용(자산) 증가 → 비용 감소 → 당기순이익 증가)

· 수정 후 당기순이익 = 수정 전 당기순이익 + ⓐ − ⓑ − ⓒ + ⓓ
　　　　　　　　　　= 950,000 + 40,000 − 15,000 − 33,000 + 50,000
　　　　　　　　　　= 992,000원

02 ④ · 선급비용 과소계상을 수정하는 회계처리 = 선급비용 누락을 추가반영하는 회계처리 (ⓐ)
　(차) 선급비용 (자산의 증가)　　　　10,000　　　(대) 보험료 등 (비용의 감소)　　10,000
　(→ 선급비용(자산) 증가 → 비용 감소 → 당기순이익 증가)

· 미수수익 과소계상을 수정하는 회계처리 = 미수수익 누락을 추가반영하는 회계처리 (ⓑ)
　(차) 미수수익 (자산의 증가)　　　　6,000　　　(대) 이자수익 등 (수익의 증가)　　6,000
　(→ 미수수익(자산) 증가 → 수익 증가 → 당기순이익 증가)

· 수정 후 당기순이익 = 수정 전 당기순이익 + ⓐ + ⓑ
　　　　　　　　　　= 500,000 + 10,000 + 6,000
　　　　　　　　　　= 516,000원

03 ② · 누락된 회계처리
　(차) 이자비용 (비용의 증가)　　　900,000[1]　　(대) 미지급비용 (부채의 증가)　　900,000
　　[1] (10,000,000원 × 12%) × (9개월/12개월) = 900,000원

· 회계처리를 누락하는 경우, 재무제표에 미치는 영향
　비용 과소, 부채 과소 → 당기순이익 과대 → 자본 과대

01 회계변경

회계변경에는 회계정책의 변경과 회계추정의 변경이 있으며, 정당한 사유가 있는 경우에만 변경이 가능하다.

(1) 회계변경의 정당한 사유

정당한 사유에 의한 회계정책 및 회계추정 변경의 예는 다음과 같다.

- 합병, 사업부 신설, 대규모 투자, 사업의 양수도 등 **기업환경의 중대한 변화**에 의하여 총자산이나 매출액, 제품의 구성 등이 현저히 변동됨으로써 종전의 회계정책을 적용할 경우 재무제표가 왜곡되는 경우
- **동종산업에 속한 대부분의 기업이 채택**한 회계정책 또는 추정방법으로 변경함에 있어서 새로운 회계정책 또는 추정방법이 종전보다 **더 합리적이라고 판단**되는 경우
- **일반기업회계기준의 제정, 개정** 또는 기존의 일반기업회계기준에 대한 **새로운 해석**에 따라 회계변경을 하는 경우

참고 정당한 회계변경으로 보지 않는 경우

- 단순히 세법의 규정을 따르기 위한 회계변경
- 이익조정을 주된 목적으로 한 회계변경

(2) 회계정책의 변경과 회계추정의 변경

구 분	회계정책의 변경	회계추정의 변경
정 의	• 재무제표의 작성과 보고에 적용하던 회계처리방법을 다른 방법으로 바꾸는 것	• 지금까지 사용해오던 회계적 추정치를 바꾸는 것
예	• 재고자산 평가방법 변경 예 선입선출법 → 총평균법 • 유가증권 단가산정방법 변경 예 총평균법 → 이동평균법	• 재고자산 진부화 여부 판단 및 평가 • 우발부채 금액 추정 • 대손추정률 변경 예 1% → 2% • 감가상각자산 내용연수 변경 예 5년 → 10년 • 감가상각자산 잔존가치 변경 예 10,000원 → 20,000원 • **감가상각방법 변경** 예 정액법 → 정률법
적용방법	• 원칙 : **소급법**[1] • 예외 : 전진법[2]	• **전진법**[3][4]
기 타	• 회계정책의 변경과 회계추정의 변경이 동시에 이루어지는 경우에는 회계정책의 변경에 의한 누적효과를 먼저 계산하여 소급적용한 후, 회계추정의 변경효과를 전진적으로 적용한다. • 회계변경의 속성상 그 효과를 회계정책의 변경효과와 회계추정의 변경효과로 구분하기가 불가능한 경우에는 이를 **회계추정의 변경**으로 본다.	

[1] 회계정책의 변경은 소급하여 적용하는 것이 원칙이다.

2) 회계정책의 변경에 따른 누적효과를 합리적으로 결정하기 어려운 경우에는 전진법을 적용한다.

3) 회계추정의 변경은 전진적으로 처리하여 그 효과를 당기와 당기 이후의 기간에 반영한다. 회계추정 변경의 효과는 당해 회계연도 개시일부터 적용한다.

4) 기간별 비교가능성을 제고하기 위하여 회계추정 변경의 효과는 변경 전 사용하였던 손익계산서 항목과 동일한 항목으로 처리한다.

기출포인트

- 회계처리방법을 바꾸는 것은 회계정책의 변경, 회계적 추정치를 바꾸는 것은 회계추정의 변경에 해당한다.
- 예외적으로, '감가상각방법의 변경'은 회계정책의 변경이 아니라 회계추정의 변경에 해당한다.

02 오류수정

최근 77회 시험 중 5회 기출

오류수정이란 전기 또는 그 이전의 재무제표에 포함된 회계적 오류를 당기에 발견하여 이를 수정하는 것을 말한다.

오류는 중대한 오류와 중대하지 않은 오류로 구분하며, 중대한 오류란 재무제표의 신뢰성을 심각하게 손상할 수 있는 매우 중요한 오류를 말한다.

구 분	중대한 오류	중대하지 않은 오류
수정방법	· 소급법	· 당기일괄처리법
회계처리	· 자산, 부채 및 자본의 기초 금액에 반영한다.1)	· 당기 손익계산서에 영업외수익(비용) 중 전기오류수정이익(손실)로 반영한다.

1) 비교재무제표를 작성하는 경우 중대한 오류의 영향을 받는 회계기간의 재무제표 항목은 재작성하고, 비교재무제표에 보고된 최초회계기간 이전에 발생한 중대한 오류의 수정에 대하여는 당해 최초회계기간의 자산, 부채, 자본의 기초 금액에 반영한다.

참고 **오류수정 시, 소급법의 적용을 중대한 오류의 경우로 한정한 이유**

모든 오류수정에 소급법을 적용한다면 재무제표를 빈번하게 재작성하게 됨에 따라 재무제표의 신뢰성을 훼손시킬 수 있기 때문이다.

03 회계변경과 오류수정의 회계처리 비교

최근 77회 시험 중 4회 기출

회계변경과 오류수정에 대한 회계처리방법에는 소급법, 당기일괄처리법, 전진법이 있다.

구 분	소급법	당기일괄처리법	전진법
대 상	· 회계정책의 변경 · 중대한 오류의 수정	· 중대하지 않은 오류의 수정	· 회계추정의 변경
회계처리 효과	· 전기 재무제표를 재작성 ○ · 자산, 부채, 자본의 기초 금액에 반영	· 전기 재무제표를 재작성 × · 당기(오류발견연도) 손익에 전액 반영	· 전기 재무제표를 재작성 × · 당기와 당기 이후 기간에 반영
장 점	· (기간별) 비교가능성 높음	· 신뢰성 높음	· 신뢰성 높음
단 점	· 신뢰성 낮음	· (기간별) 비교가능성 낮음	· (기간별) 비교가능성 낮음

* 기출문제 날짜는 학습효과를 높이기 위해 일부 수정하였으며, ㈜연습산업(코드번호 : 0301) 데이터를 사용하여 연습할 수 있습니다.

01 9월 30일 본사 건물에 대한 감가상각비가 전년도에 500,000원만큼 과대계상된 오류를 발견하였다. 본 사항은 중대하지 않은 오류로 판단된다. [제67회]

02 당기(20x3년) 12월 31일에 기말수정분개를 하려고 한다. 20x3년 1월 1일 영업권(무형자산) 미상각잔액이 4,000,000원이 있으며, 이 영업권은 20x1년 1월 초에 취득한 것이다. 회사는 당해연도(20x3년)부터 영업권의 총내용연수를 기존 10년에서 6년으로 변경하였다. (단, 회계추정의 변경은 기업회계기준에 적합한 것으로 가정하며 상각방법은 정액법이고, 비용은 판매비와관리비로 분류하며 월할 계산한다) [제85회]

정답 및 해설

01 9월 30일 (차) 감가상각누계액(건물)　　500,000　　(대) 전기오류수정이익(영업외수익) 500,000

02 12월 31일 (차) 무형자산상각비(판관비)　　1,000,000　　(대) 영업권　　1,000,000[1]

[1] · 회계추정의 변경은 당해 회계연도 개시일부터 전진적으로 처리하여 그 효과를 당기와 당기 이후 기간에 반영한다.

· 무형자산 상각 시, 별도의 언급이 없는 경우 잔존가치는 '0'인 것으로 본다.

· 당기초 미상각잔액 = 4,000,000원

· 당기상각비 계산 시 기초 현재 잔여내용연수 = 변경된 총내용연수 − 경과된 내용연수

= 6년 − 2년 = 4년

· 당기 상각비 = (전기말 미상각잔액 − 잔존가치) ÷ 기초 현재 잔여내용연수

= (4,000,000원 − 0원) ÷ 4년 = 1,000,000원

* 본서에 수록된 기출문제의 날짜는 학습효과를 높이기 위하여 일부 수정함

01 다음 중 정당한 회계변경으로 볼 수 없는 경우는? [제40회]

① 동종산업에 속한 대부분의 기업이 채택한 회계정책 또는 추정방법으로 변경함에 있어서 새로운 회계정책 또는 추정방법이 종전보다 더 합리적이라고 판단되는 경우

② 기업회계기준의 제정, 개정 또는 기존의 기업회계기준에 대한 새로운 해석에 따라 회계변경을 하는 경우

③ 합병, 사업부 신설 등 기업환경의 중대한 변화에 의하여 총자산이나 매출액, 제품의 구성 등이 현저히 변동됨으로써 종전의 회계정책을 적용할 경우 재무제표가 왜곡되는 경우

④ 세법의 규정이 변경되어 회계처리를 변경해야 하는 경우

02 회계변경에 관한 다음 설명 중 옳지 않은 것은? [제57회]

① 회계정책의 변경은 소급하여 적용하는 것이 원칙이다.

② 회계추정의 변경은 전진적으로 처리한다.

③ 회계정책의 변경과 회계추정의 변경이 동시에 이루어지는 경우에는 회계정책의 변경에 의한 누적효과를 먼저 계산하여 소급적용한 후, 회계추정의 변경효과를 전진적으로 적용한다.

④ 회계변경의 속성상 그 효과를 회계정책의 변경효과와 회계추정의 변경효과로 구분하기가 불가능한 경우에는 이를 회계정책의 변경으로 본다.

03 회계추정의 변경에 관한 다음 설명 중 옳지 않은 것은?

[제38회]

① 회계추정의 변경은 전진적으로 처리하여 그 효과를 당기와 당기 이후의 기간에 반영한다.

② 기간별 비교가능성을 제고하기 위하여 회계추정 변경의 효과는 변경 전 사용하였던 손익계산서 항목과 동일한 항목으로 처리한다.

③ 회계추정 변경의 효과는 당해 회계연도 종료일부터 적용한다.

④ 회계추정에는 대손의 추정, 재고자산의 진부화 여부에 대한 판단과 평가, 감가상각자산의 내용연수 추정 등이 있다.

정답 및 해설

01 ④ 단순히 세법의 규정을 따르기 위한 회계변경은 정당한 회계변경으로 보지 아니한다.

02 ④ 회계변경의 속성상 그 효과를 회계정책의 변경효과와 회계추정의 변경효과로 구분하기가 불가능한 경우에는 이를 회계추정의 변경으로 본다.

03 ③ 회계추정 변경의 효과는 당해 회계연도 개시일부터 적용한다.

04 다음 중 회계추정의 변경에 해당하지 않는 것은?　　　　　　　　　　　　　　[제98회]

① 재고자산 평가방법을 후입선출법에서 선입선출법으로 변경하는 경우
② 기계설비의 감가상각 대상 내용연수를 5년에서 8년으로 변경하는 경우
③ 매출채권에 대한 대손추정률을 1%에서 2%로 변경하는 경우
④ 비품의 감가상각방법을 정률법에서 정액법으로 변경하는 경우

05 다음 중 오류수정에 의한 회계처리 대상이 아닌 것은?　　　　　　　　　　　　　[제32회]

① 전기말 기말재고자산의 과소계상
② 전기 미지급비용의 과소계상
③ 전기 감가상각비의 과대계상
④ 선입선출법에서 총평균법으로 재고자산 평가방법의 변경

06 다음 중 오류수정에 대한 설명으로 옳지 않은 것은?

[제62회]

① 당기에 발견한 전기 또는 그 이전 기간의 중대하지 않은 오류는 당기 손익계산서에 영업외손익 중 전기오류수정손익으로 반영한다.

② 전기 또는 그 이전 기간에 발생한 중대한 오류의 수정은 전진적으로 처리하여 그 효과를 당기와 당기 이후의 기간에 반영한다.

③ 비교재무제표를 작성하는 경우 중대한 오류의 영향을 받는 회계기간의 재무제표 항목은 재작성하고, 비교재무제표에 보고된 최초회계기간 이전에 발생한 중대한 오류의 수정에 대하여는 당해 최초회계기간의 자산, 부채, 및 자본의 기초금액에 반영한다.

④ 중대한 오류는 재무제표의 신뢰성을 심각하게 손상할 수 있는 매우 중요한 오류를 말한다.

정답 및 해설

04 ①　· 회계처리방법을 바꾸는 것(예 재고자산 평가방법을 후입선출법에서 선입선출법으로 변경)은 회계정책의 변경에 해당한다.
　　　· 회계적 추정치를 바꾸는 것(예 감가상각 대상 내용연수를 변경, 대손추정률을 변경)은 회계추정의 변경에 해당한다.
　　　· 예외적으로, '감가상각방법의 변경'은 회계정책의 변경이 아니라 회계추정의 변경에 해당한다.

05 ④　재고자산 평가방법의 변경은 오류수정이 아니라 회계정책의 변경에 해당한다.

06 ②　전기 또는 그 이전 기간에 발생한 중대한 오류의 수정은 소급법을 적용하여 자산, 부채 및 자본의 기초금액에 반영한다.

제 **2** 장

원가회계

| Overview

원가회계는 이론시험 전체 15문제에서 5문제가 출제된다.
(이론시험 : 1문제당 2점의 배점으로 출제되어 총 30점 만점으로 구성)

원가회계는 제조기업의 재고자산인 제품의 원가를 계산하는 데에 필요한 이론을 설명하고 있다. 다른 이론과목보다 계산 문제가 많이 출제되어 이해 중심의 체계적인 학습이 필요하다. 본장은 원가의 흐름을 시각화하여 이론을 자연스럽게 이해하고, 관련 사례를 학습하여 이론형 문제와 계산형 문제를 완벽 대비할 수 있게 구성되어 있다.

| 출제비중

구 분	출제비중(5문제)
제1절 원가회계의 기본개념	
제2절 원가의 흐름	
제3절 보조부문의 원가배분	5문제가 출제된다. 제5절 종합원가계산의 출제빈도가 가장 높다.
제4절 개별원가계산	
제5절 종합원가계산*	

*전산회계 1급에서 전산세무 2급에 추가되는 부분입니다. 학습전략 '3. 전산회계 1급 동시 학습'을 참고하여 학습하시기 바랍니다.

▎ 학습전략

1. 이해 위주의 학습

시험에서 내용 이해 위주의 문제가 출제되므로 용어의 암기보다는 전체적인 흐름을 이해하는 데에 초점을 두고 학습하는 것이 중요하다.

2. 계산식의 이해

제2장 원가회계는 계산형 문제의 출제빈도가 높다. 기출문제에서는 변형된 계산식이 출제되므로 단순히 계산식을 암기하려 한다면 실제 시험에 적용하기 어렵다. 따라서 계산식이 어떻게 만들어지는지, 어떤 방법으로 사용되는지에 대하여 이해하는 것이 중요하다.

3. 전산회계 1급 동시 학습

전산회계 1급을 함께 학습하고 있거나, 이미 학습한 경우 전산세무 2급에 추가되는 내용을 집중적으로 학습한다. 전산회계 1급에서는 출제범위가 아니지만 전산세무 2급에서 추가로 출제되는 내용은 다음과 같다.

> [제5절 종합원가계산] : 공손원가 관련 고려사항, 결합원가계산

01 원가회계의 정의

회계는 주된 정보이용자가 외부정보이용자(주주, 은행, 일반대중 등)인지 내부정보이용자(경영자, 종업원)인지에 따라 재무회계와 원가관리회계로 분류된다.

원가관리회계란 제품을 만드는 데 얼마의 원가가 들어갔는지를 기록·계산·집계하여 재무제표상의 재고자산과 매출원가를 결정하는 데 필요한 정보를 제공하고, 나아가서 예산설정, 경영활동의 통제, 성과평가 등 관리적 의사결정에 필요한 정보를 제공하는 회계분야이다.

현대에는 원가회계, 관리회계, 원가관리회계라는 영역의 구분이 모호해짐에 따라 세 가지 용어를 혼용해서 사용하고 있다. 다만, 원가회계는 제품의 생산에 소비된 원가를 기록·계산·집계하는 것을 강조하는 반면, 관리회계는 집계된 원가자료를 계획수립이나 통제 및 특수의사결정에 이용하는 것을 강조한다는 점에서 차이가 있다.

02 원가회계의 목적

최근 77회 시험 중 1회 기출

(1) 재무제표 작성 목적

제품의 생산에 소비된 원가(당기제품제조원가)를 파악함으로써 기말재고자산과 매출원가를 결정하기 위한 정보를 제공한다.

(2) 원가통제 목적

원가가 과대 또는 과소하게 발생하거나 불필요하게 낭비되는 것을 통제하고 관리하는 데 필요한 정보를 제공한다.

(3) 경영의사결정 목적

경영자의 가격결정, 예산편성 등 다양한 의사결정을 하는 데 필요한 정보를 제공한다.

03　상기업과 제조기업

(1) 상기업

상기업은 상품을 싸게 사와서 이윤을 붙여 파는 기업이다. 상품이란 주된 영업활동으로 판매하기 위하여 사온 외부에서 만들어진 물건이다.

(2) 제조기업

제조기업은 원재료를 구입하고 노무비와 제조경비를 투입하여(원가요소의 구입) 제품을 만들고 여기에 이윤을 붙여 파는 기업이다. 제품이란 주된 영업활동으로 판매하기 위하여 직접 제조하여 만든 물건이다.

(3) 상기업과 제조기업의 비교

구 분	상기업	제조기업
재고자산	• 상품 : 기말 현재 판매되지 않고 남아있는 상품의 가액	• 원재료 : 기말 현재 남아있는 원재료의 가액 • 재공품 : 기말 현재 미완성된 재공품의 가액 • 제품 : 기말 현재 판매되지 않은 완성품의 가액
매출원가	• 상품매출원가 : 당기에 팔린 상품들의 매입원가 상당액	• 제품매출원가 : 당기에 팔린 제품들을 제조할 때 발생하였던 원가 상당액

04　원가의 정의

최근 77회 시험 중 1회 기출

원가회계에서의 원가(Cost)란 재화나 용역을 생산하는 과정에서 소비되는 모든 경제적 가치이다. 이는 제조기업이 재화나 용역을 생산하는 데 사용한 원재료, 노무비, 기타 경비의 소비액인 제조원가를 의미한다.

이와 같이 발생한 원가 중 기업의 수익획득 과정에 사용된 것(판매된 것)은 손익계산서상 매출원가로, 사용되지 않은 것(판매되지 않고 남아있는 것)은 재무상태표상 재고자산으로 계상한다. 즉, 생산과정에서 발생한 원가는 외부에 판매되는 시점에 비용으로 인식하게 된다.

분류 기준	내용
원가 발생형태에 따른 분류	재료비, 노무비, 제조경비
원가 추적가능성에 따른 분류	직접비(직접원가), 간접비(간접원가)
원가의 발생형태, 추적가능성에 따른 분류	직접재료비, 직접노무비, 제조간접비
원가행태에 따른 분류	변동비(변동원가), 고정비(고정원가), 준변동비(준변동원가, 혼합원가), 준고정비(준고정원가, 계단원가)
의사결정과의 관련성에 따른 분류	관련원가, 비관련원가, 매몰원가(Sunk Cost), 기회비용(기회원가, Opportunity Cost), 회피가능원가, 회피불능원가

(1) 원가 발생형태에 따른 분류

재료비	제품제조를 위하여 사용된 재료의 소비액을 말한다. 재료의 당기 매입액 전체 금액이 당기 재료비가 되는 것이 아니고, 당기에 사용된 재료의 원가만 당기 재료비가 된다. 또한 사용되지 않고 기말까지 남아있는 재료는 재고자산으로서 차기로 이월된다.
노무비	제품제조를 위하여 투입된 노동력의 소비로 인하여 발생하는 원가이다. 예 생산직 근로자의 임금, 상여금 등
제조경비	제품제조를 위하여 투입된 모든 제조원가 중에서 재료비와 노무비를 제외한 것을 말한다. 예 공장의 감가상각비, 가스수도료, 전력비, 수선비 등

(2) 원가 추적가능성에 따른 분류

직접비 (직접원가)	특정 제품의 제조를 위해서만 소비되어 직접 추적할 수 있는 원가를 말한다. 예를 들어, 자동차 제조업에서 자동차 타이어의 원가는 자동차별로 직접 추적할 수 있는 원가이므로 직접비에 해당한다.
간접비 (간접원가)	여러 제품의 제조에 공통으로 소비되어 특정 제품의 원가로 직접 추적할 수 없는 원가를 말한다. 예를 들어, 여러 종류의 자동차를 생산하는 공장의 감가상각비는 특정 자동차의 원가로 직접 추적할 수 없으므로 간접비에 해당한다.

(3) 원가의 발생형태, 추적가능성에 따른 분류

원가의 발생형태와 추적가능성이라는 2개의 복합적 기준을 사용할 경우 원가는 직접재료비, 간접재료비, 직접노무비, 간접노무비, 직접제조경비, 간접제조경비로 나눌 수 있다. 이 중 직접재료비와 직접노무비를 제외한 나머지 항목들은 제조간접비로 분류한다.

직접재료비	특정 제품에 직접 추적이 가능한 재료비를 말한다.
직접노무비	특정 제품에 직접 추적이 가능한 노무비를 말한다.
제조간접비	직접재료비와 직접노무비를 제외한 모든 제조원가를 말한다.

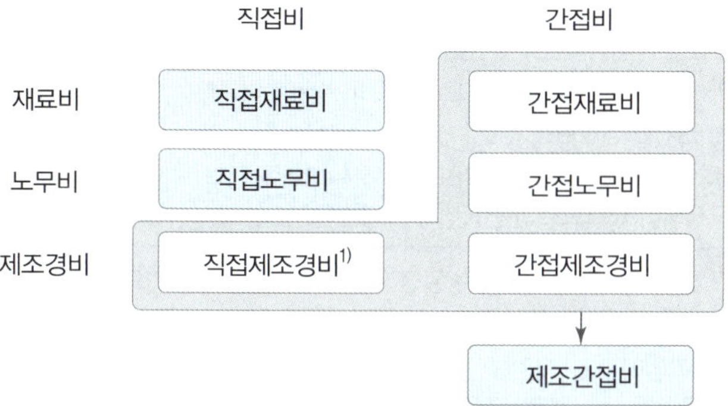

[1] 직접제조경비는 실무상 거의 찾아보기 힘들기 때문에 상기 분류에 포함시키지 않는 것이 일반적이다.

제조원가를 직접재료비, 직접노무비, 제조간접비로 분류할 때, 직접재료비와 직접노무비를 합하여 기본원가(기초원가)라고 하며, 직접노무비와 제조간접비를 합하여 가공원가(가공비, 전환원가)라고 한다.

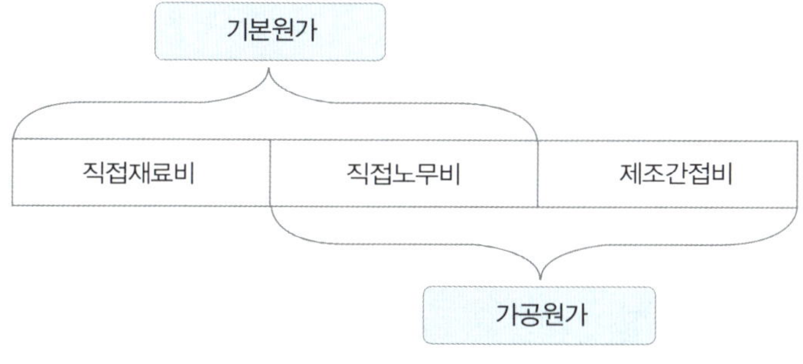

$$기본원가 \ = \ 직접재료비 \ + \ 직접노무비$$

$$가공원가 \ = \ 직접노무비 \ + \ 제조간접비$$

참고 제조원가 구성 등식

```
제조원가  =  직접재료비 + 직접노무비 + 제조간접비
          =  기본원가 + 제조간접비
          =  직접재료비 + 가공원가
```

(4) 원가행태에 따른 분류

원가는 관련범위 내에서 조업도가 증가함에 따른 총원가가 어떻게 변화하는지에 따라 변동비, 고정비, 준변동비, 준고정비로 나눌 수 있다. 여기서 관련범위란 의사결정의 대상이 되는 조업도의 범위를 말하며, 조업도란 생산활동이 진행된 정도를 나타내는 지표로서 생산량, 직접노동시간, 기계가동시간 등으로 표시된다.

변동비 (변동원가)	· 조업도의 변동에 비례하여 총원가가 변동하는 원가를 말한다. · 단위당 원가는 조업도의 변동에 관계없이 일정하다.
고정비 (고정원가)	· 조업도의 변동에 관계없이 총원가가 일정하게 발생하는 원가를 말한다. · 단위당 원가는 조업도가 증가할수록 감소한다.
준변동비 (준변동원가, 혼합원가)	· 조업도와 관계없이 발생하는 고정비와 조업도의 변동에 비례하여 발생하는 변동비로 구성되어 있는 원가를 말한다. · 예를 들면, 전기료는 사용을 하지 않아도 발생하는 기본요금과 사용량에 비례하는 사용요금으로 구성되어 있으므로 준변동비에 해당한다.
준고정비 (준고정원가, 계단원가)	· 일정한 조업도 범위 내에서는 총원가가 일정하게 발생하지만 그 조업도 범위를 벗어나면 원가가 일정액만큼 증가하거나 감소하는 원가를 말한다. · 예를 들면, 생산라인에 있는 직원 1인당 자동차 월 최대 생산량이 100대인 경우 생산라인의 직원 인건비는 월 생산량(조업도) 100대까지는 일정하게 발생하지만 101대일 때에는 직원 1명의 인건비만큼이 추가되어야 되므로 이는 준고정비에 해당한다.

참고 원가행태별 조업도에 따른 총원가의 변화

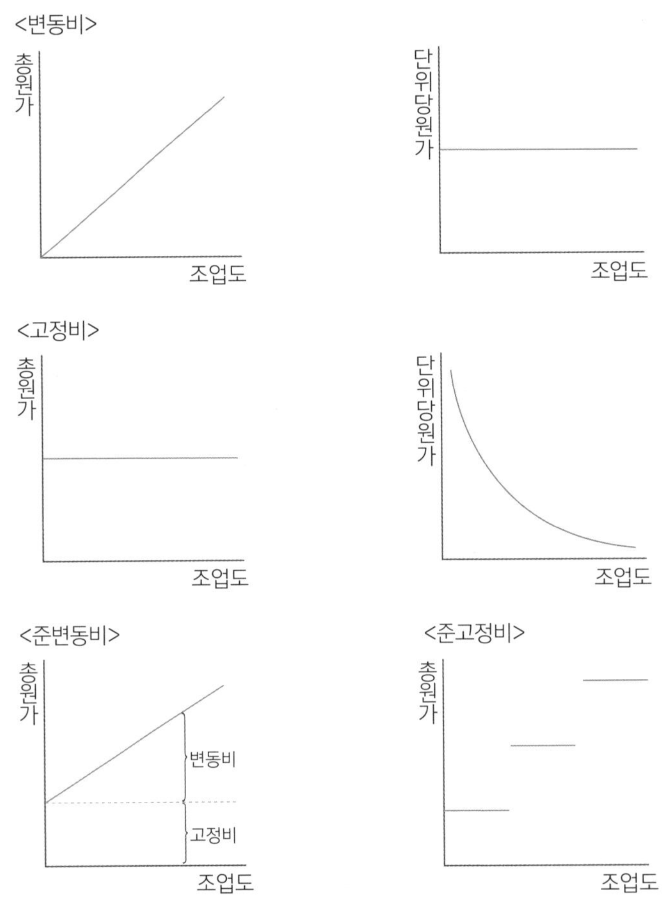

(5) 의사결정과의 관련성에 따른 분류

관련원가와 비관련원가	• 관련원가 : 의사결정 대안 간에 차이가 나는 원가로 의사결정에 영향을 주는 원가를 말한다. • 비관련원가 : 의사결정 대안 간에 차이가 나지 않는 원가로 의사결정에 영향을 미치지 않는 원가를 말한다.
매몰원가 (Sunk Cost)	• 과거의 의사결정으로 이미 발생한 원가로서 어떤 의사결정을 하더라도 회수할 수 없는 원가를 말한다. • 의사결정에 영향을 미치지 않으므로 대표적인 비관련원가에 해당한다.
기회비용 (기회원가, Opportunity Cost)	• 자원을 현재 용도 이외에 다른 용도로 사용했을 경우 얻을 수 있는 최대 금액을 말한다. 이는 여러 대안 중에서 어느 하나를 선택하였을 때 포기해야 하는 다른 대안들의 효익 중 가장 큰 것이라고 할 수 있다. • 의사결정에 영향을 미치는 대표적인 관련원가에 해당한다.
회피가능원가와 회피불능원가	• 회피가능원가 : 의사결정에 따라 절약할 수 있는 원가로 관련원가에 해당한다. • 회피불능원가 : 어떤 의사결정을 하더라도 절약할 수 없는 원가로 비관련원가에 해당한다.

기출확인문제

다음 중 기본원가이면서 전환원가에도 해당되는 것은? (제60회)

① 직접노무비　　② 제조간접비　　③ 간접재료비　　④ 직접재료비

정답 ①

해설
• 기본원가 = 직접재료비 + 직접노무비
• 전환원가 = 직접노무비 + 제조간접비

06 원가계산방법(원가회계시스템)의 분류

최근 77회 시험 중 6회 기출

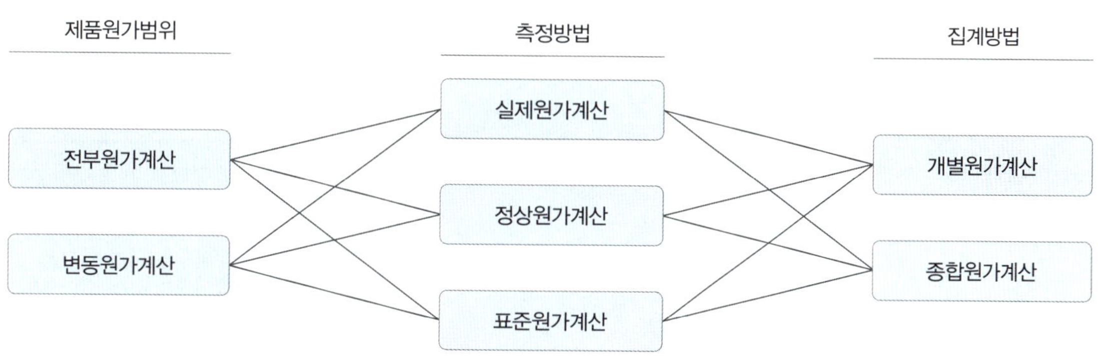

이들은 상호 결합하여 변동·실제·개별원가계산, 전부·정상·종합원가계산 등 다양한 조합의 원가계산방법을 구성할 수 있으며, 회사는 당사의 생산방식이나 원가정보의 사용 목적에 맞도록 적절한 원가계산방법을 선택하여야 한다.

(1) 제품원가범위에 따른 분류

고정제조간접비를 제품원가에 포함시킬 것인가 아니면 기간비용으로 처리할 것인가에 따라 전부원가계산과 변동원가계산으로 나누어진다.

전부원가계산	· 고정제조간접비를 포함한 모든 제조원가를 제품원가로 처리하고, 판매비 및 관리비는 기간비용으로 처리하는 방법이다. · 재무제표 작성을 목적으로 원가를 산정하는 경우에는 전부원가계산을 적용해야 한다.
변동원가계산	· 직접재료비, 직접노무비, 변동제조간접비만을 제품원가로 처리하고, 고정제조간접비와 판매비 및 관리비는 기간비용으로 처리하는 방법이다. · 재무제표 작성을 목적으로 사용할 수 없으며, 주로 내부 경영관리 및 원가통제 목적에 사용한다.

(2) 원가의 측정방법에 따른 분류

실제원가계산	경영활동의 실상을 그대로 나타내고자 실제 사용수량과 실제 구입가격을 기준으로 측정하는 방법이다.
정상원가계산	직접재료비와 직접노무비는 실제원가를 사용하지만, 제조간접비는 예정배부율에 따라 결정된 원가를 적용하여 측정하는 방법이다.
표준원가계산	원가관리를 목적으로 사전에 정해진 표준수량과 표준가격을 기준으로 측정하는 방법이다.

(3) 원가의 집계방법(또는 생산방식)에 따른 분류

개별원가계산	· 개별작업(Job-Order)별로 원가를 집계하는 방법이다. 즉, 한 단위 또는 일정 수량의 제품에 대하여 제조지시서를 발행하고 제조원가를 지시서별(개별제품별)로 집계하는 방법이다. · 조선업, 건설업, 기계제작업, 항공기 제조업 등 고객의 주문에 따라 종류, 모양, 크기 등이 서로 다른 제품을 개별적으로 생산하는 방식에 사용한다.
종합원가계산	· 공정(Process)별로 원가를 집계하는 방법이다. 즉, 일정 기간 동안 공정에서 발생한 모든 원가를 공정별로 집계하여 이를 공정에서 수행한 작업량을 기준으로 평준화하여 완성품원가와 기말재공품원가로 배분하는 방법이다. · 정유업, 화학업, 제지업 등 동일한 제품을 연속적으로 대량 생산하는 방식에 사용한다.

fn.Hackers.com

핵심기출문제

* 본서에 수록된 기출문제의 날짜는 학습효과를 높이기 위하여 일부 수정함

01 다음 중 제조원가에 해당하지 않는 것은? [제32회]

① 생산부서 감독관인 김갑동 과장의 급여
② 제조부문 절단기계의 감가상각비
③ 공장건물의 임차료
④ 제품의 홍보비

02 다음 자료에 의하여 제조원가에 포함될 금액은 얼마인가? [제91회]

- 간접 재료비 : 250,000원
- 제조 공장장 급여 : 85,000원
- 제조 기계 감가상각비 : 75,000원
- 제조 공장 임차료 : 120,000원
- 제조 공장 화재보험료 : 50,000원
- 영업부 건물 화재보험료 : 80,000원
- 영업부 여비 교통비 : 20,000원
- 영업부 사무실 임차료 : 100,000원

① 495,000원　　② 580,000원　　③ 600,000원　　④ 660,000원

03 다음 중 원가의 분류기준에 대한 설명으로 옳지 않은 것은? [제105회]

① 원가 발생형태에 따른 분류 : 재료원가, 노무원가, 제조경비
② 원가행태에 따른 분류 : 변동원가, 고정원가, 준변동원가, 준고정원가
③ 원가의 추적가능성에 따른 분류 : 제조원가, 비제조원가
④ 의사결정과의 관련성에 따른 분류 : 관련원가, 비관련원가, 기회원가, 매몰원가

04 원가구성요소의 분류상 해당항목에 포함되는 내용 중 틀린 것은?

[제75회]

	기본원가	가공비	제조원가
①	직접노무비	제조간접비	직접재료비
②	직접재료비	제조간접비	직접노무비
③	제조간접비	직접노무비	직접재료비
④	직접노무비	간접재료비	간접노무비

05 다음 자료에 의한 당기의 직접재료비는 얼마인가?

[제68회]

- 당기총제조원가는 6,500,000원
- 제조간접비는 직접노무비의 75%이다.
- 제조간접비는 당기총제조원가의 30%이다.

① 1,950,000원　　② 2,600,000원　　③ 2,005,000원　　④ 2,000,000원

정답 및 해설

01 ④　제품의 홍보비(광고선전비)는 판매비와관리비에 해당한다.

02 ②　제조원가에 포함될 금액

= 간접 재료비 + 제조 공장 화재보험료 + 제조 공장장 급여 + 제조 기계 감가상각비 + 제조 공장 임차료

= 250,000 + 50,000 + 85,000 + 75,000 + 120,000

= 580,000원

03 ③　원가의 추적가능성에 따른 분류 : 직접원가, 간접원가

04 ③
- 기본원가 = 직접재료비 + 직접노무비
- 가공원가 = 직접노무비 + 제조간접비
- 제조원가 = 직접재료비 + 직접노무비 + 제조간접비
- 제조간접비 = 간접재료비 + 간접노무비 + 제조경비

05 ①
- 제조간접비 = 당기총제조원가의 30%

    = 6,500,000원 × 30%

    = 1,950,000원
- 제조간접비 = 직접노무비 × 75%

    → 1,950,000 = ? × 75%

    ∴ 직접노무비 = 2,600,000원
- 당기총제조원가 = 직접재료비 + 직접노무비 + 제조간접비

    → 6,500,000 = ? + 2,600,000 + 1,950,000

    ∴ 직접재료비 = 1,950,000원

06 다음 중 원가 행태에 대한 설명으로 옳지 않은 것은?　　　　　　　　　[제101회]

① 조업도가 증가하면 변동원가 총액은 증가한다.
② 조업도가 증가하면 단위당 고정원가는 감소한다.
③ 조업도가 감소하면 단위당 변동원가는 증가한다.
④ 조업도와 관계없이 고정비 총액은 항상 일정하다.

07 다음 중 원가의 개념에 대한 설명으로 가장 틀린 것은?　　　　　　　[제94회]

① 매몰원가는 과거에 발생한 원가로서 의사결정에 고려되지 않는 원가를 말한다.
② 기회원가는 현재 이 대안을 선택하였을 때 포기해야 하는 대안 중 최대금액 혹은 최대이익을 말한다.
③ 고정원가의 경우 조업도의 변동에 관계없이 단위당 원가가 일정하게 발생한다.
④ 특정제품에만 투입되는 원재료의 원가는 직접원가에 해당한다.

08 다음은 관련범위 내의 조업도에 따른 원가의 자료이다. 원가행태에 따른 분류로 알맞은 것은?　　　　　　　[제45회]

생산량	200개	400개	600개
총원가	300,000원	600,000원	900,000원
단위원가	1,500원	1,500원	1,500원

① 변동비　　　② 고정비　　　③ 준변동비　　　④ 준고정비

09 제조원가 중 원가행태가 다음과 같이 나타나는 경우로 보기 어려운 것은?

[제69회]

조업도	100시간	500시간	1,000시간
총원가	10,000원	10,000원	10,000원

① 공장재산세
② 전기요금
③ 정액법에 의한 감가상각비
④ 임차료

정답 및 해설

06 ③　조업도의 증감에 관계없이 단위당 변동원가는 일정하다.

07 ③　고정원가의 경우 총원가는 조업도의 변동에 관계없이 일정하고 단위당 원가는 조업도가 증가할수록 감소한다.

08 ①　변동비의 경우 총원가는 조업도가 증가할수록 증가하고 단위당 원가는 조업도의 변동에 관계없이 일정하다.

09 ②　조업도가 변화하더라도 총원가가 일정한 원가행태는 고정비이다. 전기요금은 혼합원가(준변동비)에 해당한다.

10 다음의 원가행태에 대한 설명으로 틀린 것은? [제88회]

전기료, 수도료 등은 사용하지 않는 경우에도 기본요금을 부담해야 하고 또한 사용량에 비례하여 종량요금은 증가한다.

① 조업도의 변동과 관계없이 일정하게 발생하는 고정비와 조업도의 변동에 따라 비례하여 발생하는 변동비의 두 요소를 모두 가지고 있다.
② 계단원가(Step costs)라고도 한다.
③ 준변동비의 특성에 대한 설명이다.
④ 혼합원가(Mixed costs)라고도 한다.

11 다음은 ㈜반도에서 임차하여 사용하고 있는 기계장치에 관한 내용이다. 내년 예상 물량을 생산하기 위해 기계장치 1대를 추가로 임차하기로 하였다. 이와 관련된 원가행태를 나타내고 있는 것은? [제77회]

- 현재 사용하고 있는 기계장치 수 : 2대
- 기계장치 1대당 임차료 : 20,000,000원
- 기계장치 1대당 최대생산량 : 10,000개
- 내년 예상 생산량 : 24,000개

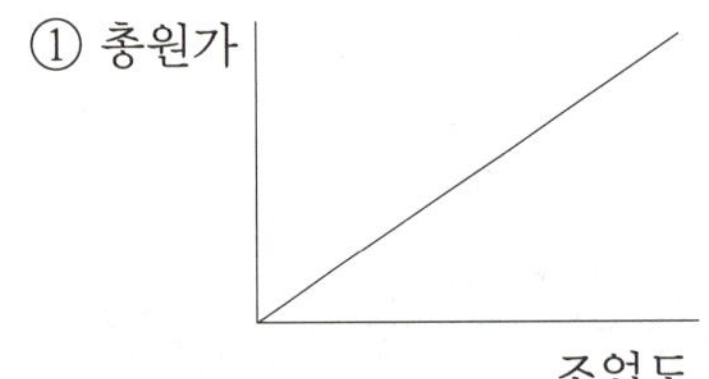

12 공장에 설치하여 사용하던 기계가 고장나서 처분하려고 한다. 취득원가는 2,000,000원, 고장 시점까지의 감가상각누계액은 1,500,000원이다. 동 기계를 바로 처분하는 경우 600,000원에 처분 가능하며 100,000원의 수리비를 들여 수리하는 경우 800,000원에 처분할 수 있다. 이때 매몰원가는 얼마인가?

[제88회]

① 100,000원　　　② 500,000원　　　③ 600,000원　　　④ 800,000원

정답 및 해설

10 ②　· 준변동비란 조업도와 관계없이 발생하는 고정비와 조업도의 변동에 비례하여 발생하는 변동비로 구성되어 있는 원가를 말하며, 이를 혼합원가라고도 한다.
　　　　· 준고정비를 계단원가라고도 한다.

11 ④　준고정원가(계단원가)란 일정한 조업도 범위 내에서는 총원가가 일정하게 발생하지만 그 조업도 범위를 벗어나면 총원가가 일정액만큼 증가하거나 감소하는 원가를 말한다.

12 ②　고장난 기계에 대하여 '바로 처분'할 것인지 아니면 '수리 후 처분'할 것인지를 의사결정 할 때, 해당 기계의 당초 취득원가(2,000,000원), 고장 시점까지의 감가상각누계액(1,500,000원), 고장 시점 현재 장부금액(500,000원)은 모두 이미 발생한 원가로서 현재의 의사결정에 영향을 미치지 않는 매몰원가에 해당한다.

01 원가의 흐름

제조기업의 경영활동은 원재료를 구입하고 노무비와 제조경비를 투입하는 구매활동, 구입한 원가요소를 사용하여 제품을 만드는 제조활동, 제조가 완료된 제품을 판매하는 판매활동이라는 일련의 과정을 거치게 된다. 이에 따라, 제조기업은 이러한 일련의 과정을 회계처리함으로써 제조원가의 흐름을 파악한다.

구매활동을 통해 투입된 재료비, 노무비, 제조경비는 재공품 계정에 집계되고, 완성된 제품의 원가 상당액은 제품 계정으로 대체된다. 그리고 제품이 판매되면 매출원가 계정으로 대체된다.

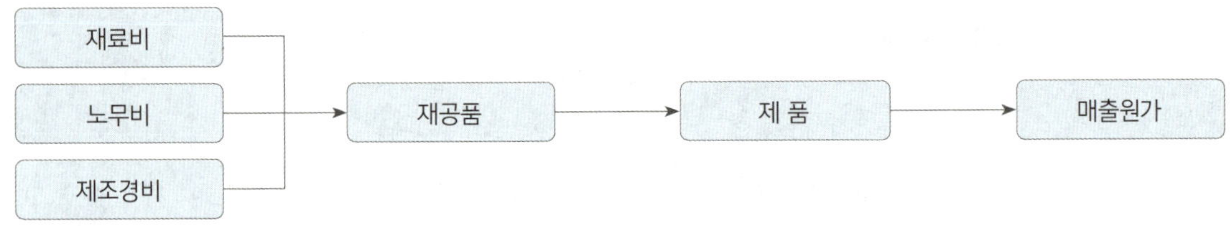

02 원가요소

(1) 재료비

재료비란 제품을 제조하기 위하여 구입한 원재료 중 당기에 사용·소비된 원재료의 원가이다. 이러한 원재료 사용액은 전기에 사용하지 않고 남은 금액인 기초원재료재고액에 당기원재료매입액을 가산한 후 기말에 남아있는 기말원재료재고액을 차감하여 구하게 된다.

$$재료비 \ = \ 기초원재료재고액 \ + \ 당기원재료매입액 \ - \ 기말원재료재고액$$

당기에 소비된 재료비 중에서 특정 제품의 제조에만 소비된 직접재료비는 해당 제품의 재공품 계정으로 직접 대체하고, 여러 제품의 제조에 공통으로 소비된 간접재료비는 제조간접비 계정으로 대체한다.

[사례] 기초원재료재고액은 100원, 당기중 원재료구입액은 500원, 기말원재료재고액은 200원이다. 당기원재료사용액 400원[1] 중 300원은 A제품 제조에 사용된 직접재료비, 100원은 여러 제품의 제조에 사용된 간접재료비이다.

[1] 기초원재료재고액 + 당기원재료매입액 − 기말원재료재고액 = 100 + 500 − 200 = 400원

[풀이] · 당기중 재료구입

(차) 원재료	500	(대) 현금 등	500

· 당기 사용 재료비의 계정 대체

(차) 재공품 A	300	(대) 원재료	400
제조간접비	100		

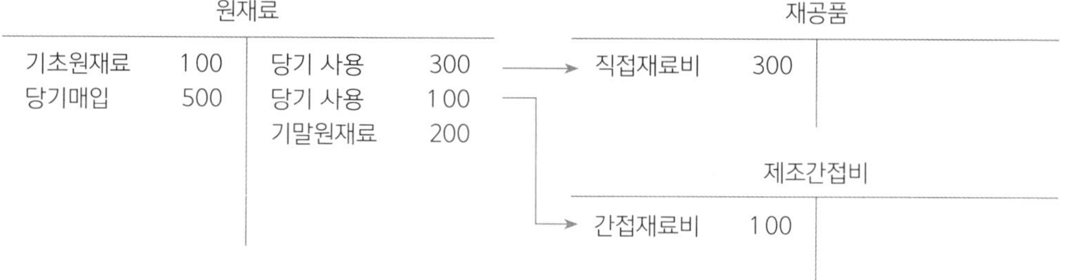

(2) 노무비

노무비란 제품을 제조하기 위하여 투입된 임금, 상여금 등의 당기 발생원가이다. 당기에 발생한 노무비는 특정 제품과의 추적가능 여부에 따라 직접노무비와 간접노무비로 구분하고, 각각 재공품 계정과 제조간접비 계정으로 대체한다.

노무비나 제조경비의 지급과 관련하여 미지급액(미지급금이나 미지급비용으로 인식한 금액)이나 선급액(선급금이나 선급비용으로 인식한 금액)이 있는 경우, 발생주의에 따른 당기 투입원가(당기 발생원가)는 다음과 같이 계산한다.

$$발생주의\ 당기\ 투입원가\ =\ 당기\ 현금지급액\ +\ 당기\ 미지급액\ -\ 당기\ 선급액$$
$$-\ 전기\ 미지급액\ +\ 전기\ 선급액$$

[사례] 생산직 근로자의 임금에 대하여 당기 현금지급액은 400원, 전기말 현재 미지급비용 인식액은 100원, 당기말 현재 미지급비용 인식액은 200원이다. 당기 발생 임금(노무비) 500원[1] 중 400원은 A제품 제조에 사용된 직접노무비, 100원은 여러 제품의 제조에 사용된 간접노무비이다.

[1] 당기 투입 노무비 = 당기 현금지급액 + 당기 미지급액 - 전기 미지급액 = 400 + 200 - 100 = 500원

[풀이]
- 전기말에 인식한 임금 미지급비용에 대한 당기 발생 임금 차감 계상

(차) 미지급비용	100	(대) 임금	100

- 임금의 당기중 현금 지급

(차) 임금	400	(대) 현금	400

- 당기말 현재 임금 미지급비용에 대한 당기 발생 임금 가산 계상

(차) 임금	200	(대) 미지급비용	200

- 당기 발생 노무비의 계정 대체

(차) 재공품 A	400	(대) 임금	500
제조간접비	100		

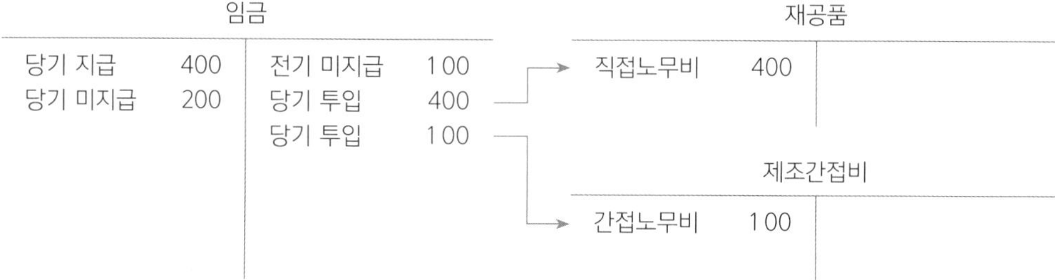

(3) 제조경비

제조경비란 생산설비에 대한 감가상각비, 임차료, 보험료, 가스수도료, 전력비, 수선비 등 제조과정에서 투입된 경비의 당기 발생원가이다.

① 제조경비의 회계처리

이론적으로는 특정 제품과의 추적가능 여부에 따라 직접제조경비와 간접제조경비로 구분할 수 있으나, 실무적으로는 제조경비의 성격상 직접제조경비는 거의 찾아보기 힘들다. 따라서 당기에 발생한 제조경비는 전액 간접제조경비로 보아 제조간접비 계정으로 대체한다.

[사례] 생산설비의 보험료에 대하여 당기 현금지급액은 300원, 전기말 현재 선급비용 인식액은 200원, 당기말 현재 선급비용 인식액은 100원이다. 또한 생산설비의 당기 감가상각비는 200원이다.

[풀이] · 전기말에 인식한 보험료 선급비용에 대한 당기 발생 보험료 가산 계상

(차) 보험료	200	(대) 선급비용	200

· 보험료의 당기중 현금지급

(차) 보험료	300	(대) 현금	300

· 당기말 현재 보험료 선급비용에 대한 당기 발생 보험료 차감 계상

(차) 선급비용	100	(대) 보험료	100

· 당기 감가상각비 인식

(차) 감가상각비	200	(대) 감가상각누계액	200

· 당기 발생 제조경비의 계정 대체

(차) 제조간접비	600	(대) 보험료	400[1]
		감가상각비	200

[1] 당기 투입 보험료 = 당기 현금지급액 − 당기 선급액 + 전기 선급액 = 300 − 100 + 200 = 400원

② 제조경비의 원가흐름

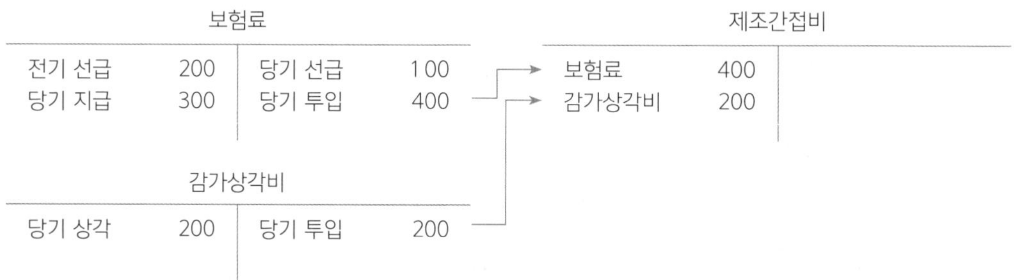

③ 제조간접비의 배부

제조간접비는 인과관계를 고려하여 해당되는 재공품으로 배부한다.
제조간접비 계정의 차변으로 집계된 금액은 배부율이 확정되면 해당 재공품 계정의 차변으로 대체한다.

[사례] 당사는 단일 제품인 A제품만 제조하는 기업으로서, 제조간접비 800원[1]을 전액 A제품의 재공품 계정으로 배부하였다.

[1] 간접재료비 + 간접노무비 + 보험료 + 감가상각비 = 100 + 100 + 400 + 200 = 800원

[풀이] 제조간접비의 계정 대체
      (차) 재공품 A   800   (대) 제조간접비   800

제조간접비				
간접재료비	100	배부	800	→ 제조간접비 800
간접노무비	100			
보험료	400			
감가상각비	200			

03 재공품

재공품이란 생산과정 중에 있는 미완성품이다. 당기총제조원가(당기에 발생한 모든 직접재료비, 직접노무비, 제조간접비)는 재공품 계정 차변에 집계되는데, 여기에 기초재공품재고액을 가산하여 재공품 계정 차변 총액을 집계한 후, 이 중 당기에 완성된 제품의 원가상당액(당기제품제조원가)은 제품 계정으로 대체한다.

$$당기총제조원가 \ = \ 직접재료비 \ + \ 직접노무비 \ + \ 제조간접비$$

$$당기제품제조원가 \ = \ 기초재공품재고액 \ + \ 당기총제조원가 \ - \ 기말재공품재고액$$

[사례] A제품의 제조와 관련하여 당기 발생 직접재료비는 300원, 직접노무비는 400원, 제조간접비는 800원이며, 전액 재공품 계정에 집계되어 있다. 기초재공품재고액은 300원, 기말재공품재고액은 500원이다.

[풀이] 당기 완성분의 계정 대체
      (차) 제품   1,300   (대) 재공품   1,300[1]
      [1] 기초재공품 + 당기총제조원가 - 기말재공품 = 300 + (300 + 400 + 800) - 500 = 1,300원

재공품				
기초재공품	300	당기 완성	1,300	→ 당기제품제조원가 1,300
당기총제조원가		기말재공품	500	
직접재료비	300			
직접노무비	400			
제조간접비	800			

04 제품

제품이란 제조과정이 완료된 완성품이다. 당기제품제조원가(당기에 완성된 제품의 원가)는 제품 계정 차변에 집계되는데, 여기에 기초제품재고액을 가산하여 제품 계정 차변 총액을 집계한 후, 이 중 당기에 판매된 제품의 원가상당액(매출원가)은 매출원가 계정으로 대체한다.

$$매출원가 = 기초제품재고액 + 당기제품제조원가 - 기말제품재고액$$

[사례] 당기에 완성된 제품의 원가는 1,300원으로 제품 계정에 집계되어 있다. 기초제품재고액은 600원, 기말제품재고액은 200원이다.

[풀이] 당기 판매분의 계정 대체
(차) 매출원가　　　　　　　　　1,700[1]　　　(대) 제품　　　　　　　　　1,700
[1] 매출원가 = 기초제품 + 당기제품제조원가 - 기말제품 = 600 + 1,300 - 200 = 1,700원

	제품		
기초제품	600	매출원가	1,700
당기제품제조원가	1,300	기말제품	200

05 원가의 흐름 사례

사례에서의 원가의 흐름을 T계정을 통해서 살펴보면 다음과 같다.

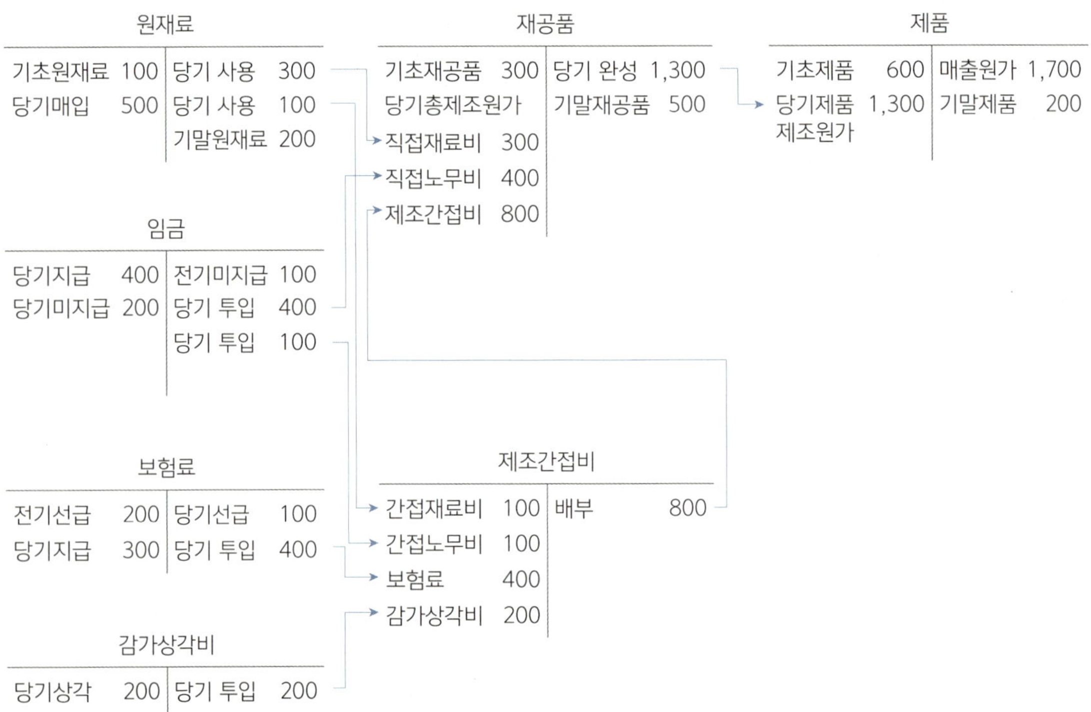

06 제조원가명세서

제조원가명세서란 제조기업의 당기제품제조원가를 상세히 나타내기 위한 보고서이며, 이는 원가의 흐름에 따라 관련 정보를 기재한 것이라 할 수 있다. 이러한 제조원가명세서는 재무상태표에 표시되는 원재료, 재공품, 제품의 재고자산가액과 손익계산서에 표시되는 매출원가를 결정하기 위한 정보를 제공한다.

사례에서의 제조원가명세서를 작성하여 보면 다음과 같다.

제조원가명세서		
Ⅰ. 재료비		400
① 기초원재료재고액	100	
② 당기원재료매입액	500	
③ 기말원재료재고액	(200)	
Ⅱ. 노무비		500
Ⅲ. 제조경비		600
Ⅳ. 당기총제조원가		1,500
Ⅴ. 기초재공품원가		300
Ⅵ. 기말재공품원가		(500)
Ⅶ. 당기제품제조원가		1,300

손익계산서		
Ⅰ. 매출액		xxx
Ⅱ. 매출원가		1,700
① 기초제품재고액	600	
② 당기제품제조원가	1,300	
③ 기말제품재고액	(200)	
Ⅲ. 매출총이익		xxx
Ⅳ. 판매비와관리비		xxx
Ⅴ. 영업이익		xxx
(이하 생략)		

기출확인문제

* 2025년 출제예상

다음은 제조원가명세서를 작성하기 위한 자료들이다. 이 중 제조원가명세서에 포함되지 않는 항목은? [제53회]

① 당기재료비 사용액 　② 당기총제조원가
③ 당기기초제품재고액 　④ 당기기초재공품재고액

정답 ③

해설
기초제품재고액은 손익계산서의 매출원가란에 나타난다.

* 본서에 수록된 기출문제의 날짜는 학습효과를 높이기 위하여 일부 수정함

01 당기에 사용한 원재료는 3,000,000원이다. 당기말 원재료재고액은 당기초 원재료재고액보다 200,000원이 더 많다. 당기의 원재료 매입액은 얼마인가?　　[제97회]

① 2,800,000원　　② 3,100,000원　　③ 3,200,000원　　④ 3,400,000원

02 다음 자료에 의한 기초재공품 수량은?　　[제70회]

- 기초제품수량 : 100개
- 당기매출수량 : 1,000개
- 기말재공품 수량 : 0개
- 기말제품수량 : 50개
- 당기착수수량 : 800개

① 100개　　② 130개　　③ 140개　　④ 150개

03 다음은 제조원가 및 재고자산에 관한 자료이다. 당기 매출원가는 얼마인가?　　[제90회]

구 분	기초재고	기말재고
재공품	500,000원	2,000,000원
제 품	1,000,000원	2,000,000원
당기총제조원가는 10,500,000원이다.		

① 6,000,000원　　② 7,000,000원　　③ 8,000,000원　　④ 9,000,000원

04 다음의 자료를 이용하여 당기총제조원가를 구하면 얼마인가?　　[제100회]

- 기초재공품재고액 : 30,000원
- 기초제품재고액 : 50,000원
- 매출원가 : 550,000원
- 기말재공품재고액 : 10,000원
- 기말제품재고액 : 40,000원

① 500,000원　　② 520,000원　　③ 540,000원　　④ 560,000원

05 다음 자료를 이용하여 당기제품제조원가를 구하면 얼마인가? (단, 간접재료비는 없다고 가정한다)

[제94회]

- 기초원재료 재고액 : 100,000원
- 기중원재료 매입액 : 150,000원
- 제조간접비 : 200,000원
- 기말재공품 재고액 : 150,000원
- 기말제품 재고액 : 200,000원
- 기말원재료 재고액 : 30,000원
- 직접노무비 : 200,000원
- 기초재공품 재고액 : 10,000원
- 기초제품 재고액 : 80,000원

① 340,000원   ② 360,000원   ③ 480,000원   ④ 490,000원

정답 및 해설

01 ③ 당기재료비 = 기초원재료 + 당기원재료매입액 – 기말원재료
→ 3,000,000 = 0 + ? – 200,000
∴ 당기원재료매입액 = 3,200,000원

02 ④

재공품(수량)				제품(수량)			
기초	150	당기완성	950	기초	100	당기판매	1,000
당기착수	800	기말	0	당기완성	950	기말	50
	950		950		1,050		1,050

03 ③
- 당기제품제조원가 = 기초재공품 + 당기총제조원가 – 기말재공품
  → ? = 500,000 + 10,500,000 – 2,000,000
  ∴ 당기제품제조원가 = 9,000,000원
- 매출원가 = 기초제품 + 당기제품제조원가 – 기말제품
  → ? = 1,000,000 + 9,000,000 – 2,000,000
  ∴ 매출원가 = 8,000,000원

04 ②
- 매출원가 = 기초제품 + 당기제품제조원가 – 기말제품
  → 550,000 = 50,000 + ? – 40,000
  ∴ 당기제품제조원가 = 540,000원
- 당기제품제조원가 = 기초재공품 + 당기총제조원가 – 기말재공품
  → 540,000 = 30,000 + ? – 10,000
  ∴ 당기총제조원가 = 520,000원

05 ③
- 재료비 = 기초원재료 + 당기매입액 – 기말원재료
  = 100,000 + 150,000 – 30,000 = 220,000원
- 당기총제조원가 = (직접)재료비 + 직접노무비 + 제조간접비
  = 220,000 + 200,000 + 200,000 = 620,000원
- 당기제품제조원가 = 기초재공품 + 당기총제조원가 – 기말재공품
  = 10,000 + 620,000 – 150,000 = 480,000원

06 다음 중 재공품 계정의 총계정원장에서 대변에 기입되는 사항은? [제35회]

① 제품 차기이월액
② 당기총제조원가
③ 당기제품제조원가
④ 재공품 전기이월액

07 다음 원가 집계과정에 대한 설명 중 틀린 것은? [제97회]

① 당기총제조원가는 재공품 계정의 차변으로 대체된다.
② 당기제품제조원가(당기완성품원가)는 재공품 계정의 대변으로 대체된다.
③ 당기제품제조원가(당기완성품원가)는 제품 계정의 차변으로 대체된다.
④ 제품매출원가는 재공품 계정의 대변으로 대체된다.

08 당기의 기말재공품이 기초재공품보다 더 큰 경우에 대한 상황을 가장 적절하게 설명한 것은? [제55회]

① 당기총제조원가가 당기제품제조원가보다 클 것이다.
② 당기총제조원가가 당기제품제조원가보다 작을 것이다.
③ 당기제품제조원가가 매출원가보다 클 것이다.
④ 당기제품제조원가가 매출원가보다 작을 것이다.

09 다음의 자료를 이용하여 당기말 제품 재고액을 계산하면 얼마인가?

[제86회]

- 당기말 재공품은 전기와 비교하여 45,000원이 증가하였다.
- 전기말 제품 재고는 620,000원이었다.
- 당기중 발생원가집계
  - 직접재료비 : 360,000원　　　- 직접노무비 : 480,000원　　　- 제조간접비 : 530,000원
- 당기 손익계산서상 매출원가는 1,350,000원이다.

① 640,000원　　　② 595,000원　　　③ 540,000원　　　④ 495,000원

정답 및 해설

06 ③　재공품 계정의 총계정원장에서 대변에는 당기제품제조원가와 기말재공품이 기입된다.

07 ④　제품매출원가는 제품 계정의 대변으로 대체된다.

08 ①　기초재공품 + 당기총제조원가 = 당기제품제조원가 + 기말재공품
　　　∴ if 기초재공품 < 기말재공품, 당기총제조원가 > 당기제품제조원가

09 ②　· 당기총제조원가 = 직접재료비 + 직접노무비 + 제조간접비
　　　　　　　　　 = 360,000 + 480,000 + 530,000 = 1,370,000원
　　　· 당기제품제조원가 = 기초재공품 + 당기총제조원가 − 기말재공품
　　　　　　　　　 = 0 + 1,370,000 − 45,000 = 1,325,000원
　　　· 매출원가 = 기초제품 + 당기제품제조원가 − 기말제품
　　　　→ 1,350,000 = 620,000 + 1,325,000 − ?
　　　　∴ 기말제품 = 595,000원

10 다음 자료에 의한 직접재료비는 얼마인가? [제73회]

- 기초재공품 : 1,000,000원
- 제조간접비 : 당기제품제조원가의 40%
- 기말재공품 : 2,000,000원
- 당기제품제조원가 : 5,500,000원
- 직접노무비 : 제조간접비의 1.2배

① 1,200,000원　　② 1,550,000원　　③ 1,660,000원　　④ 1,860,000원

11 다음 중 제조원가명세서의 당기제품제조원가에 영향을 미치지 않는 회계거래는? [제42회]

① 당기에 투입된 원재료를 과소계상하였다.
② 기말의 재공품원가를 과소계상하였다.
③ 공장직원의 복리후생비를 과대계상하였다.
④ 기초의 제품원가를 과대계상하였다.

12 다음 중 제조원가명세서에 나타나지 않는 것은? [제59회]

① 당기제품제조원가　　　　　　② 당기재료비사용액
③ 당기재료비구입액　　　　　　④ 기말제품재고액

13 ㈜세무의 제조원가명세서는 아래와 같다. 이에 대한 설명으로 틀린 것은? [제25회]

구 분	과 목	금액(단위 : 원)	
Ⅰ	재료비		140,000
	기초재료재고액	10,000	
	당기재료매입액	160,000	
	기말재료재고액	30,000	
Ⅱ	노무비		180,000
Ⅲ	경비		150,000
Ⅳ	당기총제조비용		( )
Ⅴ	기초재공품원가		20,000
Ⅵ	기말재공품원가		40,000
Ⅶ	(㉮)		( )

① 재무상태표에 반영될 기말재고자산 금액의 합계는 50,000원이다.
② 당기총제조비용은 470,000원이다.
③ ㉮의 금액은 450,000원이다.
④ ㉮의 과목은 당기제품제조원가이다.

정답 및 해설

10 ③ · 제조간접비 = 당기제품제조원가의 40% = 5,500,000 × 40% = 2,200,000원
· 직접노무비 = 제조간접비의 1.2배 = 2,200,000 × 1.2 = 2,640,000원
· 당기제품제조원가 = 기초재공품 + 당기총제조원가 − 기말재공품
→ 5,500,000 = 1,000,000 + ? − 2,000,000
∴ 당기총제조원가 = 6,500,000원
· 당기총제조원가 = 직접재료비 + 직접노무비 + 제조간접비
→ 6,500,000 = ? + 2,640,000 + 2,200,000
∴ 직접재료비 = 1,660,000원

11 ④ 기초제품재고의 과대계상은 제조원가명세서상 당기제품제조원가에는 영향을 미치지 않고, 손익계산서상 매출원가에만 영향을 미친다.

12 ④ 기말제품재고액은 손익계산서의 매출원가 내역에 기재되는 항목이다.

13 ① · 기말재고자산 금액의 합계 = 기말재료재고액 + 기말재공품원가
= 30,000 + 40,000 = 70,000원
· 당기총제조원가 = 재료비 + 노무비 + 경비
= 140,000 + 180,000 + 150,000 = 470,000원
· 당기제품제조원가 = 기초재공품 + 당기총제조원가 − 기말재공품
= 20,000 + 470,000 − 40,000 = 450,000원

01 원가배분의 정의와 목적

(1) 원가배분의 정의

원가배분(Cost Allocation)이란 간접원가 또는 공통원가를 집계하여 합리적인 배분기준에 따라 원가대상
에 대응시키는 과정을 말한다.

> 참고 배분과 배부
> 원가회계에서 제조간접비 금액을 해당 제품의 원가로 보내는 것을 배부라고 하고, 그 외의 공통원가를 원가대상
> 에 대응시키는 것을 배분이라고 하는 것이 정확한 구분이다. 그러나, 실무나 자격시험에서 배분과 배부라는 용어
> 가 종종 혼용되어 사용되고 있다.

(2) 원가배분의 목적

① 경제적 의사결정
② 부문책임자나 종업원의 동기부여와 성과평가
③ 외부보고용 재무제표 작성(재고자산과 매출원가의 결정)
④ 가격결정

02 원가배분기준
최근 77회 시험 중 4회 기출

원가배분기준은 집계된 공통원가를 각 원가대상에 공정하고 공평하게 배분할 수 있는 것이어야 하는데, 가장
이상적인 기준은 인과관계 기준이다. 그러나 인과관계를 파악하기 어려운 경우에는 차선으로 수혜기준이나
부담능력기준 등에 따라 배분한다.

(1) 인과관계기준

원가와 원가대상 사이에 추적 가능한 인과관계가 존재하는 경우에 그 인과관계에 따라 원가를 배분하여
야 한다는 기준이다.
예를 들어, 수도요금을 각 부문의 수도사용량에 따라 배분하는 것이다.

(2) 수혜기준

원가대상에 제공된 경제적 효익을 측정할 수 있는 경우 이러한 경제적 효익의 크기에 비례하여 원가를 배
분하여야 한다는 기준이다.
예를 들어, 기업 이미지 광고로 모든 사업부의 매출이 늘어난 경우 광고비용을 각 사업부의 매출 증가액
에 따라 배분하는 것이다.

(3) 부담능력기준

원가대상이 원가를 부담할 수 있는 능력에 비례하여 원가를 배분하여야 한다는 기준이다.
예를 들어, 최고경영자의 급여를 각 사업부의 영업이익에 따라 배분하는 것이다.

03 제조부문과 보조부문

제조기업은 여러 원가부문을 통해서 제품을 생산하게 된다. 원가부문이란 원가를 발생장소별로 집계하기 위한 조직단위를 말하며, 제조부문과 보조부문으로 나누어진다.

제조부문	제품의 제조활동을 직접 담당하는 부문이다. 예 주조부문, 조립부문, 절단부문
보조부문	제품의 제조활동에는 직접 참여하지 않고 제조부문의 제조활동을 보조하기 위해 여러 가지 용역을 제공하는 부문이다. 예 동력부문, 수선부문, 식당부문 등

04 보조부문의 원가배분절차

제조부문과 보조부문이 있는 제조기업에서 보조부문원가를 배분(부문별 원가계산)하는 절차는 다음과 같다.

1단계	부문직접비를 각 부문에 부과
2단계	부문간접비를 각 부문에 배분
3단계	보조부문에 집계된 원가를 제조부문에 배분(직접배분법, 단계배분법, 상호배분법)
4단계	제조부문에 집계된 원가를 각 제품에 배부

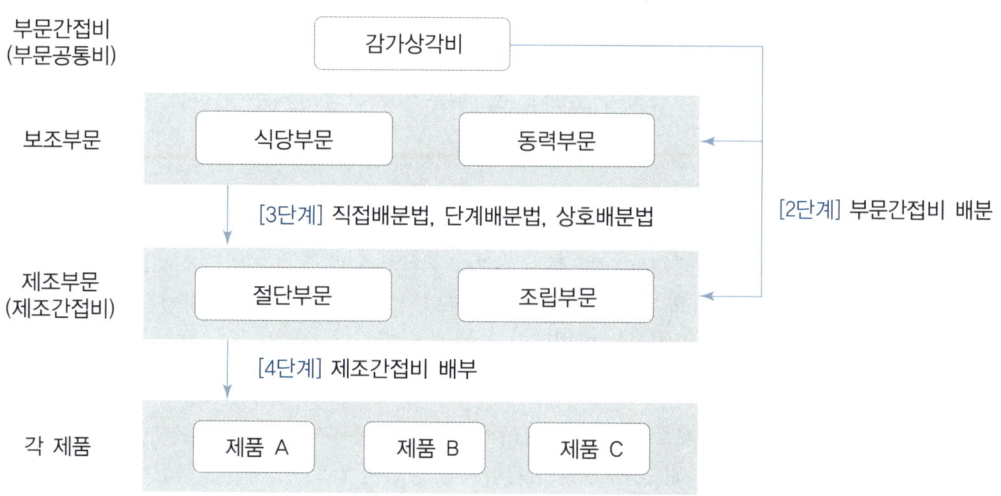

(1) 1단계 : 부문직접비를 각 부문에 부과

부문직접비란 특정 부문에서 개별적으로 발생하는 원가로서, 비록 개별 제품에는 추적이 어려운 제조간접비지만 특정 부문에는 추적 가능한 원가를 말한다.

예를 들어, 특정 부문 책임자의 급여나 특정 부문에서만 사용하는 기계장치의 감가상각비 등이 이에 해당한다.

(2) 2단계 : 부문간접비를 각 부문에 배분

부문간접비란 개별 제품뿐만 아니라 개별 부문에 직접 추적할 수 없는 제조간접비를 말한다.

예를 들어, 여러 부문의 공장 전체를 감독하는 공장장의 급여, 공동으로 사용하는 기계장치의 감가상각비 등이 이에 해당한다.

부문간접비를 각 부문에 배분하기 위한 배분기준의 대표적인 예를 살펴보면 다음과 같다.

· 감가상각비 : 사용시간, 면적	· 전기사용료 : 전기소비량, 운전시간
· 운반비 : 무게, 거리, 횟수	· 복리후생비 : 근무시간, 종업원 수

(3) 3단계 : 보조부문에 집계된 원가를 제조부문에 배분 (직접배분법, 단계배분법, 상호배분법)

부문직접비를 부과하고 부문간접비를 배분하면 보조부문의 원가 발생액을 알 수 있다. 그러나 보조부문은 제품이 직접 통과하지 않으므로 보조부문원가를 각 제품에 직접 배부할 수 없다. 따라서 보조부문원가를 제조부문으로 배분하는 절차가 필요하다.

보조부문원가를 제조부문에 배분하기 위한 배분기준의 대표적인 예를 살펴보면 다음과 같다.

· 건물관리부문 : 사용면적	· 동력부문 : 전력사용량
· 수선유지부문 : 작업시간, 기계시간	· 식당부문 : 종업원 수
· 구매부문 : 주문횟수, 주문수량	· 창고부문 : 사용면적, 재료사용량
· 종업원복리후생부문 : 종업원 수	· 공장인사관리부문 : 종업원 수

보조부문원가를 제조부문에 배분할 때, 보조부문이 제조부문에만 용역을 제공하고 있다면 배분 작업은 어렵지 않으나, 보조부문이 둘 이상이고 보조부문 간에 용역을 주고받는 경우에는 이를 적절하게 반영하기 위한 방법이 필요하게 된다. 이와 같이, **보조부문 간에 용역을 주고받는 경우 보조부문원가를 제조부문에 배분하는 방법**에는 **직접배분법, 단계배분법, 상호배분법**이 있다.

① 직접배분법

보조부문 상호 간의 용역수수관계를 완전히 무시하고, 보조부문의 원가를 제조부문으로만 배분하는 방법을 말한다. 계산이 간단하다는 장점이 있으나, 보조부문 상호 간의 용역수수관계를 무시하므로 정확성이 떨어진다는 단점이 있다.

② 단계배분법

보조부문들 간에 일정한 배분 순서를 정한 다음 그 배분 순서에 따라 보조부문원가를 단계적으로 배분하는 방법을 말한다. 단계배분법에서는 일단 특정 보조부문원가가 다른 보조부문에 배분된 다음에는 다른 보조부문의 원가가 역으로 그 특정 보조부문에 배분되지 않는다. 따라서 이 방법은 보조부문 상호 간의 용역수수관계를 일부만 반영하는 방법이라고 볼 수 있다.

③ 상호배분법

보조부문 상호 간의 용역수수관계를 완전하게 고려하여, 보조부문원가를 제조부문뿐만 아니라 보조부문 상호 간에 배분하는 방법을 말한다. 가장 정확하다는 장점이 있으나, 계산이 복잡하다는 단점이 있다.

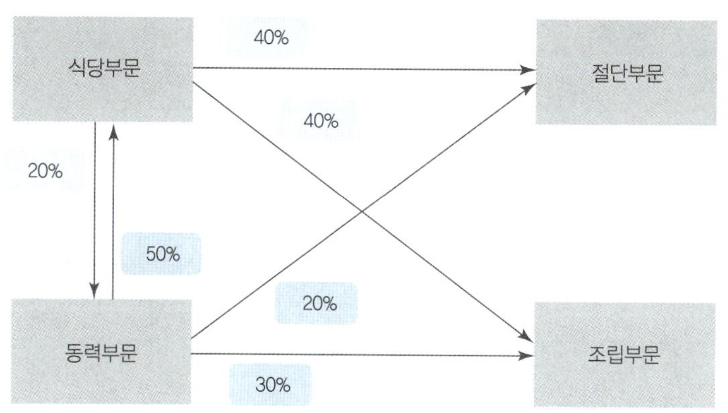

당사의 공장에는 두 개의 보조부문(식당부문, 동력부문)과 두 개의 제조부문(절단부문, 조립부문)이 있다. 각 부문의 발생원가(제조간접비)와 용역수수관계가 다음과 같을 때, 직접배분법, 단계배분법(식당부문의 원가부터 우선배분), 상호배분법을 이용하여 보조부문원가를 제조부문에 배분하여 보자.

구 분	보조부문		제조부문		합 계
	식당부문	동력부문	절단부문	조립부문	
발생원가	250,000원	130,000원	400,000원	420,000원	1,200,000원
식당부문	–	20%	40%	40%	100%
동력부문	50%	–	20%	30%	100%

[풀이] <직접배분법>

(단위 : 원)

구 분	보조부문		제조부문		합 계
	식당부문	동력부문	절단부문	조립부문	
배분 전 원가	250,000	130,000	400,000	420,000	1,200,000
식당부문 원가배분	(250,000)	–	125,000[1]	125,000	–
동력부문 원가배분	–	(130,000)	52,000[2]	78,000	–
배분 후 원가	–	–	577,000	623,000	1,200,000

[1] $250,000원 \times \dfrac{40\%}{40\% + 40\%} = 125,000원$

[2] $130,000원 \times \dfrac{20\%}{20\% + 30\%} = 52,000원$

<단계배분법>   (단위 : 원)

구 분	보조부문		제조부문		합 계
	식당부문	동력부문	절단부문	조립부문	
배분 전 원가	250,000	130,000	400,000	420,000	1,200,000
식당부문 원가배분	(250,000)	50,000[1]	100,000	100,000	–
동력부문 원가배분	–	(180,000)	72,000[2]	108,000	–
배분 후 원가	–	–	572,000	628,000	1,200,000

[1] $250,000원 \times \dfrac{20\%}{20\% + 40\% + 40\%} = 50,000원$

[2] $(130,000원 + 50,000원) \times \dfrac{20\%}{20\% + 30\%} = 72,000원$

<상호배분법>   (단위 : 원)

구 분	보조부문		제조부문		합 계
	식당부문	동력부문	절단부문	조립부문	
배분 전 원가	250,000	130,000	400,000	420,000	1,200,000
식당부문 원가배분	(350,000)[1]	70,000	140,000[3]	140,000	–
동력부문 원가배분	100,000	(200,000)[2]	40,000[4]	60,000	–
배분 후 원가	–	–	580,000	620,000	1,200,000

[1] 식당부문의 원가 = x, [2] 동력부문의 원가 = y

$x = 250,000원 + 0.5y$

$y = 130,000원 + 0.2x$

$\rightarrow x = 350,000원, y = 200,000원$

$\therefore$ [3] $350,000원 \times \dfrac{40\%}{20\% + 40\% + 40\%} = 140,000원$

[4] $200,000원 \times \dfrac{20\%}{50\% + 20\% + 30\%} = 40,000원$

기출포인트

· 보조부문원가를 제조부문으로 배분하는 방법으로는 직접배분법, 단계배분법, 상호배분법이 있지만, 어느 방법으로 배분하더라도 보조부문원가 전액이 제조부문으로 배분된다는 점은 동일하므로, 회사 전체의 제조간접비 총액을 비교하여 보면 배분 전과 후가 동일하다.

· 따라서, 만약 기초재고와 기말재고가 없다면, 보조부문원가의 배분방법이 바뀌더라도 회사의 총이익은 달라지지 않는다.

 단일배분율법과 이중배분율법

보조부문의 원가를 제조부문으로 배분할 때, 보조부문의 원가행태를 변동비와 고정비로 구분하여 서로 다른 배분기준을 사용하는 것을 고려할 수도 있다.

- 단일배분율법 : 보조부문의 원가를 변동비와 고정비로 구분하지 않고 하나의 기준으로 배분하는 방법
- 이중배분율법 : 보조부문의 원가를 변동비와 고정비로 구분한 후, 변동비는 실제조업도 기준으로 배분하고, 고정비는 최대조업도 기준으로 배분하는 방법

보조부문원가를 제조부문으로 배분함에 있어서, 보조부문 상호 간의 용역수수에 따른 배분방법(직접배분법, 단계배분법, 상호배분법)과 보조부문 원가행태에 따른 배분방법(단일배분율법, 이중배분율법)이 있는데, 양자는 상호배타적이 아니라 상호 결합하여 사용할 수 있다. 예 단일배분율·직접배분법, 이중배분율·단계배분법 등

(4) 4단계 : 제조부문에 집계된 원가를 각 제품에 배부

보조부문원가를 제조부문에 배분하고 나면, 제조부문원가 계정에는 제조부문에서 발생한 제조간접비와 보조부문에서 배분받은 제조간접비의 합계액이 집계된다. 이와 같이 집계된 각 제조부문의 원가는 합리적인 기준에 따라 해당 제조부문을 통과한 각 제품에 배부한다.

기출확인문제　　　　　　　　　　　　　　　　　　　　* 2025년 출제예상

원가배부에 대한 내용으로 옳지 않은 것은? (제55회)

① 직접배부법은 모든 보조부문비를 제조부문에 제공하는 용역비율에 따라 제조부문에만 직접 배부하는 방법이다.
② 단계배부법은 보조부문들 간에 일정한 배부순서에 따라 보조부문비를 단계적으로 다른 보조부문과 제조부문에 배부하는 방법이다.
③ 상호배부법은 보조부문 상호 간의 용역수수관계를 완전히 고려하는 방법이다.
④ 보조부문비를 가장 정확하게 배부하는 방법은 단계배부법이다.

정답 ④

해설
보조부문비를 가장 정확하게 배부하는 방법은 상호배부법이다.

＊본서에 수록된 기출문제의 날짜는 학습효과를 높이기 위하여 일부 수정함

01 다음 중 제조기업의 원가계산의 흐름으로 맞는 것은? [제58회]

① 요소별 원가계산 → 부문별 원가계산 → 제품별 원가계산
② 부문별 원가계산 → 제품별 원가계산 → 요소별 원가계산
③ 제품별 원가계산 → 요소별 원가계산 → 부문별 원가계산
④ 부문별 원가계산 → 요소별 원가계산 → 제품별 원가계산

02 다음 중 제조간접비의 배부기준을 설정할 때 고려해야 하는 요소 중 가장 합리적인 것으로서 우선으로 적용되어야 하는 요소는 무엇인가? [제99회]

① 원가절감　　　　　　　　　② 인과관계
③ 예측가능성　　　　　　　　④ 부담능력

03 다음 중 부문공통원가를 각 부문에 배부하는 기준과 관련하여 가장 올바르지 않게 연결한 것은? [제53회]

① 복리후생비 : 종업원 수
② 기계장치 감가상각비 : 기계가동시간
③ 전기요금 : 전력사용량
④ 공장건물 임차료 : 종업원 수

04 보조부문원가를 제조부문에 배부하는 기준으로 가장 적합한 것은? [제80회]

① 건물관리부문 : 종업원 수 ② 종업원복리후생부문 : 종업원 수
③ 식당부문 : 사용면적 ④ 창고부문 : 기계시간

05 보조부문원가를 제조부문에 배부하는 기준으로 가장 적합하지 않은 것은? [제90회]

① 건물관리부문 : 사용면적 ② 노무관리부문 : 종업원 수
③ 검사부문 : 검사수량, 검사시간 ④ 구매부문 : 기계시간

정답 및 해설

01 ① 제조기업의 원가계산의 흐름
: 요소별 원가계산(재료비, 노무비, 제조경비) → 부문별 원가계산(보조부문비, 제조부문비) → 제품별 원가계산
(제조부문에 집계된 원가를 각 제품에 배부)

02 ② 원가배분기준은 집계된 공통원가를 각 원가대상에 합리적으로 배분할 수 있는 것이어야 하는데, 가장 이상적인 기준은 인과관계 기준이다. 그러나 인과관계를 파악하기 어려운 경우에는 차선으로 수혜기준이나 부담능력기준 등에 따라 배분한다.

03 ④ 공장건물 임차료 : 점유면적

04 ② · 건물관리부문 : 건물 사용면적
· 식당부문 : 종업원 수
· 창고부문 : 창고 사용면적, 재료사용량

05 ④ 구매부문 : 주문횟수, 주문수량

06 다음 중 보조부문원가의 배분방법에 대한 설명으로 옳지 않은 것은? [제91회]

① 직접배분법은 보조부문 간 용역수수관계를 전혀 고려하지 않는 배분방법이다.
② 단계배분법은 배분순위를 고려한 배분방법이다.
③ 직접배분법은 가장 정확성이 높은 배분방법이다.
④ 단계배분법과 상호배분법은 보조부문 상호 간의 용역제공관계를 고려한다.

07 보조부문비를 제조부문에 배부하는 방법 중 상호배부법에 대한 설명으로 옳은 것은? [제39회]

① 보조부문 상호 간의 용역수수관계를 불완전하게 인식하는 방식이다.
② 보조부문의 배부순서를 고려할 필요가 없다.
③ 보조부문 상호 간의 용역수수관계가 중요하지 않을 경우에 적합하다.
④ 배부절차가 다른 방법에 비해 비교적 간편하다.

08 ㈜한라는 직접배부법으로 보조부문의 제조간접비를 제조부문에 배부하고자 한다. 보조부문의 제조간접비를 배부한 후 절단부문의 총원가는 얼마인가? [제100회]

구 분	보조부문		제조부문	
	설비부문	동력부문	조립부문	절단부문
설비부문 공급(시간)	–	500	400	600
동력부문 공급(kW)	1,100	–	300	200
배분 전 원가	300,000원	250,000원	750,000원	900,000원

① 151,250원　　② 280,000원　　③ 1,051,250원　　④ 1,180,000원

09 당사는 단계배부법을 이용하여 보조부문 제조간접비를 제조부문에 배부하고자 한다. 각 부문별 원가발생액과 보조부문의 용역공급이 다음과 같을 경우 수선부문에서 조립부문으로 배부될 제조간접비는 얼마인가? (단, 전력부문부터 배부한다고 가정함) [제72회]

구 분	제조부문		보조부문	
	조립부문	절단부문	전력부문	수선부문
자기부문 제조간접비	600,000원	500,000원	300,000원	450,000원
전력부문 동력공급(kW)	300	400	–	300
수선부문 수선공급(시간)	40	50	10	–

① 200,000원　　② 240,000원　　③ 250,000원　　④ 300,000원

정답 및 해설

06 ③　직접배분법은 보조부문 상호 간의 용역수수관계를 전혀 고려하지 않으므로, 계산이 간단하다는 장점이 있으나 정확성이 떨어진다는 단점이 있다.

07 ②　① 상호배부법은 보조부문 상호 간의 용역수수관계를 완전하게 인식하는 방식이다.
　　　　③ 상호배부법은 보조부문 상호 간의 용역수수관계가 중요할 경우 적합한 방식이다.
　　　　④ 배부절차가 다른 방법에 비해 비교적 복잡하다.

08 ④　· 설비부문 → 절단부문 : $300{,}000원 \times \dfrac{600시간}{400시간 + 600시간} = 180{,}000원$

　　　· 동력부문 → 절단부문 : $250{,}000원 \times \dfrac{200kW}{300kW + 200kW} = 100{,}000원$

　　　· 절단부문의 총원가 = 900,000 + 180,000 + 100,000 = 1,180,000원

09 ②　· 전력부문 → 수선부문 : $300{,}000원 \times \dfrac{300kW}{300kW + 400kW + 300kW} = 90{,}000원$

　　　· 수선부문 → 조립부문 : $(450{,}000원 + 90{,}000원) \times \dfrac{40시간}{40시간 + 50시간} = 240{,}000원$

10 다음 자료를 이용하여 제조부문 A에 배분해야 하는 보조부문 총변동원가는 얼마인가?

[제86회]

㈜동일제조는 두 개의 보조부문 S1, S2와 두 개의 제조부문 A, B를 두고 있다. 당년도 6월 중에 각 보조부문에서 제공한 보조용역에 대한 사용원가율은 다음과 같았다.

제 공 \ 사 용	보조부문		제조부문	
	S1	S2	A	B
S1	0	0.2	0.4	0.4
S2	0.4	0	0.2	0.4

S1부문과 S2부문에서 해당 월에 발생한 변동원가는 각각 400,000원과 200,000원이었다. ㈜동일제조는 보조부문원가의 배분 시 단계배분법을 사용하며 S2부문부터 배분한다.

① 310,000원   ② 140,000원   ③ 200,000원   ④ 280,000원

11 ㈜한세실업의 보조부문은 수선부문과 동력부문으로 구성되어 있으며, 서로 용역을 주고받고 있다. 어떤 특정 기간 동안 각 부문이 다른 부문에 제공한 용역의 비율은 아래와 같다. 이 기간 동안 수선부문과 동력부문의 발생원가는 각각 20,000원과 30,000원이다. 상호배분법에 의하여 보조부문 원가를 배분할 경우 연립방정식으로 올바른 것은? (단, 수선부문의 총원가를 'x'라 하고, 동력부문의 총원가를 'y'라 한다)

[제65회]

구 분	수선부문의 용역 제공비율	동력부문의 용역 제공비율
수선부문	–	20%
동력부문	30%	–
제조부문	70%	80%
합 계	100%	100%

① $x = 30,000 + 0.3y$: $y = 20,000 + 0.2x$

② $x = 30,000 + 0.2y$: $y = 20,000 + 0.3x$

③ $x = 20,000 + 0.3y$: $y = 30,000 + 0.2x$

④ $x = 20,000 + 0.2y$: $y = 30,000 + 0.3x$

12 ㈜형진의 보조부문에서 발생한 변동제조간접원가는 1,500,000원, 고정제조간접원가는 3,000,000원이었다. 이중배분율법에 의하여 보조부문의 제조간접원가를 제조부문에 배분할 경우 절단부문에 배분할 제조간접원가는 얼마인가? (단, 보조부문 상호 간의 용역수수관계는 무시한다)

[제31회]

구 분	실제기계시간	최대기계시간
절단부문	2,500시간	7,000시간
조립부문	5,000시간	8,000시간

① 1,500,000원　　② 1,700,000원　　③ 1,900,000원　　④ 2,100,000원

정답 및 해설

10 ④　· S2 → S1 : 200,000원 × $\dfrac{0.4}{0.4 + 0.2 + 0.4}$ = 80,000원

　　· S2 → A ：200,000원 × $\dfrac{0.2}{0.4 + 0.2 + 0.4}$ = 40,000원

　　· S1 → A ：(400,000원 + 80,000원) × $\dfrac{0.4}{0.4 + 0.4}$ = 240,000원

　　· 제조부문 A에 배분해야 하는 보조부문 총변동원가 = 40,000 + 240,000 = 280,000원

　　· 표

구 분	보조부문		제조부문	
	S1	S2	A	B
배분 전 원가	400,000	200,000		
S1원가 배분액	(−)480,000		240,000	240,000
S2원가 배분액	80,000	(−)200,000	40,000	80,000
배분 후 원가	0	0	280,000	320,000

11 ④　상호배분법을 적용할 경우, 배분대상 보조부문 원가는 자기부문의 발생원가에 다른 보조부문으로부터 배분받은 원가를 합산하여 계산한다.

12 ③　· 절단부문에 배분할 변동제조간접원가 = 1,500,000원 × $\dfrac{2,500시간}{2,500시간 + 5,000시간}$ = 500,000원

　　· 절단부문에 배분할 고정제조간접원가 = 3,000,000원 × $\dfrac{7,000시간}{7,000시간 + 8,000시간}$ = 1,400,000원

　　· 절단부문에 배분할 제조간접원가 = 500,000 + 1,400,000 = 1,900,000원

01 개별원가계산의 정의

최근 77회 시험 중 **4**회 기출

개별원가계산(Job-Order Costing)이란 **개별 작업(Job-Order)**별로 **원가**를 집계하는 방법을 말한다. 즉, 한 단위 또는 일정 수량의 제품에 대하여 제조지시서를 발행하고 제조원가를 지시서별(개별 제품별)로 집계하는 방법이다. 이 방법은 종류, 모양, 크기 등이 **서로 다른 제품**을 주로 **고객의 주문**에 의하여 **소량씩** 개별적으로 생산하는 건설업, 조선업, 항공기 제조업, 주문에 의한 가구 및 기계 제조업 등에서 주로 사용한다.

02 제조지시서와 작업원가표(원가계산표)

최근 77회 시험 중 **1**회 기출

(1) 제조지시서

제조지시서란 **고객이 주문한 규격, 수량, 기일** 등을 기입하여 특정 제품의 제조를 작업현장에 명령하는 문서이다. 개별원가계산은 제조지시서를 중심으로 원가를 집계·배부하기 때문에 제조지시서별 원가계산이라고 할 수 있다.

(2) 작업원가표(원가계산표)

작업원가표란 제조지시서에 따라 작업을 하면서 발생하는 원가를 **직접재료비, 직접노무비, 제조간접비**로 나누어 집계하는 명세서이다. 생산이 착수되면 회계부서는 제조지시서별로 개별작업원가를 작업원가표에 기록한다.

03 개별원가계산의 절차

1단계	직접비를 개별 작업에 부과
2단계	제조간접비를 각 개별 작업에 배부

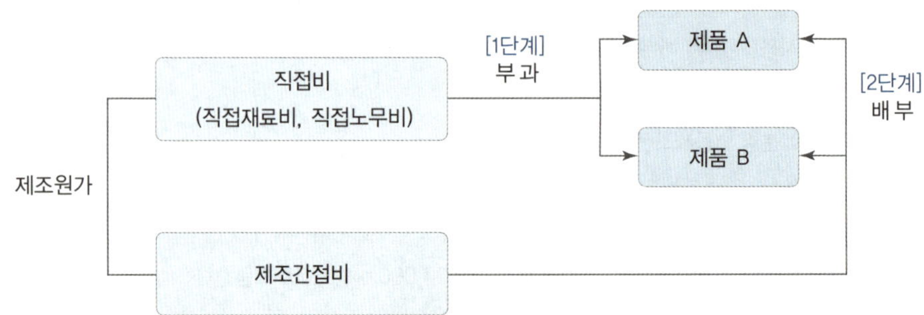

(1) 1단계 : 직접비를 각 개별 작업에 부과

작업별로 추적 가능한 직접비(= 직접재료비 + 직접노무비)를 파악하여 해당 개별 작업에 직접 부과한다.

(2) 2단계 : 제조간접비를 각 개별 작업에 배부

작업별로 추적할 수 없는 제조간접비는 적절한 배부기준에 따라 해당 개별 작업에 배부한다. 제조간접비를 배부할 때 일반적으로 사용되는 배부기준은 다음과 같다.

금액 기준	직접재료비 기준	제품을 제조하는 데 소비된 직접재료비를 기준으로 배부
	직접노무비 기준	제품을 제조하는 데 소비된 직접노무비를 기준으로 배부
	직접비 기준	제품을 제조하는 데 소비된 직접비를 기준으로 배부
시간 기준	직접노동시간 기준	제품을 제조하는 데 소비된 직접노동시간을 기준으로 배부
	기계시간 기준	제품을 제조하는 데 소비된 기계시간을 기준으로 배부

04 개별원가계산의 특징 및 종류

(1) 개별원가계산의 특징

① 다품종 소량생산, 주문생산에 적합하다.
② 제조지시서를 통하여 개별제품별로 제조를 지시한다.
③ 작업원가표를 통하여 개별제품별로 제조원가가 집계된다.
④ 직접비와 제조간접비의 구분이 중요하며, 제조간접비의 배부가 원가계산의 핵심과제이다.
⑤ 건설업, 조선업, 항공기 제조업, 주문에 의한 가구 및 기계 제조업 등에 적합하다.

(2) 개별원가계산의 종류

개별원가계산은 제조간접비 배부율로 무엇을 사용하는지에 따라 실제배부율을 사용하는 실제개별원가계산과 예정배부율을 사용하는 정상개별원가계산으로 구분할 수 있다.

실제개별원가계산의 경우 ⑦ 제조간접비 실제발생액이 집계될 때까지 원가계산이 지연되고, ⑥ 실제배부율이 기간별로 크게 변동한다는 단점이 있다. 정상개별원가계산은 실제개별원가계산의 단점을 보완하기 위하여 사용되는 방법이다.

구 분	실제개별원가계산	정상개별원가계산
직접재료비	실제발생액	실제발생액
직접노무비	실제발생액	실제발생액
제조간접비	실제발생액	예정배부액

05 실제개별원가계산

실제개별원가계산은 **실제 발생한 직접재료비, 직접노무비, 제조간접비**를 사용하여 제품의 원가를 계산하는 방법이다.

(1) 제조간접비 실제배부

실제개별원가계산에서의 제조간접비는 일정 기간 동안 실제 발생한 제조간접비를 동일 기간의 실제조업도로 나눈 실제배부율에 의하여 개별 제품에 배부한다.

$$제조간접비\ 실제배부율 = \frac{실제\ 발생한\ 제조간접비}{실제조업도}$$

$$제조간접비\ 배부액 = 개별\ 작업\ 실제조업도 \times 제조간접비\ 실제배부율$$

(2) 실제개별원가계산 사례

[사례] 당사의 A제품과 B제품 두 가지에 대한 제조원가 및 기타 자료가 다음과 같을 때, 기계시간을 기준으로 제조간접비를 배부하여 제품원가를 구하여 보자. (단, A제품과 B제품 모두 기초 및 기말 재공품 금액은 없었다)

구 분	A제품	B제품	합 계
직접재료비	300,000원	700,000원	1,000,000원
직접노무비	200,000원	400,000원	600,000원
기계시간	300시간	500시간	800시간
제조간접비(실제)	–	–	2,000,000원

[풀이]　· 제조간접비 실제배부율 = 실제 발생한 제조간접비 ÷ 실제조업도
　　　　　　　　　　　　　= 2,000,000원 ÷ 800시간 = @2,500원/기계시간

　　　· 제조간접비 배부액 = 개별 작업 실제조업도 × 제조간접비 실제배부율
　　　　· A제품 = 300시간 × @2,500원 = 750,000원
　　　　· B제품 = 500시간 × @2,500원 = 1,250,000원

　　　∴ 제품원가
　　　　· A제품 = 300,000 + 200,000 + 750,000 = 1,250,000원
　　　　· B제품 = 700,000 + 400,000 + 1,250,000 = 2,350,000원

㈜세무는 직접원가를 기준으로 제조간접비를 배부한다. 다음 자료에 의해 작업지시서 No.1의 제조간접비 배부액은 얼마인가? (제35회)

구 분	공장전체발생원가	작업지시서 No.1
직접재료비	1,000,000원	300,000원
직접노무비	1,500,000원	400,000원
기계시간	150시간	15시간
제조간접비	7,500,000원	( )

① 700,000원
② 2,100,000원
③ 3,000,000원
④ 3,651,310원

정답 ②

해설
· 공장전체 직접원가
  = 1,000,000 + 1,500,000
  = 2,500,000원
· 작업지시서 No.1 직접원가
  = 300,000 + 400,000
  = 700,000원
· 제조간접비 실제배부율
  = 실제제조간접비/실제조업도
  = 7,500,000/2,500,000
  = 3원
∴ 제조간접비 배부액
  = 개별 작업 실제조업도
    × 제조간접비 실제배부율
  = 700,000 × 3
  = 2,100,000원

06 정상개별원가계산

 빈출 최근 77회 시험 중 40회 기출

정상개별원가계산은 **직접재료비와 직접노무비는 실제 발생한 원가**를 사용하고 **제조간접비는 예정배부액**을 사용하여 제품의 원가를 계산하는 방법이다.

(1) 제조간접비 예정배부

정상개별원가계산에서는 제조간접비를 배부하기 위해서 기초에 미리 예측한 제조간접비 예산액을 예정조업도로 나누어 예정배부율을 계산하고, 개별 작업의 **실제조업도**에 **예정배부율**을 곱하여 개별 제품에 제조간접비를 배부한다.

$$제조간접비 \ 예정배부율 \ = \ \frac{제조간접비 \ 예산액}{예정조업도}$$

$$제조간접비 \ 예정배부액 \ = \ 개별 \ 작업 \ 실제조업도 \ \times \ 제조간접비 \ 예정배부율$$

(2) 배부차이 조정

① 배부차이

정상개별원가계산에서는 제조간접비 예정배부율을 이용하여 제조간접비를 계산한다. 그러나 **외부보고용 재무제표**에는 **실제 발생한 제조간접비를 반영**하여야 하므로 제조간접비 실제발생액과 예정배부액과의 차이(배부차이)를 조정해야 한다.

$$제조간접비 \ 배부차이 \ = \ 실제발생액 \ - \ 예정배부액$$

· 실제발생액 > 예정배부액 : 과소배부
· 실제발생액 < 예정배부액 : 과대배부

② 배부차이 조정방법

매출원가 조정법	배부차이 전액을 매출원가에서 가감하는 방법
영업외손익법	배부차이 전액을 영업외손익에서 가감하는 방법
비례조정법	배부차이를 기말재공품, 기말제품, 매출원가의 상대적 비율에 따라 안분하는 방법

(3) 정상개별원가계산의 사례

[사례] 당사의 A제품과 B제품 두 가지에 대한 제조원가 및 기타 자료가 다음과 같을 때, 정상개별원가계산에서 기계시간을 기준으로 하여 제조간접비를 배부하고 배부차이를 계산하여 보자. (단, A제품과 B제품 모두 기초 및 기말재공품 금액은 없었으며, 당사는 배부차이를 전액 매출원가에서 조정한다)

구 분	A제품	B제품	합 계
직접재료비	300,000원	700,000원	1,000,000원
직접노무비	200,000원	400,000원	600,000원
기계시간(실제)	300시간	500시간	800시간
제조간접비(실제)	–	–	2,000,000원
기계시간(예정)	400시간	600시간	1,000시간
제조간접비(예산)	–	–	1,800,000원

[풀이]　· 제조간접비 예정배부율 = 제조간접비 예산액 ÷ 예정조업도

$$= 1,800,000원 ÷ 1,000시간 = @1,800원/기계시간$$

· 제조간접비 예정배부액 = 개별 작업의 실제조업도 × 제조간접비 예정배부율
　· A제품 = 300시간 × @1,800원 = 540,000원
　· B제품 = 500시간 × @1,800원 = 900,000원

· 제품원가(정상원가)
　· A제품 = 300,000 + 200,000 + 540,000 = 1,040,000원
　· B제품 = 700,000 + 400,000 + 900,000 = 2,000,000원

∴ 제조간접비 배부차이 = 실제발생액 – 예정배부액

$$= 2,000,000 – 1,440,000 = 560,000원(과소배부)$$

참고　실제발생액보다 과소배부된 560,000원은 매출원가에 가산한다.
　(차) 매출원가　　　　　　　　　　560,000　　　(대) 현금 등　　　　　　　　560,000

㈜백두의 제조간접비 예정배부율은 '작업시간당 10,000원'이다. 작업시간이 500시간이고, 제조간접비 배부차이가 200,000원 과소배부일 때 제조간접비 실제발생액은? (제22회)

① 5,000,000원　　　　② 4,800,000원
③ 5,200,000원　　　　④ 4,600,000원

정답 ③

해설
제조간접비 실제발생액
= 과소배부 + 예정배부액
= 200,000원 + (500시간
　× 10,000원)
= 5,200,000원

* 본서에 수록된 기출문제의 날짜는 학습효과를 높이기 위하여 일부 수정함

01 개별원가계산에 대한 설명으로 가장 옳지 않은 것은?　　　　　　　　　　　　[제75회]

① 다양한 품종을 생산한다.
② 주문생산형태로 제품을 제작한다.
③ 개별 제품의 제작원가가 비교적 크다.
④ 동일한 종류의 제품을 대량으로 생산하고 있다.

02 기초(기본)원가를 기준으로 제조간접비를 배부한다고 할 때 다음 자료에 의하여 작업지시서 No.1에 배부할 제조간접비는 얼마인가? (단, 기초 및 기말재고는 없다)　　　　[제74회]

구 분	공장전체 발생	작업지시서 No.1
직접재료비	1,000,000원	500,000원
직접노무비	4,000,000원	1,500,000원
당기총제조비용	12,000,000원	–

① 2,000,000원　　　② 2,800,000원　　　③ 3,000,000원　　　④ 4,800,000원

03 다음의 자료는 ㈜블루오션의 선박제조와 관련하여 발생한 원가자료이다. 유람선B의 당기 총제조원가는 얼마인가? (당기 제조간접비 발생액은 250,000원이며, 회사는 직접노무비를 기준으로 제조간접비를 배부하고 있다)　　　　[제96회]

구 분	유람선A	유람선B	합 계
직접재료비	400,000원	600,000원	1,000,000원
직접노무비	300,000원	200,000원	500,000원

① 900,000원　　　② 950,000원　　　③ 1,000,000원　　　④ 1,050,000원

04 다음은 실제개별원가계산과 정상개별원가계산에 대한 설명이다. 틀린 것은? [제91회]

① 실제개별원가계산과 정상개별원가계산 모두 직접재료비와 직접노무비는 실제발생액을 개별작업에 직접 부과한다.

② 실제개별원가계산은 일정 기간 동안 실제 발생한 제조간접비를 동일 기간의 실제 배부기준 총수로 나눈 실제배부율에 의하여 개별제품에 배부한다.

③ 정상개별원가계산은 개별작업에 직접 부과할 수 없는 제조간접비를 예정배부율을 이용하여 배부한다.

④ 원가계산이 기말까지 지연되는 문제를 해결하고자 실제개별원가계산이 도입되었다.

정답 및 해설

01 ④ 개별원가계산은 다양한 종류의 제품을 소량으로 생산하는 방식에 적합하다.

02 ② · 실제 발생 제조간접비 = 당기총제조비용 − 직접재료비 − 직접노무비
  = 12,000,000 − 1,000,000 − 4,000,000 = 7,000,000원
· 실제 조업도 = 공장 전체 기초원가 = 직접재료비 + 직접노무비
  = 1,000,000 + 4,000,000 = 5,000,000원
· 실제 배부율 = 실제 발생 제조간접비 ÷ 실제 조업도
  = 7,000,000원 ÷ 5,000,000원 = @1.4원/원
· 제조간접비 배부액(작업지시서 No.1) = 개별 작업 실제조업도 × 실제 배부율
  = (500,000원 + 1,500,000원) × @1.4 = 2,800,000원

03 ① · 제조간접비 실제배부율 = 실제 발생한 제조간접비 ÷ 실제조업도
  = 250,000원 ÷ 500,000원 = @0.5원/원
· 유람선B의 제조간접비 배부액 = 개별 작업 실제조업도 × 제조간접비 실제배부율
  = 200,000원 × @0.5 = 100,000원
· 유람선B의 당기총제조원가 = 직접재료비 + 직접노무비 + 제조간접비
  = 600,000 + 200,000 + 100,000 = 900,000원

04 ④ 실제개별원가계산의 경우 ㉠ 제조간접비 실제발생액이 집계될 때까지 원가계산이 지연되고, ㉡ 실제배부율이 기간별로 크게 변동한다는 단점이 있다. 실제개별원가계산의 이러한 단점을 보완하기 위하여 정상개별원가계산이 도입되었다.

05 다음 중 제조간접비 예정배부액의 계산방법은? [제57회]

① 제품별 배부기준의 실제발생액 × 예정배부율
② 제품별 배부기준의 실제발생액 × 실제배부율
③ 제품별 배부기준의 예정발생액 × 예정배부율
④ 제품별 배부기준의 예정발생액 × 실제배부율

06 ㈜청윤은 제조간접비를 기계사용시간으로 배부하고 있다. 당해연도 초의 제조간접비 예상액은 1,500,000원이고, 예상 기계사용시간은 30,000시간이다. 당기말 현재 실제 제조간접비 발생액이 1,650,000원이다. 실제 기계사용시간이 36,900시간일 경우 당기의 제조간접비 배부차이는 얼마인가? [제54회]

① 345,000원(과소배부)　　　　　　② 345,000원(과대배부)
③ 195,000원(과소배부)　　　　　　④ 195,000원(과대배부)

07 ㈜유한제지의 제조간접비 예정배부율은 작업시간당 2,500원이다. 예정작업시간이 4,000시간, 실제작업시간이 5,000시간이고 제조간접비 배부차이가 300,000원 과대배부라면, 실제 제조간접비 발생액은 얼마인가? [제80회]

① 9,700,000원　　　　　　　　　② 10,300,000원
③ 12,200,000원　　　　　　　　　④ 12,800,000원

08 당사는 정상개별원가계산제도를 사용하고 있다. 제조간접비 배부기준은 직접노무시간이다. 예상 직접노무시간은 40시간이고 실제 직접노무시간은 50시간이다. 제조간접비 예정배부액은 400,000원이고 실제 제조간접비 발생액이 500,000원이라면 제조간접비 예정배부율은 얼마인가?

[제83회]

① 직접노무시간당 12,500원　　　② 직접노무시간당 8,000원
③ 직접노무시간당 10,000원　　　④ 직접노무시간당 9,000원

정답 및 해설

05 ①　· 예정배부율 = 제조간접비 예산액 ÷ 예정조업도
　　　· 예정배부액 = 실제조업도 × 예정배부율

06 ④　· 예정배부율 = 제조간접비 예산액 ÷ 예정조업도
　　　　　　　　　 = 1,500,000원 ÷ 30,000시간 = @50원/시간
　　　· 예정배부액 = 실제조업도 × 예정배부율
　　　　　　　　　 = 36,900시간 × @50 = 1,845,000원
　　　· 배부차이 = 예정배부액 − 실제발생액
　　　　　　　　 = 1,845,000 − 1,650,000 = 195,000원(과대배부)

07 ③　· 예정배부액 = 실제조업도 × 예정배부율
　　　　　　　　　 = 5,000시간 × @2,500원 = 12,500,000원
　　　· 배부차이 = 예정배부액 − 실제발생액
　　　　→ 300,000원 과대배부 = 12,500,000 − ?
　　　　∴ 실제발생액 = 12,200,000원

08 ②　예정배부액 = 실제조업도 × 예정배부율
　　　　→ 400,000원 = 50시간 × @ ?
　　　　∴ 예정배부율 = @8,000원/시간

09 다음 중 제조간접비 배부차이 조정방법에 해당하지 않는 것은? [제97회]

① 비례배부법　　　　　　　　　② 직접배분법
③ 매출원가조정법　　　　　　　④ 영업외손익법

10 정상원가계산제도하에서 제조간접비의 배부차이를 비례조정법으로 조정하고 있으나 만약 배부차이 전액을 매출원가에서 조정한다면, 매출총이익의 변화에 대한 설명으로 올바른 것은? (기초재고는 없다고 간주한다) [제87회]

· 과소배부액 : 1,000,000원	· 기말재공품 : 1,000,000원
· 기말제품 : 1,000,000원	· 매출원가 : 3,000,000원

① 400,000원 감소　　　　　　　② 1,000,000원 감소
③ 600,000원 감소　　　　　　　④ 400,000원 증가

11 ㈜한결은 정상개별원가계산을 적용하고 있다. 제조간접비 과소배부액 50,000원을 원가요소기준법에 의해 배부하는 경우, 매출원가에 배부되는 금액은?　　　　　　　　　　　[제77회]

구 분	재공품	제 품	매출원가
직접재료비	15,000원	25,000원	23,000원
직접노무비	35,000원	45,000원	47,000원
제조간접비	30,000원	20,000원	50,000원
합 계	80,000원	90,000원	120,000원

① 25,000원　　　　② 35,000원　　　　③ 75,000원　　　　④ 125,000원

정답 및 해설

09 ② ・정상개별원가계산에서 제조간접비 배부차이를 조정하는 방법 : 매출원가조정법, 영업외손익법, 비례조정법
　　　・보조부문에 집계된 원가를 제조부문으로 배분하는 방법 : 직접배분법, 단계배분법, 상호배분법

10 ① ・비례조정법에 의한 매출원가 변동액

$$= 1,000,000원 \text{ 과소배부} \times \frac{3,000,000}{1,000,000 + 1,000,000 + 3,000,000}$$

　　　= 600,000원(매출원가 증가)
　　　・매출원가조정법에 의한 매출원가 변동액
　　　= 1,000,000원 과소배부 = 1,000,000원(매출원가 증가)
　　　・'비례조정법 → 매출원가조정법'일 경우, 매출총이익 변동액
　　　= 매출원가 400,000원 증가 = 매출총이익 400,000원 감소

11 ① ・배부차이 조정방법 중 원가요소기준법이란 비례조정법을 보다 정교하게 보완한 것으로서, 배부차이를 기말재공품, 기말제품, 매출원가 금액에 포함되어 있는 제조간접비 금액의 상대적 비율에 따라 안분하는 방법을 말한다.
　　　・과소배부액 50,000원을 원가요소기준법에 의해 배부하는 경우 매출원가에 배부되는 금액

$$= 50,000원 \text{ 과소배부} \times \frac{50,000}{30,000 + 20,000 + 50,000} = 25,000원(매출원가 증가)$$

01 종합원가계산의 정의

최근 77회 시험 중 1회 기출

종합원가계산(Process Costing)이란 **공정(Process)**별로 **원가**를 **집계**하는 방법을 말한다. 즉, 일정 기간 동안 공정에서 발생한 모든 원가를 집계하여 이를 공정에서 수행한 작업량을 기준으로 평준화하여 완성품원가와 기말재공품원가로 배분하는 방법이다. 이 방법은 **단일 제품을 대량**으로 **연속** 생산하는 정유업, 화학공업, 시멘트공업, 제지업 등에서 주로 사용한다.

02 종합원가계산의 특징

최근 77회 시험 중 16회 기출

① **동종제품 대량생산, 연속생산**에 적합하다.
② 제조원가는 각 **공정별**로 집계된다.
③ **제조원가보고서**를 통하여 제조원가를 계산한다.
④ **완성품환산량 계산**이 원가계산의 핵심 과제이다.
⑤ 정유업, 화학공업, 시멘트공업 등에 적합하다.

> **참고** 개별원가계산과 종합원가계산의 비교

구 분	개별원가계산	종합원가계산
생산방식	다품종 소량생산, 주문생산	동종제품 대량생산, 연속생산
원가집계 단위	개별제품, 개별작업(Job-Order)	공정(Process)
주요 원가자료	제조지시서와 작업원가표	제조원가보고서
핵심 과제	제조간접비의 배부	완성품환산량 계산
업 종	건설업, 조선업, 항공기 제조업, 주문에 의한 가구 및 기계 제조업 등	정유업, 화학공업, 시멘트공업 등

개별원가계산과 종합원가계산의 상대적 비교
종합원가계산은 완성품환산량이라는 평준화 개념을 사용하므로, 개별원가계산에 비해 원가 기록업무가 비교적 단순하고 경제적이나, 상대적으로 원가계산의 정확성이 낮다.

구 분	개별원가계산	종합원가계산
장 점	정확성이 높음	원가 기록업무가 비교적 단순하고 경제적
단 점	원가 기록업무가 비교적 복잡하고 비용이 많이 소요됨	정확성이 낮음

제조원가보고서 : 공정에서 수행한 작업량, 제조원가, 평준화한 산출물 단위당 원가, 완성품과 기말재공품으로의 원가배분을 종합적으로 나타내는 보고서이며, 종합원가계산의 작업은 제조원가보고서를 통해서 이루어진다.

03 완성품환산량

(1) 완성품환산량의 정의

완성품환산량이란 일정 기간에 투입한 원가를 그 기간에 완성품만을 생산하는 데 투입했더라면 완성되었을 완성품수량으로 나타낸 수치이다.

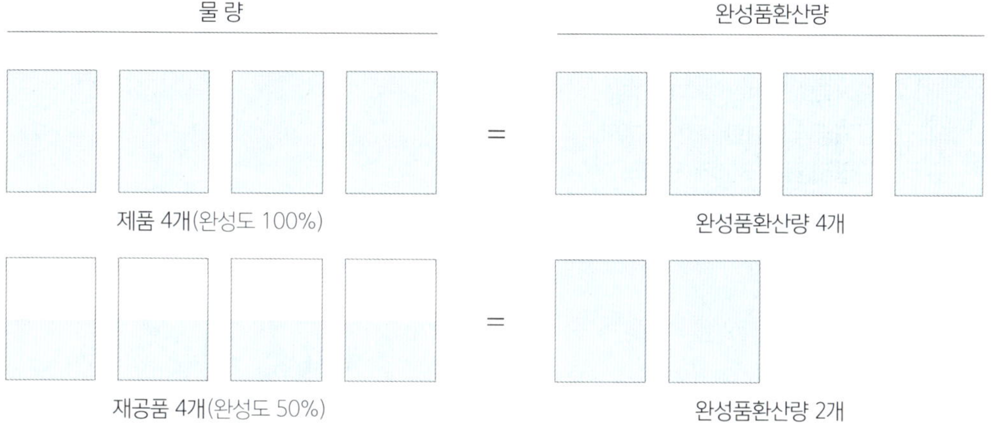

종합원가계산에서는 공정에 투입된 원가를 완성품원가와 기말재공품원가로 배분하는 것이 중요하다. 이때 가공된 정도가 서로 다른 제품과 재공품에 단순히 물량을 기준으로 원가를 배분하는 것은 불합리하므로, 완성품환산량이라는 개념을 사용하여 경제적으로 동일한 가치로 평준화한 후 배분하게 된다.

(2) 완성품환산량의 계산

완성품환산량은 물량에 완성도를 곱하여 계산하는데, 완성도를 산정함에 있어서 재료비와 가공비는 공정에 투입되는 시점이 다르기 때문에 각각 별도로 완성품환산량을 계산하여야 한다.

$$완성품환산량 \ = \ 물량 \ \times \ 완성도$$

원가요소별 완성도 산정방법은 다음과 같다.

재료비	재료비는 일반적으로 공정 초기에 전량 투입된다. 따라서 기말재공품의 경우에도 재료비는 전량 투입되어 있는 경우가 일반적이다. 이 경우 기말재공품의 재료비 완성도는 100%이다. (단, 재료비의 투입시점을 별도로 제시하는 경우에는 그에 따라 완성도를 산정하면 된다)
가공비	가공비는 일반적으로 공정 전반에 걸쳐 균등하게 투입된다. 따라서 기말재공품의 경우 가공비는 공정의 진척도에 비례하여 투입되는 경우가 일반적이다. 이 경우 기말재공품의 가공비 완성도는 진척도와 동일하다.

- 개별원가계산에서는 제조간접비의 각 제품으로의 배부가 핵심과제이므로 원가요소를 직접비(직접재료비, 직접노무비)와 간접비(제조간접비)로 구분하여 원가를 계산한다.
- 종합원가계산에서는 완성품환산량의 계산이 핵심과제이므로 이를 위하여 원가요소를 (직접)재료비와 가공비(= 직접노무비 + 제조간접비)로 구분하여 원가를 계산한다. (즉, 재료비와 가공비의 원가 투입시기가 서로 다르기 때문에 재료비와 가공비로 나누어 각각 완성품환산량을 계산한다) 또한, 종합원가계산에서는 단일 제품의 생산을 가정하므로 직접재료비(직접비)와 간접재료비(간접비)의 구분에 실익이 없다.

(3) 완성품환산량의 계산 사례

[사례] 회사는 단일 제품을 대량생산하고 있다. 원재료는 공정 초기에 전량 투입되고, 가공비는 공정 전반에 걸쳐 균등하게 투입된다. 물량과 완성도가 다음과 같을 때, 재료비와 가공비의 완성품환산량을 계산하여 보자.

> - 기초재공품 : 0개
> - 당기중에 생산에 착수한 수량 : 1,000개
> - 당기중에 완성한 수량 : 700개
> - 기말재공품 : 300개(완성도 60%)

[풀이]

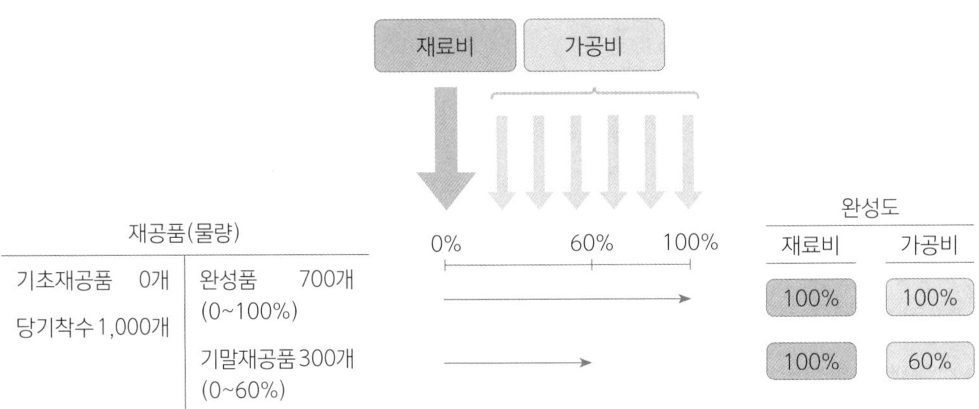

구 분	물 량	재료비 완성품환산량	가공비 완성품환산량
완성품 (0~100%)	700개	700개 (= 700개 × 100%)	700개 (= 700개 × 100%)
기말재공품 (0~60%)	300개	300개 (= 300개 × 100%[1])	180개 (= 300개 × 60%[2])
합 계	1,000개	1,000개	880개

[1] 재료비는 공정 초기에 전량 투입되므로 기말 현재 미완성된 재공품의 경우에도 재료비는 전량 투입되어 있다. 따라서 기말재공품의 재료비 완성도는 100%이다.

[2] 가공비는 공정 전반에 걸쳐 균등하게 투입된다. 따라서 기말재공품의 가공비 완성도는 진척도와 동일한 60%이다.

㈜산성은 당월에 800개를 생산에 착수하여 이 중 60%는 완성하고, 40%는 월말 재고(완성도 50%)로 남아있다. 원재료는 공정 초기에 전량 투입되며, 가공비는 전공정에 걸쳐 균등 투입된다. 기초재공품 재고는 없다. 재료비와 가공비의 완성품환산량을 계산하면? 제49회

① 재료비 : 480개, 가공비 : 320개
② 재료비 : 480개, 가공비 : 480개
③ 재료비 : 800개, 가공비 : 640개
④ 재료비 : 800개, 가공비 : 800개

정답 ③

해설
· 재료비 완성품환산량 = 800개

· 가공비 완성품환산량
　= (800개 × 60%) + (800개
　　× 40% × 50%)
　= 640개

04 종합원가계산방법

빈출 최근 77회 시험 중 42회 기출

(1) 종합원가계산의 절차

1단계 : 물량흐름 파악	물량의 흐름을 파악한다.
2단계 : 완성품환산량 계산	원가요소별로 완성품환산량을 계산한다.
3단계 : 배분대상 원가 요약	원가요소별로 기초재공품원가와 당기투입원가를 파악하고, 배분대상 원가를 요약한다.
4단계 : 환산량 단위당 원가 계산	원가요소별로 완성품환산량 단위당 원가를 계산한다.
5단계 : 원가의 배분	완성품원가와 기말재공품원가를 계산한다.

(2) 평균법과 선입선출법

종합원가계산을 적용함에 있어서 **기초재공품**이 **존재하는 경우**에는, 기초재공품과 당기착수물량의 제조순서와 관련하여 원가흐름의 가정이 필요하게 된다. 이때 일반적으로 많이 사용되는 가정으로는 평균법과 선입선출법이 있다.

① 평균법

평균법은 기초재공품을 당기 이전에 착수하였음에도 불구하고 이를 당기에 착수한 것과 동일한 것으로 가정하는 방법이다. 즉 당기 이전에 착수된 기초재공품의 기완성도를 무시하자는 방법이다. 따라서 평균법에서는 기초재공품원가와 당기발생원가를 구분하지 않고 동일하게 취급하여, 둘을 합한 후 이를 완성품원가와 기말재공품원가로 배분한다.

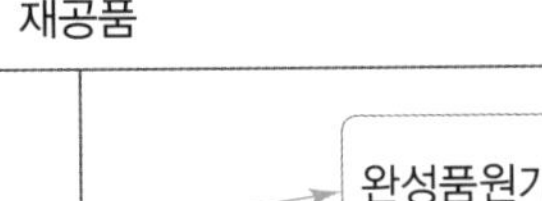

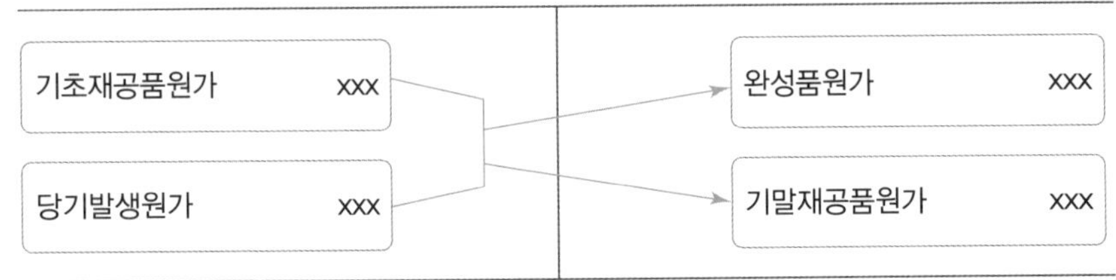

② 선입선출법

선입선출법은 기초재공품을 먼저 가공하여 완성시키고 그 다음에 당기착수물량을 가공한다고 가정하는 방법이다. 즉 당기 이전에 착수된 기초재공품의 기완성도를 인정하자는 방법이다. 따라서 선입선출법에서는 기초재공품원가를 당기발생원가와 명확히 구분하여, 기초재공품원가는 전액 완성품원가에 포함시키고, 당기 발생원가만 완성품원가와 기말재공품원가로 배분한다.

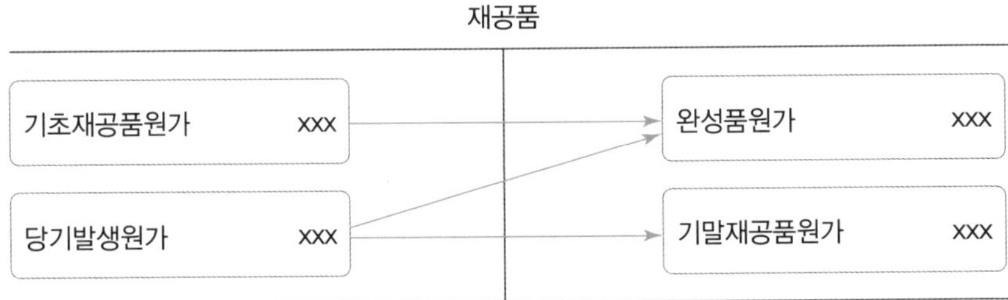

(3) 평균법과 선입선출법에 의한 종합원가계산

[사례] 회사는 단일제품을 대량생산하고 있다. 원재료는 공정 초기에 전량 투입되고, 가공비는 공정 전반에 걸쳐 균등하게 투입된다. 종합원가계산을 위한 자료가 다음과 같을 때, 평균법 및 선입선출법에 의한 완성품원가와 기말 재공품원가를 계산하여 보자. (제조원가보고서 양식으로 작성하여 보기로 한다)

> · 물량 자료
>   · 기초재공품 : 400개(완성도 60%)
>   · 당기착수량 : 1,000개
>   · 당기완성량 : 1,200개
>   · 기말재공품 : 200개(완성도 50%)
> · 원가 자료
>   · 기초재공품원가 : 재료비 140,000원, 가공비 134,000원
>   · 당기발생원가 : 재료비 280,000원, 가공비 477,000원

[풀이] <평균법>

	[1단계] 물량흐름	[2단계] 완성품환산량	
		재료비	가공비
기초재공품(60%~)	400		
당기착수량(0%~)	1,000		
합 계	1,400		
당기완성량(0~100%)	1,200	1,200	1,200
기말재공품(0~50%)	200	200	100
합 계	1,400	1,400	1,300

[3단계] 배분대상 원가 요약	재료비	가공비	합 계
기초재공품	140,000	134,000	274,000원
당기발생원가	280,000	477,000	757,000원
합 계	420,000	611,000	1,031,000원

[4단계] 환산량 단위당 원가	재료비	가공비
완성품환산량	1,400	1,300
완성품환산량 단위당 원가	@300	@470

[5단계] 원가의 배분

완성품원가 　(1,200개 × @300원) + (1,200개 × @470원) ＝ 924,000원
기말재공품원가 　(200개 × @300원) + (100개 × @470원) ＝ 107,000원
　　　　　　　　　　　　　　　　　　　　　　　　　　　1,031,000원

<선입선출법>

	[1단계] 물량흐름	[2단계] 완성품환산량	
		재료비	가공비
기초재공품(60%~)	400		
당기착수량(0%~)	1,000		
합 계	1,400		
기초재공품 당기완성량(60~100%)	400	0	160
당기착수 당기완성(0~100%)	800	800	800
기말재공품(0~50%)	200	200	100
합 계	1,400	1,000	1,060

[3단계] 배분대상 원가 요약	재료비	가공비	합 계
기초재공품			274,000원
당기발생원가	280,000	477,000	757,000원
합 계	280,000	477,000	1,031,000원

[4단계] 환산량 단위당 원가	재료비	가공비
완성품환산량	1,000	1,060
완성품환산량 단위당 원가	@280	@450

[5단계] 원가의 배분

완성품원가 　274,000원 + (800개 × @280원) + (960개 × @450원) ＝ 930,000원
기말재공품원가 　(200개 × @280원) + (100개 × @450원) ＝ 101,000원
　　　　　　　　　　　　　　　　　　　　　　　　　　　1,031,000원

기출포인트

종합원가계산을 적용함에 있어서 기초재공품의 기완성도를 어떻게 처리하느냐에 따라 평균법과 선입선출법으로 구분하는 것이므로, 만약 기초재공품이 없는 경우라면 평균법과 선입선출법의 결과가 동일하다.

A라는 공정을 마친 후 B라는 공정을 거쳐야만 제품이 완성되는 연속공정의 생산작업에서 A와 B 각 공정별로 종합원가계산을 하는 경우, A공정(앞 공정)의 완성품원가를 전(前)공정원가라고 한다.

연속공정에서 뒷 공정의 종합원가계산 시 원가요소에 재료비, 가공비 외에 전공정원가를 추가하고, 전공정원가의 완성품환산량은 공정초기에 전량 투입되는 것으로 보아 계산한다. (일반적인 경우의 재료비와 동일하게 계산)

전공정원가가 B공정(뒷 공정)의 종합원가계산 시 공정초기에 전량 투입되는 것을 전공정대체라고 하며, 이러한 과정을 거쳐 계산된 최종 공정에서의 완성품원가가 당기제품제조원가이다.

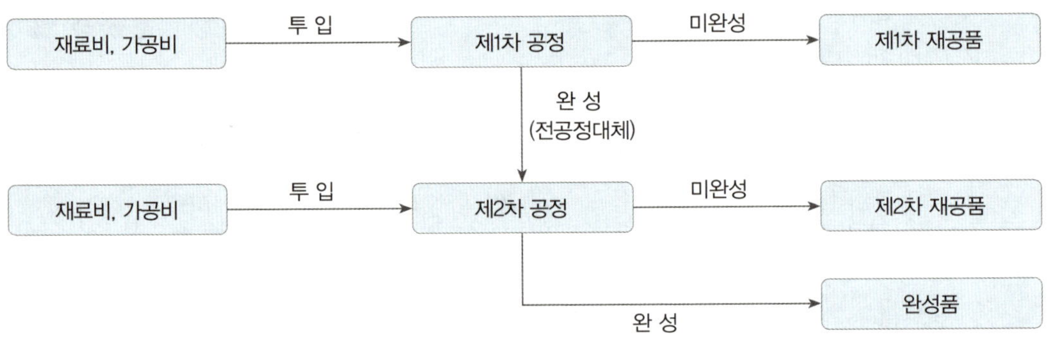

06 공손품과 작업폐물

(1) 공손품

공손품(Spoilage)이란 품질 및 규격이 표준에 미달하는 불합격품이다. 원가회계에서의 공손품은 추가적인 작업을 하더라도 완성품으로 만들 수 없다는 점에서 추가적인 작업을 수행하면 완성품이 될 수 있는 불량품(Reworked Units)과는 구분되는 개념이다.

공손품으로 판명될 때까지 해당 공손품에 투입된 제조원가를 공손원가라고 하며, 공손품은 다음과 같이 정상공손과 비정상공손으로 나눌 수 있다.

정상공손	· 제조과정에서 불가피하게 발생하는 공손을 말한다. · 정상공손품에 투입된 제조원가(정상공손원가)는 정상품(완성품과 기말재공품) 원가로 처리한다.
비정상공손	· 작업자의 부주의, 생산계획의 미비 등에 따라 발생하는 것으로서 제조활동을 효율적으로 수행하면 방지할 수 있는 공손을 말한다. · 비정상공손품에 투입된 제조원가(비정상공손원가)는 영업외비용으로 처리한다.

(2) 공손원가 관련 고려사항

① 물량

- 정상공손수량 = 완성품 물량 × 일정비율(%)
- 비정상공손수량 = 총 공손 수량 − 정상공손수량

② 완성도

- 재료비와 가공비의 완성품환산량을 구할 때, 공손품의 완성도는 검사시점과 동일한 것으로 본다.

③ 정상공손원가를 정상품(완성품과 기말재공품) 원가로 처리하는 방법

- 검사시점이 기말재공품의 완성도 이후인 경우 : 공손품이 완성품에서만 나온 상황이므로, 정상공손 원가를 모두 완성품원가에 합산한다.
- 검사시점이 기말재공품의 완성도 이전인 경우 : 공손품이 완성품과 기말재공품 모두에서 나온 상황 이므로, 정상공손원가를 물량 기준으로 안분하여 완성품원가와 기말재공품원가에 합산한다.

기출포인트

정상공손원가를 완성품과 기말재공품으로 안분하는 기준 : 정상공손원가를 안분할 때, 완성품환산량이 아니라 물량에 따라 안분한다.

(3) 작업폐물

작업폐물(Scrap)이란 제품의 제조과정에서 발생하는 원재료의 부스러기로, 제품제조를 위하여 투입된 원가가 아니라는 점에서 공손품과는 구분되는 개념이다. 예를 들어, 가구 제조업에서의 나무토막이나 기계작업에서의 철판조각 등이 이에 해당한다.

작업폐물은 별도의 제조원가를 들이지 않고 획득한 것으로 이를 외부에 매각하면 금전을 얻을 수 있다. 따라서 작업폐물이 발생하면 작업폐물의 평가액만큼 제품의 제조원가를 감소시켜야 한다. 이때 작업폐물이 특정 제품과 관련하여 발생한 경우에는 직접재료비를, 여러 제품의 제조과정에서 발생하면 제조간접비를 감소시킨다.

기출확인문제 * 2025년 출제예상

다음 중 공손에 대한 회계처리 중 틀린 것은? (제45회)

① 비정상공손품은 전체 공손품에서 정상공손품을 공제한 나머지를 의미한다.
② 정상공손은 제품원가의 일부를 구성한다.
③ 기말재공품에 대하여 공손품 검사를 하였을 경우에 비정상공손원가는 기말 재공품에도 배부하여야 한다.
④ 공손품과 작업폐물은 같지 않다.

정답 ③

해설
비정상공손은 발생기간의 비용으로 처리하고 완성품이나 기말재공품에 배부하지 않는다.

07 결합원가계산

(1) 결합원가

① 결합제품

동일한 원재료를 사용하여 동일한 제조공정에서 생산되는 두 종류 이상의 서로 다른 제품들을 말하며, 이를 연산품이라고도 한다.

참고 결합제품의 예

업 종	원재료	결합제품
정유업	원 유	휘발유, 등유, 경유, 중유 등
우유가공업	우 유	버터, 치즈 등

② 분리점

결합제품의 제조과정에서 각 제품의 물리적 식별이 가능한 시점을 말한다.

③ 결합원가

결합제품의 제조과정에서 분리점 이전까지 투입된 원가를 말한다.

(2) 결합원가의 배분방법

① 상대적 판매가치법

분리점에서 개별제품을 시장에 판매한다면 획득할 수 있는 수익(상대적 판매가치)을 기준으로 배분하는 방법을 말한다.

② 순실현가능가치법

최종 판매가치에서 추가가공원가와 판매비용을 차감한 금액(순실현가능가치, 순실현가치)을 기준으로 배분하는 방법을 말한다.

③ 물량기준법

결합제품의 수량, 무게, 부피 등을 기준으로 배분하는 방법을 말한다.

[사례]

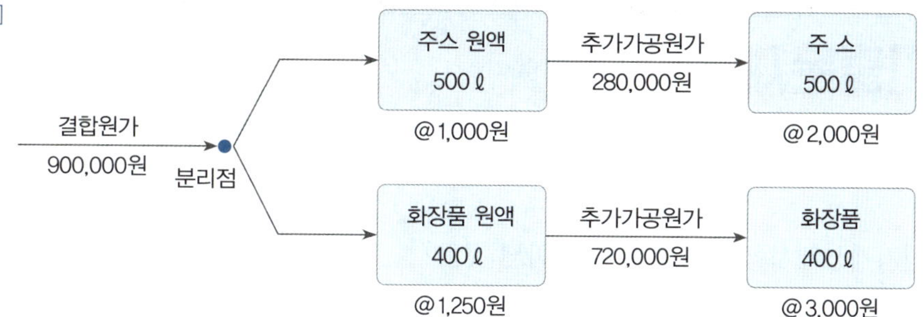

회사는 올리브를 가공하여 주스 원액과 화장품 원액을 생산하고, 다시 추가가공을 거쳐 주스와 화장품을 생산하고 있다. 올리브를 투입하여 주스 원액 500ℓ와 화장품 원액 400ℓ를 생산하였으며, 분리점까지의 발생원가는 900,000원이었다. 주스 원액 500ℓ는 추가가공원가 280,000원으로 주스 500ℓ가 만들어지고, 화장품 원액 400ℓ는 추가가공원가 720,000원으로 화장품 400ℓ가 만들어진다.

제품별 판매가격이 다음과 같을 때, 상대적 판매가치법, 순실현가능가치법, 물량기준법에 의하여 결합원가를 배분하여 보자.

- 주스 원액 : 1,000원/ℓ
- 화장품 원액 : 1,250원/ℓ
- 주스 : 2,000원/ℓ
- 화장품 : 3,000원/ℓ

[풀이] <상대적 판매가치법>

구 분	상대적 판매가치	배분비율	결합원가 배분액
주스 원액	500ℓ × 1,000원 = 500,000원	50%	450,000원
화장품 원액	400ℓ × 1,250원 = 500,000원	50%	450,000원
합 계	1,000,000원	100%	900,000원

<순실현가능가치법>

구 분	순실현가능가치	배분비율	결합원가 배분액
주스 원액	500ℓ × 2,000원 − 280,000원 = 720,000원	60%	540,000원
화장품 원액	400ℓ × 3,000원 − 720,000원 = 480,000원	40%	360,000원
합 계	1,200,000원	100%	900,000원

<물량기준법>

구 분	물 량	배분비율	결합원가 배분액
주스 원액	500ℓ	5/9	500,000원
화장품 원액	400ℓ	4/9	400,000원
합 계	900ℓ	100%	900,000원

01 종합원가계산에서 나타나는 특징이 아닌 것은? [제65회]

① 개별작업별로 원가를 집계한다.
② 원가요소의 분류가 재료비와 가공비로 단순화된다.
③ 연속적으로 대량·반복 생산하는 경우 적합하다.
④ 동일 공정에서 생산된 제품은 동질적이라는 가정에 따라 평균화 과정에 기초하여 제품원가가 계산된다.

02 다음 중 개별원가계산방법과 종합원가계산방법에 대한 내용으로 잘못 짝지어진 것은? [제72회]

구 분	종합원가계산방법	개별원가계산방법
① 핵심과제	완성품환산량 계산	제조간접비 배부
② 생산형태	소품종 대량생산	다품종 소량생산
③ 장 점	정확한 원가계산	경제성 및 편리함
④ 원가집계	공정별 집계	개별작업별 집계

03 종합원가계산의 흐름을 바르게 나열한 것은? [제87회]

> 가. 물량의 흐름을 파악한다.
> 나. 완성품과 기말재공품 원가를 계산한다.
> 다. 재료원가와 가공원가의 완성품환산량 단위당 원가를 구한다.
> 라. 재료원가와 가공원가의 기초재공품원가와 당기총제조원가를 집계한다.
> 마. 재료원가와 가공원가의 완성품환산량을 계산한다.

① 가 → 나 → 다 → 라 → 마   ② 가 → 마 → 라 → 다 → 나
③ 가 → 라 → 마 → 다 → 나   ④ 나 → 가 → 다 → 라 → 마

04 다음 중 종합원가계산에서 재료비와 가공비를 구분할 필요가 없는 경우는? [제54회]

① 재료비와 가공비의 제조과정에 투입시점이 같다.
② 제조과정에 투입되는 재료비와 가공비의 물량이 같다.
③ 제조과정에 투입되는 재료비와 가공비의 금액이 같다.
④ 재료비와 가공비의 기말잔액이 같다.

05 종합원가계산하에서 선입선출법과 평균법에 대한 설명 중 틀린 것은? [제63회]

① 선입선출법은 평균법보다 실제물량흐름을 더 충실히 반영하며 원가통제 등에 더 유용한 정보를 제공한다.
② 선입선출법은 완성품환산량 계산 시 순수한 당기발생작업량만으로 계산한다.
③ 선입선출법은 기초재공품원가와 당기발생원가를 구분하지 않고 모두 당기발생원가로 가정하여 완성품과 기말재공품에 배분한다.
④ 기초재공품이 없다면 선입선출법과 평균법의 결과는 차이를 보이지 않는다.

정답 및 해설

01 ① 개별작업별로 원가를 집계하는 것은 개별원가계산의 특징에 해당한다.

02 ③ 정확한 원가계산은 개별원가계산의 장점이고, 경제성 및 편리함은 종합원가계산의 장점이다.

03 ② 가. 물량흐름 파악 → 마. 완성품환산량 계산 → 라. 배분대상 원가 파악 → 다. 환산량 단위당 원가 계산 → 나. 완성품과 기말재공품 원가 계산

04 ① 종합원가계산에서 재료비와 가공비로 구분하여 완성품환산량을 계산하는 이유는 재료비와 가공비의 투입시점이 다르기 때문이다. 따라서, 재료비와 가공비의 투입시점이 같다면 재료비와 가공비를 구분하는 실익이 없다.

05 ③ 선입선출법에서는 기초재공품원가(전기 발생원가)를 당기발생원가와 명확히 구분하여, 기초재공품원가는 모두 완성품원가에 포함시키고, 당기발생원가만 완성품원가와 기말재공품원가로 배분한다.

06 선입선출법에 의한 종합원가계산 과정에서 완성품환산량 단위당 원가를 다음과 같이 계산하는 경우 '㉠'에 해당하는 것은?

[제71회]

$$\text{선입선출법에 의한 완성품환산량 단위당 원가} = \frac{㉠}{\text{완성품 환산량}}$$

① 기초재공품원가

② 당기투입원가

③ 당기투입원가 − 기초재공품원가

④ 기초재공품원가 + 당기투입원가

07 신라공업㈜은 종합원가계산을 채택하고 있다. 재료비는 공정 초기에 전량 투입되며, 가공비는 공정기간 동안 균등하게 투입될 경우에 평균법에 의하여 완성품환산량을 구하면 얼마인가?

[제32회]

구 분	물 량	완성도	구 분	물 량	완성도
기초재공품	300개	70%	완성품	1,300개	−
당기투입	1,500개	−	기말재공품	500개	40%
계	1,800개	−	계	1,800개	−

	재료비	가공비		재료비	가공비
①	1,800개	1,500개	②	1,800개	1,800개
③	1,500개	1,500개	④	1,500개	1,800개

08 다음 자료에 의하여 선입선출법에 의한 재료비 완성품환산량을 계산하면 얼마인가?

[제84회]

- 당사는 종합원가계산시스템을 도입하여 원가계산을 하고 있다.
- 재료비는 공정의 초기에 전량 투입되고, 가공비는 공정의 진행에 따라서 균일하게 발생한다.
- 기초재공품 : 1,000개(가공비 완성도 40%)
- 당기착수분 : 5,000개
- 기말재공품 : 2,000개(가공비 완성도 50%)

① 3,000개　　② 4,000개　　③ 4,600개　　④ 5,000개

09 ㈜은아의 기초재공품은 150개(완성도 40%), 당기완성품은 400개이며, 기말재공품은 100개(완성도 20%)이다. 선입선출법에 따른 가공비의 완성품환산량은 얼마인가? 다만, 가공비는 공정 전반에 걸쳐 균등하게 투입된다.

[제99회]

① 360단위   ② 480단위   ③ 510단위   ④ 570단위

정답 및 해설

06 ② · 선입선출법에 의한 완성품환산량 단위당 원가 = 당기투입원가 ÷ 완성품환산량
　　　　 · 평균법에 의한 완성품환산량 단위당 원가 = (기초재공품원가 + 당기투입원가) ÷ 완성품환산량

07 ① · 평균법에 의한 재료비의 완성품환산량 = 완성분 + 기말재공품
　　　　　　　　　　　　　　　　　　 = 1,300 + (500 × 100%) = 1,800개
　　　　 · 평균법에 의한 가공비의 완성품환산량 = 완성분 + 기말재공품
　　　　　　　　　　　　　　　　　　 = 1,300 + (500 × 40%) = 1,500개

08 ④ 선입선출법에 의한 재료비의 완성품환산량 = 기초재공품 완성분 + 당기착수 완성분 + 기말재공품
　　　　　　　　　　　　　　　　　　　　 = (1,000 × 0%) + 3,000 + (2,000 × 100%) = 5,000개

09 ① 선입선출법에 의한 가공비의 완성품환산량 = 기초재공품 완성분 + 당기착수 완성분 + 기말재공품
　　　　　　　　　　　　　　　　　　　　 = (150 × 60%) + 250 + (100 × 20%) = 360개

10 한결㈜은 종합원가계산을 채택하고 있다. 재료비는 공정 초기에 전량 투입되며, 가공비는 공정기간 동안 균등하게 투입될 경우에 선입선출법에 의하여 완성품환산량을 구하면 얼마인가?

[제78회]

구 분	물 량	완성도	구 분	물 량	완성도
기초재공품	300개	70%	완성품	1,300개	–
당기투입	1,500개	–	기말재공품	500개	40%
계	1,800개	–	계	1,800개	–

	재료비	가공비		재료비	가공비
①	1,800개	1,290개	②	1,800개	1,410개
③	1,500개	1,290개	④	1,500개	1,410개

11 다음의 자료에 의하여 종합원가계산에 의한 가공비의 완성품환산량을 계산하시오. (단, 가공비는 가공 과정 동안 균등하게 발생한다고 가정한다)

[제79회]

- 기초재공품 : 200개(완성도 30%)
- 당기 완성량 : 600개
- 당기 착수량 : 800개
- 기말재공품 : 400개(완성도 70%)

	평균법	선입선출법		평균법	선입선출법
①	880개	820개	②	800개	820개
③	880개	800개	④	820개	820개

12 기초재공품은 10,000개(완성도 20%), 당기완성품수량은 190,000개, 기말재공품은 8,000개(완성도 40%)이다. 평균법과 선입선출법의 가공비에 대한 완성품환산량의 차이는 얼마인가? (단, 재료는 공정 초에 전량 투입되고, 가공비는 공정 전반에 걸쳐 균등하게 투입된다)

[제69회]

① 2,000개   ② 5,000개   ③ 6,000개   ④ 7,000개

13 다음 자료를 이용하여 평균법을 적용한 기말재공품원가를 구하시오. 당기완성품은 1,200 개이며 기말재공품은 400개(완성도 50%)이다. 재료비는 공정초기에 모두 발생하며 가공비는 공정 전체에 균일하게 발생한다.

[제97회]

구 분	수 량	재료비	가공비
기초재공품원가	500개[1]	500,000원	300,000원
당기총제조원가	1,100개	700,000원	400,000원

[1] 기초재공품의 완성도는 50%이다.

① 400,000원 ② 450,000원 ③ 500,000원 ④ 550,000원

정답 및 해설

10 ③   · 선입선출법에 의한 재료비의 완성품환산량 = 기초재공품 완성분 + 당기착수 완성분 + 기말재공품
= (300 × 0%) + 1,000 + (500 × 100%) = 1,500개
· 선입선출법에 의한 가공비의 완성품환산량 = 기초재공품 완성분 + 당기착수 완성분 + 기말재공품
= (300 × 30%) + 1,000 + (500 × 40%) = 1,290개

11 ①   · 평균법에 의한 가공비의 완성품환산량 = 완성분 + 기말재공품
= 600 + (400 × 70%) = 880개
· 선입선출법에 의한 가공비의 완성품환산량 = 기초재공품 완성분 + 당기착수 완성분 + 기말재공품
= (200 × 70%) + 400 + (400 × 70%) = 820개

12 ①   · 평균법에 의한 가공비의 완성품환산량 = 완성분 + 기말재공품
= 190,000 + (8,000 × 0.4) = 193,200개
· 선입선출법에 의한 가공비의 완성품환산량 = 기초재공품 완성분 + 당기착수 완성분 + 기말재공품
= (10,000 × 80%) + 180,000 + (8,000 × 40%) = 191,200개
· 가공비의 완성품환산량의 차이 = (방법1) 평균법 – 선입선출법 = 193,200 – 191,200 = 2,000개
= (방법2) 기초재공품 기완성분 = 10,000 × 20% = 2,000개

13 ①

	물 량	재료비	가공비
완성품	1,200	1,200	1,200
기말재공품(50%)	400	400	200
완성품환산량	1,600	1,600	1,400
배분대상원가		1,200,000	700,000
환산량 단위당 원가		@750	@500

∴ 평균법에 의한 기말재공품원가 = (400개 × @750원) + (200개 × @500원)
= 400,000원

14 완성품이 2,000개이고, 기말재공품은 500개(완성도 40%)인 경우 평균법에 의한 종합원가 계산에서 재료비 및 가공비 완성품환산량은 몇 개인가? (단, 재료는 공정 50% 시점에 전량 투입 되며, 가공비는 전 공정에 균일하게 투입된다) [제86회]

	재료비 완성품 환산량	가공비 완성품 환산량
①	2,000개	2,200개
②	2,000개	2,500개
③	2,500개	2,200개
④	2,500개	2,500개

15 ㈜수정은 종합원가계산제도를 채택하고 있다. 다음 자료에 의한 당기 기말재공품의 원가는 얼마인가? [제100회]

- 원가흐름의 가정은 선입선출법을 선택하고 있으며, 모든 원가는 전 공정에서 균등하게 발생한다.
- 기초재공품은 7,800단위이며 완성도는 50%이다.
- 당기중 45,000단위를 추가로 투입하였다.
- 기말재공품은 5,500단위이며 완성도는 50%이다.
- 당기 총발생원가는 1,615,250원이다.

① 82,500원   ② 96,250원   ③ 165,000원   ④ 192,500원

16 다음 자료를 이용하여 비정상공손수량을 계산하면 얼마인가? (단, 정상공손은 당기 완성품의 10%로 가정한다) [제92회]

- 기초재공품 : 200개
- 당기착수량 : 600개
- 기말재공품 : 50개
- 당기완성량 : 650개

① 25개   ② 28개   ③ 30개   ④ 35개

17 다음 중 종합원가계산에서 공손품 회계에 대한 설명으로 틀린 것은? [제70회]

① 공손품의 의미는 재작업이 불가능한 불합격품을 의미한다.
② 공손품의 검사시점이 기말재공품의 완성도 이전인 경우에 정상공손원가를 모두 완성품에만 부담시킨다.
③ 비정상공손원가는 영업외비용으로 처리한다.
④ 정상공손은 생산과정에서 불가피하게 발생하는 공손이다.

정답 및 해설

14 ①　· 평균법에 의한 재료비(50% 시점 투입)의 완성품환산량 = 완성품 + 기말재공품(완성도 40%)
　　　　　　　　　　　　　　　　　　　　= 2,000 + (500 × 0%) = 2,000개
　　　· 평균법에 의한 가공비(균등 투입)의 완성품 환산량 = 완성품 + 기말재공품(완성도 40%)
　　　　　　　　　　　　　　　　　　　　= 2,000개 + (500개 × 40%) = 2,200개

15 ②

	물 량	재료비 + 가공비
기초재공품 완성분(50%~)	7,800	3,900
당기착수 완성분	39,500	39,500
기말재공품(~50%)	5,500	2,750
완성품환산량	52,800	46,150
당기발생원가		1,615,250
환산량 단위당 원가		@35

∴ 선입선출법에 의한 기말재공품원가 = 2,750단위 × @35원 = 96,250원

16 ④　· 총 공손 수량 = 기초재공품 + 당기착수량 - 당기완성량 - 기말재공품
　　　　　　　　　　= 200 + 600 - 650 - 50 = 100개
　　　· 정상공손수량 = 완성품 물량 × 일정비율
　　　　　　　　　　= 650개 × 10% = 65개
　　　· 비정상공손수량 = 총 공손수량 - 정상공손수량
　　　　　　　　　　= 100 - 65 = 35개

17 ②　공손품의 검사시점이 기말재공품의 완성도 이전인 경우에 정상공손원가를 완성품과 기말재공품에 안분하여 부담시킨다.

18 ㈜세계는 공손품 중 품질검사를 통과한 정상품의 10%만을 정상공손으로 간주하며, 나머지는 비정상공손으로 간주한다. 다음 설명 중 틀린 것은?

[제94회]

<table>
<tr><td colspan="4" align="center">재공품</td></tr>
<tr><td>기초재공품</td><td align="right">2,000개(완성도 10%)</td><td>당기완성품</td><td align="right">6,000개</td></tr>
<tr><td>당기투입분</td><td align="right">8,000개</td><td>공손품</td><td align="right">1,500개</td></tr>
<tr><td></td><td></td><td>기말재공품</td><td align="right">2,500개(완성도 25%)</td></tr>
<tr><td>계</td><td align="right">10,000개</td><td>계</td><td align="right">10,000개</td></tr>
</table>

① 품질검사를 공정의 60% 시점에서 한다고 가정하였을 경우에 정상공손품은 600개이다.

② 품질검사를 공정의 20% 시점에서 한다고 가정하였을 경우에 정상공손품은 850개이다.

③ 품질검사를 공정의 60% 시점에서 한다고 가정하였을 경우에 정상공손원가는 당기완성품원가와 기말재공품원가에 각각 배부하여야 한다.

④ 비정상공손원가는 품질검사시점과 상관없이 제조원가에 반영되어서는 안 된다.

19 진성㈜은 동일한 원재료를 투입하여 동일한 공정에서 각기 다른 A, B, C 제품을 생산하고 있다. 진성㈜이 결합원가 2,600,000원을 상대적 판매가치법에 의하여 배부하는 경우, 다음 자료에 의하여 B제품에 배부될 결합원가를 계산하면 얼마인가?

[제24회]

제 품	생산량(개)	판매단가(원)	판매가치(원)
A	2,106	1,000	2,106,000
B	900	1,300	1,170,000
C	520	2,700	1,404,000

① 650,000원　　② 676,000원　　③ 680,000원　　④ 692,000원

정답 및 해설

18 ③ · 검사시점(60%)이 기말재공품 완성도(25%) 이후인 경우 정상공손수량
= 검사를 통과한 정상품의 10% = 당기완성품 × 10% = 6,000 × 10% = 600개
· 검사시점(20%)이 기말재공품 완성도(25%) 이전인 경우 정상공손수량
= 검사를 통과한 정상품의 10% = (당기완성품 + 기말재공품) × 10% = (6,000 + 2,500) × 10% = 850개
· 검사시점(60%)이 기말재공품 완성도(25%) 이후인 경우, 정상공손수량이 완성품에서만 나온 상황이므로, 정상공손원가를 모두 당기완성품원가에 합산한다.
· 비정상공손원가는 영업외비용으로 처리한다.

19 ① · 결합원가의 판매가치 합계 = 2,106,000 + 1,170,000 + 1,404,000 = 4,680,000원

· 상대적 판매가치법에 의해 B제품에 배부될 결합원가 = 2,600,000원 × $\dfrac{1,170,000}{4,680,000}$ = 650,000원

제3장

거래자료의 입력·결산

제1절 일반전표입력

제2절 결산

거래자료의 입력·결산

| Overview

거래자료의 입력·결산은 실무시험 전체 70점 중 30점의 비중으로 출제된다.

거래자료의 입력·결산은 제1장 재무회계에서 학습한 회계처리를 KcLep의 [일반전표입력]과 [결산자료입력] 메뉴에 입력하는 방법을 학습하는 장이다. '기출확인문제'를 본서의 풀이순서에 따라 KcLep에 입력하고, 문제 풀이에 필요한 KcLep의 기능과 관련 이론을 학습할 수 있도록 구성되어 있다.

| 출제비중

구 분	출제문항	배점(30점)
제1절 일반전표입력	문제 1	15점
제2절 결산	문제 4	15점

▎학습전략

제1절 일반전표입력

[일반전표입력]과 관련된 문제를 풀기 위해서는 [일반전표입력]에서의 입력 방법과 KcLep의 기능뿐만 아니라 문제에서 주어진 회계처리를 정확히 알아야 한다. '핵심기출문제' 풀이 중 모르는 회계처리가 있다면 해설 우측 '관련 이론 페이지'를 확인하여, 제1장 재무회계에서 문제와 관련된 회계처리를 다시 학습하도록 한다.

제2절 결산

실무시험에서 출제되는 15가지의 출제 유형 중 [일반전표입력]에 입력해야 할 결산항목과 [결산자료입력]에 입력해야 할 결산항목을 구분하여 해당되는 메뉴에 입력할 수 있어야 한다. 결산 문제는 '제1장 제8절 기말수 정분개'를 기반으로 출제되므로 해당 파트의 이론과 기출분개연습을 연계하여 학습하도록 한다.

01 일반전표입력

- [일반전표입력]은 회계상 거래 중에서 부가가치세 신고와 관련 없는 모든 거래를 입력하는 메뉴이다.
- [일반전표입력] 문제는 실무시험 문제 1(15점)에서 출제된다.
- [일반전표입력] 화면은 [회계관리] ▶ [전표입력] ▶ [일반전표입력]을 선택하여 들어갈 수 있다.

기출확인문제

㈜제일산업(코드번호 : 0101)의 당기 회계기간은 제5기이다.
다음 거래자료를 [일반전표입력] 메뉴에 추가 입력하시오. 제59회

> 7월 4일 ㈜강서상사로부터 제품 판매대금으로 수령한 약속어음 30,000,000원을 할인하고, 할인비용 700,000원을 차감한 잔액이 보통예금에 입금되었다. (매각거래로 회계처리 할 것)

기출 따라 하기

▶ 관련 이론 | 당좌자산 p.62

(1) 분개

7월 4일	(차) 매출채권처분손실(956)	700,000	(대) 받을어음(110)	30,000,000
	보통예금(103)	29,300,000	(㈜강서상사)	

(2) 입력방법

[일반전표입력] 메뉴 화면을 연 다음, 월, 일, 차변·대변, 계정과목, 금액 등을 입력하여 라인을 채워 나가면 된다. 라인의 순서는 차변·대변 중 어느 것을 먼저 입력하더라도, 또는 계정과목 중 어느 것을 먼저 입력하더라도 상관없다. (단, 아래 내용은 110.받을어음 라인의 입력을 중심으로 설명하였다)

F3 자금관리	F4 복사	F6 검색	F7 카드매출	F8 적요수정	SF2 번호수정	CF5 삭제한데이타	CF8 전기분전표	CF9 전표삽입	SF5 일괄삭제및기타

	일	번호	구분	계 정 과 목	거 래 처	적 요	차 변	대 변
		③	④	⑤	⑥	⑦	⑧	

① 월란에 "7월"을 입력한다.

> ▶ 거래 월 입력방법
> 거래 월을 입력하는 방식은 두 가지가 있는데, 변경 을 클릭하여 필요에 맞는 방식을 선택하면 된다.
> | 방법1 | 하나의 월만 입력하는 방식 : 원하는 일자까지 입력하여 해당 일자의 화면을 볼 수 있으므로, 전표를 입력할 때 유용하다.

| 방법2 | 둘 이상의 월을 입력하는 방식 : 1개월을 초과하는 기간의 전표를 하나의 화면에서 볼 수 있으므로, 일정 기간의 전표를 조회할 때 유용하다.

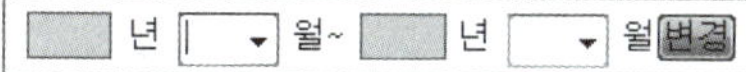

② 일란에 "4일"을 입력한다.

▶ 거래일 입력방법

| 방법1 | 화면 상단의 일란을 빈칸으로 두고 Enter↵를 누르면 해당 월의 전표들이 모두 화면에 나타나게 되고, 커서는 맨 아래 라인으로 이동된다. 이동된 라인에서 거래일을 입력한다.
이 방법은 동일한 월이면서 날짜가 서로 다른 여러 개의 분개를 입력할 때 편리하다.

| 2025 년 07 ▼ 월 일 변경 현금잔액: 17,161,040 대차차액: |

□	일	번호	구분	계 정 과 목	거 래 처	적 요	차 변	대 변
□	26	00002	출금	0253 미지급금		부가세납부	12,392,100	(현금)
□	26	00003	출금	0253 미지급금	00123 동성주유소	유류대 지급	280,000	(현금)
□	29	00001	출금	0536 잡비		1 오물수거료 지급	30,000	(현금)
□	29	00002	대변	0254 예수금		4 급여지급시 갑근세등예수		126,000
□	29	00002	대변	0101 현금		8 급여등 지급		9,924,000
□	29	00002	차변	0504 임금		2 생산직종업원 임금지급	4,650,000	
□	29	00002	차변	0801 급여		3 종업원급여지급	5,400,000	
□	29	00003	출금	0251 외상매입금	00114 유플러스통신	1 외상매입금 현금반제	11,660,000	(현금)
□	31	00001	입금	0103 보통예금		4 보통예금 현금인출	(현금)	15,000,000
□	31	00002	차변	0110 받을어음	00123 동성주유소	받을어음현금대여	30,000,000	
□	31	00002	대변	0101 현금		받을어음현금대여		30,000,000
□	31	00003	차변	0811 복리후생비		카드대금미지급	2,000,000	
□	31	00003	대변	0253 미지급금	99601 롯데카드	카드대금미지급		2,000,000

| 방법2 | 화면 상단의 일란에 일자를 입력하고 Enter↵를 누르면 해당 날짜의 전표들만 화면에 나타나게 되고, 커서는 맨 아래 라인으로 이동된다. 이동된 라인에서 거래일을 입력한다.
이 방법은 날짜가 동일한 여러 개의 분개를 입력하거나 한 개의 분개만 입력할 때 편리하다.

| 2025 년 07 ▼ 월 4 일 변경 현금잔액: 59,396,140 대차차액: |

□	일	번호	구분	계 정 과 목	거 래 처	적 요	차 변	대 변
□	4							

③ 번호란의 전표번호는 전표입력이 완료되면 자동으로 부여된다.

▶ 전표번호는 일자별로 '00001'부터 자동으로 부여된다.

차변과 대변의 합계가 일치할 때까지 한 개의 전표로 인식하여 동일한 번호가 부여되며, 차변과 대변의 합계가 일치된 다음 입력되는 전표는 새로운 전표로 인식하여 다음 번호가 자동으로 부여된다.

만약, 하나의 전표로 기록하여야 함에도 불구하고 차변요소와 대변요소가 각각 2개 이상이고 입력 도중에 차변과 대변이 일치하여 하나의 전표에 대하여 둘 이상의 전표번호가 부여된 경우에는 전표번호의 수정이 필요하다. 이때에는 해당 라인에 커서를 두고 화면 상단의 SF2번호수정 (또는 Shift + F2)을 클릭하면 상단에 번호수정 이라는 표시가 나타나고, 전표번호 입력란이 활성화되어 수정 입력할 수 있게 된다. 수정을 마치고 다시 SF2번호수정 을 클릭하면 화면은 일반상태로 돌아온다.

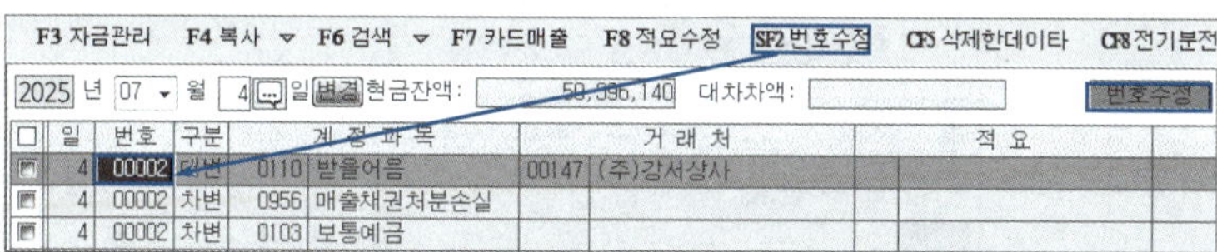

| F3 자금관리　F4 복사 ▼　F6 검색 ▼　F7 카드매출　F8 적요수정　SF2 번호수정　CF5 삭제한데이타　CF8 전기분전 |

| 2025 년 07 ▼ 월 4 일 변경 현금잔액: 59,396,140 대차차액: | | | | | | 번호수정 |

□	일	번호	구분	계 정 과 목	거 래 처	적 요
□	4	00002	대변	0110 받을어음	00147 (주)강서상사	
□	4	00002	차변	0956 매출채권처분손실		
□	4	00002	차변	0103 보통예금		

④ 구분란에 "4.대변"을 선택하여 입력한다.

> ▶ 구분란에 커서를 두면 메뉴 하단 메시지창에 다음과 같은 도움말이 나타난다.

> ↻ 구분을 입력하세요. 1.출금, 2.입금, 3.차변, 4.대변, 5.결산차변, 6.결산대변

구분란은 다음과 같은 기준에 따라 숫자로 입력한다.

1.출금	출금전표를 의미하는 것으로 거래금액 전체가 현금으로 출금되는 거래인 경우에 사용한다. 출금전표에서는 대변이 항상 현금 계정이므로 차변의 기재내용만 입력하면 되며, 차변 계정과목에 '101.현금'은 입력되지 않는다.
2.입금	입금전표를 의미하는 것으로 거래금액 전체가 현금으로 입금되는 거래인 경우에 사용한다. 입금전표에서는 차변이 항상 현금 계정이므로 대변의 기재내용만 입력하면 되며, 대변 계정과목에 '101.현금'은 입력되지 않는다.
3.차변 4.대변	대체전표를 의미하는 것으로 현금이 포함되지 않은 거래이거나 또는 현금이 일부만 포함된 경우에 사용한다. 대체전표는 차변과 대변을 모두 입력해야 하는데, 차변을 입력할 때에는 구분란에 '3'을, 대변을 입력할 때에는 '4'를 입력한다.
5.결산(결산차변) 6.결산(결산대변)	[결산자료입력] 메뉴에는 결산정리분개 중 몇 가지 유형에 대하여는 일일이 전표입력을 하지 않고도 자동으로 전표를 생성해주는 기능이 있다. [결산자료입력] 메뉴에서 자동으로 생성된 결산정리분개는 12월 31일 자 [일반전표입력] 화면에서 조회할 수 있는데, 이러한 자동생성전표에서는 차변과 대변이 결차와 결대로 표시되어 나타난다.

> ▶ 전산세무 자격시험에서의 전표입력 방법
> [일반전표입력] 메뉴에서 전표를 입력할 때, 거래금액 전체가 현금의 증가 또는 감소라 하더라도 반드시 '1.출금'이나 '2.입금'으로 입력해야 하는 것은 아니다. '3.차변'과 '4.대변'을 이용하여 입력해도 그 결과만 동일하면 상관없다. 전산세무 자격시험에서는 입금전표, 출금전표, 대체전표로 구분하지 않고 모든 거래를 대체전표로 입력하여도 정답으로 인정된다.

⑤ 계정과목란에 "110.받을어음"을 검색하여 입력한다.

> ▶ 계정과목 입력방법
> | 방법1 | 계정과목코드 입력란에 커서를 두고 코드(또는 F2)를 클릭하면 검색창이 나타난다. 검색창에서 찾고자 하는 계정과목의 앞 1글자 이상을 입력하면 해당하는 계정과목이 조회된다.

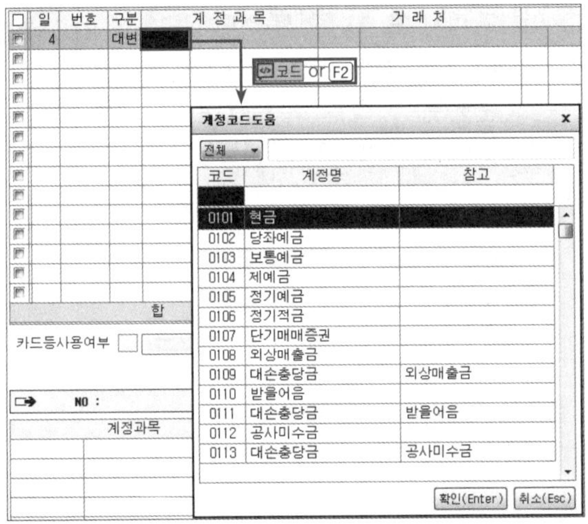

| 방법2 | 계정과목코드 입력란에 커서를 두고 찾고자 하는 계정과목의 앞 1글자 이상을 입력한 후
Enter↲를 누르면 검색창에 해당하는 계정과목이 조회된다.

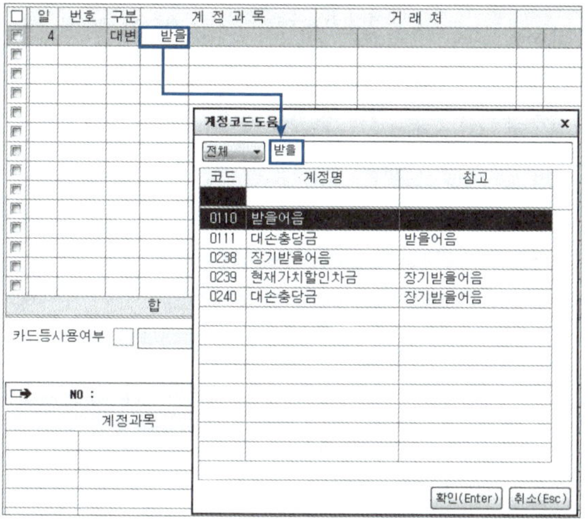

▶ 계정과목코드

계정과목코드를 검색할 때 동일한 명칭의 계정과목이 여러 개 조회되더라도 그 분류에 따라 정확한 코드를 찾아서 입력해야 함에 유의하여야 한다.

계정과목 명칭이 동일하더라도 자산·부채계정의 경우 유동자산인지 비유동자산인지에 따라 코드가 달라지며, 비용계정의 경우 제조원가인지 판매관리비인지 또는 영업외비용인지에 따라 코드가 달라진다.

자산·부채·비용계정 관련 코드는 다음과 같다.

자 산	· 유동자산(당좌자산, 재고자산) : 101~175번(계정과목 검색창에서 위쪽에 있음) · 비유동자산(투자자산, 유형자산, 무형자산, 기타비유동자산) : 176~250번(계정과목 검색창에서 아래쪽에 있음)
부 채	· 유동부채 : 251~290번(계정과목 검색창에서 위쪽에 있음) · 비유동부채 : 291~330번(계정과목 검색창에서 아래쪽에 있음)
비 용	· 제조원가 : 500번대 · 판매비와관리비 : 800번대 · 영업외수익 및 영업외비용 : 900번대

⑥ 받을어음은 수취채권에 해당하므로 거래처란에 "147.㈜강서상사"를 검색하여 입력한다.

▶ 수취채권(받을 돈)과 지급채무(줄 돈)는 각 거래처별 잔액을 관리하여야 하므로, 전표 입력 단계에서 채권·채무에 해당하는 계정과목을 입력할 때에는 해당 거래처가 등록되어 있는지 확인하고 거래처코드를 반드시 입력해 주어야 한다.

기출포인트

거래처코드를 입력해주어야 하는 계정과목

채 권	· 외상매출금 · 가지급금	· 받을어음 · 임차보증금	· 미수금 · 단기대여금	· 선급금 · 장기대여금
채 무	· 외상매입금 · 가수금 · 유동성장기부채	· 지급어음 · 임대보증금	· 미지급금 · 단기차입금	· 선수금 · 장기차입금

 전산회계 자격시험에서 전표를 입력할 때 계정과목에 대하여 거래처 입력 여부를 판단하는 방법

채권·채무 계정과목	거래처를 반드시 입력하여야 한다. (→ 거래처를 입력하지 않으면 감점 사유에 해당한다)
그 외의 계정과목[1]	거래처를 입력하지 않아도 된다. (→ 거래처를 입력하더라도 정답으로 인정된다) (→ 거래처를 입력하였는지 여부가 채점에 영향을 미치지 않는다)

[1] 예 수익 계정과목, 비용 계정과목

▶ 거래처 입력방법

| 방법1 | 거래처코드 입력란에 커서를 두고 코드(또는 F2)를 클릭하면 검색창이 나타난다. 검색창에서 찾고자 하는 거래처명의 앞 1글자 이상을 입력하면 해당하는 거래처가 조회된다.

| 방법2 | 계정과목코드 입력란에 찾고자 하는 거래처명의 앞 1글자 이상을 입력한 후 Enter를 누르면 검색창에 해당하는 거래처가 조회된다.

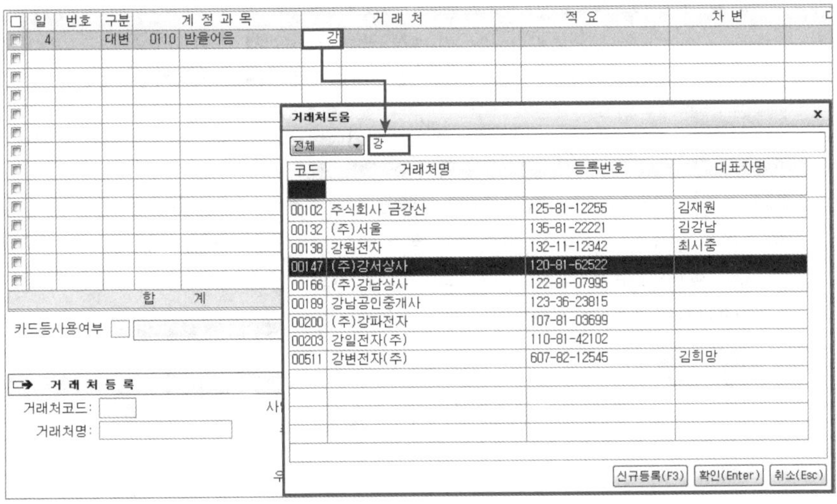

⑦ 타계정 대체거래가 아니므로 적요란은 공란으로 비워둔다.

▶ 적요는 거래내역에 관한 일종의 메모를 말하는데, 전산세무 자격시험에서는 적요의 입력을 요구하는 경우에만 입력하면 된다.

[일반전표입력] 메뉴에서 계정과목이 입력되면 그 계정과목에 대하여 [계정과목및적요등록] 메뉴에 등록되어 있는 적요가 화면 하단에 표시된다. 해당 전표 내용에 적합한 적요가 등록되어 있으면 그 적요번호를 입력하고, 적합한 적요가 등록되어 있지 않으면 전표의 적요란에 내용을 직접 입력하면 된다.

일	번호	구분	계 정 과 목	거 래 처	적 요	차 변	대 변
4		대변	0110 받을어음	00147 (주)강서상사			

▭➡ 적 요

1 상품매출 관련 어음수취		6 받을어음 당좌추심	
2 제품매출 관련 어음수취		7 부도어음으로 대체	
3 외상매출금 어음회수		8 선수금으로 받을어음수취	
4 외상매입금 배서양도결제			
5 어음할인액			

'현금적요'에 등록된 내용	구분란에 '1.출금', '2.입금'을 선택한 경우에 표시된다.
'대체적요'에 등록된 내용	구분란에 '3.차변', '4.대변'을 선택한 경우에 표시된다.

▶ 타계정 대체거래인 경우에는 적요를 반드시 입력한다.

회사가 보유하고 있는 원재료, 재공품, 제품, 상품 등의 재고자산이 제조나 판매를 통하여 매출원가로 대체되는 것이 아니라 그 이외의 용도(예를 들어, 복리후생비, 기업업무추진비)로 사용되어 감소하는 것을 '타계정 대체'라고 한다. 전산세무 자격시험에서는 타계정 대체거래에 대하여는 전표입력 시 반드시 등록된 적요를 선택하여 입력하도록 요구하고 있다. 따라서 [일반전표입력] 메뉴에서 전표를 입력할 때, 원재료, 재공품, 제품, 상품 등 **재고자산 계정과목이 매출원가 대체 이외의 사유**(예를 들어, **복리후생비, 기업업무추진비, 재고자산감모손실**)로 **인하여** '대변'에 입력되는 경우에는 반드시 **적요**에 '**8. 타계정으로 대체액**'을 선택하여 입력하여야 한다.

KcLep 프로그램에서는 기말 결산 시 [결산자료입력] 메뉴에 기말재고자산 잔액이 입력되면 재고자산 총계정원장에서 집계된 판매가능재고자산 금액에서 동 잔액이 차감되어 매출원가가 자동으로 계산된다. 이때, 타계정 대체거래 금액은 기말재고자산 잔액에 포함되지 않으면서 동시에 매출원가에서도 제외되어야 하기 때문에, 전표입력 단계에서 재고자산 계정과목의 적요란에 '적요 8. 타계정으로 대체액'을 선택하여 입력해야 한다.

⑧ 대변란에 "30,000,000"을 입력한다.

> ▶ 차변과 대변의 거래금액을 입력한다.
>
> 구분란이 '1.출금' 또는 '3.차변'인 경우에는 차변에만 입력되고, '2.입금' 또는 '4.대변'인 경우에는 대변에만 입력된다.
>
> > **참고. 금액 입력 시 플러스키 ⊞의 활용**
> > 모든 메뉴에서 공통으로 금액의 자릿수 콤마(,)는 3자리마다 자동으로 반영된다. 그리고 금액을 입력할 때 ⊞를 누르면 '000'이 자동으로 입력된다. 예를 들어, '30,000,000'을 넣고자 할 때 해당란에 '30000000' 또는 '30⊞⊞'를 입력하면 된다.

⑨ 110.받을어음 라인의 입력이 완료되면, 956.매출채권처분손실 라인과 103.보통예금 라인을 동일한 방법으로 각각 ③~⑧의 순서에 따라 입력한다.

> ▶ [일반전표입력] 메뉴에서 전표를 입력할 때 Enter↵를 누르면 바로 위 라인의 내용과 동일한 내용이 입력되고, Space bar를 누르면 해당란의 내용이 지워져서 공란이 된다.
>
> 전표입력 시, '구분'란에 바로 위 라인과 동일한 내용(예를 들어, '4.대변')을 넣고자 할 때에는 Enter↵를 누르면 되고, '거래처'나 '적요'란을 공란으로 두고 넘어가고자 할 때에는 바로 위 라인도 공란이면 Enter↵만 누르면 된다. 바로 위 라인이 공란이 아니라면 Space bar를 눌러서 공란으로 만든 후 다음 입력란으로 넘어가면 된다.

🔻 ①~⑨ 입력결과 화면은 아래와 같다.

	①	②				
2025 년	07 ▾ 월	4 … 일 변경	현금잔액:	59,396,140	대차차액:	

	일	번호 ③	구분 ④	계 정 과 목 ⑤	거 래 처 ⑥	적 요 ⑦	차 변 ⑧	대 변
	4	00002	대변	0110 받을어음	00147 (주)강서상사			30,000,000
	4	00002	차변	0956 매출채권처분손실			700,000	
	4	00002	차변	0103 보통예금			29,300,000	

[회사등록] 메뉴의 주요 입력란

· **프로그램 툴바**

모든 메뉴에서 공통으로 사용하는 좌측 상단의 아이콘은 다음과 같은 기능을 한다.

아이콘	단축키	내 용
┏→ (종료)	Esc	실행 중인 메뉴를 종료한다. (입력된 내용을 자동으로 저장한다)
⑦ (도움)	F1	해당 메뉴에 있는 모든 입력란에 대한 해설과 상세 입력방법이 포함된 매뉴얼 화면 창을 불러온다. (교재에 설명되어 있지 않은 입력란에 대한 사용방법이 궁금할 때 유용하게 활용할 수 있다. 단, 실제 시험에서는 매뉴얼 화면이 제공되지 않는다)
코드 (코드)	F2	커서의 위치에 따라 프로그램에 등록된 '거래처' 또는 '계정과목'의 코드를 검색한 다. (커서가 거래처 또는 계정과목과 관련 없는 란에 위치해 있을 때에는 기타 내용 에 대한 검색키(Ctrl + F)기능을 하기도 한다)
⊗ (삭제)	F5	커서가 위치한 입력내용을 삭제한다.
🖶 (인쇄)	F9	해당 메뉴의 서식을 인쇄한다.
🖳 (조회)	F12	데이터를 다시 불러온다. ('새로고침'과 같은 기능을 한다)

· **회사변경 방법**

[회사등록]에 등록된 회사는 KcLep 프로그램을 사용할 수 있게 된다.

㈜제일산업의 작업을 하다가 ㈜오팔산업으로 이동하여 작업을 하고자 하는 경우, 새로 프로그램을 열어 서 로그인 화면으로 돌아가지 않고도 ㈜제일산업에서 ㈜오팔산업으로 바로 이동할 수 있다. 즉, ㈜제일 산업의 메인메뉴 화면 우측메뉴에 🖳를 클릭하면 검색창이 나타나고, 작업하고자 하는 ㈜오팔산업을 선 택하여 변경 을 클릭하면 ㈜오팔산업의 메인메뉴 화면으로 바로 이동된다.

· **검색창에서 조회되지 않는 신규 거래처의 입력 방법**

[거래처등록] 메뉴로 이동할 필요 없이 [일반전표입력] 메뉴에서 다음과 같은 방법으로 거래처를 직접 등록할 수 있다. 거래처 검색창에서 신규등록(F3)을 클릭하면 거래처를 간편등록할 수 있는 보조창이 나타난다. 보조창에서 자동 부여된 거래처코드를 원하는 번호로 직접 수정하고 거래처명, 사업자등록번호 등을 입력한 후 확인(Tab)을 클릭하면 해당 코드로 거래처가 등록된다. 화면 하단에서는 업태, 종목 등 추가사항까지 입력할 수 있다.

예를 들어, '㈜별사랑'이라는 신규 거래처를 자동 부여된 거래처코드로 등록하는 경우 보조창과 추가사항 입력화면이 나타난다. 실무에서는 만약 신규 거래처가 상시 거래가 발생할만한 거래처가 아닌 경우에는 거래처등록 없이 거래처란에 상호명만 입력하고 전표를 작성하면 된다. 전산세무 시험에서는 채권·채무와 관련된 거래처명은 반드시 기 등록되어 있는 거래처코드를 선택하는 방법으로 거래처명을 입력한다.

· **대차차액**

[일반전표입력] 메뉴의 우측 상단에는 대차평균의 원리에 따라 정확하게 전표입력될 수 있도록 차변합계와 대변합계의 차액이 나타난다. 대차차액이 있는 상태에서 메뉴를 종료하는 경우에는 보조창이 나타나므로 이를 확인하고 종료하여야 한다.

예를 들어, 차변에 1,500,000원, 대변에 150,000원을 입력한 상태에서 메뉴를 종료하려고 하는 경우 보조창이 나타나는데, 보조창에서 예(Y)를 클릭하면 대차차액이 있는 전표가 조회된다. 전표를 수정할 때 해당 금액란에 커서를 놓고 Space bar를 누르면 대차차액을 조정하는 금액이 자동 계산되어 입력된다. 전표수정을 마치면 메뉴를 종료하거나 Esc를 누른다.

· **전표삽입**

[일반전표입력] 메뉴에 이미 입력되어 있는 하나의 완성된 전표에 대하여 계정을 추가하여 수정하고자 하는 경우에는 '전표삽입' 기능을 사용하면 된다.

예를 들어, 차변에 미지급금 300,000원, 대변에 보통예금 300,000원이 입력된 전표에 동 거래에서 발생한 계좌이체수수료 1,000원을 추가하여 수정하는 경우, 계정을 추가하려는 자리의 아래 라인에 커서를 두고 화면 상단의 CF9전표삽입(또는 Ctrl + F9)을 클릭하면 원하는 계정과 금액을 추가할 수 있다. 한쪽편 (차변) 계정에 금액을 추가 입력함에 따라 대차차액이 발생한 상태에서 반대편(대변) 계정의 금액란을 수정 입력할 때 Space bar를 누르면 금액을 직접 입력하지 않아도 금액이 자동 계산되어 입력된다.

· **입력된 전표의 날짜변경**

[일반전표입력] 메뉴에 이미 입력되어 있는 하나의 완성된 전표에 대하여 날짜를 수정하고자 하는 경우에는 '이동' 기능을 사용하면 된다.

예를 들어, 11월 4일 자로 차변에 운반비 50,000원, 대변에 현금 50,000원이 입력된 전표의 거래일자를 12월 10일 자로 수정하는 경우에는 11월 4일 자 기존 전표를 선택한 후, 화면 상단의 F4 복사 ▼ 옆에 있는 ▼를 클릭하고 아래에 나오는 SF3 이동(또는 Shift + F3)을 클릭하면, '이동' 창이 나타나고, 여기에 이동하고자 하는 일자인 12월 10일을 입력하고 확인(Tab)을 클릭하면 된다.

1 계정과목에 대응되는 차감 계정의 코드를 찾는 유형

- 감가상각누계액, 대손충당금, 매출환입및에누리, 매출할인, 매입환출및에누리, 매입할인 등 특정한 계정과목에 대응되는 차감적 평가계정 및 차감항목 계정의 코드를 정확하게 찾아서 입력하는 유형이 출제된다.
- 차감 계정은 대응되는 계정과목의 바로 아래에 있는 코드번호를 사용한다.

기출확인문제

㈜제일산업(코드번호 : 0101)의 당기 회계기간은 제5기이다.
다음 거래 자료를 [일반전표입력] 메뉴에 추가 입력하시오. 제48회

> 7월 8일 ㈜동해상사로부터 제품매출 후 외상매출금 4,850,000원에 대하여 조기회수에 따른 매출할인액(할인율 : 2%)을 차감한 나머지 금액이 당좌예금으로 입금되었다. (단, 부가가치세는 고려하지 않는다)

기출 따라 하기
▶ 관련 이론 | 수익과 비용 p.206

(1) 분개

7월 8일	(차)매출할인(406)	97,000[1]	(대) 외상매출금(108)	4,850,000
	(제품매출)		(㈜동해상사)	
	당좌예금(102)	4,753,000		

[1] 4,850,000 × 2% = 97,000원

(2) 입력방법

'404.제품매출'에 대한 매출할인은 대응되는 계정과목의 바로 아래에 있는 코드번호인 '406.매출할인' 계정과목을 사용해야 한다.

참고 '404.제품매출'에 대한 매출환입및에누리는 '405.매출환입및에누리' 계정과목을 사용해야 한다.

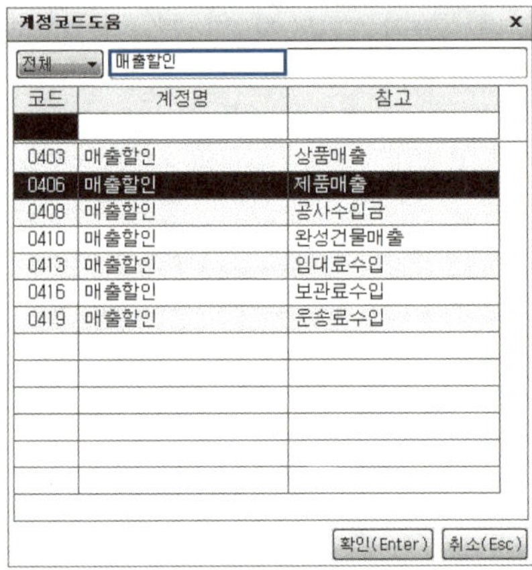

□	일	번호	구분		계정과목	거래처		적요	차변	대변
	8	00003	대변	0108	외상매출금	00187	(주)동해상사			4,850,000
	8	00003	차변	0406	매출할인				97,000	
	8	00003	차변	0102	당좌예금				4,753,000	

② 장부를 조회하여 전표 금액을 입력하는 유형

- 전표에 필요한 금액을 기존 장부에서 조회하여 확인한 후, 전표를 입력하는 유형이 출제된다.
- 전표에 필요한 금액은 다음과 같은 방법으로 조회한다.
  - 특정 거래처 잔액 : [거래처원장]
    예 3월 31일 현재 ㈜대한기업에 대한 외상매출금 잔액
  - 특정 계정과목 잔액 : [합계잔액시산표]
    예 3월 15일 현재 외상매출금에 대한 대손충당금 계정의 잔액
  - 특정 일자 거래금액 : [일반전표입력], [매입매출전표입력], [계정별원장], [총계정원장]
    예 4월 30일에 회계처리한 예수금 계정의 금액

기출확인문제

㈜제일산업(코드번호 : 0101)의 당기 회계기간은 제5기이다.
다음 거래 자료를 [일반전표입력] 메뉴에 추가 입력하시오. 제60회

> 7월 11일 현재의 남아있는 자기주식 전부를 5,000,000원에 매각하면서 매각대금은 현금으로 수령하였다. (단, 관련 데이터는 조회하여 사용할 것)

기출 따라 하기

▶ 관련 이론 I 자본 p.186

(1) 분개

7월 11일	(차) 현금(101)	5,000,000	(대) 자기주식(383)	4,000,000
			자기주식처분이익(343)	1,000,000

(2) 입력방법

① 7월 11일 현재 자기주식, 자기주식처분손실, 자기주식처분이익의 각 계정 잔액을 조회한다.

▶ 특정 계정과목 잔액의 조회방법
  [합계잔액시산표] 메뉴에서
  - 조회하고자 하는 기간을 "7월 11일"로 입력한다.
  - 자본조정에 있는 자기주식 계정의 차변 잔액이 "4,000,000"임을 확인한다.
  - 자본조정에 자기주식처분손실 계정의 차변 잔액이 없음("0")을 확인한다.
  - 자본잉여금에 자기주식처분이익 계정의 대변 잔액이 없음("0")을 확인한다.

기간 2025년 07월 11일

관리용 제출용

차 변		계정과목	대 변	
잔액	합계		합계	잔액
		5.자　　본　　금	442,000,000	442,000,000
		자　　본　　금	442,000,000	442,000,000
4,000,000	6,000,000	6.자　본　조　정	2,000,000	
4,000,000	4,000,000	자　기　주　식		
2,000,000		미 교 부 주 식배당금	2,000,000	

② 조회하여 확인한 금액 '4,000,000'을 사용하여 [일반전표입력] 메뉴에서 7월 11일 자 전표를 입력한다.

□	일	번호	구분	계 정 과 목		거 래 처	적 요	차 변	대 변
■	11	00001	차변	0101	현금			5,000,000	
■	11	00001	대변	0383	자기주식				4,000,000
■	11	00001	대변	0343	자기주식처분이익				1,000,000

③ 제조원가와 판매비와관리비를 구분하는 유형

- 비용 계정과목의 코드를 검색할 때 제조원가(500번대)와 판매비와관리비(800번대)를 구분한다.
- 공장 등 생산부문과 관련된 비용은 제조원가에 해당하므로 500번대를 선택하여 입력한다.
- 생산부문 외의 부문(예를 들어, 본사, 영업부, 관리팀)과 관련된 비용은 판매비와관리비이므로 800번대를 선택하여 입력한다.

기출확인문제

㈜제일산업(코드번호 : 0101)의 당기 회계기간은 제5기이다.
다음 거래 자료를 [일반전표입력] 메뉴에 추가 입력하시오. [제61회]

> 7월 13일 법인 영업부서 차량에 대한 자동차세 200,000원과 제조부서에서 사용하는 트럭에 대한 자동차세 100,000원을 보통예금에서 납부하였다.

기출 따라 하기

▶ 관련 이론 | 수익과 비용 p.208

(1) 분개

| 7월 13일 | (차) 세금과공과(817)(판관비) | 200,000 | (대) 보통예금(103) | 300,000 |
| | 세금과공과(517)(제조) | 100,000 | | |

(2) 입력방법

영업부서 관련 자동차세는 판매비와관리비에 해당하므로 800번대 코드인 '817.세금과공과' 계정과목을 사용하고, 제조부서 관련 자동차세는 제조원가에 해당하므로 500번대 코드인 '517.세금과공과' 계정과목을 사용한다.

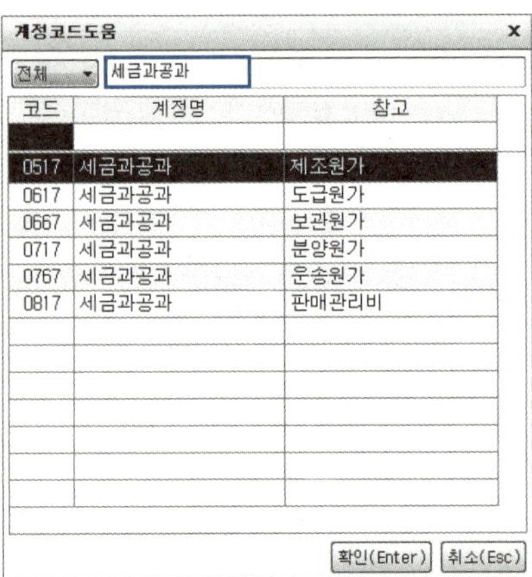

□	일	번호	구분	계 정 과 목	거 래 처	적 요	차 변	대 변
▣	13	00001	차변	0817 세금과공과			200,000	
▣	13	00001	차변	0517 세금과공과			100,000	
▣	13	00001	대변	0103 보통예금				300,000

④ 유동자산(부채)과 비유동자산(부채)을 구분하는 유형

- 자산·부채 계정과목의 코드를 검색할 때 동일한 이름의 계정과목에 대하여 두 개의 코드가 조회되는 경우가 있는데, 이때에는 코드번호가 작은 것(검색창에서 위쪽에 있음)은 유동항목이고 코드번호가 큰 것(검색창에서 아래쪽에 있음)은 비유동항목이다.
- '매도가능증권'이나 '만기보유증권' 계정과목을 전표에 입력할 때 각각 두 개의 코드가 조회되는데, 해당 유가증권의 만기가 결산일로부터 1년 이내로 도래되었다는 특별한 언급이 있는 상황이 아니라면 동 계정과목은 비유동자산으로 분류되어야 하므로, 두 코드번호 중 큰 것을 선택하여 입력한다.

㈜제일산업(코드번호 : 0101)의 당기 회계기간은 제5기이다.
다음 거래 자료를 [일반전표입력] 메뉴에 추가 입력하시오. [제63회]

> 7월 19일 업무용승용차를 구입하기 위하여 액면금액 1,000,000원의 10년 만기 무이자부 국공채를 액면금액으로 현금으로 매입하였다. 당 회사는 해당 국공채를 만기까지 보유할 예정이며, 보유할 수 있는 의도와 능력이 충분하다. 구입 당시의 만기보유증권의 공정가액은 600,000원이다.

▶관련 이론 | 비유동자산 p.118

(1) 분개

7월 19일	(차) 차량운반구(208)	400,000	(대) 현금(101)	1,000,000
	만기보유증권(181)	600,000		
	(투자자산)			

(2) 입력방법

채권의 만기가 결산일로부터 1년 이후에 도래하므로 해당 만기보유증권은 비유동자산(투자자산)으로 분류된다. 따라서 만기보유증권으로 조회되는 두 개의 코드(124, 181) 중 큰 것(181)을 사용한다.

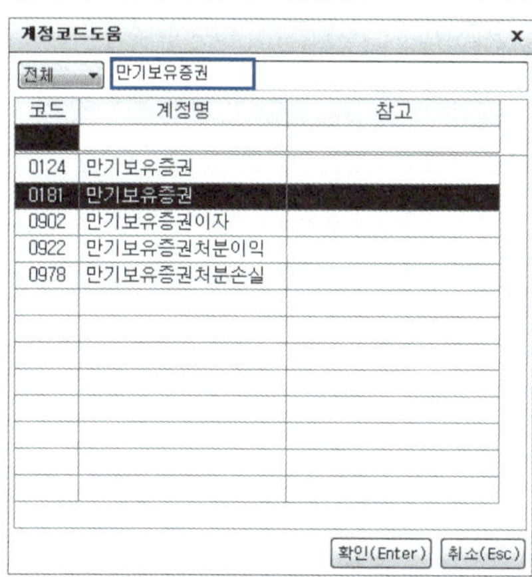

□	일	번호	구분		계 정 과 목	거 래 처	적 요	차 변	대 변
■	19	00001	대변	0101	현금				1,000,000
■	19	00001	차변	0208	차량운반구			400,000	
■	19	00001	차변	0181	만기보유증권			600,000	

5 타계정 대체거래

[일반전표입력] 메뉴에서 전표를 입력할 때, 원재료, 재공품, 제품, 상품 등 재고자산 계정과목이 매출원가 대체 이외의 사유(예 복리후생비, 기업업무추진비, 재고자산감모손실)로 인하여 감소하는 거래인 경우에는 반드시 '적요 8. 타계정으로 대체액'을 선택하여 입력하여야 한다.

기출확인문제

㈜제일산업(코드번호 : 0101)의 당기 회계기간은 제5기이다.
다음 거래 자료를 [일반전표입력] 메뉴에 추가 입력하시오. [제63회]

> 7월 23일 원재료로 사용하기 위해 구입한 미가공식료품(취득원가 : 1,000,000원)을 당사 영업팀 회식에 사용하였다. (재화의 간주공급에 해당하지 아니함)

기출 따라 하기

▶ 관련 이론 | 재고자산 p.100

(1) 분개

7월 23일　(차) 복리후생비(811)　　1,000,000　　(대) 원재료(153)　　1,000,000
　　　　　　　(판관비)　　　　　　　　　　　　　　　(적요 8. 타계정으로 대체액)

(2) 입력방법

재고자산 계정과목인 원재료가 복리후생비로 사용됨에 따라 대변에 입력되는 거래이므로, 원재료 계정과목의 적요로 등록되어 있는 '8. 타계정으로 대체액'을 선택하여 입력한다.

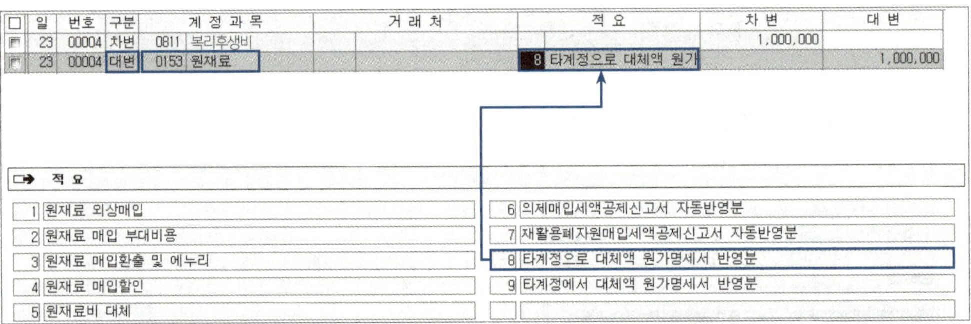

□	일	번호	구분	계 정 과 목	거 래 처	적 요	차 변	대 변
☐	23	00004	차변	0811 복리후생비			1,000,000	
☐	23	00004	대변	0153 원재료		8 타계정으로 대체액 원가		1,000,000

➡ 적 요		
1 원재료 외상매입	6	의제매입세액공제신고서 자동반영분
2 원재료 매입 부대비용	7	재활용폐자원매입세액공제신고서 자동반영분
3 원재료 매입환출 및 에누리	8	타계정으로 대체액 원가명세서 반영분
4 원재료 매입할인	9	타계정에서 대체액 원가명세서 반영분
5 원재료비 대체		

fn.Hackers.com

01 ㈜칠이산업(회사코드 : 0172)의 당기 회계기간은 제10기이다.
다음 거래 자료를 [일반전표입력] 메뉴에 추가 입력하시오.　　　　　　　　　　[제72회]

(1) 6월 17일 영업부서에서는 판매활성화를 위해 인터넷쇼핑몰 통신판매업신고를 하면서 등록면허세 40,500원을 보통예금으로 지급하였다.

(2) 6월 19일 ㈜발산실업에게 지급해야 할 외상매입금 10,000,000원 중에서 50%는 당사발행 당좌수표로 지급하였고 나머지 50%는 채무를 면제받았다.

(3) 6월 23일 영업부 사원에 대해 확정기여형(DC형) 퇴직연금 상품을 가입하고, 3,000,000원을 보통예금 계좌에서 이체하다.

(4) 7월 21일 보유 중인 자기주식(취득가액 : 9,500,000원)을 ㈜다현물산에게 9,000,000원에 매각하고, 대금은 다음 달에 받기로 하였다. (단, 재무상태표의 자본잉여금 항목을 고려하여 자기주식처분이익은 자기주식처분손실과 즉시 상계하기로 하고 하나의 전표로 입력할 것)

(5) 10월 1일 원재료를 매입하기 위해 빙고전자㈜와 계약하고, 계약금 7,000,000원은 당사발행 약속어음(만기 2개월)으로 지급하였다.

01 **(1)**

▶관련 이론 | 수익과 비용 p.208

해　설　6월 17일　(차) 세금과공과(판관비)　　40,500　　(대) 보통예금　　40,500

정답화면

□	일	번호	구분	계 정 과 목	거 래 처	적 요	차 변	대 변
▣	17	00001	차변	0817 세금과공과			40,500	
▣	17	00001	대변	0103 보통예금				40,500

(2)

▶관련 이론 | 수익과 비용 p.212

해　설　6월 19일　(차) 외상매입금　　10,000,000　　(대) 당좌예금　　5,000,000
　　　　　　　　　　　　((주)발산실업)　　　　　　　　　　　　채무면제이익　　5,000,000

정답화면

□	일	번호	구분	계 정 과 목	거 래 처	적 요	차 변	대 변
▣	19	00003	차변	0251 외상매입금	00120 (주)발산실업		10,000,000	
▣	19	00003	대변	0102 당좌예금				5,000,000
▣	19	00003	대변	0918 채무면제이익				5,000,000

(3)

▶관련 이론 | 부채 p.171

해　설　6월 23일　(차) 퇴직급여(판관비)　　3,000,000　　(대) 보통예금　　3,000,000

정답화면

□	일	번호	구분	계 정 과 목	거 래 처	적 요	차 변	대 변
▣	23	00003	차변	0806 퇴직급여			3,000,000	
▣	23	00003	대변	0103 보통예금				3,000,000

(4)

▶관련 이론 | 자본 p.188

해　설　· [회계관리] ▶ [결산/재무제표] ▶ [합계잔액시산표] 메뉴에서, 기간을 "7월 21일"로 선택하여 자
　　　　 기주식처분이익 잔액을 조회한다.
　　　　· 7월 21일　(차) 미수금((주)다현물산) 9,000,000　　(대) 자기주식　　9,500,000
　　　　　　　　　　　 자기주식처분이익　　300,000
　　　　　　　　　　　 자기주식처분손실　　200,000

정답화면

기간 : 2025 년 07 ▼ 월 21 일 □

[관리용] [제출용]

차 변		계정과목	대 변	
잔액	합계		합계	잔액
		6.자 본 잉 여 금	300,000	300,000
		자 기 주 식 처분이익	300,000	300,000
9,500,000	9,500,000	7.자 본 조 정		
9,500,000	9,500,000	자 기 주 식		

□	일	번호	구분	계 정 과 목	거 래 처	적 요	차 변	대 변
▣	21	00004	대변	0383 자기주식				9,500,000
▣	21	00004	차변	0120 미수금	00110 (주)다현물산		9,000,000	
▣	21	00004	차변	0343 자기주식처분이익			300,000	
▣	21	00004	차변	0390 자기주식처분손실			200,000	

(5)

▶관련 이론 | 당좌자산 p.70

해　설　10월 1일　(차) 선급금(빙고전자(주))　7,000,000　　(대) 지급어음(빙고전자(주)) 7,000,000

정답화면

□	일	번호	구분	계 정 과 목	거 래 처	적 요	차 변	대 변
▣	1	00003	차변	0131 선급금	00601 빙고전자(주)		7,000,000	
▣	1	00003	대변	0252 지급어음	00601 빙고전자(주)			7,000,000

02 ㈜육삼산업(회사코드 : 0163)의 당기 회계기간은 제24기이다.
다음 거래 자료를 [일반전표입력] 메뉴에 추가 입력하시오.

[제63회]

(1) 2월 1일 당사는 ㈜호주무역에게 대여한 단기대여금 20,000,000원을 회수불능채권으로 보아 전액 대손처리하였다. (대손충당금은 조회하여 처리하시오)

(2) 2월 20일 업무용승용차를 구입하기 위하여 액면금액 1,000,000원의 10년 만기 무이자부 국 공채를 액면금액으로 현금으로 매입하였다. 당 회사는 해당 국공채를 만기까지 보유할 예정이며, 보유할 수 있는 의도와 능력이 충분하다. 구입 당시 만기보유증권의 공정가액은 600,000원이다.

(3) 2월 28일 당사는 1월 10일에 제품을 판매하고 ㈜부도로부터 약속어음 50,000,000원을 받아 소지하고 있었으나, ㈜부도의 자금사정 악화로 2월 28일 자로 금융기관으로부터 최종부도 처리되었음이 확인되었다. (대손세액공제 등 부가가치세는 고려하지 말 것)

(4) 3월 1일 비사업자인 김갑수로부터 토지와 건물을 70,000,000원에 일괄 취득함과 동시에 당 좌수표를 발행하여 전액 지급하였다. 토지와 건물의 공정가치는 아래와 같다.

> • 토지의 공정가치 : 60,000,000원 　　　 • 건물의 공정가치 : 40,000,000원

(5) 3월 15일 원재료로 사용하기 위해 구입한 미가공식료품(취득원가 : 1,000,000원)을 당사 영 업팀 회식에 사용하였다. (재화의 간주공급에 해당하지 아니함)

02 **(1)**

▶관련 이론 | 당좌자산 p.66

해 설   · [회계관리] ▶ [결산/재무제표] ▶ [합계잔액시산표] 메뉴에서, 기간을 "2월 1일"로 선택하여 단
기대여금에 대한 대손충당금 잔액을 조회한다.

· 2월 1일 (차) 대손충당금　　　　9,000,000　　　(대) 단기대여금　　　20,000,000
　　　　　　　　(단기대여금)　　　　　　　　　　　　　　((주)호주무역)
　　　　　　　　기타의대손상각비[1]　11,000,000

[1] 대여금에서 발생한 항목이므로 기타의대손상각비(영업외비용)로 회계처리한다.

정답화면

기간 : 2025년 02 ▾ 월 01일

| 관리용 | 제출용 |

차 변		계정과목	대 변	
잔액	합계		합계	잔액
90,000,000	90,000,000	단 기 대 여 금		
		대 손 충 당 금	9,000,000	9,000,000

□	일	번호	구분	계 정 과 목		거 래 처		적 요	차 변	대 변
▣	1	00004	대변	0114	단기대여금	00101	(주)호주무역			20,000,000
▣	1	00004	차변	0115	대손충당금				9,000,000	
▣	1	00004	차변	0954	기타의대손상각비				11,000,000	

(2)

▶관련 이론 | 비유동자산 p.118

해 설   2월 20일 (차) 차량운반구　　　　400,000　　　(대) 현금　　　　1,000,000
　　　　　　　만기보유증권(투자자산) 600,000

정답화면

□	일	번호	구분	계 정 과 목		거 래 처	적 요	차 변	대 변
▣	20	00006	대변	0101	현금				1,000,000
▣	20	00006	차변	0208	차량운반구			400,000	
▣	20	00006	차변	0181	만기보유증권			600,000	

(3)

▶관련 이론 | 비유동자산 p.136

해 설   2월 28일 (차) 부도어음과수표　　50,000,000　　　(대) 받을어음　　50,000,000
　　　　　　　　((주)부도)　　　　　　　　　　　　　　((주)부도)

정답화면

□	일	번호	구분	계 정 과 목		거 래 처		적 요	차 변	대 변
▣	28	00001	대변	0110	받을어음	00302	(주)부도			50,000,000
▣	28	00001	차변	0246	부도어음과수표	00302	(주)부도		50,000,000	

(4)

▶관련 이론 | 비유동자산 p.119

해 설   3월 1일 (차) 토지　　　　42,000,000　　　(대) 당좌예금　　70,000,000
　　　　　　　건물　　　　　28,000,000

정답화면

□	일	번호	구분	계 정 과 목		거 래 처	적 요	차 변	대 변
▣	1	00001	대변	0102	당좌예금				70,000,000
▣	1	00001	차변	0201	토지			42,000,000	
▣	1	00001	차변	0202	건물			28,000,000	

(5)

▶관련 이론 | 재고자산 p.100

해 설   3월 15일 (차) 복리후생비(판관비)　1,000,000　　　(대) 원재료　　1,000,000
　　　　　　　　　　　　　　　　　　　　　　(적요 8. 타계정으로 대체액)

정답화면

□	일	번호	구분	계 정 과 목		거 래 처	적 요		차 변	대 변
▣	15	00001	차변	0811	복리후생비				1,000,000	
▣	15	00001	대변	0153	원재료		8	타계정으로 대체액 원가		1,000,000

03 ㈜육이산업(코드번호 : 0162)의 당기 회계기간은 제20기이다.
다음 거래 자료를 [일반전표입력] 메뉴에 추가 입력하시오. [제62회]

(1) 4월 30일 영업부에서는 법정단체인 무역협회에 일반회비로 500,000원을 보통예금에서 지급하였다.

(2) 5월 10일 ㈜한국에 대한 전기 외화외상매출금(계정과목 : 외상매출금) $600,000를 전액 보통예금으로 지급받았다. (단, 전기말 외화자산 평가는 적절하게 하였다)

> • 전기말 기준환율 : 1,200원/$ • 당기 5월 10일 입금 시 적용환율 : 1,100원/$

(3) 5월 11일 다음 통장거래를 [일반전표입력] 메뉴에 입력하시오. (단, 이자소득세는 자산계정으로 처리한다)

일 자	출금액	입금액	내 역
5월 11일	–	169,200원	예금결산이자는 200,000원이며, 이자소득세 30,800원을 차감한 금액을 보통예금 계좌에 입금하였다.

(4) 5월 29일 당사는 당사의 주식 4,000주(1주당 액면가액 5,000원)를 1주당 4,000원으로 매입소각하였다. 대금은 보통예금 계좌에서 이체하여 지급하였다.

(5) 12월 10일 본사 영업부의 4대보험 및 근로소득세 납부내역은 다음 표와 같다. 회사는 보통예금으로 동 금액을 납부하였다. 국민연금은 세금과공과 계정을 사용하고 건강보험과 장기요양보험은 복리후생비, 고용보험 및 산재보험은 보험료 계정을 사용한다.

구 분	근로소득세	지방소득세	국민연금	건강보험	장기요양보험	고용보험	산재보험
회사 부담분			50,000원	30,000원	2,000원	850원	1,200원
본인 부담분	100,000원	10,000원	50,000원	30,000원	2,000원	550원	
합 계	100,000원	10,000원	100,000원	60,000원	4,000원	1,400원	1,200원

03 **(1)**

▶관련 이론 | 수익과 비용 p.208

해 설 4월 30일 (차) 세금과공과(판관비) 500,000 (대) 보통예금 500,000

정답화면

□	일	번호	구분	계 정 과 목	거 래 처	적 요	차 변	대 변
■	30	00016	차변	0817 세금과공과			500,000	
■	30	00016	대변	0103 보통예금				500,000

(2)

▶관련 이론 | 수익과 비용 p.216

해 설 5월 10일 (차) 보통예금 660,000,000 (대) 외상매출금(㈜한국) 720,000,000
　　　　　　　　외환차손 60,000,000

정답화면

□	일	번호	구분	계 정 과 목	거 래 처	적 요	차 변	대 변
■	10	00005	대변	0108 외상매출금	00404 (주)한국			720,000,000
■	10	00005	차변	0103 보통예금			660,000,000	
■	10	00005	차변	0952 외환차손			60,000,000	

(3)

▶관련 이론 | 당좌자산 p.71

해 설 5월 11일 (차) 선납세금 30,800 (대) 이자수익 200,000
　　　　　　　　보통예금 169,200

정답화면

□	일	번호	구분	계 정 과 목	거 래 처	적 요	차 변	대 변
■	11	00003	대변	0901 이자수익				200,000
■	11	00003	차변	0136 선납세금			30,800	
■	11	00003	차변	0103 보통예금			169,200	

(4)

▶관련 이론 | 자본 p.185

해 설 5월 29일 (차) 자본금 20,000,000 (대) 보통예금 16,000,000
　　　　　　　　　　　　　　　　　　감자차익 4,000,000

정답화면

□	일	번호	구분	계 정 과 목	거 래 처	적 요	차 변	대 변
■	29	00003	차변	0331 자본금			20,000,000	
■	29	00003	대변	0103 보통예금				16,000,000
■	29	00003	대변	0342 감자차익				4,000,000

(5)

▶관련 이론 | 부채 p.155

해 설 12월 10일 (차) 예수금 192,550 (대) 보통예금 276,600
　　　　　　　　　　세금과공과(판관비) 50,000
　　　　　　　　　　복리후생비(판관비) 32,000
　　　　　　　　　　보험료(판관비) 2,050

정답화면

□	일	번호	구분	계 정 과 목	거 래 처	적 요	차 변	대 변
■	10	00004	차변	0254 예수금			192,550	
■	10	00004	차변	0817 세금과공과			50,000	
■	10	00004	차변	0811 복리후생비			32,000	
■	10	00004	차변	0821 보험료			2,050	
■	10	00004	대변	0103 보통예금				276,600

04 ㈜육공산업(회사코드 : 0160)의 당기 회계기간은 제10기이다.
다음 거래 자료를 [일반전표입력] 메뉴에 추가 입력하시오. [제60회]

(1) 3월 21일 ㈜석천기업으로부터 기계장치를 구입하기로 계약하고, 계약금 6,000,000원을 당
좌수표를 발행하여 지급하였다.

(2) 3월 23일 ㈜다현상사로부터 투자목적으로 사용할 토지를 150,000,000원에 현금으로 매입
하였다. 또한 당일 취득세로 6,000,000원을 현금으로 납부하였다. (하나의 전표로 입력할 것)

(3) 4월 16일 업무용 차량 구입 시 법령에 의하여 액면가액 800,000원의 공채를 액면가액에 현
금으로 매입하다. (단, 공채의 매입 당시 공정가액은 600,000원으로 평가되며 단기매매증권으로
분류함)

(4) 4월 17일 4월 1일에 계상된 가지급금은 영업팀의 이무영 씨가 대전에 출장을 다녀온 후 출장
비로 다음과 같이 정산되었다. (단, 가지급금의 거래처 입력은 생략함)

출장비 지출 내역	• 교통비, 음식비 및 숙박비 : 870,000원　　• 현금 잔액 : 30,000원

(5) 4월 20일 현재의 남아있는 자기주식 전부를 5,000,000원에 매각하면서 매각대금은 현금으
로 수령하였다. (단, 관련 데이터는 조회하여 사용할 것)

04 (1)

▶관련 이론 l 당좌자산 p.70

해　　설　3월　21일 (차) 선급금(㈜석천기업)　6,000,000　　　(대) 당좌예금　6,000,000

정답화면

□	일	번호	구분	계 정 과 목		거 래 처		적 요	차 변	대 변
▣	21	00001	차변	0131	선급금	00104	(주)석천기업		6,000,000	
▣	21	00001	대변	0102	당좌예금					6,000,000

(2)

▶관련 이론 l 비유동자산 p.110

해　　설　3월　23일 (차) 투자부동산　156,000,000　　　(대) 현금　156,000,000

정답화면

□	일	번호	구분	계 정 과 목		거 래 처	적 요	차 변	대 변
▣	23	00009	차변	0183	투자부동산			156,000,000	
▣	23	00009	대변	0101	현금				156,000,000

(3)

▶관련 이론 l 비유동자산 p.118

해　　설　4월　16일 (차) 단기매매증권　600,000　　　(대) 현금　800,000
　　　　　　　　　　　　차량운반구　200,000

정답화면

□	일	번호	구분	계 정 과 목		거 래 처	적 요	차 변	대 변
▣	16	00004	차변	0107	단기매매증권			600,000	
▣	16	00004	차변	0208	차량운반구			200,000	
▣	16	00004	대변	0101	현금				800,000

(4)

▶관련 이론 l 당좌자산 p.72

해　　설　4월　17일 (차) 현금　30,000　　　(대) 가지급금　900,000
　　　　　　　　　　　　여비교통비(판관비)　870,000

정답화면

□	일	번호	구분	계 정 과 목		거 래 처	적 요	차 변	대 변
▣	17	00005	차변	0101	현금			30,000	
▣	17	00005	차변	0812	여비교통비			870,000	
▣	17	00005	대변	0134	가지급금				900,000

(5)

▶관련 이론 l 자본 p.186

해　　설　· [회계관리] ▶ [결산/재무제표] ▶ [합계잔액시산표] 메뉴에서, 기간을 "4월 20일"로 선택하여 자
기주식, 자기주식처분손실, 자기주식처분이익의 잔액을 조회한다.
　　　　· 4월 20일　(차) 현금　5,000,000　　　(대) 자기주식　4,000,000
　　　　　　　　　　　　　　　　　　　　　　자기주식처분이익　1,000,000

정답화면

기간 :　2025 년　04 월　20 일

관리용　제출용

차 변		계정과목	대 변	
잔액	합계		합계	잔액
4,750,000	4,750,000	6.자　본　조　정		
750,000	750,000	주 식 할 인 발행차금		
4,000,000	4,000,000	자　기　주　식		
		7.기 타 포괄손익누계액	200,000	200,000

□	일	번호	구분	계 정 과 목		거 래 처	적 요	차 변	대 변
▣	20	00002	차변	0101	현금			5,000,000	
▣	20	00002	대변	0383	자기주식				4,000,000
▣	20	00002	대변	0343	자기주식처분이익				1,000,000

05 ㈜오구산업(회사코드 : 0159)의 당기 회계기간은 제20기이다.
다음 거래 자료를 [일반전표입력] 메뉴에 추가 입력하시오. [제59회]

(1) 1월 6일 강서상사㈜로부터 제품 판매대금으로 수령한 약속어음 30,000,000원을 할인하고,
할인비용 700,000원을 차감한 잔액이 보통예금에 입금되었다. (매각거래로 회계처리할 것)

(2) 3월 7일 영업직 직원들의 서비스 능력향상을 위하여 외부에서 전문강사를 초빙하여 교육한
후 강의료로 500,000원을 지급하였다. (단, 사업소득에 대한 원천세(3.3%)를 차감한 나머지 금
액을 보통예금 통장에서 계좌이체하였다. 예수금의 경우 소득세와 지방소득세를 합한 전체 금액만
을 기재하시오)

(3) 4월 1일 전기에 미국 스탠다드은행으로부터 차입한 외화장기차입금 $500,000와 이자비용
$15,000를 보통예금에서 지급하여 상환하였다.

> • 전기 12월 31일 기준환율 : 1,100원/$
> • 당기 4월 1일 상환 시 적용환율 : 1,050원/$

(4) 5월 20일 생산직 사원인 홍길동이 퇴사하여 퇴직금 6,000,000원 중 퇴직소득세 및 지방소득
세 합계액 110,000원을 원천징수하고, 나머지 잔액을 보통예금에서 지급하였다. (퇴직일 현
재 장부상 퇴직급여충당부채 계정 잔액은 4,000,000원이다)

(5) 5월 25일 단기매매차익을 얻을 목적으로 올해에 취득하여 보유하고 있는 ㈜다음전자의 주식
100주를 1주당 10,000원에 처분하고 대금은 매각수수료 10,000원을 차감한 후 보통예금으
로 입금받았다. (단, ㈜다음전자의 주식 1주당 취득원가는 6,000원이다)

05 **(1)**

▶관련 이론 l 당좌자산 p.62

해 설 1월 6일 (차) 보통예금 29,300,000 (대) 받을어음(강서상사(주)) 30,000,000
          매출채권처분손실 700,000

정답화면

□	일	번호	구분		계 정 과 목	거 래 처		적 요	차 변	대 변
☐	6	00001	차변	0103	보통예금				29,300,000	
☐	6	00001	차변	0956	매출채권처분손실				700,000	
☐	6	00001	대변	0110	받을어음	00206	강서상사(주)			30,000,000

(2)

▶관련 이론 l 수익과 비용 p.209

해 설 3월 7일 (차) 교육훈련비(판관비) 500,000 (대) 예수금 16,500
                                    보통예금 483,500

정답화면

□	일	번호	구분		계 정 과 목	거 래 처	적 요	차 변	대 변
☐	7	00001	차변	0825	교육훈련비			500,000	
☐	7	00001	대변	0254	예수금				16,500
☐	7	00001	대변	0103	보통예금				483,500

(3)

▶관련 이론 l 수익과 비용 p.214

해 설 4월 1일 (차) 외화장기차입금 550,000,000 (대) 보통예금 540,750,000[1]
          (스탠다드은행)   외환차익 25,000,000[2]
          이자비용 15,750,000[3]

[1] ($500,000 + $15,000) × 1,050원 = 540,750,000원(원금 및 이자비용 상환금액)

[2] ($500,000 × 1,050원) − ($500,000 × 1,100원) = (−)25,000,000원
(부채이므로 외환차익)

[3] $15,000 × 1,050원 = 15,750,000원

정답화면

□	일	번호	구분		계 정 과 목	거 래 처		적 요	차 변	대 변
☐	1	00006	차변	0305	외화장기차입금	98003	스탠다드은행		550,000,000	
☐	1	00006	차변	0951	이자비용				15,750,000	
☐	1	00006	대변	0103	보통예금					540,750,000
☐	1	00006	대변	0907	외환차익					25,000,000

(4)

▶관련 이론 l 부채 p.168

해 설 5월 20일 (차) 퇴직급여충당부채 4,000,000 (대) 예수금 110,000
          퇴직급여(제조) 2,000,000   보통예금 5,890,000

정답화면

□	일	번호	구분		계 정 과 목	거 래 처	적 요	차 변	대 변
☐	20	00008	차변	0295	퇴직급여충당부채			4,000,000	
☐	20	00008	차변	0508	퇴직급여			2,000,000	
☐	20	00008	대변	0254	예수금				110,000
☐	20	00008	대변	0103	보통예금				5,890,000

(5)

▶관련 이론 l 당좌자산 p.56

해 설 5월 25일 (차) 보통예금 990,000 (대) 단기매매증권 600,000
                                        단기매매증권처분이익 390,000

정답화면

□	일	번호	구분		계 정 과 목	거 래 처	적 요	차 변	대 변
☐	25	00001	대변	0107	단기매매증권				600,000
☐	25	00001	차변	0103	보통예금			990,000	
☐	25	00001	대변	0906	단기매매증권처분이익				390,000

06 ㈜오륙산업(회사코드 : 0156)의 당기 회계기간은 제22기이다.
다음 거래 자료를 [일반전표입력] 메뉴에 추가 입력하시오.

[제56회]

(1) 4월 25일 당사는 확정기여형 퇴직연금(DC형)을 가입하고 있는데, 당월분 퇴직연금을 다음과 같이 보통예금에서 지급하였다.

> • 영업직 직원 퇴직연금 : 32,000,000원　　• 생산직 직원 퇴직연금 : 19,000,000원

(2) 5월 1일 공장건물 청소원인 김갑순에게 인건비 500,000원을 현금으로 지급하고 일용직 근로소득으로 신고하였다. 이와 관련된 원천징수세액은 없으며 동 금액은 잡급으로 처리하기로 한다.

(3) 5월 15일 액면가액 100,000,000원인 3년 만기의 사채를 106,000,000원에 발행하였으며, 대금은 국민은행 보통예금으로 입금받았다.

(4) 5월 31일 ㈜서울상사에서 발행한 만기 3년인 채권을 다음과 같이 구입하였다. 당사는 동 채권을 만기까지 보유할 의도 및 능력을 갖추고 있다. (하나의 전표로 처리할 것)

구 분	금 액	비 고
㈜서울상사가 발행한 채권의 구입비	1,000,000원	보통예금에서 이체함
채권구입과 관련하여 ㈜한국증권에게 지급한 수수료	30,000원	보통예금에서 이체함
계	1,030,000원	–

(5) 9월 3일 당사의 제품(원가 : 100,000원, 판매가 : 120,000원)을 생산직 직원의 복리후생 목적으로 제공하였다. (재화의 간주공급에 해당하지 아니함)

06 **(1)**

　　　　　　　　　　　　　　　　　　　　　　　　　　　　　　　　▶관련 이론 | 부채 p.171

해　　설　4월　25일 (차) 퇴직급여(판관비) 32,000,000　　　　(대) 보통예금　　　　　　51,000,000
　　　　　　　　　　퇴직급여(제조)　19,000,000

정답화면

□	일	번호	구분	계 정 과 목	거 래 처	적 요	차 변	대 변
	25	00006	차변	0806 퇴직급여			32,000,000	
	25	00006	차변	0508 퇴직급여			19,000,000	
	25	00006	대변	0103 보통예금				51,000,000

(2)

　　　　　　　　　　　　　　　　　　　　　　　　　　　　　▶관련 이론 | 수익과 비용 p.208

해　　설　5월　1일 (차) 잡급(제조)　　　　500,000　　　　(대) 현금　　　　　　500,000

정답화면

□	일	번호	구분	계 정 과 목	거 래 처	적 요	차 변	대 변
	1	00004	차변	0507 잡급			500,000	
	1	00004	대변	0101 현금				500,000

(3)

　　　　　　　　　　　　　　　　　　　　　　　　　　　　　　　　▶관련 이론 | 부채 p.160

해　　설　5월　15일 (차) 보통예금　　106,000,000　　　　(대) 사채　　　　　100,000,000
　　　　　　　　　　　　　　　　　　　　　　　사채할증발행차금　　6,000,000

정답화면

□	일	번호	구분	계 정 과 목	거 래 처	적 요	차 변	대 변
	15	00003	차변	0103 보통예금			106,000,000	
	15	00003	대변	0291 사채				100,000,000
	15	00003	대변	0313 사채할증발행차금				6,000,000

(4)

　　　　　　　　　　　　　　　　　　　　　　　　　　　　　▶관련 이론 | 비유동자산 p.110

해　　설　5월　31일 (차) 만기보유증권　　1,030,000　　　　(대) 보통예금　　　　1,030,000
　　　　　　　　　　(투자자산)

정답화면

□	일	번호	구분	계 정 과 목	거 래 처	적 요	차 변	대 변
	31	00002	차변	0181 만기보유증권			1,030,000	
	31	00002	대변	0103 보통예금				1,030,000

(5)

　　　　　　　　　　　　　　　　　　　　　　　　　　　　　▶관련 이론 | 재고자산 p.100

해　　설　9월　3일 (차) 복리후생비(제조)　100,000　　　　(대) 제품　　　　　　100,000
　　　　　　　　　　　　　　　　　　　　　　(적요 8. 타계정으로 대체액)

정답화면

□	일	번호	구분	계 정 과 목	거 래 처	적 요	차 변	대 변
	3	00002	차변	0511 복리후생비				100,000	
	3	00002	대변	0150 제품		8 타계정으로 대체액 손익		100,000

01 기말수정분개의 입력

- 결산 문제는 기말수정분개를 ㉠ [일반전표입력] 메뉴에서 12월 31일 자 일반전표로 입력하거나(수동결산), ㉡ [결산자료입력] 메뉴에서 자동전표로 생성시키는(자동결산) 유형으로 출제된다.
- 결산 문제는 실무시험 문제 4(15점)에서 출제된다.

1) 수동결산

수동결산이란 [일반전표입력] 메뉴에 기말수정분개를 12월 31일(결산일) 자 일반전표로 직접 입력하는 것이다. 수동결산에 해당하는 대표적인 기말수정분개 항목은 다음과 같다.

> (1) 수익·비용의 발생과 이연
> (2) 소모품의 정리
> (3) 부가세예수금·부가세대급금의 정리
> (4) 마이너스 통장의 정리
> (5) 현금과부족의 정리
> (6) 가지급금·가수금의 정리
> (7) 외화채권·외화채무의 환산
> (8) 단기매매증권의 평가
> (9) 매도가능증권의 평가
> (10) 비유동부채의 유동성 대체

2) 자동결산

자동결산이란 기말수정분개 중 정형화된 몇 가지 유형에 대하여 계정과목을 일일이 입력하지 않고 프로그램상에서 자동으로 전표를 생성시키는 것이다. 자동으로 전표를 생성시키기 위해서는 [결산자료입력] 메뉴에 해당 항목의 결산반영금액을 입력한 후 메뉴 상단의 F3 전표추가 를 클릭하여야 한다. 자동결산에 해당하는 기말수정분개 항목은 다음과 같다.

> (1) 퇴직급여충당부채의 설정
> (2) 대손충당금의 설정
> (3) 감가상각비의 계상
> (4) 매출원가의 계상
> (5) 법인세비용의 계상

- [결산자료입력]은 기말수정분개 중에서 계정과목이 정형화되어 있는 몇 가지 유형에 대하여 전표를 편리하게 생성시킬 수 있도록 지원하는 메뉴이다.
- [결산자료입력] 화면은 [회계관리] ▶ [결산/재무제표] ▶ [결산자료입력]을 선택하여 들어갈 수 있다.

참고 자동결산 항목이라 하더라도 [결산자료입력] 메뉴를 사용하지 않고 [일반전표입력] 메뉴에 12월 31일 자 일반전표로 입력할 수도 있다. 그렇지만 기말수정분개를 누락 없이 신속하고 정확하게 입력하기 위하여 실무는 물론 수험 목적에서도 자동결산 항목에 대하여는 [결산자료입력] 메뉴를 활용하는 것이 일반적이다.

1) 퇴직급여충당부채 설정(퇴직급여충당부채 전입액 입력)

기출확인문제

㈜제이산업(코드번호 : 0102)*의 당기 회계기간은 제5기이다.
다음 결산자료를 입력하여 결산을 완료하시오. [제52회 수정]

* 교재와 동일한 화면으로 학습을 진행하기 위하여 ㈜제이산업을 사용함

퇴직급여추계액은 다음과 같으며, 퇴직급여충당부채는 퇴직급여추계액의 100%를 설정한다.		
부 서	퇴직급여추계액	퇴직급여충당부채 기초 잔액
제조부문	17,000,000원	12,000,000원
영업부문	19,000,000원	8,000,000원

기출 따라 하기

▶관련 이론 l 기말수정분개 p.240

(1) 분개

12월 31일 　(차) 퇴직급여(508) 　　 5,000,000 　　 (대) 퇴직급여충당부채(295)16,000,000
　　　　　　　　 퇴직급여(806) 　 11,000,000

(2) 입력방법

[결산자료입력] 메뉴에서 (기간 : 1월~12월)

① 제조부문 사원의 퇴직급여충당부채 전입액은 '2. 매출원가 ▶ 제품매출원가 ▶ 3)노무비 ▶ 508.퇴직급여(전입액)'에 결산반영금액 "5,000,000"을 입력한다.

② 영업부문 사원의 퇴직급여충당부채 전입액은 '4. 판매비와 일반관리비 ▶ 806.퇴직급여(전입액)'에 결산반영금액 "11,000,000"을 입력한다.

◆ ①~② 입력결과 화면은 아래와 같다.

· 제조부문 사원

±	코드	과 목	결산분개금액	결산전금액	결산반영금액	결산후금액
	0455	제품매출원가				857,653,670
		3)노 무 비		57,820,000	5,000,000	62,820,000
		1). 급여 외		57,820,000		57,820,000
	0503	급여		3,000,000		3,000,000
	0504	임금		54,820,000		54,820,000
	0508	2). 퇴직급여(전입액)		①	5,000,000	5,000,000
	0550	3). 퇴직연금충당금전입액				

· 영업부문 사원

±	코드	과 목	결산분개금액	결산전금액	결산반영금액	결산후금액
		4. 판매비와 일반관리비		158,890,940	11,000,000	169,890,940
		1). 급여 외		67,700,000		67,700,000
	0801	급여		67,700,000		67,700,000
	0806	2). 퇴직급여(전입액)		②	11,000,000	11,000,000
	0850	3). 퇴직연금충당금전입액				

③ 전체 입력 완료 후 메뉴 상단의 [F3 전표추가]를 클릭하면 결산분개가 자동으로 생성된다.

> **참고** [결산자료입력] 메뉴의 결산반영금액 입력란
>
> [결산자료입력] 화면에서 결산반영금액 입력란을 클릭했을 때 파란색 줄이 행 전체에 생겨서 추가 입력이
> 안되는 것은 자동결산항목이 아니고, 해당 칸에만 파란색이 생기면서 입력이 가능한 항목이 자동결산항목
> 이다. 메뉴 화면에서 자동결산항목의 결산반영금액 입력란은 연두색 음영으로 표시되어 있다.
>
> · 입력하지 못하는 란
>
> | ± | 코드 | 과 목 | 결산분개금액 | 결산전금액 | 결산반영금액 | 결산후금액 |
> |---|---|---|---|---|---|---|
> | | | 7). 기타비용 | | 91,190,940 | | 91,190,940 |
> | | 0811 | 복리후생비 | | 9,049,200 | | 9,049,200 |
> | | 0812 | 여비교통비 | | 409,800 | | 409,800 |
> | | 0813 | 기업업무추진비 | | 40,479,500 | | 40,479,500 |
>
> · 입력할 수 있는 란(= 자동결산항목의 입력란)
>
> | ± | 코드 | 과 목 | 결산분개금액 | 결산전금액 | 결산반영금액 | 결산후금액 |
> |---|---|---|---|---|---|---|
> | | 0818 | 4). 감가상각비 | | | | |
> | | 0202 | 건물 | | | | |
> | | 0206 | 기계장치 | | | | |
> | | 0208 | 차량운반구 | | | | |
> | | 0212 | 비품 | | | | |

+ 더알아보기

퇴직급여충당부채 전입액의 자동계산

메뉴 상단의 [CF8 퇴직충당] (또는 [Ctrl] + [F8])을 클릭하면 보조창이 나타나고, 보조창을 사용하여 퇴직급여충당부
채 전입액을 자동으로 계산할 수 있다. 보조창 하단의 [결산반영]을 클릭하면 계산된 전입액이 해당 입력란에
자동으로 반영된다.

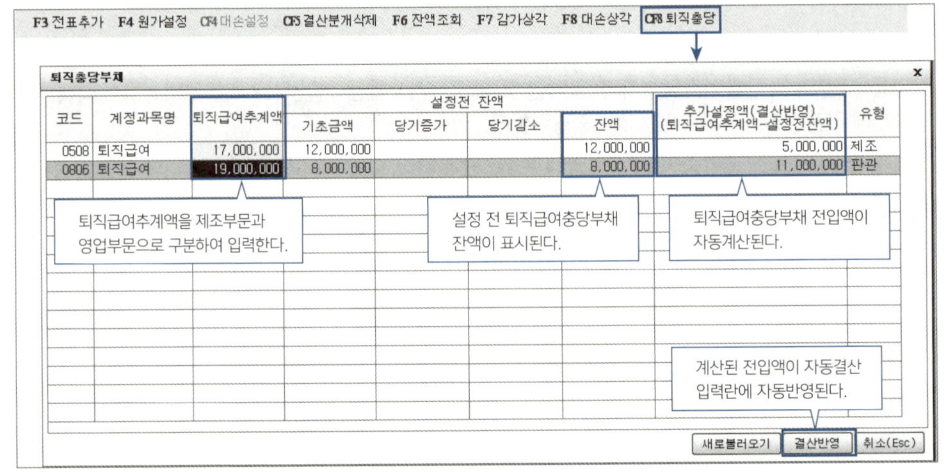

코드	계정과목명	퇴직급여추계액	설정전 잔액				추가설정액(결산반영) (퇴직급여추계액-설정전잔액)	유형
			기초금액	당기증가	당기감소	잔액		
0508	퇴직급여	17,000,000	12,000,000			12,000,000	5,000,000	제조
0806	퇴직급여	19,000,000	8,000,000			8,000,000	11,000,000	판관

2) 대손충당금 설정(대손충당금 추가설정액 입력)

㈜제이산업(코드번호 : 0102)의 당기 회계기간은 제5기이다.
다음 결산자료를 입력하여 결산을 완료하시오. 제62회 수정

> 매출채권(외상매출금 및 받을어음) 기말잔액에 대하여 1%의 대손충당금을 보충법으로 설정한다.

기출 따라 하기

▶관련 이론 | 기말수정분개 p.240

(1) 분개

12월 31일	(차) 대손상각비(835)	1,565,500	(대) 대손충당금(109)	1,155,000[1]
			대손충당금(111)	410,500[2]

[1] 600,500,000원 × 1% – 4,850,000원 = 1,155,000원
[2] 130,050,000원 × 1% – 890,000원 = 410,500원

(2) 입력방법

[회계관리] ▶ [결산/재무제표] ▶ [합계잔액시산표]를 선택하여 [합계잔액시산표] 메뉴에서

① 기간란에 "12월 31일"을 선택한다.

> 기간 :　2025년　12 ▾ 월　31일

② 12월 말 현재 외상매출금, 받을어음, 대손충당금의 잔액을 조회한다.

> ▶ 외상매출금 잔액 : 600,500,000원
> 받을어음 잔액 : 130,050,000원
> 외상매출금에 대한 대손충당금 잔액 : 4,850,000원
> 받을어음에 대한 대손충당금 잔액 : 890,000원

관리용 　제출용

차　변		계정과목	대　변	
잔액	합계		합계	잔액
600,500,000	791,100,000	외 상 매 출 금	190,600,000	
		대 손 충 당 금	4,850,000	4,850,000
130,050,000	130,050,000	받 을 어 음		
		대 손 충 당 금	890,000	890,000
10,000,000	10,000,000	단 기 대 여 금		

③ 외상매출금과 받을어음에 대한 대손충당금 추가설정액을 계산한다.

> ▶ 외상매출금에 대한 대손충당금 추가설정액 = 600,500,000원 × 1% – 4,850,000원
> = 1,155,000원
>
> 받을어음에 대한 대손충당금 추가설정액 = 130,050,000원 × 1% – 890,000원 = 410,500원

[결산자료입력] 메뉴에서 (기간 : 1월~12월)

④ 외상매출금의 대손충당금 추가설정액은 '4. 판매비와 일반관리비 ▶ 5). 대손상각 ▶ 108.외상매출금'에 결산반영금액 "1,155,000"을 입력한다.

⑤ 받을어음의 대손충당금 추가설정액은 '4. 판매비와 일반관리비 ▶ 5). 대손상각 ▶ 110.받을어음'에 결산반영금액 "410,500"을 입력한다.

⚫ ④ ~ ⑤ 입력결과 화면은 아래와 같다.

±	코드	과 목	결산분개금액	결산전금액	결산반영금액	결산후금액
		4. 판매비와 일반관리비		158,890,940	12,565,500	171,456,440
	0835	5). 대손상각			1,565,500	1,565,500
④	0108	외상매출금			1,155,000	1,155,000
⑤	0110	받을어음			410,500	410,500

> 참고 미수금에 대한 대손충당금 추가설정액은 '영업외 비용 ▶ 기타의대손상각 ▶120.미수금'에 결산반영금액을 입력한다.

⑥ 전체 입력 완료 후 메뉴 상단의 F3 전표추가 를 클릭하면 결산분개가 자동으로 생성된다.

✚ 더알아보기

대손충당금 추가설정액 자동계산

메뉴 상단의 F8 대손상각 을 클릭하면 보조창이 나타나고, 보조창을 사용하여 대손충당금 추가설정액을 자동으로 계산할 수 있다. 보조창 하단의 결산반영 을 클릭하면 계산된 추가설정액이 해당 입력란에 자동으로 반영된다.

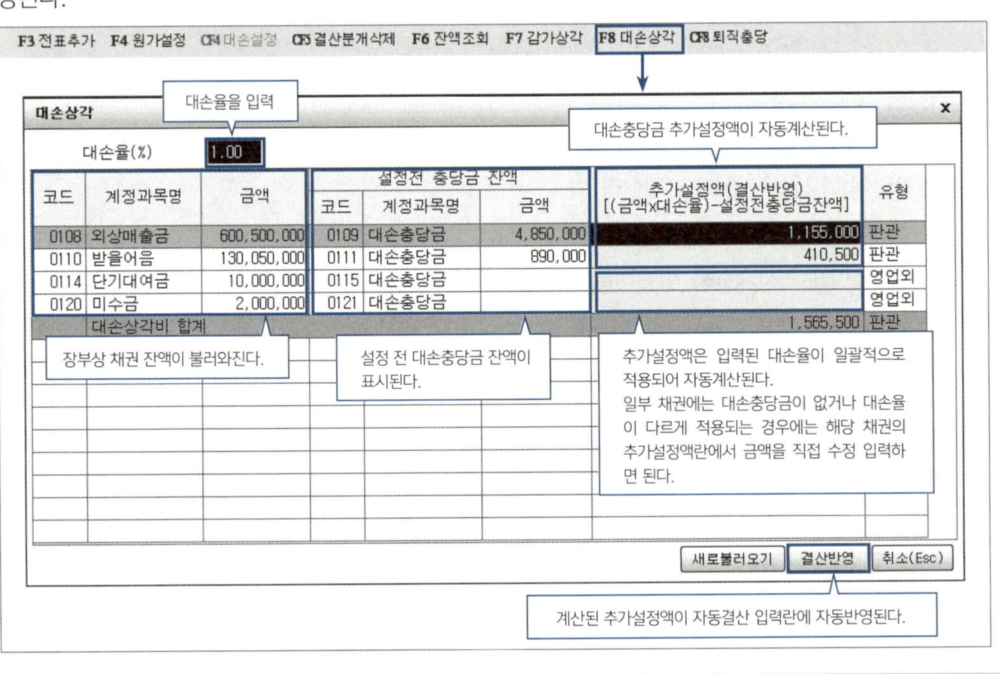

3) 감가상각비의 계상(당기 감가상각비 입력)

㈜제이산업(코드번호 : 0102)의 당기 회계기간은 제5기이다.
다음 결산자료를 입력하여 결산을 완료하시오. [제62회]

> 제품 생산을 위해 7월 1일에 15,000,000원에 구입한 기계장치를 일반기업회계기준에 따라 정액법으로 감가상각
> 비를 계상하시오. (내용연수는 5년이며 잔존가액 없고, 월할 계산한다)

기출 따라 하기

▶관련 이론 | 기말수정분개 p.241

(1) 분개

12월 31일　(차) 감가상각비(518)　1,500,000[1)]　　(대) 감가상각누계액(207)　1,500,000

[1)] 15,000,000원 × (1년/5년) × (6개월/12개월) = 1,500,000원

(2) 입력방법

[결산자료입력] 메뉴에서 (기간 : 1월~12월)

① 생산용 기계장치의 감가상각비는 '2. 매출원가 ▶ 제품매출원가 ▶ 7)경비 ▶ 2). 일반감가상각비
　▶ 206.기계장치'에 결산반영금액 "1,500,000"을 입력한다.

±	코드	과　목	결산분개금액	결산전금액	결산반영금액	결산후금액
	0455	제품매출원가				859,153,670
	0518	2). 일반감가상각비			1,500,000	1,500,000
	0202	건물				
	0206	기계장치			1,500,000	1,500,000
	0208	차량운반구				
	0212	비품				

② 전체 입력 완료 후 메뉴 상단의 [F3 전표추가]를 클릭하면 결산분개가 자동으로 생성된다.

4) 매출원가의 계상(재고자산 기말 재고액 입력)

㈜제이산업(코드번호 : 0102)의 당기 회계기간은 제5기이다.
다음 결산자료를 입력하여 결산을 완료하시오. [제63회 수정]

> 기말재고자산의 장부가액은 다음과 같다. [결산자료입력] 메뉴에 입력하고, 비정상 감모손실에 대해서는 [일반전표입력] 메뉴에 입력하시오.
>
> · 원재료 중에는 기말 현재 해외로부터 선적지 인도기준으로 매입운송 중인 금액 300,000원이 포함되어 있지 않다.
>   · 원재료 : 2,000,000원   · 재공품 : 1,000,000원   · 제품 : 15,000,000원
> · 제품의 실사평가를 한 결과 다음과 같으며, 수량감소는 비정상적으로 발생한 것이다. (기타 다른 사항은 없는 것으로 한다)
>   · 장부상 수량 : 1,000개   · 실지재고 수량 : 900개
>   · 단위당 취득원가 : 15,000원   · 단위당 시가(공정가치) : 18,000원

▶ 관련 이론 | 기말수정분개 p.242

[일반전표입력] 메뉴에서

① 비정상 감모손실을 '적요'를 사용하여 12월 31일 자 전표에 입력한다.

    12월 31일   (차) 재고자산감모손실 1,500,000[1]   (대) 제품   1,500,000
                                                      (적요 8. 타계정으로 대체액)

         [1] (1,000개 – 900개) × 15,000원 = 1,500,000원

□	일	번호	구분		계 정 과 목	거 래 처		적 요	차 변	대 변
■	31	00006	차변	0959	재고자산감모손실				1,500,000	
■	31	00006	대변	0150	제품			8 타계정으로 대체액 손익		1,500,000

[결산자료입력] 메뉴에서 (기간 : 1월~12월)

② 기말 원재료 재고액은 '2. 매출원가 ▶ 제품매출원가 ▶ 1)원재료비 ▶ 153.기말 원재료 재고액'에 결산반영금액 "2,300,000"[1]을 입력한다.
    [1] 선적지 인도기준의 경우, 기말 현재 운송 중인 매입 원재료는 당사(구매자)의 재고자산에 포함된다.

③ 기말 재공품 재고액은 '2. 매출원가 ▶ 제품매출원가 ▶ 8)당기 총제조비용 ▶ 169.기말 재공품 재고액'에 결산반영금액 "1,000,000"을 입력한다.

④ 기말 제품 재고액은 '2. 매출원가 ▶ 제품매출원가 ▶ 9)당기완성품제조원가 ▶ 150.기말 제품 재고액'에 결산반영금액 "13,500,000"[1]을 입력한다.
    [1] 900개 × 15,000원 = 13,500,000원
    정상·비정상 감모손실과 평가손실까지 모두 반영된 실제 기말재고액을 입력한다. 단, 재고자산은 저가법으로 평가하기 때문에 기말 공정가치가 취득원가보다 상승하였다 하더라도 평가이익은 인식하지 않는다.

▼ ②~④ 입력결과 화면은 아래와 같다.

±	코드	과 목	결산분개금액	결산전금액	결산반영금액	결산후금액
	0455	제품매출원가				840,853,670
		1)원재료비		689,229,000		686,929,000
	0501	원재료비		689,229,000		686,929,000
	0153	① 기초 원재료 재고액		3,500,000		3,500,000
	0153	② 당기 원재료 매입액		687,029,000		687,029,000
	0153	⑥ 타계정으로 대체액		1,300,000		1,300,000
②	0153	⑩ 기말 원재료 재고액			2,300,000	2,300,000
		3)노 무 비		57,820,000	5,000,000	62,820,000
		7)경 비		88,104,670	1,500,000	89,604,670
	0455	8)당기 총제조비용		835,153,670		839,353,670
	0169	① 기초 재공품 재고액		7,000,000		7,000,000
③	0169	⑩ 기말 재공품 재고액			1,000,000	1,000,000
	0150	9)당기완성품제조원가		842,153,670		845,353,670
	0150	① 기초 제품 재고액		10,500,000		10,500,000
	0150	⑥ 타계정으로 대체액		1,500,000		1,500,000
④	0150	⑩ 기말 제품 재고액			13,500,000	13,500,000

⑤ 전체 입력 완료 후 F3 전표추가 를 클릭하면 기말수정분개 전표가 자동으로 생성된다.

참고 재고자산감모손실과 재고자산평가손실이 있을 때의 입력 방법

- 타계정 대체에 해당하는 비정상 감모손실(영업외비용)을 [일반전표입력] 메뉴에 '적요 8'을 사용하여 전표 입력한다.
  (수동결산)
  (차) 재고자산감모손실(영업외비용)　　　　xxx　　　　(대) 제품　　　　　　　　xxx
  　　　　　　　　　　　　　　　　　　　　　　　　　　　(적요 8. 타계정으로 대체액)

- [결산자료입력] 메뉴에 정상·비정상 감모손실과 평가손실까지 모두 반영된 실제 기말 재고액을 입력하고 메뉴 상단의 F3 전표추가 를 클릭한다. (자동결산)
- → 이에 따라 정상 감모손실과 재고자산 평가손실이 모두 매출원가로 회계처리된다.

+ 더 알아보기

매출원가 관련 기말수정분개

㈜제이산업의 사례에서 매출원가와 관련하여 자동 생성되는 기말수정분개는 다음과 같다.

- 당기 사용 원재료비 대체
  (차) 재공품(169)　　　686,929,000　　　(대) 원재료비(153)　　686,929,000[1]
- 당기 발생 노무비 대체
  (차) 재공품(169)　　　62,820,000　　　(대) 노무비　　　62,820,000[2]
- 당기 발생 경비 대체
  (차) 재공품(169)　　　89,604,670　　　(대) 경비　　　89,604,670[3]
- 당기완성품제조원가
  (차) 제품(150)　　　845,353,670　　　(대) 재공품(169)　　845,353,670[4]
- 당기매출원가
  (차) 제품매출원가(455)　　840,853,670　　　(대) 제품(150)　　840,853,670[5]

[1] 기초 원재료재고액 + 당기 원재료매입액 − 타계정으로 대체액 − 기말 원재료재고액
= 3,500,000 + 687,029,000 − 1,300,000 − 2,300,000 = 686,929,000원

[2] 임금(504), 퇴직급여(508) 등의 합계

[3] 복리후생비(511), 가스수도료(515), 감가상각비(518) 등의 합계

[4] · 당기 총제조원가 = 재료비 + 노무비 + 경비 = 686,929,000 + 62,820,000 + 89,604,670 = 839,353,670원

· 당기 제품제조원가(= 당기완성품제조원가) = 기초 재공품재고액 + 당기 총제조원가 − 기말 재공품재고액
= 7,000,000 + 839,353,670 − 1,000.000 = 845,353,670원

[5] 기초 제품재고액 + 당기 제품제조원가 − 타계정으로 대체액 − 기말 제품재고액
= 10,500,000 + 845,353,670 − 1,500,000 − 13,500,000 = 840,853,670원

5) 법인세비용의 계상(선납세금과 미지급세금을 입력)

㈜제이산업(코드번호 : 0102)의 당기 회계기간은 제5기이다.
다음 결산자료를 입력하여 결산을 완료하시오. [제51회]

> 당기분 법인세가 10,500,000원(법인세할 지방소득세 포함)으로 계산되었다. 단, 회사는 당기 법인세 기납부세액
> (중간예납액 + 원천징수세액)을 선납세금으로 계상하였다.

기출 따라 하기　　　　　　　　　　　　　　　　　　　　▶관련 이론 | 기말수정분개 p.243

(1) 분개

12월 31일	(차) 법인세등(998)	10,500,000	(대) 선납세금(136)	3,385,000
			미지급세금(261)	7,115,000

(2) 입력방법

① [회계관리] ▶ [결산/재무제표] ▶ [합계잔액시산표]를 선택하여 [합계잔액시산표] 메뉴에 들어간 후,
기간을 12월 31일로 선택하여 조회하면 12월 말 현재 선납세금의 잔액이 3,385,000원임을 확인
할 수 있다. [합계잔액시산표]의 금액을 더블 클릭하면 해당 금액에 대한 원장 내용도 볼 수 있다.

합계잔액시산표

F3 제목수정　F4 통합계정　F6 원장조회　F7 임대주택　F8 계정과목편집　F9 인쇄　F11 계정코드　CF9 영어계정

기간 : 2025 년 12 ▾ 월 31 일

관리용　제출용

차 변		계정과목	대 변	
잔액	합계		합계	잔액
	78,113,900	부 가 세 대 급 금	78,113,900	
3,385,000	3,385,000	선 납 세 금		
500,000	500,000	임 직 원 등 단기채권		

원장조회　　　　　　　　　　　　　　　　　　　　　　　　　　　　x

기 간 2025 년 1 월 1 일 ~ 2025 년 12 월 31 일　[전표수정(F3)] [합계옵션(F6)] [원장인쇄(F9)]

계정과목 0136 선납세금 - 0136 선납세금　　<< < 0136:선납세금　> >>

일자	번호	적요	코드	거래처	차 변	대 변	잔 액
08-31	00002	법인세 중간예납세액			3,000,000		3,000,000
		[월　계]			3,000,000		
		[누　계]			3,000,000		
09-25	00002	이자소득 원천징수세액			154,000		3,154,000
		[월　계]			154,000		
		[누　계]			3,154,000		
12-25	00004	이자소득 원천징수세액			231,000		3,385,000
		[월　계]			231,000		
		[누　계]			3,385,000		

[결산자료입력] 메뉴에서 (기간 : 1월~12월)

② 선납세금 금액은 '법인세등 ▶ 136.선납세금'에 결산반영금액 "3,385,000"을 입력한다.

③ 미지급세금은 '법인세등 ▶ 998.추가계상액'에 결산반영금액 "7,115,000"을 입력한다.

> ▶ 법인세등 추가계상액 = 당기 법인세등 − 선납법인세 = 10,500,000 − 3,385,000 = 7,115,000원

④ '998.법인세등' 라인의 '결산후금액'이 당기 법인세비용 금액인 "10,500,000"과 일치함을 확인
한다.

🔽 ②~④ 입력결과 화면은 아래와 같다.

±	코드	과 목	결산분개금액	결산전금액	결산반영금액	결산후금액
④	0998	9. 법인세등			10,500,000	10,500,000
②	0136	1). 선납세금		3,385,000	3,385,000	3,385,000
③	0998	2). 추가계상액			7,115,000	7,115,000

⑤ 전체 입력 완료 후 메뉴 상단의 F3전표추가 를 클릭하면 결산분개가 자동으로 생성된다.

참고 **기말수정분개 전표의 자동 생성**

[결산자료입력] 메뉴에서 자동결산항목에 대한 결산반영금액 입력이 모두 완료되면 반드시 메뉴 상단에 있는 F3전표추가 (또는 F3)를 클릭하여 기말수정분개 전표를 생성시켜야 한다.

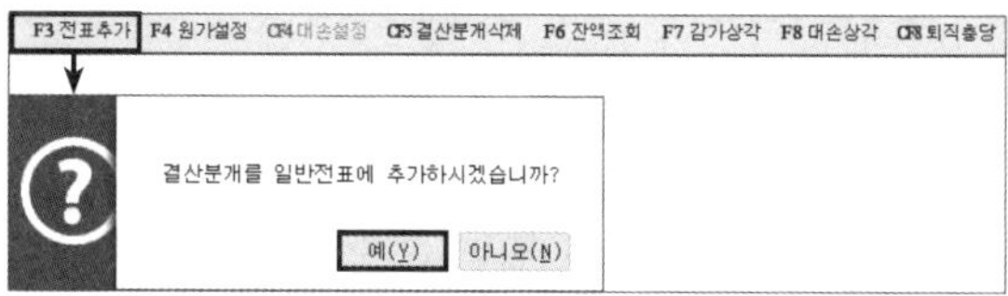

[일반전표입력] 메뉴에서 12월 31일 자로 전표를 조회하면 자동 생성된 기말수정분개 전표는 오른쪽 상단에 '결산'이라는 글자가 나타나고, '구분'란에 '결차' 또는 '결대'로 표시되는 것을 확인할 수 있다.

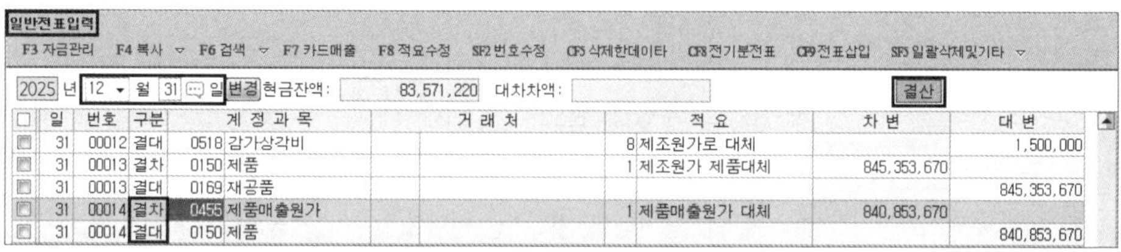

자동 생성된 기말수정분개 전표를 일괄 삭제하는 방법

| 방법1 | [일반전표입력] 메뉴에서 화면 상단의 SF5일괄삭제및기타 를 클릭한 후 보조창에서 확인(Tab) 을 클릭한다.

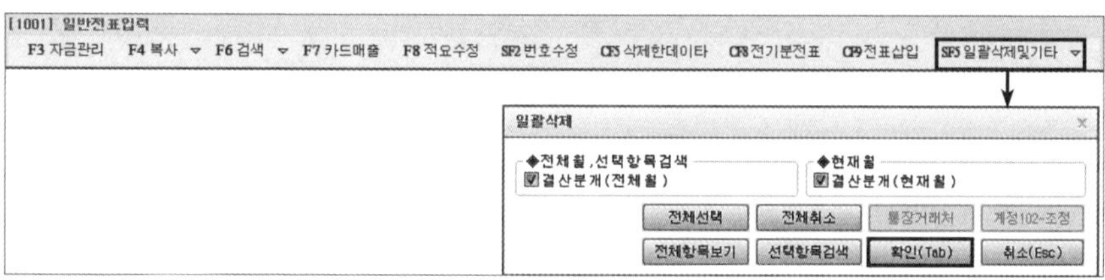

| 방법2 | [결산자료입력] 메뉴에서 CF5결산분개삭제 를 클릭한 후 보조창에서 예(Y) 를 클릭한다.

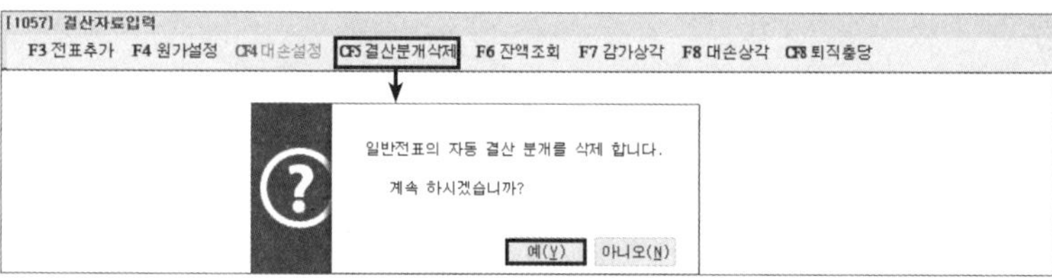

자동 생성된 기말수정분개 전표를 수정하는 방법

[결산자료입력] 메뉴를 열 때, 보조창에서 예(Y) 를 클릭하여 기존 입력내용을 불러온다.

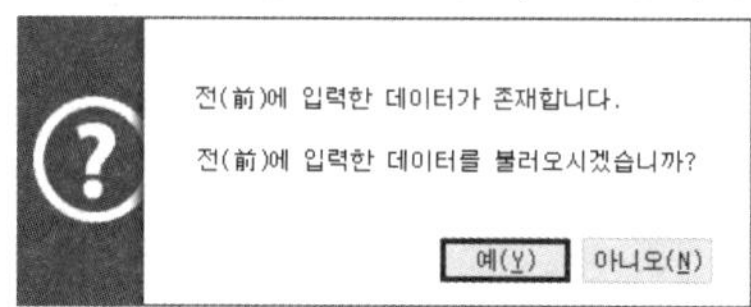

[결산자료입력] 메뉴의 기존 입력내용에 수정사항을 반영하여 결산반영금액 입력을 완료하고 F3전표추가 를 클릭한 후 보조창에서 예(Y) 를 클릭한다. (기존에 있던 자동생성 전표들은 모두 삭제되고, 최종 시점의 자동생성 전표들로 대체된다)

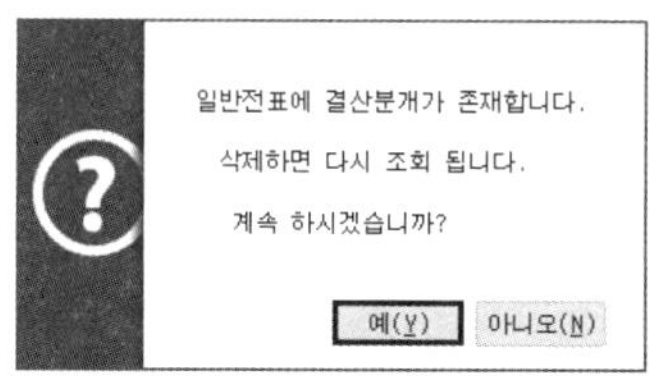

기말수정분개 전표가 모두 입력되고 나면 재무제표 간의 연관관계를 고려하여 재무제표를 작성한다.

1) KcLep 프로그램을 활용한 재무제표 작성 순서

KcLep 프로그램에서는 기말수정분개 전표가 입력되면 총계정원장으로의 전기는 물론 각 재무제표에 포함되어 있는 계정과목의 금액 집계가 프로그램상에서 자동으로 진행되므로 각 재무제표 메뉴를 클릭하고 기간을 입력하면 재무제표가 자동으로 작성되어 화면에 나타난다. 다만, 손익계정을 마감하고 이익잉여금 잔액을 재무상태표에 반영하는 마감분개 전표를 생성하기 위하여 [이익잉여금처분계산서] 메뉴 상단의 F3 전표추가 를 클릭하여야 한다.

KcLep 프로그램에서 각 재무제표 메뉴를 열어서 금액을 확정하는 순서는 다음과 같다.

2) 재무제표 작성 사례

㈜제이산업(코드번호 : 0102)의 당기 회계기간은 제5기이다.
기말수정분개 전표입력을 모두 마친 상태에서 재무제표를 작성하여 보면 다음과 같다.

① [합계잔액시산표] 메뉴에서 12월 말일 자로 조회한다.

▶ 차변합계액과 대변합계액이 일치하는지 확인하고, 재고자산(원재료, 재공품, 제품)의 잔액이 [결산자료입력] 메뉴에 입력한 각 재고자산 잔액 금액과 일치하는지 확인한다.

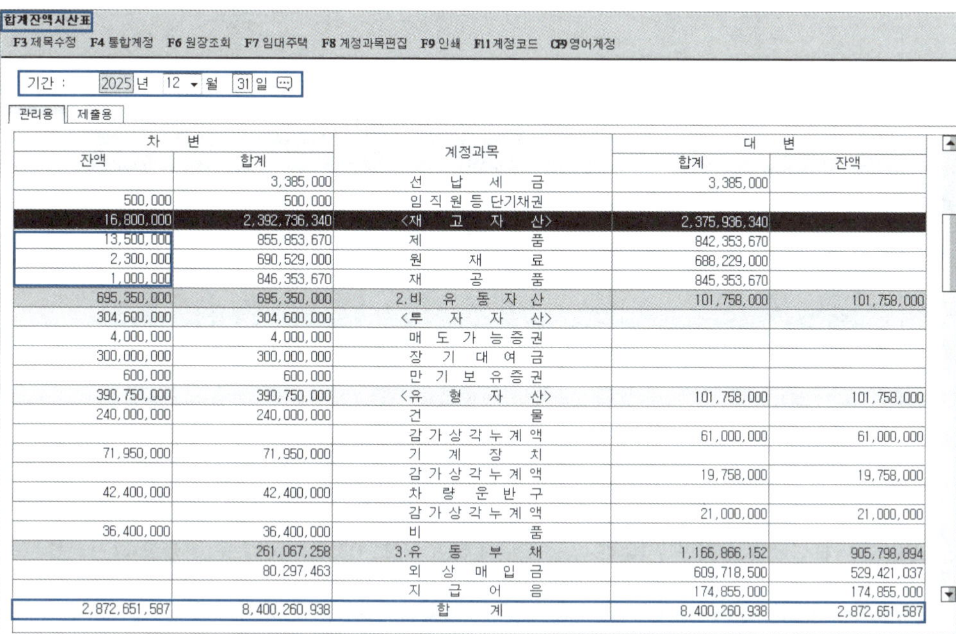

합계잔액시산표

F3 제목수정 F4 통합계정 F6 원장조회 F7 임대주택 F8 계정과목편집 F9 인쇄 F11 계정코드 CF9 영어계정

기간 : 2025년 12▼월 31일

관리용 / 제출용

차 변 잔액	차 변 합계	계정과목	대 변 합계	대 변 잔액
	3,385,000	선 납 세 금	3,385,000	
500,000	500,000	임 직 원 등 단기채권		
16,800,000	2,392,736,340	〈재 고 자 산〉	2,375,936,340	
13,500,000	855,853,670	제 품	842,353,670	
2,300,000	690,529,000	원 재 료	688,229,000	
1,000,000	846,353,670	재 공 품	845,353,670	
695,350,000	695,350,000	2.비 유 동 자 산	101,758,000	101,758,000
304,600,000	304,600,000	〈투 자 자 산〉		
4,000,000	4,000,000	매 도 가 능 증 권		
300,000,000	300,000,000	장 기 대 여 금		
600,000	600,000	만 기 보 유 증 권		
390,750,000	390,750,000	〈유 형 자 산〉	101,758,000	101,758,000
240,000,000	240,000,000	건 물		
		감 가 상 각 누 계 액	61,000,000	61,000,000
71,950,000	71,950,000	기 계 장 치		
		감 가 상 각 누 계 액	19,758,000	19,758,000
42,400,000	42,400,000	차 량 운 반 구		
		감 가 상 각 누 계 액	21,000,000	21,000,000
36,400,000	36,400,000	비 품		
	261,067,258	3.유 동 부 채	1,166,866,152	905,798,894
	80,297,463	외 상 매 입 금	609,718,500	529,421,037
		지 급 어 음	174,855,000	174,855,000
2,872,651,587	8,400,260,938	합 계	8,400,260,938	2,872,651,587

② [제조원가명세서] 메뉴를 12월 말일 자로 조회한다.

▶ 기말 원재료 및 재공품 잔액을 사용하여 산출된 당기제품제조원가가 표시되어 있는지 확인한다.

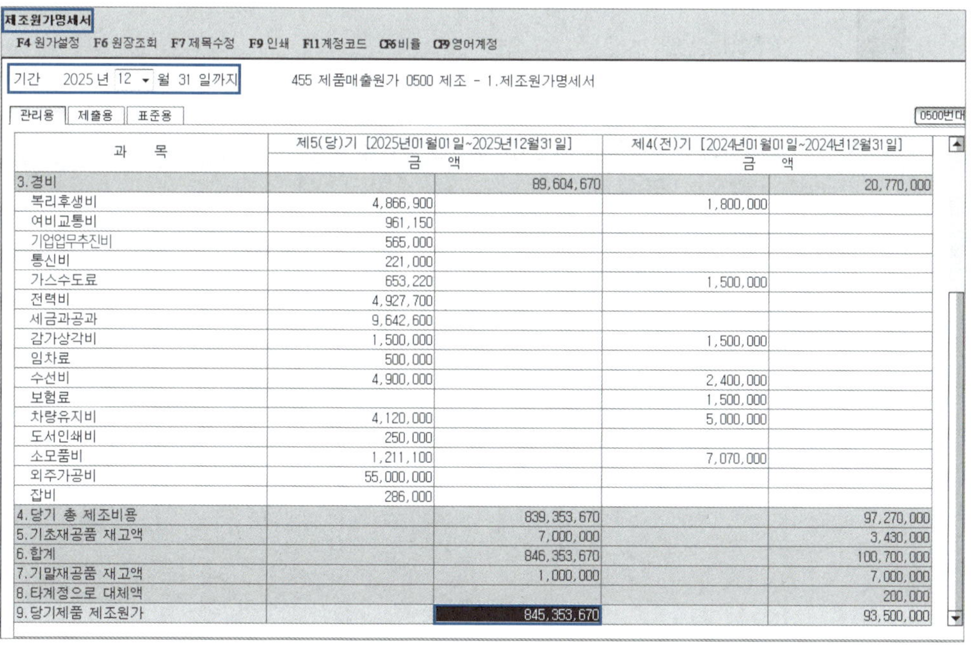

제조원가명세서

F4 원가설정 F6 원장조회 F7 제목수정 F9 인쇄 F11 계정코드 CF6 비율 CF9 영어계정

기간 2025년 12▼월 31일까지   455 제품매출원가 0500 제조 - 1.제조원가명세서   0500번대

관리용 / 제출용 / 표준용

과 목	제5(당)기 [2025년01월01일~2025년12월31일] 금 액	제4(전)기 [2024년01월01일~2024년12월31일] 금 액
3.경비	89,604,670	20,770,000
복리후생비	4,866,900	1,800,000
여비교통비	961,150	
기업업무추진비	565,000	
통신비	221,000	
가스수도료	653,220	1,500,000
전력비	4,927,700	
세금과공과	9,642,600	
감가상각비	1,500,000	1,500,000
임차료	500,000	
수선비	4,900,000	2,400,000
보험료		1,500,000
차량유지비	4,120,000	5,000,000
도서인쇄비	250,000	
소모품비	1,211,100	7,070,000
외주가공비	55,000,000	
잡비	286,000	
4.당기 총 제조비용	839,353,670	97,270,000
5.기초재공품 재고액	7,000,000	3,430,000
6.합계	846,353,670	100,700,000
7.기말재공품 재고액	1,000,000	7,000,000
8.타계정으로 대체액		200,000
9.당기제품 제조원가	845,353,670	93,500,000

③ [손익계산서] 메뉴를 12월 말일 자로 조회한다.

  ▶ 기말 제품 잔액과 당기제품제조원가를 사용하여 산출된 당기순이익이 표시되어 있는지 확인한다.

손익계산서

F3 유형 F4 통합계정 F6 원장조회 F7 주식수 F8 중단사업 F9 인쇄 F11 계정코드 CF7 분류표시 ▽ CF9 영어계정 CF12 법인세효과

기간 : 2025 년 12 ▾ 월

관리용 | 제출용 | 포괄손익 | 표준용

과 목	제 5(당)기 2025년1월1일 ~2025년12월31일		제 4(전)기 2024년1월1일 ~2024년12월31일	
	금액		금액	
보험료	7,296,000			
차량유지비	2,998,210		500,000	
운반비	782,000		1,000,000	
도서인쇄비	180,000		900,000	
소모품비	8,790,420			
수수료비용	2,700,000		1,000,000	
광고선전비	5,000,000			
대손상각비	1,565,500			
잡비			500,000	
V.영업이익		203,882,075		19,500,000
VI.영업외수익		14,500,008		500,000
이자수익	2,500,000		500,000	
임대료	12,000,000			
잡이익	8			
VII.영업외비용		11,992,000		6,000,000
이자비용	9,792,000		5,000,000	
매출채권처분손실	700,000			
재고자산감모손실	1,500,000			
잡손실			1,000,000	
VIII.법인세차감전이익		206,390,083		14,000,000
IX.법인세등		10,500,000		
법인세등	10,500,000			
X.당기순이익		195,890,083		14,000,000

④ [이익잉여금처분계산서] 메뉴를 열고, 처분예정일과 처분내역을 입력한 후 메뉴 상단의 F3 전표추가 를 클릭한다.

  ▶ 메뉴를 열었을 때 나타나는 '저장된 데이터를 불러오시겠습니까?'라는 보조창에서 "아니오"를 클릭하고, 당기순이익이 [손익계산서] 메뉴에서의 금액과 일치하는지 확인한다.

  ▶ 당기(제5기) 회계기간(2025. 1. 1.~2025. 12. 31.)에 대한 처분 명세

  > · 처분예정일 : 2026년 2월 19일 (전기 2025년 2월 25일)
  >
  > · 현금배당 : 30,000,000원
  >
  > · 주식배당 : 20,000,000원
  >
  > · 회사는 금전배당액의 10%를 이익준비금으로 설정하여야 한다.

▶ 당기순이익을 사용하여 산출된 미처분이익잉여금이 표시되어 있는지 확인한다.

이익잉여금처분계산서

F4 칸추가 **F6 전표추가**

당기처분예정일: 2026 년 2 월 19 일 전기처분확정일: 2025 년 2 월 25 일

과목		계정과목명	제 5(당)기 2025년01월01일~2025년12월31일 제 5기(당기) 금액		제 4(전)기 2024년01월01일~2024년12월31일 제 4기(전기) 금액	
Ⅰ.미처분이익잉여금				217,490,083		29,000,000
1.전기이월미처분이익잉여금			21,600,000		15,000,000	
2.회계변경의 누적효과	0369	회계변경의누적효과				
3.전기오류수정이익	0370	전기오류수정이익				
4.전기오류수정손실	0371	전기오류수정손실				
5.중간배당금	0372	중간배당금				
6.당기순이익			195,890,083		14,000,000	
Ⅱ.임의적립금 등의 이입액						
1.						
2.						
합계				217,490,083		29,000,000
Ⅲ.이익잉여금처분액				53,000,000		7,400,000
1.이익준비금	0351	이익준비금	3,000,000		400,000	
2.재무구조개선적립금	0354	재무구조개선적립금				
3.주식할인발행차금상각액	0381	주식할인발행차금				
4.배당금			50,000,000		6,000,000	
가.현금배당	0265	미지급배당금	30,000,000		4,000,000	
주당배당금(률)		보통주				
		우선주				
나.주식배당	0387	미교부주식배당금	20,000,000		2,000,000	
주당배당금(률)		보통주				
		우선주				
5.사업확장적립금	0356	사업확장적립금			1,000,000	
6.감채적립금	0357	감채적립금				
7.배당평균적립금	0358	배당평균적립금				
8.기 업 합 리화 적립금	0352	기업합리화적립금				
Ⅳ.차기이월미처분이익잉여금				164,490,083		21,600,000

> 이익잉여금 처분 전 금액으로서, 재무상태표에 미처분이익잉여금으로 표시되어야 한다.

참고 마감분개 전표의 자동 생성

손익계정을 마감하고 이익잉여금 잔액을 재무상태표에 반영하는 마감분개 전표를 생성하기 위하여 반드시 [이익잉여금처분계산서] 메뉴 상단에 있는 **F6 전표추가** (또는 F6)를 클릭하여야 한다.

[일반전표입력] 메뉴에서 12월 31일 자로 전표를 조회하여 보면, 자동 생성된 마감분개 전표는 오른쪽 상단에 '손익'이라는 글자가 표시되는 것을 확인할 수 있다.

일반전표입력

F3 자금관리   F4 복사 ▽   F6 검색 ▽   F7 카드매출   F8 적요수정   SF2 번호수정   CF5 삭제한데이타   CF8 전기분전표   CF9 전표삽입   SF5 일괄삭제및기타 ▽

2025 년 12 ▼ 월 31 일 변경 현금잔액: 83,571,220   대차차액: **손익**

□	일	번호	구분	계정과목	거래처	적요	차변	대변
☐	31	00020	대변	0831 수수료비용		손익계정에 대체		2,700,000
☐	31	00020	대변	0833 광고선전비		손익계정에 대체		5,000,000
☐	31	00020	대변	0835 대손상각비		손익계정에 대체		1,565,500
☐	31	00020	대변	0951 이자비용		손익계정에 대체		9,792,000
☐	31	00020	대변	0956 매출채권처분손실		손익계정에 대체		700,000
☐	31	00020	대변	0959 재고자산감모손실		손익계정에 대체		1,500,000
☐	31	00020	대변	0998 법인세등		손익계정에 대체		10,500,000
☐	31	00020	차변	0400 손익		비용에서 대체	1,034,802,110	
☐	31	00021	차변	0400 손익		당기순손익 잉여금에 대.	195,890,083	
☐	31	00021	대변	0377 미처분이익잉여금		당기순이익 잉여금에 대.		195,890,083
☐	31	00021	차변	0375 이월이익잉여금		처분전 이익잉여금에 대.	21,600,000	
☐	31	00021	대변	0377 미처분이익잉여금		이월이익잉여금에서 대처		21,600,000
☐	31	00022	대변	0375 이월이익잉여금		처분전 이익잉여금에 대.		217,490,083
☐	31	00022	차변	0377 미처분이익잉여금		이월이익잉여금에서 대처	217,490,083	

⑤ [재무상태표] 메뉴를 열고 12월 자로 조회한다.

▶ 미처분이익잉여금이 [이익잉여금처분계산서] 메뉴에서의 금액과 일치하는지 확인한다.

재무상태표

F3 유형 F4 통합계정 F6 원장조회 F7 임대주택 F11 계정코드 CF7 제목수정 ▼ CF9 퇴직부채 합산여부 CF10 타이틀 변경

기간 : 2025 년 12 ▼ 월

관리용 | 제출용 | 표준용

과 목	제 5(당)기 2025년1월1일 ~ 2025년12월31일		제 4(전)기 2024년1월1일 ~ 2024년12월31일	
		금액		금액
미지급세금		17,158,910		
선수수익		1,820,000		1,820,000
Ⅱ.비유동부채		156,000,000		225,000,000
사채	20,000,000			
사채할인발행차금	5,000,000	15,000,000		
장기차입금		105,000,000		205,000,000
퇴직급여충당부채		36,000,000		20,000,000
부채총계		1,061,798,894		460,797,957
자본				
Ⅰ.자본금		442,000,000		440,000,000
자본금		442,000,000		440,000,000
Ⅱ.자본잉여금		1,000,000		
자기주식처분이익		1,000,000		
Ⅲ.자본조정				
Ⅳ.기타포괄손익누계액				
Ⅴ.이익잉여금		218,890,083		29,000,000
이익준비금		400,000		
사업확장적립금		1,000,000		
미처분이익잉여금		217,490,083		29,000,000
(당기순이익)				
당기: 195,890,083				
전기: 14,000,000				
자본총계		661,890,083		469,000,000
부채와자본총계		1,723,688,977		929,797,957

참고 **재무상태표상 미처분이익잉여금**

당기말 현재 미처분이익잉여금에 대한 처분은 결산일 현재로서는 예정된 것일 뿐이고 미발생 사건에 해당하므로 재무상태표에는 처분 전 금액이 표시되어야 한다. 즉, 전기이월미처분이익잉여금에 당기순이익을 더한 미처분이익잉여금 금액이 재무상태표상 미처분이익잉여금과 일치하여야 한다.

재무상태표상 미처분이익잉여금 = 당기 이익잉여금 처분 내용을 반영하기 전 금액
= 전기이월미처분이익잉여금 + 당기순이익

+ 더 알아보기

재무제표 간의 연관관계

㈜제이산업의 사례에서 재무제표 간 연관관계를 살펴보면 다음과 같다. (단, 금액단위는 천원으로 함)

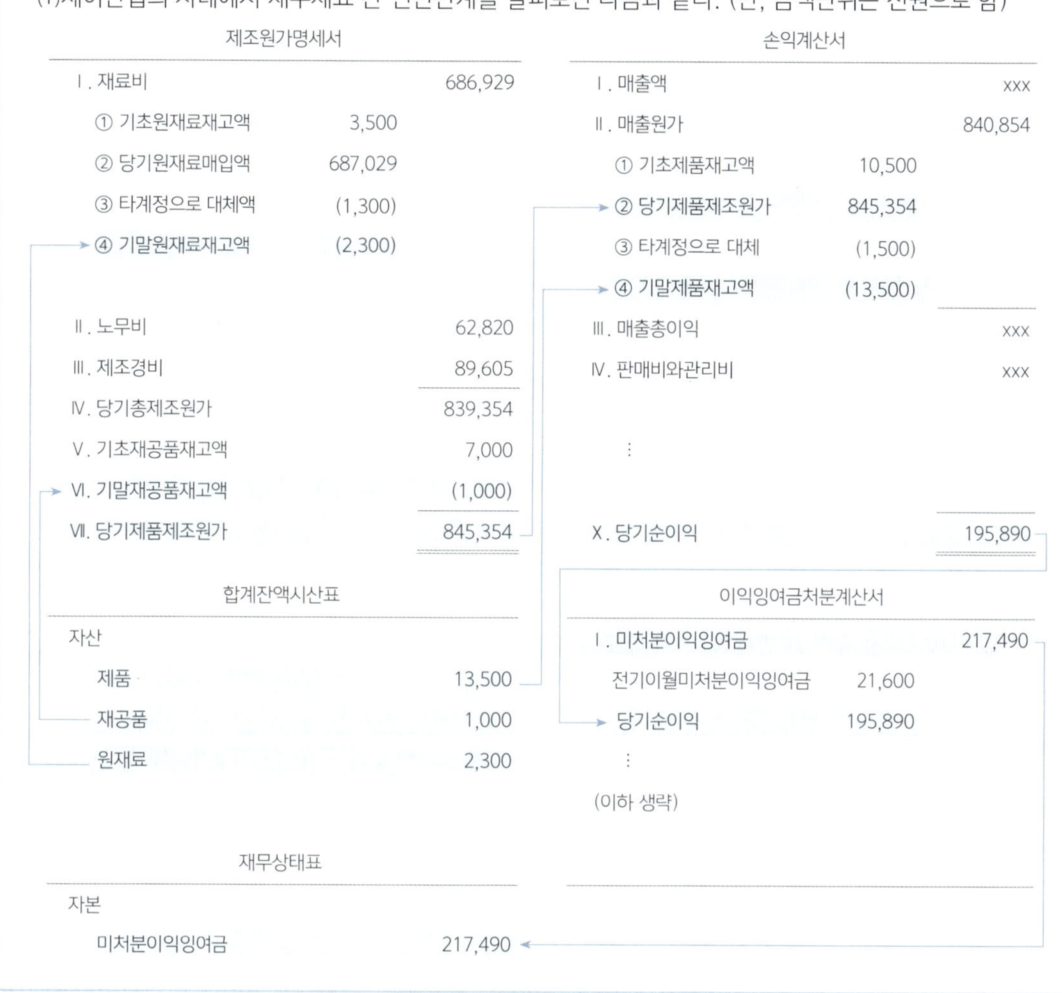

제조원가명세서		손익계산서	
Ⅰ. 재료비	686,929	Ⅰ. 매출액	xxx
① 기초원재료재고액	3,500	Ⅱ. 매출원가	840,854
② 당기원재료매입액	687,029	① 기초제품재고액	10,500
③ 타계정으로 대체액	(1,300)	② 당기제품제조원가	845,354
④ 기말원재료재고액	(2,300)	③ 타계정으로 대체	(1,500)
		④ 기말제품재고액	(13,500)
Ⅱ. 노무비	62,820	Ⅲ. 매출총이익	xxx
Ⅲ. 제조경비	89,605	Ⅳ. 판매비와관리비	xxx
Ⅳ. 당기총제조원가	839,354	⋮	
Ⅴ. 기초재공품재고액	7,000		
Ⅵ. 기말재공품재고액	(1,000)		
Ⅶ. 당기제품제조원가	845,354	X. 당기순이익	195,890

합계잔액시산표		이익잉여금처분계산서	
자산		Ⅰ. 미처분이익잉여금	217,490
제품	13,500	전기이월미처분이익잉여금	21,600
재공품	1,000	당기순이익	195,890
원재료	2,300	⋮	
		(이하 생략)	

재무상태표	
자본	
미처분이익잉여금	217,490

기출유형

전산세무 2급에서 출제되는 실무편 결산 문제 유형은 다음과 같이 두 가지로 나눌 수 있다.

| 유형1 | 기말수정분개 사항만 제시되는 유형

> - 수동결산 : [일반전표입력] 메뉴에 12월 31일 자 전표를 입력
> - 자동결산 : [결산자료입력] 메뉴에 결산반영금액을 입력하고 메뉴 상단의 F3 전표추가 를 클릭

| 유형2 | 기말수정분개 사항과 이익잉여금 처분내역이 제시되는 유형

> - 수동결산 : [일반전표입력] 메뉴에 12월 31일 자 전표를 입력
> - 자동결산 : [결산자료입력] 메뉴에 결산반영금액을 입력하고 메뉴 상단의 F3 전표추가 를 클릭
> - 이익잉여금처분계산서 : [이익잉여금처분계산서] 메뉴에 이익처분 내역을 입력하고 메뉴 상단의 F6 전표추가 를 클릭

01 ㈜팔일산업(회사코드 : 0181)의 당기 회계기간은 제7기이다.
다음 결산자료를 입력하여 결산을 완료하시오. [제81회]

(1) 다음 자료를 이용하여 12월 31일의 부가세대급금과 부가세예수금을 정리하는 분개를 입력하시오. (납부세액은 미지급세금으로 계상하고 환급세액은 미수금으로 계상하되, 거래처는 입력하지 말 것)

> • 부가세대급금 : 18,000,000원　　　• 부가세예수금 : 10,000,000원

(2) 당사가 보유하고 있는 다음의 매도가능증권(투자자산)의 내역을 반영하여 기말 매도가능증권 평가에 대한 회계처리를 하시오.

회사명	당기중 취득가액	당기말 공정가액
㈜대박	132,500,000원	125,000,000원

(3) 대출금에 대한 이자지급일은 매월 16일이다. 당해연도분 미지급비용을 인식하여 회계처리 하시오. (거래처는 입력하지 않을 것)

> 금리는 변동금리로 은행에 문의한 결과 올해 12월 16일부터 내년 1월 15일까지 지급되어야 할 이자는 2,500,000원이었으며, 이 중 올해 12월 31일까지의 발생이자는 1,300,000원이었다.

01 **(1)**

▶관련 이론 | 기말수정분개 p.233

해   설   수동결산 [일반전표입력]

12월 31일 (차) 부가세예수금　　　　10,000,000　　　　(대) 부가세대급금　　　　18,000,000
　　　　　　　미수금　　　　　　　　8,000,000

정답화면

□	일	번호	구분	계 정 과 목	거 래 처	적 요	차 변	대 변
	31	00001	차변	0255 부가세예수금			10,000,000	
	31	00001	차변	0120 미수금			8,000,000	
	31	00001	대변	0135 부가세대급금				18,000,000

(2)

▶관련 이론 | 기말수정분개 p.238

해   설   수동결산 [일반전표입력]

12월 31일 (차) 매도가능증권평가손실   7,500,000　　　　(대) 매도가능증권(투자)   7,500,000
　　　　　　　(기타포괄손익누계액)

정답화면

□	일	번호	구분	계 정 과 목	거 래 처	적 요	차 변	대 변
	31	00002	차변	0395 매도가능증권평가손			7,500,000	
	31	00002	대변	0178 매도가능증권				7,500,000

(3)

▶관련 이론 | 기말수정분개 p.229

해   설   수동결산 [일반전표입력]

12월 31일 (차) 이자비용　　　　1,300,000　　　　(대) 미지급비용　　　　1,300,000

정답화면

□	일	번호	구분	계 정 과 목	거 래 처	적 요	차 변	대 변
	31	00003	차변	0951 이자비용			1,300,000	
	31	00003	대변	0262 미지급비용				1,300,000

(4) 외상매출금과 미수금의 기말잔액에 2%의 대손율을 적용하여 보충법에 의해 대손충당금을 설정하시오.

(5) 결산일 현재 창고에 보유 중인 재고자산은 다음과 같다. 결산자료입력을 이용하여 결산을 행하시오.

구 분	금 액	비 고
원재료	75,000,000원	선적지 인도기준 선적된 미착 원재료 1,500,000원 불포함
재공품	50,000,000원	–
제 품	232,000,000원	수탁자 보관 제품 2,000,000원 불포함

정답 및 해설

(4)

▶관련 이론 | 기말수정분개 p.240

해   설 | 방법1 | 자동결산 [결산자료입력] 메뉴에서 (기간 : 1월~12월) 다음과 같이 입력한다. 자동결산 항목 입력이 완료되고 나면 상단의 [전표추가]를 클릭하여 결산분개를 생성한다.
- 판매비와 일반관리비 ▶ 대손상각 ▶ 외상매출금 : 2,885,200[1]
- 영업외비용 ▶ 기타의대손상각 ▶ 미수금 : 834,000[2]

[1] 351,760,000원 × 2% − 4,150,000원 = 2,885,200원
[2] 41,700,000원 × 2% − 0원 = 834,000원

| 방법2 | 수동결산
- [합계잔액시산표] (12월 31일)
  외상매출금, 미수금, 대손충당금 기말잔액 조회
- [일반전표입력]
  12월 31일 (차) 대손상각비 2,885,200　　(대) 대손충당금(외상매출금) 2,885,200
  　　　　　　　　기타의대손상각비 834,000　　　　　대손충당금(미수금)　834,000

정답화면 · 자동결산

±	코드	과　목	결산분개금액	결산전금액	결산반영금액	결산후금액
		4. 판매비와 일반관리비		766,864,970	2,885,200	769,750,170
	0835	5). 대손상각			2,885,200	2,885,200
	0108	외상매출금			2,885,200	2,885,200
	0110	받을어음				
		7. 영업외 비용		46,747,000	834,000	47,581,000
	0954	2). 기타의대손상각			834,000	834,000
	0114	단기대여금				
	0120	미수금			834,000	834,000
	0131	선급금				

· 수동결산

차 변 잔액	차 변 합계	계정과목	대 변 합계	대 변 잔액
351,760,000	1,631,146,000	외 상 매 출 금	1,279,386,000	
		대 손 충 당 금	4,150,000	4,150,000
176,840,000	391,040,000	받 을 어 음	214,200,000	
		대 손 충 당 금	1,250,000	1,250,000
9,000,000	24,000,000	단 기 대 여 금	15,000,000	
41,700,000	41,700,000	미 수 금		
2,000,000	47,250,000	선 급 금	45,250,000	

□	일	번호	구분	계 정 과 목	거 래 처	적 요	차 변	대 변
	31	00004	차변	0835 대손상각비			2,885,200	
	31	00004	차변	0954 기타의대손상각비			834,000	
	31	00004	대변	0109 대손충당금				2,885,200
	31	00004	대변	0121 대손충당금				834,000

참고　제3장 제2절 핵심기출문제의 01-(1)번을 정답과 다르게 입력한 경우, 미수금 계정 잔액에 영향을 미치기 때문에 이 문제의 기말수정분개 금액이 달라질 수 있다. 실제 시험에서는 수정후시산표에서 대손충당금 계정 잔액이 외상매출금과 미수금 계정 잔액의 2%가 맞으면 정답으로 인정된다.

(5)　　　　　　　　　　　　　　　　　　　　　　　　　▶관련 이론 | 기말수정분개 p.242

해　설　자동결산 [결산자료입력] 메뉴에서 (기간 : 1월~12월) 다음과 같이 입력한다. 자동결산 항목 입력이 완료되고 나면 상단의 [전표추가]를 클릭하여 결산분개를 생성한다.
- 기말 원재료 재고액 : 76,500,000[1]
- 기말 재공품 재고액 : 50,000,000
- 기말 제품 재고액 : 234,000,000[2]

[1] 선적지 인도기준으로 매입하여 운송 중인 원재료 포함
[2] 수탁자가 보유하고 있는 적송품 포함

정답화면

±	코드	과　목	결산분개금액	결산전금액	결산반영금액	결산후금액
	0455	제품매출원가				1,915,155,950
		1)원재료비		1,780,821,060		1,704,321,060
	0501	원재료비		1,780,821,060		1,704,321,060
	0153	① 기초 원재료 재고액		73,600,000		73,600,000
	0153	② 당기 원재료 매입액		1,707,221,060		1,707,221,060
	0153	⑩ 기말 원재료 재고액			76,500,000	76,500,000
	0455	8)당기 총제조비용		2,198,655,950		2,122,155,950
	0169	① 기초 재공품 재고액		15,000,000		15,000,000
	0169	⑩ 기말 재공품 재고액			50,000,000	50,000,000
	0150	9)당기완성품제조원가		2,213,655,950		2,087,155,950
	0150	① 기초 제품 재고액		62,000,000		62,000,000
	0150	⑩ 기말 제품 재고액			234,000,000	234,000,000

02 ㈜칠사산업(회사코드 : 0174)의 당기 회계기간은 제13기이다.
다음 결산자료를 입력하여 결산을 완료하시오.

[제74회]

(1) 5월 1일에 1년치 보험료(제조부서 1,200,000원, 영업부서 600,000원)를 현금으로 지급하면서 전액 비용 처리하였다. (단, 월할로 계산하며, 음수로 입력하지 말 것)

(2) 당사는 광고 선전 목적으로 구입한 탁상시계를 광고선전비(판매관리비)로 계상하였으나, 결산 시 미사용분 500,000원을 소모품으로 대체하였다. (단, 음수로 입력하지 말 것)

(3) 미국에 있는 다저스사에 외화장기차입금 $100,000(장부가액 110,000,000원)가 있으며, 보고기간 종료일(회계연도 말일) 현재의 환율은 $1당 1,200원이다.

02 **(1)** ▶관련 이론 | 기말수정분개 p.231

해 설 수동결산 [일반전표입력]

12월 31일 (차) 선급비용　　600,000　　(대) 보험료(제조)　　400,000[1]

　　　　　　　　　　　　　　　　　　　　　보험료(판관비)　　200,000[2]

[1] 1,200,000원 × (4개월/12개월) ＝ 400,000원

[2] 600,000원 × (4개월/12개월) ＝ 200,000원

정답화면

□	일	번호	구분	계 정 과 목		거 래 처	적 요	차 변	대 변
▣	31	00009	대변	0521	보험료				400,000
▣	31	00009	대변	0821	보험료				200,000
▣	31	00009	차변	0133	선급비용			600,000	

(2) ▶관련 이론 | 기말수정분개 p.232

해 설 수동결산 [일반전표입력]

12월 31일 (차) 소모품　　500,000　　(대) 광고선전비(판관비)　　500,000

정답화면

□	일	번호	구분	계 정 과 목		거 래 처	적 요	차 변	대 변
▣	31	00010	대변	0833	광고선전비				500,000
▣	31	00010	차변	0122	소모품			500,000	

(3) ▶관련 이론 | 기말수정분개 p.237

해 설 수동결산 [일반전표입력]

12월 31일 (차) 외화환산손실　10,000,000[1]　　(대) 외화장기차입금(다저스)10,000,000

[1] ($100,000 × @1,200) − 110,000,000 ＝ 10,000,000

　　　　　　　　　　　　　　(부채이므로 외화환산손실)

정답화면

□	일	번호	구분	계 정 과 목		거 래 처		적 요	차 변	대 변
▣	31	00011	대변	0305	외화장기차입금	00333	다저스			10,000,000
▣	31	00011	차변	0955	외화환산손실				10,000,000	

(4) 12월 31일 현재 보유 중인 제조부문의 감가상각대상 자산은 다음과 같다. 제시된 자료 이외에 감가상각대상 자산은 없다고 가정하고, 감가상각금액을 계산(월할 상각)하여 일반전표입력에 반영하시오. (단, 고정자산등록은 생략할 것)

계정과목	취득원가	잔존가치	내용연수	전기말 감가상각누계액	취득일자	상각방법	상각률
기계장치	100,000,000원	0원	5년	0	올해 7. 1.	정률법	0.451

(5) 기말 현재 제품에 대한 실지재고조사 결과는 다음과 같다. 감모된 수량 중 30개는 정상적인 것이며, 나머지는 모두 비정상적인 것이다. 비정상 재고자산감모손실과 관련된 회계처리와 기말제품가액을 반영하여 결산을 완료하시오. (다른 기말재고자산은 없는 것으로 가정한다)

- 장부 재고수량 : 300개   · 실제 재고수량 : 230개   · 단위당 취득원가 : 10,000원

(4)

▶관련 이론 | 기말수정분개 p.241

해 설 | 방법1 | 자동결산 [결산자료입력] 메뉴에서 (기간 : 1월~12월) 다음과 같이 입력한다. 자동결산 항목 입력이 완료되고 나면 상단의 [전표추가]를 클릭하여 결산분개를 생성한다.

제품매출원가 ▶ 경비 ▶ 일반감가상각비 ▶ 기계장치 : 22,550,000[1]

[1] 100,000,000원 × 0.451 × (6개월/12개월) = 22,550,000원

| 방법2 | 수동결산 [일반전표입력]

12월 31일 (차) 감가상각비   22,550,000   (대) 감가상각누계액   22,550,000
(제조)   (기계장치)

정답화면 · 자동결산

±	코드	과 목	결산분개금액	결산전금액	결산반영금액	결산후금액
	0518	2). 일반감가상각비			22,550,000	22,550,000
	0202	건물				
	0206	기계장치			22,550,000	22,550,000
	0208	차량운반구				
	0210	공구와기구				
	0212	비품				

· 수동결산

□	일	번호	구분	계 정 과 목	거 래 처	적 요	차 변	대 변
	31	00013	대변	0207 감가상각누계액				22,550,000
	31	00013	차변	0518 감가상각비			22,550,000	

(5)

▶관련 이론 | 기말수정분개 p.242

해 설 |1단계| 수동결산 [일반전표입력]

12월 31일   (차) 재고자산감모손실   400,000[1]   (대) 제품   400,000
(영업외비용)   (적요 8. 타계정으로 대체액)

[1] 비정상 감모손실 = (300개 − 230개 − 30개) × @10,000원 = 400,000원

|2단계| 자동결산 [결산자료입력] 메뉴에서 (기간 : 1월~12월) 다음과 같이 입력한다. 자동결산 항목 입력이 완료되고 나면 상단의 [전표추가]를 클릭하여 결산분개를 생성한다.

기말 제품 재고액 : 2,300,000[1]

[1] 230개 × @10,000원 = 2,300,000원

(정상·비정상 감모손실과 평가손실까지 모두 반영된 실제 기말재고액)

정답화면 |1단계| 수동결산

□	일	번호	구분	계 정 과 목	거 래 처	적 요	차 변	대 변
	31	00012	차변	0959 재고자산감모손실			400,000	
	31	00012	대변	0150 제품		8 타계정으로 대체액 손익		400,000

|2단계| 자동결산

코드	과 목	결산분개금액	결산전금액	결산반영금액	결산후금액
0455	제품매출원가	2,511,522,800			2,511,522,800
0150	9)당기완성품제조원가	2,460,222,800	2,437,672,800		2,460,222,800
0150	① 기초 제품 재고액		54,000,000		54,000,000
0150	⑥ 타계정으로 대체액		400,000		400,000
0150	⑩ 기말 제품 재고액			2,300,000	2,300,000

03 ㈜육이산업(코드번호 : 0162)의 당기 회계기간은 제20기이다.
다음 결산자료를 입력하여 결산을 완료하시오.

[제62회]

(1) ㈜육이산업은 4월 1일 공장 화재보험료(보험기간 : 당해연도 4월 1일~다음 연도 3월 31일) 2,400,000원을 보통예금에서 이체하고 선급비용으로 회계처리하였다. 기말 수정분개를 하시오. (단, 음수로 입력하지 말고 월할 계산할 것)

(2) 당기중 실제 현금보다 장부상 현금이 7,000원 많아 현금과부족으로 처리했던 금액 중 결산일에 현금 5,000원은 책상 밑에서 발견되었으나, 나머지 2,000원은 결산일 현재까지도 그 원인을 알 수 없었다. (영업외비용 항목 중 적절한 계정과목을 선택하여 처리할 것)

(3) 당사의 ABC.CO.LTD의 외화외상매출금(계정과목 : 외상매출금)과 관련된 자료는 다음과 같다. 기말수정분개를 하시오.

- 10월 31일 수출 및 선적 : 수출대금 $30,000, 선적일 환율 1,170원/$, 전액외상으로 수출함
- 11월 30일 : 위 수출대금 중 일부인 $12,000를 회수함(환율 1,180원/$)
- 결산일 환율 : 1,120원/$

03 **(1)**

▶관련 이론 | 기말수정분개 p.231

해 설 수동결산 [일반전표입력]

12월 31일 (차) 보험료(제조)　　　　1,800,000[1)]　　　(대) 선급비용　　　　1,800,000

[1)] 2,400,000원 × (9개월/12개월) = 1,800,000원

정답화면

□	일	번호	구분		계 정 과 목	거 래 처	적 요	차 변	대 변
▣	31	00004	차변	0521	보험료			1,800,000	
▣	31	00004	대변	0133	선급비용				1,800,000

(2)

▶관련 이론 | 기말수정분개 p.235

해 설 수동결산 [일반전표입력]

12월 31일 (차) 현금　　　　　　　　5,000　　　(대) 현금과부족　　　　7,000
　　　　　　　잡손실　　　　　　　2,000

정답화면

□	일	번호	구분		계 정 과 목	거 래 처	적 요	차 변	대 변
▣	31	00005	대변	0141	현금과부족				7,000
▣	31	00005	차변	0101	현금			5,000	
▣	31	00005	차변	0980	잡손실			2,000	

(3)

▶관련 이론 | 기말수정분개 p.237

해 설 수동결산 [일반전표입력]

12월 31일 (차) 외화환산손실　　　900,000[1)]　　　(대) 외상매출금　　　　900,000
　　　　　　　　　　　　　　　　　　　　　　　(ABC.CO.LTD)

[1)] 기말 환산액 − 환산 전 장부가액 = ($18,000 × @1,120원) − ($18,000 × @1,170원)
　　　= (−)900,000원(자산이므로 외화환산손실 900,000원)

정답화면

□	일	번호	구분		계 정 과 목	거 래 처		적 요	차 변	대 변
▣	31	00006	차변	0955	외화환산손실				900,000	
▣	31	00006	대변	0108	외상매출금	00506	ABC.CO.LTD			900,000

(4) 매출채권(외상매출금 및 받을어음) 기말잔액에 대하여 1%의 대손충당금을 보충법으로 설정하시오.

(5) 기말재고자산의 내역은 다음과 같으며 장부상 재고와 실제 재고는 일치한다.

> · 원재료 : 8,000,000원   · 재공품 : 4,000,000원   · 제품 : 12,840,000원

(4)

▶관련 이론 | 기말수정분개 p.240

해　설　| 방법1 | 자동결산 [결산자료입력] 메뉴에서 (기간 : 1월~12월) 다음과 같이 입력한다. 자동결산 항목 입력이 완료되고 나면 상단의 [전표추가]를 클릭하여 결산분개를 생성한다.

- 판매비와 일반관리비 ▶ 대손상각 ▶ 외상매출금 : 1,130,000[1]
- 판매비와 일반관리비 ▶ 대손상각 ▶ 받을어음 : 1,307,930[2]

[1] 대손충당금(외상매출금) = 233,000,000 × 1% − 1,200,000 = 1,130,000원

[2] 대손충당금(받을어음) = 209,293,000 × 1% − 785,000 = 1,307,930원

　| 방법2 | 수동결산
- [합계잔액시산표] (12월 31일)
  외상매출금, 받을어음, 대손충당금 기말 잔액 조회
- [일반전표입력]
  12월 31일　(차) 대손상각비　2,437,930　　(대) 대손충당금(외상매출금)1,130,000
  　　　　　　　　(판관비)　　　　　　　　　　　　대손충당금(받을어음) 1,307,930

정답화면　· 자동결산

±	코드	과　　목	결산분개금액	결산전금액	결산반영금액	결산후금액
		4. 판매비와 일반관리비		490,110,370	2,437,930	492,548,300
	0835	5). 대손상각			2,437,930	2,437,930
	0108	외상매출금			1,130,000	1,130,000
	0110	받을어음			1,307,930	1,307,930

· 수동결산

차 변 (잔액)	차 변 (합계)	계정과목	대 변 (합계)	대 변 (잔액)
233,000,000	1,683,491,000	외 상 매 출 금	1,450,491,000	
		대 손 충 당 금	1,200,000	1,200,000
209,293,000	344,540,000	받 을 어 음	135,247,000	
		대 손 충 당 금	785,000	785,000

	일	번호	구분	계 정 과 목	거 래 처	적 요	차 변	대 변
	31	00007	대변	0109 대손충당금				1,130,000
	31	00007	대변	0111 대손충당금				1,307,930
	31	00007	차변	0835 대손상각비			2,437,930	

참고　제3장 제1절 핵심기출문제의 03-(2)번을 정답과 다르게 입력하였거나 제5장 제1절 핵심기출문제를 먼저 푼 경우, 외상매출금과 받을어음 계정 잔액에 영향을 미치기 때문에 이 문제의 기말수정분개 금액이 달라질 수 있다. 실제 시험에서는 수정후시산표에서 대손충당금 계정 잔액이 외상매출금과 받을어음 계정 잔액의 1%가 맞으면 정답으로 인정된다.

(5)

▶관련 이론 | 기말수정분개 p.242

해　설　자동결산 [결산자료입력] 메뉴에서 (기간 : 1월~12월) 다음과 같이 입력한다. 자동결산 항목 입력이 완료되고 나면 상단의 [전표추가]를 클릭하여 결산분개를 생성한다.

- 기말 원재료 재고액 : 8,000,000
- 기말 재공품 재고액 : 4,000,000
- 기말 제품 재고액 : 12,840,000

정답화면

±	코드	과　　목	결산분개금액	결산전금액	결산반영금액	결산후금액
	0455	제품매출원가				1,824,952,800
		1)원재료비		1,342,484,800		1,334,484,800
	0501	원재료비		1,342,484,800		1,334,484,800
	0153	① 기초 원재료 재고액		67,000,000		67,000,000
	0153	② 당기 원재료 매입액		1,275,484,800		1,275,484,800
	0153	⑩ 기말 원재료 재고액			8,000,000	8,000,000
	0455	8)당기 총제조비용		1,780,792,800		1,772,792,800
	0169	① 기초 재공품 재고액		15,000,000		15,000,000
	0169	⑩ 기말 재공품 재고액			4,000,000	4,000,000
	0150	9)당기완성품제조원가		1,795,792,800		1,783,792,800
	0150	① 기초 제품 재고액		54,000,000		54,000,000
	0150	⑩ 기말 제품 재고액			12,840,000	12,840,000

04 ㈜육일산업(회사코드 : 0161)의 당기 회계기간은 제20기이다.
다음 결산자료를 입력하여 결산을 완료하시오.　　　　　　　　　　　　　　　　[제61회]

(1) 당사는 제품 판매 홍보용으로 USB를 구입하여 전액 광고선전비로 계상하였으나, 결산 시 미
사용된 잔액 1,000,000원을 자산(소모품)으로 대체한다.

(2) 기말 현재 보유 중인 매도가능증권의 평가액은 다음과 같다.

구 분	수 량	올해 1월 3일 취득가액	기말 현재 공정가액
㈜양하산업	1,000주	32,000,000원	38,000,000원

(3) 당사의 당기 무형자산에 대한 상각비는 아래와 같다. 다음의 무형자산상각비에 대하여 회계
처리를 하시오. (일반기업회계기준의 자산 인식요건 및 상각기간 등 요건을 충족한다고 가정하고,
판매비와관리비로 처리하며, 직접법을 사용하고 상각누계액을 사용하지 말 것)

- 특허권 상각비 : 7,000,000원　　　　　· 개발비 상각비 : 6,000,000원

04 (1)

▶관련 이론 | 기말수정분개 p.232

해　설　수동결산 [일반전표입력]
12월 31일 (차) 소모품　　　　　1,000,000　　　(대) 광고선전비(판관비)　1,000,000

정답화면

□	일	번호	구분	계 정 과 목	거 래 처	적 요	차 변	대 변
	31	00005	차변	0122 소모품			1,000,000	
	31	00005	대변	0833 광고선전비				1,000,000

(2)

▶관련 이론 | 기말수정분개 p.238

해　설　수동결산 [일반전표입력]
12월 31일 (차) 매도가능증권　　　6,000,000　　　(대) 매도가능증권평가이익 6,000,000
　　　　　　　(투자자산)　　　　　　　　　　　　　　(기타포괄손익누계액)

정답화면

□	일	번호	구분	계 정 과 목	거 래 처	적 요	차 변	대 변
	31	00006	차변	0178 매도가능증권			6,000,000	
	31	00006	대변	0394 매도가능증권평가이				6,000,000

(3)

▶관련 이론 | 기말수정분개 p.241

해　설　| 방법1 | 자동결산 [결산자료입력] 메뉴에서 (기간 : 1월~12월) 다음과 같이 입력한다. 자동결산 항
　　　　　목 입력이 완료되고 나면 상단의 [전표추가]를 클릭하여 결산분개를 생성한다.
　　　　　· 판매비와 일반관리비 ▶ 무형자산상각비 ▶ 특허권 : 7,000,000
　　　　　· 판매비와 일반관리비 ▶ 무형자산상각비 ▶ 개발비 : 6,000,000
　　　　| 방법2 | 수동결산 [일반전표입력]
　　　　　12월 31일　(차) 무형자산상각비 13,000,000　(대) 특허권　　　　7,000,000
　　　　　　　　　　　(판관비)　　　　　　　　　　　　개발비　　　　　6,000,000

정답화면　· 자동결산

±	코드	과　목	결산분개금액	결산전금액	결산반영금액	결산후금액
	0840	6). 무형자산상각비			13,000,000	13,000,000
	0219	특허권			7,000,000	7,000,000
	0226	개발비			6,000,000	6,000,000

· 수동결산

□	일	번호	구분	계 정 과 목	거 래 처	적 요	차 변	대 변
	31	00007	대변	0219 특허권				7,000,000
	31	00007	대변	0226 개발비				6,000,000
	31	00007	차변	0840 무형자산상각비			13,000,000	

(4) 당기분 법인세 등은 33,000,000원(법인세할 지방소득세 포함)이다. 회사는 이미 당해연도 8월에 납부한 법인세 중간예납세액과 은행에서 원천징수한 선납세금이 있다.

(5) 당기 회계기간에 대한 이익잉여금 처분명세는 다음과 같다.

- 처분예정일 : 2026년 2월 19일 (전기 : 2025년 2월 25일)
- 현금배당 : 30,000,000원
- 주식배당 : 20,000,000원
- 회사는 금전배당액의 10%를 이익준비금으로 설정하여야 함

(4)

▶관련 이론 | 기말수정분개 p.243

| 방법 1 | 자동결산 [결산자료입력] 메뉴에서 (기간 : 1월~12월) 다음과 같이 입력한다. 자동결산 항목 입력이 완료되고 나면 상단의 [전표추가]를 클릭하여 결산분개를 생성한다.

- 법인세등 ▶ 선납세금 : 14,400,000
- 법인세등 ▶ 추가계상액 : 18,600,000[1]

  [1] 당기 법인세등 − 선납법인세 = 33,000,000 − 14,400,000 = 18,600,000원

| 방법 2 | 수동결산

- [합계잔액시산표] (12월 31일)

  선납세금의 기말 잔액을 조회한다.

- [일반전표입력]

  12월 31일　(차) 법인세등　33,000,000　　(대) 선납세금　　14,400,000

  　　　　　　　　　　　　　　　　　　　　　　미지급세금　　18,600,000

정답화면 · 자동결산

±	코드	과 목	결산분개금액	결산전금액	결산반영금액	결산후금액
	0998	9. 법인세등			33,000,000	33,000,000
	0136	1). 선납세금		14,400,000	14,400,000	14,400,000
	0998	2). 추가계상액			18,600,000	18,600,000

· 수동결산

차 변 (잔액)	차 변 (합계)	계정과목	대 변 (합계)	대 변 (잔액)
14,400,000	14,400,000	선　납　세　금		

□	일	번호	구분	계 정 과 목	거 래 처	적 요	차 변	대 변
	31	00008	차변	0998 법인세등			33,000,000	
	31	00008	대변	0136 선납세금				14,400,000
	31	00008	대변	0261 미지급세금				18,600,000

(5)

▶관련 이론 | 자본 p.192

해 설 [이익잉여금처분계산서] 메뉴에서 처분예정일과 처분내역란을 입력한 후, 메뉴 상단의 F6 전표추가 를 클릭한다.

- 당기처분예정일 : 2026년 2월 19일, 전기처분확정일 : 2025년 2월 25일
- 351.이익준비금 : 3,000,000
- 265.미지급배당금 : 30,000,000
- 387.미교부주식배당금 : 20,000,000

정답화면

당기처분예정일: 2026 년 2 월 19 일 전기처분확정일: 2025 년 2 월 25 일

과목		계정과목명	제 20(당)기 2025년01월01일~2025년12월31일 제 20기(당기) 금액		제 19(전)기 2024년01월01일~2024년12월31일 제 19기(전기) 금액	
Ⅲ.이익잉여금처분액				53,000,000		
1.이익준비금	0351	이익준비금	3,000,000			
2.재무구조개선적립금	0354	재무구조개선적립금				
3.주식할인발행차금상각액	0381	주식할인발행차금				
4.배당금				50,000,000		
가.현금배당	0265	미지급배당금	30,000,000			
주당배당금(률)		보통주				
		우선주				
나.주식배당	0387	미교부주식배당금	20,000,000			
주당배당금(률)		보통주				
		우선주				
5.사업확장적립금	0356	사업확장적립금				
6.감채적립금	0357	감채적립금				
7.배당평균적립금	0358	배당평균적립금				
8.기 업 합 리화 적립금	0352	기업합리화적립금				

05 ㈜육공산업(회사코드 : 0160)의 당기 회계기간은 제10기이다. 다음 결산자료를 입력하여 결산을 완료하시오.

[제60회]

(1) 월간 기술지를 생산부서에서 6개월 정기구독(정기구독 기간 : 당해연도 12월 1일~다음 연도 5월 31일)하고 구독료 900,000원은 12월 1일에 전액 지급하여 선급비용으로 회계처리하였다. (월할 계산하고, 거래처 입력 생략)

(2) 당사의 제2기 확정신고기간의 부가가치세와 관련된 내용이 다음과 같다고 가정한다. 입력된 데이터는 무시하고 12월 31일 부가세예수금과 부가세대급금을 정리하는 회계처리를 하시오. (납부세액은 미지급세금으로 처리한다)

- 부가세대급금 : 57,000,000원
- 부가세예수금 : 73,000,000원
- 전자신고세액공제액 : 10,000원 (잡이익으로 처리할 것)

(3) 전기에 유동성장기부채로 대체한 대한은행의 장기차입금 300,000,000원 중 100,000,000원에 대하여 상환기간을 2년 연장하기로 하였다.

(4) 당사의 기말제품재고자산과 관련된 자료는 다음과 같다. 비정상 재고자산감모손실에 대한 회계처리만 입력하시오.

- 장부가액 : 7,000,000원
- 실제수량 : 620개
- 장부상 수량 : 700개
- 감모수량 중 60%는 정상감모분임

(5) 기말 현재 단기대여금에 대하여 1%의 대손충당금을 보충법으로 설정하기로 한다. 당기중 대손처리된 금액은 없다.

정답 및 해설

05 (1)

▶관련 이론 | 기말수정분개 p.231

해 설 　수동결산 [일반전표입력]

12월 31일 (차) 도서인쇄비(제조)　　150,000[1)]　　　(대) 선급비용　　　150,000

　　　1) 900,000원 × (1개월/6개월) = 150,000원

정답화면

□	일	번호	구분	계 정 과 목	거 래 처	적 요	차 변	대 변
▥	31	00006	차변	0526 도서인쇄비			150,000	
▥	31	00006	대변	0133 선급비용				150,000

(2)

▶ 관련 이론 | 기말수정분개 p.233

해　설　수동결산 [일반전표입력]

12월 31일 (차) 부가세예수금	73,000,000	(대) 부가세대급금	57,000,000
		잡이익	10,000
		미지급세금	15,990,000

정답화면

□	일	번호	구분	계 정 과 목		거 래 처	적 요	차 변	대 변
▣	31	00007	차변	0255	부가세예수금			73,000,000	
▣	31	00007	대변	0135	부가세대급금				57,000,000
▣	31	00007	대변	0930	잡이익				10,000
▣	31	00007	대변	0261	미지급세금				15,990,000

(3)

▶ 관련 이론 | 기말수정분개 p.239

해　설　수동결산 [일반전표입력]

12월 31일 (차) 유동성장기부채 100,000,000	(대) 장기차입금	100,000,000
(대한은행)	(대한은행)	

정답화면

□	일	번호	구분	계 정 과 목		거 래 처		적 요	차 변	대 변
▣	31	00008	차변	0264	유동성장기부채	98001	대한은행		100,000,000	
▣	31	00008	대변	0293	장기차입금	98001	대한은행			100,000,000

(4)

▶ 관련 이론 | 기말수정분개 p.242

해　설　수동결산 [일반전표입력]

12월 31일 (차) 재고자산감모손실　320,000[1]	(대) 제품	320,000
(영업외비용)	(적요 8. 타계정으로 대체액)	

[1] 비정상 감모손실 = {(700개 − 620개) × 40%} × 10,000원 = 320,000원

정답화면

□	일	번호	구분	계 정 과 목		거 래 처	적 요	차 변	대 변
▣	31	00009	차변	0959	재고자산감모손실			320,000	
▣	31	00009	대변	0150	제품		8 타계정으로 대체액 손익		320,000

(5)

▶ 관련 이론 | 기말수정분개 p.240

해　설　| 방법1 | 자동결산 [결산자료입력] 메뉴에서 (기간 : 1월~12월) 다음과 같이 입력한다. 자동결산 항목 입력이 완료되고 나면 상단의 [전표추가]를 클릭하여 결산분개를 생성한다.

영업외 비용 ▶ 기타의대손상각 ▶ 단기대여금 : 1,509,080[1]

[1] (207,908,000원 × 1%) − 570,000원 = 1,509,080원

| 방법2 | 수동결산

· [합계잔액시산표] (12월 31일)

단기대여금과 대손충당금 기말 잔액을 조회한다.

· [일반전표입력]

12월 31일　(차) 기타의대손상각비 1,509,080　(대) 대손충당금(단기대여금) 1,509,080

정답화면　· 자동결산

±	코드	과　목	결산분개금액	결산전금액	결산반영금액	결산후금액
	0954	2). 기타의대손상각			1,509,080	1,509,080
	0114	단기대여금			1,509,080	1,509,080

· 수동결산

차 변		계정과목	대 변	
잔액	합계		합계	잔액
207,908,000	207,908,000	단 기 대 여 금		
		대 손 충 당 금	570,000	570,000

□	일	번호	구분	계 정 과 목		거 래 처	적 요	차 변	대 변
▣	31	00010	차변	0954	기타의대손상각비			1,509,080	
▣	31	00010	대변	0115	대손충당금				1,509,080

 ㈜오칠산업(회사코드 : 0157)의 당기 회계기간은 제15기이다.
다음 결산자료를 입력하여 결산을 완료하시오. [제57회]

(1) 대한은행으로부터 차입한 장기차입금 50,000,000원은 결산일 현재 1년 이내에 상환기일이
도래하므로 유동성대체를 한다.

(2) 당기(20x3년) 결산 마감 전 특허권(무형자산)의 기초 미상각잔액이 60,000,000원이 있으며,
이 특허권은 20x1년 1월 초에 취득한 것이다. 회사는 무형자산에 대하여 5년간 정액법으로
상각하고 있다. (단, 비용은 판매비와 관리비로 분류하며, 월할계산하고 상각기간 계산 시 1월 미
만은 1월로 간주한다)

(3) 퇴직급여충당부채를 설정하기 전 기말 현재 퇴직급여추계액 및 퇴직급여충당부채의 잔액은 다음
과 같다. 퇴직급여충당부채는 퇴직급여추계액의 100%를 설정한다.

구 분	퇴직급여추계액	퇴직급여충당부채
생산직	5,000,000원	2,000,000원
영업직	10,000,000원	6,000,000원

06 **(1)**

▶관련 이론 | 기말수정분개 p.239

해 설 수동결산 [일반전표입력]

12월 31일 (차) 장기차입금　50,000,000　(대) 유동성장기부채　50,000,000
　　　　　　　　(대한은행)　　　　　　　　　　　　(대한은행)

정답화면

□	일	번호	구분	계 정 과 목	거 래 처	적 요	차 변	대 변
	31	00003	차변	0293 장기차입금	98001 대한은행		50,000,000	
	31	00003	대변	0264 유동성장기부채	98001 대한은행			50,000,000

(2)

▶관련 이론 | 비유동자산 p.134

해 설 | 방법1 | 자동결산 [결산자료입력] 메뉴에서 (기간 : 1월~12월) 다음과 같이 입력한다. 자동결산 항목 입력이 완료되고 나면 상단의 [전표추가]를 클릭하여 결산분개를 생성한다.

판매비와 일반관리비 ▶ 무형자산상각비 ▶ 특허권 : 20,000,000[1]

[1] (전기말 미상각잔액 − 잔존가치) ÷ 기초 현재 잔여내용연수
= (60,000,000원 − 0원) ÷ (5년 − 2년) = 20,000,000원

참고 무형자산 상각 시, 잔존가치에 대하여 별도의 언급이 없는 경우 '0'인 것으로 본다.

| 방법2 | 수동결산 [일반전표입력]

12월 31일　(차) 무형자산상각비　20,000,000　(대) 특허권　20,000,000
　　　　　　　　(판관비)

정답화면　· 자동결산

±	코드	과 목	결산분개금액	결산전금액	결산반영금액	결산후금액
	0840	6). 무형자산상각비			20,000,000	20,000,000
	0219	특허권			20,000,000	20,000,000
	0226	개발비				

· 수동결산

□	일	번호	구분	계 정 과 목	거 래 처	적 요	차 변	대 변
	31	00004	차변	0840 무형자산상각비			20,000,000	
	31	00004	대변	0219 특허권				20,000,000

(3)

▶관련 이론 | 기말수정분개 p.240

해 설 | 방법1 | 자동결산 [결산자료입력] 메뉴에서 (기간 : 1월~12월) 다음과 같이 입력한다. 자동결산 항목 입력이 완료되고 나면 상단의 [전표추가]를 클릭하여 결산분개를 생성한다.

· 제품매출원가 ▶ 노무비 ▶ 퇴직급여(전입액) : 3,000,000[1]
· 판매비와 일반관리비 ▶ 퇴직급여(전입액) : 4,000,000[2]

[1] (5,000,000원 × 100%) − 2,000,000원 = 3,000,000원
[2] (10,000,000원 × 100%) − 6,000,000원 = 4,000,000원

| 방법2 | 수동결산 [일반전표입력]

12월 31일　(차) 퇴직급여(제조)　3,000,000　(대) 퇴직급여충당부채 7,000,000
　　　　　　　　　퇴직급여(판관비)　4,000,000

정답화면　· 자동결산

±	코드	과 목	결산분개금액	결산전금액	결산반영금액	결산후금액
	0508	2). 퇴직급여(전입액)			3,000,000	3,000,000
	0806	2). 퇴직급여(전입액)			4,000,000	4,000,000

· 수동결산

□	일	번호	구분	계 정 과 목	거 래 처	적 요	차 변	대 변
	31	00005	차변	0508 퇴직급여			3,000,000	
	31	00005	차변	0806 퇴직급여			4,000,000	
	31	00005	대변	0295 퇴직급여충당부채				7,000,000

2025 최신개정판

해커스
전산세무 2급
한권합격

이론+실무+최신기출 12회분+무료특강

개정 11판 1쇄 발행 2025년 4월 29일

지은이	이남호
펴낸곳	해커스패스
펴낸이	해커스금융 출판팀

주소	서울특별시 강남구 강남대로 428 해커스금융
고객센터	02-537-5000
교재 관련 문의	publishing@hackers.com
	해커스금융 사이트(fn.Hackers.com) 교재 Q&A 게시판
동영상강의	fn.Hackers.com

ISBN	979-11-7244-873-8 (13320)
Serial Number	11-01-01

**금융자격증 1위,
해커스금융(fn.Hackers.com)**

해커스금융

· 동영상강의 무료 제공
  - 최신기출문제 해설강의
  - 최신 개정세법 해설 특강(교재 내 수강권 수록)
  - 이론+실무 기초특강 및 빈출분개+연말정산 특강
  - KcLep 프로그램 사용법 강의
· 분개연습 노트, 기초 회계원리 학습자료, 최신 개정세법 자료집 제공
· 최신기출문제 및 해설집 제공
· 전산세무 전문 교수님의 **본 교재 인강**(교재 내 할인쿠폰 수록)

해커스
전산세무 2급
한권합격

최신기출 12회분

해커스

최신기출문제

기출문제 200% 활용법

<table>
<tr><td>제118회 기출문제</td><td>781</td></tr>
<tr><td>제117회 기출문제</td><td>795</td></tr>
<tr><td>제116회 기출문제</td><td>811</td></tr>
<tr><td>제115회 기출문제</td><td>824</td></tr>
<tr><td>제114회 기출문제</td><td>838</td></tr>
<tr><td>제113회 기출문제</td><td>852</td></tr>
</table>

<table>
<tr><td>제112회 기출문제</td><td>868</td></tr>
<tr><td>제111회 기출문제</td><td>881</td></tr>
<tr><td>제110회 기출문제</td><td>894</td></tr>
<tr><td>제109회 기출문제</td><td>906</td></tr>
<tr><td>제108회 기출문제</td><td>920</td></tr>
<tr><td>제107회 기출문제</td><td>933</td></tr>
</table>

정답 및 해설

해커스금융(fn.Hackers.com)에서 13개년 기출문제 및 해설을 무료로 학습할 수 있습니다.

모든 기출문제는 실전처럼 시간을 정해놓고 풀어보시길 바랍니다.
제한시간 : 1회분당 90분

본서에 수록된 기출문제는 모두 실제 기출문제입니다.
(단, 세법이 개정되었거나 실제 기출문제에 오류가 있었던 경우 모두 올바르게 수정하고, 날짜 및 회사명은 학습효과를 높이기 위하여 일부 수정함)

기출문제 200% 활용법

■ 합격자의 Tip

전산세무 2급 합격에 있어 기출문제 반복학습은 매우 중요합니다. 최신기출문제 12회분을 최소 2회 이상 풀고, 모든 기출문제를 자기 것으로 만들어야 전산세무 2급 시험 합격이 쉬워집니다.

시간이 부족해 최신기출문제 12회 중 일부만 학습이 가능한 학습자는 합격률이 낮은 순서대로 학습하는 것을 권장합니다.

■ 한눈에 보는 오답노트

회차 (합격률)	1회독 오답체크		2회독 오답체크		Up! 3회독 오답체크	
	이론	실무	이론	실무	이론	실무
예시	22점	57점				
	1, 4, 6, 9번	5번				
118회 상 (11.16%)						
117회 중 (27.77%)						
116회 상 (21.01%)						
115회 중 (28.44%)						
114회 하 (55.92%)						
113회 중 (28.52%)						
112회 하 (50.79%)						
111회 중 (27.75%)						
110회 하 (46.44%)						
109회 하 (47.01%)						
108회 중 (25.51%)						
107회 상 (19.06%)						

※ 난이도 기준　　난이도 상 – 합격률 25% 미만
　　　　　　　　　난이도 중 – 합격률 25% 이상~40% 미만
　　　　　　　　　난이도 하 – 합격률 40% 이상

✅ 다시 봐야 할 문제(틀린 문제, 풀지 못한 문제, 헷갈리는 문제 등)는 회독별로 문제 번호 위 네모박스(□)에 체크하여 반복 학습할 수 있습니다.

이론시험

다음 문제를 보고 알맞은 것을 골라 [이론문제 답안작성] 메뉴에 입력하시오. (객관식 문항당 2점)

● 기 본 전 제 ●

문제에서 한국채택국제회계기준을 적용하도록 하는 전제조건이 없는 경우, 일반기업회계기준을 적용한다.

□□□
1. 다음 중 현금 및 현금성자산에 포함되지 않는 것은?

① 자기앞수표
② 배당금지급통지서
③ 직원가불금
④ 취득 당시 만기일이 3개월 이내인 환매 조건부 채권

□□□
2. 다음의 자료를 이용하여 유동부채에 해당하는 금액의 합계액을 구하면 얼마인가?

· 미지급금 : 3,000,000원	· 외상매입금 : 3,500,000원
· 선수금 : 1,000,000원	· 유동성장기부채 : 1,500,000원
· 장기차입금 : 2,000,000원	· 퇴직급여충당부채 : 2,500,000원

① 7,500,000원　　② 8,000,000원　　③ 8,500,000원　　④ 9,000,000원

□□□
3. 다음 중 일반기업회계기준상 유형자산이 아닌 것은?

① 사업용 건물을 신축하기 위하여 매입한 토지
② 부동산매매업자가 판매목적으로 매입한 건물
③ 부동산임대업자가 임대목적으로 소유하고 있는 토지와 건물
④ 제품 제조에 사용하기 위해서 취득한 기계장치

□□□
4. 다음 중 사채의 발행에 대한 설명으로 옳지 않은 것은?

① 사채의 액면이자율이 유효이자율보다 큰 경우에는 발행가액이 할증된다.
② 사채가 할인발행 되는 경우 사채의 장부가액은 매년 감소한다.
③ 사채가 할증발행 되는 경우 액면이자는 매년 일정하다.
④ 사채가 할인발행 되는 경우 유효이자는 만기까지 매년 증가한다.

□□□
5. 다음 중 자본에 영향을 미치는 거래에 해당하지 않는 것은?

① 사옥으로 사용하기 위해 건물을 구입하고 거래대금을 보통예금으로 지급했다. (감가상각비는 고려하지 않는다)
② 보통주 10,000주를 주당 11,000원(액면가액 5,000원)에 증자했다.
③ 광고대행사로부터 광고대행용역을 제공받고 수수료로 10,000,000원을 지급했다.
④ 사업에 사용하던 차량을 10,000,000원(장부가액 15,000,000원)에 매각했다.

□□□
6. 다음 중 아래의 그래프가 표시하는 원가행태로 가장 적절한 것은?

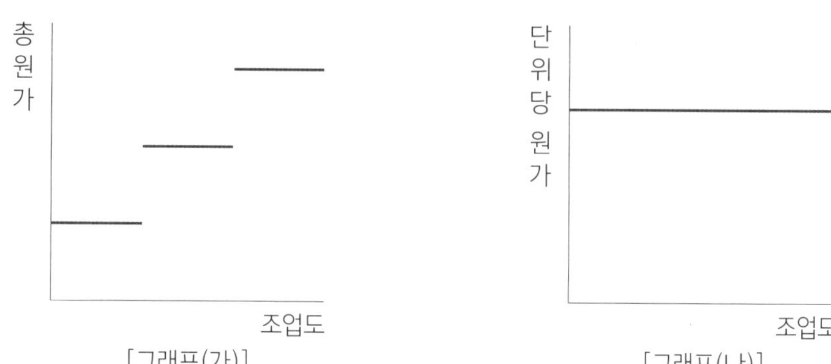

① 그래프(가) : 변동원가
② 그래프(나) : 준고정원가
③ 그래프(가) : 준고정원가
④ 그래프(나) : 고정원가

□□□
7. 다음 중 의사결정 관련성에 따른 원가분류에 대한 설명으로 가장 옳지 않은 것은?

① 관련원가는 이미 발생한 과거의 원가로서 의사결정과정에 영향을 주지 못하는 원가이다.
② 기회원가는 차선의 대체안을 선택할 경우 얻을 수 있었던 기댓값을 의미한다.
③ 회피가능원가는 특정 대체안을 선택할 경우 발생되지 않는 원가이다.
④ 차액원가는 두 의사결정 대체안 간의 총원가의 차액, 즉 증분원가이다.

□□□
8. 다음 중 제조원가명세서의 당기제품제조원가에 영향을 미치지 않는 회계거래는?

① 당기에 투입된 원재료를 과대계상 하였다.
② 기말의 제품을 과대계상 하였다.
③ 당기의 기초재공품원가를 과소계상 하였다.
④ 공장 직원의 임금을 판매관리비로 계상하였다.

□□□
9. 다음 중 종합원가계산의 선입선출법과 평균법에 대한 설명으로 옳지 않은 것은? (단, 원재료는
공정 착수 시점에 전량 투입되며, 가공원가는 공정 전반에 걸쳐 균등하게 투입된다)

① 선입선출법과 평균법의 수량 차이는 기초재공품의 완성품 환산량의 차이이다.

② 기말재공품의 완성도는 선입선출법과 평균법의 원가배분에서 차이가 없다.

③ 기말재공품의 완성도를 실제보다 높게 평가한 경우 평균법에 의한 완성품원가는 실제보다 높게
계산된다.

④ 선입선출법과 평균법에서 공손품은 검사시점에 측정된다.

□□□
10. 당사는 2개의 제조부문을 가지고 제품 A와 B를 생산·판매하고 있으며 당해 제조부문별 예산제
조간접원가는 제조부문1이 1,024,000원, 제조부문2는 3,000,000원이다. 제품 A의 예상생산
량은 300개, 제품 B의 예상생산량은 400개이다. 제품 1개당 생산에 투입되는 예상 직접노동시
간은 다음과 같다. 직접노동시간을 기준으로 제조부문1의 노동시간당 예정배부율을 계산하면
얼마인가?

직접노동시간	제품 A	제품 B
제조부문1	4시간	5시간
제조부문2	6시간	5시간

① 285원   ② 292원   ③ 320원   ④ 340원

□□□
11. 다음 중 부가가치세법상 세금계산서 발급 의무가 면제되지 않는 경우는?

① 구매확인서에 의해 공급되는 재화

② 미용업자가 공급하는 재화 또는 용역

③ 택시운송사업자가 공급하는 재화 또는 용역

④ 부동산임대업자의 부동산임대용역 중 간주임대료

□□□
12. 다음 중 부가가치세법상 의제매입세액공제를 적용받을 수 있는 사업자는?

① 빵을 판매하는 간이과세자
② 한정식집을 운영하는 법인사업자
③ 수산물을 판매하는 면세사업자
④ 소매업을 운영하는 일반과세자

□□□
13. 다음은 20x1년 1월에 간이과세자로 카페를 개업한 최민준 씨의 연도별 공급대가이다. 일반과세자로 변경되는 시점으로 옳은 것은?

> · 20x1년 : 70,000,000원   · 20x2년 : 90,000,000원   · 20x3년 : 120,000,000원

① 20x3년 1월 1일
② 20x3년 7월 1일
③ 20x4년 1월 1일
④ 20x4년 7월 1일

□□□
14. 다음 중 소득세법상 기타소득에 대한 설명으로 옳지 않은 것은?

① 저작자가 저작권의 양도 또는 사용의 대가로 받는 금품은 기타소득이다.
② 뇌물은 기타소득이다.
③ 고용관계 없이 다수인에게 강연을 하고 강연료로 12만 원을 받았다면 소득세를 과세하지 않는다.
④ 기타소득금액은 해당 과세기간의 총수입금액에서 이에 사용된 필요경비를 공제한 금액으로 한다.

□□□
15. 거주자 김소희 씨의 당해 연도 소득금액은 다음과 같다. 다음의 자료를 이용하여 종합소득금액을 계산하면 얼마인가?

> · 근로소득금액 : 4,000,000원
> · 퇴직소득금액 : 5,000,000원
> · 사업소득금액(건설업) : 8,000,000원
> · 사업소득금액(주거용 부동산임대업) : △3,000,000원
> · 사업소득금액(비주거용 부동산임대업) : △1,000,000원

① 8,000,000원   ② 9,000,000원   ③ 11,000,000원   ④ 13,000,000원

실무시험

㈜중동상회(회사코드 : 0218)는 전자제품의 제조 및 도·소매업을 주업으로 영위하는 중소기업으로 당기(제12기)의 회계기간은 2025. 1. 1.~2025. 12. 31.이다. 전산세무회계 수험용 프로그램을 이용하여 다음 물음에 답하시오.

● 기 본 전 제 ●

· 문제에서 한국채택국제회계기준을 적용하도록 하는 전제조건이 없는 경우, 일반기업회계기준을 적용하여 회계처리한다.
· 문제의 풀이와 답안작성은 제시된 문제의 순서대로 진행한다.

문제 1 [일반전표입력] 메뉴를 이용하여 다음의 거래자료를 입력하시오. (15점)

● 입력 시 유의사항 ●

· 일반적인 적요의 입력은 생략하지만, 타계정 대체거래는 적요번호를 선택하여 입력한다.
· 채권·채무와 관련된 거래는 별도의 요구가 없는 한 반드시 기등록된 거래처코드를 선택하는 방법으로 거래처명을 입력한다.
· 제조경비는 500번대 계정코드를, 판매비와관리비는 800번대 계정코드를 사용한다.
· 회계처리 시 계정과목은 별도의 제시가 없는 한 등록된 계정과목 중 가장 적절한 과목으로 한다.

□□□
(1) 1월 5일 영업부에서 거래처와의 관계 유지를 위해 거래처와 식사하고 식사 대금 475,000원을 국민카드로 결제하였다. (3점)

□□□
(2) 4월 30일 전년도 귀속 법인세 신고 시 결손금이 발생함에 따라, 전년도에 이자소득에 대하여 원천징수되어 선납세금으로 계상한 금액 150,000원을 보통예금 계좌로 환급받았다. (3점)

□□□
(3) 8월 14일 당사는 주식의 안정적인 수급을 위하여 보통주 5,000주를 주당 5,500원(액면가 주당 5,000원)에 감자하고 대금은 보통예금 통장에서 지급하였다. (3점)

> ※ 감자 전 자본내역
> 1. 감자차익 : 1,800,000원
> 2. 매도가능증권평가이익 : 8,000,000원

(4) 10월 1일 ㈜하나의 상품매입대금 197,000,000원 전액을 외환은행의 외화 보통예금 통장에서 송금하여 결제하고 수수료는 현금으로 지급하면서 다음과 같은 거래계산서를 발급받았다. 단, 수수료는 판관비로 처리하기로 하며, 하나의 전표로 처리하시오. (3점)

<table>
<tr><td colspan="5" align="center">환전/송금/금매매 거래계산서</td></tr>
<tr><td colspan="3">거래일 : 10월 1일</td><td colspan="2">고객명 : ㈜중동상회</td></tr>
<tr><td colspan="5">거래종류 : 국내자금당발이체 실행(청구)</td></tr>
<tr><td align="center">구분</td><td align="center">통화</td><td align="center">외화금액</td><td align="center">환율</td><td align="center">원화금액</td></tr>
<tr><td align="center">외화대체</td><td align="center">USD</td><td align="center">150,000$</td><td align="center">1,300원/$</td><td align="center">195,000,000원</td></tr>
<tr><td colspan="5">적요
당발이체수수료 : 20,000원
내신외화금액 : USD 150,000　　　　　　　　　　　내신원화금액 : 20,000원
수취인 : ㈜하나</td></tr>
</table>

(5) 10월 5일 당사는 금융기관의 퇴직연금상품에 가입하였으며, 당해 연도 퇴직급여로서 생산직 직원에 대해서는 확정급여형(DB형) 상품으로 25,000,000원, 판매직 직원에 대해서는 확정기여형(DC형) 상품으로 15,000,000원을 보통예금 계좌에서 이체하였다. 단, 하나의 전표로 입력하시오. (3점)

● 입력 시 유의사항 ●

- 일반적인 적요의 입력은 생략하지만, 타계정 대체거래는 적요번호를 선택하여 입력한다.
- 채권·채무 관련 거래는 별도의 요구가 없는 한 반드시 기등록된 거래처코드를 선택하는 방법으로 거래처명을 입력한다.
- 제조경비는 500번대 계정코드를, 판매비와관리비는 800번대 계정코드를 사용한다.
- 회계처리 시 계정과목은 등록된 계정과목 중 가장 적절한 과목으로 한다.
- 입력화면 하단의 분개까지 처리하고, 세금계산서 및 계산서는 전자 여부를 입력하여 반영한다.

□□□

(1) 1월 6일 새로 출시한 상품 홍보를 위하여 판매부서에서 광고대행사인 ㈜방방곡곡에게 홍보물 (영상콘텐츠) 제작을 의뢰하여 배포하고 전자세금계산서를 발급받았다. 대금은 2월 말일에 지급하기로 하였다. (단, 부채 계정은 미지급금 계정을 사용할 것) (3점)

전자세금계산서						승인번호			
공급자	등록번호	120-81-50045	종사업장번호		공급받는자	등록번호	130-81-25029	종사업장번호	
	상호(법인명)	㈜방방곡곡	성명	왕홍보		상호(법인명)	㈜중동상회	성명	황재하
	사업장 주소	경기도 하남시 미사강변중앙로 7				사업장 주소	서울특별시 강동구 천호대로 1005		
	업태	서비스	종목	광고대행		업태	도소매 외	종목	전자제품
	이메일	bangbang@naver.com				이메일	rain25029@gmail.com		

작성일자	공급가액	세액	수정사유	비고
20xx. 1. 6.	1,600,000	160,000		

월	일	품목	규격	수량	단가	공급가액	세액	비고
1	6	광고대행수수료				1,600,000	160,000	

합계금액	현금	수표	어음	외상미수금	위 금액을 (청구) 함
1,760,000				1,760,000	

□□□

(2) 2월 2일 ㈜정성상회에 제품을 공급하고 아래와 같은 전자세금계산서를 발급하였다. 대금은 계약금으로 받은 20,000,000원과 ㈜정성상회가 배서양도 받은 ㈜한일무역 발행 약속어음(만기일 2월 15일) 60,000,000원과 보통예금 30,000,000원으로 지급받았다. (3점)

<table>
<tr><td colspan="6" align="center">전자세금계산서</td><td>승인번호</td><td colspan="3"></td></tr>
<tr><td rowspan="6">공급자</td><td>등록
번호</td><td colspan="2">130-81-25029</td><td>종사업장
번호</td><td></td><td rowspan="6">공급받는자</td><td>등록
번호</td><td colspan="2">158-81-15887</td><td>종사업장
번호</td><td></td></tr>
<tr><td>상호
(법인명)</td><td colspan="2">㈜중동상회</td><td>성명</td><td>황재하</td><td>상호
(법인명)</td><td colspan="2">㈜정성상회</td><td>성명</td><td>이재규</td></tr>
<tr><td>사업장</td><td colspan="4">서울시 강동구 천호대로 1005</td><td>사업장</td><td colspan="4">경기도 남양주시 경춘로 1037, (금곡동)</td></tr>
<tr><td>업태</td><td colspan="2">도소매, 제조</td><td>종목</td><td>전자제품</td><td>업태</td><td colspan="2">도소매</td><td>종목</td><td>플라스틱
제품</td></tr>
<tr><td>이메일</td><td colspan="4">rain25029@gmail.com</td><td>이메일</td><td colspan="4">dothebest@daum.net</td></tr>
</table>

<table>
<tr><td>작성일자</td><td colspan="2">공급가액</td><td colspan="2">세액</td><td colspan="4">수정사유</td></tr>
<tr><td>20xx/2/2</td><td colspan="2">100,000,000</td><td colspan="2">10,000,000</td><td colspan="4">해당 없음</td></tr>
<tr><td>비고</td><td colspan="8"></td></tr>
</table>

월	일	품목	규격	수량	단가	공급가액	세액	비고
2	2	플라스틱 제품				100,000,000	10,000,000	

합계금액	현금	수표	어음	외상미수금	이 금액을 (청구) 함
110,000,000	50,000,000		60,000,000		

□□□

(3) 4월 18일 ㈜대한으로부터 수출용 원재료(공급가액 5,000,000원)를 매입하고 구매확인서에 의하여 영세율전자세금계산서를 발급받았다. 대금은 4월 18일 현재 지급되지 않았다. (3점)

□□□
(4) 6월   5일 당사는 제품 홍보를 확대할 목적으로 사용할 개별소비세가 과세되는 소형승용차 (2,000cc)를 ㈜달라자동차에서 구입하고, 전자세금계산서를 수취하였다. 대금 중 3,100,000원은 현금으로 지급하고 나머지는 미지급하였다. (3점)

전자세금계산서					승인번호			
공급자	등록번호	111-81-12144	종사업장번호		공급받는자	등록번호	130-81-25029	종사업장번호	
	상호(법인명)	㈜달라자동차	성명	김달려		상호(법인명)	㈜중동상회	성명	황재하
	사업장	서울 서초구 강남대로 265				사업장	서울시 강동구 천호대로 1005		
	업태	제조	종목	자동차		업태	제조, 도소매	종목	전자제품
	이메일	paksemi@naver.com				이메일	rain25029@gmail.com		

작성일자	공급가액	세액	수정사유
20xx/6/5	21,000,000	2,100,000	해당 없음
비고			

월	일	품목	규격	수량	단가	공급가액	세액	비고
6	5	승용차(2,000cc)		1	21,000,000	21,000,000	2,100,000	

합계금액	현금	수표	어음	외상미수금	이 금액을 (청구) 함
23,100,000	3,100,000			20,000,000	

□□□
(5) 6월   20일 싱가포르에 소재하는 랜드로바에게 제품을 $30,000에 중계무역 방식으로 수출하였다. 대금은 다음과 같이 받기로 하고, 선적한 당일 $18,000가 보통예금에 입금되었다. (단, 이와 관련하여 적용된 환율은 아래의 표와 같다. 6월 20일의 회계처리를 하시오) (3점)

판매대금	대금수령일	결제방법	비고
$18,000	6월 20일	외화통장으로 입금	선적일
$12,000	7월 15일	외화통장으로 입금	잔금청산일
기준환율	· 6월 20일 : 1$당 1,200원	· 7월 15일 : 1$당 1,300원	

문제 3 부가가치세 신고와 관련하여 다음 물음에 답하시오. (10점)

☐☐☐

(1) 다음은 올해 2기 부가가치세 예정신고기간(7월 1일~9월 30일)의 신용카드 매출, 매입자료이다. 아래 자료를 이용하여 [신용카드매출전표등발행금액집계표] 및 [신용카드매출전표등수령명세서 (갑)]를 작성하시오. (단, 매입처는 모두 일반과세자이며, 매입세액공제 가능한 사항만 반영한다) (4점)

---

1. 신용카드 매출

거래일자	거래내용	공급가액	부가가치세	합계	비고
7월 10일	제품매출	2,000,000원	0원	2,000,000원	영세율 매출
8월 20일	제품매출	4,000,000원	400,000원	4,400,000원	일반과세 매출
9월 30일	제품매출	1,000,000원	0원	1,000,000원	면세 매출

2. 신용카드 매입

거래일자	상호	사업자번호	공급가액	부가가치세	비고
7월 12일	우리	315-21-12311	90,000원	9,000원	영세율 매출과 관련된 소모품 구입
8월 13일	㈜만물	415-80-51339	70,000원	7,000원	일반과세 매출과 관련된 소모품 구입
9월 14일	㈜종합	515-85-12344	50,000원	5,000원	면세 매출과 관련된 소모품 구입

※ 매입 관련 카드번호 : 1001-2002-3003-5001(우리카드), 법인명의의 사업용카드에 해당함

☐☐☐

(2) 당사는 직전 과세기간의 공급가액이 100,000,000원으로서, 소규모영세법인사업자에 해당하여 예정 부가가치세 신고를 하지 않았다고 가정한다. 다음의 자료를 보고 올해 2기 확정 부가가치세 신고서를 작성하시오. 과세표준명세 등 기타부속서류의 작성은 생략한다. 단, 제시된 자료 이외의 거래는 없다. (6점)

구분	내용
매출자료	· 전자세금계산서 발급 과세 매출액 : 400,000,000원(부가가치세 별도) · 현금영수증 매출액 : 55,000,000원(부가가치세 포함) · 직수출액 : 100,000,000원 · 작년 1기 확정신고 시 대손세액공제를 받았던 외상매출금 11,000,000원(부가가치세 포함)을 전액 회수하였다.
매입자료	· 세금계산서 일반 매입액 : 300,000,000원(부가가치세 별도)
기타	· 올해 2기 예정고지세액(소규모영세법인) : 2,000,000원 · 당사가 직접 부가가치세 전자신고를 수행하였다.

 결산정리사항은 다음과 같다. 관련 메뉴를 이용하여 결산을 완료하시오. (15점)

□□□
(1) 10월 3일에 판매부서에서 사용할 화일철 10박스를 200,000원에 구입하고 소모품 계정으로 회계처리 하였다. 결산일 현재 판매부서에는 2박스의 화일철이 남아 있다. (3점)

□□□
(2) 올해 5월 1일에 입금된 임대료(영업외수익) 2,400,000원은 올해 5월 1일부터 내년 4월 30일까지의 기간에 대한 임대료이다. (단, 음수(-)로 회계처리 하지 말고, 월할계산 할 것) (3점)

□□□
(3) 당사는 전년도 9월 20일에 단기 시세차익의 목적으로 시장성이 있는 주식 2,000주를 주당 10,000원에 취득하였고 취득 관련 수수료 500,000원을 지급하였다. 당사는 결산일 현재 해당 주식을 전량 보유하고 있다. (3점)

항목	전년도. 12. 31.	당해연도. 12. 31.
결산일 현재 공정가치	주당 9,000원	주당 9,500원

□□□
(4) 당사의 비화폐성 외화자산 및 화폐성 외화부채의 결산일 현재의 환율은 다음과 같다. 당사는 일반기업회계기준에 따라 회계처리 하며 외화환산손실과 외화환산이익을 각각 인식한다. 단, 선급금과 장기차입금에 대한 거래처 코드 입력은 생략하기로 한다. (3점)

계정과목	발생일	발생일 현재 환율	전년도 12월 31일 환율	당해연도 12월 31일 환율
선급금 ($5,000)	당해연도 7월 1일	1,250원/$	1,200원/$	1,300원/$
장기차입금 ($20,000)	전년도 10월 3일	1,340원/$		

□□□
(5) 결산일 현재 재고자산을 실사 평가한 결과는 다음과 같다. 관련된 내용을 결산에 반영하시오. (각 기말재고자산의 시가와 취득원가는 동일한 것으로 가정한다) (3점)

구분	취득단가	장부상 기말재고	실사한 기말재고	수량 차이 원인
원재료	5,000원/개	5,000개	4,800개	정상감모
제품	15,000원/개	4,500개	4,500개	
상품	20,000원/개	1,500개	1,300개	비정상감모

문제 5 2025년 귀속 원천징수와 관련된 다음의 물음에 답하시오. (15점)

□□□

(1) 다음은 생산직 근로자인 박지은(사번 : 101)과 최수지(사번 : 102)의 3월분 급여내역이다. 아래의 자료를 이용하여 [사원등록], [수당공제등록], [급여자료입력]을 작성하시오. (단, [수당공제등록]의 불러온 자료는 무시하고 아래의 자료에 따라 입력하되, 사용하는 수당 외의 항목은 "부"로 체크하고, 월정액은 그대로 둘 것) (6점)

1. 박지은 3월 급여내역(3월분 급여는 3월 31일에 지급함)

이름	박지은	지급일	3월 31일
기본급	3,000,000원	소득세	107,660원
식대	100,000원	지방소득세	10,760원
자가운전보조금	200,000원	국민연금	150,750원
야간근로수당	200,000원	건강보험	118,750원
자격수당	150,000원	장기요양보험	15,370원
		고용보험	26,800원
		사내대출금원리금상환액	266,560원
급여 합계	3,650,000원	공제 합계	696,650원
		차인지급액	2,953,350원

2. 최수지 3월 급여내역(3월분 급여는 3월 31일에 지급함)

이름	최수지	지급일	3월 31일
기본급	1,900,000원	소득세	17,180원
식대	100,000원	지방소득세	1,710원
자가운전보조금	200,000원	국민연금	85,500원
야간근로수당	200,000원	건강보험	67,350원
		장기요양보험	8,720원
		고용보험	15,200원
급여 합계	2,400,000원	공제 합계	195,660원
		차인지급액	2,204,340원

· 식대 : 당사는 현물 식사를 별도로 제공하지 않는다.

· 자가운전보조금 : 본인 명의의 차량을 업무 목적으로 사용한 직원에게 자가운전보조금을 지급하고 있으며, 실제 발생한 교통비를 별도로 지급하지 않는다.

· 야간근로수당 : 정규 업무시간 외에 추가 근무를 하는 경우 매월 20만 원까지 야간근로수당을 지급하며, 생산직 근로자가 받는 연장근로수당 등은 세법상 요건을 갖춘 경우 비과세로 처리한다. (직전 과세기간의 총급여액 : 박지은 2,400만 원, 최수지 2,800만 원)

· 자격수당 : 회사가 요구하는 자격증을 취득하는 경우 자격수당을 지급한다.

· 사내대출금원리금상환액 : 당사는 직원을 대상으로 최저 금리로 사내대출을 해주고 그에 해당하는 원리금을 매달 급여에서 공제한다. (공제소득유형 : 대출)

□□□
(2) 다음은 류선재(사번 : 111, 입사일 : 2022. 1. 1.) 사원의 연말정산 관련 자료이다. [연말정산추
가자료입력] 메뉴의 [부양가족] 탭을 입력하고, [신용카드 등] 탭, [의료비] 탭, [연금저축 등] 탭,
[연말정산입력] 탭을 작성하시오. (단, 근로자 본인의 세부담이 최소화되도록 한다) (9점)

1. 가족사항(모두 동거하며, 생계를 같이한다. 제시된 자료 외의 다른 소득은 없다)

관계	성명	주민등록번호	소득	비고
본인	류선재	911030-1224115	총급여 6,180만 원	세대주
어머니	안현주	630511-2047716	일용근로소득 총급여 3,800만 원	
배우자	임솔	910115-2374236	양도소득금액 150만 원	
아들	류도	160131-3165614	소득 없음, 장애인(장애인복지법)	초등학생
아들	류진	190121-4165112	소득 없음	유치원생

※ 기본공제대상자가 아닌 경우도 기본공제 "부"로 입력할 것

2. 연말정산 자료

※ 국세청 홈택스 및 기타 증빙을 통해 확인된 자료이며, 별도의 언급이 없는 한 국세청 홈택스 연말정
산간소화서비스에서 조회된 자료이다.

구분	내용
보험료	· 류선재 : 보장성보험료 940,000원 · 임솔 : 보장성보험료 1,980,000원 · 류도 : 보장성보험료 1,200,000원(일반 700,000원, 장애인 전용 500,000원)
교육비	· 류선재 : 대학원 박사과정 수업료 4,280,000원 · 류도 : 영어학원비 3,300,000원 · 안현주 : 고등학교 수업료 2,400,000원
의료비	· 임솔 : 질병 치료비 3,000,000원(류선재 명의의 신용카드로 결제) 　－「보험업법」에 따른 보험회사에서 실손의료보험금 2,500,000원을 지급 받음 · 안현주 : 질병 치료비 3,220,000원(류선재 명의의 신용카드로 결제) · 류진 : 질병 치료비 1,520,000원(류선재 명의의 신용카드로 결제)
신용카드 등 사용액	· 류선재 : 신용카드 사용액 26,520,000원 　(전통시장/대중교통/도서 등 사용분 없음) · 류선재 : 현금영수증 사용액 1,252,000원 　(전통시장/대중교통/도서 등 사용분 없음) · 임솔 : 체크카드 사용액 8,823,000원(전통시장/대중교통/도서 등 사용분 없음) · 안현주 : 신용카드 사용액 6,020,000원(전통시장/대중교통/도서 등 사용분 없음) · 류선재의 신용카드 사용액은 의료비 지출액이 모두 포함된 금액이다.
기타	· 류선재 연금저축계좌 : 1,800,000원 　(당해연도 가입 및 납입분, 삼성생명보험㈜ 계좌번호 : 153-05724-73285)

▶ 정답 및 해설 | p.2

제117회 기출문제

☑ 다시 봐야 할 문제(틀린 문제, 풀지 못한 문제, 헷갈리는 문제 등)는 회독별로 문제 번호 위 네모박스(□)에 체크하여 반복 학습할 수 있습니다.

이론시험

다음 문제를 보고 알맞은 것을 골라 [이론문제 답안작성] 메뉴에 입력하시오. (객관식 문항당 2점)

● **기 본 전 제** ●

문제에서 한국채택국제회계기준을 적용하도록 하는 전제조건이 없는 경우, 일반기업회계기준을 적용한다.

□□□
1. 다음 중 자산, 부채의 분류가 잘못 연결된 것은?

① 임차보증금 – 비유동자산
② 사채 – 유동부채
③ 퇴직급여충당부채 – 비유동부채
④ 선급비용 – 유동자산

□□□
2. 다음 중 무형자산에 대한 설명으로 옳은 것은?

① 무형자산 창출을 위한 내부 프로젝트를 연구단계와 개발단계로 구분할 수 없는 경우 그 프로젝트에서 발생한 지출은 모두 연구단계에서 발생한 것으로 본다.
② 내부적으로 창출한 영업권은 취득일의 공정가치로 자산으로 인식한다.
③ 연구단계에서 발생한 지출은 모두 무형자산으로 인식한다.
④ 무형자산의 상각기간은 어떠한 경우에도 20년을 초과할 수 없다.

3. 다음 중 채무증권으로만 분류되는 유가증권은 무엇인가?

① 단기매매증권　　　　　　　　② 매도가능증권
③ 만기보유증권　　　　　　　　④ 지분법적용투자주식

4. 다음 중 유형자산의 감가상각에 대한 설명으로 옳지 않은 것은?

① 감가상각은 자산이 사용 가능한 때부터 시작한다.
② 감가상각대상금액은 내용연수에 걸쳐 합리적이고 체계적인 방법으로 배분한다.
③ 내용연수 도중 사용을 중단하고 처분 예정인 유형자산은 사용을 중단한 시점의 장부금액으로 표시한다.
④ 감가상각방법 중 연수합계법은 자산의 내용연수 동안 감가상각액이 매 기간 증가하는 방법이다.

5. 다음 중 일반기업회계기준상 오류수정에 대한 설명으로 옳지 않은 것은?

① 오류수정은 전기 또는 그 이전의 재무제표에 포함된 회계적 오류를 당기에 발견하여 수정하는 것을 말한다.
② 당기에 발견한 전기 또는 그 이전 기간의 오류 중 중대한 오류가 아닌 경우에는 영업외손익 중 전기오류수정손익으로 보고한다.
③ 전기 이전 기간에 발생한 중대한 오류의 수정은 발견 당시 회계기간의 재무제표 항목을 재작성한다.
④ 중대한 오류는 재무제표의 신뢰성을 심각하게 손상시킬 수 있는 매우 중요한 오류를 말한다.

□□□
6. 다음 중 공장에서 사용하는 제품 제조용 전기요금에 대한 원가의 분류로 가장 옳은 것은?

① 변동원가, 가공원가
② 변동원가, 기초원가
③ 고정원가, 가공원가
④ 고정원가, 기초원가

□□□
7. 다음 중 제조원가명세서의 구성요소가 아닌 것은?

① 기초제품재고액
② 기말원재료재고액
③ 당기제품제조원가
④ 기말재공품재고액

□□□
8. 다음 중 종합원가계산 제도에 대한 설명으로 옳지 않은 것은?

① 완성품환산량이란 일정기간에 투입한 원가를 그 기간에 완성품만을 생산하는 데 투입하였다면 완성되었을 완성품 수량을 의미한다.
② 동종제품, 대량생산, 연속생산의 공정에 적합한 원가계산제도이다.
③ 정유업, 화학공업, 시멘트공업에 적합하다.
④ 원가의 정확성이 높으며, 작업원가표를 주요 원가자료로 사용한다.

□□□
9. 다음의 자료를 이용하여 제조간접원가 배부액과 제조원가를 각각 계산하면 얼마인가? 단, 제조간접원가는 기계작업시간을 기준으로 예정배부한다.

> ・제조간접원가 총액(예정) : 5,000,000원 ・예정 기계작업시간 : 5,000시간
> ・직접노무원가 : 4,000,000원 ・실제 기계작업시간 : 4,000시간
> ・직접재료원가 : 2,000,000원

	제조간접원가 배부액	제조원가
①	6,250,000원	12,250,000원
②	6,250,000원	10,000,000원
③	4,000,000원	10,000,000원
④	4,000,000원	12,250,000원

10. 다음의 자료를 이용하여 직접배분법에 따라 보조부문의 제조간접원가를 배분한다면 제조부문 B에 배분된 보조부문원가는 얼마인가?

구분		보조부문		제조부문		합계
		X	Y	A	B	
자기부문 발생액		100,000원	300,000원	500,000원	750,000원	1,650,000원
제공 횟수	X	–	100회	400회	600회	1,100회
	Y	400회	–	300회	300회	1,000회

① 210,000원　　② 400,000원　　③ 850,000원　　④ 960,000원

11. 다음 중 부가가치세법상 영세율에 대한 설명으로 옳지 않은 것은?

① 사업자가 비거주자인 경우에는 그 해당 국가에서 대한민국의 거주자에 대하여 동일하게 면세하는 경우에만 영세율을 적용한다.

② 영세율이 적용되는 사업자는 부가가치세 납세의무가 면제된다.

③ 국내에서 계약과 대가의 수령이 이루어지지만 영세율이 적용되는 경우도 있다.

④ 내국물품을 외국으로 반출하는 것은 수출에 해당하므로 영세율을 적용한다.

12. 다음 중 부가가치세법상 공급시기로 옳지 않은 것은?

① 내국물품을 외국으로 수출하는 경우 : 수출 재화의 선적일

② 폐업 시 잔존재화의 경우 : 폐업하는 때

③ 위탁판매의 경우(위탁자 또는 본인을 알 수 있는 경우에 해당) : 위탁자가 판매를 위탁한 때

④ 무인판매기로 재화를 공급하는 경우 : 무인판매기에서 현금을 꺼내는 때

□□□
13. 다음 중 부가가치세법상 주사업장총괄납부와 사업자단위과세제도에 대한 설명으로 옳지 않은 것은?

① 법인의 경우 총괄납부제도의 주사업장은 분사무소도 가능하다.
② 총괄납부의 신청은 납부하려는 과세기간 종료일 20일 전에 신청하여야 한다.
③ 사업자 단위로 본점 관할세무서장에게 등록신청한 경우 적용 대상 사업장에 한 개의 등록번호만 부여된다.
④ 사업자단위과세를 적용할 경우 직매장반출은 재화의 공급의제에서 배제된다.

□□□
14. 다음 중 소득세법상 근로소득과 사업소득이 발생한 경우, 근로소득에 대한 종합소득산출세액을 초과하여 공제받을 수 있는 특별세액공제는?

① 교육비 세액공제
② 보험료 세액공제
③ 의료비 세액공제
④ 기부금 세액공제

□□□
15. 다음 중 소득세법상 과세표준의 확정신고와 납부에 대한 설명으로 옳은 것은?

① 공적연금소득과 상용근로소득이 있는 자로서 각각의 소득을 연말정산한 자는 종합소득세 확정신고의무가 없다.
② 두 곳 이상의 직장에서 상용근로소득이 발생된 자가 이를 합산하여 한 곳의 직장에서 연말정산을 했다면 종합소득세 확정신고의무가 없다.
③ 상용근로소득이 있는 자에게 연말정산 대상 사업소득이 추가로 발생한 경우, 해당 사업소득을 연말정산 했다면 종합소득세 확정신고의무가 없다.
④ 금융소득만 3천만 원이 있는 자는 종합소득세 확정신고의무가 없다.

실무시험

㈜어진상사(회사코드 : 0217)는 전자제품의 제조 및 도·소매업을 주업으로 영위하는 중소기업으로 당기(제17기)의 회계기간은 2025. 1. 1.~2025. 12. 31.이다. 전산세무회계 수험용 프로그램을 이용하여 다음 물음에 답하시오.

● 기 본 전 제 ●

· 문제에서 한국채택국제회계기준을 적용하도록 하는 전제조건이 없는 경우, 일반기업회계기준을 적용하여 회계처리한다.

· 문제의 풀이와 답안작성은 제시된 문제의 순서대로 진행한다.

문제 1 [일반전표입력] 메뉴를 이용하여 다음의 거래자료를 입력하시오. (15점)

● 입 력 시 유 의 사 항 ●

· 일반적인 적요의 입력은 생략하지만, 타계정 대체거래는 적요번호를 선택하여 입력한다.

· 채권·채무와 관련된 거래는 별도의 요구가 없는 한 반드시 기등록된 거래처코드를 선택하는 방법으로 거래처명을 입력한다.

· 제조경비는 500번대 계정코드를, 판매비와관리비는 800번대 계정코드를 사용한다.

· 회계처리 시 계정과목은 별도의 제시가 없는 한 등록된 계정과목 중 가장 적절한 과목으로 한다.

(1) 1월   5일 ㈜대명으로부터 사옥을 구입하기 위한 자금 600,000,000원을 6개월 내 상환하는 조건에 차입하기로 약정하여 선이자 15,000,000원을 제외한 나머지 금액이 보통예금 계좌에 입금되었다. (단, 하나의 전표로 입력할 것) (3점)

(2) 4월   20일 주주총회에서 결의된 내용에 따라 유상증자를 실시하였다. 1주당 6,000원(액면가액 : 1주당 5,000원)에 10,000주를 발행하고, 대금은 보통예금으로 입금받았다. (단, 주식할인발행차금을 확인하고, 회계처리 할 것) (3점)

(3) 7월   17일 전기에 회수불능으로 대손처리한 외상매출금 11,000,000원(부가가치세 포함)을 보통예금으로 회수하였다. (단, 당시 대손요건을 충족하여 대손세액공제를 받았음) (3점)

□□□

(4) 8월 1일 정기예금 100,000,000원을 중도해지하여 은행으로부터 다음과 같은 내역서를 받고 이자를 포함한 전액을 당사의 보통예금 계좌로 입금받았다. 이자는 이자수익 계정으로 계상하며, 법인세와 지방소득세는 자산 계정으로 처리하시오. (3점)

<table>
<tr><td colspan="4" align="center">거래내역 확인증</td></tr>
<tr><td align="center">계좌번호</td><td align="center">103-9475-3561-31</td><td align="center">거래일시</td><td align="center">20xx. 8. 1.(15:12:59)</td></tr>
<tr><td align="center">취급점</td><td align="center">서울은행 강남지점</td><td align="center">취급자</td><td align="center">홍길동</td></tr>
<tr><td colspan="4" align="center">※ 거래내용 : 중도해지 ※</td></tr>
<tr><td colspan="2">· 예금주명 : ㈜어진상사
· 원금 : 100,000,000원
· 해지이자 : 300,000원
· 세후이자 : 253,800원
· 차감지급액 : 100,253,800원</td><td colspan="2">· 법인세 : 42,000원
· 지방소득세 : 4,200원
· 세금 합계 : 46,200원</td></tr>
<tr><td colspan="2"></td><td colspan="2">항상 저희 은행을 찾아주셔서 감사합니다.
계좌번호 및 거래내역을 확인하시기 바랍니다.</td></tr>
</table>

□□□

(5) 11월 1일 올해 2기 예정분 부가가치세 고지금액을 가산세를 포함하여 보통예금 계좌에서 이체하여 납부하였다. (단, 부가세예수금 계정을 사용하고 차액은 잡손실 계정으로 회계처리 한다. 이 문제에 한하여 해당 법인은 소규모 법인이라고 가정한다) (3점)

납부고지서 겸 영수증 (납세자용)

<table>
<tr><td rowspan="2" align="center">납부번호</td><td align="center">분류기호</td><td align="center">납부연월</td><td align="center">결정구분</td><td align="center">세목</td><td colspan="2" align="center">발행번호</td></tr>
<tr><td align="center">0126</td><td align="center">20xx10</td><td align="center">7</td><td align="center">41</td><td colspan="2" align="center">85521897</td></tr>
<tr><td align="center">성명(상호)</td><td colspan="3" align="center">㈜어진상사</td><td align="center">수입징수관 계좌번호</td><td colspan="2" align="center">011756</td></tr>
<tr><td rowspan="2" align="center">주민등록번호
(사업자등록번호)</td><td colspan="2" rowspan="2" align="center">571-85-01094</td><td align="center">회계연도</td><td align="center">20xx</td><td rowspan="2" align="center">일반
회계</td><td rowspan="2" align="center">기획재정부
소관</td><td rowspan="2" align="center">조
세</td></tr>
<tr><td align="center">과세기간</td><td align="center">20xx07</td></tr>
<tr><td align="center">주소(사업장)</td><td colspan="6">서울시 구로구 안양천로 539길 6</td></tr>
</table>

<table>
<tr><td align="center">납부기한</td><td align="right">20xx년 10월 25일까지</td></tr>
<tr><td>부가가치세</td><td align="right">950,000</td></tr>
<tr><td></td><td></td></tr>
<tr><td align="center">계</td><td align="right">950,000</td></tr>
<tr><td rowspan="2" align="center">납기경과 20xx. 10. 26.까지</td><td>납부지연가산세   28,500</td></tr>
<tr><td>계   978,500</td></tr>
<tr><td colspan="2" align="center">납기 후 납부 시 우측 <납부일자별 납부할 금액>을 참고하여 기재</td></tr>
<tr><td align="center">납기경과 20xx. 10. 27.부터</td><td>납부할 금액   978,500</td></tr>
</table>

위 금액을 한국은행 국고(수납)대리점인 은행 또는 위 금액을 정히 영수합니다.
우체국 등에 납부하시기 바랍니다.
(인터넷 등에 의한 전자납부 가능)

년 월 일 (수납인)

은 행

20xx년 10월 5일

구로 세무서장 (인)

우체국 등

● **입력 시 유의사항** ●

· 일반적인 적요의 입력은 생략하지만, 타계정 대체거래는 적요번호를 선택하여 입력한다.

· 채권·채무 관련 거래는 별도의 요구가 없는 한 반드시 기등록된 거래처코드를 선택하는 방법으로 거래처명을 입력한다.

· 제조경비는 500번대 계정코드를, 판매비와관리비는 800번대 계정코드를 사용한다.

· 회계처리 시 계정과목은 등록된 계정과목 중 가장 적절한 과목으로 한다.

· 입력화면 하단의 분개까지 처리하고, 세금계산서 및 계산서는 전자 여부를 입력하여 반영한다.

□□□

(1) 1월 4일 제조부문이 사용하는 시설장치의 원상회복을 위한 수선을 하고 수선비 330,000원을 전액 국민카드로 결제하고 다음의 매출전표를 수취하였다. (부채 계정은 미지급금으로 회계처리 할 것) (3점)

매출전표

단말기번호	전표번호	123789
카드종류	거래종류	결제방법
국민카드	신용구매	일시불
회원번호(Card No)	취소 시 원거래일자	
1234-5678-8888-9098		
유효기간	거래일시	품명
	20xx. 1. 4.	시설장치수선
전표제출	금 액 / AMOUNT	300,000
	부 가 세 / VAT	30,000
전표매입사	봉 사 료 / TIPS	
	합 계 / TOTAL	330,000
거래번호	승인번호/(Approval No.)	
	123789	

가 맹 점 시설수리전문여기야	
대 표 자 박수리	TEL 02-2673-0001
가 맹 점 번 호	사업자번호 124-11-80005
주 소 서울시 송파구 충민로 66	
	서명(Signature)

☐☐☐
(2) 2월 3일 생산공장에서 사용할 목적으로 플라스틱 사출기(기계장치)를 중국으로부터 인천세관을 통하여 수입하고, 수입전자세금계산서를 수취하였다. 부가가치세는 보통예금으로 지급하였다. 부가가치세와 관련된 회계처리만 입력하시오. (3점)

<table>
<tr><td colspan="6" style="text-align:center">수입전자세금계산서</td><td colspan="2">승인번호</td><td></td></tr>
<tr><td rowspan="3">세관명</td><td>등록번호</td><td colspan="2">121-83-00561</td><td>종사업장번호</td><td></td><td rowspan="3">수입자</td><td>등록번호</td><td colspan="2">571-85-01094</td><td>종사업장번호</td><td></td></tr>
<tr><td>세관명</td><td colspan="2">인천세관</td><td>성명</td><td>김통관</td><td>상호(법인명)</td><td colspan="2">㈜어진상사</td><td>성명</td><td>김세종</td></tr>
<tr><td>세관주소</td><td colspan="4">인천광역시 중구 서해대로 339 (항동7가)</td><td>사업장 주소</td><td colspan="4">서울 구로구 안양천로 539길 6</td></tr>
<tr><td>수입신고번호 또는 일괄발급기간 (총건)</td><td colspan="4"></td><td>업태</td><td colspan="2">제조, 도소매</td><td>종목</td><td>전자제품</td></tr>
</table>

납부일자		과세표준		세액		수정사유		비고	
20xx. 2. 3.		42,400,000		4,240,000					

월	일	품목	규격	수량	단가	공급가액	세액	비고
2	3	사출기(기계장치)		10	4,240,000	42,400,000	4,240,000	
합계금액		46,640,000						

☐☐☐
(3) 2월 15일 영업부서 거래처 직원의 경조사가 발생하여 화환을 주문하고, 다음의 계산서를 발급받았다. (3점)

<table>
<tr><td colspan="6" style="text-align:center">전자계산서</td><td colspan="2">승인번호</td><td></td></tr>
<tr><td rowspan="4">공급자</td><td>등록번호</td><td colspan="2">123-90-11117</td><td>종사업장번호</td><td></td><td rowspan="4">공급받는자</td><td>등록번호</td><td colspan="2">571-85-01094</td><td>종사업장번호</td><td></td></tr>
<tr><td>상호(법인명)</td><td colspan="2">풍성화원</td><td>성명</td><td>오미숙</td><td>상호(법인명)</td><td colspan="2">㈜어진상사</td><td>성명</td><td>김세종</td></tr>
<tr><td>사업장 주소</td><td colspan="4">경기도 화성시 양감면 은행나무로 22</td><td>사업장 주소</td><td colspan="4">서울시 구로구 안양천로 539길 6</td></tr>
<tr><td>업태</td><td colspan="2">도소매업</td><td>종목</td><td>화훼, 식물</td><td>업태</td><td colspan="2">제조, 도소매</td><td>종목</td><td>전자제품</td></tr>
<tr><td>이메일</td><td colspan="4">miso7@naver.com</td><td>이메일</td><td colspan="4">happy07@naver.com</td></tr>
</table>

작성일자		공급가액		수정사유		비고		
20xx. 2. 15.		100,000						

월	일	품목	규격	수량	단가	공급가액	비고	
2	15	화환		1	100,000	100,000		

합계금액	현금	수표	어음	외상미수금	위 금액을 (청구) 함
100,000				100,000	

(4) 2월 18일 공장에서 사용하던 화물용 트럭(취득가액 18,000,000원, 감가상각누계액 6,000,000
원)을 10,500,000원(부가가치세 별도)에 이배달 씨(비사업자)에게 매각하고 전자세
금계산서를 발급하였으며 매각 대금은 2월 15일에 선수금으로 1,800,000원을 받았
고 잔액은 2월 18일에 보통예금 계좌로 입금받았다. (※ 2월 18일의 회계처리를 하시오)
(3점)

전자세금계산서					승인번호			
공급자	등록번호	571-85-01094	종사업장번호		공급받는자	등록번호	680101-1240854	종사업장번호	
	상호(법인명)	㈜어진상사	성명	김세종		상호(법인명)		성명	이배달
	사업장	서울 구로구 안양천로 539길 6				사업장			
	업태	제조, 도소매	종목	전자제품		업태		종목	
	이메일	happy07@naver.com				이메일			

작성일자	공급가액	세액	수정사유		
20xx. 2. 18.	10,500,000	1,050,000	해당 없음		
비고					

월	일	품목	규격	수량	단가	공급가액	세액	비고
2	18	화물용 트럭 판매		1	10,500,000	10,500,000	1,050,000	

합계금액	현금	수표	어음	외상미수금	위 금액을 (영수) 함
11,550,000	11,550,000				

(5) 3월 7일 당사의 건물 인테리어 공사를 담당한 ㈜양주산업의 견적 내역은 다음과 같으며, 3월 7
일 전자세금계산서 수취와 동시에 해당 금액은 전액 약속어음(만기일 : 올해. 12. 31.)
을 발행하여 결제 완료하였다. 계정과목은 건물로 계상하시오. (3점)

공사 구분	금액	비고
건물 내부 인테리어	100,000,000원	
1층 보안시스템 설치	10,000,000원	
합계	110,000,000원	부가가치세 별도

※ ㈜어진상사는 1층 보안시스템의 설치로 물품 도난 사고 방지에 도움이 될 것으로 예상하며, 건물의 감정
평가액이 높아질 것으로 기대하고 있다.

문제 3 부가가치세 신고와 관련하여 다음 물음에 답하시오. (10점)

□□□
(1) 다음 자료를 보고 올해 2기 부가가치세 확정신고 기간의 [공제받지못할매입세액명세서](「공제받지못할매입세액내역」 및 「공통매입세액의정산내역」)를 작성하시오. (단, 불러온 자료는 무시하고 다음의 자료를 참고하여 직접 입력할 것) (4점)

---

1. 매출 공급가액에 관한 자료

구분	과세사업	면세사업	합계
7월~12월	200,000,000원	50,000,000원	250,000,000원

2. 매입세액(세금계산서 수취분)에 관한 자료

구분	① 과세사업 관련			② 면세사업 관련		
	공급가액	매입세액	매수	공급가액	매입세액	매수
10월~12월	180,000,000원	18,000,000원	20매	20,000,000원	2,000,000원	8매

3. 총공통매입세액(7월~12월) : 5,000,000원

※ 올해 2기 예정신고 시 공통매입세액 중 불공제된 매입세액 : 800,000원

□□□
(2) 다음은 올해 2기 부가가치세 예정신고기간(7월 1일~9월 30일)의 영세율 매출과 관련된 자료이다. [수출실적명세서] 및 [내국신용장·구매확인서전자발급명세서]를 작성하시오. (4점)

1. 홈택스에서 조회한 수출실적명세서 관련 내역

수출신고번호	선적일자	통화	환율	외화금액	원화환산금액
81234-58-123458X	7월 22일	USD	1,400원/$	$30,000	42,000,000원

※ 위 자료는 직접수출에 해당하며, 거래처명 입력은 생략한다.

2. 홈택스에서 조회한 구매확인서 및 전자세금계산서 관련 내역

(1) 구매확인서 전자발급명세서 내역

서류구분	서류번호	발급일	공급일	금액
구매확인서	PKT0731555	8월 5일	7월 31일	70,000,000원

(2) 영세율전자세금계산서

영세율전자세금계산서				승인번호		
공급자	등록번호	571-85-01094	종사업장번호		공급받는자	등록번호	551-85-12772	종사업장번호	

<table>
<tr><td colspan="4" align="center">영세율전자세금계산서</td><td>승인번호</td><td colspan="3"></td></tr>
<tr><td rowspan="5">공급자</td><td>등록번호</td><td colspan="2">571-85-01094</td><td>종사업장번호</td><td rowspan="5">공급받는자</td><td>등록번호</td><td colspan="2">551-85-12772</td><td>종사업장번호</td><td></td></tr>
<tr><td>상호(법인명)</td><td colspan="2">㈜어진상사</td><td>성명</td><td>김세종</td><td>상호(법인명)</td><td colspan="2">㈜최강전자</td><td>성명</td><td>최강수</td></tr>
<tr><td>사업장</td><td colspan="4">서울시 구로구 안양천로 539길 6</td><td>사업장</td><td colspan="4">경기도 광명시 디지털로 5, 301호</td></tr>
<tr><td>업태</td><td colspan="2">제조업</td><td>종목</td><td>전자제품</td><td>업태</td><td colspan="2">도매업</td><td>종목</td><td>전자제품</td></tr>
<tr><td>이메일</td><td colspan="4">happy07@naver.com</td><td>이메일</td><td colspan="4">big99@naver.com</td></tr>
</table>

작성일자	공급가액	세액	수정사유
20xx. 7. 31.	70,000,000		해당 없음

비고	

월	일	품목	규격	수량	단가	공급가액	세액	비고
7	31	전자제품				70,000,000		

합계금액	현금	수표	어음	외상미수금	이 금액을 (청구) 함
70,000,000				70,000,000	

□□□
(3) 당사의 올해 1기 부가가치세 확정 신고서를 작성 및 마감하여 국세청 홈택스에서 부가가치세 신고를 수행하시오. (2점)

> 1. 부가가치세신고서와 관련 부속서류는 마감되어 있다. (세액공제는 고려하지 않는다)
> 2. [전자신고] → [국세청 홈택스 전자신고변환(교육용)] 순으로 진행한다.
> 3. 전자신고용 전자파일 제작 시 신고인 구분은 2.납세자 자진신고로 선택하고, 비밀번호는 "12341234"로 입력한다.
> 4. 전자신고용 전자파일 저장경로는 로컬디스크(C:)이며, 파일명은 "enc작성연월일.101.v5718501094"이다.
> 5. 최종적으로 국세청 홈택스에서 [전자파일 제출하기]를 완료한다.

문제 4 결산정리사항은 다음과 같다. 관련 메뉴를 이용하여 결산을 완료하시오. (15점)

□□□
(1) ㈜어진상사는 올해 2월 1일에 국민은행으로부터 1년 갱신 조건으로 마이너스 보통예금 통장을 개설하였다. 올해 12월 31일 현재 통장 잔액은 (-)5,700,000원이다. (단, 음수(-)로 회계처리 하지 말 것) (3점)

□□□
(2) 미국에 소재한 거래처 INSIDEOUT과의 거래로 발생한 외상매입금 60,250,000원($50,000)이 계상되어 있다. (결산일 현재 기준환율 : 1,390원/$) (3점)

□□□
(3) 당사는 생산부서의 원재료를 보관하기 위해 창고를 임차하고 임대차 계약을 체결하였다. 올해 9월 1일에 임대인에게 1년분 임차료 18,000,000원(올해. 9. 1.~내년. 8. 31.)을 보통예금 계좌에서 이체하여 지급하고 지급일에 1년분 임차료를 선급비용으로 회계처리하였다. (단, 임차료는 월할계산할 것) (3점)

□□□
(4) 당사는 외상매출금과 받을어음에 대하여 기말 채권 잔액의 2%를 대손예상액으로 추정하여 대손충당금을 설정하기로 한다. (단, 다른 채권에 대해서는 대손충당금을 설정하지 않음) (3점)

□□□
(5) 올해 4월 1일에 취득한 영업권의 취득원가는 54,000,000원이다. 영업권에 대한 12월 말 결산 회계처리를 하시오. 회사는 무형자산에 대하여 5년간 월할 균등 상각하고 있으며, 비용은 판매비와관리비로 분류한다. (3점)

 2025년 귀속 원천징수와 관련된 다음의 물음에 답하시오. (15점)

□□□
(1) 다음은 영업부 김성민 과장(사번 : 300)의 11월 귀속 급여 및 상여와 관련된 자료이다. [급여자료입력]과 [원천징수이행상황신고서]를 작성하시오. (단, [기초코드등록] → [환경등록] → [원천] → [5.급여자료입력 화면]에서 "2.구분별로 입력"으로 변경한 후 작성할 것) (5점)

1. 올해 11월 귀속 급여 및 상여 자료
(1) 급여 자료

급여 항목	금액	공제항목	금액
기본급	3,000,000원	국민연금	135,000원
식대(비과세)	200,000원	건강보험	106,350원
		장기요양보험	13,770원
		고용보험	24,000원
		소득세	74,350원
		지방소득세	7,430원
		공제총액	360,900원
지급총액	3,200,000원	차인지급액	2,839,100원

(2) 상여 자료

상여 항목	금액	공제항목	금액
상여	2,500,000원	고용보험	20,000원
		소득세	207,020원
		지방소득세	20,700원
		공제총액	247,720원
지급총액	2,500,000원	차인지급액	2,252,280원

2. 올해 11월 귀속 급여의 지급시기는 올해 11월 30일이고, 올해 11월 상여의 실제 지급시기는 내년 3월 15일이다.
3. 소득세법 규정에 따르면 11월 귀속 근로소득이 12월까지 지급되지 않은 경우, 12월 31일에 지급한 것으로 보아 소득세를 원천징수한다.
4. 지급시기별로 각각의 [급여자료입력]과 [원천징수이행상황신고서]를 작성한다.

□□□

(2) 다음은 ㈜어진상사의 사무관리직원인 이태원(사원코드 : 202번) 씨의 연말정산 관련 자료이다. [연말정산추가자료입력] 메뉴의 [소득명세] 탭, [부양가족] 탭, [연말정산입력] 탭을 작성하시오. (입력된 자료는 무시하고 다음의 자료만을 이용하여 입력할 것) (10점)

〈자료 1〉 근무지 현황(급여에는 기본급 외에는 없고, 급여일은 매달 말일임)

근무지	급여기간	월 급여	연간 총급여
㈜경기 412-81-24785	2025. 1. 1.~2025. 11. 30.(퇴사)	4,500,000원	49,500,000원
	· 국민연금 : 2,400,000원, 고용보험 : 440,000원 · 건강보험 : 1,826,000원, 장기요양보험 : 187,000원 · 결정세액 소득세 : 2,580,000원, 지방소득세 : 258,000원		

근무지	급여기간	월 급여	연간 총급여
㈜어진상사	2025. 12. 1.(입사)~2025. 12. 31.	5,500,000원	5,500,000원
	· 국민연금 : 218,700원, 고용보험 : 49,550원 · 건강보험 : 166,750원, 장기요양보험 : 17,090원 · 원천징수 소득세 : 289,850원, 지방소득세 : 28,980원		

〈자료 2〉 가족 현황

관계	성명	주민등록번호	비고
본인	이태원	741210-1254630	총급여 55,000,000원
배우자	김진실	781214-2458691	소득 없음
모	최명순	450425-2639213	소득 있음(장애인[1])
아들	이민석	040505-3569876	대학생
딸	이채영	090214-4452148	고등학생

※ [1] 모친인 최명순 씨는 상가임대소득에 대한 총수입금액 36,000,000원과 필요경비 16,000,000 원이 있으며, 「장애인복지법」상 장애인에 해당함

〈자료 3〉 연말정산자료

※ 단, 의료비, 보험료, 교육비 입력 시 국세청간소화에 입력하고, 의료비의 증빙코드는 1.국세청장으로 입력할 것

(1) 보험료
- 본인(이태원)
  - 자동차보험료 600,000원
  - 보장성운전자보험료 240,000원
- 본인 외
  - 모친의 장애인전용보장성보험료 960,000원
  - 배우자의 저축성생명보험료 1,800,000원

(2) 교육비
- 본인(이태원) : 경영대학원 교육비 8,000,000원
- 배우자 : 정규야간전문대학 교육비 7,000,000원
- 아들 : 대학교 수업료 7,000,000원
- 딸 : 고등학교 수업료 2,000,000원, 교복구입비용 1,000,000원, 현장체험학습비 500,000원

(3) 의료비(단, 모두 근로자 본인(이태원)이 부담하였다)
　　· 모친 : 상해사고 치료비 5,000,000원(실손보험 수령액 3,000,000원)
　　· 아들 : 시력보정용안경 300,000원
　　· 배우자 : 미용목적 성형수술비 2,000,000원

▶ 정답 및 해설 | p.10

제116회 기출문제

☑ 다시 봐야 할 문제(틀린 문제, 풀지 못한 문제, 헷갈리는 문제 등)는 회독별로 문제 번호 위 네모박스(□)에 체크하여 반복 학습할 수 있습니다.

이론시험

다음 문제를 보고 알맞은 것을 골라 [이론문제 답안작성] 메뉴에 입력하시오. (객관식 문항당 2점)

● 기 본 전 제 ●

문제에서 한국채택국제회계기준을 적용하도록 하는 전제조건이 없는 경우, 일반기업회계기준을 적용한다.

□□□
1. 다음 중 자본적 지출 항목을 수익적 지출로 잘못 회계처리한 경우 재무제표에 미치는 영향으로 옳은 것은?

① 자산이 과소계상 된다.　　　　　② 당기순이익이 과대계상 된다.

③ 부채가 과소계상 된다.　　　　　④ 자본이 과대계상 된다.

□□□
2. 다음 중 당좌자산에 해당하지 않는 항목은 무엇인가?

① 영업권　　　② 매출채권　　　③ 단기투자자산　　　④ 선급비용

□□□
3. 다음 중 회계추정의 변경에 해당하지 않는 것은 무엇인가?

① 감가상각자산의 내용연수 변경
② 감가상각방법의 변경
③ 재고자산 평가방법의 변경
④ 재고자산의 진부화 여부에 대한 판단

4. 다음 중 자본에 대한 설명으로 옳지 않은 것은?

① 유상증자 시 주식이 할인발행된 경우 주식할인발행차금은 자본조정으로 계상한다.

② 신주발행비는 손익계산서상의 당기 비용으로 처리한다.

③ 주식분할의 경우 주식수만 증가할 뿐 자본금에 미치는 영향은 발생하지 않는다.

④ 무상감자는 주식소각 대가를 주주에게 지급하지 않으므로 형식적 감자에 해당한다.

5. 다음의 자료를 이용하여 기말재고자산에 포함해야 할 총금액을 계산하면 얼마인가? 단, 창고 재고 금액은 고려하지 않는다.

> · 반품률이 높지만, 그 반품률을 합리적으로 추정할 수 없는 상태로 판매한 상품 : 2,000,000원
> · 시용판매 조건으로 판매된 시송품 총 3,000,000원 중 고객이 구매의사표시를 한 상품 : 1,000,000원
> · 담보로 제공한 저당상품 : 9,000,000원
> · 선적지 인도조건으로 매입한 미착상품 : 4,000,000원

① 15,000,000원　　② 16,000,000원　　③ 17,000,000원　　④ 18,000,000원

6. 다음 중 원가에 대한 설명으로 옳지 않은 것은?

① 조업도(제품생산량)가 증가함에 따라 단위당 변동원가는 일정하고 단위당 고정원가는 감소한다.

② 제조원가는 직접재료원가, 직접노무원가, 제조간접원가를 말한다.

③ 가공원가란 직접재료원가와 직접노무원가만을 합한 금액을 말한다.

④ 고정원가란 관련범위 내에서 조업도 수준과 관계없이 총원가가 일정한 원가를 말한다.

7. 다음 중 개별원가계산과 종합원가계산에 대한 설명으로 옳지 않은 것은?

① 개별원가계산은 개별적으로 원가를 추적해야 하므로 공정별로 원가를 통제하기가 어렵다.

② 종합원가계산 중 평균법은 기초재공품 모두를 당기에 착수하여 완성한 것으로 가정한다.

③ 종합원가계산을 적용할 때 기초재공품이 없다면 평균법과 선입선출법에 의한 계산은 차이가 없다.

④ 종합원가계산은 개별원가계산과 달리 기말재공품의 평가문제가 발생하지 않는다.

□□□
8. 다음 중 보조부문원가를 배분하는 방법에 대한 설명으로 옳지 않은 것은?

① 상호배분법은 보조부문 상호 간의 용역수수관계를 완전히 반영하는 방법이다.
② 단계배분법은 보조부문 상호 간의 용역수수관계를 전혀 반영하지 않는 방법이다.
③ 직접배분법은 보조부문 상호 간의 용역수수관계를 전혀 반영하지 않는 방법이다.
④ 상호배분법, 단계배분법, 직접배분법 중 어떤 방법을 사용하더라도 보조부문의 총원가는 제조부문에 모두 배분된다.

□□□
9. 당사의 보험료를 제조부문에 80%, 영업부문에 20%로 배분하고 있다. 당월 지급액 100,000원, 전월 미지급액 30,000원, 당월 미지급액이 20,000원인 경우 당월 제조간접원가로 계상해야 하는 보험료는 얼마인가?

① 64,000원　　　　② 72,000원　　　　③ 80,000원　　　　④ 90,000원

□□□
10. 종합원가계산을 적용할 경우, 다음의 자료를 이용하여 평균법과 선입선출법에 따른 가공원가의 완성품환산량을 각각 계산하면 몇 개인가?

> · 기초재공품 : 300개(완성도 20%)
> · 당기착수량 : 1,000개
> · 당기완성량 : 1,100개
> · 기말재공품 : 200개(완성도 60%)
> · 원재료는 공정착수 시점에 전량 투입되며, 가공원가는 전체 공정에서 균등하게 발생한다.

	평균법	선입선출법
①	1,120개	1,060개
②	1,120개	1,080개
③	1,220개	1,180개
④	1,220개	1,160개

□□□
11. 다음 중 부가가치세법상 부가가치세가 과세되는 재화 또는 용역의 공급에 해당하는 것은?

① 박물관에 입장하도록 하는 용역
② 고속철도에 의한 여객운송 용역
③ 도서 공급
④ 도서대여 용역

□□□
12. 다음 중 부가가치세법상 매입세액공제가 가능한 경우는?

① 면세사업과 관련된 매입세액
② 기업업무추진비 지출과 관련된 매입세액
③ 토지의 형질변경과 관련된 매입세액
④ 제조업을 영위하는 사업자가 농민으로부터 면세로 구입한 농산물의 의제매입세액

□□□
13. 다음 중 소득세법상 근로소득의 원천징수 시기로 옳지 않은 것은?

① 20x1년 5월 귀속 근로소득을 20x1년 5월 31일에 지급한 경우 : 20x1년 5월 31일
② 20x1년 7월 귀속 근로소득을 20x1년 8월 10일에 지급한 경우 : 20x1년 8월 10일
③ 20x1년 11월 귀속 근로소득을 20x2년 1월 31일에 지급한 경우 : 20x1년 12월 31일
④ 20x1년 12월 귀속 근로소득을 20x2년 3월 31일에 지급한 경우 : 20x1년 12월 31일

□□□
14. 다음 중 소득세법상 사업소득에 대한 설명으로 가장 옳지 않은 것은?

① 간편장부대상자의 사업용 유형자산 처분으로 인하여 발생한 이익은 사업소득에 해당한다.
② 소득세 및 지방소득세의 환급 시 덧붙여지는 이자상당액은 총수입금액으로 보지 않는다.
③ 가사관련경비는 사업소득의 필요경비로 인정되지 않는다.
④ 부동산임대와 관련 없는 사업소득의 이월결손금은 당해 연도의 다른 종합소득에서 공제될 수 있다.

□□□
15. 다음 중 소득세법상 종합소득공제 및 세액공제에 대한 설명으로 옳지 않은 것은?

① 거주자의 직계존속이 주거 형편에 따라 별거하고 있는 경우에는 생계를 같이 하는 것으로 본다.
② 재학 중인 학교로부터 받은 장학금이 있는 경우 이를 차감한 금액을 세액공제 대상 교육비로 한다.
③ 배우자가 있는 여성은 배우자가 별도의 소득이 없는 경우에 한하여 부녀자공제를 받을 수 있다.
④ 맞벌이 부부 중 남편이 계약자이고 피보험자가 부부공동인 보장성보험의 보험료는 보험료 세액
　　공제 대상이다.

실무시험

㈜선진테크(회사코드 : 0216)는 컴퓨터 및 주변장치의 제조 및 도·소매업을 주업으로 영위하는 중소기업으로서 당기(제11기)의 회계기간은 2025. 1. 1.~2025. 12. 31.이다. 전산세무회계 수험용 프로그램을 이용하여 다음 물음에 답하시오.

● **기 본 전 제** ●

· 문제에서 한국채택국제회계기준을 적용하도록 하는 전제조건이 없는 경우, 일반기업회계기준을 적용하여 회계처리한다.

· 문제의 풀이와 답안작성은 제시된 문제의 순서대로 진행한다.

문제 1 [일반전표입력] 메뉴를 이용하여 다음의 거래자료를 입력하시오. (15점)

● **입력 시 유의사항** ●

· 일반적인 적요의 입력은 생략하지만, 타계정 대체거래는 적요번호를 선택하여 입력한다.

· 채권·채무와 관련된 거래는 별도의 요구가 없는 한 반드시 기등록된 거래처코드를 선택하는 방법으로 거래처명을 입력한다.

· 제조경비는 500번대 계정코드를, 판매비와관리비는 800번대 계정코드를 사용한다.

· 회계처리 시 계정과목은 별도의 제시가 없는 한 등록된 계정과목 중 가장 적절한 과목으로 한다.

□□□
(1) 1월 3일 전기에 하남상회에게 제품을 판매하고 계상했던 외상매출금 총 3,400,000원 중 1,400,000원은 하남상회가 발행한 약속어음으로 받고, 나머지는 보통예금 계좌로 즉시 입금받았다. (3점)

□□□
(2) 1월 15일 영업부에서 사용할 실무서적을 현금으로 구입하고, 다음의 영수증을 수취하였다. (3점)

NO.	영수증(공급받는자용)			
				㈜선진테크 귀하
공급자	사업자등록번호	145-91-12336		
	상호	대일서점	성명	김대일
	사업장소재지	서울시 강동구 천호대로 1(천호동)		
	업태	도소매	종목	서적
작성일자		금액합계		비고
20xx. 1. 15.		25,000원		
공급내역				
월/일	품명	수량	단가	금액
1/15	영업전략실무	1	25,000원	25,000원
합계		₩ 25,000		
위 금액을 영수함				

(3) 8월　20일 당사는 공장신축용 토지를 취득하면서 취득세 18,000,000원과 지방채 12,000,000
　　　원(액면가 12,000,000원, 공정가치 10,500,000원, 만기 5년, 무이자부)을 보통예
　　　금 계좌에서 지급하였다. (단, 지방채는 매도가능증권으로 분류할 것) (3점)

(4) 10월 25일 다음의 제조부서 직원급여를 보통예금 계좌에서 이체하여 지급하였다. 예수금은 하나
　　　의 계정으로 처리하시오. (3점)

10월분 급여명세서

(단위 : 원)

사원코드 : 0008		사원명 : 김하나	
부서 : 제조		직급 : 과장	
지급내역	지급액	공제내역	공제액
기본급	3,500,000	국민연금	265,500
상여	3,000,000	건강보험	230,420
		고용보험	58,500
		장기요양보험료	29,840
		소득세	530,000
		지방소득세	53,000
		공제액계	1,167,260
지급액계	6,500,000	차인지급액	5,332,740

귀하의 노고에 감사드립니다.　　　　　　　　　　　　　　　　　　　㈜선진테크

□□□
(5) 12월 1일 지난 9월 2일 공장에서 사용할 목적으로 ㈜은성기계에서 기계장치를 구매하고 아래의 전자세금계산서를 수취하면서 미지급금으로 회계처리를 했던 거래에 대하여 12월 1일에 법인카드(신한카드)로 결제하여 지급하였다. (단, 카드 결제분은 미지급금으로 처리할 것) (3점)

전자세금계산서					승인번호			
공급자	등록번호	180-81-41214	종사업장번호		공급받는자	등록번호	130-81-53506	종사업장번호	
	상호(법인명)	㈜은성기계	성명	박은성		상호(법인명)	㈜선진테크	성명	이득세
	사업장	서울특별시 성북구 장월로1길 28, 상가동 101호				사업장	경기도 부천 길주로 284, 105호 (중동)		
	업태	제조업	종목	전자부품		업태	제조, 도소매 외	종목	컴퓨터 및 주변장치 외
	이메일	es@naver.com				이메일	jdcorp@naver.com		

작성일자	공급가액	세액	수정사유
20xx/9/2	20,000,000	2,000,000	해당 없음

월	일	품목	규격	수량	단가	공급가액	세액	비고
9	2	기계장치				20,000,000	2,000,000	

합계금액	현금	수표	어음	외상미수금	이 금액을 (청구) 함
22,000,000				22,000,000	

문제 2 [매입매출전표입력] 메뉴를 이용하여 다음의 거래자료를 입력하시오. (15점)

● 입력 시 유의사항 ●

· 일반적인 적요의 입력은 생략하지만, 타계정 대체거래는 적요번호를 선택하여 입력한다.
· 채권·채무 관련 거래는 별도의 요구가 없는 한 반드시 기등록된 거래처코드를 선택하는 방법으로 거래처명을 입력한다.
· 제조경비는 500번대 계정코드를, 판매비와관리비는 800번대 계정코드를 사용한다.
· 회계처리 시 계정과목은 등록된 계정과목 중 가장 적절한 과목으로 한다.
· 입력화면 하단의 분개까지 처리하고, 세금계산서 및 계산서는 전자 여부를 입력하여 반영한다.

□□□
(1) 1월 2일 제조부문에서 사용하던 기계장치(취득원가 5,000,000원, 감가상각누계액 4,300,000원)를 미래전자에 1,000,000원(부가가치세 별도)에 매각하면서 전자세금계산서를 발급하였으며, 대금 중 부가가치세는 현금으로 받고, 나머지는 전액 미래전자가 발행한 약속어음으로 수취하였다. (3점)

(2) 2월　12일 가공육 선물세트를 구입하여 영업부 거래처에 접대를 목적으로 제공하고 아래의 전자
세금계산서를 수취하면서 대금은 보통예금 계좌에서 지급하였다. (3점)

전자세금계산서					승인번호			
공급자	등록번호	130-81-23545	종사업장번호		공급받는자	등록번호	130-81-53506	종사업장번호	
	상호(법인명)	㈜롯데백화점 중동	성명	이시진		상호(법인명)	㈜선진테크	성명	이득세
	사업장주소	경기도 부천시 길주로 300 (중동)				사업장주소	경기도 부천시 길주로 284, 105호 (중동)		
	업태	서비스	종목	백화점		업태	제조, 도소매	종목	컴퓨터 및 주변장치 외
	이메일	fhdns@never.net				이메일	1111@daum.net		

작성일자	공급가액	세액	수정사유	비고
20xx/2/12	7,100,000	710,000		

월	일	품목	규격	수량	단가	공급가액	세액	비고
2	12	가공육 선물세트 1호		100	71,000	7,100,000	710,000	

합계금액	현금	수표	어음	외상미수금	위 금액을 (영수) 함
7,810,000	7,810,000				

(3) 7월　17일 당사는 수출회사인 ㈜봉산실업에 내국신용장에 의해 제품을 판매하고 영세율전자세
금계산서를 발급하였다. 대금 중 1,800,000원은 현금으로 받고, 나머지는 외상으로
하였다. (3점)

영세율전자세금계산서					승인번호			
공급자	등록번호	130-81-53506	종사업장번호		공급받는자	등록번호	130-81-55668	종사업장번호	
	상호(법인명)	㈜선진테크	성명	이득세		상호(법인명)	㈜봉산실업	성명	안민애
	사업장	경기도 부천시 길주로 284, 105호 (중동)				사업장	서울 강남구 역삼로 1504-20		
	업태	제조 외	종목	컴퓨터 및 주변장치 외		업태	도소매	종목	전자제품
	이메일	1111@daum.net				이메일	semicom@naver.com		

작성일자	공급가액	세액	수정사유
20xx/7/17	18,000,000	0	해당 없음

월	일	품목	규격	수량	단가	공급가액	세액	비고
7	17	제품	set	10	1,800,000	18,000,000	0	

합계금액	현금	수표	어음	외상미수금	이 금액을 (영수) 함
18,000,000	1,800,000			16,200,000	

□□□
(4) 8월　20일 ㈜하나로마트에서 한우갈비세트(부가가치세 면세 대상) 2,000,000원을 현금으로 결제하고 현금영수증(지출증빙용)을 수취하였다. 이 중 600,000원 상당은 복리후생 차원에서 당사 공장 직원에게 제공하였고, 나머지는 영업부서 직원에게 제공하였다. (3점)

□□□
(5) 9월　10일 아래의 세금계산서를 올해 2기 부가가치세 예정신고 시 누락하였다. 반드시 올해 2기 부가가치세 확정신고서에 반영되도록 입력 및 설정한다. (3점)

<table>
<tr><td colspan="9" rowspan="2">세금계산서</td><td>책번호</td><td colspan="2">권</td><td colspan="2">호</td></tr>
<tr><td>일련번호</td><td colspan="2"></td><td>-</td><td></td></tr>
<tr><td rowspan="4">공급자</td><td colspan="2">사업자
등록번호</td><td>1</td><td>1</td><td>3</td><td>-</td><td>1</td><td>5</td><td>-</td><td>5</td><td>3</td><td>1</td><td>2</td><td>7</td><td rowspan="4">공급받는자</td><td colspan="2">사업자
등록번호</td><td>1</td><td>3</td><td>0</td><td>-</td><td>8</td><td>1</td><td>-</td><td>5</td><td>3</td><td>5</td><td>0</td><td>6</td></tr>
<tr><td colspan="2">상호(법인명)</td><td colspan="4">풍성철강</td><td colspan="4">성명(대표자)</td><td colspan="4">이소희</td><td colspan="2">상호(법인명)</td><td colspan="4">㈜선진테크</td><td colspan="3">성명(대표자)</td><td colspan="4">이득세</td></tr>
<tr><td colspan="2">사업장 주소</td><td colspan="12">서울시 금천구 시흥대로 53</td><td colspan="2">사업장 주소</td><td colspan="11">경기도 부천시 길주로 284, 105호 (중동)</td></tr>
<tr><td colspan="2">업태</td><td colspan="4">도매업</td><td colspan="4">종목</td><td colspan="4">철강</td><td colspan="2">업태</td><td colspan="4">제조업</td><td colspan="3">종목</td><td colspan="4">컴퓨터 및 주변장치 외</td></tr>
</table>

<table>
<tr><td colspan="3">작성</td><td colspan="11">공급가액</td><td colspan="10">세액</td><td>비고</td></tr>
<tr><td>연</td><td>월</td><td>일</td><td>공란수</td><td>백</td><td>십</td><td>억</td><td>천</td><td>백</td><td>십</td><td>만</td><td>천</td><td>백</td><td>십</td><td>일</td><td>십</td><td>억</td><td>천</td><td>백</td><td>십</td><td>만</td><td>천</td><td>백</td><td>십</td><td>일</td><td></td></tr>
<tr><td>20xx</td><td>9</td><td>10</td><td></td><td></td><td></td><td></td><td></td><td>1</td><td>0</td><td>0</td><td>0</td><td>0</td><td>0</td><td>0</td><td></td><td></td><td></td><td>1</td><td>0</td><td>0</td><td>0</td><td>0</td><td>0</td><td>0</td><td></td></tr>
</table>

<table>
<tr><td>월</td><td>일</td><td>품목</td><td>규격</td><td>수량</td><td>단가</td><td>공급가액</td><td>세액</td><td>비고</td></tr>
<tr><td>9</td><td>10</td><td>원재료</td><td></td><td></td><td></td><td>1,000,000</td><td>100,000</td><td></td></tr>
<tr><td>합계금액</td><td>현금</td><td>수표</td><td></td><td>어음</td><td></td><td>외상미수금</td><td colspan="2" rowspan="2">이 금액을 (청구) 함</td></tr>
<tr><td>1,100,000</td><td></td><td></td><td></td><td></td><td></td><td>1,100,000</td></tr>
</table>

□□□
(1) 다음의 자료를 토대로 올해 1기 부가가치세 확정신고기간의 [부가가치세신고서]를 작성하시오.
(단, 아래 제시된 자료만 있는 것으로 가정함) (6점)

매출자료	• 세금계산서 발급분 과세 매출 : 공급가액 200,000,000원, 세액 20,000,000원 – 종이(전자 외) 세금계산서 발급분(공급가액 50,000,000원, 세액 5,000,000원)이 포함 되어 있다. – 그 외 나머지는 모두 전자세금계산서 발급분이다. • 당사의 직원인 홍길동(임원 아님)에게 경조사와 관련하여 연간 100,000원(시가) 상당의 제품(당사가 제조한 제품임)을 무상으로 제공하였다. • 대손이 확정된 외상매출금 1,650,000원(부가가치세 포함)에 대하여 대손세액공제를 적 용한다.

매입자료	• 수취한 매입세금계산서는 공급가액 120,000,000원, 세액 12,000,000원으로 내용은 아
	 래와 같다.
	 – 승용자동차(배기량 : 999cc, 경차에 해당됨) 취득분 : 공급가액 20,000,000원, 세액
	  2,000,000원
	 – 거래처 접대목적으로 구입한 물품(고정자산 아님) : 공급가액 5,000,000원, 세액
	  500,000원
	 – 그 외 나머지는 일반 매입분이다.

유의사항	• 세부담 최소화를 가정한다. • 불러온 자료는 무시하고 문제에 제시된 자료만 직접 입력한다. • 전자신고 관련 세액공제는 고려하지 않는다. • 부가가치세 신고서 이외의 과세표준명세 등 기타 부속서류의 작성은 생략한다.

□□□
(2) 다음은 대손 관련 자료이다. 해당 자료를 이용하여 올해 2기 확정신고 시의 [대손세액공제신고서]
를 작성하시오. (단, 모든 거래는 부가가치세 과세대상에 해당함) (4점)

대손 확정일	당초 공급일	계정과목	대손금	매출처 상호	대손사유
2025. 10. 5.	2024. 5. 3.	미수금 (유형자산매각대금)	11,000,000원	㈜가경	파산종결 결정공고
2025. 10. 24.	2022. 10. 10.	외상매출금	22,000,000원	㈜용암	소멸시효완성
2025. 5. 19. (부도발생일)	2025. 4. 8.	받을어음	16,500,000원	㈜개신	부도발생 (저당권설정 안 됨)
2025. 12. 19. (부도발생일)	2025. 8. 25.	받을어음	13,200,000원	㈜비하	부도발생 (저당권설정 안 됨)

문제 4 결산정리사항은 다음과 같다. 관련 메뉴를 이용하여 결산을 완료하시오. (15점)

□□□

(1) 기존에 입력된 데이터는 무시하고, 올해 2기 부가가치세 확정신고와 관련된 내용이 다음과 같다고 가정한다. 12월 31일 부가세예수금과 부가세대급금을 정리하는 회계처리를 하시오. (단, 납부세액(또는 환급세액)은 미지급세금(또는 미수금)으로, 경감공제세액은 잡이익으로, 가산세는 세금과공과(판관비)로 회계처리한다) (3점)

> · 부가세대급금 : 9,500,000원 　　　　· 부가세예수금 : 12,500,000원
> · 전자신고세액공제액 : 10,000원 　　　· 세금계산서 미발급가산세 : 240,000원

□□□

(2) 아래의 내용을 참고하여 당해연도 말 현재 보유 중인 매도가능증권(비유동자산)에 대한 결산 회계처리를 하시오. (단, 매도가능증권과 관련된 전년도의 회계처리는 적절하게 수행함) (3점)

주식명	전년도 취득가액	전년도 말 공정가치	당해연도 말 공정가치
엔비디아듀	1,000,000원	800,000원	2,000,000원

□□□

(3) 9월 1일에 영업부 차량보험에 가입하고 1년 치 보험료 1,200,000원을 납부하였다. 보험료 납부 당시 회사는 전액 보험료로 회계처리 하였다. (단, 월할계산할 것) (3점)

□□□

(4) 당사는 올해(20x1년) 1월 1일에 사채(액면가액 10,000,000원)를 발행하고 매년 결산일(12월 31일)에 이자비용을 보통예금 계좌에서 지급하고 있다. 만기 20x3년 12월 31일, 액면이자율 10%, 시장이자율 7%이며 발행시점의 발행가액은 10,787,300원이다. 올해 12월 31일 결산일에 필요한 회계처리를 하시오. (단, 원 단위 미만은 절사할 것) (3점)

□□□

(5) 다음은 ㈜선진테크의 유형자산 명세서이다. 기존에 입력된 데이터는 무시하며 다음의 유형자산만 있다고 가정하고 감가상각과 관련된 회계처리를 하시오. (3점)

유형자산 명세서					
계정과목	자산명	당기분 회사 계상 감가상각비	감가상각방법	내용연수	사용 부서
건물	공장건물	10,000,000원	정액법	20년	제조부
기계장치	초정밀검사기	8,000,000원	정률법	10년	제조부
차량운반구	그랜저	7,000,000원	정액법	5년	영업부
비품	컴퓨터	3,000,000원	정률법	5년	영업부

 2025년 귀속 원천징수와 관련된 다음의 물음에 답하시오. (15점)

(1) 다음의 자료를 바탕으로 내국인이며 거주자인 생산직 사원 임하나(760128-2436812, 세대주, 입사일 : 올해. 9. 1.)의 세부담이 최소화 되도록 [사원등록] 메뉴의 [기본사항] 탭을 이용하여 아래의 내용 중에서 필요한 항목을 입력하고, 9월분 급여자료를 입력하시오. (단, 급여지급일은 매월 말일이며, 사용하지 않는 수당항목은 '부'로 표시하고, 공제항목은 불러오는 데이터를 그대로 사용할 것) (6점)

> ※ 아래 〈자료〉를 통해 임하나의 [사원등록] 메뉴의 [기본사항] 탭에서 다음의 사항을 입력하고 9월분 급여자료를 입력하시오.
> · 10.생산직등여부, 연장근로비과세, 전년도총급여
> · 12.국민연금보수월액
> · 13.건강보험보수월액
> · 14.고용보험보수월액

〈자료〉

> · 국민연금보수월액, 건강보험보수월액, 고용보험보수월액은 1,800,000원으로 신고하였다.
> · 급여 및 제수당 내역은 다음과 같다.
>
> | 급여 및 제수당 | 기본급 | 식대 | 시내교통비 | 보육수당 | 야간근로수당 |
> |---|---|---|---|---|---|
> | 금액(원) | 1,500,000 | 200,000 | 300,000 | 100,000 | 2,200,000 |
>
> · 별도의 식사는 제공하지 않고 있으며, 식대로 매월 200,000원을 지급하고 있다.
> · 출퇴근용 시내교통비로 매월 300,000원을 지급하고 있다.
> · 보육수당은 6세 이하 자녀를 양육하는 직원에게 지급하는 수당이다.
> · 9월은 업무 특성상 야간근무를 하며, 이에 대하여 별도의 수당을 지급하고 있다.
>   (→ 임하나 : 국내 근무, 월정액 급여 2,100,000원, 전년도 총급여 27,000,000원)
> · 올해 9월 1일 이전의 연장·야간근로수당으로서 비과세되는 금액은 없다.

(2) 다음은 퇴사자 우미영 사원(사번 : 301)의 3월 급여자료이다. [사원등록] 메뉴에서 퇴사년월일을 반영하고, 3월의 [급여자료입력]과 [원천징수이행상황신고서]를 작성하시오. (단, 반드시 [급여자료입력]의 「F7 중도퇴사자정산」을 이용하여 중도퇴사자 정산 내역을 급여자료에 반영할 것) (6점)

> · 퇴사일은 3월 31일이고, 3월 급여는 4월 5일에 지급되었다.
> · 수당 및 공제항목은 중도퇴사자 정산과 관련된 부분을 제외하고 추가 및 변경하지 않기로 하며 사용하지 않는 항목은 그대로 둔다.

・3월 급여자료(우미영에 대한 급여자료만 입력하도록 한다)

급여 항목	금액	공제 항목	금액
기본급	2,700,000원	국민연금	121,500원
식대(비과세)	200,000원	건강보험	95,710원
		장기요양보험	12,390원
		고용보험	21,600원
		중도정산소득세	-96,500원
		중도정산지방소득세	-9,640원
		공제총액	145,060원
지급총액	2,900,000원	차인지급액	2,754,940원

□□□

(3) 다음 자료를 이용하여 이미 작성된 [원천징수이행상황신고서]를 조회하여 마감하고, 국세청 홈택스에 전자신고를 하시오. (3점)

<전산프로그램에 입력된 소득자료>

귀속월	지급월	소득구분	신고코드	인원	총지급액	소득세	비고
10월	10월	근로소득	A01	2명	7,000,000원	254,440원	매월(정기)신고

<유의사항>

1. 위 자료를 바탕으로 [원천징수이행상황신고서]가 작성되어 있다.

2. [원천징수이행상황신고서] 마감 → [전자신고] → [국세청 홈택스 전자신고 변환(교육용)] 순으로 진행한다.

3. [전자신고] 메뉴의 [원천징수이행상황제작] 탭에서 신고인구분은 2.납세자 자진신고를 선택하고, 비밀번호는 "123456789"를 입력한다.

4. [국세청 홈택스 전자신고 변환(교육용)] → 전자파일변환(변환대상파일선택) → [찾아보기]에서 전자신고용 전자파일을 선택한다.

5. 전자신고용 전자파일 저장경로는 로컬디스크(C:)이며, 파일명은 "작성연월일.01.t사업자등록번호"다.

6. [형식검증하기] → [형식검증결과확인] → [내용검증하기] → [내용검증결과확인] → [전자파일제출]을 순서대로 클릭한다.

7. 최종적으로 [전자파일 제출하기]를 완료한다.

▶ 정답 및 해설 | p.18

✅ 다시 봐야 할 문제(틀린 문제, 풀지 못한 문제, 헷갈리는 문제 등)는 회독별로 문제 번호 위 네모박스(□)에 체크하여 반복 학습할 수 있습니다.

이론시험

다음 문제를 보고 알맞은 것을 골라 [이론문제 답안작성] 메뉴에 입력하시오. (객관식 문항당 2점)

● 기 본 전 제 ●

문제에서 한국채택국제회계기준을 적용하도록 하는 전제조건이 없는 경우, 일반기업회계기준을 적용한다.

□□□
1. 다음 중 재무제표의 기본가정에 해당하지 않는 것은?

① 기업실체를 중심으로 하여 기업실체의 경제적 현상을 재무제표에 보고해야 한다.
② 기업이 계속적으로 존재하지 않을 것이라는 반증이 없는 한, 기업실체의 본래 목적을 달성하기 위하여 계속적으로 존재한다.
③ 기업실체의 지속적인 경제적 활동을 인위적으로 일정 기간 단위로 분할하여 각 기간마다 경영자의 수탁책임을 보고한다.
④ 회계정보가 유용하기 위해서는 그 정보가 의사결정에 반영될 수 있도록 적시에 제공되어야 한다.

□□□
2. 다음의 자료를 통해 20x3년 12월 31일 결산 후 재무제표에서 확인 가능한 정보로 올바른 것은?

> 20x1년 1월 1일 기계장치 취득
> · 매입가액 : 20,000,000원
> · 취득에 직접적으로 필요한 설치비 : 300,000원
> · 20x1년에 발생한 소모품 교체비 : 600,000원
> · 20x1년에 발생한 본래의 용도를 변경하기 위한 제조·개량비 : 4,000,000원
> · 내용연수는 6년, 정액법으로 매년 정상적으로 상각함(월할계산할 것), 잔존가치는 없음

① 기계장치의 취득원가는 24,000,000원으로 계상되어 있다.
② 손익계산서에 표시되는 당기 감가상각비는 4,150,000원이다.
③ 재무상태표에 표시되는 당기 말 감가상각누계액은 8,300,000원이다.
④ 당기 감가상각 후 기계장치의 미상각잔액은 12,150,000원이다.

3. 다음 중 일반기업회계기준상 무형자산 상각에 대한 설명으로 옳지 않은 것은?

① 무형자산의 상각대상 금액은 그 자산의 추정 내용연수 동안 체계적인 방법에 의하여 비용으로 배분된다.
② 제조와 관련된 무형자산의 상각비는 제조원가에 포함한다.
③ 무형자산의 상각방법으로는 정액법만 사용해야 한다.
④ 무형자산의 잔존가치는 없는 것을 원칙으로 한다.

4. 다음 중 사채에 대한 설명으로 가장 옳지 않은 것은?

① 사채할인발행차금은 사채의 발행금액에서 차감하는 형식으로 표시한다.
② 액면이자율보다 시장이자율이 큰 경우에는 할인발행된다.
③ 사채할증발행차금은 사채의 액면금액에서 가산하는 형식으로 표시한다.
④ 액면이자율이 시장이자율보다 큰 경우에는 할증발행된다.

5. 다음 중 회계정책, 회계추정의 변경 및 오류에 대한 설명으로 옳지 않은 것은?

① 회계정책의 변경은 기업환경의 변화, 새로운 정보의 획득 또는 경험의 축적에 따라 지금까지 사용해 오던 회계적 추정치의 근거와 방법 등을 바꾸는 것을 말한다.
② 회계추정의 변경은 전진적으로 처리하여 그 효과를 당기와 당기 이후의 기간에 반영한다.
③ 회계변경의 효과를 회계정책의 변경효과와 회계추정의 변경효과로 구분하는 것이 불가능한 경우 회계추정의 변경으로 본다.
④ 회계추정 변경의 효과는 당해 회계연도 개시일부터 적용한다.

6. 다음 중 원가 집계과정에 대한 설명으로 옳지 않은 것은?

① 당기제품제조원가(당기완성품원가)는 원재료 계정의 차변으로 대체된다.
② 당기총제조원가는 재공품 계정의 차변으로 대체된다.
③ 당기제품제조원가(당기완성품원가)는 제품 계정의 차변으로 대체된다.
④ 제품매출원가는 매출원가 계정의 차변으로 대체된다.

□□□
7. 다음 중 개별원가계산과 종합원가계산에 대한 설명으로 옳지 않은 것은?

① 개별원가계산은 주문받은 개별 제품별로 작성된 작업원가표에 집계하여 원가를 계산한다.

② 종합원가계산은 개별 제품별로 작업원가표를 작성하여 원가를 계산한다.

③ 개별원가계산은 각 제조지시별로 원가계산을 해야 하므로 많은 시간과 비용이 발생한다.

④ 조선업, 건설업은 개별원가계산이 적합한 업종에 해당한다.

□□□
8. 다음 중 제조원가명세서와 손익계산서 및 재무상태표의 관계에 대한 설명으로 옳지 않은 것은?

① 제조원가명세서의 기말원재료재고액은 재무상태표의 원재료 계정에 계상된다.

② 제조원가명세서의 기말재공품의 원가는 재무상태표의 재공품 계정으로 계상된다.

③ 제조원가명세서의 당기제품제조원가는 재무상태표의 매출원가에 계상된다.

④ 손익계산서의 기말제품재고액은 재무상태표의 제품 계정 금액과 같다.

□□□
9. 다음의 자료를 이용하여 직접노무시간당 제조간접원가 예정배부율을 구하시오.

> · 제조간접원가 실제 발생액 : 6,000,000원
> · 제조간접원가 배부차이 : 400,000원(과대배부)
> · 실제 직접노무시간 : 50,000시간

① 112원   ② 128원   ③ 136원   ④ 146원

10. 기초재공품은 1,000개이고 완성도는 30%이다. 당기투입수량은 6,000개이고 기말재공품은 800개일 경우 선입선출법에 의한 가공원가의 완성품환산량이 6,100개라면, 기말재공품의 완성도는 몇 %인가? (단, 가공원가는 전공정에 걸쳐 균등하게 발생한다)

① 10%　　　　② 15%　　　　③ 20%　　　　④ 25%

11. 다음 중 부가가치세법상 과세기간에 대한 설명으로 옳지 않은 것은?

① 일반과세자의 과세기간은 원칙상 1년에 2개가 있다.

② 신규로 사업을 개시하는 것은 과세기간 개시일의 예외가 된다.

③ 매출이 기준금액에 미달하여 일반과세자가 간이과세자로 변경되는 경우 그 변경되는 해에 간이과세자에 관한 규정이 적용되는 과세기간은 그 변경 이전 1월 1일부터 6월 30일까지이다.

④ 간이과세자가 간이과세자에 관한 규정의 적용을 포기함으로써 일반과세자로 되는 경우에는 1년에 과세기간이 3개가 될 수 있다.

12. 다음 중 부가가치세법상 재화의 공급에 해당하는 것은?

① 담보의 제공　　　　② 사업용 상가건물의 양도
③ 사업의 포괄적 양도　　　　④ 조세의 물납

□□□
13. 다음 중 소득세법상 근로소득이 없는 거주자(사업소득자가 아님)가 받을 수 있는 특별세액공제는?

① 보험료세액공제 　　　　　　　　② 의료비세액공제
③ 교육비세액공제 　　　　　　　　④ 기부금세액공제

□□□
14. 다음 중 소득세법상 수입시기로 가장 옳지 않은 것은?

① 비영업대금의 이익 : 약정에 의한 이자 지급일
② 잉여금 처분에 의한 배당 : 잉여금 처분 결의일
③ 장기할부판매 : 대가의 각 부분을 받기로 한 날
④ 부동산 등의 판매 : 소유권이전등기일, 대금청산일, 사용수익일 중 빠른 날

□□□
15. 다음 중 소득세법상 기타소득에 대한 설명으로 가장 옳지 않은 것은?

① 「공익법인의 설립·운영에 관한 법률」의 적용을 받는 공익법인이 주무관청의 승인을 받아 시상하는 상금 및 부상과 다수가 순위 경쟁하는 대회에서 입상자가 받는 상금 및 부상의 경우, 거주자가 받은 금액의 100분의 60에 상당하는 금액을 필요경비로 한다.
② 고용관계 없이 다수인에게 강연을 하고 강연료 등 대가를 받는 용역을 일시적으로 제공하고 받는 대가는 기타소득에 해당한다.
③ 이자소득·배당소득·사업소득·근로소득·연금소득·퇴직소득 및 양도소득 외의 소득으로서 재산권에 관한 알선수수료는 기타소득에 해당한다.
④ 이자소득·배당소득·사업소득·근로소득·연금소득·퇴직소득 및 양도소득 외의 소득으로서 상표권·영업권을 양도하거나 대여하고 받는 금품은 기타소득에 해당한다.

실무시험

㈜은마상사(회사코드 : 0215)는 전자제품의 제조 및 도·소매업을 주업으로 영위하는 중소기업으로 당기(제17기)의 회계기간은 2025. 1. 1.~2025. 12. 31.이다. 전산세무회계 수험용 프로그램을 이용하여 다음 물음에 답하시오.

● 기 본 전 제 ●

· 문제에서 한국채택국제회계기준을 적용하도록 하는 전제조건이 없는 경우, 일반기업회계기준을 적용하여 회계처리한다.

· 문제의 풀이와 답안작성은 제시된 문제의 순서대로 진행한다.

문제 1 [일반전표입력] 메뉴를 이용하여 다음의 거래자료를 입력하시오. (15점)

● 입력 시 유의사항 ●

· 일반적인 적요의 입력은 생략하지만, 타계정 대체거래는 적요번호를 선택하여 입력한다.

· 채권·채무와 관련된 거래는 별도의 요구가 없는 한 반드시 기등록된 거래처코드를 선택하는 방법으로 거래처명을 입력한다.

· 제조경비는 500번대 계정코드를, 판매비와관리비는 800번대 계정코드를 사용한다.

· 회계처리 시 계정과목은 별도의 제시가 없는 한 등록된 계정과목 중 가장 적절한 과목으로 한다.

□□□

(1) 4월 11일 당사가 보유 중인 매도가능증권을 12,000,000원에 처분하고 처분대금은 보통예금 계좌로 입금받았다. 해당 매도가능증권은 지분증권이며, 취득가액은 10,000,000원, 전년도 말 공정가치는 11,000,000원이다. (3점)

□□□

(2) 6월 25일 당사의 거래처인 ㈜은비로부터 비품을 무상으로 받았다. 해당 비품의 공정가치는 5,000,000원이다. (3점)

□□□

(3) 8월 2일 ㈜은마상사의 사옥으로 사용할 토지를 비사업자로부터 다음과 같이 매입하였다. 그 중 토지 취득 관련 지출은 다음과 같다. 취득세는 현금으로 납부하고 토지대금과 등기수수료, 중개수수료는 보통예금 계좌에서 이체하였다. (3점)

> · 토지가액 : 300,000,000원
> · 토지 관련 취득세 : 13,000,000원
> · 토지 취득 관련 법무사 등기수수료 : 300,000원
> · 토지 취득 관련 중개수수료 : 2,700,000원

(4) 8월　10일　당기분 퇴직급여를 위하여 영업부서 직원에 대한 퇴직연금(DB형) 5,000,000원과 제조부서 직원에 대한 퇴직연금(DC형) 3,000,000원을 보통예금 계좌에서 이체하였다. (3점)

(5) 12월 13일　자기주식(취득가액 : 주당 58,000원) 120주를 주당 65,000원에 처분하여 매매대금이 보통예금 계좌로 입금되었다. 처분일 현재 자기주식처분손실 200,000원이 계상되어 있다. (3점)

문제 2　[매입매출전표입력] 메뉴를 이용하여 다음의 거래자료를 입력하시오. (15점)

● **입력 시 유의사항** ●

- 일반적인 적요의 입력은 생략하지만, 타계정 대체거래는 적요번호를 선택하여 입력한다.
- 채권·채무 관련 거래는 별도의 요구가 없는 한 반드시 기등록된 거래처코드를 선택하는 방법으로 거래처명을 입력한다.
- 제조경비는 500번대 계정코드를, 판매비와관리비는 800번대 계정코드를 사용한다.
- 회계처리 시 계정과목은 등록된 계정과목 중 가장 적절한 과목으로 한다.
- 입력화면 하단의 분개까지 처리하고, 세금계산서 및 계산서는 전자 여부를 입력하여 반영한다.

(1) 3월　12일　싱가포르에 소재하는 ABC사에 제품을 $30,000에 직수출하였다. 수출대금 중 $20,000가 선적과 동시에 보통예금 계좌에 입금되었으며 나머지 $10,000는 다음 달 말일에 수취하기로 하였다. (수출신고번호 입력은 생략할 것) (3점)

수출대금	대금수령일	기준환율	비고
$20,000	3월 12일	1,300원/$	선적일
$10,000	4월 30일	1,250원/$	잔금청산일

□□□

(2) 10월 1일 업무용으로 사용할 목적으로 거래처 달려요로부터 업무용승용차(990cc)를 중고로 구
         입하였다. 대금은 한 달 후에 지급하기로 하고, 다음의 종이세금계산서를 발급받았다.
         (3점)

<table>
<tr><td colspan="14" rowspan="2"></td><td colspan="3" style="text-align:right">책번호</td><td>권</td><td>호</td></tr>
</table>

	책번호	권	호

세금계산서(공급받는 자 보관용)

| 일련번호 | □□ - □□□□ |

	등록번호	1 0 6 - 1 1 - 5 6 3 1 8		등록번호	688-85-01470		
공급자	상호(법인명)	달려요	성명(대표자)	정화물	공급받는자	상호(법인명)	㈜은마상사	성명(대표자)	박은마
	사업장 주소	경기도 성남시 중원구 성남대로 99				사업장 주소	경기도 평택시 가재길 14		
	업태	서비스	종목	화물		업태	도소매	종목	전자제품

작성			공급가액												세액											비고
연	월	일	빈칸 수	조	천	백	십	억	천	백	십	만	천	백	십	일	천	백	십	억	천	백	십	만	천	백	십	일
xx	10	1							2	0	0	0	0	0	0	0						2	0	0	0	0	0	0

월	일	품목	규격	수량	단가	공급가액	세액	비고
10	1	승용차				20,000,000	2,000,000	

합계금액	현금	수표	어음	외상미수금	이 금액을 청구 함
22,000,000				22,000,000	

□□□

(3) 10월 29일 업무용승용차를 ㈜월클파이낸셜로부터 운용리스 조건으로 리스하였다. 영업부서에서
         사용하고 임차료 1,800,000원의 전자계산서를 발급받았다. 대금은 다음 달 5일에 지
         급하기로 하였다. (3점)

□□□
(4) 11월　1일　㈜은마상사는 ㈜진산에 제품을 판매하고 아래와 같은 전자세금계산서를 발급하였다. 제품 대금은 ㈜진산에게 지급해야 할 미지급금(8,000,000원)과 상계하기로 상호 협의하였으며 잔액은 보통예금 계좌로 입금받았다. (3점)

전자세금계산서					승인번호			
공급자	등록번호	688-85-01470	종사업장번호		공급받는자	등록번호	259-81-15652	종사업장번호	
	상호(법인명)	㈜은마상사	성명	박은마		상호(법인명)	㈜진산	성명	이진산
	사업장 주소	경기도 평택시 가재길 14				사업장 주소	세종시 부강면 부곡리 128		
	업태	도소매	종목	전자제품		업태	건설업	종목	인테리어
	이메일					이메일			

작성일자	공급가액	세액	수정사유	비고
20xx. 11. 1.	10,000,000	1,000,000		

월	일	품목	규격	수량	단가	공급가액	세액	비고
11	1	전자제품				10,000,000	1,000,000	

합계금액	현금	수표	어음	외상미수금	위 금액을 (청구) 함
11,000,000	3,000,000			8,000,000	

□□□

(5) 11월 20일 ㈜코스트코코리아에서 제조부 사원들을 위해 공장에 비치할 목적으로 온풍기를 1,936,000원(부가가치세 포함)에 구입하고, 대금은 보통예금 계좌에서 이체하여 지급한 후 현금영수증(지출증빙용)을 수취하였다. (단, 자산으로 처리할 것) (3점)

Hometax. 국세청홈택스 현금영수증

· 거래정보

거래일시	20xx-11-20
승인번호	G45972376
거래구분	승인거래
거래용도	지출증빙
발급수단번호	688-85-01470

· 거래금액

공급가액	부가세	봉사료	총 거래금액
1,760,000	176,000	0	1,936,000

· 가맹점 정보

상호	㈜코스트코코리아
사업자번호	107-81-63829
대표자명	조만수
주소	경기도 부천시 길주로 284

· 익일 홈택스에서 현금영수증 발급 여부를 반드시 확인하시기 바랍니다.
· 홈페이지(http://www.hometax.go.kr)
 - 조회/발급 > 현금영수증 조회 > 사용내역(소득공제) 조회
                        > 매입내역(지출증빙) 조회
· 관련문의는 국세상담센터(☎126-1-1)

 부가가치세 신고와 관련하여 다음 물음에 답하시오. (10점)

□□□
(1) 다음 자료를 보고 올해 2기 확정신고기간의 [공제받지못할매입세액명세서] 중 [공제받지못할매입세액내역] 탭과 [공통매입세액의정산내역] 탭을 작성하시오. (단, 불러온 자료는 무시하고 직접 입력할 것) (4점)

1. 매출 공급가액에 관한 자료

구분	과세사업	면세사업	합계
7월~12월	350,000,000원	150,000,000원	500,000,000원

2. 매입세액(세금계산서 수취분)에 관한 자료

구분	① 과세사업 관련			② 면세사업 관련		
	공급가액	매입세액	매수	공급가액	매입세액	매수
10월~12월	245,000,000원	24,500,000원	18매	90,000,000원	9,000,000원	12매

3. 총공통매입세액(7월~12월) : 3,800,000원

※ 올해 2기 예정신고 시 공통매입세액 중 불공제매입세액 : 500,000원

□□□
(2) 다음의 자료를 이용하여 올해 1기 확정신고기간에 대한 [부가가치세신고서]를 작성하시오. (단, 과세표준명세 작성은 생략한다) (6점)

구분	자료
매출	1. 전자세금계산서 발급 매출 공급가액 : 500,000,000원(세액 50,000,000원) 　(→ 지연발급한 전자세금계산서의 매출 공급가액 1,000,000원이 포함되어 있음) 2. 신용카드 매출전표 발급 매출 공급가액 : 60,000,000원(세액 6,000,000원) 　(→ 전자세금계산서 발급 매출 공급가액 10,000,000원이 포함되어 있음) 3. 해외 직수출에 따른 매출 공급가액 : 30,000,000원
매입	1. 전자세금계산서 수취 매입(일반) 공급가액 : 320,000,000원(세액 32,000,000원) 2. 신용카드 매입 공급가액 : 11,000,000원(세액 1,100,000원) 　(→ 에어컨 구입비 공급가액 3,000,000원이 포함되어 있음) 3. 올해 1기 예정신고 시 누락된 세금계산서 매입(일반) 공급가액 : 10,000,000원(세액 1,000,000원)
비고	1. 지난해 11월에 발생한 매출채권(5,500,000원, 부가가치세 포함)이 해당 거래처의 파산으로 대손이 확정되었다. 2. 올해 1기 예정신고미환급세액 : 3,000,000원 3. 전자신고 관련 세액공제는 고려하지 않는다.

 결산정리사항은 다음과 같다. 관련 메뉴를 이용하여 결산을 완료하시오. (15점)

□□□
(1) 전기에 은혜은행으로부터 차입한 장기차입금 20,000,000원의 만기일은 내년 4월 30일이다. (3점)

□□□
(2) 10월 1일에 팝업스토어 매장 임차료 1년분 금액 3,000,000원을 모두 지불하고 임차료로 계상하였다. 기말 결산 시 필요한 회계처리를 행하시오. (단, 임차료는 월할 계산한다) (3점)

□□□
(3) 아래의 차입금 관련 자료를 이용하여 결산일까지 발생한 차입금 이자비용에 대한 당해연도분 미지급비용을 인식하는 회계처리를 하시오. (단, 이자는 만기 시에 지급하고, 월할 계산한다) (3점)

> • 금융기관 : ㈜중동은행 • 대출기간 : 올해 5월 1일~내년 4월 30일
> • 대출금액 : 300,000,000원 • 대출이자율 : 연 6.8%

□□□
(4) 결산 시 당기 감가상각비 및 상각비 계상액은 다음과 같다. 결산을 완료하시오. (3점)

계정과목	경비구분	당기 감가상각비 계상액
건물	판매비와관리비	20,000,000원
기계장치	제조원가	4,000,000원
영업권	판매비와관리비	3,000,000원

□□□
(5) 결산일 현재 재고자산은 다음과 같다. 아래의 정보를 반영하여 결산자료입력을 수행하시오. (3점)

> 1. 기말재고자산
>   • 기말원재료 : 4,700,000원
>   • 기말재공품 : 800,000원
>   • 기말제품 : 16,300,000원
> 2. 추가정보(위 1.에 포함되지 않은 자료임)
>   • 도착지 인도조건으로 매입하여 운송 중인 미착원재료 : 2,300,000원
>   • 수탁자에게 인도한 위탁제품 14,000,000원 중에 수탁자가 판매 완료한 것은 9,000,000원으로 확인됨

□□□
(1) 다음은 영업부 사원 김필영(사번 : 1001)의 부양가족 자료이다. 부양가족은 모두 생계를 함께하고 있으며 세부담 최소화를 위해 가능하면 김필영이 모두 공제받고자 한다. 본인 및 부양가족의 소득은 주어진 내용이 전부이다. [사원등록] 메뉴의 [부양가족명세] 탭을 작성하시오. (단, 기본공제대상자가 아닌 경우도 기본공제 '부'로 입력할 것) (5점)

관계	성명	주민등록번호	동거 여부	비고
본인	김필영	830419-1234561	세대주	총급여 8,000만 원
배우자	최하나	851006-2219115	동거	퇴직소득금액 100만 원
아들	김이온	130712-3035890	동거	소득 없음
딸	김시온	200103-4035458	동거	소득 없음
부친	김경식	460103-1156775	주거형편상 별거	소득 없음, 「국가유공자법」에 따른 상이자로 장애인, 당해 연도 3월 8일 사망
모친	이연화	500717-2155436	주거형편상 별거	양도소득금액 1,000만 원, 장애인(중증환자)
장모	한수희	521111-2523451	주거형편상 별거	총급여 500만 원
형	김필모	801230-1234577	동거	일용근로소득 720만 원, 「장애인복지법」에 따른 장애인

(2) 다음은 회계부서에 재직 중인 이철수(사원코드 : 102) 사원의 연말정산 관련 자료이다. 아래의 자료를 이용하여 [연말정산추가자료입력] 메뉴의 [부양가족] 탭, [신용카드 등] 탭, [의료비] 탭을 입력하여 [연말정산입력] 탭을 완성하시오. (단, 근로자 본인의 세부담 최소화를 가정한다) (10점)

---

1. 가족사항(모두 거주자인 내국인에 해당함)

성명	관계	주민등록번호	동거여부	소득금액	비고
이철수	본인	840505–1478529		48,000,000원	총급여액(근로소득 외의 소득 없음), 세대주
강희영	배우자	850630–2547855	여	10,000,000원	양도소득금액
이명수	부친	571012–1587425	여	900,000원	부동산임대소득금액 : 총수입금액 20,000,000원 필요경비 19,100,000원
이현수	아들	150408–3852618	여	–	초등학생
이리수	딸	201104–4487125	여	–	취학 전 아동

※ 기본공제대상자가 아닌 경우도 기본공제 '부'로 입력할 것

2. 연말정산 관련 추가자료(모든 자료는 국세청에서 제공된 자료에 해당하며, 표준세액공제가 더 클 경우 표준세액공제를 적용한다)

내역	비고
보장성 보험료	• 이철수(본인) : 자동차보험료 300,000원 • 강희영(배우자) : 보장성보험료 200,000원 • 이명수(부친) : 생명보험료 150,000원(만기까지 납입액이 만기환급액보다 큰 경우에 해당) • 이현수(아들) : 보장성보험료 350,000원
교육비	• 이철수(본인) : 정규 교육 과정 대학원 교육비 5,000,000원 • 이현수(아들) : 국내 소재 사립초등학교(「초·중등교육법」상의 정규 교육기관) 수업료 8,000,000원 　바이올린 학원비 2,400,000원 • 이리수(딸) : 「영유아보육법」상의 어린이집 교육비 1,800,000원
의료비	• 이철수(본인) : 질병 치료 목적 의료비 1,050,000원 • 이명수(부친) : 질병 치료 목적 국외 의료비 1,500,000원 • 이리수(딸) : 질병 치료 목적 의료비 250,000원
신용카드 사용액	• 이철수(본인) : 신용카드 사용액 32,500,000원(신용카드사용분 중 전통시장/대중교통/도서 등 사용분은 없음)

▶ 정답 및 해설 | p.25

✅ 다시 봐야 할 문제(틀린 문제, 풀지 못한 문제, 헷갈리는 문제 등)는 회독별로 문제 번호 위 네모박스(□)에 체크하여 반복 학습할 수 있습니다.

이론시험

다음 문제를 보고 알맞은 것을 골라 [이론문제 답안작성] 메뉴에 입력하시오. (객관식 문항당 2점)

━━━━━━━━━━ ● 기 본 전 제 ● ━━━━━━━━━━

문제에서 한국채택국제회계기준을 적용하도록 하는 전제조건이 없는 경우, 일반기업회계기준을 적용한다.

□□□

1. 다음 중 재무상태표의 목적을 설명한 것으로 옳지 않은 것은?

① 일정시점 현재 기업이 보유하고 있는 경제적 자원에 대한 정보를 제공한다.

② 회계정보이용자들이 기업의 유동성, 재무적 탄력성, 수익성과 위험을 평가하는 데 정보를 제공한다.

③ 기업이 보유하고 있는 자산과 부채, 그리고 자본에 대한 정보를 제공한다.

④ 종업원의 실적을 측정하여 근무태도를 평가한다.

□□□

2. 재고자산의 단가결정방법 중 후입선출법에 대한 설명으로 바르지 않은 것은?

① 실제 물량흐름과 원가흐름이 대체로 일치한다.

② 기말재고가 가장 오래 전에 매입한 상품의 단가로 계상된다.

③ 물가가 상승한다는 가정에는 이익이 과소계상된다.

④ 물가가 상승한다는 가정에는 기말재고가 과소평가된다.

□□□

3. 다음 중 일반기업회계기준상 거래형태별 수익 인식시점으로 가장 올바른 것은?

① 배당금 수익 : 배당금을 수취한 날
② 상품권 판매 : 상품권을 발행한 날
③ 장기할부판매 : 판매가격을 기간별로 안분하여 수익으로 인식한다.
④ 건설형 공사계약 : 공사 진행률에 따라 진행기준에 의해 수익을 인식한다.

□□□

4. 다음 중 자본에 대한 설명으로 옳지 않은 것은?

① 상법 규정에 따라 자본금의 1/2에 달할 때까지 금전에 의한 이익배당액의 1/10 이상의 금액을 이익준비금으로 적립하여야 한다.
② 주식배당을 하면 자본금 계정과 자본 총액은 변하지 않는다.
③ 자본은 주주의 납입자본에 기업활동을 통하여 획득하고 기업의 활동을 위해 유보된 금액을 가산하고, 기업활동으로 인한 손실 및 소유자에 대한 배당으로 인한 주주지분 감소액을 차감한 잔액이다.
④ 현금으로 배당하는 경우에는 배당액을 이익잉여금에서 차감한다.

□□□

5. 다음은 시장성 있는 유가증권의 취득 및 처분에 대한 내역이다. 다음 중 아래의 자료에 대한 설명으로 틀린 것은?

> · 20x1년 7월 12일 : 주식회사 한세의 주식 10주를 주당 20,000원에 매입하였다.
> · 20x1년 12월 31일 : 주식회사 한세의 공정가치는 주당 19,000원이다.
> · 20x2년 5월 9일 : 주식회사 한세의 주식 전부를 주당 21,000원에 처분하였다.

① 단기매매증권으로 분류할 경우, 20x1년 기말 장부가액은 200,000원이다.
② 매도가능증권으로 분류할 경우, 처분 시 매도가능증권처분이익은 10,000원이다.
③ 단기매매증권으로 분류할 경우, 처분 시 단기매매증권처분이익은 20,000원이다.
④ 매도가능증권으로 분류할 경우, 단기매매증권으로 분류하였을 경우보다 20x2년 당기순이익이 감소한다.

□□□

6. 다음 중 기본원가에 해당하면서 동시에 가공원가에 해당하는 것은?

① 직접재료원가
② 직접노무원가
③ 제조간접원가
④ 직접재료원가와 직접노무원가

□□□
7. ㈜미르는 동일한 원재료를 투입하여 동일한 제조공정에서 제품 A, B, C를 생산하고 있다. 세 가지 제품에 공통적으로 투입된 결합원가가 400,000원일 때, 순실현가치법으로 결합원가를 배부하는 경우 제품 B의 제조원가는 얼마인가?

제품	생산량	단위당 판매가격	추가가공원가(총액)
A	200kg	@3,000원	없음
B	250kg	@2,000원	125,000원
C	500kg	@1,200원	75,000원

① 100,000원　　② 165,000원　　③ 200,000원　　④ 225,000원

□□□
8. 다음 중 제조간접원가 배부차이 조정 방법에 해당하지 않는 것은?

① 매출원가조정법　　　　　　② 단계배분법
③ 비례배분법　　　　　　　　④ 영업외손익법

□□□
9. 다음 중 개별원가계산에 대한 설명으로 옳지 않은 것은?

① 제조간접원가는 원가대상에 직접 추적할 수 없으므로 배부기준을 정하여 배부율을 계산하여야 한다.
② 조선업이나 건설업 등에 적합한 원가계산 방법이다.
③ 단일 종류의 제품을 연속적으로 대량 생산하는 경우에 적용한다.
④ 실제개별원가계산에서는 제조간접원가를 기말 전에 배부할 수 없어 제품원가 계산이 지연된다는 단점이 있다.

10. 다음 중 공손에 대한 설명으로 틀린 것을 고르시오.

① 정상품을 생산하는 과정에서 불가피하게 발생하는 계획된 공손을 정상공손이라고 한다.

② 정상공손은 예측이 가능하며 단기적으로 통제할 수 없다.

③ 비정상공손은 능률적인 생산조건 하에서는 발생하지 않을 것으로 예상되며 예측할 수 없다.

④ 비정상공손은 통제가능한 공손으로서 제품원가에 가산한다.

11. 다음 중 우리나라 부가가치세법의 특징에 대한 설명으로 옳지 않은 것은?

① 전단계세액공제법   ② 간접세

③ 소비행위에 대하여 과세   ④ 생산지국 과세원칙

12. 다음 중 부가가치세법상 공통매입세액 안분 계산을 생략하는 경우를 모두 고르시오.

> 가. 해당 과세기간 중 공통매입세액이 5만 원 미만인 경우
>
> 나. 해당 과세기간의 총공급가액 중 면세공급가액이 5% 미만이면서, 공통매입세액은 5백만 원 이상인 경우
>
> 다. 해당 과세기간에 신규로 사업을 시작한 사업자가 동 과세기간에 외부에 매각하면서 전액 과세표준으로 처리하였던 공통사용 재화인 경우

① 가   ② 다   ③ 가, 다   ④ 가, 나, 다

□□□

13. 다음 중 부가가치세법상 신고와 납부에 대한 설명으로 옳은 것은?

① 예정신고를 한 사업자는 이미 신고한 과세표준과 납부한 납부세액 또는 환급받은 세액은 각 과세기간의 확정신고에 대한 과세표준과 납부세액 또는 환급세액을 신고할 때 신고하지 아니한다.

② 모든 법인사업자는 예정신고기간의 과세표준과 납부세액을 관할 세무서장에게 신고해야 한다.

③ 신규로 사업을 시작하는 자에 대한 최초의 예정신고기간은 그 날이 속하는 과세기간의 개시일로부터 사업 개시일까지로 한다.

④ 모든 개인사업자는 예정신고를 하고 예정신고기간의 납부세액을 납부할 수 있다.

□□□

14. 다음 중 소득세법상 과세 방법이 나머지와 다른 하나는 무엇인가?

① Gross-Up 대상 배당소득 2,400만 원

② 일용근로소득 5,000만 원

③ 주택임대소득이 아닌 부동산 임대소득 100만 원

④ 인적용역을 일시적으로 제공하고 받은 대가 800만 원

□□□

15. 다음 중 소득세법상 사업소득 총수입금액에 산입하여야 하는 것은?

① 부가가치세 매출세액

② 사업과 관련된 자산수증이익

③ 사업용 고정자산 매각액(복식부기의무자가 아님)

④ 자가생산한 제품을 타 제품의 원재료로 사용한 경우 그 금액

실무시험

㈜효원상회(회사코드 : 0214)는 전자제품의 제조 및 도·소매업을 주업으로 영위하는 중소기업으로 당기 (제11기)의 회계기간은 2025. 1. 1.~2025. 12. 31.이다. 전산세무회계 수험용 프로그램을 이용하여 다음 물음에 답하시오.

● 기 본 전 제 ●

- 문제에서 한국채택국제회계기준을 적용하도록 하는 전제조건이 없는 경우, 일반기업회계기준을 적용하여 회계처리한다.
- 문제의 풀이와 답안작성은 제시된 문제의 순서대로 진행한다.

문제 1 [일반전표입력] 메뉴를 이용하여 다음의 거래자료를 입력하시오. (15점)

● 입력 시 유의사항 ●

- 일반적인 적요의 입력은 생략하지만, 타계정 대체거래는 적요번호를 선택하여 입력한다.
- 채권·채무와 관련된 거래는 별도의 요구가 없는 한 반드시 기등록된 거래처코드를 선택하는 방법으로 거래처명을 입력한다.
- 제조경비는 500번대 계정코드를, 판매비와관리비는 800번대 계정코드를 사용한다.
- 회계처리 시 계정과목은 별도의 제시가 없는 한 등록된 계정과목 중 가장 적절한 과목으로 한다.

□□□

(1) 1월 25일 미지급세금으로 계상되어 있는 전년도 2기 확정 부가가치세 납부세액 8,500,000원을 국민카드로 납부하였다. 단, 납부대행수수료는 납부세액의 0.8%이며, 세금과공과(판관비)로 처리한다. (3점)

□□□

(2) 1월 31일 제품 판매대금으로 수령한 약속어음을 하나은행에 할인하고, 할인수수료 85,000원을 차감한 잔액이 보통예금 계좌로 입금되었다. (단, 매각거래로 회계처리 할 것) (3점)

전 자 어 음

㈜효원상회 귀하

금 일천만 원정　　　　　　　　**10,000,000원**

위의 금액을 귀하 또는 귀하의 지시인에게 지급하겠습니다.

지급기일 20x2년 3월 31일		**발행일** 20x1년 12월 31일	
지 급 지 국민은행		**발행지**	
지급장소 신중동역 종합금융센터		**주 소** 경기도 부천시 길주로 284, 805호	
		발행인 무인상사㈜	

(3) 2월　 4일 액면가액 10,000,000원(5년 만기)인 사채를 9,800,000원에 할인발행하였으며, 대금은 전액 보통예금 계좌로 입금되었다. (3점)

(4) 6월　17일 생산부에서 사용할 소모품을 현금으로 구입하고 아래의 간이영수증을 수령하였다. (단, 당기 비용으로 처리할 것) (3점)

영수증(공급받는자용)				
No.		㈜효원상회 귀하		
공급자	사업자등록번호	150-45-51052		
	상호	나래철물	성명	이나래　(인)
	사업장소재지	서울시 강남구 도곡동		
	업태	도소매	종목	철물점
작성년월일		공급대가 총액		비고
20xx. 6. 17.		20,000원		
위 금액을 정히 영수(청구)함.				
월일	품목	수량	단가	공급가(금액)
6. 17.	청소용품	2	10,000원	20,000원
합계				20,000원
부가가치세법시행규칙 제25조의 규정에 의한 (영수증)으로 개정				

(5) 9월　13일 매입처인 ㈜제주상사로부터 일시적으로 차입한 50,000,000원에 대하여 이자를 지급하였다. 이자 200,000원에 대한 원천징수세액은 55,000원이다. 당사는 이자에서 원천징수세액을 차감한 금액을 보통예금 계좌에서 송금하였다. (3점)

문제 2 [매입매출전표입력] 메뉴를 이용하여 다음의 거래자료를 입력하시오. (15점)

● **입력 시 유의사항** ●

· 일반적인 적요의 입력은 생략하지만, 타계정 대체거래는 적요번호를 선택하여 입력한다.
· 채권·채무 관련 거래는 별도의 요구가 없는 한 반드시 기등록된 거래처코드를 선택하는 방법으로 거래처명을 입력한다.
· 제조경비는 500번대 계정코드를, 판매비와관리비는 800번대 계정코드를 사용한다.
· 회계처리 시 계정과목은 등록된 계정과목 중 가장 적절한 과목으로 한다.
· 입력화면 하단의 분개까지 처리하고, 세금계산서 및 계산서는 전자 여부를 입력하여 반영한다.

□□□
(1) 7월 8일 내국신용장에 의하여 ㈜한빛에 제품을 22,000,000원에 판매하고, 영세율전자세금계산서를 발급하였다. 판매대금 중 계약금을 제외한 잔금은 ㈜한빛이 발행한 약속어음(만기 3개월)으로 수령하였으며, 계약금 7,000,000원은 작년 말에 현금으로 받았다. (단, 서류번호 입력은 생략할 것) (3점)

□□□
(2) 7월 15일 회사 사옥을 신축하기 위하여 취득한 토지의 부동산중개수수료에 대하여 ㈜다양으로부터 아래의 전자세금계산서를 수취하였다. (3점)

<table>
<tr><td colspan="5" rowspan="2">전자세금계산서</td><td>승인번호</td><td colspan="3"></td></tr>
<tr><td rowspan="6">공급자</td><td>등록번호</td><td colspan="2">211-81-41992</td><td>종사업장번호</td></tr>
<tr><td rowspan="6">공급자</td><td>등록번호</td><td>211-81-41992</td><td>종사업장번호</td><td></td><td rowspan="6">공급받는자</td><td>등록번호</td><td>651-81-00898</td><td>종사업장번호</td><td></td></tr>
<tr><td>상호(법인명)</td><td>㈜다양</td><td>성명</td><td>오미인</td><td>상호(법인명)</td><td>㈜효원상회</td><td>성명</td><td>오미자</td></tr>
<tr><td>사업장</td><td colspan="3">서울시 금천구 시흥대로 198-11</td><td>사업장</td><td colspan="3">경기도 용인시 처인구 경안천로 2-7</td></tr>
<tr><td>업태</td><td>서비스</td><td>종목</td><td>부동산중개</td><td>업태</td><td>제조 외</td><td>종목</td><td>전자제품</td></tr>
<tr><td>이메일</td><td colspan="3">ds114@naver.com</td><td>이메일</td><td colspan="3">jjsy77@naver.com</td></tr>
</table>

작성일자	공급가액	세액	수정사유
20xx/7/15	10,200,000	1,020,000	해당 없음
비고			

월	일	품목	규격	수량	단가	공급가액	세액	비고
7	15	토지 중개수수료				10,200,000	1,020,000	

합계금액	현금	수표	어음	외상미수금	
11,220,000				11,220,000	이 금액을 (청구) 함

(3) 8월   5일 생산부 직원들의 단합을 위한 회식을 하고 식사비용 275,000원(부가가치세 포함)을
현금으로 지급하였으며, 일반과세자인 ㈜벽돌갈비로부터 지출증빙용 현금영수증을
적법하게 발급받았다. (3점)

Hometax. 국세청홈택스 현금영수증

· 거래정보

거래일시	20xx-8-5 20:12:55
승인번호	G00260107
거래구분	승인거래
거래용도	지출증빙
발급수단번호	651-81-00898

· 거래금액

공급가액	부가세	봉사료	총 거래금액
250,000	25,000	0	275,000

· 가맹점 정보

상호	㈜벽돌갈비
사업자번호	123-81-98766
대표자명	심재은
주소	서울시 송파구 방이동 12-2

· 익일 홈택스에서 현금영수증 발급 여부를 반드시 확인하시기 바랍니다.
· 홈페이지(http://www.hometax.go.kr)
 - 조회/발급 > 현금영수증 조회 > 사용내역(소득공제) 조회
                              > 매입내역(지출증빙) 조회
· 관련문의는 국세상담센터(☎126-1-1)

(4) 8월   20일 영업부에서   사용하던   업무용   승용자동차(12고1234)를   헤이중고차상사㈜에
5,500,000원(부가가치세 포함)에 처분하고 전자세금계산서를 발급하였다. 대금은
전액 보통예금 계좌로 지급받았으며, 해당 차량은 20,000,000원에 취득한 것으로 처
분일 현재 감가상각누계액은 16,000,000원이다. (3점)

□□□
(5) 9월　12일 제조공장의 임대인으로부터 다음의 전자세금계산서를 발급받았다. 단, 비용은 아래의
　　품목에 기재된 계정과목으로 각각 회계처리하시오. (3점)

<table>
<tr><td colspan="6" align="center">전자세금계산서</td><td colspan="2">승인번호</td><td colspan="3"></td></tr>
<tr><td rowspan="6">공
급
자</td><td>등록
번호</td><td colspan="2">130-55-08114</td><td>종사업장
번호</td><td></td><td rowspan="6">공
급
받
는
자</td><td>등록
번호</td><td>651-81-00898</td><td>종사업장
번호</td><td></td></tr>
<tr><td>상호
(법인명)</td><td colspan="2">건물주</td><td>성명</td><td>편미선</td><td>상호
(법인명)</td><td>㈜효원상회</td><td>성명
(대표자)</td><td>오미자</td></tr>
<tr><td>사업장</td><td colspan="4">경기도 부천시 길주로 1</td><td>사업장</td><td colspan="3">경기도 용인시 처인구 경안천로 2-7</td></tr>
<tr><td>업태</td><td colspan="2">부동산업</td><td>종목</td><td>부동산임대</td><td>업태</td><td>제조 외</td><td>종목</td><td>전자제품</td></tr>
<tr><td>이메일</td><td colspan="4"></td><td>이메일</td><td colspan="3">jjsy77@naver.com</td></tr>
</table>

작성일자	공급가액		세액		수정사유	
20xx/9/12	3,000,000		300,000		해당 없음	
비고						

월	일	품목	규격	수량	단가	공급가액	세액	비고
9	12	임차료				2,800,000	280,000	
9	12	건물관리비				200,000	20,000	

합계금액	현금	수표	어음	외상미수금	이 금액을 (청구) 함
3,300,000				3,300,000	

☐☐☐

(1) 아래의 자료를 이용하여 올해 1기 부가가치세 확정신고기간의 [수출실적명세서]를 작성하시오.
   (단, 거래처코드와 거래처명은 등록된 거래처를 조회하여 사용할 것) (3점)

거래처	수출신고번호	선적일	환가일	통화	수출액	선적일 기준환율	환가일 환가환율
BOB	12345-77-100066X	6월 15일	4월 10일	USD	$80,000	1,350원/$	1,300원/$
ORANGE	22244-88-100077X	6월 15일	6월 30일	EUR	€52,000	1,400원/€	1,410원/€

☐☐☐

(2) 다음의 자료만을 이용하여 올해 2기 확정신고기간의 [부가가치세신고서]를 작성하시오. (단, 불
   러온 데이터 값은 무시하고 새로 입력할 것) (5점)

구분	자료
매출자료	1. 전자세금계산서 발급분 과세 매출액 : 공급가액 155,000,000원, 세액 15,500,000원 2. 종이세금계산서 발급분 과세 매출액 : 공급가액 12,500,000원, 세액 1,250,000원 3. 내국신용장에 의한 영세율 매출액 : 공급가액 100,000,000원, 세액 0원 4. 당기에 대손이 확정(대손세액 공제 요건 충족)된 채권 : 1,320,000원(VAT 포함)
매입자료	1. 전자세금계산서 수취분 매입내역 2. 신용카드 사용분 매입내역
기타	1. 당사는 법인으로 전자세금계산서 의무발급대상자이나 종이세금계산서 발급 1건이 있다. (위 매출자료의 '2. 종이세금계산서 발급분 과세 매출액') 2. 위 '기타 1.' 외 전자세금계산서의 발급 및 국세청 전송은 정상적으로 이루어졌다. 3. 예정신고누락분은 확정신고 시에 반영하기로 한다. 4. 전자신고세액공제를 받기로 한다.

매입자료 1. 전자세금계산서 수취분 매입내역

구분	공급가액	세액
일반 매입	185,000,000원	18,500,000원
일반 매입(접대성 물품)	2,400,000원	240,000원
제조부 화물차 구입	28,000,000원	2,800,000원
합계	215,400,000원	21,540,000원

매입자료 2. 신용카드 사용분 매입내역

구분	공급가액	세액
일반 매입	18,554,200원	1,855,420원
사업과 관련 없는 매입	1,363,637원	136,363원
비품(고정자산) 매입	2,545,455원	254,545원
예정신고누락분(일반 매입)	500,000원	50,000원
합계	22,963,292원	2,296,328원

□□□
(3) 다음의 자료를 이용하여 올해 1기 부가가치세 예정신고기간(1월 1일~3월 31일)의 [부가가치세
신고서] 및 관련 부속서류를 전자신고하시오. (2점)

> 1. 부가가치세신고서와 관련 부속서류는 마감되어 있다.
> 2. [전자신고] → [국세청 홈택스 전자신고변환(교육용)] 순으로 진행한다.
> 3. [전자신고]의 [전자신고제작] 탭에서 신고인구분은 2.납세자 자진신고를 선택하고, 비밀번호는
>   "12345678"로 입력한다.
> 4. [국세청 홈택스 전자신고변환(교육용)] → 전자파일변환(변환대상파일선택) → [찾아보기]에서 전자
>   신고용 전자파일을 선택한다.
> 5. 전자신고용 전자파일 저장경로는 로컬디스크(C:)이며, 파일명은 "enc작성연월일.101.v사업자등록
>   번호"이다.
> 6. [형식검증하기] → [형식검증결과확인] → [내용검증하기] → [내용검증결과확인] → [전자파일제
>   출]을 순서대로 클릭한다.
> 7. 최종적으로 [전자파일 제출하기]를 완료한다.

문제 4 결산정리사항은 다음과 같다. 관련 메뉴를 이용하여 결산을 완료하시오. (15점)

□□□
(1) 당기 중 현금 시재가 부족하여 현금과부족으로 처리했던 1,200,000원의 원인이 결산일 현재 다음
과 같이 확인되었다. (단, 항목별로 적절한 계정과목으로 처리하고, 하나의 전표로 입력할 것) (3점)

내용	금액
불우이웃돕기 성금	1,000,000원
영업부 거래처 직원의 결혼 축의금	200,000원

□□□
(2) 제조부의 제품 생산공장에 대한 화재보험료 전액을 납부일에 즉시 비용으로 처리하였다. 결산일
에 필요한 회계처리를 하시오. (단, 보험료는 월할 계산한다) (3점)

구분	보장기간	납부일	납부액
제조부 제품 생산공장 화재보험료	올해. 6. 1.~내년. 5. 31.	올해. 6. 1.	3,600,000원

□□□
(3) 대표자에게 대여한 20,000,000원(대여기간 : 올해. 1. 1.~올해. 12. 31.)에 대하여 당좌대출이
자율(연 4.6%)로 계산한 이자 상당액을 결산일에 보통예금 계좌로 입금받았다. (단, 월할 계산할
것) (3점)

□□□
(4) 당사는 기말 현재 보유 중인 다음의 3가지 채권의 잔액에 대해서만 1%의 대손충당금을 보충법으로 설정하고 있다. (단, 원 단위 미만은 절사한다) (3점)

구분	기말잔액	설정 전 대손충당금 잔액
외상매출금	548,550,000원	4,750,000원
받을어음	22,700,000원	20,000원
단기대여금	50,000,000원	0원

□□□
(5) 기말 현재 당기분 법인세(지방소득세 포함)는 8,400,000원으로 산출되었다. 단, 당기분 법인세 중간예납세액과 이자소득 원천징수세액의 합계액인 5,800,000원은 선납세금으로 계상되어 있다. (3점)

문제 5 2025년 귀속 원천징수와 관련된 다음의 물음에 답하시오. (15점)

□□□
(1) 다음은 영업부 대리 정기준(사번 : 33)의 급여 관련 자료이다. 필요한 [수당공제등록]을 하고 4월분 [급여자료입력]과 [원천징수이행상황신고서]를 작성하시오. (5점)

1. 4월의 급여 지급내역은 다음과 같다.

이름 : 정기준		지급일 : 4월 30일	
기본급	2,800,000원	국민연금	153,000원
직책수당	400,000원	건강보험	120,530원
야간근로수당	200,000원	장기요양보험	15,600원
(비과세) 식대	200,000원	고용보험	27,200원
(비과세) 자가운전보조금	200,000원	소득세	114,990원
(비과세) 보육수당	200,000원	지방소득세	11,490원
급여 합계	4,000,000원	공제합계	442,810원
		차인지급액	3,557,190원

2. 수당공제등록 시 다음에 주의하여 입력한다.
   · 수당등록 시 사용하는 수당 이외의 항목은 사용 여부를 "부"로 체크한다.
     (단, 월정액 여부와 통상임금 여부는 무시할 것)
   · 공제등록은 고려하지 않는다.

3. 급여자료입력 시 다음에 주의하여 입력한다.
   · 비과세에 해당하는 항목은 모두 비과세 요건을 충족하며, 최대한 반영하기로 한다.
   · 공제항목은 불러온 데이터를 무시하고 직접 입력하여 작성한다.

4. 원천징수는 매월하고 있으며, 전월 미환급세액은 601,040원이다.

(2) 다음은 2025. 8. 1. 홍보부에 입사한 홍상현(사원코드 : 1005, 세대주) 사원의 연말정산 관련 자료이다. 다음 자료를 이용하여 [연말정산추가자료입력] 메뉴의 [소득명세] 탭, [부양가족(보험료, 교육비)] 탭, [신용카드 등] 탭, [의료비] 탭을 작성하여 [연말정산입력] 탭에서 연말정산을 완료하시오. (단, 근로자 본인의 세부담 최소화를 가정한다) (10점)

---

1. 전(前)근무지 근로소득원천징수영수증

- 근무기간 : 2025. 1. 1.~2025. 7. 31.
- 근무처 : 주식회사 두섬(사업자등록번호 : 103-81-62982)
- 소득명세 : 급여 26,000,000원, 상여 1,000,000원(비과세 급여, 비과세 상여 및 감면소득 없음)

세액명세	소득세	지방소득세			건강보험료	905,300원
결정세액	340,000원	34,000원	공제보험료 명세		장기요양보험료	115,900원
기납부세액	460,000원	46,000원			고용보험료	243,000원
차감징수세액	(-)120,000원	(-)12,000원			국민연금보험료	1,170,000원

2. 가족사항 : 모두 동거하며, 생계를 같이함

성명	관계	주민번호	비고
홍상현	본인	870314-1287651	현근무지 총급여액 15,000,000원
이명지	배우자	870621-2044772	총급여액 6,000,000원
홍라율	자녀	200827-4842419	소득 없음
홍천운	부친	590919-1287032	소득 없음

※ 기본공제대상자가 아닌 경우, 기본공제 "부"로 입력할 것

3. 연말정산추가자료
(안경 구입비용을 제외한 연말정산 자료는 모두 국세청 홈택스 연말정산간소화서비스 자료임)

항목	내용
보험료	• 홍상현(본인)　　 – 자동차운전자보험료 800,000원 • 이명지(배우자) – 일반보장성보험료 800,000원 • 홍라율(자녀)　　 – 일반보장성보험료 500,000원
의료비	• 홍상현(본인) – 질병치료비 300,000원 　　　　　　　　 – 시력보정용 안경 구입비용 700,000원 　　　　　　　　　　(상호 : 모든안경, 사업자등록번호 : 431-01-00574) • 홍라율(자녀) – 질병치료비 400,000원 • 홍천운(부친) – 질병치료비 8,000,000원
교육비	• 홍상현(본인) – 정규 교육 과정 대학원 교육비 7,000,000원 • 홍라율(자녀) – 「영유아보육법」상의 어린이집 교육비 2,400,000원
신용카드 등 사용액	• 홍상현(본인) – 신용카드 사용액 23,000,000원(대중교통 사용분 1,000,000원 　　　　　　　　　포함) 　　　　　　　　 – 현금영수증 사용액 7,000,000원(전통시장 사용분 4,000,000원 　　　　　　　　　포함) • 홍상현의 신용카드 사용액은 위 의료비 지출액이 모두 포함된 금액이다.

▶ 정답 및 해설 | p.33

✅ 다시 봐야 할 문제(틀린 문제, 풀지 못한 문제, 헷갈리는 문제 등)는 회독별로 문제 번호 위 네모박스(□)에 체크하여 반복 학습할 수 있습니다.

이론시험

다음 문제를 보고 알맞은 것을 골라 [이론문제 답안작성] 메뉴에 입력하시오. (객관식 문항당 2점)

● 기 본 전 제 ●

문제에서 한국채택국제회계기준을 적용하도록 하는 전제조건이 없는 경우, 일반기업회계기준을 적용한다.

□□□

1. 다음 중 재무상태표의 구성요소에 대한 설명으로 틀린 것은?

① 부채는 유동성에 따라 유동부채와 비유동부채로 구분한다.
② 자산과 부채는 유동성이 큰 항목부터 배열하는 것을 원칙으로 한다.
③ 자산은 유동자산과 비유동자산으로 구분하며 유동자산은 당좌자산과 투자자산으로 구분한다.
④ 자본은 자본금, 자본잉여금, 자본조정, 기타포괄손익누계액 및 이익잉여금(결손금)으로 구분한다.

□□□

2. 다음의 자료를 이용하여 기말 자본잉여금을 구하시오. 단, 기초 자본잉여금은 10,000,000원이다.

당기에 발생한 자본 항목의 증감 내역은 아래와 같다.
· 주식발행초과금 증가 : 2,000,000원 　　· 자기주식처분이익 발생 : 300,000원
· 이익준비금 적립 : 3,000,000원 　　· 자본금 증가 : 5,000,000원

① 12,000,000원 　　　② 12,300,000원
③ 15,000,000원 　　　④ 17,000,000원

3. 다음 중 받을어음의 대손충당금을 과대 설정하였을 경우 재무제표에 미치는 영향으로 올바른 것은?

① 자산의 과소계상 ② 비용의 과소계상
③ 당기순이익 과대계상 ④ 이익잉여금의 과대계상

4. 다음 중 일반기업회계기준에 따른 유형자산에 대한 설명으로 옳지 않은 것은?

① 취득원가는 구입원가 또는 제작원가 및 경영진이 의도하는 방식으로 자산을 가동하는 데 필요한 장소와 상태에 이르게 하는 데 직접 관련되는 원가로 구성된다.
② 취득세, 등록면허세 등 유형자산의 취득과 직접 관련된 제세공과금은 당기비용으로 처리한다.
③ 새로운 상품과 서비스를 소개하는 데 소요되는 원가(예 : 광고 및 판촉활동과 관련된 원가)는 유형자산의 원가를 구성하지 않는다.
④ 건물을 신축하기 위하여 사용 중인 기존 건물을 철거하는 경우 그 건물의 장부금액은 제거하여 처분손실로 반영하고, 철거비용은 전액 당기비용으로 처리한다.

5. 다음 중 충당부채에 대한 설명으로 틀린 것은?

① 과거사건에 의해 충당부채를 인식하기 위해서는 그 사건이 기업의 미래행위와 독립적이어야 한다.
② 충당부채는 보고기간 말마다 그 잔액을 검토하고, 보고기간 말 현재 최선의 추정치를 반영하여 증감조정한다.
③ 충당부채를 발생시킨 사건과 밀접하게 관련된 자산의 예상되는 처분차익은 충당부채 금액의 측정에 고려하지 아니한다.
④ 의무발생사건의 결과로 현재의무가 존재하면 자원의 유출 가능성이 낮더라도 충당부채로 인식해야 한다.

6. ㈜한국은 선입선출법에 의한 종합원가계산을 적용하고 있으며, 당기 생산 관련 자료는 아래와 같다. 품질검사는 완성도 30% 시점에서 이루어지며, 당기에 검사를 통과한 정상품의 3%를 정상공손으로 간주한다. 당기의 정상공손 수량은 몇 개인가?

> <물량흐름>
> · 기초재공품 : 500개(완성도 70%)   · 당기완성량 : 2,000개
> · 당기착수량 : 2,000개   · 기말재공품 : 300개(완성도 50%)

① 51개   ② 54개   ③ 60개   ④ 75개

□□□
7. 다음 중 원가회계의 목적과 거리가 먼 것은?

① 내부 경영 의사결정에 필요한 원가 정보를 제공하기 위함이다.

② 원가통제에 필요한 원가 정보를 제공하기 위함이다.

③ 손익계산서상 제품 원가에 대한 원가 정보를 제공하기 위함이다.

④ 이익잉여금처분계산서상 이익잉여금 처분 정보를 제공하기 위함이다.

□□□
8. 다음은 정상원가계산을 채택하고 있는 ㈜서울의 당해연도 원가 관련 자료이다. ㈜서울은 직접노동시간에 비례하여 제조간접원가를 배부한다. 제조간접원가 배부액을 구하시오.

- 제조간접원가 예산 : 39,690,000원
- 예산 직접노동시간 : 90,000시간
- 실제 제조간접원가 : 44,100,000원
- 실제 직접노동시간 : 70,000시간

① 30,870,000원   ② 34,300,000원   ③ 47,800,000원   ④ 51,030,000원

□□□
9. 다음 중 제조원가의 분류로 잘못 구성된 것을 고르시오.

① 추적가능성에 따른 분류 : 직접재료원가, 간접재료원가, 직접노무원가, 간접노무원가

② 제조원가의 요소에 따른 분류 : 직접재료원가, 직접노무원가, 제조간접원가

③ 원가행태에 따른 분류 : 재료원가, 노무원가, 제조간접원가

④ 발생형태에 따른 분류 : 재료원가, 노무원가, 제조경비

□□□
10. 다음 중 보조부문원가의 배분 방법에 대한 설명으로 옳은 것은?

① 직접배분법은 보조부문 상호 간의 용역수수관계를 전혀 인식하지 않아 항상 가장 부정확하다.

② 상호배분법은 보조부문 상호 간의 용역수수관계를 가장 정확하게 배분하므로 가장 많이 이용된다.

③ 단계배분법은 보조부문 상호 간의 용역수수관계를 일부 인식하며 배분 순서에 따라 결과가 달라진다.

④ 단계배분법은 우선순위가 낮은 부문의 원가를 우선순위가 높은 부문과 제조부문에 먼저 배분한다.

□□□
11. 다음 중 부가가치세법상 아래의 수정세금계산서 발급 방법에 대한 수정세금계산서 발급 사유로 옳은 것은?

> (수정세금계산서 발급 방법)
> 사유 발생일을 작성일로 적고 비고란에 처음 세금계산서 작성일을 덧붙여 적은 후 붉은색 글씨로 쓰거나 음의 표시를 하여 발급

① 착오로 전자세금계산서를 이중으로 발급한 경우

② 계약의 해제로 재화 또는 용역이 공급되지 아니한 경우

③ 필요적 기재사항 등이 착오 외의 사유로 잘못 적힌 경우

④ 면세 등 세금계산서 발급 대상이 아닌 거래 등에 대하여 세금계산서를 발급한 경우

□□□
12. 다음 중 부가가치세법상 공제하지 아니하는 매입세액이 아닌 것은?

① 토지에 관련된 매입세액

② 사업과 직접 관련이 없는 지출에 대한 매입세액

③ 기업업무추진비 및 이와 유사한 비용 지출에 대한 매입세액

④ 세금계산서 임의적 기재사항의 일부가 적히지 아니한 지출에 대한 매입세액

13. 다음 중 부가가치세법상 환급에 대한 설명으로 가장 옳지 않은 것은?

① 각 과세기간별로 그 과세기간에 대한 환급세액을 확정신고한 사업자에게 그 확정신고기한이 지
난 후 25일 이내에 환급하여야 한다.
② 재화 및 용역의 공급에 영세율을 적용받는 경우 조기환급 신고할 수 있다.
③ 조기환급 신고의 경우 조기환급 신고기한이 지난 후 15일 이내에 환급할 수 있다.
④ 사업 설비를 신설·취득·확장 또는 증축하는 경우 조기환급 신고할 수 있다.

14. 다음 중 소득세법상 종합소득에 대한 설명으로 틀린 것은?

① 이자소득은 총수입금액과 소득금액이 동일하다.
② 퇴직소득과 양도소득은 종합소득에 해당하지 않는다.
③ 사업소득, 근로소득, 연금소득, 기타소득에는 비과세 소득이 존재한다.
④ 금융소득(이자 및 배당)은 납세자의 선택에 따라 금융소득종합과세를 적용할 수 있다.

15. 다음 중 소득세법상 결손금과 이월결손금에 대한 설명으로 가장 옳지 않은 것은?

① 비주거용 부동산 임대업에서 발생한 이월결손금은 타 소득에서 공제할 수 없다.
② 추계 신고 시에는 원칙적으로 이월결손금을 공제할 수 없다.
③ 해당 과세기간에 일반사업소득에서 결손금이 발생하고 이월결손금도 있는 경우에는 이월결손금
을 먼저 다른 소득금액에서 공제한다.
④ 결손금의 소급공제는 중소기업에 한하여 적용 가능하다.

$$\boxed{\textbf{실무시험}}$$

㈜파도상회(회사코드 : 0213)는 전자제품의 제조 및 도·소매업을 주업으로 영위하는 중소기업으로, 당기(제13기)의 회계기간은 2025. 1. 1.~2025. 12. 31.이다. 전산세무회계 수험용 프로그램을 이용하여 다음 물음에 답하시오.

● 기 본 전 제 ●

· 문제에서 한국채택국제회계기준을 적용하도록 하는 전제조건이 없는 경우, 일반기업회계기준을 적용하여 회계처리한다.

· 문제의 풀이와 답안작성은 제시된 문제의 순서대로 진행한다.

문제 1 [일반전표입력] 메뉴를 이용하여 다음의 거래자료를 입력하시오. (15점)

● 입력 시 유의사항 ●

· 일반적인 적요의 입력은 생략하지만, 타계정 대체거래는 적요번호를 선택하여 입력한다.

· 채권·채무와 관련된 거래는 별도의 요구가 없는 한 반드시 기등록된 거래처코드를 선택하는 방법으로 거래처명을 입력한다.

· 제조경비는 500번대 계정코드를, 판매비와관리비는 800번대 계정코드를 사용한다.

· 회계처리 시 계정과목은 별도의 제시가 없는 한 등록된 계정과목 중 가장 적절한 과목으로 한다.

□□□

(1) 3월 21일 정기 주주총회에서 이익배당을 결의하다. 다음은 정기 주주총회 의사록이며, 실제 배당금 지급일은 4월로 예정되었다. (단, 이익배당과 관련된 회계처리를 이월이익잉여금(375) 계정을 사용하여 회계처리할 것) (3점)

제12기 정기 주주총회 의사록

㈜파도상회

1. 일시 : 20x2년 3월 21일 16시

2. 장소 : 경기도 부천시 길주로 284, 515호 (중동, 신중동역 헤리움 메트로타워)

3. 출석상황

주주총수 : 5명	주식총수 : 100,000주
출석주주 : 5명	주식총수 : 100,000주
참 석 률 : 100%	100%

　의장인 사내이사 이도진은 정관 규정에 따라 의장석에 등단하여 위와 같이 법정수에 달하는 주주가 출석하여 본 총회가 적법하게 성립되었음을 알리고 개회를 선언하다.

제1호 의안 : 제12기(20x1년 1월 1일부터 20x1년 12월 31일까지) 재무제표 승인의 건

　의장은 본 의안을 20x1년 결산기가 20x1년 12월 31일자로 종료됨에 따라 재무상태표 및 손익계산서를 보고하고 이에 따른 승인을 구한 바 참석주주 전원의 일치로 이를 승인가결하다.

제2호 의안 : 제12기 이익배당의 건

　의장은 제12기(20x1년) 배당에 관한 안건을 상정하고 의안에 대한 설명 및 필요성을 설명하고 그 승인을 구한 바, 만장일치로 찬성하여 다음과 같이 승인 가결하다.

---

1) 배당에 관한 사항

  가. 1주당 배당금 : 보통주 1,000원

  나. 액면배당률 : 보통주 10%

  다. 배당총액 : 100,000,000원

2) 기타사항

  가. 배당은 현금배당으로 하며, 이익배당액의 10%를 결의일에 이익준비금으로 적립한다.

이상으로서 금일의 의안 전부를 심의 종료하였으므로 의장은 폐회를 선언하다.

위 결의를 명확히 하기 위해 이 의사록을 작성하고 의장과 출석한 이사 및 감사 아래에 기명 날인한다.

□□□

(2) 3월 28일 남일상사에 대한 외상매입금 15,500,000원 중 7,000,000원은 보통예금 계좌에서 이체하여 지급하였으며 잔액은 대표자 개인 명의의 보통예금 계좌에서 이체하여 지급하였다. (단, 가수금 계정을 사용하고, 거래처(00133)를 입력할 것) (3점)

□□□

(3) 6월 25일 외부 강사를 초청하여 영업부 직원들의 CS교육을 실시하고 강사료 2,400,000원에서 원천징수세액(지방소득세 포함) 79,200원을 차감한 금액을 보통예금 계좌에서 지급하였다. (3점)

□□□

(4) 8월 10일 단기매매차익을 얻을 목적으로 전기에 취득하여 보유하고 있던 ㈜연홍의 주식(전기말 장부금액 500,000원)을 모두 1,000,000원에 처분하고 대금에서 거래수수료 등 제비용 50,000원을 차감한 잔액이 보통예금 계좌로 입금되었다. (3점)

□□□

(5) 9월 5일 제품 생산에 투입할 원재료로 사용하기 위해 구입하여 보관 중인 미가공식료품을 수재민을 도와주기 위하여 지방자치단체에 무상으로 기부하였다. 단, 취득원가는 2,000,000원이며, 시가는 2,100,000원이다. (3점)

문제 2 [매입매출전표입력] 메뉴를 이용하여 다음의 거래자료를 입력하시오. (15점)

● **입력 시 유의사항** ●

- 일반적인 적요의 입력은 생략하지만, 타계정 대체거래는 적요번호를 선택하여 입력한다.
- 채권·채무 관련 거래는 별도의 요구가 없는 한 반드시 기등록된 거래처코드를 선택하는 방법으로 거래처명을 입력한다.
- 제조경비는 500번대 계정코드를, 판매비와관리비는 800번대 계정코드를 사용한다.
- 회계처리 시 계정과목은 등록된 계정과목 중 가장 적절한 과목으로 한다.
- 입력화면 하단의 분개까지 처리하고, 세금계산서 및 계산서는 전자 여부를 입력하여 반영한다.

□□□

(1) 7월 17일 비사업자인 개인 소비자 추미랑에게 제품을 판매하고 대금은 현금으로 받아 아래의 현금영수증을 발급하였다. (3점)

Hom e tax. 국세청홈택스 현금영수증

- 거래정보

거래일시	20xx/7/17
승인번호	G45972376
거래구분	승인거래
거래용도	소득공제
발급수단번호	010 - **** - 9694

- 거래금액

공급가액	부가세	봉사료	총 거래금액
480,000	48,000	0	528,000

- 가맹점 정보

상호	㈜파도상회
사업자번호	124-86-94282
대표자명	이도진
주소	경기도 부천시 길주로 284, 515호

- 익일 홈택스에서 현금영수증 발급 여부를 반드시 확인하시기 바랍니다.
- 홈페이지(http://www.hometax.go.kr)
  - 조회/발급 > 현금영수증 조회 > 사용내역(소득공제) 조회
                              > 매입내역(지출증빙) 조회
- 관련문의는 국세상담센터(☎126-1-1)

□□□

(2) 7월 28일 비사업자인 개인에게 영업부 사무실에서 사용하던 에어컨(취득원가 2,500,000원, 감가상각누계액 1,500,000원)을 1,100,000원(부가가치세 포함)에 판매하고, 대금은 보통예금 계좌로 받았다. (단, 별도의 세금계산서나 현금영수증을 발급하지 않았으며, 거래처 입력은 생략할 것) (3점)

(3) 8월 28일 해외거래처인 LQTECH로부터 제품 생산에 필요한 원재료를 수입하면서 인천세관으로부터 아래의 수입전자세금계산서를 발급받고, 부가가치세는 현금으로 납부하였다. (단, 재고자산에 대한 회계처리는 생략할 것) (3점)

<table>
<tr><td colspan="4" style="text-align:center">수입전자세금계산서</td><td></td><td>승인번호</td><td colspan="3"></td></tr>
<tr><td rowspan="3">세관명</td><td>등록번호</td><td colspan="2">135-82-12512</td><td>종사업장번호</td><td></td><td rowspan="6">수입자</td><td>등록번호</td><td>124-86-94282</td><td>종사업장번호</td><td></td></tr>
<tr><td>세관명</td><td colspan="2">인천세관</td><td>성명</td><td>김세관</td><td>상호(법인명)</td><td>㈜파도상회</td><td>성명</td><td>이도진</td></tr>
<tr><td>세관주소</td><td colspan="4">인천광역시 미추홀구 항구로</td><td>사업장 주소</td><td colspan="3">경기도 부천시 길주로 284, 515호</td></tr>
</table>

세관명	등록번호	135-82-12512		종사업장번호			등록번호	124-86-94282	종사업장번호	
	세관명	인천세관		성명	김세관	수입자	상호(법인명)	㈜파도상회	성명	이도진
	세관주소	인천광역시 미추홀구 항구로					사업장 주소	경기도 부천시 길주로 284, 515호		
	수입신고번호 또는 일괄발급기간 (총건)						업태	제조업	종목	전자제품

납부일자	과세표준	세액	수정사유	비고
20xx/8/28	5,400,000	540,000	해당 없음	

월	일	품목	규격	수량	단가	공급가액	세액	비고
8	28	수입신고필증 참조				5,400,000	540,000	

합계금액	5,940,000

(4) 9월　2일 사내 행사를 위하여 영업부 직원들에게 제공할 다과류를 구입하고 법인카드(비씨카드)로 결제하였다. (3점)

과자나라㈜
20xx. 9. 2. (화) 9:30:51

1,100,000원

정상승인 | 일시불

결제정보

카드	비씨카드(1234-5678-1001-2348)
승인번호	71942793
이용구분	일시불

결제금액	**1,100,000원**
공급가액	1,000,000원
부가세	100,000원
봉사료	0원

가맹점 정보

가맹점명	과자나라㈜
업종	도소매
사업자등록번호	123-86-12346
대표자명	오나라
전화번호	02-452-4512
주소	서울시 서초구 명달로 105

본 매출표는 신용카드 이용에 따른 증빙용으로 비씨카드사에서 발급한 것임을 확인합니다.

□□□
(5) 9월 11일 공장에서 사용할 목적으로 지난 4월 2일 ㈜오성기계와 체결한 기계장치 공급계약에
   따라 절단로봇을 인도받고 시험가동을 완료하였다. 잔금은 보통예금 계좌에서 지급하
   고 아래의 전자세금계산서를 발급받았다. (3점)

고압제트 절단로봇 공급계약서

(생략)

제2조 위 공급계약의 총 계약금액은 <u>22,000,000원(VAT 포함)</u>으로 하며, 아래와 같이 지불하기로 한다.

계약금	일금 이백만 원정 (₩ 2,000,000)은 계약 시에 지불한다.
잔금	일금 이천만 원정 (₩ 20,000,000)은 9월 30일 내에 제품 인도 후 시험가동이 완료된 때에 지불한다.

(이하 생략)

전자세금계산서					승인번호		
공급자	등록번호	130-81-08113	종사업장번호		공급받는자 / 등록번호	124-86-94282	종사업장번호
	상호(법인명)	㈜오성기계	성명	유오성	상호(법인명)	㈜파도상회	성명 / 이도진
	사업장	경기도 부천시 길주로 1			사업장	경기도 부천시 길주로 284, 515호	
	업태	제조	종목	생산로봇	업태	제조, 도소매	종목 / 전자제품
	이메일	osung@naver.com			이메일	wavestore@naver.com	

작성일자	공급가액	세액	수정사유
20xx/9/11	20,000,000	2,000,000	
비고			

월	일	품목	규격	수량	단가	공급가액	세액	비고
9	11	고압제트 절단 로봇	M701C			20,000,000	2,000,000	

합계금액	현금	수표	어음	외상미수금	이 금액을 (영수) 함
22,000,000	22,000,000				

 부가가치세 신고와 관련하여 다음 물음에 답하시오. (10점)

☐☐☐

(1) 이 문제에 한정하여 ㈜파도상회는 음식점업만을 영위하는 법인으로 가정한다. 다음 자료를 이용하여 올해 1기 확정신고기간(4. 1.~6. 30.)에 대한 [의제매입세액공제신고서]를 작성하시오. (4점)

1. 매입자료

취득일자	공급자	사업자등록번호 (주민등록번호)	물품명	수량	매입가액	구분
4월 10일	은성	752-06-02023	야채	250개	1,020,000원	계산서
4월 30일	㈜이두식 자재	872-87-85496	생닭	300마리	1,830,000원	신용카드
5월 20일	김어부	650321-1548905	갈치	80마리	790,000원	농어민 매입

2. 올해 1기 예정분 과세표준은 80,000,000원이며, 확정분 과세표준은 95,000,000원이다.

3. 올해 1기 예정신고 시 면세농산물 매입가액은 1,325,000원이었고, 의제매입세액 75,000원을 공제받았다.

4. 위 자료 1의 면세 매입 물품은 모두 과세사업인 음식점업에 직접 사용하였다.

☐☐☐

(2) 다음의 자료를 이용하여 올해 2기 부가가치세 확정신고기간에 대한 [건물등감가상각자산취득명세서]를 작성하시오. (단, 아래의 자산은 모두 감가상각 대상에 해당함) (4점)

취득일	내용	공급가액	상호	비고
		부가가치세액	사업자등록번호	
10. 4.	영업부의 업무용승용차 (2,000cc) 구입	31,000,000원 3,100,000원	㈜원대자동차 210-81-13571	전자세금계산서 수취
11. 26.	제조부의 공장 건물 신축공사비 지급	50,000,000원 5,000,000원	아름건설 101-26-97846	종이세금계산서 수취
12. 9.	제조부 공장에서 사용할 포장기계 구입	2,500,000원 250,000원	나라포장 106-02-56785	법인 신용카드 결제

□□□
(3) 올해 1기 예정신고기간(1. 1.~3. 31.)의 [부가가치세신고서]를 전자신고하시오. (2점)

> 1. 부가가치세신고서와 관련 부속서류는 마감되어 있다.
> 2. [전자신고] → [국세청 홈택스 전자신고변환(교육용)] 순으로 진행한다.
> 3. [전자신고] 메뉴의 [전자신고제작] 탭에서 신고인구분은 2.납세자 자진신고를 선택하고, 비밀번호는 "12341234"로 입력한다.
> 4. [국세청 홈택스 전자신고변환(교육용)] → 전자파일변환(변환대상파일선택) → [찾아보기]에서 전자신고용 전자파일을 선택한다.
> 5. 전자신고용 전자파일 저장경로는 로컬디스크(C:)이며, 파일명은 "enc작성연월일.101.v사업자등록번호"다.
> 6. [형식검증하기] → [형식검증결과확인] → [내용검증하기] → [내용검증결과확인] → [전자파일제출]을 순서대로 클릭한다.
> 7. 최종적으로 [전자파일 제출하기]를 완료한다.

문제 4 결산정리사항은 다음과 같다. 관련 메뉴를 이용하여 결산을 완료하시오. (15점)

□□□
(1) 아래의 자료를 이용하여 정기예금의 당기분 경과이자에 대한 회계처리를 하시오. (단, 월할 계산할 것) (3점)

> ・정기예금액 : 30,000,000원 ・예금가입기간 : 올해. 4. 1.~내년. 3. 31. ・연이자율 : 3.4%
> ・이자는 만기일(내년. 3. 31.)에 일시 수령한다.

□□□
(2) 일반기업회계기준에 따라 올해 말 현재 보유 중인 매도가능증권에 대하여 결산일의 적절한 회계처리를 하시오. (단, 매도가능증권은 비유동자산이며, 전년도의 회계처리는 적절하게 되었다) (3점)

주식명	전년도 취득가액	전년도 말 공정가치	올해 말 공정가치
㈜엔지	5,000,000원	6,000,000원	4,800,000원

□□□
(3) 올해 11월 중 캐나다 ZF사에 수출한 외상매출금 $100,000은 내년 1월 15일에 외화 통장으로 회수될 예정이며, 일자별 기준환율은 다음과 같다. (3점)

구분	수출신고일 : 올해. 11. 3.	선적일 : 올해. 11. 10.	결산일 : 올해. 12. 31.
기준환율	900원/$	920원/$	950원/$

☐☐☐

(4) 기존에 입력된 데이터는 무시하고 올해 2기 확정신고기간의 부가가치세와 관련된 내용은 다음과 같다고 가정한다. 12월 31일 부가세예수금과 부가세대급금을 정리하는 회계처리를 하시오. 단, 납부세액(또는 환급세액)은 미지급세금(또는 미수금)으로, 경감세액은 잡이익으로, 가산세는 세금과공과(판관비)로 회계처리한다. (3점)

> ・부가세대급금 : 6,400,000원 ・부가세예수금 : 8,240,000원
> ・전자신고세액공제액 : 10,000원 ・세금계산서지연발급가산세 : 84,000원

☐☐☐

(5) 결산일 현재 무형자산인 영업권의 전기 말 상각 후 미상각잔액은 200,000,000원으로 이 영업권은 작년 1월 초 250,000,000원에 취득한 것이다. 이에 대한 회계처리를 하시오. 단, 회사는 무형자산에 대하여 5년간 월할 균등 상각하고 있으며, 비용은 판매비와관리비로 분류한다. (3점)

문제 5 2025년 귀속 원천징수와 관련된 다음의 물음에 답하시오. (15점)

☐☐☐

(1) 다음 자료를 이용하여 5월 귀속 [원천징수이행상황신고서]를 작성하시오. 단, 아래에 주어진 자료만을 이용하여 [원천징수이행상황신고서]를 직접 작성하고, [급여자료입력] 메뉴에서 불러오는 자료는 무시할 것. (5점)

[지급일자 : 6월 5일]	5월 귀속 급여대장								(단위 : 원)
구분	급여내역상세					공제내역상세			
성명	기본급	자격수당	식대	자가운전보조금	합계	4대보험	소득세	지방소득세	합계
김성현	2,600,000	–	200,000	200,000	3,000,000	234,000	90,000	9,000	333,000
서지은	2,700,000	300,000	200,000	–	3,200,000	270,000	-200,000	-20,000	50,000
합계	5,300,000	300,000	400,000	200,000	6,200,000	504,000	-110,000	-11,000	383,000

1. 위 급여내역 중 식대 및 자가운전보조금은 비과세 요건을 충족한다.
2. 5월 귀속 급여 지급일은 6월 5일이다.
3. 서지은(중도퇴사자) 관련 사항
   (1) 5월 31일까지 근무 후 중도퇴사하였다.
   (2) 올해 1월부터 4월까지의 총지급액은 12,000,000원이라고 가정한다.
   (3) 소득세 및 지방소득세는 중도퇴사자 정산이 반영된 내역이며, 5월분 급여에 대해서는 원천징수하지 않았다.

□□□

(2) 함춘식 대리(사번 : 301, 입사일 : 2025년 4월 21일)의 연말정산과 관련된 자료는 다음과 같
다. 아래의 자료를 이용하여 [연말정산추가자료입력] 메뉴의 [소득명세] 탭, [부양가족] 탭, [의료
비] 탭, [신용카드등] 탭, [월세액] 탭을 작성하고 [연말정산입력] 탭에서 연말정산을 완료하시오.
(단, 제시된 소득 이외의 소득은 없으며, 세부담 최소화를 가정한다) (10점)

현근무지	· 급여총액 : 40,600,000원(비과세 급여, 상여, 감면소득 없음) · 소득세 기납부세액 : 2,368,370원(지방소득세 : 236,800원) · 이외 소득명세 탭의 자료는 불러오기 금액을 반영한다.
전(前)근무지 근로소득 원천징수영수증	· 근무처 : ㈜솔비공업사(사업자번호 : 956-85-02635) · 근무기간 : 2025. 1. 1.~2025. 4. 20. · 급여총액 : 12,200,000원(비과세 급여, 상여, 감면소득 없음) · 건강보험료 : 464,810원 · 장기요양보험료 : 97,290원 · 고용보험료 : 134,320원 · 국민연금 : 508,700원 · 소득세 결정세액 : 398,000원(지방소득세 결정세액 : 39,800원)
가족사항	<table><tr><td>성명</td><td>관계</td><td>주민번호</td><td>비고</td></tr><tr><td>함춘식</td><td>본인</td><td>910919-1668329</td><td>무주택 세대주임</td></tr><tr><td>함덕주</td><td>부</td><td>511223-1589329</td><td>일용근로소득금액 4,300만 원</td></tr><tr><td>박경자</td><td>모</td><td>540807-2548715</td><td>복권 당첨소득 500만 원</td></tr><tr><td>함경리</td><td>누나</td><td>891229-2509016</td><td>중증환자 등 장애인으로 소득 없음</td></tr></table>· 기본공제대상자가 아닌 경우 기본공제 여부에 '부'로 표시할 것 · 위의 가족은 모두 내국인으로 생계를 같이 하는 것으로 한다.

<table>
<tr><td rowspan="4">연말정산자료</td><td>항목</td><td>내용</td></tr>
<tr><td>보험료</td><td>· 함덕주(부) : 일반 보장성 보험료 50만 원
· 함춘식(본인) : 저축성 보험료 120만 원
· 함경리(누나) : 장애인 전용 보장성 보험료 70만 원</td></tr>
<tr><td>의료비</td><td>· 박경자(모) : 임플란트 비용 200만 원
· 함덕주(부) : 보청기 구입비용 30만 원
· 함경리(누나) : 치료를 위한 한약 30만 원
※ 위 의료비는 모두 함춘식 본인의 신용카드로 결제하였고, 치료 목적으로 지출하였다.</td></tr>
<tr><td>신용카드
등
사용액</td><td>· 함춘식(본인) 신용카드 사용액 : 2,100만 원
　- 대중교통 사용분 60만 원, 아파트 관리비 100만 원, 동거가족 의료비 260만 원 포함
· 함덕주(부) 체크카드 사용액 : 800만 원
　- 전통시장 사용분 200만 원 포함</td></tr>
<tr><td></td><td>월세액</td><td>· 임대인 : 이고동(주민등록번호 691126-1904701)
· 유형 및 면적 : 아파트, 84m²
· 임대주택 주소지 : 경기도 안산시 단원구 중앙대로 620
· 임대차 기간 : 2025. 1. 1.~2026. 12. 31.
· 월세액 : 월 60만 원</td></tr>
</table>

※ 위 보험료, 의료비, 신용카드 등 사용액은 모두 국세청 연말정산 간소화 서비스에서 조회된 자료이다.

▶ 정답 및 해설 | p.42

☑ 다시 봐야 할 문제(틀린 문제, 풀지 못한 문제, 헷갈리는 문제 등)는 회독별로 문제 번호 위 네모박스(□)에 체크하여 반복 학습할 수 있습니다.

이론시험

다음 문제를 보고 알맞은 것을 골라 [이론문제 답안작성] 메뉴에 입력하시오. (객관식 문항당 2점)

> **● 기 본 전 제 ●**
> 문제에서 한국채택국제회계기준을 적용하도록 하는 전제조건이 없는 경우, 일반기업회계기준을 적용한다.

□□□
1. 다음 중 유가증권에 대한 설명으로 옳지 않은 것은?

① 유가증권은 증권의 종류에 따라 지분증권과 채무증권으로 분류할 수 있다.

② 단기매매증권은 주로 단기간 내 매매차익을 목적으로 취득한 유가증권을 의미한다.

③ 지분증권은 단기매매증권과 매도가능증권으로 분류할 수 있으나, 만기보유증권으로 분류할 수 없다.

④ 보고기간 종료일로부터 1년 이내 만기가 도래하는 만기보유증권의 경우 단기매매증권으로 변경하여 유동자산으로 재분류하여야 한다.

□□□
2. 다음의 회계상 거래가 올해 재무제표에 미치는 영향으로 옳지 않은 것은?

> 영업부의 업무용 차량에 대한 보험료(보험기간 : 올해 7. 1.~내년 6. 30.)를 올해 7월 1일에 지급하고 전부 비용으로 회계처리하였다. 올해 12월 31일 결산일 현재 별도의 회계처리를 하지 않았다.

① 자산 과대　　　② 비용 과대　　　③ 당기순이익 과소　　　④ 부채 영향 없음

□□□
3. 다음 중 유형자산의 취득 이후 지출에 대한 설명으로 가장 옳지 않은 것은?

① 유형자산의 인식기준을 충족하는 경우에는 자본적 지출로 처리하고, 충족하지 못한 경우에는 수익적 지출로 처리한다.

② 본래의 용도를 변경하기 위한 지출은 자본적 지출에 해당한다.

③ 자산의 원상회복, 수선유지를 위한 지출 등은 자본적 지출에 해당한다.

④ 건물 벽의 도장, 파손된 유리창 대체, 일반적인 소액 수선비는 수익적 지출에 해당한다.

□□□
4. 다음 중 용역의 제공으로 인한 수익인식의 조건에 대한 설명으로 틀린 것은?

① 용역제공거래의 성과를 신뢰성 있게 추정할 수 있을 때 진행기준에 따라 인식한다.

② 이미 발생한 원가와 그 거래를 완료하기 위해 추가로 발생할 것으로 추정되는 원가의 합계액이 총수익을 초과하는 경우에는 그 초과액과 이미 인식한 이익의 합계액을 전액 당기손실로 인식한다.

③ 용역제공거래의 성과를 신뢰성 있게 추정할 수 없는 경우에는 발생한 비용의 범위 내에서 회수가능한 금액을 수익으로 인식한다.

④ 용역제공거래의 성과를 신뢰성 있게 추정할 수 없고 발생한 원가의 회수가능성이 낮은 경우에는 수익을 인식하지 않고 발생한 원가도 비용으로 인식하지 않는다.

□□□
5. 다음 중 일반기업회계기준상 보수주의에 대한 예시로 옳지 않은 것은?

① 재고자산의 평가 시 저가주의에 따른다.

② 회계연도의 이익을 줄이기 위해 유형자산의 내용연수를 임의로 단축한다.

③ 물가 상승 시 재고자산평가방법으로 후입선출법을 적용한다.

④ 우발손실은 인식하나 우발이익은 인식하지 않는다.

6. 다음 중 원가행태에 따른 분류에 대한 설명으로 가장 틀린 것은?

① 고정원가는 조업도의 변동과 관계없이 일정하게 발생하는 원가이다.
② 조업도가 증가하면 총 변동원가도 증가한다.
③ 제조공장의 임차료는 대표적인 고정원가이다.
④ 조업도가 감소하면 단위당 변동원가는 증가한다.

7. ㈜한국은 제조간접원가를 직접노무시간 기준으로 배부하고 있으며 제조간접원가 배부율은 시간당 2,000원이다. 제조간접원가 실제 발생액이 18,000,000원이고, 실제 직접노무시간이 10,000시간이 발생한 경우 제조간접원가 배부차이는 얼마인가?

① 2,000,000원 과대배부　　　　② 2,000,000원 과소배부
③ 3,000,000원 과소배부　　　　④ 배부차이 없음

8. 다음은 ㈜한국의 제조활동과 관련된 물량흐름 관련 자료이다. 이에 대한 설명으로 옳은 것은?

| · 기초재공품 : 500개 | · 당기착수량 : 5,000개 |
| · 기말재공품 : 300개 | · 공손품수량 : 700개 |

① 완성품의 10%가 정상공손이면 완성품수량은 4,200개이다.
② 완성품의 10%가 정상공손이면 정상공손수량은 450개이다.
③ 완성품의 10%가 정상공손이면 비정상공손수량은 280개이다.
④ 완성품의 10%가 정상공손이면 정상공손수량은 420개이다.

9. 다음 중 개별원가계산에 대한 설명으로 옳지 않은 것은?

① 작업원가표를 근거로 원가계산을 한다.
② 직접원가와 제조간접원가의 구분이 중요하다.
③ 공정별 제품원가 집계 후 해당 공정의 생산량으로 나누어 단위당 원가를 계산하는 방식이다.
④ 주문생산형태에 적합한 원가계산방식이다.

□□□

10. 아래의 자료를 이용하여 평균법에 의한 가공원가의 완성품환산량을 계산하면 얼마인가?

구분	수량	완성도
기초재공품	1,000개	50%
당기착수	3,000개	–
기말재공품	2,000개	40%

① 2,800개 ② 3,800개 ③ 4,000개 ④ 4,300개

□□□

11. 다음 중 부가가치세법상 간이과세자에 대한 설명으로 가장 틀린 것은?

① 간이과세자란 원칙적으로 직전 연도의 공급대가의 합계액이 1억 400만 원에 미달하는 사업자를 말한다.

② 직전 연도의 공급대가의 합계액이 4,800만 원 이상인 부동산임대사업자는 간이과세자로 보지 않는다.

③ 간이과세자는 세금계산서를 발급받은 재화의 공급대가에 1%를 곱한 금액을 납부세액에서 공제한다.

④ 직전 연도의 공급대가의 합계액이 4,800만 원 미만인 간이과세자는 세금계산서를 발급할 수 없다.

□□□

12. 다음 중 부가가치세법상 의제매입세액공제제도에 관한 내용으로 가장 틀린 것은?

① 의제매입세액은 면세농산물 등을 공급받거나 수입한 날이 속하는 과세기간의 매출세액에서 공제한다.

② 의제매입세액공제는 사업자등록을 한 부가가치세 과세사업자가 적용대상자이며, 미등록자는 허용되지 않는다.

③ 면세농산물 등의 매입가액에는 운임 등의 직접 부대비용 및 관세를 포함한다.

④ 면세농산물 등에 대하여 세금계산서 없이도 일정한 금액을 매입세액으로 의제하여 공제하는 것이기 때문에 의제매입세액공제라고 한다.

□□□
13. 다음 중 소득세법상 근로소득과 관련된 내용으로 틀린 것은?

① 식사나 기타 음식물을 제공받지 않는 근로자가 받는 월 20만 원 이하의 식사대는 비과세 근로
소득이다.
② 종업원이 지급받은 경조금 중 사회통념상 타당하다고 인정되는 범위 내의 금액은 근로소득으로
보지 않는다.
③ 고용관계에 의하여 지급받은 강연료는 근로소득이다.
④ 근로자의 가족에 대한 학자금은 비과세 근로소득이다.

□□□
14. 다음 중 소득세법상 과세표준 확정신고를 반드시 하여야 하는 경우는?

① 퇴직소득만 있는 경우
② 상용근로소득과 사업소득이 있는 경우
③ 상용근로소득과 퇴직소득이 있는 경우
④ 상용근로소득과 보통예금이자 150만 원(14% 원천징수세율 적용 대상)이 있는 경우

□□□
15. 다음 중 소득세법상 종합소득공제에 대한 설명으로 가장 옳지 않은 것은?

① 상용근로소득금액 5,000,000원이 있는 40세 배우자는 기본공제 대상자에 해당한다. (단, 다
른 소득은 없다)
② 본인의 종합소득금액이 35,000,000원이고, 배우자가 없는 거주자로서 기본공제 대상자인 직계
비속이 있는 자는 한부모공제가 가능하다.
③ 부녀자공제와 한부모공제가 중복되는 경우에는 한부모공제만 적용한다.
④ 기본공제 대상자가 아닌 자는 추가공제 대상자가 될 수 없다.

실무시험

㈜시완산업(회사코드 : 0212)은 전자제품의 제조 및 도·소매업을 주업으로 영위하는 중소기업으로, 당기(제12기)의 회계기간은 2025. 1. 1.~2025. 12. 31.이다. 전산세무회계 수험용 프로그램을 이용하여 다음 물음에 답하시오.

● 기 본 전 제 ●

· 문제에서 한국채택국제회계기준을 적용하도록 하는 전제조건이 없는 경우, 일반기업회계기준을 적용하여 회계처리한다.

· 문제의 풀이와 답안작성은 제시된 문제의 순서대로 진행한다.

문제 1 [일반전표입력] 메뉴를 이용하여 다음의 거래자료를 입력하시오. (15점)

● 입력 시 유의사항 ●

· 일반적인 적요의 입력은 생략하지만, 타계정 대체거래는 적요번호를 선택하여 입력한다.

· 채권·채무와 관련된 거래는 별도의 요구가 없는 한 반드시 기등록된 거래처코드를 선택하는 방법으로 거래처명을 입력한다.

· 제조경비는 500번대 계정코드를, 판매비와관리비는 800번대 계정코드를 사용한다.

· 회계처리 시 계정과목은 별도의 제시가 없는 한 등록된 계정과목 중 가장 적절한 과목으로 한다.

(1) 6월 12일 단기매매증권으로 분류되는 ㈜단타의 주식 5,000주를 1주당 2,000원에 매입하였다. 매입수수료는 매입가액의 1%이고, 매입 관련 대금은 모두 보통예금 계좌에서 지급하였다. (3점)

(2) 7월 9일 5월분 급여 지급 시 원천징수한 소득세 3,000,000원 및 지방소득세 300,000원을 보통예금 계좌에서 이체하여 납부하였다. (단, 소득세와 지방소득세를 합하여 하나의 전표로 입력할 것) (3점)

(3) 7월 21일 대주주로부터 업무용 토지(공정가치 350,000,000원)를 무상으로 기증받고, 같은 날에 토지에 대한 취득세 20,000,000원을 보통예금 계좌에서 납부하였다. (단, 하나의 전표로 입력할 것) (3점)

(4) 9월 20일 액면금액 35,000,000원(5년 만기)인 사채를 34,100,000원에 발행하고, 대금은 전액 보통예금 계좌로 입금받았다. (3점)

□□□
(5) 10월 21일 전기에 발생한 ㈜도담의 외상매출금 $100,000를 회수하고 즉시 전액을 원화로 환가
하여 보통예금 계좌에 입금하였다. (단, 전기 결산일에 외화자산 및 부채의 평가는 적
절히 반영되었으며, 계정과목은 외상매출금을 사용할 것) (3점)

전년도 12월 31일(전기 결산일) 기준환율	올해 10월 21일(환가일) 적용환율
1,150원/$	1,250원/$

문제 2 [매입매출전표입력] 메뉴를 이용하여 다음의 거래자료를 입력하시오. (15점)

● **입력 시 유의사항** ●

- 일반적인 적요의 입력은 생략하지만, 타계정 대체거래는 적요번호를 선택하여 입력한다.
- 채권·채무 관련 거래는 별도의 요구가 없는 한 반드시 기등록된 거래처코드를 선택하는 방법으로 거래처명을 입력한다.
- 제조경비는 500번대 계정코드를, 판매비와관리비는 800번대 계정코드를 사용한다.
- 회계처리 시 계정과목은 등록된 계정과목 중 가장 적절한 과목으로 한다.
- 입력화면 하단의 분개까지 처리하고, 세금계산서 및 계산서는 전자 여부를 입력하여 반영한다.

□□□
(1) 7월   2일 기계장치의 내용연수를 연장시키는 주요 부품을 교체하고 16,500,000원(부가가치
세 포함)을 대보상사에 당좌수표를 발행하여 지급하였다. 이에 대해 종이세금계산서
를 수취하였다. (단, 부품교체 비용은 자본적지출로 처리할 것) (3점)

□□□
(2) 7월   24일 마케팅부서 직원의 야식을 참맛식당(일반과세자)에서 현금으로 구입하고, 현금영수증
(지출증빙용)을 발급받았다. (3점)

Home tax. 국세청홈택스 **현금영수증**

- 거래정보

거래일시	20xx. 7. 24.
승인번호	G00260107
거래구분	승인거래
거래용도	지출증빙
발급수단번호	609-81-40259

- 거래금액

공급가액	부가세	봉사료	총 거래금액
80,000	8,000	0	88,000

- 가맹점 정보

상호	참맛식당
사업자번호	356-52-00538
대표자명	강연우
주소	서울시 강서구 가로공원로 74

- 익일 홈택스에서 현금영수증 발급 여부를 반드시 확인하시기 바랍니다.
- 홈페이지(http://www.hometax.go.kr)
  - 조회/발급 > 현금영수증 조회 > 사용내역(소득공제) 조회 > 매입내역(지출증빙) 조회
- 관련문의는 국세상담센터(☎126-1-1)

□□□
(3) 8월 1일 제품의 영업관리를 위하여 개별소비세 과세대상 승용차(1,500cc)를 ㈜빠름자동차에서 구입하였다. 대금은 보통예금 계좌에서 3,000,000원을 지급하고 나머지는 외상으로 하였으며, 다음과 같은 전자세금계산서를 발급받았다. (3점)

<table>
<tr><td colspan="5" rowspan="2">전자세금계산서</td><td colspan="2">승인번호</td><td></td></tr>
<tr><td colspan="3"></td></tr>
<tr><td rowspan="6">공급자</td><td colspan="2">등록번호</td><td>123-81-12147</td><td>종사업장번호</td><td></td><td rowspan="6">공급받는자</td><td>등록번호</td><td>609-81-40259</td><td>종사업장번호</td><td></td></tr>
<tr><td colspan="2">상호(법인명)</td><td>㈜빠름자동차</td><td>성명(대표자)</td><td>김빠름</td><td>상호(법인명)</td><td>㈜시완산업</td><td>성명(대표자)</td><td>신서윤</td></tr>
<tr><td colspan="2">사업장 주소</td><td colspan="3">서울 강남구 강남대로 256</td><td>사업장 주소</td><td colspan="3">서울특별시 강서구 가로공원로 173</td></tr>
<tr><td colspan="2">업태</td><td>제조</td><td>종목</td><td>자동차</td><td>업태</td><td>제조, 도소매</td><td>종목</td><td>전자제품</td></tr>
<tr><td colspan="2">이메일</td><td colspan="3"></td><td>이메일</td><td colspan="3"></td></tr>
<tr><td colspan="2">작성일자</td><td colspan="2">공급가액</td><td>세액</td><td>수정사유</td><td colspan="3">비고</td></tr>
<tr><td colspan="3">20xx-8-1</td><td colspan="2">25,000,000</td><td>2,500,000</td><td>해당없음</td><td colspan="3"></td></tr>
<tr><td>월</td><td>일</td><td>품목</td><td>규격</td><td>수량</td><td>단가</td><td>공급가액</td><td colspan="2">세액</td><td>비고</td></tr>
<tr><td>8</td><td>1</td><td>승용차(1,500cc)</td><td></td><td></td><td></td><td>25,000,000</td><td colspan="2">2,500,000</td><td></td></tr>
<tr><td></td><td></td><td></td><td></td><td></td><td></td><td></td><td colspan="2"></td><td></td></tr>
<tr><td></td><td></td><td></td><td></td><td></td><td></td><td></td><td colspan="2"></td><td></td></tr>
</table>

□□□
(4) 8월 17일 ㈜더뷰상사에게 제품 2,000개를 개당 20,000원(부가가치세 별도)에 판매하고 전자세금계산서를 발급하였다. 이와 관련하여 공급가액의 30%는 보통예금 계좌로 받고 나머지는 외상으로 하였다. (3점)

<table>
<tr><td colspan="5" rowspan="2">전자세금계산서</td><td colspan="2">승인번호</td><td></td></tr>
<tr><td colspan="3"></td></tr>
<tr><td rowspan="6">공급자</td><td colspan="2">등록번호</td><td>609-81-40259</td><td>종사업장번호</td><td></td><td rowspan="6">공급받는자</td><td>등록번호</td><td>606-81-95866</td><td>종사업장번호</td><td></td></tr>
<tr><td colspan="2">상호(법인명)</td><td>㈜시완산업</td><td>성명(대표자)</td><td>신서윤</td><td>상호(법인명)</td><td>㈜더뷰상사</td><td>성명(대표자)</td><td>김소인</td></tr>
<tr><td colspan="2">사업장 주소</td><td colspan="3">서울특별시 강서구 가로공원로 173</td><td>사업장 주소</td><td colspan="3">충북 청주시 흥덕구 청주역로 105</td></tr>
<tr><td colspan="2">업태</td><td>제조, 도소매</td><td>종목</td><td>전자제품</td><td>업태</td><td>도소매</td><td>종목</td><td>완구</td></tr>
<tr><td colspan="2">이메일</td><td colspan="3"></td><td>이메일</td><td colspan="3"></td></tr>
<tr><td colspan="2">작성일자</td><td colspan="2">공급가액</td><td>세액</td><td>수정사유</td><td colspan="3">비고</td></tr>
<tr><td colspan="3">20xx-8-17</td><td colspan="2">40,000,000</td><td>4,000,000</td><td></td><td colspan="3"></td></tr>
<tr><td>월</td><td>일</td><td>품목</td><td>규격</td><td>수량</td><td>단가</td><td>공급가액</td><td colspan="2">세액</td><td>비고</td></tr>
<tr><td>8</td><td>17</td><td>모니터 외</td><td></td><td>2,000</td><td>20,000</td><td>40,000,000</td><td colspan="2">4,000,000</td><td></td></tr>
<tr><td></td><td></td><td></td><td></td><td></td><td></td><td></td><td colspan="2"></td><td></td></tr>
<tr><td></td><td></td><td></td><td></td><td></td><td></td><td></td><td colspan="2"></td><td></td></tr>
</table>

□□□
(5) 11월 30일 미국의 KYM사에 $60,000(수출신고일 11월 27일, 선적일 11월 30일)의 제품을 직수출하였다. 수출대금 중 $30,000는 11월 30일에 보통예금 계좌로 받았으며, 나머지 잔액은 12월 5일에 받기로 하였다. 일자별 기준환율은 다음과 같다. (단, 수출신고필증은 정상적으로 발급받았으며, 수출신고번호는 고려하지 말 것) (3점)

일자	11월 27일	11월 30일	12월 5일
기준환율	1,350원/$	1,310원/$	1,295원/$

문제 3 부가가치세 신고와 관련하여 다음 물음에 답하시오. (10점)

□□□
(1) 다음 자료를 바탕으로 올해 2기 확정신고기간(10. 1.~12. 31.)의 [부동산임대공급가액명세서]를 작성하시오. (단, 간주임대료에 대한 정기예금이자율은 연 3.1%로 가정한다) (3점)

동수	층수	호수	면적(㎡)	용도	임대기간	보증금(원)	월세(원)	관리비(원)
2	1	103	100	사무실	2023. 11. 1.~ 2025. 10. 31.	50,000,000	2,000,000	500,000
					2025. 11. 1.~ 2027. 10. 31.	60,000,000	2,000,000	500,000

· 위 사무실은 ㈜삼정테크(502-86-56232)에게 2023. 11. 1. 최초로 임대를 개시하였으며, 계약기간 만료로 올해 11월 1일 임대차계약을 갱신하면서 보증금만 인상하기로 하였다.
· 월세와 관리비 수입은 모두 정상적으로 세금계산서를 발급하였으며, 간주임대료에 대한 부가가치세는 임대인이 부담하고 있다.

□□□
(2) 다음 자료를 이용하여 올해 1기 예정신고기간(1. 1.~3. 31.)의 [부가가치세신고서]를 작성하시
오. (단, 기존에 입력된 자료 또는 불러오는 자료는 무시하고, 부가가치세 신고서 외의 부속서류
작성은 생략할 것) (5점)

매출자료	(1) 전자세금계산서 발급분 : 공급가액 350,000,000원, 세액 35,000,000원 (2) 현금영수증 발급분 : 공급가액 12,000,000원, 세액 1,200,000원 (3) [부동산임대공급가액명세서]에서 계산된 간주임대료 과세표준 금액 : 287,600원 (단, 임대료에 대한 전자세금계산서는 적법하게 발급되었음)
매입자료	(1) 전자세금계산서 수취분 일반매입 : 공급가액 110,000,000원, 세액 11,000,000원 – 업무용 토지취득 관련 법무사비용 공급가액 350,000원, 세액 35,000원이 포함되 어 있다. (2) 전자세금계산서 수취분 고정자산매입 : 공급가액 40,000,000원, 세액 4,000,000원 – 개별소비세 과세 대상 업무용승용차(5인승, 1,995cc) 매입액이다. (3) 신용카드 일반매입액 : 공급가액 50,000,000원, 세액 5,000,000원 – 기업업무추진비(접대비) 관련 카드사용분 공급가액 5,000,000원, 세액 500,000원이 포함되어 있다.
기타자료	・매출 및 매입에 대한 전자세금계산서는 적법하게 발급되었다. ・전자신고세액공제는 고려하지 않는다.

□□□
(3) 올해 1기 확정 부가가치세신고서의 [전자신고]를 수행하시오. (2점)

1. 부가가치세신고서와 관련 부속서류는 마감되어 있다. (세액공제는 고려하지 않는다)
2. [전자신고] → [국세청 홈택스 전자신고변환(교육용)] 순으로 진행한다.
3. 전자신고용 전자파일 제작 시 신고인 구분은 2.납세자 자진신고로 선택하고, 비밀번호는 "13001300"으
로 입력한다.
4. [국세청 홈택스 전자신고변환(교육용)] → 전자파일변환(변환대상파일선택) → [찾아보기]에서 전자
신고용 전자파일을 선택한다.
5. 전자신고용 전자파일 저장경로는 로컬디스크(C:)이며, 파일명은 "enc작성연월일.101.v60981
40259"이다.
6. [형식검증하기] → [형식검증결과확인] → [내용검증하기] → [내용검증결과확인] → [전자파일제
출]을 순서대로 클릭한다.
7. 최종적으로 [전자파일 제출하기]를 완료한다.

□□□
(1) 올해 3월 22일에 장기 투자 목적으로 ㈜바른상사의 비상장주식 10,000주를 7,300,000원에 취득하였다. 결산일 현재 해당 주식의 시가는 1주당 850원이다. (3점)

□□□
(2) 12월 30일에 장부상 현금보다 실제 현금이 102,000원이 적은 것을 발견하여 현금과부족으로 회계처리하였으나 기말까지 원인을 파악하지 못했다. (3점)

□□□
(3) 결산 시 보통예금(우리은행)의 잔액이 (-)35,423,800원임을 발견하였다. 보통예금(우리은행) 계좌는 마이너스 통장으로 확인되었다. (단, 마이너스 통장은 단기차입금 계정을 사용하고, 음수(-)로 회계처리하지 말 것) (3점)

□□□
(4) 올해 3월 1일에 영업부 사무실에 대한 화재보험료(보험기간 올해 3월 초~내년 2월 말) 1,200,000원을 전액 납입하고, 전액 비용으로 회계처리하였다. (단, 음수(-)로 회계처리하지 말고, 월할 계산할 것) (3점)

□□□
(5) 퇴직급여추계액이 다음과 같을 때 퇴직급여충당부채를 설정하시오. 회사는 퇴직급여추계액의 100%를 퇴직급여충당부채로 설정하고 있다. (3점)

구분	퇴직금추계액	설정 전 퇴직급여충당부채 잔액
생산부서	300,000,000원	60,000,000원
마케팅부서	100,000,000원	20,000,000원

문제 5 2025년 귀속 원천징수자료와 관련하여 다음의 물음에 답하시오. (15점)

□□□

(1) 다음 자료를 이용하여 본사 기업부설연구소의 수석연구원으로 근무하는 박정수(사번 : 102)의 7월분 [급여자료입력]과 [원천징수이행상황신고서]를 작성하시오. (단, 전월미환급세액은 150,000원이다) (5점)

※ 수당등록 시 월정액 및 통상임금은 고려하지 않으며, 사용하는 수당 이외의 항목은 사용 여부를 "부"로 체크한다.

※ 급여자료입력 시 공제항목의 불러온 데이터는 무시하고 직접 입력하여 작성한다.

※ 원천징수이행상황신고서의 귀속월과 지급월은 동일하게 매월 작성하여 신고하고 있으며, 박정수의 급여내역만 반영하고 환급신청은 하지 않기로 한다.

※ 비과세 요건에 해당하면 최대한 반영하기로 한다.

<7월 급여내역>

이름	박정수	지급일	7월 31일
기본급	2,000,000원	소득세	39,690원
직책수당	300,000원	지방소득세	3,960원
식대	200,000원	국민연금	112,500원
[기업연구소]연구보조비	200,000원	건강보험	88,620원
보육수당	300,000원	장기요양보험	11,350원
-	-	고용보험	23,400원
급여합계	3,000,000원	공제합계	279,520원
		차인지급액	2,720,480원

· 식대 : 식대 이외에 현물식사도 함께 제공하고 있다.

· [기업연구소]연구보조비 : 연구활동에 직접 종사하는 자에게 지급하고 있다.

· 보육수당 : 사규에 따라 6세 이하 자녀의 보육과 관련하여 자녀 1인당 300,000원의 수당을 지급하고 있다.

□□□

(2) 올해 9월 20일에 입사한 사원 김민수(사번 : 130, 세대주)의 연말정산 관련 자료는 다음과 같다. [연말정산추가자료입력] 메뉴에서 이전 근무지와 관련한 근로소득 원천징수영수증은 [소득명세] 탭, 나머지 연말정산 자료에 따라 [부양가족] 탭에 입력하고, [연말정산입력] 탭을 완성하시오. (단, 제시된 자료 외의 소득은 없으며, 본인의 세부담 최소화를 가정한다) (10점)

---

1. 가족사항(단, 모두 생계를 같이 하며, 반드시 기본공제대상자가 아닌 경우에는 "부"로 입력할 것)

성명	관계	주민번호	비고
김민수	본인	800205-1884520	-
여민지	배우자	830120-2118529	근로소득자(총급여액 : 5,000,000원)
김수지	자녀	120810-4988226	중학생, 일시적인 문예창작소득 50만 원

김지민	자녀	140520-3118523	초등학생, 소득 없음
한미녀	모친	571211-2113255	「장애인복지법」상 장애인, 원천징수 대상 금융소득금액 1,000만 원

2. 김민수의 전(前) 근무지 근로소득 원천징수영수증

· 근무처 : ㈜강일전자(205-85-11389) · 급여 : 33,250,000원 · 국민연금보험료 : 1,822,500원 · 장기요양보험료 : 183,870원	· 근무기간 : 2025. 1. 1.~2025. 9. 19. · 상여 : 8,500,000원 · 국민건강보험료 : 1,435,680원 · 고용보험료 : 364,500원

구분		소득세	지방소득세
세액명세	결정세액	325,000원	32,500원
	기납부세액	370,000원	37,000원
	차감징수세액	-45,000원	-4,500원

3. 연말정산추가자료(모두 국세청 연말정산간소화서비스에서 조회한 자료임)

항목	내용
보험료	· 김민수 자동차 운전자보험료(보장성) : 1,150,000원 · 한미녀 장애인전용보장성 보험료 : 1,200,000원
의료비	· 여민지(배우자) : 국내에서 지출한 질병 치료비 3,000,000원(김민수의 신용카드로 결제함) ※ 실손의료보험금 수령액 1,000,000원 · 김수지(자녀) : 시력보정용 콘택트렌즈 구입비 600,000원(김민수 신용카드로 결제함)
교육비	· 김수지(자녀) : 중학교의 수업료 및 특별활동비 200,000원, 영어학원비 1,000,000원 · 김지민(자녀) : 초등학교 현장학습체험학습비 400,000원, 태권도학원비 700,000원 · 한미녀(모친) : 평생교육법에 따른 대학교 등록금 3,000,000원(장애인특수교육비에 해당하지 않음)
신용카드등 사용액	· 김민수(본인) 신용카드 사용액 : 32,570,000원(아래의 항목이 포함된 금액임) | 구분	금액
전통시장	5,200,000원
대중교통	7,500,000원 | · 여민지(배우자) 직불카드 사용액 : 12,000,000원 · 한미녀(모친) 현금영수증 사용액 : 5,000,000원

▶ 정답 및 해설 | p.49

제111회 기출문제

✓ 다시 봐야 할 문제(틀린 문제, 풀지 못한 문제, 헷갈리는 문제 등)는 회독별로 문제 번호 위 네모박스(□)에 체크하여 반복 학습할 수 있습니다.

이론시험

다음 문제를 보고 알맞은 것을 골라 [이론문제 답안작성] 메뉴에 입력하시오. (객관식 문항당 2점)

● 기 본 전 제 ●

문제에서 한국채택국제회계기준을 적용하도록 하는 전제조건이 없는 경우, 일반기업회계기준을 적용한다.

□□□
1. 다음 중 재무제표의 기본가정에 대한 설명으로 가장 옳은 것은?

① 재무제표의 기본가정에는 기업실체의 가정, 계속기업의 가정, 수익·비용 대응의 가정이 있다.

② 기간별 보고의 가정은 자산과 부채의 분류표시를 유동성 순위에 따라 분류하여야 한다는 가정이다.

③ 기업실체의 가정은 기업실체를 소유주와는 독립적으로 보아 기업의 자산과 소유주의 자산을 분리하여 인식하여야 한다는 가정이다.

④ 계속기업의 가정은 기업실체의 지속적인 경제적 활동을 일정한 기간 단위로 분할하여 각 기간별로 재무제표를 작성하는 것을 말한다.

□□□
2. 물가가 지속해서 상승하는 경제 상황을 가정할 때, 다음 중 당기순이익이 가장 적게 계상되는 재고자산 평가방법은 무엇인가?

① 선입선출법　　　② 총평균법　　　③ 이동평균법　　　④ 후입선출법

□□□
3. 올해 10월 1일 ㈜한국은 기계장치를 5,000,000원에 취득하였다. 기계장치의 내용연수는 3년, 잔존가치는 500,000원으로 추정되었으며, 연수합계법으로 상각한다. ㈜한국이 결산일인 올해 12월 31일에 계상하여야 할 감가상각비는 얼마인가? (단, 월할 상각할 것)

① 416,666원　　　② 562,500원　　　③ 625,000원　　　④ 750,000원

□□□
4. 다음 중 무형자산에 대한 설명으로 옳지 않은 것은?

① 무형자산의 재무제표 표시방법으로 직접법만을 허용하고 있다.
② 무형자산 상각 시 잔존가치는 원칙적으로 '0'인 것으로 본다.
③ 무형자산은 유형자산과 마찬가지로 매입가액에 취득 관련 부대 원가를 가산한 금액을 취득원가로 처리한다.
④ 무형자산의 상각기간은 독점적·배타적인 권리를 부여하고 있는 관계 법령이나 계약에 정해진 경우를 제외하고는 20년을 초과할 수 없다.

□□□
5. 다음 중 자본 항목의 자본조정으로 분류하는 것은?

① 자기주식처분손실　　　　　　② 주식발행초과금
③ 매도가능증권평가손익　　　　④ 감자차익

□□□
6. 다음 중 원가의 개념에 대한 설명으로 가장 옳지 않은 것은?

① 기회원가 : 자원을 다른 대체적인 용도로 사용할 경우 얻을 수 있는 최대금액
② 매몰원가 : 과거의 의사결정으로 이미 발생한 원가로서 의사결정에 고려하지 말아야 하는 원가
③ 회피가능원가 : 특정한 대체안을 선택하는 것과 관계없이 계속해서 발생하는 원가
④ 관련원가 : 여러 대안 사이에 차이가 나는 원가로서 의사결정에 직접적으로 관련되는 원가

□□□
7. 다음 중 변동원가와 고정원가에 대한 설명으로 가장 옳지 않은 것은?

① 변동원가는 생산량이 증가함에 따라 총원가가 증가하는 원가이다.
② 고정원가는 생산량의 증감과는 관계없이 총원가가 일정한 원가이다.
③ 생산량의 증감과는 관계없이 제품 단위당 변동원가는 일정하다.
④ 생산량의 증감과는 관계없이 제품 단위당 고정원가는 일정하다.

□□□
8. 다음 중 제조원가명세서에 대한 설명으로 가장 옳지 않은 것은?

① 제조원가명세서에는 기말 제품 재고액이 표시된다.
② 판매비와관리비는 제조원가명세서 작성과 관련이 없다.
③ 당기총제조원가는 재료비, 노무비, 제조경비의 합을 의미한다.
④ 제조원가명세서의 당기제품제조원가는 손익계산서의 당기제품제조원가와 일치한다.

□□□
9. 캠핑카를 생산하여 판매하는 ㈜붕붕은 고급형 캠핑카와 일반형 캠핑카 두 가지 모델을 생산하고 있다. 모델별 제조와 관련하여 당기에 발생한 원가는 각각 아래와 같다. ㈜붕붕은 직접재료원가를 기준으로 제조간접원가를 배부하고 있으며, 당기의 실제 제조간접원가는 2,400,000원이다. 일반형 캠핑카의 당기총제조원가는 얼마인가?

구분	고급형 캠핑카	일반형 캠핑카	합계
직접재료원가	1,800,000원	1,200,000원	3,000,000원
직접노무원가	1,000,000원	600,000원	1,600,000원

① 2,700,000원　　② 2,760,000원　　③ 4,240,000원　　④ 4,300,000원

□□□
10. 다음 자료를 이용하여 평균법에 따른 종합원가계산을 적용할 경우, 가공원가의 완성품환산량 단위당 원가는 얼마인가?

> · 직접재료는 공정 개시 시점에 모두 투입하며, 가공원가는 공정 진행에 따라 균등하게 발생한다.
> · 기초재공품 2,500개(완성도 30%), 당기투입량 30,000개, 기말재공품 4,000개(완성도 30%)
> · 기초재공품원가 : 직접재료원가 200,000원, 가공원가 30,000원
> · 당기제조원가 : 직접재료원가 2,400,000원, 가공원가 1,306,500원

① 25원　　　　② 37원　　　　③ 42원　　　　④ 45원

□□□
11. 다음 중 부가가치세법상 면세에 해당하는 것은 모두 몇 개인가?

> 가. 시외우등고속버스 여객운송용역
> 나. 토지의 공급
> 다. 자동차운전학원에서 가르치는 교육용역
> 라. 식용으로 제공되는 외국산 미가공식료품
> 마. 형사소송법에 따른 국선변호인의 국선 변호
> 바. 제작 후 100년이 초과된 골동품

① 5개　　　　② 4개　　　　③ 3개　　　　④ 2개

□□□
12. 다음 중 부가가치세법상 대손세액공제에 대한 설명으로 가장 옳지 않은 것은?

① 대손 사유에는 부도발생일부터 6개월 이상 지난 어음·수표가 포함된다.
② 회수기일이 6개월 이상 지난 채권 중 채권가액이 30만 원 이하인 채권은 대손사유를 충족한다.
③ 재화를 공급한 후 공급일부터 15년이 지난 날이 속하는 과세기간에 대한 확정신고기한까지 대손사유로 확정되는 경우 대손세액공제를 적용한다.
④ 대손세액은 대손이 확정된 날이 속하는 과세기간의 매출세액에서 뺄 수 있다.

□□□

13. 다음 중 소득세의 특징으로 가장 옳은 것은?

① 소득세의 과세기간은 사업자의 선택에 따라 변경할 수 있다.

② 거주자의 소득세 납세지는 거주자의 거소지가 원칙이다.

③ 소득세법은 종합과세제도에 의하므로 거주자의 모든 소득을 합산하여 과세한다.

④ 소득세는 개인별 소득을 기준으로 과세하는 개인 단위 과세제도이다.

□□□

14. 거주자 김민재 씨의 소득이 다음과 같을 경우, 종합소득금액은 얼마인가? (단, 이자소득금액은 모두 국내은행의 정기예금이자이다)

· 양도소득금액 : 10,000,000원	· 상용근로소득금액 : 30,000,000원
· 이자소득금액 : 22,000,000원	· 퇴직소득금액 : 8,700,000원

① 30,000,000원

② 52,000,000원

③ 54,700,000원

④ 74,700,000원

□□□

15. 다음 중 소득세법상 근로소득의 원천징수 시기가 틀린 것은?

① 20x1년 11월 귀속 근로소득을 20x1년 12월 31일에 지급한 경우 : 20x1년 12월 말일

② 20x1년 11월 귀속 근로소득을 20x2년 1월 31일에 지급한 경우 : 20x2년 1월 말일

③ 20x1년 12월 귀속 근로소득을 20x2년 1월 31일에 지급한 경우 : 20x2년 1월 말일

④ 20x1년 12월 귀속 근로소득을 20x2년 3월 31일에 지급한 경우 : 20x2년 2월 말일

실무시험

㈜대동산업(회사코드 : 0211)은 컴퓨터 및 주변장치의 제조 및 도·소매업을 주업으로 영위하는 중소기업으로, 당기(15기)의 회계기간은 2025. 1. 1.~2025. 12. 31.이다. 전산세무회계 수험용 프로그램을 이용하여 다음 물음에 답하시오.

● 기 본 전 제 ●

· 문제에서 한국채택국제회계기준을 적용하도록 하는 전제조건이 없는 경우, 일반기업회계기준을 적용하여 회계처리한다.

· 문제의 풀이와 답안작성은 제시된 문제의 순서대로 진행한다.

문제 1 [일반전표입력] 메뉴를 이용하여 다음의 거래자료를 입력하시오. (15점)

● 입 력 시 유의사항 ●

· 일반적인 적요의 입력은 생략하지만, 타계정 대체거래는 적요번호를 선택하여 입력한다.

· 채권·채무와 관련된 거래는 별도의 요구가 없는 한 반드시 기등록된 거래처코드를 선택하는 방법으로 거래처명을 입력한다.

· 제조경비는 500번대 계정코드를, 판매비와관리비는 800번대 계정코드를 사용한다.

· 회계처리 시 계정과목은 별도의 제시가 없는 한 등록된 계정과목 중 가장 적절한 과목으로 한다.

□□□
(1) 1월 30일 당사가 생산한 제품(원가 50,000원, 시가 80,000원)을 제조부 생산직 직원에게 복리후생 목적으로 제공하였다. (단, 부가가치세법상 재화의 공급의제에 해당하지 아니함) (3점)

□□□
(2) 4월 1일 미국 LA은행으로부터 차입한 외화장기차입금 $20,000와 이자 $800에 대해 보통예금으로 달러를 구입하여 원금과 이자를 지급하였다. 4월 1일의 기준환율은 ₩1,400/$이다. (단, 외화장기차입금은 거래처원장을 조회하여 회계처리하고, 하나의 전표로 처리할 것) (3점)

□□□
(3) 5월 6일 영업부 사무실로 사용하기 위하여 4월 2일에 아래와 같이 ㈜명당과 체결한 부동산임대차계약에 따라 임대차계약서상의 보증금 20,000,000원 중 잔금 18,000,000원을 보통예금 계좌에서 송금하여 지급하고, 사무실의 임차를 개시하였다. (단, 관련 계정을 조회하여 처리할 것) (3점)

부동산임대차계약서

제1조 임대차계약에 있어 임차인은 보증금을 아래와 같이 계약금과 잔금으로 나누어 지급하기로 한다.

보증금	일금	이천만원정 (₩ 20,000,000)
계약금	일금	이백만원정 (₩ 2,000,000)은 계약 시에 지불하고 영수함
잔금	일금	일천팔백만원정 (₩ 18,000,000)은 5월 6일에 지불함

□□□
(4) 8월　20일　전기에 회수불능으로 대손처리한 외상매출금 2,750,000원(부가가치세 포함)을 회수
　　　　　하여 보통예금 계좌로 입금되었다. (단, 당시 대손 요건을 충족하여 대손세액공제를
　　　　　받았으며, 하나의 전표로 처리할 것) (3점)

□□□
(5) 9월　19일　영업부에서 사용할 업무용 차량의 취득세 1,250,000원을 보통예금 계좌에서 납부하
　　　　　였다. (3점)

문제 2 [매입매출전표입력] 메뉴를 이용하여 다음의 거래자료를 입력하시오. (15점)

━━━━━━━━━━━━━━● **입력 시 유의사항** ●━━━━━━━━━━━━━━

- 일반적인 적요의 입력은 생략하지만, 타계정 대체거래는 적요번호를 선택하여 입력한다.
- 채권·채무 관련 거래는 별도의 요구가 없는 한 반드시 기등록된 거래처코드를 선택하는 방법으로 거래처명을 입력한다.
- 제조경비는 500번대 계정코드를, 판매비와관리비는 800번대 계정코드를 사용한다.
- 회계처리 시 계정과목은 등록된 계정과목 중 가장 적절한 과목으로 한다.
- 입력화면 하단의 분개까지 처리하고, 세금계산서 및 계산서는 전자 여부를 입력하여 반영한다.

□□□
(1) 4월　2일　제품을 ㈜이레테크에 판매하고 다음과 같이 전자세금계산서를 발급하였다. 3월 2일
　　　　　에 받은 선수금 5,000,000원을 제외한 대금 중 30,000,000원은 ㈜이레테크가 발행
　　　　　한 어음으로 받고 나머지는 외상으로 하였다. (3점)

전자세금계산서					승인번호			
공급자	등록번호	128-81-59325	종사업장번호		공급받는자	등록번호	127-81-32505	종사업장번호	
	상호(법인명)	(주)대동산업	성명(대표자)	지민아		상호(법인명)	㈜이레테크	성명(대표자)	이진주
	사업장 주소	서울시 서초구 서초대로12길 45				사업장 주소	부산시 사상구 대동로 307		
	업태	제조 외	종목	컴퓨터 및 주변장치		업태	제조업	종목	전자제품
	이메일	jjjj@daum.net				이메일	sky@naver.com		

작성일자	공급가액	세액	수정사유	비고
20xx. 4. 2.	50,000,000원	5,000,000원	해당 없음	

월	일	품목	규격	수량	단가	공급가액	세액	비고
4	2	제품				50,000,000원	5,000,000원	

합계금액	현금	수표	어음	외상미수금	이 금액을 청구 함
55,000,000원	5,000,000원		30,000,000원	20,000,000원	

□□□
(2) 4월   9일 해외 매출거래처인 BTECH에 제품을 3,000,000원에 직수출하고, 대금은 1개월 후
          에 받기로 하였다. (단, 반드시 수출신고번호는 「1234500123456X」를 입력할 것)
          (3점)

□□□
(3) 5월 29일 직원회식대로 제조부 660,000원과 영업부 440,000원을 지출하고 침산가든에서 제
          일카드(법인카드)로 결제하였다. (3점)

신용카드매출전표

카드종류			카드번호				
제일카드			9435-2802-7580-0500				
유효기간			구매자명				
거래일시(취소일시)			품명				
20xx/05/29 21:32							
거래유형	할부		승인번호				
신용승인			00360380				

			백		천		원
금액/AMOUNT		1	0	0	0	0	0
부가세/V.A.T			1	0	0	0	0
합계/TOTAL		1	1	0	0	0	0

공급자 정보	카드사 가맹정보
공급자 상호	가맹점명
침산가든	좌동
대표자명	대표자명
	좌동
사업자등록번호	사업자등록번호
106-62-61190	좌동
사업장 주소	가맹점 주소
서울 용산구 부흥로2가 15-2	좌동
이용문의(구매, 취소, 환불)	승인관련문의
1544-4525	1545-8452

서명(Signature)

㈜대동산업

□□□
(4) 6월   5일 ㈜한라상사로부터 과세사업에는 사용하지 않고 면세사업에만 사용하기 위한 기계장
          치를 공급가액 100,000,000원(세액 10,000,000원)에 취득하고, 전자세금계산서를
          발급받았다. 대금은 보통예금 계좌에서 10,000,000원을 송금하고, 나머지는 당좌수
          표를 발행하여 지급하였다. (3점)

□□□
(5) 6월   15일 제조부가 사용할 청소용품을 일진상사(일반과세자)에서 현금으로 구입하고, 현금영
수증을 발급받았다. (단, 소모품비로 회계처리할 것) (3점)

<table>
<tr><td colspan="4" align="center">일진상사</td></tr>
<tr><td colspan="2">211-11-10614</td><td colspan="2" align="right">박일문</td></tr>
<tr><td colspan="2">경기도 부천시 신흥로 110</td><td colspan="2" align="right">TEL : 031-117-2727</td></tr>
<tr><td colspan="4" align="center">홈페이지 http://www.kacpta.or.kr</td></tr>
<tr><td colspan="4" align="center">현금영수증(지출증빙용)</td></tr>
<tr><td colspan="2">구매 20xx/06/15 17:27</td><td colspan="2" align="right">거래번호 : 11511</td></tr>
<tr><td align="center">상품명</td><td align="center">수량</td><td align="center">단가</td><td align="center">금액</td></tr>
<tr><td align="center">청소용품</td><td></td><td></td><td align="right">200,000</td></tr>
<tr><td colspan="3" align="right">과 세 물 품 가 액</td><td align="right">200,000원</td></tr>
<tr><td colspan="3" align="right">부 가 가 치 세 액</td><td align="right">20,000원</td></tr>
<tr><td colspan="3" align="right">합   계</td><td align="right">220,000원</td></tr>
<tr><td colspan="3" align="right">받 은 금 액</td><td align="right">220,000원</td></tr>
</table>

문제 3 부가가치세 신고와 관련하여 다음 물음에 답하시오. (10점)

□□□
(1) 다음 자료를 보고 올해 1기 예정신고기간의 [수출실적명세서]와 [영세율매출명세서]를 작성하시
오. (단, 매입매출전표입력은 생략할 것) (4점)

거래처	수출신고번호	선적일	환가일	통화	수출액	적용환율	
						선적일	환가일
제임스사	13065-22-065849X	1월 31일	1월 25일	USD	$100,000	₩1,000/$	₩1,080/$
랜덤기업	13075-20-080907X	2월 20일	2월 23일	USD	$80,000	₩1,050/$	₩1,070/$
큐수상사	13889-25-148890X	3월 18일	–	JPY	¥5,000,000	₩800/100¥	–

□□□
(2) 다음은 올해 2기 부가가치세 확정신고기간 귀속 자료이다. 다음 자료만을 이용하여 [부가가치세
신고서]를 작성하시오. (단, 기존의 입력된 자료는 무시하고, 부가가치세신고서 외의 부속서류 및
과세표준명세 입력은 생략할 것) (6점)

구분	자료
매출	1. 전자세금계산서 발급분(과세분) : 공급가액 500,000,000원, 세액 50,000,000원 2. 신용카드에 의한 매출액 : 공급가액 80,000,000원, 세액 8,000,000원 3. 직수출액 : 150,000,000원 4. 영세율세금계산서 발급분 : 50,000,000원(종이 세금계산서 발급) 5. 작년 2기 확정신고 시 대손세액공제 받은 외상매출금 33,000,000원을 전액 회수함
매입	1. 세금계산서 수취분 일반매입 : 공급가액 550,000,000원, 세액 55,000,000원(세금계산서 수취분 매입액 중 520,000,000원은 과세사업의 매출과 관련된 매입액이며, 나머지 30,000,000원은 거래처 접대와 관련된 매입액임) 2. 제2기 예정신고 시 누락된 종이 세금계산서 수취분 : 공급가액 20,000,000원, 세액 2,000,000원
기타	1. 예정신고 누락분은 확정신고 시 반영하기로 함 2. 홈택스에서 직접 전자신고하여 세액공제를 받기로 함

문제 4 다음 결산자료를 입력하여 결산을 완료하시오. (15점)

□□□
(1) 관리부가 올해 9월 1일에 구입한 소모품 중 당기 말 현재까지 미사용한 소모품은 100,000원이
다. (단, 비용에 대한 계정과목은 소모품비(판관비)를 사용하고, 반드시 해당 거래를 조회하여 적
절한 회계처리를 할 것) (3점)

□□□
(2) 결산일 현재 보유 중인 매도가능증권(전년도에 취득)에 대하여 일반기업회계기준에 따라 회계처
리를 하시오. (단, 매도가능증권은 비유동자산에 해당함) (3점)

주식명	주식 수	취득일	1주당 취득원가	전년도 12월 31일 1주당 공정가치	당해연도 12월 31일 1주당 공정가치
㈜에코	100주	전년도 5. 23.	10,000원	8,300원	7,000원

□□□
(3) 올해 12월 16일에 차입한 대출금에 대한 이자를 다음 달부터 매월 16일에 지급하기로 하였다. (3점)

> 올해 12월 16일부터 내년 1월 15일까지 1개월 동안 지급되어야 할 이자는 3,100,000원이었으며, 이 중 올해 12월 31일까지의 발생이자는 1,600,000원이었다.

□□□
(4) 당해연도 말 퇴직급여추계액은 생산직 75,000,000원, 관리직 35,000,000원이며, 이미 설정된 퇴직급여충당부채액은 생산직 50,000,000원과 관리직 28,000,000원이다. 당사는 퇴직급여추계액의 100%를 퇴직급여충당부채로 계상한다. (3점)

□□□
(5) 당해연도 결산을 하면서 당해연도에 대한 법인세 45,000,000원, 법인지방소득세 6,000,000원을 확정하였다. 중간예납세액 23,000,000원, 이자수익에 대한 원천징수세액 3,080,000원이 자산으로 계상되어 있다. (3점)

문제 5 2025년 귀속 원천징수자료와 관련하여 다음의 물음에 답하시오. (15점)

□□□
(1) 다음 자료는 인사부 박한별 사원(입사일 2025년 6월 1일, 국내 근무)의 부양가족과 관련된 내용이다. 제시된 자료만을 이용하여 [사원등록(사번 : 500)]을 하고, 부양가족을 모두 [부양가족명세]에 등록 후 박한별의 세부담이 최소화되도록 기본공제 및 추가공제 여부를 입력하시오. (6점)

> · 박한별 사원 본인과 부양가족은 모두 내국인이며 거주자이다.
> · 기본공제 대상자가 아닌 경우 "부"로 표시한다.

관계	성명	주민등록번호	동거(생계)여부	장애인여부	소득현황 및 기타사항
본인	박한별	830505-2027812	–	부	근로소득금액 2,500만 원
배우자	김준호	820525-1056936	부	부	소득 없음, 주거형편상 별거
본인의 아버지	박인수	530725-1013113	여	여	「장애인복지법」상 장애인에 해당함, 소득 없음, 2025년 1월 31일에 사망
아들	김은수	070510-3212680	부	부	분리과세 기타소득 200만 원, 국외 유학 중
딸	김아름	251225-4115736	여	부	소득 없음

(2) 2025년 7월 1일 입사한 김기웅(사번 : 600)의 연말정산 자료는 다음과 같다. [연말정산추가입력]에 전(前) 근무지의 내용을 반영하여 [소득명세] 탭, [부양가족] 탭, [신용카드 등] 탭, [의료비] 탭, [연말정산입력] 탭을 작성하시오. (9점)

1. 전(前) 근무지(㈜해탈상사)에서 받은 근로소득원천징수영수증 자료를 입력한다.
2. 당해연도 7월에 직장 근처로 이사하면서 대출기관으로부터 전세자금대출을 받았다.

<김기웅의 전(前) 근무지 근로소득원천징수영수증>

	구 분		주(현)	종(전)	⑯-1 납세조합	합 계
Ⅰ 근무처별소득명세	⑨ 근무처명		㈜해탈상사			
	⑩ 사업자등록번호		120-85-22227			
	⑪ 근무기간		2025. 1. 1.~2025. 6. 30.	~	~	~
	⑫ 감면기간		~	~	~	~
	⑬ 급여		24,000,000			
	⑭ 상여		3,000,000			
	⑮ 인정상여					
	⑮-1 주식매수선택권 행사이익					
	⑮-2 우리사주조합인출금					
	⑮-3 임원 퇴직소득금액 한도초과액					
	⑯ 계		27,000,000			
Ⅱ 비과세및감면소득명세	⑱ 국외근로					
	⑱-1 야간근로수당	001				
	⑱-2 보육수당	Q02	600,000			
	⑱-4 연구보조비					
	~					
	⑱-29					
	⑲ 수련보조수당	Y22				
	⑳ 비과세소득 계					
	⑳-1 감면소득 계					

	구 분			⑱ 소득세	⑲ 지방소득세	⑳ 농어촌특별세
Ⅲ 세액명세	⑫ 결정세액			1,255,000	125,500	
	기납부세액	⑬ 종(전)근무지 (결정세액란의 세액을 적습니다)	사업자 등록 번호			
		⑭ 주(현)근무지		1,350,000	135,000	
	⑮ 납부특례세액					
	⑯ 차감징수세액(⑫-⑬-⑭-⑮)			△95,000	△9,500	

(국민연금 1,610,000원 건강보험 1,388,000원 장기요양보험 189,000원 고용보험 235,600원)
위의 원천징수액(근로소득)을 정히 영수(지급)합니다.

<김기웅의 연말정산자료 : 모든 자료는 국세청에서 제공된 자료에 해당함>

항목	내용
보험료	·본인 저축성보험료 : 800,000원
교육비	·본인 야간대학원 등록금 : 3,000,000원
의료비	·시력보정용 안경 구입비 : 600,000원(본인 신용카드 결제) ·본인 질병 치료비 : 2,500,000원(실손의료보험금 500,000원 수령)
신용카드 등 사용액	·신용카드 사용액 : 21,200,000원(대중교통 1,200,000원 포함) ·직불카드 사용액 : 1,300,000원(전통시장 300,000원 포함) ·현금영수증 사용액 : 1,200,000원(도서·공연 200,000원 포함) ※ 본인의 총급여액은 7,000만 원 이하임
주택차입금 원리금상환액	·이자상환액 : 300,000원 ·원금상환액 : 3,000,000원 ※ 주택임차차입금원리금 상환액 공제요건을 충족한다고 가정함

▶ 정답 및 해설 | p.57

제110회 기출문제

이론시험

다음 문제를 보고 알맞은 것을 골라 [이론문제 답안작성] 메뉴에 입력하시오. (객관식 문항당 2점)

● 기 본 전 제 ●

문제에서 한국채택국제회계기준을 적용하도록 하는 전제조건이 없는 경우, 일반기업회계기준을 적용한다.

□□□
1. 다음 중 재무제표의 작성과 표시에 관한 설명으로 틀린 것은?

① 자산과 부채는 유동성이 낮은 항목부터 배열하는 것을 원칙으로 한다.
② 재무제표는 재무상태표, 손익계산서, 현금흐름표, 자본변동표로 구성되며, 주석을 포함한다.
③ 자산과 부채 및 자본은 총액에 의하여 기재함을 원칙으로 하고, 자산 항목과 부채 항목 또는 자본 항목을 상계하여 그 전부 또는 일부를 재무상태표에서 제외하면 안 된다.
④ 자본거래에서 발생한 자본잉여금과 손익거래에서 발생한 이익잉여금을 구분하여 표시한다.

□□□
2. 다음 자료를 이용하여 유동자산에 해당하는 금액의 합계액을 구하면 얼마인가?

·매출채권 : 1,000,000원	·상품 : 2,500,000원
·특허권 : 1,500,000원	·당좌예금 : 3,000,000원
·선급비용 : 500,000원	·장기매출채권 : 2,000,000원

① 5,500,000원 ② 6,000,000원 ③ 6,500,000원 ④ 7,000,000원

□□□
3. 다음 중 물가가 지속적으로 상승하는 상황에서 기말재고자산이 가장 크게 계상되는 재고자산의 평가방법은 무엇인가?

① 선입선출법   ② 후입선출법   ③ 총평균법   ④ 이동평균법

□□□
4. 유형자산을 보유하고 있는 동안 발생한 수익적 지출을 자본적 지출로 잘못 회계처리한 경우, 재무제표에 미치는 효과로 가장 올바른 것은?

① 자산의 과소계상   ② 부채의 과대계상
③ 당기순이익의 과대계상   ④ 매출총이익의 과소계상

□□□
5. 다음 중 자본에 대한 설명으로 가장 옳지 않은 것은?

① 자본금은 기업이 발행한 발행주식총수에 1주당 액면금액을 곱한 금액이다.
② 자본잉여금은 주식발행초과금과 기타자본잉여금(감자차익, 자기주식처분이익 등)으로 구분하여 표시한다.
③ 매도가능증권평가손익은 자본조정 항목으로 계상한다.
④ 미처분이익잉여금은 배당 등으로 처분할 수 있는 이익잉여금을 말한다.

□□□
6. 다음 중 원가에 대한 설명으로 가장 옳지 않은 것은?

① 직접원가란 특정 원가집적대상에 직접 추적이 가능하거나 식별 가능한 원가이다.
② 고정원가란 관련범위 내에서 조업도 수준과 관계없이 총원가가 일정한 원가행태를 말한다.
③ 가공원가란 직접재료원가와 직접노무원가를 말한다.
④ 매몰원가란 과거 의사결정에 따라 이미 발생한 원가로 현재의 의사결정에 영향을 미치지 못하는 원가를 의미한다.

□□□
7. 다음의 원가 자료를 이용하여 직접재료원가를 계산하면 얼마인가?

> · 총제조원가 : 4,000,000원
> · 직접노무원가 : 제조간접원가의 2배
> · 제조간접원가 : 총제조원가의 25%

① 1,000,000원　　② 1,500,000원　　③ 2,000,000원　　④ 2,500,000원

□□□
8. ㈜한국은 직접노무시간을 기준으로 제조간접원가를 예정배부하고 있다. 당기초 제조간접원가 예산은 2,000,000원이며, 예정 직접노무시간은 200시간이다. 당기말 현재 실제 제조간접원가는 2,500,000원이 발생하였으며, 제조간접원가 배부차이가 발생하지 않았다면 실제 직접노무시간은 얼마인가?

① 160시간　　② 200시간　　③ 250시간　　④ 500시간

□□□
9. 다음 중 공손과 작업폐물에 관한 설명으로 옳지 않은 것은?

① 정상적인 생산과정에서 필수불가결하게 발생하는 정상공손원가는 제조원가에 포함된다.
② 주산품의 제조과정에서 발생한 원재료의 부스러기 등 작업폐물의 순실현가치는 제조원가에서 차감한다.
③ 작업자의 부주의 등에 의하여 발생하는 비정상공손원가는 발생한 기간의 영업외비용으로 처리한다.
④ 총공손수량은 원가흐름의 가정에 따라 다르게 계산된다.

□□□
10. 다음 중 가중평균법에 의한 종합원가계산방법을 적용하여 완성품환산량 단위당 원가를 산정할 때 필요하지 않은 자료는 무엇인가?

① 기말재공품의 완성도　　　　　　② 당기총제조원가
③ 완성품의 물량　　　　　　　　　④ 기초재공품의 기완성도

□□□
11. 다음 중 부가가치세법상 재화의 공급의제(재화의 공급으로 보는 특례)에 해당하는 것은? (단, 일반과세자로서 매입 시 매입세액은 전부 공제받았다고 가정한다)

① 자기의 다른 과세사업장에서 원료 또는 자재 등으로 사용·소비하기 위해 반출하는 경우
② 사용인에게 사업을 위해 착용하는 작업복, 작업모, 작업화를 제공하는 경우
③ 무상으로 견본품을 인도 또는 양도하거나 불특정다수에게 광고선전물을 배포하는 경우
④ 자동차 제조회사가 자기생산한 승용자동차(2,000cc)를 업무용으로 사용하는 경우

□□□
12. 다음 중 부가가치세법상 영세율제도에 대한 설명으로 가장 옳지 않은 것은?

① 부가가치세의 역진성 완화를 목적으로 한다.
② 완전 면세제도이다.
③ 면세사업자는 영세율 적용대상자가 아니다.
④ 비거주자 또는 외국법인의 경우에는 상호면세주의에 따른다.

□□□
13. 다음은 부가가치세법상 가산세에 대한 설명이다. 빈칸에 들어갈 내용으로 알맞은 것은?

① 1%　　　　② 2%　　　　③ 3%　　　　④ 10%

□□□
14. 다음 중 소득세법상 근로소득의 수입시기로 옳지 않은 것은?

① 잉여금 처분에 의한 상여 : 결산일
② 인정상여 : 해당 사업연도 중 근로를 제공한 날
③ 일반상여 : 근로를 제공한 날
④ 일반급여 : 근로를 제공한 날

□□□
15. 다음의 자료를 이용하여 소득세법상 복식부기의무자의 사업소득 총수입금액을 구하면 얼마인가?

- 매출액 : 300,000,000원
- 원천징수된 은행 예금의 이자수익 : 500,000원
- 차량운반구(사업용) 양도가액 : 30,000,000원
- 공장건물 양도가액 : 100,000,000원

① 430,500,000원　　　　② 430,000,000원
③ 330,000,000원　　　　④ 300,000,000원

실무시험

㈜도원기업(회사코드 : 0210)은 전자제품의 제조 및 도·소매업을 주업으로 영위하는 중소기업으로, 당기(제18기)의 회계기간은 2025. 1. 1.~2025. 12. 31.이다. 전산세무회계 수험용 프로그램을 이용하여 다음 물음에 답하시오.

● 기 본 전 제 ●

- 문제에서 한국채택국제회계기준을 적용하도록 하는 전제조건이 없는 경우, 일반기업회계기준을 적용하여 회계처리한다.
- 문제의 풀이와 답안작성은 제시된 문제의 순서대로 진행한다.

문제 1 [일반전표입력] 메뉴를 이용하여 다음의 거래자료를 입력하시오. (15점)

● 입력 시 유의사항 ●

- 일반적인 적요의 입력은 생략하지만, 타계정 대체거래는 적요번호를 선택하여 입력한다.
- 채권·채무와 관련된 거래는 별도의 요구가 없는 한 반드시 기등록된 거래처코드를 선택하는 방법으로 거래처명을 입력한다.
- 제조경비는 500번대 계정코드를, 판매비와관리비는 800번대 계정코드를 사용한다.
- 회계처리 시 계정과목은 별도의 제시가 없는 한 등록된 계정과목 중 가장 적절한 과목으로 한다.

(1) 1월　5일 에코전자의 상장주식 100주를 단기 투자목적으로 1주당 60,000원에 취득하고 대금은 증권거래수수료 30,000원과 함께 보통예금 계좌에서 지급하였다. (3점)

(2) 3월　31일 보유 중인 신한은행의 예금에서 이자수익 500,000원이 발생하여 원천징수세액을 제외한 423,000원이 보통예금 계좌로 입금되었다. (단, 원천징수세액은 자산으로 처리할 것) (3점)

(3) 4월　30일 본사 건물 신축공사를 위한 장기차입금의 이자비용 2,500,000원을 보통예금 계좌에서 지급하였다. 해당 지출은 차입원가 자본화 요건을 충족하였으며, 신축공사 중인 건물은 내년 2월 말에 완공될 예정이다. (3점)

(4) 7월　10일 당사는 퇴직연금제도를 도입하면서 퇴직연금상품에 가입하였다. 생산부서 직원에 대해서는 확정급여형(DB형) 상품으로 10,000,000원, 영업부서 직원에 대해서는 확정기여형(DC형) 상품으로 7,000,000원을 보통예금 계좌에서 이체하여 납입하였다. (단, 하나의 전표로 입력하고 기초 퇴직급여충당부채 금액은 고려하지 말 것) (3점)

□□□
(5) 7월　15일　㈜지유로부터 공장에서 사용할 기계장치를 구입하기로 계약하고, 계약금 5,000,000
　　　　　　원을 즉시 당좌수표를 발행하여 지급하였다. (3점)

문제 2　[매입매출전표입력] 메뉴를 이용하여 다음의 거래자료를 입력하시오. (15점)

● **입력 시 유의사항** ●

- 일반적인 적요의 입력은 생략하지만, 타계정 대체거래는 적요번호를 선택하여 입력한다.
- 채권·채무 관련 거래는 별도의 요구가 없는 한 반드시 기등록된 거래처코드를 선택하는 방법으로 거래처명을 입력한다.
- 제조경비는 500번대 계정코드를, 판매비와관리비는 800번대 계정코드를 사용한다.
- 회계처리 시 계정과목은 등록된 계정과목 중 가장 적절한 과목으로 한다.
- 입력화면 하단의 분개까지 처리하고, 세금계산서 및 계산서는 전자 여부를 입력하여 반영한다.

□□□
(1) 7월　　7일　㈜신화에서 영업부서의 매출처에 선물로 증정할 와인세트 10세트를 1세트당 50,000
　　　　　　　원(부가가치세 별도)에 구입하고 전자세금계산서를 발급받았다. 대금 550,000원은
　　　　　　　현금으로 지급하고, 선물은 구입 즉시 모두 거래처에 전달하였다. (3점)

□□□
(2) 7월　20일　공장에서 생산부서가 사용할 선풍기를 ㈜하나마트에서 현금으로 구입하고, 아래와 같
　　　　　　　이 현금영수증을 발급받았다. (단, 소모품비로 처리할 것) (3점)

㈜하나마트	
㈜하나마트	T:(02)117-2727
128-85-46204	유하나
서울특별시 구로구 구로동 2727	

영수증 미지참 시 교환/환불 불가
정상상품에 한함, 30일 이내(신선 7일)

[현금영수증(지출증빙)]

[구매] 20xx-07-20 17:27			POS:7901-9979
상품명	단가	수량	금액
맥스파워선풍기	110,000	10	1,100,000
	과 세 물 품		1,000,000
	부 가 세		100,000
	합　　계		1,100,000
	결 제 대 상 금 액		1,100,000

현금영수증 승인번호 17090235
식별정보 3708112345
문의 ☎ 126-1-1

□□□

(3) 8월　16일 미국 UFC사에 제품을 $10,000에 해외 직수출하고, 8월 31일에 수출대금 전액을 달러($)로 받기로 하였다. 일자별 환율은 다음과 같다. (단, 수출신고번호 입력은 생략할 것) (3점)

구분	8월 10일(수출신고일)	8월 16일(선적일)	8월 31일(대금회수일)
기준환율	1,150원/$	1,100원/$	1,200원/$

□□□

(4) 9월　30일 ㈜명학산업에 제품을 공급하고 아래와 같이 전자세금계산서를 발급하였다. 대금은 8월 31일에 기수령한 계약금 1,800,000원을 제외한 잔액을 ㈜명학산업이 발행한 당좌수표로 수령하였다. (3점)

<table>
<tr><td colspan="4">전자세금계산서</td><td>승인번호</td><td colspan="4"></td></tr>
<tr><td rowspan="6">공급자</td><td>등록번호</td><td>370-81-12345</td><td>종사업장번호</td><td rowspan="6">공급받는자</td><td>등록번호</td><td>301-81-45665</td><td>종사업장번호</td><td></td></tr>
<tr><td>상호(법인명)</td><td>㈜도원기업</td><td>성명(대표자)</td><td>이세종</td><td>상호(법인명)</td><td>㈜명학산업</td><td>성명(대표자)</td><td>김연동</td></tr>
<tr><td>사업장 주소</td><td colspan="3">서울 구로구 안양천로539길 6</td><td>사업장 주소</td><td colspan="3">세종시 부강면 문곡리 128</td></tr>
<tr><td>업태</td><td>제조등</td><td>종목</td><td>전자부품</td><td>업태</td><td>제조</td><td>종목</td><td>가전제품</td></tr>
<tr><td>이메일</td><td colspan="3"></td><td>이메일</td><td colspan="3"></td></tr>
</table>

작성일자	공급가액	세액	수정사유	비고
20xx. 9. 30.	18,000,000원	1,800,000원		

월	일	품목	규격	수량	단가	공급가액	세액	비고
9	30	제품				18,000,000원	1,800,000원	

합계금액	현금	수표	어음	외상미수금	이 금액을 영수 함
19,800,000원	1,800,000원	18,000,000원			

□□□

(5) 10월　31일 구매확인서에 의하여 ㈜크림으로부터 수출용 원재료(공급가액 6,000,000원)를 매입하고 영세율전자세금계산서를 발급받았다. 대금은 보통예금 계좌에서 지급하였다. (3점)

문제 3 부가가치세 신고와 관련하여 다음 물음에 답하시오. (10점)

□□□
(1) 다음의 자료를 이용하여 올해 2기 부가가치세 확정신고기간에 대한 [건물등감가상각자산취득명세서]를 작성하시오. (단, 아래의 자산은 모두 감가상각 대상에 해당함) (3점)

취득일	내용	공급가액	상호	비고
		부가가치세액	사업자등록번호	
10. 4.	회계부서의 컴퓨터 및 프린터 교체	20,000,000원	우리전산	종이세금계산서 수취
		2,000,000원	102-03-52877	
11. 11.	생산부서의 보관창고 신축공사비	100,000,000원	㈜튼튼건설	전자세금계산서 수취
		10,000,000원	101-81-25749	
11. 20.	업무용승용차(1,500cc) 구입	15,000,000원	㈜빠름자동차	전자세금계산서 수취
		1,500,000원	204-81-96316	
12. 14.	영업부서의 에어컨 구입	10,000,000원	㈜시원마트	법인 신용카드 결제
		1,000,000원	304-81-74529	

□□□
(2) 아래의 자료만을 이용하여 올해 1기 부가가치세 확정신고기간(4월~6월)의 [부가가치세신고서]를 직접 입력하여 작성하시오. (단, 부가가치세신고서 외의 부속서류와 과세표준명세의 작성은 생략하며, 불러온 데이터는 무시하고 새로 입력할 것) (5점)

매출자료	· 전자세금계산서 매출액[1] : 공급가액 320,000,000원, 세액 30,000,000원 [1] 영세율세금계산서 매출액(공급가액 20,000,000원)이 포함되어 있다. · 해외 직수출 매출액 : 공급가액 15,000,000원 · 현금영수증 과세매출액 : 공급대가 11,000,000원		
매입자료	· 전자세금계산서를 수취한 매입액[2] : 공급가액 150,000,000원, 세액 15,000,000원 [2] 운반용 화물자동차 매입액(공급가액 20,000,000원, 세액 2,000,000원)이 포함되어 있으며, 나머지 금액은 모두 재고자산 매입액이다. · 신용카드 매입액은 다음과 같다.		

구분	내용	공급가액	세액
일반매입	직원 복리후생 관련 매입	8,000,000원	800,000원
	대표자 개인용 물품 매입	1,000,000원	100,000원
고정자산매입	제품 품질 테스트 기계설비 매입	6,000,000원	600,000원
합계		15,000,000원	1,500,000원

기타자료	· 예정신고 미환급세액은 900,000원으로 가정한다. · 전자신고세액공제 10,000원을 적용하여 세부담최소화를 가정한다.

□□□
(3) 올해 1기 예정신고기간(1.1.~3.31.)의 [부가가치세신고서]를 전자신고하시오. (2점)

> 1. 부가가치세신고서와 관련 부속서류는 마감되어 있다.
> 2. [전자신고] → [국세청 홈택스 전자신고변환(교육용)] 순으로 진행한다.
> 3. [전자신고] 메뉴의 [전자신고제작] 탭에서 신고인구분은 2.납세자 자진신고를 선택하고, 비밀번호는 "12341234"로 입력한다.
> 4. [국세청 홈택스 전자신고변환(교육용)] → 전자파일변환(변환대상파일선택) → [찾아보기]에서 전자신고용 전자파일을 선택한다.
> 5. 전자신고용 전자파일 저장경로는 로컬디스크(C:)이며, 파일명은 "enc작성연월일.101.v37081 12345"이다.
> 6. [형식검증하기] → [형식검증결과확인] → [내용검증하기] → [내용검증결과확인] → [전자파일제출]을 순서대로 클릭한다.
> 7. 최종적으로 [전자파일 제출하기]를 완료한다.

문제4 다음 결산자료를 입력하여 결산을 완료하시오. (15점)

□□□
(1) 다음은 올해 2기 확정신고기간의 부가가치세 관련 자료이다. 아래의 자료만을 이용하여 부가세대급금과 부가세예수금을 정리하는 회계처리를 하시오. (단 입력된 데이터는 무시하고, 납부세액은 미지급세금으로, 환급세액은 미수금으로, 가산세는 세금과공과(판관비)로, 공제세액은 잡이익으로 처리하시오) (3점)

> · 부가세예수금 : 720,000원   · 부가세대급금 : 520,000원
> · 전자세금계산서지연발급가산세 : 10,000원   · 전자신고세액공제 : 10,000원

□□□
(2) 돌담은행으로부터 차입한 장기차입금 중 100,000,000원은 내년 6월 30일에 상환기일이 도래한다. (3점)

□□□
(3) 외상매출금 및 미수금에 대하여만 기말잔액에 1%의 대손율을 적용하여 보충법에 의해 대손충당금을 설정하시오. (3점)

□□□
(4) 기말 현재 보유하고 있는 무형자산 중 영업권의 전기 말 상각 후 미상각잔액은 16,000,000원이다. 해당 영업권의 취득일은 전년도 1월 1일이며, 회사는 영업권에 대하여 5년간 월할 균등상각하고 있다. (단, 비용은 판매비와관리비로 분류한다) (3점)

□□□
(5) 결산일 현재 재고자산은 다음과 같다. 결산자료입력을 이용하여 결산을 수행하시오. (3점)

구분	금액	비고
원재료	93,000,000원	선적지 인도기준으로 매입하여 운송 중인 미착원재료 2,000,000원 미포함
재공품	70,000,000원	-
제품	135,000,000원	수탁자가 보관 중인 위탁제품 5,000,000원 미포함

문제 5 2025년 귀속 원천징수자료와 관련하여 다음의 물음에 답하시오. (15점)

□□□
(1) 다음은 ㈜도원기업의 사무직 사원 김우리(사원코드 : 100)의 6월 급여자료이다. 아래 자료를 이용하여 [사원등록]의 [부양가족명세] 탭의 부양가족에 대한 기본공제 및 추가공제 여부를 반영하고, [수당공제등록] 및 [급여자료입력]을 수행하시오. (단, 근로자 본인의 세부담 최소화를 가정한다) (5점)

1. 부양가족 명세(모두 거주자인 내국인에 해당함)

성명	주민등록번호	관계	동거(생계) 여부	비고
김우리	821210-1127852	본인	-	세대주, 당해연도 총급여액 5,200만 원
이현진	841010-2145205	배우자	여	소득 없음
김아현	210101-4928325	입양자녀	여	소득 없음, 당해연도 1월에 입양신고함

※ 제시된 자료 외의 다른 소득은 없다.

2. 6월분 급여자료

이름	김우리	지급일	7월 10일
기본급	3,000,000원	소득세	89,390원
식대	200,000원	지방소득세	8,930원
자가운전보조금	200,000원	국민연금	166,500원
보육수당	300,000원	건강보험	131,160원
야간근로수당	527,000원	장기요양보험	16,800원
-	-	고용보험	34,440원
급여계	4,227,000원	공제합계	447,220원
		차인지급액	3,779,780원

· 식대 : 당사는 현물식사와 식대를 함께 제공하고 있다.
· 자가운전보조금 : 당사는 본인 명의의 차량을 업무 목적으로 사용한 직원에게만 자가운전보조금을 지급하고 있으며, 실제 발생한 교통비를 별도로 지급하지 않는다.
· 보육수당 : 당사는 6세 이하 자녀(입양자녀 포함) 1명당 300,000원씩 수당을 지급하고 있다.

※ 수당등록 시 월정액 및 통상임금은 고려하지 않으며, 사용하는 수당 이외의 항목은 사용 여부를 "부"로 반영한다.
※ 급여자료입력 시 공제항목의 불러온 데이터는 무시하고 직접 입력하여 작성한다.

(2) 다음은 회계부서에 재직 중인 김갑용(사원코드 : 101) 사원의 연말정산 관련 자료이다. 다음의 자료를 이용하여 [연말정산추가자료입력] 메뉴의 [부양가족] 탭 및 관련된 탭을 모두 작성하여 연말정산을 완료하시오. (단, 근로자 본인의 세부담 최소화를 가정하고, [연말정산입력] 탭은 직접 입력하지 않음) (10점)

1. 가족사항(모두 거주자인 내국인에 해당함)

성명	관계	주민등록번호	동거여부	소득금액	비고
김갑용	본인	850505-1478526		65,000,000원	총급여액(근로소득 외의 소득 없음), 세대주
강희영	배우자	860630-2547852	여	10,000,000원	근로소득금액
김수필	부친	581012-1587422	여	900,000원	부동산임대소득금액 : 총수입금액 20,000,000원, 필요경비 19,100,000원
김정은	아들	160408-3852615	여	–	초등학생
김준희	딸	211104-4487122	여	–	취학 전 아동

2. 연말정산 관련 추가자료(모든 자료는 국세청에서 제공된 자료에 해당함)

내역	비고
보장성 보험료	· 김갑용(본인) : 자동차보험료 300,000원 · 강희영(배우자) : 보장성보험료 200,000원 · 김수필(부친) : 생명보험료 150,000원(만기까지 납입액이 만기환급액보다 큰 경우에 해당) · 김준희(딸) : 보장성보험료 350,000원
교육비	· 김갑용(본인) : 정규 교육 과정 대학원 교육비 5,000,000원 · 김정은(아들) : 국내 소재 사립초등학교(「교육법」상의 정규 교육기관) 수업료 8,000,000원, 바이올린 학원비 2,400,000원 · 김준희(딸) : 「영유아보육법」상의 어린이집 교육비 1,800,000원
의료비	· 김갑용(본인) : 시력보정용 안경 구입비용 650,000원 · 김수필(부친) : 질병 치료 목적 의료비 1,500,000원 · 김준희(딸) : 질병 치료 목적 의료비 250,000원
신용카드 사용액	· 김갑용(본인) : 신용카드 사용액 21,500,000원(국세청 자료)(신용카드사용분 중 전통시장·대중교통·도서 등 사용분은 없음)
연금저축	· 김갑용(본인) : 당해연도 연금저축계좌 납입액 6,000,000원(계좌번호 : 농협중앙회 301-02-228451, 당해연도에 가입함)

▶ 정답 및 해설 | p.64

제109회 기출문제

✓ 다시 봐야 할 문제(틀린 문제, 풀지 못한 문제, 헷갈리는 문제 등)는 회독별로 문제 번호 위 네모박스(□)에 체크하여 반복 학습할 수 있습니다.

이론시험

다음 문제를 보고 알맞은 것을 골라 [이론문제 답안작성] 메뉴에 입력하시오. (객관식 문항당 2점)

— ● 기 본 전 제 ● —

문제에서 한국채택국제회계기준을 적용하도록 하는 전제조건이 없는 경우, 일반기업회계기준을 적용한다.

□□□
1. 다음 중 금융부채에 대한 설명으로 틀린 것은?

① 금융부채는 최초 인식 시 공정가치로 측정하는 것이 원칙이다.
② 양도한 금융부채의 장부금액과 지급한 대가의 차액은 기타포괄손익으로 인식한다.
③ 금융부채는 후속 측정 시 상각후원가로 측정하는 것이 원칙이다.
④ 금융채무자가 재화 또는 용역을 채권자에게 제공하여 금융부채를 소멸시킬 수 있다.

□□□
2. 아래의 자료는 시장성 있는 유가증권에 관련된 내용이다. 이에 대한 설명으로 옳은 것은?

> · 20x1년 8월 5일 : A회사 주식 500주를 주당 4,000원에 매입하였다.
> · 20x1년 12월 31일 : A회사 주식의 공정가치는 주당 5,000원이다.
> · 20x2년 4월 30일 : A회사 주식 전부를 주당 6,000원에 처분하였다.

① 단기매매증권으로 분류할 경우 매도가능증권으로 분류하였을 때보다 20x1년 당기순이익은 감소한다.
② 단기매매증권으로 분류할 경우 매도가능증권으로 분류하였을 때보다 20x1년 기말 자산이 더 크다.
③ 매도가능증권으로 분류할 경우 처분 시 매도가능증권처분이익은 500,000원이다.
④ 매도가능증권으로 분류할 경우 단기매매증권으로 분류하였을 때보다 20x2년 당기순이익은 증가한다.

3. 다음 중 회계변경으로 인정되는 정당한 사례로 적절하지 않은 것은?

① 일반기업회계기준의 제·개정으로 인하여 새로운 해석에 따라 회계변경을 하는 경우

② 기업환경의 중대한 변화에 의하여 종전의 회계정책을 적용하면 재무제표가 왜곡되는 경우

③ 동종산업에 속한 대부분의 기업이 채택한 회계정책 또는 추정방법으로 변경함에 있어서 새로운 회계정책 또는 추정방법이 종전보다 더 합리적이라고 판단되는 경우

④ 정확한 세무신고를 위해 세법 규정을 따를 필요가 있는 경우

☐☐☐

4. 다음 중 무형자산에 대한 설명으로 가장 옳지 않은 것은?

① 개발비 중 연구단계에서 발생한 지출은 발생한 기간의 비용으로 인식한다.

② 합리적인 상각방법을 정할 수 없는 경우에는 정률법으로 상각한다.

③ 일반기업회계기준에서는 무형자산의 재무제표 표시방법으로 직접상각법과 간접상각법을 모두 허용하고 있다.

④ 무형자산의 내용연수는 법적 내용연수와 경제적 내용연수 중 짧은 것으로 한다.

☐☐☐

5. 다음 중 자본에 대한 설명으로 틀린 것은?

① 자본은 기업의 자산에서 모든 부채를 차감한 후의 잔여지분을 나타낸다.

② 주식의 발행금액이 액면금액보다 크면 그 차액을 주식발행초과금으로 하여 이익잉여금으로 회계처리한다.

③ 납입된 자본에 기업활동을 통해 획득하여 기업의 활동을 위해 유보된 금액을 가산하여 계산한다.

④ 납입된 자본에 소유자에 대한 배당으로 인한 주주지분 감소액을 차감하여 계산한다.

□□□
6. ㈜하나의 제조간접원가 배부차이가 250,000원 과대배부인 경우, 실제 제조간접원가 발생액은 얼마인가? (단, 제조간접원가 예정배부율은 작업시간당 3,000원이며, 작업시간은 1일당 5시간으로 총 100일간 작업하였다)

① 1,000,000원　　② 1,250,000원　　③ 1,500,000원　　④ 1,750,000원

□□□
7. ㈜연우가 당기에 사용한 원재료는 500,000원이다. 당기초 원재료 재고액이 당기말 원재료 재고액보다 50,000원 적을 경우, 당기의 원재료 매입액은 얼마인가?

① 450,000원　　② 500,000원　　③ 550,000원　　④ 600,000원

□□□
8. 다음 중 제조원가명세서를 작성하기 위하여 필요한 내용이 아닌 것은?

① 당기 노무원가 발생액　　　　② 당기 재료 구입액
③ 당기 기말제품 재고액　　　　④ 당기 재료 사용액

□□□
9. ㈜푸른솔은 보조부문의 원가배분방법으로 직접배분법을 사용한다. 보조부문 A와 B의 원가가 각각 1,500,000원과 1,600,000원으로 집계되었을 경우, 아래의 자료를 바탕으로 제조부문 X에 배분될 보조부문원가는 얼마인가?

사용부문 제공부문	보조부문		제조부문		합계
	A	B	X	Y	
A	–	50시간	500시간	300시간	850시간
B	200시간	–	300시간	500시간	1,000시간

① 1,150,000원　　② 1,250,000원　　③ 1,332,500원　　④ 1,537,500원

□□□
10. 다음 중 종합원가계산에 대한 설명으로 틀린 것은?

① 선입선출법은 실제 물량흐름을 반영하므로 평균법보다 더 유용한 정보를 제공한다.

② 평균법은 당기 이전에 착수된 기초재공품도 당기에 착수한 것으로 본다.

③ 선입선출법이 평균법보다 계산방법이 간편하다.

④ 기초재공품이 없다면 선입선출법과 평균법의 적용 시 기말재공품원가는 언제나 동일하다.

□□□
11. 다음 중 부가가치세법상 용역의 공급시기에 대한 설명으로 틀린 것은?

① 임대보증금의 간주임대료는 예정신고기간 또는 과세기간의 종료일을 공급시기로 한다.

② 폐업 전에 공급한 용역의 공급시기가 폐업일 이후에 도래하는 경우 폐업일을 공급시기로 한다.

③ 장기할부조건부 용역의 공급의 경우 대가의 각 부분을 받기로 한 때를 공급시기로 한다.

④ 용역의 대가의 각 부분을 받기로 한 때 대가를 받지 못하는 경우 공급시기로 보지 않는다.

□□□
12. 다음 중 부가가치세법상 면세 대상이 아닌 것은?

① 항공법에 따른 항공기에 의한 여객운송용역

② 도서, 신문

③ 연탄과 무연탄

④ 우표, 인지, 증지, 복권

□□□

13. 다음 중 부가가치세법상 재화의 공급에 해당하는 거래는?

① 과세사업자가 사업을 폐업할 때 자기생산·취득재화가 남아 있는 경우
② 사업장별로 그 사업에 관한 모든 권리와 의무를 포괄적으로 승계시키는 경우
③ 법률에 따라 조세를 물납하는 경우
④ 각종 법에 의한 강제 경매나 공매에 따라 재화를 인도하거나 양도하는 경우

□□□

14. 다음 중 소득세법상 과세방법이 다른 하나는?

① 복권 당첨금
② 일용근로소득
③ 계약금이 위약금으로 대체되는 경우의 위약금이나 배상금
④ 비실명 이자소득

□□□

15. 다음 중 근로소득만 있는 거주자의 연말정산 시 산출세액에서 공제하는 세액공제에 대한 설명으로 틀린 것은?

① 저축성보험료에 대해서는 공제받을 수 없다.
② 근로를 제공한 기간에 지출한 의료비만 공제 대상 의료비에 해당한다.
③ 직계존속의 일반대학교 등록금은 교육비세액공제 대상이다.
④ 의료비세액공제는 지출한 의료비가 총급여액의 3%를 초과하는 경우에만 적용받을 수 있다.

실무시험

㈜천부전자(회사코드 : 0209)는 제조 및 도·소매업을 영위하는 중소기업으로, 당기(제16기) 회계기간은 2025. 1. 1.~2025. 12. 31.이다. 전산세무회계 수험용 프로그램을 이용하여 다음 물음에 답하시오.

● 기 본 전 제 ●

· 문제에서 한국채택국제회계기준을 적용하도록 하는 전제조건이 없는 경우, 일반기업회계기준을 적용하여 회계처리한다.

· 문제의 풀이와 답안작성은 제시된 문제의 순서대로 진행한다.

문제 1 [일반전표입력] 메뉴를 이용하여 다음의 거래자료를 입력하시오. (15점)

● 입력 시 유의사항 ●

· 일반적인 적요의 입력은 생략하지만, 타계정 대체거래는 적요번호를 선택하여 입력한다.

· 채권·채무와 관련된 거래는 별도의 요구가 없는 한 반드시 기등록된 거래처코드를 선택하는 방법으로 거래처명을 입력한다.

· 제조경비는 500번대 계정코드를, 판매비와관리비는 800번대 계정코드를 사용한다.

· 회계처리 시 계정과목은 별도의 제시가 없는 한 등록된 계정과목 중 가장 적절한 과목으로 한다.

□□□
(1) 1월   22일 ㈜한강물산에 제품을 8,000,000원에 판매하기로 계약하고, 판매대금 중 20%를 당좌예금 계좌로 송금받았다. (3점)

□□□
(2) 3월   25일 거래처인 ㈜동방불패의 파산으로 외상매출금 13,000,000원의 회수가 불가능해짐에 따라 대손처리하였다. (대손 발생일 직전 외상매출금에 대한 대손충당금 잔액은 4,000,000원이었으며, 부가가치세법상 대손세액공제는 고려하지 않는다) (3점)

□□□
(3) 6월   30일 업무용 승용자동차(5인승, 2,000cc)의 엔진 교체 후 대금 7,700,000원을 보통예금 계좌에서 지급하고 현금영수증을 수령하였다. (단, 승용자동차의 엔진 교체는 자본적지출에 해당한다) (3점)

□□□
(4) 7월   25일 이사회에서 7월 12일에 결의한 중간배당(현금배당 100,000,000원)인 미지급배당금에 대하여 소득세 등 15.4%를 원천징수하고 보통예금 계좌에서 지급하였다. (단, 관련 데이터를 조회하여 회계처리할 것) (3점)

□□□
(5) 11월   5일 액면가액 10,000,000원(3년 만기)인 사채를 10,850,000원에 할증발행하였으며, 대금은 전액 보통예금 계좌로 입금되었다. (3점)

● **입력 시 유의사항** ●

· 일반적인 적요의 입력은 생략하지만, 타계정 대체거래는 적요번호를 선택하여 입력한다.

· 채권·채무 관련 거래는 별도의 요구가 없는 한 반드시 기등록된 거래처코드를 선택하는 방법으로 거래처명을 입력한다.

· 제조경비는 500번대 계정코드를, 판매비와관리비는 800번대 계정코드를 사용한다.

· 회계처리 시 계정과목은 등록된 계정과목 중 가장 적절한 과목으로 한다.

· 입력화면 하단의 분개까지 처리하고, 세금계산서 및 계산서는 전자 여부를 입력하여 반영한다.

□□□

(1) 7월 18일 취득가액은 52,000,000원, 매각 당시 감가상각누계액은 38,000,000원인 공장에서 사용하던 기계장치를 ㈜로라상사에 매각하고 아래와 같이 전자세금계산서를 발급하였다. (당기의 감가상각비는 고려하지 말고 하나의 전표로 입력할 것) (3점)

전자세금계산서						승인번호			
공급자	등록번호	130-81-25029	종사업장번호		공급받는자	등록번호	101-81-42001	종사업장번호	
	상호(법인명)	㈜천부전자	성명(대표자)	정지훈		상호(법인명)	㈜로라상사	성명(대표자)	전소민
	사업장 주소	인천시 남동구 간석로 7				사업장 주소	경기 포천시 중앙로 8		
	업태	제조, 도소매	종목	전자제품		업태	제조업	종목	자동차부품
	이메일					이메일			

작성일자	공급가액	세액	수정사유	비고
20xx. 7. 18.	11,000,000	1,100,000	해당 없음	

월	일	품목	규격	수량	단가	공급가액	세액	비고
7	18	기계장치 매각				11,000,000원	1,100,000원	

합계금액	현금	수표	어음	외상미수금	
12,100,000원				12,100,000원	이 금액을 청구 함

□□□

(2) 7월 30일 영업부에 필요한 비품을 ㈜소나무로부터 구입하고 법인 명의로 현금영수증을 발급받
았다. 법인의 운영자금이 부족하여 대표자 개인 명의의 계좌에서 대금을 지급하였다.
(단, 가수금(대표자)으로 처리할 것) (3점)

Hom_etax. 국세청홈택스 현금영수증

· 거래정보

거래일시	20xx년 7월 30일 13:40:14
승인번호	1234567
거래구분	승인거래
거래용도	지출증빙
발급수단번호	130-81-25029

· 거래금액

공급가액	부가세	봉사료	총 거래금액
600,000	60,000		660,000

· 가맹점 정보

상호	㈜소나무
사업자번호	222-81-12347
대표자명	박무늬
주소	서울특별시 강남구 압구정동 14

· 익일 홈택스에서 현금영수증 발급 여부를 반드시 확인하시기 바랍니다.

· 홈페이지(http://www.hometax.go.kr)

 – 조회/발급 > 현금영수증 조회 > 사용내역(소득공제) 조회
                          > 매입내역(지출증빙) 조회

· 관련문의는 국세상담센터(☎126-1-1)

□□□
(3) 8월 31일 올해 2기 부가가치세 예정신고 시 누락한 제조부의 자재 창고 임차료에 대하여 아래와
같이 종이 세금계산서를 10월 30일에 수취하였다. (단, 가산세는 고려하지 않으며, 올
해 2기 확정 부가가치세 신고서에 자동 반영되도록 입력 및 설정할 것) (3점)

<table>
<tr><td colspan="2" rowspan="2"></td><td colspan="12" rowspan="2" style="text-align:center">세금계산서(공급받는 자 보관용)</td><td colspan="2">책번호</td><td colspan="2">권</td><td colspan="2">호</td></tr>
<tr><td colspan="2">일련번호</td><td colspan="2"></td><td>-</td><td colspan="3"></td></tr>
<tr><td rowspan="4">공급자</td><td>등록번호</td><td>1</td><td>1</td><td>3</td><td>-</td><td>5</td><td>5</td><td>-</td><td>6</td><td>1</td><td>4</td><td>4</td><td>8</td><td rowspan="4">공급받는자</td><td>등록번호</td><td colspan="6" style="text-align:center">130-81-25029</td></tr>
<tr><td>상호
(법인명)</td><td colspan="4">오미순
부동산</td><td colspan="3">성명
(대표자)</td><td colspan="5">오미순</td><td>상호
(법인명)</td><td colspan="2">㈜천부전자</td><td colspan="2">성명
(대표자)</td><td colspan="2">정지훈</td></tr>
<tr><td>사업장 주소</td><td colspan="12">경기도 부천시 신흥로 111</td><td>사업장 주소</td><td colspan="6">인천시 남동구 간석로 7</td></tr>
<tr><td>업태</td><td colspan="5">부동산업</td><td colspan="2">종목</td><td colspan="5">임대업</td><td>업태</td><td colspan="2">제조 외</td><td>종목</td><td colspan="3">전자제품</td></tr>
<tr><td colspan="3" style="text-align:center">작성</td><td colspan="10" style="text-align:center">공급가액</td><td colspan="9" style="text-align:center">세액</td><td style="text-align:center">비고</td></tr>
<tr><td>연</td><td>월</td><td>일</td><td>빈칸수</td><td>백</td><td>십</td><td>억</td><td>천</td><td>백</td><td>십</td><td>만</td><td>천</td><td>백</td><td>십</td><td>일</td><td>십</td><td>억</td><td>천</td><td>백</td><td>십</td><td>만</td><td>천</td><td>백</td><td>십</td><td>일</td><td></td></tr>
<tr><td>xx</td><td>8</td><td>31</td><td>4</td><td></td><td></td><td></td><td></td><td>1</td><td>5</td><td>0</td><td>0</td><td>0</td><td>0</td><td>0</td><td></td><td></td><td></td><td>1</td><td>5</td><td>0</td><td>0</td><td>0</td><td>0</td><td></td><td></td></tr>
<tr><td>월</td><td>일</td><td colspan="2" style="text-align:center">품목</td><td colspan="2">규격</td><td colspan="2">수량</td><td colspan="3">단가</td><td colspan="4" style="text-align:center">공급가액</td><td colspan="6" style="text-align:center">세액</td><td colspan="2">비고</td></tr>
<tr><td>8</td><td>31</td><td colspan="2">자재창고 임차료</td><td colspan="2"></td><td colspan="2"></td><td colspan="3"></td><td colspan="4" style="text-align:right">1,500,000원</td><td colspan="6" style="text-align:center">150,000원</td><td colspan="2"></td></tr>
<tr><td colspan="3" style="text-align:center">합계금액</td><td colspan="3" style="text-align:center">현금</td><td colspan="3" style="text-align:center">수표</td><td colspan="3" style="text-align:center">어음</td><td colspan="4" style="text-align:center">외상미수금</td><td colspan="8" rowspan="2" style="text-align:center">이 금액을 청구 함</td></tr>
<tr><td colspan="3" style="text-align:center">1,650,000원</td><td colspan="3"></td><td colspan="3"></td><td colspan="3"></td><td colspan="4" style="text-align:center">1,650,000원</td></tr>
</table>

□□□
(4) 9월 28일 제품의 제작에 필요한 원재료를 수입하면서 인천세관으로부터 아래의 수입전자세금
계산서를 발급받고, 부가가치세는 보통예금 계좌에서 지급하였다. (단, 재고자산에 대
한 회계처리는 생략할 것) (3점)

<table>
<tr><td colspan="5" style="text-align:center">수입전자세금계산서</td><td colspan="2">승인번호</td><td colspan="2"></td></tr>
<tr><td rowspan="3">세관명</td><td>등록
번호</td><td colspan="2">135-82-12512</td><td>종사업장
번호</td><td rowspan="3">수입자</td><td>등록
번호</td><td colspan="2">130-81-25029</td><td>종사업장
번호</td></tr>
<tr><td>세관명</td><td>인천세관</td><td>성명</td><td>김세관</td><td>상호
(법인명)</td><td>㈜천부전자</td><td>성명</td><td>정지훈</td></tr>
<tr><td>세관주소</td><td colspan="3">인천광역시 미추홀구 항구로</td><td>사업장 주소</td><td colspan="3">인천시 남동구 간석로 7</td></tr>
<tr><td colspan="5">수입신고번호
또는
일괄발급기간
(총건)</td><td>업태</td><td>제조, 도소매</td><td>종목</td><td>전자제품</td></tr>
<tr><td colspan="2" style="text-align:center">납부일자</td><td style="text-align:center">과세표준</td><td colspan="2" style="text-align:center">세액</td><td style="text-align:center">수정사유</td><td colspan="3" style="text-align:center">비고</td></tr>
<tr><td colspan="2">20xx. 9. 28.</td><td>20,000,000</td><td colspan="2">2,000,000</td><td>해당 없음</td><td colspan="3"></td></tr>
<tr><td>월</td><td>일</td><td>품목</td><td>규격</td><td>수량</td><td>단가</td><td>공급가액</td><td colspan="2">세액</td><td>비고</td></tr>
<tr><td>9</td><td>28</td><td>수입신고필증 참조</td><td></td><td></td><td></td><td>20,000,000</td><td colspan="2">2,000,000</td><td></td></tr>
<tr><td></td><td></td><td></td><td></td><td></td><td></td><td></td><td colspan="2"></td><td></td></tr>
<tr><td colspan="2" style="text-align:center">합계금액</td><td>22,000,000</td><td colspan="3"></td><td colspan="3"></td></tr>
</table>

□□□

(5) 9월　30일 영업부에서 거래처에 추석선물로 제공하기 위하여 ㈜부천백화점에서 선물세트를 구입하고 아래의 전자세금계산서를 발급받았다. 대금 중 500,000원은 현금으로 결제하였으며, 잔액은 보통예금 계좌에서 지급하였다. (3점)

전자세금계산서					승인번호			
공급자	등록번호	130-81-01236	종사업장번호		공급받는자	등록번호	130-81-25029	종사업장번호	
	상호(법인명)	㈜부천백화점	성명	안부천		상호(법인명)	㈜천부전자	성명	정지훈
	사업장 주소	경기도 부천시 길주로 280 (중동)				사업장 주소	인천시 남동구 간석로 7		
	업태	소매	종목	잡화		업태	제조	종목	전자제품
	이메일	bucheon@never.net				이메일			

작성일자	공급가액	세액	수정사유	비고
20xx. 9. 30.	2,600,000	260,000	해당 없음	

월	일	품목	규격	수량	단가	공급가액	세액	비고
9	30	홍삼선물세트		10	260,000	2,600,000	260,000	

합계금액	현금	수표	어음	외상미수금	이 금액을 (영수) 함
2,860,000	2,860,000				

문제 3 부가가치세 신고와 관련하여 다음 물음에 답하시오. (10점)

□□□

(1) 아래의 자료를 이용하여 올해 1기 부가가치세 확정신고기간의 [수출실적명세서]를 작성하시오. (단, 거래처코드와 거래처명은 조회하여 불러올 것) (3점)

거래처	수출신고번호	선적일	환가일	통화	수출액	기준환율 선적일	환가환율 환가일
B&G	11133-77-100066X	4월 15일	4월 10일	USD	$80,000	₩1,350/$	₩1,300/$
PNP	22244-88-100077X	5월 30일	6월 7일	EUR	€52,000	₩1,400/€	₩1,410/€

□□□

(2) 다음의 자료만을 이용하여 올해 1기 부가가치세 확정신고기간(4월 1일~6월 30일)의 [부가가치세신고서]를 작성하시오. (단, 기존에 입력된 자료 또는 불러온 자료는 무시하고, 부가가치세신고서 외의 부속서류 작성은 생략할 것) (5점)

구분	자료
매출	1. 전자세금계산서 발급분 제품 매출액 : 200,000,000원(부가가치세 별도) 2. 신용카드로 결제한 제품 매출액 : 44,000,000원(부가가치세 포함) 3. 내국신용장에 의한 제품 매출액(영세율세금계산서 발급분) : 공급가액 40,000,000원 4. 수출신고필증 및 선하증권으로 확인된 수출액(직수출) : 5,000,000원(원화 환산액)
매입	1. 세금계산서 수취분 일반매입 : 공급가액 120,000,000원, 세액 12,000,000원 2. 세금계산서 수취분 9인승 업무용 차량 매입 : 공급가액 30,000,000원, 세액 3,000,000원 ※ 위 1번의 일반매입분과 별개이다. 3. 법인신용카드매출전표 수취분 중 공제 대상 일반매입 : 공급가액 10,000,000원, 세액 1,000,000원 4. 제1기 예정신고 시 누락된 세금계산서 매입 : 공급가액 20,000,000원, 세액 2,000,000원
비고	1. 제1기 예정신고 시 미환급세액은 1,000,000원이라고 가정한다. 2. 전자신고세액공제는 고려하지 않도록 한다.

□□□

(3) 다음의 자료를 이용하여 올해 1기 부가가치세 예정신고기간(1월 1일~3월 31일)의 [부가가치세신고서] 및 관련 부속서류를 전자신고하시오. (2점)

1. 부가가치세신고서와 관련 부속서류는 마감되어 있다.
2. [전자신고] → [국세청 홈택스 전자신고변환(교육용)] 순으로 진행한다.
3. [전자신고]의 [전자신고제작] 탭에서 신고인 구분은 2.납세자 자진신고를 선택하고, 비밀번호는 "12341234"로 입력한다.
4. [국세청 홈택스 전자신고변환(교육용)] → 전자파일변환(변환대상파일선택) → [찾아보기]에서 전자신고용 전자파일을 선택한다.
5. 전자신고용 전자파일 저장경로는 로컬디스크(C:)이며, 파일명은 "enc작성연월일.101.v사업자등록번호"이다.
6. [형식검증하기] → [형식검증결과확인] → [내용검증하기] → [내용검증결과확인] → [전자파일제출]을 순서대로 클릭한다.
7. 최종적으로 [전자파일 제출하기]를 완료한다.

문제 4 다음 결산자료를 입력하여 결산을 완료하시오. (15점)

□□□
(1) 기말 재고조사 결과 자산으로 처리하였던 영업부의 소모품 일부(장부가액 : 250,000원)가 제조부의 소모품비로 사용되었음을 확인하였다. (3점)

□□□
(2) 기말 재무상태표의 단기차입금 중에는 당기에 발생한 ㈜유성에 대한 외화차입금 26,000,000원이 포함되어 있다. 발생일 현재 기준환율은 1,300원/$이고, 기말 현재 기준환율은 1,400원/$이다. (3점)

□□□
(3) 대출금에 대한 이자지급일은 매월 16일이다. 당해연도분 미지급비용을 인식하는 회계처리를 하시오. (단, 거래처 입력은 하지 않을 것) (3점)

> 대출 적용금리는 변동금리로 은행에 문의한 결과 올해 12월 16일부터 내년 1월 15일까지의 기간에 대하여 지급되어야 할 이자는 총 5,000,000원이며, 이 중 올해 12월 31일까지에 대한 발생이자는 2,550,000원이었다.

□□□
(4) 기존에 입력된 데이터는 무시하고 올해 2기 확정신고기간의 부가가치세와 관련된 내용이 다음과 같다고 가정한다. 12월 31일 부가세예수금과 부가세대급금을 정리하는 회계처리를 하시오. (단, 납부세액(또는 환급세액)은 미지급세금(또는 미수금)으로, 경감세액은 잡이익으로, 가산세는 세금과공과(판관비)로 회계처리한다) (3점)

> · 부가세대급금 : 12,400,000원 · 부가세예수금 : 240,000원
> · 전자신고세액공제액 : 10,000원 · 세금계산서지연발급가산세 : 24,000원

□□□
(5) 당기분 법인세가 27,800,000원(법인지방소득세 포함)으로 확정되었다. 회사는 법인세 중간예납세액과 이자소득 원천징수세액의 합계액 11,000,000원을 선납세금으로 계상하고 있었다. (3점)

□□□

(1) 다음은 자재부 사원 김경민(사번 : 101)의 부양가족 자료이다. 부양가족은 모두 생계를 함께하고 있으며 세부담 최소화를 위해 가능하면 김경민이 모두 공제받고자 한다. [사원등록] 메뉴의 [부양가족명세]를 작성하시오. (단, 기본공제대상자가 아닌 경우에는 입력하지 말 것) (5점)

성명	관계	주민등록번호	동거 여부	비고
김경민	본인	670213-1234561	세대주	총급여 50,000,000원
정혜미	배우자	650415-2215672	동거	퇴직소득금액 100만 원
김경희	동생	720115-2157890	동거	일용근로소득 550만 원, 장애인(장애인복지법)
김경우	부친	420122-1789540	주거형편상 별거	이자소득 2천만 원
박순란	모친	420228-2156771	주거형편상 별거	소득없음
정지원	처남	710717-1333451	동거	양도소득금액 100만 원, 장애인(중증환자)
김기정	아들	971111-1123451	주거형편상 별거	취업준비생, 일용근로소득 500만 원
김지은	딸	051230-4156874	동거	사업소득금액 100만 원

□□□

(2) 다음은 진도준(사번 : 15, 입사일 : 2025. 1. 2.) 사원의 연말정산 관련 자료이다. [연말정산추가자료입력] 메뉴의 [부양가족] 탭 및 관련된 탭, [연금저축] 탭을 작성하여 연말정산을 완료하시오. (단, 근로자 본인의 세부담이 최소화되도록 한다) (10점)

1. 가족사항 (모두 동거하며, 생계를 같이하고, 아래 제시된 자료 외의 다른 소득은 없음)

관계	성명	주민등록번호	소득	비고
본인	진도준	791030 – 1224117	총급여 8,000만 원	세대주
어머니	박정희	510511 – 2148712	종합과세금융소득 2,400만 원	–
배우자	김선영	820115 – 2347232	분리과세 선택 기타소득 300만 원	–
아들	진도진	160131 – 3165614	소득 없음	초등학생
아들	진시진	190121 – 3165110	소득 없음	유치원생

※ 기본공제대상자가 아닌 경우 기본공제 "부"로 입력할 것

2. 연말정산 자료 (별도의 언급이 없는 한 국세청 홈택스에서 조회된 자료임)

구분	내용
보험료	· 진도준 보장성보험료 : 2,200,000원 · 진도진 보장성보험료 : 480,000원 · 진시진 보장성보험료 : 456,000원
교육비	· 진도준 대학원 수업료 : 8,000,000원 · 박정희 사이버대학 수업료 : 2,050,000원 · 진도진 영어보습학원비 : 2,640,000원 · 진도진 태권도학원비 : 1,800,000원 · 진시진 축구교실학원비 : 1,200,000원(진시진의 축구교실학원비는 국세청 홈택스 연말정산간소화서비스에서 조회한 자료가 아니며, 교육비세액공제 요건을 충족하지 못하는 것으로 확인되었다)
의료비	· 진도준 질병 치료비 : 3,000,000원(진도준 신용카드 결제) · 진도준 시력보정용 렌즈 구입비용 : 600,000원(1건, 진도준 신용카드 결제) - 구입처 : 렌즈모아(사업자등록번호 105-68-23521) - 의료비증빙코드 : 기타영수증 · 박정희 질병 치료비 : 3,250,000원(진도준 신용카드 결제) - 보험업법에 따른 보험회사에서 실손의료보험금 2,000,000원 수령
신용카드 등 사용액	· 진도준 신용카드 사용액 : 32,000,000원(전통시장 사용분 2,000,000원 포함) · 진도준 현금영수증 사용액 : 3,200,000원(전통시장 사용분 200,000원 포함) · 진도준 체크카드 사용액 : 2,382,000원(대중교통 사용분 182,000원 포함) · 진도준 신용카드 사용액은 의료비 지출액이 모두 포함된 금액이다.
기타	· 진도준 연금저축계좌 납입액 : 2,400,000원(2025년 가입, 2025년 납입분) - 삼성생명보험㈜ 계좌번호 : 153-05274-72339

▶ 정답 및 해설 | p.72

제108회 기출문제

이론시험

다음 문제를 보고 알맞은 것을 골라 [이론문제 답안작성] 메뉴에 입력하시오. (객관식 문항당 2점)

● 기 본 전 제 ●

문제에서 한국채택국제회계기준을 적용하도록 하는 전제조건이 없는 경우, 일반기업회계기준을 적용한다.

□□□

1. 다음 중 회계정책, 회계추정의 변경 및 오류에 대한 설명으로 틀린 것은?

① 회계추정 변경의 효과는 당해 회계연도 개시일부터 적용한다.
② 변경된 새로운 회계정책은 원칙적으로 전진적으로 적용한다.
③ 매기 동일한 회계추정을 사용하면 비교가능성이 증대되어 재무제표의 유용성이 향상된다.
④ 매기 동일한 회계정책을 사용하면 비교가능성이 증대되어 재무제표의 유용성이 향상된다.

□□□

2. 다음 중 주식배당에 대한 설명으로 가장 옳지 않은 것은?

① 주식발행 회사의 순자산은 변동이 없으며, 주주 입장에서는 주식 수 및 단가만 조정한다.
② 주식발행 회사의 입장에서는 배당결의일에 미처분이익잉여금이 감소한다.
③ 주식의 주당 액면가액이 증가한다.
④ 주식발행 회사의 자본금이 증가한다.

3. 비용의 인식이란 비용이 귀속되는 보고기간을 결정하는 것을 말하며, 관련 수익과의 대응 여부에 따라 수익과 직접대응, 합리적인 기간 배분, 당기에 즉시 인식의 세 가지 방법이 있다. 다음 중 비용인식의 성격이 나머지와 다른 하나는 무엇인가?

① 감가상각비   ② 급여   ③ 광고선전비   ④ 기업업무추진비

□□□

4. 다음 중 재무상태표와 손익계산서에 모두 영향을 미치는 오류에 해당하는 것은?

① 만기가 1년 이내에 도래하는 장기채무를 유동성대체하지 않은 경우
② 매출할인을 영업외비용으로 회계처리한 경우
③ 장기성매출채권을 매출채권으로 분류한 경우
④ 감가상각비를 과대계상한 경우

□□□

5. 아래의 자료에서 기말재고자산에 포함해야 할 금액은 모두 얼마인가?

> · 선적지 인도조건으로 매입한 미착상품 : 1,000,000원
> · 도착지 인도조건으로 판매한 운송 중인 상품 : 3,000,000원
> · 담보로 제공한 저당상품 : 5,000,000원
> · 반품률을 합리적으로 추정 가능한 상태로 판매한 상품 : 4,000,000원

① 4,000,000원   ② 8,000,000원   ③ 9,000,000원   ④ 13,000,000원

□□□

6. 제조부서에서 사용하는 비품의 감가상각비 700,000원을 판매부서의 감가상각비로 회계처리할 경우 해당 오류가 당기손익에 미치는 영향으로 옳은 것은? (단, 당기에 생산한 제품은 모두 당기 판매되고, 기초 및 기말재공품은 없는 것으로 가정한다)

① 제품매출원가가 700,000원만큼 과소계상된다.
② 매출총이익이 700,000원만큼 과소계상된다.
③ 영업이익이 700,000원만큼 과소계상된다.
④ 당기순이익이 700,000원만큼 과소계상된다.

□□□

7. 다음은 ㈜광명의 원가 관련 자료이다. 당기의 가공원가는 얼마인가?

> · 직접재료 구입액 : 110,000원　　　　· 직접재료 기말재고액 : 10,000원
> · 직접노무원가 : 200,000원　　　　　· 고정제조간접원가 : 500,000원
> · 변동제조간접원가는 직접노무원가의 3배이다.

① 900,000원　　　② 1,100,000원　　　③ 1,300,000원　　　④ 1,400,000원

□□□

8. 다음의 자료에서 설명하는 원가행태의 예시로 가장 올바른 것은?

> · 조업도가 '0'이라도 일정한 원가가 발생하고 조업도가 증가할수록 원가도 증가한다.
> · 혼합원가(Mixed Costs)라고도 한다.

① 직접재료원가　　　② 임차료　　　③ 수선비　　　④ 전기요금

□□□

9. 종합원가계산제도하의 다음 물량흐름 자료를 참고하여 ㉠과 ㉡의 차이를 구하면 얼마인가?

> · 재료원가는 공정 초에 전량 투입되며, 가공원가는 공정 전반에 걸쳐 균등하게 발생한다.
> · 기초재공품 : 300개(완성도 40%)　　　· 당기착수량 : 700개
> · 기말재공품 : 200개(완성도 50%)　　　· 당기완성품 : 800개
> · 평균법에 의한 가공원가의 완성품환산량은 (　㉠　)개이다.
> · 선입선출법에 의한 가공원가의 완성품환산량은 (　㉡　)개이다.

① 100개　　　② 120개　　　③ 150개　　　④ 200개

10. 다음 중 공손 및 작업폐물의 회계처리에 대한 설명으로 틀린 것은?

① 정상적이면서 모든 작업에 공통되는 공손원가는 공손이 발생한 제조부문에 부과하여 제조간접원가의 배부과정을 통해 모든 작업에 배부되도록 한다.

② 비정상공손품의 제조원가가 80,000원이고, 처분가치가 10,000원이라면 다음과 같이 회계처리한다.

(차) 공손품	10,000원	(대) 재공품	80,000원
공손손실	70,000원		

③ 작업폐물이 정상적이면서 모든 작업에 공통되는 경우에는 처분가치를 제조간접원가에서 차감한다.

④ 비정상공손은 생산과정에서 불가피하게 발생하는 공손이다.

11. 다음 중 부가가치세법에 따른 과세거래에 대한 설명으로 틀린 것은?

① 자기가 주요자재의 일부를 부담하는 가공계약에 따라 생산한 재화를 인도하는 것은 재화의 공급으로 본다.

② 사업자가 위탁가공을 위하여 원자재를 국외의 수탁가공 사업자에게 대가 없이 반출하는 것은 재화의 공급으로 보지 아니한다.

③ 주된 사업과 관련하여 용역의 제공 과정에서 필연적으로 생기는 재화의 공급은 주된 용역의 공급에 포함되는 것으로 본다.

④ 사업자가 특수관계인에게 사업용 부동산의 임대용역을 무상으로 제공하는 것은 용역의 공급으로 본다.

12. 다음 중 부가가치세법에 따른 신고와 납부에 대한 설명으로 틀린 것은?

① 모든 사업자는 예정신고기간의 과세표준과 납부세액을 관할 세무서장에게 신고해야 한다.

② 간이과세자에서 해당 과세기간 개시일 현재 일반과세자로 변경된 경우 예정고지가 면제된다.

③ 조기에 환급을 받기 위하여 신고한 사업자는 이미 신고한 과세표준과 납부한 납부세액 또는 환급받은 세액은 신고하지 아니한다.

④ 폐업하는 경우 폐업일이 속한 달의 다음 달 25일까지 과세표준과 세액을 신고해야 한다.

□□□

13. 다음 중 세금계산서에 대한 설명으로 가장 올바르지 않은 것은?

① 소매업을 영위하는 사업자가 영수증을 발급한 경우, 상대방이 세금계산서를 요구할지라도 세금계산서를 발행할 수 없다.

② 세관장은 수입자에게 세금계산서를 발급하여야 한다.

③ 면세사업자도 재화를 공급하는 경우 계산서를 발급하여야 한다.

④ 매입자발행세금계산서 발급이 가능한 경우가 있다.

□□□

14. 다음 중 소득세법상 비과세되는 근로소득이 아닌 것은?

① 근로자가 출장여비로 실제 소요된 비용을 별도로 지급받지 않고 본인 소유의 차량을 직접 운전하여 업무수행에 이용한 경우 지급하는 월 20만 원 이내의 자가운전보조금

② 회사에서 현물식사를 제공하는 대신에 별도로 근로자에게 지급하는 월 20만 원의 식대

③ 근로자가 6세 이하 자녀보육과 관련하여 받는 급여로서 월 20만 원 이내의 금액

④ 대주주인 출자임원이 사택을 제공받음으로써 얻는 이익

□□□

15. 소득세법상 다음 자료에 의한 소득만 있는 거주자의 당해 연도 귀속 종합소득금액은 모두 얼마인가?

> · 사업소득금액(도소매업) : 25,000,000원
> · 사업소득금액(음식점업) : △10,000,000원
> · 사업소득금액(비주거용 부동산임대업) : △7,000,000원
> · 상용근로소득금액 : 13,000,000원
> · 양도소득금액 : 20,000,000원

① 21,000,000원　　② 28,000,000원　　③ 41,000,000원　　④ 48,000,000원

$$\boxed{\textbf{실무시험}}$$

㈜세아산업(회사코드 : 0208)은 제조 및 도·소매업을 영위하는 중소기업으로, 당기(10기) 회계기간은 2025. 1. 1.~2025. 12. 31.이다. 전산세무회계 수험용 프로그램을 이용하여 다음 물음에 답하시오.

───────● 기 본 전 제 ●───────

· 문제에서 한국채택국제회계기준을 적용하도록 하는 전제조건이 없는 경우, 일반기업회계기준을 적용하여 회계처리한다.
· 문제의 풀이와 답안작성은 제시된 문제의 순서대로 진행한다.

문제 1 [일반전표입력] 메뉴를 이용하여 다음의 거래자료를 입력하시오. (15점)

───────● 입 력 시 유 의 사 항 ●───────

· 일반적인 적요의 입력은 생략하지만, 타계정 대체거래는 적요번호를 선택하여 입력한다.
· 채권·채무와 관련된 거래는 별도의 요구가 없는 한 반드시 기등록된 거래처코드를 선택하는 방법으로 거래처명을 입력한다.
· 제조경비는 500번대 계정코드를, 판매비와관리비는 800번대 계정코드를 사용한다.
· 회계처리 시 계정과목은 별도의 제시가 없는 한 등록된 계정과목 중 가장 적절한 과목으로 한다.

□□□
(1) 2월 11일 영업부의 거래처 직원인 최민영의 자녀 돌잔치 축의금으로 100,000원을 보통예금 계좌에서 이체하였다. (3점)

□□□
(2) 3월 31일 제조공장의 직원을 위해 확정기여형(DC) 퇴직연금에 가입하고 당월분 납입액 2,700,000원을 보통예금 계좌에서 퇴직연금 계좌로 이체하였다. (3점)

□□□
(3) 5월 30일 당사는 유상증자를 통해 보통주 5,000주를 주당 4,000원(주당 액면가액 5,000원)에 발행하고, 증자대금은 보통예금 계좌로 입금되었다. 유상증자일 현재 주식발행초과금 잔액은 2,000,000원이다. (3점)

□□□
(4) 7월 10일 래인상사㈜로부터 제품 판매대금으로 수령한 3개월 만기 약속어음 20,000,000원을 하나은행에 할인하고, 할인수수료 550,000원을 차감한 잔액이 보통예금 계좌로 입금되었다. (단, 차입거래로 회계처리할 것) (3점)

□□□
(5) 12월 13일 당사의 거래처인 ㈜서울로부터 기계장치를 무상으로 받았다. 동 기계장치의 공정가치
　　 는 3,800,000원이다. (3점)

문제 2 [매입매출전표입력] 메뉴를 이용하여 다음의 거래자료를 입력하시오. (15점)

● 입력 시 유의사항 ●

· 일반적인 적요의 입력은 생략하지만, 타계정 대체거래는 적요번호를 선택하여 입력한다.
· 채권·채무 관련 거래는 별도의 요구가 없는 한 반드시 기등록된 거래처코드를 선택하는 방법으로 거래처명을 입력한다.
· 제조경비는 500번대 계정코드를, 판매비와관리비는 800번대 계정코드를 사용한다.
· 회계처리 시 계정과목은 등록된 계정과목 중 가장 적절한 과목으로 한다.
· 입력화면 하단의 분개까지 처리하고, 세금계산서 및 계산서는 전자 여부를 입력하여 반영한다.

□□□
(1) 10월　8일　수출업체인 ㈜상상에 구매확인서에 의하여 제품을 10,000,000원에 판매하고, 영세
　　 율전자세금계산서를 발급하였다. 판매대금은 당월 20일에 지급받는 것으로 하였다.
　　 (단, 서류번호의 입력은 생략한다) (3점)

□□□
(2) 10월 14일 제조공장에서 사용하는 화물용 트럭의 접촉 사고로 인해 파손된 부분을 안녕정비소
　　 에서 수리하고, 1,650,000원(부가가치세 포함)을 법인카드(㈜순양카드)로 결제하였
　　 다. (단, 지출비용은 차량유지비 계정을 사용한다) (3점)

```
               카드매출전표
        ------------------------------
        카드종류 : ㈜순양카드
        카드번호 : 2224-1222-****-1347
        거래일시 : 20xx. 10. 14. 22:05:16
        거래유형 : 신용승인
        금    액 : 1,500,000원
        부 가 세 : 150,000원
        합    계 : 1,650,000원
        결제방법 : 일시불
        승인번호 : 71999995
        은행확인 : 하나은행
        ------------------------------
        가맹점명 : 안녕정비소
               - 이 하 생 략 -
```

(3) 11월 3일   ㈜바이머신에서 10월 1일에 구입한 기계장치에 하자가 있어 반품하고 아래와 같이
수정세금계산서를 발급받았으며 대금은 전액 미지급금과 상계처리하였다. (단, 분개
는 음수(-)로 회계처리할 것) (3점)

수정전자세금계산서					승인번호			
공급자	등록 번호	105-81-72040	종사업장 번호		공급받는자	등록 번호	202-81-03655	종사업장 번호	
	상호 (법인명)	㈜바이머신	성명 (대표자)	한만군		상호 (법인명)	㈜세아산업	성명 (대표자)	오세아
	사업장 주소	경북 칠곡군 석적읍 강변대로 220				사업장 주소	서울시 동대문구 겸재로 16		
	업태	도소매	종목	기타 기계 및 장비		업태	제조, 도소매	종목	컴퓨터 부품
	이메일					이메일			

작성일자	공급가액		세액	수정사유	비고	
20xx-11-3	- 30,000,000원		- 3,000,000원	재화의 환입	당초 작성일자(10월 1일)	

월	일	품목	규격	수량	단가	공급가액	세액	비고
11	3	기계장치				- 30,000,000원	- 3,000,000원	

합계금액	현금	수표	어음	외상미수금	위 금액을 (청구) 함
- 33,000,000원				- 33,000,000원	

(4) 11월 11일 빼빼로데이를 맞아 당사의 영업부 직원들에게 선물하기 위해 미리 주문하였던 초콜릿
을 ㈜사탕으로부터 인도받았다. 대금 2,200,000원(부가가치세 포함) 중 200,000원
은 10월 4일 계약금으로 지급하였으며, 나머지 금액은 보통예금 계좌에서 지급하고
아래의 전자세금계산서를 수취하였다. (3점)

수정전자세금계산서					승인번호			
공급자	등록 번호	178-81-12341	종사업장 번호		공급받는자	등록 번호	202-81-03655	종사업장 번호	
	상호 (법인명)	㈜사탕	성명 (대표자)	박사랑		상호 (법인명)	㈜세아산업	성명 (대표자)	오세아
	사업장 주소	서울특별시 동작구 여의대방로 28				사업장 주소	서울시 동대문구 겸재로 16		
	업태	소매업	종목	과자류		업태	제조, 도소매	종목	컴퓨터 부품
	이메일					이메일			

작성일자	공급가액	세액	수정사유	비고
20xx-11-11	2,000,000원	200,000원	해당 없음	계약금 200,000원 수령 (10월 4일)

월	일	품목	규격	수량	단가	공급가액	세액	비고
11	11	힘내라 초콜렛 외			2,000,000원	2,000,000원	200,000원	

합계금액	현금	수표	어음	외상미수금	위 금액을 (영수) 함
2,200,000원	2,200,000원				

□□□
(5) 12월 28일 비사업자인 개인 소비자에게 사무실에서 사용하던 비품(취득원가 1,200,000원, 감
    가상각누계액 960,000원)을 275,000원(부가가치세 포함)에 판매하고, 대금은 보통
    예금 계좌로 받았다. (별도의 세금계산서나 현금영수증을 발급하지 않았으며, 거래처
    입력은 생략한다) (3점)

문제 3 부가가치세 신고와 관련하여 다음 물음에 답하시오. (10점)

□□□
(1) 다음은 올해 2기 부가가치세 예정신고기간의 신용카드 매출 및 매입자료이다. 아래 자료를 이용
    하여 [신용카드매출전표등발행금액집계표]와 [신용카드매출전표등수령명세서(갑)]을 작성하시
    오. (단, 매입처는 모두 일반과세자이다) (4점)

1. 신용카드 매출

거래일자	거래내용	공급가액	부가가치세	합계	비고
7월 17일	제품매출	4,000,000원	400,000원	4,400,000원	전자세금계산서를 발급하고
8월 21일	제품매출	3,000,000원	300,000원	3,300,000원	신용카드로 결제받은
9월 30일	제품매출	2,000,000원	200,000원	2,200,000원	3,300,000원이 포함되어 있다.

2. 신용카드 매입

거래일자	상호	사업자번호	공급가액	부가가치세	비고
7월 11일	㈜가람	772-81-10112	70,000원	7,000원	사무실 문구 구입 - 법인(신한)카드 사용
8월 15일	㈜기쁨	331-80-62014	50,000원	5,000원	거래처 선물 구입 - 법인(신한)카드 사용
9월 27일	자금성	211-03-54223	10,000원	1,000원	직원 간식 구입 - 직원 개인카드 사용

※ 법인(신한)카드 번호 : 7777-9999-7777-9999
  직원 개인카드 번호 : 3333-5555-3333-5555

□□□
(2) 다음의 자료를 이용하여 올해 1기 부가가치세 확정신고기간(4월~6월)에 대한 [대손세액공제신고서]를 작성하시오. (4점)

· 대손이 발생된 매출채권은 아래와 같다.				
공급일자	거래상대방	계정과목	공급대가	비고
2025. 1. 5.	정성㈜	외상매출금	11,000,000원	부도발생일(2025. 3. 31.)
2024. 9. 1.	수성㈜	받을어음	7,700,000원	부도발생일(2024. 11. 1.)
2022. 5. 10.	금성㈜	외상매출금	5,500,000원	상법상 소멸시효 완성(2025. 5. 10.)
2024. 1. 15.	우강상사	단기대여금	2,200,000원	자금 차입자의 사망(2025. 6. 25.)

· 전기에 대손세액공제(사유 : 전자어음부도, 당초공급일 : 2024. 1. 5., 대손확정일자 : 2024. 10. 1.)를 받았던 매출채권(공급대가 : 5,500,000원, 매출처 : 비담㈜, 111-81-33339)의 50%를 2025. 5. 10.에 회수하였다.

□□□
(3) 당 법인의 올해 1기 예정신고기간의 부가가치세신고서를 작성 및 마감하여 부가가치세 전자신고를 수행하시오. (2점)

1. 부가가치세신고서와 관련 부속서류는 마감되어 있다.
2. [전자신고] → [국세청 홈택스 전자신고변환(교육용)] 순으로 진행한다.
3. 전자신고용 전자파일 제작 시 신고인 구분은 2.납세자 자진신고로 선택하고, 비밀번호는 "1234 1234"로 입력한다.
4. 전자신고용 전자파일 저장경로는 로컬디스크(C:)이며, 파일명은 "enc작성연월일.101.v2028103655"이다.
5. 최종적으로 국세청 홈택스에서 [전자파일 제출하기]를 완료한다.

문제 4 다음 결산자료를 입력하여 결산을 완료하시오. (15점)

☐☐☐
(1) 올해 6월 1일에 제조공장에 대한 화재보험료(보험기간 : 올해 6. 1.~내년 5. 31.) 3,000,000원을 전액 납입하고 즉시 비용으로 회계처리하였다. (단, 음수(-)로 회계처리하지 말고, 월할 계산할 것) (3점)

☐☐☐
(2) 보통예금(우리은행)의 잔액이 (-)7,200,000원으로 계상되어 있어 거래처원장을 확인해보니 마이너스통장으로 확인되었다. (3점)

☐☐☐
(3) 다음은 기말 현재 보유하고 있는 매도가능증권(투자자산)의 내역이다. 이를 반영하여 매도가능증권의 기말평가에 대한 회계처리를 하시오. (3점)

회사명	전년도 취득가액	전년도 기말 공정가액	당해연도 기말 공정가액
㈜대박	159,000,000원	158,500,000원	135,000,000원

☐☐☐
(4) 결산일 현재 외상매출금 잔액과 미수금 잔액에 대해서만 1%의 대손충당금(기타채권 제외)을 보충법으로 설정하고 있다. (3점)

☐☐☐
(5) 당기(20x3년) 기말 현재 보유 중인 상각 대상 무형자산은 다음과 같다. (비용은 판매비와관리비로 분류한다) (3점)

- 계정과목 : 특허권
- 취득원가 : 4,550,000원
- 내용연수 : 7년
- 취득일자 : 20x1. 4. 1.
- 상각방법 : 정액법

문제 5 2025년 귀속 원천징수자료와 관련하여 다음의 물음에 답하시오. (15점)

□□□
(1) 다음은 영업부 최철수 과장(사원코드 : 101)의 3월과 4월의 급여자료이다. 3월과 4월의 [급여자료입력]과 [원천징수이행상황신고서]를 작성하시오. (단, 원천징수이행상황신고서는 각각 작성할 것) (5점)

1. 회사 사정으로 인해 3월과 4월 급여는 4월 30일에 일괄 지급되었다.

2. 수당 및 공제항목은 불러온 자료는 무시하고, 아래 자료에 따라 입력하되 사용하지 않는 항목은 "부"로 등록한다.

3. 급여자료

구분	3월	4월	비고
기본급	2,800,000원	3,000,000원	
식대	100,000원	200,000원	현물식사를 별도로 제공하고 있다.
지급총액	2,900,000원	3,200,000원	
국민연금	135,000원	135,000원	
건강보험	104,850원	115,330원	
장기요양보험	13,430원	14,770원	
고용보험	23,200원	25,600원	
건강보험료정산	–	125,760원	공제소득유형 : 5.건강보험료정산
장기요양보험정산	–	15,480원	공제소득유형 : 6.장기요양보험정산
소득세	65,360원	91,460원	
지방소득세	6,530원	9,140원	
공제총액	348,370원	532,540원	
차인지급액	2,551,630원	2,667,460원	

□□□
(2) 신영식 사원(사번 : 102, 입사일 : 2025년 5월 1일)의 연말정산과 관련된 자료는 다음과 같다.
아래의 자료를 이용하여 [연말정산추가자료입력] 메뉴의 [소득명세] 탭, [부양가족] 탭, [의료비]
탭, [기부금] 탭, [연금저축 등 I] 탭, [연말정산입력] 탭을 작성하여 연말정산을 완료하시오. (단,
신영식은 무주택 세대주로 부양가족이 없으며, 근로소득 이외에 다른 소득은 없다) (10점)

현 근무지	· 급여총액 : 24,800,000원(비과세 급여, 상여, 감면소득 없음) · 소득세 기납부세액 : 747,200원(지방소득세 : 74,720원) · 이외 소득명세 탭의 자료는 불러오기 금액을 반영한다.
전(前) 근무지 근로소득 원천징수 영수증	· 근무처 : ㈜진우상사(사업자번호 : 258-81-84442) · 근무기간 : 2025. 1. 1.~2025. 4. 20. · 급여총액 : 20,000,000원(비과세 급여, 상여, 감면소득 없음) · 건강보험료 : 419,300원 · 장기요양보험료 : 51,440원 · 고용보험료 : 108,000원 · 국민연금 : 540,000원 · 소득세 결정세액 : 200,000원(지방소득세 결정세액 : 20,000원)
연말정산자료	※ 안경구입비를 제외한 연말정산 자료는 모두 국세청 홈택스 연말정산간소화서비스 자료임 (아래 표 참조)

연말정산자료 ※ 안경구입비를 제외한 연말정산 자료는 모두 국세청 홈택스 연말정산간소화서비스 자료임

항목	내용
보험료 (본인)	· 일반 보장성 보험료 : 2,000,000원 · 저축성 보험료 : 1,500,000원 ※ 계약자와 피보험자 모두 본인이다.
교육비 (본인)	· 대학원 교육비 : 7,000,000원
의료비 (본인)	· 질병 치료비 : 3,000,000원(본인 현금 결제, 실손의료보험금 1,000,000원 수령) · 시력보정용 안경 구입비 : 800,000원(안경원에서 의료비공제용 영수증 수령) · 미용 목적 피부과 시술비 : 1,000,000원 · 건강증진을 위한 한약 : 500,000원
기부금 (본인)	· 종교단체 금전 기부금 : 1,200,000원 · 사회복지공동모금회 금전 기부금 : 2,000,000원 ※ 지급처(기부처) 상호 및 사업자번호 입력은 생략한다.
연금저축 (본인)	· 연금저축 납입금액 : 2,000,000원(2025년 가입) · KEB 하나은행, 계좌번호 : 253-660750-73308

▶ 정답 및 해설 | p.79

제107회 기출문제

이론시험

다음 문제를 보고 알맞은 것을 골라 [이론문제 답안작성] 메뉴에 입력하시오. (객관식 문항당 2점)

● 기 본 전 제 ●

문제에서 한국채택국제회계기준을 적용하도록 하는 전제조건이 없는 경우, 일반기업회계기준을 적용한다.

□□□
1. 다음 중 재고자산의 취득원가에 포함되지 않는 것은?

① 부동산매매업자가 부동산(재고자산)을 취득하기 위하여 지출한 취득세
② 컴퓨터를 수입하여 판매하는 소매업자가 컴퓨터를 수입하기 위하여 지출한 하역료
③ 가전제품 판매업자가 가전제품을 홍보하기 위하여 지출한 광고비
④ 제품 제조과정에서 발생하는 직접재료원가

□□□
2. 다음 중 아래 자료의 거래로 변동이 있는 자본 항목끼리 바르게 짝지어진 것은?

> ㈜한국은 자기주식 300주(주당 액면금액 500원)를 주당 600원에 취득하여 200주는 주당 500원에 매각하고, 나머지 100주는 소각하였다. ㈜한국의 자기주식 취득 전 자본 항목은 자본금뿐이다.

① 자본금, 자본잉여금
② 자본잉여금, 자본조정
③ 자본금, 자본조정
④ 자본조정, 기타포괄손익누계액

3. 아래의 자료를 이용하여 20x2년 매도가능증권처분손익을 구하면 얼마인가?

> · 20x1년 3월 1일 : 매도가능증권 1,000주를 주당 7,000원에 취득하였다.
> · 20x1년 12월 31일 : 매도가능증권 1,000주에 대하여 기말 공정가치로 평가하고, 매도가능증권평가이익 2,000,000원을 인식하였다.
> · 20x2년 3월 1일 : 매도가능증권 100주를 주당 6,000원에 처분하였다.
> · 위 거래 이외에 매도가능증권 관련 다른 거래는 없었다.

① 매도가능증권처분이익 100,000원
② 매도가능증권처분손실 100,000원
③ 매도가능증권처분이익 200,000원
④ 매도가능증권처분손실 200,000원

ㅁㅁㅁ

4. 다음 중 충당부채에 대한 설명으로 가장 옳지 않은 것은?

① 충당부채의 명목금액과 현재가치의 차이가 중요한 경우에는 의무를 이행하기 위해 예상되는 지출액의 미래가치로 평가한다.
② 충당부채는 최초의 인식시점에서 의도한 목적과 용도로만 사용해야 한다.
③ 충당부채로 인식하기 위해서는 과거 거래의 결과로 현재 의무가 존재하여야 하고, 그 의무를 이행하기 위해 자원이 유출될 가능성이 매우 높아야 한다.
④ 충당부채로 인식하는 금액은 현재의무를 이행하는 데 소요되는 지출에 대한 보고기간 말 현재 최선의 추정치여야 한다.

ㅁㅁㅁ

5. 20x3년 1월 1일 ㈜순양은 영업부가 사용하던 승합자동차를 중고차 매매 중개사이트를 이용하여 8,000,000원에 처분하고, 중고차 매매 중개사이트의 중개수수료 150,000원을 차감한 후 7,850,000원을 지급받았다. 다음은 처분한 승합자동차 관련 자료로 아래의 감가상각방법에 의하여 감가상각하였다. 아래의 자료를 이용하여 계산한 유형자산처분손익은 얼마인가?

구분	사용부서	취득가액	잔존가액	취득일	감가상각방법	내용연수
승합자동차	영업부	15,000,000원	0원	20x1. 1. 1.	정액법	5년

① 유형자산처분이익 1,000,000원　　② 유형자산처분이익 850,000원
③ 유형자산처분손실 1,000,000원　　④ 유형자산처분손실 1,150,000원

□□□
6. 다음 중 손익계산서에서 확인할 수 있는 항목을 고르시오.

① 당기원재료사용액   ② 제조간접원가사용액
③ 당기제품제조원가   ④ 기말재공품재고액

□□□
7. 다음 중 변동원가에 대한 설명으로 옳지 않은 것은?

① 조업도가 증가하면 단위당 변동원가도 증가한다.
② 조업도가 감소하면 총변동원가도 감소한다.
③ 직접재료원가는 대개의 경우 변동원가에 해당한다.
④ 일반적으로 단위당 변동원가에 조업도를 곱하여 총변동원가를 계산한다.

□□□
8. 다음 중 종합원가계산의 특징으로 가장 옳은 것은?

① 직접원가와 간접원가로 나누어 계산한다.
② 단일 종류의 제품을 연속적으로 대량 생산하는 경우에 적용한다.
③ 고객의 주문이나 고객이 원하는 형태의 제품을 생산할 때 사용되는 방법이다.
④ 제조간접원가는 원가대상에 직접 추적할 수 없으므로 배부기준을 정하여 배부율을 계산하여야
한다.

□□□
9. 다음 자료를 이용하여 직접노무원가를 계산하면 얼마인가?

> · 직접원가(기초원가) : 400,000원
> · 가공원가 : 500,000원
> · 당기총제조원가 : 800,000원

① 100,000원   ② 200,000원   ③ 300,000원   ④ 400,000원

□□□
10. 각 부문의 용역수수관계와 원가 발생액이 다음과 같을 때, 단계배분법(가공부문의 원가부터 배분)에 따라 보조부문원가를 제조부문에 배분한 후 3라인에 집계되는 제조원가를 구하시오.

소비부문 제공부문	보조부문		제조부문	
	가공부문	연마부문	3라인	5라인
가공부문	–	50%	30%	20%
연마부문	20%	–	35%	45%
발생원가	400,000원	200,000원	500,000원	600,000원

① 690,000원　　　② 707,500원　　　③ 760,000원　　　④ 795,000원

□□□
11. 다음 중 부가가치세법상 신용카드매출전표 등 발급에 대한 세액공제에 관한 설명으로 틀린 것은?

① 법인사업자와 직전 연도의 재화 또는 용역의 공급가액의 합계액이 사업장별로 10억 원을 초과하는 개인사업자는 적용 대상에서 제외한다.
② 신용카드매출전표 등 발급에 대한 세액공제금액은 각 과세기간마다 500만 원을 한도로 한다.
③ 공제대상 사업자가 현금영수증을 발급한 금액에 대해서도 신용카드매출전표 등 발급에 대한 세액공제를 적용한다.
④ 신용카드매출전표 등 발급에 대한 세액공제금액이 납부할 세액을 초과하면 그 초과하는 부분은 없는 것으로 본다.

□□□
12. 다음은 일반과세자인 ㈜한성의 올해 1기 매출 관련 자료이다. 부가가치세 매출세액은 얼마인가?

· 총매출액 : 20,000,000원
· 매출에누리액 : 3,000,000원
· 판매장려금 : 1,500,000원

① 150,000원　　　② 300,000원　　　③ 1,550,000원　　　④ 1,700,000원

13. 다음 중 부가가치세법상 의제매입세액공제에 대한 설명으로 옳은 것은?

① 법인 음식점은 의제매입세액공제를 받을 수 없다.

② 간이과세자는 의제매입세액공제를 받을 수 없다.

③ 면세농산물 등을 사용한 날이 속하는 예정신고 또는 확정신고 시 공제한다.

④ 일반과세자인 음식점은 농어민으로부터 정규증빙 없이 농산물 등을 구입한 경우에도 공제받을 수 있다.

14. 주어진 자료에 의하여 아래의 일용근로자의 근로소득에 대하여 원천징수할 세액은 얼마인가?

- 근로소득 : 일당 200,000원 × 4일 = 800,000원
- 근로소득공제 : 1일 150,000원
- 근로소득세액공제 : 근로소득에 대한 산출세액의 100분의 55

① 48,000원 ② 39,000원 ③ 12,000원 ④ 5,400원

15. 다음은 기업업무추진비에 관한 설명이다. 아래의 빈칸에 각각 들어갈 금액으로 올바르게 짝지어진 것은?

사업자가 한 차례의 접대에 지출한 기업업무추진비 중 경조금의 경우 (가), 그 외의 경우 (나)을 초과하는 적격 증빙 미수취 기업업무추진비는 각 과세기간의 소득금액을 계산할 때 필요경비에 산입하지 아니한다.

	가	나
①	100,000원	10,000원
②	100,000원	30,000원
③	200,000원	10,000원
④	200,000원	30,000원

실무시험

㈜파쇄상회(회사코드 : 0207)는 제조 및 도·소매업을 영위하는 중소기업으로, 당기(12기) 회계기간은 2025. 1. 1.~2025. 12. 31.이다. 전산세무회계 수험용 프로그램을 이용하여 다음 물음에 답하시오.

● 기 본 전 제 ●

- 문제에서 한국채택국제회계기준을 적용하도록 하는 전제조건이 없는 경우, 일반기업회계기준을 적용하여 회계처리한다.
- 문제의 풀이와 답안작성은 제시된 문제의 순서대로 진행한다.

문제 1 [일반전표입력] 메뉴를 이용하여 다음의 거래자료를 입력하시오. (15점)

● 입력 시 유의사항 ●

- 일반적인 적요의 입력은 생략하지만, 타계정 대체거래는 적요번호를 선택하여 입력한다.
- 채권·채무와 관련된 거래는 별도의 요구가 없는 한 반드시 기등록된 거래처코드를 선택하는 방법으로 거래처명을 입력한다.
- 제조경비는 500번대 계정코드를, 판매비와관리비는 800번대 계정코드를 사용한다.
- 회계처리 시 계정과목은 별도의 제시가 없는 한 등록된 계정과목 중 가장 적절한 과목으로 한다.

(1) 1월 31일 ㈜오늘물산의 1월 31일 현재 외상매출금 잔액이 전부 보통예금 계좌로 입금되었다. (단, 거래처원장을 조회하여 입력할 것) (3점)

(2) 3월 15일 정기주주총회에서 주식배당 10,000,000원, 현금배당 20,000,000원을 실시하기로 결의하였다. (단, 이월이익잉여금(코드번호 0375) 계정을 사용하고, 현금배당의 10%를 이익준비금으로 적립한다) (3점)

(3) 4월 21일 외상매출금으로 계상한 해외 매출처인 CTEK의 외화 외상매출금 $23,000 전액을 회수와 동시에 즉시 원화로 환가하여 보통예금 계좌에 입금하였다. 환율은 다음과 같다. (3점)

> - 올해 1월 3일 선적일(외상매출금 인식 시점) 적용 환율 : 1,280원/$
> - 올해 4월 21일 환가일(외상매출금 입금 시점) 적용 환율 : 1,220원/$

(4) 8월   5일 단기매매차익을 얻을 목적으로 올해에 취득하여 보유하고 있는 ㈜망고의 주식 100주를 1주당 10,000원에 처분하고 대금은 수수료 등 10,000원을 차감한 금액이 보통예금 계좌로 입금되었다. (단, ㈜망고의 주식 1주당 취득원가는 5,000원이다) (3점)

□□□
(5) 9월 2일   사무실을 임차하기 위하여 ㈜헤리움과 8월 2일에 체결한 임대차계약의 보증금 잔액을 보통예금 계좌에서 이체하여 지급하였다. 다음은 임대차계약서의 일부이다. (3점)

부동산임대차계약서

제1조 위 부동산의 임대차계약에 있어 임차인은 보증금 및 차임을 아래와 같이 지불하기로 한다.

보증금	일금 일천만원정 (₩10,000,000)
계약금	일금 일백만원정 (₩1,000,000)은 계약 시에 지불하고 영수함
잔금	일금 구백만원정 (₩9,000,000)은 9월 2일에 지불함

문제 2 [매입매출전표입력] 메뉴를 이용하여 다음의 거래자료를 입력하시오. (15점)

● **입력 시 유의사항** ●

· 일반적인 적요의 입력은 생략하지만, 타계정 대체거래는 적요번호를 선택하여 입력한다.
· 채권·채무 관련 거래는 별도의 요구가 없는 한 반드시 기등록된 거래처코드를 선택하는 방법으로 거래처명을 입력한다.
· 제조경비는 500번대 계정코드를, 판매비와관리비는 800번대 계정코드를 사용한다.
· 회계처리 시 계정과목은 등록된 계정과목 중 가장 적절한 과목으로 한다.
· 입력화면 하단의 분개까지 처리하고, 세금계산서 및 계산서는 전자 여부를 입력하여 반영한다.

□□□
(1) 1월 15일 회사 사옥을 신축하기 위해 취득한 토지의 중개수수료에 대하여 부동산중개법인으로부터 아래의 전자세금계산서를 수취하였다. (3점)

전자세금계산서					승인번호			

	등록 번호	211-81-41992	종사업장 번호		공 급 받 는 자	등록 번호	301-81-59626	종사업장 번호	
공 급 자	상호 (법인명)	㈜동산	성명 (대표자)	오미진		상호 (법인명)	㈜파쇄상회	성명 (대표자)	이미숙
	사업장 주소	서울시 금천구 시흥대로 198-11				사업장 주소	서울시 영등포구 선유동1로 1		
	업태	서비스	종목	부동산중개		업태	제조 외	종목	전자제품
	이메일	ds114@naver.com				이메일	jjsy77@naver.com		

작성일자	공급가액	세액	수정사유	비고
20xx. 1. 15.	10,000,000원	1,000,000원	해당 없음	

월	일	품목	규격	수량	단가	공급가액	세액	비고
1	15	토지 중개수수료				10,000,000원	1,000,000원	

합계금액	현금	수표	어음	외상미수금	
11,000,000원				11,000,000원	이 금액을 청구 함

□□□
(2) 3월 30일 외국인(비사업자)에게 제품을 110,000원(부가가치세 포함)에 판매하고 대금은 현금
으로 수령하였다. (단, 구매자는 현금영수증을 요청하지 않았으나 당사는 현금영수증
의무발행사업자로서 적절하게 현금영수증을 발행하였다) (거래처 입력은 생략할 것)
(3점)

□□□
(3) 7월 20일 ㈜굳딜과 제품 판매계약을 체결하고 판매대금 16,500,000원(부가가치세 포함)을 보
통예금 계좌로 입금받은 후 전자세금계산서를 발급하였다. 계약서상 해당 제품의 인도
일은 다음 달 15일이다. (3점)

<table>
<tr><td colspan="4" rowspan="2" style="text-align:center">전자세금계산서</td><td colspan="2">승인번호</td><td colspan="2"></td></tr>
<tr></tr>
<tr><td rowspan="6">공급자</td><td>등록
번호</td><td>301-81-59626</td><td>종사업장
번호</td><td rowspan="6">공급받는자</td><td>등록
번호</td><td>101-81-42001</td><td>종사업장
번호</td></tr>
<tr><td>상호
(법인명)</td><td>㈜파쇄상회</td><td>성명
(대표자)</td><td>이미숙</td><td>상호
(법인명)</td><td>㈜굳딜</td><td>성명
(대표자)</td><td>전소민</td></tr>
<tr><td>사업장 주소</td><td colspan="3">서울시 영등포구 선유동1로 1</td><td>사업장 주소</td><td colspan="3">경기 포천시 중앙로 8</td></tr>
<tr><td>업태</td><td>제조 외</td><td>종목</td><td>전자제품</td><td>업태</td><td>제조업</td><td>종목</td><td>자동차부품</td></tr>
<tr><td>이메일</td><td colspan="3">jjsy77@naver.com</td><td>이메일</td><td colspan="3"></td></tr>
</table>

작성일자	공급가액	세액	수정사유	비고		
20xx. 7. 20.	15,000,000원	1,500,000원	해당 없음			

월	일	품목	규격	수량	단가	공급가액	세액	비고
7	20	제품 선수금				15,000,000원	1,500,000원	

합계금액	현금	수표	어음	외상미수금	이 금액을 영수 함
16,500,000원	16,500,000원				

□□□
(4) 8월 20일 미국에 소재한 해외 매출거래처인 몽키에게 제품을 5,000,000원에 직수출하고 판매
대금은 3개월 후에 받기로 하였다. (단, 수출신고번호 입력은 생략한다) (3점)

□□□
(5) 9월 12일 다음은 영업부 사무실의 임대인으로부터 받은 전자세금계산서이다. (단, 세금계산서
      상에 기재된 품목별 계정과목으로 각각 회계처리하시오) (3점)

전자세금계산서				승인번호			
공급자 등록번호	130-55-08114	종사업장번호		**공급받는자** 등록번호	301-81-59626	종사업장번호	
상호(법인명)	미래부동산	성명(대표자)	편미선	상호(법인명)	㈜파쇄상회	성명(대표자)	이미숙
사업장 주소	경기도 부천시 길주로 1			사업장 주소	서울시 영등포구 선유동1로 1		
업태	부동산업	종목	부동산임대	업태	제조 외	종목	전자제품
이메일	futureland@estate.com			이메일	jjsy77@naver.com		

작성일자	공급가액	세액	수정사유	비고	
20xx. 9. 12.	2,800,000원	280,000원	해당 없음		

월	일	품목	규격	수량	단가	공급가액	세액	비고
9	12	임차료				2,500,000원	250,000원	
9	12	건물관리비				300,000원	30,000원	

합계금액	현금	수표	어음	외상미수금	이 금액을 청구 함
3,080,000원				3,080,000원	

문제 3 부가가치세 신고와 관련하여 다음 물음에 답하시오. (10점)

□□□
(1) 아래 자료만을 이용하여 올해 1기 부가가치세 확정신고기간(4. 1.~6. 30.)의 [부가가치세신고
      서]를 작성하시오. (단, 기존에 입력된 자료는 무시하고, 부속서류 작성은 생략할 것) (6점)

매출자료	· 전자세금계산서 발급분 과세 매출액 : 600,000,000원(부가가치세 별도) · 신용카드매출전표 발급분 과세 매출액 : 66,000,000원(부가가치세 포함) · 현금영수증 발급분 과세 매출액 : 3,300,000원(부가가치세 포함) · 중국 직수출액 : 400,000위안

일자별 환율	4월 10일 : 수출신고일	4월 15일 : 선적일	4월 20일 : 환가일
	180원/위안	170원/위안	160원/위안

· 대손세액공제 요건을 충족한 소멸시효 완성 외상매출금 : 11,000,000원(부가가치세 포함)

매입자료	· 세금계산서 수취분 매입액(일반매입) : 공급가액 400,000,000원, 세액 40,000,000원 - 이 중 접대 물품 관련 매입액(공급가액 8,000,000원, 세액 800,000원)이 포함되어 있으며, 나머지는 과세 재고자산의 구입액이다. · 정상적으로 수취한 종이세금계산서 예정신고 누락분 : 공급가액 5,000,000원, 부가가치세 500,000원

기타자료	· 매출자료 중 전자세금계산서 지연발급분 : 공급가액 23,000,000원, 세액 2,300,000원 · 부가가치세 신고는 신고기한 내에 당사가 직접 국세청 홈택스에서 전자신고한다. · 세부담 최소화를 가정한다.

□□□
(2) 다음 자료를 이용하여 올해 2기 확정신고기간의 [공제받지못할매입세액명세서](「공제받지못할
매입세액내역」 및 「공통매입세액의정산내역」)를 작성하시오. (단, 불러온 자료는 무시하고 직접
입력할 것) (4점)

1. 매출 공급가액에 관한 자료			
구분	과세사업	면세사업	합계
7월~12월	450,000,000원	150,000,000원	600,000,000원

2. 매입세액(세금계산서 수취분)에 관한 자료

구분	① 과세사업 관련			② 면세사업 관련		
	공급가액	매입세액	매수	공급가액	매입세액	매수
10월~12월	225,000,000원	22,500,000원	11매	50,000,000원	5,000,000원	3매

3. 올해 2기(7. 1.~12. 31.) 총공통매입세액 : 15,000,000원

4. 올해 2기 예정신고 시 공통매입세액 중 불공제매입세액 : 250,000원

문제 4 다음 결산자료를 입력하여 결산을 완료하시오. (15점)

□□□
(1) 2년 전 7월 1일에 개설한 푸른은행의 정기예금 100,000,000원의 만기일이 내년 6월 30일에 도
래한다. (3점)

□□□
(2) 올해 4월 1일 우리㈜에게 70,000,000원을 대여하고 이자는 내년 3월 31일 수령하기로 하였다.
(단, 약정이자율은 연 6%이며, 월할 계산할 것) (3점)

□□□
(3) 당기 중 현금 시재가 부족하여 현금과부족으로 처리했던 623,000원을 결산일에 확인한 결과 내
용은 다음과 같다. (단, 하나의 전표로 입력하고, 항목별로 적절한 계정과목을 선택할 것) (3점)

내용	금액
불우이웃돕기 성금	500,000원
원재료 구입 시 발생한 운반비(간이영수증 수령)	23,000원
영업부 거래처 직원의 결혼 축의금	100,000원

□□□
(4) 결산일 현재 재고자산을 실사 평가한 결과는 다음과 같다. 기말재고자산 관련 결산분개를 하시오.
(단, 각 기말재고자산의 시가와 취득원가는 동일한 것으로 가정한다) (3점)

구분	취득단가	장부상 기말재고	실사한 기말재고	수량 차이 원인
원재료	1,500원	6,500개	6,200개	정상감모
제품	15,500원	350개	350개	–
상품	10,000원	1,500개	1,000개	비정상감모

□□□
(5) 당사는 기말 현재 보유 중인 외상매출금, 받을어음, 단기대여금의 잔액(기타 채권의 잔액은 제외)
에 대해서만 1%의 대손충당금을 보충법으로 설정하고 있다. (단, 원 단위 미만은 절사한다) (3점)

문제 5 2025년 귀속 원천징수자료와 관련하여 다음의 물음에 답하시오. (15점)

□□□
(1) 다음은 생산직 근로자인 이현민(사번 : 105)의 3월분 급여 관련 자료이다. 아래 자료를 이용하
여 3월분 [급여자료입력]과 [원천징수이행상황신고서]를 작성하시오. (단, 전월미환급세액은
420,000원이다) (5점)

---

1. 유의사항

　※ 수당등록 및 공제항목은 불러온 자료는 무시하고 아래 자료에 따라 입력하며, 사용하는 수당 및 공
제 이외의 항목은 "부"로 체크하고, 월정액 여부와 정기·부정기 여부는 무시한다.

　※ 원천징수이행상황신고서는 매월 작성하며, 이현민의 급여내역만 반영하고 환급신청은 하지 않기
로 한다.

2. 급여명세서 및 급여 관련 자료

3월 급여명세서

㈜파쇄상회

이름	이현민	지급일	3월 31일
기본급	2,600,000원	소득세	10,230원
상여	600,000원	지방소득세	1,020원
식대	100,000원	국민연금	126,000원
자가운전보조금	200,000원	건강보험	98,270원
야간근로수당	200,000원	장기요양보험	12,580원
월차수당	300,000원	고용보험	29,600원
급여합계	4,000,000원	공제합계	277,700원
귀하의 노고에 감사드립니다.		차인지급액	3,722,300원

　※ 식대 : 당 회사는 현물식사를 별도로 제공하지 않는다.

　※ 자가운전보조금 : 직원 본인 명의의 차량을 소유하고 있고, 그 차량을 업무수행에 이용하는 경우에
자가운전보조금을 지급하고 있으며, 별도의 시내교통비 등을 정산하여 지급하지 않는다.

　※ 야간근로수당 : 생산직 근로자가 받는 시간외근무수당으로서 이현민 사원의 기본급은 매월 동일
한 것으로 가정한다.

□□□

(2) 다음은 강희찬(사번 : 500) 사원의 연말정산 관련 자료이다. 아래의 자료를 이용하여 [연말정산 추가자료입력] 메뉴의 [부양가족](인별 보험료 및 교육비 포함) 탭을 수정하고, [신용카드 등] 탭, [의료비] 탭, [기부금] 탭을 작성하여 연말정산을 완료하시오. (10점)

---

1. 가족사항

관계	성명	나이	소득	비고
본인	강희찬	40세	총급여액 6,000만 원	세대주
배우자	송은영	42세	양도소득금액 500만 원	–
아들	강민호	9세	소득 없음	첫째, 올해에 입양 신고함
동생	강성찬	37세	소득 없음	장애인복지법에 따른 장애인

2. 연말정산 자료 : 다음은 근로자 본인이 결제하거나 지출한 금액으로서 모두 국세청 홈택스 연말정산 간소화서비스에서 수집한 자료이다.

구분	내용
신용카드 등 사용액	• 본인 : 신용카드 20,000,000원 – 재직 중인 ㈜파쇄상회의 비용을 본인 신용카드로 결제한 금액 1,000,000원, 자녀 미술학원비 1,200,000원, 대중교통이용액 500,000원이 포함되어 있다. • 아들 : 현금영수증 700,000원 – 자녀의 질병 치료목적 한약구입비용 300,000원, 대중교통이용액 100,000원이 포함되어 있다.
보험료	• 본인 : 생명보험료 2,400,000원(보장성 보험임) • 동생 : 장애인전용보장성보험료 1,700,000원
의료비	• 본인 : 2,700,000원(시력보정용 안경 구입비 600,000원 포함) • 배우자 : 2,500,000원(전액 난임시술비에 해당함) • 아들 : 1,200,000원(현금영수증 수취분 질병 치료목적 한약구입비용 300,000원 포함) • 동생 : 3,100,000원(전액 질병 치료목적으로 지출한 의료비에 해당함)
교육비	• 아들 : 초등학교 수업료 500,000원, 미술학원비 1,200,000원(본인 신용카드 사용분에 포함)
기부금	• 본인 : 종교단체 기부금 1,200,000원(모두 당해연도 금전 지출액임)

3. 근로자 본인의 세부담이 최소화되도록 하고, 제시된 가족들은 모두 생계를 같이하는 동거가족이다.

▶ 정답 및 해설 | p.87

2025 최신개정판

해커스
전산세무 2급
한권합격

이론+실무+최신기출 12회분+무료특강

정답 및 해설

해커스금융

▶ 문제 | p.781

이론시험

1 ③	2 ④	3 ②	4 ②	5 ①	6 ③	7 ①	8 ②
9 ③	10 ③	11 ①	12 ②	13 ④	14 ①	15 ②	

1 ③ · 자기앞수표(통화대용증권) / 배당금지급통지서(통화대용증권) / 취득 당시 만기일이 3개월 이내인 환매조건부채권(현금성자산)
· 직원가불금은 단기대여금에 해당한다.

2 ④ · 미지급금(유동부채) / 외상매입금(유동부채) / 선수금(유동부채) / 유동성장기부채(유동부채) / 장기차입금(비유동부채) / 퇴직급여충당부채(비유동부채)
· 유동부채 = 미지급금 + 외상매입금 + 선수금 + 유동성장기부채
= 3,000,000 + 3,500,000 + 1,000,000 + 1,500,000 = 9,000,000원

3 ② · 유형자산이란 장기간에 걸쳐 영업활동에 사용할 목적으로 보유하는 자산으로서 물리적 형체가 있는 자산을 말한다.
· 부동산매매업자가 판매목적으로 매입한 건물(②)은 주된 영업활동으로서 판매를 목적으로 보유하고 있는 자산이므로, 재고자산에 해당한다.

4 ② 사채가 할인발행되는 경우, 발행 시점에는 장부금액(= 발행금액)이 액면금액보다 작지만, 그 이후 장부금액이 매년 증가하여, 만기가 되면 장부금액과 액면금액이 동일한 금액이 된다.

5 ① ① 자산이 증가하고, 동일한 금액만큼 자산이 감소하는 거래이므로, 자본 총액은 변동 없다.
② 순자산 110,000,000원이 유입되는 유상증자 거래이므로, 자본 총액이 110,000,000원만큼 증가한다.
③ 수수료비용 10,000,000원이 발생하는 거래이므로, 당기순이익이 감소되어, 자본 총액이 10,000,000원만큼 감소한다.
④ 유형자산처분손실 5,000,000원이 발생하는 거래이므로, 당기순이익이 감소되어, 자본 총액이 5,000,000원만큼 감소한다.

6 ③ · 그래프(가) : 준고정원가(계단원가)
· 그래프(나) : 변동원가

7 ① · 매몰원가란 이미 발생한 과거의 원가로서 의사결정과정에 영향을 주지 못하는 원가를 말한다.
· 관련원가란 의사결정 대안 간에 차이가 나는 원가로서 의사결정에 영향을 주는 원가를 말한다.

8 ② 기말 제품 재고액은 제조원가명세서에 표시되지 않고, 손익계산서의 매출원가 내역에 표시된다.

9 ③ 기말재공품의 완성도를 실제보다 높게 평가한 경우, 완성품환산량 단위당 원가가 실제보다 낮게 계산되고, 이에 따라 완성품원가는 실제보다 낮게 계산된다.

10 ③ · 제조부문1의 예정조업도 = (300개 × 4시간) + (400개 × 5시간) = 3,200시간
· 제조부문1의 제조간접비 예정배부율 = 제조간접비 예산액 ÷ 예정조업도
= 1,024,000원 ÷ 3,200시간 = @320원/시간

11 ① 내국신용장·구매확인서에 의해 공급하는 재화의 경우, 영세율이 적용되지만 거래 쌍방이 모두 국내 사업자인 거래에 해당하므로 영세율세금계산서가 발급되어야 한다.

12 ② ・의제매입세액공제를 적용받으려면, ㉠ 일반 과세사업자가 ㉡ 농·축·수·임산물(면세농산물 등)을 구입하여 ㉢ 과세 대상인 재화·
용역의 제조·창출에 직접적인 원재료로 사용해야 한다.
・① : ㉠ 요건 미충족 (∵ 간이과세자)
・③ : ㉠ 요건 미충족 (∵ 면세사업자)
・④ : ㉡ 요건 및 ㉢ 요건 미충족

13 ④ ・간이과세자란 직전 1역년의 재화·용역 공급대가가 1억 400만 원 미만인 개인사업자를 말한다.
・간이과세자의 직전 1역년 공급대가가 1억 400만 원을 초과하는 경우, 당해 연도 7월 1일부터 일반과세자로 변경된다. (부가가치
세법 제62조 제1항)

14 ① ・저작권의 양도 또는 사용대가로 받는 금품의 경우, 저작자에게 귀속되면 사업소득에 해당하고, 저작자 외의 자에게 귀속되면 기타
소득에 해당한다.
・인적용역의 일시적 제공으로 12만 원을 받은 경우, 총수입금액의 60%가 필요경비로 인정되므로, 기타소득금액은 4만 8천 원이
다. 건별 기타소득금액이 5만 원 이하인 경우 소득세를 과세하지 않는다. (과세최저한)

15 ② ・퇴직소득은 분류과세하므로 종합소득금액 계산 시 이를 합산하지 않는다.
・비주거용 부동산임대업에서 발생한 결손금은 다른 소득금액에서 공제하지 않는다.
・종합소득금액 = 근로소득금액 + 사업소득금액(건설업) + 사업소득금액(주거용 부동산임대업)
= 4,000,000 + 8,000,000 + △3,000,000 = 9,000,000원

실무시험

문제 1 일반전표입력

(1) 1월 5일　(차) 기업업무추진비(판관비)　475,000　(대) 미지급금(국민카드)　475,000

(2) 4월 30일　(차) 보통예금　150,000　(대) 선납세금　150,000

(3) 8월 14일　(차) 자본금　25,000,000　(대) 보통예금　27,500,000
감자차익　1,800,000
감자차손　700,000

(4) 10월 1일　(차) 외상매입금(㈜하나)　197,000,000　(대) 보통예금　195,000,000
수수료비용(판관비)　20,000　외환차익　2,000,000
현금　20,000

(5) 10월 5일　(차) 퇴직연금운용자산　25,000,000　(대) 보통예금　40,000,000
퇴직급여(판관비)　15,000,000

문제 2 매입매출전표입력

(1) 1월 6일　유형 : 51.과세 / 공급가액 : 1,600,000 / 부가세 : 160,000 / 거래처 : ㈜방방곡곡 / 전자 : 여 / 분개 : 혼합
(차) 광고선전비(판관비)　1,600,000　(대) 미지급금(㈜방방곡곡)　1,760,000
부가세대급금　160,000

(2) 2월 2일　유형 : 11.과세 / 공급가액 : 100,000,000 / 부가세 : 10,000,000 / 거래처 : ㈜정성상회 / 전자 : 여 / 분개 : 혼합
(차) 선수금(㈜정성상회)　20,000,000　(대) 제품매출　100,000,000
보통예금　30,000,000　부가세예수금　10,000,000
받을어음(㈜한일무역)　60,000,000

(3) 4월 18일　유형 : 52.영세 / 공급가액 : 5,000,000 / 부가세 : 0 / 거래처 : ㈜대한 / 전자 : 여 / 분개 : 혼합(외상)
(차) 원재료　5,000,000　(대) 외상매입금(㈜대한)　5,000,000

(4) 6월 5일 유형 : 54.불공 / 공급가액 : 21,000,000 / 부가세 : 2,100,000 / 거래처 : ㈜달라자동차 / 전자 : 여 / 분개 : 혼합 / (불공제사유 : ③개별소비세법에 따른 자동차(비영업용 소형승용자동차) 구입·유지 및 임차)

| (차) 차량운반구 | 23,100,000 | (대) 현금 | 3,100,000 |
| | | 미지급금(㈜달라자동차) | 20,000,000 |

(5) 6월 20일 유형 : 16.수출 / 공급가액 : 36,000,000[1)] / 부가세 : 0 / 거래처 : 랜드로바 / 분개 : 혼합 / (영세율구분 : 2.중계무역·위탁판매·외국인도 또는 위탁가공무역 방식의 수출)

| (차) 보통예금 | 21,600,000 | (대) 제품매출 | 36,000,000 |
| 외상매출금(랜드로바) | 14,400,000 | | |

1) $30,000 × @1,200 = 36,000,000원

문제 3 부가가치세신고

(1) 1단계 [신용카드매출전표등발행금액집계표] (7월~9월)

1. 인적사항

상호[법인명]	㈜중동상회	성명[대표자]	황재하	사업등록번호	130-81-25029
사업장소재지	서울특별시 강동구 천호대로 1005 (천호동)				

2. 신용카드매출전표 등 발행금액 현황

구 분	합 계	신용 · 직불 · 기명식 선불카드	현금영수증	직불전자지급 수단 및 기명식선불 전자지급수단
합 계	7,400,000	7,400,000		
과세 매출분	6,400,000	6,400,000		
면세 매출분	1,000,000	1,000,000		
봉 사 료				

3. 신용카드매출전표 등 발행금액중 세금계산서 교부내역

세금계산서발급금액		계산서발급금액	

2단계 [신용카드매출전표등수령명세서] (7월~9월)

2. 신용카드 등 매입내역 합계

구분	거래건수	공급가액	세액
합 계	2	160,000	16,000
현금영수증			
화물운전자복지카드			
사업용신용카드	2	160,000	16,000
그 밖의 신용카드			

3. 거래내역입력

No		월/일	구분	공급자	공급자(가맹점) 사업자등록번호	카드회원번호	그 밖의 신용카드 등 거래내역 합계		
							거래건수	공급가액	세액
1	☐	07-12	사업	우리	315-21-12311	1001-2002-3003-5001	1	90,000	9,000
2	☐	08-13	사업	㈜만물	415-80-51339	1001-2002-3003-5001	1	70,000	7,000
3	☐								
	☐								
	☐								
	☐								
		합계					2	160,000	16,000

· 면세 사업 관련 지출은 매입세액공제가 불가하다.

(2) [부가가치세신고서] (7월~12월)[1]

구분				정기신고금액		
				금액	세율	세액
과세표준및매출세액	과세	세금계산서발급분	1	400,000,000	10/100	40,000,000
		매입자발행세금계산서	2		10/100	
		신용카드·현금영수증발행분	3	50,000,000	10/100	5,000,000
		기타(정규영수증외매출분)	4			
	영세	세금계산서발급분	5		0/100	
		기타	6	100,000,000	0/100	
	예정신고누락분		7			
	대손세액가감		8			1,000,000
	합계		9	550,000,000	㉮	46,000,000
매입세액	세금계산서 수취분	일반매입	10	300,000,000		30,000,000
		수출기업수입분납부유예	10-1			
		고정자산매입	11			
	예정신고누락분		12			
	매입자발행세금계산서		13			
	그 밖의 공제매입세액		14			
	합계(10)-(10-1)+(11)+(12)+(13)+(14)		15	300,000,000		30,000,000
	공제받지못할매입세액		16			
	차감계 (15-16)		17	300,000,000	㉯	30,000,000
납부(환급)세액(매출세액㉮-매입세액㉯)					㉰	16,000,000
경감공제세액	그 밖의 경감·공제세액		18			10,000
	신용카드매출전표등 발행공제등		19			
	합계		20		㉣	10,000
소규모 개인사업자 부가가치세 감면세액			20-1		㉤	
예정신고미환급세액			21		㉥	
예정고지세액			22		㉦	2,000,000
사업양수자의 대리납부 기납부세액			23		㉧	
매입자 납부특례 기납부세액			24		㉨	
신용카드업자의 대리납부 기납부세액			25		㉩	
가산세액계			26		㉪	
차가감하여 납부할세액(환급받을세액)㉰-㉣-㉤-㉥-㉦-㉧-㉨-㉩+㉪			27			13,990,000
총괄납부사업자가 납부할 세액(환급받을 세액)						

구분		금액	세율	세액
16.공제받지못할매입세액				
공제받지못할 매입세액	50			
공통매입세액면세등사업분	51			
대손처분받은세액	52			
합계	53			
18.그 밖의 경감·공제세액				
전자신고 및 전자고지 세액공제	54			10,000
전자세금계산서발급세액공제	55			
택시운송사업자경감세액	56			
대리납부세액공제	57			
현금영수증사업자세액공제	58			
기타	59			
합계	60			10,000

[1] 예정고지액을 납부한 영세법인사업자(직전 과세기간 공급가액의 합계액 1억 5,000만 원 미만)의 경우, 확정신고 시 과세기간 전체에 대한 매출 및 매입을 신고하고, 예정고지납부세액을 '예정고지세액' 란에 기입하여 납부세액에서 공제한다.

문제 4 **결산**

(1) (수동결산)
　[일반전표입력] 12월 31일

(차) 소모품비(판관비)	160,000[1]	(대) 소모품	160,000

　　[1] 200,000원 × (8박스/10박스) = 160,000원
　　　→ 소모품 구입액 중 당기 비용(소모품비)으로 계상되는 금액 = 160,000원

(2) (수동결산)
　[일반전표입력] 12월 31일

(차) 임대료	800,000[1]	(대) 선수수익	800,000

　　[1] 2,400,000원 × (4개월/12개월) = 800,000원
　　　→ 임대료 수령액 중 당기 수익(임대료)으로 계상되는 금액 = 1,600,000원

(3) (수동결산)

　　[일반전표입력] 12월 31일

　　　　(차) 단기매매증권　　　　1,000,000　　(대) 단기매매증권평가이익　　1,000,000[1]

　　　　[1] (2,000주 × @9,500원) − (2,000주 × @9,000원) = 1,000,000원

(4) (수동결산)

　　[일반전표입력] 12월 31일

　　　　(차) 외화환산손실　　　　2,000,000[1]　　(대) 장기차입금　　2,000,000

　　　　[1] · ($20,000 × @1,300) − ($20,000 × @1,200) = 2,000,000원 (부채이므로 외화환산손실)

　　　　　· 선급금 계정은 비화폐성 자산에 해당하므로 외화환산손익이 발생하지 않는다.

(5) (수동결산 → 자동결산)

　　1단계　(수동결산)

　　[일반전표입력] 12월 31일

　　　　(차) 재고자산감모손실　　　4,000,000[1]　　(대) 상품　　4,000,000

　　　　　　　　　　　　　　　　　　　　　　(적요 8. 타계정으로 대체액)

　　　　[1] (1,500개 × @20,000원) − (1,300개 × @20,000원) = 4,000,000원

　　2단계　(자동결산)

　　[결산자료입력] 메뉴에서 (기간 : 1월~12월) 다음과 같이 입력한다. 자동결산 항목 입력이 완료되고 나면 상단의 [전표추가]를 클릭하여 결산분개를 생성한다.

　　· 상품매출원가 ▶ 기말 상품 재고액 : 26,000,000[1]

　　· 제품매출원가 ▶ 기말 원재료 재고액 : 24,000,000[1]

　　· 제품매출원가 ▶ 기말 제품 재고액 : 67,500,000

　　[1] 정상·비정상 감모손실과 평가손실까지 모두 반영된 실제 기말 재고액

문제 5　연말정산

(1) 1단계　[사원등록] 메뉴 ▶ [기본사항] 탭 ▶ 101.박지은

　　· 생산직여부 : 1.여 / 연장근로비과세 : 1.여[1] / 전년도총급여 : 24,000,000

　　[1] '0.부'로 입력하여도 정답으로 인정

　　2단계　[사원등록] 메뉴 ▶ [기본사항] 탭 ▶ 102.최수지

　　· 생산직여부 : 1.여 / 연장근로비과세 : 1.여 / 전년도총급여 : 28,000,000

　　3단계　[급여자료입력] 메뉴 ▶ [수당공제] 보조창 ▶ [수당등록] 탭

No	코드	과세구분	수당명	근로소득유형			월정액	통상임금	사용여부
				유형	코드	한도			
1	1001	과세	기본급	급여			정기	여	여
2	1002	과세	상여	상여			부정기	부	부
3	1003	과세	직책수당	급여			정기	부	부
4	1004	과세	월차수당	급여			정기	부	부
5	1005	비과세	식대	식대	P01	(월)200,000	정기	부	여
6	1006	비과세	자가운전보조금	자가운전보조금	H03	(월)200,000	부정기	부	여
7	1007	비과세	야간근로수당	야간근로수당	001	(년)2,400,000	부정기	부	여
8	2001	과세	자격수당	급여			정기	부	여

　　· 초과근로수당 연 240만 원 이내의 금액 비과세 요건

　　　: ㉠ 생산직(또는 단순 노무직) 근로자일 것, ㉡ 직전 연도 총급여액 3,000만 원 이하일 것, ㉢ 월정액급여액 월 210만 원 이하일 것

 [급여자료입력] 메뉴 ▶ [수당공제] 보조창 ▶ [공제등록] 탭

No	코드	공제항목명	공제소득유형	사용여부
1	5001	국민연금	고정항목	여
2	5002	건강보험	고정항목	여
3	5003	장기요양보험	고정항목	여
4	5004	고용보험	고정항목	여
5	5005	학자금상환	고정항목	여
6	6001	사내대출금원리금상환액	대출	여

 [급여자료입력] 메뉴 ▶ (귀속년월 3월, 지급년월일 3월 31일) ▶ 101.박지은

급여항목	금액	공제항목	금액
기본급	3,000,000	국민연금	150,750
식대	100,000	건강보험	118,750
자가운전보조금	200,000	장기요양보험	15,370
야간근로수당	200,000	고용보험	26,800
자격수당	150,000	사내대출금원리금상환액	266,560
		소득세(100%)	107,660
		지방소득세	10,760
		농특세	
과　　세	3,350,000		
비 과 세	300,000	공 제 총 액	696,650
지 급 총 액	3,650,000	차 인 지 급 액	2,953,350

· 과세 = 기본급 + 야간근로수당(월정액급여액 월 210만 원 이하 요건 미충족)[1] + 자격수당
　　 = 3,000,000 + 200,000 + 150,000 = 3,350,000원

　　[1] 월정액급여액 = 월 급여지급액 – 상여 등 부정기적 급여 – 실비변상적인 성질의 급여(예 자가운전보조금)
　　　　 – 복리후생적 성질의 급여 – 초과근로수당
　　　　 = 3,650,000 – 0 – 200,000 – 0 – 200,000 = 3,250,000원

· 비과세 = 식대 + 자가운전보조금
　　 = 100,000 + 200,000 = 300,000원

 [급여자료입력] 메뉴 ▶ (귀속년월 3월, 지급년월일 3월 31일) ▶ 102.최수지

급여항목	금액	공제항목	금액
기본급	1,900,000	국민연금	85,500
식대	100,000	건강보험	67,350
자가운전보조금	200,000	장기요양보험	8,720
야간근로수당	200,000	고용보험	15,200
자격수당		사내대출금원리금상환액	
		소득세(100%)	17,180
		지방소득세	1,710
		농특세	
과　　세	1,900,000		
비 과 세	500,000	공 제 총 액	195,660
지 급 총 액	2,400,000	차 인 지 급 액	2,204,340

· 과세 = 기본급 = 1,900,000원
· 비과세 = 식대 + 자가운전보조금 + 야간근로수당(요건 충족)[2]
　　　 = 100,000 + 200,000 + 200,000 = 500,000원

　　[2] 월정액급여액 = 2,400,000 – 0 – 200,000 – 0 – 200,000 = 2,000,000원

(2) [연말정산추가자료입력] 메뉴 ▶ 111.류선재 ▶ [부양가족] 탭 ▶ 상단부

연말관계	성명	내/외국인		주민(외국인)번호	나이	소득기준초과여부	기본공제	세대주구분	부녀자	한부모	경로우대	장애인	자녀	출산입양	결혼세액
0	류선재	내	1	911030-1224115	34		본인	세대주							
1	안현주	내	1	630511-2047716	62		60세이상								
3	임솔	내	1	910115-2374236	34	○	부								
4	류도	내	1	160131-3165614	9		20세이하					1	○		
4	류진	내	1	190121-4165112	6		20세이하								
합　계 [명]						1	4					1	1		

· 안현주(어머니)는 분리과세되는 소득(일용근로소득)만 있으므로 소득금액 요건을 충족하고 기본공제 가능
· 임솔(배우자)은 소득금액 요건을 충족하지 못하므로 기본공제 불가
· 류도(아들)에 대하여 기본공제 란에 '장애인'을 입력하여도 정답 인정
· 류도(아들)와 류진(아들)은 둘 다 기본공제가 적용되나, 8세 이상 자녀세액공제는 류도(9세)만 가능

· 본인 류선재

자료구분	보험료				의료비					교육비	
	건강	고용	일반보장성	장애인전용	일반	실손	선천성이상아	난임	65세,장애인	일반	장애인특수
국세청			940,000							4,280,000	
기타	2,474,500	494,400								4.본인	

자료구분	신용카드등 사용액공제						기부금
	신용카드	직불카드등	현금영수증	전통시장사용분	대중교통이용분	도서공연 등	
국세청	26,520,000		1,252,000				
기타							

－ 본인의 경우 대학원 교육비도 공제 적용 가능

· 어머니 안현주

자료구분	보험료				의료비					교육비	
	건강	고용	일반보장성	장애인전용	일반	실손	선천성이상아	난임	65세,장애인	일반	장애인특수
국세청					3,220,000						
기타					2.일반						

자료구분	신용카드등 사용액공제						기부금
	신용카드	직불카드등	현금영수증	전통시장사용분	대중교통이용분	도서공연 등	
국세청	6,020,000						
기타							

－ 직계존속에 대한 (일반)교육비는 공제 적용 안 됨

· 배우자 임솔

자료구분	보험료				의료비					교육비	
	건강	고용	일반보장성	장애인전용	일반	실손	선천성이상아	난임	65세,장애인	일반	장애인특수
국세청					3,000,000	2,500,000					
기타					2.일반						

자료구분	신용카드등 사용액공제						기부금
	신용카드	직불카드등	현금영수증	전통시장사용분	대중교통이용분	도서공연 등	
국세청							
기타							

－ 보장성보험료는 나이 및 소득금액의 제한을 받으므로 임솔(배우자)의 보장성보험료는 공제 적용 안 됨

· 아들 류도

자료구분	보험료				의료비					교육비	
	건강	고용	일반보장성	장애인전용	일반	실손	선천성이상아	난임	65세,장애인	일반	장애인특수
국세청			700,000	500,000							
기타											

자료구분	신용카드등 사용액공제						기부금
	신용카드	직불카드등	현금영수증	전통시장사용분	대중교통이용분	도서공연 등	
국세청							
기타							

－ 취학 전 아동 이외의 자녀 학원비는 공제 적용 안 됨

· 아들 류진

자료구분	보험료				의료비					교육비	
	건강	고용	일반보장성	장애인전용	일반	실손	선천성이상아	난임	65세,장애인	일반	장애인특수
국세청									1,520,000		
기타											

자료구분	신용카드등 사용액공제						기부금
	신용카드	직불카드등	현금영수증	전통시장사용분	대중교통이용분	도서공연 등	
국세청							
기타							

									2025년 의료비 지급명세서					
	의료비 공제대상자				지급처			지급명세						14.산후조리원
□	성명	내/외	5.주민등록번호	6.본인등해당여부	9.증빙코드	8.상호	7.사업자등록번호	10.건수	11.금액	11-1.실손보험수령핵	12.미숙아선천성이상아	13.난임여부	
□	임솔	내	910115-2374236	3	X	1				3,000,000	2,500,000	X	X	X
□	안현주	내	630511-2047716	3	X	1				3,220,000		X	X	X
□	류진	내	190121-4165112	2	0	1				1,520,000		X	X	X
□														
□														
			합계							7,740,000	2,500,000			
일반의료비(본인)		6세이하,65세이상인건강보험산정특례자장애인		1,520,000	일반의료비(그 외)		6,220,000	난임시술비						
								미숙아,선천성이상아						

· 의료비는 나이 및 소득금액의 제한을 받지 않음
· 실손보험금 수령액으로 지급한 의료비는 공제 적용 안 되므로 서식에서 별도로 표기

4단계 [신용카드 등] 탭

	성명 생년월일	자료 구분	신용카드	직불,선불	현금영수증	도서등 신용	도서등 직불	도서등 현금	전통시장	대중교통	합계
	류선재	국세청	26,520,000		1,252,000						27,772,000
	1991-10-30	기타									
	안현주	국세청	6,020,000								6,020,000
	1963-05-11	기타									
	임솔	국세청									
	1991-01-15	기타									
	류도	국세청									
	2016-01-31	기타									
	류진	국세청									
	2019-01-21	기타									
	합계		32,540,000		1,252,000						33,792,000

· 신용카드 등 사용액 중 의료비 결제액은 신용카드 공제 적용 가능함
· 신용카드 등 사용액은 나이의 제한은 받지 않으나 소득금액의 제한은 받으므로 임솔(배우자)의 체크카드 사용액은 공
　제 적용 안 됨

5단계 [연금저축 등 Ⅰ] 탭
· 구분 : 2.연금저축
· 금융회사 등 : (F2)를 클릭하여 검색 후 입력) 405.삼성생명보험㈜
· 계좌번호 : 153-05724-73285
· 납입금액 : 1,800,000

6단계 [연말정산입력] 탭 ▶ **F8 부양가족탭불러오기** 클릭
· 연금계좌 ▶ 연금저축 : 1,800,000
· 보장성보험 ▶ 일반 : 1,640,000
· 보장성보험 ▶ 장애인 : 500,000
· 의료비 ▶ 6세 이하, 65세 이상, 장애인 : 1,520,000
· 의료비 ▶ 그 밖의 공제대상자 ▶ 지출액 : 6,220,000
· 의료비 ▶ 그 밖의 공제대상자 ▶ 실손의료보험금 : 2,500,000
· 교육비 ▶ 초중고 : 0
· 교육비 ▶ 본인 : 4,280,000
· 신용카드 등 사용액 ▶ 신용카드 : 32,540,000
· 신용카드 등 사용액 ▶ 직불/선불카드 : 0
· 신용카드 등 사용액 ▶ 현금영수증 : 1,252,000

▶ 문제 | p.795

이론시험

1 ②	2 ①	3 ③	4 ④	5 ③	6 ①	7 ①	8 ④
9 ③	10 ①	11 ②	12 ③	13 ②	14 ④	15 ②	

1 ② 임차보증금(기타비유동자산, 비유동자산) / 사채(비유동부채) / 퇴직급여충당부채(비유동부채) / 선급비용(당좌자산, 유동자산)

2 ① ② 내부적으로 창출한 영업권은 무형자산으로 인정되지 않는다.
③ 연구단계에서 발생한 지출은 당기 비용으로 회계처리한다.
④ 무형자산의 상각기간은 독점적·배타적인 권리를 부여하고 있는 관계 법령이나 계약에 정해진 경우를 제외하고는 20년을 초과할 수 없다.

3 ③ · 채무증권 : 단기매매증권, 매도가능증권, 만기보유증권
· 지분증권 : 단기매매증권, 매도가능증권, 지분법적용투자주식

4 ④ 감가상각방법 중 연수합계법은 자산의 내용연수 동안 감가상각액이 매 기간 감소하는 방법이다.

5 ③ 전기 이전 기간에 발생한 중대한 오류의 수정은 중대한 오류의 영향을 받는 회계기간의 재무제표 항목을 재작성한다.

6 ① · 제품 제조용 전기요금은 사용을 하지 않아도 발생하는 기본요금과 사용량에 비례하는 사용요금으로 구성되어 있으므로 준변동원가에 해당한다.
· 제품 제조용 전기요금은 가공원가(제조간접비)에 해당한다.

7 ① 기초 제품 재고액은 제조원가명세서에 표시되지 않고, 손익계산서의 매출원가 내역에 표시된다.

8 ④ · 종합원가계산은 완성품환산량이라는 평준화 개념을 사용하므로, 개별원가계산에 비해 원가 기록업무가 비교적 단순하고 경제적이나, 상대적으로 원가계산의 정확성이 낮다.
· 종합원가계산에서는 제조원가보고서를, 개별원가계산에서는 작업원가표를 주요 원가자료로 사용한다.

9 ③ · 제조간접비 예정배부율 = 제조간접비 예산액 ÷ 예정조업도
= 5,000,000원 ÷ 5,000시간 = @1,000원/시간
· 제조간접비 예정배부액 = 실제조업도 × 예정배부율
= 4,000시간 × @1,000원/시간 = 4,000,000원
· 제조원가 = 직접재료비 + 직접노무비 + 제조간접비
= 2,000,000 + 4,000,000 + 4,000,000 = 10,000,000원

10 ① · 보조부문 X → 제조부문 B : $100,000원 × \dfrac{600회}{400회 + 600회} = 60,000원$

· 보조부문 Y → 제조부문 B : $300,000원 × \dfrac{300회}{300회 + 300회} = 150,000원$

· 제조부문 B에 배분되는 보조부문원가 = 60,000 + 150,000 = 210,000원

11 ② 영세율을 적용받는 사업자는 과세사업자이므로 부가가치세 납세의무가 있다.

12 ③ 위탁판매의 경우(위탁자 또는 본인을 알 수 있는 경우에 해당) : 수탁자가 공급한 때

13 ② 주사업장총괄납부의 신청은 납부하려는 과세기간 개시 20일 전까지 신청하여야 한다.

14 ④ ・교육비 세액공제, 보험료 세액공제, 의료비 세액공제는 근로소득이 있는 경우에만 적용받을 수 있으며, 세액공제의 합계액이 근로
소득에 대한 산출세액을 초과하는 경우 그 초과하는 금액은 없는 것으로 한다.
　・기부금 세액공제는 근로소득 유무에 관계없이 적용받을 수 있으므로, 근로소득과 사업소득이 발생한 경우 근로소득에 대한 산출
세액을 초과하여 기부금 세액공제 받을 수 있다.

15 ② ・①, ③ : 상용근로소득과 공적연금소득(또는 연말정산 대상 사업소득)이 있는 자의 경우, 상용근로소득만 있는 것으로 가정하여
연말정산을 하였고, 공적연금소득(또는 연말정산 대상 사업소득)만 있는 것으로 가정하여 연말정산을 하였으나, 두 소득을 합산한
금액으로 종합소득세를 계산하면 이미 납부한 세액의 합계액과 달라지므로 종합소득세 확정신고를 반드시 하여야 한다.
　・④ : 금융소득이 2천만 원 초과인 경우 종합과세되므로(조건부 종합과세) 종합소득세 확정신고를 반드시 하여야 한다.

실무시험

문제 1　일반전표입력

(1)　1월　5일　(차) 보통예금　　　585,000,000　　　(대) 단기차입금((주)대명)　　　600,000,000
　　　　　　　　이자비용　　　　15,000,000

(2)　4월 20일　(차) 보통예금　　　60,000,000　　　(대) 자본금　　　50,000,000
　　　　　　　　　　　　　　　　　　　　　주식할인발행차금　　　3,000,000[1]
　　　　　　　　　　　　　　　　　　　　　주식발행초과금　　　7,000,000

　　　　　　　[1] [합계잔액시산표] 메뉴에서 기간은 4월 20일을 선택하여 동일자 현재 주식할인발행차금 계정의 차변 잔액이 '3,000,000'
　　　　　　　원임을 조회

(3)　7월 17일　(차) 보통예금　　　11,000,000　　　(대) 대손충당금(외상매출금)　　　10,000,000
　　　　　　　　　　　　　　　　　　　　　부가세예수금　　　1,000,000

(4)　8월　1일　(차) 보통예금　　　100,253,800　　　(대) 정기예금　　　100,000,000
　　　　　　　　선납세금　　　　46,200　　　　이자수익　　　300,000

(5) 11월　1일　(차) 부가세예수금　　　950,000　　　(대) 보통예금　　　978,500
　　　　　　　　잡손실　　　　28,500

문제 2　매입매출전표입력

(1)　1월　4일　유형 : 57.카과 / 공급가액 : 300,000 / 부가세 : 30,000 / 거래처 : 시설수리전문여기야 / 분개 : 혼합(카드) /
　　　　　　　(신용카드사 : 국민카드)
　　　　　　　(차) 수선비(제조)　　　300,000　　　(대) 미지급금(국민카드)　　　330,000
　　　　　　　　부가세대급금　　　30,000

(2)　2월　3일　유형 : 55.수입 / 공급가액 : 42,400,000 / 부가세 : 4,240,000 / 거래처 : 인천세관 / 전자 : 여 / 분개 : 혼합
　　　　　　　(차) 부가세대급금　　　4,240,000　　　(대) 보통예금　　　4,240,000

(3)　2월 15일　유형 : 53.면세 / 공급가액 : 100,000 / 거래처 : 풍성화원 / 전자 : 여 / 분개 : 혼합
　　　　　　　(차) 기업업무추진비(판관비)　　　100,000　　　(대) 미지급금(풍성화원)　　　100,000

(4)　2월 18일　유형 : 11.과세 / 공급가액 : 10,500,000 / 부가세 : 1,050,000 / 거래처 : 이배달 / 전자 : 여 / 분개 : 혼합
　　　　　　　(차) 감가상각누계액(차량운반구)　　6,000,000　　　(대) 부가세예수금　　　1,050,000
　　　　　　　　선수금(이배달)　　　1,800,000　　　　차량운반구　　　18,000,000
　　　　　　　　보통예금　　　9,750,000
　　　　　　　　유형자산처분손실　　　1,500,000

(5) 3월 7일   유형 : 51.과세 / 공급가액 : 110,000,000 / 부가세 : 11,000,000 / 거래처 : ㈜양주산업 / 전자 : 여 / 분개 : 혼합

| (차) 건물[1] | 110,000,000 | (대) 미지급금(㈜양주산업)[2] | 121,000,000 |
| 부가세대급금 | 11,000,000 | | |

[1] 해당 자산의 성능 수준을 현저히 향상시키는 등 미래 경제적 효익을 증가시키는 자본적 지출에 해당하므로, 자산 계정으로 회계처리한다.

[2] 일반적인 상거래 이외의 거래이므로 어음을 발행하더라도 미지급금 계정으로 회계처리한다.

문제 3   부가가치세신고

(1) 1단계 [공제받지못할매입세액명세서] 메뉴 ▶ [공제받지못할매입세액내역] 탭 (10월~12월)

매입세액 불공제 사유	세금계산서		
	매수	공급가액	매입세액
①필요적 기재사항 누락 등			
②사업과 직접 관련 없는 지출			
③개별소비세법 제1조제2항제3호에 따른 자동차 구입·유지 및 임차			
④기업업무추진비 및 이와 유사한 비용 관련			
⑤면세사업등 관련	8	20,000,000	2,000,000
⑥토지의 자본적 지출 관련			
⑦사업자등록 전 매입세액			
⑧금·구리 스크랩 거래계좌 미사용 관련 매입세액			

2단계 [공제받지못할매입세액명세서] 메뉴 ▶ [공통매입세액의정산내역] 탭 (10월~12월)

산식	구분	(15)총공통매입세액	(16)면세 사업확정 비율			(17)불공제매입세액총액((15)*(16))	(18)기불공제매입세액	(19)가산또는공제되는매입세액((17)-(18))
			총공급가액	면세공급가액	면세비율			
1. 당해과세기간의 공급가액기준		5,000,000	250,000,000.00	50,000,000.00	20.000000	1,000,000	800,000	200,000

· 2기 확정 정산 : {5,000,000 × (50,000,000/250,000,000)} − 800,000 = 200,000원 불공제

(2) 1단계 [수출실적명세서] (7월~9월)

구분	건수	외화금액	원화금액	비고
⑨합계	1	30,000.00	42,000,000	
⑩수출재화[=⑫합계]	1	30,000.00	42,000,000	
⑪기타영세율적용				

No		(13)수출신고번호	(14)선(기)적일자	(15)통화코드	(16)환율	금액		전표정보	
						(17)외화	(18)원화	거래처코드	거래처명
1		81234-58-123458X	2025-07-22	USD	1,400.0000	30,000.00	42,000,000		

2단계 [내국신용장·구매확인서전자발급명세서] (7월~9월)

◆ 2. 내국신용장·구매확인서에 의한 공급실적 합계

구분	건수	금액(원)	비고
(9)합계(10+11)	1	70,000,000	
(10)내국신용장			
(11)구매확인서	1	70,000,000	

[참고] 내국신용장 또는 구매확인서에 의한 영세율 첨부서류 방법 변경(영 제64조 제3항 제1의3호)
▶ 전자무역기반시설을 통하여 개설되거나 발급된 경우 내국신용장·구매확인서 전자발급명세서를 제출하고 이 외의 경우 내국신용장 사본을 제출함
⇒ 2011.7.1 이후 최초로 개설되거나 발급되는 내국신용장 또는 구매확인서부터 적용

◆ 3. 내국신용장·구매확인서에 의한 공급실적 명세서

	(12)번호	(13)구분	(14)서류번호	(15)발급일	품목	거래처정보		(17)금액	전표일자	(18)비고
						거래처명	(16)공급받는자의사업자등록번호			
	1	구매확인서	PKT0731555	2025-08-05	전자제품	(주)최강전자	551-85-12772	70,000,000		

(3) 1단계 신고서 마감 확인 : [부가가치세신고서] 메뉴 (4월~6월)

2단계 전자신고파일 제작 : [전자신고] 메뉴 (신고인구분 : 2.납세자 자진신고), (비밀번호 : 12341234)

3단계 전자신고파일 제출 : [국세청 홈택스 전자신고변환(교육용)] 메뉴 (찾아보기 → 형식검증하기 → 형식검증결과확인 → 내용검증하기 → 내용검증결과확인 → 전자파일제출 → 신고서 접수증 확인)

(1) (수동결산)
　　[일반전표입력] 12월 31일

(차) 보통예금	5,700,000	(대) 단기차입금(국민은행)	5,700,000

(2) (수동결산)
　　[일반전표입력] 12월 31일

(차) 외화환산손실	9,250,000[1]	(대) 외상매입금(INSIDEOUT)	9,250,000

　　[1] ($50,000 × @1,390원) − 60,250,000원 = 9,250,000원 (부채이므로 외화환산손실)

(3) [일반전표입력] 12월 31일

(차) 임차료(제조)	6,000,000[1]	(대) 선급비용	6,000,000

　　[1] ・18,000,000원 × (4개월/12개월) = 6,000,000원
　　　　・임차료 지급액 중 당기 비용(임차료 계정)으로 계상되는 금액 = 6,000,000원

(4) (수동결산 또는 자동결산)
　　| 방법1 |　(수동결산)
　　[일반전표입력] 12월 31일

(차) 대손상각비	306,950	(대) 대손충당금(외상매출금)	306,950[1]
대손충당금(받을어음)	2,364,000[2]	대손충당금환입(판관비 차감)	2,364,000

　　[1] (615,347,500원 × 2%) − 12,000,000원 = 306,950원
　　[2] (131,800,000원 × 2%) − 5,000,000원 = (−)2,364,000원

　　| 방법2 |　(자동결산)
　　[결산자료입력] 메뉴에서 (기간 : 1월~12월) 다음과 같이 입력한다. 자동결산 항목 입력이 완료되고 나면 상단의 [전표추가]를 클릭하여 결산분개를 생성한다.
　　　・판매비와 일반관리비 ▶ 대손상각 ▶ 외상매출금 : 306,950
　　　・판매비와 일반관리비 ▶ 대손상각 ▶ 받을어음 : (−)2,364,000

(5) (수동결산 또는 자동결산)
　　| 방법1 |　(수동결산)
　　[일반전표입력] 12월 31일

(차) 무형자산상각비(판관비)	8,100,000[1]	(대) 영업권	8,100,000

　　[1] (취득원가 − 잔존가치) × (1/총내용연수) × 해당 월수
　　　　= (54,000,000원 − 0원) × (1/5년) × (9개월/12개월) = 8,100,000원

　　| 방법2 |　(자동결산)
　　[결산자료입력] 메뉴에서 (기간 : 1월~12월) 다음과 같이 입력한다. 자동결산 항목 입력이 완료되고 나면 상단의 [전표추가]를 클릭하여 결산분개를 생성한다.
　　　・판매비와 일반관리비 ▶ 무형자산상각비 ▶ 영업권 : 8,100,000

(1) **1단계** [원천징수] 모듈 ▶ [기초코드등록] ▶ [환경등록] 메뉴 ▶ [원천] 탭 ▶ 5급여자료입력 화면 : "1.구분 없이 입력"에서 "2.구분별로 입력"으로 변경

2단계 [급여자료입력] 메뉴 ▶ 귀속년월 11월 ▶ 구분 1.급여 ▶ 지급년월일 11월 30일

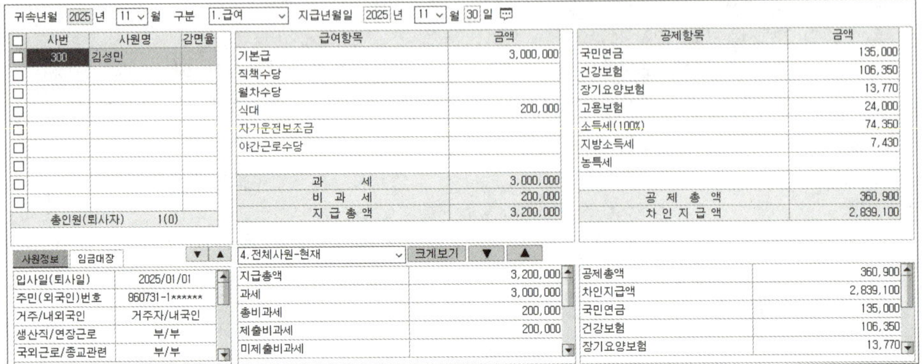

· 과세 = 기본급 = 3,000,000원
· 비과세 = 식대 = 200,000원(제출)

3단계 [급여자료입력] 메뉴 ▶ 귀속년월 11월 ▶ 구분 3.상여 ▶ 지급년월일 12월 31일

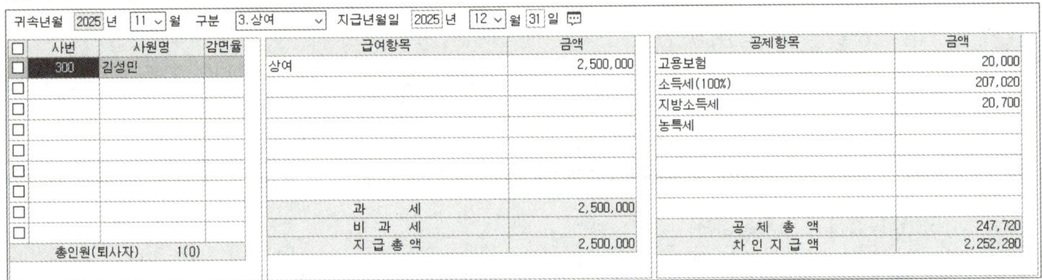

4단계 [원천징수이행상황신고서] 메뉴 ▶ 귀속기간 11월 ▶ 지급기간 11월

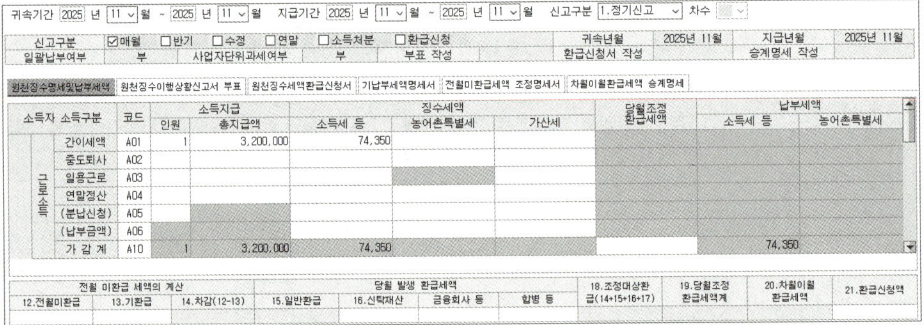

5단계 [원천징수이행상황신고서] 메뉴 ▶ 귀속기간 11월 ▶ 지급기간 12월

귀속기간 2025 년 11 ∨ 월 ~ 2025 년 11 ∨ 월 지급기간 2025 년 12 ∨ 월 ~ 2025 년 12 ∨ 월 신고구분 1.정기신고 ∨ 차수 ∨

| 신고구분 | ☑매월 □반기 □수정 □연말 □소득처분 □환급신청 | | 귀속년월 | 2025년 11월 | 지급년월 | 2025년 12월 |
| 일괄납부여부 | 부 사업자단위과세여부 부 부표 작성 | | 환급신청서 작성 | | 승계명세 작성 | |

원천징수명세및납부세액 원천징수이행상황신고서 부표 | 원천징수세액환급신청서 | 기납부세액명세서 | 전월미환급세액 조정명세서 | 차월이월환급세액 승계명세

소득자 소득구분		코드	소득지급		징수세액			당월조정환급세액	납부세액	
			인원	총지급액	소득세 등	농어촌특별세	가산세		소득세 등	농어촌특별세
근로소득	간이세액	A01	1	2,500,000	207,020					
	중도퇴사	A02								
	일용근로	A03								
	연말정산	A04								
	(분납신청)	A05								
	(납부금액)	A06								
	가 감 계	A10	1	2,500,000	207,020				207,020	

| 전월 미환급 세액의 계산 | | | 당월 발생 환급세액 | | | | 18.조정대상환급(14+15+16+17) | 19.당월조정환급세액계 | 20.차월이월환급세액 | 21.환급신청액 |
| 12.전월미환급 | 13.기환급 | 14.차감(12-13) | 15.일반환급 | 16.신탁재산 | 금융회사 등 | 합병 등 | | | | |

참고 원천징수시기에 대한 특례규정(= 지급시기 의제규정)

원천징수는 원천징수의무자가 소득을 실제로 지급하는 때에 하는 것이 원칙이나, 원천징수 대상 소득을 일정 시점까지 실제로 지급하지 아니하는 경우 다음의 규정에 따른 날에 그 소득을 지급한 것으로 보아 원천징수한다. (소득세법 제135조)

소득구분	미지급 내용	지급시기 간주일
근로소득	1월~11월분 근로소득을 12월 31일까지 지급하지 않은 경우	12월 31일
	12월분 근로소득을 다음연도 2월 말일까지 지급하지 않은 경우	다음연도 2월 말일

(2) 1단계 [연말정산추가자료입력] 메뉴 ▶ 202.이태원 ▶ [소득명세] 탭
· 근무처명 : ㈜경기
· 종교관련 종사자 : 부
· 사업자등록번호 : 412-81-24785
· 근무기간 : 2025. 1. 1.~2025. 11. 30.
· 급여 : 49,500,000
· 건강보험료 : 1,826,000
· 장기요양보험료 : 187,000
· 고용보험료 : 440,000
· 국민연금보험료 : 2,400,000
· 기납부세액 ▶ 소득세 : 2,580,000
· 기납부세액 ▶ 지방소득세 : 258,000

2단계 [부양가족] 탭 ▶ 상단부

연말관계	성명	내/외국인	주민(외국인)번호	나이	소득기준초과여부	기본공제	세대주구분	부녀자	한부모	경로우대	장애인	자녀	출산입양	결혼세액
0	이태원	내	1 741210-1254630	51		본인	세대주							
3	김진실	내	1 781214-2458691	47		배우자								
1	최명순	내	1 450425-2639213	80	○	부								
4	이민석	내	1 040505-3569876	21		부								
4	이채영	내	1 090214-4452148	16		20세이하						○		
	합 계 [명]				1	3						1		

· 최명순(모친)은 소득금액 요건을 충족하지 못하므로 기본공제와 장애인공제 모두 불가

· 본인 이태원

자료구분	보험료				의료비					교육비	
	건강	고용	일반보장성	장애인전용	일반	실손	선천성이상아	난임	65세,장애인	일반	장애인특수
국세청			840,000							8,000,000 4.본인	
기타	2,196,840	489,550									

자료구분	신용카드등 사용액공제						기부금
	신용카드	직불카드등	현금영수증	전통시장사용분	대중교통이용분	도서공연 등	
국세청							
기타							

   – 본인의 경우 대학원 교육비도 공제 적용 가능

· 배우자 김진실

자료구분	보험료				의료비					교육비	
	건강	고용	일반보장성	장애인전용	일반	실손	선천성이상아	난임	65세,장애인	일반	장애인특수
국세청										7,000,000 3.대학 생	
기타											

자료구분	신용카드등 사용액공제						기부금
	신용카드	직불카드등	현금영수증	전통시장사용분	대중교통이용분	도서공연 등	
국세청							
기타							

   – 저축성보험료는 공제 적용 안 됨

· 모친 최명순

자료구분	보험료				의료비					교육비	
	건강	고용	일반보장성	장애인전용	일반	실손	선천성이상아	난임	65세,장애인	일반	장애인특수
국세청						3,000,000			5,000,000		
기타											

자료구분	신용카드등 사용액공제						기부금
	신용카드	직불카드등	현금영수증	전통시장사용분	대중교통이용분	도서공연 등	
국세청							
기타							

   – 보장성보험료는 나이 및 소득금액의 제한을 받으므로 최명순(모친)의 장애인전용보장성보험료는 공제 적용 안 됨

· 아들 이민석

자료구분	보험료				의료비					교육비	
	건강	고용	일반보장성	장애인전용	일반	실손	선천성이상아	난임	65세,장애인	일반	장애인특수
국세청					300,000 2.일반					7,000,000 3.대학 생	
기타											

자료구분	신용카드등 사용액공제						기부금
	신용카드	직불카드등	현금영수증	전통시장사용분	대중교통이용분	도서공연 등	
국세청							
기타							

   – 교육비는 나이의 제한을 받지 않음

· 딸 이채영

자료구분	보험료				의료비					교육비	
	건강	고용	일반보장성	장애인전용	일반	실손	선천성이상아	난임	65세,장애인	일반	장애인특수
국세청										2,800,000 2.초중 고	
기타											

자료구분	신용카드등 사용액공제						기부금
	신용카드	직불카드등	현금영수증	전통시장사용분	대중교통이용분	도서공연 등	
국세청							
기타							

   – 중학교·고등학교 교복 구입비는 1인당 연 50만 원을 한도로 공제 적용 가능
   – 초·중·고 체험학습비는 1인당 연 30만 원을 한도로 공제 적용 가능
   – 이채영(딸) 교육비 = 고등학교 수업료 + 교복 구입비(한도) + 체험학습비(한도)
                = 2,000,000 + 500,000 + 300,000 = 2,800,000원

							2025년 의료비 지급명세서						
	의료비 공제대상자					지급처		지급명세					14.산후조리원
	성명	내/외	5.주민등록번호	6.본인등해당여부	9.증빙코드	8.상호	7.사업자등록번호	10.건수	11.금액	11-1.실손보험수령핵	12.미숙아선천성이상아	13.난임여부	
☐	최명순	내	450425-2639213	2	0	1				5,000,000	3,000,000	X	X	X
☐	이민석	내	040505-3569876	3	X	1				300,000		X	X	X
☐														
☐														
	합계									5,300,000	3,000,000			
	일반의료비(본인)			6세이하,65세이상인건강보험산정특례자장애인		5,000,000	일반의료비(그 외)			300,000	난임시술비			
											미숙아.선천성이상아			

- 의료비는 나이 및 소득금액의 제한을 받지 않음
- 실손보험금 수령액으로 지급한 의료비는 공제 적용 안 되므로 서식에서 별도로 표기
- 시력보정용 안경구입비는 1인당 연 50만 원을 한도로 공제 적용 가능
- 미용목적 성형수술비는 공제 적용 안 됨

5단계 [연말정산입력] 탭 ▶ **F8 부양가족탭불러오기** 클릭
- 보장성보험 ▶ 일반 : 840,000
- 보장성보험 ▶ 장애인 : 0
- 의료비 ▶ 6세 이하, 65세 이상, 장애인 ▶ 지출액 : 5,000,000
- 의료비 ▶ 6세 이하, 65세 이상, 장애인 ▶ 실손의료보험금 : 3,000,000
- 의료비 ▶ 그 밖의 공제대상자 : 300,000
- 교육비 ▶ 초중고 : 2,800,000
- 교육비 ▶ 대학생 ▶ (인별) : 7,000,000
- 교육비 ▶ 대학생 ▶ (인별) : 7,000,000
- 교육비 ▶ 본인 : 8,000,000

▶ 문제 | p.811

이론시험

1 ①	2 ①	3 ③	4 ②	5 ③	6 ③	7 ④	8 ②
9 ②	10 ④	11 ②	12 ④	13 ④	14 ①	15 ③	

1 ① 자본적 지출(자산)을 수익적 지출(비용)로 회계처리하는 경우, 재무제표에 미치는 영향
: 자산 과소, 비용 과대 → 당기순이익 과소 → 자본 과소

2 ① 영업권(무형자산) / 매출채권(당좌자산) / 단기투자자산(당좌자산) / 선급비용(당좌자산)

3 ③ · 감가상각자산 내용연수 변경(①), 감가상각방법 변경(②), 재고자산 진부화 여부 판단(④) : 회계추정의 변경
· 재고자산 평가방법 변경(③) : 회계정책의 변경

4 ② 신주발행비는 주식의 발행금액을 감소시키는 결과를 가져온다. 따라서 신주발행비만큼 주식발행초과금을 차감하거나 주식할인발행차금을 가산하는 회계처리를 한다.

5 ③ · 기말 현재 반품기간이 남아있고 반품률을 합리적으로 추정 불가능한 판매 상품은 판매자(당사)의 기말재고자산에 포함된다.
· 시송품은 고객이 구매의사를 표시하기 전까지는 판매된 것이 아니므로, 기말 현재 구매의사표시가 없는 시송품은 판매자(당사)의 재고자산에 포함된다.
· 저당상품은 저당권이 실행되어 소유권이 이전되기 전까지는 담보제공자(당사)가 소유권을 가지고 있으므로, 이는 당사의 재고자산에 포함된다.
· 선적지 인도조건인 경우 상품 등을 선적하는 시점에 소유권이 구매자에게 이전되기 때문에, 기말 현재 운송 중에 있는 미착품은 구매자(당사)의 재고자산에 포함된다.
· 기말재고자산에 포함해야 할 금액
= 반품률 추정 불가능한 판매 상품 + 구매의사표시 없는 시송품 + 저당상품 + 선적지 인도조건 매입 미착품
= 2,000,000 + (3,000,000 − 1,000,000) + 9,000,000 + 4,000,000 = 17,000,000원

6 ③ 가공원가란 직접노무원가와 제조간접원가를 합한 금액을 말한다.

7 ④ 종합원가계산이란, 일정 기간 동안 공정(Process)에서 발생한 원가를 집계한 다음, 이를 공정에서 수행한 작업량을 기준으로 평준화하여 완성품 원가와 기말재공품 원가로 배분하는 방법을 말한다. 따라서 기말재공품 원가의 계산(평가) 작업이 필요하다.

8 ② 단계배분법은 보조부문 상호 간의 용역수수관계를 일부만 반영하는 방법이다.

9 ② · 당월 투입 보험료 = 당월 현금지급액 + 당월 미지급액 − 당월 선급액 − 전월 미지급액 + 전월 선급액
= 100,000 + 20,000 − 0 − 30,000 + 0 = 90,000원
· 당월 투입 보험료 중 제조부문 해당액 = 90,000 × 80% = 72,000원

10 ④ · 평균법에 의한 가공비의 완성품환산량 = 완성분 + 기말재공품
= 1,100 + (200 × 60%) = 1,220개
· 선입선출법에 의한 가공비의 완성품환산량 = 기초재공품 완성분 + 당기 착수 완성분 + 기말재공품
= (300 × 80%) + 800 + (200 × 60%) = 1,160개

11 ② 여객운송용역은 면세대상이나, 예외적으로 항공기, 우등고속버스, 전세버스, 택시, 고속철도 운송은 과세대상에 해당한다.

12 ④ · 면세사업 관련 매입세액(①), 기업업무추진비 관련 매입세액(②), 토지 관련 매입세액(③) : 공제받지못할매입세액
  · 의제매입세액공제(④) : 사업자가 면세로 공급받은 농산물 등을 원재료로 하여 제조·가공한 재화·용역이 과세되는 경우, 해당 면세농산물 등에 대하여 매입세액이 있는 것으로 보아 일정 금액을 공제받을 수 있음

13 ④ 20x1년 12월 귀속 근로소득을 20x2년 3월 31일에 지급한 경우 : 20x2년 2월 말일

> 참고 원천징수시기에 대한 특례규정(= 지급시기 의제규정)
> 원천징수는 원천징수의무자가 소득을 실제로 지급하는 때에 하는 것이 원칙이나, 원천징수 대상 소득을 일정 시점까지 실제로 지급하지 아니하는 경우 다음의 규정에 따른 날에 그 소득을 지급한 것으로 보아 원천징수한다. (소득세법 제135조)

소득구분	미지급 내용	지급시기 간주일
근로소득	1월~11월분 근로소득을 12월 31일까지 지급하지 않은 경우	12월 31일
	12월분 근로소득을 다음연도 2월 말일까지 지급하지 않은 경우	다음연도 2월 말일

14 ① · 간편장부대상자의 사업용 유형고정자산(부동산 제외)의 양도로 인해 발생한 처분이익은 미열거소득이므로 소득세의 과세대상이 아니다.
  · 복식부기의무자의 사업용 유형고정자산(부동산 제외)의 양도로 인해 발생한 처분이익은 사업소득에 해당한다.

15 ③ 배우자가 있는 여성인 경우, 배우자의 소득 유무에 관계없이 부녀자공제를 받을 수 있다.

실무시험

문제 1 일반전표입력

(1) 1월 3일 (차) 보통예금   2,000,000   (대) 외상매출금(하남상회)   3,400,000
            받을어음(하남상회)   1,400,000

(2) 1월 15일 (차) 도서인쇄비(판관비)   25,000   (대) 현금   25,000

(3) 8월 20일 (차) 토지   19,500,000   (대) 보통예금   30,000,000
            매도가능증권(투자)   10,500,000

(4) 10월 25일 (차) 임금(제조)   3,500,000   (대) 보통예금   5,332,740
            상여금(제조)   3,000,000   예수금   1,167,260

(5) 12월 1일 (차) 미지급금((주)은성기계) 22,000,000   (대) 미지급금(신한카드)   22,000,000

문제 2 매입매출전표입력

(1) 1월 2일 유형 : 11.과세 / 공급가액 : 1,000,000 / 부가세 : 100,000 / 거래처 : 미래전자 / 전자 : 여 / 분개 : 혼합
            (차) 감가상각누계액(기계장치)   4,300,000   (대) 부가세예수금   100,000
                현금   100,000   기계장치   5,000,000
                미수금(미래전자)[1]   1,000,000   유형자산처분이익   300,000
            [1] 일반적인 상거래 이외의 거래이므로 어음을 수령하더라도 미수금 계정으로 회계처리한다.

(2) 2월 12일 유형 : 54.불공 / 공급가액 : 7,100,000 / 부가세 : 710,000 / 거래처 : (주)롯데백화점 중동 / 전자 : 여 / 분개 : 혼합 / (불공제사유 : ④기업업무추진비 및 이와 유사한 비용 관련)
            (차) 기업업무추진비(판관비)   7,810,000   (대) 보통예금   7,810,000

(3) 7월 17일 유형 : 12.영세 / 공급가액 : 18,000,000 / 부가세 : 0 / 거래처 : (주)봉산실업 / 전자 : 여 / 분개 : 혼합 / (영세율구분 : 3.내국신용장·구매확인서에 의하여 공급하는 재화)
            (차) 현금   1,800,000   (대) 제품매출   18,000,000
                외상매출금((주)봉산실업) 16,200,000

(4) 8월 20일 유형 : 62.현면 / 공급가액 : 2,000,000 / 거래처 : (주)하나로마트 / 분개 : 혼합(현금)
            (차) 복리후생비(제조)   600,000   (대) 현금   2,000,000
                복리후생비(판관비)   1,400,000

(5) 9월 10일   · 유형 : 51.과세 / 공급가액 : 1,000,000 / 부가세 : 100,000 / 거래처 : 풍성철강 / 전자 : 부 / 분개 : 혼합(외상)

          (차) 원재료   1,000,000   (대) 외상매입금(풍성철강)   1,100,000

             부가세대급금   100,000

· 해당 전표를 선택하여 [예정신고누락분 확정신고] 보조창을 열고[1], 확정신고 개시년월 란에 "2025년 10월"을 입력

    [1] 메뉴 화면 상단에 있는 F11 간편집계..▼ 의 ▼ 를 클릭하고, SF5 예정 누락분 (또는 shift + F5)를 선택

문제 3 부가가치세신고

(1) [부가가치세신고서] (4월~6월)

구분				정기신고금액		
				금액	세율	세액
과세표준및매출세액	과세	세금계산서발급분	1	200,000,000	10/100	20,000,000
		매입자발행세금계산서	2		10/100	
		신용카드 · 현금영수증발행분	3		10/100	
		기타(정규영수증외매출분)	4			
	영세	세금계산서발급분	5		0/100	
		기타	6		0/100	
	예정신고누락분		7			
	대손세액가감		8			-150,000
	합계		9	200,000,000	㉑	19,850,000
매입세액	세금계산서수취분	일반매입	10	100,000,000		10,000,000
		수출기업수입분납부유예	10-1			
		고정자산매입	11	20,000,000		2,000,000
	예정신고누락분		12			
	매입자발행세금계산서		13			
	그 밖의 공제매입세액		14			
	합계(10)-(10-1)+(11)+(12)+(13)+(14)		15	120,000,000		12,000,000
	공제받지못할매입세액		16	5,000,000		500,000
	차감계 (15-16)		17	115,000,000	㉯	11,500,000
납부(환급)세액(매출세액㉑-매입세액㉯)					㉰	8,350,000
경감공제세액	그 밖의 경감 · 공제세액		18			
	신용카드매출전표등 발행공제등		19			
	합계		20		㉱	
소규모 개인사업자 부가가치세 감면세액			20-1		㉲	
예정신고미환급세액			21		㉳	
예정고지세액			22		㉴	
사업양수자의 대리납부 기납부세액			23		㉵	
매입자 납부특례 기납부세액			24		㉶	
신용카드업자의 대리납부 기납부세액			25		㉷	
가산세액계			26		㉸	500,000
차가감하여 납부할세액(환급받을세액)㉰-㉱-㉲-㉳-㉴-㉵-㉶-㉷+㉸			27			8,850,000
총괄납부사업자가 납부할 세액(환급받을 세액)						

구분		금액	세율	세액
16.공제받지못할매입세액				
공제받지못할 매입세액	50	5,000,000		500,000
공통매입세액면세등사업분	51			
대손처분받은세액	52			
합계	53	5,000,000		500,000
18.그 밖의 경감·공제세액				
전자신고 및 전자고지 세액공제	54			
전자세금계산서발급세액공제	55			
택시운송사업자경감세액	56			
대리납부세액공제	57			
현금영수증사업자세액공제	58			
기타	59			
합계	60			

25.가산세명세					
사업자미등록등		61		1/100	
세 금 계산서	지연발급 등	62		1/100	
	지연수취	63		5/1,000	
	미발급 등	64	50,000,000	뒤쪽참조	500,000
전자세금 발급명세	지연전송	65		3/1,000	
	미전송	66		5/1,000	
세금계산서 합계표	제출불성실	67		5/1,000	
	지연제출	68		3/1,000	
신고 불성실	무신고(일반)	69		뒤쪽	
	무신고(부당)	70		뒤쪽	
	과소·초과환급(일반)	71		뒤쪽	
	과소·초과환급(부당)	72		뒤쪽	
납부지연		73		뒤쪽	
영세율과세표준신고불성실		74		5/1,000	
현금매출명세서불성실		75		1/100	
부동산임대공급가액명세서		76		1/100	
매입자 납부특례	거래계좌 미사용	77		뒤쪽	
	거래계좌 지연입금	78		뒤쪽	
신용카드매출전표등수령명세서미제출·과다기재		79		5/1,000	
합계		80			500,000

· 사업자가 그 사용인 등에게 경조사와 관련된 재화를 제공하는 경우 재화의 공급(개인적 공급)으로 보지 아니한다. 이 경우 ⓐ 경조사, ⓑ 명절, ⓒ 기념일로 구분하여 ⓐ·ⓑ·ⓒ별로 각각 1인당 연간 10만 원을 한도로 하며, 10만 원을 초과하는 경우 그 초과액은 재화의 공급으로 본다.

· 세금계산서 미발급 등 가산세[1] : 50,000,000원 × 1% = 500,000원

　[1] '세금계산서 지연발급 등' 라인에 입력하여도 정답으로 인정

(2) [대손세액공제신고서] 메뉴 ▶ [대손발생] 탭 (10월~12월)

당초공급일	대손확정일	대손금액	공제율	대손세액	거래처		대손사유
2024-05-03	2025-10-05	11,000,000	10/110	1,000,000	(주)가경	1	파산
2022-10-10	2025-10-24	22,000,000	10/110	2,000,000	(주)용암	6	소멸시효완성
2025-04-08	2025-11-20	16,500,000	10/110	1,500,000	(주)개신	5	부도(6개월경과)
합　　계		49,500,000		4,500,000			

· 부도발생 어음은 부도발생일(예 올해 5월 19일)로부터 6개월이 경과한 날(예 올해 11월 20일)이 속하는 확정신고기간(예 올해 2기 확정신고기간)에 대손세액공제가 가능하다.

(1) (수동결산)

　[일반전표입력] 12월 31일

(차) 부가세예수금	12,500,000	(대) 부가세대급금	9,500,000
세금과공과(판관비)	240,000	잡이익	10,000
		미지급세금	3,230,000

(2) (수동결산)

　[일반전표입력] 12월 31일

| (차) 매도가능증권(투자) | 1,200,000 | (대) 매도가능증권평가손실 | 200,000 |
| | | 매도가능증권평가이익 | 1,000,000 [1] |

[1] 당기말 재무상태표에서 매도가능증권 계정과 매도가능증권평가이익 계정의 잔액을 차변으로 집계하여 보면 취득원가 금액이 된다.

매도가능증권 (투자자산)	2,000,000
매도가능증권평가이익 (기타포괄손익누계액)	(1,000,000)
취득원가 (차변 집계금액)	1,000,000

(3) (수동결산)

　[일반전표입력] 12월 31일

| (차) 선급비용 | 800,000 | (대) 보험료(판관비) | 800,000 [1] |

[1] 1,200,000원 × (8개월/12개월) = 800,000원

(4) (수동결산)

　[일반전표입력] 12월 31일

| (차) 이자비용 | 755,111 [2] | (대) 보통예금 | 1,000,000 [1] |
| 사채할증발행차금 | 244,889 | | |

[1] 10,000,000원 × 10% = 1,000,000원

[2] 10,787,300원 × 7% = 755,111원

(5) (수동결산 또는 자동결산)

　| 방법1 |　(수동결산)

　[일반전표입력] 12월 31일

(차) 감가상각비(제조)	18,000,000	(대) 감가상각누계액(건물)	10,000,000
감가상각비(판관비)	10,000,000	감가상각누계액(기계장치)	8,000,000
		감가상각누계액(차량운반구)	7,000,000
		감가상각누계액(비품)	3,000,000

　| 방법2 |　(자동결산)

　[결산자료입력] 메뉴에서 (기간 : 1월~12월) 다음과 같이 입력한다. 자동결산 항목 입력이 완료되고 나면 상단의 [전표추가]를 클릭하여 결산분개를 생성한다.

- 제품매출원가 ▶ 경비 ▶ 일반감가상각비 ▶ 건물 : 10,000,000
- 제품매출원가 ▶ 경비 ▶ 일반감가상각비 ▶ 기계장치 : 8,000,000
- 판매비와 일반관리비 ▶ 감가상각비 ▶ 차량운반구 : 7,000,000
- 판매비와 일반관리비 ▶ 감가상각비 ▶ 비품 : 3,000,000

문제 5　연말정산

(1) 1단계 [사원등록] 메뉴 ▶ 100.임하나 ▶ [기본사항] 탭

- 생산직여부 : 여
- 연장근로비과세 : 여
- 전년도총급여 : 27,000,000
- 국민연금보수월액 : 1,800,000
- 건강보험보수월액 : 1,800,000
- 고용보험보수월액 : 1,800,000

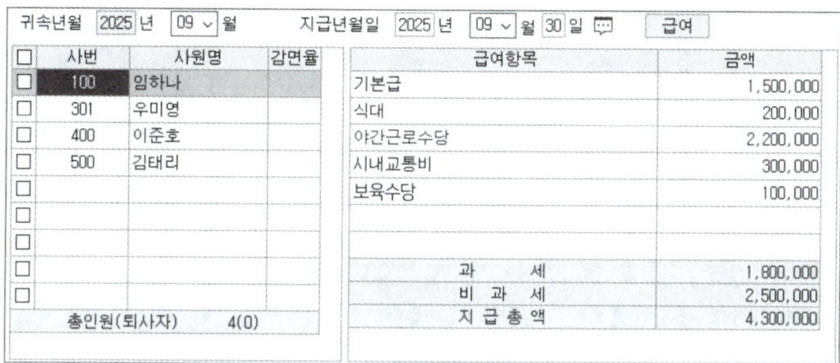

No	코드	과세구분	수당명	근로소득유형			월정액	통상임금	사용여부
				유형	코드	한도			
1	1001	과세	기본급	급여			정기	여	여
2	1002	과세	상여	상여			부정기	부	부
3	1003	과세	직책수당	급여			정기	부	부
4	1004	과세	월차수당	급여			정기	부	부
5	1005	비과세	식대	식대	P01	(월)200,000	정기	부	여
6	1006	비과세	자가운전보조금	자가운전보조금	H03	(월)200,000	부정기	부	부
7	1007	비과세	야간근로수당	야간근로수당	O01	(년)2,400,000	부정기	부	여
8	2001	과세	시내교통비	급여			정기	부	여
9	2002	비과세	보육수당	보육수당	Q02	(월)200,000	정기	부	여

· 초과근로수당 연 240만 원 이내의 금액 비과세 요건
  : ㉠ 생산직(또는 단순 노무직) 근로자일 것, ㉡ 직전 연도 총급여액 3,000만 원 이하일 것, ㉢ 월정액급여액 월 210
  만 원 이하일 것

3단계 [급여자료입력] 메뉴

귀속년월 2025 년 09 ∨ 월	지급년월일 2025 년 09 ∨ 월 30 일	급여

□	사번	사원명	감면율	급여항목	금액
□	100	임하나		기본급	1,500,000
□	301	우미영		식대	200,000
□	400	이준호		야간근로수당	2,200,000
□	500	김태리		시내교통비	300,000
□				보육수당	100,000
□					
□					
□					
□				과　　세	1,800,000
				비　과　세	2,500,000
	총인원(퇴사자)	4(0)		지　급　총　액	4,300,000

· 과세 = 기본급 + 시내교통비
　　　 = 1,500,000 + 300,000 = 1,800,000원
· 비과세 = 식대 + 야간근로수당 + 보육수당
　　　 = 200,000 + 2,200,000 + 100,000 = 2,500,000원

(2) 1단계 [사원등록] 메뉴 ▶ 301.우미영 ▶ [기본사항] 탭 ▶ 퇴사연월일 입력 : 2025년 3월 31일

2단계 [급여자료입력] 메뉴에서 3월 급여자료를 다음과 같이 입력

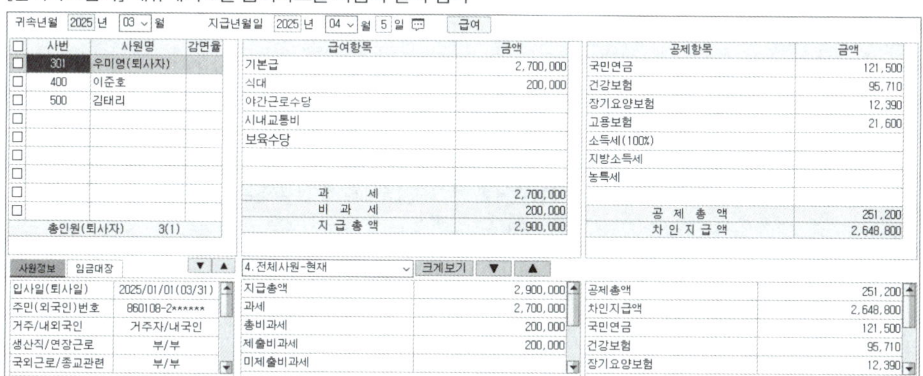

귀속년월 2025 년 03 ∨ 월	지급년월일 2025 년 04 ∨ 월 5 일	급여

□	사번	사원명	감면율	급여항목	금액	공제항목	금액
□	301	우미영(퇴사자)		기본급	2,700,000	국민연금	121,500
□	400	이준호		식대	200,000	건강보험	95,710
□	500	김태리		야간근로수당		장기요양보험	12,390
□				시내교통비		고용보험	21,600
□				보육수당		소득세(100%)	
□						지방소득세	
□						농특세	
□				과　　세	2,700,000		
□				비　과　세	200,000	공　제　총　액	251,200
	총인원(퇴사자)	3(1)		지　급　총　액	2,900,000	차　인　지　급　액	2,648,800

사원정보	입금대장	▼ ▲	4.전체사원-현재 ∨	크게보기 ▼ ▲			
입사일(퇴사일)	2025/01/01(03/31)		지급총액	2,900,000	공제총액	251,200	
주민(외국인)번호	860108-2******		과세	2,700,000	차인지급액	2,648,800	
거주/내외국인	거주자/내국인		총비과세	200,000	국민연금	121,500	
생산직/연장근로	부/부		제출비과세	200,000	건강보험	95,710	
국외근로/종교관련	부/부		미제출비과세		장기요양보험	12,390	

· 과세 = 기본급 = 2,700,000원
· 비과세 = 식대 = 200,000원(제출)

 [급여자료입력] 메뉴 상단의 **F7 중도퇴사자정산** 을 클릭하여, '중도퇴사 연말정산' 보조창에서 연말정산 결과를 확인 (본 문제에서는 [연말정산추가자료입력] 메뉴에 입력할 공제 적용가능 지출액이 없음)

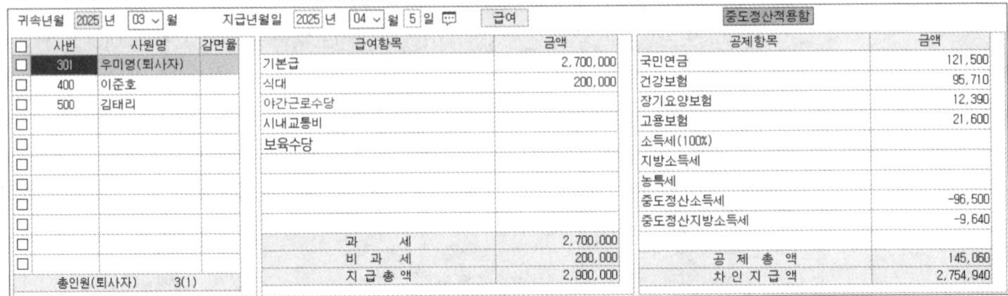

구분		소득세	지방소득세	농어촌특별세	계
73.결정세액					
기납부 세액	74.종(전)근무지				
	75.주(현)근무지	96,500	9,640		106,140
76.납부특례세액					
77.차감징수세액		-96,500	-9,640		-106,140

☐ 크 게 보기   퇴사월소득세반영   연말삭제(F5)   급여반영(Tab)   급여 미반영(F3)   취소(Esc)

 '중도퇴사 연말정산' 보조창에서 **급여반영(Tab)** 을 클릭하여 급여자료에 반영

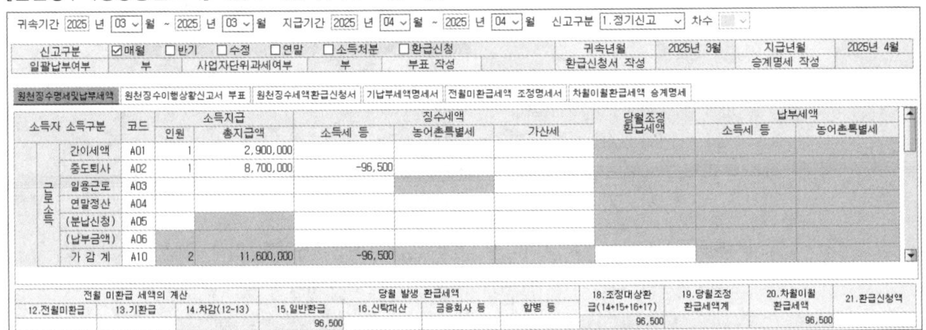

귀속년월 2025 년 03 ▽ 월   지급년월일 2025 년 04 ▽ 월 5 일 💬   급여   **중도정산적용함**

☐	사번	사원명	감면율
☐	301	우미영(퇴사자)	
☐	400	이준호	
☐	500	김태리	
☐			
☐			
☐			
☐			
☐			
☐			
☐			
	총인원(퇴사자)	3(1)	

급여항목	금액
기본급	2,700,000
식대	200,000
야간근로수당	
시내교통비	
보육수당	
과　세	2,700,000
비 과 세	200,000
지 급 총 액	2,900,000

공제항목	금액
국민연금	121,500
건강보험	95,710
장기요양보험	12,390
고용보험	21,600
소득세(100%)	
지방소득세	
농특세	
중도정산소득세	-96,500
중도정산지방소득세	-9,640
공 제 총 액	145,060
차 인 지 급 액	2,754,940

 [원천징수이행상황신고서] 메뉴 ▶ 3월 귀속 ▶ 4월 지급

귀속기간 2025 년 03 ▽ 월 ~ 2025 년 03 ▽ 월   지급기간 2025 년 04 ▽ 월 ~ 2025 년 04 ▽ 월   신고구분 1.정기신고 ▽ 차수 ▽

신고구분	☑매월 ☐반기 ☐수정 ☐연말 ☐소득처분 ☐환급신청		귀속년월	2025년 3월	지급년월	2025년 4월
일괄납부여부	부	사업자단위과세여부 부	부표 작성	환급신청서 작성	승계명세 작성	

원천징수명세및납부세액　원천징수이행상황신고서 부표　원천징수세액환급신청서　기납부세액명세서　전월미환급세액 조정명세서　차월이월환급세액 승계명세

소득자 소득구분		코드	소득지급		징수세액			당월조정 환급세액	납부세액	
			인원	총지급액	소득세 등	농어촌특별세	가산세		소득세 등	농어촌특별세
근로소득	간이세액	A01	1	2,900,000						
	중도퇴사	A02	1	8,700,000	-96,500					
	일용근로	A03								
	연말정산	A04								
	(분납신청)	A05								
	(납부금액)	A06								
	가 감 계	A10	2	11,600,000	-96,500					

전월 미환급 세액의 계산			당월 발생 환급세액				18.조정대상환급(14+15+16+17)	19.당월조정 환급세액계	20.차월이월 환급세액	21.환급신청액
12.전월미환급	13.기환급	14.차감(12-13)	15.일반환급	16.신탁재산	금융회사 등	합병 등				
			96,500					96,500	96,500	

(3) 신고서 마감 : [원천징수이행상황신고서] 메뉴 (귀속기간 10월, 지급기간 10월)

 전자신고파일 제작 : [전자신고] 메뉴 (신고인구분 : 2.납세자 자진신고), (비밀번호 : 123456789)

 전자신고파일 제출 : [국세청 홈택스 전자신고변환(교육용)] 메뉴 (찾아보기 → 형식검증하기 → 형식검증결과확인 → 내용검증하기 → 내용검증결과확인 → 전자파일제출 → 신고서 접수증 확인)

▶ 문제 | p.824

이론시험

1 ④	2 ④	3 ③	4 ①	5 ①	6 ①	7 ②	8 ③
9 ②	10 ④	11 ③	12 ②	13 ④	14 ③	15 ①	

1 ④ · ① 기업실체의 가정, ② 계속기업의 가정, ③ 기간별 보고의 가정
· ④ 회계정보의 주요 질적 특성 > 목적적합성 > 적시성

2 ④ · 취득에 직접적으로 필요한 설치비(취득부대비용) / 소모품 교체비(수익적 지출) / 본래의 용도를 변경하기 위한 제조·개량비(자본적 지출)
· 기계장치의 취득원가 = 매입가액 + 취득부대비용 + 자본적 지출
= 20,000,000 + 300,000 + 4,000,000 = 24,300,000원
· 정액법에 의한 매년(20x3년) 감가상각비 = (취득원가 − 잔존가치) × (1/내용연수)
= (24,300,000 − 0) × (1/6) = 4,050,000원
· 20x3년 말 현재 감가상각누계액 = 정액법에 의한 매년 감가상각비 × 3
= 4,050,000 × 3 = 12,150,000원
· 20x3년 말 현재 미상각잔액 = 취득원가 − 감가상각누계액
= 24,300,000 − 12,150,000 = 12,150,000원

3 ③ 무형자산의 상각방법에는 유형자산과 마찬가지로 정액법, 정률법 등이 있는데, 소비되는 형태를 신뢰성 있게 결정할 수 없는 경우에는 '정액법'을 사용한다.

4 ① 사채할인발행차금은 사채의 액면금액에서 차감하는 형식으로 표시한다.

5 ① · 회계정책의 변경이란 재무제표의 작성과 보고에 적용하던 회계처리방법을 다른 방법으로 바꾸는 것을 말한다.
· 회계추정의 변경이란 지금까지 사용해오던 회계적 추정치를 바꾸는 것을 말한다.

6 ① 당기제품제조원가(당기완성품원가)의 계정 대체 : (차) 제품　　xxx　　(대) 재공품　　xxx

7 ② · 개별원가계산은 개별 제품별(Job-Order)로 작업원가표를 작성하여 원가를 계산한다.
· 종합원가계산은 공정별(Process)로 제조원가보고서를 작성하여 원가를 계산한다.

8 ③ 제조원가명세서의 당기제품제조원가는 손익계산서의 매출원가 세부내역에 있는 당기제품제조원가에 계상된다.

9 ② · 배부차이 = 예정배부액 − 실제발생액
→ 400,000원 과대배부 = ? − 6,000,000
∴ 예정배부액 = 6,400,000원
· 예정배부액 = 실제조업도 × 예정배부율
→ 6,400,000원 = 50,000시간 × ?
∴ 예정배부율 = 128원/시간

10 ④ · 기초재공품 수량 + 당기투입 수량 = 완성품 수량 + 기말재공품 수량
→ 1,000 + 6,000 = ? + 800
∴ 완성품 수량 = 6,200개
· 선입선출법에 의한 가공비의 완성품환산량 = 기초재공품 완성분 + 당기착수 완성분 + 기말재공품
→ 6,100 = (1,000 × 70%) + 5,200 + (800 × ?)
∴ 기말재공품 완성도 = 25%

11 ③ · 매출이 기준금액에 미달하여 일반과세자가 간이과세자로 변경되는 경우, 그 변경되는 해에 간이과세에 관한 규정이 적용되는
과세기간은 그 변경 이후 7월 1일부터 12월 31일까지이다. (부가가치세법 제5조 제4항)
· 간이과세자가 간이과세자에 관한 규정의 적용을 포기함(예 2월)으로써 일반과세자로 되는 경우에는 1년에 과세기간이 3개가 될
수 있다. (예 1~2월(간이과세자) / 3~6월(일반과세자 1기) / 7~12월(일반과세자 2기))

12 ② · 담보의 제공(①), 사업의 포괄적 양도(③), 조세의 물납(④)은 재화의 공급으로 보지 않는다.
· 사업용 상가건물의 양도(②)는 과세대상 재화의 공급에 해당한다.

13 ④ · 인적공제, 자녀세액공제, 연금 관련 공제(연금보험료 소득공제, 개인연금저축 소득공제, 연금계좌 세액공제), 기부금 관련 공제(기
부금 세액공제, 정치자금기부금 세액공제, 고향사랑기부금 세액공제)는 근로소득 유무에 관계없이 적용받을 수 있다.
· 사업소득만 있는 자는 기부금에 대하여 세액공제는 적용받을 수 없고, 이를 사업소득의 필요경비로만 처리할 수 있다.

14 ③ · 장기할부판매에 대한 부가가치세법상 공급시기 : 대가의 각 부분을 받기로 한 때
· 장기할부판매에 대한 소득세법상 수입시기 : 그 상품 등을 인도한 때

15 ① 공익법인이 주무관청의 승인을 얻어 시상하는 상금·부상과 다수가 순위 경쟁하는 대회에서 입상자가 받는 상금·부상의 경우, 거주
자가 받은 금액의 100분의 80에 상당하는 금액을 필요경비로 한다.

실무시험

문제 1 일반전표입력

(1) 4월 11일 (차) 보통예금   12,000,000   (대) 매도가능증권(투자)   11,000,000
매도가능증권평가이익   1,000,000   매도가능증권처분이익   2,000,000[1]
[1] 처분금액 − 취득원가 = 12,000,000 − 10,000,000 = 2,000,000원

(2) 6월 25일 (차) 비품   5,000,000   (대) 자산수증이익   5,000,000

(3) 8월 2일 (차) 토지   316,000,000   (대) 현금   13,000,000
보통예금   303,000,000

(4) 8월 10일 (차) 퇴직연금운용자산   5,000,000   (대) 보통예금   8,000,000
퇴직급여(제조)   3,000,000

(5) 12월 13일 (차) 보통예금   7,800,000   (대) 자기주식   6,960,000
자기주식처분손실   200,000
자기주식처분이익   640,000

문제 2 매입매출전표입력

(1) 3월 12일 유형 : 16.수출 / 공급가액 : 39,000,000[1] / 부가세 : 0 / 거래처 : ABC사 / 분개 : 혼합 / (영세율구분 : 1.직접
수출)
(차) 보통예금   26,000,000   (대) 제품매출   39,000,000
외상매출금(ABC사)   13,000,000
[1] $30,000 × @1,300원 = 39,000,000원

(2) 10월　1일　유형 : 51.과세[1] / 공급가액 : 20,000,000 / 부가세 : 2,000,000 / 거래처 : 달려요 / 전자 : 부 / 분개 : 혼합
　　　　　　(차) 부가세대급금　　　　　　　2,000,000　　　　(대) 미지급금(달려요)　　　　22,000,000
　　　　　　　　차량운반구　　　　　　　　20,000,000

　　　　　[1] 배기량 1,000cc 이하의 경차이므로 매입세액이 공제된다.

(3) 10월　29일　유형 : 53.면세 / 공급가액 : 1,800,000 / 거래처 : ㈜월클파이낸셜 / 전자 : 여 / 분개 : 혼합
　　　　　　(차) 임차료(판관비)　　　　　　1,800,000　　　　(대) 미지급금(㈜월클파이낸셜)　　1,800,000

　　　　　참고　운용리스
　　　　　· 리스회사는 여신전문금융업법에 따라 등록한 시설대여업자로서 면세사업자에 해당하므로 리스회사는 운용리스료에 대
　　　　　　하여 '계산서'를 발급한다.
　　　　　· 리스이용자는 운용리스료에 대하여 임차료 계정과목을 사용하여 비용으로 회계처리한다.

(4) 11월　1일　유형 : 11.과세 / 공급가액 : 10,000,000 / 부가세 : 1,000,000 / 거래처 : ㈜진산 / 전자 : 여 / 분개 : 혼합
　　　　　　(차) 보통예금　　　　　　　　　3,000,000　　　　(대) 부가세예수금　　　　　　　1,000,000
　　　　　　　　미지급금(㈜진산)　　　　　8,000,000　　　　　　제품매출　　　　　　　　10,000,000

(5) 11월　20일　유형 : 61.현과 / 공급가액 : 1,760,000 / 부가세 : 176,000 / 거래처 : ㈜코스트코코리아 / 분개 : 혼합
　　　　　　(차) 부가세대급금　　　　　　　　176,000　　　　(대) 보통예금　　　　　　　　　1,936,000
　　　　　　　　비품　　　　　　　　　　　1,760,000

문제 3　부가가치세신고

(1) 1단계　[공제받지못할매입세액명세서] 메뉴 ▶ [공제받지못할매입세액내역] 탭 (10월~12월)

매입세액 불공제 사유	세금계산서		
	매수	공급가액	매입세액
①필요적 기재사항 누락 등			
②사업과 직접 관련 없는 지출			
③개별소비세법 제1조제2항제3호에 따른 자동차 구입·유지 및 임차			
④기업업무추진비 및 이와 유사한 비용 관련			
⑤면세사업등 관련	12	90,000,000	9,000,000
⑥토지의 자본적 지출 관련			
⑦사업자등록 전 매입세액			
⑧금·구리 스크랩 거래계좌 미사용 관련 매입세액			

2단계　[공제받지못할매입세액명세서] 메뉴 ▶ [공통매입세액의정산내역] 탭 (10월~12월)

산식	구분	(15)총공통 매입세액	(16)면세 사업확정 비율			(17)불공제매입 세액총액 ((15)*(16))	(18)기불공제 매입세액	(19)가산또는 공제되는매입 세액((17)-(18))
			총공급가액	면세공급가액	면세비율			
1. 당해과세기간의 공급가액기준		3,800,000	500,000,000.00	150,000,000.00	30.000000	1,140,000	500,000	640,000

· 2기 확정 정산 : {3,800,000 × (150,000,000/500,000,000)} − 500,000 = 640,000원 불공제

(2) [부가가치세신고서] (4월~6월)

구분				정기신고금액		
				금액	세율	세액
과세표준및매출세액	과세	세금계산서발급분	1	500,000,000	10/100	50,000,000
		매입자발행세금계산서	2		10/100	
		신용카드·현금영수증발행분	3	50,000,000	10/100	5,000,000
		기타(정규영수증외매출분)	4			
	영세	세금계산서발급분	5		0/100	
		기타	6	30,000,000	0/100	
	예정신고누락분		7			
	대손세액가감		8			-500,000
	합계		9	580,000,000	㉮	54,500,000
매입세액	세금계산서 수취분	일반매입	10	320,000,000		32,000,000
		수출기업수입분납부유예	10-1			
		고정자산매입	11			
	예정신고누락분		12	10,000,000		1,000,000
	매입자발행세금계산서		13			
	그 밖의 공제매입세액		14	11,000,000		1,100,000
	합계(10)-(10-1)+(11)+(12)+(13)+(14)		15	341,000,000		34,100,000
	공제받지못할매입세액		16			
	차감계 (15-16)		17	341,000,000	㉯	34,100,000
납부(환급)세액(매출세액㉮-매입세액㉯)					㉰	20,400,000
경감공제세액	그 밖의 경감·공제세액		18			
	신용카드매출전표등 발행공제등		19			
	합계		20		㉱	
소규모 개인사업자 부가가치세 감면세액			20-1		㉲	
예정신고미환급세액			21		㉳	3,000,000
예정고지세액			22		㉴	
사업양수자의 대리납부 기납부세액			23		㉵	
매입자 납부특례 기납부세액			24		㉶	
신용카드업자의 대리납부 기납부세액			25		㉷	
가산세액계			26		㉸	10,000
차가감하여 납부할세액(환급받을세액)㉰-㉱-㉲-㉳-㉴-㉵-㉶-㉷+㉸			27			17,410,000
총괄납부사업자가 납부할 세액(환급받을 세액)						

구분				금액	세율	세액
7.매출(예정신고누락분)						
예정누락분	과세	세금계산서	33		10/100	
		기타	34		10/100	
	영세	세금계산서	35		0/100	
		기타	36		0/100	
	합계		37			
12.매입(예정신고누락분)						
예정누락분	세금계산서		38	10,000,000		1,000,000
	그 밖의 공제매입세액		39			
	합계		40	10,000,000		1,000,000
	신용카드매출 수령금액합계	일반매입				
		고정매입				
	의제매입세액					
	재활용폐자원등매입세액					
	과세사업전환매입세액					
	재고매입세액					
	변제대손세액					
	외국인관광객에대한환급세액					
	합계					
14.그 밖의 공제매입세액						
신용카드매출 수령금액합계표	일반매입		41	8,000,000		800,000
	고정매입		42	3,000,000		300,000
의제매입세액			43		뒤쪽	
재활용폐자원등매입세액			44		뒤쪽	
과세사업전환매입세액			45			
재고매입세액			46			
변제대손세액			47			
외국인관광객에대한환급세액			48			
합계			49	11,000,000		1,100,000

25.가산세명세					
사업자미등록등		61		1/100	
세 금 계산서	지연발급 등	62	1,000,000	1/100	10,000
	지연수취	63		5/1,000	
	미발급 등	64		뒤쪽참조	
전자세금 발급명세	지연전송	65		3/1,000	
	미전송	66		5/1,000	
세금계산서 합계표	제출불성실	67		5/1,000	
	지연제출	68		3/1,000	
신고 불성실	무신고(일반)	69		뒤쪽	
	무신고(부당)	70		뒤쪽	
	과소·초과환급(일반)	71		뒤쪽	
	과소·초과환급(부당)	72		뒤쪽	
납부지연		73		뒤쪽	
영세율과세표준신고불성실		74		5/1,000	
현금매출명세서불성실		75		1/100	
부동산임대공급가액명세서		76		1/100	
매입자 납부특례	거래계좌 미사용	77		뒤쪽	
	거래계좌 지연입금	78		뒤쪽	
신용카드매출전표등수령명세서미제출 · 과다기재		79		5/1,000	
합계		80			10,000

· 예정신고 시 매출분은 누락되지 않고 세금계산서 매입분만 누락되었으므로 신고 및 납부 관련 가산세는 없다.

· 세금계산서 지연발급 등 가산세 : 1,000,000원 × 1% = 10,000원

문제 4 결산

(1) (수동결산)

[일반전표입력] 12월 31일

      (차) 장기차입금(은혜은행)   20,000,000   (대) 유동성장기부채(은혜은행)   20,000,000

(2) (수동결산)

[일반전표입력] 12월 31일

      (차) 선급비용   2,250,000   (대) 임차료(판관비)   2,250,000[1]

  [1] 3,000,000원 × (9개월/12개월) = 2,250,000원

(3) (수동결산)

[일반전표입력] 12월 31일

      (차) 이자비용   13,600,000[1]   (대) 미지급비용   13,600,000

  [1] 300,000,000원 × 6.8% × (8개월/12개월) = 13,600,000원

(4) (수동결산 또는 자동결산)

| 방법 1 | (수동결산)

[일반전표입력] 12월 31일

      (차) 감가상각비(판관비)   20,000,000   (대) 감가상각누계액(건물)   20,000,000

         감가상각비(제조)   4,000,000   감가상각누계액(기계장치)   4,000,000

         무형자산상각비(판관비)   3,000,000   영업권   3,000,000

| 방법 2 | (자동결산)

[결산자료입력] 메뉴에서 (기간 : 1월~12월) 다음과 같이 입력한다. 자동결산 항목 입력이 완료되고 나면 상단의 [전표추가]를 클릭하여 결산분개를 생성한다.

· 판매비와 일반관리비 ▶ 감가상각비 ▶ 건물 : 20,000,000

· 제품매출원가 ▶ 경비 ▶ 일반감가상각비 ▶ 기계장치 : 4,000,000

· 판매비와 일반관리비 ▶ 무형자산상각비 ▶ 영업권 : 3,000,000

(5) (자동결산)

[결산자료입력] 메뉴에서 (기간 : 1월~12월) 다음과 같이 입력한다. 자동결산 항목 입력이 완료되고 나면 상단의 [전표추가]를 클릭하여 결산분개를 생성한다.

· 제품매출원가 ▶ 기말 원재료 재고액 : 4,700,000[1]

· 제품매출원가 ▶ 기말 재공품 재고액 : 800,000

· 제품매출원가 ▶ 기말 제품 재고액 : 21,300,000[2]

[1] 도착지 인도조건으로 매입하여 운송 중인 원재료는 포함하지 않음

[2] 수탁자에게 인도한 적송품 중 미판매분 5,000,000원을 포함함

(1) [사원등록] 메뉴 ▶ 1001.김필영 ▶ [부양가족명세] 탭

연말관계	성명	내/외국인		주민(외국인, 여권)번호	나이	기본공제	부녀자	한부모	경로우대	장애인	자녀	출산입양	위탁관계
0	김필영	내	1	830419-1234561	42	본인							
3	최하나	내	1	851006-2219115	40	배우자							
4	김이온	내	1	130712-3035890	12	20세이하					○		
4	김시온	내	1	200103-4035458	5	20세이하							
1	김경식	내	1	460103-1156775	79	60세이상			○	2			
1	이연화	내	1	500717-2155436	75	부							
2	한수희	내	1	521111-2523451	73	60세이상			○				
6	김필모	내	1	801230-1234577	45	장애인				1			

· 김이온(아들)과 김시온(딸)은 둘 다 기본공제가 적용되나, 8세 이상 자녀세액공제는 김이온(12세)만 가능
· 직계존속이 주거 형편상 별거를 하고 있는 경우에도 생계를 같이하는 것으로 인정함
· 연중에 사망한 자에 대하여는 사망일 전날의 상황에 따라 인적공제를 판단하므로 김경식(부친)은 기본공제, 경로우대공제, 장애인공제 모두 적용 가능
· 김경식(부친)에 대하여 기본공제란에 '장애인'을 입력하여도 정답 인정
· 이연화(모친)는 소득금액 요건을 충족하지 못하므로 기본공제와 장애인공제 모두 불가
· 근로소득만 있고 총급여 500만 원 이하이므로 한수희(장모)는 소득금액 요건을 충족하고 기본공제 가능
· 김필모(형)는 분리과세되는 소득(일용근로소득)만 있으므로 소득금액 요건을 충족하며, 장애인은 나이 요건의 제한을 받지 않으므로 기본공제 가능

(2) 1단계 [연말정산추가자료입력] 메뉴 ▶ 102.이철수 ▶ [부양가족] 탭 ▶ 상단부

연말관계	성명	내/외국인		주민(외국인)번호	나이	소득기준초과여부	기본공제	세대주구분	부녀자	한부모	경로우대	장애인	자녀	출산입양	결혼세액
0	이철수	내	1	840505-1478529	41		본인	세대주							
3	강희영	내	1	850630-2547855	40	○	부								
1	이명수	내	1	571012-1587425	68		60세이상								
4	이현수	내	1	150408-3852618	10		20세이하						○		
4	이리수	내	1	201104-4487125	5		20세이하								
합 계 [명]						1	4						1		

· 강희영(배우자)은 소득금액 요건을 충족하지 못하므로 기본공제 불가
· 이명수(부친)는 소득금액 요건을 충족하므로 기본공제 가능
· 이현수(아들)와 이리수(딸)는 둘 다 기본공제가 적용되나, 8세 이상 자녀세액공제는 이현수(10세)만 가능

2단계 [부양가족] 탭 ▶ 하단부
· 본인 이철수

자료구분	보험료				의료비					교육비	
	건강	고용	일반보장성	장애인전용	일반	실손	선천성이상아	난임	65세,장애인	일반	장애인특수
국세청			300,000		1,050,000 1.전액					5,000,000 4.본인	
기타	1,921,920	384,000									

자료구분	신용카드등 사용액공제						기부금
	신용카드	직불카드등	현금영수증	전통시장사용분	대중교통이용분	도서공연 등	
국세청	32,500,000						
기타							

– 본인의 경우 대학원 교육비도 공제 적용 가능

· 배우자 강희영

자료구분	보험료				의료비					교육비	
	건강	고용	일반보장성	장애인전용	일반	실손	선천성이상아	난임	65세,장애인	일반	장애인특수
국세청											
기타											

자료구분	신용카드등 사용액공제						기부금
	신용카드	직불카드등	현금영수증	전통시장사용분	대중교통이용분	도서공연 등	
국세청							
기타							

– 보장성보험료(일반)는 나이 및 소득금액의 제한을 받으므로 강희영(배우자)의 보장성보험료는 공제 적용 안 됨

· 부친 이명수

자료구분	보험료				의료비					교육비	
	건강	고용	일반보장성	장애인전용	일반	실손	선천성이상아	난임	65세,장애인	일반	장애인특수
국세청			150,000								
기타											

자료구분	신용카드등 사용액공제						기부금
	신용카드	직불카드등	현금영수증	전통시장사용분	대중교통이용분	도서공연 등	
국세청							
기타							

· 아들 이현수

자료구분	보험료				의료비					교육비	
	건강	고용	일반보장성	장애인전용	일반	실손	선천성이상아	난임	65세,장애인	일반	장애인특수
국세청			350,000							8,000,000 2.초중고	
기타											

자료구분	신용카드등 사용액공제						기부금
	신용카드	직불카드등	현금영수증	전통시장사용분	대중교통이용분	도서공연 등	
국세청							
기타							

- 취학 전 아동 이외의 자녀 학원비는 공제 적용 안 됨

· 딸 이리수

자료구분	보험료				의료비					교육비	
	건강	고용	일반보장성	장애인전용	일반	실손	선천성이상아	난임	65세,장애인	일반	장애인특수
국세청									250,000	1,800,000 1.취학전	
기타											

자료구분	신용카드등 사용액공제						기부금
	신용카드	직불카드등	현금영수증	전통시장사용분	대중교통이용분	도서공연 등	
국세청							
기타							

3단계 [의료비] 탭

	2025년 의료비 지급명세서												
	의료비 공제대상자					지급처		지급명세					14.산후조리원
	성명	내/외	5.주민등록번호	6.본인등해당여부	9.증빙코드	8.상호	7.사업자등록번호	10.건수	11.금액	11-1.실손보험수령액	12.미숙아선천성이상아	13.난임여부	
☐	이철수	내	840505-1478529	1	0	1				1,050,000		X	X	X
☐	이리수	내	201104-4487125	2	0	1				250,000		X	X	X
☐													
☐													
	합계									1,300,000			
	일반의료비 (본인)		1,050,000	6세이하,65세이상인건강보험산정특례자장애인		250,000	일반의료비 (그 외)				난임시술비 미숙아.선천성이상아		

· 국외 의료비는 공제 적용 안 됨

4단계 [신용카드 등] 탭

	성명 생년월일	자료구분	신용카드	직불,선불	현금영수증	도서등신용	도서등직불	도서등현금	전통시장	대중교통	합계
☐	이철수	국세청	32,500,000								32,500,000
	1984-05-05	기타									
☐	이명수	국세청									
	1957-10-12	기타									
☐	강희영	국세청									
	1985-06-30	기타									
☐	이현수	국세청									
	2015-04-08	기타									
☐	이리수	국세청									
	2020-11-04	기타									
☐											
☐											
	합계		32,500,000								32,500,000

5단계 [연말정산입력] 탭 ▶ F8 부양가족탭불러오기 클릭

· 보장성보험 ▶ 일반 : 800,000
· 의료비 ▶ 본인 : 1,050,000
· 의료비 ▶ 6세 이하, 65세 이상, 장애인 : 250,000
· 교육비 ▶ 취학전아동 : 1,800,000
· 교육비 ▶ 초중고 : 8,000,000
· 교육비 ▶ 본인 : 5,000,000
· 신용카드 등 사용액 ▶ 신용카드 : 32,500,000

▶ 문제 | p.838

이론시험

1 ④	2 ①	3 ④	4 ②	5 ①	6 ②	7 ④	8 ②
9 ③	10 ④	11 ④	12 ③	13 ①	14 ②	15 ②	

1 ④ (재무상태표의 목적)
재무상태표는 일정 시점 현재 기업이 보유하고 있는 경제적 자원인 자산과 경제적 의무인 부채, 그리고 자본에 대한 정보를 제공하는 재무보고서로서, 정보이용자들이 기업의 유동성, 재무적 탄력성, 수익성과 위험 등을 평가하는 데 유용한 정보를 제공한다. (일반기업회계기준 문단 2.17)

2 ① · 선입선출법의 경우, 실제 물량흐름과 원가흐름이 대체로 일치한다.
· 후입선출법의 경우, 실제 물량흐름과 원가흐름이 대체로 일치하지 않는다.

3 ④ · 배당금 수익 : 배당금을 받을 권리와 금액이 확정되는 시점
· 상품권 판매 : 상품권을 회수하고 재화를 인도하는 시점
· 장기할부판매 : 재화를 인도하는 시점. 다만, 중소기업인 경우에는 대금이 회수되는 시점에 수익을 인식하는 것도 가능

4 ② 주식배당을 하면, 미처분이익잉여금 계정이 감소하고 자본금 계정이 증가한다. 이에 따라, 자본 총액은 변하지 않는다.

5 ① (단기매매증권으로 분류할 경우)
· 20x1. 7. 12. (차) 단기매매증권   200,000   (대) 현금 등   200,000
· 20x1. 12. 31. (차) 단기매매증권평가손실   10,000   (대) 단기매매증권   10,000
· 20x1년 기말 재무상태표 : 단기매매증권 190,000원
· 20x2. 5. 9. (차) 현금 등   210,000   (대) 단기매매증권   190,000
  단기매매증권처분이익   20,000

· 20x2년 당기순이익 = 단기매매증권처분이익 = 20,000원
(매도가능증권으로 분류할 경우)
· 20x1. 7. 12. (차) 매도가능증권   200,000   (대) 현금 등   200,000
· 20x1. 12. 31. (차) 매도가능증권평가손실   10,000   (대) 매도가능증권   10,000
· 20x1년 기말 재무상태표 : 매도가능증권 190,000원, 매도가능증권평가손실 10,000원
· 20x2. 5. 9. (차) 현금 등   210,000   (대) 매도가능증권   190,000
  매도가능증권평가손실   10,000
  매도가능증권처분이익   10,000

· 20x2년 당기순이익 = 매도가능증권처분이익 = 10,000원

6 ② · 기본원가 = 직접재료원가 + 직접노무원가
· 가공원가 = 직접노무원가 + 제조간접원가

7 ④ · 순실현가능가치법

구분	순실현가능가치	배분비율	결합원가 배분액
A	(200kg × @3,000원) − 0원 = 600,000원	40%	160,000원
B	(250kg × @2,000원) − 125,000원 = 375,000원	25%	100,000원
C	(500kg × @1,200원) − 75,000원 = 525,000원	35%	140,000원
합계	1,500,000원	100%	400,000원

· 제품 B의 제조원가 = 결합원가 배분액 + 추가가공원가
　　　　　　　　　　　 = 100,000 + 125,000 = 225,000원

8 ② · 정상개별원가계산에서 제조간접원가 배부차이 조정 방법 : 매출원가조정법, 영업외손익법, 비례조정법
　　　· 보조부문원가를 제조부문에 배분하는 방법 : 직접배분법, 단계배분법, 상호배분법

9 ③ · 개별원가계산은 여러 종류의 제품을 주문에 따라 소량 생산하는 경우에 적용한다.
　　　· 종합원가계산은 단일 종류의 제품을 연속적으로 대량 생산하는 경우에 적용한다.

10 ④ · 정상공손품에 투입된 제조원가(정상공손원가)는 정상품(완성품과 기말재공품) 원가로 처리한다.
　　　· 비정상공손품에 투입된 제조원가(비정상공손원가)는 영업외비용으로 처리한다.

11 ④ 우리나라 부가가치세법의 특징 : 전단계세액공제법(①), 간접세(②), 일반소비세(③), 소비지국 과세원칙

12 ③ 나. 해당 과세기간의 총공급가액 중 면세공급가액이 5% 미만이더라도, 공통매입세액이 500만 원 이상인 경우에는 안분 계산을 하
　　　여야 한다.

13 ① ② 직전 과세기간 공급가액의 합계액이 1억 5천만 원 미만인 영세법인사업자의 경우에는 예정신고기간의 부가가치세가 과세관청
　　　으로부터 고지가 되므로 별도의 신고 없이 납부만 할 수 있다.
　　　③ 신규로 사업을 시작하는 자에 대한 최초의 예정신고기간은 사업 개시일부터 그 날이 속하는 예정신고기간의 종료일까지로 한다.
　　　④ 개인사업자 및 영세법인사업자는, 휴업 또는 사업부진으로 인하여 사업실적이 악화된 경우 등 법 소정 사유가 있는 경우에만 예
　　　정신고기간의 부가가치세를 신고(예정신고)할 수 있다.

14 ② ① 금융소득이 연 2,000만 원을 초과하므로, 종합과세
　　　② 일용근로소득이므로, 분리과세
　　　③ 사업소득이므로, 종합과세
　　　④ 기타소득금액이 연 300만 원을 초과(= 320만 원 = 800만 원 × (100% − 60%))하므로, 분리과세를 선택할 수 없고 종합과세

15 ② · 사업과 관련된 자산수증이익·채무면제이익은 사업소득 총수입금액에 산입한다.
　　　· 자기가 생산한 제품을 자기가 생산하는 다른 제품의 원재료로 사용한 경우 그 금액은 사업소득 총수입금액에 산입하지 아니한다.
　　　(소득세법 제26조 제4항)

실무시험

문제 1 일반전표입력

(1) 1월 25일 (차) 미지급세금 8,500,000 (대) 미지급금(국민카드) 8,568,000
　　　　　　　　　 세금과공과(판관비) 68,000[1)]
　　　　　　　　　 [1)] 8,500,000원 × 0.8% = 68,000원

(2) 1월 31일 (차) 보통예금 9,915,000 (대) 받을어음(무인상사㈜) 10,000,000
　　　　　　　　　 매출채권처분손실 85,000

(3) 2월 4일 (차) 보통예금 9,800,000 (대) 사채 10,000,000
　　　　　　　　　 사채할인발행차금 200,000

(4) 6월 17일 (차) 소모품비(제조) 20,000 (대) 현금 20,000

(5) 9월 13일 (차) 이자비용 200,000 (대) 예수금 55,000
　　　　　　　　　　　　　　　　　　　　　　　　　　　 보통예금 145,000

(1) 7월 8일 유형 : 12.영세 / 공급가액 : 22,000,000 / 부가세 : 0 / 거래처 : ㈜한빛 / 전자 : 여 / 분개 : 혼합 / (영세율구분
: 3.내국신용장·구매확인서에 의하여 공급하는 재화)

(차) 선수금(㈜한빛)	7,000,000	(대) 제품매출	22,000,000
받을어음(㈜한빛)	15,000,000		

(2) 7월 15일 유형 : 54.불공 / 공급가액 : 10,200,000 / 부가세 : 1,020,000 / 거래처 : ㈜다양 / 전자 : 여 / 분개 : 혼합 /
(불공제사유 : ⑥토지의 자본적 지출 관련)

(차) 토지	11,220,000	(대) 미지급금(㈜다양)	11,220,000

(3) 8월 5일 유형 : 61.현과 / 공급가액 : 250,000 / 부가세 : 25,000 / 거래처 : ㈜벽돌갈비 / 분개 : 혼합(현금)

(차) 복리후생비(제조)	250,000	(대) 현금	275,000
부가세대급금	25,000		

(4) 8월 20일 유형 : 11.과세 / 공급가액 : 5,000,000 / 부가세 : 500,000 / 거래처 : 헤이중고차상사㈜ / 전자 : 여 / 분개 :
혼합

(차) 감가상각누계액(차량운반구)	16,000,000	(대) 부가세예수금	500,000
보통예금	5,500,000	차량운반구	20,000,000
		유형자산처분이익	1,000,000

(5) 9월 12일 유형 : 51.과세 / 공급가액 : 3,000,000 / 부가세 : 300,000 / 거래처 : 건물주 / 전자 : 여 / 분개 : 혼합

(차) 부가세대급금	300,000	(대) 미지급금(건물주)	3,300,000
임차료(제조)	2,800,000		
건물관리비(제조)	200,000		

(1) [수출실적명세서] (4월~6월)

구분	건수	외화금액	원화금액	비고
⑨합계	2	132,000.00	176,800,000	
⑩수출재화[=⑫합계]	2	132,000.00	176,800,000	
⑪기타영세율적용				

No		(13)수출신고번호	(14)선(기) 적일자	(15) 통화코드	(16)환율	금액		전표정보	
						(17)외화	(18)원화	거래처코드	거래처명
1	☐	12345-77-100066X	2025-06-15	USD	1,300.0000	80,000.00	104,000,000	00178	BOB
2	☐	22244-88-100077X	2025-06-15	EUR	1,400.0000	52,000.00	72,800,000	00179	ORANGE
3	☐								
	☐								
	☐								
	☐								
	☐								
	☐								
	☐								
	☐								
		합계				132,000	176,800,000		

(2) [부가가치세신고서] (10월~12월)

구분				정기신고금액		
				금액	세율	세액
과세표준및매출세액	과세	세금계산서발급분	1	167,500,000	10/100	16,750,000
		매입자발행세금계산서	2		10/100	
		신용카드 · 현금영수증발행분	3		10/100	
		기타(정규영수증외매출분)	4			
	영세	세금계산서발급분	5	100,000,000	0/100	
		기타	6		0/100	
	예정신고누락분		7			
	대손세액가감		8			-120,000
	합계		9	267,500,000	㉮	16,630,000
매입세액	세금계산서수취분	일반매입	10	187,400,000		18,740,000
		수출기업수입분납부유예	10-1			
		고정자산매입	11	28,000,000		2,800,000
	예정신고누락분		12	500,000		50,000
	매입자발행세금계산서		13			
	그 밖의 공제매입세액		14	21,099,655		2,109,965
	합계(10)-(10-1)+(11)+(12)+(13)+(14)		15	236,999,655		23,699,965
	공제받지못할매입세액		16	2,400,000		240,000
	차감계 (15-16)		17	234,599,655	㉯	23,459,965
납부(환급)세액(매출세액㉮-매입세액㉯)					㉰	-6,829,965
경감공제세액	그 밖의 경감 · 공제세액		18			10,000
	신용카드매출전표등 발행공제등		19			
	합계		20		㉱	10,000
소규모 개인사업자 부가가치세 감면세액			20-1		㉲	
예정신고미환급세액			21		㉳	
예정고지세액			22		㉴	
사업양수자의 대리납부 기납부세액			23		㉵	
매입자 납부특례 기납부세액			24		㉶	
신용카드업자의 대리납부 기납부세액			25		㉷	
가산세액계			26		㉸	125,000
차가감하여 납부할세액(환급받을세액)㉰-㉱-㉲-㉳-㉴-㉵-㉶-㉷+㉸			27			-6,714,965
총괄납부사업자가 납부할 세액(환급받을 세액)						

구분				금액	세율	세액
7.매출(예정신고누락분)						
예정누락분	과세	세금계산서	33		10/100	
		기타	34		10/100	
	영세	세금계산서	35		0/100	
		기타	36		0/100	
		합계	37			
12.매입(예정신고누락분)						
예정누락분	세금계산서		38			
	그 밖의 공제매입세액		39	500,000		50,000
	합계		40	500,000		50,000
	신용카드매출수령금액합계	일반매입		500,000		50,000
		고정매입				
	의제매입세액					
	재활용폐자원등매입세액					
	과세사업전환매입세액					
	재고매입세액					
	변제대손세액					
	외국인관광객에대한환급세액					
	합계			500,000		50,000
14.그 밖의 공제매입세액						
신용카드매출수령금액합계표	일반매입		41	18,554,200		1,855,420
	고정매입		42	2,545,455		254,545
의제매입세액			43		뒤쪽	
재활용폐자원등매입세액			44		뒤쪽	
과세사업전환매입세액			45			
재고매입세액			46			
변제대손세액			47			
외국인관광객에대한환급세액			48			
합계			49	21,099,655		2,109,965

구분		금액	세율	세액
16.공제받지못할매입세액				
공제받지못할 매입세액	50	2,400,000		240,000
공통매입세액면세등사업분	51			
대손처분받은세액	52			
합계	53	2,400,000		240,000
18.그 밖의 경감·공제세액				
전자신고 및 전자고지 세액공제	54			10,000
전자세금계산서발급세액공제	55			
택시운송사업자경감세액	56			
대리납부세액공제	57			
현금영수증사업자세액공제	58			
기타	59			
합계	60			10,000

25.가산세명세				세율	
사업자미등록등			61	1/100	
세 금 계산서	지연발급 등		62	1/100	
	지연수취		63	5/1,000	
	미발급 등		64	12,500,000	뒤쪽참조	125,000
전자세금 발급명세	지연전송		65	3/1,000	
	미전송		66	5/1,000	
세금계산서 합계표	제출불성실		67	5/1,000	
	지연제출		68	3/1,000	
신고 불성실	무신고(일반)		69	뒤쪽	
	무신고(부당)		70	뒤쪽	
	과소·초과환급(일반)		71	뒤쪽	
	과소·초과환급(부당)		72	뒤쪽	
납부지연			73	뒤쪽	
영세율과세표준신고불성실			74	5/1,000	
현금매출명세서불성실			75	1/100	
부동산임대공급가액명세서			76	1/100	
매입자 납부특례	거래계좌 미사용		77	뒤쪽	
	거래계좌 지연입금		78	뒤쪽	
신용카드매출전표등수령명세서미제출·과다기재			79	5/1,000	
합계			80		125,000

· 예정신고 시 매출분은 누락되지 않고 신용카드 사용 매입분만 누락되었으므로 신고 및 납부 관련 가산세는 없다.

· 세금계산서 미발급 등 가산세[1] : 12,500,000원 × 1% = 125,000원

  [1] '세금계산서 지연발급 등' 라인에 입력하여도 정답으로 인정

(3) 1단계 신고서 마감 확인 : [부가가치세신고서] 메뉴 (1월~3월)

   2단계 전자신고파일 제작 : [전자신고] 메뉴 (신고인구분 : 2.납세자 자진신고), (비밀번호 : 12345678)

   3단계 전자신고파일 제출 : [국세청 홈택스 전자신고변환(교육용)] 메뉴 (찾아보기 → 형식검증하기 → 형식검증결과확인 → 내용검증하기 → 내용검증결과확인 → 전자파일제출 → 신고서 접수증 확인)

문제 4 결산

(1) (수동결산)

[일반전표입력] 12월 31일

(차) 기부금	1,000,000	(대) 현금과부족	1,200,000
기업업무추진비(판관비)	200,000		

(2) (수동결산)

[일반전표입력] 12월 31일

(차) 선급비용	1,500,000	(대) 보험료(제조)	1,500,000[1]

  [1] 3,600,000원 × (5개월/12개월) = 1,500,000원

(3) (수동결산)

[일반전표입력] 12월 31일

(차) 보통예금	920,000	(대) 이자수익	920,000[1]

  [1] 20,000,000원 × 4.6% × (12개월/12개월) = 920,000원

(4) (수동결산 또는 자동결산)

  | 방법1 | (수동결산)

    [일반전표입력] 12월 31일

(차) 대손상각비	942,500	(대) 대손충당금(외상매출금)	735,500 [1]
기타의대손상각비	500,000	대손충당금(받을어음)	207,000 [2]
		대손충당금(단기대여금)	500,000 [3]

    [1] (548,550,000원 × 1%) − 4,750,000원 = 735,500원

    [2] (22,700,000원 × 1%) − 20,000원 = 207,000원

    [3] (50,000,000원 × 1%) − 0원 = 500,000원

  | 방법2 | (자동결산)

    [결산자료입력] 메뉴에서 (기간 : 1월~12월) 다음과 같이 입력한다. 자동결산 항목 입력이 완료되고 나면 상단의 [전표추가]를 클릭하여 결산분개를 생성한다.

    · 판매비와 일반관리비 ▶ 대손상각 ▶ 외상매출금 : 735,500

    · 판매비와 일반관리비 ▶ 대손상각 ▶ 받을어음 : 207,000

    · 영업외비용 ▶ 기타의대손상각 ▶ 단기대여금 : 500,000

(5) (수동결산 또는 자동결산)

  | 방법1 | (수동결산)

    [일반전표입력] 12월 31일

(차) 법인세등	8,400,000	(대) 선납세금	5,800,000
		미지급세금	2,600,000

  | 방법2 | (자동결산)

    [결산자료입력] 메뉴에서 (기간 : 1월~12월) 다음과 같이 입력한다. 자동결산 항목 입력이 완료되고 나면 상단의 [전표추가]를 클릭하여 결산분개를 생성한다.

    · 법인세등 ▶ 선납세금 : 5,800,000

    · 법인세등 ▶ 추가계상액 : 2,600,000

문제 5   연말정산

(1) 1단계   [급여자료입력] 메뉴 ▶ [수당공제] 보조창 ▶ [수당등록] 탭

No	코드	과세구분	수당명	근로소득유형			월정액	통상임금	사용여부
				유형	코드	한도			
1	1001	과세	기본급	급여			정기	여	여
2	1002	과세	상여	상여			부정기	부	부
3	1003	과세	직책수당	급여			정기	부	여
4	1004	과세	월차수당	급여			정기	부	부
5	1005	비과세	식대	식대	P01	(월)200,000	정기	부	여
6	1006	비과세	자가운전보조금	자가운전보조금	H03	(월)200,000	부정기	부	여
7	1007	비과세	야간근로수당	야간근로수당	001	(년)2,400,000	부정기	부	부
8	2001	과세	야간근로수당	급여			부정기	부	여
9	2002	비과세	보육수당	보육수당	Q02	(월)200,000	정기	부	여

2단계   [급여자료입력]

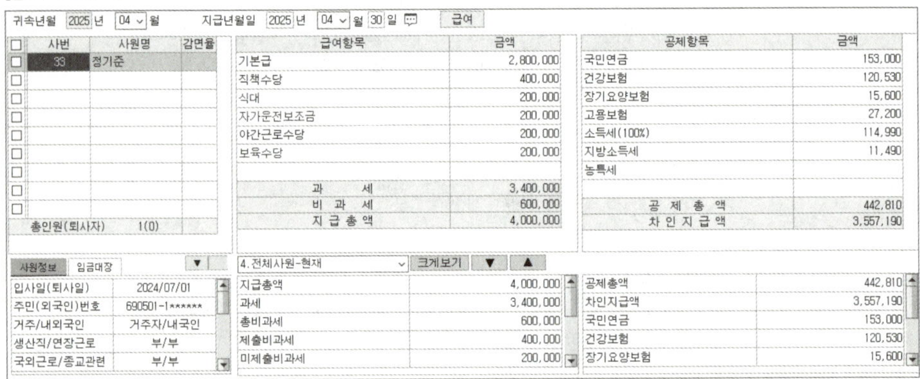

	사번	사원명	감면율
	33	정기준	
총인원(퇴사자)	1(0)		

급여항목	금액
기본급	2,800,000
직책수당	400,000
식대	200,000
자가운전보조금	200,000
야간근로수당	200,000
보육수당	200,000
과 세	3,400,000
비 과 세	600,000
지 급 총 액	4,000,000

공제항목	금액
국민연금	153,000
건강보험	120,530
장기요양보험	15,600
고용보험	27,200
소득세(100%)	114,990
지방소득세	11,490
농특세	
공 제 총 액	442,810
차 인 지 급 액	3,557,190

사원정보	임금대장	▼
입사일(퇴사일)	2024/07/01	
주민(외국인)번호	690501-1******	
거주/내외국인	거주자/내국인	
생산직/연장근로	부/부	
국외근로/종교관련	부/부	

4. 전체사원-현재   크게보기 ▼ ▲

	금액		금액
지급총액	4,000,000	공제총액	442,810
과세	3,400,000	차인지급액	3,557,190
총비과세	600,000	국민연금	153,000
제출비과세	400,000	건강보험	120,530
미제출비과세	200,000	장기요양보험	15,600

· 과세 = 기본급 + 직책수당 + 야간근로수당(요건미충족)
  　= 2,800,000 + 400,000 + 200,000 = 3,400,000원
· 비과세 = 식대 + 자가운전보조금 + 보육수당
  　= 200,000(제출) + 200,000(미제출) + 200,000(제출) = 600,000원

3단계 [원천징수이행상황신고서]

귀속기간	2025 년 04 월 ~ 2025 년 04 월	지급기간 2025 년 04 월 ~ 2025 년 04 월	신고구분 1.정기신고	차수

신고구분	☑매월 □반기 □수정 □연말 □소득처분 □환급신청		귀속년월	2025년 4월	지급년월	2025년 4월
일괄납부여부	부	사업자단위과세여부 　부　 부표 작성	환급신청서 작성		승계명세 작성	

원천징수명세및납부세액 · 원천징수이행상황신고서 부표 · 원천징수세액환급신청서 · 기납부세액명세서 · 전월미환급세액 조정명세서 · 차월이월환급세액 승계명세

소득자 소득구분		코드	소득지급		징수세액			당월조정 환급세액	납부세액	
			인원	총지급액	소득세 등	농어촌특별세	가산세		소득세 등	농어촌특별세
근로소득	간이세액	A01	1	3,800,000	114,990					
	중도퇴사	A02								
	일용근로	A03								
	연말정산	A04								
	(분납신청)	A05								
	(납부금액)	A06								
	가 감 계	A10	1	3,800,000	114,990				114,990	
퇴	연금계좌	A21								

전월 미환급 세액의 계산			당월 발생 환급세액				18.조정대상환 급(14+15+16+17)	19.당월조정 환급세액계	20.차월이월 환급세액	21.환급신청액
12.전월미환급	13.기환급	14.차감(12-13)	15.일반환급	16.신탁재산	금융회사 등	합병 등				
601,040		601,040					601,040	114,990	486,050	

(2) **1단계** [연말정산추가자료입력] 메뉴 ▶ 1005.홍상현 ▶ [소득명세] 탭
· 근무처명 : 주식회사 두섬
· 종교관련 종사자 : 부
· 사업자등록번호 : 103-81-62982
· 근무기간 : 2025. 1. 1.~2025. 7. 31.
· 급여 : 26,000,000
· 상여 : 1,000,000
· 건강보험료 : 905,300
· 장기요양보험료 : 115,900
· 고용보험료 : 243,000
· 국민연금보험료 : 1,170,000
· 기납부세액 ▶ 소득세 : 340,000 [1]
· 기납부세액 ▶ 지방소득세 : 34,000

[1] 전 근무지에서의 기납부세액은 종전근무지 근로소득원천징수영수증에 기재된 결정세액, 기납부세액, 차감징수세액 중 결정세액임

2단계 [부양가족] 탭 ▶ 상단부

연말 관계	성명	내/외국인	주민(외국인)번호	나이	소득기준 초과여부	기본공제	세대주 구분	부녀 자	한부 모	경로 우대	장애 인	자녀	출산 입양	결혼 세액
0	홍상현	내	1 870314-1287651	38		본인	세대주							
3	이명지	내	1 870621-2044772	38	○	부								
4	홍라율	내	1 200827-4842419	5		20세이하								
1	홍천운	내	1 590919-1287032	66		60세이상								
	합 계 [명]				1	3								

· 이명지(배우자)는 소득금액 요건을 충족하지 못하므로 기본공제 불가
· 홍라율(자녀)은 기본공제가 적용되나, 8세 이상 자녀세액공제는 불가

3단계 [부양가족] 탭 ▶ 하단부
· 본인 홍상현

자료구분	보험료				의료비					교육비	
	건강	고용	일반보장성	장애인전용	일반	실손	선천성이상아	난임	65세,장애인	일반	장애인특수
국세청			800,000		300,000 1.전액					7,000,000 4.본인	
기타	1,621,800	363,000			500,000						

자료구분	신용카드등 사용액공제						기부금
	신용카드	직불카드등	현금영수증	전통시장사용분	대중교통이용분	도서공연 등	
국세청	22,000,000		3,000,000	4,000,000	1,000,000		
기타							

- 본인의 경우 대학원 교육비도 공제 적용 가능

· 배우자 이명지

자료구분	보험료				의료비					교육비	
	건강	고용	일반보장성	장애인전용	일반	실손	선천성이상아	난임	65세,장애인	일반	장애인특수
국세청											
기타											

자료구분	신용카드등 사용액공제						기부금
	신용카드	직불카드등	현금영수증	전통시장사용분	대중교통이용분	도서공연 등	
국세청							
기타							

– 보장성보험료(일반)는 나이 및 소득금액의 제한을 받으므로 이명지(배우자)의 보장성보험료는 공제 적용 안 됨

· 자녀 홍라율

자료구분	보험료				의료비					교육비	
	건강	고용	일반보장성	장애인전용	일반	실손	선천성이상아	난임	65세,장애인	일반	장애인특수
국세청			500,000						400,000	2,400,000 1.취학전	
기타											

자료구분	신용카드등 사용액공제						기부금
	신용카드	직불카드등	현금영수증	전통시장사용분	대중교통이용분	도서공연 등	
국세청							
기타							

· 부친 홍천운

자료구분	보험료				의료비					교육비	
	건강	고용	일반보장성	장애인전용	일반	실손	선천성이상아	난임	65세,장애인	일반	장애인특수
국세청									8,000,000		
기타											

자료구분	신용카드등 사용액공제						기부금
	신용카드	직불카드등	현금영수증	전통시장사용분	대중교통이용분	도서공연 등	
국세청							
기타							

4단계 [의료비] 탭

	2025년 의료비 지급명세서												14.산후조리원
	의료비 공제대상자					지급처		지급명세					
	성명	내/외	5.주민등록번호	6.본인등해당여부	9.증빙코드	8.상호	7.사업자등록번호	10.건수	11.금액	11-1.실손보험수령액	12.미숙아선천성이상아	13.난임여부	
☐	홍상현	내	870314-1287651	1	0	1				300,000		X	X	X
☐	홍상현	내	870314-1287651	1	0	5	모든안경	431-01-00574	1	500,000		X	X	X
☐	홍라율	내	200827-4842419	2	0	1				400,000		X	X	X
☐	홍천운	내	590919-1287032	2	0	1				8,000,000		X	X	X
☐													
☐													
	합계							1	9,200,000				
	일반의료비 (본인)		800,000	6세이하,65세이상인 건강보험산정특례자 장애인		8,400,000	일반의료비 (그 외)			난임시술비			
										미숙아,선천성이상아			

· 시력보정용 안경 구입비는 1인당 연 50만 원을 한도로 공제 적용 가능

5단계 [신용카드 등] 탭

	성명 생년월일	자료구분	신용카드	직불,선불	현금영수증	도서등신용	도서등직불	도서등현금	전통시장	대중교통	합계
☐	홍상현	국세청	22,000,000		3,000,000				4,000,000	1,000,000	30,000,000
	1987-03-14	기타									
☐	홍천운	국세청									
	1959-09-19	기타									
☐	이명지	국세청									
	1987-06-21	기타									
☐	홍라율	국세청									
	2020-08-27	기타									
☐											
☐											
☐											
☐											
	합계		22,000,000		3,000,000				4,000,000	1,000,000	30,000,000

· 신용카드 등 사용액 중 의료비 결제액은 신용카드 공제 적용 가능함

 [연말정산입력] 탭 ▶ **F8 부양가족탭불러오기** 클릭

- 보장성보험 ▶ 일반 : 1,300,000
- 의료비 ▶ 본인 : 800,000
- 의료비 ▶ 6세 이하, 65세 이상, 장애인 : 8,400,000
- 교육비 ▶ 취학전아동 : 2,400,000
- 교육비 ▶ 본인 : 7,000,000
- 신용카드 등 사용액 ▶ 신용카드 : 22,000,000
- 신용카드 등 사용액 ▶ 현금영수증 : 3,000,000
- 신용카드 등 사용액 ▶ 전통시장 : 4,000,000
- 신용카드 등 사용액 ▶ 대중교통 : 1,000,000

▶ 문제 | p.852

이론시험

1 ③	2 ②	3 ①	4 ②	5 ④	6 ②	7 ④	8 ①
9 ③	10 ③	11 ②	12 ④	13 ①	14 ④	15 ③	

1 ③ · 유동자산은 당좌자산과 재고자산으로 구분한다.
· 비유동자산은 투자자산, 유형자산, 무형자산, 기타비유동자산으로 구분한다.

2 ② · 주식발행초과금(자본잉여금) / 자기주식처분이익(자본잉여금) / 이익준비금(이익잉여금) / 자본금(자본금)
· 기말 자본잉여금 = 기초 자본잉여금 + 주식발행초과금 증가 + 자기주식처분이익 증가
= 10,000,000 + 2,000,000 + 300,000 = 12,300,000원

3 ① · 받을어음의 대손충당금 설정 회계처리

(차) 대손상각비	xxx	(대) 대손충당금	xxx
(비용의 증가)		(자산 차감의 증가 = 자산의 감소)	

· 과대 설정하였을 경우 재무제표에 미치는 영향
비용 과대, 자산 과소 → 당기순이익 과소 → 자본(이익잉여금) 과소

4 ② 취득세 등 유형자산의 취득과 직접 관련된 제세공과금은 유형자산의 취득원가로 처리한다.

5 ④ 충당부채는 과거사건이나 거래의 결과에 의한 현재의무로서, 지출의 시기 또는 금액이 불확실하지만 그 의무를 이행하기 위하여 자원이 유출될 가능성이 매우 높고 또한 당해 금액을 신뢰성 있게 추정할 수 있는 의무를 말한다. (일반기업회계기준 문단 14.3)

6 ② · 선입선출법에 의한 재공품의 물량흐름

재공품(물량)			
기초재공품(완성도 70%)	500개	기초재공품 완성분	500개
당기착수량	2,000개	당기착수 완성분	1,500개
		총 공손(검사시점 30%)	200개
		기말재공품(완성도 50%)	300개
	2,500개		2,500개

· 정상공손수량 = 당기에 검사를 통과한 정상품 × 3%
= (당기착수 완성분 + 기말재공품) × 3%
= (1,500개 + 300개) × 3% = 54개

7 ④ · 원가회계의 목적 : 경영자의 경영의사결정에 필요한 정보를 제공(①)하고, 원가통제에 필요한 정보를 제공(②)하며, 기말재고자산과 매출원가 등 재무제표 작성에 필요한 정보를 제공(③)한다.
· 이익잉여금처분계산서상 이익잉여금 처분 정보를 제공하는 것(④)은 재무회계의 목적에 해당한다.

8 ① · 제조간접비 예정배부율 = 제조간접비 예산액 ÷ 예정조업도
= 39,690,000원 ÷ 90,000시간 = @441원/시간
· 예정배부액 = 실제조업도 × 예정배부율
= 70,000시간 × @441원 = 30,870,000원

9 ③ 원가행태에 따른 분류 : 변동원가, 고정원가, 준변동원가, 준고정원가

10 ③ ① 단계배분법에서는 보조부문들 간에 일정한 배분 순서를 정하는데, 배분 순서가 적절하지 않은 경우에는 단계배분법의 계산 결과가 직접배분법의 계산 결과보다 정확성이 떨어질 수 있다.
② 상호배분법은 보조부문 상호 간의 용역수수관계를 완전하게 고려하므로 가장 정확하다는 장점이 있으나, 계산이 복잡하다는 단점이 있다.
④ 단계배분법은 우선순위가 높은 부문의 원가를 우선순위가 낮은 부문과 제조부문에 배분하며, 우선순위가 낮은 부문의 원가를 우선순위가 높은 부문으로 배분하지 않는다.

11 ② (수정세금계산서의 작성연월일)
① 착오로 전자세금계산서를 이중으로 발급한 경우 : 당초 작성연월일
② 계약의 해제로 재화·용역이 공급되지 아니한 경우 : 계약해제일(= 사유 발생일)
③ 필요적 기재사항 등이 착오 외의 사유로 잘못 기재된 경우 : 당초 작성연월일
④ 면세 등 세금계산서 발급 대상이 아닌 거래 등에 대하여 세금계산서를 발급한 경우 : 당초 작성연월일

12 ④ · 토지 관련 매입세액(①), 사업과 직접 관련이 없는 지출의 매입세액(②), 기업업무추진비 관련 매입세액(③) 등은 매입세액 공제 받지 못한다.
· 세금계산서의 필요적 기재사항이 기재되지 않은 경우에는 매입세액 공제 받지 못하나, 임의적 기재사항이 기재되지 않은 경우에는 매입세액 공제 받을 수 있다.

13 ① 환급세액은 원칙적으로 예정신고 시에는 환급되지 않고 확정신고 시에만, 확정신고기한 경과 후 30일 이내에 환급된다.

14 ④ 금융소득은 납세자의 선택에 따라 종합과세를 적용하는 것이 아니라, 금융소득의 연 합계액이 2천만 원 이하인 경우에는 반드시 분리과세를, 2천만 원 초과인 경우에는 반드시 종합과세를 적용하여야 한다. (조건부 종합과세)

15 ③ 당기 과세기간에 결손금이 발생하였고 당기 이전으로부터 이월되어 온 이월결손금도 있는 경우, 당기 과세기간의 결손금을 먼저 공제한다.

<h1 align="center">실무시험</h1>

문제 1 일반전표입력

(1) 3월 21일   (차) 이월이익잉여금   110,000,000   (대) 미지급배당금   100,000,000
                                              이익준비금   10,000,000

(2) 3월 28일   (차) 외상매입금(남일상사)   15,500,000   (대) 보통예금   7,000,000
                                               가수금(대표자)   8,500,000

(3) 6월 25일   (차) 교육훈련비(판관비)   2,400,000   (대) 예수금   79,200
                                               보통예금   2,320,800

(4) 8월 10일   (차) 보통예금   950,000   (대) 단기매매증권   500,000
                                             단기매매증권처분이익   450,000

(5) 9월 5일   (차) 기부금   2,000,000   (대) 원재료   2,000,000
                                               (적요 8. 타계정으로 대체액)

문제 2 매입매출전표입력

(1) 7월 17일   유형 : 22.현과 / 공급가액 : 480,000 / 부가세 : 48,000 / 거래처 : 추미랑 / 분개 : 혼합(현금)
              (차) 현금   528,000   (대) 제품매출   480,000
                                          부가세예수금   48,000

(2) 7월 28일   유형 : 14.건별 / 공급가액 : 1,000,000 / 부가세 : 100,000 / 거래처 : (생략) / 분개 : 혼합
              (차) 감가상각누계액(비품)   1,500,000   (대) 비품   2,500,000
                     보통예금   1,100,000   부가세예수금   100,000

(3) 8월 28일   유형 : 55.수입 / 공급가액 : 5,400,000 / 부가세 : 540,000 / 거래처 : 인천세관 / 전자 : 여 / 분개 : 혼합(현금)

(차) 부가세대급금		540,000	(대) 현금		540,000

(4) 9월 2일   유형 : 57.카과 / 공급가액 : 1,000,000 / 부가세 : 100,000 / 거래처 : 과자나라㈜ / 분개 : 혼합(카드) / (신용카드사 : 비씨카드)

(차) 부가세대급금		100,000	(대) 미지급금(비씨카드)		1,100,000
복리후생비(판관비)		1,000,000			

(5) 9월 11일   유형 : 51.과세 / 공급가액 : 20,000,000 / 부가세 : 2,000,000 / 거래처 : ㈜오성기계 / 전자 : 여 / 분개 : 혼합

(차) 기계장치		20,000,000	(대) 보통예금		20,000,000
부가세대급금		2,000,000	선급금(㈜오성기계)		2,000,000

 부가가치세신고

(1) [의제매입세액공제신고서] (4월~6월)

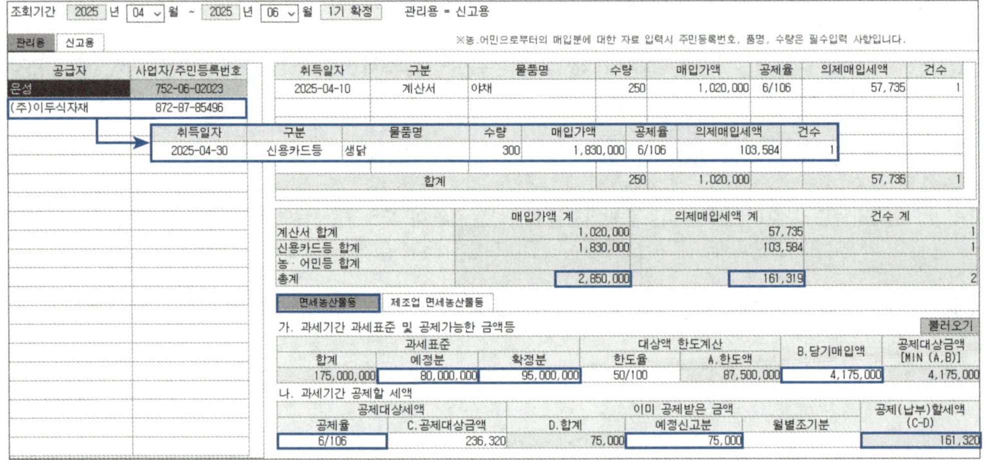

조회기간 2025 년 04 ∨ 월 ~ 2025 년 06 ∨ 월 1기 확정   관리용 = 신고용

관리용 신고용

※농.어민으로부터의 매입분에 대한 자료 입력시 주민등록번호, 품명, 수량은 필수입력 사항입니다.

공급자	사업자/주민등록번호
은성	752-06-02023
(주)이두식자재	872-87-85496

취득일자	구분	물품명	수량	매입가액	공제율	의제매입세액	건수
2025-04-10	계산서	야채	250	1,020,000	6/106	57,735	1

취득일자	구분	물품명	수량	매입가액	공제율	의제매입세액	건수
2025-04-30	신용카드등	생닭	300	1,830,000	6/106	103,584	1
합계			250	1,020,000		57,735	1

	매입가액 계	의제매입세액 계	건수 계
계산서 합계	1,020,000	57,735	1
신용카드등 합계	1,830,000	103,584	1
농·어민등 합계			
총계	2,850,000	161,319	2

면세농산물등 제조업 면세농산물등

가. 과세기간 과세표준 및 공제가능한 금액등   불러오기

과세표준			대상액 한도계산		B.당기매입액	공제대상금액 [MIN (A,B)]
합계	예정분	확정분	한도율	A.한도액		
175,000,000	80,000,000	95,000,000	50/100	87,500,000	4,175,000	4,175,000

나. 과세기간 공제할 세액

공제대상세액		이미 공제받은 금액			공제(납부)할세액 (C-D)
공제율	C.공제대상금액	D.합계	예정신고분	월별조기분	
6/106	236,320	75,000	75,000		161,320

· 음식점업을 영위하는 법인의 공제율 : 6/106
· 제조업이 아니므로 농·어민으로부터의 직접 구입분은 의제매입세액 대상이 아님
· 당기매입액 : 예정분 1,325,000 + 확정분 2,850,000 = 4,175,000원
· 이미 공제받은 금액(예정신고분) : 75,000원
· 확정신고 시 의제매입세액공제 금액 = Min[㉠, ㉡] − ㉢ = 161,320원
  ㉠ 전체 과세기간의 대상 매입가액 × 공제율 = 4,175,000 × 6/106 = 236,320원
  ㉡ 전체 과세기간의 과세표준 × 일정율 × 공제율 = 175,000,000 × 50% × 6/106 = 4,952,830원
  ㉢ 예정신고 시 의제매입세액공제 금액 = 75,000원

(2) [건물등감가상각자산취득명세서] (10월~12월)

조회기간 2025 년 10 ∨ 월 ~ 2025 년 12 ∨ 월   구분 2기 확정

취득내역

감가상각자산종류	건수	공급가액	세 액	비 고
합 계	3	83,500,000	8,350,000	
건물 · 구축물	1	50,000,000	5,000,000	
기 계 장 치	1	2,500,000	250,000	
차 량 운 반 구	1	31,000,000	3,100,000	
기타감가상각자산				

거래처별 감가상각자산 취득명세

No	월/일	상호	사업자등록번호	자산구분	공급가액	세액	건수
1	10-04	(주)원대자동차	210-81-13571	차량운반구	31,000,000	3,100,000	1
2	11-26	아름건설	101-26-97846	건물,구축물	50,000,000	5,000,000	1
3	12-09	나라포장	106-02-56785	기계장치	2,500,000	250,000	1
4							
		합 계			83,500,000	8,350,000	3

(3) <u>1단계</u> 신고서 마감 확인 : [부가가치세신고서] 메뉴 (1월~3월)

 <u>2단계</u> 전자신고파일 제작 : [전자신고] 메뉴 (신고인구분 : 2.납세자 자진신고), (비밀번호 : 12341234)

 <u>3단계</u> 전자신고파일 제출 : [국세청 홈택스 전자신고변환(교육용)] 메뉴 (찾아보기 → 형식검증하기 → 형식검증결과확인 → 내용검증하기 → 내용검증결과확인 → 전자파일제출 → 신고서 접수증 확인)

문제 4 결산

(1) (수동결산)

[일반전표입력] 12월 31일

| (차) 미수수익 | 765,000 | (대) 이자수익 | 765,000[1] |

[1] 30,000,000원 × 3.4% × (9개월/12개월) = 765,000원

(2) (수동결산)

[일반전표입력] 12월 31일

| (차) 매도가능증권평가이익 | 1,000,000 | (대) 매도가능증권(투자) | 1,200,000 |
| 매도가능증권평가손실 | 200,000[1] | | |

[1] 당기말 재무상태표에서 매도가능증권 계정과 매도가능증권평가손실 계정의 잔액을 차변으로 집계하여 보면 취득원가 금액이 된다.

매도가능증권 (투자자산)	4,800,000
매도가능증권평가손실 (기타포괄손익누계액)	200,000
취득원가 (차변 집계금액)	5,000,000

(3) (수동결산)

[일반전표입력] 12월 31일

| (차) 외상매출금(캐나다 ZF사) | 3,000,000 | (대) 외화환산이익 | 3,000,000[1] |

[1] ($100,000 × @950원) − ($100,000 × @920원) = 3,000,000원 (자산이므로 외화환산이익)

(4) (수동결산)

[일반전표입력] 12월 31일

(차) 부가세예수금	8,240,000	(대) 부가세대급금	6,400,000
세금과공과(판관비)	84,000	잡이익	10,000
		미지급세금	1,914,000

(5) (수동결산 또는 자동결산)

| 방법1 | (수동결산)

[일반전표입력] 12월 31일

| (차) 무형자산상각비(판관비) | 50,000,000[1] | (대) 영업권 | 50,000,000 |

[1] (전기말 미상각잔액 − 잔존가치) ÷ 기초 현재 잔여내용연수
= (200,000,000원 − 0원) ÷ (5년 − 1년) = 50,000,000원

| 방법2 | (자동결산)

[결산자료입력] 메뉴에서 (기간 : 1월~12월) 다음과 같이 입력한다. 자동결산 항목 입력이 완료되고 나면 상단의 [전표추가]를 클릭하여 결산분개를 생성한다.

· 판매비와 일반관리비 ▶ 무형자산상각비 ▶ 영업권 : 50,000,000

(1) [원천징수이행상황신고서] (5월 귀속, 6월 지급)

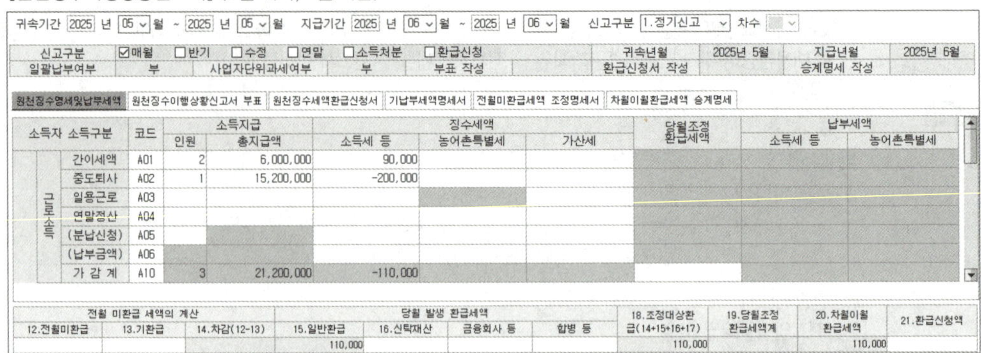

| 귀속기간 2025 년 05 월 ~ 2025 년 05 월 지급기간 2025 년 06 월 ~ 2025 년 06 월 신고구분 1.정기신고 차수 |

신고구분	☑매월 □반기 □수정 □연말 □소득처분 □환급신청		귀속년월	2025년 5월	지급년월	2025년 6월
일괄납부여부	부	사업자단위과세여부 부 부표 작성	환급신청서 작성		승계명세 작성	

원천징수명세및납부세액 | 원천징수이행상황신고서 부표 | 원천징수세액환급신청서 | 기납부세액명세서 | 전월미환급세액 조정명세서 | 차월이월환급세액 승계명세

소득자 소득구분		코드	소득지급		징수세액			당월조정환급세액	납부세액	
			인원	총지급액	소득세 등	농어촌특별세	가산세		소득세 등	농어촌특별세
근로소득	간이세액	A01	2	6,000,000	90,000					
	중도퇴사	A02	1	15,200,000	-200,000					
	일용근로	A03								
	연말정산	A04								
	(분납신청)	A05								
	(납부금액)	A06								
	가 감 계	A10	3	21,200,000	-110,000					

전월 미환급 세액의 계산			당월 발생 환급세액				18.조정대상환급(14+15+16+17)	19.당월조정환급세액계	20.차월이월환급세액	21.환급신청액
12.전월미환급	13.기환급	14.차감(12-13)	15.일반환급	16.신탁재산	금융회사 등	합병 등				
			110,000				110,000		110,000	

· 기본급(과세) / 자격수당(과세) / 식대(제출비과세) / 자가운전보조금(미제출비과세)

· 간이세액[A01] ▶ 총지급액 = 기본급(과세) + 자격수당(과세) + 식대(제출비과세)

  = 5,300,000 + 300,000 + 400,000 = 6,000,000원

· 간이세액[A01] ▶ 소득세 등 = 5월분 급여에 대한 소득세 원천징수액

  = 90,000(김성현) + 0(서지은) = 90,000원

· 중도퇴사[A02] ▶ 총지급액 = 중도퇴사자의 1~4월분 총지급액 + 중도퇴사자의 5월분 총지급액

  = 12,000,000 + (2,700,000 + 300,000 + 200,000) = 15,200,000원

· 중도퇴사[A02] ▶ 소득세 등 = 중도퇴사자의 연말정산에 따른 소득세 납부(환급)세액

  = (-)200,000원

(2) 1단계 [연말정산추가자료입력] 메뉴 ▶ 301.함춘식 ▶ [소득명세] 탭

  · 근무처명 : ㈜솔비공업사
  · 종교관련 종사자 : 부
  · 사업자등록번호 : 956-85-02635
  · 근무기간 : 2025. 1. 1.~2025. 4. 20.
  · 급여 : 12,200,000
  · 건강보험료 : 464,810
  · 장기요양보험료 : 97,290
  · 고용보험료 : 134,320
  · 국민연금보험료 : 508,700
  · 기납부세액 ▶ 소득세 : 398,000
  · 기납부세액 ▶ 지방소득세 : 39,800

2단계 [부양가족] 탭 ▶ 상단부

연말관계	성명	내/외국인	주민(외국인)번호	나이	소득기준초과여부	기본공제	세대주구분	부녀자	한부모	경로우대	장애인	자녀	출산입양	결혼세액
0	함춘식	내	1 910919-1668329	34		본인	세대주							
1	함덕주	내	1 511223-1589329	74		60세이상				○				
1	박경자	내	1 540807-2548715	71		60세이상				○				
6	함경리	내	1 891229-2509016	36		장애인					3			
	합 계 [명]					4				2	1			

· 함덕주(부친)와 박경자(모친)는 분리과세되는 소득(일용근로소득, 복권당첨소득)만 있으므로 소득금액 요건 충족하고 기본공제 가능
· 함경리(누나)는 소득금액 요건을 충족하며, 장애인은 나이 요건의 제한을 받지 않으므로 기본공제 가능

· 본인 함춘식

자료구분	보험료				의료비					교육비	
	건강	고용	일반보장성	장애인전용	일반	실손	선천성이상아	난임	65세,장애인	일반	장애인특수
국세청											
기타	2,187,640	459,120									

자료구분	신용카드등 사용액공제						기부금
	신용카드	직불카드등	현금영수증	전통시장사용분	대중교통이용분	도서공연 등	
국세청	19,400,000				600,000		
기타							

- 저축성 보험료는 공제 적용 안 됨

· 부친 함덕주

자료구분	보험료				의료비					교육비	
	건강	고용	일반보장성	장애인전용	일반	실손	선천성이상아	난임	65세,장애인	일반	장애인특수
국세청			500,000						300,000		
기타											

자료구분	신용카드등 사용액공제						기부금
	신용카드	직불카드등	현금영수증	전통시장사용분	대중교통이용분	도서공연 등	
국세청		6,000,000		2,000,000			
기타							

· 모친 박경자

자료구분	보험료				의료비					교육비	
	건강	고용	일반보장성	장애인전용	일반	실손	선천성이상아	난임	65세,장애인	일반	장애인특수
국세청									2,000,000		
기타											

자료구분	신용카드등 사용액공제						기부금
	신용카드	직불카드등	현금영수증	전통시장사용분	대중교통이용분	도서공연 등	
국세청							
기타							

· 누나 함경리

자료구분	보험료				의료비					교육비	
	건강	고용	일반보장성	장애인전용	일반	실손	선천성이상아	난임	65세,장애인	일반	장애인특수
국세청			700,000						300,000		
기타											

자료구분	신용카드등 사용액공제						기부금
	신용카드	직불카드등	현금영수증	전통시장사용분	대중교통이용분	도서공연 등	
국세청							
기타							

4단계 [의료비] 탭

		2025년 의료비 지급명세서											14.산후조리원
	의료비 공제대상자					지급처		지급명세					
	성명	내/외	5.주민등록번호	6.본인등해당여부	9.증빙코드	8.상호	7.사업자등록번호	10.건수	11.금액	11-1.실손보험수령액	12.미숙아선천성이상아	13.난임여부	
☐	박경자	내	540807-2548715	2	0	1				2,000,000		X	X	X
☐	함덕주	내	511223-1589329	2	0	1				300,000		X	X	X
☐	함경리	내	891229-2509016	2	0	1				300,000		X	X	X
☐													
☐													
	합계									2,600,000			
	일반의료비 (본인)		6세이하,65세이상인 건강보험산정특례자 장애인			2,600,000	일반의료비 (그 외)			난임시술비 미숙아.선천성이상아			

· 치료·요양 목적의 한약 구입비는 공제 적용 가능

 [신용카드 등] 탭

	성명 생년월일	작료 구분	신용카드	직불,선불	현금영수증	도서등 신용	도서등 직불	도서등 현금	전통시장	대중교통	합계
☐	함춘식	국세청	19,400,000							600,000	20,000,000
	1991-09-19	기타									
☐	함덕주	국세청		6,000,000					2,000,000		8,000,000
	1951-12-23	기타									
☐	박경자	국세청									
	1954-08-07	기타									
☐	함경리	국세청									
	1989-12-29	기타									
☐											
☐											
☐											
☐											
	합계		19,400,000	6,000,000					2,000,000	600,000	28,000,000

· 신용카드 등 사용액 중 의료비 결제액은 신용카드 공제 적용 가능함
· 본인 신용카드 = 사용액 − 대중교통 − 아파트 관리비
　　　　　　　= 21,000,000 − 600,000 − 1,000,000 = 19,400,000원

 [월세액] 탭
· 임대인명 : 이고동
· 주민등록번호 : 691126-1904701
· 주택유형 : (F2를 클릭하여 검색 후 입력) 아파트
· 주택계약면적(㎡) : 84
· 임대차계약서상 주소지 : 경기도 안산시 단원구 중앙대로 620
· 계약서상 임대차 계약기간 : 2025. 1. 1.~2026. 12. 31.
· 연간 월세액 : 7,200,000[1]
· 무주택자 해당 여부 : 여
[1] 월 600,000원 × 12개월 = 7,200,000원

 [연말정산입력] 탭 ▶ F8 부양가족탭불러오기 클릭
· 보장성보험 ▶ 일반 : 500,000
· 보장성보험 ▶ 장애인 : 700,000
· 의료비 ▶ 6세 이하, 65세 이상, 장애인 : 2,600,000
· 월세액 : 7,200,000
· 신용카드 등 사용액 ▶ 신용카드 : 19,400,000
· 신용카드 등 사용액 ▶ 직불/선불카드 : 6,000,000
· 신용카드 등 사용액 ▶ 전통시장 : 2,000,000
· 신용카드 등 사용액 ▶ 대중교통 : 600,000

▶ 문제 | p.868

이론시험

1 ④	2 ①	3 ③	4 ④	5 ②	6 ④	7 ①	8 ②
9 ③	10 ①	11 ③	12 ③	13 ④	14 ②	15 ①	

1 ④ 채무증권(채권)이면서 그 만기가 당기 결산일로부터 1년 이내에 도래하는 경우에는 만기보유증권 계정과목 또는 매도가능증권 계정과목으로 처리되어 있더라도 당기말 재무상태표 작성 시 이를 유동자산(당좌자산)으로 분류한다.

2 ① · 누락된 회계처리

    (차) 선급비용 (자산의 증가)   ×××　　　　(대) 보험료 (비용의 감소)   ×××

  · 회계처리를 누락하는 경우, 재무제표에 미치는 영향 : 자산 과소, 비용 과대 → 당기순이익 과소 → 자본 과소

3 ③ 자산의 원상회복, 수선유지를 위한 지출 등은 수익적 지출에 해당한다.

4 ④ 용역제공거래의 성과를 신뢰성 있게 추정할 수 없고 발생한 원가의 회수가능성이 낮은 경우에는 수익을 인식하지 않고 발생한 원가를 비용으로 인식한다. (일반기업회계기준 문단 16.14)

5 ② · 보수주의란 재무적 기초를 견고히 하고자 하는 취지에서 가능한 한 자산과 수익은 작게, 부채와 비용은 크게 회계처리하는 것을 말한다. 재고자산의 저가법 평가, 우발손실의 인식 등이 보수주의에 입각한 회계처리에 해당한다.

  · 회계연도의 이익을 줄이기 위해 유형자산의 내용연수를 임의로 단축하는 것은 이익조정을 주된 목적으로 한 회계변경에 해당하며, 이는 정당한 사유에 의한 회계변경으로 볼 수 없다.

6 ④ 단위당 변동원가는 조업도의 변동에 관계없이 일정하다.

7 ① · 예정배부액 = 실제조업도 × 예정배부율

              = 10,000시간 × @2,000 = 20,000,000원

  · 배부차이 = 예정배부액 − 실제발생액

           = 20,000,000 − 18,000,000 = 2,000,000원 과대배부

8 ② · 기초재공품 수량 + 당기착수량 = 당기완성량 + 공손품 수량 + 기말재공품 수량

    → 500 + 5,000 = ? + 700 + 300

    ∴ 당기완성량 = 4,500개

  · 완성품의 10%가 정상공손이라면,

    → 정상공손 수량 = 당기완성량 × 10% = 4,500 × 10% = 450개

    → 비정상공손 수량 = 총 공손 수량 − 정상공손 수량 = 700 − 450 = 250개

9 ③ 종합원가계산에서는 공정(Process)별로 원가를 집계한 후 이를 해당 공정의 생산량(완성품환산량)으로 나누어 완성품환산량 단위당 원가, 제품 원가, 기말재공품 원가를 계산한다.

10 ① · 기초재공품 수량 + 당기착수량 = 당기완성량 + 기말재공품 수량

    → 1,000 + 3,000 = ? + 2,000

    ∴ 당기완성량 = 2,000개

  · 평균법에 의한 가공비의 완성품환산량 = 완성분 + 기말재공품

             = 2,000 + (2,000 × 40%) = 2,800개

11 ③ 간이과세자는 세금계산서·신용카드매출전표·현금영수증을 발급받은 재화·용역의 공급대가에 0.5%를 곱한 금액을 납부세액에서 공제한다. (매입세금계산서 등에 대한 세액공제)

12 ③ 의제매입세액공제를 적용할 때, 면세농산물 등의 매입가액에는 운임 등 취득부대비용을 제외한다.

13 ④ 법 소정 요건을 충족하는 근로자 본인에 대한 업무 관련 교육비 지원금은 비과세 근로소득에 해당한다. 근로자의 가족에 대한 학자금 지원금은 과세 대상 근로소득에 해당한다.

14 ② ・퇴직소득은 지급 시 원천징수 되고 분류과세가 적용되므로 확정신고를 하더라도 세액이 달라지지 않는다.
　　　・상용근로소득은 연말정산을 통하여 소득세가 납부되지만 종합과세가 적용되고, 사업소득도 종합과세가 적용되므로 두 소득을 합산한 금액으로 종합소득세를 계산하면 연말정산으로 납부한 세액과 달라지므로 반드시 확정신고를 하여야 한다.
　　　・상용근로소득은 연말정산을 통하여 소득세가 납부되었고, 2천만 원 이하의 금융소득은 분리과세가 적용되므로 확정신고를 하더라도 세액이 달라지지 않는다.

15 ① ・기본공제대상자의 소득금액 요건을 판단할 때, 근로소득만 있는 기본공제대상자의 경우에는 총급여 500만 원(= 근로소득금액 150만 원)까지 인정된다.
　　　・거주자 본인이 ㉠ 배우자가 없는 사람으로서 ㉡ 기본공제대상자인 직계비속이 있는 세대주인 경우 한부모 공제가 가능하다.

실무시험

문제 1 일반전표입력

(1)	6월 12일	(차) 단기매매증권	10,000,000	(대) 보통예금	10,100,000
		수수료비용(영업외비용)	100,000		
(2)	7월 9일	(차) 예수금	3,300,000	(대) 보통예금	3,300,000
(3)	7월 21일	(차) 토지	370,000,000	(대) 자산수증이익	350,000,000
				보통예금	20,000,000
(4)	9월 20일	(차) 보통예금	34,100,000	(대) 사채	35,000,000
		사채할인발행차금	900,000		
(5)	10월 21일	(차) 보통예금	125,000,000	(대) 외상매출금(㈜도담)	115,000,000
				외환차익	10,000,000

문제 2 매입매출전표입력

(1) 7월 2일　유형 : 51.과세 / 공급가액 : 15,000,000 / 부가세 : 1,500,000 / 거래처 : 대보상사 / 전자 : 부 / 분개 : 혼합

(차) 부가세대급금	1,500,000	(대) 당좌예금	16,500,000
기계장치	15,000,000		

(2) 7월 24일　유형 : 61.현과 / 공급가액 : 80,000 / 부가세 : 8,000 / 거래처 : 참맛식당 / 분개 : 혼합(현금)

(차) 부가세대급금	8,000	(대) 현금	88,000
복리후생비(판관비)	80,000		

(3) 8월 1일　유형 : 54.불공 / 공급가액 : 25,000,000 / 부가세 : 2,500,000 / 거래처 : ㈜빠름자동차 / 전자 : 여 / 분개 : 혼합 / (불공제사유 : ③개별소비세법에 따른 자동차(비영업용 소형승용자동차) 구입·유지 및 임차)

(차) 차량운반구	27,500,000	(대) 보통예금	3,000,000
		미지급금(㈜빠름자동차)	24,500,000

(4) 8월 17일　유형 : 11.과세 / 공급가액 : 40,000,000 / 부가세 : 4,000,000 / 거래처 : ㈜더뷰상사 / 전자 : 여 / 분개 : 혼합

(차) 보통예금	12,000,000	(대) 부가세예수금	4,000,000
외상매출금(㈜더뷰상사)	32,000,000	제품매출	40,000,000

(5) 11월 30일   유형 : 16.수출 / 공급가액 : 78,600,000[1] / 부가세 : 0 / 거래처 : KYM사 / 분개 : 혼합 / (영세율구분 : 1.직접
수출)

(차) 외상매출금(KYM사)	39,300,000	(대) 제품매출	78,600,000
보통예금	39,300,000		

[1] $60,000 × @1,310원 = 78,600,000원

문제3 부가가치세신고

(1) [부동산임대공급가액명세서] (10월~12월)

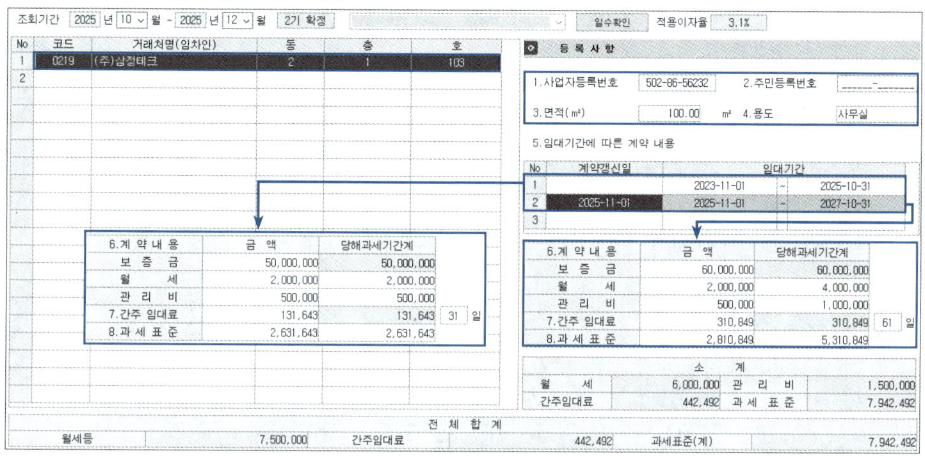

조회기간 2025 년 10 월 ~ 2025 년 12 월 2기 확정 　　　　　　일수확인　적용이자율 3.1%

No	코드	거래처명(임차인)	동	층	호
1	0219	(주)삼정테크	2	1	103
2					

등록사항

1.사업자등록번호 502-86-56232　　2.주민등록번호 _______-_______

3.면적(m²) 100.00 m²　4.용도 사무실

5.임대기간에 따른 계약 내용

No	계약갱신일	임대기간		
1		2023-11-01	~	2025-10-31
2	2025-11-01	2025-11-01	~	2027-10-31
3				

6.계약내용	금 액	당해과세기간계	
보 증 금	50,000,000	50,000,000	
월 세	2,000,000	2,000,000	
관 리 비	500,000	500,000	
7.간주 임대료	131,643	131,643	31 일
8.과 세 표 준	2,631,643	2,631,643	

6.계약내용	금 액	당해과세기간계	
보 증 금	60,000,000	60,000,000	
월 세	2,000,000	4,000,000	
관 리 비	500,000	1,000,000	
7.간주 임대료	310,849	310,849	61 일
8.과 세 표 준	2,810,849	5,310,849	

소 계

월 세	6,000,000	관 리 비	1,500,000
간주임대료	442,492	과 세 표 준	7,942,492

전 체 합 계

월세등	7,500,000	간주임대료	442,492	과세표준(계)	7,942,492

> 참고 과세표준
> · 월세와 관리비 = (2,000,000 × 3개월) + (500,000 × 3개월) = 7,500,000원
> · 간주임대료 = (50,000,000 × 연3.1% × 31일/365일) + (60,000,000 × 연3.1% × 61일/365일) = 442,492원

(2) [부가가치세신고서] (1월~3월)

		구분		정기신고금액		
				금액	세율	세액
과세표준및매출세액	과세	세금계산서발급분	1	350,000,000	10/100	35,000,000
		매입자발행세금계산서	2		10/100	
		신용카드 · 현금영수증발행분	3	12,000,000	10/100	1,200,000
		기타(정규영수증외매출분)	4	287,600		28,760
	영세	세금계산서발급분	5		0/100	
		기타	6		0/100	
	예정신고누락분		7			
	대손세액가감		8			
	합계		9	362,287,600	㉑	36,228,760
매입세액	세금계산서수취분	일반매입	10	110,000,000		11,000,000
		수출기업수입분납부유예	10-1			
		고정자산매입	11	40,000,000		4,000,000
	예정신고누락분		12			
	매입자발행세금계산서		13			
	그 밖의 공제매입세액		14	45,000,000		4,500,000
	합계(10)-(10-1)+(11)+(12)+(13)+(14)		15	195,000,000		19,500,000
	공제받지못할매입세액		16	40,350,000		4,035,000
	차감계 (15-16)		17	154,650,000	㉯	15,465,000
납부(환급)세액(매출세액㉑-매입세액㉯)					㉹	20,763,760
경감공제세액	그 밖의 경감 · 공제세액		18			
	신용카드매출전표등 발행공제등		19			
	합계		20		㉺	
소규모 개인사업자 부가가치세 감면세액			20-1		㉻	
예정신고미환급세액			21		㉼	
예정고지세액			22		㉽	
사업양수자의 대리납부 기납부세액			23		㉾	
매입자 납부특례 기납부세액			24		㉿	
신용카드업자의 대리납부 기납부세액			25		㊀	
가산세액계			26		㊁	
차가감하여 납부할세액(환급받을세액)㉹-㉺-㉻-㉼-㉽-㉾-㉿-㊁+㊂			27			20,763,760
총괄납부사업자가 납부할 세액(환급받을 세액)						

구분				금액	세율	세액
7.매출(예정신고누락분)						
예 정 누 락 분	과 세	세금계산서	33		10/100	
		기타	34		10/100	
	영 세	세금계산서	35		0/100	
		기타	36		0/100	
		합계	37			
12.매입(예정신고누락분)						
예 정 누 락 분		세금계산서	38			
		그 밖의 공제매입세액	39			
		합계	40			
	신용카드매출 수령금액합계	일반매입				
		고정매입				
	의제매입세액					
	재활용폐자원등매입세액					
	과세사업전환매입세액					
	재고매입세액					
	변제대손세액					
	외국인관광객에대한환급세액					
		합계				
14.그 밖의 공제매입세액						
신용카드매출 수령금액합계표	일반매입		41	45,000,000		4,500,000
	고정매입		42			
의제매입세액			43		뒤쪽	
재활용폐자원등매입세액			44		뒤쪽	
과세사업전환매입세액			45			
재고매입세액			46			
변제대손세액			47			
외국인관광객에대한환급세액			48			
		합계	49	45,000,000		4,500,000

구분		금액	세율	세액
16.공제받지못할매입세액				
공제받지못할 매입세액	50	40,350,000		4,035,000
공통매입세액면세등사업분	51			
대손처분받은세액	52			
합계	53	40,350,000		4,035,000
18.그 밖의 경감·공제세액				
전자신고 및 전자고지 세액공제	54			
전자세금계산서발급세액공제	55			
택시운송사업자경감세액	56			
대리납부세액공제	57			
현금영수증사업자세액공제	58			
기타	59			
합계	60			

- '신용카드 사용분 중 기업업무추진비(접대비) 관련 사용분'은 10% 부가가치세가 기재된 신용카드매출전표를 수취하였지만 매입세액공제를 받을 수 없는 경우에 해당하므로 해당 거래는 부가가치세신고서 작성 시 기재하지 않는다.

(3) 1단계 신고서 마감 확인 : [부가가치세신고서] 메뉴 (4월~6월)

2단계 전자신고파일 제작 : [전자신고] 메뉴 (신고인구분 : 2.납세자 자진신고), (비밀번호 : 13001300)

3단계 전자신고파일 제출 : [국세청 홈택스 전자신고변환(교육용)] 메뉴 (찾아보기 → 형식검증하기 → 형식검증결과확인 → 내용검증하기 → 내용검증결과확인 → 전자파일제출 → 신고서 접수증 확인)

문제 4 결산

(1) (수동결산)
[일반전표입력] 12월 31일

	차변	금액	대변	금액
	(차) 매도가능증권(투자)	1,200,000	(대) 매도가능증권평가이익	1,200,000[1]

[1] (10,000주 × @850원) − 7,300,000원 = 1,200,000원

(2) (수동결산)
[일반전표입력] 12월 31일

	차변	금액	대변	금액
	(차) 잡손실	102,000	(대) 현금과부족	102,000

(3) (수동결산)
[일반전표입력] 12월 31일

	차변	금액	대변	금액
	(차) 보통예금	35,423,800	(대) 단기차입금(우리은행)	35,423,800

(4) (수동결산)

　　[일반전표입력] 12월 31일

　　　　　(차) 선급비용　　　　200,000　　　(대) 보험료(판관비)　　　200,000[1]

　　　　[1] 1,200,000원 × (2개월/12개월) = 200,000원

(5) (수동결산 또는 자동결산)

　　| 방법1 |　(수동결산)

　　　　[일반전표입력] 12월 31일

　　　　　(차) 퇴직급여(제조)　　240,000,000　　(대) 퇴직급여충당부채　　320,000,000
　　　　　　　퇴직급여(판관비)　　80,000,000

　　| 방법2 |　(자동결산)

　　　　[결산자료입력] 메뉴에서 (기간 : 1월~12월) 다음과 같이 입력한다. 자동결산 항목 입력이 완료되고 나면 상단
　　　　의 [전표추가]를 클릭하여 결산분개를 생성한다.
　　　　　· 제품매출원가 ▶ 노무비 ▶ 퇴직급여(전입액) : 240,000,000
　　　　　· 판매비와 일반관리비 ▶ 퇴직급여(전입액) : 80,000,000

문제 5　연말정산

(1) 1단계　[급여자료입력] 메뉴 ▶ [수당공제] 보조창 ▶ [수당등록] 탭

No	코드	과세구분	수당명	근로소득유형 유형	코드	한도	월정액	통상임금	사용여부
1	1001	과세	기본급	급여			정기	여	여
2	1002	과세	상여	상여			부정기	부	부
3	1003	과세	직책수당	급여			정기	부	여
4	1004	과세	월차수당	급여			정기	부	부
5	1005	비과세	식대	식대	P01	(월)200,000	정기	부	부
6	1006	비과세	자가운전보조금	자가운전보조금	H03	(월)200,000	부정기	부	부
7	1007	비과세	야간근로수당	야간근로수당	001	(년)2,400,000	부정기	부	부
8	2001	과세	식대	급여			정기	부	여
9	2002	비과세	[기업연구소]연구보조	[기업연구소]연구보	H10	(월)200,000	정기	부	여
10	2003	비과세	보육수당	보육수당	Q02	(월)200,000	정기	부	여

2단계　[급여자료입력]

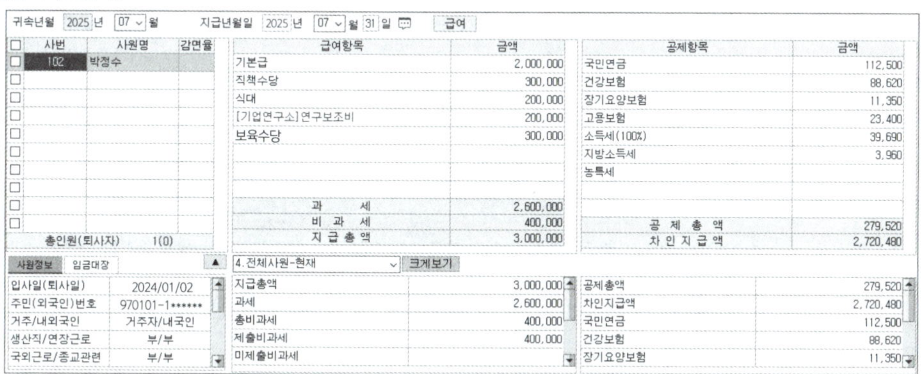

· 과세 = 기본급 + 직책수당 + 식대(요건미충족) + 보육수당(한도초과분)
　　　　= 2,000,000 + 300,000 + 200,000 + 100,000 = 2,600,000원
· 비과세 = 연구보조비 + 보육수당(한도)
　　　　= 200,000(제출) + 200,000(제출) = 400,000원

3단계 [원천징수이행상황신고서]

| 귀속기간 2025 년 07 월 ~ 2025 년 07 월 | 지급기간 2025 년 07 월 ~ 2025 년 07 월 | 신고구분 1.정기신고 | 차수 |

신고구분	☑매월 □반기 □수정 □연말 □소득처분 □환급신청		귀속년월	2025 년 7월	지급년월	2025 년 7월
일괄납부여부	부	사업자단위과세여부	부	부표 작성	환급신청서 작성	승계명세 작성

원천징수명세및납부세액 | 원천징수이행상황신고서 부표 | 원천징수세액환급신청서 | 기납부세액명세서 | 전월미환급세액 조정명세서 | 차월이월환급세액 승계명세

소득자 소득구분		코드	소득지급		징수세액			당월조정환급세액	납부세액	
			인원	총지급액	소득세 등	농어촌특별세	가산세		소득세 등	농어촌특별세
근로소득	간이세액	A01	1	3,000,000	39,690					
	중도퇴사	A02								
	일용근로	A03								
	연말정산	A04								
	(분납신청)	A05								
	(납부금액)	A06								
	가 감 계	A10	1	3,000,000	39,690			39,690		

전월 미환급 세액의 계산			당월 발생 환급세액				18.조정대상환급(14+15+16+17)	19.당월조정환급세액계	20.차월이월환급세액	21.환급신청액
12.전월미환급	13.기환급	14.차감(12-13)	15.일반환급	16.신탁재산	금융회사 등	합병 등				
150,000		150,000					150,000	39,690	110,310	

(2) 1단계 [연말정산추가자료입력] 메뉴 ▶ 130.김민수 ▶ [소득명세] 탭

· 근무처명 : ㈜강일전자
· 종교관련 종사자 : 부
· 사업자등록번호 : 205-85-11389
· 근무기간 : 2025. 1. 1.~2025. 9. 19.
· 급여 : 33,250,000
· 상여 : 8,500,000
· 건강보험료 : 1,435,680
· 장기요양보험료 : 183,870
· 고용보험료 : 364,500
· 국민연금보험료 : 1,822,500
· 기납부세액 ▶ 소득세 : 325,000[1]
· 기납부세액 ▶ 지방소득세 : 32,500

[1] 전 근무지에서의 기납부세액은 종전근무지 근로소득원천징수영수증에 기재된 결정세액, 기납부세액, 차감징수세액 중 결정세액임

2단계 [부양가족] 탭 ▶ 상단부

연말관계	성명	내/외국인	주민(외국인)번호	나이	소득기준초과여부	기본공제	세대주구분	부녀자	한부모	경로우대	장애인	자녀	출산입양	결혼세액
0	김민수	내	1 800205-1884520	45		본인	세대주							
3	여민지	내	1 830120-2118529	42		배우자								
4	김수지	내	1 120810-4988226	13		20세이하						○		
4	김지민	내	1 140520-3118523	11		20세이하						○		
1	한미녀	내	1 571211-2113255	68		60세이상					1			
	합 계 [명]					5						1	2	

· 여민지(배우자)는 근로소득만 있고 총급여 500만 원 이하이므로 소득금액 요건을 충족함
· 한미녀(어머니)는 금융소득 2,000만 원 이하로서 분리과세되므로(조건부 종합과세) 소득금액 요건을 충족함
· 한미녀(어머니)에 대하여 기본공제란에 '장애인'을 입력하여도 정답 인정

3단계 [부양가족] 탭 ▶ 하단부

· 본인 김민수

자료구분	보험료				의료비					교육비	
	건강	고용	일반보장성	장애인전용	일반	실손	선천성이상아	난임	65세,장애인	일반	장애인특수
국세청			1,150,000								
기타	2,319,362	504,500									

자료구분	신용카드등 사용액공제						기부금
	신용카드	직불카드등	현금영수증	전통시장사용분	대중교통이용분	도서공연 등	
국세청	19,870,000			5,200,000	7,500,000		
기타							

· 모친 한미녀

자료구분	보험료				의료비					교육비	
	건강	고용	일반보장성	장애인전용	일반	실손	선천성이상아	난임	65세,장애인	일반	장애인특수
국세청				1,200,000							
기타											

자료구분	신용카드등 사용액공제						기부금
	신용카드	직불카드등	현금영수증	전통시장사용분	대중교통이용분	도서공연 등	
국세청			5,000,000				
기타							

– 직계존속에 대한 (일반)교육비는 공제 적용 안 됨

· 배우자 여민지

자료구분	보험료				의료비					교육비	
	건강	고용	일반보장성	장애인전용	일반	실손	선천성이상아	난임	65세,장애인	일반	장애인특수
국세청					3,000,000 2.일반	1,000,000					
기타											

자료구분	신용카드등 사용액공제						기부금
	신용카드	직불카드등	현금영수증	전통시장사용분	대중교통이용분	도서공연 등	
국세청		12,000,000					
기타							

· 자녀 김수지

자료구분	보험료				의료비					교육비	
	건강	고용	일반보장성	장애인전용	일반	실손	선천성이상아	난임	65세,장애인	일반	장애인특수
국세청					500,000 2.일반					200,000 2.초중고	
기타											

자료구분	신용카드등 사용액공제						기부금
	신용카드	직불카드등	현금영수증	전통시장사용분	대중교통이용분	도서공연 등	
국세청							
기타							

– 취학 전 아동 이외의 자녀 학원비는 공제 적용 안 됨

· 자녀 김지민

자료구분	보험료				의료비					교육비	
	건강	고용	일반보장성	장애인전용	일반	실손	선천성이상아	난임	65세,장애인	일반	장애인특수
국세청										300,000 2.초중고	
기타											

자료구분	신용카드등 사용액공제						기부금
	신용카드	직불카드등	현금영수증	전통시장사용분	대중교통이용분	도서공연 등	
국세청							
기타							

– 초·중·고 체험학습비는 1인당 연 30만 원을 한도로 공제 적용 가능

4단계 [신용카드 등] 탭

	성명 생년월일	자료구분	신용카드	직불,선불	현금영수증	도서등 신용	도서등 직불	도서등 현금	전통시장	대중교통	합계
☐	김민수	국세청	19,870,000						5,200,000	7,500,000	32,570,000
	1980-02-05	기타									
☐	한미녀	국세청			5,000,000						5,000,000
	1957-12-11	기타									
☐	여민지	국세청		12,000,000							12,000,000
	1983-01-20	기타									
☐	김수지	국세청									
	2012-08-10	기타									
☐	김지민	국세청									
	2014-05-20	기타									
☐											
☐											
	합계		19,870,000	12,000,000	5,000,000				5,200,000	7,500,000	49,570,000

· 신용카드 등 사용액 중 의료비 결제액은 신용카드 공제 적용 가능

 [의료비] 탭

2025 년 의료비 지급명세서												14.산후조리원
의료비 공제대상자					지급처		지급명세					
성명	내/외	5.주민등록번호	6.본인등 해당여부	9.증빙코드	8.상호	7.사업자 등록번호	10. 건수	11.금액	11-1.실손 보험수령액	12.미숙아 선천성이상아	13.난임 여부	
여민지	내	830120-2118529	3	X	1				3,000,000	1,000,000	X	X	X
김수지	내	120810-4988226	3	X	1				500,000		X	X	X
합계									3,500,000	1,000,000			
일반의료비 (본인)			6세 이하, 65세 이상, 장애인			일반의료비 (그 외)		3,500,000	난임시술비			
									미숙아.선천성이상아			

· 시력보정용 안경 구입비는 1인당 연 50만 원을 한도로 공제 적용 가능
· 실손보험금 수령액으로 지급한 의료비는 공제 적용 안 되므로 서식에서 별도로 표기

 [연말정산입력] 탭 ▶ **F8 부양가족탭불러오기** 클릭
· 보장성보험 ▶ 일반 : 1,150,000
· 보장성보험 ▶ 장애인 : 1,200,000
· 의료비 ▶ 그 밖의 공제대상자 ▶ 지출액 : 3,500,000
· 의료비 ▶ 그 밖의 공제대상자 ▶ 실손의료보험금 : 1,000,000
· 교육비 ▶ 초중고(인별) : 200,000
· 교육비 ▶ 초중고(인별) : 300,000
· 교육비 ▶ 대학교 : 0
· 신용카드 등 사용액 ▶ 신용카드 : 19,870,000
· 신용카드 등 사용액 ▶ 직불/선불카드 : 12,000,000
· 신용카드 등 사용액 ▶ 현금영수증 : 5,000,000
· 신용카드 등 사용액 ▶ 전통시장 : 5,200,000
· 신용카드 등 사용액 ▶ 대중교통 : 7,500,000

▶ 문제 | p.881

이론시험

1 ③	2 ④	3 ②	4 ①	5 ①	6 ③	7 ④	8 ①
9 ②	10 ④	11 ③	12 ③	13 ④	14 ②	15 ②	

1 ③ ① 재무제표의 기본가정에는 계속기업의 가정, 기업실체의 가정, 기간별 보고의 가정이 있다.
② 기간별 보고의 가정이란 기업의 존속기간을 일정한 기간 단위로 분할하여 각 기간 단위별로 정보를 측정, 보고한다는 가정을 말한다.
④ 계속기업의 가정이란 기업이 예상 가능한 기간 동안 영업을 계속할 것이라는 가정을 말한다.

2 ④ 후입선출법에서 매출원가는 가장 최근 구입분으로 구성되므로 물가(단가)가 점점 상승하는 상황일 때 후입선출법에서의 매출원가(비용)는 그 외 방법에서의 매출원가보다 크게 평가된다.

3 ② 연수합계법에 의한 감가상각비 = (취득원가 − 잔존가치) × $\dfrac{\text{기초 현재 잔여내용연수}}{\text{내용연수의 합계}}$ × 해당 월수

$$= (5,000,000 - 500,000) \times \frac{3}{1+2+3} \times \frac{3개월}{12개월} = 562,500원$$

4 ① 무형자산 상각의 회계처리방법으로는 취득원가에서 무형자산상각액을 직접 차감하는 '직접법'과 유형자산에서와 같이 취득원가는 그대로 두고 평가적 평가계정인 상각누계액 계정을 사용하는 '간접법'이 모두 허용된다.

5 ① 자기주식처분손실(자본조정), 주식발행초과금(자본잉여금), 매도가능증권평가이익·손실(기타포괄손익누계액), 감자차익(자본잉여금)

6 ③ 회피가능원가란 의사결정에 따라 절약할 수 있는지 여부가 달라지는 원가를 말한다.

7 ④ 생산량(조업도)이 증가함에 따라 제품 단위당 고정원가는 감소한다.

8 ① 기말 제품 재고액은 제조원가명세서에 표시되지 않고, 손익계산서의 매출원가 내역에 표시된다.

9 ② · 제조간접비 실제배부율 = 실제 발생한 제조간접비 ÷ 실제조업도
$\qquad = 2,400,000원 ÷ 3,000,000원 = @0.8원/원$
· 일반형 캠핑카의 제조간접비 배부액 = 개별 작업 실제조업도 × 제조간접비 실제배부율
$\qquad = 1,200,000원 × @0.8 = 960,000원$
· 일반형 캠핑카의 당기총제조원가 = 직접재료비 + 직접노무비 + 제조간접비
$\qquad = 1,200,000 + 600,000 + 960,000 = 2,760,000원$

10 ④ · 기초재공품 물량 + 당기착수분 물량 = 완성품 물량 + 기말재공품 물량
$\quad → 2,500 + 30,000 = ? + 4,000$
$\quad ∴ 완성품 물량 = 28,500개$
· 평균법에 의한 가공비의 완성품환산량 = 완성분 + 기말재공품
$\qquad = 28,500 + (4,000 × 30\%) = 29,700개$
· 평균법에 의한 가공비의 완성품환산량 단위당 원가 = (기초재공품원가+당기투입원가) ÷ 완성품환산량
$\qquad = (30,000 + 1,306,500) ÷ 29,700 = @45원$

11 ③ 가. 과세 / 나. 면세 / 다. 과세 / 라. 면세 / 마. 면세 / 바. 과세

12 ③ 재화 또는 용역의 공급일로부터 10년이 경과한 날이 속하는 과세기간에 대한 확정신고기한까지 대손이 확정되어야 대손세액공제를 적용받을 수 있다.

13 ④ ① 소득세의 과세기간은 개인이 임의로 변경할 수 없으며, 연중에 사업개시나 폐업이 있더라도 바뀌지 않는다.
② 거주자의 소득세 납세지는 원칙적으로 거주자의 주소지로 하며, 주소지가 없는 경우 거소지로 한다.
③ 소득세는 종합과세를 원칙으로 하며, 분류과세 적용소득과 분리과세 적용소득을 제외한 모든 소득을 합산하여 과세한다.

14 ② · 퇴직소득과 양도소득은 분류과세한다.
· 상용근로소득은 종합과세한다.
· 이자소득(금융소득)은 2천만 원 초과인 경우 종합과세한다.
· 상용근로소득과 종합과세되는 이자소득이 있으므로 상용근로소득에 대하여 연말정산이 되더라도 종합소득신고를 생략할 수 없다.
· 종합소득금액 = 30,000,000 + 22,000,000 = 52,000,000원

15 ② 20x1년 12월 귀속 근로소득을 20x2년 1월 31일에 지급한 경우 : 20x1년 12월 말일

> **참고** 근로소득 원천징수시기에 대한 특례 (소득세법 제135조 제1항, 제2항)
> • 원천징수의무자가 1월부터 11월까지의 근로소득을 해당 과세기간의 12월 31일까지 지급하지 아니한 경우에는 그 근로소득을 12월 31일에 지급한 것으로 보아 소득세를 원천징수한다.
> • 원천징수의무자가 12월분의 근로소득을 다음 연도 2월 말일까지 지급하지 아니한 경우에는 그 근로소득을 다음 연도 2월 말일에 지급한 것으로 보아 소득세를 원천징수한다.

실무시험

문제 1 일반전표입력

(1) 1월 30일	(차) 복리후생비(제조)	50,000	(대) 제품	50,000	
			(적요 8. 타계정으로 대체액)		

(2) 4월 1일   (차) 외화장기차입금(미국 LA은행) 26,000,000[1]   (대) 보통예금   29,120,000
　　　　　　　이자비용   1,120,000
　　　　　　　외환차손   2,000,000[2]

[1] [거래처원장] 메뉴에서 기간은 1월 1일~4월 1일, 계정과목은 외화장기차입금, 거래처는 미국 LA은행을 선택하여, 4월 1일 현재 잔액이 '26,000,000'원임을 조회
[2] ($20,000 × @1,400원) − 26,000,000원 = 2,000,000원 (부채이므로 외환차손)

(3) 5월 6일   (차) 임차보증금((주)명당)   20,000,000   (대) 보통예금   18,000,000
　　　　　　　　　　　　　　　　　　　　　　　　　　　　선급금((주)명당)   2,000,000[1]

[1] [일반전표입력] 메뉴에서 일자는 4월 2일을 선택하여 차변의 계정과목이 '선급금'임을 조회

(4) 8월 20일   (차) 보통예금   2,750,000   (대) 대손충당금(외상매출금)   2,500,000
　　　　　　　　　　　　　　　　　　　　　　　　　　　　부가세예수금   250,000

(5) 9월 19일   (차) 차량운반구   1,250,000   (대) 보통예금   1,250,000

문제 2 매입매출전표입력

(1) 4월 2일   유형 : 11.과세 / 공급가액 : 50,000,000 / 부가세 : 5,000,000 / 거래처 : (주)이레테크 / 전자 : 여 / 분개 : 혼합
　　　　　　　(차) 선수금((주)이레테크)   5,000,000   (대) 부가세예수금   5,000,000
　　　　　　　　　받을어음((주)이레테크)   30,000,000　　　제품매출   50,000,000
　　　　　　　　　외상매출금((주)이레테크)   20,000,000

(2) 4월 9일   유형 : 16.수출 / 공급가액 : 3,000,000 / 부가세 : 0 / 거래처 : BTECH / 분개 : 혼합(외상) / (영세율구분 : 1.직
접수출) / (수출신고번호 : 1234500123456X)

(차) 외상매출금(BTECH)	3,000,000	(대) 제품매출	3,000,000

(3) 5월 29일   유형 : 57.카과 / 공급가액 : 1,000,000 / 부가세 : 100,000 / 거래처 : 침산가든 / 분개 : 혼합(카드) / (신용카
드사 : 제일카드)

(차) 부가세대급금	100,000	(대) 미지급금(제일카드)	1,100,000
복리후생비(제조)	600,000		
복리후생비(판관비)	400,000		

(4) 6월 5일   유형 : 54.불공 / 공급가액 : 100,000,000 / 부가세 : 10,000,000 / 거래처 : ㈜한라상사 / 전자 : 여 / 분개 : 혼
합 / (불공제사유 : ⑤면세사업 관련)

(차) 기계장치	110,000,000	(대) 당좌예금	100,000,000
		보통예금	10,000,000

(5) 6월 15일   유형 : 61.현과 / 공급가액 : 200,000 / 부가세 : 20,000 / 거래처 : 일진상사 / 분개 : 혼합(현금)

(차) 부가세대급금	20,000	(대) 현금	220,000
소모품비(제조)	200,000		

문제 3 부가가치세신고

(1) 1단계 [수출실적명세서] (1월~3월)

구분	건수	외화금액	원화금액	비고
⑨합계	3	5,180,000.00	232,000,000	
⑩수출재화[=⑫합계]	3	5,180,000.00	232,000,000	
⑪기타영세율적용				

No	□	(13)수출신고번호	(14)선(기)적일자	(15)통화코드	(16)환율	(17)외화	(18)원화	거래처코드	거래처명
1	□	13065-22-065849X	2025-01-31	USD	1,080.0000	100,000.00	108,000,000	00801	제임스사
2	□	13075-20-080907X	2025-02-20	USD	1,050.0000	80,000.00	84,000,000	00802	랜덤기업
3	□	13889-25-148890X	2025-03-18	JPY	8.0000	5,000,000.00	40,000,000	00901	큐수상사
4	□								
	□								
	□								
	□								
	□								
	□								
	□								
		합계				5,180,000	232,000,000		

2단계 [영세율매출명세서] (1월~3월)

부가가치세법	조세특례제한법		
(7)구분	(8)조문	(9)내용	(10)금액(원)
부 가 가 치 세 법	제21조	직접수출(대행수출 포함)	232,000,000
		중계무역 · 위탁판매 · 외국인도 또는 위탁가공무역 방식의 수출	
		내국신용장 · 구매확인서에 의하여 공급하는 재화	
		한국국제협력단 및 한국국제보건의료재단에 공급하는 해외반출용 재화	
		수탁가공무역 수출용으로 공급하는 재화	
	제22조	국외에서 제공하는 용역	
	제23조	선박 · 항공기에 의한 외국항행용역	
		국제복합운송계약에 의한 외국항행용역	
	제24조	국내에서 비거주자 · 외국법인에게 공급되는 재화 또는 용역	
		수출재화임가공용역	
		외국항행 선박 · 항공기 등에 공급하는 재화 또는 용역	
		국내 주재 외교공관, 영사기관, 국제연합과 이에 준하는 국제기구, 국제연합군 또는 미국군에게 공급하는 재화 또는 용역	
		「관광진흥법 시행령」에 따른 일반여행업자가 외국인관광객에게 공급하는 관광알선용역	
		외국인전용판매장 또는 주한외국군인 등의 전용 유흥음식점에서 공급하는 재화 또는 용역	
		외교관 등에게 공급하는 재화 또는 용역	
		외국인환자 유치용역	
(11) 부가가치세법에 따른 영세율 적용 공급실적 합계			232,000,000
(12) 조세특례제한법 및 그 밖의 법률에 따른 영세율 적용 공급실적 합계			
(13) 영세율 적용 공급실적 총 합계(11)+(12)			232,000,000

(2) [부가가치세신고서] (10월~12월)

구분				정기신고금액		
				금액	세율	세액
과세표준및매출세액	과세	세금계산서발급분	1	500,000,000	10/100	50,000,000
		매입자발행세금계산서	2		10/100	
		신용카드 · 현금영수증발행분	3	80,000,000	10/100	8,000,000
		기타(정규영수증외매출분)	4			
	영세	세금계산서발급분	5	50,000,000	0/100	
		기타	6	150,000,000	0/100	
	예정신고누락분		7			
	대손세액가감		8			3,000,000
	합계		9	780,000,000	㉑	61,000,000
매입세액	세금계산서수취분	일반매입	10	550,000,000		55,000,000
		수출기업수입분납부유예	10-1			
		고정자산매입	11			
	예정신고누락분		12	20,000,000		2,000,000
	매입자발행세금계산서		13			
	그 밖의 공제매입세액		14			
	합계(10)-(10-1)+(11)+(12)+(13)+(14)		15	570,000,000		57,000,000
	공제받지못할매입세액		16	30,000,000		3,000,000
	차감계 (15-16)		17	540,000,000	㉯	54,000,000
납부(환급)세액(매출세액㉑-매입세액㉯)					㉰	7,000,000
경감공제세액	그 밖의 경감 · 공제세액		18			10,000
	신용카드매출전표등 발행공제등		19			
	합계		20		㉴	10,000
소규모 개인사업자 부가가치세 감면세액			20-1		㉵	
예정신고미환급세액			21		㉶	
예정고지세액			22		㉷	
사업양수자의 대리납부 기납부세액			23		㉸	
매입자 납부특례 기납부세액			24		㉹	
신용카드업자의 대리납부 기납부세액			25		㉺	
가산세액계			26		㉻	500,000
차가감하여 납부할세액(환급받을세액)㉰-㉴-㉵-㉶-㉷-㉸-㉹-㉺+㉻			27			7,490,000
총괄납부사업자가 납부할 세액(환급받을 세액)						

구분				금액	세율	세액
7.매출(예정신고누락분)						
예정누락분	과세	세금계산서	33		10/100	
		기타	34		10/100	
	영세	세금계산서	35		0/100	
		기타	36		0/100	
	합계		37			
12.매입(예정신고누락분)						
예정누락분	세금계산서		38	20,000,000		2,000,000
	그 밖의 공제매입세액		39			
	합계		40	20,000,000		2,000,000
	신용카드매출수령금액합계	일반매입				
		고정매입				
	의제매입세액					
	재활용폐자원등매입세액					
	과세사업전환매입세액					
	재고매입세액					
	변제대손세액					
	외국인관광객에대한환급세액					
	합계					
14.그 밖의 공제매입세액						
신용카드매출수령금액합계표	일반매입		41			
	고정매입		42			
의제매입세액			43		뒤쪽	
재활용폐자원등매입세액			44		뒤쪽	
과세사업전환매입세액			45			
재고매입세액			46			
변제대손세액			47			
외국인관광객에대한환급세액			48			
합계			49			

구분		금액	세율	세액
16.공제받지못할매입세액				
공제받지못할 매입세액	50	30,000,000		3,000,000
공통매입세액면세등사업분	51			
대손처분받은세액	52			
합계	53	30,000,000		3,000,000
18.그 밖의 경감·공제세액				
전자신고 및 전자고지 세액공제	54			10,000
전자세금계산서발급세액공제	55			
택시운송사업자경감세액	56			
대리납부세액공제	57			
현금영수증사업자세액공제	58			
기타	59			
합계	60			10,000

구분			금액	세율	세액
25.가산세명세					
사업자미등록등		61		1/100	
세 금 계산서	지연발급 등	62		1/100	
	지연수취	63		5/1,000	
	미발급 등	64	50,000,000	뒤쪽참조	500,000
전자세금 발급명세	지연전송	65		3/1,000	
	미전송	66		5/1,000	
세금계산서 합계표	제출불성실	67		5/1,000	
	지연제출	68		3/1,000	
신고 불성실	무신고(일반)	69		뒤쪽	
	무신고(부당)	70		뒤쪽	
	과소·초과환급(일반)	71		뒤쪽	
	과소·초과환급(부당)	72		뒤쪽	
납부지연		73		뒤쪽	
영세율과세표준신고불성실		74		5/1,000	
현금매출명세서불성실		75		1/100	
부동산임대공급가액명세서		76		1/100	
매입자 납부특례	거래계좌 미사용	77		뒤쪽	
	거래계좌 지연입금	78		뒤쪽	
신용카드매출전표등수령명세서미제출·과다기재		79		5/1,000	
합계		80			500,000

· 예정신고 시 매출분은 누락되지 않고 세금계산서 매입분만 누락되었으므로 신고 및 납부 관련 가산세는 없다.
· 세금계산서 미발급 등 가산세[1] : 50,000,000원 × 1% = 500,000원

[1] '세금계산서 지연발급 등' 라인에 입력하여도 정답으로 인정

문제 4 결산

(1) (수동결산)

[일반전표입력] 12월 31일

(차) 소모품비(판관비) 900,000 (대) 소모품 900,000[1]

[1] [매입매출전표입력] 메뉴에서 일자는 9월 1일을 선택하여 차변의 계정과목과 금액이 '소모품' 과 '1,000,000'임을 조회

(2) (수동결산)

[일반전표입력] 12월 31일

(차) 매도가능증권평가손실 130,000[1] (대) 매도가능증권(투자) 130,000

[1] 당기말 재무상태표에서 매도가능증권 계정과 매도가능증권평가손실 계정의 잔액을 차변으로 집계하여 보면 취득원가 금액이 된다.

매도가능증권 (투자자산)	700,000
매도가능증권평가손실 (기타포괄손익누계액)	300,000
취득원가 (차변 집계금액)	1,000,000

(3) (수동결산)

[일반전표입력] 12월 31일

(차) 이자비용 1,600,000 (대) 미지급비용 1,600,000

(4) (수동결산 또는 자동결산)

| 방법1 | (수동결산)

[일반전표입력] 12월 31일

(차) 퇴직급여(제조) 25,000,000 (대) 퇴직급여충당부채 32,000,000

      퇴직급여(판관비) 7,000,000

| 방법2 | (자동결산)

[결산자료입력] 메뉴에서 (기간 : 1월~12월) 다음과 같이 입력한다. 자동결산 항목 입력이 완료되고 나면 상단의 [전표추가]를 클릭하여 결산분개를 생성한다.
· 제품매출원가 ▶ 노무비 ▶ 퇴직급여(전입액) : 25,000,000
· 판매비와 일반관리비 ▶ 퇴직급여(전입액) : 7,000,000

(5) (수동결산 또는 자동결산)

| 방법1 | (수동결산)

[일반전표입력] 12월 31일

| (차) 법인세등 | 51,000,000 | (대) 선납세금 | 26,080,000 |
| | | 미지급세금 | 24,920,000 |

| 방법2 | (자동결산)

[결산자료입력] 메뉴에서 (기간 : 1월~12월) 다음과 같이 입력한다. 자동결산 항목 입력이 완료되고 나면 상단의 [전표추가]를 클릭하여 결산분개를 생성한다.
· 법인세등 ▶ 선납세금 : 26,080,000
· 법인세등 ▶ 추가계상액 : 24,920,000

문제 5   연말정산

(1) 1단계 [사원등록] 메뉴 ▶ [기본사항] 탭
· 사번 : 500
· 성명 : 박한별
· 주민등록번호 : 830505-2027812
· 입사연월일 : 2025년 6월 1일
· 내/외국인 : 내국인
· 거주구분 : 거주자
· 국외근로제공 : 부
· 생산직여부 : 부

2단계 [사원등록] 메뉴 ▶ 500.박한별 ▶ [부양가족명세] 탭

연말 관계	성명	내/외 국인		주민(외국인)번호	나이	기본공제	부녀 자	한부 모	경로 우대	장애 인	자녀	출산 입양	위탁 관계
0	박한별	내	1	830505-2027812	42	본인	○						
3	김준호	내	1	820525-1056936	43	배우자							
1	박인수	내	1	530725-1013113	72	60세이상			○	1			
4	김은수	내	1	070510-3212680	18	20세이하					○		
4	김아름	내	1	251225-4115736	0	20세이하						둘째	

· 종합소득금액(근로소득금액) 3,000만 원 이하이고 배우자가 있는 여성이므로 박한별(본인)은 부녀자공제 가능
· 배우자·직계비속은 항상 생계를 같이하는 것으로 봄
· 연중에 사망한 자에 대하여는 사망일 전날의 상황에 따라 인적공제를 판단하므로 박인수(본인의 아버지)는 기본공제, 경로우대공제, 장애인공제 모두 적용 가능
· 박인수(본인의 아버지)에 대하여 기본공제란에 '장애인'을 입력하여도 정답 인정
· 김은수(아들)는 분리과세되는 소득만 있으므로 소득금액 요건을 충족하고 기본공제 가능
· 김아름(딸)을 당해연도에 출산하였으므로 출산·입양 자녀세액공제(둘째)는 가능하나, 8세 이상 자녀세액공제는 불가

(2) 1단계 [연말정산추가자료입력] 메뉴 ▶ 600.김기웅 ▶ [소득명세] 탭
· 근무처명 : ㈜해탈상사
· 종교관련 종사자 : 부
· 사업자등록번호 : 120-85-22227
· 근무기간 : 2025. 1. 1.~2025. 6. 30.
· 급여 : 24,000,000
· 상여 : 3,000,000
· 비과세 ▶ 보육수당 : 600,000
· 건강보험료 : 1,388,000
· 장기요양보험료 : 189,000
· 고용보험료 : 235,600

· 국민연금보험료 : 1,610,000

· 기납부세액 ▶ 소득세 : 1,255,000[1]

· 기납부세액 ▶ 지방소득세 : 125,500

[1] 전 근무지에서의 기납부세액은 종전근무지 근로소득원천징수영수증에 기재된 결정세액, 기납부세액, 차감징수세액 중 결정세액임

[2단계] [부양가족] 탭 ▶ 상단부

연말관계	성명	내/외국인	주민(외국인)번호	나이	소득기준 초과여부	기본공제	세대주 구분	부녀자	한부모	경로우대	장애인	자녀	출산입양	결혼세액
0	김기웅	내	1 820706-1256780	43		본인	세대주							

[3단계] [부양가족] 탭 ▶ 하단부 ▶ 김기웅

| 자료구분 | 보험료 | | | | 의료비 | | | | | 교육비 | |
	건강	고용	일반보장성	장애인전용	일반	실손	선천성이상아	난임	65세,장애인	일반	장애인특수
국세청					3,000,000 1.전액	500,000				3,000,000 4.본인	
기타	3,256,580	571,600									

| 자료구분 | 신용카드등 사용액공제 | | | | | | 기부금 |
	신용카드	직불카드등	현금영수증	전통시장사용분	대중교통이용분	도서공연 등	
국세청	20,000,000	1,000,000	1,000,000	300,000	1,200,000	200,000	
기타							

· 저축성 보험료는 공제 적용 안 됨
· 본인의 경우 대학원 교육비도 공제 적용 가능

[4단계] [의료비] 탭

| 2025년 의료비 지급명세서 | | | | | | | | | | | | | 14.산후 조리원 |
| 의료비 공제대상자 | | | | 지급처 | | | 지급명세 | | | | | | |
성명	내/외	5.주민등록번호	6.본인등 해당여부	9.증빙 코드	8.상호	7.사업자 등록번호	10. 건수	11.금액	11-1.실손 보험수령액	12.미숙아 선천성이상아	13.난임 여부	
김기웅	내	820706-1256780	1	0	1				500,000		X	X	X
김기웅	내	820706-1256780	1	0	1				2,500,000	500,000	X	X	X
합계									3,000,000	500,000			

| 일반의료비 (본인) | 3,000,000 | 6세 이하, 65세 이상, 장애인 | | 일반의료비 (그 외) | | 난임시술비 |
| | | | | | | 미숙아,선천성이상아 |

· 시력보정용 안경 구입비는 1인당 연 50만 원을 한도로 공제 적용 가능
· 실손보험금 수령액으로 지급한 의료비는 공제 적용 안 되므로 서식에서 별도로 표기

[5단계] [신용카드 등] 탭

	성명 생년월일	자료 구분	신용카드	직불,선불	현금영수증	도서등 신용	도서등 직불	도서등 현금	전통시장	대중교통	합계
☐	김기웅	국세청	20,000,000	1,000,000	1,000,000			200,000	300,000	1,200,000	23,700,000
☐	1982-07-06	기타									

· 본인의 총급여액 7,000만 원 이하이므로 신용카드 등 사용분 중 도서·공연 사용분에 대하여 높은 공제율 적용 가능

[6단계] [연말정산입력] 탭 ▶ [주택자금] 보조창
· 주택임차차입금 원리금상환액 ▶ ① 대출기관 : 3,300,000[1]

[1] 원리금 상환액 = 원금 상환액 + 이자 상환액 = 3,000,000 + 300,000 = 3,300,000원

[7단계] [연말정산입력] 탭 ▶ F8 부양가족탭불러오기 클릭

· 보장성보험 ▶ 일반 : 0
· 의료비 ▶ 본인 ▶ 지출액 : 3,000,000
· 의료비 ▶ 본인 ▶ 실손의료보험금 : 500,000
· 교육비 ▶ 본인 : 3,000,000
· 신용카드 등 사용액 ▶ 신용카드 : 20,000,000
· 신용카드 등 사용액 ▶ 직불/선불카드 : 1,000,000
· 신용카드 등 사용액 ▶ 현금영수증 : 1,000,000
· 신용카드 등 사용액 ▶ 도서·공연 등 사용분 : 200,000
· 신용카드 등 사용액 ▶ 전통시장 : 300,000
· 신용카드 등 사용액 ▶ 대중교통 : 1,200,000
· 주택차입금 원리금상환액 ▶ 대출기관 : 3,300,000

▶ 문제 | p.894

이론시험

1 ①	2 ④	3 ①	4 ③	5 ③	6 ③	7 ①	8 ③
9 ④	10 ④	11 ④	12 ①	13 ③	14 ①	15 ③	

1 ① 자산과 부채는 유동성이 높은 항목부터 배열하는 것을 원칙으로 한다.

2 ④ ・ 매출채권(당좌자산), 상품(재고자산), 특허권(무형자산), 당좌예금(당좌자산), 선급비용(당좌자산), 장기매출채권(기타비유동자산)
　　・ 유동자산 = 매출채권 + 상품 + 당좌예금 + 선급비용
　　　　　　　 = 1,000,000 + 2,500,000 + 3,000,000 + 500,000 = 7,000,000원

3 ① 선입선출법에서 기말재고는 가장 최근에 구입한 단가로 구성되므로 물가(단가)가 점점 상승하는 상황일 때 선입선출법에서의 기말재고자산가액은 그 외 방법에서의 기말재고자산가액보다 크게 평가된다.

4 ③ 수익적 지출(비용)을 자본적 지출(자산)로 회계처리하는 경우, 재무제표에 미치는 영향
　　: 자산 과대, 비용(매출원가) 과소 → 당기순이익(매출총이익) 과대 → 자본 과대

5 ③ 매도가능증권평가이익·손실 계정은 기타포괄손익누계액에 해당한다.

6 ③ 가공원가란 직접노무원가와 제조간접원가를 말한다.

7 ① ・ 제조간접원가 = 총제조원가 × 25%
　　　　　　　　　 = 4,000,000 × 0.25 = 1,000,000원
　　・ 직접노무원가 = 제조간접원가 × 2배
　　　　　　　　　 = 1,000,000 × 2 = 2,000,000원
　　・ 총제조원가 = 직접재료원가 + 직접노무원가 + 제조간접원가
　　　→ 4,000,000 = ? + 2,000,000 + 1,000,000
　　　∴ 직접재료원가 = 1,000,000원

8 ③ ・ 제조간접비 예정배부율 = 제조간접비 예산액 ÷ 예정조업도
　　　　　　　　　　　 = 2,000,000원 ÷ 200시간 = @10,000원/시간
　　・ 제조간접비 배부차이 = 예정배부액 − 실제발생액
　　　→ 0 = ? − 2,500,000
　　　∴ 예정배부액 = 2,500,000원
　　・ 예정배부액 = 실제조업도 × 예정배부율
　　　→ 2,500,000 = ? × @10,000
　　　∴ 실제조업도 = 250시간

9 ④ 총공손수량은 평균법과 선입선출법에서 동일하게 계산된다.

10 ④ 평균법은 기초재공품을 당기 이전에 착수하였음에도 불구하고 이를 당기에 착수한 것과 동일한 것으로 가정하는 방법이다. 따라서, 평균법에서는 당기 이전에 착수된 기초재공품의 기완성도 자료가 필요하지 않다.

11 ④ 사업자가 자기의 사업과 관련하여 생산·취득한 재화를 비영업용 소형승용차로 사용하거나 또는 그 유지에 사용·소비하는 것은 재화의 공급으로 본다.

12 ① 역진성 완화는 면세 제도의 목적에 해당한다.

13 ③ 재화·용역을 공급하거나 공급받지 않고 세금계산서를 발급하거나 발급받은 경우(가공발급·수취), 그 세금계산서에 적힌 공급가액의 3%에 해당하는 가산세를 부과한다.

14 ① 잉여금 처분에 의한 상여의 경우, 해당 법인의 잉여금 처분결의일을 수입시기로 한다.

15 ③ · 은행 예금의 이자수익은 이자소득에 해당한다.
· 유형자산 중 토지, 건물 등 부동산의 처분은 양도소득에 해당한다.
· 사업소득 총수입금액 = 매출액 + 복식부기의무자의 사업용 유형고정자산(부동산 제외) 양도가액
= 300,000,000 + 30,000,000 = 330,000,000원

실무시험

문제 1 일반전표입력

(1) 1월 5일 (차) 단기매매증권   6,000,000   (대) 보통예금   6,030,000
　　　　　　수수료비용(영업외비용)   30,000

(2) 3월 31일 (차) 보통예금   423,000   (대) 이자수익   500,000
　　　　　　선납세금   77,000

(3) 4월 30일 (차) 건설중인자산   2,500,000   (대) 보통예금   2,500,000

(4) 7월 10일 (차) 퇴직연금운용자산   10,000,000   (대) 보통예금   17,000,000
　　　　　　퇴직급여(판관비)   7,000,000

(5) 7월 15일 (차) 선급금((주)지유)   5,000,000   (대) 당좌예금   5,000,000

문제 2 매입매출전표입력

(1) 7월 7일 유형 : 54.불공 / 공급가액 : 500,000 / 부가세 : 50,000 / 거래처 : (주)신화 / 전자 : 여 / 분개 : 혼합(현금) /
(불공제사유 : ④기업업무추진비 및 이와 유사한 비용 관련)
　　　　(차) 기업업무추진비(판관비)   550,000   (대) 현금   550,000

(2) 7월 20일 유형 : 61.현과 / 공급가액 : 1,000,000 / 부가세 : 100,000 / 거래처 : (주)하나마트 / 분개 : 혼합(현금)
　　　　(차) 부가세대급금   100,000   (대) 현금   1,100,000
　　　　　　소모품비(제조)   1,000,000

(3) 8월 16일 유형 : 16.수출 / 공급가액 : 11,000,000 / 부가세 : 0 / 거래처 : 미국 UFC사 / 분개 : 혼합(외상) / (영세율구
분 : 1.직접수출)
　　　　(차) 외상매출금(미국 UFC사)   11,000,000   (대) 제품매출   11,000,000

(4) 9월 30일 유형 : 11.과세 / 공급가액 : 18,000,000 / 부가세 : 1,800,000 / 거래처 : (주)명학산업 / 전자 : 여 / 분개 : 혼합
　　　　(차) 현금   18,000,000   (대) 부가세예수금   1,800,000
　　　　　　선수금((주)명학산업)   1,800,000   　　　제품매출   18,000,000

(5) 10월 31일 유형 : 52.영세 / 공급가액 : 6,000,000 / 부가세 : 0 / 거래처 : (주)크림 / 전자 : 여 / 분개 : 혼합
　　　　(차) 원재료   6,000,000   (대) 보통예금   6,000,000

(1) [건물등감가상각자산취득명세서] (10월~12월)

취득내역

감가상각자산종류	건수	공급가액	세 액	비 고
합 계	4	145,000,000	14,500,000	
건물·구축물	1	100,000,000	10,000,000	
기 계 장 치				
차 량 운 반 구	1	15,000,000	1,500,000	
기타감가상각자산	2	30,000,000	3,000,000	

거래처별 감가상각자산 취득명세

No	월/일	상호	사업자등록번호	자산구분	공급가액	세액	건수
1	10-04	우리전산	102-03-52877	기타	20,000,000	2,000,000	1
2	11-11	(주)튼튼건설	101-81-25749	건물,구축물	100,000,000	10,000,000	1
3	12-20	(주)빠름자동차	204-81-96316	차량운반구	15,000,000	1,500,000	1
4	12-14	(주)시원마트	304-81-74529	기타	10,000,000	1,000,000	1
5							
		합 계			145,000,000	14,500,000	4

- 비영업용소형승용차를 취득하면서 10% 부가가치세가 기재된 세금계산서를 수취하는 거래는 매입세액공제를 받을 수 없는 항목이지만, 부가가치세신고서에서 '고정자산매입'란에 기재되는 항목에는 해당하므로 이를 [건물등감가상각자산취득명세서]에 기재한다.

(2) [부가가치세신고서] (4월~6월)

구분				정기신고금액 금액	세율	세액
과세표준및매출세액	과세	세금계산서발급분	1	300,000,000	10/100	30,000,000
		매입자발행세금계산서	2		10/100	
		신용카드·현금영수증발행분	3	10,000,000	10/100	1,000,000
		기타(정규영수증외매출분)	4			
	영세	세금계산서발급분	5	20,000,000	0/100	
		기타	6	15,000,000	0/100	
	예정신고누락분		7			
	대손세액가감		8			
	합계		9	345,000,000	㉑	31,000,000
매입세액	세금계산서수취분	일반매입	10	130,000,000		13,000,000
		수출기업수입분납부유예	10-1			
		고정자산매입	11	20,000,000		2,000,000
	예정신고누락분		12			
	매입자발행세금계산서		13			
	그 밖의 공제매입세액		14	14,000,000		1,400,000
	합계(10)-(10-1)+(11)+(12)+(13)+(14)		15	164,000,000		16,400,000
	공제받지못할매입세액		16			
	차감계 (15-16)		17	164,000,000	㉯	16,400,000
납부(환급)세액(매출세액㉑-매입세액㉯)					㉰	14,600,000
경감공제세액	그 밖의 경감·공제세액		18			10,000
	신용카드매출전표등 발행공제등		19			
	합계		20		㉱	10,000
소규모 개인사업자 부가가치세 감면세액			20-1		㉲	
예정신고미환급세액			21		㉳	900,000
예정고지세액			22		㉴	
사업양수자의 대리납부 기납부세액			23		㉵	
매입자 납부특례 기납부세액			24		㉶	
신용카드업자의 대리납부 기납부세액			25		㉷	
가산세액계			26		㉸	
차가감하여 납부할세액(환급받을세액)㉰-㉱-㉲-㉳-㉴-㉵-㉶-㉷+㉸			27			13,690,000
총괄납부사업자가 납부할 세액(환급받을 세액)						

구분			번호	금액	세율	세액
7.매출(예정신고누락분)						
예정누락분	과세	세금계산서	33		10/100	
		기타	34		10/100	
	영세	세금계산서	35		0/100	
		기타	36		0/100	
		합계	37			
12.매입(예정신고누락분)						
예정누락분	세금계산서		38			
	그 밖의 공제매입세액		39			
	합계		40			
	신용카드매출 수령금액합계	일반매입				
		고정매입				
	의제매입세액					
	재활용폐자원등매입세액					
	과세사업전환매입세액					
	재고매입세액					
	변제대손세액					
	외국인관광객에대한환급세액					
	합계					
14.그 밖의 공제매입세액						
신용카드매출 수령금액합계표	일반매입		41	8,000,000		800,000
	고정매입		42	6,000,000		600,000
의제매입세액			43		뒤쪽	
재활용폐자원등매입세액			44		뒤쪽	
과세사업전환매입세액			45			
재고매입세액			46			
변제대손세액			47			
외국인관광객에대한환급세액			48			
합계			49	14,000,000		1,400,000

구분	번호	금액	세율	세액
16.공제받지못할매입세액				
공제받지못할 매입세액	50			
공통매입세액면세등사업분	51			
대손처분받은세액	52			
합계	53			
18.그 밖의 경감·공제세액				
전자신고 및 전자고지 세액공제	54			10,000
전자세금계산서발급세액공제	55			
택시운송사업자경감세액	56			
대리납부세액공제	57			
현금영수증사업자세액공제	58			
기타	59			
합계	60			10,000

· '신용카드 매입액 중 대표자 개인용 물품 매입' 거래는 10% 부가가치세가 기재된 신용카드매출전표를 수취하였지만 매입세액공제 받을 수 없는 항목에 해당하므로 이를 [부가가치세신고서]에 기재하지 않는다.

(3) 1단계 신고서 마감 확인 : [부가가치세신고서] 메뉴 (1월~3월)

2단계 전자신고파일 제작 : [전자신고] 메뉴 (신고인구분 : 2.납세자 자진신고), (비밀번호 : 12341234)

3단계 전자신고파일 제출 : [국세청 홈택스 전자신고변환(교육용)] 메뉴 (찾아보기 → 형식검증하기 → 형식검증결과확인 → 내용검증하기 → 내용검증결과확인 → 전자파일제출 → 신고서 접수증 확인)

문제4 결산

(1) (수동결산)
[일반전표입력] 12월 31일

(차) 부가세예수금	720,000		(대) 부가세대급금	520,000
세금과공과(판관비)	10,000		잡이익	10,000
			미지급세금	200,000

(2) (수동결산)
[일반전표입력] 12월 31일

(차) 장기차입금(돌담은행)	100,000,000	(대) 유동성장기부채(돌담은행)	100,000,000

(3) (수동결산 또는 자동결산)

ㅣ방법1ㅣ (수동결산)

[일반전표입력] 12월 31일

| (차) 대손상각비 | 3,334,800 | (대) 대손충당금(외상매출금) | 3,334,800[1] |
| 기타의대손상각비 | 230,000 | 대손충당금(미수금) | 230,000[2] |

[1] 583,480,000원 × 1% − 2,500,000원 = 3,334,800원

[2] 23,000,000원 × 1% − 0원 = 230,000원

ㅣ방법2ㅣ (자동결산)

[결산자료입력] 메뉴에서 (기간 : 1월~12월) 다음과 같이 입력한다. 자동결산 항목 입력이 완료되고 나면 상단의 [전표추가]를 클릭하여 결산분개를 생성한다.
- 판매비와 일반관리비 ▶ 대손상각 ▶ 외상매출금 : 3,334,800
- 영업외비용 ▶ 기타의대손상각 ▶ 미수금 : 230,000

(4) (수동결산 또는 자동결산)

ㅣ방법1ㅣ (수동결산)

[일반전표입력] 12월 31일

| (차) 무형자산상각비(판관비) | 4,000,000[1] | (대) 영업권 | 4,000,000 |

[1] (전기말 미상각잔액 − 잔존가치) ÷ 기초 현재 잔여내용연수
= (16,000,000원 − 0원) ÷ (5년 − 1년) = 4,000,000원

ㅣ방법2ㅣ (자동결산)

[결산자료입력] 메뉴에서 (기간 : 1월~12월) 다음과 같이 입력한다. 자동결산 항목 입력이 완료되고 나면 상단의 [전표추가]를 클릭하여 결산분개를 생성한다.
- 판매비와 일반관리비 ▶ 무형자산상각비 ▶ 영업권 : 4,000,000

(5) (자동결산)

[결산자료입력] 메뉴에서 (기간 : 1월~12월) 다음과 같이 입력한다. 자동결산 항목 입력이 완료되고 나면 상단의 [전표추가]를 클릭하여 결산분개를 생성한다.
- 제품매출원가 ▶ 기말 원재료 재고액 : 95,000,000[1]
- 제품매출원가 ▶ 기말 재공품 재고액 : 70,000,000
- 제품매출원가 ▶ 기말 제품 재고액 : 140,000,000[2]

[1] 선적지 인도조건으로 매입하여 운송 중인 원재료 포함

[2] 수탁자의 창고에 보관 중인 적송품 포함

문제 5 연말정산

(1) 1단계 [사원등록] 메뉴 ▶ 100.김우리 ▶ [부양가족명세] 탭

연말관계	성명	내/외국인		주민(외국인)번호	나이	기본공제	부녀자	한부모	경로우대	장애인	자녀	출산입양	위탁관계
0	김우리	내	1	821210-1127852	43	본인							
3	이현진	내	1	841010-2145205	41	배우자							
4	김아현	내	1	210101-4928325	4	20세이하						첫째	

- 김아현을 당해연도에 입양하였고 4세이므로 출산·입양 자녀세액공제(첫째)는 가능하나, 8세 이상 자녀세액공제는 불가

2단계 [급여자료입력] 메뉴 ▶ [수당공제] 보조창 ▶ [수당등록] 탭

No	코드	과세구분	수당명	근로소득유형			월정액	통상임금	사용여부
				유형	코드	한도			
1	1001	과세	기본급	급여			정기	여	여
2	1002	과세	상여	상여			부정기	부	부
3	1003	과세	직책수당	급여			정기	부	부
4	1004	과세	월차수당	급여			정기	부	부
5	1005	비과세	식대	식대	P01	(월)200,000	정기	부	부
6	1006	비과세	자가운전보조금	자가운전보조금	H03	(월)200,000	부정기	부	여
7	1007	비과세	야간근로수당	야간근로수당	001	(년)2,400,000	부정기	부	부
8	2001	과세	식대	급여			정기	부	여
9	2002	비과세	보육수당	보육수당	Q02	(월)200,000	정기	부	여
10	2003	과세	야간근로수당	급여			부정기	부	여

· 현물식사를 별도로 제공하고 있으므로 식대는 과세
· 6세 이하 자녀의 보육과 관련하여 지급받는 보육수당은 월 20만 원을 한도로 비과세
· 생산직(또는 단순노무직) 근로자가 아니므로 야간근로수당은 과세

3단계 [급여자료입력]

| 귀속년월 2025 년 06 월 | 지급년월일 2025 년 07 월 10 일 | 급여 |

사번	사원명	감면율	급여항목	금액	공제항목	금액
100	김우리		기본급	3,000,000	국민연금	166,500
101	김갑용		자가운전보조금	200,000	건강보험	131,160
			식대	200,000	장기요양보험	16,800
			보육수당	300,000	고용보험	34,440
			야간근로수당	527,000	소득세(100%)	89,390
					지방소득세	8,930
					농특세	
			과 세	3,827,000		
			비 과 세	400,000	공 제 총 액	447,220
총인원(퇴사자)	2(0)		지 급 총 액	4,227,000	차 인 지 급 액	3,779,780

· 과세 = 기본급 + 식대(요건미충족) + 보육수당(한도초과분) + 야간근로수당(요건미충족)
　　　= 3,000,000 + 200,000 + 100,000 + 527,000 = 3,827,000원
· 비과세 = 자가운전보조금 + 보육수당(한도)
　　　= 200,000 + 200,000 = 400,000원

(2) 1단계 [연말정산추가자료입력] 메뉴 ▶ 101.김갑용 ▶ [부양가족] 탭 ▶ 상단부

연말관계	성명	내/외국인	주민(외국인)번호	나이	소득기준초과여부	기본공제	세대주구분	부녀자	한부모	경로우대	장애인	자녀	출산입양	결혼세액
0	김갑용	내	1 850505-1478526	40		본인	세대주							
1	김수필	내	1 581012-1587422	67		60세이상								
3	강희영	내	1 860630-2547852	39	○	부								
4	김정은	내	1 160408-3852615	9		20세이하						○		
4	김준희	내	1 211104-4487122	4		20세이하								
합 계 [명]					1	4						1		

· 강희영(배우자)은 소득금액 요건을 충족하지 못하므로 기본공제 불가
· 김수필(부친)은 소득금액 요건을 충족하므로 기본공제 가능
· 김정은(아들)과 김준희(딸)는 둘 다 기본공제가 적용되나, 8세 이상 자녀세액공제는 김정은(9세)만 가능

2단계 [부양가족] 탭 ▶ 하단부
· 김갑용

자료구분	보험료				의료비					교육비	
	건강	고용	일반보장성	장애인전용	일반	실손	선천성이상아	난임	65세,장애인	일반	장애인특수
국세청			300,000		500,000 1.전액					5,000,000 4.본인	
기타	2,599,350	520,000									

자료구분	신용카드등 사용액공제							기부금
	신용카드	직불카드등	현금영수증	전통시장사용분	대중교통이용분	도서공연 등		
국세청	21,500,000							
기타								

　– 본인의 경우 대학원 교육비도 공제 적용 가능

· 김수필

자료구분	보험료				의료비					교육비	
	건강	고용	일반보장성	장애인전용	일반	실손	선천성이상아	난임	65세,장애인	일반	장애인특수
국세청			150,000						1,500,000		
기타											

자료구분	신용카드등 사용액공제							기부금
	신용카드	직불카드등	현금영수증	전통시장사용분	대중교통이용분	도서공연 등		
국세청								
기타								

　– 만기까지의 보험료 납입액이 만기환급액보다 큰 경우 보장성보험료에 해당하므로 공제 적용 가능

· 강희영

자료구분	보험료				의료비					교육비	
	건강	고용	일반보장성	장애인전용	일반	실손	선천성이상아	난임	65세,장애인	일반	장애인특수
국세청											
기타											

자료구분	신용카드등 사용액공제							기부금
	신용카드	직불카드등	현금영수증	전통시장사용분	대중교통이용분	도서공연 등		
국세청								
기타								

　– 보장성보험료(일반)는 나이 및 소득금액의 제한을 받으므로 강희영(배우자)의 보장성보험료는 공제 적용 안 됨

· 김정은

자료구분	보험료				의료비					교육비	
	건강	고용	일반보장성	장애인전용	일반	실손	선천성이상아	난임	65세,장애인	일반	장애인특수
국세청										8,000,000 2.초중고	
기타											

자료구분	신용카드등 사용액공제						기부금
	신용카드	직불카드등	현금영수증	전통시장사용분	대중교통이용분	도서공연 등	
국세청							
기타							

  – 취학 전 아동 이외의 자녀 학원비는 공제 적용 안 됨

· 김준희

자료구분	보험료				의료비					교육비	
	건강	고용	일반보장성	장애인전용	일반	실손	선천성이상아	난임	65세,장애인	일반	장애인특수
국세청			350,000						250,000	1,800,000 1.취학전	
기타											

자료구분	신용카드등 사용액공제						기부금
	신용카드	직불카드등	현금영수증	전통시장사용분	대중교통이용분	도서공연 등	
국세청							
기타							

3단계 [의료비] 탭

	의료비 공제대상자				지급처		지급명세					14.산후조리원
성명	내/외	5.주민등록번호	6.본인등해당여부	9.증빙코드	8.상호	7.사업자등록번호	10.건수	11.금액	11-1.실손보험수령핵	12.미숙아선천성이상아	13.난임여부	
김갑용	내	850505-1478526	1	0	1				500,000		X	X	X
김수필	내	581012-1587422	2	0	1				1,500,000		X	X	X
김준희	내	211104-4487122	2	0	1				250,000		X	X	X
					합계				2,250,000				
일반의료비 (본인)		500,000	6세 이하, 65세 이상, 장애인		1,750,000	일반의료비 (그 외)			난임시술비 / 미숙아.선천성이상아			

· 시력보정용 안경 구입비는 1인당 연 50만 원을 한도로 공제 적용 가능

4단계 [신용카드 등] 탭

	성명 생년월일	자료구분	신용카드	직불,선불	현금영수증	도서등신용	도서등직불	도서등현금	전통시장	대중교통	합계
☐	김갑용	국세청	21,500,000								21,500,000
	1985-05-05	기타									
☐	김수필	국세청									
	1958-10-12	기타									
☐	강희영	국세청									
	1986-06-30	기타									
☐	김정은	국세청									
	2016-04-08	기타									
☐	김준희	국세청									
	2021-11-04	기타									
☐											
☐											
	합계		21,500,000								21,500,000

5단계 [연금저축 등 Ⅰ] 탭
  · 구분 : 2.연금저축
  · 금융회사 등 : (F2를 클릭하여 검색 후 입력) 190.농협중앙회 및 산하기관
  · 계좌번호 : 301-02-228451
  · 납입금액 : 6,000,000

6단계 [연말정산입력] 탭 ▶ F8 부양가족탭불러오기 클릭
  · 연금계좌 ▶ 연금저축 : 6,000,000
  · 보장성보험 ▶ 일반 : 800,000
  · 의료비 ▶ 본인 : 500,000
  · 의료비 ▶ 6세 이하, 65세 이상, 장애인 : 1,750,000
  · 의료비 ▶ 그 밖의 공제대상자 : 0
  · 교육비 ▶ 취학전아동(인별) : 1,800,000
  · 교육비 ▶ 초중고(인별) : 8,000,000
  · 교육비 ▶ 본인 : 5,000,000
  · 신용카드 등 사용액 ▶ 신용카드 : 21,500,000

▶ 문제 | p.906

이론시험

1 ②	2 ④	3 ④	4 ②	5 ②	6 ②	7 ③	8 ③
9 ④	10 ③	11 ④	12 ①	13 ①	14 ③	15 ③	

---

1 ② 양도한 금융부채의 장부금액과 지급한 대가의 차액은 당기손익으로 인식한다. (일반기업회계기준 실무지침 6.20)

2 ④ ・단기매매증권으로 분류하는 경우(→ 20x1년 당기순이익 500,000원, 20x2년 당기순이익 500,000원)

– 20x1. 8. 5.	(차) 단기매매증권	2,000,000	(대) 현금 등	2,000,000
– 20x1. 12. 31.	(차) 단기매매증권	500,000	(대) 단기매매증권평가이익	500,000
– 20x2. 4. 30.	(차) 현금 등	3,000,000	(대) 단기매매증권	2,500,000
			단기매매증권처분이익	500,000

・매도가능증권으로 분류하는 경우(→ 20x1년 당기순이익 0원, 20x2년 당기순이익 1,000,000원)

– 20x1. 8. 5.	(차) 매도가능증권	2,000,000	(대) 현금 등	2,000,000
– 20x1. 12. 31.	(차) 매도가능증권	500,000	(대) 매도가능증권평가이익	500,000
– 20x2. 4. 30.	(차) 현금 등	3,000,000	(대) 매도가능증권	2,500,000
	매도가능증권평가이익	500,000	매도가능증권처분이익	1,000,000

3 ④ 단순히 세법의 규정을 따르기 위한 회계변경은 정당한 회계변경으로 보지 아니한다.

4 ② 합리적인 상각방법을 정할 수 없는 경우에는 정액법으로 상각한다.

5 ② 주식의 발행금액이 액면금액보다 크면 그 차액을 주식발행초과금으로 하여 자본잉여금으로 회계처리한다.

6 ② ・예정배부액 = 실제조업도 × 예정배부율
  = (5시간 × 100) × @3,000원 = 1,500,000원
・배부차이 = 예정배부액 – 실제발생액
  → 250,000원 과대배부 = 1,500,000 – ?
  ∴ 실제발생액 = 1,250,000원

7 ③ 재료비 = 기초원재료 + 당기매입액 – 기말원재료
  → 500,000 = 0 + ? – 50,000
  ∴ 당기매입액 = 550,000원

8 ③ 기말제품 재고액은 제조원가명세서에 표시되지 않고, 손익계산서의 매출원가 내역에 표시된다.

9 ④ ・직접배분법에 의한 A → X : $1,500,000원 × \dfrac{500시간}{500시간 + 300시간} = 937,500원$

・직접배분법에 의한 B → X : $1,600,000원 × \dfrac{300시간}{300시간 + 500시간} = 600,000원$

・제조부문 X에 배분될 보조부문원가 = 937,500 + 600,000 = 1,537,500원

10 ③ 평균법은 당기 이전에 착수된 기초재공품의 기완성도를 무시하는 방법이므로 평균법이 선입선출법보다 계산방법이 간편하다.

11 ④ 대가의 각 부분을 받기로 한 때란 대가를 받기로 약정된 날을 의미하므로 대가를 받지 못하는 경우에도 이를 공급시기로 한다.

12 ① 여객운송용역은 면세대상이나, 예외적으로 항공기, 우등고속버스, 전세버스, 택시, 고속철도에 의한 여객운송용역은 과세대상에 해당한다.

13 ① 폐업시 잔존재화란 사업자가 자기의 사업과 관련하여 생산·취득한 재화 중 사업을 폐업할 때 남아 있는 재화를 말한다. 폐업시 잔존재화는 사업자가 폐업시에 자기에게 공급하는 것으로 본다.

14 ③ ① 무조건 분리과세
② 분리과세
③ 선택적 분리과세, 분리과세를 선택하는 경우 원천징수세율 20%를 적용하여 계산
④ 무조건 분리과세

15 ③ 직계존속에 대한 일반교육비는 교육비세액공제가 적용되지 않는다.

실무시험

문제 1 일반전표입력

(1)	1월 22일	(차) 당좌예금	1,600,000	(대) 선수금((주)한강물산)	1,600,000
(2)	3월 25일	(차) 대손충당금(외상매출금)	4,000,000	(대) 외상매출금((주)동방불패)	13,000,000
		대손상각비(판관비)	9,000,000		
(3)	6월 30일	(차) 차량운반구	7,700,000	(대) 보통예금	7,700,000
(4)	7월 25일	(차) 미지급배당금	100,000,000	(대) 예수금	15,400,000
				보통예금	84,600,000
(5)	11월 5일	(차) 보통예금	10,850,000	(대) 사채	10,000,000
				사채할증발행차금	850,000

문제 2 매입매출전표입력

(1) 7월 18일　유형 : 11.과세 / 공급가액 : 11,000,000 / 부가세 : 1,100,000 / 거래처 : (주)로라상사 / 전자 : 여 / 분개 : 혼합

(차) 감가상각누계액(기계장치)	38,000,000	(대) 기계장치	52,000,000
미수금((주)로라상사)	12,100,000	부가세예수금	1,100,000
유형자산처분손실	3,000,000		

(2) 7월 30일　유형 : 61.현과 / 공급가액 : 600,000 / 부가세 : 60,000 / 거래처 : (주)소나무 / 분개 : 혼합

(차) 부가세대급금	60,000	(대) 가수금(대표자)	660,000
비품	600,000		

(3) 8월 31일　· 유형 : 51.과세 / 공급가액 : 1,500,000 / 부가세 : 150,000 / 거래처 : 오미순부동산 / 전자 : 부 / 분개 : 혼합

(차) 임차료(제조)	1,500,000	(대) 미지급금(오미순부동산)	1,650,000
부가세대급금	150,000		

· 해당 전표를 선택하여 [예정신고누락분 확정신고] 보조창을 열고[1], 확정신고 개시년월란에 "2025년 10월"을 입력

[1] 메뉴 화면 상단에 있는 `F11 간편집계.. ▼`의 `▼`를 클릭하고, `SF5 예정 누락분`(또는 `shift` + `F5`)를 선택

(4) 9월 28일　유형 : 55.수입 / 공급가액 : 20,000,000 / 부가세 : 2,000,000 / 거래처 : 인천세관 / 전자 : 여 / 분개 : 혼합

(차) 부가세대급금	2,000,000	(대) 보통예금	2,000,000

(5) 9월 30일　유형 : 54.불공 / 공급가액 : 2,600,000 / 부가세 : 260,000 / 거래처 : (주)부천백화점 / 전자 : 여 / 분개 : 혼합 / (불공제사유 : ④기업업무추진비 및 이와 유사한 비용 관련)

(차) 기업업무추진비(판관비)	2,860,000	(대) 현금	500,000
		보통예금	2,360,000

(1) [수출실적명세서] (4월~6월)

구분	건수	외화금액	원화금액	비고
⑨합계	2	132,000.00	176,800,000	
⑩수출재화[=⑫합계]	2	132,000.00	176,800,000	
⑪기타영세율적용				

No		(13)수출신고번호	(14)선(기)적일자	(15)통화코드	(16)환율	금액 (17)외화	금액 (18)원화	전표정보 거래처코드	전표정보 거래처명
1	☐	11133-77-100066X	2025-04-15	USD	1,300.0000	80,000.00	104,000,000	00159	B & G
2	☐	22244-88-100077X	2025-05-30	EUR	1,400.0000	52,000.00	72,800,000	00160	PNP
3	☐								
	☐								
	☐								
	☐								
	☐								
	☐								
	☐								
	☐								
		합계				132,000	176,800,000		

(2) [부가가치세신고서] (4월~6월)

구분				정기신고금액 금액	정기신고금액 세율	정기신고금액 세액
과세표준및매출세액	과세	세금계산서발급분	1	200,000,000	10/100	20,000,000
		매입자발행세금계산서	2		10/100	
		신용카드 · 현금영수증발행분	3	40,000,000	10/100	4,000,000
		기타(정규영수증외매출분)	4			
	영세	세금계산서발급분	5	40,000,000	0/100	
		기타	6	5,000,000	0/100	
	예정신고누락분		7			
	대손세액가감		8			
	합계		9	285,000,000	㉮	24,000,000
매입세액	세금계산서수취분	일반매입	10	120,000,000		12,000,000
		수출기업수입분납부유예	10-1			
		고정자산매입	11	30,000,000		3,000,000
	예정신고누락분		12	20,000,000		2,000,000
	매입자발행세금계산서		13			
	그 밖의 공제매입세액		14	10,000,000		1,000,000
	합계(10)-(10-1)+(11)+(12)+(13)+(14)		15	180,000,000		18,000,000
	공제받지못할매입세액		16			
	차감계 (15-16)		17	180,000,000	㉯	18,000,000
납부(환급)세액(매출세액㉮-매입세액㉯)					㉲	6,000,000
경감공제세액	그 밖의 경감 · 공제세액		18			
	신용카드매출전표등 발행공제등		19			
	합계		20		㉣	
소규모 개인사업자 부가가치세 감면세액			20-1		㉤	
예정신고미환급세액			21		㉥	1,000,000
예정고지세액			22		㉦	
사업양수자의 대리납부 기납부세액			23		㉧	
매입자 납부특례 기납부세액			24		㉨	
신용카드업자의 대리납부 기납부세액			25		㉩	
가산세액계			26		㉪	
차가감하여 납부할세액(환급받을세액)㉯-㉣-㉤-㉥-㉦-㉧-㉨-㉩+㉪			27			5,000,000
총괄납부사업자가 납부할 세액(환급받을 세액)						

구분				금액	세율	세액
7.매출(예정신고누락분)						
예정누락분	과세	세금계산서	33		10/100	
		기타	34		10/100	
	영세	세금계산서	35		0/100	
		기타	36		0/100	
		합계	37			
12.매입(예정신고누락분)						
예정누락분		세금계산서	38	20,000,000		2,000,000
		그 밖의 공제매입세액	39			
		합계	40	20,000,000		2,000,000
	신용카드매출수령금액합계	일반매입				
		고정매입				
	의제매입세액					
	재활용폐자원등매입세액					
	과세사업전환매입세액					
	재고매입세액					
	변제대손세액					
	외국인관광객에대한환급세액					
		합계				
14.그 밖의 공제매입세액						
신용카드매출수령금액합계표		일반매입	41	10,000,000		1,000,000
		고정매입	42			
의제매입세액			43		뒤쪽	
재활용폐자원등매입세액			44		뒤쪽	
과세사업전환매입세액			45			
재고매입세액			46			
변제대손세액			47			
외국인관광객에대한환급세액			48			
합계			49	10,000,000		1,000,000

(3) 1단계 신고서 마감 확인 : [부가가치세신고서] 메뉴 (1월~3월)

    2단계 전자신고파일 제작 : [전자신고] 메뉴 (신고인구분 : 2.납세자 자진신고), (비밀번호 : 12341234)

    3단계 전자신고파일 제출 : [국세청 홈택스 전자신고변환(교육용)] 메뉴 (찾아보기 → 형식검증하기 → 형식검증결과확인 → 내용검증하기 → 내용검증결과확인 → 전자파일제출 → 신고서 접수증 확인)

문제 4 결산

(1) (수동결산)
[일반전표입력] 12월 31일

(차) 소모품비(제조)	250,000	(대) 소모품	250,000

(2) (수동결산)
[일반전표입력] 12월 31일

(차) 외화환산손실	2,000,000[1]	(대) 단기차입금((㈜유성)	2,000,000

[1] ($20,000 × @1,400원) − ($20,000 × @1,300원) = 2,000,000원 (부채이므로 외화환산손실)

(3) (수동결산)
[일반전표입력] 12월 31일

(차) 이자비용	2,550,000	(대) 미지급비용	2,550,000

(4) (수동결산)
[일반전표입력] 12월 31일

(차) 부가세예수금	240,000	(대) 부가세대급금	12,400,000
세금과공과(판관비)	24,000	잡이익	10,000
미수금	12,146,000		

(5) (수동결산 또는 자동결산)
| 방법1 | (수동결산)
[일반전표입력] 12월 31일

(차) 법인세등	27,800,000	(대) 선납세금	11,000,000
		미지급세금	16,800,000

| 방법2 | (자동결산)

[결산자료입력] 메뉴에서 (기간 : 1월~12월) 다음과 같이 입력한다. 자동결산 항목 입력이 완료되고 나면 상단의 [전표추가]를 클릭하여 결산분개를 생성한다.
· 법인세등 ▶ 선납세금 : 11,000,000
· 법인세등 ▶ 추가계상액 : 16,800,000

문제 5 연말정산

(1) [사원등록] 메뉴 ▶ 101.김경민 ▶ [부양가족명세] 탭

연말관계	성명	내/외국인		주민(외국인)번호	나이	기본공제	부녀자	한부모	경로우대	장애인	자녀	출산입양	위탁관계
0	김경민	내	1	670213-1234561	58	본인							
3	정혜미	내	1	650415-2215672	60	배우자							
6	김경희	내	1	720115-2157890	53	장애인				1			
1	김경우	내	1	420122-1789540	83	60세이상			○				
1	박순란	내	1	420228-2156771	83	60세이상			○				
6	정지원	내	1	710717-1333451	54	장애인				3			
4	김지은	내	1	051230-4156874	20	20세이하					○		

· 김경희(동생)는 분리과세되는 소득(일용근로소득)만 있으므로 소득금액 요건을 충족하며, 장애인은 나이 요건의 제한을 받지 않으므로 기본공제 가능
· 김경우(부친)는 금융소득 2,000만 원 이하로서 분리과세되므로(조건부 종합과세) 소득금액 요건 충족하고 기본공제 가능
· 정지원(처남)은 소득금액 요건을 충족하며, 장애인은 나이 요건의 제한을 받지 않으므로 기본공제 가능

(2) 1단계 [연말정산추가자료입력] 메뉴 ▶ 15.진도준 ▶ [부양가족] 탭 ▶ 상단부

연말관계	성명	내/외국인		주민(외국인)번호	나이	소득기준초과여부	기본공제	세대주구분	부녀자	한부모	경로우대	장애인	자녀	출산입양	결혼세액
0	진도준	내	1	791030-1224117	46		본인	세대주							
1	박정희	내	1	510511-2148712	74	○	부								
3	김선영	내	1	820115-2347232	43		배우자								
4	진도진	내	1	160131-3165614	9		20세이하						○		
4	진시진	내	1	190121-3165110	6		20세이하								
	합 계 [명]					1	4						1		

· 박정희(어머니)는 금융소득 2,000만 원 초과로서 종합과세되므로(조건부 종합과세) 소득금액 요건 충족하지 못하고 기본공제 불가
· 김선영(배우자)은 기타소득금액 300만 원 이하로서 분리과세를 선택하였으므로(선택적 분리과세) 소득금액 요건을 충족하고 기본공제 가능
· 진도진(아들)과 진시진(아들)은 둘 다 기본공제가 적용되나, 8세 이상 자녀세액공제는 진도진(9세)만 가능

2단계 [부양가족] 탭 ▶ 하단부

· 진도준

자료구분	보험료				의료비					교육비	
	건강	고용	일반보장성	장애인전용	일반	실손	선천성이상아	난임	65세,장애인	일반	장애인특수
국세청			2,200,000		3,000,000					8,000,000	
기타	3,199,270	640,000			500,000						

(일반 의료비 3,000,000 옆: 1.전액 / 교육비 일반 8,000,000 옆: 4.본인)

자료구분	신용카드등 사용액공제						기부금
	신용카드	직불카드등	현금영수증	전통시장사용분	대중교통이용분	도서공연 등	
국세청	30,000,000	2,200,000	3,000,000	2,200,000	182,000		
기타							

– 본인의 경우 대학원 교육비도 공제 적용 가능

· 박정희

자료구분	보험료				의료비					교육비	
	건강	고용	일반보장성	장애인전용	일반	실손	선천성이상아	난임	65세,장애인	일반	장애인특수
국세청						2,000,000			3,250,000		
기타											

자료구분	신용카드등 사용액공제						기부금
	신용카드	직불카드등	현금영수증	전통시장사용분	대중교통이용분	도서공연 등	
국세청							
기타							

– 직계존속에 대한 (일반)교육비는 공제 적용 안 됨

· 진도진

자료구분	보험료				의료비					교육비	
	건강	고용	일반보장성	장애인전용	일반	실손	선천성이상아	난임	65세,장애인	일반	장애인특수
국세청			480,000								
기타											

자료구분	신용카드등 사용액공제						기부금
	신용카드	직불카드등	현금영수증	전통시장사용분	대중교통이용분	도서공연 등	
국세청							
기타							

　　－ 취학 전 아동 이외의 자녀 학원비는 공제 적용 안 됨

· 진시진

자료구분	보험료				의료비					교육비	
	건강	고용	일반보장성	장애인전용	일반	실손	선천성이상아	난임	65세,장애인	일반	장애인특수
국세청			456,000								
기타											

자료구분	신용카드등 사용액공제						기부금
	신용카드	직불카드등	현금영수증	전통시장사용분	대중교통이용분	도서공연 등	
국세청							
기타							

　　－ 취학 전 아동 이외의 자녀 학원비는 공제 적용 안 됨

3단계 [의료비] 탭

2025년 의료비 지급명세서											14.산후조리원
의료비 공제대상자					지급처		지급명세				
성명	내/외	5.주민등록번호	6.본인등해당여부	9.증빙코드	8.상호	7.사업자등록번호	10.건수	11.금액	11-1.실손보험수령액	12.미숙아선천성이상아	13.난임여부	
진도준	내	791030-1224117	1	0	1				3,000,000		X	X	X
진도준	내	791030-1224117	1	0	5	렌즈모아	105-68-23521	1	500,000		X	X	X
박정희	내	510511-2148712	2	0	1				3,250,000	2,000,000	X	X	X
합계								1	6,750,000	2,000,000			
일반의료비 (본인)		3,500,000	6세 이하, 65세 이상, 장애인		3,250,000	일반의료비 (그 외)			난임시술비			
									미숙아.선천성이상아			

· 시력보정용 안경 구입비는 1인당 연 50만 원을 한도로 공제 적용 가능
· 의료비는 나이 및 소득금액의 제한을 받지 않음
· 실손보험금 수령액으로 지급한 의료비는 공제 적용 안 되므로 서식에서 별도로 표기

4단계 [신용카드 등] 탭

	성명 생년월일	자료구분	신용카드	직불,선불	현금영수증	도서등신용	도서등직불	도서등현금	전통시장	대중교통	합계
☐	진도준	국세청	30,000,000	2,200,000	3,000,000				2,200,000	182,000	37,582,000
	1979-10-30	기타									
☐	박정희	국세청									
	1951-05-11	기타									
☐	김선영	국세청									
	1982-01-15	기타									
☐	진도진	국세청									
	2016-01-31	기타									
☐	진시진	국세청									
	2019-01-21	기타									
☐											
☐											
	합계		30,000,000	2,200,000	3,000,000				2,200,000	182,000	37,582,000

· 신용카드 등 사용액 중 의료비 결제액은 신용카드 공제 적용 가능

5단계 [연금저축 등 Ⅰ] 탭
· 구분 : 2.연금저축
· 금융회사 등 : (F2)를 클릭하여 검색 후 입력) 405.삼성생명보험㈜
· 계좌번호 : 153-05274-72339
· 납입금액 : 2,400,000

· 연금계좌 ▶ 연금저축 : 2,400,000
· 보장성보험 ▶ 일반 : 3,136,000
· 의료비 ▶ 본인 ▶ 지출액 : 3,500,000
· 의료비 ▶ 65세 이상, 장애인 ▶ 지출액 : 3,250,000
· 의료비 ▶ 65세 이상, 장애인 ▶ 실손의료보험금 : 2,000,000
· 교육비 ▶ 취학전아동 : 0
· 교육비 ▶ 초중고 : 0
· 교육비 ▶ 대학생 : 0
· 교육비 ▶ 본인 : 8,000,000
· 신용카드 등 사용액 ▶ 신용카드 : 30,000,000
· 신용카드 등 사용액 ▶ 직불/선불카드 : 2,200,000
· 신용카드 등 사용액 ▶ 현금영수증 : 3,000,000
· 신용카드 등 사용액 ▶ 전통시장 : 2,200,000
· 신용카드 등 사용액 ▶ 대중교통 : 182,000

▶ 문제 | p.920

이론시험

1 ②	2 ③	3 ①	4 ④	5 ③	6 ①	7 ③	8 ④
9 ②	10 ④	11 ③	12 ①	13 ①	14 ④	15 ②	

1 ② 변경된 새로운 회계정책은 원칙적으로 소급하여 적용한다.

2 ③ 주식배당을 하더라도 주식의 주당 액면금액에는 변동이 없다.

3 ① · 감가상각비 : 합리적인 기간 배분
　　· 급여, 광고선전비, 기업업무추진비 : 즉시 비용처리

4 ④ ① 유동부채(유동성장기부채), 비유동부채(장기차입금) → 재무상태표에만 영향
　　② 매출액의 차감항목(매출할인), 영업외비용(예 이자비용) → 손익계산서에만 영향
　　③ 유동자산(매출채권), 비유동자산(장기성매출채권) → 재무상태표에만 영향
　　④ 비용(감가상각비), 자산의 차감항목(감가상각누계액) → 재무상태표와 손익계산서에 모두 영향

5 ③ · 선적지 인도조건인 경우 상품 등을 선적하는 시점에 소유권이 구매자에게 이전되기 때문에 기말 현재 운송 중에 있는 미착품은 구매자(당사)의 기말재고자산에 포함된다.
　　· 도착지 인도조건인 경우 상품 등이 도착하는 시점에 소유권이 구매자에게 이전되기 때문에 기말 현재 운송 중에 있는 미착품은 판매자(당사)의 기말재고자산에 포함된다.
　　· 저당상품은 저당권이 실행되어 소유권이 이전되기 전까지는 담보제공자가 소유권을 가지고 있으므로 이는 담보제공자(당사)의 기말재고자산에 포함된다.
　　· 반품률을 합리적으로 추정 가능한 경우 판매자는 인도 시점에 매출을 인식하므로 이는 판매자(당사)의 기말재고자산에 포함되지 않는다.
　　· 기말재고자산에 포함해야 할 금액 = 선적지 인도조건 매입 미착품 + 도착지 인도조건 판매 미착품 + 저당상품
　　　　　　　　　　= 1,000,000 + 3,000,000 + 5,000,000 = 9,000,000원

6 ① · 올바른 회계처리

(차) 감가상각비(매출원가의 증가)	700,000	(대) 감가상각누계액	700,000

　　· 회사의 회계처리

(차) 감가상각비(판관비의 증가)	700,000	(대) 감가상각누계액	700,000

　　· 당기손익에 미치는 영향
　　　: 매출원가 과소계상, 판관비 과대계상 → 매출총이익 과대계상, 영업이익 변동 없음, 당기순이익 변동 없음

7 ③ · 변동제조간접비 = 직접노무비 × 3
　　　　　　　　　= 200,000 × 3 = 600,000원
　　· 제조간접비 = 고정제조간접비 + 변동제조간접비
　　　　　　　= 500,000 + 600,000 = 1,100,000원
　　· 가공원가 = 직접노무비 + 제조간접비
　　　　　　= 200,000 + 1,100,000 = 1,300,000원

8 ④ · 준변동비(혼합원가)란 조업도와 관계없이 발생하는 고정비와 조업도의 변동에 비례하여 발생하는 변동비로 구성되어 있는 원가를 말한다.
· 전기요금은 사용을 하지 않아도 발생하는 기본요금과 사용량에 비례하는 사용요금으로 구성되어 있으므로 준변동비에 해당한다.

9 ② · 평균법에 의한 가공비의 완성품환산량 = 완성분 + 기말재공품
= 800 + (200 × 50%) = 900개
· 선입선출법에 의한 가공비의 완성품환산량 = 기초재공품 완성분 + 당기 착수 완성분 + 기말재공품
= (300 × 60%) + 500 + (200 × 50%) = 780개
· 가공비의 완성품환산량의 차이 = (방법1) 평균법 − 선입선출법 = 900 − 780 = 120개
= (방법2) 기초재공품 기완성분 = 300 × 40% = 120개

10 ④ 비정상공손이란 작업자의 부주의, 생산계획의 미비 등에 따라 발생하는 것으로서 제조활동을 효율적으로 수행하면 방지할 수 있는 공손을 말한다.

11 ③ 주된 사업과 관련하여 주된 재화의 생산 과정이나 용역의 제공 과정에서 필연적으로 생기는 재화의 공급은 별도의 거래에 해당하며 주된 사업에 부수되는 것으로 본다. 이 경우 부수 공급의 과세·면세 여부는 주된 사업에 따른다. 다만, 해당 재화가 면세대상이라면 주된 사업의 과세·면세에 관계없이 면세된다.

12 ① 개인사업자 및 영세법인사업자(직전 과세기간 공급가액 합계액이 1억 5천만 원 미만)의 경우 예정신고기간의 부가가치세가 과세관청으로부터 고지되므로 별도의 신고 없이 납부만 할 수 있다.

13 ① 소매업을 영위하는 사업자는 재화를 공급받는 자가 사업자등록증을 제시하고 세금계산서의 발급을 요구하는 경우에는 세금계산서를 발급하여야 한다.

14 ④ 소액주주가 아닌 출자임원이 사택을 제공받음으로써 얻는 이익은 과세된다.

15 ② · 비주거용 부동산임대업의 결손금은 다른 소득금액에서 공제하지 않는다.
· 양도소득은 분류과세되므로 종합소득금액 계산 시 이를 합산하지 않는다.
· 종합소득금액 = 도소매업 사업소득금액 + 음식점업 사업소득의 결손금 + 상용근로소득금액
= 25,000,000 + △10,000,000 + 13,000,000 = 28,000,000원

실무시험

문제1 일반전표입력

(1)	2월 11일	(차) 기업업무추진비(판관비)	100,000	(대) 보통예금		100,000
(2)	3월 31일	(차) 퇴직급여(제조)	2,700,000	(대) 보통예금		2,700,000
(3)	5월 30일	(차) 보통예금	20,000,000	(대) 자본금		25,000,000
		주식발행초과금	2,000,000			
		주식할인발행차금	3,000,000			
(4)	7월 10일	(차) 보통예금	19,450,000	(대) 단기차입금(하나은행)		20,000,000
		이자비용	550,000			

참고 매각거래로 분류되는 경우의 회계처리

7월 10일	(차) 보통예금	19,450,000	(대) 받을어음(래인상사㈜)	20,000,000
	매출채권처분손실	550,000		

(5) 12월 13일	(차) 기계장치	3,800,000	(대) 자산수증이익	3,800,000

(1) 10월 8일 유형 : 12.영세 / 공급가액 : 10,000,000 / 부가세 : 0 / 거래처 : ㈜상상 / 전자 : 여 / 분개 : 혼합(외상) / (영세율구분 : 3.내국신용장·구매확인서에 의하여 공급하는 재화)

(차) 외상매출금(㈜상상)	10,000,000	(대) 제품매출	10,000,000

(2) 10월 14일 유형 : 57.카과 / 공급가액 : 1,500,000 / 부가세 : 150,000 / 거래처 : 안녕정비소 / 분개 : 혼합(카드) / (신용카드사 : ㈜순양카드)

(차) 부가세대급금	150,000	(대) 미지급금(㈜순양카드)	1,650,000
차량유지비(제조)	1,500,000		

(3) 11월 3일 유형 : 51.과세 / 공급가액 : (-)30,000,000 / 부가세 : (-)3,000,000 / 거래처 : ㈜바이머신 / 전자 : 여 / 분개 : 혼합

(차) 부가세대급금	(-)3,000,000	(대) 미지급금(㈜바이머신)	(-)33,000,000
기계장치	(-)30,000,000		

(4) 11월 11일 유형 : 51.과세 / 공급가액 : 2,000,000 / 부가세 : 200,000 / 거래처 : ㈜사탕 / 전자 : 여 / 분개 : 혼합

(차) 부가세대급금	200,000	(대) 선급금(㈜사탕)	200,000
복리후생비(판관비)	2,000,000	보통예금	2,000,000

(5) 12월 28일 유형 : 14.건별 / 공급가액 : 250,000 / 부가세 : 25,000 / 분개 : 혼합

(차) 감가상각누계액(비품)	960,000	(대) 부가세예수금	25,000
보통예금	275,000	비품	1,200,000
		유형자산처분이익	10,000

문제 3 부가가치세신고

(1) 1단계 [신용카드매출전표등발행금액집계표] (7월~9월)

1. 인적사항

상호[법인명]	(주)세아산업	성명[대표자]	오세아	사업등록번호	202-81-03655
사업장소재지	서울특별시 동대문구 겸재로 16 (휘경동)				

2. 신용카드매출전표 등 발행금액 현황

구 분	합 계	신용·직불·기명식 선불카드	현금영수증	직불전자지급 수단 및 기명식선불 전자지급수단
합 계	9,900,000	9,900,000		
과세 매출분	9,900,000	9,900,000		
면세 매출분				
봉 사 료				

3. 신용카드매출전표 등 발행금액중 세금계산서 교부내역

세금계산서발급금액	3,300,000	계산서발급금액	

2단계 [신용카드매출전표등수령명세서] (7월~9월)

2. 신용카드 등 매입내역 합계

구분	거래건수	공급가액	세액
합 계	2	80,000	8,000
현금영수증			
화물운전자복지카드			
사업용신용카드	1	70,000	7,000
그 밖의 신용카드	1	10,000	1,000

3. 거래내역입력

No		월/일	구분	공급자	공급자(가맹점) 사업자등록번호	카드회원번호	그 밖의 신용카드 등 거래내역 합계		
							거래건수	공급가액	세액
1	☐	07-11	사업	(주)가람	772-81-10112	7777-9999-7777-9999	1	70,000	7,000
2	☐	09-27	신용	자금성	211-03-54223	3333-5555-3333-5555	1	10,000	1,000
3	☐								
	☐								
	☐								
	☐								
				합계			2	80,000	8,000

· 기업업무추진비(접대비) 관련 지출은 매입세액공제가 불가하다.

(2) [대손세액공제신고서] 메뉴 ▶ [대손발생] 탭 (4월~6월)

당초공급일	대손확정일	대손금액	공제율	대손세액	거래처		대손사유
2024-09-01	2025-05-02	7,700,000	10/110	700,000	수성(주)	5	부도(6개월경과)
2022-05-10	2025-05-10	5,500,000	10/110	500,000	금성(주)	6	소멸시효완성
2024-01-05	2025-05-10	-2,750,000	10/110	-250,000	비담(주)	7	채권 일부 회수
합 계		10,450,000		950,000			

- 부도발생 어음은 부도발생일(예 작년 11월 1일)로부터 6개월이 경과한 날(예 올해 5월 2일)이 속하는 확정신고기간(예 올해 1기 확정신고기간)에 대손세액공제가 가능하다.
- 단기대여금은 재화 및 용역의 공급과 관련없는 채권이므로 대손세액공제를 인정받을 수 없다.
- 대손세액공제 받았던 채권이 회수되는 경우 회수일이 속하는 과세기간의 확정신고 시 부가가치세신고서에 매출세액의 증가로 반영되어야 하며, 대손세액공제신고서에 입력할 때에는 음수(-)로 입력한다.

(3) 1단계 신고서 마감 확인 : [부가가치세신고서] 메뉴 (1월~3월)

　　　2단계 전자신고파일 제작 : [전자신고] 메뉴 (신고인구분 : 2.납세자 자진신고), (비밀번호 : 12341234)

　　　3단계 전자신고파일 제출 : [국세청 홈택스 전자신고변환(교육용)] 메뉴 (찾아보기 → 형식검증하기 → 형식검증결과확인 → 내용검증하기 → 내용검증결과확인 → 전자파일제출 → 신고서 접수증 확인)

문제 4　결산

(1) (수동결산)
　　[일반전표입력] 12월 31일
　　　　　(차) 선급비용　　　　　　　1,250,000[1]　　(대) 보험료(제조)　　　　1,250,000
　　　　[1] 3,000,000원 × (5개월/12개월) = 1,250,000원

(2) (수동결산)
　　[일반전표입력] 12월 31일
　　　　　(차) 보통예금　　　　　　　7,200,000　　(대) 단기차입금(우리은행)　　7,200,000

(3) (수동결산)
　　[일반전표입력] 12월 31일
　　　　　(차) 매도가능증권평가손실　23,500,000[1]　　(대) 매도가능증권(투자)　　23,500,000
　　　　[1] 당기말 재무상태표에서 매도가능증권 계정과 매도가능증권평가손실 계정의 잔액을 차변으로 집계하여 보면 취득원가 금액이 된다.

매도가능증권 (투자자산)	135,000,000
매도가능증권평가손실 (기타포괄손익누계액)	24,000,000
취득원가 (차변 집계금액)	159,000,000

(4) (수동결산 또는 자동결산)
　　| 방법 1 |　(수동결산)
　　　[일반전표입력] 12월 31일
　　　　(차) 대손상각비　　　　4,540,500　　(대) 대손충당금(외상매출금)　4,540,500[1]
　　　　　　기타의대손상각비　　2,480,000　　　　대손충당금(미수금)　　　2,480,000[2]
　　　　[1] 558,550,000원 × 1% − 1,045,000원 = 4,540,500원
　　　　[2] 278,000,000원 × 1% − 300,000원 = 2,480,000원

| 방법2 |　　(자동결산)

　　　　[결산자료입력] 메뉴에서 (기간 : 1월~12월) 다음과 같이 입력한다. 자동결산 항목 입력이 완료되고 나면 상단의 [전표추가]를 클릭하여 결산분개를 생성한다.
　　　　　· 판매비와 일반관리비 ▶ 대손상각 ▶ 외상매출금 : 4,540,500
　　　　　· 영업외비용 ▶ 기타의대손상각 ▶ 미수금 : 2,480,000

(5) (수동결산 또는 자동결산)

| 방법1 |　　(수동결산)

　　　　[일반전표입력] 12월 31일

　　　　(차) 무형자산상각비(판관비)　　　　650,000[1)]　　　(대) 특허권　　　　　　　　650,000

　　　　[1)] (취득원가 - 잔존가치) ÷ 총내용연수 = (4,550,000원 - 0원) ÷ 7년 = 650,000원

| 방법2 |　　(자동결산)

　　　　[결산자료입력] 메뉴에서 (기간 : 1월~12월) 다음과 같이 입력한다. 자동결산 항목 입력이 완료되고 나면 상단의 [전표추가]를 클릭하여 결산분개를 생성한다.
　　　　　· 판매비와 일반관리비 ▶ 무형자산상각비 ▶ 특허권 : 650,000

문제 5　연말정산

(1) 1단계　[급여자료입력] 메뉴 ▶ [수당공제] 보조창 ▶ [수당등록] 탭

No	코드	과세구분	수당명	근로소득유형			월정액	통상임금	사용여부
				유형	코드	한도			
1	1001	과세	기본급	급여			정기	여	여
2	1002	과세	상여	상여			부정기	부	부
3	1003	과세	직책수당	급여			정기	부	부
4	1004	과세	월차수당	급여			정기	부	부
5	1005	비과세	식대	식대	P01	(월)200,000	정기	부	부
6	1006	비과세	자가운전보조금	자가운전보조금	H03	(월)200,000	부정기	부	부
7	1007	비과세	야간근로수당	야간근로수당	O01	(년)2,400,000	부정기	부	부
8	2001	과세	식대	급여			정기	부	여

· 현물식사를 별도로 제공하고 있으므로 식대는 과세

2단계　[급여자료입력] 메뉴 ▶ [수당공제] 보조창 ▶ [공제등록] 탭

No	코드	공제항목명	공제소득유형	사용여부
1	5001	국민연금	고정항목	여
2	5002	건강보험	고정항목	여
3	5003	장기요양보험	고정항목	여
4	5004	고용보험	고정항목	여
5	5005	학자금상환	고정항목	여
6	6001	건강보험료정상	건강보험료정산	여
7	6002	장기요양보험정산	장기요양보험정산	여

3단계　[급여자료입력] 메뉴 ▶ 3월 귀속 ▶ 4월 지급

귀속년월 2025년 03월　　지급년월일 2025년 04월 30일　　급여

사번	사원명	감면율	급여항목	금액		공제항목	금액
101	최철수		기본급	2,800,000		국민연금	135,000
			식대	100,000		건강보험	104,850
						장기요양보험	13,430
						고용보험	23,200
						건강보험료정상	
						장기요양보험정산	
						소득세(100%)	65,360
						지방소득세	6,530
						농특세	
			과　　세	2,900,000			
			비　과　세			공 제 총 액	348,370
총인원(퇴사자)	1(0)		지 급 총 액	2,900,000		차 인 지 급 액	2,551,630

사원정보 | 임금대장　　　　4. 전체사원-현재　　크게보기

입사일(퇴사일)	2024/01/31	지급총액	2,900,000	공제총액	348,370
주민(외국인)번호	870602-1******	과세	2,900,000	차인지급액	2,551,630
거주/내외국인	거주자/내국인	총비과세		국민연금	135,000
생산직/연장근로	부/부	제출비과세		건강보험	104,850
국외근로/종교관련	부/부	미제출비과세		장기요양보험	13,430

4단계 [원천징수이행상황신고서] 메뉴 ▶ 3월 귀속 ▶ 4월 지급

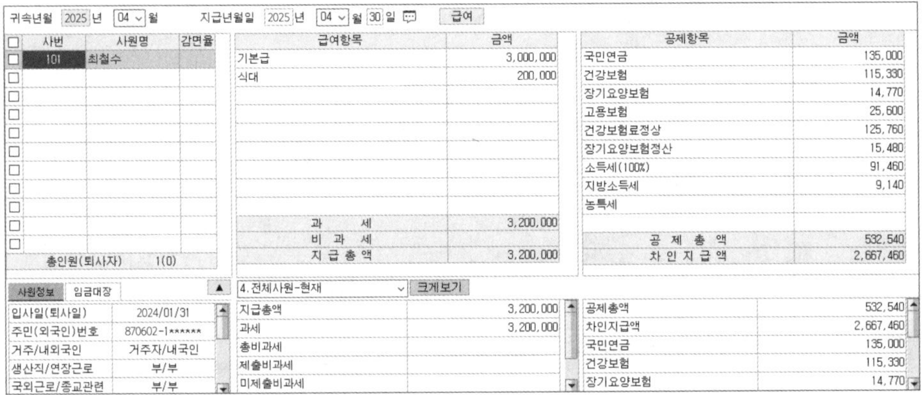

5단계 [급여자료입력] 메뉴 ▶ 4월 귀속 ▶ 4월 지급

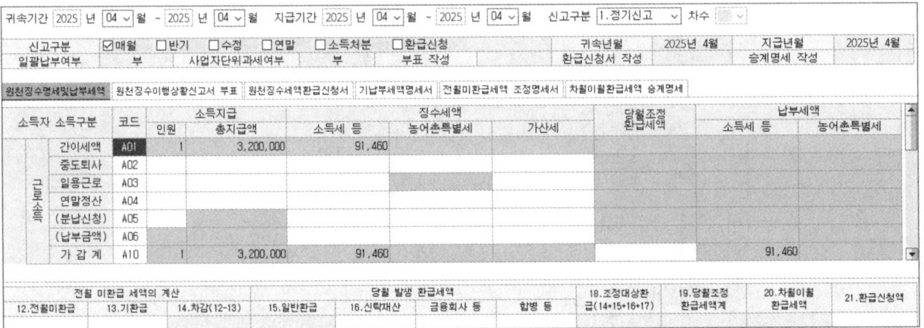

6단계 [원천징수이행상황신고서] 메뉴 ▶ 4월 귀속 ▶ 4월 지급

(2) 1단계 [연말정산추가자료입력] 메뉴 ▶ 102.신영식 ▶ [소득명세] 탭
- 근무처명 : ㈜진우상사
- 종교관련 종사자 : 부
- 사업자등록번호 : 258-81-84442
- 근무기간 : 2025. 1. 1.~2025. 4. 20.
- 급여 : 20,000,000
- 건강보험료 : 419,300
- 장기요양보험료 : 51,440
- 고용보험료 : 108,000
- 국민연금보험료 : 540,000
- 기납부세액 ▶ 소득세 : 200,000
- 기납부세액 ▶ 지방소득세 : 20,000

2단계 [부양가족] 탭 ▶ 신영식

자료구분	보험료				의료비					교육비	
	건강	고용	일반보장성	장애인전용	일반	실손	선천성이상아	난임	65세,장애인	일반	장애인특수
국세청			2,000,000		3,000,000 1.전액	1,000,000				7,000,000 4.본인	
기타	1,462,460	306,400			500,000						

자료구분	신용카드등 사용액공제						기부금
	신용카드	직불카드등	현금영수증	전통시장사용분	대중교통이용분	도서공연 등	
국세청							3,200,000
기타							

· 저축성 보험료는 공제 적용 안 됨
· 본인의 경우 대학원 교육비도 공제 적용 가능

3단계 [의료비] 탭

2025년 의료비 지급명세서													
의료비 공제대상자						지급처			지급명세				14.산후조리원
성명	내/외	5.주민등록번호	6.본인등해당여부	9.증빙코드	8.상호	7.사업자등록번호	10.건수	11.금액	11-1.실손보험수령핵	12.미숙아선천성이상아	13.난임여부		
신영식	내	910801-1211112	1	0	1				3,000,000	1,000,000	X	X	X
신영식	내	910801-1211112	1	0	5				500,000		X	X	X
				합계					3,500,000	1,000,000			
일반의료비 (본인)		3,500,000	6세 이하, 65세 이상, 장애인			일반의료비 (그 외)			난임시술비				
									미숙아.선천성이상아				

· 실손보험금 수령액으로 지급한 의료비는 공제 적용 안 되므로 서식에서 별도로 표기
· 시력보정용 안경 구입비는 1인당 연 50만 원을 한도로 공제 적용 가능
· 미용 목적 피부과 시술비, 치료·요양 목적이 아닌 한약구입비는 공제 적용 안 됨

4단계 [기부금] 탭

· [기부금 입력]

12.기부자 인적 사항(F2)			
주민등록번호	관계코드	내 · 외국인	성명
910801-1211112	거주자(본인)	내국인	신영식

구분		9.기부내용	기부처		건수	기부명세			자료구분
7.유형	8.코드		10.상호(법인명)	11.사업자번호 등		13.기부금합계금액(14+15)	14.공제대상기부금액	15.기부장려금신청 금액	
종교	41	금전				1,200,000	1,200,000		국세청
특례	10	금전				2,000,000	2,000,000		국세청
		합계				3,200,000	3,200,000		

· [기부금 조정]

구분		기부연도	16.기부금액	17.전년도까지공제된금액	18.공제대상금액(16-17)	해당연도공제금액	해당연도에 공제받지 못한 금액	
유형	코드						소멸금액	이월금액
종교	41	2025	1,200,000		1,200,000	1,200,000		
특례	10	2025	2,000,000		2,000,000	2,000,000		
합계			3,200,000		3,200,000	3,200,000		

5단계 [연금저축 등 Ⅰ] 탭
· 구분 : 2.연금저축
· 금융회사 등 : (F2를 클릭하여 검색 후 입력) 305.KEB 하나은행
· 계좌번호 : 253-660750-73308
· 납입금액 : 2,000,000

6단계 [연말정산입력] 탭 ▶ F8 부양가족탭불러오기 클릭

· 연금계좌 ▶ 연금저축 : 2,000,000
· 보장성보험 ▶ 일반 : 2,000,000
· 의료비 ▶ 본인 ▶ 지출액 : 3,500,000
· 의료비 ▶ 본인 ▶ 실손의료보험금 : 1,000,000
· 교육비 ▶ 본인 : 7,000,000
· 기부금 ▶ 특례기부금 : 2,000,000
· 기부금 ▶ 일반기부금 ▶ 종교단체 : 1,200,000

▶ 문제 | p.933

이론시험

1 ③	2 ③	3 ②	4 ①	5 ④	6 ③	7 ①	8 ②
9 ①	10 ④	11 ②	12 ④	13 ②	14 ④	15 ④	

1 ③ ① 자산의 취득부대비용, ② 자산의 취득부대비용, ③ 광고선전비(판관비), ④ 자산의 제조원가

2 ③ · (차) 자기주식 180,000 (대) 현금 등 180,000
· (차) 현금 등 100,000 (대) 자기주식 120,000
　자기주식처분손실 20,000
· (차) 자본금 50,000 (대) 자기주식 60,000
　감자차손 10,000
· 변동이 있는 자본 항목 : 자기주식(자본조정), 자기주식처분손실(자본조정), 자본금(자본금), 감자차손(자본조정)

3 ② · 20x1. 3. 1.　(차) 매도가능증권 7,000,000 (대) 현금 등 7,000,000
· 20x1. 12. 31.　(차) 매도가능증권 2,000,000 (대) 매도가능증권평가이익 2,000,000
· 20x2. 3. 1.　(차) 현금 등 600,000 (대) 매도가능증권 900,000
　매도가능증권평가이익 200,000
　매도가능증권처분손실 100,000[1]
[1] 처분금액 − 취득원가 = (100주 × @6,000원) − (100주 × @7,000원) = (−)100,000원

4 ① 충당부채의 명목금액과 현재가치의 차이가 중요한 경우에는 의무를 이행하기 위하여 예상되는 지출액의 현재가치로 평가한다.

5 ④ · 정액법에 의한 매년 감가상각비 = (취득원가 − 잔존가치) × (1/내용연수)
　　　　= (15,000,000 − 0) × (1/5) = 3,000,000원
· 20x2년 말 현재 감가상각누계액 = 정액법에 의한 매년 감가상각비 × 2
　　　　= 3,000,000 × 2 = 6,000,000원
· 20x3. 1. 1.　(차) 감가상각누계액 6,000,000 (대) 차량운반구 15,000,000
　현금 등 7,850,000
　유형자산처분손실 1,150,000[1]
[1] 처분금액 − 처분 전 장부금액 = (8,000,000 − 150,000) − (15,000,000 − 6,000,000) = (−)1,150,000원

6 ③ 당기제품제조원가는 제조원가명세서에서 확인할 수 있고 손익계산서에서도 확인할 수 있다.

7 ① 조업도가 증가하더라도 단위당 변동원가는 일정하다.

8 ② · 종합원가계산은 동종제품 대량생산, 연속생산에 적합하다.
· ①, ③, ④ : 개별원가계산에 대한 설명이다.

9 ① · 당기총제조원가 = 직접재료비 + 가공원가
　　　　→ 800,000 = ? + 500,000
　　　　∴ 직접재료비 = 300,000원
　　· 기초원가 = 직접재료비 + 직접노무비
　　　　→ 400,000 = 300,000 + ?
　　　　∴ 직접노무비 = 100,000원

10 ④ · 가공부문 → 3라인 : 400,000원 × 30% = 120,000원 (ⓐ)
　　· 가공부문 → 연마부문 : 400,000원 × 50% = 200,000원

　　· 연마부문 → 3라인 : (200,000원 + 200,000원) × $\dfrac{35\%}{35\% + 45\%}$ = 175,000원 (ⓑ)

　　· 단계배분법에 따른 3라인 제조원가 = 발생원가 + ⓐ + ⓑ
　　　　　　　　　　　　　　　　　= 500,000 + 120,000 + 175,000 = 795,000원

11 ② 신용카드매출전표 등 발급에 대한 세액공제금액은 연간 1,000만 원을 한도로 한다.

12 ④ · 매출에누리는 과세표준에 포함하지 않는다.
　　· 금전으로 지급하는 판매장려금은 과세표준에서 공제하지 않는다.
　　· 부가가치세 매출세액 = (총매출액 − 매출에누리액) × 10%
　　　　　　　　　　　　= (20,000,000 − 3,000,000) × 10% = 1,700,000원

13 ② ① 법인 음식점도 의제매입세액공제를 받을 수 있다.
　　③ 면세농산물 등을 구입한 날이 속하는 예정신고 또는 확정신고 시 공제한다.
　　④ 제조업의 경우에만 농어민으로부터의 직접 구입분에 대하여 의제매입세액공제를 받을 수 있다.

14 ④ 일용근로소득 원천징수세액 = [{(일당 × 4일) − (일 150,000원 × 4일)} × 6%] − 근로소득세액공제
　　　　　　　　　　　　　　 = [{(200,000원 × 4일) − (150,000원 × 4일)} × 6%] × (100% − 55%)
　　　　　　　　　　　　　　 = 5,400원

15 ④ 사업자가 한 차례의 접대에 지출한 금액이 3만 원(경조금은 20만 원)을 초과하는 기업업무추진비로서 적격증명서류를 미수취한 경우 해당 금액은 사업소득금액을 계산할 때 필요경비에 산입하지 아니한다.

실무시험

문제 1　일반전표입력

(1)　1월 31일　(차) 보통예금　　　　　　　7,700,000　　　(대) 외상매출금((주)오늘물산)　　7,700,000[1]

　　[1] [거래처원장] 메뉴에서 기간은 1월 1일~1월 31일, 계정과목은 외상매출금, 거래처는 (주)오늘물산을 선택하여, 1월 31일 현재 잔액이 '7,700,000'원임을 조회

(2)　3월 15일　(차) 이월이익잉여금　　　32,000,000　　　(대) 미교부주식배당금　　　10,000,000
　　　　　　　　　　　　　　　　　　　　　　　　　　　　미지급배당금　　　　　20,000,000
　　　　　　　　　　　　　　　　　　　　　　　　　　　　이익준비금　　　　　　 2,000,000

(3)　4월 21일　(차) 보통예금　　　　　　28,060,000　　　(대) 외상매출금(CTEK)　　　29,440,000
　　　　　　　　　　 외환차손　　　　　　 1,380,000

(4)　8월 5일　(차) 보통예금　　　　　　　 990,000　　　(대) 단기매매증권　　　　　　 500,000
　　　　　　　　　　　　　　　　　　　　　　　　　　　　단기매매증권처분이익　　 490,000

(5)　9월 2일　(차) 임차보증금((주)헤리움)　10,000,000　　　(대) 보통예금　　　　　　　 9,000,000
　　　　　　　　　　　　　　　　　　　　　　　　　　　　선급금((주)헤리움)　　　1,000,000

 매입매출전표입력

(1) 1월 15일   유형 : 54.불공 / 공급가액 : 10,000,000 / 부가세 : 1,000,000 / 거래처 : ㈜동산 / 전자 : 여 / 분개 : 혼합 /
(불공제사유 : ⑥토지의 자본적 지출 관련)

(차) 토지	11,000,000	(대) 미지급금(㈜동산)	11,000,000

(2) 3월 30일   유형 : 22.현과 / 공급가액 : 100,000 / 부가세 : 10,000 / 분개 : 혼합(현금)

(차) 현금	110,000	(대) 부가세예수금	10,000
		제품매출	100,000

(3) 7월 20일   유형 : 11.과세 / 공급가액 : 15,000,000 / 부가세 : 1,500,000 / 거래처 : ㈜굳딜 / 전자 : 여 / 분개 : 혼합

(차) 보통예금	16,500,000	(대) 부가세예수금	1,500,000
		선수금(㈜굳딜)	15,000,000

(4) 8월 20일   유형 : 16.수출 / 공급가액 : 5,000,000 / 부가세 : 0 / 거래처 : 몽키 / 분개 : 혼합(외상) / (영세율구분 : 1.직접
수출)

(차) 외상매출금(몽키)	5,000,000	(대) 제품매출	5,000,000

(5) 9월 12일   유형 : 51.과세 / 공급가액 : 2,800,000 / 부가세 : 280,000 / 거래처 : 미래부동산 / 전자 : 여 / 분개 : 혼합

(차) 부가세대급금	280,000	(대) 미지급금(미래부동산)	3,080,000
임차료(판관비)	2,500,000		
건물관리비(판관비)	300,000		

 부가가치세신고

(1) [부가가치세신고서] (4월~6월)

구분				정기신고금액		
				금액	세율	세액
과세표준및매출세액	과세	세금계산서발급분	1	600,000,000	10/100	60,000,000
		매입자발행세금계산서	2		10/100	
		신용카드 · 현금영수증발행분	3	63,000,000	10/100	6,300,000
		기타(정규영수증외매출분)	4			
	영세	세금계산서발급분	5		0/100	
		기타	6	68,000,000	0/100	
	예정신고누락분		7			
	대손세액가감		8			-1,000,000
	합계		9	731,000,000	㉑	65,300,000
매입세액	세금계산서수취분	일반매입	10	400,000,000		40,000,000
		수출기업수입분납부유예	10-1			
		고정자산매입	11			
	예정신고누락분		12	5,000,000		500,000
	매입자발행세금계산서		13			
	그 밖의 공제매입세액		14			
	합계(10)-(10-1)+(11)+(12)+(13)+(14)		15	405,000,000		40,500,000
	공제받지못할매입세액		16	8,000,000		800,000
	차감계 (15-16)		17	397,000,000	㉯	39,700,000
납부(환급)세액(매출세액㉑-매입세액㉯)					㉰	25,600,000
경감공제세액	그 밖의 경감 · 공제세액		18			10,000
	신용카드매출전표등 발행공제등		19			
	합계		20		㉱	10,000
소규모 개인사업자 부가가치세 감면세액			20-1		㉲	
예정신고미환급세액			21		㉳	
예정고지세액			22		㉴	
사업양수자의 대리납부 기납부세액			23		㉵	
매입자 납부특례 기납부세액			24		㉶	
신용카드업자의 대리납부 기납부세액			25		㉷	
가산세액계			26		㉸	230,000
차가감하여 납부할세액(환급받을세액)㉰-㉱-㉲-㉳-㉴-㉵-㉶-㉷+㉸			27			25,820,000
총괄납부사업자가 납부할 세액(환급받을 세액)						

		구분		금액	세율	세액
7.매출(예정신고누락분)						
예정누락분	과세	세금계산서	33		10/100	
		기타	34		10/100	
	영세	세금계산서	35		0/100	
		기타	36		0/100	
		합계	37			
12.매입(예정신고누락분)						
예정누락분		세금계산서	38	5,000,000		500,000
		그 밖의 공제매입세액	39			
		합계	40	5,000,000		500,000
	신용카드매출 수령금액합계	일반매입				
		고정매입				
	의제매입세액					
	재활용폐자원등매입세액					
	과세사업전환매입세액					
	재고매입세액					
	변제대손세액					
	외국인관광객에대한환급세액					
	합계					
14.그 밖의 공제매입세액						
신용카드매출 수령금액합계표	일반매입		41			
	고정매입		42			
의제매입세액			43		뒤쪽	
재활용폐자원등매입세액			44		뒤쪽	
과세사업전환매입세액			45			
재고매입세액			46			
변제대손세액			47			
외국인관광객에대한환급세액			48			
합계			49			

	구분	금액	세율	세액
16.공제받지못할매입세액				
공제받지못할 매입세액	50	8,000,000		800,000
공통매입세액면세등사업분	51			
대손처분받은세액	52			
합계	53	8,000,000		800,000
18.그 밖의 경감·공제세액				
전자신고 및 전자고지 세액공제	54			10,000
전자세금계산서발급세액공제	55			
택시운송사업자경감세액	56			
대리납부세액공제	57			
현금영수증사업자세액공제	58			
기타	59			
합계	60			10,000

		구분		금액	세율	세액
25.가산세명세						
사업자미등록등			61		1/100	
세금계산서		지연발급 등	62	23,000,000	1/100	230,000
		지연수취	63		5/1,000	
		미발급 등	64		뒤쪽참조	
전자세금발급명세		지연전송	65		3/1,000	
		미전송	66		5/1,000	
세금계산서합계표		제출불성실	67		5/1,000	
		지연제출	68		3/1,000	
신고불성실		무신고(일반)	69		뒤쪽	
		무신고(부당)	70		뒤쪽	
		과소·초과환급(일반)	71		뒤쪽	
		과소·초과환급(부당)	72		뒤쪽	
납부지연			73		뒤쪽	
영세율과세표준신고불성실			74		5/1,000	
현금매출명세서불성실			75		1/100	
부동산임대공급가액명세서			76		1/100	
매입자납부특례		거래계좌 미사용	77		뒤쪽	
		거래계좌 지연입금	78		뒤쪽	
신용카드매출전표등수령명세서미제출·과다기재			79		5/1,000	
합계			80			230,000

(2) 1단계 [공제받지못할매입세액명세서] 메뉴 ▶ [공제받지못할매입세액내역] 탭 (10월~12월)

공제받지못할매입세액내역	공통매입세액안분계산내역	공통매입세액의정산내역	납부세액또는환급세액재계산

매입세액 불공제 사유	세금계산서		
	매수	공급가액	매입세액
①필요적 기재사항 누락 등			
②사업과 직접 관련 없는 지출			
③개별소비세법 제1조제2항제3호에 따른 자동차 구입·유지 및 임차			
④접대비 및 이와 유사한 비용 관련			
⑤면세사업등 관련	3	50,000,000	5,000,000
⑥토지의 자본적 지출 관련			
⑦사업자등록 전 매입세액			
⑧금·구리 스크랩 거래계좌 미사용 관련 매입세액			

2단계 [공제받지못할매입세액명세서] 메뉴 ▶ [공통매입세액의정산내역] 탭 (10월~12월)

공제받지못할매입세액내역	공통매입세액안분계산내역	공통매입세액의정산내역	납부세액또는환급세액재계산

산식	구분	(15)총공통 매입세액	(16)면세 사업확정 비율			(17)불공제매입 세액총액 ((15)*(16))	(18)기불공제 매입세액	(19)가산또는 공제되는매입 세액((17)-(18))
			총공급가액	면세공급가액	면세비율			
1.당해과세기간의 공급가액기준		15,000,000	600,000,000.00	150,000,000.00	25.000000	3,750,000	250,000	3,500,000

· 2기 확정 정산 : {15,000,000 × (150,000,000/600,000,000)} − 250,000 = 3,500,000원 불공제

문제4 결산

(1) (수동결산)
  [일반전표입력] 12월 31일
  (차) 정기예금   100,000,000   (대) 장기성예금   100,000,000

(2) (수동결산)
  [일반전표입력] 12월 31일
  (차) 미수수익   3,150,000   (대) 이자수익   3,150,000[1]
  [1] (70,000,000원 × 6%) × (9개월/12개월) = 3,150,000원

(3) (수동결산)
  [일반전표입력] 12월 31일
  (차) 기부금   500,000   (대) 현금과부족   623,000
      원재료   23,000
      기업업무추진비(판관비)   100,000

(4) (수동결산 → 자동결산)
  1단계 (수동결산)
  [일반전표입력] 12월 31일
  (차) 재고자산감모손실   5,000,000[1]   (대) 상품   5,000,000
         (적요 8. 타계정으로 대체액)
  [1] (1,500개 × @10,000원) − (1,000개 × @10,000원) = 5,000,000원

  2단계 (자동결산)
  [결산자료입력] 메뉴에서 (기간 : 1월~12월) 다음과 같이 입력한다. 자동결산 항목 입력이 완료되고 나면 상단의 [전표추가]를 클릭하여 결산분개를 생성한다.
  · 상품매출원가 ▶ 기말 상품 재고액 : 10,000,000[1]
  · 제품매출원가 ▶ 기말 원재료 재고액 : 9,300,000[1]
  · 제품매출원가 ▶ 기말 제품 재고액 : 5,425,000
  [1] 정상·비정상 감모손실과 평가손실까지 모두 반영된 실제 기말 재고액

(5) (수동결산 또는 자동결산)
  | 방법1 | (수동결산)
  [일반전표입력] 12월 31일
  (차) 대손상각비   3,064,880   (대) 대손충당금(외상매출금)   2,426,480[1]
                   대손충당금(받을어음)   638,400[2]
  (차) 기타의대손상각비   1,900,000   (대) 대손충당금(단기대여금)   1,900,000[3]
  [1] (442,648,000원 × 1%) − 2,000,000원 = 2,426,480원
  [2] (113,840,000원 × 1%) − 500,000원 = 638,400원
  [3] (190,000,000원 × 1%) − 0원 = 1,900,000원

| 방법2 |　　(자동결산)

　　　　[결산자료입력] 메뉴에서 (기간 : 1월~12월) 다음과 같이 입력한다. 자동결산 항목 입력이 완료되고 나면 상단
　　　　의 [전표추가]를 클릭하여 결산분개를 생성한다.
　　　　　　· 판매비와 일반관리비 ▶ 대손상각 ▶ 외상매출금 : 2,426,480
　　　　　　· 판매비와 일반관리비 ▶ 대손상각 ▶ 받을어음 : 638,400
　　　　　　· 영업외비용 ▶ 기타의대손상각 ▶ 단기대여금 : 1,900,000

문제 5　연말정산

(1)　1단계　[급여자료입력] 메뉴 ▶ [수당공제] 보조창 ▶ [수당등록] 탭

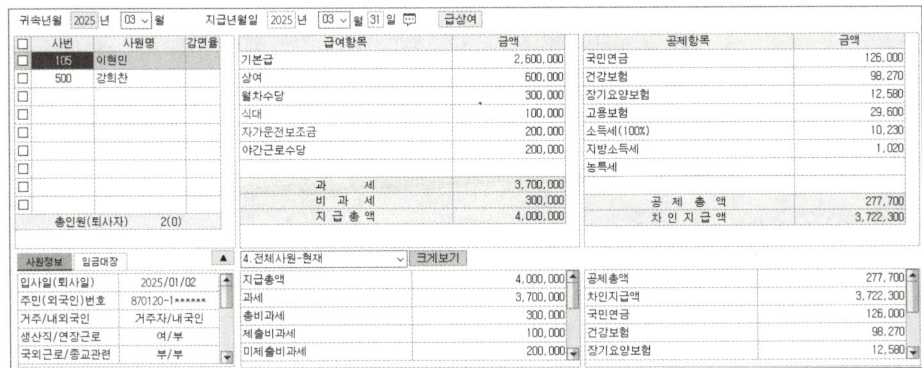

No	코드	과세구분	수당명	근로소득유형			월정액	통상임금	사용여부
				유형	코드	한도			
1	1001	과세	기본급	급여			정기	여	여
2	1002	과세	상여	상여			부정기	부	여
3	1003	과세	직책수당	급여			정기	부	부
4	1004	과세	월차수당	급여			정기	부	여
5	1005	비과세	식대	식대	P01	(월)200,000	정기	부	여
6	1006	비과세	자가운전보조금	자가운전보조금	H03	(월)200,000	부정기	부	여
7	1007	비과세	야간근로수당	야간근로수당	O01	(년)2,400,000	부정기	부	부
8	2001	과세	야간근로수당	급여			부정기	부	여

· 야간근로수당의 비과세 요건 중 월정액급여액 월 210만 원 이하 요건 미충족

2단계　[급여자료입력]

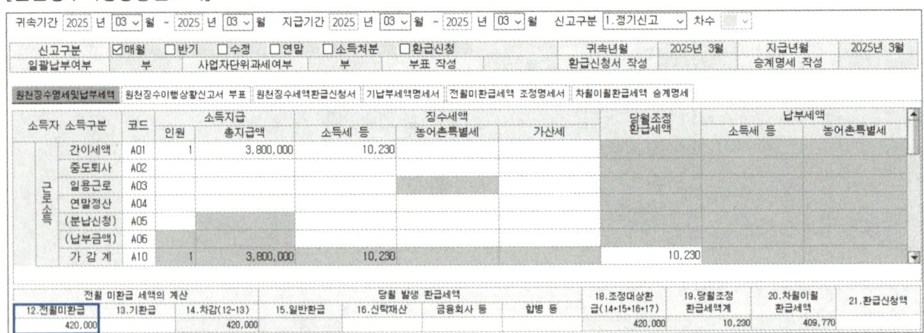

· 과세 = 기본급 + 상여 + 월차수당 + 야간근로수당(요건미충족)
　　　　= 2,600,000 + 600,000 + 300,000 + 200,000 = 3,700,000원
· 비과세 = 식대 + 자가운전보조금
　　　　= 100,000(제출) + 200,000(미제출) = 300,000원

3단계　[원천징수이행상황신고서]

소득자 소득구분		코드	소득지급		징수세액			당월조정 환급세액	납부세액	
			인원	총지급액	소득세 등	농어촌특별세	가산세		소득세 등	농어촌특별세
근로소득	간이세액	A01	1	3,800,000	10,230					
	중도퇴사	A02								
	일용근로	A03								
	연말정산	A04								
	(분납신청)	A05								
	(납부금액)	A06								
	가 감 계	A10	1	3,800,000	10,230			10,230		

전월 미환급 세액의 계산			당월 발생 환급세액				18.조정대상환급(14+15+16+17)	19.당월조정환급세액계	20.차월이월환급세액	21.환급신청액
12.전월미환급	13.기환급	14.차감(12-13)	15.일반환급	16.신탁재산	금융회사 등	합병 등				
420,000		420,000					420,000	10,230	409,770	

(2) 1단계 [연말정산추가자료입력] 메뉴 ▶ 500.강희찬 ▶ [부양가족] 탭 ▶ 상단부

연말 관계	성명	내/외국인		주민(외국인)번호	나이	소득기준 초과여부	기본공제	세대주 구분	부녀 자	한부 모	경로 우대	장애 인	자녀	출산 입양	결혼 세핵
0	강희찬	내	1	850130-1710619	40		본인	세대주							
3	송은영	내	1	830317-2141615	42	○	부								
4	강민호	내	1	161225-3014679	9		20세이하						○	첫째	
6	강성찬	내	1	880717-1714310	37		장애인					1			
합 계 [명]						1	3					1	1	1	

· 장애인은 나이 요건의 제한을 받지 않으므로 강성찬(형제)은 기본공제 가능

2단계 [부양가족] 탭 ▶ 하단부

· 강희찬

자료구분	보험료				의료비					교육비	
	건강	고용	일반보장성	장애인전용	일반	실손	선천성이상아	난임	65세,장애인	일반	장애인특수
국세청			2,400,000		2,600,000 1.전액						
기타	2,399,400	480,000									

자료구분	신용카드등 사용액공제						기부금
	신용카드	직불카드등	현금영수증	전통시장사용분	대중교통이용분	도서공연 등	
국세청	18,500,000				500,000		1,200,000
기타							

· 송은영

자료구분	보험료				의료비					교육비	
	건강	고용	일반보장성	장애인전용	일반	실손	선천성이상아	난임	65세,장애인	일반	장애인특수
국세청								2,500,000			
기타											

자료구분	신용카드등 사용액공제						기부금
	신용카드	직불카드등	현금영수증	전통시장사용분	대중교통이용분	도서공연 등	
국세청							
기타							

· 강민호

자료구분	보험료				의료비					교육비	
	건강	고용	일반보장성	장애인전용	일반	실손	선천성이상아	난임	65세,장애인	일반	장애인특수
국세청					1,200,000 2.일반					500,000 2.초중	
기타										고	

자료구분	신용카드등 사용액공제						기부금
	신용카드	직불카드등	현금영수증	전통시장사용분	대중교통이용분	도서공연 등	
국세청			600,000		100,000		
기타							

　– 취학 전 아동 이외의 자녀 학원비는 공제 적용 안 됨

· 강성찬

자료구분	보험료				의료비					교육비	
	건강	고용	일반보장성	장애인전용	일반	실손	선천성이상아	난임	65세,장애인	일반	장애인특수
국세청				1,700,000					3,100,000		
기타											

자료구분	신용카드등 사용액공제						기부금
	신용카드	직불카드등	현금영수증	전통시장사용분	대중교통이용분	도서공연 등	
국세청							
기타							

3단계 [신용카드 등] 탭

☐	성명 생년월일	자료 구분	신용카드	직불,선불	현금영수증	도서등 신용	도서등 직불	도서등 현금	전통시장	대중교통	합계
☐	강희찬	국세청	18,500,000							500,000	19,000,000
	1985-01-30	기타									
☐	송은영	국세청									
	1983-03-17	기타									
☐	강민호	국세청			600,000					100,000	700,000
	2016-12-25	기타									
☐	강성찬	국세청									
	1988-07-17	기타									■
☐											
☐											
☐											
☐											
	합계		18,500,000		600,000					600,000	19,700,000

· 회사의 비용으로 계상된 지출액은 공제 적용 안 됨

4단계 [의료비] 탭

2025년 의료비 지급명세서													14.산후 조리원
의료비 공제대상자					지급처			지급명세					
성명	내/외	5.주민등록번호	6.본인등 해당여부	9.증빙 코드	8.상호	7.사업자 등록번호	10. 건수	11.금액	11-1.실손 보험수령핵	12.미숙아 선천성이상아	13.난임 여부		
강희찬	내	850130-1710619	1	0	1			2,600,000		X	X		X
송은영	내	830317-2141615	3	X	1			2,500,000		X	0		X
강민호	내	161225-3014679	3	X	1			1,200,000		X	X		X
강성찬	내	880717-1714310	2	0	1			3,100,000		X	X		X
					합계			9,400,000					
일반의료비 (본인)		2,600,000	6세 이하, 65세 이상, 장애인		3,100,000	일반의료비 (그 외)		1,200,000	난임시술비				2,500,000
									미숙아·선천성이상아				

· 시력보정용 안경 구입비는 1인당 연 50만 원을 한도로 공제 적용 가능
· 의료비는 나이 및 소득금액의 제한을 받지 않음

5단계 [기부금] 탭
· [기부금 입력]

12.기부자 인적 사항(F2)									
주민등록번호			관계코드		내·외국인		성명		
850130-1710619			거주자(본인)		내국인		강희찬		

구분		9.기부내용	기부처		기부명세				자료 구분
7.유형	8.코드		10.상호 (법인명)	11.사업자 번호 등	건수	13.기부금합계 금액 (14+15)	14.공제대상 기부금액	15.기부장려금 신청 금액	
종교	41	금전				1,200,000	1,200,000		국세청
합계						1,200,000	1,200,000		

· [기부금 조정]

구분		기부연도	16.기부금액	17.전년도까지 공제된금액	18.공제대상 금액(16-17)	해당연도 공제금액	해당연도에 공제받지 못한 금액	
유형	코드						소멸금액	이월금액
종교	41	2025	1,200,000		1,200,000	1,200,000		

 [연말정산입력] 탭 ▶ **F8 부양가족탭불러오기** 클릭

- 보장성보험 ▶ 일반 : 2,400,000
- 보장성보험 ▶ 장애인 : 1,700,000
- 의료비 ▶ 본인 : 2,600,000
- 의료비 ▶ 난임시술비 : 2,500,000
- 의료비 ▶ 65세 이상, 장애인 : 3,100,000
- 의료비 ▶ 그 밖의 공제대상자 : 1,200,000
- 교육비 ▶ 초중고 : 500,000
- 기부금 ▶ 일반기부금 ▶ 종교단체 : 1,200,000
- 신용카드 등 사용액 ▶ 신용카드 : 18,500,000
- 신용카드 등 사용액 ▶ 현금영수증 : 600,000
- 신용카드 등 사용액 ▶ 대중교통 : 600,000

목차

이론+실무 상편

이론

제1장 재무회계

이론

제2장 원가회계

실무

제3장 거래자료의 입력·결산

해커스

전산세무 2급
한권합격

이론+실무 | 하

해커스

이론+실무 하편

최신기출편

해커스 빈출분개 80선 + 연말정산 필수이론정리 [별책부록]

최신 개정세법 자료집(PDF)

기초 회계원리 학습자료(PDF)

분개연습 노트(PDF)

최신기출문제 및 해설집(HWP)

• 모든 PDF와 HWP 자료는 해커스금융 사이트(fn.Hackers.com)에서 무료로 다운받으실 수 있습니다.

전산세무 2급 :
추가되는 내용

전산회계 1급을 함께 학습하고 있거나 이미 학습한 경우 전산세무 2급에 추가되는 내용을 집중적으로 학습하시길 바랍니다.
전산회계 1급에서는 출제범위가 아니지만 전산세무 2급에서 추가로 출제되는 내용은 다음과 같습니다.

구 분		추가되는 내용
제1장	제1절	04. > (5) > 참고 보수주의 06. > (3) 재무제표의 특성과 한계
	제2절	05. > (3) 재분류
	제3절	04. > (2) > 참고 평균법 04. > (3) > ④ > 참고 상품재고장에서 출고단가와 출고금액의 기재 여부 05. 기말재고자산에 포함될 항목의 결정 > (5)~(6)
	제4절	07. 유형자산의 손상 09. 유형자산의 특수한 거래
	제5절	03. > (5) 유효이자율법 03. > (6) 사채의 조기상환 04. > (1) 충당부채 > ③~④ 04. > (2) 우발부채
	제6절	–
	제7절	–
	제8절	–
	제9절	**전체**
제2장	제1절	–
	제2절	–
	제3절	–
	제4절	–
	제5절	06. > (2) 공손원가 관련 고려사항 07. 결합원가계산
제3장	제1절	–
	제2절	02. > 4) 매출원가의 계상(재고자산 기말 재고액 입력) 03. 재무제표 작성 > 기출유형

	제1절	–
제4장	제2절	–
	제3절	–
	제4절	–
	제5절	01. > (1) 재화와 용역의 공급에 대한 과세표준 > ⑤, ⑧, ⑨ 01. > (3) 재화의 간주공급에 대한 과세표준 02. 대손세액공제 04. > (3) > 참고 세금계산서 지연수취 또는 사전발급에 대한 매입세액 공제 허용범위 확대 05. 의제매입세액공제 06. 공통매입세액의 안분, 정산, 재계산
	제6절	01. 경감·공제세액 05. 간이과세자 06. 가산세
제5장	제1절	02. > ③ > 참고 '건별[14]'에 해당하는 대표적인 사례
	제2절	전체
제6장	제1절 ~ 제5절	전체
제7장	제1절	전체

전산세무 2급
학습플랜

6주 완성 학습 플랜

세무·회계 지식이 전혀 없는 회계 초보자 학습자에게 추천합니다.

6주 동안 모든 내용을 차근차근 학습할 수 있습니다.

1일 ☐	2일 ☐	3일 ☐	4일 ☐	5일 ☐	6일 ☐	7일 ☐
제1장 재무회계(이론)						
제1절	제2절	제3, 4절	제5절	제6절	제7절	제8, 9절

8일 ☐	9일 ☐	10일 ☐	11일 ☐	12일 ☐	13일 ☐	14일 ☐
제2장 원가회계(이론)					제3장 거래자료의 입력·결산(실무)	
제1절	제2절	제3절	제4절	제5절	제1절	

15일 ☐	16일 ☐	17일 ☐	18일 ☐	19일 ☐	20일 ☐	21일 ☐
제3장 거래자료의 입력·결산(실무)		제4장 부가가치세(이론)				
제2절		제1절	제2절	제3, 4절	제5절	제6절

22일 ☐	23일 ☐	24일 ☐	25일 ☐	26일 ☐	27일 ☐	28일 ☐
제5장 부가가치세의 입력·신고(실무)				제6장 소득세(이론)		
제1절		제2절		제1절	제2절	제3절

29일 ☐	30일 ☐	31일 ☐	32일 ☐	33일 ☐	34일 ☐	35일 ☐
제6장 소득세(이론)		제7장 연말정산(실무)				최신기출문제
제4절	제5절	제1절				제118~117회

36일 ☐	37일 ☐	38일 ☐	39일 ☐	40일 ☐	41일 ☐	42일 ☐
최신기출문제					핵심 미니북	
제116~115회	제114~113회	제112~111회	제110~109회	제108~107회	빈출분개 80선 + 연말정산 필수이론정리	

4주 완성 학습 플랜

전산회계 1급을 취득했거나 함께 학습하는 학습자에게 추천합니다.
4주 동안 효율적으로 모든 내용을 학습할 수 있습니다.

1일 ☐	2일 ☐	3일 ☐	4일 ☐	5일 ☐	6일 ☐	7일 ☐
제1장 재무회계(이론)				제2장 원가회계(이론)		
제1, 2절	제3, 4절	제5, 6, 7절	제8, 9절	제1, 2절	제3절	제4절

8일 ☐	9일 ☐	10일 ☐	11일 ☐	12일 ☐	13일 ☐	14일 ☐
제2장 원가회계(이론)	제3장 거래자료의 입력·결산(실무)				제4장 부가가치세(이론)	
제5절	제1절		제2절		제1, 2절	제3, 4절

15일 ☐	16일 ☐	17일 ☐	18일 ☐	19일 ☐	20일 ☐	21일 ☐
제4장 부가가치세(이론)		제5장 부가가치세의 입력·신고(실무)				
제5절	제6절	제1절		제2절		

22일 ☐	23일 ☐	24일 ☐	25일 ☐	26일 ☐	27일 ☐	28일 ☐
제6장 소득세(이론)		제7장 연말정산(실무)		최신기출문제		
제1, 2절	제3, 4, 5절	제1절		제118~115회	제114~111회	제110~107회

2주 완성 학습 플랜

전산회계 1급을 취득했으며 기초적인 세무·회계지식이 있는 학습자에게 추천합니다.

2주 동안 빠르고 확실하게 모든 내용을 학습할 수 있습니다.

1일 ☐	2일 ☐	3일 ☐	4일 ☐	5일 ☐	6일 ☐	7일 ☐
제1장 재무회계(이론)		제2장 원가회계(이론)	제4장 부가가치세(이론)	제5장 부가가치세의 입력·신고(실무)		
제3, 4, 9절		제5절	제5절	제2절		

8일 ☐	9일 ☐	10일 ☐	11일 ☐	12일 ☐	13일 ☐	14일 ☐
제6장 소득세(이론)		제7장 연말정산(실무)		최신기출문제		
제1, 2절	제3, 4, 5절	제1절		제118~115회	제114~111회	제110~107회

fn.Hackers.com

제 **4** 장

부가가치세

부가가치세

| Overview

부가가치세는 이론시험 전체 15문제에서 **3문제**가 출제된다.
(이론시험 : 1문제당 2점의 배점으로 출제되어 총 30점 만점으로 구성)

부가가치세는 이론시험에서 출제비중이 높지 않으나, 실무시험 2번 '매입매출전표입력', 3번 '부가가치세신고' 문제의 입력을 위한 바탕이 되므로 전산세무 2급 시험에서 30% 이상의 비중을 차지한다. 본 장은 전산세무 2급 기출문제 분석을 바탕으로 실제 시험에서 출제될 가능성이 높은 내용만을 담아, 꼭 시험에 나오는 부분만 학습할 수 있도록 구성되어 있다.

| 출제비중

구 분	출제비중(3문제)
제1절 부가가치세 총칙	
제2절 부가가치세 과세대상 거래	
제3절 영세율과 면세	3문제가 출제된다.
제4절 세금계산서	제1~5절에서 골고루 출제되는 편이고,
제5절 매출세액과 매입세액*	제6절의 출제빈도가 낮다.
제6절 신고와 납부*	

*전산회계 1급에서 전산세무 2급에 추가되는 부분입니다. 학습전략의 '3. 전산회계 1급 동시 학습'을 참고하여 학습하시기 바랍니다.

▌학습전략

1. 전체적인 흐름을 파악하는 이해 위주의 학습

학습 분량 대비 이론시험의 출제비중이 높지 않으므로 세부내용 하나하나를 암기하기보다는 세법 규정의 취지와 전체 흐름에 대한 이해 위주로 학습하자.

2. 실무시험과 연결되는 내용에 집중

실무편 문제인 매입매출전표입력과 부가가치세신고서식 작성은 관련 부가가치세 이론을 알아야 풀 수 있으므로, 실무시험과 연결되는 내용을 집중적으로 학습하자.

3. 전산회계 1급 동시 학습

전산회계 1급을 함께 학습하고 있거나, 이미 학습한 경우 전산세무 2급에 추가되는 내용을 집중적으로 학습한다. 전산회계 1급에서는 출제범위가 아니지만 전산세무 2급에서 추가로 출제되는 내용은 다음과 같다.

> [제5절 매출세액과 매입세액] : 과세표준 일부 내용, 대손세액공제, 세금계산서 지연수취 또는 사전발급에 대한 매입세액 공제 허용범위 확대, 의제매입세액공제, 공통매입세액의 안분, 정산, 재계산
> [제6절 신고와 납부] : 경감·공제세액, 간이과세자, 가산세

01 부가가치세의 정의

부가가치란 재화 또는 용역이 생산·유통되는 모든 단계에서 기업이 새로이 창출하는 가치의 증가분을 말한다. 부가가치세(Value Added Tax : VAT)는 사업자가 창출한 부가가치에 과세하는 조세이다.

02 부가가치세의 계산방법

최근 77회 시험 중 2회 기출

이론적으로 볼 때 부가가치세를 계산하는 방법으로는 가산법, 전단계거래액공제법, 전단계세액공제법 등이 있는데, 우리나라를 포함한 대부분의 나라들은 이 중 전단계세액공제법을 사용하여 부가가치세를 계산한다. 전단계세액공제법이란 매출세액(= 매출액 × 세율)에서 전단계 사업자에게 지급한 매입세액을 차감(공제)하는 방식으로 부가가치세 납부세액을 계산하는 방법이다.

$$
\text{납부세액} = (\text{매출액} \times \text{세율}) - (\text{매입액} \times \text{세율})
$$
$$
= (\text{매출액} \times \text{세율}) - \text{세금계산서 등으로 입증된 매입세액}
$$

03 부가가치세제의 기본 구조

10%의 세율이 적용되는 부가가치세 과세사업자 A, B, C와 최종소비자가 있고, 각 사업자가 창출하는 부가가치는 1,000원이라고 가정할 때, 전단계세액공제법에 의한 부가가치세제의 기본 구조를 살펴보면 다음과 같다.

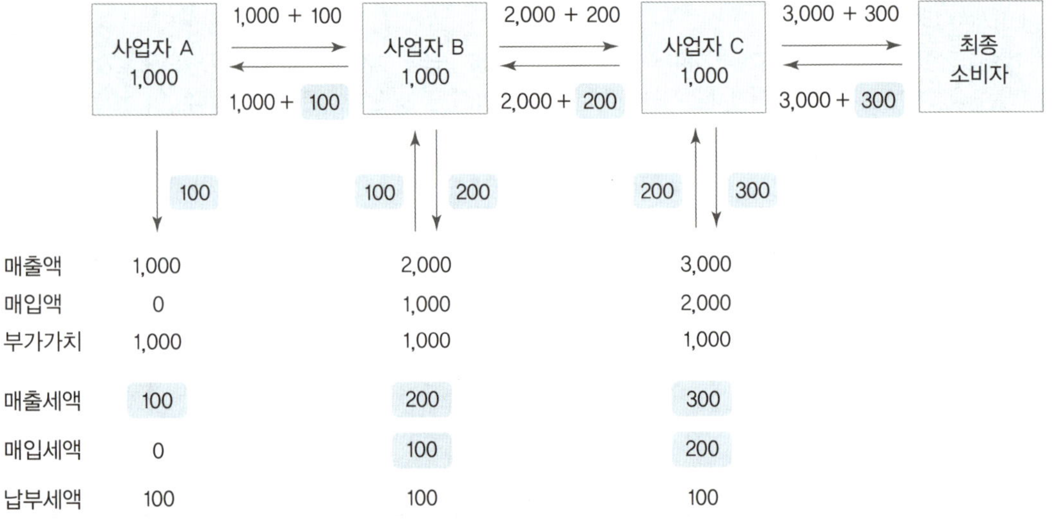

매출액	1,000	2,000	3,000
매입액	0	1,000	2,000
부가가치	1,000	1,000	1,000
매출세액	100	200	300
매입세액	0	100	200
납부세액	100	100	100

각 사업자의 매출세액은 자신의 앞 단계로부터 쌓여온 부가가치까지 포함된 금액에 대한 것이므로 중복된 부분을 제거하기 위해 매입세액을 차감하여 납부세액을 계산한다.

부가가치세는 재화나 용역의 최종소비자가 부담하게 되며 생산·유통단계에 있는 사업자는 단순히 중간단계에서 세금을 징수하고 납부하는 역할만을 한다. 즉, 부가가치세의 납세의무자(실제로 세무서에 세금을 내는 사람)는 사업자이지만 담세자(세금을 부담하는 사람)는 소비자가 되어 납세의무자와 담세자가 일치하지 않으며, 이러한 조세를 간접세라고 부른다.

납세의무자는 간접세를 자기 부담으로 내는 것이 아니기 때문에, 납부할 때 비용계정을 사용하지 않고 자산(부가세대급금)과 부채(부가세예수금)계정을 사용한다. 상기 거래구조에서 사업자 C의 부가가치세 관련 회계처리를 살펴보면 다음과 같다.

- 매출 시

| (차) 현금 | 3,300 | (대) 매출 | 3,000 |
| | | 부가세예수금 | 300 |

- 매입 시

| (차) 상품 | 2,000 | (대) 현금 | 2,200 |
| 부가세대급금 | 200 | | |

- 부가가치세 납부 시

| (차) 부가세예수금 | 300 | (대) 부가세대급금 | 200 |
| | | 현금 | 100 |

04 우리나라 부가가치세의 특징

국 세	국가가 과세권을 가지고 부과하는 국세이다.
물 세	납세의무자의 인적사항을 고려하지 않으므로 물세에 해당한다.
단일비례세	과세표준의 크기에 관계없이 10%의 단일세율로 부과되는 단일비례세에 해당한다.
다단계거래세	제조·유통 등의 각 거래단계마다 과세하는 세금이므로 다단계거래세라고 할 수 있다.
일반소비세	면세로 열거된 것을 제외한 모든 재화나 용역의 소비행위에 대해서 과세하므로 일반세이며, 소비를 담세력으로 하는 소비세이다.
역진성	최종소비자 입장에서는 소득과 무관하게 소비금액에 비례하여 세부담이 생기므로 저소득층일수록 상대적 세부담 효과가 커지게 되는 역진성을 나타낸다.
간접세	납세의무자(사업자)와 담세자(최종소비자)가 다르므로 간접세에 해당한다.
전단계세액공제법	매출세액에서 전단계까지 발생한 매입세액을 공제하는 방식으로 납부세액을 계산한다.
소비지국 과세원칙	국제 거래되는 재화에 대한 이중과세 방지를 위하여 생산지국에서 수출할 때 부가가치세를 과세하지 않고, 소비지국에서 수입할 때 과세할 수 있도록 하는 소비지국 과세원칙을 채택하고 있다. 참고 수출하는 재화에 대하여는 0% 세율(영세율)을 적용함으로써 국내 생산단계에서 발생한 부가가치세를 전액 공제로 완전히 제거시키고, 수입하는 재화에 대하여는 국내생산 재화와 동일하게 10% 세율로 부가가치세를 과세한다.

현행 부가가치세법의 특징이 아닌 것은?　[제18회]

① 소비형 부가가치세제를 채택하고 있다.
② 전단계세액공제법을 채택하고 있다.
③ 각 거래단계마다 증가하는 부가가치에 대하여 거래징수하는 다단계 거래세이다.
④ 납세의무자와 담세자가 일치하는 직접세이다.

정답 ④

해설
부가가치세는 납세의무자와 담세자가 일치하지 않는 간접세이다.

05 부가가치세의 납세의무자

부가가치세의 납세의무자는 '사업자'와 '재화를 수입하는 자'이다.

(1) 사업자

① 사업자의 요건

사업자란 ㉠ 사업목적이 영리인지 비영리인지에 관계없이 ㉡ 사업상 ㉢ 독립적으로 ㉣ 부가가치세 과세대상인 재화 또는 용역을 공급하는 자를 말한다. 사업자의 구체적인 요건은 다음과 같다.

영리목적 여부 불문	부가가치세는 사업자가 얻은 소득에 대하여 과세하는 것이 아니라 그가 창출하여 공급한 부가가치에 대해 공급받는 자로부터 세액을 징수하여 납부하는 것이므로, 부가가치세 납세의무는 사업목적이 영리인지 비영리인지에 관계없이 발생한다. 따라서, 비영리법인도 납세의무가 있는 것이 원칙이다.
사업성 (계속반복성)	사업성이란 부가가치를 창출해 낼 수 있는 정도의 사업형태를 갖추고 계속적·반복적으로 공급하는 것을 말한다. 따라서, 사용하던 중고 핸드폰을 한두 번 판매하는 것과 같이 비반복적인 행위는 사업에 해당하지 않는다.
독립성	독립성이란 타인에게 고용된 것이 아니라는 것을 말한다. 따라서, 회사에 고용된 직원으로서 어떤 일을 수행하고 받는 급여에는 부가가치세가 과세되지 않는다.
재화 또는 용역의 공급	부가가치세 납세의무가 있는 사업자는 부가가치세 과세대상인 재화 또는 용역을 공급하는 자이며, 부가가치세 면세대상인 재화 또는 용역을 공급하는 자는 부가가치세법상 납세의무자가 아니다.

② 사업자의 구분

넓은 의미의 사업자는 부가가치세 과세대상인 재화 또는 용역을 공급하는 과세사업자와 부가가치세 면세대상인 재화 또는 용역을 공급하는 면세사업자로 구분한다. 과세사업자는 다시 매출규모에 따라 일반과세자와 간이과세자로 구분한다.

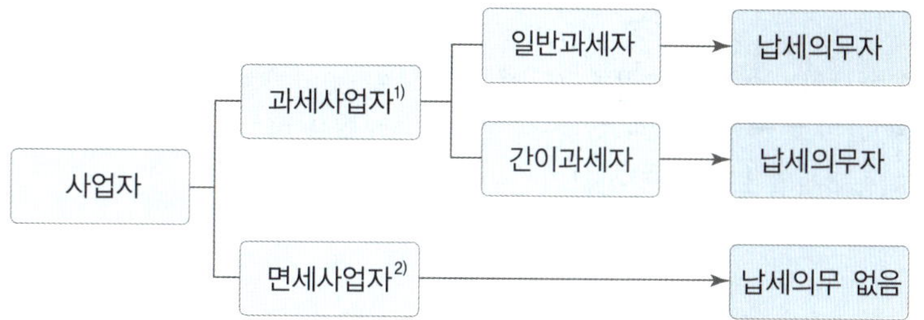

[1] 영세율을 적용받는 사업자는 과세사업자이므로 부가가치세 납세의무가 있다.
[2] 면세사업자는 부가가치세 납세의무가 없다.

(2) 재화를 수입하는 자

소비지국 과세원칙에 입각하여, 면세대상을 제외한 모든 재화는 수입 통관 시 10% 세율로 부가가치세가 과세된다. 따라서, 재화를 수입하는 자는 **사업자 여부에 관계없이** 부가가치세 납세의무가 있다.

06 간이과세자의 적용대상과 특징

최근 77회 시험 중 1회 기출

(1) 적용대상

직전 1역년의 재화와 용역의 공급대가(= 매출액 등 + 해당 부가가치세)가 1억 400만 원 미만인 개인사업자로 한다. 따라서 법인은 간이과세자가 될 수 없다. 그리고 일부 제조업, 도매업, 부동산매매업 등의 업종은 간이과세자 적용이 배제된다.

(2) 특징

주로 최종소비자를 매출처로 하기 때문에 전단계세액공제법을 적용하지 않더라도 부가가치세 제도 운영에 큰 지장이 없다고 보아 특례를 적용한다. 이에 따라, 간이과세자 중 신규사업자 및 직전연도 공급대가 4,800만 원 미만인 사업자는 세금계산서를 발급할 수 없고 영수증만 발급할 수 있다.

07 과세기간

최근 77회 시험 중 4회 기출

구 분		과세기간		신고·납부기한
일반과세자	제1기 1월 1일~6월 30일	예정신고	1월 1일~3월 31일	4월 25일
		확정신고	4월 1일~6월 30일	7월 25일
	제2기 7월 1일~12월 31일	예정신고	7월 1일~9월 30일	10월 25일
		확정신고	10월 1일~12월 31일	다음 해 1월 25일
간이과세자	1년을 과세기간으로 함	1월 1일~12월 31일		다음 해 1월 25일
신규사업자	최초과세기간	사업개시일~과세기간 종료일		다음 달 25일
폐업자	최종과세기간	과세기간 개시일~폐업일		다음 달 25일

(1) 일반과세자

일반과세자의 부가가치세 과세기간은 각 6개월로, 1월 1일부터 6월 30일까지를 제1기라고 하고, 7월 1일부터 12월 31일까지를 제2기라고 한다. 각 과세기간의 앞부분 3개월을 예정신고기간이라고 하고, 나머지 뒷부분을 과세기간 최종 3개월(또는 확정신고기간)이라고 부른다.

(2) 간이과세자

간이과세자의 부가가치세 과세기간은 1년으로, 1월 1일부터 12월 31일까지를 한 과세기간으로 한다.

(3) 신규사업자 및 폐업자

신규로 사업을 시작하는 자의 최초과세기간은 사업개시일로부터 그날이 속하는 과세기간의 종료일까지로 한다. 다만, 사업개시일 이전에 사업자등록을 하면 그 신청한 때부터 그날이 속하는 과세기간의 종료일까지로 한다.

사업을 폐업하는 경우의 최종과세기간은 폐업일이 속하는 과세기간의 개시일부터 폐업일까지로 한다.

08 납세지

(1) 부가가치세의 납세지

납세지란 납세의무자가 납세의무를 이행하고 과세권자가 부과권과 징수권을 행사하는 기준이 되는 장소를 말한다. 부가가치세의 납세지는 각 **사업장** 소재지로 한다. 따라서 사업자가 여러 사업장을 가지고 있다면 각 사업장마다 사업자등록을 하고 부가가치세를 신고·납부하는 것을 원칙으로 한다.

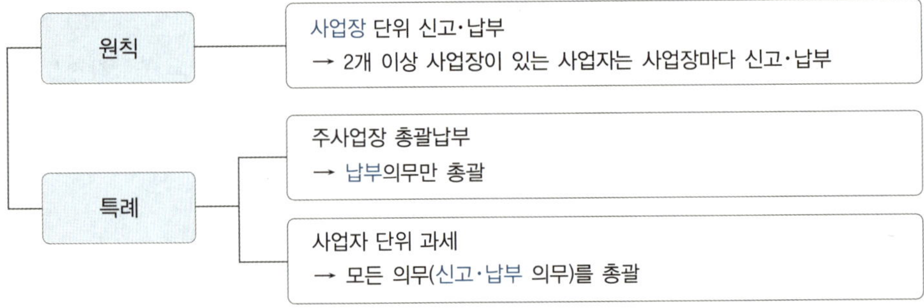

(2) 사업장의 범위

① 업종별 사업장의 범위

구 분	사업장
광 업	· 광업사무소의 소재지
제조업	· **최종제품을 완성하는 장소**
건설업, 운수업, 부동산매매업	· 법인인 경우 : **법인의 등기부상 소재지** · 개인인 경우 : 사업에 관한 업무를 총괄하는 장소
부동산임대업	· **부동산의 등기부상 소재지**

무인자동판매기에 의한 사업	· 사업에 관한 업무를 총괄하는 장소
사업장을 설치하지 않은 경우	· 사업자의 주소 또는 거소

② 별도 사업장 해당 여부

구 분	내 용	별도 사업장 해당
직매장	사업자가 자기의 사업과 관련하여 생산·취득한 재화를 직접 판매하기 위하여 특별히 판매시설을 갖춘 장소	O
하치장	재화를 보관·관리할 수 있는 시설만 갖춘 장소	X
임시사업장	각종 경기대회나 박람회 등 행사가 개최되는 곳에 개설한 장소	X

(3) 주사업장 총괄납부와 사업자 단위 과세

① 주사업장 총괄납부

주사업장 총괄납부란 사업장이 둘 이상 있는 사업자가 일정한 요건을 갖춘 경우 각 사업장의 납부세액 및 환급세액을 합산하여 주된 사업장에서 총괄하여 납부할 수 있는 제도이다. 이 제도는 세액의 납부(환급)만 총괄하는 것이므로 주사업장 총괄납부를 신청하였다고 하더라도 사업자등록, 부가가치세 신고, 수정신고 및 경정청구 등은 각 사업장별로 이루어져야 한다.

② 사업자 단위 과세

사업자 단위 과세란 사업장이 둘 이상 있는 사업자가 사업자 단위 과세로 사업자등록을 한 경우 부가가치세 신고·납부를 포함한 모든 납세의무의 이행을 주된 사업장에서 총괄하여 할 수 있는 제도이다. 사업자 단위 과세를 적용받는 경우에는 사업자등록, 부가가치세 신고, 납부, 수정신고 및 경정청구 등이 주된 사업장에서 총괄하여 이루어진다.

③ 주사업장 총괄납부와 사업자 단위 과세의 비교

구 분	주사업장 총괄납부	사업자 단위 과세
효 력	· 부가가치세 납부(환급)만 주된 사업장에서 총괄하여야 함 · 사업자등록, 부가가치세 신고, 세금계산서 수수 등은 각 사업장별로 하여야 함	· 사업자등록, 부가가치세 신고와 납부, 세금계산서 수수를 모두 주된 사업장에서만 하면 됨
주된 사업장	· 법인 : 본점 또는 지점 · 개인 : 주사무소	· 법인 : 본점 · 개인 : 주사무소
등록신청 및 포기신청	· 해당 과세기간 개시 20일 전까지	· 해당 과세기간 개시 20일 전까지
수정신고 및 경정청구	· 그 사유가 발생한 사업장	· 주된 사업장

· 수정신고 : 이미 신고한 과세표준·세액이 정확한 금액보다 작아서, 이를 큰 금액으로 정정하는 신고
· 경정청구 : 이미 신고한 과세표준·세액이 정확한 금액보다 커서, 이를 작은 금액으로 정정하는 신고

09 사업자등록

사업자등록이란 부가가치세 납세의무자에 해당하는 사업자의 사업내용을 관할세무서의 대장에 등록하는 것을 말한다.
이를 통하여 과세관청은 납세의무자를 파악할 수 있고 사업자는 사업자등록번호를 부여받아 거래에 활용하게 된다.

(1) 사업자등록의 신청

① 사업자는 사업장마다 사업개시일로부터 20일 이내에 사업자등록 신청을 하여야 한다. 다만, 신규로 사업을 시작하려는 자는 사업개시일 전이라도 사업자등록을 신청할 수 있다.

② 사업장이 둘 이상 있는 사업자는 원칙적으로 사업장마다 사업자등록 신청을 하여야 한다. 다만, 사업자 단위 과세적용사업자는 본점(주사무소)에서만 사업자등록을 신청할 수 있다.

③ 사업자등록 신청을 받은 관할 세무서장은 신청일로부터 2일 이내에 사업자등록증을 발급하여야 한다. 다만, 사업현황 확인을 위하여 국세청장이 필요하다고 인정하는 경우에는 발급기한을 5일 이내에서 연장할 수 있다.

④ 사업자등록의 신청을 사업장 관할 세무서장이 아닌 다른 세무서장에게도 할 수 있다. 이 경우 사업장 관할 세무서장에게 사업자등록을 신청한 것으로 본다.

(2) 사업자등록을 하지 않은 경우 세무상의 불이익

미등록 가산세	· 사업개시일로부터 20일 이내에 사업자등록 신청을 하지 아니한 경우에는 미등록 가산세를 부과한다. · 미등록 가산세는 사업개시일로부터 등록을 신청한 날의 직전 일까지의 공급가액에 대하여 1%를 곱한 금액으로 한다.
매입세액 불공제	· 사업자등록을 하기 전의 매입세액은 매출세액에서 공제하지 않는다. · 다만, 공급시기가 속하는 과세기간이 끝난 후 20일 이내에 등록 신청한 경우에는 등록 신청일로부터 공급시기가 속하는 과세기간의 기산일까지 역산한 기간 이내의 매입세액을 공제한다. 그러나, 이 경우에도 미등록 가산세는 부과된다. 예 20x1. 7. 20.에 등록신청 시 20x1. 1. 1. 매입분부터 공제 가능

(3) 사업자등록의 정정

사업자는 등록사항에 변동이 발생한 때에는 지체 없이 정정신고를 하여야 한다. 사업자등록 정정신고를 받은 관할세무서장은 신청일 당일 또는 2일 이내에 사업자등록증을 정정하여 재발급한다.

재발급일	등록 정정사유
신청일 당일	• 상호 변경 • 통신판매업자의 사이버몰 명칭 또는 인터넷 도메인 이름 변경
신청일로부터 2일 이내	• 법인의 대표자 변경[1] • 사업장 이전[2] • 사업의 종류 변경 • 공동사업자의 구성원 또는 출자 지분 변경 • 임대인, 임대차 목적물·면적, 보증금, 임대차 기간의 변경, 새로 상가건물을 임차 • 사업자 단위 과세사업자가 적용사업장을 변경, 종된 사업장을 신설·이전·휴업·폐업 • 상속으로 인하여 사업자 명의가 변경되는 때

[1] 개인사업자의 대표자 변경은 폐업사유에 해당한다.
[2] 사업자의 자택주소 변경은 정정사유가 아니다.

부가가치세법상 사업자등록과 관련된 설명 중 틀린 것은? (제51회)

① 사업자는 사업장마다 사업개시일부터 20일 내에 사업자등록을 하여야 한다.
② 신규로 사업을 시작하려는 자는 사업개시일 전이라도 사업자등록을 할 수 있다.
③ 신규 사업자등록의 신청을 받은 관할세무서장은 신청일부터 2일 이내에 사업자등록증을 신청자에게 발급하는 것이 원칙이다.
④ 상속으로 인하여 사업자의 명의가 변경되는 때에는 폐업을 하고 신규로 사업자등록을 하여야 한다.

정답 ④

해설
상속으로 인하여 사업자의 명의가 변경되는 것은 사업자등록의 정정 사유에 해당한다.

* 본서에 수록된 기출문제의 날짜는 학습효과를 높이기 위하여 일부 수정함

01 다음 중 우리나라의 부가가치세법에 대한 설명으로 옳은 것은? [제106회]

> 가. 우리나라 부가가치세는 간접세이다.
> 나. 우리나라 부가가치세는 생산지국과세원칙을 적용하고 있다.
> 다. 우리나라 부가가치세는 지방세이다.
> 라. 우리나라 부가가치세는 전단계거래액공제법이다.

① 가 ② 가, 나 ③ 가, 다 ④ 가, 라

02 다음 중 사업장의 범위에 대한 설명으로 옳지 않은 것은? [제84회]

① 제조업 : 최종제품을 완성하는 장소
② 건설업 : 법인인 경우 법인의 등기부상 소재지
③ 부동산매매업 : 개인인 경우 사업에 관한 업무를 총괄하는 장소
④ 부동산임대업 : 사업에 관한 업무를 총괄하는 장소

03 다음 중 부가가치세법상 주사업장 총괄납부 제도에 대한 설명으로 틀린 것은? [제77회]

① 사업장이 둘 이상 있는 경우에는 주사업장 총괄납부를 신청하여 주된 사업장에서 부가가치세를 일괄하여 납부하거나 환급받을 수 있다.
② 주된 사업장은 법인의 본점(주사무소를 포함한다) 또는 개인의 주사무소로 한다. 다만, 법인의 경우에는 지점(분사무소를 포함한다)을 주된 사업장으로 할 수 있다.
③ 주된 사업장에 한 개의 등록번호를 부여한다.
④ 납부하려는 과세기간 개시 20일 전에 주사업장 총괄납부 신청서를 주된 사업장의 관할 세무서장에게 제출하여야 한다.

04 다음은 부가가치세법상 사업자 단위 과세 제도에 대한 설명이다. 옳지 않은 것은? [제92회]

① 사업장이 둘 이상 있는 경우에는 사업자 단위 과세 제도를 신청하여 주된 사업장에서 부가가치세를 일괄하여 신고와 납부, 세금계산서 수수를 할 수 있다.

② 주된 사업장은 법인의 본점(주사무소를 포함한다) 또는 개인의 주사무소로 한다. 다만, 법인의 경우에는 지점(분사무소를 포함한다)을 주된 사업장으로 할 수 있다.

③ 주된 사업장에 한 개의 사업자등록번호를 부여한다.

④ 사업장 단위로 등록한 사업자가 사업자 단위 과세 사업자로 변경하려면 사업자 단위 과세 사업자로 적용받으려는 과세기간 개시 20일 전까지 변경등록을 신청하여야 한다.

05 다음 중 부가가치세법상 사업자등록과 관련된 설명으로 틀린 것은? [제86회]

① 사업자는 원칙적으로 사업장마다 사업개시일부터 20일 이내에 사업자등록을 하여야 한다.

② 신규로 사업을 시작하려는 자는 사업개시일 전에 사업자등록을 할 수 없다.

③ 사업장이 둘 이상인 사업자는 사업자 단위로 해당 사업자의 본점 또는 주사무소 관할 세무서장에게 등록을 신청할 수 있다.

④ 사업자는 사업자등록의 신청을 사업장 관할 세무서장이 아닌 다른 세무서장에게도 할 수 있다.

정답 및 해설

01 ① 가. 간접세 / 나. 소비지국과세원칙 / 다. 국세 / 라. 전단계세액공제법

02 ④ 부동산임대업 : 부동산의 등기부상 소재지

03 ③ 주사업장 총괄납부 제도는 세액의 납부(환급)만 총괄하는 것이므로 사업자등록 및 등록번호 부여는 각 사업장별로 이루어진다.

04 ② · 사업자 단위 과세에서 주된 사업장은 법인의 경우 본점만 가능하다.
　　　· 주사업장 총괄납부에서 주된 사업장은 법인의 경우 본점 또는 지점 모두 가능하다.

05 ② 신규로 사업을 시작하려는 자는 사업개시일 전이라도 사업자등록을 신청할 수 있다.

01 과세대상 거래

부가가치세 과세대상 거래는 다음과 같다.
① 사업자가 행하는 재화의 공급
② 사업자가 행하는 용역의 공급
③ 재화의 수입

02 재화의 공급

(1) 재화의 정의

재화는 재산적 가치가 있는 모든 유체물과 무체물을 말한다.

유체물	상품, 제품, 원료, 기계, 건물 등 모든 유형적 물건을 포함하지만 수표·어음 등의 화폐대용증권은 재화로 보지 않는다.
무체물	전기, 가스, 열, 에너지, 기타 관리할 수 있는 자연력 또는 권리 등으로서 재산적 가치가 있는 유체물 외의 모든 것을 포함한다.

참고 재화에 해당하지 않는 경우
- 수표·어음이나 상품권 등의 화폐대용증권
- 주식·채권 등의 유가증권

(2) 재화의 실질공급

재화의 실질공급이란 계약상 또는 법률상 모든 원인에 따라 재화를 인도하거나 양도하는 것을 말한다. 그 사례는 다음과 같다.

매매거래	현금판매, 외상판매, 할부판매, 장기할부판매, 조건부 및 기한부 판매, 위탁판매와 그 밖의 매매계약에 따라 재화를 인도하거나 양도하는 것
가공거래	자기가 주요자재의 전부 또는 일부를 부담하고 상대방으로부터 인도받은 재화를 가공하여 새로운 재화를 만드는 가공계약에 따라 재화를 인도하는 것
교환거래	재화의 인도 대가로서 다른 재화를 인도받거나 용역을 제공받는 것
기타 계약상 또는 법률상 원인에 따른 거래	현물출자, 기타 계약상 또는 법률상 원인에 따라 재화를 인도하거나 양도하는 것

참고 재화의 공급에 해당하지 않는 경우
화재나 도난으로 인한 재화의 멸실(∵ 계약상 또는 법률상 원인이 아니므로)

(3) 재화의 간주공급

재화의 간주공급(공급의제)이란 재화의 실질공급에 해당하지는 않지만 일정한 요건에 해당하면 그 거래가 재화의 공급으로 간주되어 부가가치세 과세대상이 되는 것을 말한다. 그 유형은 다음과 같다.

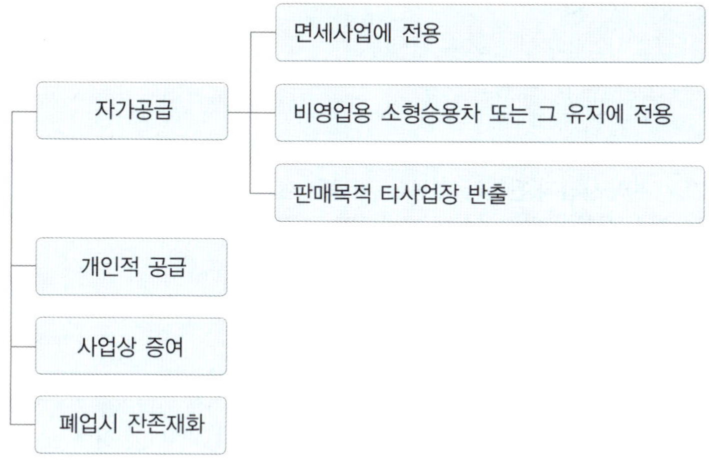

① 자가공급

자가공급이란 사업자가 자기의 사업과 관련하여 생산·취득한 재화를 자기의 사업을 위하여 직접 사용·소비하는 것을 말한다.

자가공급은 자기의 재화를 자기의 사업을 위하여 사용한 것이므로 재화의 공급에 해당하지 않는 것이 일반적이나, 다음에 해당하는 경우에는 재화의 공급으로 본다.

면세사업에 전용	사업자가 자기의 사업과 관련하여 생산·취득한 재화를 **자기의 면세사업을 위하여 사용·소비**하는 것은 재화의 공급으로 본다.
비영업용 소형승용차 또는 그 유지에 전용	사업자가 자기의 사업과 관련하여 생산·취득한 재화를 **비영업용 소형승용차로 사용하거나 또는 그 유지에 사용·소비**하는 것은 재화의 공급으로 본다.
판매목적 타사업장 반출	사업장이 둘 이상 있는 사업자가 자기의 사업과 관련하여 생산·취득한 재화를 **판매할 목적으로 다른 사업장에 반출**하는 것은 재화의 공급으로 본다.

② 개인적 공급

개인적 공급이란 사업자가 자기의 사업과 관련하여 생산·취득한 재화를 **사업과 직접 관계없이 ㉠ 자기의 개인적인 목적으로 사용·소비하거나 ㉡ 그 사용인 등(임직원)이 사용·소비**하는 것을 말한다. 개인적 공급은 재화의 공급으로 본다.

다만, 다음의 것은 개인적 공급으로 보지 않는다.

- 사용인 등에게 무상으로 공급하는 작업복·작업모·작업화
- 직장체육비·직장연예비와 관련된 재화
- 경조사와 관련된 재화[1]

---

[1] ⓐ 경조사([예] 결혼, 출산, 장례), ⓑ 명절([예] 설날, 추석), ⓒ 기념일([예] 창립기념일, 생일)로 구분하여 ⓐ·ⓑ·ⓒ별로 각각 1인당 연간 10만 원을 한도로 하며, 10만 원을 초과하는 경우 그 초과액은 재화의 공급으로 봄

③ 사업상 증여

사업상 증여란 자기의 사업과 관련하여 생산·취득한 재화를 자기의 고객이나 불특정다수인에게 증여하는 것을 말하며 사업상 증여는 재화의 공급으로 본다.

다만, 다음의 것은 사업상 증여로 보지 않는다.

> · 사업을 위하여 대가를 받지 않고 사업자에게 인도하는 견본품
> · 광고선전용으로 불특정 다수인에게 배포하는 광고선전물

④ 폐업시 잔존재화

폐업시 잔존재화란 사업자가 자기의 사업과 관련하여 생산·취득한 재화 중 사업을 폐업할 때 남아있는 재화를 말한다. 폐업시 잔존재화는 사업자가 폐업시에 자기에게 공급하는 것으로 본다.

(4) 재화의 간주공급 관련 고려사항

① 당초 매입세액 공제 여부에 따른 간주공급 적용 여부

간주공급 유형 중 면세사업에 전용, 비영업용 소형 승용차 또는 그 유지에 전용, 개인적 공급, 사업상 증여, 폐업시 잔존재화	이 유형들의 취지는 부가가치세의 부담이 없이 재화가 사용·소비되는 것을 방지하여 다른 사업자와의 과세형평을 유지하고자 하는 것이다. 바꾸어 말하면, 부적절하게 사용·소비되는 재화에 대하여 당초 구입 시 공제 받았던 매입세액을 환수하고자 하는 것이다. 예 사업자가 회사의 비품 명목으로 TV를 구입하고 그에 대한 매입세액을 공제받은 후 이를 자기 집에서 개인적 용도로 사용하였다고 가정하여 보자. 만약 처음부터 최종소비자로서 TV를 구입하였다면 이에 대한 매입세액은 공제받지 못하였을 것이나 이에 대해 부당하게 매입세액공제를 받은 상황이므로, TV를 자기의 개인적 용도로 사용·소비하는 것을 재화의 공급(개인적 공급)으로 보아 부가가치세를 부담하도록 만드는 것이다. 따라서, 이 유형들은 당초 구입 시 매입세액이 공제되지 아니한 경우라면 매입세액의 환수가 필요 없는 상황이므로 간주공급이 적용되지 않는다.
간주공급 유형 중 판매목적 타사업장 반출	이 유형은 둘 이상의 사업장이 있는 사업자가 사업장별로 부가가치세를 신고·납부하는 경우, 판매 사업장의 매출세액은 3개월(예정신고와 확정신고) 주기로 납부하는 반면, 구매 사업장의 매입세액은 6개월(확정신고) 주기로 환급받음에 따라 자금 유동성에 어려움을 겪게 되는데, 이를 완화하고자 하는 것이다. 따라서, 이 유형은 다른 유형들과 그 취지가 다르기 때문에 당초 구입 시 매입세액이 공제되지 아니한 경우에도 간주공급이 적용된다.

② 판매목적 타사업장 반출의 특징

· 판매목적 타사업장 반출은 다른 유형들과 달리 당초 매입세액이 공제되지 아니한 경우에도 간주공급이 적용된다.

· 다른 간주공급 유형에서는 세금계산서의 발급 의무가 없지만, 판매목적 타사업장 반출의 경우에는 세금계산서를 발급하여야 한다.

· 재화의 공급에 대하여 세금계산서를 발급하는 경우 일반적인 과세표준은 해당 재화의 '시가'이나, 판매목적 타사업장 반출의 경우에는 과세표준을 취득원가로 한다.

· 판매목적 타사업장 반출에 의한 간주공급은 주사업장 총괄납부 또는 사업자 단위 과세를 채택한 사업자에게는 적용될 여지가 없다.

· 판매목적 타사업장 반출에 의한 간주공급은 판매목적으로 반출하는 경우에만 적용되는 것이므로, 사용 또는 소비 목적으로 반출하는 경우에는 적용되지 않는다.

(5) 재화의 공급으로 보지 않는 것

담보제공	질권, 저당권 또는 양도담보의 목적으로 동산, 부동산 및 부동산상의 권리를 제공하는 것
사업의 포괄적 양도	사업장별로 그 사업에 관한 모든 권리와 의무를 포괄적으로 승계시키는 사업의 양도
조세의 물납	사업용 자산을 상속세법 또는 지방세법 규정에 따라 물납하는 것
법률에 따른 공매·경매	국세징수법에 따른 공매, 민사집행법에 의한 강제경매
법률에 따른 수용	도시 및 주거환경정비법 등에 따른 수용

기출확인문제

다음 중 부가가치세법상 과세대상인 재화가 아닌 것은? (제45회)

① 영업권 ② 상가건물 ③ 상품권 ④ 특허권

정답 ③

해설
상품권은 과세대상인 재화에 해당하지 않는다.

03 용역의 공급

최근 77회 시험 중 4회 기출

(1) 과세대상 용역의 공급

용역의 공급이란 계약상 또는 법률상의 모든 원인에 의하여 역무를 제공하거나, 재화·시설물 또는 권리를 사용하게 하는 것을 말한다. 이러한 용역의 공급에 해당하는 업종에는 건설업, 숙박 및 음식점업, 부동산임대업 등이 있다.

다음과 같은 거래는 용역의 공급에 해당한다.

- 건설업자가 건설자재의 전부 또는 일부를 부담하는 경우의 건설 용역 제공
- 상대방으로부터 인도받은 재화에 주요자재를 전혀 부담하지 않고 단순히 가공만 하여 주는 것
- 산업·상업상 또는 과학상의 지식·경험 등의 정보를 제공하는 것

(2) 용역의 무상공급

사업자가 대가를 받지 아니하고 타인에게 용역을 공급하는 것은 용역의 공급으로 보지 아니한다. 다만, 사업자가 특수관계인에게 사업용 부동산의 임대용역을 무상으로 공급하는 것은 용역의 공급으로 본다.

> 참고 용역의 간주공급
> 이론적으로는 용역에 대하여도 간주공급(용역의 자가공급·무상공급) 개념을 생각해 볼 수 있으나, 현행 부가가치세법 규정에서는 특수관계인에게 사업용 부동산의 임대용역을 무상공급하는 것을 제외하고는 용역의 간주공급이 적용되지 않고 있다.
> 이는 용역의 경우 실물의 이동이 없으므로 과세행정상 이를 포착하기 어렵고, 시가의 측정이 쉽지 않기 때문인 것으로 해석된다.

재화의 수입이란 다음 중 어느 하나에 해당하는 물품을 국내로 반입하는 것을 말한다.

> · 외국으로부터 국내에 도착한 물품으로서 수입신고가 수리되기 전의 것
> · 수출신고가 수리된 물품
>> 참고 수출신고가 수리되어 선적이 완료되면 이를 외국물품으로 보므로 이를 다시 반입하면 수입이 된다.

재화의 수입에 대해서는 사업자 이외의 자가 하는 경우에도 부가가치세 과세대상으로 보며, 재화의 수입에 대한 부가가치세는 통관 시 세관장이 징수한다.

기출포인트

> 용역의 수입은 과세대상 거래가 아니다.

05 부수 재화 또는 용역의 공급

최근 77회 시험 중 2회 기출

구 분	대 상		결 과	사 례
주된 거래에 부수되는 공급	주된 거래 : 과세		과 세	음악 CD에 부수되어 있는 화보집
	주된 거래 : 면세		면 세	도서에 부수되어 있는 해설 CD
주된 사업에 부수되는 공급	주된 사업 : 과세	부수되는 것 : 과세	과 세	과세 제조업자의 건물 공급
		부수되는 것 : 면세	면 세	과세 제조업자의 토지 공급
	주된 사업 : 면세	부수되는 것 : 과세	면 세	면세사업자인 은행의 건물 공급
		부수되는 것 : 면세	면 세	면세사업자인 은행의 토지 공급

(1) 주된 거래에 부수되는 공급

다음 중 어느 하나에 해당하는 재화 또는 용역의 공급은 주된 거래에 부수되는 것으로 본다.
이 경우, 부수 공급의 과세·면세 여부는 주된 거래에 따른다.

> · 해당 대가가 주된 거래인 재화 또는 용역의 공급대가에 **통상적으로** 포함되어 공급되는 재화 또는 용역
> · 거래의 관행으로 보아 **통상적으로** 주된 재화 또는 용역의 공급에 부수하여 공급되는 것으로 인정되는 재화 또는 용역

(2) 주된 사업에 부수되는 공급

다음 중 어느 하나에 해당하는 재화 또는 용역의 공급은 주된 사업에 부수되는 것으로 본다.

이 경우, 부수 공급의 과세·면세 여부는 주된 사업에 따른다. 다만, 해당 재화·용역이 면세대상이라면 주된 사업이 과세사업이든 면세사업이든 관계없이 면세된다. (면세우선의 원칙)

> · 주된 사업과 관련하여 **우연히 또는 일시적으로** 공급되는 재화 또는 용역
> · 주된 사업과 관련하여 주된 재화의 생산 과정이나 용역의 제공 과정에서 **필연적으로** 생기는 재화
>   예 부산물·작업폐물의 매각

06 공급시기

재화 또는 용역의 공급시기는 재화·용역의 공급이 어느 과세기간에 귀속되는가를 결정하는 기준이 된다. 이뿐만 아니라 공급시기가 도래하면 공급자는 거래상대방에게 세금계산서를 발급해야 하므로 공급시기는 세금계산서 발급의 기준시점이 된다.

(1) 재화의 공급시기

① 일반원칙

㉠ 재화의 이동이 필요한 경우	재화가 **인도**되는 때
㉡ 재화의 이동이 필요하지 않은 경우	재화가 **이용 가능**하게 되는 때
㉢ 위 ㉠과 ㉡의 규정을 적용할 수 없는 경우	재화의 공급이 확정되는 때

② 거래형태별 공급시기

현금판매, 외상판매, 할부판매	재화가 인도되거나 이용 가능하게 되는 때
상품권 등을 현금 또는 외상으로 판매하고 그 후 해당 상품권 등을 현물과 교환하는 경우	**재화**가 실제로 **인도**되는 때
재화의 공급으로 보는 가공의 경우	가공된 재화를 인도하는 때
반환조건부판매, 동의조건부판매, 기타 조건부 및 기한부 판매	그 조건이 성취되거나 기한이 경과하여 판매가 확정되는 때
장기할부판매	**대가의 각 부분을 받기로 한 때**
완성도기준지급조건부 또는 중간지급조건부 판매	대가의 각 부분을 받기로 한 때
전력이나 기타 공급단위를 구획할 수 없는 재화의 계속적 공급	대가의 각 부분을 받기로 한 때
면세사업 전용, 비영업용 소형승용차 전용, 개인적 공급	재화를 **사용·소비**하는 때
사업상 증여	재화를 **증여**하는 때
폐업시 잔존재화	**폐업하는 때**

판매목적 타사업장 반출	재화를 **반출**하는 때
내국물품의 국외반출(직수출)	수출재화의 **선적일**
중계무역 방식의 수출	수출재화의 선적일
원양어업, 위탁판매수출	수출재화의 공급가액이 확정되는 때
외국인도수출, 위탁가공 무역방식의 수출	외국에서 재화가 인도되는 때
무인판매기를 이용한 재화의 공급	무인판매기에서 현금을 인취하는 때
위탁매매 또는 대리인에 의한 매매	수탁자 또는 대리인이 공급한 때

ⓥ 용어 알아두기

- 장기할부판매 : ㉠ 재화를 먼저 공급한 후에 그 대가를 2회 이상 분할하여 할부로 받고, ㉡ 해당 재화의 인도일의 다음 날부터 최종 할부금 지급기일까지의 기간이 1년 이상인 것
- 중간지급조건부 판매 : ㉠ 재화가 인도되기 전에 계약금 이외의 대가를 2회 이상 분할하여 지급받고, ㉡ 계약금을 받기로 한 날의 다음 날부터 재화를 인도하는 날까지의 기간이 6개월 이상인 것

(2) 용역의 공급시기

① 일반적 원칙

역무를 제공하는 경우	역무의 제공이 **완료**되는 때
시설물, 권리 등 재화를 사용하게 하는 경우	시설물, 권리 등 재화가 사용되는 때

② 거래 형태별 공급시기

통상적인 용역의 공급	**역무의 제공이 완료되는 때**
장기할부조건부 또는 기타 조건부 용역의 공급	대가의 각 부분을 받기로 한 때
완성도기준지급조건부 또는 중간지급조건부 용역의 공급	**대가의 각 부분을 받기로 한 때**
공급단위를 구획할 수 없는 용역을 계속적으로 공급하는 경우(예 부동산임대용역)	**대가의 각 부분을 받기로 한 때**
부동산임대용역을 공급하는 경우에 전세금 또는 임대보증금에 대한 간주임대료ⓥ	**예정신고기간 또는 과세기간의 종료일**
부동산임대용역을 둘 이상의 과세기간에 걸쳐 공급하고 그 대가를 선불 또는 후불로 받는 경우에 월수로 안분계산한 임대료	**예정신고기간 또는 과세기간의 종료일**
둘 이상의 과세기간에 걸쳐 계속적으로 일정한 용역을 제공하고 그 대가를 선불로 받는 경우(예 스포츠센터에서 미리 받은 연회비)	예정신고기간 또는 과세기간의 종료일

사업자가 폐업 전에 공급한 재화 또는 용역의 공급시기가 폐업일 이후에 도래하는 경우에는 그 폐업일을 공급시기로 본다.

○ 용어 알아두기

간주임대료 : 부동산임대용역을 공급하고 대가를 받는 방식은 크게 두 가지 방법이 있는데, 첫 번째 방법은 매월 임대료를 받는 것이고, 두 번째 방법은 임대보증금을 받아서 이를 은행 등에 예치하여 이자를 얻는 것이 있다.
여기서 매월 임대료의 경우에는 세금계산서가 발급되므로 부가가치세 납부에 큰 어려움이 없으나, 임대보증금의 경우에는 보증금을 받았다가 계약 만료 후 그대로 돌려주는 것이며 세금계산서가 발급되지 않으므로 보증금에 정기예금이자율을 곱하여 인위적으로 부가가치세 과세표준을 산정하는데 이를 간주임대료라고 한다.

기출확인문제

*2025년 출제예상

다음 중 부가가치세법상 재화 및 용역의 공급시기에 대한 내용으로 옳지 않은 것은? 제102회

① 장기할부판매 : 대가의 각 부분을 받기로 한 때
② 현금판매, 외상판매, 할부판매 : 재화가 인도되거나 이용가능하게 되는 때
③ 완성도기준지급조건부 판매 : 완성되어 사용 또는 소비되는 때
④ 임대보증금 등에 대한 간주임대료 : 예정신고기간 종료일 또는 과세기간 종료일

정답 ③

해설
완성도기준지급조건부 판매 : 대가의 각 부분을 받기로 한 때

* 본서에 수록된 기출문제의 날짜는 학습효과를 높이기 위하여 일부 수정함

01 다음 중 부가가치세법상 재화의 공급에 해당하지 않는 것은? [제62회]

① 현금판매, 외상판매, 할부판매, 장기할부판매, 조건부 및 기한부 판매, 위탁판매와 그 밖의 매매계약
② 자기가 주요자재의 전부 또는 일부를 부담하고 상대방으로부터 인도받은 재화를 가공하여 새로운 재화를 만드는 가공계약
③ 재화의 인도 대가로서 다른 재화를 인도받거나 용역을 제공받는 교환계약
④ 국세징수법에 따른 공매, 민사집행법에 따른 경매에 따라 재화를 인도하거나 양도하는 것

02 다음 중 부가가치세법상 용역의 공급에 해당하지 않는 것은? [제66회]

① 상표권의 양도
② 부동산임대업의 임대
③ 특허권의 대여
④ 건설업의 건설용역

03 부가가치세 과세대상에 대한 다음 설명 중 잘못된 것은? [제59회]

① 재화의 수입은 수입한 자가 사업자인 경우에만 세관장이 부가가치세를 징수할 수 있다.
② 수표, 어음 등의 화폐대용증권은 재화로 보지 않는다.
③ 숙박업은 용역의 공급에 해당한다.
④ 고용관계에 의하여 근로를 제공하는 경우 과세거래로 보지 않는다.

04 다음 중 부가가치세법상 재화의 간주공급에 해당하는 것은? (모두 매입세액공제를 적용받은 것으로 가정함)
[제51회]

① 생산직 근로자에게 작업복과 작업화를 무상으로 제공하는 경우
② 택시회사가 영업용 택시로 취득한 승용차(3,000cc, 5인승)를 택시가 아닌 용도로 사용하는 경우
③ 다른 사업장에서 원료나 자재 등으로 사용 또는 소비하기 위하여 반출하는 경우
④ 컴퓨터를 제조하는 사업자가 원재료로 사용하기 위해 취득한 부품을 자사의 기계장치 수리에 사용하는 경우

05 다음 중 부가가치세법상 재화의 간주공급에 해당하지 않는 것은? (단, 아래의 모든 재화·용역은 매입 시에 매입세액 공제를 받은 것으로 가정한다)
[제84회]

① 제조업을 운영하던 사업자가 폐업하는 경우 창고에 보관되어 있는 판매용 재화
② 직원의 결혼 선물로 시가 50만 원 상당액의 판매용 재화를 공급한 경우
③ 자기의 과세사업을 위하여 구입한 재화를 자기의 면세사업에 사용한 경우
④ 주유소를 운영하는 사업자가 사업 관련 트럭에 연료를 무상으로 공급하는 경우

정답 및 해설

01 ④ 국세징수법에 따른 공매, 민사집행법에 따른 경매는 재화의 공급으로 보지 않는다.

02 ① ① 상표권의 양도는 무체물(권리)을 실질공급하는 것이므로 재화의 공급에 해당한다.
② 부동산임대업의 임대는 재화·시설물을 사용하게 하는 것(대여)이므로 용역의 공급에 해당한다.
③ 특허권의 대여는 권리를 사용하게 하는 것(대여)이므로 용역의 공급에 해당한다.
④ 건설업의 건설용역은 건설자재의 부담 여부와 관계없이 용역의 공급에 해당한다.

03 ① 재화의 수입에 대해서는 사업자 이외의 자가 하는 경우에도 부가가치세 과세대상으로 보며, 재화의 수입에 대한 부가가치세는 통관 시 세관장이 징수한다.

04 ② ① 사용인 등에게 무상으로 공급하는 작업복·작업모·작업화는 재화의 간주공급(개인적 공급)으로 보지 않는다.
② 재화의 간주공급(비영업용 소형승용차 또는 그 유지에 전용)에 해당한다.
③ 판매목적 타사업장 반출에 의한 간주공급은 판매목적으로 반출하는 경우에만 적용되는 것이므로, 사용 또는 소비 목적으로 반출하는 경우에는 적용되지 않는다.
④ 면세사업에 전용, 비영업용 소형승용차 또는 그 유지에 전용, 판매목적 타사업장 반출을 제외한 그 외의 일반적인 자가공급은 자기의 재화를 자기의 사업을 위하여 사용한 것이므로 재화의 공급에 해당하지 않는다.

05 ④ ① 폐업시 잔존재화에 해당한다.
② 경조사(결혼)와 관련된 재화로서 1인당 연간 10만 원을 초과하는 경우 초과액은 개인적 공급에 해당한다.
③ 면세사업에 전용에 해당한다.
④ 트럭은 승용차가 아니므로 비영업용 소형승용차 또는 그 유지에 전용에 해당하지 않는다.

06 다음 중 부가가치세법상 재화 또는 용역의 공급으로 보지 않는 것은? [제76회]

① 법률에 따라 조세를 물납하는 경우

② 사업자가 폐업할 때 당초 매입세액이 공제된 자기생산·취득 재화 중 남아있는 재화

③ 사업자가 당초 매입세액이 공제된 자기생산·취득 재화를 특정 거래처에 선물로 제공하는 경우

④ 특수관계인에게 사업용 부동산 임대용역을 무상으로 제공하는 경우

07 다음은 부가가치세법상 주된 재화 또는 용역의 공급에 부수되어 공급되는 재화 또는 용역의 과세 여부에 관한 내용이다. 다음 중 연결이 틀린 것은? [제61회]

	주된 공급	부수 재화 또는 용역	부수 재화 또는 용역의 과세 여부
㉠	과세거래인 경우	과세대상 재화 또는 용역	과 세
㉡	과세거래인 경우	면세대상 재화 또는 용역	과 세
㉢	면세거래인 경우	과세대상 재화 또는 용역	과 세
㉣	면세거래인 경우	면세대상 재화 또는 용역	면 세

① ㉠   ② ㉡   ③ ㉢   ④ ㉣

08 다음 중 부가가치세법상 재화와 용역의 공급시기에 대한 연결이 옳지 않은 것은? [제63회]

① 폐업시 잔존재화 : 폐업 후 재화가 사용되는 때

② 개인적 공급 : 재화가 사용 또는 소비되는 때

③ 수출재화 : 수출재화의 선(기)적일

④ 무인판매기에 의한 공급의 경우 : 무인판매기에서 현금을 인취하는 때

09 다음 중 부가가치세법상 공급시기에 대한 내용으로 틀린 것은?

[제57회]

	공급형태	공급시기
①	중간지급조건부판매	각 대가를 받기로 한 때
②	계속적 공급	각 대가를 받기로 한 때
③	선(후)불로 받은 임대료	각 대가를 받기로 한 때
④	장기할부판매	각 대가를 받기로 한 때

10 다음은 갑회사의 거래내역이다. 부가가치세법상의 재화·용역의 공급시기는?

[제36회]

- 갑회사는 을회사와 제품공급계약(수량 1개, 공급가액 1억 원)을 맺고, 다음과 같이 이행하기로 하였다.
- 대금지급방법 : 계좌이체
- 대금지급일
  - 계약금(10,000,000원) : 20x1. 8. 1.
  - 중도금(40,000,000원) : 20x1. 12. 1.
  - 잔금(50,000,000원) : 20x2. 4. 1.
- 제품인도일 : 20x2. 4. 1.

① 20x1. 8. 1.

② 20x1. 12. 1.

③ 20x2. 4. 1.

④ 20x1. 8. 1., 20x1. 12. 1., 20x2. 4. 1. 모두

정답 및 해설

06 ① ① 법률에 따라 조세를 물납하는 것은 재화의 공급으로 보지 않는다.

② 재화의 간주공급(폐업시 잔존재화)에 해당한다.

③ 재화의 간주공급(사업상 증여)에 해당한다.

④ 용역의 무상공급은 용역의 공급으로 않는다. 다만, 사업자가 특수관계인에게 사업용 부동산의 임대용역을 무상으로 공급하는 것은 용역의 공급으로 본다.

07 ③ ·재화·용역의 공급이 주된 거래에 부수되는 경우, 부수공급의 과세 여부는 주된 거래에 따른다.

·재화·용역의 공급이 주된 사업에 부수되는 경우, 부수공급의 과세 여부는 주된 사업에 따른다. 다만, 해당 재화·용역이 면세대상이라면 주된 사업이 과세사업이든 면세사업이든 관계없이 면세된다.

08 ① 폐업시 잔존재화 : 폐업하는 때

09 ③ 선(후)불로 받은 임대료 : 예정신고기간 또는 과세기간의 종료일

10 ④ ·㉠ 재화가 인도되기 전에 계약금 이외의 대가를 2회 이상 분할하여 지급받고, ㉡ 계약금을 받기로 한 날의 다음 날부터 재화를 인도하는 날까지의 기간이 6개월 이상이므로, 중간지급조건부 판매에 해당한다.

·중간지급조건부 판매의 공급시기는 대가의 각 부분을 받기로 한 때이다.

01 영세율

영세율이란 일정한 재화 또는 용역의 공급에 대하여 0%의 세율을 적용하는 제도를 말한다. 영세율을 적용받으려면 해당 사업자는 부가가치세법상 과세사업자이어야 한다.

> **참고** 영세율을 적용받는 사업자는 과세사업자이므로 특정한 매출에 대하여 영세율이 적용되어 매출에 대한 부가가치세(매출세액)가 없더라도 매입에 대한 부가가치세(매입세액)를 돌려받을 수 있다. 따라서 영세율을 적용받는 사업자는 부가가치세 신고의무가 있고, 영세율 적용 매출 이외에 일반 매출이 있다면 당연히 부가가치세 납세의무가 있다.

(1) 영세율의 특징

수출촉진	수출가격을 낮추고 매입세액을 전액 환급함으로써 수출업자의 자금 부담을 덜어주고 수출을 촉진시킨다.
완전면세제도	매출세액을 영(0)으로 하되 이미 부담한 매입세액은 전액 공제하여 사업자의 부가가치세 부담을 완전히 면제해준다.
소비지국 과세원칙 실현	생산지국에서 수출할 때는 영세율을 적용하여 부가가치세를 과세하지 않고, 소비지국에서 수입할 때는 과세하여 국가 간 이중과세를 방지한다.

(2) 영세율 적용대상 거래

재화의 수출	· 내국물품을 외국으로 반출하는 것(직수출) · 국내의 사업장에서 계약과 대가수령 등의 거래가 이루어지는 것으로서 중계무역 방식의 수출, 위탁판매수출, 외국인도수출, 위탁가공무역 방식의 수출 · 내국신용장[1] 또는 구매확인서[2]에 의하여 공급하는 재화
용역의 국외공급	· 사업장이 국내에 있는 사업자가 국외에서 공급하는 용역 예 해외 건설공사
선박, 항공기의 외국항행용역 공급	· 선박 또는 항공기에 의하여 여객이나 화물을 국내에서 국외로, 국외에서 국내로 수송하는 것

기타 외화 획득 재화 또는 용역의 공급	· 국내에서의 거래이지만 그 실질이 수출과 동일하거나 외화를 획득하는 사업으로 인정되는 경우 영세율을 적용한다.
	  · 비거주자 또는 외국법인에게 공급하는 일정한 재화 또는 용역(그 대금을 법정 방법[3]에 따라 외화로 받아야 함)
	  · 수출업자와 직접 도급계약을 체결하였거나 또는 내국신용장·구매확인서에 의하여 공급하는 수출재화 임가공용역
	  · 우리나라에 상주하는 외교공관, 국제연합군 또는 미국군 등에 공급하는 재화 또는 용역

1) 수출업자가 국내 하청업체로부터 수출용 원자재 등을 신용거래로 납품(공급)받고자 하는 경우에 당해 수출업자의 신청에 의하여 외국환은행의 장이 개설하는 국내용 신용장을 말한다.

2) 수출업자의 무역금융한도초과 등으로 내국신용장 개설이 어려운 경우 관련 법에 따라 외국환은행의 장이 내국신용장에 준하여 발급하는 확인서를 말한다.

3) ㉠ 외국환은행에서 원화로 받는 방법

　㉡ 외화를 직접 송금받아 외국환은행에 매각하는 방법

　㉢ 비거주자·외국법인에게 지급할 외화 금액에서 빼는 방법

기출포인트

대부분의 영세율 거래는 그 거래상대방이 국내 사업자가 아니기 때문에 특례규정에 따라 세금계산서 발급의무가 면제된다.

그러나, 다음과 같은 영세율 거래는 거래 쌍방이 모두 국내 사업자인 거래에 해당하므로 영세율세금계산서가 발급되어야 한다.

- 내국신용장·구매확인서에 의해 공급하는 재화
- 수출업자와 직접 도급계약을 체결하였거나 또는 내국신용장·구매확인서에 의하여 공급하는 수출재화 임가공용역
- 한국국제협력단, 한국국제보건의료재단, 대한적십자사에 공급하는 재화

기출확인문제

다음 중 부가가치세법상 영세율과 면세제도에 대한 설명으로 잘못된 것은?

(제58회)

① 수출의 경우 영세율을 적용한다.

② 국내거래라 하더라도 영세율이 적용되는 경우가 있다.

③ 영세율은 완전면세제도이고, 면세는 부분면세제도이다.

④ 영세율과 면세의 경우 모두 부가가치세 신고의무가 면제된다.

정답 ④

해설
영세율을 적용받으려면 해당 사업자는 과세사업자이어야 한다. 따라서 영세율을 적용받는 사업자는 부가가치세 신고를 하여야 한다.

면세란 일정한 재화 또는 용역의 공급에 대하여 부가가치세를 면제하는 제도를 말한다.

참고 면세사업자는 매출에 대하여 부가가치세(매출세액)를 납부할 필요가 없는 대신 매입 시 부담한 부가가치세(매입세액)가 있더라도 이를 돌려받을 수 없다. 따라서 면세사업자는 부가가치세 신고의무와 납세의무가 없다.

(1) 면세제도의 특징

역진성 완화	기초생활필수품에 대하여 부가가치세를 면제함으로써 저소득층에 대한 세부담의 역진성을 완화시킨다.
부분면세제도	부가가치세 납세의무가 면제되므로 매출세액을 납부하지 않으나 이미 부담한 매입세액은 공제되지 않으므로 사업자의 부가가치세 부담이 완전히 제거되지는 않는다.

(2) 면세 적용대상 거래

기초생활필수품	· 미가공 식료품(국내산·외국산 불문) · 국내산 비식용 농·축·수·임산물 · 수돗물(생수는 과세) · 연탄과 무연탄 · 여성용 생리처리 위생용품 · 여객운송용역(항공기, 우등고속버스, 전세버스, 택시, 고속철도, 관광용 케이블카·유람선에 의한 여객 운송은 과세) · 주택과 이에 부수되는 토지의 **임대**용역(주택면적 관계없이 면세)
국민후생 및 문화 관련 재화·용역	· 의료보건용역과 혈액(미용목적 성형수술은 과세) 　참고 약사의 조제의약품은 면세이나 일반의약품은 과세 · 인·허가받은 교육용역(무도학원, 자동차운전학원은 과세) · 도서, 신문, 잡지, 관보, 뉴스통신(광고는 과세) · 예술창작품, 예술행사, 문화행사 또는 아마추어 운동경기 · 도서관, 과학관, 박물관, 미술관, 동물원, 식물원의 입장료
부가가치 생산요소	· 토지의 공급 　참고 토지의 공급은 면세이나, 토지의 임대는 과세 · 금융·보험용역 · 저술가, 작곡가 등 직업상 제공하는 인적용역
기 타	· 우표(수집용 우표는 과세), 복권, 공중전화 · 종교, 학술, 기타를 목적으로 하는 단체가 공급하는 재화·용역 · 국가, 지방자치단체 등이 공급하는 재화·용역 · 국가, 지방자치단체 등에 무상으로 공급하는 재화·용역
조세특례제한법상 면세대상	· 국민주택의 **공급**과 국민주택의 **건설**용역(주택면적이 국민주택규모 이하인 경우만 면세) · 영유아용 기저귀와 분유

부동산의 공급과 임대에 대한 부가가치세 과세는 다음과 같다.

구 분	공 급	임 대
건 물	· 원칙 : 과세 · 국민주택의 공급 : 면세	· 상가의 임대 : 과세 · 주택의 임대 : 면세
토 지	· 면세	· 원칙 : 과세 · 주택부수토지의 임대 : 면세

(3) 면세포기

면세포기란 면세되는 재화 또는 용역을 공급하는 사업자가 면세 적용을 포기하고 과세로 전환하는 것을 말한다.

① 면세포기대상

다음의 경우에 한하여 면세포기가 인정된다.

> · 영세율의 적용대상이 되는 재화 또는 용역
> · 학술연구단체와 기술연구단체가 공급하는 재화 또는 용역

② 면세포기절차

> · 면세를 포기하고자 하는 사업자는 관할세무서에 포기신고서를 제출하고, **지체 없이** 사업자등록을 해야 한다.
> · 면세포기는 언제든지 가능하며 관할관청의 승인을 요하지 않는다.
> · 면세포기를 한 사업자는 신고한 날부터 3년간 부가가치세를 면세받지 못하며, 그 후 다시 면세 적용 신고를 하지 않은 경우 계속하여 면세를 포기한 것으로 본다.

기출확인문제 * 2025년 출제예상

다음 중 면세의 범위에 해당하지 않는 것은? 〔제85회〕

① 식용으로 제공되지 아니하는 농산물로서 외국에서 생산된 것
② 시내버스에 의한 여객운송 용역
③ 금융·보험용역으로서 자금의 대출 또는 어음의 할인
④ 주무관청의 허가를 받은 미술학원이 제공하는 교육 용역

정답 ①

해설
비식용 농·축·수·임산물은 우리나라에서 생산된 것만 면세에 해당한다.

* 본서에 수록된 기출문제의 날짜는 학습효과를 높이기 위하여 일부 수정함

01 다음 중 부가가치세법상 영세율 적용대상에 해당하는 것은? [제47회]

① 자동차대여 용역
② 주택임대용역
③ 선박 또는 항공기의 외국항행용역
④ 도서대여 용역

02 다음 중 부가가치세법상의 납세의무가 없는 경우는? [제56회]

① 소규모 식당을 운영하는 간이과세 대상 사업자
② 대가를 받고 대한민국 정부에 복사기를 판매하는 상인
③ 화장품을 중국에 수출하는 무역업자
④ 서울에 소재하는 소아과전문병원

03 다음 중 부가가치세가 면세되는 재화 또는 용역의 공급의 개수는? [제34회 수정]

· 신문	· 해외건설공사	· 일반의약품	· 복권
· 토지의 매매	· 수돗물	· 보험용역	· 전기

① 2개
② 3개
③ 4개
④ 5개

04 부동산의 임대 및 공급에 대한 다음 항목 중 부가가치세가 면세되는 것을 모두 묶은 것은? [제62회]

가. 국민주택면적을 초과하는 아파트의 임대
나. 상가용 토지의 공급
다. 주차장용 토지의 임대
라. 국민주택면적을 초과하는 아파트의 공급

① 가, 나
② 가, 다
③ 나, 다
④ 가, 라

05 다음 중 부가가치세법상 영세율과 면세에 대한 설명으로 옳은 것은? [제44회 수정]

① 영세율 적용대상 사업자와 면세사업자 모두 매입세액을 공제받을 수 있다.

② 영세율 적용대상 거래에 대하여는 세금계산서 발급의무가 없다.

③ 면세를 포기하고자 하는 사업자는 과세기간 종료일 20일 전까지 면세포기신고서를 관할 세무서장에게 제출하여야 한다.

④ 영세율 적용대상인 재화 또는 용역을 공급하는 면세사업자도 면세포기를 함으로써 매입세액을 공제받을 수 있다.

정답 및 해설

01 ③ ① 자동차대여 용역은 과세대상에 해당한다.

② 주택임대용역은 주택면적에 관계없이 면세대상에 해당한다.

③ 선박 또는 항공기의 외국항행용역은 영세율 적용대상에 해당한다.

④ 도서대여 용역은 면세대상에 해당한다.

02 ④ ① 간이과세자도 과세사업자이므로 부가가치세 납세의무가 있다.

② 국가·지방자치단체 등에 재화·용역을 무상으로 공급하는 거래는 면세대상이나, 유상으로 공급하는 거래는 과세대상에 해당한다.

③ 재화의 수출은 영세율 적용대상이며, 과세사업자이므로 부가가치세 납세의무가 있다.

④ 의료보건용역은 면세대상이며, 면세사업자는 부가가치세 납세의무가 없다.

03 ④ 신문(면세) / 해외건설공사(과세) / 일반의약품(과세) / 복권(면세) / 토지의 매매(면세) / 수돗물(면세) / 보험용역(면세) / 전기(과세)

04 ① 가. 주택의 임대(주택면적에 관계없이 면세)

나. 토지의 공급(면세)

다. 주택부수토지가 아닌 토지의 임대(과세)

라. 국민주택이 아닌 건물의 공급(과세)

05 ④ ① 영세율 적용대상 사업자는 매입세액을 공제받을 수 있고, 면세사업자는 매입세액을 공제받을 수 없다.

② 영세율 적용대상 거래이더라도 거래 쌍방이 모두 국내 사업자인 경우(예 내국신용장·구매확인서에 의한 재화의 공급)에는 영세율세금계산서가 발급되어야 한다.

③ 면세를 포기하고자 하는 사업자는 지체 없이 면세포기신고서를 관할 세무서장에게 제출하면 된다. 면세포기신고는 언제든지 할 수 있으며 관할관청의 승인을 요하지 않는다.

01 거래징수

거래징수란 사업자가 재화 또는 용역을 공급하는 경우에 공급가액에 부가가치세율을 적용하여 계산한 부가가치세를 재화 또는 용역을 공급받는 자로부터 징수하는 것을 말한다.

부가가치세의 거래징수대상은 과세대상인 재화 또는 용역의 공급이며, 각 거래단계에서의 거래징수를 통하여 부가가치세는 최종소비자에게 전가된다. 따라서, 공급받는 자가 비사업자나 면세사업자인 경우에도 모두 거래징수대상이 된다.

02 세금계산서

최근 77회 시험 중 10회 기출

세금계산서(Tax Invoice)란 과세사업자가 재화 또는 용역을 공급하는 때에 부가가치세를 거래징수하고 이를 증명하기 위하여 공급받는 자에게 발급하는 증서를 말한다.

(1) 세금계산서의 종류

(일반)세금계산서	10% 과세되는 재화 또는 용역의 공급에 대하여 사업자가 발급하는 세금계산서
영세율세금계산서	영세율이 적용되는 재화 또는 용역의 공급에 대하여 사업자가 발급하는 세금계산서
수입세금계산서	재화의 수입에 대하여 10% 과세하여 통관 시 세관장이 발급하는 세금계산서

기출포인트

· 간이과세자 중 신규사업자 및 직전연도 공급대가 4,800만 원 미만인 사업자는 세금계산서를 발급할 수 없고, 영수증만 발급할 수 있다.
· 면세사업자는 세금계산서를 발급할 수 없고, 계산서 또는 영수증만 발급할 수 있다.

(2) 세금계산서의 기재사항

세금계산서는 공급하는 사업자가 2매를 작성하여 1매(공급자 보관용)는 보관하고, 1매(공급받는 자 보관용)는 공급받는 자에게 발급한다. 세금계산서의 기재사항은 다음과 같다.

구 분	기재사항	비 고
필요적 기재사항	· 공급하는 사업자의 등록번호와 성명 또는 명칭 · 공급받는 자의 등록번호 · 공급가액과 부가가치세액 · 작성연월일	필요적 기재사항 전부 또는 일부가 기재되지 않았거나 그 내용이 사실과 다른 경우 세금계산서로서의 효력이 인정되지 않는다.
임의적 기재사항	· 공급하는 자의 주소 · 공급받는 자의 상호, 성명, 주소 · 품목, 단가, 수량 · 공급연월일 · 거래의 종류 등	세금계산서의 효력에 영향을 미치지 않는다.

참고 필요적 기재사항이 ㉠ 기재 누락되거나 ㉡ 사실과 다르게 기재되는 경우의 세무상 불이익

· 공급하는 사업자 : 세금계산서불성실가산세(공급가액의 1%)
· 공급받는 자 : 매입세액 불공제

(3) 세금계산서의 예시

전자세금계산서

승인번호	

공급자

등록번호	120 - 81 - 21410		
상호	㈜한신산업	성명	김민규
사업장 주소	서울 강남구 선릉로 668(삼성동)		
업태	제조업외		종사업장번호
종목	전자제품		
E-mail	hansin@bill36524.com		

공급받는 자

등록번호	105 - 86 - 55876		
상호	㈜신라전자	성명	김근옥
사업장 주소	서울 금천구 시흥대로 38길 62		
업태	제조업		종사업장번호
종목	컴퓨터		
E-mail	sltt3250@bill36524.com		

작성일자			공급가액	세액
20x1	6	29	6,750,000	675,000

비고

월	일	품목	규격	수량	단가	공급가액	세액	비고
6	29	전자제품		150	45,000	6,750,000	675,000	

합계금액	현금	수표	어음	외상미수금	이 금액을	○ 영수 ● 청구	함
7,425,000				7,425,000			

(4) 전자세금계산서

전자세금계산서란 작성자의 신원을 확인할 수 있는 공인인증시스템을 거쳐 정보통신망으로 발급하는 세금계산서를 말한다.

① 전자세금계산서로 발급하여야 하는 사업자

> · 법인사업자
> · 직전 연도의 사업장별 공급가액(면세공급가액 포함) 합계액이 8천만 원 이상인 개인사업자[1]

[1] · 당해 연도 7월 1일부터 계속하여 전자세금계산서 의무발급 개인사업자인 것으로 본다.
　 · 위 외의 개인사업자도 전자세금계산서를 발급할 수 있다.

② 전자세금계산서 발급명세 전송

전자세금계산서를 발급하였을 때에는 전자세금계산서 발급일의 다음 날까지 전자세금계산서 발급명세를 국세청장에게 전송해야 한다.

(5) 합계표 제출과 보관 의무

사업자는 발급하거나 수취한 세금계산서에 대하여 원칙적으로 매출처별·매입처별 세금계산서합계표를 작성하여 부가가치세 신고 시 제출하고, 해당 세금계산서를 5년간 보관하여야 한다.

다만, 전자세금계산서 발급명세가 국세청장에게 전송된 경우에는 매출처별·매입처별 세금계산서합계표를 제출하지 않아도 되며, 세금계산서를 5년간 보관하는 의무가 면제된다.

(6) 매입자발행 세금계산서

세금계산서 발급의무가 있는 사업자가 재화 또는 용역을 공급하고 세금계산서를 발급하지 않은 경우, 공급받은 자가 관할세무서장의 확인을 받아 세금계산서를 발급할 수 있는데, 이를 매입자발행 세금계산서라고 한다. 이러한 매입자발행 세금계산서에 기재된 부가가치세액은 공제할 수 있는 매입세액으로 본다.

발행할 수 있는 매입사업자	면세사업자를 포함하는 모든 사업자 참고 면세사업자의 경우 매입세액공제는 받을 수 없지만 지출증빙 관리를 위하여 세금계산서를 수취하고 보관할 필요가 있으므로, 면세사업자도 매입자발행 세금계산서를 발급할 수 있다.
대상 거래	거래 건당 공급대가가 5만 원 이상인 거래

03 영수증

(1) 영수증의 정의

영수증이란 공급받는 자의 사업자등록번호와 부가가치세액을 따로 기재하지 않은 증명서류를 말한다. 따라서 영수증에는 부가가치세가 포함된 금액, 즉 공급대가를 기재한다. 다만, 일반과세자 등으로서 영수증 발급 대상 사업을 하는 자가 신용카드기 등 기계적 장치에 의하여 영수증을 발급하는 때에는 영수증에 공급가액과 세액을 별도로 구분하여 기재하여야 한다.

(2) 영수증의 종류

부가가치세법상 영수증의 종류에는 다음과 같이 신용카드매출전표와 현금영수증도 포함된다.

신용카드매출전표, 현금영수증	부가가치세액이 별도로 구분 기재되어 있고 법 소정 요건을 충족하는 경우, 공급받은 자는 수취한 신용카드매출전표 또는 현금영수증만으로도 매입세액공제가 가능하다.
간이영수증	공급받는 자의 사업자등록번호와 부가가치세액이 별도로 기재되어 있지 않기 때문에, 공급받은 자는 수취한 간이영수증만으로는 매입세액공제가 불가능하다.

04 영수증 발급대상 사업

과세사업자(간이과세자 중 신규사업자 및 직전연도 공급대가 4,800만 원 미만인 사업자 제외)는 과세 대상 재화 또는 용역의 공급에 대하여 세금계산서(일반세금계산서, 영세율 세금계산서, 수입세금계산서)를 발급하는 것이 원칙이다. 그러나, 주로 최종소비자에게 재화 또는 용역을 공급하는 일부 업종의 경우 예외적으로 세금계산서 대신 영수증(신용카드매출전표, 현금영수증, 간이영수증)을 발급한다.

원 칙	가 군	· 세금계산서를 발급함

예외 (영수증 발급대상 사업)	나 군	· 영수증 또는 세금계산서를 발급함
		· 공급받는 자가 요구하는 경우에는 세금계산서를 발급하여야 함
		· 공급받는 자는 매입세액 **공제 가능**
		· 해당 업종
		  · **소매업**, **음식점업**, **숙박업**, 전세버스
		  · 변호사 등 전문직
		  · 도정업, 양복점, 주차장, 부동산중개업, 주거용건물공급업, 자동차제조업·판매업

	다 군	· **영수증만** 발급할 수 있음
		· 공급받는 자가 요구하더라도 세금계산서를 발급할 수 없음
		· 공급받는 자는 매입세액 **공제 불가능**
		· 해당 업종
		  · **목욕**, **이발**, **미용**, **여객운송업**(전세버스 제외), **입장권**발행 사업
		  · 특정 의료업 및 수의사
		  · 무도학원, 자동차운전학원

05　세금계산서 또는 영수증의 발급의무 면제

다음의 경우에는 재화·용역의 공급에 대하여 세금계산서 또는 영수증을 아예 발급하지 않아도 된다.

- **택시**, 노점, **무인자동판매기**
- **소매업**(단, 공급받는 자가 요구하는 경우에는 발급하여야 함)
- **목욕**, 이발, **미용**
- 재화의 **간주공급**(단, 판매목적 타사업장 반출의 경우에는 발급하여야 함)
- 부동산임대용역 중 **간주임대료**
- **영세율** 거래(단, 내국신용장에 의해 공급하는 재화 등 국내사업자 간의 거래인 경우에는 발급하여야 함)

기출확인문제

다음 중 부가가치세법상 세금계산서의 발급의무가 면제되지 않는 것은? 제62회

① 택시운송
② 간주공급 중 개인적공급
③ 내국신용장 또는 구매확인서에 의하여 공급하는 재화
④ 부동산임대용역 중 간주임대료

정답 ③

해설
수출하는 재화는 세금계산서의 발급의무가 면제된다. 다만, 내국신용장에 의해 공급하는 재화 등 국내사업자 간의 거래인 경우에는 세금계산서의 발급의무가 면제되지 않는다.

06　세금계산서의 발급시기

(1) 원칙

세금계산서는 재화·용역의 **공급시기**에 세금계산서를 발급해야 한다.

(2) 공급시기 전 발급특례(선세금계산서)

① 대가수령 없이 선발급

사업자가 다음의 거래에 대하여 공급시기가 되기 전에 세금계산서를 발급하는 경우에는 그 발급한 때를 재화·용역의 공급시기로 본다.

- **장기할부판매**, 장기할부조건부 용역 공급
- 전력이나 기타 공급단위를 구획할 수 없는 재화의 계속적 공급
- 공급단위를 구획할 수 없는 용역을 계속적으로 공급하는 경우
  예 **부동산임대용역**

② 대가수령분 선발급

사업자가 본래의 공급시기가 되기 전에 재화·용역 대가의 전부 또는 일부를 미리 받고 동 금액(선수금)에 대하여 세금계산서를 발급하는 경우에는 그 발급한 때를 재화·용역의 공급시기로 본다.

> **참고** 본래의 공급시기가 되기 전에 대가를 먼저 받은 경우, 대가를 받은 날이 아니라 공급시기가 되기 전의 다른 과세기간에 세금계산서를 발급하는 것도 인정된다.
>
> 예 20x1년 4월 20일에 선수금 220,000원(부가가치세 포함) 수령 → 20x1년 9월 20일에 220,000원에 대하여 세금계산서 발급 → 20x2년 1월 20일에 재화 인도

③ 선발급 후 7일 이내 대가 수령

사업자가 본래의 공급시기가 되기 전에 세금계산서를 발급하고 그 세금계산서 발급일로부터 7일 이내에 대가를 받는 경우에는 그 발급한 때를 재화·용역의 공급시기로 본다.

④ 선발급 후 7일이 지난 후 대가 수령

사업자가 본래의 공급시기가 되기 전에 세금계산서를 발급하고 그 세금계산서 발급일로부터 7일이 지난 후 대가를 받더라도 다음 중 어느 하나에 해당하는 경우에는 그 발급한 때를 재화·용역의 공급시기로 본다.

- 거래 당사자 간의 계약서·약정서 등에 대금 청구시기(세금계산서 발급일을 말한다)와 지급시기를 따로 적고, 대금 청구시기와 지급시기 사이의 기간이 30일 이내인 경우
- 재화·용역의 공급시기가 세금계산서 발급일이 속하는 과세기간 내에 도래하는 경우(단, 공급받는 자가 조기환급을 받은 경우에는 공급시기가 세금계산서 발급일로부터 30일 이내에 도래할 것)

(3) 공급시기 후 발급특례(월합계세금계산서)

다음에 해당하는 경우에는 재화·용역의 공급일이 속하는 달의 **다음 달 10일**(그날이 공휴일 또는 토요일인 경우에는 바로 다음 영업일까지를 말함)**까지** 세금계산서를 발급할 수 있다.

- 거래처별로 **1역월**♥의 공급가액을 합계하고 **해당 월의 말일 자를 작성연월일로 하여** 세금계산서를 발급하는 경우
- 거래처별로 **1역월** 이내에서 사업자가 임의로 정한 기간의 공급가액을 합계하고 그 기간의 종료일자를 작성연월일로 하여 세금계산서를 발급하는 경우
- 관계 증명서류 등에 따라 실제 거래사실이 확인되는 경우로서 **해당 거래일자를 작성연월일로 하여** 세금계산서를 발급하는 경우

| ♥ 용어 알아두기 |

1역월 : 달력 기준의 한달, 즉 매월 1일부터 그 달의 말일까지를 말함

07 수정세금계산서

사업자가 세금계산서를 발급한 후 그 기재사항에 관하여 착오나 정정 등의 사유가 발생한 경우에는 수정세금계산서를 다음과 같이 발급할 수 있다.

발급사유	작성연월일	발급방법
당초 공급한 재화가 환입되는 경우	환입된 날	비고란에 당초 작성연월일을 부기
계약의 해제로 재화·용역이 공급되지 아니한 경우	계약해제일	비고란에 당초 작성연월일을 부기
계약의 해지 등에 따라 공급가액에 추가·차감되는 금액이 발생한 경우	증감사유 발생일	추가되는 금액은 검은색 글씨로, 차감되는 금액은 붉은색 글씨로 기재
내국신용장이나 구매확인서가 과세기간 종료 후 25일 이내에 개설된 경우	당초 작성연월일	당초의 10% 세금계산서를 (−)표시하고, 당초 작성연월일로 0% 세금계산서를 발급 (신고기한까지 부가가치세 신고하면 되므로 수정신고 필요 없음)
필요적 기재사항이 착오로 잘못 기재된 경우[1]	당초 작성연월일	당초 세금계산서를 (−)표시하고, 수정발급
필요적 기재사항이 착오 외의 사유로 잘못 기재된 경우[1]	당초 작성연월일	재화·용역 공급일이 속하는 과세기간에 대한 확정신고기한 다음 날부터 1년 이내에 수정발급하여야 함
착오로 전자세금계산서를 이중으로 발급한 경우	당초 작성연월일	당초 세금계산서를 (−)표시하고, 수정발급
면세 등 발급대상이 아닌 거래 등에 대하여 발급한 경우	당초 작성연월일	당초 세금계산서를 (−)표시하고, 수정발급
세율을 잘못 적용하여 발급한 경우[1]	당초 작성연월일	당초 세금계산서를 (−)표시하고, 수정발급

[1] 필요적 기재사항을 잘못 기재하거나 세율을 잘못 적용하여 발급함에 따라 과세표준 또는 세액이 경정될 것을 미리 알고 있는 경우(세무조사 통지, 과세자료 해명통지를 받은 경우 포함)에는 수정세금계산서를 발급할 수 없음

fn.Hackers.com

01 다음 중 세금계산서의 필요적 기재사항이 아닌 것은? [제83회]

① 공급하는 자의 상호 또는 성명
② 공급가액과 부가가치세
③ 공급받는 자의 사업자등록번호
④ 공급연월일

02 다음 중 부가가치세법상 세금계산서에 대한 설명으로 옳지 않은 것은? [제90회]

① 법인사업자와 직전연도의 사업장별 재화 및 용역의 공급가액(면세공급가액 포함)의 합계액이 8천만 원 이상인 개인사업자는 세금계산서를 발급하려면 전자세금계산서로 발급하여야 한다.
② 전자세금계산서의 필요적 기재사항을 착오로 잘못 적은 경우 수정전자세금계산서를 발급할 수 있다.
③ 전자세금계산서로 발급하여야 하는 사업자가 아닌 사업자는 전자세금계산서를 발급할 수 없다.
④ 전자세금계산서를 발급하였을 때에는 전자세금계산서 발급일의 다음 날까지 전자세금계산서 발급명세를 국세청장에게 전송하여야 한다.

03 다음 중 부가가치세법에서 정한 재화 또는 용역의 공급시기에 공급받는 자가 사업자등록증을 제시하고 세금계산서 발급을 요구하는 경우에도 세금계산서를 발급할 수 없는 사업자는? [제80회]

① 소매업
② 음식점업
③ 전세버스운송사업
④ 항공여객운송사업

04 다음 중 부가가치세법상 세금계산서 발급의무 면제에 해당하지 않는 것은? [제69회]

① 영세율 적용분 중 내국신용장·구매확인서에 의한 재화의 공급
② 공급받는 자가 세금계산서 발급을 요구하지 않는 경우의 소매업
③ 폐업시 잔존재화
④ 택시운전사, 노점상

05 부가가치세법상 재화 또는 용역의 공급이 아래와 같을 경우 세금계산서 발급 대상에 해당하는 공급가액의 합계액은 얼마인가? [제87회]

> · 내국신용장에 의한 재화의 공급 : 25,000,000원
> · 외국으로의 직수출액 : 15,000,000원
> · 부동산임대보증금에 대한 간주임대료 : 350,000원
> · 견본품 무상제공(장부금액 : 4,000,000원, 시가 : 5,000,000원)

① 25,000,000원　　② 25,350,000원　　③ 30,000,000원　　④ 30,350,000원

정답 및 해설

01 ④　작성연월일이 필요적 기재사항에 해당하며, 공급연월일은 임의적 기재사항에 해당한다.

02 ③　전자세금계산서로 발급하여야 하는 사업자가 아닌 사업자(직전연도 공급가액 합계액이 8천만 원 미만인 개인사업자)도 전자세금계산서를 발급할 수 있다.

03 ④　여객운송업(전세버스 제외)은 영수증만 발급할 수 있는 업종에 해당하므로, 공급받는 자가 요구하더라도 세금계산서를 발급할 수 없다.

04 ①　내국신용장·구매확인서에 의한 재화의 공급의 경우 영세율 적용분이라 하더라도 세금계산서를 발급하여야 한다.

05 ①　· 내국신용장에 의한 재화의 공급에 대하여는 영세율세금계산서가 발급되어야 한다.
　　· 직수출과 간주임대료에 대하여는 세금계산서 발급의무가 면제된다.
　　· 견본품의 무상제공은 재화의 사업상 증여(재화의 간주공급)로 보지 않으며, 이는 과세대상 거래에 해당하지 않는다.

06 다음 중 부가가치세법상 판매목적 타사업장 반출에 대한 설명으로 옳지 않은 것은? [제39회]

① 판매목적 타사업장 반출에 대해서는 재화의 공급으로 보더라도 세금계산서의 발급의
무가 면제된다.
② 직매장은 사업장에 해당되나, 하치장은 사업장에 해당되지 않는다.
③ 자기의 다른 사업장에서 원료 등으로 사용하기 위하여 반출하는 경우에는 이를 재화
의 공급으로 보지 않는다.
④ 주사업장 총괄납부 사업자가 자기의 타사업장으로 재화를 반출하는 경우에는 이를 재
화의 공급으로 보지 않는다.

07 다음 중 부가가치세법상 수정세금계산서의 작성일자로 옳지 않은 것은? [16년 8월 특별회차]

① 당초 공급한 재화가 환입된 경우 재화가 환입된 날
② 재화를 공급한 후에 공급시기가 속하는 과세기간 종료 후 25일 이내에 내국신용장이
개설된 경우 당초 세금계산서 작성일
③ 계약의 해지 등에 따라 공급가액에 증감액이 발생한 경우 증감사유가 발생한 날
④ 계약의 해제로 재화가 공급되지 않은 경우 당초 세금계산서 작성일

08 다음 중 부가가치세법상 수정세금계산서 발급 사유가 아닌 것은? [제55회]

① 필요적 기재사항이 착오로 잘못 기재되어 경정될 것을 미리 알고 있는 경우
② 착오로 전자세금계산서를 이중으로 발급한 경우
③ 면세 등 발급대상이 아닌 거래 등에 대하여 발급한 경우
④ 계약의 해지 등에 따라 공급가액에 추가 또는 차감되는 금액이 발생한 경우

09 다음은 부가가치세법상 세금계산서의 발급에 관한 사항이다. 적절하게 발급하지 않은 것의 개수는?

[제37회]

> A. 공급시기 전에 세금계산서를 발급하고 발급일로부터 7일 이내에 대가를 지급받음
> B. 단기할부판매에 관하여 대가의 각 부분을 받기로 한 때마다 각각 세금계산서를 발급함
> C. 반복적 거래처에 있어서 월합계 금액을 공급가액으로 하고, 매월 말일자를 작성연월일로하여 다음 달 말일까지 세금계산서를 발급함
> D. 이미 공급한 재화가 환입된 경우에는 환입된 날을 작성연월일로 하여 수정세금계산서를 발급함

① 1개   ② 2개   ③ 3개   ④ 4개

정답 및 해설

06 ① 판매목적 타사업장 반출에 대해서는 재화의 간주공급에 해당되는 경우 세금계산서를 반드시 발급하여야 한다.

07 ④ 계약의 해제로 재화 또는 용역이 공급되지 아니한 경우 : 계약해제일

08 ① 필요적 기재사항을 잘못 기재하거나 세율을 잘못 적용하여 발급함에 따라 과세표준 또는 세액이 경정될 것을 미리 알고 있는 경우(세무조사 통지, 과세자료 해명통지를 받은 경우 포함)에는 수정세금계산서를 발급할 수 없다.

09 ② B. 단기할부판매의 경우 원칙적인 공급시기(재화가 인도되거나 이용 가능하게 되는 때)에 세금계산서를 발급한다.
　　　C. 월합계 세금계산서는 다음 달 10일까지 세금계산서를 발급한다.

01 과세표준

과세표준이란 세액산출의 기초가 되는 과세대상의 수량 또는 가액을 말한다.

재화 또는 용역에 대한 부가가치세의 과세표준은 해당 과세기간에 공급한 재화 또는 용역의 **공급가액**을 합한 금액으로 한다. 여기서 공급가액은 부가가치세를 포함하지 않은 매출액 등을 말하는 것이며, 부가가치세를 포함한 금액은 이와 구분하여 공급대가라고 한다.

사업자가 재화 또는 용역을 공급하고 그 대가로 받은 금액에 부가가치세가 포함되어 있는지가 불분명한 경우에는 동 금액에 부가가치세가 포함된 것으로 보아 거래금액에 '100/110'을 곱한 금액을 공급가액으로 한다.

공급가액

매출액	부가가치세	합 계
1,000,000 원	100,000 원	1,100,000 원

공급대가

(1) 재화와 용역의 공급에 대한 과세표준

① 과세표준의 일반원칙

금전으로 대가를 받는 경우	그 대가
금전 이외의 대가를 받는 경우	자기가 공급한 재화·용역의 시가

② 공급형태별 과세표준

외상판매·할부판매의 경우	공급한 재화의 총가액
장기할부판매의 경우	계약에 따라 받기로 한 대가의 각 부분
완성도기준지급·중간지급조건부로 재화·용역을 공급하는 경우	계약에 따라 받기로 한 대가의 각 부분
계속적으로 재화·용역을 공급하는 경우	계약에 따라 받기로 한 대가의 각 부분
둘 이상의 과세기간에 걸쳐 계속적으로 일정한 용역을 제공하고 그 대가를 선불로 받는 경우	선불로 받은 금액 × $\dfrac{\text{과세대상기간의 개월 수}}{\text{계약기간의 전체 개월 수}}$

③ 과세표준에 포함하는 것과 포함하지 않는 것

과세표준에 포함하는 것	과세표준에 포함하지 않는 것
· **할부판매의 이자상당액** · 대가의 일부로 받는 운송비, 포장비, 하역비, 운송보험료, 산재보험료 등	· **매출에누리, 매출할인, 매출환입** · 공급받는 자에게 도달하기 전에 파손, 훼손, 멸실된 재화의 가액 · 재화 또는 용역의 공급과 직접 관련되지 아니하는 국고보조금과 공공보조금 · 공급에 대한 대가의 지급이 지체되었음을 이유로 받는 **연체이자** · 용기 또는 포장의 회수를 보장하기 위하여 받는 보증금 · 대가와 구분 기재한 종업원의 봉사료

④ 과세표준에서 공제하지 않는 것

재화 또는 용역을 공급한 후에 그 공급가액에 대하여 다음과 같은 항목이 발생하더라도 이는 과세표준에서 공제하지 않는다. 따라서 이를 차감하기 전의 금액을 과세표준으로 한다.

> · **금전**으로 지급하는 **판매장려금**(일정 기간 동안의 거래실적에 따라 지급하는 금전)[1]
> · 하자보증금(하자보증을 위해 공급받는 자에게 공급대가의 일부를 보관시키는 것)
> · 대손금(법정 요건을 충족할 때 대손세액공제를 통하여 매출세액을 직접 차감하므로, 대손금을 과세표준에서 공제하지 않음)

[1] **재화**로 지급하는 **판매장려물품**(일정 기간 동안의 거래실적에 따라 무상으로 공급하는 재화)인 경우 이는 사업상증여(간주공급)에 해당되므로, 그 금액이 과세표준에서 차감되지 않을 뿐 아니라 과세대상 과세표준에 오히려 가산이 된다.

⑤ 마일리지로 결제받은 경우의 과세표준

재화 또는 용역을 공급하고 마일리지·포인트 등으로 대가의 전부 또는 일부를 결제받은 경우 과세표준은 다음과 같이 계산한다.

'자가적립마일리지'로 결제받은 경우	마일리지가 아닌 방법으로 결제받은 금액
'자가적립마일리지 외의 마일리지'로 결제받은 경우	과세표준 = ㉠ + ㉡ ㉠ 마일리지가 아닌 방법으로 결제받은 금액 ㉡ '자가적립마일리지 외의 마일리지'로 결제받은 금액 중 당초 마일리지를 적립해준 사업자로부터 보전받는 금액

[사례1] A백화점이 홍길동(고객)에게 시가 10만 원(공급가액)인 시계를 공급하고 이 중 8만 원은 현금으로 결제받고 2만 원은 A백화점이 홍길동에게 적립해주었던 마일리지로 결제받은 경우 부가가치세법상 과세표준은?

[풀이] 과세표준 = 마일리지가 아닌 방법으로 결제받은 금액 = 8만 원

[사례2] B레스토랑이 홍길동(고객)에게 시가 10만 원(공급가액)인 코스요리를 공급하고 이 중 8만 원은 현금으로 결제받고 2만 원은 C통신사가 홍길동에게 적립해주었던 마일리지로 결제받은 경우 부가가치세법상 과세표준은? (단, B레스토랑은 C통신사로부터 2만 원을 현금으로 보전받는다)

[풀이] 과세표준 = ㉠ + ㉡ = 8만 원 + 2만 원 = 10만 원
㉠ 마일리지가 아닌 방법으로 결제받은 금액
㉡ '자가적립마일리지 외의 마일리지'로 결제받은 금액 중 당초 마일리지를 적립해준 사업자로부터 보전받는 금액

⑥ 외화의 환산

대가를 외화로 받은 경우에는 다음과 같이 환산한 가액을 과세표준으로 한다.

공급시기 도래 전에 원화로 환가한 경우	그 환가한 금액
공급시기 이후에 외국통화로 보유하거나 지급받은 경우[1]	공급시기의 기준환율(재정환율)에 따라 계산한 금액

[1] ㉠ 공급시기 도래 전에 받았지만 공급시기 이후까지 원화로 환가하지 않고 외국통화로 보유하고 있거나 ㉡ 공급시기 이후에 받은 경우

[사례] 제품 $1,000를 수출하고 대가를 외화로 아래와 같이 받은 경우 부가가치세법상 과세표준과 장부상 제품매출 금액은?

구 분	$100 선수 및 환가	선 적	$900 회수
일 자	20x1. 1. 10.	20x1. 1. 20.	20x1. 1. 30.
환 율	환가환율 ₩1,100/$	기준환율 ₩1,200/$	기준환율 ₩1,300/$

[풀이] · 부가가치세법상 과세표준 = ($100 × @1,100) + ($900 × @1,200) = 1,190,000원
- 장부상 제품매출 : 1,190,000원
- 회계처리

1월 10일 (차) 현금	110,000	(대) 선수금	110,000
1월 20일 (차) 선수금	110,000	(대) 매출액	1,190,000
외상매출금	1,080,000		
1월 30일 (차) 현금	1,170,000	(대) 외상매출금	1,080,000
		외환차익	90,000

⑦ 부당행위계산의 부인

특수관계인에게 재화 또는 용역을 공급하고 부당하게 낮은 대가를 받거나 대가를 받지 않음에 따라 조세의 부담을 부당하게 감소시킬 것으로 인정되는 경우로서, 다음 중 어느 하나에 해당하는 경우에는 '자기가 공급한 재화 또는 용역의 시가'를 과세표준으로 한다.

- 특수관계인에게 재화를 공급하고 시가보다 낮은 대가를 받거나 대가를 받지 않은 경우
- 특수관계인에게 용역을 공급하고 시가보다 낮은 대가를 받은 경우
- 특수관계인에게 사업용 부동산의 임대용역을 공급하고 대가를 받지 않은 경우

⑧ 부동산임대용역의 과세표준

$$과세표준 = 임대료 + 간주임대료^{[1]} + 관리비$$

$$^{[1]} 임대보증금 × 정기예금이자율 × \frac{임대일수}{365(윤년\ 366)}$$

⑨ 과세사업과 면세사업에 공통으로 사용하던 재화를 공급하는 경우의 과세표준

$$과세표준 = 해당\ 재화의\ 공급가액 × 직전\ 과세기간의\ \frac{과세공급가액}{총공급가액}$$

참고 안분계산을 하지 않아도 되는 경우

다음 중 어느 하나에 해당하는 경우에는 전액 과세되는 과세표준으로 한다.

- 직전 과세기간의 총공급가액 중 면세공급가액이 5% 미만인 경우(단, 공통사용재화의 공급가액이 5,000만 원 이상인 경우는 제외)
- 해당 재화의 공급가액이 50만 원 미만인 경우
- 해당 과세기간에 신규로 사업을 시작하여 직전 과세기간이 없는 경우

(2) 재화의 수입에 대한 과세표준

$$과세표준 \ = \ 관세의 \ 과세가격 \ + \ 관세 \ + \ 개별소비세 \cdot 주세$$
$$+ \ 교육세 \cdot 농특세 \ + \ 교통세 \cdot 에너지세 \cdot 환경세$$

(3) 재화의 간주공급에 대한 과세표준

① 감가상각대상 자산이 아닌 경우

일반적인 간주공급(판매목적 타사업장 반출 제외)의 경우	시 가
판매목적 타사업장 반출	취득원가

② 감가상각대상 자산인 경우(과세표준 = 간주시가)

건물 또는 구축물	취득원가 × {1 − (체감률 5% × 경과된 과세기간의 수[1])}
기타 감가상각자산	취득원가 × {1 − (체감률 25% × 경과된 과세기간의 수[1])}

[1] 경과된 과세기간의 수를 계산할 때, 해당 과세기간의 개시일에 취득 및 공급을 하게 된 것으로 본다. (기초취득·기초공급 간주)

기출확인문제

다음 중 부가가치세 공급가액에 포함되는 것은 무엇인가? (제65회)

① 매출할인
② 반환조건부 용기대금
③ 대가와 구분기재된 종업원의 봉사료
④ 할부판매 이자상당액

정답 ④

해설
장기할부판매의 경우 과세표준은 계약에 따라 받기로 한 대가의 각 부분이고 할부이자상당액도 과세표준에 포함된다.

02 대손세액공제

(1) 대손세액공제의 정의

사업자가 부가가치세가 과세되는 재화 또는 용역을 공급한 후 해당 매출채권의 전부 또는 일부가 대손되어 회수할 수 없는 경우 그 대손세액(대손금액에 포함된 부가가치세)을 대손이 확정된 날이 속하는 과세기간의 매출세액에서 차감하는 것을 말한다.

(2) 인정되는 대손사유

- 파산
- 강제집행
- 사망, 실종
- 정리계획 : 관련 법에 따른 회생계획인가 또는 법원의 면책결정에 따라 회수불능으로 확정된 채권
- **부도(6개월 경과)**
  - ㉠ 부도발생일로부터 6개월 이상 경과한 수표 또는 어음상의 채권
  - ㉡ 부도발생일로부터 6개월 이상 경과한 중소기업의 외상매출금
  - ㉢ 다만, 채무자의 재산에 대하여 저당권을 설정하고 있는 경우는 제외
- **소멸시효완성** : 상법 등에 따른 소멸시효가 완성된 채권
- 6개월 경과 소액채권 : 회수기일이 6개월 이상 지난 30만 원 이하의 채권
- 2년 경과 중소기업
  - ㉠ 회수기일이 2년 이상 지난 중소기업의 외상매출금·미수금
  - ㉡ 다만, 특수관계인과의 거래로 발생한 경우는 제외
- 법인세법·소득세법에서 인정되는 그 외의 대손사유

(3) 대손세액공제액

$$대손세액공제액 \ = \ 대손금액(부가가치세\ 포함) \ \times \ 10/110$$

(4) 공제시기

대손세액공제는 예정신고 시에는 적용 받을 수 없고, 확정신고 시에만 적용받을 수 있다.

(5) 공제기한

재화 또는 용역의 공급일로부터 10년이 경과한 날이 속하는 과세기간에 대한 확정신고기한까지 대손이 확정되어야 한다.

(6) 대손세액가산액

대손세액공제를 받은 사업자가 대손금액의 전부 또는 일부를 회수한 경우에는 회수한 대손금액에 포함된 부가가치세를 회수일이 속하는 과세기간의 매출세액에 가산한다.

03 부가가치세 신고서상 과세표준 및 매출세액

구 분				금 액	세 율	세 액
과세표준 및 매출세액	과세	세금계산서발급분	1		10/100	
		매입자발행세금계산서	2		10/100	
		신용카드·현금영수증발행분	3		10/100	
		기타(정규영수증외매출분)	4			
	영세	세금계산서발급분	5		0/100	
		기 타	6		0/100	
	예정신고누락분		7			
	대손세액가감		8			
	합 계		9		㉮	

부가가치세 신고서상 과세표준과 매출세액은 10% 세율 적용분과 영세율 적용분을 구분하고, 세금계산서 발급분인지 아닌지를 구분하여 작성한다. 대손세액공제(가산)액이 있는 경우 '과세표준'란은 공란으로 두고 '매출세액'란에만 차감(가산) 금액을 기입한다.

04 매입세액

최근 77회 시험 중 11회 기출

사업자가 재화·용역을 공급받을 때 거래징수당한 매입세액은 적격증빙(세금계산서, 신용카드매출전표, 현금영수증)을 통하여 공제받을 수 있다. 다만, 적격증빙을 받았다고 하더라도 부가가치세법에서 정하는 일정한 사유에 해당하는 경우에는 매입세액공제를 받을 수 없다.

(1) 세금계산서 수취분

사업자로부터 수취한 세금계산서 또는 세관장으로부터 수취한 수입세금계산서를 통하여 다음의 매입세액을 공제받을 수 있다.

- 자기의 사업에 사용하기 위하여 공급받은 재화·용역에 대한 부가가치세액
- 자기의 사업에 사용하기 위하여 수입한 재화의 부가가치세액

참고 합계표 제출과 보관 의무
사업자는 수취한 세금계산서에 대하여 매입세액공제를 공제받으려면 원칙적으로 매입처별 세금계산서합계표를 제출하고 세금계산서를 5년간 보관하여야 한다. 다만, 전자세금계산서 발급명세가 국세청장에게 전송된 경우에는 이러한 의무가 면제된다.

(2) 신용카드매출전표 및 현금영수증 수취분

과세사업자(간이과세자 중 신규사업자 및 직전연도 공급대가 4,800만 원 미만인 사업자는 제외)로부터 재화 또는 용역을 공급받고 세금계산서를 발급받는 대신 부가가치세액이 별도로 구분 기재된 신용카드매출전표 및 현금영수증을 발급받은 때에는 다음의 요건을 모두 충족하는 경우 그 부가가치세액을 매입세액공제 받을 수 있다.

> · 신용카드매출전표 등 수령명세서를 제출할 것
> · 신용카드매출전표 등을 그 거래사실이 속하는 과세기간의 확정신고기한으로부터 5년간 보관할 것

(3) 공제받지못할매입세액

다음에 해당하는 경우에는 적격증빙을 받았다고 하더라도 매입세액공제를 받을 수 없다. 이를 매입세액 불공제라고 한다.

세금계산서 미수취, 불명분	· 세금계산서를 발급받지 아니한 경우 　참고 세금계산서를 해당 과세기간의 확정신고기한이 지난 후 발급받는 것도 세금계산서 미수취로 보아 (원칙적으로) 매입세액 불공제 · 발급받은 세금계산서의 필요적 기재사항이 전부 또는 일부가 기재되지 않았거나 사실과 다르게 적힌 경우 　참고 착오로 잘못 적혔으나 거래사실이 확인되는 경우에는 공제 가능
매입처별 세금계산서합계표 미제출, 불명분	· 매입처별 세금계산서합계표를 제출하지 아니한 경우 　참고 전자세금계산서 발급명세가 국세청장에게 전송된 경우에는 공제 가능 · 제출한 매입처별 세금계산서합계표의 기재사항 중 거래처별 등록번호 또는 공급가액의 전부 또는 일부가 기재되지 않았거나 사실과 다르게 적힌 경우 　참고 착오로 잘못 적혔으나 거래사실이 확인되는 경우에는 공제 가능
사업과 직접 관련이 없는 지출의 매입세액	· 사업과 직접 관련이 없는 지출에 대한 매입세액 　예 대표이사가 자기 집에서 개인적 용도로 사용하기 위하여 TV를 구입한 경우라면, 공급받는 자에 회사의 상호가 기재된 세금계산서를 받았다 하더라도, 회사는 (이를 비용으로 회계처리할 수 없을 뿐만 아니라) 세금계산서에 기재된 부가가치세 금액을 매입세액공제 받지 못함
비영업용 소형승용차 관련 매입세액	· 비영업용 소형승용차의 구입, 임차, 유지에 관련된 매입세액 　예 영업부에서 사용하는 2,000cc 승용차에 휘발유를 주유한 경우 세금계산서에 기재된 부가가치세 금액을 매입세액공제 받지 못함
기업업무추진비 관련 매입세액	· 기업업무추진비(접대비) 및 이와 유사한 비용의 지출에 관련된 매입세액은 공제하지 아니한다. 　예 거래처에 선물로 제공하기 위하여 에어컨을 구입한 경우 세금계산서에 기재된 부가가치세 금액을 매입세액공제 받지 못함
면세사업 관련 매입세액	· 면세사업과 관련된 매입세액 　예 마을버스를 운영하는 회사(면세사업을 하는 회사)가 소모품을 구입하고 10% 부가가치세가 기재된 세금계산서를 받은 경우 세금계산서에 기재된 부가가치세 금액을 매입세액공제 받지 못함

토지 관련 매입세액	· **토지**의 조성 등을 위한 자본적 지출과 관련된 매입세액 예 공장 신축용 토지를 취득하는 과정에서 용역회사로부터 토지정지작업을 제공받고 수수료에 대하여 10% 부가가치세가 기재된 세금계산서를 받은 경우 세금계산서에 기재된 부가가치세 금액을 매입세액공제 받지 못함
사업자등록을 신청하기 전의 매입세액	· 사업자등록을 신청하기 전의 매입세액 참고 공급시기가 속하는 과세기간이 지난 후 20일 이내에 등록 신청한 경우 해당 과세기간 기산일까지 역산한 기간 이내의 매입세액은 공제 가능

기출포인트

· 세금계산서가 법정 기한(공급일이 속하는 다음 달 10일) 이후에 발급되는 경우의 세무상 불이익

구 분	해당 과세기간의 확정신고기한 내 발급	해당 과세기간의 확정신고기한 경과 후 발급
공급자	· 공급가액의 1%(**지연발급** 가산세)	· 공급가액의 2%(**미발급** 가산세)
공급받는 자	· 매입세액 공제 가능 · 공급가액의 0.5%(**지연수취** 가산세)	· 매입세액 불공제(세금계산서 **미수취**로 봄)

· 비영업용 소형승용차의 범위

비영업용 소형승용차란 ㉠ 택시운수업, 자동차판매업 등이 아닌 일반 업종 회사가 소유하고 있는 업무용 차량으로서, ㉡ 정원 8인승 이하이고 ㉢ 배기량 1,000cc를 초과하는 ㉣ 승용자동차를 말한다.

비영업용	'영업용'이란 택시운수업, 자동차판매업 등과 같이 자동차를 영업에 직접 사용하는 것을 말한다. 따라서, 당사의 업종이 택시운수업, 자동차판매업 등이 아니라면 당사 명의의 업무용 차량은 '비영업용'으로 분류된다.
소형승용차	정원 8인 이하(배기량 1,000cc 이하의 경차 제외)의 승용자동차, 이륜자동차(배기량 125cc 초과분에 한함), 캠핑용 자동차를 말한다. 따라서, 배기량 1,000cc 이하의 경차, 정원 9인승 이상의 승합차, 화물트럭 등은 매입세액이 공제된다.

참고 세금계산서 지연수취 또는 사전발급에 대한 매입세액 공제 허용범위 확대

다음 중 어느 하나에 해당하는 경우 공급받은 자는 매입세액 공제를 받을 수 있다. 다만, 지연수취 가산세가 부과된다.

> · 세금계산서를 해당 과세기간의 확정신고기한이 지난 후 발급받았더라도,
> ㉠ 그 세금계산서의 발급일이 확정신고기한 다음 날부터 1년 이내이고,
> ㉡ 납세자가 수정신고·경정청구[1]하거나 과세기관이 결정·경정하는 경우
>
> [1] [사례] 4월 20일(공급시기)에 구입한 재화에 대하여 세금계산서를 받지 못하여 이를 누락한 상태로 1기 확정 부가가치세 신고를 하였고, 작성연월일이 4월 20일로 기재된 세금계산서를 9월 20일에 발급받아서 1기 확정 부가가치세 신고를 사업자(납세자)가 수정신고·경정청구하는 경우
>
> · 세금계산서를 재화·용역의 공급시기 전에 발급받았더라도,
> ㉠ 공급시기가 그 세금계산서의 발급일로부터 6개월 이내에 도래하고,
> ㉡ 과세기관이 결정·경정하는 경우

(1) 의제매입세액공제의 정의

사업자가 면세로 공급받은 농산물 등을 원재료로 하여 제조·가공한 재화 또는 창출한 용역이 과세되는 경우 해당 면세농산물 등에 대하여 매입세액이 있는 것으로 보아 일정 금액을 공제할 수 있는 것을 말한다.

(2) 의제매입세액공제의 취지

'과세 → 면세 → 과세'의 흐름이 이루어지면, 면세의 효과가 상실되고(**환수효과**) 면세 앞 단계에서 과세된 부분이 중복적으로 과세되어(**누적효과**), 면세가 없는 경우보다 오히려 소비자의 부가가치세 부담이 커지는 현상이 나타나는데, 의제매입세액공제는 이를 완화하기 위하여 마련된 제도이다.

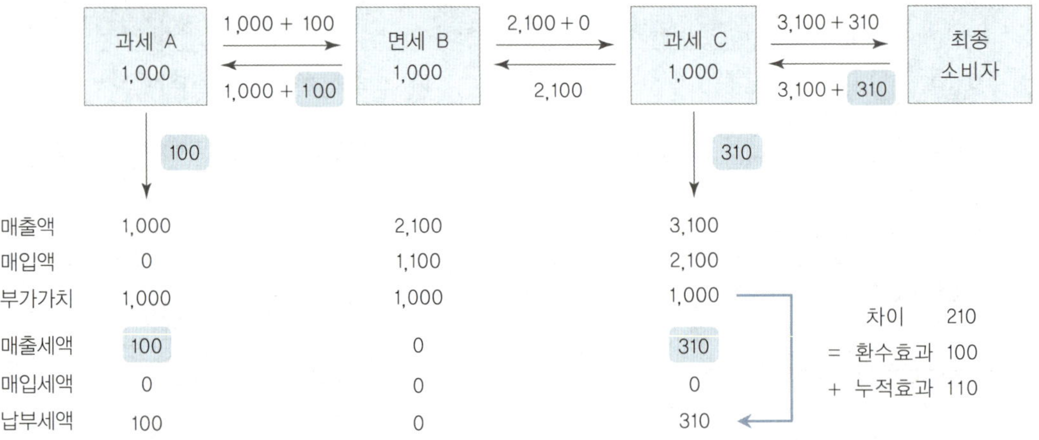

(3) 적용요건

- ⓐ **과세사업자가** ⓑ 면세사업자로부터 농·축·수·임산물(**면세농산물 등)을 구입하여** ⓒ **과세 대상인 재화·용역**의 제조·창출에 **직접적인 원재료로** 사용해야 함
- 면세농산물 구입 시 **계산서** 또는 **신용카드매출전표·현금영수증**을 증빙으로 받아야 함(부가가치세 신고 시 합계표를 제출) 단, **제조업**의 경우에는 계산서·신용카드매출전표·현금영수증을 받지 않고 **농·어민으로부터 직접 구입하는 것도 인정됨**

(4) 의제매입세액

$$\text{의제매입세액} \ = \ \text{면세농산물 등의 매입가액}^{1)} \ \times \ \text{공제율}^{2)}$$

[1] 운임 등 취득부대비용을 제외한다.
[2] 공제율

구 분		공제율	
음식점업	법 인	6/106	과세유흥장소는 2/102
	개 인	8/108[i]	
제조업	중소기업, 개인	4/104[ii]	
그 외		2/102	

[i] 음식점업 개인사업자 중 과세표준 2억 원 이하인 경우 '9/109'
[ii] 제조업 개인사업자 중 과자점업, 도정업, 제분업, 떡방앗간인 경우 '6/106'

(5) 한도

$$\text{의제매입세액의 한도} \ = \ \text{해당 과세기간의 과세표준} \ \times \ \text{일정률}^{1)} \ \times \ \text{공제율}$$

1) 법인 : 50%, 개인 : 55~75%

(6) 공제시기

면세농산물을 **구입한 날**(사용한 날이 아님)이 속하는 예정신고 시 또는 확정신고 시 공제한다.

(7) 추징

의제매입세액 공제를 받은 면세농산물을 과세대상 재화·용역의 원재료로 사용하지 않고 그대로 양도하거나 면세사업에 사용하는 경우 이미 공제한 의제매입세액을 다시 납부하여야 한다.

기출확인문제

다음 중 부가가치세법상 의제매입세액공제에 대한 내용으로 가장 올바르지 않은 것은? 제64회

① 사업자가 공급받은 면세농산물 등을 원재료로 하여 가공한 재화나 용역의 공급이 과세되는 경우에 적용한다.

② 일반적으로 의제매입세액은 면세농산물 등을 사용하는 날이 속하는 과세기간에 공제한다.

③ 의제매입세액공제를 받은 면세농산물 등을 그대로 양도하는 경우, 그 공제액은 납부세액에 가산하거나 환급세액에서 공제한다.

④ 음식점업의 경우에는 개인사업자와 법인사업자의 의제매입세액 공제율이 다르다.

정답 ②

해설
의제매입세액의 공제시기는 면세농산물 등을 사용하는 시점이 아니라 구입하는 시점이다.

(1) 공통매입세액의 안분계산

공급받은 재화·용역을 과세사업과 면세사업에 공통으로 사용하고 그 실제 귀속을 구분할 수 없는 경우, 면세사업 관련 매입세액은 다음 산식에 의하여 계산한다.

$$\text{면세 관련 매입세액} = \text{공통매입세액} \times \text{해당 과세기간의} \frac{\text{면세공급가액}}{\text{총공급가액}}$$

> **참고** 안분계산을 하지 않아도 되는 경우
> 다음 중 어느 하나에 해당하는 경우에는 전액 공제되는 매입세액으로 한다.
>
> - 해당 과세기간의 총공급가액 중 면세공급가액이 5% 미만인 경우(단, 공통매입세액이 500만 원 이상인 경우는 제외)
> - 해당 공통매입세액이 5만 원 미만인 경우
> - 해당 과세기간에 신규로 사업을 시작한 사업자가 동 과세기간에 외부에 매각하면서 전액 과세표준으로 처리하였던 공통사용 재화인 경우

당기에 매입하여 당기에 매각한 경우의 안분기준
(당해 과세기간에 신규로 사업을 시작한 사업자가 아니면서) 과세사업과 면세사업에 공통으로 사용하는 재화를 '매입한 과세기간 중에 다시 매각'함에 따라 매각한 재화의 과세표준을 직전 과세기간의 공급가액 비율에 따라 안분계산한 경우에는, 그 재화에 대한 매입세액의 안분계산도 직전 과세기간의 공급가액 비율을 기준으로 한다.

(2) 공통매입세액의 정산

예정신고 시 안분계산한 공통매입세액은 확정신고 시 다음 산식에 의하여 반드시 정산하여야 한다.

$$\begin{aligned}&\text{면세 관련 매입세액}\\&= \left(\text{공통매입세액} \times \text{해당 과세기간의} \frac{\text{면세공급가액}}{\text{총공급가액}} \right) - \text{기 불공제 매입세액}\end{aligned}$$

(3) 납부(환급)세액의 재계산

공통매입세액 안분계산에 따라 매입세액을 공제받은 감가상각자산에 대하여 향후 면세사업 비중이 증가 또는 감소하여 다음의 요건을 모두 충족하는 경우 당초 안분계산했던 매입세액을 다시 계산하여 납부세액에 가산하거나 공제한다. 이러한 납부(환급)세액의 재계산은 예정신고 때에는 하지 않고 확정신고 때에만 한다.

재계산의 요건은 다음과 같다.

- 감가상각자산이어야 함
- 직전에 재계산한 과세기간보다 면세비율이 5% 이상 증가 또는 감소하여야 함
- 공통매입세액 안분계산에 의하여 매입세액이 공제되었어야 함

가산 또는 공제되는 매입세액
= 공통매입세액 × {1 − (체감률[1] × 경과된 과세기간의 수[2])} × 면세증감비율

[1] 건물 및 구축물 5%, 기타의 감가상각자산 25%

[2] 경과된 과세기간의 수를 계산할 때, 해당 과세기간의 개시일에 취득 및 재계산을 하게 된 것으로 본다. (기초취득·기초재계산 간주)

(4) 사례

회사는 과세사업(택시)과 면세사업(마을버스)에 같이 사용하기 위하여 20x1년 1월 2일에 기계장치(차량수리용 장비)를 공급가액 8,000,000원, 부가가치세 800,000원에 구입하고 세금계산서를 발급받았다. 과세와 면세 공급가액이 다음과 같을 때, 면세 관련 매입세액에 대하여 공통매입세액의 안분, 정산, 재계산을 하여 보자.

구 분	과세공급가액	면세공급가액	합 계	면세비율
20x1. 1. 1.~3. 31.	7억 원	3억 원	10억 원	30%
20x1. 4. 1.~6. 30.	9억 원	6억 원	15억 원	40%
합 계	16억 원	9억 원	25억 원	36%
20x1. 7. 1.~9. 30.	6억 원	4억 원	10억 원	40%
20x1. 10. 1.~12. 31.	5억 원	5억 원	10억 원	50%
합 계	11억 원	9억 원	20억 원	45%

[풀이] · 20x1년 제1기 예정신고 안분계산

면세 관련 매입세액 = 공통매입세액 × 해당 예정신고기간의 $\dfrac{\text{면세공급가액}}{\text{총공급가액}}$

$$= 800{,}000 \times \dfrac{3억}{10억} = 240{,}000원(불공제)$$

· 20x1년 제1기 확정신고 정산

면세 관련 매입세액 = (공통매입세액 × 해당 과세기간의 $\dfrac{\text{면세공급가액}}{\text{총공급가액}}$) − 기 불공제 매입세액

$$= (800{,}000 \times \dfrac{3억 + 6억}{10억 + 15억}) − 240{,}000 = 48{,}000원(불공제)$$

· 20x1년 제2기 확정신고 재계산

가산 또는 공제되는 매입세액 = 공통매입세액 × {1 − (체감률 × 경과된 과세기간의 수)} × 면세증감비율
= 800,000원 × {1 − (25% × 1)} × (45% − 36%) = 54,000원(불공제)

매입세액	세금계산서 수취분	일반매입	10			
		고정자산매입	11			
	예정신고누락분		12			
	매입자발행세금계산서		13			
	그 밖의 공제매입세액		14			
	합계(10 + 11 + 12 + 13 + 14)		15			
	공제받지못할매입세액		16			
	차감계(15 − 16)		17		㉯	

부가가치세 신고서에서 적격증빙에 대한 매입세액공제는 다음과 같은 방식으로 작성한다. 의제매입세액공제가 있는 경우 '그 밖의 공제매입세액'란에 기입하고, 공통매입세액의 안분, 정산, 재계산에서 면세 관련 매입세액은 '공제받지못할매입세액'란에 기입한다.

(1) 세금계산서 수취분

매입세액공제 여부와 관계없이 수취한 모든 세금계산서의 합계 금액을 '세금계산서 수취분'란에 기입한 후, 세금계산서 수취분 중 매입세액 불공제분을 다시 '공제받지못할매입세액'란에 기입한다.

(2) 신용카드매출전표, 현금영수증 수취분

매입세액공제 받을 수 있는 항목의 합계 금액만 '그 밖의 공제매입세액'란에 기입한다.

따라서, 부가가치세 신고서와 신용카드매출전표 등 수령명세서를 작성할 때에는 신용카드매출전표 등 수취분 중 다음 항목들을 제외한 금액만 기재하여야 한다.

> · 매입세액 불공제분
> · 간이과세자 중 신규사업자 및 직전연도 공급대가 4,800만 원 미만인 사업자로부터 받은 수취분
>> 참고 간이과세자 중 신규사업자 및 직전연도 공급대가 4,800만 원 미만인 사업자는 세금계산서를 발급할 수 없는 자이므로, 동 사업자로부터 받은 신용카드매출전표 등으로는 매입세액공제 받을 수 없다.
> · 영수증만 발급할 수 있는 거래인 목욕, 이발, 미용, 여객운송업(전세버스 제외), 입장권발행 사업자 등으로부터 받은 수취분
>> 참고 영수증만 발급할 수 있는 업종(다군)은 세금계산서를 발급할 수 없는 업종이므로, 동 업종에서 받은 신용카드매출전표 등으로는 매입세액공제 받을 수 없다.

> 참고 고정자산매입과 일반매입
> 고정자산(감가상각대상인 유형자산과 무형자산)에 대한 매입이 있는 경우 부가가치세 조기환급을 받을 수 있으므로, 부가가치세신고서 서식에서 세금계산서 수취분과 신용카드매출전표 등 수령분을 기입할 때 '고정자산매입'과 '일반매입'을 구분하여 기입한다.

*본서에 수록된 기출문제의 날짜는 학습효과를 높이기 위하여 일부 수정함

01 다음 중 부가가치세 과세표준에 포함하는 항목이 아닌 것은? [제96회]

① 재화의 수입에 대한 관세, 개별소비세, 주세, 교육세, 농어촌특별세 상당액
② 할부판매, 장기할부판매의 경우 이자 상당액
③ 공급대가의 지급 지연으로 인하여 지급받는 연체이자
④ 대가의 일부로 받은 운송보험료, 산재보험료

02 다음 자료는 올해 2기 확정신고기간의 자료이다. 부가가치세 과세표준은 얼마인가? [제82회]

구 분	금 액	비 고
세금계산서를 발급한 제품매출	100,000,000원 (공급가액)	· 할부판매, 장기할부판매의 이자 상당액 2,000,000원 포함되어 있음 · 현금으로 지급한 판매장려금 1,000,000원이 차감되지 않았음 · 제품으로 지급한 판매장려물품의 시가 1,000,000원(공급가액)이 차감되지 않았음

① 99,000,000원　　② 100,000,000원　　③ 101,000,000원　　④ 102,000,000원

03 ㈜구룡은 제품을 외국에 수출하는 업체이다. 당사 제품 $50,000를 수출하기 위하여 올해 11월 20일에 선적하고 대금은 올해 12월 10일에 수령하였다. 수출 관련 과세표준은 얼마인가? [제91회]

11월 20일 기준환율	1,000원/$	12월 10일 기준환율	1,100원/$
11월 20일 대고객매입률	1,050원/$	12월 10일 대고객매입률	1,200원/$

① 50,000,000원　　② 55,000,000원　　③ 50,500,000원　　④ 60,000,000원

04 당기에 면세사업과 과세사업에 공통으로 사용하던 업무용 트럭 1대를 매각하였다. 다음 중 공급가액의 안분계산이 필요한 경우는? [제66회]

(단위 : 원)

	공통사용재화 공급가액	직전 과세기간 총공급가액	직전 과세기간 면세공급가액	당기과세기간 총공급가액	당기과세기간 면세공급가액
①	490,000	100,000,000	50,000,000	150,000,000	10,000,000
②	45,000,000	신규사업개시로 없음		200,000,000	150,000,000
③	35,000,000	300,000,000	14,000,000	500,000,000	41,000,000
④	55,000,000	200,000,000	9,000,000	150,000,000	20,000,000

정답 및 해설

01 ③ 공급에 대한 대가의 지급이 지체되었음을 이유로 받는 연체이자는 과세표준에 포함하지 않는다.

02 ③ · 할부판매의 이자상당액은 과세표준에 포함한다.
　　　· 금전으로 지급하는 판매장려금은 과세표준에서 공제하지 않는다.
　　　· 재화로 지급하는 판매장려물품은 사업상 증여에 해당하므로, 과세표준에서 공제하지 않을 뿐 아니라 별도의 과세대상 과세표준으로 가산한다.
　　　· 과세표준 = 100,000,000(제품매출) − 0(판매장려금) − 0(판매장려물품) + 1,000,000(판매장려물품)
　　　　　　　　 = 101,000,000원

03 ① · 대가를 외화로 받은 경우로서, ㉠ 공급시기 도래 전에 받았지만 공급시기 이후까지 원화로 환가하지 않고 외국통화로 보유하고 있거나 ㉡ 공급시기 이후에 받은 경우에는, 공급시기(선적일)의 기준환율에 따라 계산한 금액을 과세표준으로 한다.
　　　· 과세표준 = $50,000 × @1,000 = 50,000,000원

04 ④ ① 해당 재화의 공급가액이 50만 원 미만인 경우 : 안분계산 X
　　　② 해당 과세기간에 신규로 사업을 시작하여 직전 과세기간이 없는 경우 : 안분계산 X
　　　③ 직전 과세기간의 총공급가액 중 면세공급가액이 5% 미만인 경우(단, 공통사용재화의 공급가액이 5,000만 원 이상인 경우는 제외) : 안분계산 X
　　　④ 직전 과세기간의 총공급가액 중 면세공급가액이 5% 미만이라 하더라도 공통사용재화의 공급가액이 5,000만 원 이상인 경우 : 안분계산 O

05 아래의 자료를 이용하여 부가가치세법상 폐업시 잔존재화의 과세표준을 구하면 얼마인가?

[제100회]

> - 감가상각자산 : 기계장치
> - 취득일자 : 작년 4. 2.
> - 폐업일자 : 올해 6. 1.
> - 취득원가 : 54,000,000원(부가가치세 5,400,000원 별도)
> - 취득 당시 매입세액공제 받음

① 13,500,000원　　② 20,000,000원　　③ 27,000,000원　　④ 48,600,000원

06 다음 중 부가가치세 매입세액공제가 가능한 경우는?

[제69회]

① 공장부지 및 택지의 조성과 관련하여 수취한 세금계산서상 매입세액
② 제조업자가 영업팀에서 사용할 승용차(5인승, 2,000cc)를 구입하고 수취한 세금계산서상 매입세액
③ 음식업자가 캔통조림을 구입하고 수취한 세금계산서상 매입세액
④ 소매업자가 사업과 관련하여 수취한 간이영수증에 의한 매입세액

07 다음은 세금계산서의 작성, 발급, 전송 등에 관한 사항이다. 설명이 잘못된 것은?　　[제67회]

① 1월 15일을 작성일자로 한 세금계산서를 같은 해 2월 15일에 발급한 경우 매출자에게는 세금계산서 관련 가산세가 적용된다.
② 1월 15일을 작성일자로 한 세금계산서를 같은 해 2월 15일에 발급받은 경우 매입자에게는 세금계산서 관련 가산세가 적용된다.
③ 1월 15일을 작성일자로 한 세금계산서를 같은 해 7월 15일에 발급한 경우 매출자에게는 세금계산서 관련 가산세가 적용된다.
④ 1월 15일을 작성일자로 한 세금계산서를 같은 해 7월 15일에 발급받은 경우 매입자에게는 매입세액이 공제되지 않는다.

08 다음 중 부가가치세법상 대손세액공제와 관련된 설명 중 틀린 것은? [제43회]

① 대손세액공제는 확정신고 시에만 가능하다.

② 어음은 부도가 발생하면 즉시 대손세액공제가 가능하다.

③ 대손세액공제액은 대손금액(부가가치세 포함)에 110분의 10을 곱한 금액이다.

④ 대손금액을 회수한 경우 대손세액을 회수한 날이 속하는 과세기간의 매출세액에 가산한다.

정답 및 해설

05 ③ 재화의 간주공급에 대한 과세표준 중 감가상각대상 자산인 경우(= 간주시가)

= 취득원가 × 1 − (체감률 25% × 경과된 과세기간의 수)

= 54,000,000 × 1 − (25% × 2)

= 27,000,000원

06 ③ ① 토지의 자본적 지출 관련 매입세액

② 비영업용 소형승용차의 구입·임차·유지 관련 매입세액

④ 간이영수증에 의한 매입세액

07 ④ 공급시기가 속하는 과세기간의 확정신고기한 이내에 세금계산서를 발급받은 경우 매입세액공제를 받을 수 있다.

08 ② 어음은 부도발생일로부터 6개월 이상 경과한 날이 속하는 과세기간의 확정신고 시 대손세액공제가 가능하다.

09 다음 중 부가가치세법상 의제매입세액공제와 관련된 설명으로 틀린 것은? [제31회 수정]

① 음식점에서 양념하지 않은 돼지고기를 구입하고 계산서를 받은 경우 의제매입세액공
   제 대상이다.
② 의제매입세액의 공제대상이 되는 원재료의 매입가액에는 운임 등의 부대비용을 포함
   한다.
③ 일반과세자인 음식점은 정규 증빙 없이 농어민으로부터 구입 시 의제매입세액공제를
   받을 수 없다.
④ 예정신고 시에도 의제매입세액공제를 적용한다.

10 다음 자료는 올해 2기 예정신고기간의 자료이다. 부가가치세 과세표준은 얼마인가? (단, 제
시된 자료 이외는 고려하지 말 것) [제98회]

> • 발급한 세금계산서 중 영세율세금계산서의 공급가액은 2,000,000원이다.
>   그 외의 매출 및 매입과 관련된 영세율 거래는 없다.
> • 세금계산서를 받고 매입한 물품은 공급가액 15,500,000원, 부가가치세 1,550,000원이다.
>   이 중 거래처 선물용으로 매입한 물품(공급가액 500,000원, 부가가치세 50,000원)이 포
>   함되어 있다.
> • 납부세액은 2,500,000원이다.

① 40,000,000원　　② 40,500,000원　　③ 42,000,000원　　④ 45,000,000원

정답 및 해설

09 ② 의제매입세액의 공제대상이 되는 원재료의 매입가액에는 운임 등의 부대비용을 제외한다.

10 ③
· 납부세액 = 매출세액 − (매입세액 − 매입세액불공제)
  → 2,500,000 = ? − (1,550,000 − 50,000)
  ∴ 매출세액 = 4,000,000원
· 매출세액 = 10% 과세 공급가액 × 10%
  → 4,000,000 = ? × 10%
  ∴ 10% 과세 공급가액 = 40,000,000원
· 과세표준 = 10% 과세 공급가액 + 영세율 적용 공급가액
  = 40,000,000 + 2,000,000
  = 42,000,000원

제6절 | 신고와 납부

01 경감·공제세액

최근 77회 시험 중 4회 기출

(1) 신용카드매출전표 등 발행 세액공제

일반과세자·간이과세자 중 영수증 발급 대상자가 부가가치세가 과세되는 재화 또는 용역을 공급하고 세금계산서의 발급시기에 신용카드매출전표·현금영수증을 발급하거나, 전자적 결제수단에 의하여 그 대금을 결제받는 경우 다음 산식에 의한 금액을 연간 1,000만 원을 한도로 납부세액에서 공제한다. (단, 법인은 적용 불가, 직전 연도 공급가액 합계액이 10억 원을 초과하는 개인사업자는 적용 불가) 이 경우 공제받는 금액이 납부세액을 초과하는 때에는 그 초과하는 금액은 없는 것으로 본다.

$$\text{공제액} = \text{그 발급금액 또는 결제금액} \times 1.3\%$$

(2) 전자세금계산서 발급·전송 세액공제

직전연도 공급가액의 합계액이 3억 원 미만인 개인사업자가 전자세금계산서를 발급하고 발급일의 다음 날까지 발급명세를 전송한 경우 다음 산식에 의한 금액을 연간 100만 원을 한도로 납부세액에서 공제한다. (단, 법인은 적용 불가) 이 경우 공제받는 금액이 납부세액을 초과하는 때에는 그 초과하는 금액은 없는 것으로 본다.

$$\text{공제액} = \text{전자세금계산서 발급 건수} \times 200\text{원}$$

(3) 전자신고 세액공제

납세자가 직접 전자신고방법에 의하여 부가가치세 **확정신고**[1]를 하는 경우 해당 납부세액에서 1만 원을 공제하거나 환급세액에 가산한다. (법인도 적용 가능)
[1] 예정신고 때에는 적용되지 않는다.

02 예정신고와 납부

최근 77회 시험 중 3회 기출

(1) 법인사업자의 경우

예정신고기간의 종료 후 25일 이내에 해당 예정신고기간에 대한 과세표준과 납부세액을 신고·납부하여야 한다.

> **참고** 영세한 법인사업자에 대한 부가가치세 예정고지 허용
> 직전 과세기간 공급가액의 합계액이 1억 5천만 원 미만인 영세법인사업자의 경우에는 개인사업자와 마찬가지로 예정신고기간의 부가가치세가 과세관청으로부터 고지가 되므로 별도의 신고 없이 납부만 할 수 있다.

(2) 개인사업자의 경우

① 원칙 : 예정고지

개인사업자 및 영세법인사업자의 경우 예정신고기간의 부가가치세는 직전 과세기간(6개월) 납부세액의 1/2에 해당하는 금액이 과세관청으로부터 고지되므로 별도의 신고 없이 납부만 하면 된다. 다만, 징수세액이 50만 원 미만인 경우에는 고지·징수되지 않는다.

> **참고** 전자고지세액공제
> 개인사업자 및 영세법인사업자가 부가가치세 예정고지에 대하여 전자적 방법으로 송달받을 것을 신청(전자고지 신청)한 경우, 해당 납부세액에서 1,000원을 공제한다.

② 예외 : 예정신고

개인사업자 및 영세법인사업자라고 하더라도 다음 중 어느 하나에 해당하는 경우에는 예정신고·납부할 수 있다.

- 휴업 또는 사업부진으로 인하여 각 예정신고기간의 공급가액 또는 납부세액이 직전 과세기간의 공급가액 또는 납부세액의 1/3에 미달하는 자
- 각 예정신고기간분에 대해 조기환급을 받고자 하는 자

03 확정신고와 납부

최근 77회 시험 중 2회 기출

사업자는 각 과세기간 종료 후 25일 이내에 해당 과세기간에 대한 과세표준과 납부세액을 신고·납부하여야 한다.

납부(환급)세액(매출세액 ㉮ – 매입세액 ㉯)			㉰	
경감 공제 세액	그 밖의 경감·공제세액	18		
	신용카드매출전표등 발행공제등	19		
	합 계	20	㉱	
예정신고미환급세액		21	㉲	
예정고지세액		22	㉳	
사업양수자의 대리납부 기납부세액		23	㉴	
매입자 납부특례 기납부세액		24	㉵	
가산세액계		26	㉾	
차감·가감하여 납부할 세액(환급받을 세액) (㉰ – ㉱ – ㉲ – ㉳ – ㉴ – ㉵ + ㉾)			27	
총괄납부사업자가 납부할 세액(환급받을 세액)				

확정신고·납부와 관련하여 주의할 사항은 다음과 같다.

- 예정신고 및 조기환급신고에 있어서 이미 신고한 내용은 확정신고대상에서 제외하며, 예정신고 시 미환급된 세액은 확정신고 시 '예정신고미환급세액'란에 기입하여 납부세액에서 공제한다.
- 예정고지액을 납부한 개인사업자 및 영세법인사업자의 경우 확정신고 시 과세기간 전체에 대한 매출 및 매입을 신고하고, 예정고지납부세액을 '예정고지세액'란에 기입하여 납부세액에서 공제한다.
- 확정신고 시에는 부가가치세 확정신고서와 함께 매입·매출처별 세금계산서합계표, 영세율첨부서류, 신용카드매출전표 등 수령명세서, 기타 첨부서류를 제출하여야 하나, 예정신고 및 조기환급신고에 있어서 이미 제출한 것은 제외한다.

04 환급

부가가치세 납부세액을 계산함에 있어 매입세액이 매출세액을 초과하는 경우에는 환급세액이 발생하게 되는데, 환급세액을 돌려받는 유형은 일반환급과 조기환급 두 가지로 나누어 볼 수 있다.

(1) 일반환급

환급세액은 원칙적으로 예정신고 시에는 환급되지 않고 확정신고 시에만, **확정신고기한 경과 후 30일 이내**에 환급된다. 예정신고기간의 환급세액은 환급이 되는 것이 아니라 확정신고 시 납부할 세액에서 차감된다.

(2) 조기환급

조기환급이란 환급세액을 각 예정·확정신고기간 또는 조기환급기간별로 해당 신고기한 경과 후 **15일 이내**에 환급받는 것을 말한다.

① 조기환급대상

- 영세율 규정이 적용되는 때
- 사업설비(감가상각대상인 유형자산과 무형자산)를 신설, 취득, 확장 또는 증축하는 때
- 법원의 인가결정을 받은 회생계획 등 재무구조개선계획을 이행 중인 때

② 조기환급절차

- 예정·확정신고기간별 조기환급

신 고	조기환급을 받고자 하는 사업자가 확정 또는 예정신고서를 제출한 경우에는 환급에 관하여 신고한 것으로 본다.
환 급	환급세액은 각 확정 또는 예정신고기한 경과 후 15일 이내에 환급받는다.

- 조기환급기간별 조기환급

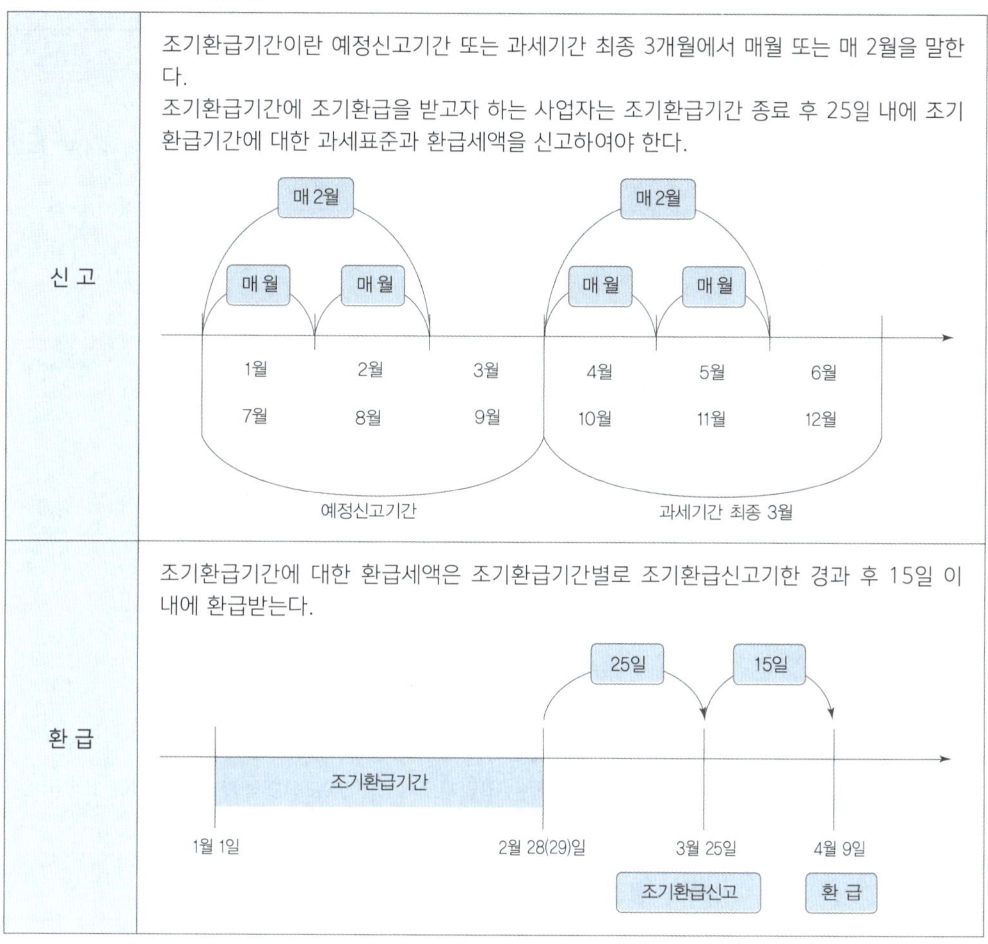

기출확인문제

＊2025년 출제예상

일반과세자의 부가가치세 확정신고 시 조기환급세액이 발생하는 경우, 부가가치세법상 환급세액을 확정신고기한 경과 후 며칠 이내에 환급해주어야 하는가? 특별회차(16년 8월)

① 15일　　　② 20일　　　③ 25일　　　④ 30일

정답 ①

해설
조기환급을 받고자 하는 사업자가 부가가치세 확정신고서를 제출한 경우, 확정신고기한 경과 후 15일 이내에 환급받는다.

05 간이과세자

(1) 간이과세자의 범위

적용대상	직전 1역년의 재화와 용역의 공급대가(= 공급가액 + 부가가치세)가 1억 400만 원 미만[1]인 개업사업자로 한다. 따라서, 법인은 간이과세자가 될 수 없다.
적용배제 업종	· 광업 · 제조업(과자점업 등 일부 사업 제외) · **도매업**(재생용 재료 수집·판매업 제외) · 상품중개업 · 전기·가스·증기·수도 사업 · 건설업(인테리어 공사업 등 일부 사업 제외) · 전문·과학·기술서비스업(인물사진 촬영업 등 일부 사업 제외) · 사업시설 관리지원업 · **부동산매매업** · **일정지역 내에서 일정 규모 이상인 부동산임대업**[1] · 일정지역 내에서 개별소비세 과세유흥장소를 경영하는 사업[1] · 전문직 사업서비스업 · 일반과세자로부터 양수한 사업 · 간이과세가 적용되지 않는 다른 사업장을 보유하고 있는 사업자 · 둘 이상의 사업장이 있는 사업자로서 직전연도 공급대가의 합계액이 1억 400만 원 이상인 경우 · 부동산임대업 또는 개별소비세 과세유흥장소를 경영하는 사업자로서 직전연도 공급대가가 4,800만 원 이상인 경우[1]

[1] 업종이 부동산임대업 또는 개별소비세 과세유흥장소인 경우에는, ㉠ 간이과세 적용이 배제되거나, ㉡ 간이과세 판단 기준금액이 4,800만 원임

(2) 간이과세자의 특징

· 주로 최종소비자를 매출처로 하기 때문에 전단계세액공제법을 적용하지 않더라도 부가가치세 제도 운영에 큰 지장이 없다고 보아 특례를 적용한다. 이에 따라, 간이과세자 중 신규사업자 및 직전연도 공급대가 4,800만 원 미만인 사업자는 세금계산서를 발급할 수 없고 영수증만 발급할 수 있다.
· 납부세액을 '매출세액 − 매입세액'으로 계산하지 않고, 공급대가와 업종별 부가가치율을 사용하여 간편한 방법으로 계산한다. 이에 따라, 간이과세자는 원칙적으로 매입세액공제를 적용할 수 없고, 매출세액보다 매입세액이 크더라도 부가가치세액을 환급받지 못한다.
· 간이과세자에게도 영세율이 적용되나, 영세율을 적용받는 경우에도 부가가치세액을 환급받지 못한다.
· 간이과세자는 공급대가를 과세표준으로 한다.

(3) 간이과세자의 부가가치세 계산구조

① 납부세액

간이과세자의 경우, 납부세액은 **공급대가**에 부가가치세율(10% 또는 0%)을 곱한 후 다시 **업종별 부가가치율**(15~40%)을 곱하여 계산한다.

$$\text{납부세액} \ = \ \text{공급대가} \ \times \ (0\% \ \text{또는} \ 10\%) \ \times \ \text{업종별 부가가치율}(15\text{~}40\%)$$

② 차감 납부할 세액

납부세액[3]	공급대가 × (0%, 10%) × 업종별 부가가치율(15%~40%)
(+) 재고납부세액	일반과세자가 간이과세자로 과세유형이 변경된 경우
(−) 세액공제[4]	매입세금계산서 등에 대한 세액공제[1], 신용카드매출전표 등 발행세액공제, 전자세금계산서 발급·전송 세액공제, 전자신고세액공제, 전자고지세액공제
(−) 예정고지세액	–
(+) 가산세	세금계산서 미수취 가산세[2], 그 외
(=) 차감 납부할 세액	–

[1] 세금계산서·신용카드매출전표·현금영수증을 발급받은 공급대가 × 0.5%

[2] 간이과세자가 세금계산서 발급의무가 있는 사업자로부터 재화·용역을 공급받고 세금계산서를 발급받지 않은 경우, '공급대가 × 0.5%'

[3] 대손세액공제 적용 안 됨

[4] 의제매입세액공제 적용 안 됨

(4) 간이과세자의 신고와 납부

간이과세자는 1월 1일부터 12월 31일까지를 한 과세기간으로 하여 과세기간 종료 후 25일 이내에 해당 과세기간에 대한 과세표준과 납부세액을 신고·납부하여야 한다.

1월 1일부터 6월 30일까지를 예정부과기간으로 하여 직전 과세기간(1년) 납부세액의 1/2에 해당하는 금액이 고지되고 이를 납부하게 된다.

다만, 예정부과기간에 세금계산서를 발급한 간이과세자는 예정부과기간에 대한 과세표준과 납부세액을 반드시 신고·납부하여야 한다(강제규정).

(5) 납부의무의 면제

간이과세자의 해당 과세기간(1년)에 대한 공급대가가 4,800만 원 미만인 경우에는 납부세액의 납부의무가 면제된다.

다만, 재고납부세액의 납부의무는 면제되지 않는다.

(6) 간이과세의 포기

간이과세자가 간이과세자에 관한 규정의 적용을 포기하고 일반과세자에 관한 규정을 적용받으려는 경우에는, 관할 세무서에 일반과세를 적용받고자 하는 달의 전달 마지막 날까지 간이과세 포기신고서를 제출하여야 한다.

간이과세 포기를 한 경우에는 이후 3년이 되는 날이 속하는 과세기간까지는 간이과세자에 관한 규정을 적용받지 못한다.

다만, 직전연도 공급대가 4,800만 원 이상 1억 400만 원 미만인 개인사업자는 3년 이내라도 포기의 철회가 가능하며, 이 경우 해당 과세기간 개시 10일 전까지 신고하여야 한다.

* 2025년 출제예상

다음 중 부가가치세법상 간이과세자에 대한 설명 중 틀린 것은? 제45회

① 간이과세자의 과세표준은 공급대가이다.
② 일반과세자인 부동산임대사업자가 신규로 음식점 사업을 하는 경우 간이과세자가 될 수 있다.
③ 간이과세자도 영세율을 적용받을 수 있다.
④ 간이과세자의 부가가치세율은 10%이다.

정답 ②

해설
간이과세가 적용되지 않는 다른 사업장을 보유하고 있는 사업자는 간이과세자가 될 수 없다.

06 가산세

최근 77회 시험 중 2회 기출

(1) 가산세의 종류

① 사업자미등록 등 가산세

구 분	내 용	가산세 금액
사업자미등록 등[61]	· 미등록 : 사업개시일로부터 20일 이내에 사업자등록을 신청하지 않은 경우	해당 기간의 공급가액[1] × 1%
	· 타인명의등록 : 타인명의로 사업자등록을 하는 경우	해당 기간의 공급가액[1] × 2%

[1] 사업개시일로부터 실제 사업자등록신청일 직전일까지의 공급가액 합계액을 말한다.

② 세금계산서 가산세

구 분	내 용	가산세 금액
지연발급 등[62]	· 지연발급 : 세금계산서를 법정 발급기한 이후이면서 해당 재화·용역의 공급시기가 속하는 과세기간의 확정신고기한 이내에 발급한 경우 · 부실기재 : 발급한 세금계산서의 필요적 기재사항의 전부 또는 일부가 기재되지 않았거나 사실과 다른 경우(단, 착오인 경우로서 나머지 기재사항에 의하여 거래사실이 확인되는 경우에는 제외)	공급가액 × 1%
지연수취[63]	· 지연수취 : 세금계산서를 법정 발급기한 이후이면서 해당 재화·용역의 공급시기가 속하는 과세기간의 확정신고기한 이내에 발급받은 경우[1]	공급가액 × 0.5%

| 미발급 등[64] | · 미발급 : 재화·용역의 공급시기가 속하는 과세기간의 확정신고기한 이내에 세금계산서를 발급하지 아니한 경우
· 위장발급·수취 : 실제와 다른 명의로 세금계산서 또는 신용카드매출전표 등을 발급하거나 발급받은 경우
· 과다 기재 발급·수취 : 공급가액을 과다 기재한 세금계산서 또는 신용카드매출전표 등을 발급하거나 발급받은 경우 | 공급가액 × 2%[2] |
| | · 가공발급·수취 : 재화·용역을 공급하거나 공급받지 않고 세금계산서 또는 신용카드매출전표 등을 발급하거나 발급받은 경우 | 공급가액 × 3% |

[1] 다음 중 어느 하나에 해당하는 경우 포함
 · 세금계산서를 해당 과세기간의 확정신고기한이 지난 후 발급받았더라도, ㉠ 그 세금계산서의 발급일이 확정신고기한 다음 날부터 1년 이내이고, ㉡ 납세자가 수정신고·경정청구하거나 과세기관이 결정·경정하는 경우
 · 세금계산서를 재화·용역의 공급시기 전에 발급받았더라도, ㉠ 공급시기가 그 세금계산서의 발급일로부터 6개월 이내에 도래하고, ㉡ 과세기관이 결정·경정하는 경우

[2] 다음 중 어느 하나에 해당하는 경우에는 그 공급가액의 1%를 가산세로 한다.
 · 전자세금계산서 발급의무자(예 법인)가 종이세금계산서를 발급한 경우
 · 둘 이상의 사업장을 가진 사업자가 재화·용역을 공급한 사업장 명의로 세금계산서를 발급하지 아니하고 세금계산서의 발급시기에 자신의 다른 사업장 명의로 세금계산서를 발급한 경우

③ 전자세금계산서발급명세 가산세

구 분	내 용	가산세 금액
지연전송[65]	발급명세를 법정 전송기한 이후이면서 해당 재화·용역의 공급시기가 속하는 과세기간의 확정신고기한 이내에 전송한 경우	공급가액 × 0.3%
미전송[66]	재화·용역의 공급시기가 속하는 과세기간의 확정신고기한 이내에 발급명세를 전송하지 아니한 경우	공급가액 × 0.5%

④ 세금계산서합계표 가산세

구 분	내 용	가산세 금액
매출처별 세금계산서합계표 불성실 가산세 [67] [68]	· 미제출 : 매출처별 세금계산서합계표를 제출하지 않은 경우 · 부실기재 : 매출처별 세금계산서합계표의 기재사항 중 거래처별 등록번호 또는 공급가액이 누락되거나 사실과 다르게 기재된 경우(단, 착오인 경우로서 세금계산서에 의하여 거래사실이 확인되는 경우에는 제외)	공급가액 × 0.5%
	· 지연제출 : 예정신고 시 제출해야 할 매출처별 세금계산서합계표를 확정신고 시 제출하는 경우	공급가액 × 0.3%

| 매입처별
세금계산서합계표
불성실 가산세
[67] | 다음의 경우에는 가산세가 부과됨[1]

• 경정기관에 의한 추후 공제 : 매입처별 세금계산서합계표의 미제출·부실기재[2]로 인하여 매입세액 불공제가 되었다가 추후에 경정기관으로부터 세금계산서를 확인받고 해당 세금계산서를 경정기관에 제출하여 매입세액 공제를 받는 경우

• 과다 기재 : 매입처별 세금계산서합계표의 기재사항 중 공급가액이 과다하게 기재[2]된 경우 | 공급가액 × 0.5% |

[1] 매입처별 세금계산서합계표를 제출하지 않으면 매입세액 공제를 받지 못하므로, 매입처별 세금계산서합계표의 미제출이나 지연제출에 대하여는 가산세가 부과되지 않는다.

[2] 단, 착오인 경우로서 세금계산서에 의하여 거래사실이 확인되는 경우에는 제외

 전자세금계산서 발급명세가 전송된 경우 세금계산서합계표 제출 의무 면제

전자세금계산서 발급명세가 재화·용역의 공급시기가 속하는 과세기간(예정신고의 경우에는 예정신고기간) 말의 다음 달 11일까지 국세청장에게 전송된 경우에는 해당 예정신고 또는 확정신고 시 매출·매입처별 세금계산서합계표를 제출하지 아니할 수 있다.

⑤ 신용카드매출전표 등 가산세

구 분	내 용	가산세 금액
신용카드매출전표 등 수령명세서 불성실 가산세 [67]	다음의 경우에는 가산세가 부과됨[1] • 경정기관에 의한 추후 공제 : 신용카드매출전표 등 수령명세서의 미제출로 인하여 매입세액 불공제가 되었다가 추후에 경정기관으로부터 신용카드매출전표 등을 확인받고 해당 신용카드매출전표 등을 경정기관에 제출하여 매입세액 공제를 받는 경우 • 과다 기재 : 신용카드매출전표 등 수령명세서의 기재사항 중 공급가액이 과다하게 기재[2]된 경우	공급가액 × 0.5%

[1] 신용카드매출전표 등 수령명세서를 제출하지 않으면 매입세액 공제를 받지 못하므로, 신용카드매출전표 등 수령명세서의 미제출이나 지연제출에 대하여는 가산세가 부과되지 않는다.

[2] 단, 착오인 경우로서 신용카드매출전표 등에 의하여 거래사실이 확인되는 경우에는 제외

⑥ 신고불성실 가산세

구 분	내 용	가산세 금액
무신고 [69] [70]	사업자가 법정신고기한까지 예정신고 또는 확정신고를 하지 아니한 경우	일반 무신고 = 납부세액 × 20% 부당[1] 무신고 = 납부세액 × 40%
과소신고 [71] [72]	사업자가 법정신고기한까지 예정신고 또는 확정신고를 한 경우로서 ㉠ 납부세액을 과소신고하거나 ㉡ 환급세액을 과대신고한 경우	일반 과소신고 = 납부세액 × 10% 부당[1] 과소신고 = 납부세액 × 40%

[1] 부당(부정)행위는 이중장부, 장부파기, 자산은닉 등 조세징수를 현저히 곤란하게 하는 행위를 말한다.

⑦ 납부지연 가산세

구 분	내 용	가산세 금액
납부지연[73]	사업자가 부가가치세를 ⊙ 납부기한까지 납부하지 않거나 미달 납부한 경우, 또는 ⓒ 초과 환급받은 경우	미달납부세액 × (22/100,000) × 미납일수[1]

[1] 법정 납부기한의 다음 날부터 자진납부일까지의 일수를 말한다.

⑧ 영세율과세표준 신고불성실 가산세

구 분	내 용	가산세 금액
영세율과세표준 신고불성실[74]	⊙ 영세율이 적용되는 과세표준을 신고하지 아니하거나 과소신고한 경우, 또는 ⓒ 영세율 첨부서류를 제출하지 않은 경우	영세율과세표준 × 0.5%

(2) 가산세의 중복적용 배제

우선 적용되는 가산세	적용 배제되는 가산세
· 미등록·타인명의등록 가산세(1%, 2%)	· 세금계산서 지연발급·부실기재 가산세(1%) 　참고 세금계산서 미발급 가산세(2%)는 적용 배제되지 않음 · 전자세금계산서 발급명세 미전송·지연전송 가산세(0.5%, 0.3%) · 매출처별 세금계산서합계표 불성실 가산세(0.5%, 0.3%) · 신용카드매출전표 등 수령명세서 불성실 가산세(0.5%)
· 세금계산서 미발급·위장·과다기재·가공 가산세(2%, 3%)	· 미등록·타인명의등록 가산세(1%, 2%) · 매출처별 세금계산서합계표 불성실 가산세(0.5%, 0.3%) · 매입처별 세금계산서합계표 불성실 가산세(0.5%)
· 세금계산서 지연발급 가산세(1%) · 세금계산서 부실기재 가산세(1%) · 전자세금계산서 발급명세 미전송·지연전송 가산세(0.5%, 0.3%)	· 매출처별 세금계산서합계표 불성실 가산세(0.5%, 0.3%)
· 세금계산서 미발급·지연발급 가산세(2%, 1%)	· 세금계산서 부실기재 가산세(1%) · 전자세금계산서 발급명세 미전송·지연전송 가산세(0.5%, 0.3%)
· 세금계산서 과다기재 가산세(2%)	· 세금계산서 부실기재 가산세(1%)
· 세금계산서 부실기재 가산세(1%)	· 전자세금계산서 발급명세 미전송·지연전송 가산세(0.5%, 0.3%)
· 세금계산서 위장 가산세(2%)	· 세금계산서 미발급 가산세(2%)

세금계산서가 미발급·지연발급되면, 전자세금계산서 발급명세가 미전송·지연전송되고, 매출처별 세금계산서
합계표가 미제출·지연제출된다. 이와 관련된 가산세의 적용 순위는 다음과 같다.

- ㆍ (1순위) 세금계산서 미발급·지연발급 가산세(2%, 1%)
- ㆍ (2순위) 전자세금계산서 발급명세 미전송·지연전송 가산세(0.5%, 0.3%)
- ㆍ (3순위) 매출처별 세금계산서합계표 불성실 가산세(0.5%, 0.3%)

(3) 가산세의 감면

① 수정신고 시 가산세 감면

- ㆍ 감면대상 : 과소신고(또는 초과환급신고) 가산세(10%, 40%), 영세율과세표준 신고불성실 가산세(0.5%)
- ㆍ 감면율

수정신고 시기	감면율
1개월 이내	90%
1개월 초과~3개월 이내	75%
3개월 초과~6개월 이내	50%
6개월 초과~1년 이내	30%
1년 초과~1년 6개월 이내	20%
1년 6개월 초과~2년 이내	10%

- ㆍ 예정신고 누락분을 확정신고서에 반영하는 것도 수정신고하는 것으로 보아 감면을 적용한다.
- ㆍ 납부지연 가산세에는 감면이 적용되지 않는다.

② 기한 후 신고 시 가산세 감면

- ㆍ 감면대상 : 무신고가산세(20%, 40%)
- ㆍ 감면율

기한 후 신고 시기	감면율
1개월 이내	50%
1개월 초과~3개월 이내	30%
3개월 초과~6개월 이내	20%

③ 지연 제출 및 지연 등록 시 가산세 감면

- 감면대상 : 매출처별 세금계산서합계표 미제출 가산세(0.5%), 영세율 첨부서류 미제출에 따른 영세
  율과세표준 신고불성실 가산세(0.5%), 사업자미등록 가산세(1%)

- 감면율

제출 시기	감면율
1개월 이내	50%

핵심기출문제

01 다음 중 부가가치세법상 환급에 대한 설명으로 틀린 것은? [제87회]

① 일반환급이란 환급세액을 각 과세기간별로 확정신고기한 경과 후 30일 이내에 환급받는 것을 말한다.
② 재화 및 용역의 공급에 영세율이 적용되는 경우 조기환급이 가능하다.
③ 고정자산매입 등 사업설비를 신설하는 경우 조기환급이 가능하다.
④ 예정신고기간에 대한 조기환급세액은 예정신고기한 경과 후 25일 이내에 환급받는다.

02 20x1년 1월 10일에 사업을 개시하면서 대규모 기계설비를 취득한 경우, 시설투자로 인한 조기환급을 신고할 수 있는 가장 빠른 신고기한과 환급기한은 언제인가? [제25회]

① 신고기한 : 20x1년 1월 31일, 환급기한 : 15일
② 신고기한 : 20x1년 2월 25일, 환급기한 : 15일
③ 신고기한 : 20x1년 4월 25일, 환급기한 : 15일
④ 신고기한 : 20x1년 4월 25일, 환급기한 : 30일

03 다음 중 부가가치세법상 간이과세를 적용받을 수 있는 사업자는? (단, 보기 외의 다른 소득은 없다) [제70회]

① 당기에 사업을 개시한 패션 악세사리(재생용 아님) 도매 사업자 김정수 씨
② 당기에 사업을 개시한 베이커리 사업자 장경미 씨
③ 직전 연도의 공급대가가 1억 2,000만 원에 해당하는 의류 매장을 운영하는 박민철 씨가 사업확장을 위하여 당기에 신규로 사업을 개시한 두 번째 의류 매장
④ 직전 연도의 공급가액이 1억 400만 원(부가가치세 1천 40만 원 별도)인 한식당을 운영하는 이영희 씨

04 다음 중 부가가치세법상 간이과세자에 대한 설명으로 틀린 것은?

[제105회 수정]

① 법인은 간이과세자가 될 수 없다.

② 간이과세자도 영세율을 적용받을 수 있으나 공제세액이 납부세액을 초과하더라도 환급되지 않는다.

③ 간이과세자도 의제매입세액 공제를 받을 수 있다.

④ 간이과세자가 일반과세자에 관한 규정을 적용받으려는 경우에는 그 적용받으려는 달의 전달 마지막 날까지 관할 세무서장에게 간이과세 포기신고서를 제출하여야 한다.

05 다음 중 부가가치세법상 간이과세자에 대한 설명으로 옳은 것은?

[제97회 수정]

① 모든 간이과세자는 세금계산서를 발급하여야 한다.

② 간이과세자는 전액 매입세액공제 받을 수 있다.

③ 간이과세자도 예정부과기간에 반드시 예정신고를 하여야 하는 경우가 있다.

④ 간이과세자는 해당 과세기간에 대한 공급대가가 3,000만 원 미만이어야만 납부의무가 면제된다.

정답 및 해설

01 ④ 조기환급이 적용되는 경우, 환급세액은 각 예정·확정신고기간 또는 조기환급기간별로 해당 신고기한 경과 후 15일 이내에 환급받는다.

02 ② · 조기환급기간별 신고기한은 조기환급기간 종료 후 25일 이내이며, 환급기한은 신고기한 경과 후 15일 이내이다.
　　· 1월 10일에 기계설비를 취득한 경우 1월을 조기환급기간으로 하여 2월 25일까지 환급세액을 신고할 수 있고 동 신고기한 경과 후 15일 이내에 환급받을 수 있다.

03 ② ① 도매업을 영위하는 경우 간이과세자가 될 수 없다.
　　③ 간이과세가 적용되지 않는 다른 사업장을 보유하고 있는 사업자는 간이과세자가 될 수 없다.
　　④ 간이과세의 적용대상은 직전 1역년의 공급대가(= 공급가액 + 부가가치세)가 1억 400만 원 미만인 개인사업자로 한다.

04 ③ 간이과세자는 의제매입세액 공제를 받을 수 없다.

05 ③ ① 간이과세자 중 신규사업자 및 직전 연도 공급대가 4,800만 원 미만인 사업자는 세금계산서를 발급할 수 없고 영수증만 발급할 수 있다.
　　② 간이과세자는 납부세액을 공급대가와 업종별 부가가치율을 사용하여 간편한 방법으로 계산한다. 이에 따라, 간이과세자는 원칙적으로 매입세액공제를 받을 수 없고, 세금계산서 등을 발급받은 공급대가의 0.5%에 대하여 세액공제를 받는다.
　　③ 예정부과기간에 세금계산서를 발급한 간이과세자는 예정부과기간에 대한 과세표준과 납부세액을 반드시 신고·납부하여야 한다.
　　④ 간이과세자는 해당 과세기간에 대한 공급대가가 4,800만 원 미만인 경우 납부의무가 면제된다.

부가가치세의 입력·신고

제 1 절 　매입매출전표입력
제 2 절 　부가가치세신고서 작성

제 **5** 장

부가가치세의
입력·신고

| Overview

부가가치세의 입력·신고는 실무시험 전체 70점 중 평균적으로 25점의 비중으로 출제된다.

부가가치세의 입력·신고는 제4장 부가가치세에서 학습한 회계처리를 KcLep의 [매입매출전표입력]과 [부가가치세신고서] 메뉴 등에 입력하는 방법을 학습하는 장이다. '기출확인문제'를 본서의 풀이순서에 따라 KcLep에 입력해보고, 문제 풀이에 필요한 KcLep의 기능과 관련 이론을 학습할 수 있도록 구성되어 있다.

| 출제비중

구 분	출제문항	배점(25점)
제1절 매입매출전표입력	문제 2	15점
제2절 부가가치세신고서 작성*	문제 3	10점

*전산회계 1급에서 전산세무 2급에 추가되는 부분입니다. 학습전략을 참고하여 학습하시기 바랍니다.

▌학습전략

제1절 매입매출전표입력

[매입매출전표입력]과 관련된 문제를 풀기 위해서는 [매입매출전표입력]에서의 입력 방법과 KcLep의 기능 뿐만 아니라, 매입매출전표 유형의 구분과 일반전표의 회계처리를 알아야 한다. '핵심기출문제' 풀이 중 매입매출전표의 유형을 구분할 수 없다면, 제4장 부가가치세에서 문제와 관련된 이론을 다시 학습할 수 있도록 한다.

제2절 부가가치세신고서 작성

전산회계 시험에서는 출제범위가 아니지만 전산세무 2급부터 추가로 출제되는 부분이다. 전산회계 1급을 함께 학습하고 있거나, 이미 학습한 경우 '제2절 부가가치세신고서 작성' 전체 내용을 집중적으로 학습한다. 최근 77회 기출에서는 9가지의 부가가치세신고 관련 메뉴 중 매회 2~3문제씩 무작위로 출제되고 있다. 그중 [부가가치세신고서] 메뉴는 가장 출제빈도가 높고(77회 중 54회), 배점이 높아 다른 메뉴들보다 비중 있게 학습해야 한다.

01 매입매출전표입력

- [매입매출전표입력]은 회계상 거래 중에서 부가가치세신고와 관련되는 거래를 입력하는 메뉴이다.
- [매입매출전표입력] 문제는 실무시험 문제 2(15점)에서 출제된다.
- [매입매출전표입력] 화면은 [회계관리] ▶ [전표입력] ▶ [매입매출전표입력]을 선택하여 들어갈 수 있다.

기출확인문제

㈜제일산업(코드번호 : 0101)의 당기 회계기간은 제5기이다.
다음 거래 자료를 [매입매출전표입력] 메뉴에 입력하시오. [제61회]

> 8월 1일 ㈜대한기업에 제품을 8,000,000원(부가가치세 별도)에 판매하고 전자세금계산서를 발급하였다. 대금은 당사가 ㈜서울상사에게 지급할 외상매입금 2,000,000원을 직접 ㈜대한기업이 지급하기로 하였으며, 나머지는 보통예금으로 입금되었다.

기출 따라 하기

▶ 관련 이론 | 부가가치세 과세대상 거래 p.424

(1) 분개

8월 1일	(차) 외상매입금(㈜서울상사)	2,000,000	(대) 제품매출	8,000,000
	보통예금	6,800,000	부가세예수금	800,000

(2) 입력방법

① 월란에 "8월"을 입력한다.

> ▶ 거래가 발생한 날짜의 월을 입력한다. 숫자를 직접 입력하거나 열림단추를 클릭하여 1월~12월 중 해당 월을 선택한다.

② 일란에 "1일"을 입력한다.

> ▶ 거래일은 다음과 같이 두 가지 방법으로 입력할 수 있다. 이는 [일반전표입력] 메뉴에서의 방법과 동일하다.
>
> | 방법1 | 화면 상단의 일란을 빈칸으로 두고 [Enter]를 누른다. 이에 따라 해당 월의 전표들이 모두 화면에 나타나게 되고, 커서는 맨 아래 라인으로 이동된다. 이동된 라인에서 '일'을 입력한다.
>
> | 방법2 | 화면 상단의 일란에 일자를 입력하고 [Enter]를 누른다. 이에 따라 해당 날짜의 전표들만 화면에 나타나게 되고, 커서는 맨 아래 라인으로 이동된다. 이동된 라인에서는 '일'을 다시 입력하지 않아도 된다.

③ 번호란의 전표번호는 전표입력이 완료되면 자동으로 부여된다.

　▶ 번호란 전표번호를 말하며, 매 일자별로 '50001'부터 자동으로 부여된다.
　　상단부의 라인 하나 및 그에 해당하는 하단부의 회계처리가 1개의 전표로 인식되어 1개의 전표번호
　　가 부여된다.

　　참고　[매입매출전표입력]의 화면 구성
　　　· 화면 상단 탭
　　　　[매입매출전표입력] 메뉴의 화면 상단에 있는 탭은 실무에서 동일한 '유형'의 전표만 조회하거나 집중
　　　　적으로 입력할 때 활용하는 기능이다. 예를 들어, [11.매출과세] 탭을 클릭하면 해당 월의 [11.매출
　　　　과세] 거래 전표만 조회가 되고, 이 탭에서 전표를 입력하면 '유형'이 자동으로 "11.과세"로 입력된다.
　　　　이러한 탭은 실무에서 사용하는 기능이므로, 전산세무 자격시험에서는 문제에서 특별한 언급이 없으
　　　　면 별도의 탭을 클릭할 필요 없이 [전체입력] 탭에 입력하면 된다.

| 전체입력 | 전자입력 | 11.매출과세 | 17.매출카과 | 13.매출면세 | 51.매입과세 | 57.매입카과 | 53.매입면세 | 가산세 | 의제류매입 | 종이세금 |

　　　· 상단부
　　　　부가가치세신고와 관련된 내용을 입력하는 부분으로서 입력된 내용은 [부가가치세신고서], [세금계산
　　　　서합계표], [매입매출장] 등 관련 서식에 자동 반영된다.

년	월	일 변경 현금잔액:	대차차액:						
□ 일	번호	유형	품목	수량	단가	공급가액	부가세	코드	공급처명	전자	분개

　　　· 하단부
　　　　회계처리를 입력하는 부분으로서 입력된 내용은 각종 회계장부와 재무제표에 자동 반영된다.

구분	계정과목	적요	거래처	차변(출금)	대변(입금)

④ VAT 과세거래이고 세금계산서를 발급하였으므로 유형란에 "11.과세"를 선택하여 입력한다.

　▶ 유형란에 커서를 놓으면 화면 하단에 부가가치세 유형코드가 나타나는데, 해당 거래에 대한 과세유
　　형(10%, 0%, 간이과세, 면세)과 증빙유형(세금계산서, 신용카드, 현금영수증, 무증빙)을 파악하여
　　정확한 유형코드를 선택하여 입력한다.
　　유형코드가 결정되면 이에 따라 매입매출전표 상단부 입력 내용이 [부가가치세신고서], [세금계산서
　　합계표], [매입매출장], 기타 관련 서식에 자동으로 반영된다.

▶ 매출거래 주요 유형코드와 [부가가치세신고서] 반영위치

코 드	과세유형	증빙유형	내 용	출제대상
11.과세	10%	세금계산서	세금계산서에 의한 과세 매출분	11.과세
12.영세	0%	세금계산서	영세율세금계산서에 의한 영세율 매출분	12.영세
13.면세	면 세	계산서	계산서에 의한 면세 매출분	–
14.건별	10%	–	증빙미발급 또는 간이영수증발급에 의한 과세 매출분	14.건별
15.간이	간이과세	–	간이과세자의 간이과세 매출분	–
16.수출	0%	–	해외직수출 등 영세율 매출분	16.수출
17.카과	10%	신용카드	신용카드에 의한 과세 매출분	17.카과
18.카면	면 세	신용카드	신용카드에 의한 면세 매출분	–
19.카영	0%	신용카드	신용카드에 의한 영세율 매출분	–
20.면건	면 세	–	증빙미발급 또는 간이영수증발급에 의한 면세 매출분	–
21.전자	10%	전자화폐	전자화폐에 의한 과세 매출분	–
22.현과	10%	현금영수증	현금영수증에 의한 과세 매출분	22.현과
23.현면	면 세	현금영수증	현금영수증에 의한 면세 매출분	–
24.현영	0%	현금영수증	현금영수증에 의한 영세율 매출분	–

구 분				금 액	세 율	세 액
과세표준및매출세액	과세	세금계산서발급분	1	11.과세	10/100	
		매입자발행세금계산서	2		10/100	
		신용카드·현금영수증발행분	3	17.카과 22.현과	10/100	
		기타(정규영수증외매출분)	4	14.건별		
	영세	세금계산서발급분	5	12.영세	0/100	
		기 타	6	16.수출	0/100	
	예정신고누락분		7			
	대손세액가감		8			
	합 계		9		㉮	

▶ 매입거래 주요 유형코드와 [부가가치세신고서] 반영위치

코 드	과세유형	증빙유형	내 용	출제대상
51.과세	10%	세금계산서	세금계산서에 의한 과세 매입분 중 매입세액 공제분	51.과세
52.영세	0%	세금계산서	영세율세금계산서에 의한 영세율 매입분	52.영세
53.면세	면 세	계산서	계산서에 의한 면세 매입분	53.면세
54.불공	10%	세금계산서	세금계산서에 의한 과세 매입분 중 매입세액 불공제분	54.불공
55.수입	10%	세금계산서	재화의 수입에 따른 수입세금계산서 수취분	55.수입
56.금전	–	–	금전등록기 계산서(1998년 이전에만 사용되던 입력란)	–
57.카과	10%	신용카드	신용카드에 의한 과세 매입분 중 매입세액 공제분	57.카과
58.카면	면 세	신용카드	신용카드에 의한 면세 매입분	58.카면
59.카영	0%	신용카드	신용카드에 의한 영세율 매입분	–
60.면건	면 세	–	증명미발급 또는 간이영수증발급에 의한 면세 매입분	–
61.현과	10%	현금영수증	현금영수증에 의한 과세 매입분 중 매입세액 공제분	61.현과
62.현면	면 세	현금영수증	현금영수증에 의한 면세 매입분	62.현면

구 분			금 액	세 율	세 액
매입세액	세금계산서 수취분	일반매입	10	51.과세 52.영세 54.불공 55.수입	
		고정자산매입	11		
	예정신고누락분		12		
	매입자발행세금계산서		13		
	그 밖의 공제매입세액		14	57.카과 61.현과	
	합계(10 + 11 + 12 + 13 + 14)		15		
	공제받지못할매입세액		16	54.불공 [1]	
	차감계(15 – 16)		17		㉯

[1] 매입세액불공제분은 '10번'란과 '16번'란에 동시에 기재된다.

기타의 서식	53.면세 58.카면 62.현면

⑤ 제품 매출이라는 점 외에 별도의 언급이 없으므로, 품목란을 "제품"으로 입력하거나 공란으로 비워두고, 수량과 단가란을 공란으로 비워둔다.

  ▶ 품목, 수량, 단가란에는 세금계산서에 기재된 품목·수량·단가를 입력하면 되나, 이들은 임의적 기재사항이다. 따라서, 전산세무 자격시험에서는 별도의 요구사항이 있는 경우를 제외하고는 품목·수량·단가는 채점대상이 아니므로 공란으로 두고 넘어가면 된다.

  참고 복수거래 입력
  하나의 거래에 품목·수량·단가가 두 가지 이상인 경우에는 화면 상단에 있는 F7 복수거래 (또는 F7)를 클릭하고 화면 하단에 나타나는 복수거래 내용창에 각각의 품목·수량·단가를 입력한다.
  예를 들어, 상기 사례의 공급가액 8,000,000원이 A제품 6,000,000원(= 150개 × @40,000원)과 B제품 2,000,000원(= 100개 × @20,000원)으로 구성되어 있다면 다음과 같이 입력하면 된다.

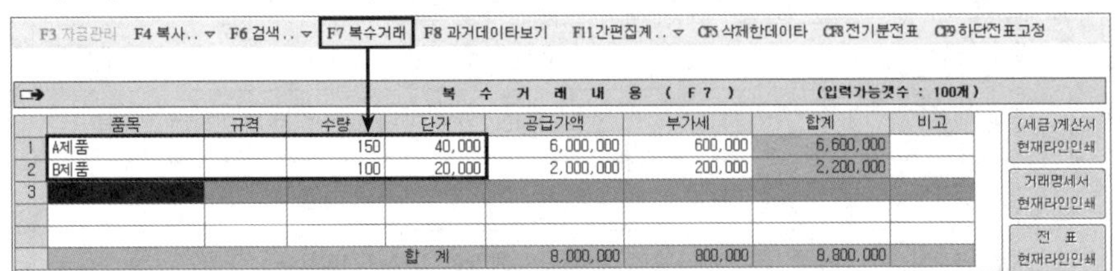

⑥ 공급가액란에는 세금계산서에 기재된 부가가치세법상 과세표준 금액인 "8,000,000"을 입력한다.

  ▶ 공급가액란에는 해당 거래에 대한 부가가치세법상 과세표준을 입력한다. 수량·단가를 입력한 경우에는 공급가액이 자동으로 계산되어 표시되며, 수량·단가를 입력하지 않은 경우에는 금액을 직접 입력하면 된다.

⑦ 부가세란에는 부가가치세 "800,000"이 자동으로 계산되어 표시된다.

  ▶ '유형'과 '공급가액'이 입력되면 그에 따라 '부가가치세액'이 자동으로 계산되어 표시된다. 즉, 과세 거래인 경우에는 '공급가액'의 10% 금액이, 영세율이나 면세 거래인 경우에는 '0원'이 표시된다.

⑧ 공급처명에 등록되어 있는 "00115.㈜대한기업"을 검색하여 입력한다.

  ▶ 매입·매출 거래처의 거래처코드를 검색하여 입력한다. 입력 내용이 부가가치세 신고서식인 [세금계산서합계표]에 자동으로 반영되기 위해서는 해당 거래처가 등록되어 있는지 확인하고 거래처코드를 반드시 입력해 주어야 한다.

  참고 [매입매출전표입력]의 거래처 입력방법
  거래처란에는 [거래처등록] 메뉴에 등록되어 있는 거래처를 다음과 같이 두 가지 방법으로 검색하여 입력할 수 있다. 이는 [일반전표입력] 메뉴에서의 방법과 동일하다.

  | 방법1 | 코드란에 커서를 놓고 코드 (또는 F2)를 클릭하면 검색창이 나타난다. 검색창에서 찾고자 하는 거래처명의 앞 1글자 이상을 입력하면 해당하는 거래처가 조회된다.
  | 방법2 | 코드란에 찾고자 하는 거래처명의 앞 1글자 이상을 입력한 후 Enter↵를 누르면 검색창에 해당하는 거래처가 조회된다.

  거래처 신규 등록 방법
  검색창에서 조회가 되지 않는 신규 거래처인 경우에는 [거래처등록] 메뉴로 이동할 필요 없이 [매입매출전표입력] 메뉴에서 다음과 같은 방법으로 거래처를 직접 등록할 수 있다. 이는 [일반전표입력] 메뉴에서의 방법과 동일하다. 거래처 검색창에서 신규등록(F3) 을 클릭하면 거래처를 간편등록할 수 있는 보조창이 나타난다. 보조창에서 자동 부여된 거래처코드를 원하는 번호로 직접 수정하고 거래처명, 사업자등록번호 등을 입력한 후 확인(Tab) 을 클릭하면 해당 코드로 거래처가 등록되고, 화면 하단에서 업태, 종목 등 추가사항까지 입력할 수 있다.

⑨ 전자세금계산서를 발급받았으므로 전자란에 "1 : 여"를 선택하여 입력한다.

▶ 전자란에는 세금계산서 또는 계산서를 발급하거나 발급받을 때 그 형태가 전자식인지 여부를 입력한다.

1 : 여	· 전자세금계산서 또는 전자계산서를 발급하거나 수취한 경우
0 : 부	· 종이세금계산서 또는 종이계산서를 발급하거나 수취한 경우 · 세금계산서 또는 계산서 자체를 발급하거나 수취하지 않은 경우 　예 신용카드, 현금영수증, 무증빙

참고 KcLep 프로그램을 활용한 전자세금계산서 발급

매출거래에 있어서 [매입매출전표입력] 메뉴에서 전자란을 공란으로 두고 전표를 입력한 후, 이 거래에 대하여 [회계관리] ▶ [전표입력] ▶ [전자세금계산서발행] 메뉴에서 전자세금계산서를 발급할 수 있으며, 전자세금계산서가 발급되고 나면 [매입매출전표입력] 메뉴의 전자란이 "1 : 여"로 자동 반영된다. 그러나 이러한 전자세금계산서 발급 절차는 전산세무 자격시험의 출제범위를 벗어나므로, 시험에서는 전자세금계산서를 발급한 매출 거래라 하더라도 전자란을 "1 : 여"로 입력하고 넘어가면 된다.

⑩ 거래금액 전체가 전액 현금 또는 외상 거래가 아니므로 분개란에 "3 : 혼합"을 선택하여 입력한다.

▶ 분개란에는 매입·매출 거래의 회계처리를 위한 분개 유형을 선택하여 입력한다.
　 해당란에 커서를 두면 화면 하단에 아래와 같은 도움말이 나타난다.

> 분개유형 [0:분개없음 1:현금 2:외상 3:혼합 4:카드 5:추가(환경설정에서 설정합니다.)]

▶ 분개란은 다음과 같은 기준에 따라 분개 유형을 숫자로 입력한다.

0 : 분개없음	· 하단부에 분개를 입력하지 않는 경우 　예 분개는 추후에 입력할 예정이고, 부가가치세 신고를 위한 부가가치세 정보만 입력하는 경우 　참고 전산세무 자격시험에서 출제되지 않는 항목
1 : 현금	· 거래금액 전체가 현금으로 입금되거나 출금되는 경우(매출거래에 대하여는 하단부 전표가 전액 '입금전표'로 처리되고, 매입거래에 대하여는 전액 '출금전표'로 처리됨)
2 : 외상	· 거래금액 전체가 외상 매출거래이거나 외상 매입거래인 경우
3 : 혼합	· 거래금액의 일부만 현금, 외상, 신용카드 결제되는 경우 · 거래금액 전체가 외상 또는 신용카드로 결제되었지만, "2 : 외상" 또는 "4 : 카드" 분개 유형에 대하여 [환경등록] 메뉴에 등록된 계정과목이 해당 거래의 내용과 맞지 않는 경우
4 : 카드	· 거래금액 전체가 신용카드로 결제받거나, 결제 지급하는 경우
5 : 추가	· 회사에서 빈번하게 발생하는 매출 및 매입거래에 대하여 [환경등록] 메뉴에 계정과목을 등록하여 자동 분개 생성 기능을 사용하는 경우 　참고 전산세무 자격시험에서 출제되지 않는 항목

▶ 분개유형을 선택하여 입력하면 분개의 전부 또는 일부가 자동 표시된다. 이때의 자동분개는 [회계관리] ▶ [기초정보등록] ▶ [환경등록] 메뉴에 있는 '2 분개유형 설정'에 등록된 계정과목이 반영된 것이며, 해당 거래의 내용과 맞지 않는 경우에는 계정과목을 직접 수정 입력하면 된다.

참고 전산세무 자격시험에서의 분개유형 입력방법

[매입매출전표입력] 메뉴에서 '분개유형'을 입력할 때, 거래금액 전체가 현금거래이거나 외상거래 또는 신용카드 결제인 경우라 하더라도 반드시 "1 : 현금", "2 : 외상" 또는 "4 : 카드"로 입력해야 하는 것은 아니고 분개 유형을 "3 : 혼합"으로 입력해도 분개만 동일하면 상관없다.

즉, 분개유형 입력란은 하단부 분개를 신속하게 입력하기 위한 보조 역할을 하는 것이므로, 전산세무 자격시험에서는 현금거래, 외상거래, 혼합거래, 카드거래로 구분하지 않고 모든 거래를 "3 : 혼합"으로 입력하여도 정답으로 인정된다.

⑪ 타계정 대체거래가 아니므로 적요란은 품목란의 내용대로 두고 넘어가면 된다.

▶ 전산세무 자격시험에서는 타계정 대체거래의 경우에만 적요를 입력하도록 요구하고 있다.

> 참고 적요의 입력과 수정
>
> 매입매출전표의 하단부에 있는 적요란은 별도로 입력하지 않으면 상단부의 품목란의 내용이 입력된다.
> 내용을 수정하려면 적요란에 커서를 두고 F2 를 입력하여 계정과목에 대하여 등록되어 있는 적요 항목
> 을 검색한 후 적합한 적요의 번호를 입력하면 되고, 적합한 적요가 등록되어 있지 않으면 내용을 직접 입
> 력하여도 된다.

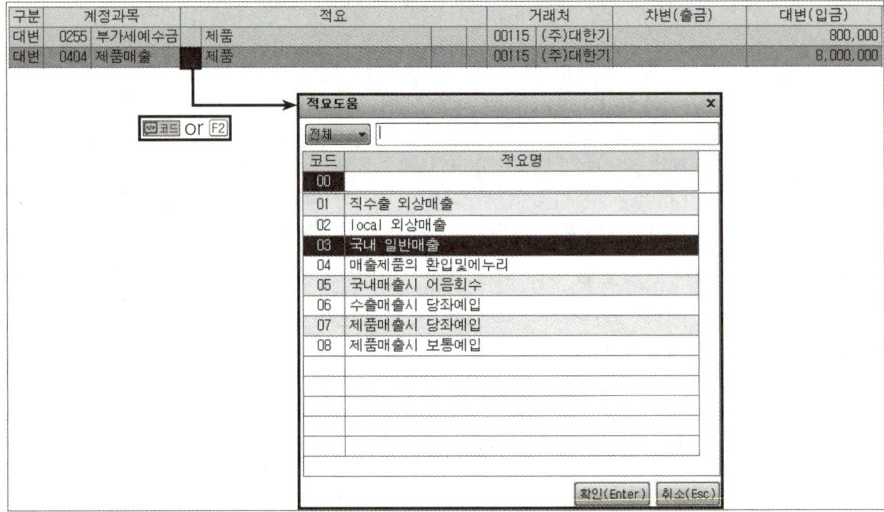

⑫ 하단부의 입력란에 "[차변] 251.외상매입금((㈜)서울상사) 2,000,000"과 "[차변] 103.보통예금
6,800,000"을 입력하여 전표를 완성한다.

🔻 ①~⑫ 입력결과 화면은 아래와 같다.

· 상단부

□	일	번호	유형	품목	수량	단가	공급가액	부가세	코드	공급처명	사업자주민번호	전자	분개
☑	1	50001	과세	제품			8,000,000	800,000	00115	(주)대한기업	107-81-31220	여	혼합

2025년 08 월 1 일 변경 현금잔액: 21,161,040 대차차액:

· 하단부

	구분	계정과목	적요		거래처	차변(출금)	대변(입금)
	대변	0255 부가세예수금	제품		00115 (주)대한기		800,000
	대변	0404 제품매출	제품		00115 (주)대한기		8,000,000
⑫	차변	0251 외상매입금	제품		00124 (주)서울상	2,000,000	
	차변	0103 보통예금	제품		00115 (주)대한기	6,800,000	

> 참고 거래처 입력란
>
> 상단부의 공급처명란에는 회사가 제품(재화)을 공급하고 세금계산서를 발행한 부가가치세법상 거래상대방인
> "㈜대한기업"을 입력하였으나, 제품매출로 인해 감소하는 외상매입금에 대한 거래처란에는 "㈜서울상사"를
> 입력한다.
> 부가세예수금과 제품매출은 채권·채무가 아니므로 거래처를 입력하지 않아도 되나, 분개유형 입력에 따라 자
> 동 생성된 분개에는 상단부의 공급처명이 그대로 입력된다. 문제에서 특별한 언급이 없는 경우 채권·채무가
> 아닌 계정과목에 대하여 자동 입력된 거래처코드를 그대로 두더라도 상관없다.

① 과세[11]

부가가치세가 과세되는 재화나 용역을 공급하고 일반적인 10% 세금계산서를 발급한 경우 사용한다.

기출확인문제

㈜제일산업(코드번호 : 0101)의 당기 회계기간은 제5기이다.
다음 거래 자료를 [매입매출전표입력] 메뉴에 입력하시오. 제60회

> 8월 11일 당사는 ㈜성일기업에 공장의 기계장치 일부를 매각하고 전자세금계산서를 발급하였다. 매각대금은 전액 외
> 상으로 하였다.
> · 매각대금 : 30,000,000원(부가가치세 별도)　　　　　· 매각 당시 감가상각누계액 : 5,000,000원
> · 취득가액 : 25,000,000원

기출 따라 하기　　　　　　　　　　　　　　　　　▶관련 이론 | 부가가치세 과세대상 거래 p.424

(1) 분개

8월 11일	(차) 감가상각누계액(기계장치)	5,000,000	(대) 기계장치	25,000,000
	미수금(㈜성일기업)	33,000,000	부가세예수금	3,000,000
			유형자산처분이익	10,000,000

(2) 입력방법

① VAT 과세거래이고 세금계산서를 발급하였으므로 유형란에 "11.과세"를 선택하여 입력한다.

코 드	과세유형	증빙유형	내 용
11.과세	10%	세금계산서	세금계산서에 의한 과세 매출분

② 품목란에 "기계장치"를 입력한다. (공란으로 두어도 정답으로 인정됨)

③ 공급가액란에 부가가치세 과세표준에 해당하는 "30,000,000"을 입력한다.

④ 부가세란에 "3,000,000"이 자동으로 입력된다.

⑤ 공급처명란에 "㈜성일기업"을 입력한다.

⑥ 전자세금계산서를 발급하였으므로 전자란에 "1 : 여"를 선택한다.

⑦ 분개란에 "3 : 혼합"을 입력한다.

⑧ 하단부 입력란을 완성한다.

🔻 ①~⑧ 입력결과 화면은 아래와 같다.

· 상단부

| | 일 | 번호 | 유형 | 품목 | 수량 | 단가 | 공급가액 | 부가세 | 코드 | 공급처명 | 사업자주민번호 | 전자 | 분개 |
			①		②		③	④		⑤		⑥	⑦
☐	11	50005	과세	기계장치			30,000,000	3,000,000	00411	(주)성일기업	115-85-22512	여	혼합

· 하단부

⑧	구분		계정과목	적요	거래처		차변(출금)	대변(입금)
	대변	0255	부가세예수금	기계장치	00411	(주)성일기		3,000,000
	대변	0206	기계장치	기계장치	00411	(주)성일기		25,000,000
	차변	0207	감가상각누계액	기계장치	00411	(주)성일기	5,000,000	
	차변	0120	미수금	기계장치	00411	(주)성일기	33,000,000	
	대변	0914	유형자산처분이익	기계장치	00411	(주)성일기		10,000,000

> **참고** 매출환입, 매출에누리, 매출할인
> 부가가치세법상 과세표준에 포함되지 않는 항목이므로, 매출을 한 후에 이러한 거래가 발생하면 그 금액만큼
> 마이너스(-) 세금계산서를 발행하게 된다. [매입매출전표입력] 메뉴에 입력할 때에는 '유형'을 '11.과세'로
> 선택하고, 수량·공급가액·부가가치세를 음수(-)로 입력하면 된다.

② 영세[12]

영세율이 적용되는 재화나 용역을 공급하고 영세율세금계산서를 발급한 경우(예를 들어, 내국신용장 또는 구매확
인서에 의하여 공급하는 재화) 사용한다.

기출확인문제

㈜제일산업(코드번호 : 0101)의 당기 회계기간은 제5기이다.
다음 거래 자료를 [매입매출전표입력] 메뉴에 입력하시오. [제54회]

> 8월 12일 수출업체인 ㈜강서상사에게 구매확인서를 받고 제품 20,000,000원(영세율)을 납품하였다. 전자세금계산
> 서를 발행하였으며, 대금 중 2,000,000원은 현금으로 수령하고, 나머지 대금은 3개월 후에 받기로 하였다.

기출 따라 하기

▶관련 이론 | 영세율과 면세 p.436

(1) 분개

8월 12일	(차) 외상매출금(㈜강서상사)	18,000,000	(대) 제품매출	20,000,000
	현금	2,000,000		

(2) 입력방법

① 영세율 거래이고 영세율세금계산서를 발급하였으므로 유형란에 "12.영세"를 선택하여 입력한다.

코 드	과세유형	증빙유형	내 용
12.영세	0%	세금계산서	영세율세금계산서에 의한 영세율 매출분

② 품목란에 "제품"을 입력한다. (공란으로 두어도 정답으로 인정됨)

③ 공급가액란에 부가가치세 과세표준에 해당하는 "20,000,000"을 입력한다.

④ 영세율 거래로 부가세란에 자동으로 "0"(공란)이 입력된다.

⑤ 공급처명란에 "㈜강서상사"를 입력한다.

⑥ 전자세금계산서를 발급하였으므로 전자란에 "1 : 여"를 선택한다.

⑦ 매출전표가 영세율이 적용되는 경우에는 영세율 구분란에 해당하는 영세율 유형을 선택하여 입력하여야 한다. 해당란의 ⚏(또는 F2)를 클릭하면 보조창이 나타나는데 여기서 "3.내국신용장·구매확인서에 의하여 공급하는 재화"를 선택하고 확인(Enter)을 클릭한다.

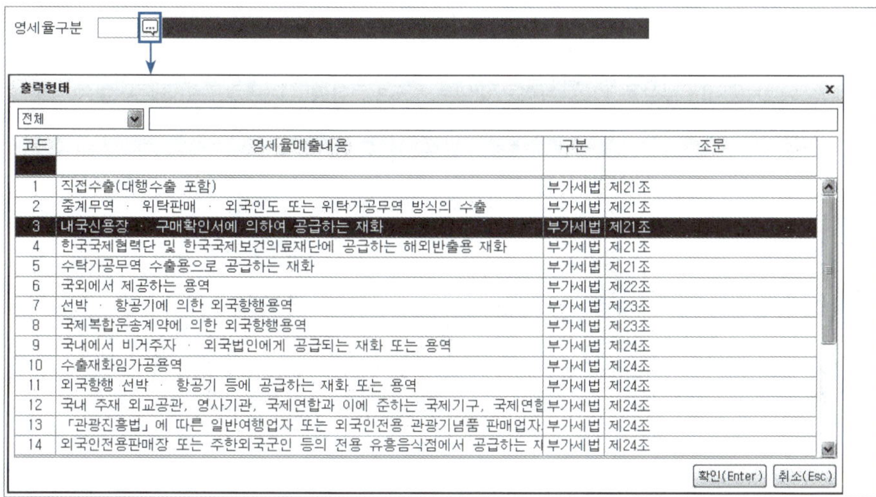

⑧ 분개란에 "3 : 혼합"을 선택한다.

⑨ 하단부 입력란을 완성한다.

▼ ①~⑨ 입력결과 화면은 아래와 같다.

· 상단부

□	일	번호	유형	품목	수량	단가	공급가액	부가세	코드	공급처명	사업자주민번호	전자	분개
☐	12	50008	영세	제품			20,000,000		00147	(주)강서상사	120-81-62522	여	혼합

⑦ 영세율구분 3 ⚏내국신용장 · 구매확인서에 의하여 공급하는 재화

· 하단부

	구분	계정과목	적요	거래처	차변(출금)	대변(입금)
	대변	0404 제품매출	제품	00147 (주)강서상		20,000,000
⑨	차변	0108 외상매출금	제품	00147 (주)강서상	18,000,000	
	차변	0101 현금	제품	00147 (주)강서상	2,000,000	

③ 건별[14]

부가가치세가 과세되는 재화나 용역을 공급하고, 간이영수증을 발급하거나 아무것도 발급하지 않은 경우 사용한다.

참고 '건별[14]'에 해당하는 대표적인 사례

> · 재화의 간주공급(단, 판매목적 타사업장 반출은 제외)
> · 과세대상 재화·용역의 실질공급에 대하여 간이영수증을 발급하거나 아무것도 발급하지 않은 경우

기출확인문제

㈜제일산업(코드번호 : 0101)의 당기 회계기간은 제5기이다.
다음 거래 자료를 [매입매출전표입력] 메뉴에 입력하시오. 제59회

> 8월 14일 회사가 보유하고 있는 원재료 중 원가 600,000원(시가 : 800,000원, 부가가치세 별도)을 매출거래처인 ㈜국제에 명절선물로 제공하였다. (단, 매입 원재료는 적법하게 매입세액공제를 받았다)

기출 따라 하기

▶ 관련 이론 | 부가가치세 과세대상 거래 p.424

(1) 분개

8월 14일	(차) 기업업무추진비(판관비)	680,000	(대) 원재료	600,000
			(적요 8. 타계정으로 대체액)	
			부가세예수금	80,000

(2) 입력방법

① 재화의 간주공급(사업상 증여) 거래이다. 이는 VAT 과세거래이고 간이영수증을 발급 또는 아무것도 발급하지 않은 경우에 해당하므로 유형란에 "14.건별"을 선택하여 입력한다.

코 드	과세유형	증빙유형	내 용
14.건별	10%	–	증빙미발급 또는 간이영수증발급에 의한 과세 매출분

② 품목란에 "원재료"를 입력한다. (공란으로 두어도 정답으로 인정됨)

③ 공급가액란에 부가가치세 과세표준(시가)에 해당하는 800,000원이 표시되도록 "880,000"을 입력한다.

> ▶ 유형 '14.건별'일 때의 '공급가액' 입력 금액
> 유형 '14.건별'에 대한 [환경등록]의 기본설정 내용에 따라, 공급가액란에 "880,000"을 입력하면 공급가액란과 부가가치세란에 각각 '800,000'과 '80,000'이 자동으로 안분되어 입력된다. 만약 자동 입력된 금액을 수정하고자 할 때에는 해당란에서 직접 수정 입력하면 된다.

참고 신용카드 거래(17.카과, 57.카과), 현금영수증 거래(22.현과, 61.현과), 무증빙 거래(14.건별)는 실무에서 부가가치세가 포함된 총결제금액을 많이 사용하기 때문에, KcLep 프로그램에서는 실무상 편의를 위해 공급가액란에 부가가치세가 포함된 금액을 입력하면 공급가액이 자동 계산되어 입력되도록 환경설정이 되어 있다.

④ 부가세란에 "80,000"이 자동으로 입력된다.

⑤ 공급처명란에 "㈜국제"를 입력한다.

⑥ "14.건별"은 전자세금계산서를 발급하지 않은 경우이므로 전자란이 자동으로 "0 : 부"(공란)로 입력된다.

⑦ 분개란에 "3 : 혼합"을 입력한다.

⑧ 하단부 입력란을 완성한다.

🔻 ①~⑧ 입력결과 화면은 아래와 같다.

· 상단부

	일	번호	① 유형	품목	② 수량	단가	③ 공급가액	④ 부가세	코드	⑤ 공급처명	사업자주민번호	⑥ 전자	⑦ 분개
☐	14	50001	건별	원재료			800,000	80,000	00175	(주)국제	108-81-12565		혼합

· 하단부

	구분	계정과목		적요	거래처		차변(출금)	대변(입금)
⑧	대변	0255	부가세예수금	원재료	00175	(주)국제		80,000
	대변	0153	원재료	08 타계정으로 대체액 원가명세서 반영	00175	(주)국제		600,000
	차변	0813	기업업무추진비	원재료	00175	(주)국제	680,000	

4 수출[16]

영세율이 적용되는 재화나 용역을 공급하고 세금계산서 발급의무 면제 거래에 해당하여 세금계산서를 발급하지 않은 경우(예를 들어, 재화의 해외 직수출) 사용한다.

기출확인문제

㈜제일산업(코드번호 : 0101)의 당기 회계기간은 제5기이다.
다음 거래 자료를 [매입매출전표입력] 메뉴에 입력하시오. 제55회

> 8월 16일 홍콩에 소재하는 줄리아나에게 제품을 US$100,000에 수출하고 대금은 8월 20일에 받기로 하였다. 8월 16일의 회계처리만 하시오. (단, 일자별 환율은 다음과 같다)

일 자	기준환율	비 고
8월 16일	1 US$당 1,100원	선적일
8월 20일	1 US$당 1,200원	대금수령일

기출 따라 하기

▶ 관련 이론 | 영세율과 면세 p.436

(1) 분개

8월 16일　(차) 외상매출금(줄리아나) 110,000,000　　(대) 제품매출　　　　110,000,000

(2) 입력방법

① 영세율 거래이고 세금계산서를 발급하지 않은 경우에 해당하므로 유형란에 "16.수출"을 선택하여 입력한다.

코 드	과세유형	증빙유형	내 용
16.수출	0%	–	해외직수출 등 영세율 매출분

② 품목란에 "제품"을 입력한다. (공란으로 두어도 정답으로 인정됨)

③ 공급가액란에 부가가치세 과세표준에 해당하는 "110,000,000"[1]을 입력한다.

  [1] 공급시기 이후에 외국환으로 지급받거나 보유한 경우의 과세표준 = 공급시기(선적일)의 기준환율로 환산한 금액
  = $100,000 × 1,100원 = 110,000,000원

④ 영세율 거래이므로 부가세란에 자동으로 "0"(공란)이 입력된다.

⑤ 공급처명란에 "줄리아나"를 입력한다.

⑥ "16.수출"은 전자세금계산서가 발급되지 않은 경우이므로 전자란은 자동으로 "0 : 부"(공란)로 입력된다.

⑦ 매출전표가 영세율이 적용되는 경우에는 영세율구분란에 해당하는 영세율 유형을 선택하여 입력하여야 한다. 해당란의 ⬜(또는 F2)를 클릭하면 보조창이 나타나는데 여기서 "1.직접수출(대행수출 포함)"을 선택하고 확인(Enter)을 클릭한다.

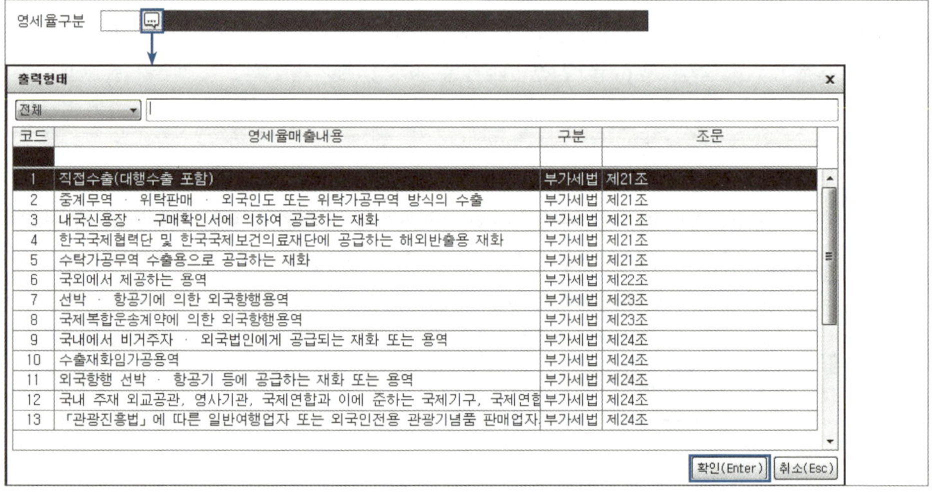

⑧ 분개란에 "3 : 혼합"(또는 "2 : 외상")을 선택하여 입력한다.

⑨ 하단부 입력란을 완성한다.

🔻 ①~⑨ 입력결과 화면은 아래와 같다.

· 상단부

□	일	번호	① 유형	품목	② 수량	단가	③ 공급가액	④ 부가세	코드	⑤ 공급처명	사업자주민번호	⑥ 전자	⑧ 분개
☑	16	50001	수출	제품			110,000,000		00800	줄리아나			혼합

| ⑦ 영세율구분 | 1 | ⬜ 직접수출(대행수출 포함) |

· 하단부

	구분	계정과목	적요		거래처	차변(출금)	대변(입금)
⑨	대변	0404 제품매출	제품		00800 줄리아나		110,000,000
	차변	0108 외상매출금	제품		00800 줄리아나	110,000,000	

⑤ 카과[17]

부가가치세가 과세되는 재화나 용역을 공급하고 신용카드매출전표를 발급한 경우 사용한다.

참고 대금을 신용카드로 결제받음에 따라 세금계산서도 발급하고 신용카드매출전표도 발급한 경우에는 '11.과세'를 선택해야 한다.

기출확인문제

㈜제일산업(코드번호 : 0101)의 당기 회계기간은 제5기이다.
다음 거래 자료를 [매입매출전표입력] 메뉴에 입력하시오. 제64회

> 8월 17일 소비자인 류현진 씨에게 제품을 판매하고, 판매대금 770,000원(부가가치세 포함)은 신용카드(우리카드)로 결제받았다.

기출 따라 하기

▶ 관련 이론 | 부가가치세 과세대상 거래 p.424

(1) 분개

8월 17일	(차) 외상매출금(우리카드)	770,000	(대) 부가세예수금	70,000
			제품매출	700,000

(2) 입력방법

① VAT 과세거래이고 신용카드매출전표를 발급하였으므로 유형란에 "17.카과"를 선택하여 입력한다.

코드	과세유형	증빙유형	내 용
17.카과	10%	신용카드	신용카드에 의한 과세 매출분

② 품목란에 "제품"을 입력한다. (공란으로 두어도 정답으로 인정됨)

③ 공급가액란에 부가가치세 과세표준에 해당하는 700,000원이 표시되도록 "770,000"을 입력한다.

> ▶ 유형 '17.카과'일 때의 '공급가액' 입력 금액
> 유형 '17.카과'에 대한 [환경등록]의 기본설정 내용에 따라, 공급가액란에 "770,000"을 입력하면 공급가액란과 부가가치세란에 각각 '700,000'과 '70,000'이 자동으로 안분되어 입력된다. 만약 자동 입력된 금액을 수정하고자 할 때에는 해당란에서 직접 수정 입력하면 된다.
>
> > 참고 신용카드 거래(17.카과, 57.카과), 현금영수증 거래(22.현과, 61.현과), 무증빙 거래(14.건별)는 실무에서 부가가치세가 포함된 총결제금액을 많이 사용하기 때문에, KcLep 프로그램에서는 실무상 편의를 위하여 공급가액란에 부가가치세가 포함된 금액을 입력하면 공급가액이 자동 계산되어 입력되도록 환경설정이 되어 있다.

④ 부가세란에 "70,000"이 자동으로 입력된다.

⑤ 공급처명란에 "류현진"을 입력한다.

> ▶ 회계처리에서 외상매출금에 대한 거래처는 카드사인 '우리카드'가 되지만, 부가가치세법상 공급처는 재화를 공급받은 자인 '류현진'이 된다.

⑥ '17.카과'는 전자세금계산서가 발급되지 않은 경우이므로 전자란이 자동으로 "0 : 부"(공란)로 작성된다.

⑦ 신용카드매출전표가 발급된 경우에는 신용카드사란에 해당하는 카드사를 선택하여 입력하여야 한다.
해당란의 📄(또는 F2)를 클릭하면 보조창이 나타나는데 여기서 "우리카드"를 선택하고 확인(Enter)을 클릭한다.

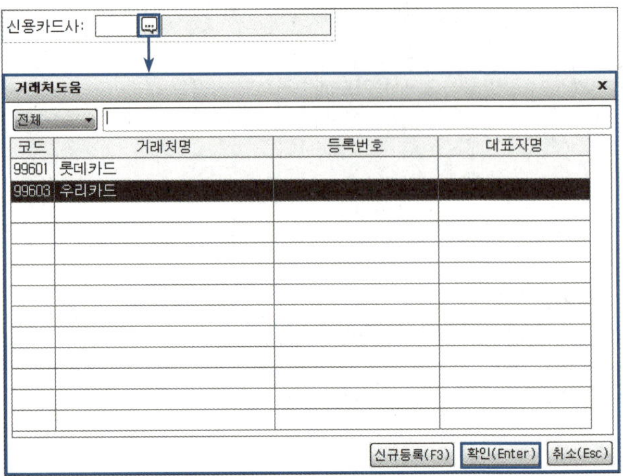

⑧ 분개란에 "3 : 혼합"(또는 "2 : 외상")을 입력한다.

⑨ 하단부 입력란을 완성한다.

🔻 ①~⑨ 입력결과 화면은 아래와 같다.

· 상단부

□	일	번호	유형	품목	수량	단가	공급가액	부가세	코드	공급처명	사업자주민번호	전자	분개
▣	17	50001	카과	제품			700,000	70,000	00406	류현진	680808-1111112		혼합

⑦ 신용카드사: 99603 📄 우리카드   봉사료:

· 하단부

구분	계정과목		적요	거래처		차변(출금)	대변(입금)
대변	0255	부가세예수금	제품	00406	류현진		70,000
대변	0404	제품매출	제품	00406	류현진		700,000
차변	0108	외상매출금	제품	99603	우리카드	770,000	

6 현과[22]

부가가치세가 과세되는 재화나 용역을 공급하고 현금영수증을 발급한 경우 사용한다.

참고 세금계산서도 발급하고 현금영수증도 발급한 경우에는 '11.과세'를 선택하여야 한다.

기출확인문제

㈜제일산업(코드번호 : 0101)의 당기 회계기간은 제5기이다.
다음 거래 자료를 [매입매출전표입력] 메뉴에 입력하시오. [제60회]

8월 22일 소비자 김철수 씨에게 제품 100개를 5,500,000원(부가가치세 포함)에 현금매출하고 소득공제용 현금영수증을 교부하였다.

(1) 분개

8월 22일	(차) 현금	5,500,000	(대) 제품매출	5,000,000
			부가세예수금	500,000

(2) 입력방법

① VAT 과세거래이고 현금영수증을 발급하였으므로 유형란에 "22.현과"를 선택하여 입력한다.

코 드	과세유형	증빙유형	내 용
22.현과	10%	현금영수증	현금영수증에 의한 과세 매출분

② 품목란에 "제품"을 입력한다. (공란으로 두어도 정답으로 인정됨)

③ 공급가액란에 부가가치세 과세표준에 해당하는 5,000,000원이 표시되도록 "5,500,000"을 입력한다.

> ▶ 유형 '22.현과'일 때의 '공급가액' 입력 금액
> 유형 '22.현과'에 대한 [환경등록]의 기본설정 내용에 따라, 공급가액란에 "5,500,000"을 입력하면 공급가액란과 부가가치세란에 각각 '5,000,000'과 '500,000'이 자동으로 안분되어 입력된다. 만약 자동 입력된 금액을 수정하고자 할 때에는 해당란에서 직접 수정 입력하면 된다.
>
> 참고. 신용카드 거래(17.카과, 57.카과), 현금영수증 거래(22.현과, 61.현과), 무증빙 거래(14.건별)는 실무에서 부가가치세가 포함된 총결제금액을 많이 사용하기 때문에, KcLep 프로그램에서는 실무상 편의를 위해 공급가액란에 부가가치세가 포함된 금액을 입력하면 공급가액이 자동 계산되어 입력되도록 환경설정이 되어 있다.

④ 부가세란에 "500,000"이 자동으로 입력된다.

⑤ 공급처명란에 "김철수"를 입력한다.

⑥ '22.현과'는 전자세금계산서가 발급되지 않은 경우이므로 전자란이 자동으로 "0 : 부"(공란)로 작성된다.

⑦ 분개란에 "3 : 혼합"(또는 "1 : 현금")을 입력한다.

⑧ 하단부 입력란을 완성한다.

🔻 ①~⑧ 입력결과 화면은 아래와 같다.

· 상단부

□	일	번호	유형 ①	품목 ②	수량	단가	공급가액 ③	부가세 ④	코드	공급처명 ⑤	사업자주민번호	전자 ⑥	분개 ⑦
☐	22	50003	현과	제품			5,000,000	500,000	00401	김철수	650101-1056228		혼합

· 하단부

⑧	구분		계정과목	적요		거래처		차변(출금)	대변(입금)
	대변	0255	부가세예수금	제품		00401	김철수		500,000
	대변	0404	제품매출	제품		00401	김철수		5,000,000
	차변	0101	현금	제품		00401	김철수	5,500,000	

1 과세[51]

부가가치세가 과세되는 재화나 용역을 공급받고 일반적인 10% 세금계산서를 수취하였으며 동 건에 대해 매입세액공제를 받을 수 있는 경우 사용한다.

기출확인문제

㈜제일산업(코드번호 : 0101)의 당기 회계기간은 제5기이다.
다음 거래 자료를 [매입매출전표입력] 메뉴에 입력하시오. 제63회

> 10월 21일 ㈜청평으로부터 원재료 공급가액 21,000,000원(부가가치세 별도)을 매입하고 전자세금계산서를 받았다.
> 전월에 지급한 선급금 5,000,000원을 제외한 잔액을 보통예금으로 지급하였다.

기출 따라 하기

▶ 관련 이론 | 매출세액과 매입세액 p.459

(1) 분개

10월 21일	(차) 원재료	21,000,000	(대) 선급금(㈜청평)	5,000,000
	부가세대급금	2,100,000	보통예금	18,100,000

(2) 입력방법

① VAT 과세거래이고 매입세액공제가 가능한 세금계산서를 수취하였으므로 유형란에 "51.과세"를 선택하여 입력한다.

코 드	과세유형	증빙유형	내 용
51.과세	10%	세금계산서	세금계산서에 의한 과세 매입분 중 매입세액 공제분

② 품목란에 "원재료"를 입력한다. (공란으로 두어도 정답으로 인정됨)

③ 공급가액란에 부가가치세 과세표준에 해당하는 "21,000,000"을 입력한다.

④ 부가세란에 "2,100,000"이 자동으로 입력된다.

⑤ 공급처명란에 "㈜청평"을 입력한다.

⑥ 전자세금계산서를 수취하였으므로 전자란에 "1 : 여"를 선택한다.

⑦ 분개란에 "3 : 혼합"을 선택하여 입력한다.

⑧ 하단부 입력란을 완성한다.

🔻 ①~⑧ 입력결과 화면은 아래와 같다.

· 상단부

□	일	번호	유형①	품목②	수량	단가	공급가액③	부가세④	코드	공급처명⑤	사업자주민번호	전자⑥	분개⑦
☐	21	50002	과세	원재료			21,000,000	2,100,000	00112	(주)청평	124-89-74628	여	혼합

· 하단부

	구분	계정과목		적요	거래처		차변(출금)	대변(입금)
⑧	차변	0135	부가세대급금	원재료	00112	(주)청평	2,100,000	
	차변	0153	원재료	원재료	00112	(주)청평	21,000,000	
	대변	0131	선급금	원재료	00112	(주)청평		5,000,000
	대변	0103	보통예금	원재료	00112	(주)청평		18,100,000

② 영세[52]

영세율이 적용되는 재화나 용역을 공급받고 영세율세금계산서를 수취한 경우(예를 들어, 내국신용장 또는 구매확인서에 의하여 공급받는 재화) 사용한다.

기출확인문제

㈜제일산업(코드번호 : 0101)의 당기 회계기간은 제5기이다.
다음 거래 자료를 [매입매출전표입력] 메뉴에 입력하시오. [제52회]

> 10월 22일 원재료 납품업체인 상신물산㈜로부터 Local L/C에 의해 수출용 제품생산에 사용될 원재료(1,000개, 단가 30,000원)를 납품받고 영세율 전자세금계산서를 교부받았다. 대금결제는 전액 약속어음을 발행하여 지급하였다. (만기일 : 올해 12. 30.)

기출 따라 하기

▶관련 이론 | 영세율과 면세 p.436

(1) 분개

　10월 22일　(차) 원재료　　　　　　　30,000,000　　　(대) 지급어음(상신물산㈜)　30,000,000

(2) 입력방법

① 영세율 거래이고 영세율세금계산서를 수취하였으므로 유형란에 "52.영세"를 선택하여 입력한다.

코 드	과세유형	증빙유형	내 용
52.영세	0%	세금계산서	영세율세금계산서에 의한 영세율 매입분

② 품목란에 "원재료"를 입력한다. (공란으로 두어도 정답으로 인정됨)

③ 수량란에 "1,000", 단가란에 "30,000"을 입력하면, 공급가액란에 부가가치세 과세표준에 해당하는 "30,000,000"이 자동으로 입력된다.

④ 영세율 거래이므로 부가세란에 자동으로 "0"(공란)이 입력된다.

⑤ 공급처명란에 "상신물산㈜"을 입력한다.

⑥ 전자세금계산서를 수취하였으므로 전자란에 "1 : 여"를 선택하여 입력한다.

⑦ 분개란에 "3 : 혼합"을 입력한다.

⑧ 하단부 입력란을 완성한다.

🔻 ①~⑧ 입력결과 화면은 아래와 같다.

· 상단부

	일	번호	유형 ①	품목	수량 ②	단가	공급가액 ③	부가세 ④	코드	공급처명 ⑤	사업자주민번호	전자 ⑥	분개 ⑦
▣	22	50001	영세	원재료	1,000	30,000	30,000,000		00146	상신물산(주)	124-81-12058	여	혼합

· 하단부

	구분	계정과목		적요	거래처		차변(출금)	대변(입금)
⑧	차변	0153	원재료	원재료 1000X30000	00146	상신물산(주	30,000,000	
	대변	0252	지급어음	원재료 1000X30000	00146	상신물산(주		30,000,000

> 참고 상기 사례는 영세율이 적용되었으나 매출전표가 아니라 매입전표이므로 영세율구분란이 활성화되지 않는다.

③ 면세[53]

면세가 적용되는 재화나 용역을 공급받고 계산서를 수취한 경우 사용한다.

기출확인문제

㈜제일산업(코드번호 : 0101)의 당기 회계기간은 제5기이다.
다음 거래 자료를 [매입매출전표입력] 메뉴에 입력하시오. [제64회]

> 10월 23일 당사는 공장의 생산직 사원들을 격려하기 위해 사과 10상자(1상자당 40,000원)를 구입하면서 ㈜호이마트로부터 전자계산서를 교부받았다. 해당 대금 중 100,000원은 현금 지급하고, 나머지 잔액은 외상으로 하였다.

기출 따라 하기
▶ 관련 이론 | 영세율과 면세 p.438

(1) 분개

10월 23일	(차) 복리후생비(제조)	400,000	(대) 현금	100,000
			미지급금(㈜호이마트)	300,000

(2) 입력방법

① 면세 거래(미가공식료품)이고 계산서를 수취하였으므로 유형란에 "53.면세"를 선택하여 입력한다.

코 드	과세유형	증빙유형	내 용
53.면세	면 세	계산서	계산서에 의한 면세 매입분

② 품목란에 "사과"를 입력한다. (공란으로 두어도 정답으로 인정됨)

③ 수량란에 "10", 단가란에 "40,000"을 입력하면, 공급가액란에 "400,000"이 입력된다.

④ 면세 거래이므로 부가세란에 자동으로 "0"(공란)이 입력된다.

⑤ 공급처명란에 "㈜호이마트"를 입력한다.

⑥ **전자계산서**를 수취하였으므로 전자란에 "**1 : 여**"를 선택한다.

⑦ 분개란에 "3 : 혼합"을 입력한다.

⑧ 하단부 입력란을 완성한다.

🔻 ①~⑧ 입력결과 화면은 아래와 같다.

· 상단부

□	일	번호	유형 ①	품목 ②	수량	단가	공급가액 ③	부가세 ④	코드	공급처명 ⑤	사업자주민번호	전자 ⑥	분개 ⑦
☐	23	50002	면세	사과	10	40,000	400,000		00121	(주)호이마트	120-81-35097	여	혼합

· 하단부

	구분		계정과목	적요		거래처		차변(출금)	대변(입금)
⑧	차변	0511	복리후생비	사과 10X40000		00121	(주)호이마	400,000	
	대변	0101	현금	사과 10X40000		00121	(주)호이마		100,000
	대변	0253	미지급금	사과 10X40000		00121	(주)호이마		300,000

4 불공[54]

부가가치세가 과세되는 재화나 용역을 공급받고 일반적인 10% 세금계산서를 수취하였으나, 동 건에 대해 매입세액공제를 받을 수 없는 경우 사용한다.

참고 불공[54]은 다음 두 가지 요건이 모두 충족되는 경우에 사용한다.

> · 일반적인 10% 세금계산서를 수취하여야 한다.
> · 해당 지출이 매입세액불공제 사유에 해당하여야 한다.

기출확인문제

㈜제일산업(코드번호 : 0101)의 당기 회계기간은 제5기이다.
다음 거래 자료를 [매입매출전표입력] 메뉴에 입력하시오. [제54회]

> 10월 24일 출판사업부에서 사용할 기계장치를 ㈜동서산업으로부터 10,000,000원(부가가치세 별도)에 전액 외상으로 구입하고 전자세금계산서를 수취하였다. 당사에서는 출판사업부에서 발생한 매출액에 대하여 부가가치세를 면세로 신고해오고 있다.

기출 따라 하기

▶관련 이론 | 매출세액과 매입세액 p.460

(1) 분개

10월 24일　(차) 기계장치　　　　11,000,000[1]　　　(대) 미지급금(㈜동서산업)　11,000,000

> [1] 세금계산서상에 공급가액 10,000,000원, 부가가치세 1,000,000원이 기재되어 있으나 동 매입 부가가치세에 대하여 공제받을 수 없으므로 부가세대급금 1,000,000원을 인식하지 않고 공급가액과 부가가치세액을 합한 금액(공급대가)인 11,000,000원을 전액 자산(또는 비용)으로 인식한다.

(2) 입력방법

① VAT 과세거래이고 세금계산서를 수취하였으나 매입세액불공제 사유에 해당하므로 유형란에 "54.
   불공"을 선택하여 입력한다.

코 드	과세유형	증빙유형	내 용
54.불공	10%	세금계산서	세금계산서에 의한 과세 매입분 중 매입세액 불공제분

② 품목란에 "기계장치"를 입력한다. (공란으로 두어도 정답으로 인정됨)

③ 공급가액란에 부가가치세 과세표준에 해당하는 "10,000,000"을 입력한다.

④ 부가세란에 "1,000,000"이 자동으로 입력된다.

⑤ 공급처명란에 "㈜동서산업"을 입력한다.

⑥ 전자세금계산서를 수취하였으므로 전자란에 "1 : 여"를 선택하여 입력한다.

⑦ 매입전표에서 '54.불공'이 적용되는 경우에는 불공제사유란에 해당하는 매입세액불공제 사유 유형을
   선택하여 입력하여야 한다. 해당란의 ⃞(또는 F2)를 클릭하면 보조창이 나타나는데 여기서 "⑤면세
   사업 관련"을 선택하고 확인(Enter) 을 클릭한다.

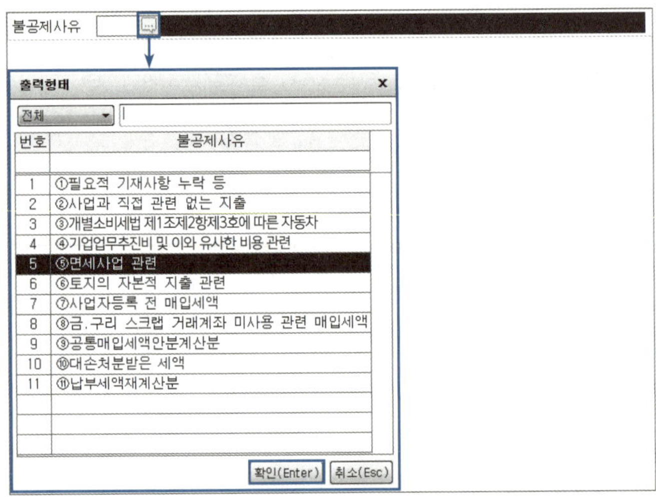

⑧ 분개란에 "3 : 혼합"을 입력한다.

⑨ 하단부 입력란을 완성한다.

▼ ①~⑨ 입력결과 화면은 아래와 같다.

· 상단부

	일	번호	①유형	품목	수량	단가	③공급가액	④부가세	코드	⑤공급처명	사업자주민번호	⑥전자	⑧분개
	24	50001	불공	기계장치			10,000,000	1,000,000	00126	(주)동서산업	220-82-74010	여	혼합

⑦ 불공제사유	5	⃞ ⑤면세사업 관련

· 하단부

	구분	계정과목	적요		거래처	차변(출금)	대변(입금)
⑨	차변	0206 기계장치	기계장치	00126	(주)동서산	11,000,000	
	대변	0253 미지급금	기계장치	00126	(주)동서산		11,000,000

5 수입[55]

재화를 수입하고 세관장으로부터 수입세금계산서를 수취한 경우 사용한다.

기출확인문제

㈜제일산업(코드번호 : 0101)의 당기 회계기간은 제5기이다.
다음 거래 자료를 [매입매출전표입력] 메뉴에 입력하시오. [제57회]

> 10월 25일 캐나다의 벤쿠버상사로부터 원재료를 수입하면서 인천세관으로부터 전자수입세금계산서(공급대가
> : 5,500,000원)를 교부받았고, 부가가치세와 관세를 합해서 900,000원을 현금으로 지급하였다. 원재료의 공급가액
> 은 회계처리하지 않고 관세 및 부가가치세만 회계처리하기로 한다.

기출 따라 하기

▶ 관련 이론 | 세금계산서 p.442

(1) 분개

10월 25일	(차) 원재료[1]	400,000	(대) 현금	900,000
	부가세대급금	500,000		

[1] 관세는 취득부대비용에 해당하므로 해당 자산의 취득원가로 처리한다.

(2) 입력방법

① VAT 과세거래이고 세관장으로부터 수입세금계산서를 수취하였으므로 유형란에 "55.수입"을 선택
하여 입력한다.

코 드	과세유형	증빙유형	내 용
55.수입	10%	세금계산서	재화의 수입에 따른 수입세금계산서 수취분

② 품목란에 "원재료"를 입력한다. (공란으로 두어도 정답으로 인정됨)

③ 공급가액란에 부가가치세 과세표준에 해당하는 "5,000,000"을 입력한다.

④ 부가세란에 "500,000"이 자동으로 입력된다.

⑤ 공급처명란에 "인천세관"을 입력한다.

> ▶ 수입세금계산서에서 공급자는 세관으로 기재되어 있다. 즉, 수입세금계산서에 따르면 세관(공급자)
> 이 수입하는 자(공급받는 자)에게 재화를 공급하는 것이다.

⑥ 전자세금계산서를 수취하였으므로 전자란에 "1 : 여"를 선택하여 입력한다.

⑦ 분개란에 "3 : 혼합"(또는 "1 : 현금")을 입력한다.

⑧ 하단부 입력란을 완성한다.

🔻 ①~⑧ 입력결과 화면은 아래와 같다.

· 상단부

□	일	번호	유형 ①	품목 ②	수량	단가	공급가액 ③	부가세 ④	코드	공급처명 ⑤	사업자주민번호	전자 ⑥	분개 ⑦
☐	25	50001	수입	원재료			5,000,000	500,000	00710	인천세관	123-81-13262	여	혼합

- 하단부

<table>
<tr><td rowspan="3">⑧</td><td colspan="2">구분</td><td>계정과목</td><td>적요</td><td colspan="2">거래처</td><td>차변(출금)</td><td>대변(입금)</td></tr>
<tr><td>차변</td><td>0135</td><td>부가세대급금</td><td>원재료</td><td>00710</td><td>인천세관</td><td>500,000</td><td></td></tr>
<tr><td>차변</td><td>0153</td><td>원재료</td><td>원재료</td><td>00710</td><td>인천세관</td><td>400,000</td><td></td></tr>
<tr><td>대변</td><td>0101</td><td>현금</td><td>원재료</td><td>00710</td><td>인천세관</td><td></td><td>900,000</td></tr>
</table>

 수입세금계산서의 매입매출전표입력

통관 시 세관장으로부터 수취한 수입세금계산서상의 공급가액은 부가가치세 징수를 위한 과세표준일 뿐이므로 회계상 매입가액과는 일치하지 않는다. 따라서, 수입세금계산서상의 공급가액은 회계처리 대상이 아니고, 유형 '55. 수입'을 사용한 매입전표의 하단부에는 수입세금계산서상의 '부가가치세'에 대한 회계처리만 표시된다.

6 카과[57]

부가가치세가 과세되는 재화나 용역을 공급받고 신용카드매출전표를 수취하였으며 동 건에 대해 매입세액공제를 받을 수 있는 경우 사용한다.

참고
- 매입세액공제 받을 수 있는 지출에 대하여, 대금을 신용카드로 결제함에 따라 세금계산서도 발급받고 신용카드매출전표도 수취한 경우 '51.과세'를 선택하여야 한다.
- 10% 부가가치세가 기재된 신용카드매출전표를 수취하였더라도 매입세액공제 받을 수 없는 경우라면, 해당 거래는 부가가치세신고서 작성 시 전혀 반영되지 않으므로 [매입매출전표입력] 메뉴가 아니라 [일반전표입력] 메뉴에 입력하여야 한다.

기출확인문제

㈜제일산업(코드번호 : 0101)의 당기 회계기간은 제5기이다.
다음 거래 자료를 [매입매출전표입력] 메뉴에 입력하시오. 제56회

> 10월 27일 당사 공장에 설치 중인 기계장치의 성능을 시운전하기 위하여 동성주유소에서 휘발유 1,100,000원(부가가치세 포함)을 구입하면서 법인명의의 신용카드(신용카드사 : 비씨카드)로 결제하였다.

기출 따라 하기
▶ 관련 이론 | 매출세액과 매입세액 p.460

(1) 분개

| 10월 27일 | (차) 기계장치[1] | 1,000,000 | (대) 미지급금(비씨카드) | 1,100,000 |
| | 부가세대급금 | 100,000 | | |

[1] 시운전비는 취득부대비용에 해당하므로 해당 자산의 취득원가로 처리한다.

(2) 입력방법

① VAT 과세거래이고 매입세액공제가 가능한 신용카드매출전표를 수취하였으므로 유형란에 "57.카과"를 선택하여 입력한다.

코드	과세유형	증빙유형	내용
57.카과	10%	신용카드	신용카드에 의한 과세 매입분 중 매입세액 공제분

② 품목란에 "휘발유"(또는 "시운전")를 입력한다. (공란으로 두어도 정답으로 인정됨)

③ 공급가액란에 부가가치세 과세표준에 해당하는 1,000,000원이 표시되도록 "1,100,000"을 입력한다.

　▶ 유형 '57.카과'일 때의 '공급가액' 입력 금액
　유형 '57.카과'에 대한 [환경등록]의 기본설정 내용에 따라 공급가액란에 "1,100,000"을 입력하면
　공급가액란과 부가가치세란에 각각 '1,000,000'과 '100,000'이 자동으로 안분되어 입력된다. 만약
　자동 입력된 금액을 수정하고자 할 때에는 해당란에서 직접 수정 입력하면 된다.

　　참고　신용카드 거래(17.카과, 57.카과), 현금영수증 거래(22.현과, 61.현과), 무증빙 거래(14.건별)는 실
　　　　무에서 부가가치세가 포함된 총결제금액을 많이 사용하기 때문에, KcLep 프로그램에서는 실무상 편
　　　　의를 위해 공급가액란에 부가가치세가 포함된 금액을 입력하면 공급가액이 자동 계산되어 입력되도
　　　　록 환경설정이 되어 있다.

④ 부가세란에 "100,000"이 자동으로 입력된다.

⑤ 공급처명란에 "동성주유소"를 입력한다.

　▶ 회계처리에서 미지급금에 대한 거래처는 카드사인 '비씨카드'가 되지만, 부가가치세법상 공급처는
　재화를 공급한 자인 '동성주유소'가 된다.

⑥ '57.카과'는 전자세금계산서가 발급되지 않은 경우이므로 전자란이 자동으로 "0 : 부"(공란)로 작성된다.

⑦ 신용카드매출전표를 수취한 경우에는 신용카드사란에 해당하는 카드사를 선택하여 입력하여야 한
　다. 해당란의 ☐ (또는 F2)를 클릭하면 보조창이 나타나는데 여기서 "비씨카드(법인)"를 선택하고
　확인(Enter)을 클릭한다.

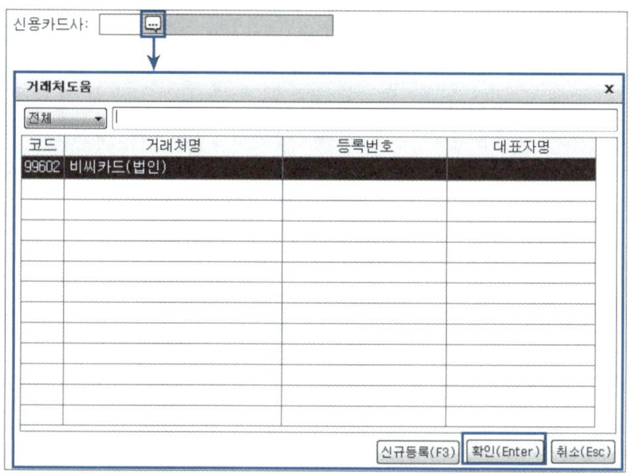

⑧ 분개란에 "3 : 혼합"(또는 "4 : 카드")을 입력한다.

⑨ 하단부 입력란을 완성한다.

◆ ①~⑨ 입력결과 화면은 아래와 같다.

・ 상단부

	일	번호	유형	품목	수량	단가	공급가액	부가세	코드	공급처명	사업자주민번호	전자	분개
☐	27	50003	카과	휘발유			1,000,000	100,000	00123	동성주유소	220-36-54128		혼합

⑦ 신용카드사 : 99602 ☐ 비씨카드(법인)　　봉사료 :

・ 하단부

	구분		계정과목	적요	거래처		차변(출금)	대변(입금)
	차변	0135	부가세대급금	휘발유	00123	동성주유소	100,000	
⑨	차변	0206	기계장치	휘발유	00123	동성주유소	1,000,000	
	대변	0253	미지급금	휘발유	99602	비씨카드(법		1,100,000

7 현과[61]

부가가치세가 과세되는 재화나 용역을 공급받고 현금영수증을 수취하였으며 동 건에 대해 매입세액 공제를 받을 수 있는 경우 사용한다.

> 참고
> - 매입세액공제 받을 수 있는 지출에 대하여, 세금계산서도 발급받고 현금영수증도 수취한 경우 '51.과세'를 선택하여야 한다.
> - 10% 부가가치세가 기재된 현금영수증을 수취하였더라도 매입세액공제 받을 수 없는 경우라면, 해당 거래는 부가가치세신고서 작성 시 전혀 반영되지 않으므로 [매입매출전표입력] 메뉴가 아니라 [일반전표입력] 메뉴에 입력하여야 한다.

기출확인문제

㈜제일산업(코드번호 : 0101)의 당기 회계기간은 제5기이다.
다음 거래 자료를 [매입매출전표입력] 메뉴에 입력하시오. [제65회]

> 10월 31일 공장 생산부서에서 사용할 컴퓨터를 ㈜컴세상에서 구입하고, 대금 2,200,000원(부가가치세 포함)은 현금으로 지급하고, 현금영수증(지출증빙용)을 발행받았다. (자산으로 처리할 것)

기출 따라 하기

▶ 관련 이론 | 매출세액과 매입세액 p.460

(1) 분개

10월 31일	(차) 부가세대급금	200,000	(대) 현금	2,200,000
	비품	2,000,000		

(2) 입력방법

① VAT 과세거래이고 매입세액공제가 가능한 현금영수증을 수취하였으므로 유형란에 "61.현과"를 선택하여 입력한다.

코 드	과세유형	증빙유형	내 용
61.현과	10%	현금영수증	현금영수증에 의한 과세 매입분 중 매입세액 공제분

② 품목란에 "컴퓨터"를 입력한다. (공란으로 두어도 정답으로 인정됨)

③ 공급가액란에 부가가치세 과세표준에 해당하는 2,000,000원이 표시되도록 "2,200,000"을 입력한다.

> ▶ 유형 '61.현과'일 때의 '공급가액' 입력 금액
> 유형 '61.현과'에 대한 [환경등록]의 기본설정 내용에 따라 공급가액란에 "2,200,000"을 입력하면 공급가액란과 부가가치세란에 각각 '2,000,000'과 '200,000'이 자동으로 안분되어 입력된다. 만약 자동 입력된 금액을 수정하고자 할 때에는 해당란에서 직접 수정 입력하면 된다.
>
> > 참고 신용카드 거래(17.카과, 57.카과), 현금영수증 거래(22.현과, 61.현과), 무증빙 거래(14.건별)는 실무에서 부가가치세가 포함된 총결제금액을 많이 사용하기 때문에, KcLep 프로그램에서는 실무상 편의를 위해 공급가액란에 부가가치세가 포함된 금액을 입력하면 공급가액이 자동 계산되어 입력되도록 환경설정이 되어 있다.

④ 부가세란에 "200,000"이 자동으로 입력된다.

⑤ 공급처명란에 "㈜컴세상"을 입력한다.

⑥ '61.현과'는 전자세금계산서가 발급되지 않은 경우이므로 전자란이 자동으로 "0 : 부"(공란)로 작성된다.

⑦ 분개란에 "3 : 혼합"(또는 "1 : 현금")을 입력한다.

⑧ 하단부 입력란을 완성한다.

◉ ①~⑧ 입력결과 화면은 아래와 같다.

· 상단부

□	일	번호	유형	품목	수량	단가	공급가액	부가세	코드	공급처명	사업자주민번호	전자	분개
			①	②			③	④		⑤		⑥	⑦
▣	31	50001	현과	컴퓨터			2,000,000	200,000	00197	(주)컴세상	341-84-25692		혼합

· 하단부

	구분	계정과목		적요	거래처		차변(출금)	대변(입금)
	차변	0135	부가세대급금	컴퓨터	00197	(주)컴세상	200,000	
⑧	차변	0212	비품	컴퓨터	00197	(주)컴세상	2,000,000	
	대변	0101	현금	컴퓨터	00197	(주)컴세상		2,200,000

핵심기출문제

01 ㈜칠삼산업(회사코드 : 0173)의 당기 회계기간은 제20기이다.
다음 거래 자료를 [매입매출전표입력] 메뉴에 추가로 입력하시오.　　　　　　[제73회]

(1) 7월 10일 수출업체인 ㈜미스터에 구매확인서에 의하여 제품 100개(개당 150,000원)를 판매하고 영세율전자세금계산서를 발급하였으며, 대금은 다음 달 10일까지 지급받기로 하였다.

(2) 7월 13일 제품을 다음과 같이 최공유(721228-1110112)에게 10,000,000원(부가가치세 별도)에 판매하고 전자세금계산서를 발급하였으며 판매대금은 전액 현금으로 수취하였다. 최공유(상호 : ㈜도깨비)의 사업개시일은 올해 7월 1일, 사업자등록 신청일은 올해 7월 30일이다.

전자세금계산서(공급받는자 보관용)						승인번호			
공급자	사업자 등록번호	105-81-33130	종사업장 번호		공급받는자	사업자 등록번호		종사업장 번호	
	상호 (법인명)	㈜칠삼산업	성명 (대표자)	윤소현		상호 (법인명)		성명 (대표자)	최공유
	사업장 주소	서울특별시 강남구 도곡로 7길 13				사업장 주소	서울 은평구 불광동 451-4		
	업태	제조, 도소매	종목	전자제품 외		업태	제조, 도소매	종목	전자제품 외
	이메일	rlarhdms@naver.com				이메일	kkorrd@naver.com		

작성연월일	공급가액	세액	수정사유		
20xx. 7. 13.	10,000,000	1,000,000			

비고	주민번호 721228 – 1110112

월	일	품목	규격	수량	단가	공급가액	세액	비고
7	13	전자제품				10,000,000	1,000,000	

합계금액	현금	수표	어음	외상미수금	이 금액을 영수/청구 함
11,000,000	11,000,000				

01 **(1)**

▶관련 이론 | 영세율과 면세 p.436

해　설　7월 10일 유형 : 12.영세 / 공급가액 : 15,000,000 / 부가세 : 0 / 거래처 : ㈜미스터 / 전자 : 여
/ 분개 : 혼합(외상) / (영세율구분 : 3.내국신용장·구매확인서에 의하여 공급하는 재화)

(차) 외상매출금(㈜미스터)　　　　15,000,000　　　　(대) 제품매출　　　　15,000,000

정답화면

□	일	번호	유형	품목	수량	단가	공급가액	부가세	코드	공급처명	사업/주민번호	전자	분개
□	10	50005	영세				15,000,000		00606	(주)미스터	306-81-32428	여	혼합

영세율구분　3　내국신용장 · 구매확인서　서류번호

구분	계정과목		적요	거래처		차변(출금)	대변(입금)
대변	0404	제품매출		00606	(주)미스터		15,000,000
차변	0108	외상매출금		00606	(주)미스터	15,000,000	

(2)

▶관련 이론 | 부가가치세 과세대상 거래 p.424

해　설　7월 13일 유형 : 11.과세 / 공급가액 : 10,000,000 / 부가세 : 1,000,000 / 공급처명 : 최공유
/ 전자 : 여 / 분개 : 혼합(현금)

(차) 현금　　　　11,000,000　　　　(대) 제품매출　　　　10,000,000
　　　　　　　　　　　　　　　　　　　　부가세예수금　　　　1,000,000

정답화면

□	일	번호	유형	품목	수량	단가	공급가액	부가세	코드	공급처명	사업/주민번호	전자	분개
□	13	50005	과세				10,000,000	1,000,000	00602	최공유	721228-1110112	여	혼합

구분	계정과목		적요	거래처		차변(출금)	대변(입금)
대변	0255	부가세예수금		00602	최공유		1,000,000
대변	0404	제품매출		00602	최공유		10,000,000
차변	0101	현금		00602	최공유	11,000,000	

(3) 8월 14일 제조현장에서 사용할 화물용 트럭에 사용하기 위하여 더케이주유소에서 경유 165,000
원(부가가치세 포함)을 구입하고 법인카드(카드사 : 롯데카드)로 결제하였다.

(4) 8월 30일 비사업자인 권나라에게 제품을 판매하고, 판매대금 330,000원(부가가치세 포함)을
전액 보통예금으로 수령하였다. 해당 거래에 대하여 별도의 세금계산서나 현금영수증을 발급하
지 않았으며 간이영수증만 발급하였다.

(5) 9월 15일 회사는 마케팅 부서의 업무용 리스차량(9인승 승합차, 3,000cc)의 월 운용리스료
660,000원을 보통예금에서 지급하고, 아주캐피탈로부터 전자계산서를 수취하였다. (임차료 계
정과목을 사용할 것)

(3)

▶관련 이론 | 매출세액과 매입세액 p.460

해   설 8월 14일 유형 : 57.카과 / 공급가액 : 150,000 / 부가세 : 15,000 / 공급처명 : 더케이주유소
/ 분개 : 혼합(카드) / (신용카드사 : 롯데카드)

(차) 차량유지비(제조) 150,000	(대) 미지급금(롯데카드) 165,000
부가세대급금 15,000	

정답화면

□	일	번호	유형	품목	수량	단가	공급가액	부가세	코드	공급처명	사업/주민번호	전자	분개
	14	50001	카과				150,000	15,000	00508	더케이주유소	305-86-22413		혼합

신용카드사 : 99603 ⋯ 롯데카드

구분	계정과목	적요	거래처	차변(출금)	대변(입금)
차변	0135 부가세대급금		00508 더케이주유	15,000	
차변	0522 차량유지비		00508 더케이주유	150,000	
대변	0253 미지급금		99603 롯데카드		165,000

(4)

▶관련 이론 | 부가가치세 과세대상 거래 p.424

해   설 8월 30일 유형 : 14.건별 / 공급가액 : 300,000 / 부가세 : 30,000 / 공급처명 : 권나라 / 분개 : 혼합

(차) 보통예금 330,000	(대) 제품매출 300,000
	부가세예수금 30,000

정답화면

□	일	번호	유형	품목	수량	단가	공급가액	부가세	코드	공급처명	사업/주민번호	전자	분개
	30	50005	건별				300,000	30,000	00511	권나라	820210-2103213		혼합

구분	계정과목	적요	거래처	차변(출금)	대변(입금)
대변	0255 부가세예수금		00511 권나라		30,000
대변	0404 제품매출		00511 권나라		300,000
차변	0103 보통예금		00511 권나라	330,000	

(5)

▶관련 이론 | 영세율과 면세 p.438

해   설 9월 15일 유형 : 53.면세 / 공급가액 : 660,000 / 공급처명 : 아주캐피탈 / 전자 : 여 / 분개 : 혼합

(차) 임차료(판관비) 660,000	(대) 보통예금 660,000

정답화면

□	일	번호	유형	품목	수량	단가	공급가액	부가세	코드	공급처명	사업/주민번호	전자	분개
	15	50001	면세				660,000		00601	아주캐피탈	402-82-15272	여	혼합

구분	계정과목	적요	거래처	차변(출금)	대변(입금)
차변	0819 임차료		00601 아주캐피탈	660,000	
대변	0103 보통예금		00601 아주캐피탈		660,000

참고 운용리스

- 리스회사는 여신전문금융업법에 따라 등록한 시설대여업자로서 면세사업자에 해당하므로 리스회사는 운용리스료에 대하여 '계산서'를 발급한다.
- 리스이용자는 운용리스료에 대하여 임차료 계정과목을 사용하여 비용으로 회계처리한다.

02 ㈜육칠산업(회사코드 : 0167)의 당기 회계기간은 제13기이다.
다음 거래 자료를 [매입매출전표입력] 메뉴에 추가로 입력하시오.　　　　　[제67회]

(1) 4월 3일 알파상사에 제품을 8,000,000원(부가가치세 별도)에 판매하고, 전자세금계산서를 교부하였다. (단, 전월에 계약금으로 받은 800,000원을 제외한 판매대금 잔액은 다음 달 말일에 수취하기로 하였다)

(2) 4월 21일 ㈜한영으로부터 원재료 100개(단가 @100,000원, 부가가치세 별도)를 매입하면서 전자세금계산서를 수취하였다. 대금 중 80%는 당좌수표를 발행하여 지급하고 잔액은 다음 달에 지급하기로 하였다.

(3) 4월 25일 공장에 새로운 기계장치 설치를 다모서비스에 의뢰하고 보통예금에서 계좌이체한 후, 지출증빙용 현금영수증을 수취하였다.

<table>
<tr><td colspan="3" align="center">다모서비스</td></tr>
<tr><td>114-81-80641</td><td colspan="2" align="center">남재안</td></tr>
<tr><td colspan="3" align="center">서울 송파구 문정동 101-2 TEL : 3289-8085</td></tr>
<tr><td colspan="3" align="center">홈페이지 http://www.kacpta.or.kr</td></tr>
<tr><td colspan="3" align="center">현금(지출증빙)</td></tr>
<tr><td colspan="3">구매 20xx/4/25 17:06　거래번호 : 0026-0107</td></tr>
<tr><td>상품명</td><td align="center">수량</td><td align="right">금액</td></tr>
<tr><td>기계설치
2043655000009</td><td></td><td align="right">3,850,000원</td></tr>
<tr><td align="center">과세물품가액</td><td></td><td align="right">3,500,000원</td></tr>
<tr><td align="center">부가가치세</td><td></td><td align="right">350,000원</td></tr>
<tr><td align="center">합계</td><td></td><td align="right">3,850,000원</td></tr>
<tr><td align="center">받은금액</td><td></td><td align="right">3,850,000원</td></tr>
</table>

02 (1)

▶관련 이론 | 부가가치세 과세대상 거래 p.424

해 설 4월 3일 유형 : 11.과세 / 공급가액 : 8,000,000 / 부가세 : 800,000 / 공급처명 : 알파상사 / 전자 : 여 / 분개 : 혼합

| (차) 외상매출금(알파상사) | 8,000,000 | (대) 제품매출 | 8,000,000 |
| 선수금(알파상사) | 800,000 | 부가세예수금 | 800,000 |

정답화면

□	일	번호	유형	품목	수량	단가	공급가액	부가세	코드	공급처명	사업자주민번호	전자	분개
☑	3	50004	과세				8,000,000	800,000	00109	알파상사	210-09-07603	여	혼합

구분	계정과목		적요	거래처		차변(출금)	대변(입금)
대변	0255	부가세예수금		00109	알파상사		800,000
대변	0404	제품매출		00109	알파상사		8,000,000
차변	0259	선수금		00109	알파상사	800,000	
차변	0108	외상매출금		00109	알파상사	8,000,000	

(2)

▶관련 이론 | 매출세액과 매입세액 p.459

해 설 4월 21일 유형 : 51.과세 / 공급가액 : 10,000,000 / 부가세 : 1,000,000 / 공급처명 : ㈜한영 / 전자 : 여 / 분개 : 혼합

| (차) 원재료 | 10,000,000 | (대) 당좌예금 | 8,800,000 |
| 부가세대급금 | 1,000,000 | 외상매입금(㈜한영) | 2,200,000 |

정답화면

□	일	번호	유형	품목	수량	단가	공급가액	부가세	코드	공급처명	사업자주민번호	전자	분개
☑	21	50006	과세				10,000,000	1,000,000	00120	(주)한영	105-08-07890	여	혼합

구분	계정과목		적요	거래처		차변(출금)	대변(입금)
차변	0135	부가세대급금		00120	(주)한영	1,000,000	
차변	0153	원재료		00120	(주)한영	10,000,000	
대변	0102	당좌예금		00120	(주)한영		8,800,000
대변	0251	외상매입금		00120	(주)한영		2,200,000

(3)

▶관련 이론 | 매출세액과 매입세액 p.460

해 설 4월 25일 유형 : 61.현과 / 공급가액 : 3,500,000 / 부가세 : 350,000 / 공급처명 : 다모서비스 / 분개 : 혼합

| (차) 기계장치 | 3,500,000 | (대) 보통예금 | 3,850,000 |
| 부가세대급금 | 350,000 | | |

정답화면

□	일	번호	유형	품목	수량	단가	공급가액	부가세	코드	공급처명	사업자주민번호	전자	분개
☑	25	50008	현과				3,500,000	350,000	00403	다모서비스	114-81-80641		혼합

구분	계정과목		적요	거래처		차변(출금)	대변(입금)
차변	0135	부가세대급금		00403	다모서비스	350,000	
차변	0206	기계장치		00403	다모서비스	3,500,000	
대변	0103	보통예금		00403	다모서비스		3,850,000

(4) 5월 5일 프랑스 알퐁스사로부터 수입한 공장용 기계장치와 관련하여 인천세관으로부터 43,000,000원(부가가치세 별도)의 전자수입세금계산서를 수취하고, 관련 부가가치세는 보통 예금에서 이체하였다. (단, 유형자산 회계처리는 생략할 것)

(5) 5월 27일 ㈜대양유통으로부터 수건을 3,000,000원(부가가치세 별도)에 외상으로 구입하고 전 자세금계산서를 수취하였으며, 동 수건은 영업부서의 판매거래처에 체육대회 경품으로 제공하 였다.

전자세금계산서(공급받는자 보관용)					승인번호		20xx0108-41000042-55746692		
공급자	사업자등록번호	101-86-54365	종사업장번호		공급받는자	사업자등록번호	984-09-80909	종사업장번호	
	상호(법인명)	㈜대양유통	성명(대표자)	방수원		상호(법인명)	㈜육칠산업	성명(대표자)	송만세
	사업장주소	서울 강남구 테헤란로38길 43(역삼동)				사업장주소	서울 강남구 강남대로 482(논현동)		
	업태	도소매	종목	잡화		업태	제조, 도소매	종목	전자제품 외
	이메일	daeyang@naver.com				이메일	kkorrd@naver.com		

작성연월일	공급가액	세액	수정사유		
20xx. 5. 27.	3,000,000	300,000			

비고								
월	일	품목	규격	수량	단가	공급가액	세액	비고
5	27	수건				3,000,000	300,000	

합계금액	현금	수표	어음	외상미수금	이 금액을 영수/청구 함
3,300,000				3,300,000	

(4)   ▶관련 이론 | 세금계산서 p.442

해 설 5월 5일 유형 : 55.수입 / 공급가액 : 43,000,000 / 부가세 : 4,300,000 / 공급처명 : 인천세관
/ 전자 : 여 / 분개 : 혼합

(차) 부가세대급금   4,300,000   (대) 보통예금   4,300,000

정답화면

□	일	번호	유형	품목	수량	단가	공급가액	부가세	코드	공급처명	사업자주민번호	전자	분개
■	5	50004	수입				43,000,000	4,300,000	00107	인천세관	874-50-50809	여	혼합

구분	계정과목		적요	거래처		차변(출금)	대변(입금)
차변	0135	부가세대급금		00107	인천세관	4,300,000	
대변	0103	보통예금		00107	인천세관		4,300,000

(5)   ▶관련 이론 | 매출세액과 매입세액 p.460

해 설 5월 27일 유형 : 54.불공 / 공급가액 : 3,000,000 / 부가세 : 300,000 / 공급처명 : ㈜대양유통
/ 전자 : 여 / 분개 : 혼합 / (불공제사유 : ④기업업무추진비 및 이와 유사한 비용 관련)

(차) 기업업무추진비(판관비)   3,300,000   (대) 미지급금(㈜대양유통)   3,300,000

정답화면

□	일	번호	유형	품목	수량	단가	공급가액	부가세	코드	공급처명	사업자주민번호	전자	분개
■	27	50002	불공				3,000,000	300,000	00404	(주)대양유통	101-86-54365	여	혼합

불공제사유 4 [⋯] ④기업업무추진비 및 이와 유사한 비용 관련

구분	계정과목		적요	거래처		차변(출금)	대변(입금)
차변	0813	기업업무추진비		00404	(주)대양유	3,300,000	
대변	0253	미지급금		00404	(주)대양유		3,300,000

03 ㈜육이산업(코드번호 : 0162)의 당기 회계기간은 제20기이다.
다음 거래 자료를 [매입매출전표입력] 메뉴에 추가로 입력하시오.

[제62회]

(1) 다음은 당일에 제품을 공급하고 발행한 전자세금계산서이다. 적절한 회계처리를 하시오.

<table>
<tr><td colspan="7" align="center">전자세금계산서(공급받는자 보관용)</td><td colspan="2">승인번호</td><td colspan="5"></td></tr>
<tr><td rowspan="4">공급자</td><td>등록
번호</td><td colspan="3">125-81-77559</td><td>종사업장
번호</td><td></td><td rowspan="4">공급받는자</td><td>등록
번호</td><td colspan="3">130-42-27256</td><td>종사업장
번호</td><td></td></tr>
<tr><td>상호
(법인명)</td><td colspan="2">㈜육이산업</td><td>성명</td><td colspan="2">홍길동</td><td>상호
(법인명)</td><td colspan="2">서울상사</td><td>성명
(대표자)</td><td colspan="2">이범수</td></tr>
<tr><td>사업장
주소</td><td colspan="5">서울시 구로구 새말로 97</td><td>사업장
주소</td><td colspan="5">서울시 마포구 마포대로 58</td></tr>
<tr><td>업태</td><td colspan="2">제조, 도소매, 무역</td><td>종목</td><td colspan="2">전자제품</td><td>업태</td><td colspan="2">소매</td><td>종목</td><td colspan="2">전자제품</td></tr>
</table>

작성연월일					공급가액									세액								수정사유
년	월	일	천	백	십	억	천	백	십	만	천	백	십	일	십	억	천	백	십	만	천	백	십	일	
20xx	4	10					4	0	0	0	0	0	0					4	0	0	0	0	0	

비고							
월	일	품목	규격	수량	단가	공급가액	세액	비고
4	10	전자제품		1		4,000,000	400,000	

합계금액	현금	수표	어음	외상미수금	이 금액을	영수 청구	함
4,400,000	400,000		2,000,000	2,000,000			

(2) 4월 12일 비사업자인 이석우에게 제품을 판매하고, 판매대금 440,000원(부가가치세 포함)은 신용카드(신한카드)로 결제받았다.

(3) 4월 15일 광고를 목적으로 ㈜우리상사에서 4월 1일 매입한 판촉용 수건에 하자가 있어 반품하고 수정전자세금계산서(공급가액 : (−)100,000원, 부가가치세 : (−)10,000원)를 교부받고 대금은 미지급금과 상계처리하였다.

03 **(1)**

▶관련 이론 I 부가가치세 과세대상 거래 p.424

해　설　4월 10일 유형 : 11.과세 / 공급가액 : 4,000,000 / 부가세 : 400,000 / 공급처명 : 서울상사
/ 전자 : 여 / 분개 : 혼합

(차) 현금	400,000	(대) 제품매출	4,000,000
받을어음(서울상사)	2,000,000	부가세예수금	400,000
외상매출금(서울상사)	2,000,000		

정답화면

□	일	번호	유형	품목	수량	단가	공급가액	부가세	코드	공급처명	사업자주민번호	전자	분개
▣	10	50004	과세				4,000,000	400,000	00503	서울상사	130-42-27256	여	혼합

구분	계정과목		적요	거래처		차변(출금)	대변(입금)
대변	0255	부가세예수금		00503	서울상사		400,000
대변	0404	제품매출		00503	서울상사		4,000,000
차변	0101	현금		00503	서울상사	400,000	
차변	0110	받을어음		00503	서울상사	2,000,000	
차변	0108	외상매출금		00503	서울상사	2,000,000	

(2)

▶관련 이론 I 부가가치세 과세대상 거래 p.424

해　설　4월 12일 유형 : 17.카과 / 공급가액 : 400,000 / 부가세 : 40,000 / 거래처 : 이석우
/ 분개 : 혼합(외상) / 신용카드사 : 신한카드

(차) 외상매출금(신한카드)	440,000	(대) 제품매출	400,000
		부가세예수금	40,000

정답화면

□	일	번호	유형	품목	수량	단가	공급가액	부가세	코드	공급처명	사업/주민번호	전자	분개
□	12	50003	카과				400,000	40,000	00507	이석우	680808-1111112		혼합

신용카드사　99700　💬 신한카드

구분	계정과목		적요	거래처		차변(출금)	대변(입금)
대변	0255	부가세예수금		00507	이석우		40,000
대변	0404	제품매출		00507	이석우		400,000
차변	0108	외상매출금		99700	신한카드	440,000	

참고 **신용카드로 결제받은 수취채권**

거래상대방(A거래처)에게 재화나 용역을 제공하고 그 대금을 신용카드(B신용카드사)로 결제
받은 경우, 동 수취채권에 대한 회계처리방법은 다음과 같다.

- 계정과목 : 외상매출금(일반적인 상거래) 또는 미수금(일반적인 상거래 이외의 거래)

- 거래처 : B신용카드사(당사가 향후 대금을 수령하여야 할 곳은 A거래처가 아니라 B신용카
  드사임)

(3)

▶관련 이론 I 세금계산서 p.448

해　설　4월 15일 유형 : 51.과세 / 공급가액 : (−)100,000 / 부가세 : (−)10,000 / 공급처명 : ㈜우리상사
/ 전자 : 여 / 분개 : 혼합

(차) 광고선전비(판관비)	(−)100,000	(대) 미지급금(㈜우리상사)	(−)110,000
부가세대급금	(−)10,000		

정답화면

□	일	번호	유형	품목	수량	단가	공급가액	부가세	코드	공급처명	사업자주민번호	전자	분개
▣	15	50003	과세				-100,000	-10,000	00214	(주)우리상사	120-81-12449	여	혼합

구분	계정과목		적요	거래처		차변(출금)	대변(입금)
차변	0135	부가세대급금		00214	(주)우리상	-10,000	
차변	0833	광고선전비		00214	(주)우리상	-100,000	
대변	0253	미지급금		00214	(주)우리상		-110,000

(4) 4월 17일 대표이사가 업무를 위해 제주도에 방문하여 업무용승용차(998cc)를 ㈜탐라렌트카
에서 3일간 렌트(렌트대금 : 500,000원, 부가가치세 별도)하고 전자세금계산서를 수령하였다.
대금은 다음 달 10일에 지급하기로 하였다. (임차료 계정과목으로 처리할 것)

(5) 4월 30일 일본 노무라사로부터 수입한 공장용 기계부품과 관련하여 양산세관으로부터 아래와
같은 내용의 수입전자세금계산서를 발급받았고, 관련 부가가치세는 금일 전액 보통예금에서 납
부하였다.

작성일자	품 목	공급가액	세 액	합 계	비 고
4월 30일	기계부품	15,500,000원	1,550,000원	17,050,000원	영 수

(4)　　　　　　　　　　　　　　　　　　　　　　　　　　　▶관련 이론 | 매출세액과 매입세액 p.459

해　설　4월 17일　유형 : 51.과세[1] / 공급가액 : 500,000 / 부가세 : 50,000 / 공급처명 : ㈜탐라렌트카
　　　　/ 전자 : 여 / 분개 : 혼합

　　　　(차) 임차료(판관비)　　　　　　　　　500,000　　　　(대) 미지급금((㈜탐라렌트카)　550,000
　　　　　　부가세대급금　　　　　　　　　　 50,000

　　　　[1] 배기량 1,000cc 이하의 경차이므로 매입세액이 공제된다.

정답화면

□	일	번호	유형	품목	수량	단가	공급가액	부가세	코드	공급처명	사업자주민번호	전자	분개
☞	17	50002	과세				500,000	50,000	00312	(주)탐라렌트카	132-82-13225	여	혼합

구분	계정과목		적요	거래처		차변(출금)	대변(입금)
차변	0135	부가세대급금		00312	(주)탐라렌	50,000	
차변	0819	임차료		00312	(주)탐라렌	500,000	
대변	0253	미지급금		00312	(주)탐라렌		550,000

(5)　　　　　　　　　　　　　　　　　　　　　　　　　　　▶관련 이론 | 세금계산서 p.442

해　설　4월 30일　유형 : 55.수입 / 공급가액 : 15,500,000 / 부가세 : 1,550,000 / 공급처명 : 양산세관
　　　　/ 전자 : 여 / 분개 : 혼합

　　　　(차) 부가세대급금　　　　　　　　 1,550,000　　　　(대) 보통예금　　　　　　　　　1,550,000

정답화면

□	일	번호	유형	품목	수량	단가	공급가액	부가세	코드	공급처명	사업자주민번호	전자	분개
☞	30	50007	수입				15,500,000	1,550,000	00505	양산세관	104-81-34567	여	혼합

구분	계정과목		적요	거래처		차변(출금)	대변(입금)
차변	0135	부가세대급금		00505	양산세관	1,550,000	
대변	0103	보통예금		00505	양산세관		1,550,000

04 ㈜육공산업(코드번호 : 0160)의 당기 회계기간은 제10기이다.
다음 거래 자료를 [매입매출전표입력] 메뉴에 추가로 입력하시오. [제60회]

(1) 5월 2일 원재료를 구입하면서 운반비로 ㈜양화물류에게 88,000원(부가가치세 포함)을 현금으로 지급하고 전자세금계산서를 수취하였다.

(2) 5월 15일 올해 3월 17일 ㈜서해에 전자세금계산서를 발급하고 외상매출한 제품에 대하여 품질 불량의 사유로 클레임이 발생하였다. 당사자 간 합의에 의하여 물품대금 3,300,000원(부가가치세 포함)을 직접 깎아주기로 합의하고 수정전자세금계산서를 발급하였다. 이는 클레임에 대한 손해배상금이 아니다.

(3) 6월 2일 영업부에서 매출거래처인 ㈜서해산업의 임시주주총회 행사장에 보내기 위해서 화환(면세)을 참사랑화원에서 170,000원에 현금으로 구입하고 전자계산서를 발급받았다.

(4) 6월 16일 소비자 김정민(주민등록번호 : 751010-1041216)에게 제품 100개를 총 5,500,000원(부가가치세 포함)에 현금매출하고 소득공제용 현금영수증을 교부하였다.

(5) 6월 17일 당사는 ㈜서진산업에 공장의 기계장치 일부를 매각하고 전자세금계산서를 발급하였다. 매각대금은 전액 외상으로 하였다.

> • 매각대금 : 30,000,000원(부가가치세 별도)   • 매각 당시 감가상각누계액 : 5,000,000원
> • 취득가액 : 25,000,000원

정답 및 해설

04 (1) 　　　　　　　　　　　　　　　　　　　　　　　▶ 관련 이론 | 매출세액과 매입세액 p.459

해 설 5월 2일 유형 : 51.과세 / 공급가액 : 80,000 / 부가세 : 8,000 / 공급처명 : ㈜양화물류 / 전자 : 여 / 분개 : 현금(혼합)

(차) 원재료	80,000	(대) 현금 　　　　88,000
부가세대급금	8,000	

정답화면

□	일	번호	유형	품목	수량	단가	공급가액	부가세	코드	공급처명	사업자주민번호	전자	분개
▨	2	50004	과세				80,000	8,000	00509	(주)양화물류	107-81-03699	여	현금

구분	계정과목		적요	거래처		차변(출금)	대변(입금)
출금	0135 부가세대급금			00509	(주)양화물·	8,000	(현금)
출금	0153 원재료			00509	(주)양화물·	80,000	(현금)

(2)　　　　　　　　　　　　　　　　　　　　　　　　　　　▶관련 이론 | 세금계산서 p.448

해　　설　5월 15일 유형 : 11.과세 / 공급가액 : (−)3,000,000 / 부가세 : (−)300,000 / 공급처명 : ㈜서해
　　　　/ 전자 : 여 / 분개 : 외상(혼합)

(차) 외상매출금(㈜서해)	(−)3,300,000	(대) 제품매출	(−)3,000,000
		부가세예수금	(−)300,000

정답화면

□	일	번호	유형	품목	수량	단가	공급가액	부가세	코드	공급처명	사업자주민번호	전자	분개
	15	50001	과세				−3,000,000	−300,000	00603	(주)서해	116-81-02170	여	외상

구분	계정과목	적요	거래처	차변(출금)	대변(입금)
차변	0108 외상매출금		00603 (주)서해	−3,300,000	
대변	0255 부가세예수금		00603 (주)서해		−300,000
대변	0404 제품매출		00603 (주)서해		−3,000,000

(3)　　　　　　　　　　　　　　　　　　　　　　　　　　　▶관련 이론 | 영세율과 면세 p.438

해　　설　6월　2일 유형 : 53.면세 / 공급가액 : 170,000 / 공급처명 : 참사랑화원 / 전자 : 여
　　　　/ 분개 : 현금(혼합)

(차) 기업업무추진비(판관비)	170,000	(대) 현금	170,000

정답화면

□	일	번호	유형	품목	수량	단가	공급가액	부가세	코드	공급처명	사업자주민번호	전자	분개
	2	50002	면세				170,000		00112	참사랑화원	135-81-22221	여	현금

구분	계정과목	적요	거래처	차변(출금)	대변(입금)
출금	0813 기업업무추진비		00112 참사랑화원	170,000	(현금)

(4)　　　　　　　　　　　　　　　　　　　　　　　　　　　▶관련 이론 | 부가가치세 과세대상 거래 p.424

해　　설　6월 16일 유형 : 22.현과 / 공급가액 : 5,000,000 / 부가세 : 500,000 / 공급처명 : 김정민
　　　　/ 분개 : 현금(혼합)

(차) 현금	5,500,000	(대) 제품매출	5,000,000
		부가세예수금	500,000

정답화면

□	일	번호	유형	품목	수량	단가	공급가액	부가세	코드	공급처명	사업자주민번호	전자	분개
	16	50001	현과				5,000,000	500,000	00615	김정민	751010-1041216		현금

구분	계정과목	적요	거래처	차변(출금)	대변(입금)
입금	0255 부가세예수금		00615 김정민	(현금)	500,000
입금	0404 제품매출		00615 김정민	(현금)	5,000,000

(5)　　　　　　　　　　　　　　　　　　　　　　　　　　　▶관련 이론 | 부가가치세 과세대상 거래 p.424

해　　설　6월 17일 유형 : 11.과세 / 공급가액 : 30,000,000 / 부가세 : 3,000,000 / 공급처명 : ㈜서진산업
　　　　/ 전자 : 여 / 분개 : 혼합

(차) 미수금(㈜서진산업)	33,000,000	(대) 기계장치	25,000,000
감가상각누계액(기계장치)	5,000,000	부가세예수금	3,000,000
		유형자산처분이익	10,000,000

정답화면

□	일	번호	유형	품목	수량	단가	공급가액	부가세	코드	공급처명	사업자주민번호	전자	분개
	17	50001	과세				30,000,000	3,000,000	00403	(주)서진산업	121-85-00245	여	혼합

구분	계정과목	적요	거래처	차변(출금)	대변(입금)
대변	0255 부가세예수금		00403 (주)서진산		3,000,000
대변	0206 기계장치		00403 (주)서진산		25,000,000
차변	0120 미수금		00403 (주)서진산	33,000,000	
차변	0207 감가상각누계		00403 (주)서진산	5,000,000	
대변	0914 유형자산처분		00403 (주)서진산		10,000,000

05 ㈜오구산업(코드번호 : 0159)의 당기 회계기간은 제20기이다.
다음 거래자료를 [매입매출전표입력] 메뉴에 추가로 입력하시오.

[제59회]

(1) 5월 25일 ㈜대웅으로부터 원재료(1,000개, 단위당 원가 20,000원)를 매입하고 영세율전자세
금계산서를 수취하였다. 대금은 국민은행 기업구매자금대출(만기 6개월)로 지급하였다.

(2) 6월 7일 당사는 미국 샌프란시스코사에 미화 10,000달러의 제품을 직수출하였다. 수출신고필
증상의 신고일은 올해 6월 4일이며, B/L에 의하여 확인된 선적일은 올해 6월 7일이다. 동 거래
에 대한 대금은 올해 7월 15일에 받기로 하였다. 아래 자료를 보고 정상적인 환율을 적용하여
매입매출전표에 입력하시오.

일 자	올해 6. 4.	올해 6. 7.	올해 7. 15.
일자별 환율	1,000원	1,100원	1,150원

(3) 6월 20일 다음은 당사에서 발행한 전자세금계산서 자료이다. 매입매출전표에 입력하시오.

전자세금계산서(공급자 보관용)					승인번호			
공급자	사업자 등록번호	105-81-33130	종사업장 번호		공급받는자	사업자 등록번호	315-83-05123	종사업장 번호	
	상호 (법인명)	㈜오구산업	성명 (대표자)	김태영		상호 (법인명)	㈜세연상사	성명 (대표자)	박희철
	사업장 주소	경기도 성남시 분당구 신수로 787				사업장 주소	충남 천안시 서북구 성정로 101		
	업태	제조	종목	전자제품		업태	소매	종목	가전
	이메일					이메일	kkorrd@naver.com		

작성연월일	공급가액	세액		수정사유		
20xx. 6. 20.	12,000,000	1,200,000				
비고						

월	일	품목	규격	수량	단가	공급가액	세액	비고
6	20	제품				12,000,000	1,200,000	

합계금액	현금	수표	어음	외상미수금	이 금액을 영수 청구 함
13,200,000	4,000,000			9,200,000	

05 **(1)**

▶관련 이론 I 영세율과 면세 p.436

해 설 5월 25일 유형 : 52.영세 / 공급가액 : 20,000,000 / 부가세 : 0 / 공급처명 : ㈜대웅 / 전자 : 여 / 분개 : 혼합

(차) 원재료　　　　　　　　　20,000,000　　　　(대) 단기차입금(국민은행)　　　　20,000,000

정답화면

□	일	번호	유형	품목	수량	단가	공급가액	부가세	코드	공급처명	사업자주민번호	전자	분개
	25	50010	영세				20,000,000		00304	(주)대웅	123-81-00831	여	혼합

구분	계정과목		적요		거래처		차변(출금)	대변(입금)
차변	0153	원재료			00304	(주)대웅	20,000,000	
대변	0260	단기차입금			98002	국민은행		20,000,000

(2)

▶관련 이론 I 영세율과 면세 p.436

해 설 6월 7일 유형 : 16.수출 / 공급가액 : 11,000,000 / 부가세 : 0 / 공급처명 : 샌프란시스코 / 분개 : 혼합 / (영세율구분 : 1.직접수출(대행수출 포함))

(차) 외상매출금(샌프란시스코)　　11,000,000　　　　(대) 제품매출　　　　　　　　11,000,000

정답화면

□	일	번호	유형	품목	수량	단가	공급가액	부가세	코드	공급처명	사업자주민번호	전자	분개
	7	50002	수출				11,000,000		00611	샌프란시스코			혼합

영세율구분　1　[...] 직접수출(대행수출 포함)

구분	계정과목		적요		거래처		차변(출금)	대변(입금)
대변	0404	제품매출			00611	샌프란시스		11,000,000
차변	0108	외상매출금			00611	샌프란시스	11,000,000	

(3)

▶관련 이론 I 부가가치세 과세대상 거래 p.424

해 설 6월 20일 유형 : 11.과세 / 공급가액 : 12,000,000 / 부가세 : 1,200,000 / 공급처명 : ㈜세연상사 / 전자 : 여 / 분개 : 혼합

(차) 현금　　　　　　　　　　　4,000,000　　　　(대) 제품매출　　　　　　　　12,000,000
　　　외상매출금(㈜세연상사)　　9,200,000　　　　　　　부가세예수금　　　　　1,200,000

정답화면

□	일	번호	유형	품목	수량	단가	공급가액	부가세	코드	공급처명	사업자주민번호	전자	분개
	20	50007	과세				12,000,000	1,200,000	00108	(주)세연상사	315-83-05123	여	혼합

구분	계정과목		적요		거래처		차변(출금)	대변(입금)
대변	0255	부가세예수금			00108	(주)세연상		1,200,000
대변	0404	제품매출			00108	(주)세연상		12,000,000
차변	0101	현금			00108	(주)세연상	4,000,000	
차변	0108	외상매출금			00108	(주)세연상	9,200,000	

(4) 6월 25일 회사가 보유하고 있는 원재료 중 원가 600,000원(시가 : 800,000원, 부가가치세 별도)을 매출거래처인 ㈜동양에 명절선물로 제공하였다. (단, 매입 원재료는 적법하게 매입세액공제를 받았다)

(5) 6월 30일 ㈜팔팔로부터 원재료 공급가액 12,000,000원(부가가치세 별도)을 매입하고 전자세금계산서를 받았다. 대금은 5월 16일에 지급한 선급금 1,000,000원을 제외한 잔액을 보통예금으로 지급하였다.

(4)

▶관련 이론 | 부가가치세 과세대상 거래 p.424

해　설　6월 25일　유형 : 14.건별 / 공급가액 : 800,000 / 부가세 : 80,000 / 공급처명 : ㈜동양 / 분개 : 혼합
(차) 기업업무추진비(판관비)　　　680,000　　　　　(대) 원재료　　　　　　　　　600,000
　　　　　　　　　　　　　　　　　　　　　　　　　(적요 8. 타계정으로 대체액)
　　　　　　　　　　　　　　　　　　　　　　　　　부가세예수금　　　　　　　80,000

정답화면

□	일	번호	유형	품목	수량	단가	공급가액	부가세	코드	공급처명	사업자주민번호	전자	분개
☑	25	50007	건별				800,000	80,000	00112	(주)동양	135-81-22221		혼합

구분	계정과목		적요	거래처		차변(출금)	대변(입금)
대변	0255	부가세예수금		00112	(주)동양		80,000
대변	0153	원재료	08 타계정으로 대체액 원가명세서 반영	00112	(주)동양		600,000
차변	0813	기업업무추진비		00112	(주)동양	680,000	

(5)

▶관련 이론 | 매출세액과 매입세액 p.459

해　설　6월 30일　유형 : 51.과세 / 공급가액 : 12,000,000 / 부가세 : 1,200,000 / 공급처명 : ㈜팔팔
/ 전자 : 여 / 분개 : 혼합
(차) 원재료　　　　　　　　　　12,000,000　　　　(대) 보통예금　　　　　　　12,200,000
　　　부가세대급금　　　　　　　1,200,000　　　　　　선급금(㈜팔팔)　　　　　1,000,000

정답화면

□	일	번호	유형	품목	수량	단가	공급가액	부가세	코드	공급처명	사업자주민번호	전자	분개
☑	30	50003	과세				12,000,000	1,200,000	00209	(주)팔팔	123-12-12345	여	혼합

구분	계정과목		적요	거래처		차변(출금)	대변(입금)
차변	0135	부가세대급금		00209	(주)팔팔	1,200,000	
차변	0153	원재료		00209	(주)팔팔	12,000,000	
대변	0131	선급금		00209	(주)팔팔		1,000,000
대변	0103	보통예금		00209	(주)팔팔		12,200,000

06 ㈜오륙산업(코드번호 : 0156)의 당기 회계기간은 제22기이다. 다음 거래자료를 [매입매출전표입력] 메뉴에 추가로 입력하시오.

[제56회]

(1) 2월 10일 본사 영업부서에서 사용할 승용자동차(2,000cc, 5인승)를 15,000,000원(부가가치세 별도)에 ㈜경기자동차에서 구입하고 전자세금계산서를 발급받았다. 2월 1일 계약금으로 지급한 1,500,000원을 제외한 나머지 금액은 다음 달부터 12개월 할부로 지급하기로 하였다.

(2) 3월 21일 개인소비자 김미선에게 제품을 880,000원(부가가치세 포함)에 판매하고 현금영수증을 발급하였다. 대금은 기존에 발행하였던 상품권 1,000,000원을 수령하고, 잔액은 현금으로 지급하였다.

(3) 3월 31일 세진상사에서 원재료(공급가액 : 1,000,000원, 부가가치세 : 100,000원)를 외상으로 구입하면서 세금계산서를 발급(전자분 아님)받았다. 제1기 예정 부가가치세 신고 시 해당 세금계산서를 누락하여 제1기 확정 부가가치세 신고에 반영하려고 한다. 해당 세금계산서를 제1기 확정 부가가치세 신고에 반영시킬 수 있도록 입력/설정하시오.

06 **(1)** ▶관련 이론 | 매출세액과 매입세액 p.460

해   설   2월 10일 유형 : 54.불공 / 공급가액 : 15,000,000 / 부가세 : 1,500,000 / 공급처명 : ㈜경기자동차
/ 전자 : 여 / 분개 : 혼합 / (불공제사유 : ③개별소비세법에 따른 자동차(비영업용 소형승용자동차)
구입·유지 및 임차)

| (차) 차량운반구 | 16,500,000 | (대) 선급금(㈜경기자동차) | 1,500,000 |
| | | 미지급금(㈜경기자동차) | 15,000,000 |

정답화면

□	일	번호	유형	품목	수량	단가	공급가액	부가세	코드	공급처명	사업자주민번호	전자	분개
	10	50002	불공				15,000,000	1,500,000	00303	(주)경기자동차	111-82-49065	여	혼합

불공제사유 3 □ ③개별소비세법 제1조제2항제3호에 따른 자동차 구입·유지 및 임차

구분	계정과목	적요	거래처	차변(출금)	대변(입금)
차변	0208 차량운반구		00303 (주)경기자	16,500,000	
대변	0131 선급금		00303 (주)경기자		1,500,000
대변	0253 미지급금		00303 (주)경기자		15,000,000

(2) ▶관련 이론 | 부가가치세 과세대상 거래 p.424

해   설   3월 21일 유형 : 22.현과 / 공급가액 : 800,000 / 부가세 : 80,000 / 공급처명 : 김미선 / 분개 : 혼합

(차) 선수금(김미선)	1,000,000	(대) 제품매출	800,000
		부가세예수금	80,000
		현금	120,000

정답화면

□	일	번호	유형	품목	수량	단가	공급가액	부가세	코드	공급처명	사업자주민번호	전자	분개
	21	50005	현과				800,000	80,000	00611	김미선	850621-1052123		혼합

구분	계정과목	적요	거래처	차변(출금)	대변(입금)
대변	0255 부가세예수금		00611 김미선		80,000
대변	0404 제품매출		00611 김미선		800,000
차변	0259 선수금		00611 김미선	1,000,000	
대변	0101 현금		00611 김미선		120,000

(3) ▶관련 이론 | 매출세액과 매입세액 p.459

해   설   3월 31일 유형 : 51.과세 / 공급가액 : 1,000,000 / 부가세 : 100,000 / 공급처명 : 세진상사 / 전자 : 부
/ 분개 : 외상(혼합) / 해당 전표를 선택하여 [예정신고누락분 확정신고] 보조창을 열고, 확정신고 개
시년월란에 "2025년 4월"을 입력

| (차) 원재료 | 1,000,000 | (대) 외상매입금(세진상사) | 1,100,000 |
| 부가세대급금 | 100,000 | | |

정답화면

□	일	번호	유형	품목	수량	단가	공급가액	부가세	코드	공급처명	사업자주민번호	전자	분개
	31	50003	과세				1,000,000	100,000	00106	세진상사	203-81-30209		외상

구분	계정과목	적요	거래처	차변(출금)	대변(입금)
대변	0251 외상매입금		00106 세진상사		1,100,000
차변	0135 부가세대급금		00106 세진상사	100,000	
차변	0153 원재료		00106 세진상사	1,000,000	

참고 예정신고누락분을 [매입매출전표입력] 메뉴에 전표로 입력한 후, 확정신고서에 자동 반영시키
는 방법
해당 전표를 선택한 후, 메뉴 화면 상단에 있는 [F11간편집계..▼] 의 ▼를 클릭하고, [SF5 예정 누락분] (또는 Shift + F5)
을 선택한 후, 보조창에서 확정신고 개시년월란에 "2025년 4월"을 입력하고 확인(Tab) 을 클릭한다.

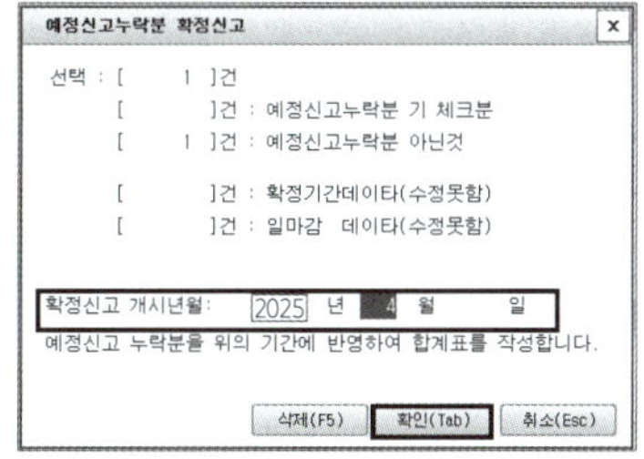

(4) 7월 5일 대표이사인 신상호가 자택에서 사용할 목적으로 ㈜국도전자에서 TV를 9,900,000원 (부가가치세 포함)에 구입하고, 당사 명의로 전자세금계산서를 발급받았다. 대금은 회사에서 보통예금을 이체하여 결제하였으며, 회사가 대신 지급한 대금은 신상호에 대한 가지급금으로 처리하기로 하였다.

(5) 7월 7일 당사 공장에 설치 중인 기계장치의 성능을 시운전하기 위하여 한국주유소에서 휘발유 1,100,000원(부가가치세 포함)을 구입하면서 법인명의의 신용카드(신용카드사 : 대한카드)로 결제하였다.

(4)

▶ 관련 이론 | 매출세액과 매입세액 p.460

해 설   7월 5일 유형 : 54.불공 / 공급가액 : 9,000,000 / 부가세 : 900,000 / 거래처 : ㈜국도전자
/ 전자 : 여 / 분개 : 혼합 / (불공제사유 : ②사업과 직접 관련 없는 지출)
(차) 가지급금(신상호)   9,900,000   (대) 보통예금   9,90,000

정답화면

□	일	번호	유형	품목	수량	단가	공급가액	부가세	코드	공급처명	사업/주민번호	전자	분개
□	5	50004	불공				9,000,000	900,000	00107	(주)국도전자	123-81-13262	여	혼합

불공제사유	2	②사업과 직접 관련 없는 지출

구분	계정과목		적요	거래처		차변(출금)	대변(입금)
차변	0134	가지급금		00612	신상호	9,900,000	
대변	0103	보통예금		00107	(주)국도전자		9,900,000

(5)

▶ 관련 이론 | 매출세액과 매입세액 p.460

해 설   7월 7일 유형 : 57.카과 / 공급가액 : 1,000,000 / 부가세 : 100,000 / 공급처명 : 한국주유소
/ 분개 : 카드(혼합) / (신용카드사 : 대한카드)
(차) 기계장치   1,000,000   (대) 미지급금(대한카드)   1,100,000
　　부가세대급금   100,000

정답화면

□	일	번호	유형	품목	수량	단가	공급가액	부가세	코드	공급처명	사업자주민번호	전자	분개
	7	50002	카과				1,000,000	100,000	00304	한국주유소	123-81-00831		카드

신용카드사 :	99601	대한카드	봉사료 :	

구분	계정과목		적요	거래처		차변(출금)	대변(입금)
대변	0253	미지급금		99601	대한카드		1,100,000
차변	0135	부가세대급금		00304	한국주유소	100,000	
차변	0206	기계장치		00304	한국주유소	1,000,000	

01 부가가치세신고서

- [부가가치세신고서]는 해당 신고기간의 부가가치세신고서를 작성하는 메뉴이다.
- [부가가치세신고서] 메뉴와 관련하여 가산세가 발생하지 않는 상황에서 거래 내용을 반영하여 부가가치세신고 서 해당란에 금액을 입력하는 문제가 실무시험 문제 3(4~7점)으로 출제된다.
- [부가가치세신고서] 화면은 [부가가치] ▶ [부가가치세] ▶ [부가가치세신고서]를 선택하여 들어갈 수 있다.

기출확인문제

㈜제일산업(코드번호 : 0101)의 당기(제5기) 회계기간은 2025. 1. 1.~2025. 12. 31.이다.
다음은 올해 제1기 확정 부가가치세신고기간(4. 1.~6. 30.)에 대한 관련 자료이다. 아래 자료를 반영하여 제 1기 확정분 부가가치세신고서를 작성하시오. (부가가치세신고서 작성 시 기존자료는 삭제하고 아래 자료의 내용 으로 입력하시오) [제63회 수정]

- 대손이 확정된 외상매출금 2,200,000원에 대하여 대손세액공제를 적용한다.
- 내국신용장에 의하여 제품을 판매하고 영세율세금계산서를 발급하였다. (공급가액 : 30,000,000원)
- 수출신고필증 및 선하증권상에서 확인된 수출액을 원화로 환산하면 24,000,000원이다.
- 증빙을 발급하지 않은 현금매출로 5,500,000원(부가가치세 포함)이 발생하였다. (가산세 적용 대상은 아님)
- 업무용 소모품을 법인신용카드로 매입한 금액 550,000원(부가가치세 포함)이 예정신고 시 누락되었다.

기출 따라 하기

▶관련 이론 | 매출세액과 매입세액 p.459, 466

[부가가치세신고서] 메뉴에서

① [일반과세] 탭을 선택한 후, 조회기간란에 "4월 1일 ~ 6월 30일", 신고구분란에 "1.정기신고"를 입력한다.

> 참고 [부가가치세신고서] 메뉴를 열 때 나오는 대화창
> 아래 화면에서 예(Y) 를 클릭하면 [부가가치세신고서] 메뉴에서 임의로 금액을 입력하고 저장했던 데이터를 불러오고, 아니오(N) 를 클릭하면 [매입매출전표입력] 메뉴에 입력된 내용만으로 자동 작성된 데이터를 불러온다.

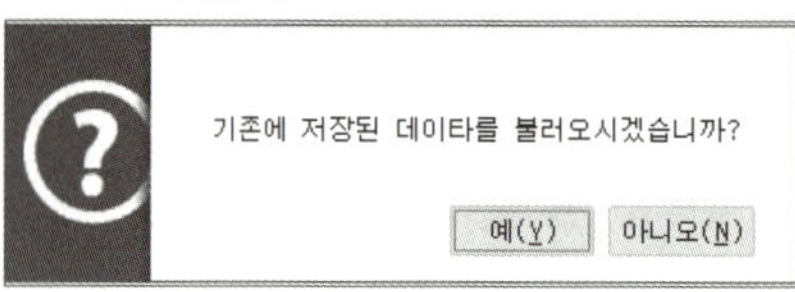

▶ 매입매출전표 내용에 따라 자동 작성된 금액이 있는 경우, Space bar 를 눌러서 모두 지운다.

② 대손세액가감[8]의 세액란에 "(-)200,000"[1]을 입력한다.

  ▶ 대손금은 과세표준에서 공제하지 않으므로, 금액란은 공란으로 두고 세액란에만 음수(-)로 입력한다.

    [1] 대손세액 = 외상매출금 × (10/110) = 2,200,000 × (10/110) = 200,000원

(차) 대손충당금	2,000,000	(대) 외상매출금	2,200,000
(또는 대손상각비)			
부가세예수금	200,000		

③ 영세(세금계산서발급분)[5]의 금액란에 내국신용장에 의한 영세율 세금계산서 매출금액 "30,000,000"을 입력한다.

  ▶ 과세란에 금액을 입력하면 금액의 10%가 세액란에 자동으로 입력되나 영세율은 세액이 항상 0원으로 공란 처리된다.

④ 영세(기타)[6] 금액란에 직수출 매출금액 "24,000,000"을 입력한다.

⑤ 과세(기타)(정규영수증외매출분)[4]의 금액란에 현금매출 "5,000,000"을 입력하면 세액란에 금액의 10%인 "500,000"이 자동으로 입력된다.

⑥ 예정신고누락분[12] 금액란에 "500,000", 세액란에 "50,000"을 입력한다.

  ▶ 카드매입에 대한 예정신고 누락분으로 '12.매입(예정신고누락분) ▶ 그 밖의 공제매입세액[39] ▶ 신용카드매출수령금액합계 ▶ 일반매입'에 금액과 세액을 입력한다.

🔻 ②~⑥의 입력결과 화면은 아래와 같다.

	구분			금액	세율		세액
과세표준및매출세액	과세	세금계산서발급분	1		10/100		
		매입자발행세금계산서	2		10/100		
		신용카드·현금영수증발행분	3		10/100		
		기타(정규영수증외매출분)	4	⑤ 5,000,000	10/100		500,000
	영세	세금계산서발급분	5	③ 30,000,000	0/100		
		기타	6	④ 24,000,000	0/100		
	예정신고누락분		7				
	대손세액가감		8			②	-200,000
	합계		9	59,000,000	㉑		300,000
매입세액	세금계산서수취분	일반매입	10				
		수출기업수입분납부유예	10				
		고정자산매입	11				
	예정신고누락분		12	⑥ 500,000			50,000
	매입자발행세금계산서		13				
	그 밖의 공제매입세액		14				
	합계(10)-(10-1)+(11)+(12)+(13)+(14)		15	500,000			50,000
	공제받지못할매입세액		16				
	차감계 (15-16)		17	500,000	㉯		50,000
납부(환급)세액(매출세액㉑-매입세액㉯)					㉤		250,000

12.매입(예정신고누락분)						
예정누락분	세금계산서		38			
	그 밖의 공제매입세액		39	500,000		50,000
	합계		40	500,000		50,000
	신용카드매출수령금액합계	일반매입		500,000		50,000
		고정매입				
	의제매입세액					
	재활용폐자원등매입세액					
	과세사업전환매입세액					
	재고매입세액					
	변제대손세액					
	외국인관광객에대한환급/					
	합계			500,000		50,000

 과세표준 및 매출세액 입력란

		구분		금액	세율	세액
과세표준및매출세액	과세	세금계산서발급분	1	11.과세	10/100	
		매입자발행세금계산서	2		10/100	
		신용카드·현금영수증발행분	3	17.카과 22.현과	10/100	
		기타(정규영수증외매출분)	4	14.건별		
	영세	세금계산서발급분	5	12.영세	0/100	
		기타	6	16.수출	0/100	
	예정신고누락분		7			
	대손세액가감		8			
	합계		9			㉚

		구분		금액	세율	세액
7.매출(예정신고누락분)						
예정누락분	과세	세금계산서	33		10/100	
		기타	34		10/100	
	영세	세금계산서	35		0/100	
		기타	36		0/100	
		합계	37			

매입세액 입력란

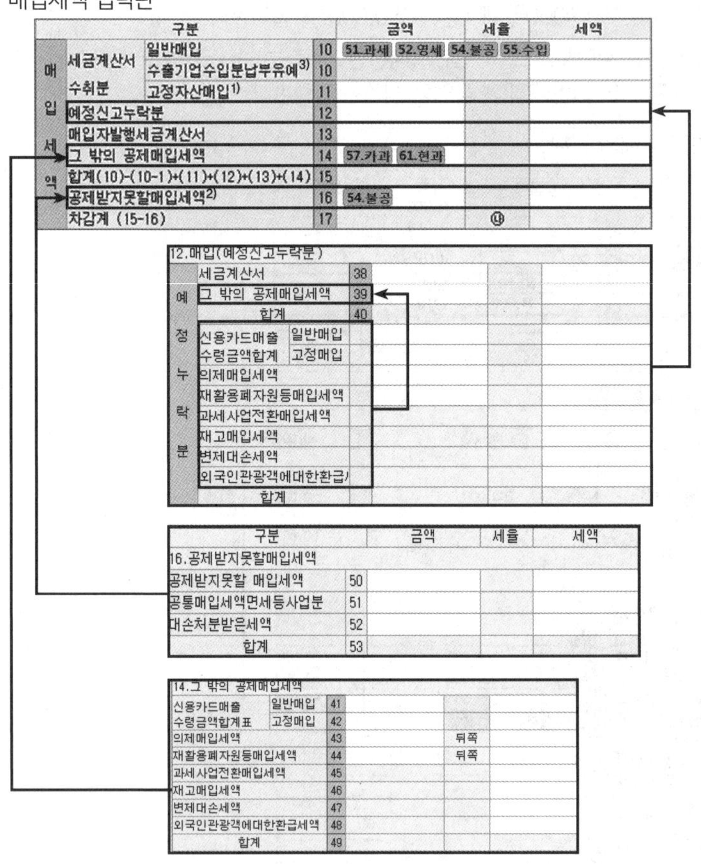

		구분		금액	세율	세액
매입세액	세금계산서수취분	일반매입	10	51.과세 52.영세 54.불공 55.수입		
		수출기업수입분납부유예[3]	10			
		고정자산매입[1]	11			
	예정신고누락분		12			
	매입자발행세금계산서		13			
	그 밖의 공제매입세액		14	57.카과 61.현과		
	합계(10)-(10-1)+(11)+(12)+(13)+(14)		15			
	공제받지못할매입세액[2]		16	54.불공		
	차감계 (15-16)		17			㉯

	12.매입(예정신고누락분)					
예정누락분	세금계산서		38			
	그 밖의 공제매입세액		39			
	합계		40			
	신용카드매출 수령금액합계	일반매입				
		고정매입				
	의제매입세액					
	재활용폐자원등매입세액					
	과세사업전환매입세액					
	재고매입세액					
	변제대손세액					
	외국인관광객에대한환급/					
	합계					

구분		금액	세율	세액
16.공제받지못할매입세액				
공제받지못할 매입세액	50			
공통매입세액면세등사업분	51			
대손처분받은세액	52			
합계	53			

14.그 밖의 공제매입세액					
신용카드매출 수령금액합계표	일반매입	41			
	고정매입	42			
의제매입세액		43		뒤쪽	
재활용폐자원등매입세액		44		뒤쪽	
과세사업전환매입세액		45			
재고매입세액		46			
변제대손세액		47			
외국인관광객에대한환급세액		48			
합계		49			

[1] 고정자산(감가상각대상인 유형자산과 무형자산) 매입이 있는 경우 부가가치세 조기환급을 받을 수 있으므로, 세금계산서 수취분과 신용카드매출전표 등 수령분을 기입할 때 일반매입과 고정자산매입을 구분하여 기입한다.

[2] 세금계산서 수취분은 매입세액공제 여부와 관계없이 수취한 전체금액을 입력한 후 매입세액불공제분을 다시 입력한다. 반면, 신용카드매출전표 등 수령분은 매입세액공제를 받을 수 있는 금액만 입력한다.

[3] 수출기업의 자금부담을 완화시키고자 하는 취지에 따라, 법 소정 요건을 충족하는 수출기업의 경우 재화를 수입할 때 세관으로부터 발급받는 수입세금계산서상의 부가가치세를 수입 시점에는 일단 세관에 납부하지 않고 부가가치세를 신고할 때 그 금액을 납부(정산)할 수 있는 납부유예제도가 인정되는데, 세금계산서 수취분에 있는 '수출기업수입분납부유예'란은 이러한 특례규정 적용 시 사용하는 란으로서 전산세무 자격시험 출제범위를 벗어난다.

경감·공제세액과 예정신고미환급세액 입력란

납부(환급)세액(매출세액㉮-매입세액㉯)			㉰	
경감공제세액	그 밖의 경감·공제세액	18		
	신용카드매출전표등 발행공제등	19		
	합계	20	㉱	
소규모 개인사업자 부가가치세 감면세액		20	㉲	
예정신고미환급세액1)		21	㉳	
예정고지세액		22	㉴	
사업양수자의 대리납부 기납부세액		23	㉵	
매입자 납부특례 기납부세액		24	㉶	
신용카드업자의 대리납부 기납부세액		25	㉷	
가산세액계		26	㉸	
차가감하여 납부할세액(환급받을세액)(㉰-㉱-㉲-㉳-㉴-㉵-㉶-㉷+㉸)		27		
총괄납부사업자가 납부할 세액(환급받을 세액)				

구분		금액	세율	세액
18.그 밖의 경감·공제세액				
전자신고세액공제	54			
전자세금계산서발급세액공제	55			
택시운송사업자경감세액	56			
대리납부세액공제	57			
현금영수증사업자세액공제	58			
기타	59			
합계	60			

1) 예정신고 시 미환급된 세액이 있는 경우 확정신고 시 예정신고미환급세액[21]에 기입하여 납부세액에서 차감한다.

'과세표준명세' 보조창의 주요 입력란

[부가가치세신고서] 메뉴의 화면 상단에 있는 F4 과표명세 (또는 F4)를 클릭하면 과세표준명세 보조창이 나타난다.

- 신고구분
  예정신고, 확정신고, 영세율 등 조기환급신고, 기한후신고 중 하나를 선택하여 입력한다.

- 과세표준명세

	과세표준명세			
	업 태	종 목	코 드	금 액
28	제 조	전자제품		
29				
30				
31	수입금액제외			
32	합 계			

- [28]~[30] : 부가가치세신고서상 과세표준 금액 중 매출 계정과목(계정코드 401~430)으로 분개된 금액을 업태·종목에 따라 구분하여 입력한다.
- [31] : 부가가치세신고서상 과세표준 금액 중 매출 이외의 계정과목으로 분개된 금액을 입력한다.
  예 고정자산 매각, 간주공급, 임대료(영업외수익), 간주임대료
- [32] : 과세표준명세 합계금액은 부가가치세신고서상 과세표준 합계 금액(신고서상 [9]번의 금액란에 표시된 금액)과 일치하여야 한다.

- 계산서발급 및 수취명세

계산서발급 및 수취명세	84.계산서발급금액	
	85.계산서수취금액	

- [84] : [매입매출전표입력] 메뉴에서 "13.면세"로 입력하면 자동 반영된다.
- [85] : [매입매출전표입력] 메뉴에서 "53.면세"로 입력하면 자동 반영된다.

부가가치세신고서 작성 시 유의사항

- **매출세액**에서는 금액만 입력하면 세액이 자동으로 표시되지만, **매입세액**에서는 금액과 세액을 모두 입력해야 한다. 즉, 매출세액에서는 과세의 경우 '금액 × 10% = 세액', 영세의 경우 '금액 × 0% = 세액'이라는 일률적인 관계가 성립하지만, 매입세액에서는 세금계산서 수취분이라 하더라도 그중에는 영세율세금계산서가 있을 수 있기 때문에 '금액 × 10% = 세액'이라는 일률적인 관계가 성립하지 않는다.

- **매출 시** 세금계산서도 발급하고 신용카드매출전표도 발급한 경우 신고서상에는 '세금계산서 발급분'으로 입력하면 되고, 마찬가지로 **매입 시** 세금계산서도 발급받고 신용카드매출전표도 수취한 경우 신고서상에는 '세금계산서 수취분'으로 입력하면 된다.

02 가산세

- ⊙ 예정신고누락분을 확정신고 때 반영하거나, 또는 ⓒ 당초 신고한 예정·확정 신고서를 다시 수정신고하는 경우, 가산세가 발생한다.
- [부가가치세신고서] 메뉴와 관련하여 가산세가 발생하는 상황에서 거래 내용과 함께 관련된 가산세를 계산하여 부가가치세 신고서 해당란에 입력하는 문제가 실무시험 문제 3(4~7점)으로 출제된다.

기출확인문제

㈜제일산업(코드번호 : 0101)의 당기(제5기) 회계기간은 2025. 1. 1.~2025. 12. 31.이다.
올해 제2기 부가가치세 확정신고(10. 1.~12. 31.)를 하려고 한다. 다음의 사항과 가산세(부당과소신고는 아님)를 반영하여 부가가치세신고서를 작성하시오. 과소납부경과일수는 91일로 하며 예정신고기한이 지난 후 확정신고일까지의 기간은 1개월 초과 3개월 이내이다. (부가가치세신고서를 불러올 때 자동으로 반영되는 자료는 삭제하고, 부가가치세신고서 이외에 부속서류의 작성은 생략한다) 제62회 수정

예정신고 누락내용	· 신용카드 매출(공급가액 : 50,000,000원, 부가가치세 : 5,000,000원) · 제품을 직수출하고 받은 외화입금증명서(공급가액 : 20,000,000원) · 영업부서의 2,000cc 승용차(공급가액 : 20,000,000원, 부가가치세 : 2,000,000원) 세금계산서 매입
제2기 확정신고 시 기타 사항	· 전기 확정신고 시 대손세액공제를 받았던 외상매출금 3,300,000원을 회수하였다. · 제2기 예정신고 시 미환급세액 400,000원이 있다. · 신용카드 매출(위에서 언급한 55,000,000원)과 부가가치세 전자신고를 직접 이행함에 따른 세액공제 적용여부를 판단하여 적용한다.

[부가가치세신고서] 메뉴에서

① [일반과세] 탭을 선택한 후 조회기간란에 "10월 1일~12월 31일", 신고구분란에 "1.정기신고"를 입력한다.

> | 일반과세 | 간이과세 |
> 조회기간 : 2025년 10월 1일 ~ 2025년 12월 31일 신고구분 : 1.정기신고 ▾

> ▶ 매입매출전표 내용에 따라 자동 작성된 금액이 있는 경우, Space bar 를 눌러서 모두 지운다.

② 카드매출에 대한 예정신고누락분으로 과세(기타)[34] 금액란에 "50,000,000"을 입력한다.

③ 직수출에 대한 예정신고누락분으로 영세(기타)[36] 금액란에 "20,000,000"을 입력한다.

④ 세금계산서 수취분[38] 금액란에 "20,000,000"을, 세액란에 "2,000,000"을 각각 입력하고, 공제받지못할매입세액[50]의 금액란에 "20,000,000"을, 세액란에 "2,000,000"을 각각 입력한다.

> ▶ 비영업용소형승용차 매입 예정신고누락분으로 '세금계산서 수취분이면서 매입세액 불공제분'이다.

⑤ 대손세액가감[8]의 세액란에 "300,000[1]"을 입력한다.

> [1] 대손세액 회수액 = 외상매출금 × (10/110) = 3,300,000 × (10/110) = 300,000원

| (차) 현금 | 3,300,000 | (대) 대손충당금 | 3,000,000 |
| | | 부가세예수금 | 300,000 |

⑥ 예정신고미환급세액[21]의 세액란에 "400,000"을 입력한다.

⑦ 전자신고세액공제[54]의 세액란에 "10,000"을 입력한다.

🔽 ②~⑦ 입력결과 화면은 아래와 같다.

구분				정기신고금액		
				금액	세율	세액
과세표준및매출세액	과세	세금계산서발급분	1		10/100	
		매입자발행세금계산서	2		10/100	
		신용카드·현금영수증발행분	3		10/100	
		기타(정규영수증외매출분)	4			
	영세	세금계산서발급분	5		0/100	
		기타	6		0/100	
	예정신고누락분		7	70,000,000		5,000,000
	대손세액가감		8			⑤ 300,000
	합계		9	70,000,000	㉮	5,300,000
매입세액	세금계산서 수취분	일반매입	10			
		수출기업수입분납부유예	10			
		고정자산매입	11			
	예정신고누락분		12	20,000,000		2,000,000
	매입자발행세금계산서		13			
	그 밖의 공제매입세액		14			
	합계(10)-(10-1)+(11)+(12)+(13)+(14)		15	20,000,000		2,000,000
	공제받지못할매입세액		16	20,000,000		2,000,000
	차감계 (15-16)		17		㉯	
납부(환급)세액(매출세액㉮-매입세액㉯)					㉰	5,300,000
경감공제세액	그 밖의 경감·공제세액		18			10,000
	신용카드매출전표등 발행공제등		19			
	합계		20		㉱	10,000
소규모 개인사업자 부가가치세 감면세액			20		㉲	
예정신고미환급세액			21		㉳	⑥ 400,000
예정고지세액			22		㉴	
사업양수자의 대리납부 기납부세액			23		㉵	
매입자 납부특례 기납부세액			24		㉶	
신용카드업자의 대리납부 기납부세액			25		㉷	
가산세액계			26		㉸	250,100
차가감하여 납부할세액(환급받을세액)㉰-㉱-㉲-㉳-㉴-㉵-㉶-㉷+㉸			27			5,140,100
총괄납부사업자가 납부할 세액(환급받을 세액)						

구분				금액	세율	세액
7.매출(예정신고누락분)						
예정누락분	과세	세금계산서	33		10/100	
		기타	34	② 50,000,000	10/100	5,000,000
	영세	세금계산서	35		0/100	
		기타	36	③ 20,000,000	0/100	
	합계		37	70,000,000		5,000,000
12.매입(예정신고누락분)						
	세금계산서		38	④ 20,000,000		2,000,000
예정누락분	그 밖의 공제매입세액		39			
	합계		40	20,000,000		2,000,000
	신용카드매출 수령금액합계	일반매입				
		고정매입				
	의제매입세액					
	재활용폐자원등매입세액					
	과세사업전환매입세액					
	재고매입세액					
	변제대손세액					
	외국인관광객에대한환급/					
	합계					

구분		금액	세율	세액
16.공제받지못할매입세액				
공제받지못할 매입세액	50	④ 20,000,000		2,000,000
공통매입세액면세등사업분	51			
대손처분받은세액	52			
합계	53	20,000,000		2,000,000
18.그 밖의 경감·공제세액				
전자신고세액공제	54			⑦ 10,000
전자세금계산서발급세액공제	55			
택시운송사업자경감세액	56			
대리납부세액공제	57			
현금영수증사업자세액공제	58			
기타	59			
합계	60			10,000

⑧ 영세율과세표준신고불성실가산세[74]의 금액란에 "20,000,000"을, 세액란에 "25,000[1]"을 입력한다.

> ▶ 직수출에 대한 20,000,000원의 과세표준을 예정신고에서 누락하였으므로, 영세율과세표준신고불성 실가산세를 납부해야 한다.

> [1] 20,000,000 × 0.5% × (100% − 75%) = 25,000원
> 법정신고기한이 지난 후 1개월 초과 3개월 이내 수정신고에 해당하므로 75% 감면된다.

⑨ 신고불성실가산세 중 과소신고·초과환급(일반)[71] 금액란에 "5,000,000"을, 세액란에 "125,000"[1]을 입력한다.

    ▶ 신용카드매출에 대한 5,000,000원의 세액을 예정신고에서 누락하였으므로, 신고불성실가산세를 납부해야 한다.

    [1] {50,000,000 × 10% − (20,000,000 − 20,000,000) × 10%} × 10% × (100% − 75%) = 125,000원
    법정신고기한이 지난 후 1개월 초과 3개월 이내 수정신고에 해당하므로 75% 감면된다.

⑩ 납부지연가산세[73]의 금액란에 "5,000,000"을, 세액란에 "100,100"[1]을 입력한다.

    ▶ 카드매출에 대한 5,000,000원의 세액을 예정신고기간에 납부하지 않았으므로 납부지연가산세를 납부해야 한다.

    ▶ 세액란에 커서를 두면 납부지연일수 보조창이 나타나는데, 문제 자료에 '당초납부기한'과 '실제 납부일'이 제시되어 있는 경우 이를 보조창에 입력하면 미납일수와 납부지연가산세가 자동 계산된다.

    [1] 5,000,000 × (22/100,000) × 91일 = 100,100원

▼ ⑧~⑩ 입력결과 화면은 아래와 같다.

25.가산세명세					
사업자미등록등		61		1/100	
세 금 계산서	지연발급 등	62		1/100	
	지연수취	63		5/1,000	
	미발급 등	64		뒤쪽참조	
전자세금 발급명세	지연전송	65		3/1,000	
	미전송	66		5/1,000	
세금계산서 합계표	제출불성실	67		5/1,000	
	지연제출	68		3/1,000	
신고 불성실	무신고(일반)	69		뒤쪽	
	무신고(부당)	70		뒤쪽	
	과소·초과환급(일반)	71	⑨ 5,000,000	뒤쪽	125,000
	과소·초과환급(부당)	72		뒤쪽	
납부지연		73	⑩ 5,000,000	뒤쪽	100,100
영세율과세표준신고불성실		74	⑧ 20,000,000	5/1,000	25,000
현금매출명세서불성실		75		1/100	
부동산임대공급가액명세서		76		1/100	
매입자 납부특례	거래계좌 미사용	77		뒤쪽	
	거래계좌 지연입금	78		뒤쪽	
합계		79			250,100

＋ 더알아보기1

매출누락분에 대한 신고 형태별 가산세

전자세금계산서가 정상발급·정상전송된 매출 거래가 부가가치세신고서에 누락되어 추후에 이를 신고하는 경우 가산세는 다음과 같다.

구 분	예정신고누락분을 확정신고서에 반영하는 경우	당초 신고한 예정·확정신고서를 다시 수정신고하는 경우
과소신고가산세	납부세액 × 10% × (100% − 75%)[1]	납부세액 × 10% × 감면 가능[2]
영세율과세표준신고불성실가산세	영세율과세표준 × 0.5% × (100% − 75%)[1]	영세율과세표준 × 0.5% × 감면 가능[2]
납부지연가산세	미달납부세액 × (22/100,000) × 미납일수	미달납부세액 × (22/100,000) × 미납일수

[1] 법정신고기한이 지난 후 1개월 초과 3개월 이내 수정신고에 해당하므로 75% 감면 가능하다.

[2] 수정신고 시기에 따라 10%~90% 감면 가능하다.

가산세 계산사례

[사례 1] 다음은 회사(법인)의 20x1년 제2기 예정신고서에서 누락된 거래이며, 예정신고 시 매출·매입처별 세금계산서합계표에서도 누락되었다. 예정신고누락분을 반영하여 제2기 확정신고서를 작성할 때, 가산세를 구하시오. (누락분은 부정행위가 아니고, 미납일수는 92일이며 예정신고기한이 지난 후 확정신고일까지의 기간은 1개월 초과 3개월 이내이다) (단, 전자세금계산서 수취분은 매입세액공제 가능하고 정상 발급·전송되었다고 가정한다)

구 분	일 자	공급가액	부가가치세	비 고
매 출	8월 15일	10,000,000원	1,000,000원	전자세금계산서 발급분
매 입	8월 16일	6,000,000원	600,000원	전자세금계산서 수취분

<Case 1>
상기 매출 건에 대하여 공급일(8월 15일)에 전자세금계산서를 발급하고 8월 16일에 발급명세를 정상전송한 경우

<Case 2>
상기 매출 건에 대하여 공급일(8월 15일)에 전자세금계산서를 발급하였으나 9월 16일에 발급명세를 지연전송한 경우

<Case 3>
상기 매출 건에 대하여 공급일(8월 15일)에 전자세금계산서를 발급하였으나 발급명세를 미전송한 경우

[풀이] <Case 1>
- 과소신고가산세 = (1,000,000원 − 600,000원) × 10% × (100% − 75%)[1] = 10,000원
- 납부지연가산세 = (1,000,000원 − 600,000원) × (22/100,000) × 92일 = 8,096원
- 매출처별 세금계산서합계표지연제출가산세는 없음[2]

[1] 법정신고기한이 지난 후 1개월 초과 3개월 이내 수정신고에 해당하므로 75% 감면된다.

[2] 전자세금계산서 발급명세가 재화·용역의 공급시기가 속하는 과세기간(예정신고의 경우에는 예정신고기간) 말의 다음 달 11일까지 국세청장에게 전송된 경우에는 해당 예정신고 또는 확정신고 시 매출·매입처별 세금계산서합계표를 제출하지 아니할 수 있다.

<Case 2>
- 과소신고가산세 = (1,000,000원 − 600,000원) × 10% × (100% − 75%) = 10,000원
- 납부지연가산세 = (1,000,000원 − 600,000원) × (22/100,000) × 92일 = 8,096원
- 발급명세지연전송가산세 = 10,000,000 × 0.3% = 30,000원
- 매출처별 세금계산서합계표 지연제출가산세는 없음

<Case 3>
- 과소신고가산세 = (1,000,000원 − 600,000원) × 10% × (100% − 75%) = 10,000원
- 납부지연가산세 = (1,000,000원 − 600,000원) × (22/100,000) × 92일 = 8,096원
- 발급명세미전송가산세 = 10,000,000원 × 0.5% = 50,000원
- 매출처별 세금계산서합계표 지연제출가산세는 없음[1]

[1] 전자세금계산서 발급명세 전송 관련 가산세가 적용되는 부분에 대하여는 매출처별 세금계산서합계표 불성실가산세가 적용 배제된다.

[사례 2] 다음은 회사(법인)의 20x1년 제2기 확정신고서에서 누락된 거래이며, 확정신고 시 매출·매입처별 세금계산서합계표에서도 누락되었다. 이미 신고한 제2기 확정신고서에 대하여 수정신고서를 작성할 때, 가산세를 구하시오. (누락분은 부정행위가 아니고, 확정신고기한은 20x2년 1월 25일, 수정신고일은 20x2년 2월 20일, 미납일수는 26일이다) (단, 전자세금계산서 수취분은 매입세액공제 가능하고 정상 발급·전송되었다고 가정한다)

구 분	일 자	공급가액	부가가치세	비 고
매 출	11월 15일	10,000,000원	1,000,000원	전자세금계산서 발급분
매 입	11월 16일	6,000,000원	600,000원	전자세금계산서 수취분

\<Case 1\>
상기 매출 건에 대하여 공급일(11월 15일)에 전자세금계산서를 발급하고 11월 16일에 발급명세를 **정상전송**한 경우

\<Case 2\>
상기 매출 건에 대하여 공급일(11월 15일)에 전자세금계산서를 발급하였으나 12월 16일에 발급명세를 **지연전송**한 경우

\<Case 3\>
상기 매출 건에 대하여 공급일(11월 15일)에 전자세금계산서를 발급하였으나 발급명세를 **미전송**한 경우

[풀이] \<Case 1\>
· 과소신고가산세 = (1,000,000원 − 600,000원) × 10% × (100% − 90%)[1] = 4,000원
· 납부지연가산세 = (1,000,000원 − 600,000원) × (22/100,000) × 26일 = 2,288원
· 매출처별 세금계산서합계표 미제출가산세는 없음[2]

[1] 법정신고기한이 지난 후 1개월 이내 수정신고에 해당하므로 90% 감면된다.

[2] 전자세금계산서 발급명세가 재화·용역의 공급시기가 속하는 과세기간(예정신고의 경우에는 예정신고기간) 말의 다음 달 11일까지 국세청장에게 전송된 경우에는 해당 예정신고 또는 확정신고 시 매출·매입처별 세금계산서합계표를 제출하지 아니할 수 있다.

\<Case 2\>
· 과소신고가산세 = (1,000,000원 − 600,000원) × 10% × (100% − 90%) = 4,000원
· 납부지연가산세 = (1,000,000원 − 600,000원) × (22/100,000) × 26일 = 2,288원
· 발급명세지연전송가산세 = 10,000,000원 × 0.3% = 30,000원
· 매출처별 세금계산서합계표 미제출가산세는 없음

\<Case 3\>
· 과소신고가산세 = (1,000,000원 − 600,000원) × 10% × (100% − 90%) = 4,000원
· 납부지연가산세 = (1,000,000원 − 600,000원) × (22/100,000) × 26일 = 2,288원
· 발급명세 미전송가산세 = 10,000,000원 × 0.5% = 50,000원
· 매출처별 세금계산서합계표 미제출가산세는 없음[1]

[1] 전자세금계산서 발급명세 전송 관련 가산세가 적용되는 부분에 대하여는 매출처별 세금계산서합계표 불성실가산세가 적용 배제된다.

[매입매출전표입력] 메뉴를 이용한 예정신고누락분 자동반영

예정신고누락분을 확정신고서에 반영할 때, [매입매출전표입력] 메뉴에 누락된 거래의 전표를 입력한 후 확정신고서에 자동으로 반영되도록 할 수도 있다.

[사례] 다음은 제1기 예정신고 시 누락된 거래이다. [매입매출전표입력] 메뉴에 전표를 입력한 후 제1기 확정신고서로 반영시켜 보자. (가산세 계산 및 입력은 생략하기로 한다)

> 2월 14일 ㈜강남상사에 제품(공급가액 : 10,000,000원, 부가가치세 : 1,000,000원)을 현금 판매하고 전자세금계산서 발급 및 발급내역 전송을 하였다.

[풀이] [매입매출전표입력] 메뉴에서
① 2월 14일자 매출전표를 입력한다.

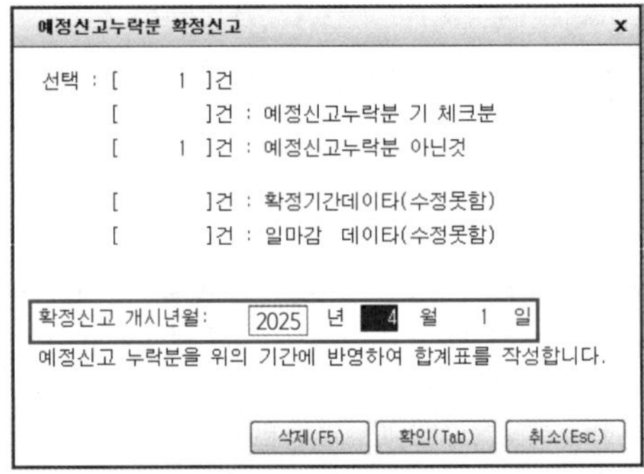

② 메뉴 화면 상단에 있는 [F11 간편집계 ..▼]의 ▼를 클릭하고, [SF5 예정 누락분] (또는 [Shift] + [F5])을 선택한 후, 대화창에서 확정신고 개시년월란에 "2025년 4월"을 입력하고 [확인(Tab)]을 클릭한다.

[부가가치세신고서] 메뉴에서
③ 조회기간란에 "4월 1일~6월 30일", 신고구분란에 "1.정기신고"를 입력하여 자동으로 작성된 부가가치세신고서 금액을 불러온다.
④ 2월 14일자 매출전표 내용이 제1기 확정신고서에서 예정누락분(매출)으로 반영되었는지 확인한다.

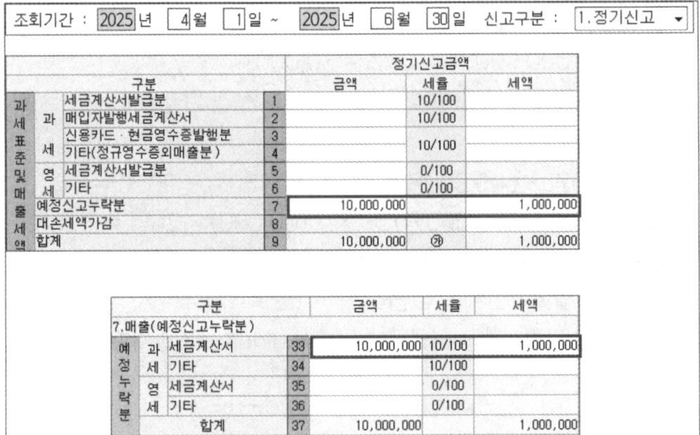

조회기간 : 2025년 4월 1일 ~ 2025년 6월 30일 신고구분 : 1.정기신고 ▼

구분			정기신고금액		
			금액	세율	세액
과세표준및매출세액	과세	세금계산서발급분	1		10/100	
		매입자발행세금계산서	2		10/100	
		신용카드 · 현금영수증발행분	3		10/100	
		기타(정규영수증외매출분)	4			
	영세	세금계산서발급분	5		0/100	
		기타	6		0/100	
	예정신고누락분		7	10,000,000		1,000,000
	대손세액가감		8			
	합계		9	10,000,000	㉮	1,000,000

구분				금액	세율	세액
7.매출(예정신고누락분)						
예정누락분	과세	세금계산서	33	10,000,000	10/100	1,000,000
		기타	34		10/100	
	영세	세금계산서	35		0/100	
		기타	36		0/100	
	합계		37	10,000,000		1,000,000

─ **+ 더알아보기4** ─

예정신고 시 누락된 매입 중에서 '세금계산서 수취분이면서 매입세액 불공제분'이 있는 경우

예정신고 시 누락된 매입 중에서, 세금계산서 수취분이면서 매입세액 불공제에 해당하는 금액을 확정 신고서에 반영할 때에는 ㉠ 예정신고누락분(매입)의 세금계산서[37]에 입력한 후 ㉡ 공제받지못할매입세액[49]에 다시 입력하여야 한다.

[사례] 기업업무추진비(매입세액 불공제분) 1,000,000원(VAT 제외)을 지출하고 세금계산서를 수취한 매입건이 예정신고 시 누락되어 확정신고에 반영하는 경우 다음과 같이 입력한다.

[풀이]

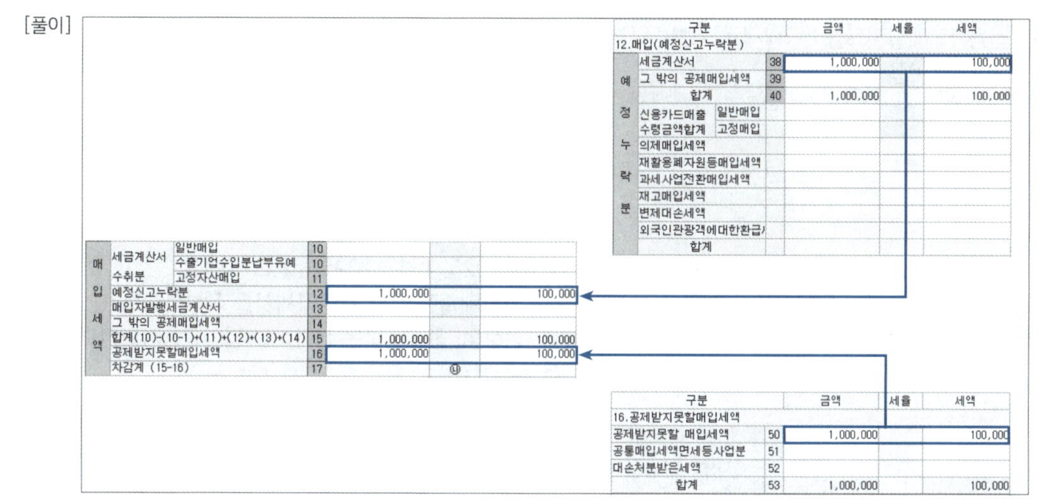

─ **+ 더알아보기5** ─

작성방법켜기 기능

[부가가치세신고서] 메뉴 상단에 있는 [F11 작성방법켜기](또는 Ctrl + F11)를 클릭하면 커서가 위치한 란에 대한 작성방법을 확인할 수 있다. 예를 들어, 가산세의 경우 해당 가산세의 정의, 가산세율, 감면율 등을 확인할 수 있다.

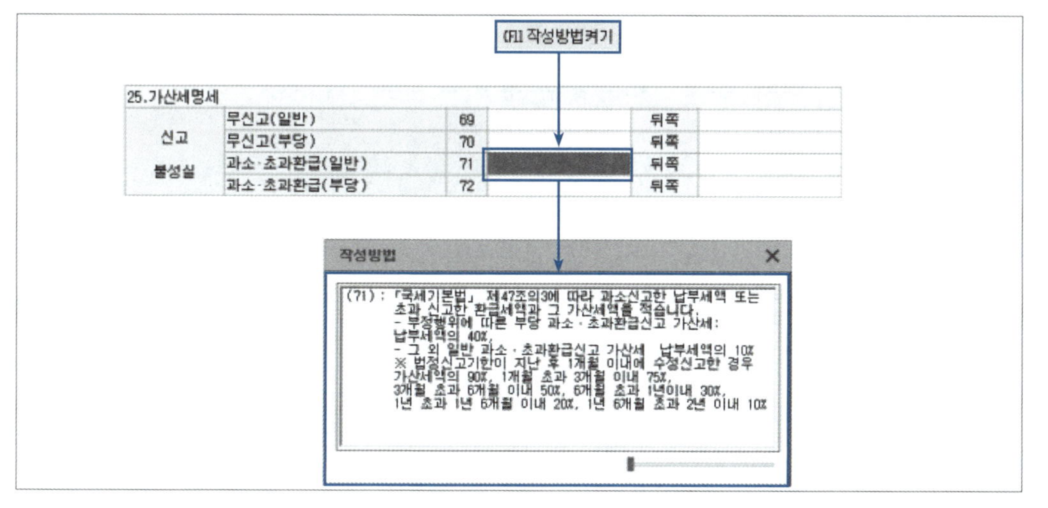

- [신용카드매출전표등수령명세서]는 사업자가 재화·용역을 공급받고 세금계산서 대신 신용카드매출전표 또는 현금영수증을 교부받은 경우 이것으로 매입세액공제를 받기 위해 작성하는 서식이다.
- [신용카드매출전표등수령명세서] 메뉴와 관련하여 제시된 자료에서 매입세액공제를 받을 수 있는 항목을 선별·집계하여 신용카드매출전표 등 수령명세서 해당란에 금액을 입력하는 문제는 실무시험 문제 3(4점)으로 출제된다.
- [신용카드매출전표등수령명세서] 화면은 [부가가치] ▶ [부가가치세] ▶ [신용카드매출전표등수령명세서]를 선택하여 들어갈 수 있다.

기출확인문제

㈜제일산업(코드번호 : 0101)의 당기(제5기) 회계기간은 2025. 1. 1.~2025. 12. 31.이다.
다음 자료를 이용하여 올해 제1기 확정신고 기간의 신용카드매출전표 등 수령명세서를 작성하시오. 단, 모든 거래처는 일반과세자이며, 매입세액공제가 가능한 사항만 반영하며, 전표입력은 생략하고 법인신용카드번호는 1000-2000-3000-4000(비씨카드)이다. 제59회

거래일자	거래내용	거래처명 (사업자등록번호)	대표자성명	공급대가 (VAT 포함)	거래처 업종	증빙자료
4월 3일	출장목적 항공권	보람항공 (123-81-45672)	김우주	2,200,000원	여객운송 등	사업용 신용카드
4월 15일	사무용품 구입	우리문구 (456-06-45672)	김사장	110,000원	소매/문구	사업용 신용카드
5월 20일	거래처 접대	차이나타운 (111-22-33332)	홍길동	440,000원	음식업	사업용 신용카드
6월 20일	업무용 컴퓨터 구입	컴사랑 (222-81-44441)	박영웅	6,600,000원	도소매/컴퓨터 등	사업용 신용카드

(1) 매입세액공제 여부 판단

거래일자	거래내용	거래처 업종	공제 여부	매입세액공제 받을 수 없는 이유
4월 3일	출장목적 항공권	여객운송업	X	여객운송업은 영수증만 발급할 수 있는 업종임
4월 15일	사무용품	소매업	O	–
5월 20일	기업업무추진비	음식점업	X	기업업무추진비는 매입세액 불공제 사유에 해당함
6월 20일	비품 구입	도소매업	O	–

▶ [신용카드매출전표등수령명세서]를 작성할 때 제외하여야 하는 항목

세금계산서 대신 교부받은 여러 건의 신용카드매출전표 또는 현금영수증 중에서 부가가치세신고서에는 매입세액공제를 받게 되는 항목의 금액만 그 밖의 공제매입세액란에 기재되어야 하므로, [신용카드매출전표등수령명세서]를 작성할 때 다음 항목들은 제외하여야 한다.

> · 세금계산서와 신용카드매출전표·현금영수증을 동시에 수취한 분
> · 매입세액 불공제분
> 　예 기업업무추진비, 비영업용 소형승용차, 면세사업, 토지 관련 매입세액
> · 간이과세자 중 신규사업자 및 직전연도 공급대가가 4,800만 원 미만인 사업자로부터 받은 수취분
> · 영수증만 발급할 수 있는 업종인 목욕, 이발, 미용, 여객운송업(전세버스 제외), 입장권발행 사업자 등으로부터 받은 수취분

(2) 입력방법

[신용카드매출전표등수령명세서] 메뉴에서

① 조회기간란에 "4월~6월"을 입력한다.

② 4월 15일 거래에 대하여, 3.거래내역입력에서 월/일란에 "04-15", 구분란에 "3:사업", 공급자란에 "우리문구", 공급자(가맹점) 사업자등록번호란에 "456-06-45672", 카드회원번호란에 "1000-2000-3000-4000", 거래건수란에 "1", 공급가액란에 "100,000", 세액란에 "10,000"을 입력한다.

　▶ 구분란에 커서를 두고 화면 하단의 　구분(1:현금 2:복지, 3:사업, 4:신용)　에 따라 아래 네 가지 중 하나를 선택하여 입력한다.

1 : 현금	현금영수증	3 : 사업	회사 명의의 법인카드
2 : 복지	화물운전자가 발급받은 화물운전자복지카드	4 : 신용	임직원 명의의 개인카드

　▶ 공급자 또는 공급자(가맹점) 사업자등록번호란에 커서를 두고 코드(또는 F2)를 클릭한 후, 거래처 도움 검색창에서 거래처를 검색하여 확인(Enter)을 클릭하면 [거래처등록] 메뉴에 등록되어 있는 정보에 따라 공급자와 공급자 사업자등록번호가 자동으로 입력된다.

　▶ 카드회원번호란에 커서를 두고 코드(또는 F2)를 클릭한 후, 거래처도움 검색창에서 거래처를 검색하여 확인(Enter)을 클릭하면 [거래처등록] 메뉴에 등록되어 있는 정보에 따라 카드번호(매입)가 자동으로 입력된다. 만약 [거래처등록] 메뉴에 등록되어 있지 않은 카드번호라면 이를 직접 입력하면 된다.

③ 6월 20일 거래에 대하여, 3.거래내역입력에서 월/일란에 "06-20", 구분란에 "3 : 사업", 공급자란에 "컴사랑", 공급자(가맹점) 사업자등록번호란에 "222-81-44441", 카드회원번호란에 "1000-2000-3000-4000", 거래건수란에 "1", 공급가액란에 "6,000,000", 세액란에 "600,000"을 입력한다.

④ '3.거래내역입력'에 입력된 내용이 '2.신용카드 등 매입내역 합계'에서 집계되어 표시됨을 확인한다.

🔽 ①~④ 입력결과 화면은 아래와 같다.

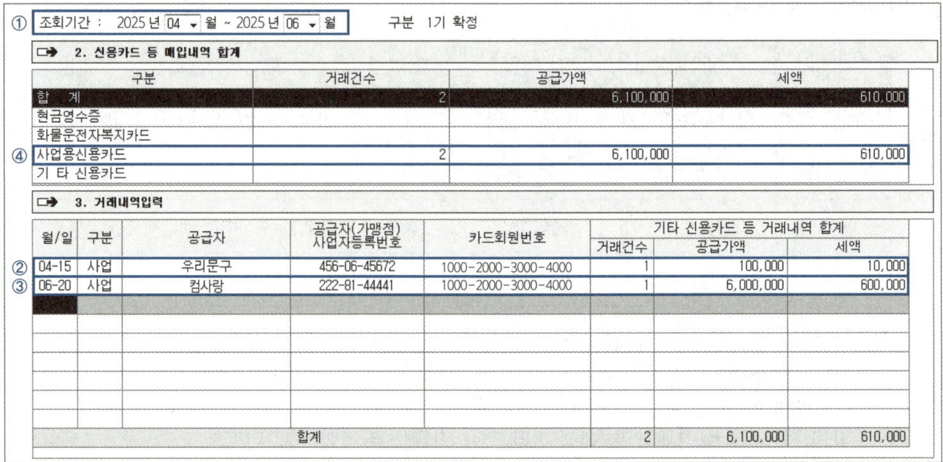

① 조회기간 : 2025 년 04 ▾ 월 ~ 2025 년 06 ▾ 월   구분 1기 확정

□→ 2. 신용카드 등 매입내역 합계

구분	거래건수	공급가액	세액
합　계	2	6,100,000	610,000
현금영수증			
화물운전자복지카드			
④ 사업용신용카드	2	6,100,000	610,000
기　타　신용카드			

□→ 3. 거래내역입력

월/일	구분	공급자	공급자(가맹점) 사업자등록번호	카드회원번호	기타 신용카드 등 거래내역 합계 거래건수	공급가액	세액
② 04-15	사업	우리문구	456-06-45672	1000-2000-3000-4000	1	100,000	10,000
③ 06-20	사업	컴사랑	222-81-44441	1000-2000-3000-4000	1	6,000,000	600,000
		합계			2	6,100,000	610,000

참고　[매입매출전표입력] 메뉴와의 관계

[매입매출전표입력] 메뉴에서 '57.카과', '61.현과'로 입력하면 [신용카드매출전표등수령명세서] 메뉴에 자동 반영된다. 실제 문제에서는 [신용카드매출전표등수령명세서] 메뉴에 직접 금액을 입력하는 방식으로 출제된다.

불러오기

메뉴 화면 상단에 있는 F4 불러오기 (또는 F4)를 클릭한 후, 대화창에서 예(Y) 를 클릭하면 [매입매출전표입력] 메뉴에 입력된 내용만으로 자동 작성된 데이터를 불러온다.

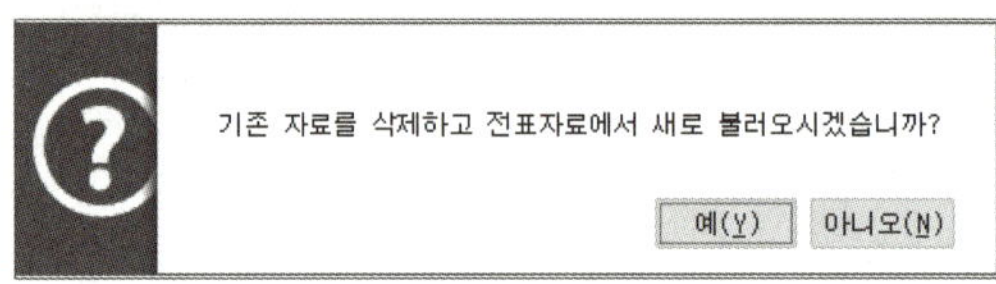

<table>
<tr><td>04</td><td>신용카드매출전표등발행금액집계표</td></tr>
</table>

- [신용카드매출전표등발행금액집계표]는 사업자가 재화·용역을 공급하고 신용카드매출전표 또는 현금영수증을 발급한 경우 이에 대한 내역을 신고하는 서식이다. 개인사업자의 경우 이 서식은 신용카드매출전표 등 발행공제 금액을 계산하는 근거를 제공한다.
- [신용카드매출전표등발행금액집계표] 메뉴와 관련하여 거래 내용을 반영하여 [신용카드매출전표등발행금액집계표] 해당란에 금액을 입력하는 문제는 실무시험 문제 3(4점)으로 출제된다.
- [신용카드매출전표등발행금액집계표] 화면은 [부가가치] ▶ [부가가치세] ▶ [신용카드매출전표등발행금액집계표]를 선택하여 들어갈 수 있다.

기출확인문제

㈜제일산업(코드번호 : 0101)의 당기(제5기) 회계기간은 2025. 1. 1.~2025. 12. 31.이다.
다음 자료를 보고 올해 제2기 예정신고기간의 [신용카드매출전표등발행금액집계표]를 작성하시오. (매입매출전표 입력은 생략하고, 서식을 불러올 때 자동으로 반영되는 자료는 삭제한다) 제56회

- 7월 19일 비사업자인 김철수 씨에게 제품 5,500,000원(부가가치세 포함)을 판매하고 현금영수증을 발급하였다.
- 8월 6일 ㈜대길에게 제품 9,900,000원(부가가치세 포함)을 판매하고 전자세금계산서를 발급하였으며, 대금 중 5,000,000원은 현금으로, 4,900,000원은 9월 18일 롯데카드로 결제받았다.
- 9월 27일 ㈜국제에게 제품 8,800,000원(부가가치세 포함)을 판매하고 롯데카드로 대금결제를 받았다.

기출 따라 하기

▶관련 이론 | 신고와 납부 p.474

[신용카드매출전표등발행금액집계표] 메뉴에서

① 조회기간란에 "7월~9월"을 입력한다.

② 과세 매출분의 신용·직불·기명식 선불카드란에 "13,700,000[1)]"을 입력한다.
   [1)] 4,900,000(8월 6일) + 8,800,000(9월 27일) = 13,700,000원

  ▶ 과세 매출분의 경우, 공급가액과 부가가치세가 포함된 전체 결제금액(즉, 공급대가)을 입력한다.
  ▶ 신용카드매출전표 등 발행금액에 대하여 세금계산서 또는 계산서도 발급된 경우라 하더라도, 일단 신용카드매출전표 등 발행금액을 전액 입력한다.

    참고. 동일 매출에 대하여 신용카드매출전표와 세금계산서가 동시에 발급되는 경우 매출금액이 과세관청에 중복 보고되어 과세행정상 혼란을 줄 수 있기 때문에, 부가가치세법에서는 나군의 경우 원칙적으로 둘 중 하나만 발급하도록 유도하고 있다. 그러나 이에 대한 가산세는 따로 없는 관계로 실무에서는 신용카드매출전표와 세금계산서가 동시에 발급되는 경우가 종종 일어난다.

③ 과세 매출분의 현금영수증란에 7월 19일의 제품 판매금액 "5,500,000"을 입력한다.

④ 세금계산서교부금액란에 8월 6일 세금계산서 발급분 중 카드결제금액인 "4,900,000"을 입력한다.

  ▶ 3.신용카드매출전표 등 발행금액 중 세금계산서 교부내역의 입력
    · 세금계산서발급금액 : 과세 매출분에 해당하는 신용·직불·기명식 선불카드 및 현금영수증 합계금액 중 세금계산서를 발급한 금액(공급대가)을 입력한다.
    · 계산서발급금액 : 면세 매출분에 해당하는 신용·직불·기명식 선불카드 및 현금영수증 합계금액 중 계산서를 발급한 금액을 입력한다.

▼ ①~④ 입력결과 화면은 아래와 같다.

① 조회기간 : 2025 년 07 ▼ 월 ~ 2025 년 09 ▼ 월   구분 2기 예정

□➡ 1. 인적사항

상호[법인명]	(주)제일산업	성명[대표자]	김성훈	사업등록번호	214-81-29115
사업장소재지	서울특별시 강남구 논현동 1-3				

□➡ 2. 신용카드매출전표 등 발행금액 현황

구 분	합 계	신용 · 직불 · 기명식 선불카드	현금영수증	직불전자지급 수단 및 기명식선불 전자지급수단
합 계	19,200,000	13,700,000	5,500,000	
과세 매출분	19,200,000	② 13,700,000	③ 5,500,000	
면세 매출분				
봉 사 료				

□➡ 3. 신용카드매출전표 등 발행금액중 세금계산서 교부내역

세금계산서발급금액	④ 4,900,000	계산서발급금액	

＋ 더 알아보기1

[부가가치세신고서] 메뉴와의 관계

상기 사례에서의 [신용카드매출전표등발행금액집계표] 메뉴 입력 결과를 제2기 예정신고기간의 [부가가치세신고서] 메뉴에 반영하여 보면 다음과 같다.

[풀이]

구분				정기신고금액		
				금액	세율	세액
과세표준및매출세액	과세	세금계산서발급분	1	9,000,000 [1]	10/100	900,000
		매입자발행세금계산서	2		10/100	
		신용카드 · 현금영수증발행분	3	13,000,000 [2]	10/100	1,300,000
		기타(정규영수증외매출분)	4			
	영세	세금계산서발급분	5		0/100	
		기타	6		0/100	
	예정신고누락분		7			
	대손세액가감		8			
	합계		9	22,000,000 [3] ㉮		2,200,000
경감공제세액	그 밖의 경감 · 공제세액		18			
	신용카드매출전표등 발행공제등		19	14,300,000 [4]		[5]
	합계		20		㉣	

× 1.1

[1] 9,900,000 × (100/110) = 9,000,000원

세금계산서도 발급하고 신용카드매출전표도 발급한 금액도 일부 포함되어 있지만, 부가가치세신고서상에는 '세금계산서 발급분'으로 입력하면 된다.

[2] {5,500,000 × (100/110)} + {8,800,000 × (100/110)} = 13,000,000원

[3] {5,500,000 × (100/110)} + {9,900,000 × (100/110)} + {8,800,000 × (100/110)} = 22,000,000원

[4] · 과세 매출분 공급대가에 해당하는 신용·직불·기명식 선불카드 및 현금영수증 합계액 − 세금계산서발급금액
= 19,200,000원 − 4,900,000원 = 14,300,000원

· 법인의 경우, 신용카드매출전표 등 발행공제가 적용되지 않으므로 (문제에서 별도의 요구사항이 없다면) '금액'란을 입력하지 않더라도 채점에는 영향이 없다.

[5] 법인의 경우, 공제가 적용되지 않으므로 '세액'란에는 숫자가 입력되지 않는다.

➕ 더알아보기2

세금계산서와 신용카드매출전표·현금영수증을 동시에 수취하거나 발급한 경우, 서식 작성방법

서식	동시에 수취한 경우	동시에 발급한 경우
부가가치세 신고서	[부가가치세신고서] 메뉴에서 세금계산서 수취분으로 입력함	[부가가치세신고서] 메뉴에서 세금계산서 발급분으로 입력함
부속서식	[신용카드매출전표등수령명세서] 메뉴에서 입력하지 않음	[신용카드매출전표등발행금액집계표] 메뉴에서 두 군데[1]에 입력함

[1] '2. 신용카드매출전표 등 발행금액 현황'과 '3. 신용카드매출전표 등 발행금액 중 세금계산서 교부내역'에 각각 입력함

05 공제받지못할매입세액명세서

- [공제받지못할매입세액명세서]는 ㉠ 매입세액불공제 사유에 해당하는 불공제분과 ㉡ 공통매입세액의 안분·정산·재계산에 의한 불공제분에 대하여 내역을 신고하는 서식이다.
- [공제받지못할매입세액명세서] 메뉴와 관련하여 제시된 자료에서 ㉠ 매입세액불공제 사유에 해당하는 금액과 ㉡ 공통매입세액의 안분·정산·재계산에 의한 불공제 금액을 해당란에 입력하는 문제는 실무시험 문제 3 (4점)으로 출제된다.
- [공제받지못할매입세액명세서] 화면은 [부가가치] ▶ [부속명세서 I] ▶ [공제받지못할매입세액명세서]를 선택하여 들어갈 수 있다.

1) 매입세액 불공제분

기출확인문제

㈜제일산업(코드번호 : 0101)의 당기(제5기) 회계기간은 2025. 1. 1.~2025. 12. 31.이다.
다음은 올해 제2기 예정신고기간(7. 1.~9. 30.)에 발생한 매입자료이다. 기존에 입력된 자료는 삭제하고 다음의 자료만으로 부가가치세신고서의 부속서류인 [공제받지못할매입세액명세서]를 작성하시오. [제55회]

- 상품(공급가액 : 3,000,000원, 부가가치세 : 300,000원)을 구입하고 세금계산서를 수취하였으나, 세금계산서에 공급받는 자의 상호 및 공급받는 자의 대표자 성명이 누락되는 오류가 있었다.
- 대표이사가 사업과 상관없이 개인적으로 사용할 노트북을 1,000,000원(부가가치세 별도)에 구입하고 ㈜제일산업을 공급받는 자로 하여 세금계산서를 교부받았다.
- 회사의 업무용으로 사용하기 위하여 차량(배기량 2,500cc, 5인용, 승용)을 21,500,000원(부가가치세 별도)에 구입하고 세금계산서를 받았다.
- 매출 거래처에 선물용으로 공급하기 위해서 우산(단가 : 10,000원, 수량 : 200개, 부가가치세 별도)을 구입하고 세금계산서를 교부받았다.

(1) 매입세액불공제 사유에 해당하는 항목인지 판단

매입거래내용	세금계산서[1]	공제 / 불공제	비 고
세금계산서에 공급받는 자의 상호, 대표자 성명 기재 누락	O	공 제	공급하는 자의 상호는 필요적 기재사항이나, 공급받는 자의 상호는 필요적 기재사항이 아니므로 기재 누락되더라도 매입세액공제가 가능함
대표이사가 사업과 상관없이 개인적으로 사용할 노트북 구입	O	불공제	사업과 직접 관련없는 지출
회사 업무용으로 소형승용차(8인승 이하, 1,000cc 초과)를 구입	O	불공제	비영업용 소형승용차 관련 지출
거래처 선물용으로 사용할 물건을 구입	O	불공제	기업업무추진비 관련 지출

[1] 10% 부가가치세가 포함된 세금계산서를 받았는지 여부를 먼저 확인해야 한다.

(2) 입력방법

[공제받지못할매입세액명세서] 메뉴에서

① 조회기간란에 "7월~9월"을 입력한다.

② [공제받지못할매입세액내역] 탭을 클릭한다.

③ ②사업과 직접 관련 없는 지출의 매수란에 "1", 공급가액란에 "1,000,000", 매입세액란에 "100,000"을 입력한다.

④ ③개별소비세법 제1조제2항제3호에 따른 자동차(비영업용 소형승용자동차) 구입·유지 및 임차의 매수란에 "1", 공급가액란에 "21,500,000", 매입세액란에 "2,150,000"을 입력한다.

⑤ ④기업업무추진비 및 이와 유사한 비용 관련의 매수란에 "1", 공급가액란에 "2,000,000", 매입세액란에 "200,000"을 입력한다.

▼ ①~⑤ 입력결과 화면은 아래와 같다.

	매입세액 불공제 사유	세금계산서		
		매수	공급가액	매입세액
	①필요적 기재사항 누락 등			
③	②사업과 직접 관련 없는 지출	1	1,000,000	100,000
④	③개별소비세법 제1조제2항제3호에 따른 자동차 구입·유지 및 임차	1	21,500,000	2,150,000
⑤	④기업업무추진비 및 이와 유사한 비용 관련	1	2,000,000	200,000
	⑤면세사업등 관련			
	⑥토지의 자본적 지출 관련			
	⑦사업자등록 전 매입세액			
	⑧금·구리 스크랩 거래계좌 미사용 관련 매입세액			
	합계	3	24,500,000	2,450,000

조회기간 : 2025 년 07 월 ~ 2025 년 09 월　구분 : 2기 예정

② 공제받지못할매입세액내역　공통매입세액안분계산내역　공통매입세액의정산내역　납부세액또는환급세액재계산

참고 [매입매출전표입력] 메뉴와의 관계

[매입매출전표입력] 메뉴에서 "54.불공"[1]으로 입력하면 [공제받지못할매입세액명세서] 메뉴의 [공제받지못할매입세액내역] 탭에 자동 반영된다. 실제 문제에서는 [공제받지못할매입세액명세서] 메뉴에 직접 금액을 입력하는 방식으로 출제된다.

[1] ㉠ 10% 부가가치세가 포함된 세금계산서를 받고, ㉡ 매입세액 불공제 사유에 해당하여야 한다.

2) 공통매입세액 안분·정산·재계산

㈜제일산업(코드번호 : 0101)의 당기(제5기) 회계기간은 2025. 1. 1.~2025. 12. 31.이다.
회사는 올해 3월 5일에 과세사업과 면세사업에 같이 사용하기 위하여 건물을 공급가액 100,000,000원, 부가가치세 10,000,000원을 지불하고 구입하였다. 한편 동 건물에 딸려 있는 토지는 총 400,000,000원을 지불하고 구입하였다. 올해 제1기 확정신고 시 [공제받지못할매입세액명세서]를 작성하시오.
회사는 예정신고 시 공급가액기준으로 정상적으로 공통매입세액 안분계산을 하였다. (단, 불러오는 데이터는 삭제하고 새로 작성하시오) 제58회

구 분	과세공급가액	면세공급가액	합 계
올해 제1기 예정	800,000,000원	1,200,000,000원	2,000,000,000원
올해 제1기 확정	1,000,000,000원	2,000,000,000원	3,000,000,000원
합 계	1,800,000,000원	3,200,000,000원	5,000,000,000원

▶관련 이론 | 매출세액과 매입세액 p.464

(1) 공통매입세액의 안분·정산에 의한 불공제 금액 계산

- 과세사업과 면세사업에 공통으로 사용하더라도 토지는 면세 재화로서 부가가치세 매입세액 자체가 발생하지 않으므로 안분·정산 대상이 아니다.
- 과세사업과 면세사업에 공통으로 사용하는 건물에 대한 매입세액 10,000,000원은 공통매입세액으로서 안분·정산 대상에 해당한다.
- 정산이란 예정신고 때 했던 3개월 동안의 임시적인 면세비율에 의한 안분계산을 전체 과세기간인 6개월 단위로 다시 정확하게 안분계산하여 조정하는 것을 말한다.
- 올해 제1기 예정 안분계산내역 : 10,000,000 × (12억 원/20억 원) = 6,000,000원 불공제
- 올해 제1기 확정 정산내역 : 10,000,000 × (12억 원 + 20억 원)/(20억 원 + 30억 원) − 6,000,000
  = 400,000원 불공제

(2) 입력방법

[공제받지못할매입세액명세서] 메뉴에서

① 조회기간란에 "4월~6월"을 입력한다.

② [공통매입세액의정산내역] 탭을 클릭한다.

③ 문제에서 공통매입세액을 공급가액기준으로 안분하였다고 명시되어 있으므로, 산식란에서 "1.당해과
세기간의 공급가액기준"을 선택하여 입력한다.

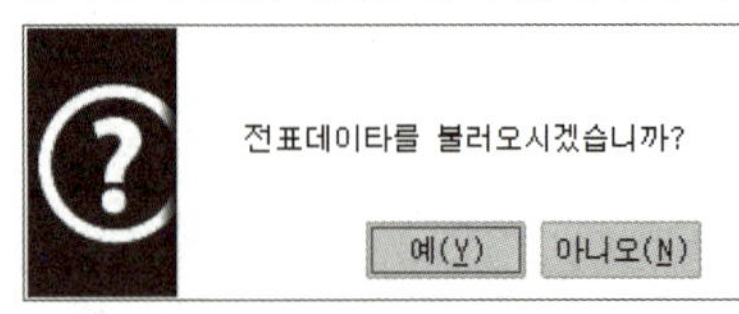

▶ 안분기준 선택 방법

· 과세와 면세비율을 정하는 안분기준은 '1 : 공급가액'을 원칙으로 하고, 공급가액이 없으면 '2 : 매
입가액', '3 : 예정공급가액', '4 : 예정사용면적'의 순으로 적용한다. (다만, 건물은 '4 : 예정사용
면적'을 '2', '3'보다 우선 적용)

· 산식란에 안분기준을 선택 입력하면 아래와 같은 대화창이 나타난다.

여기서, [예(Y)]를 클릭하면 해당기간에 전표로 입력된 총공급가액(총매입가액)과 면세공급가액
(면세매입가액)을 자동으로 불러온다. 실제 문제에서는 금액을 [공제받지못할매입세액명세서]
메뉴에 직접 금액을 입력하는 방식으로 출제된다.

④ 총공통매입세액란에 "10,000,000"을 입력한다.

⑤ 총공급가액란에 "5,000,000,000"[1], 면세공급가액란에 "3,200,000,000"[2]을 입력한다.
   [1] 전체 과세기간인 6개월 동안의 총공급가액 = 2,000,000,000 + 3,000,000,000 = 5,000,000,000원
   [2] 전체 과세기간인 6개월 동안의 면세공급가액 = 1,200,000,000 + 2,000,000,000 = 3,200,000,000원

⑥ 불공제매입세액총액란에 "6,400,000"이 자동 계산됨을 확인한다.

▶ 전체 과세기간인 6개월 동안의 면세비율로 정확하게 안분계산한 공통매입세액 불공제 금액
   = 10,000,000 × (12억 원 + 20억 원)/(20억 원 + 30억 원) = 6,400,000원

⑦ 기불공제매입세액란에 "6,000,000"을 입력한다.

▶ 예정신고 때 3개월 동안의 면세비율로 임시적으로 안분계산했던 공통매입세액 불공제 금액

⑧ 가산또는공제되는매입세액란에 "400,000"이 자동 계산됨을 확인한다.

▶ 해당 금액이 양수(+)이면 공통매입세액 면세사업분이 증가한 경우이므로 공제받지 못할 매입세액
   이 증가한다.

🔽 ①~⑧ 입력결과 화면은 아래와 같다.

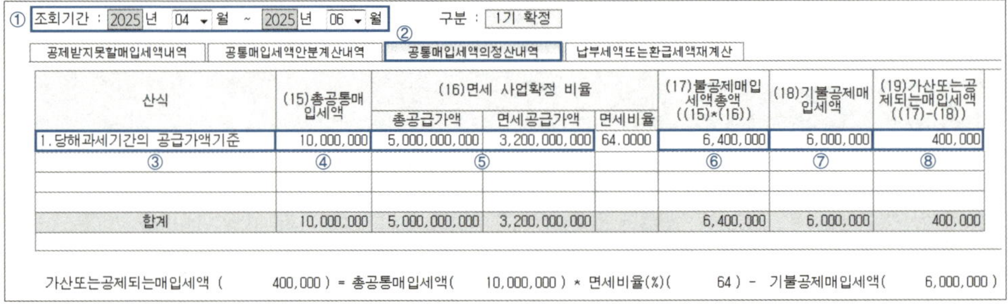

| ① 조회기간 : 2025년 04월 ~ 2025년 06월 | | 구분 : 1기 확정 | | | | | |

| 공제받지못할매입세액내역 | 공통매입세액안분계산내역 | 공통매입세액의정산내역 | 납부세액또는환급세액재계산 |

산식	(15)총공통매입세액	(16)면세 사업확정 비율			(17)불공제매입세액총액 ((15)*(16))	(18)기불공제매입세액	(19)가산또는공제되는매입세액 ((17)-(18))
		총공급가액	면세공급가액	면세비율			
1.당해과세기간의 공급가액기준	10,000,000	5,000,000,000	3,200,000,000	64.0000	6,400,000	6,000,000	400,000
③	④	⑤			⑥	⑦	⑧
합계	10,000,000	5,000,000,000	3,200,000,000		6,400,000	6,000,000	400,000

가산또는공제되는매입세액 (400,000) = 총공통매입세액(10,000,000) * 면세비율(%)(64) - 기불공제매입세액(6,000,000)

+ 더 알아보기

공통매입세액의 안분·정산·재계산에 대한 서식 작성

[사례] 회사는 과세사업(택시)과 면세사업(마을버스)에 같이 사용하기 위하여 올해 1월 2일에 기계장치 (차량수리용)를 공급가액 8,000,000원, 부가가치세 800,000원에 구입하고 세금계산서를 발급받았다. 과세와 면세 공급가액이 다음과 같을 때, 부가가치세 신고에 필요한 [공제받지못할매입세액명세서] 와 [부가가치세신고서] 메뉴를 입력하시오.

구 분	과세공급가액	면세공급가액	합 계	면세비율
올해 1. 1.~3. 31.	7억 원	3억 원	10억 원	30%
올해 4. 1.~6. 30.	9억 원	6억 원	15억 원	40%
합 계	16억 원	9억 원	25억 원	36%
올해 7. 1.~9. 30.	6억 원	4억 원	10억 원	40%
올해 10. 1.~12. 31.	5억 원	5억 원	10억 원	50%
합 계	11억 원	9억 원	20억 원	45%

[풀이] ① 안분계산(올해 제1기 예정신고)

- 면세 관련 매입세액 = 공통매입세액 × 해당 과세기간의 $\dfrac{\text{면세공급가액}}{\text{총공급가액}}$

$$= 800,000 \times \frac{3억}{10억} = 240,000원(불공제)$$

- [공제받지못할매입세액명세서] 메뉴에서
  - ▶ [공통매입세액안분계산내역] 탭은 예정신고 때에만 사용한다.

조회기간 : 2025년 01월 ~ 2025년 03월 　　구분 : 1기 예정

공제받지못할매입세액내역	공통매입세액안분계산내역	공통매입세액의정산내역	납부세액또는환급세액재계산

산식	과세·면세사업 공통매입		⑫총공급가액등	⑬면세공급가액등	면세비율(⑬÷⑫)	⑭불공제매입세액 [⑪×(⑬÷⑫)]
	⑩공급가액	⑪세액				
1. 당해과세기간의 공급가액기준	8,000,000	800,000	1,000,000,000	300,000,000	30.0000	240,000
합계	8,000,000	800,000	1,000,000,000	300,000,000		240,000

불공제매입세액 (240,000) = 세액(800,000) * $\dfrac{\text{면세공급가액등} \quad (\quad 300,000,000\ )}{\text{총공급가액} \quad (\quad 1,000,000,000\ )}$

- [부가가치세신고서] 메뉴에서
  ▶ 공통매입세액면세등사업분[51]은 [공제받지못할매입세액명세서] 메뉴에서 공통매입세액에 대한 [안분계산], [정산], [재계산] 탭을 작성하고 저장하면 자동 반영된다.

조회기간 : 2025 년 1 월 1 일 ~ 2025 년 3 월 31 일

구분			정기신고금액		
			금액	세율	세액
매입세액	세금계산서 수취분	일반매입 (10)			
		수출기업수입분납부유예 (10)			
		고정자산매입 (11)	8,000,000		800,000
	예정신고누락분 (12)				
	매입자발행세금계산서 (13)				
	그 밖의 공제매입세액 (14)				
	합계(10)-(10-1)+(11)+(12)+(13)+(14) (15)		8,000,000		800,000
	공제받지못할매입세액 (16)		2,400,000		240,000
	차감계 (15-16) (17)		5,600,000	⑭	560,000

구분		금액	세율	세액
16.공제받지못할매입세액				
공제받지못할 매입세액	50			
공통매입세액면세등사업분	51	2,400,000		240,000
대손처분받은세액	52			
합계	53	2,400,000		240,000

② 정산(올해 제1기 확정신고)

- 면세 관련 매입세액 = (공통매입세액 × 해당 과세기간의 $\dfrac{면세공급가액}{총공급가액}$) − 기 불공제 매입세액

$$= (800,000 × \dfrac{(3억 + 6억)}{(10억 + 15억)}) − 240,000 = 48,000원(불공제)$$

- [공제받지못할매입세액명세서] 메뉴에서
  ▶ [공통매입세액정산내역] 탭은 확정신고 때에만 사용한다.

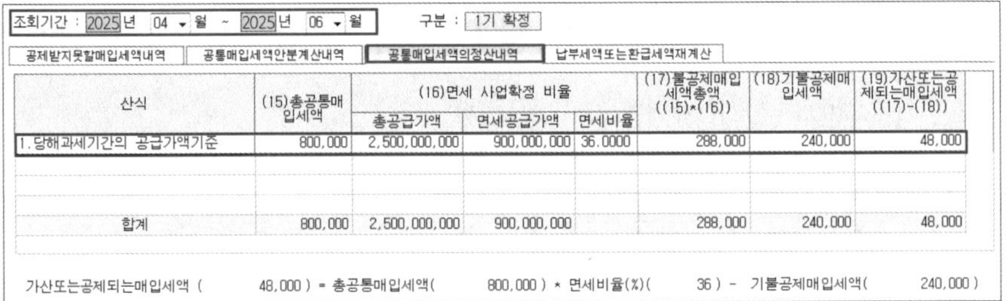

조회기간 : 2025 년 04 월 ~ 2025 년 06 월   구분 : 1기 확정

공제받지못할매입세액내역 | 공통매입세액안분계산내역 | 공통매입세액의정산내역 | 납부세액또는환급세액재계산

산식	(15)총공통매입세액	(16)면세 사업확정 비율			(17)불공제매입세액총액 ((15)*(16))	(18)기불공제매입세액	(19)가산또는공제되는매입세액 ((17)-(18))
		총공급가액	면세공급가액	면세비율			
1.당해과세기간의 공급가액기준	800,000	2,500,000,000	900,000,000	36.0000	288,000	240,000	48,000
합계	800,000	2,500,000,000	900,000,000		288,000	240,000	48,000

가산또는공제되는매입세액 (48,000) = 총공통매입세액(800,000) * 면세비율(%)(36) − 기불공제매입세액(240,000)

- [부가가치세신고서] 메뉴에서
  ▶ 공통매입세액면세등사업분[51]은 [공제받지못할매입세액명세서] 메뉴에서 공통매입세액에 대한 [안분계산], [정산], [재계산] 탭을 작성하고 저장하면 자동 반영된다.

조회기간 : 2025 년 4 월 1 일 ~ 2025 년 6 월 30 일

구분			정기신고금액		
			금액	세율	세액
매입세액	세금계산서 수취분	일반매입 (10)			
		수출기업수입분납부유예 (10)			
		고정자산매입 (11)			
	예정신고누락분 (12)				
	매입자발행세금계산서 (13)				
	그 밖의 공제매입세액 (14)				
	합계(10)-(10-1)+(11)+(12)+(13)+(14) (15)				
	공제받지못할매입세액 (16)		480,000		48,000
	차감계 (15-16) (17)		−480,000	⑭	−48,000

구분		금액	세율	세액
16.공제받지못할매입세액				
공제받지못할 매입세액	50			
공통매입세액면세등사업분	51	480,000		48,000
대손분받은세액	52			
합계	53	480,000		48,000

③ 재계산(올해 제2기 확정신고)

- 가산 또는 공제되는 매입세액 = 공통매입세액 × {1 − (체감률 × 경과된 과세기간의 수)} × 면세증감비율
  = 800,000원 × {1 − (25% × 1)} × (45% − 36%) = 54,000원(불공제)

  ▶ 재계산 요건

  > - 과세사업과 면세사업에 공통으로 사용되고 있는 감가상각자산이어야 함
  > - 면세비율 변동이 5% 이상 생긴 경우이어야 함
  > - 당초 구입 시 안분계산 또는 매입세액공제 되었어야 함

  ▶ 재계산 공식

  > 가산 또는 공제되는 매입세액
  > = 해당 재화의 매입세액 × (1 − 체감률[1] × 경과된 과세기간 수) × 증가 또는 감소된 면세비율

  [1] 건물 및 구축물 5%, 기타의 감가상각자산 25%

  ▶ 재계산은 예정신고 시에는 하지 않고, 확정신고 시에만 한다.
  ▶ 면세비율은 과세기간(6개월)을 단위로 5% 이상 증감 여부를 판단한다.

- [공제받지못할매입세액명세서] 메뉴에서

  ▶ [납부세액또는환급세액재계산] 탭은 확정신고 때에만 사용한다.

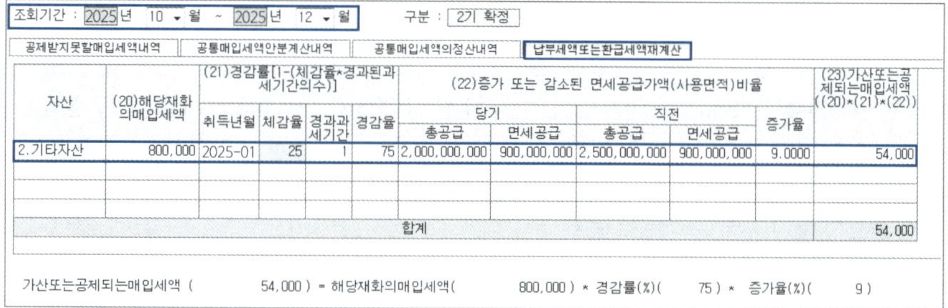

조회기간 : 2025년 10월 ~ 2025년 12월   구분 : 2기 확정

자산	(20)해당재화의매입세액	(21)경감률[1-(체감율*경과된과세기간의수)]				(22)증가 또는 감소된 면세공급가액(사용면적)비율					(23)가산또는공제되는매입세액((20)*(21)*(22))
		취득년월	체감율	경과과세기간	경감율	당기		직전		증가율	
						총공급	면세공급	총공급	면세공급		
2.기타자산	800,000	2025-01	25	1	75	2,000,000,000	900,000,000	2,500,000,000	900,000,000	9.0000	54,000
합계											54,000

가산또는공제되는매입세액(54,000) = 해당재화의매입세액(800,000) * 경감률(%)(75) * 증가율(%)(9)

  ▶ 기계장치는 건물·구축물이 아니므로, 자산란에서 "2 : 기타자산"을 선택하여 입력한다.

  > 1:건물,구축물
  > 2:기타자산

- [부가가치세신고서] 메뉴에서

  ▶ 공통매입세액면세등사업분[51]은 [공제받지못할매입세액명세서] 메뉴에서 공통매입세액에 대한 [안분계산], [정산], [재계산] 탭을 작성하고 저장하면 자동 반영된다.

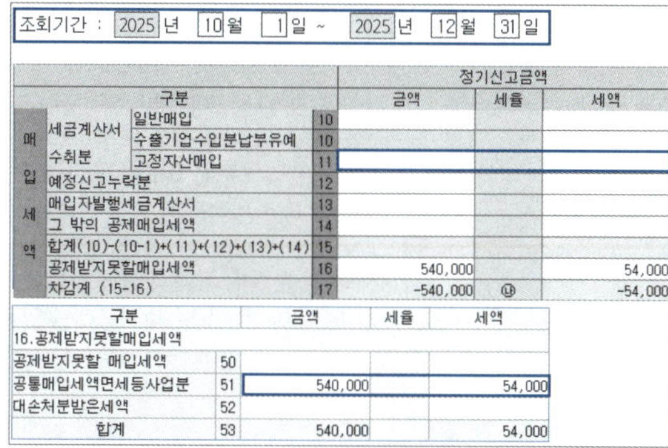

조회기간 : 2025년 10월 1일 ~ 2025년 12월 31일

	구분			정기신고금액		
				금액	세율	세액
매입세액	세금계산서수취분	일반매입	10			
		수출기업수입분납부유예	10			
		고정자산매입	11			
	예정신고누락분		12			
	매입자발행세금계산서		13			
	그 밖의 공제매입세액		14			
	합계(10)-(10-1)+(11)+(12)+(13)+(14)		15			
	공제받지못할매입세액		16	540,000		54,000
	차감계 (15-16)		17	−540,000	ⓘ	−54,000

구분		금액	세율	세액
16.공제받지못할매입세액				
공제받지못할 매입세액	50			
공통매입세액면세등사업분	51	540,000		54,000
대손처분받은세액	52			
합계	53	540,000		54,000

- [대손세액공제신고서]는 대손이 발생한 경우 대손세액을 공제받기 위하여 작성하는 서식이다.
- [대손세액공제신고서] 메뉴와 관련하여 제시된 자료에서 대손세액공제 요건을 충족하는 항목을 선별·집계하여 대손세액공제신고서 해당란에 금액을 입력하는 문제는 실무시험 문제 3(3~7점)으로 출제된다.
- [대손세액공제신고서] 화면은 [부가가치] ▶ [부속명세서 I] ▶ [대손세액공제신고서]를 선택하여 들어갈 수 있다.

기출확인문제

㈜제일산업(코드번호 : 0101)의 당기(제5기) 회계기간은 2025. 1. 1.~2025. 12. 31.이다.
다음 자료를 이용하여 올해 제2기 확정분 대손세액공제신고서를 작성하시오. 제56회

| 대손사유
발생일 | 대손채권 | 대손금(원) | 거래상대방 | | | | 대손사유 |
			상 호	성 명	등록번호	주 소	
10/5[1]	외상매출금	1,100,000	㈜서울	김강남	135-81-22221	서울 강남구 대치동 100	소멸시효완성
11/3[2]	받을어음	550,000	㈜경기	이수원	105-03-64106	서울 서초구 잠원동 30	부도발생
12/1[2]	장기대여금	1,320,000	㈜인천	박부평	110-81-02624	서울 동대문구 장안동 52	파 산

[1] 당초공급일 : 2022. 10. 1.
[2] 당초공급일 : 2024. 7. 1.

기출 따라 하기

▶ 관련 이론 l 매출세액과 매입세액 p.458

(1) 제2기 확정신고 시 대손세액공제 요건 충족 여부 판단

일자	대손채권	대손사유	대손세액공제	비 고
10/5	외상매출금	소멸시효완성	O	소멸시효 완성일에 대손세액공제 요건 충족됨
11/3	받을어음	부도발생	X	부도발생일로부터 6개월이 경과하는 날(내년 5월 4일)에 대손세액공제 요건 충족됨
12/1	장기대여금	파 산	X	재화 및 용역의 공급과 관련이 없는 채권(장기대여금)에 대하여는 대손세액공제를 인정받을 수 없음

(2) 입력방법

[대손세액공제신고서] 메뉴에서

① [대손발생] 탭을 선택한 후, 조회기간란에 "10월~12월"을 입력한다.

② 당초공급일란에 "2022-10-01", 대손확정일란에 "2025-10-05"를 입력한다.

③ 대손금액란에 "1,100,000"을 입력한다.

   ▶ 대손금액란에는 부가가치세가 포함된 금액(공급대가)을 입력한다.

     (차) 대손충당금(또는 대손상각비) 1,000,000   (대) 외상매출금   1,100,000
          부가세예수금   100,000

④ 대손세액란에 금액[1]이 자동 계산되어 표시된다.

   [1] 대손세액 = 대손금 1,100,000 × (10/110) = 100,000원

⑤ 거래처란에 "㈜서울"을 입력한다.

   ▶ 거래처란에 커서를 두고 [코드](또는 [F2])를 클릭한 후, 거래처도움 검색창에서 거래처를 검색하여 [확인(Enter)]을 클릭하면 [거래처등록] 메뉴에 등록되어 있는 정보에 따라 거래처명과 화면 하단에 있는 대표자 성명, 사업자등록번호, 소재지, 주민등록번호가 자동으로 입력된다.
     [거래처등록] 메뉴에 등록되어 있지 않은 거래처라면 검색창에서 검색되지 않는데, 이 경우에는 해당 정보를 직접 입력하면 된다.

⑥ 대손사유란에 커서를 두면 아래와 같은 선택 창이 나타나는데, 이 중 "6.소멸시효완성"을 선택하여 입력한다.

```
1 : 파산
2 : 강제집행
3 : 사망, 실종
4 : 정리계획
5 : 부도(6개월경과)
6 : 소멸시효완성
7 : 직접입력
```

   ▶ 대손세액공제 요건

대손사유	· 파산
	· 강제집행
	· 사망, 실종
	· 정리계획 : 관련 법에 따른 회생계획인가 또는 법원의 면책결정에 따라 회수불능으로 확정된 채권
	· **부도(6개월 경과)** : ㉠ 부도발생일로부터 6개월 이상 경과한 수표 또는 어음상의 채권
	                 ㉡ 부도발생일로부터 6개월 이상 경과한 중소기업의 외상매출금
	                 ㉢ 다만, 채무자의 재산에 대하여 저당권을 설정하고 있는 경우는 제외
	· **소멸시효완성** : 상법 등에 따른 소멸시효가 완성된 채권
	· 6개월 경과 소액채권 : 회수기일이 6개월 이상 지난 30만 원 이하의 채권
	· 2년 경과 중소기업 : ㉠ 회수기일이 2년 이상 지난 중소기업의 외상매출금·미수금
	               ㉡ 다만, 특수관계인과의 거래로 발생한 경우는 제외
	· 법인세법·소득세법에서 인정되는 그 외의 대손사유

공제기한	부가가치세가 과세되는 재화·용역을 공급한 후 그 공급일로부터 10년이 경과한 날이 속하는 확정신고기한까지 법정 대손사유로 대손이 확정되어야 함
신고유형	**대손세액공제는** 예정신고 시에는 적용 받을 수 없고, **확정신고 시에만 적용받을 수 있음**

⑦ 화면 하단에서, 성명란에 "김강남", 사업자등록번호란에 "135-81-22221", 소재지란에 "서울 강남구 대치동 100"을 입력한다.

   ▶ 거래처란을 입력할 때 거래처도움 검색창을 사용한 경우에는 [거래처등록] 메뉴에 등록되어 있는 정보가 자동으로 입력된다.

▼ ①~⑦ 입력결과 화면은 아래와 같다.

① 대손발생 · 대손변제							
① 조회기간 2025 년 10 ∨ 월 ~ 2025 년 12 ∨ 월 2기 확정							

당초공급일	대손확정일	대손금액	공제율	대손세액	거래처		대손사유
2022-10-01	2025-10-05	1,100,000	10/110	100,000	(주)서울	6	소멸시효완성
②		③		④	⑤		⑥

⑦	성명	김강남	사업자등록번호	135-81-22221
	소재지	서울 강남구 대치동 100	주민등록번호	______ - _______

✚ 더 알아보기

대손 확정 및 대손금 회수에 따른 공급자와 공급받은 자의 서식 작성

[사례] 사업자 A(공급자, 중소기업)는 사업자 B(공급받는 자)에게 제품을 공급가액 1,000,000원, 부가가치세 100,000원에 외상 판매(2025년 1월 2일)하였다. 2025년 1월 2일 이후에 사업자 B의 부도발생(2025년 3월 29일)으로 대손 확정(대손세액공제 요건 충족, 2025년 9월 30일)과 대손금 회수(2026년 4월 2일)가 발생한 경우, 사업자 A와 B의 각 시점별 부가가치세 신고에 필요한 [대손세액공제신고서]와 [부가가치세신고서] 메뉴를 입력하시오.

시 점	공급자 A	공급받은 자 B
대손 확정 (대손세액공제 요건 충족 시)	<Case 1> 매출세액에서 대손세액공제액을 차감 (→ 매출세액 감소)	<Case 3> 공제받지 못할 매입세액으로 처리 (→ 공제매입세액 감소)
대손금 회수	<Case 2> 매출세액에서 대손세액공제액을 가산 (→ 매출세액 증가)	<Case 4> 그 밖의 공제매입세액으로 처리 (→ 공제매입세액 증가)

[풀이] <Case 1>
대손 확정 시(부도발생일로부터 6개월 경과 시점)(→ 대손세액공제 → 매출세액 감소)
· 2025년 9월 30일 (차) 대손충당금   1,000,000   (대) 외상매출금   1,100,000
  (또는 대손상각비)
  부가세예수금   100,000

· 2025년 제2기 확정 [대손세액공제신고서] 메뉴의 [대손발생] 탭에서 다음을 입력한다.

대손발생 · 대손변제							
조회기간 2025 년 10 ∨ 월 ~ 2025 년 12 ∨ 월 2기 확정							
당초공급일	**대손확정일**	**대손금액**	**공제율**	**대손세액**	**거래처**		**대손사유**
2025-01-02	2025-09-30	1,100,000	10/110	100,000	사업자 B	5	부도(6개월경과)

  · 대손금액은 부가가치세가 포함된 금액(공급대가)으로 입력한다.

  · 대손금액을 양수(+)로 입력한다.

· 2025년 제2기 확정 [부가가치세신고서] 메뉴에서 대손세액가감[8]란이 자동 반영된다.

조회기간 : 2025년 10월 1일 ~ 2025년 12월 31일

	구분		정기신고금액		
			금액	세율	세액
과세표준및매출세액	과세	세금계산서발급분	1		10/100	
		매입자발행세금계산서	2		10/100	
		신용카드 · 현금영수증발행분	3		10/100	
		기타(정규영수증외매출분)	4			
	영세	세금계산서발급분	5		0/100	
		기타	6		0/100	
	예정신고누락분		7			
	대손세액가감		8			-100,000
	합계		9		㉮	-100,000

· 매출세액이 감소되어야 하므로 금액이 음수(-)로 반영된다.

<Case 2>

대손금 회수 시(→ 대손세액공제 감소 → 매출세액 증가)

· 2026년 4월 2일 (차) 현금　　　　　　　1,100,000　　　　(대) 대손충당금　　　1,000,000
　　　　　　　　　　　　　　　　　　　　　　　　　　　　부가세예수금　　　　100,000

· 2026년 제1기 확정 [대손세액공제신고서] 메뉴의 [대손발생] 탭은 작성하지 않는다.
· [부가가치세신고서] 메뉴에서 대손세액가감[8]의 세액란을 직접 입력한다.

조회기간 : 2026 년 4 월 1 일 ~ 2026 년 6 월 30 일			
구분		정기신고금액	
		금액	세율	세액

(표: 세금계산서발급분 10/100, 매입자발행세금계산서 10/100, 신용카드·현금영수증발행분 / 기타(정규영수증외매출분) 10/100, 세금계산서발급분 0/100, 기타 0/100, 예정신고누락분, 대손세액가감 100,000[1), 합계 ㉮ 100,000)

[1) 매출세액이 증가되어야 하므로 금액을 양수(+)로 입력한다.

<Case 3>

대손 확정 시(부도발생일로부터 6개월 경과 시점)(→ 공제받지 못할 매입세액으로 처리 → 공제매입세액 감소)

· 2025년 9월 30일 (차) 외상매입금　　　100,000　　　　(대) 부가세대급금　　　100,000
· 2025년 제2기 확정 [대손세액공제신고서] 메뉴의 [대손변제] 탭은 작성하지 않는다.
· [부가가치세신고서] 메뉴에서 대손처분받은세액[51]을 직접 입력한다.

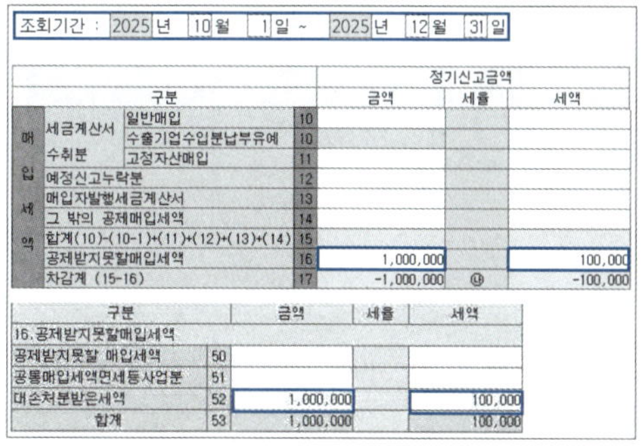

조회기간 : 2025 년 10 월 1 일 ~ 2025 년 12 월 31 일			
구분		정기신고금액	
		금액	세율	세액
세금계산서 수취분	일반매입	10		
	수출기업수입분납부유예	10		
	고정자산매입	11		
예정신고누락분		12		
매입자발행세금계산서		13		
그 밖의 공제매입세액		14		
합계(10)-(10-1)+(11)+(12)+(13)+(14)		15		
공제받지못할매입세액		16	1,000,000	100,000
차감계 (15-16)		17	-1,000,000	㉴ -100,000

16.공제받지못할매입세액 구분		금액	세율	세액
공제받지못할 매입세액	50			
공통매입세액면세등사업분	51			
대손처분받은세액	52	1,000,000		100,000
합계	53	1,000,000		100,000

<Case 4>

대손금 변제 시(→ 그 밖의 공제매입세액으로 처리 → 공제매입세액 증가)

· 2026년 4월 2일 (차) 외상매입금　　　1,000,000　　　　(대) 현금　　　　　　　1,100,000
　　　　　　　　　　　부가세대급금　　　100,000
· 2026년 제1기 확정 [대손세액공제신고서] 메뉴의 [대손변제] 탭에서 다음을 입력한다.

대손발생　대손변제						
조회기간　2026 년 04 ∨ 월 ~ 2026 년 06 ∨ 월 1기 확정						
당초대손확정일	변제확정일	변제금액	공제율	변제세액	거래처	변제사유
2025-09-30	2026-04-02	1,100,000	10/110	100,000	사업자 A	7	전액 변제

· 변제금액은 부가가치세가 포함된 금액(공급대가)으로 입력한다.
· 변제사유란에는 대손 확정 당시의 대손사유를 선택하여 입력하거나 해당 변제사유를 직접 입력한다.

- 2026년 제1기 확정 [부가가치세신고서] 메뉴에서 변제대손세액[46]란이 자동 반영된다.

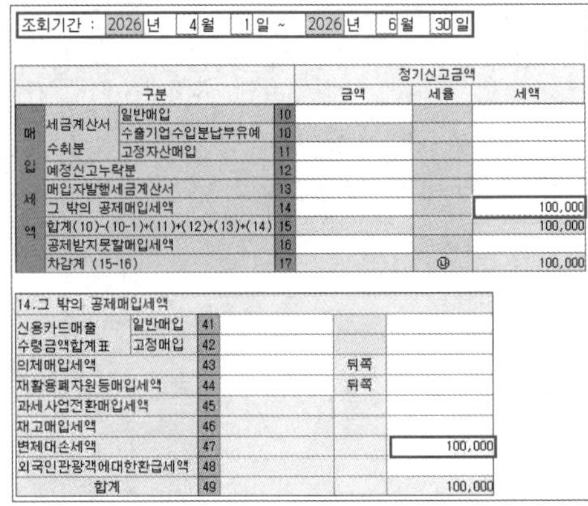

구분			정기신고금액		
			금액	세율	세액
매입세액	세금계산서 수취분	일반매입	10			
		수출기업수입분납부유예	10			
		고정자산매입	11			
	예정신고누락분		12			
	매입자발행세금계산서		13			
	그 밖의 공제매입세액		14			100,000
	합계(10)-(10-1)+(11)+(12)+(13)+(14)		15			100,000
	공제받지못할매입세액		16			
	차감계 (15-16)		17		④	100,000

14.그 밖의 공제매입세액					
신용카드매출 수령금액합계표	일반매입	41			
	고정매입	42			
의제매입세액		43		뒤쪽	
재활용폐자원등매입세액		44		뒤쪽	
과세사업전환매입세액		45			
재고매입세액		46			
변제대손세액		47			100,000
외국인관광객에대한환급세액		48			
합계		49			100,000

07 부동산임대공급가액명세서

- [부동산임대공급가액명세서]는 부동산임대용역을 제공하는 사업자가 임대계약과 수입금액 내역을 기재하여 신고하는 서식이다.
- [부동산임대공급가액명세서] 메뉴와 관련하여 제시된 자료를 이용하여 간주임대료를 계산하고 부동산임대공급가액명세서 해당란에 정보를 입력하는 문제는 실무시험 문제 3(3~5점)으로 출제된다.
- [부동산임대공급가액명세서] 화면은 [부가가치] ▶ [부속명세서 I] ▶ [부동산임대공급가액명세서]를 선택하여 들어갈 수 있다.

기출확인문제

㈜제일산업(코드번호 : 0101)의 당기(제5기) 회계기간은 2025. 1. 1.~2025. 12. 31.이다.
다음 자료를 이용하여 올해 2기 예정신고기간의 부동산임대공급가액명세서를 작성하고 부가가치세신고서에 반영하시오. (단, 월세와 관리비는 부가가치세 별도 금액이며, 적법하게 세금계산서를 교부하였다. 이자율은 KcLep에 등록되어 있는 이자율을 사용한다. 부가가치세신고서 작성 시 기존 자료는 삭제하고, 월세 등 부동산임대공급가액명세서의 내용을 반영하며, 전표입력은 생략한다) 제62회

- 거래처명 : 나이스상사
- 용도 : 점포(면적 155㎡)
- 임대기간별 임대료 및 관리비
- 사업자등록번호 : 312-85-60155
- 동, 층, 호수 : 1동, 1층, 1호

임대기간	보증금	월 세	월 관리비
2024. 8. 1.~2025. 7. 31.	10,000,000원	1,000,000원	50,000원
2025. 8. 1.~2026. 7. 31.	20,000,000원	1,100,000원	50,000원

기출 따라 하기

▶ 관련 이론 | 매출세액과 매입세액 p.456

(1) 부동산임대용역에 대한 과세표준 계산(기간 : 2025. 7. 1.~9. 30.)

구 분	과세표준
월 세	· 7. 1.~7. 31. : 월 1,000,000원 × 1개월 = 1,000,000원 · 8. 1.~9. 30. : 월 1,100,000원 × 2개월 = 2,200,000원 ∴ 소계 : 3,200,000원
관리비	· 월 50,000원 × 3개월 = 150,000원
간주임대료	· 7. 1.~7. 31. : 보증금 10,000,000원 × 연 3.1% × (31/365)일 = 26,328원[1] · 8. 1.~9. 30. : 보증금 20,000,000원 × 연 3.1% × (61/365)일 = 103,616원[1] ∴ 소계 : 129,944원
합 계	3,479,944원

[1] 원단위 미만 절사

(2) 입력방법

[부동산임대공급가액명세서] 메뉴에서

① 조회기간란에 "7월~9월"을 입력한다.

② 검색창을 사용하여 코드 및 거래처명(임차인)란을 입력하고, 제시된 자료에 따라 동, 층, 호를 입력한다.

    ▶ 코드 또는 거래처명(임차인)란에 커서를 두고 ⏎코드(또는 F2)를 클릭한 후, 거래처도움 검색창에서 거래처를 검색하여 확인(Enter)을 클릭하면 [거래처등록] 메뉴에 등록되어 있는 정보에 따라 코드, 거래처명과 화면 우측에 있는 사업자등록번호가 자동으로 입력된다. 단, [거래처등록] 메뉴에 등록되어 있지 않은 거래처라면 검색창에서 검색되지 않는데, 이 경우에는 해당 정보를 직접 입력하면 된다.

③ 제시된 자료에 따라 사업자등록번호, 면적, 용도를 입력한다.

④ 조회기간 중에 임대계약이 갱신되었으므로, 갱신 전과 후로 나누어 정보를 입력한다. 먼저, 갱신 전 계약기간에 대한 과세표준 정보를 입력한다. 임대기간란에 "2024-08-01~2025-07-31"을 입력한 후, 보증금란에 "10,000,000", 월세란에 "1,000,000", 관리비란에 "50,000"을 입력한다.

    ▶ '6.계약내용'의 입력방법

보증금	금액란에 **임대차 계약 체결 및 갱신 당시 받았던 보증금 금액을 입력**한다. 참고 해당 계약기간의 일수와 설정된 이자율에 따라 간주임대료 금액이 자동 계산되어 7.간주 임대료란에 입력된다.
월세, 관리비	금액란에 **월 단위 금액을 입력**한다. 참고 해당 계약기간의 월수에 따라 자동 계산된 금액이 당해과세기간계란에 자동 반영된다. 이 금액은 월 단위 금액 및 월수에 따라 계산된 것이며 자동 계산된 금액의 수정이 필요한 경우 직접 수정 입력할 수도 있다.

⑤ 갱신 후 계약기간에 대한 과세표준 정보를 입력한다. 계약갱신일란에 "2025-08-01", 임대기간란에 "2025-08-01~2026-07-31"을 입력한 후, 보증금란에 "20,000,000", 월세란에 "1,100,000", 관리비란에 "50,000"을 입력한다.

⑥ 해당 거래처(임차인)에 대한 조회기간(신고기간) 동안의 과세표준이 화면 하단에 집계되어 표시됨을 확인한다.

⑦ 모든 거래처(임차인)에 대한 조회기간(신고기간) 동안의 과세표준이 화면 하단에 집계되어 표시됨을 확인한다.

🔽 ①~⑦ 입력결과 화면은 아래와 같다.

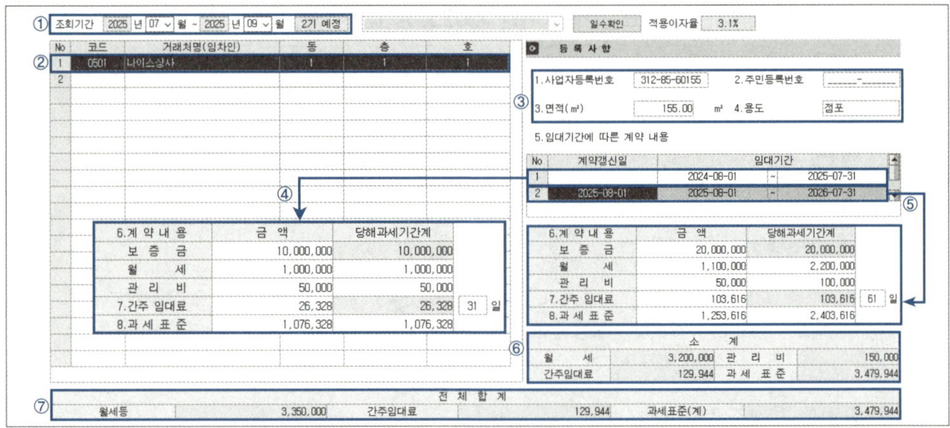

[부가가치세신고서] 메뉴에서

⑧ 조회기간란에 "7월 1일~9월 30일"을 입력한 후, 자동으로 작성된 금액이 있는 경우 ⌨Space bar를 눌러서 모두 지운다.

⑨ 월세와 관리비(과세표준 : 3,350,000원)는 세금계산서가 발급되므로, 세금계산서 발급분 금액란에 "3,350,000", 세액란에 "335,000"을 입력한다.

⑩ **간주임대료**(과세표준 : 129,944원)**는 세금계산서가 발급되지 않으므로**, 기타(정규영수증외매출분) 금액란에 "129,944", 세액란에 "12,994"[1]를 입력한다.

　[1] 원단위 미만 절사

🔻 ⑧~⑩ 입력결과 화면은 아래와 같다.

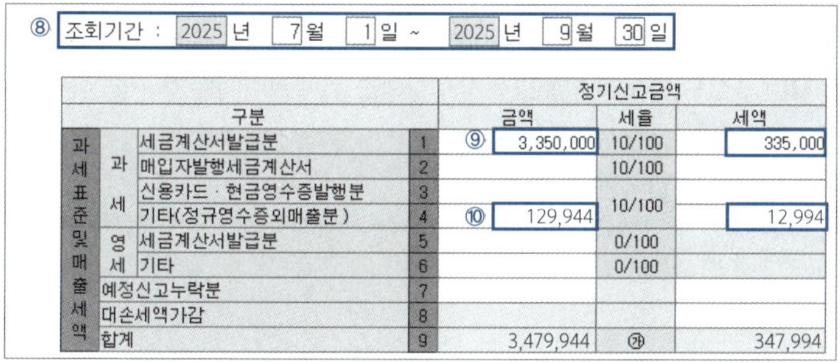

구분				정기신고금액 금액	세율	세액
과세표준및매출세액	과세	세금계산서발급분	1	⑨ 3,350,000	10/100	335,000
		매입자발행세금계산서	2		10/100	
		신용카드·현금영수증발행분	3		10/100	
		기타(정규영수증외매출분)	4	⑩ 129,944	10/100	12,994
	영세	세금계산서발급분	5		0/100	
		기타	6		0/100	
	예정신고누락분		7			
	대손세액가감		8			
	합계		9	3,479,944	㉮	347,994

참고 **이자율**

화면 상단의 F6 이자율 (또는 F6)을 클릭하면 이자율 설정 보조창이 나타나는데, 여기서 현재 프로그램상 설정되어 있는 정기예금이자율을 확인할 수 있고, 세법 개정 등의 이유로 이자율을 변경하고자 할 경우 적용할 이자율을 입력하고 확인(Tab) 을 클릭하면 된다.

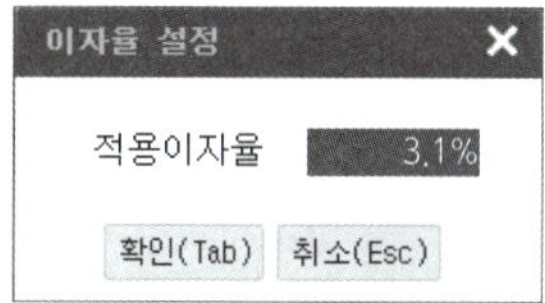

일수 확인

화면 상단의 일수 확인 을 클릭하면 보증금 이자 계산 일수 확인 보조창이 나타나는데, 여기서 현재 프로그램상에서 간주임대료를 계산할 때 사용되는 일수가 365일인지 366일인지 확인할 수 있다.

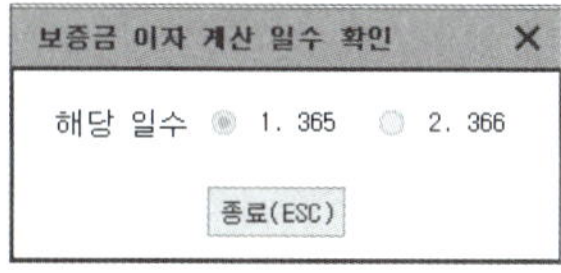

간주임대료의 부가가치세에 대한 회계처리

· 회계처리
  · 간주임대료는 보증금에 정기예금이자율을 곱해서 구한 인위적인 금액으로서 세금계산서가 발급되지 않기 때문에 거래상대방으로부터 거래징수되지 않는다. 따라서, **간주임대료에 대한 부가가치세**는 이를 **부담하는 자가 세금과공과(비용)**로 회계처리한다.
  · 간주임대료에 대한 부가가치세를 과세관청에 신고·납부하는 것은 항상 임대인이 하여야 하지만, 이를 누가 부담할 것인지는 임대인과 임차인 간의 약정에 따라 달라질 수 있다.

· 전표입력
  간주임대료(과세표준 : 129,944원)에 대한 부가가치세(세액 : 12,994원)를 임대인이 회계처리할 때 전표에 입력하는 방법은 다음과 같다. (간주임대료에 대한 부가가치세는 임대인이 부담하기로 하며, 일자는 9월 30일이다)

  | 방법1 | [일반전표입력] 메뉴에 다음을 입력한다.

  9월 30일 (차) 세금과공과   12,994   (대) 부가세예수금   12,994

□	일	번호	구분	계 정 과 목	거 래 처	적 요	차 변	대 변
□	30	00004	차변	0817 세금과공과			12,994	
□	30	00004	대변	0255 부가세예수금				12,994

  참고 [부가가치세신고서] 메뉴에 자동 반영되지 않으므로 금액을 직접 입력해야 한다.

  | 방법2 | [매입매출전표입력] 메뉴에 다음을 입력한다.

  9월 30일 유형 : 14.건별 / 공급가액 : 129,944 / 부가세 : 12,994 / 거래처 : – / 분개 : 혼합
           (차) 세금과공과   12,994   (대) 부가세예수금   12,994

□	일	번호	유형	품목	수량	단가	공급가액	부가세	코드	공급처명	사업/주민번호	전자	분개
□	30	50001	건별				129,944	12,994					혼합

구분	계정과목	적요	거래처	차변(출금)	대변(입금)
대변	0255 부가세예수금				12,994
차변	0817 세금과공과			12,994	

  참고 [부가가치세신고서] 메뉴에 자동 반영된다.

08 수출실적명세서

- [수출실적명세서]는 외국으로 재화를 직접 반출(수출)하여 영세율을 적용 받는 사업자가 작성하는 서식이다.
- [수출실적명세서] 메뉴와 관련하여 제시된 자료를 이용하여 영세율과세표준을 계산하고 수출실적명세서 해당 란에 정보를 입력하는 문제는 실무시험 문제 3(3~4점)으로 출제된다.
- [수출실적명세서] 화면은 [부가가치] ▶ [부속명세서 I] ▶ [수출실적명세서]를 선택하여 들어갈 수 있다.

기출확인문제

㈜제일산업(코드번호 : 0101)의 당기(제5기) 회계기간은 2025. 1. 1.~2025. 12. 31.이다.
다음의 자료를 토대로 회사의 올해 제2기 확정신고기간(10. 1.~12. 31.)의 수출실적명세서를 작성하시오. (단, 매입매출전표입력은 생략한다) 제56회

- 회사는 미국 마틴사에 미화 $50,000에 해당하는 제품을 외상으로 직수출하였는데, 수출신고는 10월 1일 완료하였고, 통관일은 10월 5일이며, 선하증권상의 선적일은 10월 6일로 확인되었다. 수출신고번호는 13041-20-044581X이다.
- 회사는 일본 도쿄상사에 엔화 ￥1,000,000에 해당하는 기계장치를 외상으로 직수출하였는데, 수출신고는 10월 10일 완료하였고, 통관일은 10월 15일이며, 선하증권상의 선적일은 10월 20일로 확인되었다. 수출신고번호는 13055-10-011460X이다.
- 기준환율 및 재정환율은 다음과 같다.
  - 미국달러(USD) 환율($1당)

통화 \ 날짜	10/1	10/5	10/6
USD($1당)	1,000원	1,050원	1,100원

  - 일본엔화(JPY) 환율(100엔당)

통화 \ 날짜	10/10	10/15	10/20
JPY(100엔당)	1,100원	1,150원	1,200원

기출 따라 하기

▶관련 이론 | 매출세액과 매입세액 p.456

(1) 직수출에 대한 영세율과세표준 계산

거래처	외 화	선적일	환 율[1]	과세표준
마틴사	USD 50,000	10/06	1,100원/1$	USD50,000 × 1,100원 = 55,000,000원
도쿄상사	JPY 1,000,000	10/20	1200원/100엔	JPY1,000,000 × (1,200원/100엔) = 12,000,000원
합 계	–	–	–	67,000,000원

[1] 선적일의 환율

(2) 입력방법

[수출실적명세서] 메뉴에서

① 조회기간란에 "10월~12월"을 입력한다.

② 수출 건별로 정보를 입력한다. 먼저, 마틴사 수출건에 대한 과세표준 정보를 입력한다.

    ▶ 통화코드란에 커서를 두고 ▣코드(또는 [F2])를 클릭한 후, 통화코드도움 검색창에서 "**미국**"을 입력하여 USD를 검색한 후 확인(Enter)을 클릭한다.

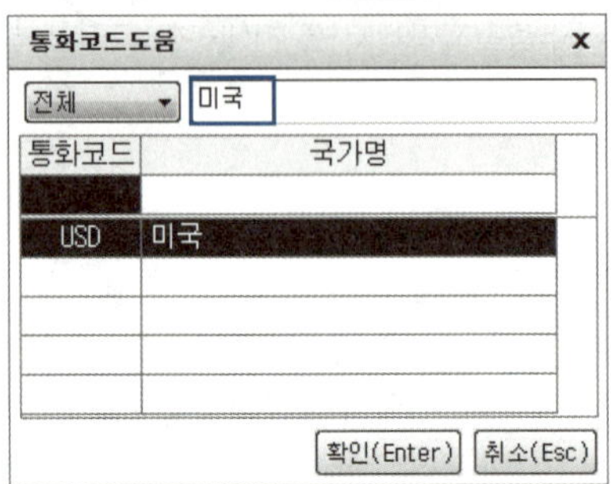

    ▶ 선적일의 환율이 1$당 1,100원이므로 환율란에 "1,100"을 입력한다.

    ▶ 거래처코드 또는 거래처명란에 커서를 두고 ▣코드(또는 [F2])를 클릭한 후, 거래처도움 검색창에서 거래처를 검색하여 확인(Enter)을 클릭한다.

③ 다음, 도쿄상사 수출건에 대한 과세표준 정보를 입력한다.

    ▶ 통화코드란에 커서를 두고 ▣코드(또는 [F2])를 클릭한 후, 통화코드도움 검색창에서 "**일본**"을 입력하여 JPY를 검색한 후 확인(Enter)을 클릭한다.

    ▶ **선적일의 환율이 100엔당 1,200원이므로 환율란에는 1엔당 원화금액에 해당하는 "12"(=1,200원/100엔)를 입력**한다.

④ 조회기간(신고기간) 동안의 과세표준이 화면 하단과 상단에 집계되어 표시됨을 확인한다.

🔻 ①~④ 입력결과 화면은 아래와 같다.

① 조회기간: 2025 년 10 ▾ 월 ~ 2025 년 12 ▾ 월 구분: 2기 확정   과세기간별입력

구분	건수	외화금액	원화금액	비고
⑨합계	2	1,050,000.00	67,000,000	
⑩수출재화[=⑫합계]	2	1,050,000.00	67,000,000	
⑪기타영세율적용				

④ 표시는 ⑩수출재화[=⑫합계] 행에 해당한다.

		(13)수출신고번호	(14)선(기)적일자	(15)통화코드	(16)환율	금액 (17)외화	금액 (18)원화	전표정보 거래처코드	전표정보 거래처명
② 1	☐	13041-20-044581X	2025-10-06	USD	1,100.0000	50,000.00	55,000,000	00114	마틴사
③ 2	☐	13055-10-011460X	2025-10-20	JPY	12.0000	1,000,000.00	12,000,000	00512	도쿄상사
	☐								
	☐								
④		합계				1,050,000	67,000,000		

참고 직수출에 대한 영세율과세표준 계산 시 유의사항

구 분	내 용
공급시기 (재화수출의 공급시기)	· 선적일
과세표준 (공급대가를 외화로 받는 경우)	· 공급시기(선적일) 도래 전에 원화로 환가한 경우 : 그 환가한 금액 · 공급시기(선적일) 이후에 외국통화로 보유하고 있거나 지급받는 경우 : 공급시기(선적일)의 기준환율에 따라 계산한 금액

- [의제매입세액공제신고서]는 과세사업자가 면세사업자로부터 구입한 농·축·수·임산물에 대하여 의제매입세 액공제를 받고자 하는 경우 작성하는 서식이다.
- [의제매입세액공제신고서] 메뉴와 관련하여 제시된 자료를 이용하여 의제매입세액을 계산하고 의제매입세액 공제신고서 해당란에 정보를 입력하는 문제는 실무시험 문제 3(3~5점)으로 출제된다.
- [의제매입세액공제신고서] 화면은 [부가가치] ▶ [부속명세서 I] ▶ [의제매입세액공제신고서]를 선택하여 들 어갈 수 있다.

기출확인문제

㈜제일산업(코드번호 : 0101)의 당기(제5기) 회계기간은 2025. 1. 1.~2025. 12. 31.이다.
회사는 본 문제에 한하여 음식점업을 영위하는 법인으로 본다. 다음은 올해 제2기 확정신고기간(10. 1.~12. 31.)
동안 매입한 면세자료이다. 의제매입세액공제신고서를 작성하시오. (수량은 편의상 1로 입력하고, 의제매입세액으
로 공제대상인 구입내역만 반영할 것) [제60회]

	구 분	일 자	상호(성명)	사업자번호 (주민등록번호)	매입가액(원)	품 명
[자료1] 확정신고기간 구입내역	계산서매입(현금거래)	10/31	㈜세미	211-81-87421	30,000,000	야 채
	신용카드매입	11/24	㈜진우	101-81-99111	80,000,000	정 육
	농어민매입(현금거래)	12/27	김농부	510412-1874214	15,000,000	쌀
[자료2] 공급가액	• 올해 제2기(7. 1.~12. 31.)의 음식점업 매출과 관련한 공급가액은 350,000,000원(제2기 예정 공급가액 : 143,600,000원, 제2기 확정 공급가액 : 206,400,000원)이다.					
[자료3] 관련자료	• 예정신고 시 의제매입세액공제대상 면세매입금액 : 74,200,000원 • 예정신고 시 의제매입세액공제액 : 4,200,000원					

기출 따라 하기

▶관련 이론 | 매출세액과 매입세액 p.462

(1) 확정신고 시 의제매입세액공제 금액의 계산

① 확정신고기간의 대상 매입가액과 대상 세액

구 분	대상 여부	대상 매입가액	공제율	대상 세액
계산서매입(현금거래)	O	30,000,000원	6/106 [2]	1,698,113원
신용카드매입	O	80,000,000원	6/106 [2]	4,528,301원
농어민매입(현금거래) [1]	X	–	–	–
합 계	–	110,000,000원	–	6,226,414원

[1] 제조업이 아닌 업종의 경우, 농어민으로부터의 직접 구입분은 공제받지 못한다.
[2] 음식점업을 영위하는 법인의 경우, 공제율은 6/106이다.

▶ 의제매입세액 적용요건과 대상세액

적용요건	· ㉠ 과세사업자가 ㉡ 면세사업자로부터 농·축·수·임산물(면세농산물)을 구입하여 ㉢ 과세 대상인 재화·용역의 제조·창출에 직접적인 원재료로 사용해야 함 · 면세농산물 구입 시 계산서 또는 신용카드매출전표·현금영수증을 증빙으로 받아야 하며(부가가치세 신고 시 합계표를 제출) 단, 제조업의 경우에는(계산서·신용카드매출전표·현금영수증을 받지 않고) 농·어민으로부터 직접 구입하는 것도 인정됨
대상 세액	· 의제매입세액 = 면세농산물의 매입가액[1] × 공제율[2]

[1] 운임 등 취득부대비용을 제외한다.

[2]

구 분		공제율	
음식점업	법 인	6/106	과세유흥장소는 2/102
	개 인	8/108	
제조업	중소기업, 개인	4/104	
그 외		2/102	

② 올해 제2기 전체 과세기간의 의제매입세액 한도

구 분	7. 1. ~ 9. 30.	10. 1. ~ 12. 31.	합 계	한도율	공제율	세 액
㉠ 대상 매입가액	74,200,000	110,000,000	184,200,000	–	6/106	10,426,415[2]
㉡ 음식점업 과세표준	143,600,000	206,400,000	350,000,000	50%[1]	6/106	9,905,660[3]
한도(= Min[㉠, ㉡])	–	–	–	–	–	9,905,660

[1] 법인사업자의 경우 과세표준의 50%를 한도로 한다.
[2] 대상 매입가액에 의한 의제매입세액 금액 = 대상 매입가액 × 공제율 = 184,200,000원 × 6/106 = 10,426,415원
[3] 과세표준에 의한 의제매입세액 한도 = 과세표준 × 법인한도율 × 공제율 = 350,000,000원 × 50% × 6/106
= 9,905,660원

▶ 의제매입세액의 한도

> 의제매입세액의 한도 = 해당 과세기간의 과세표준 × 일정률[1] × 공제율

[1] 법인 : 50%, 개인 : 55~75%

③ 확정신고 시 의제매입세액공제 금액

구 분	금 액
㉢ 올해 제2기 전체 과세기간의 의제매입세액 한도(= Min[㉠, ㉡])	9,905,660원
㉣ 예정신고 시 의제매입세액공제 금액	4,200,000원
㉤ 확정신고 시 의제매입세액공제 금액(= ㉢ – ㉣)	5,705,660원

▶ 확정신고 시 의제매입세액공제 금액

> 확정신고 시 의제매입세액공제 금액 = Min[㉠, ㉡] – ㉣
> ㉠ 전체 과세기간의 대상 매입가액 × 공제율
> ㉡ 전체 과세기간의 과세표준 × 일정률 × 공제율
> ㉣ 예정신고 시 의제매입세액공제 금액

(2) 입력방법

[의제매입세액공제신고서] 메뉴에서

① 조회기간란에 "10월~12월"을 입력하고, [관리용] 탭을 선택한다.

  ▶ [신고용] 탭은 [관리용] 탭에서 입력된 금액을 신고서 서식 형태로 표시해 주는 화면이다.

② 대상 매입가액별로 정보를 입력한다. 먼저, ㈜세미 매입건에 대한 정보를 입력한다. 거래처를 검색하여 공급자와 사업자등록번호를 입력하고, 취득일자, 구분, 물품명, 수량, 매입가액, 공제율을 입력하면, 의제매입세액이 자동 계산되어 표시된다.

  ▶ 공급자 검색방법
    공급자란에 커서를 두고 ▣코드(또는 F2)를 클릭한 후, 거래처도움 검색창에서 거래처를 검색하여 확인(Enter)을 클릭한다.

  ▶ 구분 입력방법
    구분란에 커서를 두면 아래와 같은 선택창이 나타나는데, 여기서 면세농산물을 구입할 때 받은 증빙 종류를 선택하여 입력한다.

```
1.계산서
2.신용카드등
3.농어민매입
```

  ▶ 공제율 입력방법
    공제율란에 커서를 두면 아래와 같은 선택창이 나타나는데, 여기서 업종에 맞는 의제매입세액공제율을 선택하여 입력한다.

```
1. 2/102
2. 4/104
3. 6/106
4. 직접입력
```

③ ㈜진우 매입건에 대한 정보를 입력한다. 거래처를 검색하여 공급자와 사업자등록번호를 입력하고, 취득일자, 구분, 물품명, 수량, 매입가액, 공제율을 입력하면, 의제매입세액이 자동 계산되어 표시된다.

④ [면세농산물등] 탭을 선택한다.

  참고 [제조업 면세농산물등] 탭
    면세농산물 등의 매입이 특정기간에 집중되는 제조업의 경우 6개월(과세기간)이 아니라 1년을 단위로 하여 의제매입세액 한도를 적용할 수 있는데, 이러한 특례규정 적용 시 사용하는 탭으로서 전산세무 자격시험 출제범위를 벗어난다.

⑤ 가. 과세기간 과세표준 및 공제가능한 금액등에서, 예정분란에 "143,600,000", 확정분란에 "206,400,000", 한도율란에 "50/100"[1), **당기매입액란**에 "**184,200,000**"[2)을 입력한다.

  [1) 법인의 경우, 한도율란에 50/100가 자동 반영된다.
  [2) 당기매입액 = 예정신고기간의 대상 매입가액 + 확정신고기간의 대상 매입가액
           = 74,200,000 + 110,000,000 = 184,200,000원

⑥ 나. 과세기간 공제할 세액에서, 공제율란에 "6/106", 예정신고분란에 "4,200,000"을 입력한다.

  ▶ 공제대상금액(= 9,905,660원 = 전체 과세기간의 의제매입세액 한도)은 자동 계산된다.

⑦ 확정신고기간의 매입가액 총계 "110,000,000", 의제매입세액 총계 "6,226,414", 공제(납부)할세액 "5,705,660"이 자동 계산되어 표시됨을 확인한다.

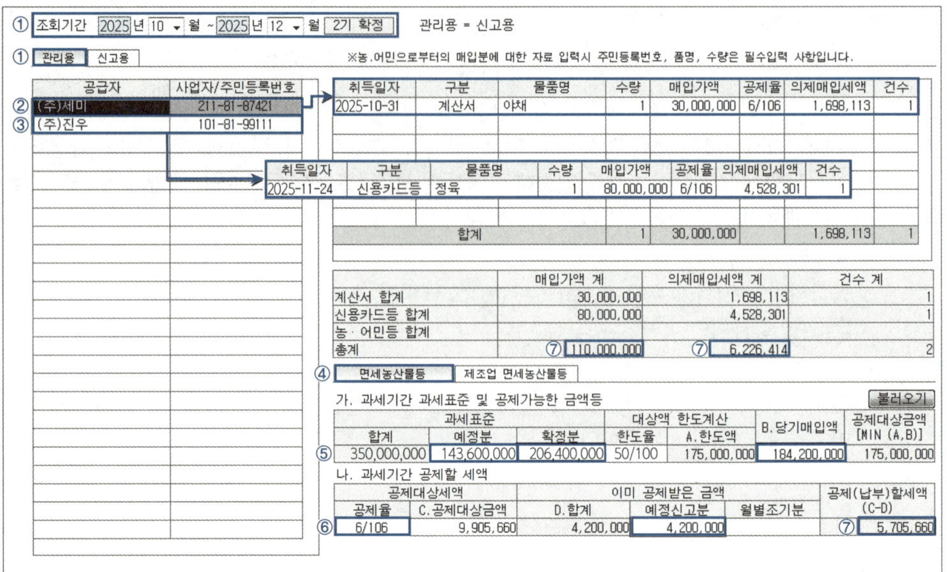

참고 [부가가치세신고서] 메뉴와의 관계

[부가가치세신고서] 메뉴에서 그 밖의 공제매입세액 ▶ 의제매입세액[42]은 [의제매입세액공제신고서] 메뉴에 금액을 입력하고 저장하면 자동 반영된다.

[의제매입세액공제신고서] 메뉴 입력 결과는 제2기 확정신고기간의 [부가가치세신고서] 메뉴에 다음과 같이 반영된다.

조회기간 : 2025 년 10 월 1 일 ~ 2025 년 12 월 31 일

구분				정기신고금액		
				금액	세율	세액
매입세액	세금계산서 수취분	일반매입	10			
		수출기업수입분납부유예	10			
		고정자산매입	11			
	예정신고누락분		12			
	매입자발행세금계산서		13			
	그 밖의 공제매입세액		14	110,000,000		5,705,660
	합계(10)-(10-1)+(11)+(12)+(13)+(14)		15	110,000,000		5,705,660
	공제받지못할매입세액		16			
	차감계 (15-16)		17	110,000,000	㉯	5,705,660

구분			금액	세율	세액
14.그 밖의 공제매입세액					
신용카드매출 수령금액합계표	일반매입	41			
	고정매입	42			
의제매입세액		43	110,000,000 [1]	뒤쪽	5,705,660 [2]
재활용폐자원등매입세액		44		뒤쪽	
과세사업전환매입세액		45			
재고매입세액		46			
변제대손세액		47			
외국인관광객에대한환급세액		48			
합계		49	110,000,000		5,705,660

[1] 의제매입세액[42] 금액란 : 110,000,000원(대상 매입가액)

[2] 의제매입세액[42] 세액란 : 5,705,660원(의제매입세액공제 금액)

+ 더 알아보기

의제매입세액공제 신청에 대한 회계처리

의제매입세액공제를 신청하는 경우 **원재료**(면세농산물)**의 취득원가를 감소**시키는 회계처리를 한다.
의제매입세액공제(세액 5,705,660원)를 회계처리하여 보면 다음과 같다. (일자는 12월 31일이다)

12월 31일 (차) 부가세대급금   5,705,660   (대) 원재료   5,705,660
                                                                (적요 8. 타계정으로 대체액)

□	일	번호	구분	계 정 과 목	거 래 처	적 요	차 변	대 변
☑	31	00001	차변	0135 부가세대급금			5,705,660	
☑	31	00001	대변	0153 원재료		8 타계정으로 대체액 원가		5,705,660

참고 재고자산 계정과목이 매출원가 대체 이외의 사유로 인하여 감소하는 타계정 대체거래이므로 '적요 8. 타계정으로 대체액 원가명세서 반영분'을 입력하여야 한다.

10 재활용폐자원세액공제신고서

- [재활용폐자원세액공제신고서]는 재활용폐자원 및 중고품을 수집하는 사업자가 과세사업자가 아닌 자 또는 간이과세자로부터 취득한 재활용폐자원에 대하여 공제를 받고자 하는 경우 작성하는 서식이다.

- [재활용폐자원세액공제신고서] 메뉴와 관련하여 제시된 자료에서 공제를 받을 수 있는 항목을 선별·집계하여 재활용폐자원세액공제신고서 해당란에 정보를 입력하는 문제는 실무시험 문제 3(3점)으로 출제된다.

- [재활용폐자원세액공제신고서] 화면은 [부가가치] ▶ [부속명세서Ⅰ] ▶ [재활용폐자원세액공제신고서]를 선택하여 들어갈 수 있다.

기출확인문제

㈜제일산업(코드번호 : 0101)의 당기(제5기) 회계기간은 2025. 1. 1.~2025. 12. 31.이다.
당사는 재활용폐자원을 수집하는 사업자이다. 다음 자료에 의하여 올해 2기 확정신고기간의 재활용폐자원세액공제 신고서를 작성하시오. 제71회

거래자료	공급자	사업자번호	거래일자	품 명	수량(kg)	취득금액	증 빙	건 수
	왕고물상	101-02-21108	올해 10. 6.	고 철	200	4,650,000원	영수증	1

추가자료	
• 왕고물상은 직전 연도 공급대가가 4,800만 원 미만인 간이과세자이다.	
• 매입매출전표입력은 생략하며, 예정신고기간 중의 재활용폐자원 신고내역은 없다.	
• 2기 과세기간 중 재활용 관련 매출액과 세금계산서 일반매입액은 다음과 같다.	

구 분	매출액	매입공급가액(세금계산서)
예정분	58,000,000원	43,000,000원
확정분	63,000,000원	52,000,000원

(1) 확정신고 시 재활용폐자원세액공제 금액의 계산

① 확정신고기간의 대상 매입가액과 대상 세액

공급자 유형	품 명	증 빙	대상 여부	대상 매입가액	공제율	대상 세액
간이과세자	고 철	영수증	O	4,650,000 원	3/103	135,436원

▶ 재활용폐자원세액공제 적용요건

- ⊙ 재활용폐자원 및 중고품을 수집하는 사업자가 ⓒ '과세사업자가 아닌 자' 또는 '간이과세자 중 신규사업자 및 직전연도 공급대가 4,800만 원 미만인 사업자'로부터 재활용폐자원 및 중고자동차를 취득하여 제조, 가공하거나 이를 공급하여야 함
  참고 세금계산서 수취분은 공제적용대상이 아님
- 적용대상사업자의 범위
  · 폐기물관리법에 의하여 폐기물의 재활용신고를 한 자
  · 자동차관리법에 따라 중고자동차매매업등록을 한 자 등
- 적용대상품목
  · 재활용폐자원 : 고철, 폐지, 폐합성수지, 폐합성고무 등
  · 자동차관리법에 따른 중고자동차

▶ 재활용폐자원세액공제 대상세액과 한도

재활용폐자원세액공제 = (재활용폐자원 매입가액[1] × 3/103) + (중고자동차 매입가액 × 10/110)

[1] 재활용폐자원 매입가액 = Min[⊙, ⓒ]
⊙ 해당 과세기간 동안 영수증과 계산서 수취분 재활용폐자원 매입가액
ⓒ (해당 과세기간 동안 공급한 재활용폐자원 관련 과세표준 × 80%) − 세금계산서 수취분 재활용폐자원 매입가액(사업용 고정자산 매입가액 제외)

② 확정신고 시 재활용폐자원세액공제 금액

구 분	금 액
올해 2기 전체 과세기간의 재활용폐자원 매입가액 한도	1,800,000원[1]
공제율	3/103
올해 2기 전체 과세기간의 재활용폐자원세액공제 한도	52,427원
예정신고 시 재활용폐자원세액공제 금액	0원
확정신고 시 재활용폐자원세액공제 금액	52,427원

[1] Min[⊙, ⓒ] = 1,800,000원
⊙ 0 + 4,650,000 = 4,650,000원
ⓒ {(58,000,000 + 63,000,000)× 80%} − (43,000,000 + 52,000,000) = 1,800,000원

(2) 입력방법

[재활용폐자원세액공제신고서] 메뉴에서

① 조회기간란에 "10월~12월"을 입력하고, [관리용] 탭을 선택한다.

② 대상 매입가액에 대한 정보를 입력한다. 거래처를 검색하여 공급자의 상호와 사업자등록번호를 입력하고, 거래구분, 구분코드, 건수, 품명, 수량, 취득금액, 공제율, 취득일자를 입력하면 대상 세액이 자동 계산되어 표시된다.

▶ 공급자 검색방법

공급자란에 커서를 두고 ⏎코드(또는 F2)를 클릭한 후, 거래처도움 검색창에서 거래처를 검색하여 확인(Enter)을 클릭한다.

▶ 거래구분 입력방법

구분란에 커서를 두면 아래와 같은 선택창이 나타나는데, 여기서 재활용폐자원을 구입할 때 받은 증빙 종류를 선택하여 입력한다.

> 1: 영수증
> 2: 계산서

▶ 구분코드 입력방법

거래구분란에 커서를 두면 아래와 같은 선택창이 나타나는데, 여기서 해당되는 항목을 선택하여 입력한다.

> 1: 중고자동차
> 2: 기타재활용폐자원

▶ 공제율 입력방법

공제율란에 커서를 두면 아래와 같은 선택창이 나타나는데, 여기서 해당되는 공제율을 선택하여 입력한다.

> 1: 3/103
> 2: 10/110

③ 매출액에서 예정분란에 "58,000,000", 확정분란에 "63,000,000"을 입력한다.

④ 당기매입액에서 세금계산서란에 "95,000,000"[1]), 영수증 등란에 "4,650,000"[2])을 입력한다.

    [1]) 당기매입액(세금계산서) = 예정신고기간 매입가액 + 확정신고기간 매입가액

$$= 43,000,000 + 52,000,000 = 95,000,000원$$

    [2]) 당기매입액(영수증, 계산서) = 예정신고기간 매입가액 + 확정신고기간 매입가액

$$= 0 + 4,650,000 = 4,650,000원$$

⑤ 이미 공제받은 세액에서 예정신고분란에 "0"을 입력한다.

⑥ 확정신고기간의 매입가액 총계 "4,650,000", 세액 총계 "135,436", 공제(납부)할세액 "52,427"이 자동 계산되어 표시됨을 확인한다.

🔻 ①~⑥ 입력결과 화면은 아래와 같다.

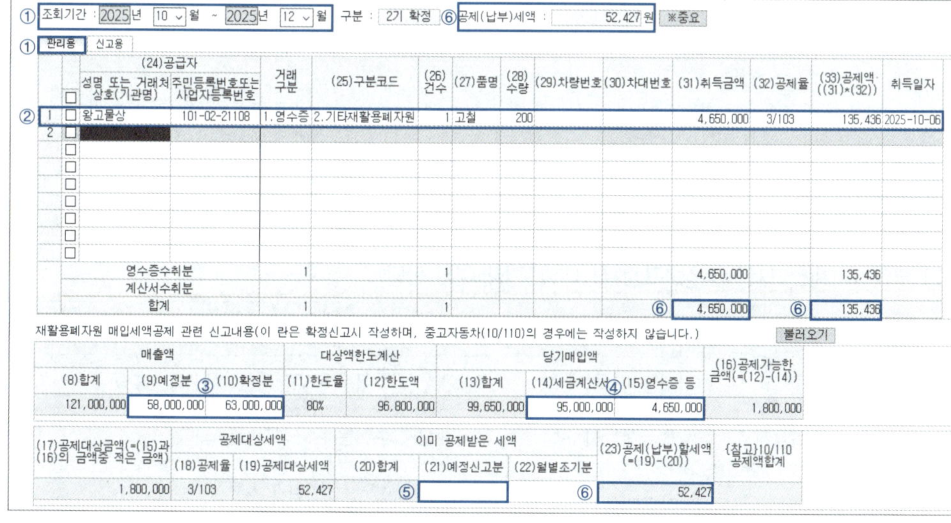

②		(24)공급자 성명 또는 거래처 상호(기관명)	주민등록번호또는 사업자등록번호	거래구분	(25)구분코드	(26)건수	(27)품명	(28)수량	(29)차량번호	(30)차대번호	(31)취득금액	(32)공제율	(33)공제액 ((31)*(32))	취득일자
1	☐	왕고물상	101-02-21108	1.영수증	2.기타재활용폐자원	1	고철	200			4,650,000	3/103	135,436	2025-10-06
2	☐													
	영수증수취분			1		1					4,650,000		135,436	
	계산서수취분													
	합계			1		1					⑥ 4,650,000		⑥ 135,436	

재활용폐자원 매입세액공제 관련 신고내용(이 란은 확정신고시 작성하며, 중고자동차(10/110)의 경우에는 작성하지 않습니다.)

매출액			대상액한도계산		당기매입액			(16)공제가능한 금액(=(12)-(14))
(8)합계	③(9)예정분	(10)확정분	(11)한도율	(12)한도액	(13)합계	④(14)세금계산서	(15)영수증 등	
121,000,000	58,000,000	63,000,000	80%	96,800,000	99,650,000	95,000,000	4,650,000	1,800,000

(17)공제대상금액(=(15)과 (16)의 금액중 적은 금액)	공제대상세액		이미 공제받은 세액			(23)공제(납부)할세액 (=(19)-(20))	{참고}10/110 공제액합계
	(18)공제율	(19)공제대상세액	(20)합계	(21)예정신고분	(22)월별조기분		
1,800,000	3/103	52,427	⑤		⑥	52,427	

- 사업자가 고정자산(감가상각대상인 유형자산과 무형자산)을 취득하는 경우 부가가치세 조기환급을 받을 수 있으므로, 부가가치세신고서 서식에서 세금계산서 수취분과 신용카드매출전표 등 수령분을 기입할 때 해당 금액을 '고정자산매입'란에 입력하게 되는데, [건물등감가상각자산취득명세서]는 이에 대한 내역을 신고하는 서식이다.
- [건물등감가상각자산취득명세서] 메뉴와 관련하여 제시된 자료에서 서식에 기재하여야 하는 항목을 선별·집계하여 건물등감가상각자산취득명세서 해당란에 금액을 입력하는 문제는 실무시험 문제 3(3점)으로 출제된다.
- [건물등감가상각자산취득명세서] 화면은 [부가가치] ▶ [부속명세서Ⅰ] ▶ [건물등감가상각자산취득명세서]를 선택하여 들어갈 수 있다.

기출확인문제

㈜제일산업(코드번호 : 0101)의 당기(제5기) 회계기간은 2025. 1. 1.~2025. 12. 31.이다.
다음의 자료를 이용하여 올해 1기 확정신고기간에 대한 [건물등감가상각자산취득명세서]를 작성하시오. (단, 모두 감가상각자산에 해당함) 제105회

일 자	내 역	공급가액	부가가치세	상 호	사업자등록번호
4/8	생산부가 사용할 공장건물 구입 · 전자세금계산서 수령 · 보통예금으로 지급	500,000,000원	50,000,000원	㈜용을	130-81-50950
5/12	생산부 공장에서 사용할 포장용 기계장치 구입 · 전자세금계산서 수령 · 보통예금으로 지급	60,000,000원	6,000,000원	㈜광명	201-81-14367
6/22	영업부 환경개선을 위해 에어컨 구입 · 신용카드매출전표 수령 · 법인카드로 결제	8,000,000원	800,000원	㈜ck전자	203-81-55457

기출 따라 하기   ▶ 관련 이론 | 매출세액과 매입세액 p.466

(1) 부가가치세신고서 서식상 '고정자산매입' 기재 여부 판단

일 자	자산구분	내 역	부가가치세신고서상 위치	고정자산매입 여부
4/8	건물	전자세금계산서 수령	세금계산서 수취분 > 고정자산매입[11]	O
5/12	기계장치	전자세금계산서 수령	세금계산서 수취분 > 고정자산매입[11]	O
6/22	비품	신용카드매출전표 수령	신용카드매출수령금액합계표 > 고정매입[42]	O

(2) 입력방법

[건물등감가상각자산취득명세서] 메뉴에서

① 조회기간란에 "4월~6월"을 입력한다.

② 대상 매입가액에 대한 정보를 입력한다. 거래처를 검색하여 상호와 사업자등록번호를 입력하고, 자산구분, 공급가액, 세액, 건수를 입력한다.

> ▶ 상호 검색방법
>
> 상호란에 커서를 두고 ▨코드(또는 F2)를 클릭한 후, 거래처도움 검색창에서 거래처를 검색하여 확인(Enter)을 클릭한다.
>
> ▶ 자산구분 입력방법
>
> 자산구분란에 커서를 두면 아래와 같은 선택창이 나타나는데, 여기서 해당되는 항목을 선택하여 입력한다.
>
> ```
> 1:건물,구축물
> 2:기계장치
> 3:차량운반구
> 4:기타
> ```

③ '거래처별 감가상각자산 취득명세'에 입력된 내용이 '감가상각종류별 취득내역'에서 집계되어 표시됨을 확인한다.

◆ ①~③ 입력결과 화면은 아래와 같다.

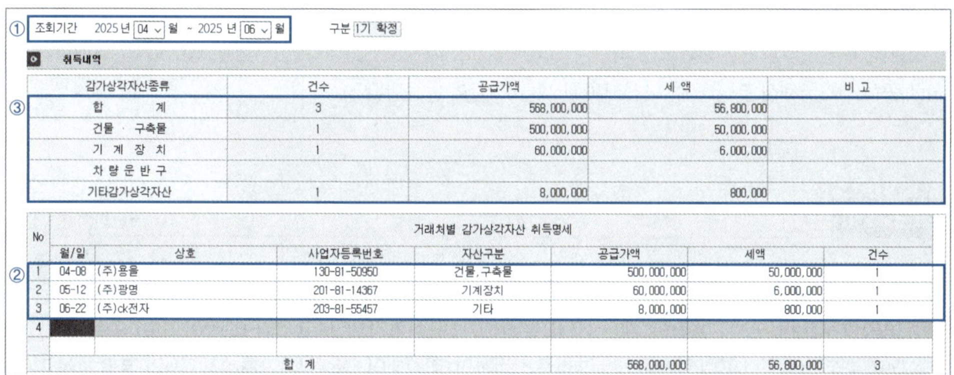

감가상각자산종류	건수	공급가액	세 액	비 고
합　　계	3	568,000,000	56,800,000	
건물 · 구축물	1	500,000,000	50,000,000	
기 계 장 치	1	60,000,000	6,000,000	
차 량 운 반 구				
기타감가상각자산	1	8,000,000	800,000	

거래처별 감가상각자산 취득명세

No	월/일	상호	사업자등록번호	자산구분	공급가액	세액	건수
1	04-08	(주)용을	130-81-50950	건물,구축물	500,000,000	50,000,000	1
2	05-12	(주)광명	201-81-14367	기계장치	60,000,000	6,000,000	1
3	06-22	(주)ck전자	203-81-55457	기타	8,000,000	800,000	1
4							
		합 계			568,000,000	56,800,000	3

> **참고** 매입세액공제 여부와의 관계
>
> 매입세액공제를 받지 못하더라도, 부가가치세신고서에서 '고정자산매입'란에 기재되는 항목이라면 [건물등감가상각자산취득명세서] 서식에 기재한다.
>
> 예를 들어, 비영업용소형승용차를 취득하면서 10% 부가가치세가 기재된 세금계산서를 수취한 경우, 해당 금액이 '세금계산서 수취분 > 고정자산매입[11]'과 '공제받지못할매입새액[16]'에 동시에 기재되더라도, 이를 [건물등감가상각자산취득명세서] 서식에 기재한다.

- [전자신고]는 작성된 부가가치세신고서를 전자신고할 때 사용하는 메뉴이다.
- [전자신고] 메뉴와 관련하여 제시된 자료를 이용하여 전자신고를 수행하는 문제는 실무시험 문제 3(2점)으로 출제된다.
- [전자신고] 화면은 [부가가치] ▶ [전자신고] ▶ [전자신고]를 선택하여 들어갈 수 있다.

기출확인문제

㈜제삼산업(코드번호 : 0103)[1]의 당기(제10기) 회계기간은 2025. 1. 1.~2025. 12. 31.이다.

[1] 관련 메뉴를 마감하고 학습을 진행하기 위하여 ㈜제삼산업을 사용함

올해 2기 확정 부가가치세 신고서를 작성 및 마감하여 가상홈택스에서 부가가치세 신고를 수행하시오. [제105회]

> 1. 부가가치세신고서와 관련 부속서류는 마감되어 있다. (세액공제는 고려하지 않는다)
> 2. [전자신고] → [국세청 홈택스 전자신고변환(교육용)] 순으로 진행한다.
> 3. 전자신고용 전자파일 제작 시 신고인 구분은 "2.납세자 자진신고"로 선택하고, 비밀번호는 "12341234"로 입력한다.
> 4. 전자신고용 전자파일 저장경로는 로컬디스크(C:)이며, 파일명은 "enc작성연월일.101.v2228114476"이다.
> 5. 최종적으로 국세청 홈택스에서 [전자파일 제출하기]를 완료한다.

기출 따라 하기

▶관련 이론 | 신고와 납부 p.474

[1단계] 신고서 마감

[부가가치세신고서] 메뉴(10월~12월)를 열고, 해당 기간의 신고서가 마감이 되어 있는지 확인[1]한다.

[1] 메뉴 상단에 있는 **F3 마감취소** (또는 F3))를 클릭하면, 마감되어 있는 부가가치세신고서와 부속 서식 메뉴를 보조 창에서 확인할 수 있음

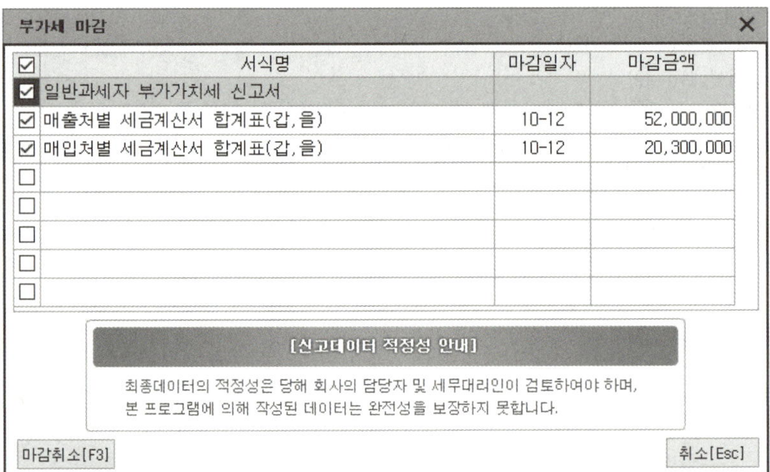

[2단계] 전자신고파일 제작

[전자신고] 메뉴를 열고, [전자신고제작] 탭(10월~12월)에서 신고인구분란에 "2. 납세자 자진신고"를 선택하고, 메뉴 상단에 있는 **F4 제작**(또는 F2)를 클릭한 다음, 보조창에서 제시된 비밀번호 "12341234"를 입력하고 **확인**을 클릭한다.

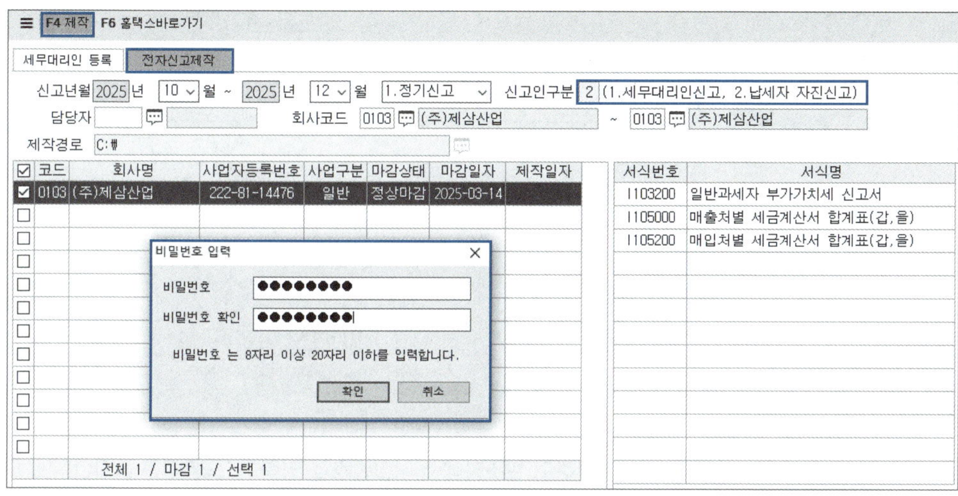

[3단계] 전자신고파일 제출

① [국세청 홈택스 전자신고변환(교육용)] 메뉴를 열고[1], 화면에 있는 닫기 버튼(×)을 클릭하여 로그인한다.

[1] [전자신고] 메뉴에서 메뉴 상단에 있는 **F6 홈택스바로가기**(또는 F2) 클릭하여도 메뉴가 연결됨

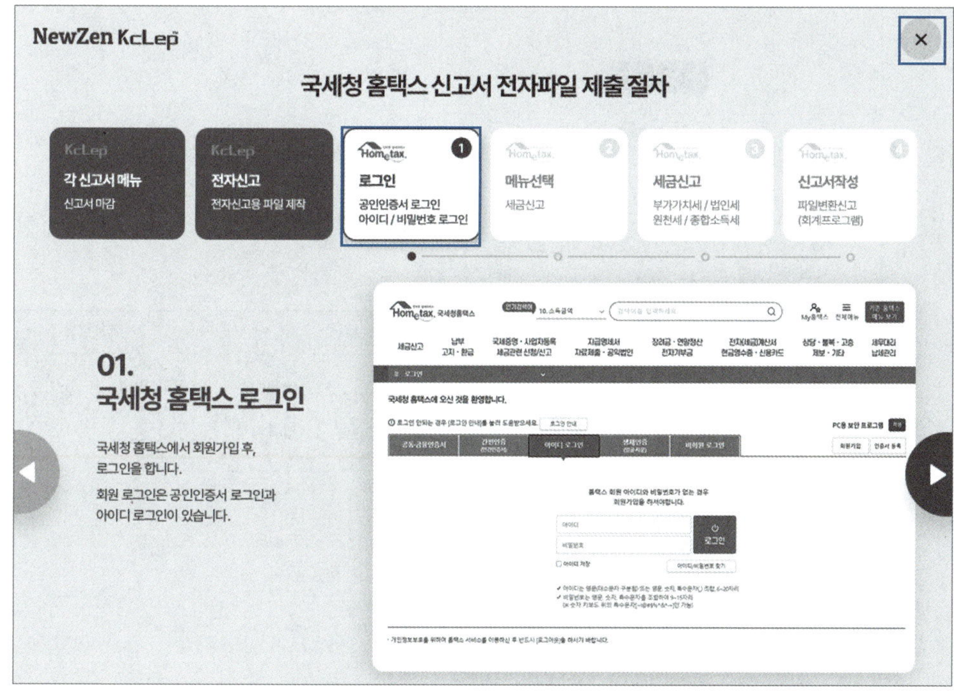

② 메뉴 상단에 있는 찾아보기 를 클릭하고 보조창에서 전자신고파일을 선택하여 업로드 한다.

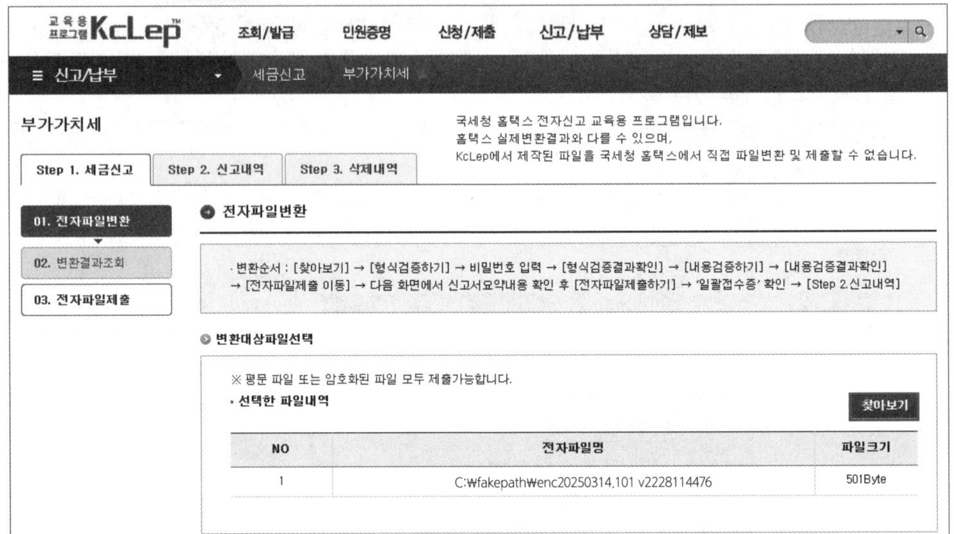

③ 메뉴 하단에 있는 형식검증하기 를 클릭하고 보조창에서 비밀번호를 입력하고 확인 을 클릭한다.

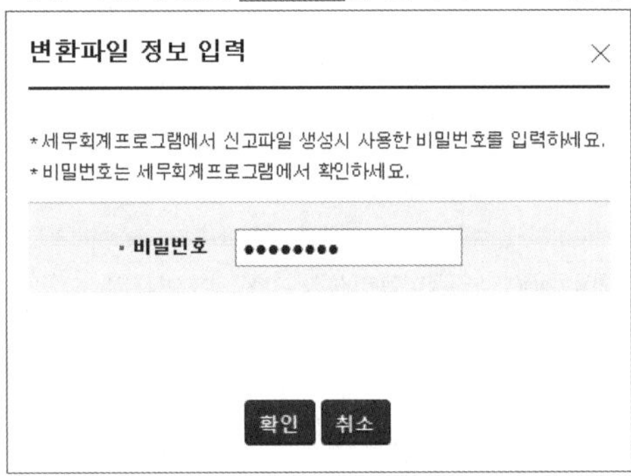

④ 작업 순서대로 형식검증하기 ➡ 형식검증결과확인 ➡ 내용검증하기 ➡ 내용검증결과확인 ➡ 전자파일제출 버튼을 클릭한다.

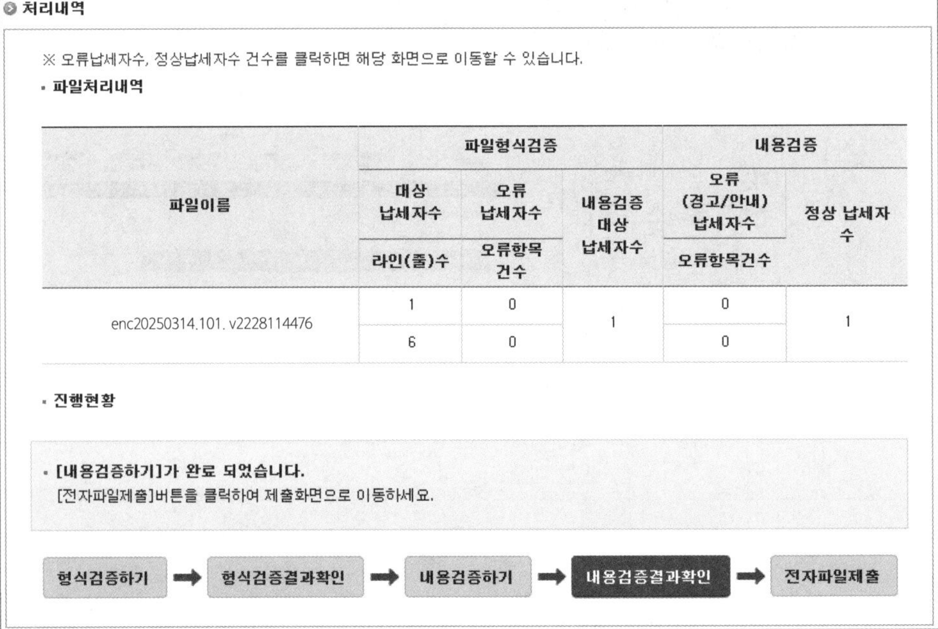

⑤ 전자파일제출 화면에서 [전자파일 제출하기]를 클릭한다.

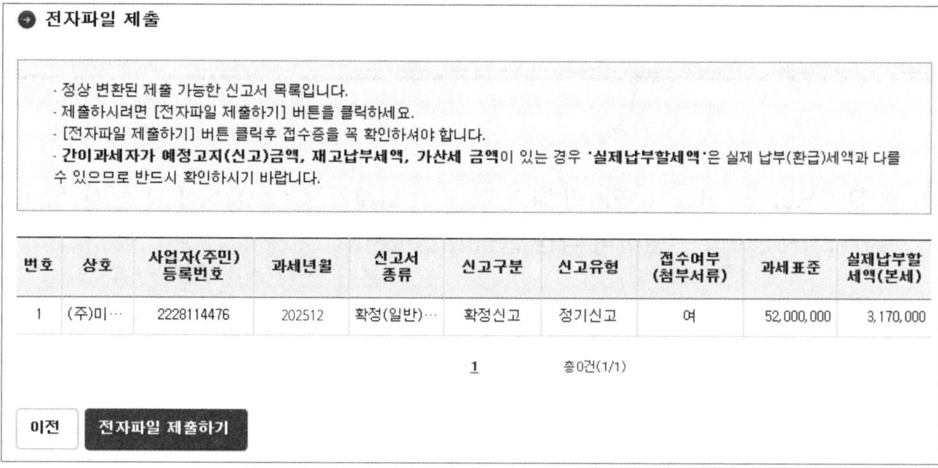

⑥ 신고서 접수증을 확인한다.

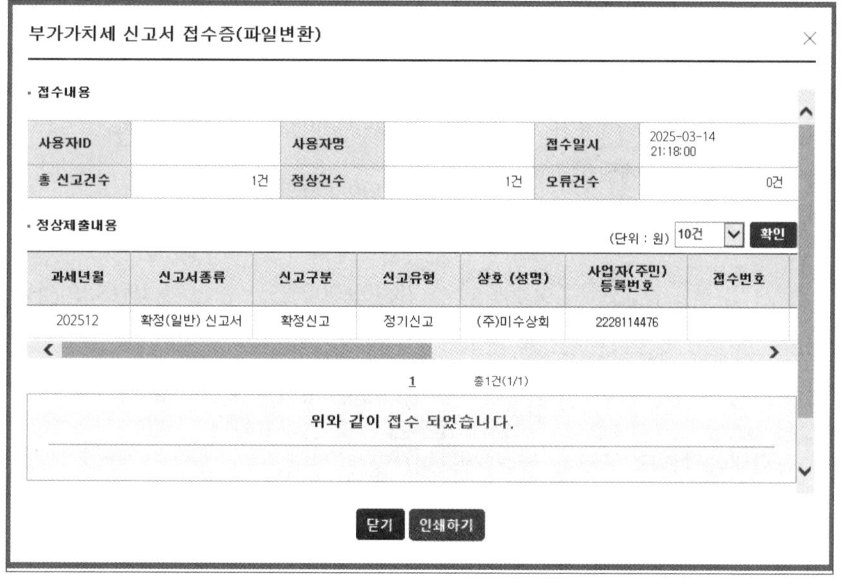

* 본서에 수록된 기출문제의 날짜는 학습효과를 높이기 위하여 일부 수정함

01 ㈜칠이산업(코드번호 : 0172)의 당기(제10기) 회계기간은 2025. 1. 1.~2025. 12. 31.이다. 부가가치세신고와 관련하여 다음 물음에 답하시오. [제72회 수정]

(1) 기존의 입력된 자료는 무시하고 다음 자료를 토대로 올해 2기 확정(10월 1일~12월 31일) 부가가치세신고서를 작성하시오(세부담 최소화 가정). 부가가치세신고서 이외의 과세표준명세 등 기타 부속서류의 작성과 전자신고세액공제는 생략한다. (단 제시된 자료 이외의 거래는 없다)

구 분	거래내용	공급가액	부가가치세	비 고
매출 자료	세금계산서 발급 과세 매출액	350,000,000원	35,000,000원	–
	신용카드 과세 매출액	20,000,000원	2,000,000원	–
	간주공급에 해당하는 사업상 증여 금액	3,000,000원	300,000원	시가(원가는 2,000,000원임)
	수출신고필증 및 선하증권상에서 확인된 수출액	28,000,000원	0원	원화환산액 (영세율세금계산서 발급한 바 없음)
매입 자료	990cc 경차 구입액(영업팀 사용목적) - 세금계산서 수취함	30,000,000원	3,000,000원	–
	접대목적으로 구입한 물품 세금계산서 매입액	5,000,000원	500,000원	–
	원재료를 구입하고 세금계산서 매입액	225,000,000원	22,500,000원	–
	직전연도 공급대가 4,800만 원 미만인 간이과세자에게 지출한 복리후생비의 법인카드 결제액	5,000,000원	500,000원	–

01 (1)

▶관련 이론 | 매출세액과 매입세액 p.459, 466

해 설　·과세표준 및 매출세액

　　　·과세 ▶ 세금계산서발급분 [1] : 350,000,000 / 35,000,000

　　　·과세 ▶ 신용카드·현금영수증발행분 [3] : 20,000,000 / 2,000,000

　　　·과세 ▶ 기타(정규영수증외매출분) [4] : 3,000,000 / 300,000

　　　·영세 ▶ 기타 [6] : 28,000,000 / −

　　·매입세액

　　　·세금계산서 수취분 ▶ 일반매입 [10] : 230,000,000 / 23,000,000

　　　·세금계산서 수취분 ▶ 고정자산매입 [11] : 30,000,000 / 3,000,000

　　　·16.공제받지 못할 매입세액 ▶ 공제받지 못할 매입세액 [50] : 5,000,000 / 500,000

> 참고　'직전 연도 공급대가가 4,800만 원 미만인 간이과세자에게 지출한 복리후생비의 법인카드 결제액'
> 은 10% 부가가치세가 기재된 신용카드매출전표를 수취하였지만 매입세액공제 받을 수 없는 경우
> 에 해당하므로 해당 거래는 부가가치세신고서 작성 시 기재하지 않는다.

정답화면

조회기간 : 2025 년 10 월 1 일 ~ 2025 년 12 월 31 일

구분				정기신고금액		
				금액	세율	세액
과세표준및매출세액	과세	세금계산서발급분	1	350,000,000	10/100	35,000,000
		매입자발행세금계산서	2		10/100	
		신용카드 · 현금영수증발행분	3	20,000,000	10/100	2,000,000
		기타(정규영수증외매출분)	4	3,000,000		300,000
	영세	세금계산서발급분	5		0/100	
		기타	6	28,000,000	0/100	
	예정신고누락분		7			
	대손세액가감		8			
	합계		9	401,000,000	㉮	37,300,000
매입세액	세금계산서 수취분	일반매입	10	230,000,000		23,000,000
		수출기업수입분납부유예	10			
		고정자산매입	11	30,000,000		3,000,000
	예정신고누락분		12			
	매입자발행세금계산서		13			
	그 밖의 공제매입세액		14			
	합계(10)-(10-1)+(11)+(12)+(13)+(14)		15	260,000,000		26,000,000
	공제받지못할매입세액		16	5,000,000		500,000
	차감계 (15-16)		17	255,000,000	㉯	25,500,000
납부(환급)세액(매출세액㉮-매입세액㉯)					㉰	11,800,000
경감공제세액	그 밖의 경감 · 공제세액		18			
	신용카드매출전표등 발행공제등		19			
	합계		20		㉱	
소규모 개인사업자 부가가치세 감면세액			20		㉲	
예정신고미환급세액			21		㉳	
예정고지세액			22		㉴	
사업양수자의 대리납부 기납부세액			23		㉵	
매입자 납부특례 기납부세액			24		㉶	
신용카드업자의 대리납부 기납부세액			25		㉷	
가산세액계			26		㉸	
차가감하여 납부할세액(환급받을세액)㉰-㉱-㉲-㉳-㉴-㉵-㉶-㉷+㉸			27			11,800,000
총괄납부사업자가 납부할 세액(환급받을 세액)						

구분		금액	세율	세액
16.공제받지못할매입세액				
공제받지못할 매입세액	50	5,000,000		500,000
공통매입세액면세등사업분	51			
대손처분받은세액	52			
합계	53	5,000,000		500,000

(2) 다음 자료는 올해 1기 확정 부가가치세 신고기간(4월~6월)의 부동산 임대내역이다. 부동산임대 공급가액명세서를 작성하고 이를 부가가치세신고서에 반영하시오. 계약갱신일은 2025. 5. 1. 이고, 임대료 수익에 대하여 매월 말일자로 전자세금계산서를 발급하였다. 과세표준명세와 전 표입력은 생략한다. (제시된 자료 이외의 거래는 없다고 가정하며, 이자율은 KcLep에 등록되어 있 는 이자율을 사용하기로 한다)

거래처명/ 사업자등록 번호	동/층 /호수	면 적	용 도	임대기간	보증금	월 세	관리비
신미상사 102-81-95063	1동/1층 /101호	87㎡	사무실	2023. 5. 1. ~2025. 4. 30.	10,000,000원	1,500,000원	200,000원
				2025. 5. 1. ~2027. 4. 30.	20,000,000원	1,800,000원	200,000원

(2) ▶관련 이론 | 매출세액과 매입세액 p.456

해 설 [1단계] [부동산임대공급가액명세서] 메뉴에서 조회기간란에 "4월~6월"을 입력한다.

· 검색창을 사용하여 코드 및 거래처명(임차인)란을 입력하고, 조회기간 중에 임대계약이 갱신되었으므로, 갱신 전과 후로 나누어 정보를 입력한다.

· 화면 상단의 F6 이자율 을 클릭하여 프로그램상 설정되어 있는 이자율을 확인하고, 월세와 간주임대료에 대한 과세표준을 계산해보고 메뉴 하단에 집계된 금액과 일치하는지 확인한다.
  · 월세 = 1,500,000 + 1,800,000 + 1,800,000 = 5,100,000원
  · 관리비 = 200,000 + 200,000 + 200,000 = 600,000원
  · 간주임대료 = {10,000,000 × 연3.1% × 30일/365일} + {20,000,000 × 연3.1% × (31일 + 30일)/365일} = 129,095원[1]

  [1] 단수차이 1원 발생

[2단계] [부가가치세신고서] 메뉴에서 조회기간란에 "4월 1일~6월 30일", 신고구분란에 "1.정기신고"를 입력한다.

· 과세표준및매출세액
  · 과세 ▶ 세금계산서발급분 [1] : 5,700,000 / 570,000
  · 과세 ▶ 기타(정규영수증외매출분) [4] : 129,095 / 12,909

정답화면 [1단계]

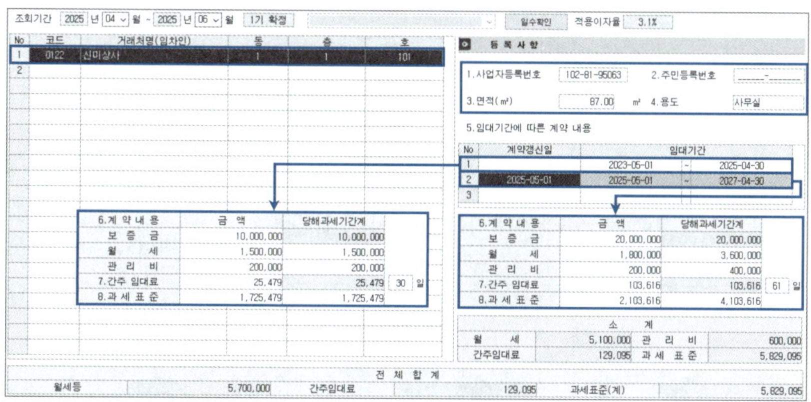

[2단계]

| | 구분 | | 정기신고금액 | | |
			금액	세율	세액
과세표준및매출세액	과세	세금계산서발급분	1	5,700,000	10/100	570,000
		매입자발행세금계산서	2		10/100	
		신용카드·현금영수증발행분	3		10/100	
		기타(정규영수증외매출분)	4	129,095	10/100	12,909
	영세	세금계산서발급분	5		0/100	
		기타	6		0/100	
	예정신고누락분		7			
	대손세액가감		8			
	합계		9	5,829,095	㉮	582,909

02

㈜육칠산업(코드번호 : 0167)**의 당기**(제13기) **회계기간은 2025. 1. 1.~2025. 12. 31.이다. 부가가치세신고와 관련하여 다음 물음에 답하시오.**

(1) 다음은 올해 2기 확정 부가가치세신고기간(10. 1.~12. 31.)에 대한 매입세금계산서 관련 자료이다. 동 자료만을 사용하여 [공제받지못할매입세액명세서]에 반영하시오.　[특별회차(16년 8월)]

작성일자	매 수	내 역	공급가액(원)	VAT(원)	특이사항
10월 2일	1	2,000cc 업무용승용차 구입	21,000,000	2,100,000	–
10월 4일	1	건물철거비용	18,000,000	1,800,000	주차장으로 사용하기 위해 구입한 토지 위에 있던 노후된 건축물을 취득 즉시 철거한 비용이다.
10월 29일	1	영업부서 사무용 책상 구입	480,000	48,000	전자세금계산서를 발급받은 날은 올해 11. 15.이다.
11월 5일	1	㈜미래에게서 구입한 상품	8,200,000	820,000	전자세금계산서가 아닌 종이세금계산서를 올해 12. 5. 교부받았다.
11월 8일	1	거래처에 선물하기 위해 구입한 복합기	410,000	41,000	–
11월 29일	1	㈜하머니상회에서 구입한 상품	7,500,000	750,000	전자세금계산서를 발급받은 날은 올해 12. 12.이다.

(2) 다음 자료를 보고 올해 2기 예정신고기간의 수출실적명세서를 작성하시오.　[제67회]

거래처	수출신고번호	선적일	환가일	통 화	수출액	기준환율 (선적일)	환가환율 (환가일)
히로상사	13041-20-044581X	8월 20일	8월 15일	USD	$200,000	₩950/$	₩900/$
LA상사	13055-10-011460X	8월 22일	8월 25일	USD	$100,000	₩1,050/$	₩1,060/$
킹덤상사	13064-25-147041X	9월 17일	–	USD	$200,000	₩1,100/$	–

02 (1)

▶관련 이론 | 매출세액과 매입세액 p.460

해   설   [공제받지못할매입세액명세서] 메뉴에서 조회기간란에 "10월~12월"을 입력하고, [공제받지못할매입세액내역] 탭을 클릭한다.

- 10월 2일 → ③개별소비세법 제1조제2항제3호에 따른 자동차(비영업용 소형승용자동차) 구입·유지 및 임차 : 21,000,000 / 2,100,000

- 10월 4일 → ⑥토지의 자본적 지출 관련 : 18,000,000 / 1,800,000
  주차장으로 사용하기 위해 구입한 토지 위에 있던 노후된 건축물을 취득 즉시 철거하는 비용은 토지의 자본적 지출에 해당하므로 매입세액공제를 받을 수 없다.

- 10월 29일 → 입력 안 함
  전자세금계산서의 경우 공급시기가 속하는 과세기간의 확정신고기한 이내에 세금계산서를 수취하면 매입세액공제를 받을 수 있다.

- 11월 5일 → 입력 안 함
  법인으로부터 종이세금계산서를 교부받았더라도, 공급시기가 속하는 과세기간의 확정신고기한 이내에 세금계산서를 수취하면 매입자는 매입세액공제를 받을 수 있다.

- 11월 8일 → ④기업업무추진비 및 이와 유사한 비용 관련 : 410,000 / 41,000

- 11월 29일 → 입력 안 함
  전자세금계산서의 경우 공급시기가 속하는 과세기간의 확정신고기한 이내에 세금계산서를 수취하면 매입세액공제를 받을 수 있다.

정답화면

조회기간 : 2025 년 10 월 ~ 2025 년 12 월   구분 : 2기 확정

공제받지못할매입세액내역	공통매입세액안분계산내역	공통매입세액의정산내역	납부세액또는환급세액재계산

매입세액 불공제 사유	세금계산서		
	매수	공급가액	매입세액
①필요적 기재사항 누락 등			
②사업과 직접 관련 없는 지출			
③개별소비세법 제1조제2항제3호에 따른 자동차 구입·유지 및 임차	1	21,000,000	2,100,000
④기업업무추진비 및 이와 유사한 비용 관련	1	410,000	41,000
⑤면세사업등 관련			
⑥토지의 자본적 지출 관련	1	18,000,000	1,800,000
⑦사업자등록 전 매입세액			
⑧금·구리 스크랩 거래계좌 미사용 관련 매입세액			
합계	3	39,410,000	3,941,000

(2)

▶관련 이론 | 매출세액과 매입세액 p.456

해   설   [수출실적명세서] 메뉴에서 조회기간란에 "7월 ~ 9월"을 입력한다.

- 각 수출건에 대한 수출신고번호, 선적일, 통화코드를 입력한다.
  - 통화코드 : F2를 누른 후, 통화코드도움 검색창에서 "미국"을 입력하여 USD를 검색한다.
- 각 수출건에 대한 환율[1]을 입력한다.
  - 히로상사 : 900   · LA상사 : 1,050   · 킹덤상사 : 1,100

  [1] 공급시기(선적일) 도래 전에 원화로 환가한 경우 그 환가한 금액을 과세표준으로 하며, 그 외의 경우에는 공급시기(선적일)의 기준환율에 따라 계산한 금액을 과세표준으로 한다.
- 각 수출건에 대한 외화금액과 거래처코드를 입력한다.

정답화면

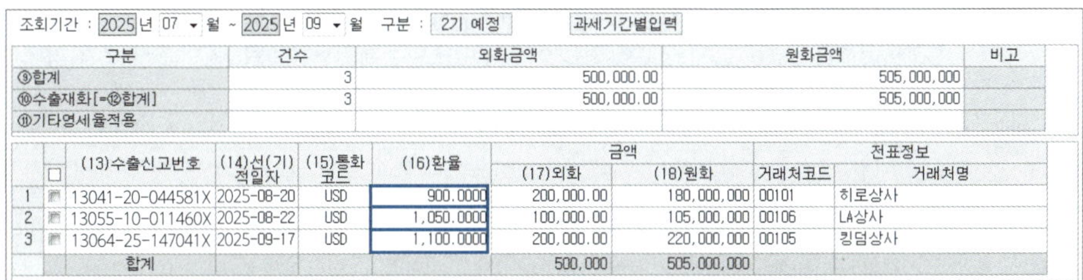

조회기간 : 2025 년 07 월 ~ 2025 년 09 월 구분 : 2기 예정   과세기간별입력

구분	건수	외화금액	원화금액	비고
⑨합계	3	500,000.00	505,000,000	
⑩수출재화[=⑫합계]	3	500,000.00	505,000,000	
⑪기타영세율적용				

		(13)수출신고번호	(14)선(기)적일자	(15)통화코드	(16)환율	금액		전표정보	
						(17)외화	(18)원화	거래처코드	거래처명
1		13041-20-044581X	2025-08-20	USD	900.0000	200,000.00	180,000,000	00101	히로상사
2		13055-10-011460X	2025-08-22	USD	1,050.0000	100,000.00	105,000,000	00106	LA상사
3		13064-25-147041X	2025-09-17	USD	1,100.0000	200,000.00	220,000,000	00105	킹덤상사
	합계					500,000	505,000,000		

03 ㈜육오산업(코드번호 : 0165)의 당기(제15기) 회계기간은 2025. 1. 1.~2025. 12. 31.이다. 부가가치세신고와 관련하여 다음 물음에 답하시오.

[제65회]

(1) 당사는 과세 및 면세사업을 영위하는 겸영사업자이다. 다음의 자료를 이용하여 올해 제2기 확정신고기간에 대한 [공제받지못할매입세액명세서] 중 [공통매입세액의정산내역] 탭을 입력하시오. 단, 올해 제2기 부가가치세 예정신고서에 반영된 공통매입세액 불공제분은 200,000원이며, 공급가액 기준으로 안분계산하고 있다. (입력된 전표는 무시할 것)

구 분		제2기 예정(7월~9월)		제2기 확정(10월~12월)		전체(7월~12월)	
		공급가액	세 액	공급가액	세 액	공급가액 합계	세액 합계
매 출	과 세	30,000,000원	3,000,000원	70,000,000원	7,000,000원	100,000,000원	10,000,000원
	면 세	20,000,000원	–	30,000,000원	–	50,000,000원	–
공통매입세액		5,000,000원	500,000원	10,000,000원	1,000,000원	15,000,000원	1,500,000원

03 (1)

▶관련 이론 I 매출세액과 매입세액 p.464

해 설 [공제받지못할매입세액명세서] 메뉴에서 조회기간란에 "10월~12월"을 입력하고, [공통매입세액의 정산내역] 탭을 클릭한다.

· 제2기 예정신고기간 구입분에 대한 공통매입세액의 정산 정보를 입력한다.
  · 제2기 예정신고 시 안분계산 = 500,000 × (20,000,000/50,000,000) = 200,000원 불공제
  · 제2기 확정신고 시 정산 = 500,000 × (50,000,000/150,000,000) − 200,000 = (−)33,334원 불공제((−)이므로 공제를 의미함)

· 제2기 확정신고기간 구입분에 대한 공통매입세액의 정산 정보를 입력한다.
  · 제2기 확정신고 시 정산 = 1,000,000 × (50,000,000/150,000,000) − 0[1] = 333,333원 불공제
    [1] 확정신고기간 구입분이므로 예정신고 시 안분계산된 불공제 금액이 없음

정답화면

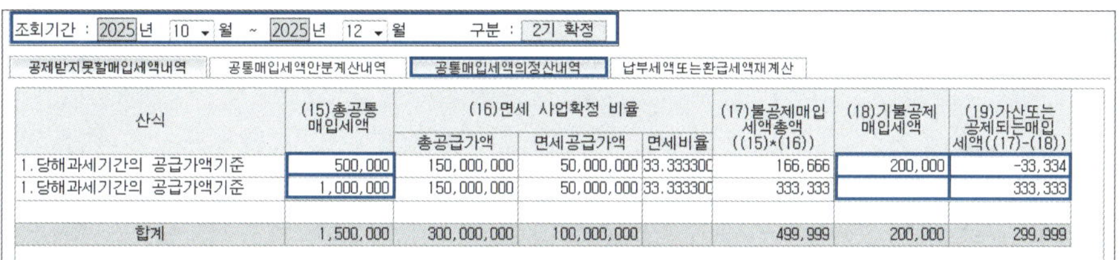

조회기간 : 2025년 10월 ~ 2025년 12월 　 구분 : 2기 확정

공제받지못할매입세액내역　공통매입세액안분계산내역　**공통매입세액의정산내역**　납부세액또는환급세액재계산

산식	(15)총공통매입세액	(16)면세 사업확정 비율			(17)불공제매입세액총액 ((15)*(16))	(18)기불공제매입세액	(19)가산또는공제되는매입세액((17)-(18))
		총공급가액	면세공급가액	면세비율			
1.당해과세기간의 공급가액기준	500,000	150,000,000	50,000,000	33.333300	166,666	200,000	-33,334
1.당해과세기간의 공급가액기준	1,000,000	150,000,000	50,000,000	33.333300	333,333		333,333
합계	1,500,000	300,000,000	100,000,000		499,999	200,000	299,999

참고 아래와 같이 하나의 라인으로 입력하여도 정답으로 인정

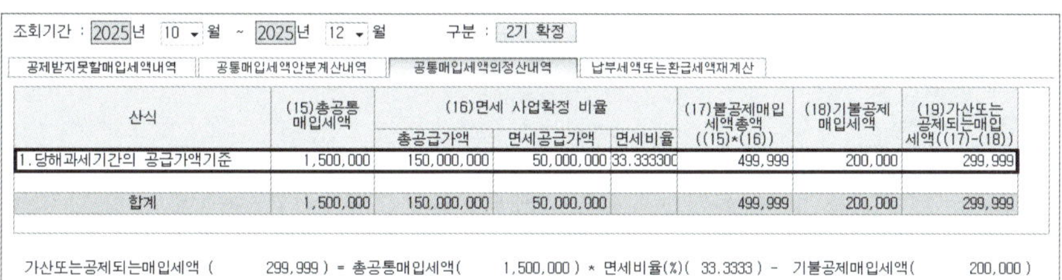

조회기간 : 2025년 10월 ~ 2025년 12월 　 구분 : 2기 확정

공제받지못할매입세액내역　공통매입세액안분계산내역　**공통매입세액의정산내역**　납부세액또는환급세액재계산

산식	(15)총공통매입세액	(16)면세 사업확정 비율			(17)불공제매입세액총액 ((15)*(16))	(18)기불공제매입세액	(19)가산또는공제되는매입세액((17)-(18))
		총공급가액	면세공급가액	면세비율			
1.당해과세기간의 공급가액기준	1,500,000	150,000,000	50,000,000	33.333300	499,999	200,000	299,999
합계	1,500,000	150,000,000	50,000,000		499,999	200,000	299,999

가산또는공제되는매입세액 (299,999) = 총공통매입세액(1,500,000) * 면세비율(%)(33.3333) − 기불공제매입세액(200,000)

(2) 올해 제1기 확정신고(4월~6월)를 법정신고기한인 7월 25일에 하였는데, 이에 대한 오류 내용
이 발견되어 처음으로 올해 10월 23일 수정신고 및 납부를 하였다. 부가가치세수정신고서(과세
표준명세 포함)를 작성하시오. (단, 미납일수는 90일이며 확정신고기한이 지난 후 수정신고일까지
의 기간은 1개월 초과 3개월 이내이다. 매입매출전표에 입력하지 마시오)

오류
사항
	• 직수출 50,000,000원에 대한 매출누락(부정행위 아님)이 발생하였다.
	• 비사업자인 최현에게 제품운반용 중고트럭을 22,000,000원(부가가치세 포함)에 현금판매한 것을 누락하였다. (세금계산서 미발급분이다)
	• 당초 부가가치세신고서에 반영하지 못한 제품 타계정대체액 명세는 다음과 같다. 제품제조에 사용된 재화는 모두 매입세액공제분이다.
	  · 매출처에 접대목적으로 제공 : 원가 2,000,000원, 시가 2,500,000원
	  · 불특정다수인에게 홍보용제품 제공 : 원가 1,000,000원, 시가 1,200,000원

(2)

▶관련 이론 | 신고와 납부 p.480

해　설　[1단계] [부가가치세신고서] 메뉴의 [일반과세] 탭에서 4월 1일~6월 30일을 조회하여 신고구분란에 2.수
정신고, 신고차수란에 1차를 선택하고, 다음을 입력하여 금액을 수정한다.

> 참고　신고구분란에 '수정신고'가 선택되지 않는 경우, '정기신고' 상태에서 화면 상단의 F3마감 을 클
> 릭한 후 보조창에서 마감[F3] 및 강제마감[F3] 을 클릭한다.

· 과세표준및매출세액 ▶ 과세 ▶ 기타[4] : 0 → 22,500,000[1] / 0 → 2,250,000
  [1] 트럭판매 + 사업상증여 = 20,000,000 + 2,500,000 = 22,500,000

· 과세표준및매출세액 ▶ 영세 ▶ 기타[6] : 0 → 50,000,000

2단계 가산세액계의 세액란을 클릭하여 보조창의 안내에 따라 Tab 을 누른 후 가산세명세에 다음을 입력한다.

- 세금계산서미발급가산세 = 20,000,000 × 2% = 400,000원
  세금계산서미발급[64] : 20,000,000 / 400,000

- 신고불성실가산세 = (2,000,000 + 250,000) × 10% × (100% − 75%)[1] = 56,250원
  [1] 법정신고기한이 지난 후 1개월 초과 3개월 이내 수정신고에 해당하므로 75% 감면된다.
  신고불성실 ▶ 과소·초과환급(일반)[71] : 2,250,000 / 56,250

- 납부지연가산세 = 2,250,000 × 90일 × 22/100,000 = 44,550원
  납부지연[73] : 2,250,000 / 44,550

- 영세율과세표준신고불성실가산세 = 50,000,000 × 5/1,000 × (100% − 75%)[1] = 62,500원
  [1] 법정신고기한이 지난 후 1개월 초과 3개월 이내 수정신고에 해당하므로 75% 감면된다.
  영세율과세표준신고불성실[74] : 50,000,000 / 62,500

3단계 화면 상단의 [과표명세]를 클릭한 후, 다음을 입력하여 금액을 수정한다.
- 과세표준명세 ▶ 제조, 도소매 및 무역[28] : 1,717,900,000 → 1,767,900,000
- 과세표준명세 ▶ 수입금액제외[31] : 0 → 22,500,000[1]
  [1] 트럭판매(고정자산 매각) + 사업상증여(간주공급) = 20,000,000 + 2,500,000 = 22,500,000

정답화면

1단계

조회기간 : 2025 년 4 월 1 일 ~ 2025 년 6 월 30 일 신고구분 : 2.수정신고 ▼   신고차수 : 1 ▼

		구분		정기신고금액				수정신고금액		
				금액	세율	세액		금액	세율	세액
과세표준및매출세액	과세	세금계산서발급분	1	1,717,900,000	10/100	171,790,000	1	1,717,900,000	10/100	171,790,000
		매입자발행세금계산서	2		10/100		2		10/100	
		신용카드·현금영수증발행분	3		10/100		3		10/100	
		기타(정규영수증외매출분)	4				4	22,500,000		2,250,000
	영세	세금계산서발급분	5		0/100		5		0/100	
		기타	6		0/100		6	50,000,000	0/100	
	예정신고누락분		7				7			
	대손세액가감		8				8			
	합계		9	1,717,900,000	㉕	171,790,000	9	1,790,400,000	㉕	174,040,000

2단계

25.가산세명세

				금액	세율	세액
사업자미등록등			61		1/100	
세금계산서	지연발급 등		62		1/100	
	지연수취		63		5/1,000	
	미발급 등		64	20,000,000	뒤쪽참조	400,000
전자세금발급명세	지연전송		65		5/1,000	
	미전송		66		5/1,000	
세금계산서합계표	제출불성실		67		5/1,000	
	지연제출		68		3/1,000	
신고불성실		무신고(일반)	69		뒤쪽	
		무신고(부당)	70		뒤쪽	
		과소·초과환급(일반)	71	2,250,000	뒤쪽	56,250
		과소·초과환급(부당)	72		뒤쪽	
납부지연			73	2,250,000	뒤쪽	44,550
영세율과세표준신고불성실			74	50,000,000	5/1,000	62,500
현금매출명세서불성실			75		1/100	
부동산임대공급가액명세서			76		1/100	
매입자납부특례	거래계좌 미사용		77		뒤쪽	
	거래계좌 지연입금		78		뒤쪽	
합계			79			563,300

3단계

	과세표준명세			
	업태	종목	코드	금액
28	제조,도·소매 및 무역	컴퓨터 및 주변장치, 소프	515050	1,717,900,000
29				
30				
31	수입금액제외			
32	합계			1,717,900,000

	과세표준명세			
	업태	종목	코드	금액
28	제조,도·소매 및 무역	컴퓨터 및 주변장치, 소프	515050	1,767,900,000
29				
30				
31	수입금액제외		515050	22,500,000
32	합계			1,790,400,000

04 ㈜육삼산업(코드번호 : 0163)의 당기(제24기) 회계기간은 2025. 1. 1.~2025. 12. 31.이다. 부가가치세신고와 관련하여 다음 물음에 답하시오.

[제63회 수정]

당사는 원재료인 고기를 가공하여 깡통 통조림 제조업을 영위하는 법인 중소기업이며, 다음의 자료를 이용하여 올해 제2기 확정(10월~12월) 의제매입세액공제신고서를 작성하시오. (원단위 미만은 절사할 것. 불러오는 자료는 무시하고 직접 입력하시오)

	공급자	사업자 번호	매입일자	품 명	수 량	매입가격	증 빙	건 수
매입 자료	한 우	111-11- 11119	2025. 10. 5.	소고기	100	6,000,000원	계산서	1
	한 돈	222-22- 22227	2025. 11. 7.	돼지 고기	200	4,000,000원	신용 카드	1
추가 자료	• 제2기 예정 과세표준은 7,000,000원이며, 제2기 확정 과세표준은 11,200,000원이다. • 7월에서 9월까지의 면세품목에 대한 매입금액은 2,600,000원이었고, 그에 대한 의제매입세액공제액은 100,000원이었다.							

04　　　　　　　　　　　　　　　　　　　　　　　▶관련 이론 | 매출세액과 매입세액 p.462

해　설　[의제매입세액공제신고서] 메뉴에서 조회기간란에 "10월~12월"을 입력한다.

- 한우 매입 건을 입력한다.
  - · 구분 : 계산서 / 공제율 : 4/104(제조업을 영위하는 중소기업)
- 한돈 매입 건을 입력한다.
  - · 구분 : 신용카드등 / 공제율 : 4/104
- 한도 계산을 위하여 과세기간 전체에 관한 정보를 입력한다.
  - · 과세표준 : 예정분 7,000,000원, 확정분 11,200,000원
  - · B. 당기매입액 = 예정분 + 확정분 = 2,600,000 + 10,000,000 = 12,600,000원
  - · 이미 공제받은 금액(예정신고분) = 100,000원
- 확정신고 시 의제매입세액공제 금액을 계산해보고 메뉴에서 계산된 금액과 일치하는지 확인한다.
  - · 확정신고 시 의제매입세액공제 금액 = Min[㉠, ㉡] − ㉢ = 250,000원
    - ㉠ 전체 과세기간의 대상 매입가액 × 공제율 = 12,600,000원 × (4/104) = 484,615원
    - ㉡ 전체 과세기간의 과세표준 × 일정률 × 공제율 = 18,200,000원 × 50% × (4/104) = 350,000원
    - ㉢ 예정신고 시 의제매입세액공제 금액 = 100,000원

정답화면

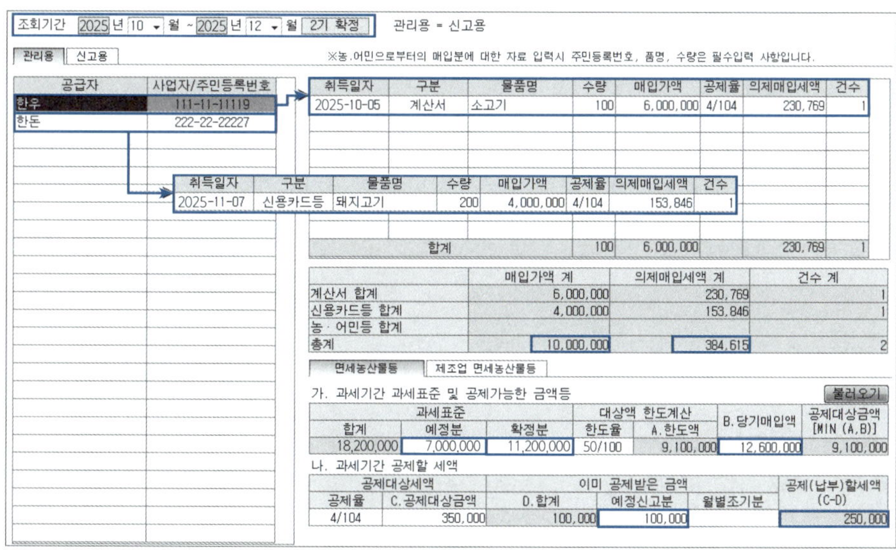

공급자	사업자/주민등록번호
한우	111-11-11119
한돈	222-22-22227

취득일자	구분	물품명	수량	매입가액	공제율	의제매입세액	건수
2025-10-05	계산서	소고기	100	6,000,000	4/104	230,769	1

취득일자	구분	물품명	수량	매입가액	공제율	의제매입세액	건수
2025-11-07	신용카드등	돼지고기	200	4,000,000	4/104	153,846	1
합계			100	6,000,000		230,769	1

	매입가액 계	의제매입세액 계	건수 계
계산서 합계	6,000,000	230,769	1
신용카드등 합계	4,000,000	153,846	1
농·어민등 합계			
총계	10,000,000	384,615	2

가. 과세기간 과세표준 및 공제가능한 금액등　　　　　　　　불러오기

과세표준			대상액 한도계산		B. 당기매입액	공제대상금액 [MIN (A,B)]
합계	예정분	확정분	한도율	A.한도액		
18,200,000	7,000,000	11,200,000	50/100	9,100,000	12,600,000	9,100,000

나. 과세기간 공제할 세액

공제대상세액		이미 공제받은 금액			공제(납부)할세액 (C-D)
공제율	C.공제대상금액	D.합계	예정신고분	월별조기분	
4/104	350,000	100,000	100,000		250,000

05 ㈜육일산업(코드번호 : 0161)의 당기(제20기) 회계기간은 2025. 1. 1.~2025. 12. 31.이다. 부가가치세신고와 관련하여 다음 물음에 답하시오.

[제61회]

(1) 다음 자료를 이용하여 올해 제2기 확정(10월 1일~12월 31일) 부가가치세신고서를 작성하시오. (부가가치세 신고서 이외에 과세표준명세 및 기타부속서류 작성은 생략할 것) 기존에 입력된 자료는 무시하고, 문제에 제시된 자료 이외에 거래는 없는 것으로 가정한다.

매출 자료	• 올해 10월~12월에 과세로 공급한 세금계산서발급분은 공급가액 250,000,000원, 부가가치세 25,000,000원이다. • 8월에 공급하고 적법하게 발급 전송했던 매출전자세금계산서 공급가액 30,000,000원, 부가가치세 3,000,000원을 담당자의 실수로 예정신고 시 누락하게 되었다. (부정행위가 아님, 미납일수는 92일이며 예정신고기한이 지난 후 확정신고일까지의 기간은 1개월 초과 3개월 이내이다) • 올해 10월~12월에 과세신용카드 매출액은 공급대가 22,000,000원이다.
매입 자료	• 올해 10월~12월에 과세로 매입하고 적법하게 교부받은 세금계산서는 공급가액 100,000,000원, 부가가치세 10,000,000원이다. 이 중 공장용 트럭(매입세액공제 대상)을 구입하고 교부받은 세금계산서 공급가액 20,000,000원, 부가가치세 2,000,000원과 토지와 관련된(자본적 지출) 포크레인 공사를 하고 받은 세금계산서 공급가액 10,000,000원, 부가가치세 1,000,000원도 포함되어 있다.

05 (1)   ▶관련 이론 | 신고와 납부 p.480

해 설   [부가가치세신고서] 메뉴에서 조회기간란에 "10월 1일~12월 31일", 신고구분란에 "1.정기신고"를 입력한다.
- 과세표준및매출세액
  - 과세 ▶ 세금계산서발급분[1] : 250,000,000 / 25,000,000
  - 과세 ▶ 신용카드·현금영수증발행분[3] : 20,000,000 / 2,000,000
  - 7.매출(예정신고누락분) ▶ 과세 ▶ 세금계산서[33] : 30,000,000 / 3,000,000

- 매입세액
    - 세금계산서 수취분 ▶ 일반매입[10] : 80,000,000 / 8,000,000
    - 세금계산서 수취분 ▶ 고정자산매입[11] : 20,000,000 / 2,000,000
    - 16.공제받지못할매입세액 ▶ 공제받지못할매입세액[50] : 10,000,000[1] / 1,000,000
- 가산세액계
    - 과소신고가산세 = {30,000,000원 × 10% − (0원 − 0원) × 10%} × 10% × (100% − 75%)[2]
    　　　　　　　　 = 75,000원

    　신고불성실 ▶ 과소·초과환급(일반)[71] : 3,000,000 / 75,000
    - 납부지연가산세 = 3,000,000원 × (22/100,000) × 92일 = 60,720원
    　납부지연[73] : 3,000,000 / 60,720
    - 매출처별 세금계산서합계표 지연제출가산세 : 없음[3]

[1] 토지의 자본적 지출 관련 매입세액이다.

> 참고. 고정자산매입란에는 조기환급을 받을 수 있는 사업설비(감가상각대상인 유형자산과 무형자산)를
> 신설, 취득, 확장, 증축하는 경우 이를 기재하는 것이다. 따라서, 토지의 자본적지출 10,000,000
> 은 고정자산매입이 아니라 일반매입으로 기재한다.

[2] 법정신고기한이 지난 후 1개월 초과 3개월 이내 수정신고에 해당하므로 75% 감면된다.

[3] 전자세금계산서 발급명세가 재화·용역의 공급시기가 속하는 과세기간(예정신고의 경우에는 예정신고기간)
말의 다음 달 11일까지 국세청장에게 전송된 경우에는 해당 예정신고 또는 확정신고 시 매출·매입처별 세금
계산서합계표를 제출하지 아니할 수 있다.

정답화면

조회기간 : 2025년 10월 1일 ~ 2025년 12월 31일

구분			정기신고금액		
			금액	세율	세액
과세표준및매출세액	세금계산서발급분	1	250,000,000	10/100	25,000,000
	매입자발행세금계산서	2		10/100	
	신용카드·현금영수증발행분	3	20,000,000		2,000,000
	기타(정규영수증외매출분)	4		10/100	
	영세율 세금계산서발급분	5		0/100	
	영세율 기타	6		0/100	
	예정신고누락분	7	30,000,000		3,000,000
	대손세액가감	8			
	합계	9	300,000,000	㉮	30,000,000
매입세액	세금계산서수취분 일반매입	10	80,000,000		8,000,000
	세금계산서수취분 수출기업수입분납부유예	10			
	세금계산서수취분 고정자산매입	11	20,000,000		2,000,000
	예정신고누락분	12			
	매입자발행세금계산서	13			
	그 밖의 공제매입세액	14			
	합계(10)-(10-1)+(11)+(12)+(13)+(14)	15	100,000,000		10,000,000
	공제받지못할매입세액	16	10,000,000		1,000,000
	차감계 (15-16)	17	90,000,000	㉯	9,000,000
납부(환급)세액(매출세액㉮-매입세액㉯)				㉲	21,000,000
경감·공제세액	그 밖의 경감·공제세액	18			
	신용카드매출전표등 발행공제등	19			
	합계	20		㉣	
소규모 개인사업자 부가가치세 감면세액		20		㉣	
예정신고미환급세액		21		㉤	
예정고지세액		22		㉥	
사업양수자의 대리납부 기납부세액		23		㉦	
매입자 납부특례 기납부세액		24		㉧	
신용카드업자의 대리납부 기납부세액		25		㉨	
가산세액계		26		㉩	135,720
차가감하여 납부할세액(환급받을세액)㉲-㉣-㉤-㉥-㉦-㉧-㉨+㉩		27			21,135,720
총괄납부사업자가 납부할 세액(환급받을 세액)					

구분			금액	세율	세액
7.매출(예정신고누락분)					
예정누락분	과세	세금계산서	33	30,000,000	10/100	3,000,000
		기타	34		10/100	
	영세	세금계산서	35		0/100	
		기타	36		0/100	
	합계		37	30,000,000		3,000,000

구분		금액	세율	세액
16.공제받지못할매입세액				
공제받지못할 매입세액	50	10,000,000		1,000,000
공통매입세액면세등사업분	51			
대손처분받은세액	52			
합계	53	10,000,000		1,000,000

25.가산세명세			금액	세율	세액
사업자미등록등		61		1/100	
세금계산서	지연발급 등	62		1/100	
	지연수취	63		5/1,000	
	미발급 등	64		뒤쪽참조	
전자세금발급명세	지연전송	65		3/1,000	
	미전송	66		5/1,000	
세금계산서합계표	제출불성실	67		5/1,000	
	지연제출	68		3/1,000	
신고불성실	무신고(일반)	69		뒤쪽	
	무신고(부당)	70		뒤쪽	
	과소·초과환급(일반)	71	3,000,000	뒤쪽	75,000
	과소·초과환급(부당)	72		뒤쪽	
납부지연		73	3,000,000	뒤쪽	60,720
영세율과세표준신고불성실		74		5/1,000	
현금매출명세서불성실		75		1/100	
부동산임대공급가액명세서		76		1/100	
매입자 납부특례	거래계좌 미사용	77		뒤쪽	
	거래계좌 지연입금	78		뒤쪽	
합계		79			135,720

(2) 다음은 ㈜육일산업의 올해 제1기 부가가치세 확정신고기간(4. 1.~6. 30.)에 반영을 고려 중인 내용이다. 다음의 자료를 토대로 대손세액공제신고서를 작성하시오. (단, 모든 거래의 당초공급일은 작년 1월 1일인 것으로 가정함)

1. 매출채권의 대손 발생 내역

날 짜	검토자료	거래처	사업자등록번호	대표자	대손금액 (부가가치세 포함)
올해 2. 5.	파산법에 의한 파산으로 채권배분계산서의 통지를 받음	대윤통신	217-12-95753	이종훈	12,100,000원
올해 4. 10.	전년도 매출에 대한 어음이 당일 부도 발생함	휴먼에이티	217-85-83931	김태한	16,500,000원
올해 5. 15.	대표자의 사망으로 채권을 회수할 수 없음이 입증됨	엘에이산업	217-12-74398	유병인	22,000,000원

2. 전기에 대손처리한 매출채권의 회수 내역

날 짜	검토자료	거래처	사업자등록번호	대표자	회수금액 (부가가치세 포함)
올해 6. 20.	전년도에 대손처리하고 대손세액공제를 받았던 매출채권 중 일부를 회수함 (대손사유는 "7.대손채권 일부회수"로 직접 입력)	경주상사	113-81-63431	김경익	5,500,000원

(2)

▶관련 이론 | 매출세액과 매입세액 p.458

해 설   [대손세액공제신고서] 메뉴의 [대손발생] 탭에서 조회기간 4월~6월에 다음을 입력한다.[1]

- 당초공급일 : 2024-01-01 / 대손확정일 : 2025-02-05[2] / 대손금액 : 12,100,000
  / 거래처 : 대윤통신 / 대손사유 : 1.파산

- 당초공급일 : 2024-01-01 / 대손확정일 : 2025-05-15 / 대손금액 : 22,000,000
  / 거래처 : 엘에이산업 / 대손사유 : 3.사망

- 당초공급일 : 2024-01-01 / 대손확정일 : 2025-06-20 / 대손금액 : (-)5,500,000[3]
  / 거래처 : 경주상사 / 대손사유 : 7.대손채권 일부회수

[1] 휴먼에이티 매출에 대한 어음 부도는 부도발생일로부터 6개월이 경과한 날(올해 10월 11일)이 속하는 확정 신고기간에 대손세액공제가 가능하다.

[2] 대손세액공제는 예정신고 시에는 적용 받을 수 없고, 확정신고 시에만 적용받을 수 있다.

[3] 대손세액공제 받았던 채권이 회수되는 경우 회수일이 속하는 과세기간의 확정신고 시 부가가치세신고서에 매출세액의 증가로 반영되어야 하며, 대손세액공제신고서에 입력할 때에는 음수(-)로 입력한다.

정답화면

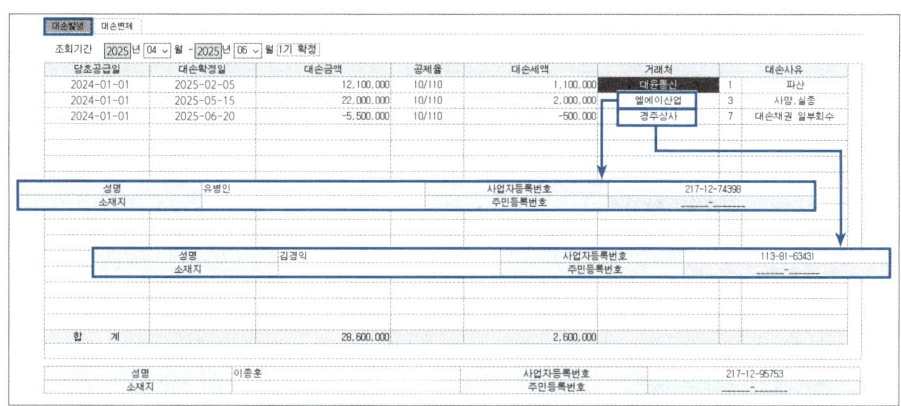

당초공급일	대손확정일	대손금액	공제율	대손세액	거래처		대손사유
2024-01-01	2025-02-05	12,100,000	10/110	1,100,000	대윤통신	1	파산
2024-01-01	2025-05-15	22,000,000	10/110	2,000,000	엘에이산업	3	사망,실종
2024-01-01	2025-06-20	-5,500,000	10/110	-500,000	경주상사	7	대손채권 일부회수

성명	유병인	사업자등록번호	217-12-74398
소재지		주민등록번호	-

성명	김경익	사업자등록번호	113-81-63431
소재지		주민등록번호	-

합 계	28,600,000	2,600,000

성명	이종훈	사업자등록번호	217-12-95753
소재지		주민등록번호	-

참고 [대손세액공제신고서] 메뉴의 [대손발생] 탭에 집계되는 대손세액 합계 금액 "2,600,000"은 [부가가 치세신고서] 메뉴에서 '대손세액가감[8]' 라인의 세액란에 "(-)2,600,000"으로 자동 반영된다.

06 **㈜육공산업**(코드번호 : 0160)**의 당기**(제10기) **회계기간은 2025. 1. 1.~2025. 12. 31.이다.
부가가치세신고와 관련하여 다음 물음에 답하시오.** [제60회]

올해 제2기 부가가치세 예정신고 시 다음의 매출 내용이 누락되었다. 예정신고 누락분을 모두 반영
하여 제2기 부가가치세 확정신고서를 작성하시오. 불러오는 데이터는 무시하고 문제에 제시된 자료
이외에 거래는 없는 것으로 가정한다. (부당과소신고가 아니며, 가산세 계산 시 미납일수는 92일로 하
며 예정신고기한이 지난 후 확정신고일까지의 기간은 1개월 초과 3개월 이내이다)

구 분	공급가액	부가가치세
신용카드매출전표 발행 매출	10,000,000원	1,000,000원
영세율전자세금계산서 매출 (전자세금계산서는 적법하게 발급하였으나 발급명세를 지연전송하였음)	3,000,000원	–
직수출 매출	5,000,000원	–

06

▶관련 이론 | 신고와 납부 p.480

해　설　[부가가치세신고서] 메뉴에서 조회기간란에 "10월 1일~12월 31일", 신고구분란에 "1.정기신고"를 입력한다.

- 과세표준및매출세액
  - 7.매출(예정신고누락분) ▶ 과세 ▶ 기타[34] : 10,000,000 / 1,000,000
  - 7.매출(예정신고누락분) ▶ 영세 ▶ 세금계산서[35] : 3,000,000 / –
  - 7.매출(예정신고누락분) ▶ 영세 ▶ 기타[36] : 5,000,000 / –
- 가산세
  - 영세율과세표준신고불성실가산세 = 8,000,000원 × 0.5% × (100% – 75%)[1] = 10,000원
    영세율과세표준신고불성실[74] : 8,000,000 / 10,000
  - 과소신고 가산세 = {10,000,000원 × 10% – (0원 – 0원) × 10%} × 10% × (100% – 75%)[1] = 25,000원
    신고불성실 ▶ 과소·초과환급(일반)[71] : 1,000,000 / 25,000
  - 납부지연가산세 = 1,000,000원 × (22/100,000) × 92일 = 20,240원
    납부지연[73] : 1,000,000 / 20,240
  - 발급명세지연전송가산세 = 3,000,000원 × 0.3% = 9,000원
    전자세금발급명세 ▶ 지연전송[65] : 3,000,000 / 9,000
  - 매출처별 세금계산서합계표 지연제출가산세는 없음[2]

[1] 법정신고기한이 지난 후 1개월 초과 3개월 이내 수정신고에 해당하므로 75% 감면된다.

[2] 전자세금계산서 발급명세 전송 관련 가산세가 적용되는 부분에 대하여는 매출처별 세금계산서합계표 불성실가산세가 적용 배제된다.

정답화면

조회기간 : 2025 년 10 월 1 일 ~ 2025 년 12 월 31 일

	구분			정기신고금액 금액	세율	세액
과세표준및매출세액	과세	세금계산서발급분	1		10/100	
		매입자발행세금계산서	2		10/100	
		신용카드·현금영수증발행분	3			
		기타(정규영수증외매출분)	4		10/100	
	영세	세금계산서발급분	5		0/100	
		기타	6		0/100	
	예정신고누락분		7	18,000,000		1,000,000
	대손세액가감		8			
	합계		9	18,000,000	㉮	1,000,000
매입세액	세금계산서 수취분	일반매입	10			
		수출기업수입분납부유예	10			
		고정자산매입	11			
	예정신고누락분		12			
	매입자발행세금계산서		13			
	그 밖의 공제매입세액		14			
	합계(10)-(10-1)+(11)+(12)+(13)+(14)		15			
	공제받지못할매입세액		16			
	차감계 (15-16)		17		㉯	
납부(환급)세액(매출세액㉮-매입세액㉯)					㉰	1,000,000
경감공제세액	그 밖의 경감·공제세액		18			
	신용카드매출전표등 발행공제등		19			
	합계		20		㉣	
소규모 개인사업자 부가가치세 감면세액			20		㉤	
예정신고미환급세액			21		㉥	
예정고지세액			22		㉦	
사업양수자의 대리납부 기납부세액			23		㉧	
매입자 납부특례 기납부세액			24		㉨	
신용카드업자의 대리납부 기납부세액			25		㉩	
가산세액계			26		㉪	64,240
차가감하여 납부할세액(환급받을세액)㉰-㉣-㉤-㉥-㉦-㉧-㉨-㉩+㉪			27			1,064,240
총괄납부사업자가 납부할 세액(환급받을 세액)						

	구분		금액	세율	세액
7.매출(예정신고누락분)					
예정누락분	과세	세금계산서 33		10/100	
		기타 34	10,000,000	10/100	1,000,000
	영세	세금계산서 35	3,000,000	0/100	
		기타 36	5,000,000	0/100	
		합계 37	18,000,000		1,000,000
25.가산세명세					
사업자미등록등		61		1/100	
세금계산서	지연발급 등	62		1/100	
	지연수취	63		5/1,000	
	미발급 등	64		뒤쪽참조	
전자세금발급명세	지연전송	65	3,000,000	3/1,000	9,000
	미전송	66		5/1,000	
세금계산서합계표	제출불성실	67		5/1,000	
	지연제출	68		3/1,000	
신고불성실	무신고(일반)	69		뒤쪽	
	무신고(부당)	70		뒤쪽	
	과소·초과환급(일반)	71	1,000,000	뒤쪽	25,000
	과소·초과환급(부당)	72		뒤쪽	
납부지연		73	1,000,000	뒤쪽	20,240
영세율과세표준신고불성실		74	8,000,000	5/1,000	10,000
현금매출명세서불성실		75		1/100	
부동산임대공급가액명세서		76		1/100	
매입자 납부특례	거래계좌 미사용	77		뒤쪽	
	거래계좌 지연입금	78		뒤쪽	
	합계	79			64,240

07 ㈜오칠산업(코드번호 : 0157)의 당기(제15기) 회계기간은 2025. 1. 1.~2025. 12. 31.이다. 부가가치세신고와 관련하여 다음 물음에 답하시오.　　　　　　　　　　　　　　[제57회 수정]

(1) 다음 자료를 토대로 올해 제1기 확정분 신용카드매출전표등수령명세서를 작성하시오. (단, 매입 매출전표입력은 생략하되, 사용한 법인카드번호는 하나카드 1111-2222-3333-4444이며 매입세액공제가 가능한 사항만 반영하시오)

매입일자	매입내역	공급가액 (원)	세액(원)	사용처(모두 일반과세자)		증 빙
				상 호	사업자등록번호	
6월 3일	출장 목적의 KTX승차권	80,000	8,000	코레일	204-85-22637	신용카드
6월 4일	사업장 난방용 석유 구입	50,000	5,000	㈜엑스오일	314-81-11803	신용카드
6월 5일	비영업용 소형승용차 임차료	200,000	20,000	무신렌트	212-18-93257	현금영수증
6월 6일	직원회의 시 커피 구입비	30,000	3,000	별다방	204-25-33620	현금영수증
6월 7일	원재료 구입 시 신용카드 결제 (세금계산서 수취함)	400,000	40,000	㈜정우	132-86-35848	신용카드

07 (1)

▶관련 이론 | 매출세액과 매입세액 p.466

해　설　[신용카드매출전표등수령명세서] 메뉴에서 조회기간란에 "4월~6월"을 조회하여 입력한다.

- 6월 3일 코레일 매입 건은 입력하지 않는다.
  KTX는 여객운송업으로서 영수증만 발급할 수 있는 업종이므로, 동 업종으로부터 매입한 신용카드 결제분은 매입세액공제가 불가능하다.

- 6월 4일 엑스오일 매입 건에 대한 정보를 입력한다. (구분 : 3.사업)
  공급자 또는 공급자 사업자등록번호란을 입력할 때, 해당란에서 F2를 누른 후 거래처도움 검색창을 사용한다.

- 6월 5일 무신렌트 매입 건은 입력하지 않는다.
  비영업용 소형승용차 관련 지출은 매입세액 불공제 사유에 해당한다.

- 6월 6일 별다방 매입 건에 대한 정보를 입력한다. (구분 : 1.현금)

- 6월 7일 하나의 거래에 대하여 세금계산서도 발급받고 신용카드매출전표도 발급받은 금액이 있는 경우, 동 금액은 신용카드매출전표등수령명세서에 기재하지 않고, 부가가치세신고서에서 '세금계산서 수취분'으로 기재한다.

> 참고 신용카드매출전표등수령명세서에는 세금계산서 대신 교부받은 신용카드매출전표·현금영수증 중에서 매입세액공제를 받을 수 있는 금액만 기재하고, 동 금액은 부가가치세신고서에서 '그 밖의 공제 매입세액'으로 기재한다.

정답화면

조회기간 : 2025 년 04 ▾ 월 ~ 2025 년 06 ▾ 월　　구분 1기 확정

▷ **2. 신용카드 등 매입내역 합계**

구분	거래건수	공급가액	세액
합　계	2	80,000	8,000
현금영수증	1	30,000	3,000
화물운전자복지카드			
사업용신용카드	1	50,000	5,000
그 밖의 신용카드			

▷ **3. 거래내역입력**

		월/일	구분	공급자	공급자(가맹점) 사업자등록번호	카드회원번호	그 밖의 신용카드 등 거래내역 합계		
							거래건수	공급가액	세액
1	☐	06-04	사업	(주)엑스오일	314-81-11803	1111-2222-3333-4444	1	50,000	5,000
2	☐	06-06	현금	별다방	204-25-33620		1	30,000	3,000
	☐								
				합계			2	80,000	8,000

(2) 기존에 입력된 자료는 무시하고 다음 자료를 토대로 올해 제2기 확정신고에 대한 부가가치세신고서를 작성하시오. (세부담 최소화 가정) 부가가치세신고서 이외의 과세표준명세 등 기타 부속서류는 작성을 생략한다. (단, 제시된 자료 이외의 거래는 없으며, 홈택스에서 직접 전자신고하였다)

매출 자료	• 전자세금계산서 발급 매출액 : 450,000,000원(부가가치세 별도) • 신용카드 매출액 : 66,000,000원(부가가치세 포함) → 전자세금계산서 발급 금액 22,000,000원(부가가치세 포함)이 포함되어 있으며, 동 금액은 상기 전자세금계산서 발급 매출액에도 포함되어 있음 • 직수출액 : 200,000,000원 • 제1기 확정신고 시 대손세액공제를 받은 외상매출금 22,000,000원을 전액 회수함
매입 자료	• 세금계산서 일반매입액 : 500,000,000원(부가가치세 별도) → 기업업무추진비 관련 금액 30,000,000원(부가가치세 별도)이 포함되어 있음 • 제2기 예정신고 시 누락된 세금계산서 매입액 : 10,000,000원(부가가치세 별도) • 제2기 예정신고 시 미환급된 세액 : 1,000,000원

(2)

▶관련 이론 | 매출세액과 매입세액 p.459, 466

해　설　[부가가치세신고서] 메뉴에서 조회기간란에 "10월 1일~12월 31일", 신고구분란에 "1.정기신고"를 입력한다.

- 과세표준및매출세액
  - 과세 ▶ 세금계산서발급분[1] : 450,000,000 / 45,000,000
  - 과세 ▶ 신용카드·현금영수증발행분[3] : 40,000,000[1] / 4,000,000
  - 영세 ▶ 기타[6] : 200,000,000 / –
  - 대손세액가감[8] : (+)2,000,000[2]
- 매입세액
  - 세금계산서 수취분 ▶ 일반매입[10] : 500,000,000 / 50,000,000
  - 세금계산서 수취분 ▶ 고정자산매입[11] : 0 / 0
  - 12.매입(예정신고누락분) ▶ 세금계산서[38] : 10,000,000 / 1,000,000
  - 16.공제받지못할매입세액 ▶ 공제받지못할매입세액[50] : 30,000,000[3] / 3,000,000
- 경감공제세액
  - 18.그 밖의 경감·공제세액 ▶ 전자신고세액공제[54] : – / 10,000
- 납부세액
  - 예정신고미환급세액[21] : 1,000,000
  - 가산세 : 없음[4]

[1] · 하나의 거래에 대하여 세금계산서도 발급하고 신용카드매출전표도 발급한 금액이 있는 경우, 동 금액은 부가가치세신고서에 '세금계산서 발급분'으로 기재한다.
  · (66,000,000 – 22,000,000) × (100/110) = 40,000,000원

[2] 대손세액공제를 받은 외상매출금을 다시 회수한 경우 부가가치세 금액을 양수(+)로 입력하여 매출세액을 증가시킨다.

(차) 현금	22,000,000	(대) 대손충당금	20,000,000
		부가세예수금	2,000,000

[3] 기업업무추진비 관련 매입세액은 매입세액 불공제 사유에 해당한다.

[4] 예정신고 시 매출분은 누락되지 않고 세금계산서 매입분만 누락되었으므로 가산세는 없다.

정답화면

조회기간 : 2025 년 10 월 1 일 ~ 2025 년 12 월 31 일

	구분			정기신고금액		
				금액	세율	세액
과세표준및매출세액	과세	세금계산서발급분	1	450,000,000	10/100	45,000,000
		매입자발행세금계산서	2		10/100	
		신용카드·현금영수증발행분	3	40,000,000	10/100	4,000,000
		기타(정규영수증외매출분)	4		10/100	
	영세	세금계산서발급분	5		0/100	
		기타	6	200,000,000	0/100	
	예정신고누락분		7			
	대손세액가감		8			2,000,000
	합계		9	690,000,000	㉙	51,000,000
매입세액	세금계산서 수취분	일반매입	10	500,000,000		50,000,000
		수출기업수입분납부유예	10			
		고정자산매입	11			
	예정신고누락분		12	10,000,000		1,000,000
	매입자발행세금계산서		13			
	그 밖의 공제매입세액		14			
	합계(10)-(10-1)+(11)+(12)+(13)+(14)		15	510,000,000		51,000,000
	공제받지못할매입세액		16	30,000,000		3,000,000
	차감계 (15-16)		17	480,000,000	㉣	48,000,000
납부(환급)세액(매출세액㉙-매입세액㉣)					㉤	3,000,000
경감공제세액	그 밖의 경감·공제세액		18			10,000
	신용카드매출전표등 발행공제등		19			
	합계		20		㉦	10,000
소규모 개인사업자 부가가치세 감면세액			20		㉭	
예정신고미환급세액			21		㉮	1,000,000
예정고지세액			22		㉯	
사업양수자의 대리납부 기납부세액			23		㉰	
매입자 납부특례 기납부세액			24		㉱	
신용카드업자의 대리납부 기납부세액			25		㉲	
가산세액계			26		㉳	
차가감하여 납부할세액(환급받을세액)㉤-㉦-㉭-㉮-㉯-㉰-㉱-㉲+㉳			27			1,990,000
총괄납부사업자가 납부할 세액(환급받을 세액)						

		구분		금액	세율	세액
7.매출(예정신고누락분)						
예정누락분	과세	세금계산서	33		10/100	
		기타	34		10/100	
	영세	세금계산서	35		0/100	
		기타	36		0/100	
	합계		37			
12.매입(예정신고누락분)						
예정누락분	세금계산서		38	10,000,000		1,000,000
	그 밖의 공제매입세액		39			
	합계		40	10,000,000		1,000,000
	신용카드매출 수령금액합계	일반매입				
		고정매입				
	의제매입세액					
	재활용폐자원등매입세액					
	과세사업전환매입세액					
	재고매입세액					
	변제대손세액					
	외국인관광객에대한환급/					
	합계					

구분		금액	세율	세액
16.공제받지못할매입세액				
공제받지못할 매입세액	50	30,000,000		3,000,000
공통매입세액면세등사업분	51			
대손처분받은세액	52			
합계	53	30,000,000		3,000,000
18.그 밖의 경감·공제세액				
전자신고세액공제	54			10,000
전자세금계산서발급세액공제	55			
택시운송사업자경감세액	56			
대리납부세액공제	57			
현금영수증사업자세액공제	58			
기타	59			
합계	60			10,000

08 ㈜오륙산업(코드번호 : 0156)의 당기(제22기) 회계기간은 2025. 1. 1.~2025. 12. 31.이다. 부가가치세신고와 관련하여 다음 물음에 답하시오.

[제51회 수정]

(1) 회사는 당해연도 제2기 확정신고(10월~12월, 신고기한 : 다음 연도 1월 25일)를 한 후 다음과 같은 오류를 발견하였다. 다음 연도 2월 24일 수정신고하는 경우 부가가치세수정신고서를 작성하시오.

가 정	• 과세표준명세 작성과 오류사항에 대한 전표입력은 생략한다. • 세금계산서합계표 및 신용카드매출전표등수령명세서의 작성은 생략한다. • 아래 오류사항 이외에는 추가적으로 반영할 사항이 없고 각종 세액공제는 모두 생략한다. • 부당과소신고가 아니며, 가산세 계산 시 미납일수는 30일로 하며 확정신고 기한이 지난 후 수정신고일까지의 기간은 1개월 이내이다.
오류사항	• 제품을 5,000,000원(부가가치세 별도)에 판매(판매일 : 당해연도 10월 1일)하고 즉시 전자세금계산서를 발급한 1건에 대하여 국세청 전송을 누락하여 다음 연도 2월 20일에 전송하였는데 부가가치세 신고서에도 반영되지 않았다. • 원재료를 소매로 3,000,000원(부가가치세 별도)에 매입하고 신용카드로 결제한 내역 1건을 부가가치세 신고 시 누락하였다. (원재료 판매처는 일반과세자이다) • 원재료를 1,000,000원(부가가치세 별도)에 매입하고 전자세금계산서를 발급받은 1건을 부가가치세 신고 시 누락하였다.

<기존에 신고한 부가가치세신고서 내용>

구분				금 액	세 율	세 액
신고내용						
과세표준 및 매출세액	과세	세금계산서발급분	1	360,000,000	$\frac{10}{100}$	36,000,000
		매입자발행세금계산서	2		$\frac{10}{100}$	
		신용카드·현금영수증발행분	3			
		기타(정규영수증외매출분)	4		$\frac{10}{100}$	
	영세율	세금계산서발급분	5		$\frac{0}{100}$	
		기 타	6			
	예정신고누락분		7			
	대손세액가감		8			
	합 계		9	360,000,000	㉮	36,000,000
매입세액	세금계산서 수취분	일반매입	10	320,000,000		32,000,000
		수출기업수입분납부유예	10			
		고정자산 매입	11			
	예정신고누락분		12			
	매입자발행세금계산서		13			
	그 밖의 공제매입세액		14			
	합계(10) + (11) + (12) + (13) + (14)		15	320,000,000		32,000,000
	공제받지못할매입세액		16			
	차감계(15) - (16)		17	320,000,000	㉯	32,000,000
납부(환급)세액(매출세액 ㉮ - 매입세액 ㉯)					㉰	4,000,000
경감·공제세액	그 밖의 경감·공제세액		18			
	신용카드매출전표등 발행공제등		19			
	합계		20		㉱	
예정신고미환급세액			21		㉫	
예정고지세액			22		㉪	
사업양수자의 대리납부 기납부세액			23		㉨	
매입자 납부특례 기납부세액			24		㉧	
가산세액계			26		㉯	
차가감하여 납부할 세액(환급받을 세액) (㉰ - ㉱ - ㉫ - ㉪ - ㉨ - ㉧ + ㉯)			27			4,000,000
총괄납부사업자가 납부할 세액(환급받을 세액)						

08 (1)
　　　　　　　　　　　　　　　　　　　　　　　　　　　　　　　　　▶ 관련 이론 | 신고와 납부 p.480

해　설　[부가가치세신고서] 메뉴에서 조회기간란에 "10월 1일~12월 31일"을, 신고구분란에 "2.수정신고", 신고차수란에 "1"을 입력한다.

> 참고　신고구분란에서 '수정신고'가 선택되지 않는 경우, '정기신고' 상태에서 화면상단의 F3 마감 을 클릭한 후 보조창에서 마감[F3] 및 강제마감[F3] 을 클릭한다.

- 과세표준및매출세액
  - 과세 ▶ 세금계산서발급분[1] : (+)5,000,000(→ 365,000,000) / (+)500,000(→ 36,500,000)
- 매입세액
  - 세금계산서 수취분 ▶ 일반매입[10] : (+)1,000,000(→ 321,000,000) / (+)100,000 (→ 32,100,000)
  - 14. 그 밖의 공제매입세액 ▶ 신용카드매출수령금액합계표 ▶ 일반매입[41][1] : (+)3,000,000 (→ 3,000,000) / (+)300,000(→ 300,000)
- 가산세
  - 과소신고가산세 = {5,000,000원 × 10% − (4,000,000원 − 0원) × 10%} × 10% × (100% − 90%)[2] = 1,000원
    신고불성실 ▶ 과소·초과환급(일반)[71] : 100,000 / 1,000
  - 납부지연가산세 = 100,000원 × (22/100,000) × 30일 = 660원
    납부지연[73] : 100,000 / 660
  - 발급명세미전송가산세[3] = 5,000,000원 × 0.5% = 25,000원
    전자세금발급명세 ▶ 미전송[66] : 5,000,000 / 25,000
  - 매출처별 세금계산서합계표 미제출가산세 : 없음[4]

[1] 보조창의 안내에 따라 Tab 을 누른 후 금액을 입력한다.

[2] 법정신고기한이 지난 후 1개월 이내 수정신고에 해당하므로 90% 감면된다.

[3] 재화·용역의 공급시기가 속하는 과세기간의 확정신고기한 이내에 발급명세를 전송하지 아니한 경우이므로 미전송 가산세가 적용된다.

[4] 전자세금계산서 발급명세 전송 관련 가산세가 적용되는 부분에 대하여는 매출처별 세금계산서합계표 불성실가산세가 적용 배제된다.

정답화면

조회기간 : 2025 년 10 월 1 일 ~ 2025 년 12 월 31 일 신고구분 : 2.수정신고 ∨ 신고차수 : 1 ∨

구분		정기No	정기 금액	정기 세율	정기 세액	수정No	수정 금액	수정 세율	수정 세액
과세표준및매출세액	과세 세금계산서발급분	1	360,000,000	10/100	36,000,000	1	365,000,000	10/100	36,500,000
	매입자발행세금계산서	2		10/100		2		10/100	
	신용카드·현금영수증발행분	3				3			
	기타(정규영수증외매출분)	4		10/100		4		10/100	
	영세 세금계산서발급분	5		0/100		5		0/100	
	기타	6		0/100		6		0/100	
	예정신고누락분	7				7			
	대손세액가감	8				8			
	합계	9	360,000,000	㉮	36,000,000	9	365,000,000	㉮	36,500,000
매입세액	세금계산서수취분 일반매입	10	320,000,000		32,000,000	10	321,000,000		32,100,000
	수출기업수입분납부유예	10				10			
	고정자산매입	11				11			
	예정신고누락분	12				12			
	매입자발행세금계산서	13				13			
	그 밖의 공제매입세액	14				14	3,000,000		300,000
	합계(10)-(10-1)+(11)+(12)+(13)+(14)	15	320,000,000		32,000,000	15	324,000,000		32,400,000
	공제받지못할매입세액	16				16			
	차감계 (15-16)	17	320,000,000	㉯	32,000,000	17	324,000,000	㉯	32,400,000
납부(환급)세액(매출세액㉮-매입세액㉯)				㉰	4,000,000			㉰	4,100,000
경감공제세액	그 밖의 경감·공제세액	18				18			
	신용카드매출전표등 발행공제등	19				19			
	합계	20		㉱		20		㉱	
소규모 개인사업자 부가가치세 감면세액		20		㉲		21		㉲	
예정신고미환급세액		21		㉳		21		㉳	
예정고지세액		22		㉴		22		㉴	
사업양수자의 대리납부 기납부세액		23		㉵		23		㉵	
매입자 납부특례 기납부세액		24		㉶		24		㉶	
신용카드업자의 대리납부 기납부세액		25		㉷		25		㉷	
가산세액계		26		㉸		26		㉸	26,660
차가감하여 납부할세액(환급받을세액)㉰-㉱-㉲-㉳-㉴-㉵-㉶-㉷+㉸		27			4,000,000	27			4,126,660
총괄납부사업자가 납부할 세액(환급받을 세액)									

14.그 밖의 공제매입세액 (정기신고)

			금액	세액	
신용카드매출	일반매입	41			
수령금액합계표	고정매입	42			
의제매입세액		43		뒤쪽	
재활용폐자원등매입세액		44		뒤쪽	
과세사업전환매입세액		45			
재고매입세액		46			
변제대손세액		47			
외국인관광객에대한환급세액		48			
합계		49			

14.그 밖의 공제매입세액 (수정신고)

			금액	세액	
신용카드매출	일반매입	41	3,000,000		300,000
수령금액합계표	고정매입	42			
의제매입세액		43		뒤쪽	
재활용폐자원등매입세액		44		뒤쪽	
과세사업전환매입세액		45			
재고매입세액		46			
변제대손세액		47			
외국인관광객에대한환급세액		48			
합계		49		3,000,000	300,000

25.가산세명세 (정기신고)

			금액	세율	세액
사업자미등록등		61		1/100	
세금계산서	지연발급 등	62		1/100	
	지연수취	63		5/1,000	
	미발급 등	64		뒤쪽참조	
전자세금발급명세	지연전송	65		5/1,000	
	미전송	66		5/1,000	
세금계산서합계표	제출불성실	67		5/1,000	
	지연제출	68		3/1,000	
신고불성실	무신고(일반)	69		뒤쪽	
	무신고(부당)	70		뒤쪽	
	과소·초과환급(일반)	71		뒤쪽	
	과소·초과환급(부당)	72		뒤쪽	
납부지연		73		뒤쪽	
영세율과세표준신고불성실		74		5/1,000	
현금매출명세서불성실		75		1/100	
부동산임대공급가액명세서		76		1/100	
매입자 납부특례	거래계좌 미사용	77		뒤쪽	
	거래계좌 지연입금	78		뒤쪽	
합계		79			

25.가산세명세 (수정신고)

			금액	세율	세액
사업자미등록등		61		1/100	
세금계산서	지연발급 등	62		1/100	
	지연수취	63		5/1,000	
	미발급 등	64		뒤쪽참조	
전자세금발급명세	지연전송	65		5/1,000	
	미전송	66	5,000,000	5/1,000	25,000
세금계산서합계표	제출불성실	67		5/1,000	
	지연제출	68		3/1,000	
신고불성실	무신고(일반)	69		뒤쪽	
	무신고(부당)	70		뒤쪽	
	과소·초과환급(일반)	71	100,000	뒤쪽	1,000
	과소·초과환급(부당)	72		뒤쪽	
납부지연		73	100,000	뒤쪽	660
영세율과세표준신고불성실		74		5/1,000	
현금매출명세서불성실		75		1/100	
부동산임대공급가액명세서		76		1/100	
매입자 납부특례	거래계좌 미사용	77		뒤쪽	
	거래계좌 지연입금	78		뒤쪽	
합계		79			26,660

(2) 신문사 및 광고업을 겸영하는 당사는 신문사 및 광고업에 공통으로 사용할 목적으로 작년 9월 5일 신문용지(원재료) 10,000,000원(세액 : 1,000,000원) 및 윤전기(유형자산)를 40,000,000원(세액 : 4,000,000원)에 구입하였다. 이와 관련하여 올해 1기 부가가치세 확정신고 시에 반영할 공통매입세액 재계산 내역을 [공제받지못할매입세액명세서]에 반영하시오. '신문사 및 광고업의 매출내역' 관련 자료는 아래와 같다.

기 별	구독료수입	광고수입	총공급가액
작년 2기	10,000,000원	40,000,000원	50,000,000원
올해 1기	24,000,000원	36,000,000원	60,000,000원

참고 윤전기는 인쇄용 기계장치이다. (단, 이 문제에 한하여 당사는 신문사와 광고업만을 운영한다고 가정한다)

(2) ▶관련 이론 | 매출세액과 매입세액 p.464

해　설　[공제받지못할매입세액명세서] 메뉴에서 조회기간란에 "4월~6월"을 입력하고, [납부세액또는환급세액재계산] 탭을 클릭한다.

- 작년 9월에 구입한 윤전기에 대한 재계산 정보를 입력한다.
  - 신문용지(원재료)는 감가상각자산이 아니므로 재계산 대상이 아니다.
  - 구독료수입은 면세, 광고수입은 과세에 해당한다.
- 재계산 금액을 계산해보고 메뉴에서 계산된 금액과 일치하는지 확인한다.
  - 올해 1기 확정 재계산내역 = 4,000,000원 × {1 - (25% × 1)} × (40% - 20%)
  　　　　　　　　　　　　　= 600,000원(불공제)

정답화면

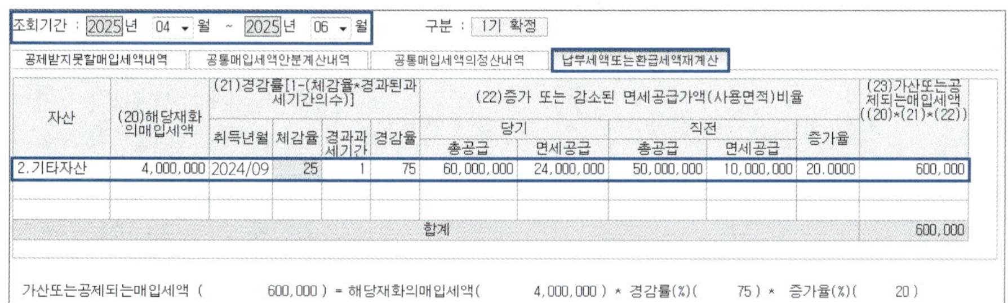

공제받지못할매입세액내역	공통매입세액안분계산내역	공통매입세액의정산내역	납부세액또는환급세액재계산

자산	(20)해당재화의매입세액	(21)경감률[1-(체감율*경과된과세기간의수)]			(22)증가 또는 감소된 면세공급가액(사용면적)비율					(23)가산또는공제되는매입세액((20)*(21)*(22))
					당기		직전			
		취득년월	체감율	경과과세기간	경감율	총공급	면세공급	총공급	면세공급	증가율	
2.기타자산	4,000,000	2024/09	25	1	75	60,000,000	24,000,000	50,000,000	10,000,000	20.0000	600,000
합계											600,000

가산또는공제되는매입세액 (　　600,000) = 해당재화의매입세액(　　4,000,000) * 경감률(%)(　75) * 증가율(%)(　20)

09 ㈜오사산업(코드번호 : 0154)의 당기(제5기) 회계기간은 2025. 1. 1.~2025. 12. 31.이다. 부가가치세신고와 관련하여 다음 물음에 답하시오.

[제39회 수정]

다음은 회사의 올해 2기 확정신고기간(10. 1.~12. 31.)의 자료이다. [부가가치세신고서]와 [신용카드매출전표발행금액집계표]를 작성하시오. (전표입력은 생략하며, 불러오는 데이터는 무시하고 제시된 자료 이외의 거래는 없는 것으로 가정한다)

구 분	적 요	공급가액(원)	비 고
매출가액	컴퓨터판매(도매)	100,000,000	전액 세금계산서 매출임
	컴퓨터판매(소매)	50,000,000	전액 세금계산서 매출이며 대금을 신용카드로 결제받음
	컴퓨터주변기기	10,000,000	내국신용장에 의하여 공급하는 영세율 세금계산서 매출임
	전자제품판매	83,000,000	이 금액 중 300만 원은 현금영수증 매출이며 8,000만 원은 신용카드 매출임
매입가액	승용차매입	4,000,000	2,500cc 업무용 승용차이며, 세금계산서를 수취함
	원재료매입	82,000,000	컴퓨터 생산에 필요한 원재료이며, 세금계산서를 수취함
	임차료	12,000,000	본사 사무실 임차료이며, 세금계산서를 수취함
	기계수리비 (수익적 지출)	1,200,000	세금계산서는 수취하지 않았고, 대금을 법인 신용카드로 결제함
	전기요금	900,000	2기 예정신고 시 누락된 본사 전기요금이며, 세금계산서를 수취함

09

▶관련 이론 | 신고와 납부 p.474

해   설   [신용카드매출전표등발행금액집계표] 메뉴에서 조회기간란에 "10월~12월"을 입력한다.

- 과세 매출분 ▶ 신용·직불·기명식 선불카드 : 143,000,000[1)]
- 과세 매출분 ▶ 현금영수증 : 3,300,000
- 세금계산서발급금액 : 55,000,000[1)]

[부가가치세신고서] 메뉴에서 조회기간란에 "10월 1일~12월 31일", 신고구분란에 "1.정기신고"를 입력한다.

- 과세표준 및 매출세액
  - 과세 ▶ 세금계산서발급분[1] : 150,000,000[2)] / 15,000,000
  - 과세 ▶ 신용카드·현금영수증발행분[3] : 83,000,000[3)] / 8,300,000
  - 영세 ▶ 세금계산서발급분[5] : 10,000,000 / –
- 매입세액
  - 세금계산서 수취분 ▶ 일반매입[10] : 94,000,000[4)] / 9,400,000
  - 세금계산서 수취분 ▶ 고정자산매입[11] : 4,000,000 / 400,000
  - 12.매입(예정신고누락분) ▶ 세금계산서[38] : 900,000 / 90,000
  - 14.그 밖의 공제매입세액 ▶ 신용카드매출수령금액합계표 ▶ 일반매입[41] : 1,200,000 / 120,000
  - 16.공제받지못할매입세액 ▶ 공제받지못할매입세액[50] : 4,000,000[5)] / 400,000
- 경감공제세액
  - 신용카드매출전표 등 발행공제[19] : 91,300,000[6)] / –
- 납부세액
  - 가산세 : 없음[7)]

[1)] · 신용카드매출전표등발행금액집계표 메뉴에서는 공급대가를 입력한다.
- 하나의 거래에 대하여 세금계산서도 발급하고 신용카드매출전표도 발급한 금액이 있는 경우, 동 금액은 신용카드매출전표등발행금액집계표에서 '과세 매출분 ▶ 신용·직불·기명식 선불카드'란과 '세금계산서발급금액'란에 모두 기재한다.
- (55,000,000 + 88,000,000) = 143,000,000원

[2)] · 하나의 거래에 대하여 세금계산서도 발급하고 신용카드매출전표도 발급한 금액이 있는 경우, 동 금액은 부가가치세신고서에서 '세금계산서 발급분'으로 기재한다.
- 100,000,000 + 50,000,000 = 150,000,000원

[3)] {(143,000,000 − 55,000,000) + 3,300,000} × (100/110) = 83,000,000원

[4)] 82,000,000 + 12,000,000 = 94,000,000원

[5)] 비영업용 소형승용차 구입·유지 및 임차 관련 매입세액이다.

[6)] · 과세 매출분 공급대가에 해당하는 신용·직불·기명식 선불카드 및 현금영수증 합계액 − 세금계산서발급금액
= 146,300,000원 − 55,000,000원 = 91,300,000원
- 법인의 경우, 신용카드매출전표 등 발행공제가 적용되지 않으므로 (문제에서 별도의 요구사항이 없다면) '금액' 란을 입력하지 않더라도 채점에는 영향이 없다.

[7)] 예정신고 시 매출분은 누락되지 않고 세금계산서 매입분만 누락되었으므로 가산세는 없다.

정답화면

· 신용카드매출전표등발행집계표

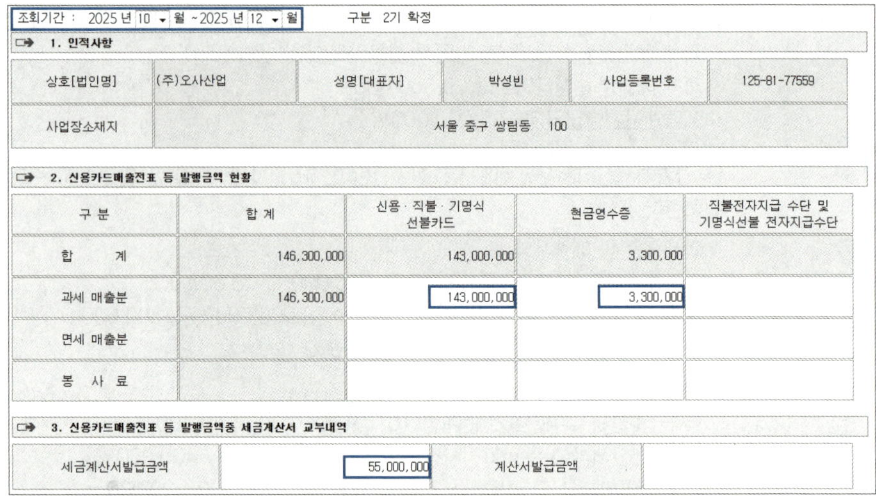

조회기간 : 2025 년 10 ▼ 월 ~2025 년 12 ▼ 월　　　구분 2기 확정

▣ 1. 인적사항

상호[법인명]	(주)오사산업	성명[대표자]	박성빈	사업등록번호	125-81-77559
사업장소재지	서울 중구 쌍림동　100				

▣ 2. 신용카드매출전표 등 발행금액 현황

구 분	합 계	신용·직불·기명식 선불카드	현금영수증	직불전자지급 수단 및 기명식선불 전자지급수단
합　　계	146,300,000	143,000,000	3,300,000	
과세 매출분	146,300,000	143,000,000	3,300,000	
면세 매출분				
봉　사　료				

▣ 3. 신용카드매출전표 등 발행금액중 세금계산서 교부내역

세금계산서발급금액	55,000,000	계산서발급금액	

· 부가가치세신고서

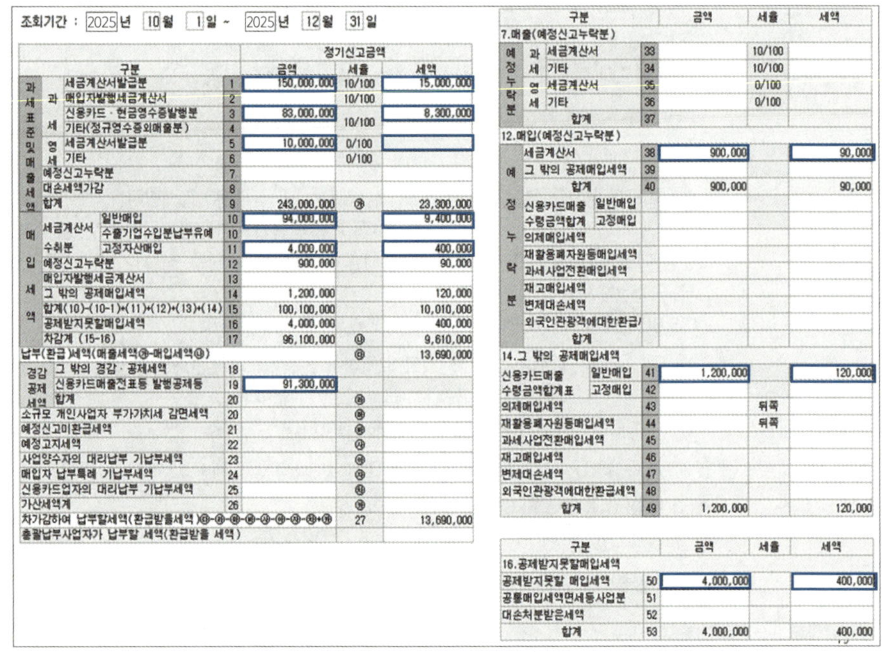

조회기간 : 2025 년 10 월 1 일 ~ 2025 년 12 월 31 일

	구분		정기신고금액		
			금액	세율	세액
과세표준및매출세액	과세	세금계산서발급분	1	150,000,000	10/100	15,000,000
		매입자발행세금계산서	2		10/100	
		신용카드·현금영수증발행분	3	83,000,000	10/100	8,300,000
		기타(정규영수증외매출분)	4			
	영세	세금계산서발급분	5	10,000,000	0/100	
		기타	6		0/100	
	예정신고누락분		7			
	대손세액가감		8			
	합계		9	243,000,000	㉮	23,300,000
매입세액	세금계산서수취분	일반매입	10	94,000,000		9,400,000
		수출기업수입분납부유예	10			
		고정자산매입	11	4,000,000		400,000
	예정신고누락분		12	900,000		90,000
	매입자발행세금계산서		13			
	그 밖의 공제매입세액		14	1,200,000		120,000
	합계(10)-(10-1)+(11)+(12)+(13)+(14)		15	100,100,000		10,010,000
	공제받지못할매입세액		16	4,000,000		400,000
	차감계 (15-16)		17	96,100,000	㉰	9,610,000
납부(환급)세액(매출세액㉮-매입세액㉰)					㉺	13,690,000
경감공제세액	그 밖의 경감·공제세액		18			
	신용카드매출전표등 발행공제등		19	91,300,000		
	합계		20		㉣	
소규모 개인사업자 부가가치세 감면세액			20		㉤	
예정신고미환급세액			21		㉥	
예정고지세액			22		㉦	
사업양수자의 대리납부 기납부세액			23		㉧	
매입자 납부특례 기납부세액			24		㉨	
신용카드업자의 대리납부 기납부세액			25		㉩	
가산세액계			26		㉪	
차가감하여 납부할세액(환급받을세액)㉺-㉣-㉤-㉥-㉦-㉧-㉨-㉩+㉪			27			13,690,000
총괄납부사업자가 납부할 세액(환급받을 세액)						

구분				금액	세율	세액
7.매출(예정신고누락분)						
예정누락분	과세	세금계산서	33		10/100	
		기타	34		10/100	
	영세	세금계산서	35		0/100	
		기타	36		0/100	
	합계		37			
12.매입(예정신고누락분)						
예정누락분	세금계산서		38	900,000		90,000
	그 밖의 공제매입세액		39			
	합계		40	900,000		90,000
	신용카드매출수령금액합계	일반매입				
		고정매입				
	의제매입세액					
	재활용폐자원등매입세액					
	과세사업전환매입세액					
	재고매입세액					
	변제대손세액					
	외국인관광객에대한환급/					
	합계					
14.그 밖의 공제매입세액						
신용카드매출수령금액합계표	일반매입		41	1,200,000		120,000
	고정매입		42			
의제매입세액			43		뒤쪽	
재활용폐자원등매입세액			44		뒤쪽	
과세사업전환매입세액			45			
재고매입세액			46			
변제대손세액			47			
외국인관광객에대한환급세액			48			
합계			49	1,200,000		120,000

구분		금액	세율	세액
16.공제받지못할매입세액				
공제받지못할 매입세액	50	4,000,000		400,000
공통매입세액면세등사업분	51			
대손처분받은세액	52			
합계	53	4,000,000		400,000

소득세

제6장 소득세

| Overview

소득세는 이론시험 전체 15문제에서 2문제가 출제된다.

(이론시험 : 1문제당 2점의 배점으로 출제되어 총 30점 만점으로 구성)

소득세는 전산회계 시험에서는 출제범위가 아니지만 전산세무 2급부터 추가로 출제되는 부분이다. 이론시험에서 출제비중이 높지 않으나, 실무시험 5번 '연말정산' 문제의 입력을 위한 바탕이 되므로 전산세무 2급 시험에서 약 20%의 비중을 차지한다. 기출문제에서 종합소득과세를 중심으로 각 소득을 비교하여 구분하는 문제의 출제빈도가 높으므로, 종합소득의 과세체계를 각 소득별로 비교하여 학습할 수 있도록 구성되어 있다.

| 출제비중

구 분	출제비중(2문제)
제1절 소득세 총칙*	
제2절 종합소득금액의 계산*	
제3절 원천징수*	2문제가 출제된다. 제2절 종합소득금액의 계산의 출제빈도가 가장 높다.
제4절 종합소득공제·세액공제*	
제5절 확정신고와 납부*	

*전산회계 1급에서 전산세무 2급에 추가되는 부분입니다. 학습전략을 참고하여 학습하시기 바랍니다.

| 학습전략

1. 전체적인 흐름을 파악하는 이해 위주의 학습

학습 분량 대비 이론시험의 출제비중이 높지 않으므로 세부내용 하나하나를 암기하기보다는 소득세 과세체계와 전체 흐름에 대한 이해 위주로 학습한다.

2. 실무시험과 연결되는 내용에 집중

실무편 문제인 연말정산에서 기본공제 대상자의 소득금액 요건 판단은 각 소득형태별 과세방법을 알아야 풀 수 있으므로 해당 내용을 집중적으로 학습한다. 그리고 실무편 문제인 연말정산에 관한 이론을 정리하고자 한다면 '연말정산 필수이론정리'를 활용한다.

3. 전산회계 1급 동시 학습

전산회계 시험에서는 출제범위가 아니지만 전산세무 2급부터 추가로 출제되는 부분이다. 전산회계 1급을 함께 학습하고 있거나, 이미 학습한 경우 '제6장 소득세' 전체 내용을 집중적으로 학습한다.

01 소득세의 정의

소득세란 개인(자연인)이 일정 기간 동안 벌어들인 소득에 대하여 과세하는 조세이다.

> **참고** 이론적으로 볼 때 소득에 대한 세금은 법인소득세와 개인소득세로 나누어지는데, 우리나라에서는 법인소득세를 '법인세', 개인소득세를 '소득세'라고 한다.

02 소득세의 특징

(1) 개인단위 과세

개인별 소득을 기준으로 과세하는 개인단위 과세방식을 원칙으로 하며, 세대별·부부별로 합산하지 않는다. 단, 조세회피 목적의 공동사업은 세대 단위 등으로 합산하여 과세한다.

(2) 개인의 인적사정을 고려하는 과세

소득세는 개인에게 과세되는 것으로서, 개인의 인적사정에 따른 세금부담능력을 고려하기 위해 인적공제를 적용하고 있다. 따라서 소득세는 소득이 귀속되는 사람을 중심으로 인적사정을 고려하는 인세에 해당한다.

(3) 납세자의 부담능력에 따른 과세

개인의 부담능력은 소득의 증가에 비례하여 누진적으로 증가하므로 소득세는 8단계 초과누진세율로 과세하고 있다. 따라서 소득세는 개인의 부담능력에 따라 과세되는 조세로서 응능과세에 해당한다.

(4) 신고납세제도

소득세는 신고납세제도를 채택하고 있으므로 납세의무자의 신고에 의하여 과세표준과 세액이 확정된다. 따라서 납세의무자는 과세기간의 다음 연도 5월에 확정신고·납부하는 것을 원칙으로 한다.

03 과세대상 소득

현행 소득세법은 과세대상 소득의 범위를 ① 이자소득, ② 배당소득, ③ 사업소득, ④ 근로소득, ⑤ 연금소득, ⑥ 기타소득, ⑦ 퇴직소득, ⑧ 양도소득의 8가지 소득으로 나누어 명시하고 있다.

과세대상 소득을 정함에 있어서, 소득세법은 법에 열거한 것만을 과세대상으로 보는 **열거주의**를 원칙으로 한다. 다만, 사회발전에 따라 다양한 금융상품이 등장하고 있는 현실을 감안하여, **이자소득과 배당소득**에 대해서는 법에 열거되지 않았더라도 유사한 소득을 과세대상으로 보는 **유형별 포괄주의**를 적용하고 있다.

> 참고 법인세법은 주주와의 자본거래를 제외한 모든 순자산증가액을 과세대상으로 보는 '포괄주의'를 원칙으로 한다.

기출포인트

법령에 열거되지 않음에 따라 소득세법상 과세대상으로 보지 않는 소득(미열거소득)의 사례는 다음과 같다.
- 상장주식의 양도차익
- 간편장부대상자의 사업용 유형고정자산(부동산 제외) 양도차익

04 과세방법

현행 소득세법은 종합과세, 분류과세, 분리과세의 방법을 통하여 대상 소득을 과세하고 있다.

종합과세	· 종합과세란 소득을 그 종류에 관계없이 일정기간의 모든 소득을 합산하여 하나의 과세표준으로 하여 과세하는 방법을 말한다. · 현행 소득세법은 종합과세를 원칙으로 하므로 분류과세 적용소득과 분리과세 적용소득을 제외한 모든 소득을 합산하여 종합소득금액을 구하고 이를 기초로 종합소득세를 계산한다.
분류과세	· 분류과세란 다른 소득과 합산하지 않고 한 종류의 소득을 별도의 과세표준으로 분류하여 과세하는 방법을 말한다. · 퇴직소득과 양도소득은 장기간에 걸쳐 형성된 소득이 일시에 실현된다는 특징이 있으므로 이를 다른 소득과 합산하여 누진세율을 적용하면 그 실현되는 시점에 부당하게 높은 세율이 적용되는 현상(결집효과)이 발생한다. 이러한 점을 감안하여 퇴직소득과 양도소득은 종합과세하지 않고 소득별로 분류하여 각각 소득금액을 구하고 이를 기초로 퇴직소득세와 양도소득세를 계산한다. 즉, 퇴직소득과 양도소득에 대하여는 분류과세가 적용된다.
분리과세	· 소득세의 과세대상이 되는 대부분의 소득에 대하여 소득 지급 단계에서 원천징수가 이루어지는데, 분리과세란 소득을 지급할 때 그 소득을 지급하는 자가 소득세를 원천징수하는 절차만으로 해당 소득에 대한 소득귀속자의 납세의무가 종결되어 버리는 과세방법을 말한다. · 이자소득, 배당소득, 근로소득, 연금소득, 기타소득 중 일정 요건을 충족하는 소득에 대하여는 분리과세가 적용된다. 참고 사업소득에는 분리과세가 적용되지 않는다.

소득세의 과세방법

구 분	과세방법	
① 이자소득	종합과세	일정 요건 충족 시 분리과세
② 배당소득		일정 요건 충족 시 분리과세
③ 사업소득		–
④ 근로소득		일정 요건 충족 시 분리과세
⑤ 연금소득		일정 요건 충족 시 분리과세
⑥ 기타소득		일정 요건 충족 시 분리과세
⑦ 퇴직소득	분류과세	
⑧ 양도소득		

기출확인문제

다음 중 소득세법상 거주자의 종합소득에 해당하지 않는 것은? 〈제90회〉

① 배당소득　　　② 사업소득　　　③ 기타소득　　　④ 퇴직소득

정답 ④

해설
퇴직소득과 양도소득은 분류과세가 적용되므로 종합소득에 해당하지 않는다.

05 과세기간

최근 77회 시험 중 10회 기출

소득세의 과세기간은 1년으로서, 1월 1일부터 12월 31일까지이다. 이는 개인이 임의로 변경할 수 없으며, 연중에 사업개시나 폐업이 있더라도 바뀌지 않는다.

구 분	과세기간	비 고
사 망	1월 1일~사망일	소득세 및 상속세에 대한 과세를 신속하게 처리할 필요가 있으므로, 소득세 과세기간이 변동된다.
출 국	1월 1일~출국일	출국 전에 소득세에 대한 과세를 신속하게 처리할 필요가 있으므로, 소득세 과세기간이 변동된다.
사업개시, 폐업	1월 1일~12월 31일	사업개시나 폐업은 여러 가지 소득 중 사업소득 유무에만 영향을 미치므로, 소득세 과세기간은 불변이다.

06 납세의무자

소득세의 납세의무자는 개인이며 개인은 다시 거주자와 비거주자로 나눌 수 있으며 납세의무자의 개념과 납세의무의 범위는 다음과 같다.

구 분	개 념	납세의무의 범위
거주자	· 국내에 주소를 둔 개인 · 국내에 183일 이상 거소[1]를 둔 개인	국내원천소득 + 국외원천소득
비거주자	· 거주자가 아닌 개인	국내원천소득

[1] 주소지 외의 장소 중 상당 기간에 걸쳐 거주하는 장소로서 주소와 같이 밀접한 생활관계가 형성되지 아니한 장소를 말한다.

07 납세지

소득세의 납세지는 납세의무자가 소득세에 관한 신고·신청·납부 등의 행위를 하는 관할세무서를 결정하는 기준이 되며 소득세의 납세지는 다음과 같다.

구 분		납세지
일 반	거주자	주소지(주소지가 없는 경우 : 거소지)
	비거주자	주된 국내사업장(국내사업장이 없는 경우 : 국내원천소득이 발생하는 장소)
납세지의 지정		사업소득이 있는 거주자는 사업장 소재지를 납세지로 신청 가능

기출확인문제

다음 중 소득세법상 납세의무자에 대한 설명으로 옳지 않은 것은? 제67회

① 소득세법상 거주자가 되려면 국내에 주소를 두거나 1년 이상 거소를 두어야 한다.
② 거주자는 국내외원천소득에 대한 납세의무가 있다.
③ 비거주자는 국내원천소득에 대한 납세의무가 있다.
④ 비거주자는 국외원천소득에 대한 납세의무가 없다.

정답 ①

해설
'거주자'란 국내에 주소를 두거나 183일 이상의 거소를 둔 개인을 말한다.

01 다음 중 소득세의 특징으로 옳지 않은 것은? [제66회]

① 소득세는 납세자와 담세자가 동일한 직접세에 해당한다.
② 소득세는 개인별 소득을 기준으로 과세하는 개인단위 과세제도를 원칙으로 한다.
③ 소득세의 과세방법에는 종합과세, 분리과세, 분류과세가 있다.
④ 소득세는 소득금액과 관계없이 단일세율을 적용한다.

02 다음 중 소득세법에 대한 설명으로 옳지 않은 것은? [제60회]

① 소득세는 6가지의 종합소득과 퇴직소득 및 양도소득을 과세대상으로 하는 조세이다.
② 6가지의 종합소득은 원칙적으로 종합과세되고 일부는 분리과세되는 경우도 있다.
③ 소득세법은 열거주의 과세방식이나 이자소득과 배당소득은 유형별 포괄주의를 채택
   하고 있다.
④ 퇴직소득과 양도소득은 분리과세한다.

03 다음 중 소득세법상 과세기간에 대한 설명으로 틀린 것은? [제87회]

① 일반적인 소득세의 과세기간은 1월 1일부터 12월 31일까지 1년으로 한다.
② 거주자가 사망한 경우의 과세기간은 1월 1일부터 사망한 날까지로 한다.
③ 폐업사업자의 사업소득의 과세기간은 1월 1일부터 폐업일까지로 한다.
④ 거주자가 주소 또는 거소를 국외로 이전하여 비거주자가 되는 경우의 과세기간은 1월
   1일부터 출국한 날까지로 한다.

04 다음은 소득세법에 대한 설명이다. 틀린 것은? [제70회]

① 거주자란 국내에 주소를 두거나 183일 이상 거소를 둔 개인을 말한다.

② 외국을 항행하는 선박 또는 항공기 승무원의 경우 생계를 같이하는 가족이 거주하는 장소 또는 승무원이 근무기간 외의 기간 중 통상 체재하는 장소가 국내에 있는 때에는 당해 승무원의 주소는 국내에 있는 것으로 본다.

③ 국내에 거소를 둔 기간은 입국하는 날의 다음날부터 출국하는 날까지로 한다.

④ 미국시민권자나 영주권자의 경우 비거주자로 본다.

정답 및 해설

01 ④ 소득세는 단계별 초과누진세율을 적용하여 소득이 많은 납세자에게 상대적으로 많은 세금을 과세하고 있다.

02 ④ 퇴직소득과 양도소득은 분류과세한다.

03 ③ 소득세의 과세기간은 연중에 사업개시나 폐업이 있더라도 바뀌지 않는다.

04 ④ 비거주자란 거주자가 아닌 개인을 말한다. 거주자란 국내에 주소를 두거나 183일 이상의 거소를 둔 개인을 말한다.

05 다음 중 소득세법에 관한 설명으로 옳지 않은 것은? [제83회]

① 소득세의 과세기간은 1/1~12/31을 원칙으로 하며, 사업자의 선택에 의하여 이를 변경할 수 없다.
② 거주자의 소득세 납세지는 원칙적으로 주소지로 한다.
③ 소득세법은 종합과세제도이므로 거주자의 모든 소득을 반드시 합산하여 과세한다.
④ 소득세의 과세기간은 사업개시나 폐업의 영향을 받지 않는다.

06 다음 내용을 보고, 소득세법 및 부가가치세법의 내용으로 잘못된 것은? [제36회]

- 거주자인 갑은 서울 영등포구 영등포동에서 ○○의류샵을 운영하고, 서울 서초구 서초동에서 ××음식점을 운영하고 있다.
- 갑의 주소지는 서울 서초구 서초동에 있다.
- 갑은 사업자단위과세제도 및 주사업장총괄납부 대상자가 아니며 영등포동과 서초동은 각각 영등포세무서와 서초세무서 관할이다.

① 갑의 부가가치세에 대한 관할세무서는 ○○의류샵에 대하여는 영등포세무서이고, ××음식점에 대하여는 서초세무서이다.
② 갑의 소득세 신고에 대한 관할세무서는 ○○의류샵에 대하여는 영등포세무서이고, ××음식점에 대하여는 서초세무서이다.
③ 갑이 부가가치세 신고 시에는 ○○의류샵에서 발생한 내역과 ××음식점에서 발생한 내역을 별도의 신고서에 작성하여 각각 신고하여야 한다.
④ 갑이 소득세 신고 시에는 ○○의류샵에서 발생한 내역과 ××음식점에서 발생한 내역을 합산하여 하나의 신고서에 작성하여 신고하여야 한다.

정답 및 해설

05 ③ 소득세법은 종합과세, 분류과세, 분리과세의 방법을 통하여 대상 소득을 과세한다. 종합소득세는 분류과세 적용소득과 분리과세 적용소득을 제외한 모든 소득을 합산하여 종합소득금액을 구하고 이를 기초로 계산한다.

06 ② 거주자의 소득세 납세지는 그 주소지로 한다.

01 종합소득금액의 계산구조

종합소득금액이란 종합과세가 적용되는 모든 소득의 금액을 합산한 것을 말한다. 따라서, 이는 이자소득, 배당소득, 사업소득, 근로소득, 연금소득, 기타소득 중 분리과세 적용소득을 제외한 개념이며, 법 소정의 비과세소득을 제외한 개념이다.

각 소득종류별 소득금액은 '총수입금액'(소득세법상 수익)에서 '필요경비'(소득세법상 비용)를 차감하여 계산한다. 다만, 이자소득과 배당소득에는 그 성격상 필요경비가 인정되지 않고, 근로소득과 연금소득에 대하여는 필요경비 대신 법 소정의 근로소득공제 및 연금소득공제를 사용한다.

종합소득금액의 계산구조는 다음과 같다.

이자소득 총수입금액(비과세, 분리과세 제외)	=	이자소득금액
		+
배당소득 총수입금액(비과세, 분리과세 제외)	=	배당소득금액
		+
사업소득 총수입금액(비과세 제외) − 필요경비	=	사업소득금액
		+
근로소득 총수입금액(비과세, 분리과세 제외) − 근로소득공제	=	근로소득금액
		+
연금소득 총수입금액(비과세, 분리과세 제외) − 연금소득공제	=	연금소득금액
		+
기타소득 총수입금액(비과세, 분리과세 제외) − 필요경비	=	기타소득금액
		종합소득금액

기출확인문제

다음 중 소득세법상 총수입금액과 소득금액이 동일한 것은? 〔제68회〕

① 사업소득　　　　② 기타소득
③ 근로소득　　　　④ 이자소득

정답 ④

해설
사업소득과 기타소득은 필요경비 차감 후, 근로소득은 근로소득공제 차감 후 소득금액을 산출한다.

(1) 이자소득의 범위

예금·적금의 이자	· 국내 또는 국외에서 받는 예금·적금의 이자
채권·증권의 이자	· 국가, 내국법인, 외국법인의 국내지점 등에서 발행한 채권·증권의 이자와 할인액 · 금융기관이 취급하는 채권·증권의 환매조건부 매매차익
단기저축성보험의 보험차익	· 단기저축성보험이란 보험계약기간이 10년 미만이면서 만기에 원금을 돌려받는 보험을 말한다. 참고 보험계약기간이 10년 이상인 장기저축성보험의 보험차익으로서 법 소정 요건을 충족하는 경우 과세되지 않는다. (비과세)
직장공제회 초과반환금	· 직장공제회 초과반환금 = 퇴직 시 직장공제회로부터 받는 반환금 − 납입했던 금액
비영업대금이익	· 비영업대금이익이란 은행업·금전대부업을 주업으로 하지 않는 일반기업이 자금에 여유가 생겨 일시적·비반복적으로 타인에게 금전을 대여하고 받는 이자를 말한다.
유사이자소득	· 위와 유사한 소득

(2) 이자소득금액의 계산

이자소득금액은 해당 연도의 총수입금액으로 하며, 필요경비는 인정되지 않는다.

$$\text{이자소득금액} \;=\; \text{이자소득 총수입금액(비과세소득과 분리과세소득은 제외)}$$

(3) 이자소득에 대한 원천징수

이자소득을 지급하는 자는 지급액에 다음 세율을 곱한 금액을 원천징수하여야 한다.

> · 일반적인 이자소득 : 14%
> · 비영업대금이익 : 25%[1]
> · 비실명 이자소득 : 45%(금융실명거래 위반 시에는 90%)
> · 직장공제회 초과반환금[2] : 기본세율(6~45%)

[1] 비영업대금이익에 대해서는 일반적인 이자소득보다 높은 원천징수세율이 적용된다.

[2] 직장공제회 초과반환금은 그 성격이 퇴직소득과 유사하기 때문에 퇴직소득에 대한 원천징수세율과 동일하다. 이에 대한 구체적인 계산방법은 전산세무 자격시험의 출제범위를 벗어난다.

(1) 배당소득의 범위

일반배당	· 내국법인 또는 외국법인으로부터 받는 이익 및 잉여금의 배당
의제배당	· 피투자회사의 합병, 분할, 해산, 자본감소 등으로 인한 의제배당 　참고　피합병법인 등의 주주로서 받는 대가가 소멸되는 기존 주식의 취득가액을 초과하는 경우 그 초과액은 해당 주주의 배당소득으로 간주된다. · 피투자회사의 잉여금 자본전입(무상주)으로 인한 의제배당 　참고　회사의 이익잉여금을 자본금으로 전입함에 따라 무상주를 교부하는 경우 그 무상주는 해당 주주의 배당소득으로 간주된다.
인정배당	· 법인세법에 따라 배당으로 소득처분된 금액 　참고　법인세법에 따라 회사에 대한 세무조정을 하는 과정에서 회사의 이익이 주주에게 귀속된 것으로 확인되는 경우 이는 해당 주주의 배당소득으로 처리된다.
집합투자기구로부터의 이익	· 국내 또는 국외에서 받는 투자신탁, 펀드 등으로부터의 이익
출자공동사업자의 배당소득	· 공동대표로 있는 사업체에서 발생하는 소득금액 중 출자공동사업자의 손익분배비율에 해당하는 금액 　참고　출자공동사업자란 사업체에 공동대표로 있으면서 출자를 하고 손익을 분배받지만 경영에는 참여하지 아니하는 자를 말하며, 상법에서는 이를 '익명조합원'이라고 부른다.
유사배당소득	· 위와 유사한 소득

(2) 배당소득금액의 계산

배당소득금액은 해당 연도의 총수입금액으로 하며, 필요경비는 인정되지 않는다. 다만, 개인주주의 배당소득 중 법 소정 요건을 충족하는 금액에 대해서는 이중과세 조정을 위하여 배당가산액을 더한 금액을 배당소득금액으로 한다.

$$배당소득금액 \ = \ 배당소득\ 총수입금액(비과세소득과\ 분리과세소득은\ 제외) \ + \ 배당가산액^{1)}$$

[1] 법 소정 요건을 충족하는 배당소득 × 10%

(3) 배당가산액

법인단계에서 이익이 발생하면 이에 대하여 법인세가 과세되고 그 이익을 주주에게 배당할 때 배당소득에 대하여 다시 주주단계에서 소득세가 과세되는데 이를 '배당소득에 대한 이중과세'라고 한다.

현행 소득세법에서는 이러한 배당소득의 이중과세 문제를 해결하기 위하여 'Gross-up 제도'를 적용하고 있는데, 이는 개인주주에게 배당에 대한 소득세를 과세할 때 해당 소득에 대한 법인세 상당액인 '배당가산액'을 배당소득금액에 가산하여 소득세를 계산한 후 그 금액을 다시 세액 자체에서 공제(배당세액공제)하는 방식을 말한다.

여기서 '배당가산액'은 '귀속법인세' 또는 'Gross-up 금액'이라고도 하며, 현행 소득세법상 배당가산율은 법인세율가정치를 고려하여 10%[1]로 정해져 있다.

[1] 법인세율가정치/(1 − 법인세율가정치) = 9%/(1 − 9%) = 10%

그러나 주의할 점은, 현행 소득세법에 따르면 개인주주가 받는 모든 배당소득에 대하여 Gross-up이 적용되는 것은 아니고 법 소정 요건을 충족하는 경우에만 적용되고 있다는 점이다. 특히, 해당 배당소득이 종합과세되어야 한다는 요건이 있기 때문에 금융소득이 2,000만 원을 초과하지 않는 자의 경우에는 이러한 배당가산액이 적용되지 않는다.

[사례] 다음 사례를 통하여 Gross-up 방식의 조정과정을 살펴보자.

> · 법인세율은 9%, 소득세율은 30%, 배당가산율은 10%라고 가정
> · Case 1 : 개인기업을 영위하는 개인사업자가 회사의 이익을 사업소득으로 가져오는 경우
> · Case 2 : Gross-up 제도가 없는 환경하에서, 법인기업에 100% 지분을 가지고 있는 개인이 회사의 이익을 배당소득으로 가져오는 경우 (→ 배당소득 이중과세문제가 발생)
> · Case 3 : Gross-up 제도가 있는 환경하에서, 법인기업에 100% 지분을 가지고 있는 개인이 회사의 이익을 배당소득으로 가져오는 경우 (→ 배당소득 이중과세문제가 해결됨)

[풀이]

(단위 : 원)

구 분	Case 1	Case 2	Case 3
기업의 당기 이익	개인기업 1,000	법인기업 1,000	법인기업 1,000
법인세 납부액(㉠)	–	90 (= 1,000 × 9%)	90 (= 1,000 × 9%)
개인의 총수입금액	사업소득 1,000	배당소득 910	배당소득 910
Gross-up 금액	–	–	91 (= 910 × 10%)
개인의 소득금액	사업소득금액 1,000	배당소득금액 910	배당소득금액 1,001
소득세 산출세액	300 (= 1,000 × 30%)	273 (= 910 × 30%)	301 (= 1,001 × 30%)
배당세액공제	–	–	91 (= Gross-up 금액)
소득세 납부액(㉡)	300	273	210
세금부담액(= ㉠ + ㉡)	300	363	300

(4) 배당소득에 대한 원천징수

배당소득을 지급하는 자는 지급액에 다음과 같은 세율을 곱한 금액을 원천징수하여야 한다.

> · 일반적인 배당소득 : 14%
> · 출자공동사업자의 배당소득 : 25%[1]
> · 비실명 배당소득 : 45%(금융실명거래 위반 시에는 90%)

[1] 출자공동사업자 배당소득에 대해서는 일반적인 배당소득보다 높은 원천징수세율이 적용된다.

금융소득이란 이자소득과 배당소득을 합산한 것을 말한다. 금융소득에 대한 과세방법은 다음과 같다.

무조건 분리 과세	· 비실명 이자·배당소득 · 직장공제회 초과반환금
조건부 종합 과세	· 대상 금융소득의 연 합계액이 2,000만 원 초과인 경우 : 종합과세 · 대상 금융소득의 연 합계액이 2,000만 원 이하인 경우 : 분리과세

무조건 종합 과세	· 원천징수되지 않은 이자·배당소득
	  [예] 국외에서 받은 금융소득으로서 조세조약에 따라 원천징수 되지 않은 것
	· 출자공동사업자의 배당소득
	  [참고] 공동사업자에 해당하므로 일반사업자가 획득하는 사업소득이 항상 종합과세된다는 점
	      과 형평성을 제고하기 위한 취지임

[참고] 금융소득의 과세방법 요약

구 분	원천징수 여부	납세방법
이자소득		· 무조건 분리과세
배당소득	O	· 조건부 종합과세(금융소득 2,000만 원 기준) · 무조건 종합과세

(1) 사업소득의 범위

사업소득이란 영리를 목적으로 자기의 계산과 책임하에 **계속적·반복적**으로 행하는 활동을 통하여 얻는 소득을 말한다. 농업, 어업, 제조업, 도소매업, 건설업, 부동산임대업, 부동산매매업 등 모든 업종에서 계속적·반복적으로 발생하는 소득은 사업소득으로 과세된다.

기출포인트

토지·건물 등 부동산은 양도소득세의 과세대상자산에 해당한다. 이러한 부동산의 매각이 일시적·우발적으로 발생한다면 양도소득으로 과세되나, 계속적·반복적으로 발생한다면 사업소득으로 과세된다.

(2) 사업의 범위에서 제외되는 것(과세제외)

다음에 해당하는 경우에는 사업소득으로 보지 않는다.

- 농업 중 식량작물재배업
- 계약에 따라 대가를 받으면서 행하는 것이 아닌 연구·개발업
- 유아교육법에 따른 유치원, 초·중등교육법 및 고등교육법에 따른 학교의 교육사업
- 사회복지사업법에 따른 사회복지사업

(3) 비과세 사업소득

사업소득 중 다음의 소득에 대해서는 소득세를 과세하지 않는다.

> - 논·밭 임대소득
>   - 논·밭을 작물 생산에 이용하게 함으로써 발생하는 논·밭 임대소득
> - 1주택자의 주택임대소득[1]
>   - 1개의 주택을 소유하는 자의 주택임대소득(단, 기준시가 12억 원을 초과하는 고가 주택 또는 국외 소재 주택은 제외)
> - 농·어가 부업소득
>   - 농·어민이 부업으로 하는 축산, 특산물 제조, 민박, 음식물 판매 등에서 얻는 소득으로서, 법 소정 규모 이하의 축산이거나 소득금액 합계액이 연 3,000만 원 이하인 것
> - 전통주 제조소득
>   - 수도권 밖의 읍·면지역에서 전통주를 제조하여 얻는 소득으로서, 소득금액 합계액이 연 1,200만 원 이하인 것
> - 조림기간 5년 이상이고 소득금액 600만 원 이하인 산림소득
>   - 조림기간 5년 이상인 임목의 벌채 및 양도에서 얻는 소득으로서, 소득금액 합계액이 연 600만 원 이하인 것
> - 식량 이외의 작물재배업 소득
>   - 식량작물재배업 이외의 작물재배업에서 발생하는 소득으로서, 총수입금액 합계액이 연 10억 원 이하인 것
> - 어로어업·양식어업 소득
>   - 어로어업(연근해어업과 내수면어업) 또는 양식어업에서 발생하는 소득으로서, 소득금액 합계액이 연 5,000만 원 이하인 것

[1] 여기에 해당하면 그 금액에 관계없이 비과세

(4) 사업소득금액의 계산

사업소득금액은 해당 연도의 총수입금액에서 필요경비를 차감한 금액으로 한다.

$$\text{사업소득금액} = \text{사업소득 총수입금액(비과세소득은 제외)} - \text{필요경비}$$

(5) 총수입금액

사업소득의 총수입금액이란 소득세법상 인정되는 사업소득의 수익금액이라 할 수 있다. 사업소득의 총수입금액의 범위를 판단함에 있어서 주의가 요구되는 주요 항목들은 다음과 같다.

구 분	사업소득 총수입금액에 포함 여부	비 고
자산수증이익 채무면제이익	○ (사업과 관련된 부분만 포함)	· 사업과 관련 없는 자산수증이익이나 채무면제이익은 소득세가 아니라 증여세가 과세된다.
보험차익	○ (사업용 자산과 관련된 부분만 포함)	· 사업용 자산이 아닌 자산의 손실로 인한 보험차익은 과세대상이 아니다. (과세제외)
이자수익 배당금수익	X	· 사업 운영 과정에서 이자수익이나 배당금수익이 발생하였다 하더라도, 이는 사업소득이 아니라 각각 이자소득과 배당소득으로 과세된다.

고정자산처분이익	O (복식부기의무자♥의 사업용 유형고정자산인 경우만 포함)	• 토지, 건물 등 부동산의 처분이익 : 양도소득으로 과세 • 무형자산 중 광업권, 어업권, 산업재산권 등의 처분이익 : 기타소득으로 과세 • 복식부기의무자의 사업용 유형고정자산(부동산 제외) 처분이익 : 사업소득으로 과세 • 그 밖의 사업용 고정자산 양도차익 : 과세대상이 아님(미열거소득) 예 간편장부대상자♥의 사업용 기계장치 처분이익
소득세 및 지방소득세의 환급금	X	• 소득세 및 지방소득세는 납부하더라도 필요경비로 인정되지 않으며, 환급받더라도 총수입금액으로 보지 않는다. • 소득세 및 지방소득세의 환급 시 덧붙여지는 이자상당액도 총수입금액으로 보지 않는다.
부가가치세 매출세액	X	• 매출 시 거래상대방으로부터 받는 부가가치세 매출세액(부가세예수금)은 부가가치세 신고 시 납부하여야 하는 부채이므로 총수입금액으로 보지 않는다.

• 복식부기의무자 : 간편장부대상자 외의 사업자

• 간편장부대상자 : 업종별 일정 규모 미만의 사업자(예 제조업 : 직전 연도 수입금액 1억 5천만 원 미만)

(6) 필요경비

사업소득의 필요경비란 소득세법상 인정되는 사업소득의 비용금액이라 할 수 있다. 사업소득의 필요경비의 범위를 판단함에 있어서 주의가 요구되는 주요 항목들은 다음과 같다.

구 분	사업소득 필요경비에 포함 여부	비 고
가사관련경비, 업무무관경비	X	사업과 관련없는 지출은 사업소득의 필요경비로 인정되지 않는다.
사업자 본인 (대표자)의 급여와 퇴직급여	X	개인 기업에서의 사업자 본인의 급여와 퇴직급여는 그 성격상 법인 기업에서의 배당과 차이가 없으므로, 해당 사업소득의 계산에 있어서 필요경비로 인정되지 않는다.
벌금, 과태료, 가산세	X	벌칙 효과 극대화 차원에서, 법규 위반으로 인하여 납부하는 벌금, 과태료, 가산세 등은 필요경비로 인정되지 않는다.
소득세 및 지방소득세의 납부액	X	소득금액을 기초로 소득세 및 지방소득세를 계산하는 점을 감안하여(즉, 순환모순을 방지하기 위하여), 소득세 및 지방소득세 납부액은 필요경비로 인정되지 않는다.
부가가치세 매입세액	X	매입 시 거래상대방에게 지급하는 부가가치세 매입세액(부가세대급금)은 부가가치세 신고를 통하여 환급받게 되는 자산이므로 필요경비로 인정되지 않는다.

(7) 주택의 임대소득

사업소득 중 주택임대소득에 대한 소득세법상 주요 규정은 다음과 같다.

> - 1주택자의 주택임대소득[1]은 비과세한다. (단, 기준시가 12억 원을 초과하는 고가 주택 또는 국외 소재 주택은 과세)
> - 부가가치세법상 간주임대료와 유사한 개념이 소득세법에도 있는데, 이는 거주자가 3주택 이상을 소유하고 있고 보증금 합계액이 3억 원을 초과하는 경우에만 적용한다.
> - 주택 수를 계산할 때 본인과 배우자가 각각 주택을 소유하는 경우에는 이를 합하여 계산한다.
> - 총수입금액의 합계액이 연 2,000만 원 이하인 자의 주택임대소득(소규모 주택임대소득)은 종합소득과세표준에 합산하지 않고 특례규정에 따라 종합소득 결정세액을 계산할 수 있다.

[1] 여기에 해당하면 그 금액에 관계없이 비과세

(8) 특정사업소득에 대한 원천징수

일반적인 사업소득이 있는 자에게 대금을 지급하는 자는 원천징수를 하지 않아도 된다. 그러나 인적용역 등 특정한 사업소득만 있는 자에게 소득을 지급하는 자는 지급액에 다음 세율을 곱하여 원천징수하여야 한다.

> - 부가가치세 면세대상인 의료보건용역 및 인적용역 : 3%   - 봉사료 : 5%

(9) 간편장부대상자에 해당하는 보험모집인 등에 대한 사업소득의 연말정산

부가가치세 면세대상인 인적용역 중 간편장부대상자(직전 연도 수입금액 7,500만 원 미만)에 해당하는 보험모집인, 방문판매원, 음료배달원에게 소득을 지급하는 원천징수의무자는 해당 사업소득에 대한 연말정산을 다음 연도 2월에 하여야 한다.

(10) 사업소득의 과세방법

사업소득은 분리과세가 적용되지 않고 종합과세만 적용된다. 따라서, 사업소득을 수령하는 자는 원칙적으로 다음 연도 5월에 종합소득세 확정신고를 하여야 한다. 다만, 연말정산되는 사업소득만 있는 자는 종합소득세 확정신고를 하지 않아도 된다.

참고 사업소득의 과세방법 요약

구 분	원천징수 여부	연말정산 여부	납세방법
일반적인 사업소득	X	X	종합과세
특정사업소득	O	O (간편장부대상자인 보험모집인 등의 경우만 해당)	종합과세[1]

[1] 연말정산되는 사업소득만 있는 자는 종합소득세 확정신고 생략 가능

(1) 근로소득의 범위

근로소득이란 고용계약에 따라 비독립적 지위에서 근로를 제공하고 받는 다음과 같은 각종 대가를 말한다.

> - 근로를 제공함으로써 받는 봉급·상여·수당과 이와 유사한 성질의 급여(일반급여)
> - 법인의 주주총회 또는 이에 준하는 의결기관의 결의에 따라 상여로 받는 소득(잉여금 처분에 의한 상여)
> - 법인세법에 따라 상여로 소득처분된 금액(인정상여)
> - 임원의 퇴직금 중에서 법인세법과 소득세법 규정에 따라 퇴직소득으로 인정되지 않고 근로소득으로 간주되는 금액(법인세법 및 소득세법에 따른 임원퇴직금 한도초과액)
> - 발명진흥법에 따른 직무발명으로 회사로부터 재직 중에 받는 보상금(단, 연 700만 원 이하의 금액은 비과세)
> - 종업원이 자사·계열사의 재화 또는 용역을 시가보다 할인하여 공급받은 경우 할인받은 금액(단, Max[시가의 20%, 연 240만 원] 이하의 금액은 비과세)

(2) 근로소득에 포함되는 것

근로소득에는 다음의 소득이 포함된다.

> - 법인의 임직원이 고용 관계에 따라 부여받은 주식매수선택권(스톡옵션)을 재직 중에 행사함으로써 얻는 이익
> - 사택을 제공받음으로써 얻는 이익(단, ① 비출자임원(주주가 아닌 임원을 말하며, 소액주주인 임원을 포함함) 과 ① 직원(임원이 아닌 종업원)이 사택을 제공받음으로써 얻는 이익은 비과세)[1]
>   [1] 출자임원이 사택을 제공받음으로써 얻는 이익만 과세됨
> - 종업원이 계약자이거나 종업원 및 가족을 수익자로 하는 보험에 대하여 사용자(회사)가 부담하는 보험료(단, 단체순수보장성보험 및 단체환급부보장성보험의 보험료 중 1인당 연 70만 원 이하의 금액은 비과세)
> - 종업원이 주택의 구입·임차자금을 저리 또는 무상으로 대여받음으로써 얻는 이익(단, 중소기업 종업원이 대여받음으로써 얻는 이익은 비과세)
> - 공무원이 국가·지방자치단체로부터 공무 수행과 관련하여 받는 상금과 부상(단, 연 240만 원 이하의 금액은 비과세)

(3) 근로소득에 포함되지 않는 것(과세제외)

다음에 해당하는 경우에는 근로소득으로 보지 않는다.

> - 사회통념상 타당하다고 인정되는 범위 내의 경조금

(4) 비과세 근로소득

근로소득 중 다음의 소득에 대해서는 소득세를 과세하지 않는다.

① 실비변상적인 성질의 급여
- 일직료·숙직료 또는 여비(출장비)로서 실제 지출한 영수증에 의해 환급받거나 회사의 지급규정에 의해 지급받는 실비변상 정도의 금액
- 자가운전보조금[1] 중 월 20만 원 이내의 금액
  [1] 종업원의 소유 차량 또는 종업원 본인 명의로 임차한 차량을 종업원이 직접 운전하여 회사의 업무수행에 이용하고, 시내출장 등에 소요된 실제 여비를 받는 대신 회사의 지급규정에 따라 받는 금액을 말한다.
- 학교의 교원이거나 법 소정 연구부서의 연구원이 받는 연구활동비 중 월 20만 원 이내의 금액
- 신문·방송사의 기자가 받는 취재수당 중 월 20만 원 이내의 금액

- 근로자가 산간 등 외진 곳에서 근무함으로 인하여 받는 벽지수당 중 월 20만 원 이내의 금액
- 근로자가 천재지변이나 그 밖의 재해로 인하여 받는 급여

② 국외근로소득

국외에서 근로를 제공하고 받는 보수 중 월 100만 원(단, 원양어선 또는 국외건설은 월 500만 원) 이내의 금액

③ 법 소정 요건을 충족하는 생산직 근로자의 초과근로수당 중 연 240만 원 이내의 금액

④ 식사 또는 식사대

- 사내급식 등 현물로 제공받는 식사 기타 음식물
- 위 식사 기타 음식물을 제공받지 않는 근로자가 받는 식사대 중 월 20만 원 이내의 금액

⑤ 출산지원금 및 보육수당

- 근로자 또는 그 배우자의 출산과 관련하여 자녀 출생일 이후 2년 이내에 최대 두 차례에 걸쳐 지급받는 출산지원금 전액[1]

  [1] 사업자·지배주주의 특수관계인에 해당하는 경우에는 전액 과세

- 근로자 또는 그 배우자의 6세 이하 자녀[2] 보육과 관련하여 지급받는 보육수당 중 월 20만 원 이내의 금액

  [2] 해당 과세기간 개시일을 기준으로 6세 이하인 자녀를 말한다.

⑥ 법 소정 요건을 충족하는 근로자 본인에 대한 업무 관련 교육비

⑦ 발명진흥법에 따른 직무발명으로 회사로부터 재직 중에 받는 보상금 중 연 700만 원 이하의 금액[1]

  [1] 사업자·지배주주의 특수관계인에 해당하는 경우에는 전액 과세

⑧ 복리후생적 성질의 급여

- ㉠ 비출자임원(주주가 아닌 임원을 말하며, 소액주주인 임원을 포함함)과 ㉡ 직원(임원이 아닌 종업원)이 사택을 제공받음으로써 얻는 이익
- 단체순수보장성보험 및 단체환급부보장성보험의 보험료 중 1인당 연 70만 원 이하의 금액
- 중소기업의 종업원이 주택의 구입·임차 자금을 저리 또는 무상으로 대여 받음으로써 얻는 이익[1]

  [1] 사업자·지배주주의 특수관계인에 해당하는 경우에는 전액 과세

- 공무원이 국가·지방자치단체로부터 공무 수행과 관련하여 받는 상금과 부상 중 연 240만 원 이하의 금액
- 사업주가 영유아보육법에 따라 직장어린이집을 설치·운영하거나 지역의 어린이집과 위탁계약을 맺고 그 비용을 부담함으로써 해당 사업장의 종업원이 얻는 이익

⑨ 종업원이 자사·계열사의 재화 또는 용역을 시가보다 할인하여 공급받은 경우 할인받은 금액[1] 중 Max[시가의 20%, 연 240만 원] 이하의 금액

  [1] 본인 소비 목적으로 구입한 것으로서 법 소정 기간(예 2년) 동안 재판매가 금지되며, 회사의 규정에 따라 할인받는 금액을 말한다.

⑩ 4대 보험료의 법정 회사부담금

국민연금, 국민건강보험, 노인장기요양보험, 고용보험 보험료의 법령에 따른 회사(사용자) 부담금

⑪ 그 외

- 복무 중인 현역병 등이 받는 급여
- 고용보험법에 따라 받는 실업급여, 육아휴직급여, 산전후휴가급여
- 산업재해보상법에 따라 받는 요양급여, 휴업급여, 장해급여, 유족급여

(5) 근로소득의 수입시기

구 분	근로소득의 수입시기
일반급여	근로를 제공한 날
환율인상, 급여인상 등의 이유로 차액을 추가로 지급하는 경우	당초 근로를 제공한 날
잉여금 처분에 의한 상여	해당 법인의 잉여금 처분결의일
인정상여	해당 법인 사업연도 중의 근로를 제공한 날
주식매수선택권(스톡옵션)	주식매수선택권을 행사한 날

(6) 근로소득금액의 계산

근로소득의 총수입금액을 총급여액이라고 하며, 근로소득금액은 해당 연도의 총급여액에서 근로소득공제를 차감한 금액으로 한다.

$$근로소득금액 \;=\; 총급여액(비과세소득과 분리과세소득은 제외) \;-\; 근로소득공제$$

참고 근로소득공제

총급여액	근로소득공제[1]
500만 원 이하	총급여액 × 70%
500만 원 초과 1,500만 원 이하	350만 원 + (총급여액 − 500만 원) × 40%
1,500만 원 초과 4,500만 원 이하	750만 원 + (총급여액 − 1,500만 원) × 15%
4,500만 원 초과 1억 원 이하	1,200만 원 + (총급여액 − 4,500만 원) × 5%
1억 원 초과	1,475만 원 + (총급여액 − 1억 원) × 2%

[1] 근로소득공제액 한도 : 2,000만 원

(7) 근로소득에 대한 원천징수

근로소득을 지급하는 자는 다음과 같은 방법으로 계산된 세액을 원천징수하여야 한다.

상용근로자	간이세액표에 의한 세액
일용근로자	(일급여액 − 일 150,000원) × 6% − 근로소득세액공제 = (일급여액 − 일 150,000원) × 6% − {(일급여액 − 일 150,000원) × 6%} × 55%

[사례] 일용근로자에게 2일 치 근무수당 400,000원(1일당 200,000원)을 지급할 때 원천징수하여야 할 소득세액은?

[풀이] [{400,000원 − (2일 × 150,000원)} × 6%] − [{400,000원 − (2일 × 150,000원)} × 6%] × 55%
= 2,700원

(8) 상용근로자의 근로소득에 대한 연말정산

상용근로자에게 근로소득을 지급하는 원천징수의무자는 해당 근로소득에 대한 연말정산을 다음 연도 2월에 하여야 한다.

일용근로자에게 지급하는 근로소득에 대해서는 전액 분리과세가 적용되므로(즉, 원천징수 절차만으로 일용근로자의 납세의무가 종결되므로) 연말정산 절차가 별도로 필요하지 않다.

(9) 근로소득의 과세방법

상용근로자의 근로소득은 종합과세가 적용되고 일용근로자의 근로소득은 분리과세가 적용된다. 다만, 상용근로자라 하더라도 근로소득만 있는 경우에는 소득금액이 전액 연말정산되므로 종합소득세 확정신고를 하지 않아도 된다.

> 참고 근로소득의 과세방법 요약

구 분	원천징수 여부	연말정산 여부	납세방법
상용근로자	O	O	종합과세[1]
일용근로자	O	X	분리과세

[1] 근로소득만 있는 자는 종합소득세 확정신고 생략 가능

07 연금소득

(1) 연금소득의 범위

연금소득이란 해당 과세기간에 발생한 다음의 소득을 말한다.

구 분	소득의 범위
공적연금	국민연금법, 공무원연금법, 군인연금법, 사립학교교직원연금법 등 공적연금 관련법에 따라 받는 각종 연금(2002. 1. 1. 이후 불입분을 기초로 하여 받는 것만 과세함)
사적연금	연금저축 및 퇴직연금의 연금계좌에서 수령하는 연금

(2) 비과세 연금소득

연금소득 중 다음의 소득에 대해서는 소득세를 과세하지 않는다.

- 공적연금 관련법에 따라 받는 유족연금, 장애연금, 장해연금, 상이연금, 연계노령유족연금 또는 연계퇴직유족연금
- 산업재해보상법에 의하여 지급받는 각종 연금
- 국군포로의 송환 및 대우 등에 관한 법률에 따른 국군포로가 받는 연금

(3) 연금소득금액의 계산

연금소득의 총수입금액을 총연금액이라고 하며, 연금소득금액은 해당 연도의 총연금액에서 연금소득공제를 차감한 금액으로 한다.

$$연금소득금액 \ = \ 총연금액(비과세소득과 분리과세소득은 제외) \ - \ 연금소득공제$$

 연금소득공제

연금소득공제는 다음의 금액으로 하되, 공제액이 900만 원을 초과하는 경우에는 900만 원을 한도로 한다.

총연금액	연금소득공제액
350만 원 이하	총연금액
350만 원 초과 700만 원 이하	350만 원 + (총연금액 − 350만 원) × 40%
700만 원 초과 1,400만 원 이하	490만 원 + (총연금액 − 700만 원) × 20%
1,400만 원 초과 4,100만 원 이하	630만 원 + (총연금액 − 1,400만 원) × 10%
4,100만 원 초과	900만 원(한도액)

(4) 연금소득에 대한 원천징수

연금소득을 지급하는 자는 다음과 같은 방법으로 계산된 세액을 원천징수하여야 한다.

공적연금	간이세액표에 의한 세액
사적연금	지급액 × 3~5%(연령 및 유형에 따라 차등 적용)

(5) 공적연금의 연금소득에 대한 연말정산

공적연금을 지급하는 원천징수의무자는 해당 연금소득에 대한 연말정산을 다음 연도 1월에 하며, 사적연금에 대해서는 연말정산 절차가 없다.

(6) 연금소득의 과세방법

공적연금의 연금소득은 종합과세가 적용된다. 다만, 공적연금의 연금소득만 있는 자는 소득금액이 전액 연말정산되므로 종합소득세 확정신고를 하지 않아도 된다.

사적연금의 연금소득은 원칙적으로 종합과세가 적용된다. 그러나, 예외적으로 사적연금의 총연금액이 연 1,500만 원 이하인 경우에는 납세의무자의 선택에 따라 분리과세를 적용받을 수 있다. (선택적 분리과세) 또한, 사적연금의 총연금액이 연 1,500만 원을 초과하는 경우에도 이를 종합소득과세표준에 합산하지 않고 특례규정에 따라 종합소득 결정세액을 계산할 수 있다.

 연금소득의 과세방법 요약

구 분	원천징수 여부	연말정산 여부	납세방법
공적연금	O	O	종합과세[1]
사적연금	O	X	· 원칙 : 종합과세[2] · 예외 : 선택적 분리과세(총연금액 1,500만 원 기준)

[1] 공적연금의 연금소득만 있는 자는 종합소득세 확정신고 생략 가능

[2] 사적연금의 총연금액이 연 1,500만 원을 초과하는 경우에도 특례규정에 따라 종합소득 결정세액을 계산 가능

08 기타소득

(1) 기타소득의 범위

기타소득이란 이자소득, 배당소득, 사업소득, 근로소득, 연금소득, 퇴직소득, 양도소득 이외의 소득으로서 소득세법에 열거된 것을 말한다. 기타소득은 일시적·우발적으로 발생하는 소득이라는 특징을 가지고 있다.

소득세법에서 열거하고 있는 기타소득의 범위는 다음과 같다.

상금, 당첨금	· 상금·현상금·포상금 또는 이에 준하는 금품 · 복권, 경품권, 그 밖의 추첨권에 당첨되어 받는 금품 · 승마투표권·승자투표권의 구매자가 받는 환급금 · 슬롯머신 등의 당첨금품
양도 또는 대여로 얻는 소득	· 저작자·음반제작자 이외의 자가 저작권을 양도하거나 대여하고 받는 금품 · 광업권, 어업권, 산업재산권 등을 양도하거나 대여하고 받는 금품 · 일시적으로 물품 또는 장소를 대여하고 받는 금품 · 통신판매중개를 하는 자를 통하여 물품 또는 장소를 대여(예 카풀 서비스, 주차장 대여)하고 받는 금품으로서 총수입금액이 연 500만 원 이하인 것 · 공익사업과 관련하여 지상권·지역권을 설정 또는 대여하고 받는 금품 · 서화·골동품의 양도로 발생하는 소득[1]으로서 개당 양도가액이 6,000만 원 이상인 것(단, 양도일 현재 생존해 있는 국내 원작자의 작품은 과세제외)
인적용역의 일시적 제공으로 얻은 소득	· 고용관계 없이 다수인에게 강연하고 받는 강연료 · 라디오·텔레비전 방송 등을 통하여 해설·심사 등을 하고 받는 보수 · 변호사·공인회계사·세무사 등 전문적 지식 또는 특별한 기능을 가진 자가 일시적으로 당해 지식을 활용하여 용역을 제공하고 받는 보수 · 그밖에 고용관계 없이 수당 또는 이와 유사한 성질의 대가를 받고 제공하는 용역
그 외 소득	· 문예창작소득(문예·학술·미술·음악·사진에 속하는 창작품에 대한 원작자로서 받는 대가) · 인정기타소득(법인세법에 따라 기타소득으로 소득처분된 금액) · 연금저축의 연금계좌에서 수령하는 일시금(연금저축 가입자가 수령액을 연금 형태가 아니라 일시금 형태로 받는 금액) · 퇴직 전에 부여받은 주식매수선택권(스톡옵션)을 퇴직 후에 행사함으로써 얻는 이익 · 발명진흥법에 따른 직무발명으로 회사로부터 퇴직 후에 받는 보상금(단, 연 700만 원 이하의 금액은 비과세) · 계약의 위약 또는 해약으로 인하여 받는 위약금, 배상금 및 그 법정이자 · 재산권에 관한 알선수수료 · 사례금(사무처리 또는 역무의 제공과 관련하여 사례의 뜻으로 상대방으로부터 지급받는 금품) · 뇌물, 알선수재 및 배임수재에 의하여 받은 금품 · 종교 관련 종사자가 종교단체로부터 받는 소득(종교인 소득)

[1] 서화·골동품의 양도로 발생하는 소득의 경우, 그 성격상 계속적·반복적인지 일시적·우발적인지의 구분이 모호한 면이 있으므로, 다음 중 어느 하나에 해당하는 경우에만 사업소득으로 구분하고, 그 외에는 기타소득으로 구분함
· 서화·골동품의 거래를 위하여 사업장 등 물적시설(인터넷 사이트 포함)을 갖춘 경우
· 서화·골동품을 거래하기 위한 목적으로 사업자등록을 한 경우

소득구분 시 주의해야 할 소득유형은 다음과 같다.

소득유형		소득구분
저작권의 양도 및 사용대가	저작자 자신에게 귀속	사업소득
	저작자 외의 자(저작권을 상속·증여·양도받은 자)에게 귀속	기타소득
인적용역의 제공	계속적·반복적	사업소득
	일시적	기타소득
원작자가 받는 저작권 사용료	계속적·직업적	사업소득
	일시적 문예창작소득	기타소득
물품 또는 장소의 대여	계속적·반복적	사업소득
	일시적	기타소득
	통신판매중개를 하는 자를 통하여 대여하고 총수입금액이 연 500만 원 이하인 것	기타소득
지상권·지역권의 설정 및 사용대가	공익사업과 관련된 것	기타소득
	그 외	사업소득
손해배상금	계약의 위약·해약으로 인하여 받는 것	기타소득
	육체적·정신적·물리적 피해로 인하여 받는 것	과세제외

│ ♀용어 알아두기 │

• 지상권 : 타인의 토지에 건물 등을 지어서 소유하기 위하여 그 토지를 사용할 수 있는 권리

• 지역권 : 자기 토지의 이용가치를 증가시키기 위하여 타인의 토지를 일정한 방법으로 이용할 수 있는 권리

(2) 비과세 기타소득

기타소득 중 다음의 소득에 대해서는 소득세를 과세하지 않는다.

> • 국가보안법, 상훈법 등에 따라 받는 상금과 부상(단, 공무원이 국가·지방자치단체로부터 공무 수행과 관련하여 받는 상금과 부상은 제외)
> • 발명진흥법에 따른 직무발명으로 회사로부터 퇴직 후에 받는 보상금 중 연 700만 원 이하의 금액[1]
> • 국가지정문화재로 지정된 서화·골동품의 양도로 발생하는 소득
> • 서화·골동품을 박물관 또는 미술관에 양도함으로써 발생하는 소득
> • 종교인 소득 중 법 소정 금액[2]

[1] 사업자·지배주주의 특수관계인에 해당하는 경우에는 전액 과세

[2] 예 식사 또는 식사대

(3) 기타소득금액의 계산

기타소득금액은 해당 연도의 총수입금액에서 필요경비를 차감한 금액으로 한다.

$$기타소득금액 \ = \ 기타소득 \ 총수입금액(비과세소득과 \ 분리과세소득은 \ 제외) \ - \ 필요경비$$

(4) 필요경비

기타소득의 필요경비란 해당 과세기간의 기타소득 총수입금액에 대응하는 소득세법상 비용으로서 실제 발생한 금액으로 한다.

다만, 기타소득은 그 성격상 필요경비의 실제 발생 금액을 산정하기 어려운 점이 있기 때문에, 소득세법에서는 기타소득 중 일부 항목에 대하여 필요경비 산정방법을 다음과 같이 정하고 이를 필요경비 금액으로 인정하고 있다.

구 분	필요경비
· 상금·현상금·포상금 중에서 · 공익법인이 주무관청의 승인을 얻어 시상하는 상금 및 부상 · 다수가 순위 경쟁하는 대회에서 입상자가 받는 상금 및 부상 · 계약의 위약 또는 해약으로 인하여 받는 위약금과 배상금 중에서 주택입주 지체상금	필요경비로 인정되는 금액 = Max[㉠, ㉡] ㉠ 총수입금액 × 80% ㉡ 실제 발생 금액
· 광업권, 어업권, 산업재산권 등을 양도하거나 대여하고 받는 금품 · 통신판매중개를 하는 자를 통하여 물품 또는 장소를 대여하고 받는 금품으로서 총수입금액이 연 500만 원 이하인 것 · 공익사업과 관련하여 지상권·지역권을 설정 또는 대여하고 받는 금품 · 문예창작소득 · 인적용역의 일시적 제공	필요경비로 인정되는 금액 = Max[㉠, ㉡] **㉠ 총수입금액 × 60%** ㉡ 실제 발생 금액
· 서화·골동품의 양도로 발생하는 소득	필요경비로 인정되는 금액 = Max[㉠, ㉡] ㉠ 총수입금액 × 80%(90%)[1] ㉡ 실제 발생 금액
· 종교 관련 종사자가 종교단체로부터 받는 소득	필요경비로 인정되는 금액 = Max[㉠, ㉡] ㉠ 총수입금액 × (20%~80%) ㉡ 실제 발생 금액
· 승마투표권·승자투표권의 구매자가 받는 환급금	승마·승자투표적중자가 구입한 해당 투표권의 단위투표금액
· 슬롯머신 등의 당첨금품	당첨 당시에 슬롯머신에 투입한 금액

[1] 서화·골동품의 보유기간이 10년 이상인 경우, 또는 총수입금액 1억 원 이하분에 대하여는 90%

(5) 과세최저한

기타소득이 다음 중 어느 하나에 해당하면 소득세를 과세하지 않는다.

> · 일반적인 기타소득 : 건별로 **기타소득금액이 5만 원 이하인 경우**
> · 승마투표권·승자투표권의 구매자가 받는 환급금 : 건별로 권면 표시금액이 10만 원 이하이고 환급금이 단위 투표금액의 100배 이하이면서 200만 원 이하인 경우
> · 복권 당첨금, 슬롯머신 등의 당첨금품 : 건별로 당첨금품이 200만 원 이하인 경우

(6) 기타소득에 대한 원천징수

기타소득을 지급하는 자는 다음과 같은 방법으로 계산된 세액을 원천징수 하여야 한다.

구 분	원천징수세율
일반적인 기타소득	기타소득금액 × 20%
복권, 승마투표권, 슬롯머신 등에서 받는 당첨금품	기타소득금액 × 20%(3억 원 초과분은 30%)
연금저축의 연금계좌에서 수령하는 일시금	기타소득금액 × 15%

다만, 다음 중 어느 하나에 해당하는 기타소득은 원천징수를 하지 않아도 된다.

> · 뇌물, 알선수재 및 배임수재에 의하여 받은 금품[1]
> · 계약의 위약 또는 해약으로 인하여 받는 위약금과 배상금 중 계약금이 위약금과 배상금으로 대체되는 경우[2]

[1] 무조건 종합과세

[2] · 선택적 분리과세
　· 분리과세를 선택하는 경우, 원천징수세율 20%를 적용하여 세액을 계산

(7) 기타소득의 원천징수 사례

다음 각 사례에서 기타소득을 지급하는 자가 원천징수하여야 할 소득세 금액을 구하여 보자.

[사례1] 고용관계 없이 다수인에게 강연(인적용역의 일시적 제공)을 하고 강연료로서 120,000원을 받는 경우

[풀 이] 기타소득금액 = 총수입금액 − 필요경비 = 120,000원 − (120,000원 × 60%) = 48,000원
∴ 기타소득금액이 48,000원이므로 과세최저한(건별 기타소득금액 50,000원 이하) 규정에 따라 소득세가 과세되지 않기 때문에 0원(즉, 원천징수 없이 전액 지급하면 됨)

[사례2] 고용관계 없이 다수인에게 강연(인적용역의 일시적 제공)을 하고 강연료로서 500,000원을 받는 경우

[풀 이] 인적용역의 일시적 제공은 총수입금액의 60%가 필요경비로 인정된다.
∴ 기타소득금액 × 20% = {500,000원 − (500,000원 × 60%)} × 20% = 40,000원

[사례3] 사례금으로 500,000원을 받는 경우

[풀 이] 사례금은 총수입금액의 60%가 필요경비로 인정되는 항목이 아니다.
∴ 기타소득금액 × 20% = (500,000원 − 0원) × 20% = 100,000원

(8) 기타소득의 과세방법

기타소득은 원칙적으로 종합과세가 적용된다. 그러나, 예외적으로 일부 항목들에 대해서는 무조건 분리과세 또는 무조건 종합과세가 적용되고, 기타소득금액이 연 300만 원 이하인 경우에는 납세의무자의 선택에 따라 분리과세를 적용받을 수 있다. (선택적 분리과세)

무조건 분리과세	다음 중 어느 하나에 해당하는 기타소득은 항상 분리과세한다. · 서화·골동품의 양도로 발생하는 소득 · 복권, 승마투표권, 슬롯머신 등의 당첨금품 · 연금저축의 연금계좌에서 수령하는 일시금
무조건 종합과세	다음 중 어느 하나에 해당하는 기타소득은 항상 종합과세한다. · 뇌물, 알선수재 및 배임수재에 의하여 받은 금품
선택적 분리과세	대상 **기타소득금액**이 연 **300만 원 이하**인 경우 분리과세를 선택할 수 있다.

참고　기타소득의 과세방법 요약

구 분	원천징수 여부	납세방법
기타소득	○[1]	· 무조건 분리과세 · 무조건 종합과세 · 선택적 분리과세(기타소득금액 300만 원 기준)

[1] 뇌물, 알선수재 금품, 계약금에서 대체된 위약금에 대해서는 원천징수를 하지 않음

(1) 결손금의 공제

결손금이란 해당 과세기간의 필요경비가 총수입금액을 초과하는 경우 그 초과금액을 말하며, 소득세법상 결손금은 과세대상 소득의 성격상 사업소득과 양도소득에서만 인정된다.

종합소득금액의 계산에 있어서 사업소득의 결손금에 대한 소득세법상 처리방법은 다음과 같다.

일반적인 사업소득	부동산임대업을 제외한 일반적인 사업소득의 결손금은 '근로소득금액 − 연금소득금액 − 기타소득금액 − 이자소득금액 − 배당소득금액'의 순으로 공제하고, 남은 결손금은 다음 과세기간으로 이월시킨다.
사업소득 중 부동산임대소득[1]	부동산임대업의 결손금은 다른 소득금액에서 공제하지 않고 다음 과세기간으로 이월시킨다. 이는 추후 발생하는 부동산임대업의 소득금액에서만 공제할 수 있다.

[1] 주거용 건물 임대업은 일반적인 사업소득으로 본다.

> **참고** 결손금 공제순서를 정해놓은 취지
> 금융소득(이자소득, 배당소득)은 조건부 종합과세로서 2,000만 원을 기준으로 과세방법이 달라지기 때문에, 금융소득이 있는 자와 없는 자 간에 결손금 공제효과의 차이가 최소화될 수 있도록 공제순서를 정해놓고 있다.

(2) 이월결손금의 공제

이월결손금이란 당기 이전 과세기간에 발생하여 해당 과세기간에 공제되지 않고 당기로 이월되어 온 결손금을 말한다. 이월결손금은 해당 이월결손금이 발생한 과세기간으로부터 15년(2019. 12. 31. 이전 발생분은 10년)간 공제한다.

종합소득금액의 계산에 있어서 이월결손금에 대한 소득세법상 처리방법은 다음과 같다.

일반적인 사업소득	'사업소득금액(부동산임대업의 소득금액 포함) − 근로소득금액 − 연금소득금액 − 기타소득금액 − 이자소득금액 − 배당소득금액'의 순으로 공제한다.
사업소득 중 부동산임대소득[1]	부동산임대업의 이월결손금은 당기에 발생한 부동산임대업의 소득금액에서만 공제한다.

[1] 주거용 건물 임대업은 일반적인 사업소득으로 본다.

> **참고** 이월결손금 공제 시 추가 고려사항
>
> - 당기 과세기간에 결손금이 발생하였고, 당기 이전으로부터 이월되어 온 이월결손금도 있는 경우 : 당기 과세기간의 결손금을 먼저 공제한다.
> - 당기 이전의 여러 과세기간에서 결손금이 발생하여 당기로 이월되어 온 경우 : 먼저 발생한 이월결손금부터 순서대로 공제한다.
> - 당기 과세기간의 소득금액을 장부 기록이 아니라 추계에 의하여 신고하는 경우 : 이월결손금 공제가 인정되지 않는다. (이월결손금 공제 배제)

(3) 결손금의 소급공제

결손금의 소급공제란 당기 사업소득에서 발생한 결손금 중 다른 소득금액에서 공제하고 남은 금액을 다음 과세기간으로 이월하는 것이 아니라 직전 과세기간의 사업소득금액에서 공제함으로써 전년도에 냈던 소득세를 돌려받을 수 있도록 하는 제도를 말한다.

소득세법에 따르면 중소기업의 경우 이러한 결손금의 소급공제가 인정된다. 다만, 부동산임대업의 결손금은 소급공제가 인정되지 않는다.

* 본서에 수록된 기출문제의 날짜는 학습효과를 높이기 위하여 일부 수정함

01 다음은 이자소득의 대상을 나열한 것이다. 이자소득으로 볼 수 없는 것은? [제15회]

① 계약의 위약 또는 해약으로 인하여 받는 손해배상금에 대한 법정이자
② 국내에서 지급받는 예금의 이자
③ 내국법인이 발행한 채권 또는 증권의 이자
④ 비영업대금의 이익

02 다음 중 소득세법상 배당소득에 해당하지 않는 것은? [제52회]

① 법인으로 보는 단체로부터 받는 분배금
② 공동사업에서 발생한 소득금액 중 출자공동사업자의 손익분배비율에 해당하는 금액
③ 법인세법에 따라 배당으로 처분된 금액
④ 단기저축성보험의 보험차익

03 다음 중 소득세법상 분리과세 이자소득이 아닌 것은? [제55회]

① 직장공제회 초과반환금
② 원천징수 되지 않은 이자소득
③ 종합과세 기준금액 이하의 이자소득
④ 비실명이자소득

04 소득세법상 사업소득과 관련된 다음 설명 중 적절하지 않은 것은?

[제41회 수정]

① 간편장부대상자의 사업용 유형고정자산(부동산 제외)의 양도로 인해 발생한 처분이익은 소득세 과세대상이 아니다.
② 사업소득에 대해서도 원천징수하는 경우가 있다.
③ 사업소득에 대해서도 연말정산 하는 경우가 있다.
④ 사업소득에서 발생한 은행예금에 대한 이자수익은 사업소득의 총수입금액에 산입된다.

05 다음 중 소득세법상 주택의 임대소득에 대한 설명으로서 옳지 않은 것은?

[제50회]

① 1개의 주택을 소유하는 자의 월세에 대한 임대소득에 대하여 소득세가 과세되는 경우는 없다.
② 2주택을 보유한 거주자가 주택을 임대하고 받은 보증금액에 대해서는 소득세를 과세하지 않는다.
③ 3주택 이상의 주택을 소유한 자라 하더라도 주택을 전세로만 임대하고 받은 전세금의 전체 합계액이 3억 원 이하이면 소득세가 과세되지 않는다.
④ 본인과 배우자가 각각 주택을 소유하는 경우에는 이를 합산하여 주택 수를 계산한다.

정답 및 해설

01 ① 계약의 위약 또는 해약으로 인하여 받는 위약금, 배상금 및 그 법정이자는 기타소득에 해당한다.

02 ④ 단기저축성보험의 보험차익은 이자소득에 해당한다.

03 ② 원천징수 되지 않은 이자·배당소득은 언제나 종합소득과세표준에 합산된다. (무조건 종합과세)

04 ④ 은행예금에 대한 이자수익은 이자소득으로 과세된다.

05 ① · 1주택자의 임대소득이라 하더라도 고가주택 또는 국외 소재 주택에 대해서는 소득세를 과세한다.
· 부가가치세법상 간주임대료와 유사한 개념이 소득세법에도 있는데, 이는 거주자가 3주택 이상을 소유하고 있고 전세금 합계액이 3억 원을 초과하는 경우에만 적용한다.
· 주택 수를 계산할 때 본인과 배우자가 각각 주택을 소유하는 경우에는 이를 합하여 계산한다.

06 다음 중 소득세법상 근로소득의 범위에 해당하지 않는 것은? [제75회]

① 법인의 주주총회의 결의에 따라 상여로 받는 소득
② 법인세법에 따라 상여로 처분된 금액
③ 중소기업이 아닌 경우, 근로자가 회사로부터 주택의 구입·임차에 소요되는 자금을 무
　상으로 대여받음으로써 얻는 이익
④ 법인의 임직원이 고용관계에 따라 부여받은 주식매수선택권을 퇴사 후에 행사함으로
　써 얻는 이익

07 다음 중 비과세 근로소득이 아닌 것은? [제58회 수정]

① 근로자 또는 배우자의 출산과 관련하여 자녀 출생일 이후 2년 이내에 두 차례에 걸쳐
　나누어 받는 100만 원의 출산지원금
② 일직료·숙직료 또는 여비로서 실비변상 정도의 금액
③ 회사에서 식사를 제공받는 근로자가 별도로 지급받는 월 5만 원의 식대
④ 종업원의 소유 차량을 종업원이 직접 운전하여 사용자의 업무수행에 이용하고 시내출
　장 등에 소요된 실제 여비를 받는 대신에 그 소요경비를 당해 사업체의 규칙 등에 의하
　여 정하여진 지급기준에 따라 받는 금액으로서 월 15만 원의 자가운전보조금

08 다음은 비과세 근로소득에 대한 설명이다. 옳지 않은 것은? [제96회 수정]

① 자가운전보조금 : 월 20만 원 이하의 금액
② 근로자가 제공받는 식대 : 식사를 제공받지 않으며 월 20만 원 이하의 금액
③ 6세 이하 자녀의 보육과 관련하여 받는 보육수당 : 월 30만 원 이하의 금액
④ 직무발명보상금 : 지배주주 등의 특수관계인이 아니며 연 700만 원 이하의 금액

09 다음 중 소득세법에 따른 근로소득의 수입시기에 대한 설명으로 틀린 것은?

[제97회]

	구 분	수입시기
①	급 여	근로를 제공한 날
②	주식매수선택권	해당 법인에서 퇴사하는 날
③	잉여금 처분에 의한 상여	해당 법인의 잉여금 처분결의일
④	인정상여	해당 사업연도 중의 근로를 제공한 날

10 다음 중 소득세법상 일용근로자에 대한 설명으로 틀린 것은?

[제60회]

① 일용근로자의 근로소득이 일당(日當)으로 15만 원 이하인 경우에는 부담할 소득세는 없다.

② 일용근로자의 산출세액은 일반근로자와 마찬가지로 근로소득금액에 기본세율(6~ 45%)이 적용된다.

③ 일용근로자의 근로소득세액공제는 산출세액의 55%를 공제한다.

④ 일용근로자의 근로소득은 항상 분리과세한다.

정답 및 해설

06 ④ 법인의 임직원이 고용관계에 따라 부여받은 주식매수선택권을 재직 중에 행사함으로써 얻는 이익은 근로소득에 해당하지만, 퇴사 후에 행사함으로써 얻는 이익은 기타소득에 해당한다.

07 ③ 식사와 식사대를 함께 제공받는 경우 식사는 비과세, 식사대는 전액 과세로 처리한다.

08 ③ 6세 이하 자녀의 보육과 관련하여 받는 보육수당 : 월 20만 원 이하의 금액을 비과세

09 ② 주식매수선택권(스톡옵션) : 주식매수선택권을 행사한 날

10 ② 일용근로자의 산출세액은 근로소득금액에 6%의 단일세율을 적용한다.

11 다음 중 소득세법상 연금소득과 관련된 설명 중 적절하지 않은 것은? [제51회]

① 사적연금의 연금소득만 있는 자는 분리과세를 선택할 수 없다.
② 당해연도에 받은 총연금액이 350만 원 이하인 경우 납부할 소득세는 없다.
③ 근로자퇴직급여보장법에 따라 지급받는 퇴직연금도 연금소득으로 과세된다.
④ 공적연금의 연금소득만 있는 자는 소득금액이 전액 연말정산되므로 다른 소득이 없다면 종합소득세 확정신고를 하지 않아도 된다.

12 다음 중 소득세법상 기타소득에 해당되지 않는 것은? [제38회]

① 물품 또는 장소를 일시적으로 대여하고 사용료로서 받는 금품
② 계약의 위약 또는 해약으로 인하여 받는 위약금과 배상금
③ 저작자가 자신의 저작권의 사용의 대가로 받는 금품
④ 상금, 현상금, 포상금

13 거주자 고우진이 교육청에서 주관한 1 : 100 퀴즈 대회에서 우승하여 그 원천징수세액이 40만 원(지방세 제외)인 경우 소득세법상 기타소득 총수입금액은 얼마인가? [제68회]

① 1,000만 원　　② 200만 원　　③ 400만 원　　④ 800만 원

14 ㈜제조라는 제조기업이 외부강사를 초빙하여 임직원을 위한 특강을 하고 강사료 200만 원을 지급하였다. 강사료를 지급하면서 원천징수할 세액은 얼마인가? (단, 초빙강사의 강사료 소득은 기타소득으로 보며, 지방소득세는 제외한다) [제83회]

① 400,000원　　　② 80,000원　　　③ 160,000원　　　④ 20,000원

정답 및 해설

11 ① ・사적연금의 총연금액이 연 1,500만 원 이하인 경우에는 납세의무자의 선택에 따라 분리과세를 적용받을 수 있다. (선택적 분리과세)
　　　 ・총연금액 350만 원 이하에 대하여는 그 총연금액이 연금소득공제액이므로 납부할 소득세가 없다.

12 ③ 일시적 문예창작소득이 아닌 일반적인 저작권에 대한 사용대가의 경우, 저작자 이외의 자에게 귀속되는 소득은 기타소득에 해당하지만, 저작자 자신에게 귀속되는 소득은 사업소득에 해당한다.

13 ① 기타소득(다수 경쟁 상금)에 대한 소득세 원천징수세액 = {총수입금액 − (총수입금액 × 80%)} × 20%
　　　 → 400,000 = {? − (? × 80%)} × 20%
　　　 ∴ 총수입금액 = 10,000,000원

14 ③ ・인적용역의 일시적 제공에 대한 기타소득금액 = 총수입금액 − (총수입금액 × 60%)
　　　　　　　　　　　　　　　　　　　　　　 = 2,000,000 − (2,000,000 × 60%) = 800,000원
　　　 ・소득세 원천징수세액 = 기타소득금액 × 20%
　　　　　　　　　　　　　 = 800,000 × 20% = 160,000원

15 소득세법상 기타소득 중 무조건 분리과세 대상인 것은?　　　　　　　　　　　　　　　　　[제57회]

　　① 복권당첨금
　　② 뇌물
　　③ 알선수재 및 배임수재에 의하여 받는 금품
　　④ 당연분리과세를 제외한 기타소득금액이 연 200만 원인 경우

16 다음은 소득세법상 결손금공제에 관한 설명이다. 틀린 것은?　　　　　　　　　　　　　　[제69회]

　　① 사업소득(주택임대업이 아닌 부동산임대업 제외)의 결손금은 다른 소득금액과 통산하고 통산 후 남은 결손금은 다음 연도로 이월시킨다.
　　② 주택임대업이 아닌 부동산임대업에서 발생한 결손금은 다른 소득금액과 통산하지 않고 다음 연도로 이월시킨다.
　　③ 이월결손금은 발생연도 종료일로부터 15년(2019. 12. 31. 이전 발생분은 10년) 내에 종료하는 과세기간의 소득금액 계산 시 먼저 발생한 것부터 순차로 공제한다.
　　④ 결손금과 이월결손금이 동시에 존재할 때에는 이월결손금을 우선적으로 공제한 후 결손금을 공제한다.

17 사업소득(주택임대업이 아닌 부동산임대업 제외)의 결손금 공제순서로 올바른 것은?　　　[제58회]

　　① 이자소득금액 - 배당소득금액 - 기타소득금액 - 근로소득금액 - 연금소득금액
　　② 근로소득금액 - 연금소득금액 - 기타소득금액 - 이자소득금액 - 배당소득금액
　　③ 기타소득금액 - 이자소득금액 - 배당소득금액 - 근로소득금액 - 연금소득금액
　　④ 기타소득금액 - 근로소득금액 - 연금소득금액 - 이자소득금액 - 배당소득금액

18 소득세법상 다음 자료에 의한 소득만 있는 거주자 김영민의 당기 종합소득금액을 계산하면 얼마인가? (단, 이월결손금은 전기에 부동산(상가)임대업 이외의 사업소득금액에서 이월된 금액이다)

[제88회]

- 부동산(상가)임대 이외의 사업소득금액 : 25,000,000원
- 부동산(상가)임대 사업소득금액 : 15,000,000원
- 근로소득금액 : 10,000,000원
- 이월결손금 : 40,000,000원

① 10,000,000원　　② 15,000,000원　　③ 20,000,000원　　④ 25,000,000원

정답 및 해설

15 ① ・복권당첨금은 무조건 분리과세되는 기타소득이다.
　　・뇌물, 알선수재 및 배임수재에 의하여 받은 금품은 무조건 종합과세되는 기타소득이다.
　　・무조건 분리과세 대상을 제외한 기타소득금액이 연 300만 원 이하인 경우에는 납세의무자의 선택에 따라 분리과세를 적용받을 수 있다. (선택적 분리과세)

16 ④ 당기 과세기간에 결손금이 발생하였고 당기 이전으로부터 이월되어 온 이월결손금도 있는 경우, 당기 과세기간의 결손금을 먼저 공제한다.

17 ② 해당 과세기간의 사업소득금액 계산 시 발생한 결손금은 그 과세기간의 종합소득과세표준을 계산할 때 '근로소득금액 − 연금소득금액 − 기타소득금액 − 이자소득금액 − 배당소득금액'의 순으로 공제한다.

18 ① ・부동산(상가)임대업에서 발생한 이월결손금은 부동산(상가)임대업의 소득금액에서만 공제한다.
　　・부동산(상가)임대업 이외의 사업소득에서 발생한 이월결손금은 해당 과세기간의 사업소득금액(부동산(상가)임대업의 소득금액 포함)에서 먼저 공제하고, 남은 금액은 '근로소득금액 − 연금소득금액 − 기타소득금액 − 이자소득금액 − 배당소득금액'에서 순서대로 공제한다.
　　・종합소득금액 = 25,000,000 + 15,000,000 + 10,000,000 − 40,000,000 = 10,000,000원

01 원천징수의 정의

최근 77회 시험 중 5회 기출

원천징수란 소득을 지급하는 자가 그 지급받는 자의 조세를 징수하여 과세기관에 납부하는 제도를 말한다. 즉 소득을 지급하는 자가 그 소득에 대한 원천징수세액을 차감한 잔액만을 지급한 후 원천징수세액을 다음 달 10일까지 관할세무서에 납부하는 것을 말한다.

02 원천징수세율

최근 77회 시험 중 15회 기출

소득세의 납세의무자는 그 숫자가 대단히 많고 여기에는 사업자가 아닌 일반 개인도 상당수 포함되어 있기 때문에, 세원 탈루를 최소화하고 납세편의를 도모하기 위한 목적으로 현행 소득세법은 원천징수제도를 광범위하게 적용하고 있다.

소득세법상 과세소득 종류별 원천징수 여부와 원천징수세율은 다음과 같다.

구 분	원천징수 여부	원천징수세율
이자소득	O	· 일반적인 이자소득 : 14% · 비영업대금이익 : 25% · 비실명 이자소득 : 45%(금융실명거래 위반 시에는 90%) · 직장공제회 초과반환금 : 기본세율(6~45%)
배당소득	O	· 일반적인 배당소득 : 14% · 출자공동사업자의 배당소득 : 25% · 비실명 배당소득 : 45%(금융실명거래 위반 시에는 90%)
사업소득	X (특정사업소득은 O)	· 부가가치세 면세대상인 의료보건용역 및 인적용역 : 3% · 봉사료 : 5%
근로소득	O	· 상용근로자 : 간이세액표 · 일용근로자 : 6%
연금소득	O	· 공적연금 : 간이세액표 · 사적연금 : 3~5%
기타소득	O (일부유형은 X)	· 일반적인 기타소득 : 기타소득금액의 20% · 복권당첨소득 중 3억 원 초과분 : 30% · 연금저축의 연금계좌에서 수령하는 일시금 : 15%
퇴직소득	O	· 기본세율(6~45%)
양도소득	X	–

- 일반적인 사업소득에 대하여는 원천징수를 하지 않아도 된다.
  왜냐하면, 일반적인 사업소득이 있는 자는 개인사업자로서 사업자등록번호가 있고 거래 금액에 대하여 거래 상대방(소득지급자)에게 세금계산서를 교부하기 때문이다.
  다만, 인적용역 등 특정한 사업소득만 있는 자는 실질적으로는 사업자로 보기 어렵고 사업자등록번호와 세금계산서 교부 절차가 없기 때문에 이러한 경우 소득을 지급하는 자는 그 소득을 지급할 때 원천징수를 하여야 한다.
- 양도소득에 대하여는 원천징수를 하지 않아도 된다.
  왜냐하면, 양도소득에 대하여 원천징수를 하려면 매매가액 자체가 아니라 양도차익(= 매매가액 − 해당 자산의 당초 취득가액)에 대하여 세율을 곱하여 원천징수세액을 계산해야 하는데, 매매가액을 지급하는 양수인이 소득귀속자인 양도인의 당초 취득가액을 알 수가 없기 때문이다.
  양도소득에 대하여는 원천징수가 적용되지 않는 대신, 양도인이 자신의 양도차익과 그에 대한 양도소득세를 계산하여 법 소정 기한 이내에 자진해서 신고하는 것(양도소득세 예정신고)이 의무화되어 있다.
- 기타소득 중 일부 유형은 원천징수하지 않아도 된다. 뇌물, 알선수재 금품, 계약의 위약으로 인해 계약금에서 대체된 위약금 등은 원천징수가 현실적으로 어려우므로 원천징수대상에서 제외한다.

기출확인문제

다음 중 소득세법상 원천징수대상 소득인 것은? [제47회]

① 뇌물
② 알선수재 및 배임수재에 의하여 받는 금품
③ 부동산임대업자가 임차인으로부터 받는 임대료
④ 일용근로자의 일급여

정답 ④

해설
일용근로자 근로소득의 6%를 원천징수한다.

원천징수가 적용되는 방식은 완납적 원천징수와 예납적 원천징수로 나누어진다.

완납적 원천징수	· 완납적 원천징수란 소득을 지급하는 자가 소득세를 원천징수 하는 절차만으로 소득귀속자의 납세의무가 종결되므로 추후에 더 이상 원천징수 된 세액에 대한 정산이 필요 없는 방식을 말한다. · 분리과세로 종결되는 경우가 이에 해당한다. · 원천징수대상이 되는 소득 중 일정 요건을 충족하는 경우에만 완납적 원천징수가 적용되는데, 이러한 소득을 분리과세 적용소득이라고 한다.
예납적 원천징수	· 예납적 원천징수란 원천징수 절차만으로 납세의무가 종결되지는 않으므로 추후에 납세의무를 확정할 때 원천징수대상이 되었던 소득도 과세표준에 포함하여 확정 세액을 계산하고 이미 원천징수 된 세액은 기납부세액으로 공제하는 방식으로 정산하는 방식을 말한다. · 종합소득세 확정신고까지 하는 경우가 이에 해당한다. · 원천징수대상이 되는 소득 중 분리과세 적용소득을 제외한 모든 소득에 대하여는 예납적 원천징수가 적용된다.

참고 소득 유형별 원천징수 적용방식

구 분	원천징수 적용방식
이자소득	예납적(분리과세 적용소득은 완납적)
배당소득	예납적(분리과세 적용소득은 완납적)
특정사업소득	(only) 예납적
근로소득	예납적(분리과세 적용소득은 완납적)
연금소득	예납적(분리과세 적용소득은 완납적)
기타소득	예납적(분리과세 적용소득은 완납적)

· 사업소득에는 분리과세가 적용되지 않기 때문에, 원천징수대상이 되는 법 소정의 특정사업소득에 대한 원천징수는 오로지 예납적 방식으로만 적용된다.
· 퇴직소득은 그 과세방법이 분류과세이기 때문에, 원천징수 적용방식이 예납적인지 아니면 완납적인지를 구분하지 않는 것이 일반적이다.

fn.Hackers.com

* 본서에 수록된 기출문제의 날짜는 학습효과를 높이기 위하여 일부 수정함

01 다음의 소득세법상 원천징수세율 중 옳은 것은? [제54회]

① 일용근로자의 근로소득 : 8%
② 모든 원천징수대상 사업소득 : 3%
③ 주택복권의 당첨소득 중 2억 초과분 : 30%
④ 이자소득 중 비영업대금의 이익 : 25%

02 다음 중 소득세법상 원천징수대상 소득과 원천징수세율이 틀린 것은? [제17회]

① 보통예금에 대한 이자소득 : 14%
② 주식보유에 대한 배당소득 : 14%
③ 일용근로자에 대한 근로소득 : 10%
④ 기타소득 : 기타소득금액의 20%

03 다음 중 소득세법상 소득에 대해 적용되는 원천징수세율이 가장 낮은 것부터 순서대로 나열한 것은? [제59회]

> 가. 비영업대금의 이익
> 나. 3억 원 이하의 복권당첨소득
> 다. 비실명 이자소득(금융실명거래 위반은 아님)
> 라. 일당 20만 원의 일용근로소득

① 가 - 나 - 다 - 라　　　　② 나 - 다 - 라 - 가
③ 라 - 나 - 가 - 다　　　　④ 나 - 가 - 다 - 라

04 다음에 해당하는 소득을 각각 1,000,000원씩 지급하는 경우 원천징수세액이 가장 작은 소득은?

[제28회]

① 비영업대금의 이익
② 부가가치세가 면세되는 인적용역 사업소득
③ 일시적인 문예창작소득에 해당하는 기타소득
④ 실지명의가 확인되지 아니하는 배당소득(금융실명거래 위반은 아님)

05 다음에 열거된 소득 중 원천징수대상 소득이 아닌 것은?

[제18회]

① 이자소득
② 근로소득
③ 도소매업 사업소득
④ 퇴직소득

정답 및 해설

01 ④　① 6%
　　　② 부가가치세 면세대상인 의료보건용역 및 인적용역은 3%, 봉사료는 5%
　　　③ 3억 원 이하는 20%, 3억 원 초과분은 30%

02 ③　일용근로자에 대한 근로소득 : 6%

03 ③　라. (6%) − 나. (20%) − 가. (25%) − 다. (45%)

04 ②　① 250,000원(= 25%)
　　　② 30,000원(= 3%)
　　　③ 80,000원(= 8% = 소득금액의 20%)
　　　④ 450,000원(= 45%)

05 ③　도소매업 사업소득의 경우 거래에 대하여 세금계산서 등이 교부되기 때문에, 이는 원천징수대상 소득이 아니다.

06 다음 중 소득세법상 원천징수대상 소득이 아닌 것은? (단, 거주자의 소득으로 한정한다)

[제93회]

① 기타소득　　　　② 퇴직소득　　　　③ 근로소득　　　　④ 양도소득

07 과세최저한을 초과하는 기타소득금액 중 원천징수되지 않는 것은?　　　　[제57회]

① 일시적으로 강연을 하고 받는 강연료
② 계약금이 위약금으로 대체되는 경우 그 위약금
③ 공익사업과 관련하여 지역권을 대여하고 받는 금품
④ 복권 당첨금

08 대학교수인 김태환 씨가 일시적으로 공무원 교육기관에서 공무원을 대상으로 강연을 하였다. 김태환 씨의 강연료가 1,200,000원(원천징수 전 금액)인 경우, 김태환 씨의 소득세법상 소득구분과 원천징수세액(지방소득세 포함)을 바르게 연결한 것은? (단, 김태환 씨는 당해연도에 이 건 외의 외부강연료를 지급받은 적이 없다)

[제36회]

① 기타소득, 105,600원
② 사업소득, 105,600원
③ 기타소득, 264,000원
④ 사업소득, 52,800원

09 다음의 내용은 소득세법상 원천징수에 대한 설명이다. 틀린 것은?

[제32회]

① 부동산임대업 사업소득은 원천징수대상 소득이 아니다.
② 사업소득의 경우에도 완납적 원천징수되는 경우가 있다.
③ 상용근로소득은 예납적 원천징수대상 소득이며, 일용근로소득은 완납적 원천징수대상 소득이다.
④ 원천징수의무자는 원칙적으로 원천징수대상 소득을 지급하는 자이다.

정답 및 해설

06 ④ 거주자의 소득으로 가정할 때, ㉠ (특정사업소득을 제외한) 일반적인 사업소득, ㉡ 양도소득, ㉢ 기타소득 중 일부 유형(예 뇌물)은 원천징수대상이 아니다.

07 ② 기타소득 중 계약금이 위약금으로 대체되는 경우에는 그 위약금에 대하여 원천징수되지 않는다.

08 ① · 고용관계 없이 다수인에게 강연을 하고 받는 강연료(인적용역의 일시적 제공)는 기타소득에 해당하며, 총수입금액의 60%가 필요경비로 인정된다.
 · 지방소득세 = 소득세의 10%
 · 기타소득금액 = 총수입금액 − (총수입금액 × 60%)
   = 1,200,000 − (1,200,000 × 60%) = 480,000원
 · 원천징수세액(지방소득세 포함) = (방법1) 기타소득금액 × 20% × 1.1 = 480,000 × 20% × 1.1
   = (방법2) 총수입금액 × (40% × 20% × 1.1) = 1,200,000 × 8.8%
   = 105,600원

09 ② · 사업소득은 분리과세가 적용되지 않기 때문에, 원천징수대상이 되는 법 소정의 특정사업소득에 대한 원천징수는 오로지 예납적 방식으로만 적용된다.
 · 상용근로자의 근로소득은 종합과세가 적용되므로 예납적 원천징수에 해당하고, 일용근로자의 근로소득은 분리과세가 적용되므로 완납적 원천징수에 해당한다. 다만, 상용근로자라 하더라도 근로소득만 있는 경우에는 소득금액이 전액 연말정산되므로 종합소득세 확정신고를 하지 않아도 된다.

01 종합소득 과세표준과 세액의 계산구조

구 분		내 용
	종합소득금액	· 이자소득금액 + 배당소득금액 + 사업소득금액 + 근로소득금액 + 연금소득금액 + 기타소득금액
–	소득공제	· 인적공제(기본, 추가) · 연금보험료공제 · 특별소득공제(공적보험료, 주택자금) · 그 밖의 소득공제(개인연금저축, 주택마련저축, 신용카드사용분)
=	종합소득 과세표준	
×	기본세율	· 6~45%의 8단계 초과누진세율
=	종합소득 산출세액	
–	세액감면	
–	세액공제	· 자녀세액공제(8세 이상, 출산·입양) · 결혼세액공제 · 연금계좌세액공제(연금저축, 퇴직연금) · 특별세액공제(보장성보험료, 의료비, 교육비, 기부금) · 정치자금기부금 세액공제, 고향사랑기부금 세액공제 · 월세액 세액공제 · 근로소득세액공제 · 배당세액공제 · 기장세액공제 · 외국납부세액공제 · 재해손실세액공제
=	종합소득 결정세액	
+	가산세	
=	총결정세액	
–	기납부세액	· 중간예납세액 · (예납적) 원천징수세액
=	차감 납부할 세액	

(1) 인적공제

① 기본공제

다음 중 어느 하나에 해당하는 사람의 수에 1명당 150만 원을 곱하여 계산한 금액을 근로소득금액에서 공제한다.

구 분	공제대상자[1]	기본공제 요건	
		나 이[2]	소득금액[3]
본인공제	본 인	–	–
배우자공제	배우자	–	100만 원 이하
부양가족공제[4]	① 직계존속	60세 이상	100만 원 이하
	② 직계비속, 입양자	20세 이하	100만 원 이하
	③ 형제자매	20세 이하 또는 60세 이상	100만 원 이하
	④ 기초생활수급자	–	100만 원 이하
	⑤ 위탁아동	18세 미만	100만 원 이하

[1] 대상자에는 본인·배우자의 형제자매는 포함되지만, 직계비속·형제자매의 배우자는 포함되지 않는다.

[2] 장애인은 나이 요건의 제한을 받지 않는다.

[3] 소득금액은 종합소득금액, 퇴직소득금액, 양도소득금액의 합계액으로서, 비과세, 과세제외, 분리과세대상 소득을 제외한 금액을 말한다. 소득금액 요건 판단 시, 근로소득만 있는 기본공제대상자의 경우에는 예외적으로 총급여 500만 원(= 근로소득금액 150만 원)까지 인정된다.

구 분	소득금액 100만 원 이하 요건을 충족하는 경우의 예
이자소득, 배당소득	• 이자소득과 배당소득의 합계액이 2,000만 원 이하인 경우 (이유 : 분리과세)
사업소득	• 식량작물재배 소득이 있는 경우 (이유 : 과세제외) • 1개 주택(기준시가 12억 원 초과 아님, 국내 소재)을 소유하는 자의 주택임대소득 (이유 : 비과세)
근로소득	• 일용근로소득이 있는 경우 (이유 : 분리과세) • 근로소득만 있고 상용근로에 따른 총급여액이 500만 원 이하인 경우 (이유 : 특례규정에 따라 인정)
연금소득	• 사적연금 수령액이 1,500만 원 이하이고 분리과세를 선택한 경우 (이유 : 분리과세) • 공적연금과 사적연금의 수령액 합계액이 516만 원 이하인 경우 (이유 : 연금소득금액 = 총연금액 − 연금소득공제 = 516만 원 − 416만 원 = 100만 원)
기타소득	• 복권당첨소득이 있는 경우 (이유 : 분리과세) • 일시적 인적용역을 제공하고 받은 수령액이 250만 원 이하인 경우 (이유 : 기타소득금액 = 총수입금액 − 필요경비 = 250만 원 − 250만 원 × 60% = 100만 원) • 기타소득금액이 300만 원 이하이고 분리과세를 선택한 경우 (이유 : 분리과세)

[4] 부양가족은 원칙적으로 주민등록표상 동거가족으로서 해당 근로자의 주소지에서 현실적으로 생계를 같이하여야 한다. 다만, 배우자·직계비속·입양자는 항상 생계를 같이하는 것으로 보며, 직계존속이 주거 형편상 별거를 하고 있거나, 그 외의 동거가족이 취학·질병요양 등으로 일시 퇴거한 경우에도 생계를 같이하는 것으로 인정한다.

② 추가공제

기본공제대상자가 다음 요건을 충족하는 경우 추가적인 금액을 근로소득금액에서 공제한다.

구 분	공제요건	공제액
경로우대공제	기본공제대상자가 70세 이상인 경우	1인당 100만 원
장애인공제	기본공제대상자가 장애인인 경우	1인당 200만 원
부녀자공제	근로자 본인이 **종합소득금액이 3,000만 원 이하**이고, 다음 중 하나에 해당하는 경우 • 배우자(소득 유무 불문)가 있는 여성인 경우 • ㉠ 배우자가 없는 여성으로서 ㉡ 기본공제대상자인 **부양가족**이 있는 세대주인 경우	연 50만 원
한부모공제[1]	근로자 본인이 ㉠ 배우자가 없는 사람으로서 ㉡ 기본공제대상자인 **직계비속**이 있는 세대주	연 100만 원

[1] 추가공제는 원칙적으로 중복적용이 가능하지만, 부녀자공제와 한부모공제에 모두 해당하는 경우에는 한부모 공제를 적용한다.

(2) 자녀세액공제

기본공제대상자에 해당하는 자녀(입양자·위탁아동 포함) 및 손자·손녀에 대해서는 다음의 금액을 산출세액에서 공제한다.

8세 이상[1]	기본공제대상자이고 8세 이상인 자녀(입양자·위탁아동 포함) 및 손자·손녀가 있을 때 • 1명 : 25만 원 • 2명 : 55만 원 • 3명 이상 : 55만 원 + 40만 원 × (자녀수 − 2명)
출산·입양	기본공제대상자이고 해당 과세기간에 출산하거나 입양신고한 자녀(입양자·위탁아동 포함)가 있을 때 • 첫째 : 30만 원 • 둘째 : 50만 원 • 셋째 이상 : 70만 원

[1] 자녀세액공제 적용 대상을 '8세 이상'으로 규정하고 있는 이유 : '만 8세(96개월) 미만'인 모든 아동에게는 아동수당이 지급되기 때문이다.

(3) 인적공제, 자녀세액공제 판단 시 기준시점

구 분	기준시점
원 칙	• 과세기간 종료일인 **12월 31일**의 상황에 따른다.
예 외	• 연중에 사망한 자에 대해서는 **사망일 전날**의 상황에 따른다. • 연중에 장애가 치유된 자에 대해서는 치유일 전날의 상황에 따른다. • **나이를 판정할 때**, 해당 과세기간 중에 요건을 충족하는 날이 **하루라도 있으면** 공제대상자로 한다. 　[예] 2025년 과세기간 60세 이상 : 1965. 12. 31. 이전 출생 　　　(∵ 2025년 − 60세 = 1965년)

(4) 결혼세액공제

근로자 본인이 혼인신고를 하는 경우에는 1회에 한정하여 혼인신고를 한 날이 속하는 과세기간의 산출세액에서 50만 원을 공제한다.

공제요건	당해 과세기간에 혼인신고를 한 경우
세액공제액	50만 원[1]

[1] 생애 1회에 한정

03 연말정산에 사용되는 주요 공제항목

(1) 보장성보험료 세액공제

공제대상	· 기본공제대상자(나이 및 소득금액의 제한을 받음)를 계약자 및 피보험자로 하여 납부한 보장성보험료
공제제외	· 저축성보험료 납입액
세액공제액	· 일반보장성보험 세액공제액 = 보험료 납입액(100만 원 한도) × 12% · 장애인전용보장성보험 세액공제액 = 보험료 납입액(100만 원 한도) × 15%

(2) 의료비 세액공제

공제대상	· 기본공제대상자(**나이 및 소득금액의 제한을 받지 않음**)를 위하여 지출한 의료비 · 진찰·진료·질병예방, 치료·요양(한약 포함), 라식수술, 보청기 · 안경·콘택트렌즈(1인당 50만 원 한도) · 산후조리원 비용(출산 1회당 200만 원 한도)
공제제외	· 실손의료보험금으로 보전받은 금액 · 미용·성형수술비, 건강증진을 위한 의약품, 건강기능식품, 보약 · 간병인, 국외 의료기관
세액공제액	· 의료비 세액공제액 = (㉠ + ㉡) × 15%(미숙아·선천성이상아는 20%, 난임시술비는 30%) ㉠ 본인 등 의료비 : 본인, 6세 이하, 65세 이상, 장애인, 중증질환자, 미숙아·선천성이상아, 난임시술비 ㉡ Min[위 ㉠을 제외한 일반의료비 − (총급여 × 3%), 연 700만 원]

(3) 교육비 세액공제

공제대상	· 기본공제대상자(나이의 제한을 받지 않음, 직계존속 분은 공제 제외)를 위하여 지출한 교육비 · 유치원, 어린이집, 초·중·고 및 대학교, 국외 교육기관 · 취학 전 아동의 학원, 근로자 본인의 대학원 · 수업료, 입학금, 각종 공납금, 기성회비, 육성회비 · 방과 후 수업료 및 교재 구입비 · 중·고등학생 교복구입비용(1인당 50만 원 한도) · 초·중·고등학생 체험학습비(1인당 30만 원 한도) · 대학입학전형료, 수능응시료, 학자금 대출의 원리금 상환액
공제제외	· 직계존속의 교육비(단, 장애인특수교육비는 인정) · 국외 어학연수기관, 취학 전 아동 이외의 학원, 본인 이외의 대학원 · 학생회비, 통학버스비, 기숙사비
세액공제액	· 교육비 세액공제액 = Min[㉠, ㉡] × 15% ㉠ 공제대상 교육비 ㉡ 한도 : 취학 전 아동과 초·중·고등학생은 1인당 300만 원, 대학생은 1인당 900만 원, 본인과 장애인특수교육비는 한도 없이 전액 인정

(4) 기부금 세액공제

공제대상	기본공제대상자(나이의 제한을 받지 않음)가 지출한 기부금 · 특례기부금(법정기부금) · 국가, 지방자치단체, 천재지변으로 인한 이재민 · 국·공립·사립학교 등에 지급하는 시설비·교육비·장학금·연구비 · 사회복지공동모금회 · 정치자금기부금으로서 10만 원을 초과하는 경우 그 초과금액 · 고향사랑기부금으로서 10만 원을 초과하는 경우 그 초과금액 · 일반기부금(지정기부금) · 종교단체, 사회복지법인, 어린이집, 대한적십자사, 노동조합 회비 · 학교 장이 추천하는 개인에게 지급하는 교육비·장학금·연구비
공제제외	· 동창회비, 경로당후원금, 종친회비
세액공제액	· 기부금 세액공제액 = 한도 내 기부금 × 15%(1,000만 원 초과분은 30%) · 한도 : 특례 기부금은 소득금액, 일반 기부금은 소득금액의 30%(종교단체 외) 또는 10%(종교단체)

(5) 정치자금기부금 세액공제

공제대상	⑦ 근로자 본인이 지출한 것으로서, ⑥ 정치자금법에 따라 정당(후원회 및 선거관리위원회 포함)에 기부한 정치자금
세액공제액	정치자금기부금 세액공제액 = 공제대상 금액 중 10만 원 이내의 금액 × 100/110

(6) 고향사랑기부금 세액공제

공제대상	⑦ 근로자 본인이 지출한 것으로서, ⑥ 고향사랑 기부금에 관한 법률에 따라 지방자치단체에 기부한 금액 (연간 상한액 2,000만 원)
세액공제액	고향사랑기부금 세액공제액 = 공제대상 금액 중 10만 원 이내의 금액 × 100/110

(7) 월세액 세액공제

공제대상	⑦ 무주택 세대의 ⑥ 세대주이고 ⑥ 총급여액 8,000만 원 이하인 근로자가 ② 국민주택규모 이하의 주택(오피스텔, 고시원 포함)을 임차하기 위하여 지급하는 월세액
세액공제액	월세액 세액공제액 = Min[공제대상 월세액, 연 1,000만 원] × 15%[1]

[1] 총급여액 5,500만 원 이하인 경우는 17%

(8) 신용카드 등 사용액에 대한 소득공제

공제대상	• 기본공제대상자(나이의 제한을 받지 않음, 형제자매 분은 공제 제외)가 사용한 신용카드, 직불카드(체크카드), 기명식 선불카드, 현금영수증
공제제외	• 국외에서 사용한 금액, 면세점에서 사용한 금액, 현금서비스 사용액, 회사의 비용으로 계상된 지출액 • 보험료 지불액, 공교육비 지불액, 기부금 지불액 • 세액공제를 적용받은 정치자금기부금·고향사랑기부금·월세액 지불액 • 각종 공과금, 도로통행료, 전기료, 수도료, 가스료, 전화료, 인터넷이용료, 핸드폰요금, 아파트관리비 • 취득세 또는 등록면허세가 부과되는 재산의 구입(주택, 자동차, 중고자동차 등)[1] • 자동차 리스료, 유가증권 구입, 금융·보험용역 관련 수수료
소득공제액	• 신용카드 등 사용액 소득공제액 = Min[①, ②] + ③ ① 기본공제대상금액 : ㉠ + ㉡ + ㉢ + ㉣ + ㉤ 　㉠ {일반 신용카드 − (총급여액 × 25%)[2]} × 15% 　㉡ {직불카드·현금영수증 − (총급여액 × 25%)[2]} × 30% 　㉢ {총급여액 7,000만 원 이하인 경우 도서 등 사용분[3] − (총급여액 × 25%)[2]} × 30% 　㉣ {전통시장 − (총급여액 × 25%)[2]} × 40% 　㉤ {대중교통 − (총급여액 × 25%)[2]} × 40% ② 기본공제한도금액 : 연 300만 원[4] ③ 추가공제액 : Min[㉥, ㉧, ◎] 　㉥ 기본공제한도초과액 　㉧ ⓐ (총급여액 7,000만 원 이하인 경우 도서 등 사용분 × 30%) + ⓑ (전통시장 × 40%) + 　　ⓒ (대중교통 × 40%) 　◎ 추가공제한도금액 : 연 300만 원[5]

[1] 중고자동차는 구입금액의 10%를 공제대상 금액에 포함한다.

[2] 기본공제대상금액(①)을 계산할 때, '총급여액 × 25%'(최저사용금액)는 공제율이 낮은 것에서부터 순서대로(㉠ → ㉡ → ㉢ → ㉣ → ㉤) 차감한다.

[3] 총급여액 7,000만 원 이하인 경우 도서·신문·공연·박물관·미술관·영화관람·수영장·체력단련장 사용분

[4] 기본공제한도금액 : 총급여액 7,000만 원 이하인 경우 300만 원, 7,000만 원 초과인 경우 250만 원

[5] 추가공제한도금액 : 총급여액 7,000만 원 이하인 경우 300만 원, 7,000만 원 초과인 경우 200만 원

(9) 주요 공제항목별 기본공제 요건

구 분	기본공제 요건[1]		비 고
	나이 요건[2]	소득금액 요건	
보험료 세액공제	O	O	–
의료비 세액공제	X	X	–
(일반)교육비 세액공제	X	O	직계존속 지출분은 제외
기부금 세액공제	X	O	정치자금기부금·고향사랑기부금은 본인 지출분만 인정
신용카드 등 사용액 소득공제	X	O	형제자매 지출분은 제외
월세액 세액공제	–	–	본인 지출분만 인정

[1] 본인은 나이 요건 및 소득금액 요건의 제한을 받지 않는다.
[2] 배우자와 장애인은 나이 요건의 제한을 받지 않는다.

(10) 신용카드로 결제한 지출액에 대한 중복공제 적용 여부

구 분	적용 여부		비 고
	신용카드 등 소득공제	해당 세액공제	
보험료	X	O	–
의료비	O	O	중복공제 가능
(공)교육비	X	O	–
(사)교육비	O	O	중복공제 가능[1]
기부금	X	O	–
월세액	X	O	–

[1] 신용카드로 결제한 사교육비 지출액 사례

- 취학 전 아동에 대한 학원·체육시설 수강료 : 신용카드 등 소득공제 O, 교육비 세액공제 O(중복공제 가능)
- 초·중·고등학생에 대한 학원비 : 신용카드 등 소득공제 O, 교육비 세액공제 X
- 중·고등학생에 대한 1인당 연 50만 원 이내의 교복구입비용 : 신용카드 등 소득공제 O, 교육비 세액공제 O(중복공제 가능)

구 분			적용 여부	
			근로소득이 있는 자	근로소득이 없는 자
소득공제	인적공제(기본, 추가)		O	O
	연금보험료공제		O	O
	특별소득공제	공적보험료	O	X
		주택자금	O	X
	그 밖의 소득공제	개인연금저축	O	O
		주택마련저축	O	X
		신용카드 등 사용분	O	X
세액공제	자녀세액공제(8세 이상, 출산·입양)		O	O
	결혼세액공제		O	O
	연금계좌세액공제(연금저축, 퇴직연금)		O	O
	특별세액공제	보장성보험료	O	X
		의료비	O	X
		교육비	O	X
		기부금	O	O[1]
	정치자금기부금 세액공제, 고향사랑기부금 세액공제		O	O
	월세액 세액공제		O	X
	근로소득세액공제		O	X

[1] 사업소득만 있는 자는 기부금에 대하여 세액공제는 적용받을 수 없고, 이를 사업소득의 필요경비로만 처리할 수 있다.

기출포인트

근로소득 유무에 관계없이 적용받을 수 있는 공제는 다음과 같다.

- 인적공제
- 자녀세액공제
- 결혼세액공제
- 연금 관련 공제(연금보험료 소득공제, 개인연금저축 소득공제, 연금계좌 세액공제)
- 기부금 관련 공제(기부금세액공제, 정치자금기부금 세액공제, 고향사랑기부금 세액공제)

배당세액공제	배당소득에 대한 이중과세 조정을 위한 Gross-up이 적용되어 배당가산액을 배당소득금액에 가산한 경우 그 금액을 세액 자체에서 공제하는 것을 말한다.
기장세액공제	영세한 규모의 사업자는 간편식 장부만 작성하는 것도 인정되는데, 이러한 간편장부대상자가 복식부기에 따라 기장하는 경우 산출세액의 20%를 공제해 주는 것을 말한다. 이는 사업소득이 있는 경우에 적용된다.
외국납부세액공제	종합소득금액에 국외원천소득이 합산되는 경우 그 국외원천소득과 관련하여 국외에서 납부한 외국소득세액을 공제해 주는 것을 말한다.
재해손실세액공제	천재지변 등에 따라 손실을 입은 경우 세액을 공제해 주는 것을 말한다. 이는 사업소득이 있는 경우에 적용된다.

＊ 본서에 수록된 기출문제의 날짜는 학습효과를 높이기 위하여 일부 수정함

01 다음은 소득세법상 인적공제에 관한 설명이다. 옳지 않은 것은?　　　　　[제99회]

① 기본공제 대상 판정에 있어 소득금액 합계액은 종합소득금액, 퇴직소득금액, 양도소득금액을 합하여 판단한다.
② 배우자가 없는 거주자로서 기본공제대상자인 자녀가 있는 경우에도 종합소득금액이 3천만 원을 초과하는 경우에는 한부모 추가공제를 적용받을 수 없다.
③ 형제자매의 배우자는 공제대상 부양가족에서 제외한다.
④ 부양기간이 1년 미만인 경우에도 인적공제는 월할 계산하지 않는다.

02 다음 중 소득세법상 근로소득 유무에 관계없이 적용되는 공제내역이 아닌 것은?　　[제45회]

① 본인이 부담하는 본인 자동차보험의 보험료
② 본인의 명의로 납부한 교회헌금
③ 자녀 출산에 따른 세액공제
④ 본인이 납부한 국민연금보험료

03 다음 중 소득세법상 근로소득 유무에 관계없이 소득공제 또는 세액공제 받을 수 있는 것은?

　　　　　[제33회]

① 보장성보험료 세액공제
② 부녀자공제
③ 교육비 세액공제
④ 신용카드 등 사용액 소득공제

04 다음 중 금융소득 종합과세대상인 배당소득만이 있는 거주자로서, 종합소득세 확정신고 시 적용받을 수 있는 세액공제는?　　　　　　　　　　　　　　　　　　　　　　　　[제37회]

① 기장세액공제
② 배당세액공제
③ 재해손실세액공제
④ 근로소득세액공제

05 다음은 소득세법의 세액계산순서를 설명한 것이다. 옳지 않은 것은?　　　　　　　　[제18회]

① 결정세액에 가산세를 가산하고, 기납부세액을 공제하여 총결정세액을 계산한다.
② 산출세액에서 세액공제와 감면세액을 공제하여 결정세액을 계산한다.
③ 종합소득금액에서 종합소득공제를 차감하여 종합소득 과세표준을 계산한다.
④ 종합소득 과세표준에서 기본세율을 곱하여 종합소득 산출세액을 계산한다.

정답 및 해설

01 ②　배우자가 없는 거주자로서 기본공제대상자인 직계비속이 있는 경우 한부모 추가공제를 적용받을 수 있다. '종합소득금액 3천만 원 이하'라는 항목은 한부모 추가공제가 아니라 부녀자 추가공제의 요건에 해당한다.

02 ①　인적공제, 자녀세액공제, 결혼세액공제, 연금 관련 공제(연금보험료 소득공제, 개인연금저축 소득공제, 연금계좌세액공제), 기부금 관련 공제(기부금세액공제, 정치자금기부금 세액공제, 고향사랑기부금 세액공제)는 근로소득 유무에 관계없이 적용받을 수 있다.

03 ②　부녀자공제는 근로소득 유무에 관계없이 적용받을 수 있다.

04 ②　기장세액공제와 재해손실세액공제는 사업소득이 있는 경우 적용된다. 근로소득세액공제는 근로소득이 있는 경우 적용된다.

05 ①　결정세액에 가산세를 가산하면 총결정세액이 되고, 여기서 기납부세액을 차감하면 차감 납부할 세액이 된다.

01 확정신고

최근 77회 시험 중 **7**회 기출

(1) 신고기한

해당 과세기간에 종합소득금액이 있는 거주자는 그 과세표준과 세액을 그 과세기간의 다음 연도 5월 1일부터 5월 31일까지 납세지 관할 세무서장에게 확정신고하여야 한다.

(2) 확정신고의무 면제 대상자

다음 중 어느 하나에 해당하는 경우에는 확정신고를 하지 않아도 된다.

구 분	확정신고 예외대상자	비 고
연말정산대상 소득만 있는 자	① 상용근로소득만 있는 자 ② 공적연금소득만 있는 자 ③ 연말정산되는 사업소득만 있는 자	①~③ 중 둘 이상의 소득이 있는 자는 확정신고를 해야 함(누진세율 때문)
퇴직소득만 있는 자	④ 퇴직소득만 있는 자	지급 시 원천징수 되고 분류과세 적용 소득임
연말정산대상 소득 중 하나와 퇴직소득만 있는 자	⑤ 상용근로소득과 퇴직소득만 있는 자 ⑥ 공적연금소득과 퇴직소득만 있는 자 ⑦ 연말정산되는 사업소득과 퇴직소득만 있는 자	퇴직소득은 분류과세 되기 때문에 ①~③ 중 하나와 결합되더라도 확정신고 시 세액이 이미 납부한 세액과 달라지지 않음
분리과세소득만 있는 자	⑧ 분리과세이자소득, 분리과세배당소득, 분리과세근로소득, 분리과세연금소득, 분리과세기타소득만 있는 자	지급 시 원천징수 되고 분류과세 적용 소득임
①~⑦ 중 하나에 해당하고 분리과세소득이 있는 자	⑨ ①~⑦ 중 하나에 해당하는 자로서 ⑧의 소득이 있는 자	분리과세 적용 소득은 원천징수 절차로 납세의무가 종결되므로 ①~⑦ 중 하나와 결합되더라도 확정신고 시 세액이 이미 납부한 세액과 달라지지 않음

기출포인트

확정신고의 예외를 인정하고 있는 이유

원천징수와 연말정산 절차를 통하여 소득세가 납부되었고, 확정신고를 하더라도 신고세액이 이미 납부한 세액과 달라지지 않는 경우에는 확정신고를 하는 실익이 없기 때문이다.

 총수입금액 합계액이 연 2,000만 원 이하인 자의 주택임대소득(소규모 주택임대소득[1])의 과세방법

> - 종합소득과세표준에 합산하지 않는다.
> - 주택임대소득(사업소득)에 대하여는 원천징수를 하지 않으므로, 소규모 주택임대소득만 있는 경우에도 확정신고를 하여야 한다.
> - 소규모 주택임대소득이 있는 경우 종합소득 결정세액
>   : ① 또는 ② 중 선택
>   ① {(소규모 주택임대소득 총수입금액 – 법 소정 금액[2]) × 14%} + 그 외의 종합소득 결정세액(기본세율)
>   ② 소규모 주택임대소득을 종합소득과세표준에 합산하였을 때의 종합소득 결정세액(기본세율)

[1] 세법 원문에서는 "분리과세 주택임대소득"이라는 용어를 사용하고 있음

[2] 사업자등록을 하였는지 여부에 따라 차등 적용

02 세율

종합소득 산출세액은 종합소득 과세표준에 다음의 소득세법상 기본세율을 곱하여 계산한다. 기본세율은 과세표준이 증가함에 따라 일정 구간을 초과하는 금액에 대하여 높은 세율을 적용하는 초과누진세율 구조를 취하고 있으며, 다음과 같이 6~45%의 8단계로 이루어져 있다.

과세표준	기본세율
1,400만 원 이하	과세표준 × 6%
1,400만 원 초과 5,000만 원 이하	84만 원 + (과세표준 – 1,400만 원) × 15%
5,000만 원 초과 8,800만 원 이하	624만 원 + (과세표준 – 5,000만 원) × 24%
8,800만 원 초과 1억 5천만 원 이하	1,536만 원 + (과세표준 – 8,800만 원) × 35%
1억 5천만 원 초과 3억 원 이하	3,706만 원 + (과세표준 – 1억5천만 원) × 38%
3억 원 초과 5억 원 이하	9,406만 원 + (과세표준 – 3억 원) × 40%
5억 원 초과 10억 원 이하	1억 7,406만 원 + (과세표준 – 5억 원) × 42%
10억 원 초과	3억 8,406만 원 + (과세표준 – 10억 원) × 45%

[사례] 과세표준이 60,000,000원일 때 산출세액은?

[풀이] 6,240,000원 + (60,000,000원 – 50,000,000원) × 24% = 8,640,000원

03 중간예납

소득세 중간예납은 사업소득이 있는 자에 대하여 1월 1일부터 6월 30일까지의 소득금액에 대한 소득세를 미리 납부하도록 하는 제도이다. 이는 과세기관의 조세수입 조기 확보와 납세자의 세부담 분산을 목적으로 한다.

(1) 중간예납의무자

사업소득이 있는 거주자는 중간예납을 하여야 한다. 다만, 사업소득이 있다 하더라도 다음에 해당하는 경우에는 중간예납 의무가 없다.

> · **신규사업자**
> · 보험모집인, 소규모 주택임대소득(분리과세 주택임대소득) 등 법 소정 사업소득만 있는 자

(2) 중간예납절차

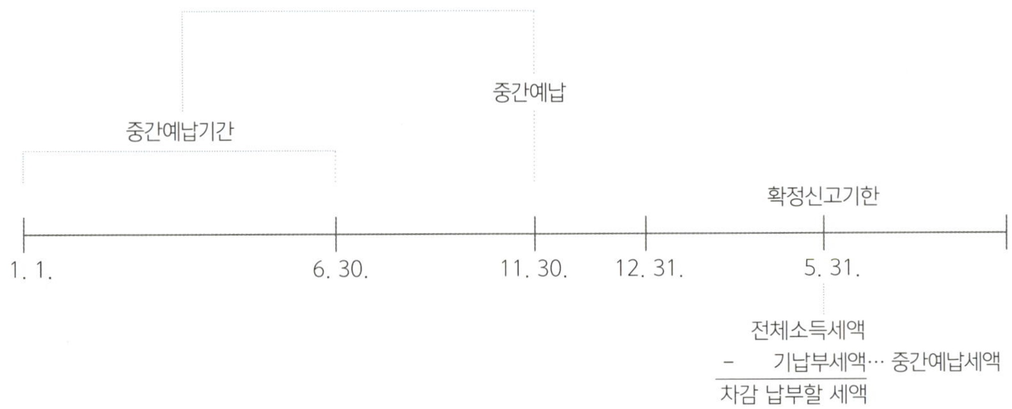

> **참고** 소득세 중간예납기한의 취지
>
> 소득세 중간예납의무자는 사업소득자이고, 사업소득은 분리과세가 적용되지 않으므로 사업소득자는 다음 연도 5월 31일까지 종합소득세 확정신고를 한다는 점을 고려하여, 확정신고기한으로부터 6개월 이전의 날짜인 당해연도 11월 30일을 중간예납기한으로 정하고 있다.

(3) 중간예납세액의 결정 방법

① 원칙 : 전년도 납부세액의 1/2 상당액의 고지 및 징수

과세관청(관할 세무서장)은 전년도 납부세액의 1/2 상당액을 중간예납세액으로 결정하여 납세고지서를 발급하고, 거주자는 고지된 금액을 기한 내에 납부하면 된다.

> **참고** 전자고지세액공제
>
> 사업소득자가 소득세 중간예납세액의 고지에 대하여 전자적 방법으로 송달받을 것을 신청(전자고지 신청)한 경우, 중간예납 소득세의 납부세액에서 1,000원을 공제한다.

② 예외 : 당기 중간예납기간의 실적기준 세액의 신고 및 납부
- 복식부기의무자에 해당하고 **전년도 납부세액이 없는 경우** 해당 거주자는 당기 중간예납기간 동안의 실적을 가결산하여 계산한 세액을 자진 신고 및 납부하여야 한다. (강제규정)
- 전년도 납부세액이 있고 과세관청으로부터 중간예납세액이 고지되었다 하더라도, 당기 중간예납기간 동안의 실적을 가결산하여 계산한 세액이 **전년도 납부세액의 30%에 미달하는 경우** 해당 거주자는 가결산하여 계산한 세액을 자진 신고 및 납부할 수 있다. (임의규정)

04 분납

최근 77회 시험 중 **2회** 기출

중간예납 또는 확정신고 시 납부할 세액이 1,000만 원을 초과하는 자는 다음의 금액을 납부기한이 지난 후 2개월 이내에 분할납부(분납)할 수 있다.

총 납부할 세액	2개월 이내에 분납할 수 있는 세액
1,000만 원 초과 2,000만 원 이하	1,000만 원을 초과하는 금액
2,000만 원 초과	해당 세액의 50% 이하의 금액

[사례] 과세관청으로부터 소득세 중간예납세액 1,600만 원이 고지되었고 이를 분납을 적용하여 납부하는 경우, 납부일자와 납부금액은?

[풀이] 11월 30일 1,000만 원 납부 후 다음 해 1월 31일에 600만 원 납부한다.

05 소액부징수

최근 77회 시험 중 **2회** 기출

다음 중 어느 하나에 해당하는 경우에는 해당 소득세를 징수하지 않는다.

- 원천징수세액이 1,000원 미만인 경우
  (단, ⊙ 이자소득[1]과 ⓒ 인적용역의 계속적·반복적 공급으로 발생하는 특정사업소득[2]은 제외)
- 중간예납세액이 50만 원 미만인 경우

[1] 거액을 소액으로 나누어 매일 이자지급식 예금에 가입하여 개인의 이자소득에 대한 소득세 부담을 회피하는 사례를 방지하기 위한 것이다.

[2] 계속적·반복적 인적용역([예] 배달 라이더)의 대가를 소액([예] 배달 건별)으로 나누어 원천징수 절차를 생략하는 사례를 방지하기 위한 것이다.

핵심기출문제

* 본서에 수록된 기출문제의 날짜는 학습효과를 높이기 위하여 일부 수정함

01 다음은 상용근로소득자의 납세 절차에 관한 설명이다. 옳지 않은 것은? [제15회]

① 매월분 급여 등을 지급 시 간이세액표에 의해 소득세를 원천징수 한다.
② 다음 연도 2월분의 근로소득을 지급하는 때에 연말정산을 한다.
③ 연말정산 시 징수(환급) 세액은 결정세액에서 기원천징수세액을 차감한 것이다.
④ 근로소득만 있는 자도 종합소득세 과세표준 확정신고의무가 있다.

02 다음 중 소득세법상 다음 연도 5월 31일까지 반드시 종합소득 과세표준 확정신고를 해야 하는 자는 누구인가? [제78회]

① 상용근로소득금액 7,000만 원과 복권당첨소득 1억 원이 있는 자
② 퇴직소득금액 5,000만 원과 양도소득금액 8,000만 원이 있는 자
③ 국내 정기예금 이자소득금액 2,400만 원과 일시적인 강연료 기타소득금액 330만 원이 있는 자
④ 일용근로소득 1,500만 원과 공적연금소득 1,000만 원이 있는 자

03 다음 중 소득세법상 과세표준 확정신고를 하여야 하는 경우는? [제82회]

① 퇴직소득만 있는 경우
② 상용근로소득과 퇴직소득이 있는 경우
③ 상용근로소득과 보통예금이자 150만 원(14% 원천징수세율 적용대상)이 있는 경우
④ 상용근로소득과 사업소득이 있는 경우

04 다음 중 소득세법상 과세표준 확정신고 의무가 있는 자는 누구인가?

[제100회]

① 분리과세 이자소득과 상용근로소득이 있는 자
② 상용근로소득과 연말정산대상 사업소득이 있는 자
③ 공적연금소득과 퇴직소득이 있는 자
④ 상용근로소득과 일용근로소득이 있는 자

정답 및 해설

01 ④ 상용근로소득만 있는 자는 소득금액이 전액 연말정산되므로 종합소득세 확정신고를 하지 않아도 된다.

02 ③ ① 상용근로소득은 연말정산을 통하여 소득세가 납부되었고, 복권당첨소득은 무조건 분리과세가 적용되므로, 확정신고를 하더라도 세액이 달라지지 않는다.
② 퇴직소득과 양도소득에 대하여는 종합과세가 아니라 분류과세가 적용된다.
③ 국내 정기예금 이자소득은 금융소득에 해당하므로 2천만 원 초과인 경우 종합과세가 적용되고, 일시적인 강연료 기타소득금액은 300만 원 초과인 경우 종합과세가 적용된다.
④ 일용근로소득은 무조건 분리과세가 적용되고, 공적연금소득은 연말정산을 통하여 소득세가 납부되었으므로, 확정신고를 하더라도 세액이 달라지지 않는다.

03 ④ · 퇴직소득은 지급 시 원천징수 되고 분류과세가 적용되므로, 확정신고를 하더라도 세액이 달라지지 않는다.
· 상용근로소득은 연말정산을 통하여 소득세가 납부되었고, 2천만 원 이하의 금융소득은 분리과세가 적용되므로, 확정신고를 하더라도 세액이 달라지지 않는다.
· 상용근로소득은 연말정산을 통하여 소득세가 납부되지만 종합과세가 적용되고, 사업소득도 종합과세가 적용되므로, 두 소득을 합산한 금액으로 종합소득세를 계산하면 연말정산으로 납부한 세액과 달라지므로 반드시 확정신고를 하여야 한다.

04 ② 상용근로소득과 연말정산대상 사업소득이 있는 자의 경우, 상용근로소득만 있는 것으로 가정하여 연말정산을 하였고, 사업소득만 있는 것으로 가정하여 연말정산을 하였으나, 두 소득을 합산한 금액으로 종합소득세를 계산하면 이미 납부한 세액의 합계액과 달라지므로 반드시 확정신고를 하여야 한다.

05 거주자 김철수 씨의 소득이 다음과 같을 경우 종합소득세 확정신고하여야 하는 종합소득금액은 얼마인가? [제84회]

- 양도소득금액 : 20,000,000원
- 배당소득금액 : 22,000,000원
- 상용근로소득금액 : 30,000,000원
- 퇴직소득금액 : 2,700,000원

① 30,000,000원 　② 52,000,000원 　③ 54,700,000원 　④ 0원

06 다음 중 소득세법상 중간예납에 대한 설명으로 옳지 않은 것은? [제80회]

① 과세기간 중 신규로 사업을 시작한 자는 중간예납 의무가 없다.
② 중간예납에 대한 고지를 받은 자는 11월 30일까지 납부하는 것이 원칙이다.
③ 중간예납은 관할 세무서장의 고지에 따라 납부하는 것이 원칙이다.
④ 복식부기의무자에 해당하고 전년도 납부세액이 없는 경우 중간예납 의무가 없다.

07 다음 중 당해 소득세를 징수하는 것은? [제45회]

① 배당소득에 따른 원천징수세액이 1천 원 미만인 경우
② 근로소득에 따른 원천징수세액이 1천 원 미만인 경우
③ 이자소득에 따른 원천징수세액이 1천 원 미만인 경우
④ 중간예납세액이 50만 원 미만인 경우

05 ② · 퇴직소득과 양도소득은 분류과세하므로 종합소득금액 계산 시 이를 합산하지 않는다.

· 배당소득(금융소득)은 2천만 원 초과인 경우 종합과세한다.

· 상용근로소득은 종합과세한다.

· 상용근로소득과 종합과세되는 배당소득이 있으므로, 상용근로소득에 대하여 연말정산이 되더라도 종합소득세 확정신고를 생략할 수 없다.

· 종합소득금액 = 22,000,000 + 30,000,000 = 52,000,000원

06 ④ 복식부기의무자에 해당하고 전년도 납부세액이 없는 경우 해당 거주자는 중간예납기간 동안의 실적을 가결산하여 계산한 세액을 자진 신고 및 납부하여야 한다.

07 ③ 소득세법상 이자소득에 대해서는 소액부징수 규정이 적용되지 않는다.

연말정산

제1절 연말정산

제 **7** 장

연말정산

| Overview

연말정산은 실무시험 전체 70점 중 평균적으로 15점의 비중으로 출제된다.

연말정산은 제6장 소득세에서 학습한 회계처리를 KcLep의 [사원등록], [급여자료입력], [연말정산추가자료입력] 메뉴 등에 입력하는 방법을 학습한다. '기출확인문제'를 본서의 풀이순서에 따라 KcLep에 입력하고, 문제해결에 필요한 KcLep의 기능과 관련 이론을 학습할 수 있도록 구성되어 있다.

| 출제비중

구 분	출제문항	배점(15점)
제1절 연말정산*	문제 5	15점

*전산회계 1급에서 전산세무 2급에 추가되는 부분입니다. 학습전략을 참고하여 학습하시기 바랍니다.

❘ 학습전략

제1절 연말정산

전산회계 시험에서는 출제범위가 아니지만 전산세무 2급부터 추가로 출제되는 부분이다. 전산회계 1급을 함께 학습하고 있거나, 이미 학습한 경우 '제7장 연말정산' 전체 내용을 집중적으로 학습한다.

최근 77회 기출에서는 4가지의 연말정산 관련 메뉴 중 매회 2문제씩 무작위로 출제되고 있다. 그중 [연말정산추가자료입력] 메뉴가 매회 출제되고 배점이 높으므로 다른 메뉴들보다 비중있게 학습하는 것이 필요하다. '핵심기출문제'에서 답을 입력하는 데에 어려움이 있다면 '연말정산 필수이론정리'에서 관련 이론을 추가로 학습하도록 한다.

01 사원등록

- [사원등록]은 각 사원별로 본인, 배우자, 부양가족에 대한 인적정보를 입력하는 메뉴이다.
- [사원등록] 메뉴와 관련하여 해당 사원, 배우자, 부양가족에 대한 인적사항, 연말정산 시 인적공제 및 자녀세액공제 적용 여부를 입력하는 문제는 실무시험 문제 5(4~7점)로 출제된다.
- [사원등록] 화면은 [원천징수] ▶ [근로소득관리] ▶ [사원등록]을 선택하여 들어갈 수 있다.

기출확인문제

㈜제일산업(코드번호 : 0101)의 2025년 귀속 원천징수자료와 관련하여, 다음 자료를 보고 내국인이며 거주자인 사무직사원 정별인(770128-2436804, 세대주, 입사일자 2025년 2월 1일, 국내근무, 종합소득금액이 3,000만원 이하)을 사원등록(코드번호 104)하고, 정별인의 부양가족을 모두 부양가족명세에 등록 후 세부담이 최소화되도록 공제 여부를 입력하시오. 제56회 수정

관 계	성 명	주민등록번호	비 고
배우자	최소한	670717-1002095	사업소득자(월 평균소득금액 3,000,000원)
아 들	최한성	070506-3002092	고등학생, 일본 유학 중
딸	최한미	130330-4520262	–
동 생	정별거	780830-1234568	장애인복지법에 따른 장애인, 질병 치료관계로 국내 별도 거주
아버지	정영일	551230-1786526	미국 거주
어머니	김영미	561005-2786520	미국 거주

(1) 인적공제와 자녀세액공제의 해당 여부 판단

관 계	성 명	나 이	소득금액	비 고	기본공제	추가공제	자녀 세액공제
본 인	정별인	–	–	–	O	⑥ 부녀자	–
배우자	최소한	–	① 100만 원 초과	–	X	–	–
아 들	최한성	18세	소득 없음	② 일본 유학 중	O	–	⑨ 8세 이상
딸	최한미	12세	소득 없음		O	–	⑨ 8세 이상
동 생	정별거	47세	소득 없음	③ 장애인 ④ 질병 치료관계로 국내 별도 거주	O	⑦ 장애인	–
아버지	정영일	70세	소득 없음	⑤ 미국 거주	X	⑧ –	–
어머니	김영미	69세	소득 없음	⑤ 미국 거주	X	–	–

① 배우자는 월 평균소득금액이 3,000,000원이므로 소득금액 요건을 충족하지 못한다.

② 배우자·직계비속은 주민등록표상 주소지와 관계없이 항상 생계를 같이하는 것으로 본다.

③ 장애인의 경우 나이요건은 충족하지 않아도 된다.

④ 형제자매가 취학, 질병의 요양, 근무상 형편 등으로 본래의 주소지에서 일시적으로 퇴거한 경우 그 사실이 입증될 때에는 생계를 같이하는 것으로 본다.

⑤ 직계존속이 주거 형편상 국내에서 별거하고 있는 경우 생계를 같이하는 것으로 본다. 다만, 직계존속이 해외에 거주하는 경우에는 이를 주거 형편상 별거로 볼 수 없기 때문에 기본공제대상자가 될 수 없다.

⑥ 근로자 본인이 배우자가 있는 여성이고 종합소득금액이 3,000만 원 이하이므로 부녀자공제가 가능하다.

⑦ 기본공제대상자가 장애인이므로 장애인공제가 가능하다.

⑧ 70세 이상이나 기본공제대상자가 아니므로 추가공제(경로우대공제)가 적용되지 않는다.

⑨ 기본공제대상자이고 8세 이상인 자녀가 있으므로 8세 이상 세액공제가 적용된다.

(2) 입력방법

[사원등록] 메뉴의 [기본사항] 탭에서

① 사번란에 "104", 성명란에 "정별인", 주민(외국인)번호란에 "1.주민등록번호" 및 "770128-2436804"을 입력한다.

② 입사년월일란에 "2025년 2월 1일"을 입력한다.

③ 좌측 주민(외국인)번호란에 입력한 내용이 자동 반영되어 내/외국인란에 "내국인", 주민구분란에 "주민등록번호"가 입력되어 있는 것을 확인한다.

④ 거주구분란(기본값으로 설정되어 있음)에 "거주자"를 입력한다.

⑤ 국외근로제공란(기본값으로 설정되어 있음)에 "부"를 입력한다.

⑥ 생산직등여부란(기본값으로 설정되어 있음)에 "부"를 입력한다.

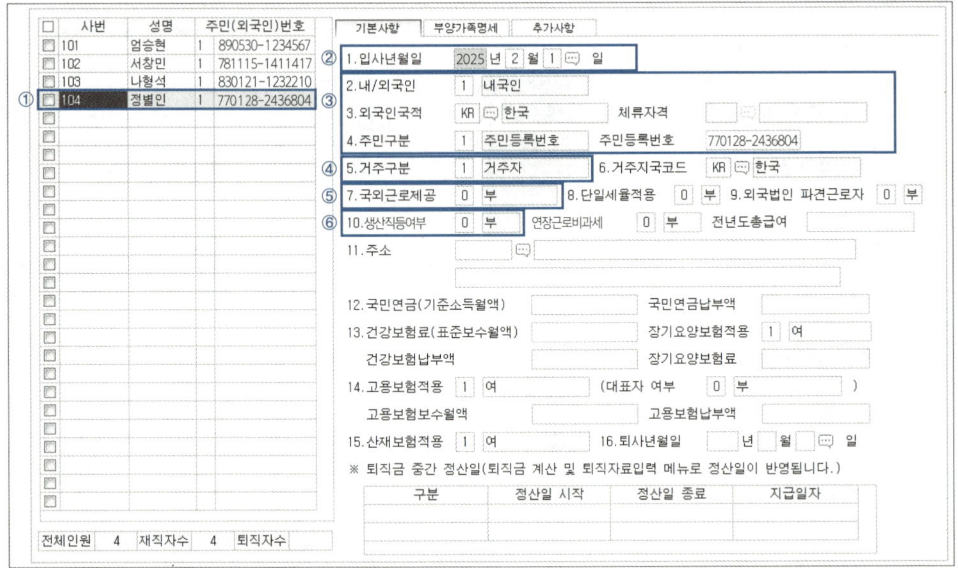

[사원등록] 메뉴의 [부양가족명세] 탭에서

⑦ 연말관계란에 근로자 본인과의 가족관계를 고려하여 '0~8' 코드 중 하나를 선택하여 입력한다.

▶ 연말관계 코드 기준은 다음과 같으며, 해당란에 커서를 놓고 ⑩코드(또는 F2)를 클릭하여 검색창을 띄우거나, 화면 중단의 코드설명을 참고하여 확인할 수 있다.

0	소득자 본인
1	소득자의 직계존속
2	배우자의 직계존속
3	배우자
4	직계비속 중 자녀, 입양자, 손자·손녀
5	직계비속 중 '4' 이외
6	형제자매
7	수급자 ('1~6' 제외)
8	위탁아동

⑧ 기본공제란에 배우자 및 부양가족이 기본공제대상자인지 여부 및 그 유형을 고려하여 해당란에서 나타나는 항목 중 하나를 선택하여 입력한다.

▶ 기본공제란은 아래의 기준에 따라 해당 항목을 선택한다.

구 분	공제요건
0 : 부	배우자 및 부양가족에는 해당하나, 나이요건 또는 소득금액요건을 충족하지 못하여 기본공제대상자에 해당하지 않는 경우[1]
1 : 본인	소득자 본인인 경우
2 : 배우자	㉠ 기본공제대상자이면서 ㉡ 배우자인 경우
3 : 20세 이하	㉠ 기본공제대상자이면서 ㉡ 20세 이하이고 ㉢ 직계비속·입양자 또는 형제자매인 경우
4 : 60세 이상	㉠ 기본공제대상자이면서 ㉡ 60세 이상이고 ㉢ 직계존속 또는 형제자매인 경우
5 : 장애인[2]	㉠ 기본공제대상자이면서 ㉡ 장애인인 경우
6 : 기초생활대상 등	㉠ 기본공제대상자이면서 ㉡ 장애인은 아니고 ㉢ 기초생활수급자 또는 위탁아동인 경우

[1] 기본공제대상자에 해당하지 않음에도 불구하고 부양가족명세를 작성하는 이유는 기본공제요건을 충족하지 못하는 대상자에 대하여도 소득공제나 세액공제가 적용되는 경우가 있는데, 이 경우 해당 대상자의 인적사항이 입력되어 있어야 하기 때문이다.

[2] 장애인이란 다음의 어느 하나에 해당하는 자를 말하며, 장애인란에 해당되는 유형을 선택하여 입력한다.
  · '장애인복지법'에 따른 장애인
  · '국가유공자등 예우 및 지원에 관한 법률'에 따른 상이자 및 이와 유사한 자로서 근로능력이 없는 자
  · 중단 없이 주기적인 치료를 요하는 중증환자

⑨ 위탁관계란은 별도의 요구사항이 있는 경우를 제외하고는 전산세무 자격시험에서 채점대상이 아니므로 공란으로 두고 넘어가면 된다.

참고 위탁관계 입력란
연말관계에 입력된 가족관계에 대한 내용을 조금 더 자세히 표시해주는 기능을 한다. 해당란에 커서를 놓고 코드(또는 F2)를 클릭하면 아래의 검색창이 나타나는데 여기서 해당되는 항목을 선택한다.

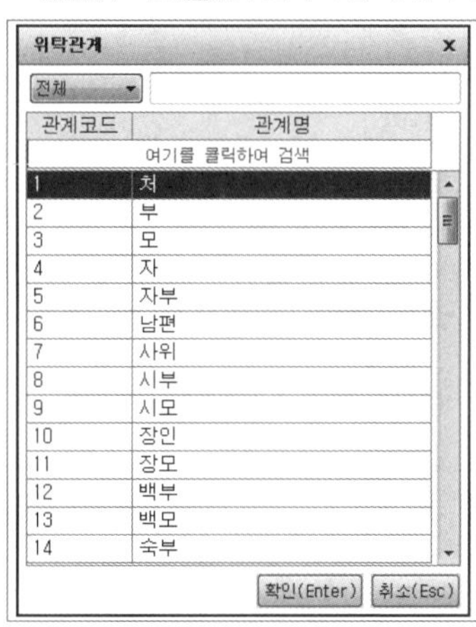

⑩ 본인(정별인)에 대하여 부녀자란에 "여"를 입력한다.

⑪ 배우자(최소한)에 대하여 연말관계란에 "3", 기본공제란에 "부"를 입력한다.

⑫ 아들(최한성)에 대하여 연말관계란에 "4", 기본공제란에 "20세 이하"를 입력한다. (자녀란에는 자동으로 "여"가 체크됨)

  ▶ 자녀란은 자녀가 기본공제대상자에 해당하고 8세 이상일 경우 자동으로 체크된다.

⑬ 딸(최한미)에 대하여 연말관계란에 "4", 기본공제란에 "20세 이하"를 입력한다. (자녀란에는 자동으로 "여"가 체크됨)

⑭ 동생(정별거)에 대하여 연말관계란에 "6", 기본공제란에 "장애인"을 입력한다. (장애인란에는 "1 : 장애인복지법"을 입력함)

⑮ 아버지(정영일)에 대하여 연말관계란에 "1", 기본공제란에 "부"를 입력한다.

⑯ 어머니(김영미)에 대하여 연말관계란에 "1", 기본공제란에 "부"를 입력한다.

⑰ 세대주 구분란(기본값으로 설정되어 있음)에 "1 : 세대주"를 입력한다.

🔻 ⑦~⑰ 입력결과 화면은 아래와 같다.

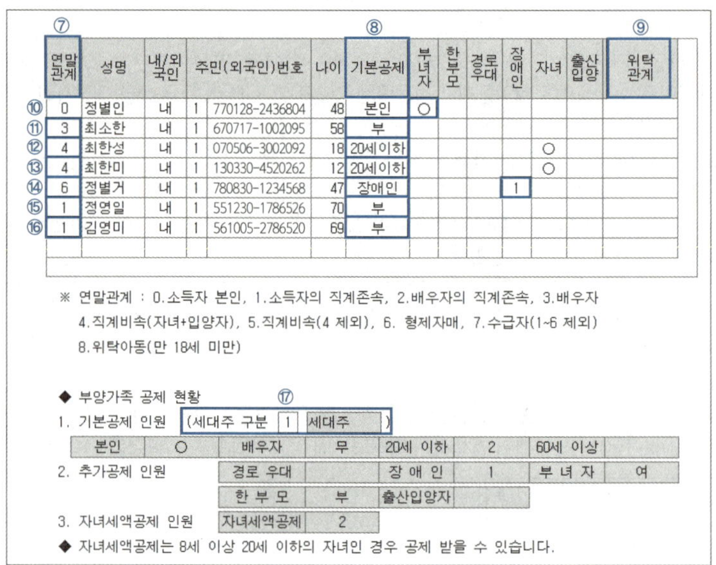

	연말관계 ⑦	성명	내/외국인		주민(외국인)번호	나이	기본공제 ⑧	부녀자	한부모	경로우대	장애인	자녀	출산입양	위탁관계 ⑨
⑩	0	정별인	내	1	770128-2436804	48	본인	○						
⑪	3	최소한	내	1	670717-1002095	58	부							
⑫	4	최한성	내	1	070506-3002092	18	20세이하					○		
⑬	4	최한미	내	1	130330-4520262	12	20세이하					○		
⑭	6	정별거	내	1	780830-1234568	47	장애인				1			
⑮	1	정영일	내	1	551230-1786526	70	부							
⑯	1	김영미	내	1	561005-2786520	69	부							

※ 연말관계 : 0.소득자 본인, 1.소득자의 직계존속, 2.배우자의 직계존속, 3.배우자
　　　　　　4.직계비속(자녀+입양자), 5.직계비속(4 제외), 6. 형제자매, 7.수급자(1~6 제외)
　　　　　　8.위탁아동(만 18세 미만)

◆ 부양가족 공제 현황　　　　⑰
1. 기본공제 인원　(세대주 구분 1 세대주　　)

본인	○	배우자	무	20세 이하	2	60세 이상	

2. 추가공제 인원

경로 우대		장 애 인	1	부 녀 자	여
한 부 모	부	출산입양자			

3. 자녀세액공제 인원　자녀세액공제　2

◆ 자녀세액공제는 8세 이상 20세 이하의 자녀인 경우 공제 받을 수 있습니다.

 [사원등록] 메뉴에 입력된 내용을 삭제하는 방법

사원에 대한 [기본사항] 및 [부양가족명세] 탭의 모든 입력 내용을 삭제하고자 할 때에는 사번코드 입력란에, [부양가족명세] 탭에 있는 하나의 라인을 삭제하고자 할 때에는 해당 라인에 커서를 놓고 메뉴 상단의 ⓧ삭제 (또는 F5)를 클릭하면 된다.

다만, [급여자료입력] 메뉴에 해당 사원에 대한 급여자료가 이미 입력되어 있는 경우에는 사번코드의 삭제가 불가능하다.

[사원등록] 메뉴의 [기본사항] 탭 주요 입력란

사 번	등록할 사번코드를 10자 이내의 숫자로 입력
성 명	사원의 성명을 20자 이내로 입력
주민(외국인)번호	내국인은 '1 : 주민등록번호'를 선택하고 주민등록번호를 입력, 외국인은 '2 : 외국인 등록번호'와 '3 : 여권번호' 중 하나를 선택하고 해당 번호를 입력
1. 입사년월일	사원의 입사일자를 입력
2. 내/외국인	사원의 국적에 따라 '1.내국인'과 '2.외국인' 중에서 선택 참고 주민(외국인)번호란에 입력한 내용이 자동 반영됨
3. 외국인국적	사원이 외국인인 경우 해당란의 📖(또는 F2)를 클릭하여 국적을 검색하여 입력
4. 주민구분	'1.주민등록번호', '2.외국인등록번호', '3.여권번호' 중에서 선택하고 해당 번호를 입력 참고 주민(외국인)번호란에 입력한 내용이 자동 반영됨
5. 거주구분	사원이 소득세법상 거주자에 해당하는지 여부에 따라 '1.거주자'(기본값)와 '2.비거주자' 중에서 선택
6. 거주지국코드	사원이 비거주자인 경우 해당란의 📖(또는 F2)를 클릭하여 거주지국을 검색하여 입력
7. 국외근로제공	비과세가 적용되는 국외근로소득이 있는지 여부 및 그 유형에 따라 '0.부'(기본값), '1.(일반) 월 100만 원 비과세', '2.(원양, 건설) 월 500만 원 비과세' 중에서 선택
10. 생산직등여부	사무직은 '0.부'(기본값)를, 생산직 또는 단순노무직은 '1.여'를 선택
연장근로비과세	사원이 생산직등인 경우, 초과근로수당에 대한 비과세 요건을 충족하는지 여부에 따라 '0.부'(기본값)와 '1.여' 중에서 선택
12. 국민연금보수월액 13. 건강보험보수월액 14. 고용보험보수월액	회사는 각 사원에 대하여 국민연금액, 건강보험료, 고용보험료의 산정기준이 되는 기준금액을 해당 공단에 신고하는데, (문제에서 제시되는 경우) 동 금액을 입력
대표자 여부	회사가 고용보험을 적용받더라도 회사의 대표자는 고용보험에 가입할 필요가 없는데, 등록하는 사원이 회사의 대표자인지 여부에 따라 '0.부'(기본값)와 '1.여' 중에서 선택
16. 퇴사년월일	사원이 퇴사하는 경우 퇴사일자를 입력 참고 [급여자료입력] 메뉴에서 중도퇴사자에 대한 연말정산을 실행하기 위해서는 [사원등록] 메뉴에 퇴사년월일이 먼저 입력되어 있어야 함

- [급여자료입력]은 수당 및 공제항목을 등록하고 각 사원의 급여금액 및 공제금액을 입력하는 메뉴이다.
- [급여자료입력] 메뉴와 관련하여 비과세 여부를 고려해서 급여항목을 등록하고 해당 사원의 급여 및 공제금액을 입력하는 문제는 실무시험 문제 5(4~6점)로 출제된다.
- [급여자료입력] 화면은 [원천징수] ▶ [근로소득관리] ▶ [급여자료입력]을 선택하여 들어갈 수 있다.

기출확인문제

㈜제일산업(코드번호 : 0101)의 2025년 귀속 원천징수자료와 관련하여, 다음 자료를 보고 영업부 소속인 엄승현(사번 : 101) 사원의 5월분 급여대장에 수당등록 및 공제항목을 추가하여 5월분 급여자료입력을 하시오.

제62회 수정

- 엄승현의 급여지급일은 매월 25일이다.
- 5월에 지급할 급여항목은 다음과 같다. 야간근로수당 및 자가운전보조금을 제외하고는 모두 월정액이다. 비과세로 인정받을 수 있는 항목은 최대한 반영하기로 한다.

  - 기본급 : 4,000,000원
  - 보육수당 : 200,000원(만 6세의 자녀가 있음)
  - 체력단련수당 : 50,000원
  - 자가운전보조금 : 300,000원(본인 소유의 차량을 업무에 사용하면서 받았음)
  - 식대 : 200,000원(중식을 별도로 제공하지 않음)
  - 야간근로수당 : 100,000원
  - 출근수당 : 50,000원(원거리 출·퇴근자에게 지급함)

- 5월에 공제할 항목은 다음과 같다.

  - 국민연금 : 180,000원
  - 고용보험료 : 27,300원
  - 소득세 : 131,850원(지방소득세 : 13,180원)
  - 건강보험료 : 121,400원(장기요양보험료 : 7,950원)
  - 주차비 : 100,000원(공제소득유형 : 기타)

기출 따라 하기　　　　　　　　　　　　　　▶ 관련 이론 | 종합소득금액의 계산 p.641

(1) 급여항목에 대한 과세 및 비과세의 구분

구 분	금 액	과세/비과세	비 고
기본급	4,000,000원	과 세	–
식 대	200,000원	비과세	현물 식사를 별도로 제공받지 않았고 월 20만 원 이내의 금액을 받았음
자가운전보조금	300,000원	비과세[1]	비과세 요건은 충족하나 월 20만 원을 초과함
야간근로수당	100,000원	과 세	영업부 소속이고 기본급 금액이 4,000,000원이므로, 비과세 요건 중 생산직 요건과 월정액 급여액 월 210만 원 이하 요건을 충족하지 못함
보육수당	200,000원	비과세	6세 이하 자녀가 있고, 월 20만 원 이내의 금액을 받았음
출근수당	50,000원	과 세	열거된 비과세 근로소득이 아니므로 과세
체력단련수당	50,000원	과 세	열거된 비과세 근로소득이 아니므로 과세

[1] 문제에서 주어진 자가운전보조금 30만 원 중 20만 원까지만 비과세되고 이를 초과하는 10만 원은 과세된다.

▶ 주요 비과세 근로소득의 요건

자가운전보조금	다음 요건을 모두 충족하는 경우 월 20만 원 이내의 금액을 비과세 • 근로자가 본인 소유 차량 또는 본인 명의 임차 차량을 직접 운전하여 회사의 업무수행에 이용할 것 • 시내출장 등에 소요된 실제 여비를 받지 않을 것 • 회사의 지급규정에 따라 받을 것
연구보조비	법 소정 연구전담부서의 연구원이 받는 연구보조비 중 월 20만 원 이내의 금액을 비과세
벽지수당	산간 등 외진 곳에서 근무함에 따라 받는 벽지수당 중 월 20만 원 이내의 금액을 비과세
국외근로수당	국외에서 근로를 제공하고 받는 보수 중 월 100만 원(원양어선·국외건설은 월 500만 원) 이내의 금액을 비과세
야간근로수당	다음 요건을 모두 충족하는 경우 초과근로수당 중 연 240만 원 이내의 금액을 비과세 • 생산직 근로자 또는 단순 노무직 근로자[1]에 대한 것일 것 　[1] 예 운전, 청소, 경비, 미용, 숙박, 조리 • 직전 연도 총급여액이 3,000만 원 이하일 것 • 월정액급여액[2]이 월 210만 원 이하일 것 　[2] 월 급여지급액 − 상여 등 부정기적 급여 − 실비변상적인 성질의 급여 − 복리후생적 성질의 급여 − 초과근로수당
식 대	사내급식을 제공받지 않고 지급받는 식대 중 월 20만 원 이내의 금액을 비과세
출산지원금	근로자 또는 그 배우자의 출산과 관련하여 자녀 출생일 이후 2년 이내에 최대 두 차례에 걸쳐 지급받는 출산지원금 전액을 비과세[1] [1] 사업자·지배주주의 특수관계인에 해당하는 경우에는 전액 과세
보육수당	근로자 또는 그 배우자의 6세 이하 자녀[1] 보육과 관련하여 지급받는 보육수당 중 월 20만 원 이내의 금액을 비과세 [1] 해당 과세기간 개시일을 기준으로 6세 이하인 자녀
학자금	다음 요건을 모두 충족하는 경우 전액을 비과세 • 근로자 본인에 대한 것일 것 • 회사 업무와 관련이 있는 교육·훈련을 위한 것일 것 • 회사의 지급규정에 따라 받을 것 • 교육기간이 6개월 이상인 경우 교육 후 해당 교육기간을 초과하여 근무하지 아니하는 때에는 지급받은 금액을 반납하는 조건일 것
종업원 할인금액	다음 요건을 모두 충족하는 경우 종업원이 자사·계열사의 재화 또는 용역을 시가보다 할인하여 공급받은 금액 중 Max[시가의 20%, 연 240만 원] 이하의 금액을 비과세 • 본인 소비 목적으로 구입한 것으로서 법 소정 기간(예 2년) 동안 재판매가 허용되지 않을 것 • 회사의 규정에 따라 할인받을 것 참고 (사례 1) 시가 5,000만 원, 종업원 할인금액 1,500만 원일 때 　　　　: 비과세 1,000만 원, 과세 500만 원 　　　　(∵ 비과세 한도 = Max[5,000만 원의 20%, 연 240만 원] = 1,000만 원) 　　　(사례 2) 시가 1,000만 원, 종업원 할인금액 300만 원일 때 　　　　: 비과세 240만 원, 과세 60만 원 　　　　(∵ 비과세 한도 = Max[1,000만 원의 20%, 연 240만 원] = 240만 원)

(2) 입력방법

[급여자료입력] 메뉴에서

① 귀속년월란에 "5월", 지급년월일란에 "5월 25일"을 입력한다.

② 화면 왼쪽에서 "101.엄승현" 사원을 선택한다.

③ 화면에 나타나는 급여항목 및 공제항목 외에 추가로 금액을 입력해야 할 항목이 있는지 파악한다.

🔽 ①~③ 입력결과 화면은 아래와 같다.

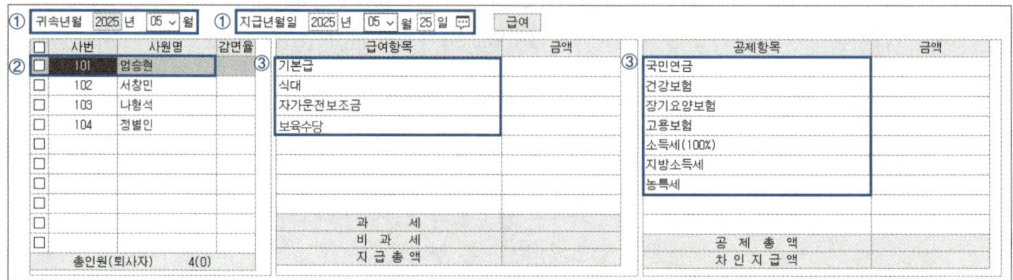

 전월 데이터 복사

[급여자료입력] 메뉴에서 해당 귀속년월에 대하여 입력된 데이터가 없을 때, 전월 데이터를 복사할 수 있는 보조창이 나타난다. (실제 시험에서는 나타나지 않으며, 채점 대상이 아니다)

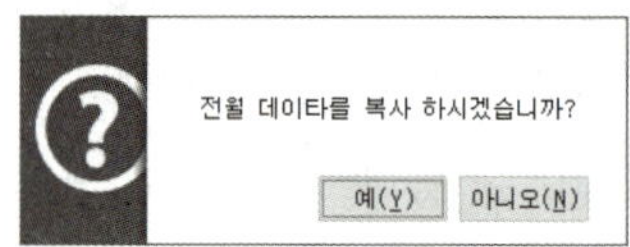

[급여자료입력] 메뉴의 화면 상단 F4 수당공제 (또는 F4)를 클릭한 후, 급여항목과 공제항목에서

④ 수당공제등록 보조창 화면은 수당등록과 공제등록으로 구성되어 있는데, 기본적으로 등록되어 있는 항목은 수정하거나 삭제할 수 없으므로 사용여부란에서 "0 : 부" 또는 "1 : 여" 중 하나를 선택하여 입력한다.

▶ 수당등록에서 이미 등록되어 있는 수당 외의 새로운 항목은 아래의 방법으로 등록한다.

코 드	• 코드는 자동으로 부여되므로 별도로 입력하지 않아도 됨
과세구분	• 과세 근로소득인지 비과세 근로소득인지에 따라 '1 : 과세' 또는 '2 : 비과세'를 선택
수당명	• 과세항목인 경우, 수당명란에 직접 타이핑하여 수당명을 입력 • 비과세항목인 경우, 수당명란에 커서를 놓고 F2를 누르면 검색창이 나타나는데 여기서 해당되는 항목을 선택하여 입력
근로소득유형	• 과세항목인 경우, 근로소득유형란에 커서를 놓고 F2를 누르면 검색창이 나타나는데 여기서 해당되는 항목을 선택하여 입력 • 비과세항목인 경우, 수당명란에서 검색창을 사용하여 해당 항목을 입력하면 근로소득유형(유형, 코드, 한도)란이 자동으로 완성됨

<table>
<tr><td rowspan="3">월정액</td><td>• 월정액(매월 일정하게 지급되는 금액)에 해당하는지 여부는 생산직 근로자의 초과근로수당에 대한 비과세 여부를 판단할 때 필요한 정보임</td></tr>
<tr><td>• 월정액인지 여부에 관하여 별도의 언급이 없는 경우, ㉠ 상여 등 부정기적 급여, ㉡ 실비변상적인 성질의 급여(일직료·숙직료, 여비, 자가운전보조금 등), ㉢ 복리후생적 성질의 급여(비출자임원·직원의 사택제공이익 등), ㉣ 야간근로·휴일근로 수당은 '0 : 부정기'를 선택하고, 그 외의 항목은 '1 : 정기'를 선택함</td></tr>
<tr><td>• 단, 월정액인지 여부에 관하여 별도의 언급이 있는 경우, 그에 따라 입력</td></tr>
<tr><td>통상임금</td><td>• 근로기준법상 통상임금에 해당하는지 여부를 표시하는 란이며, 전산세무 자격시험에서는 별도의 요구사항이 있는 경우를 제외하고는 통상임금 여부는 채점대상이 아니므로 기본값 그대로 두고 넘어가면 됨</td></tr>
<tr><td>사용여부</td><td>• [급여자료입력] 메뉴에서 급여항목란에 표시할지 여부에 따라 '0 : 부' 또는 '1 : 여'를 선택</td></tr>
</table>

⑤ 식대(비과세)에 대하여, 사용여부란이 "여"인지 확인한다.

⑥ 자가운전보조금(비과세)에 대하여, 월정액란이 "부정기"[1], 사용여부란이 "여"인지 확인한다.

    [1] 문제에서 자가운전보조금은 월정액이 아니라는 언급이 있으므로 "부정기"로 입력한다.

⑦ 보육수당(비과세)에 대하여, 월정액란이 "정기", 사용여부란이 "여"인지 확인한다.

⑧ 야간근로수당(과세)[1]에 대하여, 과세구분란에 "과세", 수당명란에 타이핑하여 "야간근로수당", 근로소득유형란에 검색창을 사용하여 "급여", 월정액란에 "부정기"[2], 사용여부란에 "여"를 입력한다.

    [1] 문제에서 주어진 야간수당은 비과세 요건을 충족하지 못하므로 프로그램에 기본적으로 등록되어 있는 야간근로수당(비과세)의 사용여부란에 "부"로 표시하고 야간근로수당(과세)을 새로운 항목으로 입력하여 등록한다.

    [2] 문제에서 야간근로수당은 월정액이 아니라는 언급이 있으므로 "부정기"로 입력한다.

⑨ 출근수당(과세)에 대하여 과세구분란에 "과세", 수당명란에 타이핑하여 "출근수당", 근로소득유형란에 검색창을 사용하여 "급여", 월정액란에 "정기", 사용여부란에 "여"를 입력한다.

⑩ 체력단련수당(과세)에 대하여 과세구분란에 "과세", 수당명란에 타이핑하여 "체력단련수당", 근로소득유형란에 검색창을 사용하여 "급여", 월정액란에 "정기", 사용여부란에 "여"를 입력한다.

⑪ 주차비에 대하여 공제항목명란에 타이핑하여 "주차비", 공제소득유형란에 "기타", 사용여부란에 "여"를 입력한다.

    ▶ 공제등록에서 이미 등록되어 있는 공제 외의 새로운 항목은 아래의 방법으로 등록한다. 단, 소득세와 지방소득세는 [급여자료입력] 메뉴에서 공제항목으로 자동으로 표시되므로 별도로 공제등록을 하지 않아도 된다.

코 드	코드는 자동으로 부여되므로 별도로 입력하지 않아도 됨
공제항목명	공제항목명을 직접 타이핑하여 입력
공제소득유형	공제소득유형란에 커서를 놓고 F2를 누르면 검색창이 나타나는데 여기서 해당되는 항목을 선택하여 입력
사용여부	급여자료입력 메뉴에서 공제항목란에 표시할지 여부에 따라 '0 : 부' 또는 '1 : 여'를 선택

🔻 ④~⑪ 입력결과 화면은 아래와 같다.

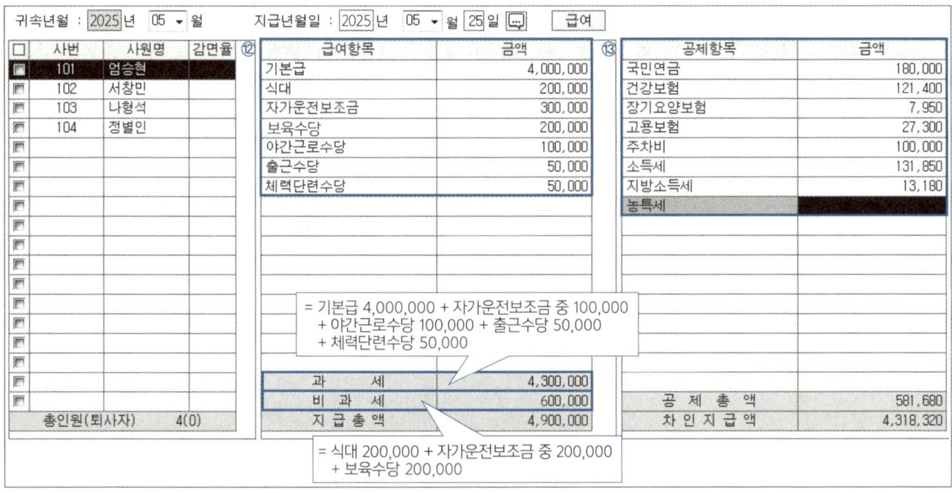

수당등록

	코드	과세구분	수당명	근로소득유형 유형	근로소득유형 코드	근로소득유형 한도	월정액	사용여부
1	1001	과세	기본급	급여			정기	여
2	1002	과세	상여	상여			부정기	부
3	1003	과세	직책수당	급여			정기	부
4	1004	과세	월차수당	급여			정기	부
⑤ 5	1005	비과세	식대	식대	P01	(월)200,000	정기	여
⑥ 6	1006	비과세	자가운전보조금	자가운전보조금	H03	(월)200,000	부정기	여
7	1007	비과세	야간근로수당	야간근로수당	001	(년)2,400,000	부정기	부
⑦ 8	2001	비과세	보육수당	보육수당	Q02	(월)200,000	정기	여
⑧ 9	2002	과세	야간근로수당	급여			부정기	여
⑨ 10	2003	과세	출근수당	급여			정기	여
⑩ 11	2004	과세	체력단련수당	급여			정기	여

공제등록

	코드	공제항목명	공제소득유형	사용여부
1	5001	국민연금	고정항목	여
2	5002	건강보험	고정항목	여
3	5003	장기요양보험	고정항목	여
4	5004	고용보험	고정항목	여
5	5005	학자금상환	고정항목	여
⑪ 6	6001	주차비	기타	여

[급여자료입력] 메뉴의 급여항목과 공제항목 금액 입력란에서

⑫ 기본급란에 "4,000,000", 식대란에 "200,000", 자가운전보조금란에 "300,000", 야간근로수당란에 "100,000", 보육수당란에 "200,000", 출근수당란에 "50,000", 체력단련수당란에 "50,000"을 입력한다.

▶ 수당공제등록 보조창에서 확인할 수 있는 바와 같이 자가운전보조금에 대해서는 월 20만 원을 한도로 비과세되도록 설정이 되어 있기 때문에, [급여자료입력] 메뉴에서 자가운전보조금 금액으로 30만 원이 입력되면 그중 20만 원은 비과세 금액으로 집계되고, 10만 원은 과세 금액으로 집계된다.

⑬ 국민연금란에 "180,000", 건강보험란에 "121,400", 장기요양보험란에 "7,950", 고용보험란에 "27,300", 주차비란에 "100,000", 소득세란에 "131,850", 지방소득세란에 "13,180"을 입력한다.

▶ 급여항목 금액을 입력하면 프로그램 내의 기능에 따라 국민연금, 건강보험, 장기요양보험, 고용보험, 소득세, 지방소득세가 프로그램 내에서 자동 계산되어 입력되나, 문제에서 제시된 금액이 이와 다를 경우 자동 계산된 금액을 수정하여 입력해야 한다.

🔻 ⑫~⑬ 입력결과 화면은 아래와 같다.

귀속년월 : 2025년 05월 지급년월일 : 2025년 05월 25일 급여

	사번	사원명	감면율
	101	염승현	
	102	서창민	
	103	나형석	
	104	정별인	
총인원(퇴사자)	4(0)		

급여항목	금액
기본급	4,000,000
식대	200,000
자가운전보조금	300,000
보육수당	200,000
야간근로수당	100,000
출근수당	50,000
체력단련수당	50,000
과 세	4,300,000
비 과 세	600,000
지 급 총 액	4,900,000

공제항목	금액
국민연금	180,000
건강보험	121,400
장기요양보험	7,950
고용보험	27,300
주차비	100,000
소득세	131,850
지방소득세	13,180
농특세	
공 제 총 액	581,680
차 인 지 급 액	4,318,320

 지급일자 수정, 복사(이동), 삭제

[급여자료입력] 메뉴 화면 상단의 F6 지급일자 (또는 F6)를 클릭하면 '지급일자 수정, 복사(이동), 삭제' 보조창이 나타난다. 여기서는 귀속월, 지급일, 총지급액, 차인지급액 등 [급여자료입력] 메뉴에 입력된 월별 급여자료를 볼 수 있고, 다음과 같은 작업을 할 수 있다.

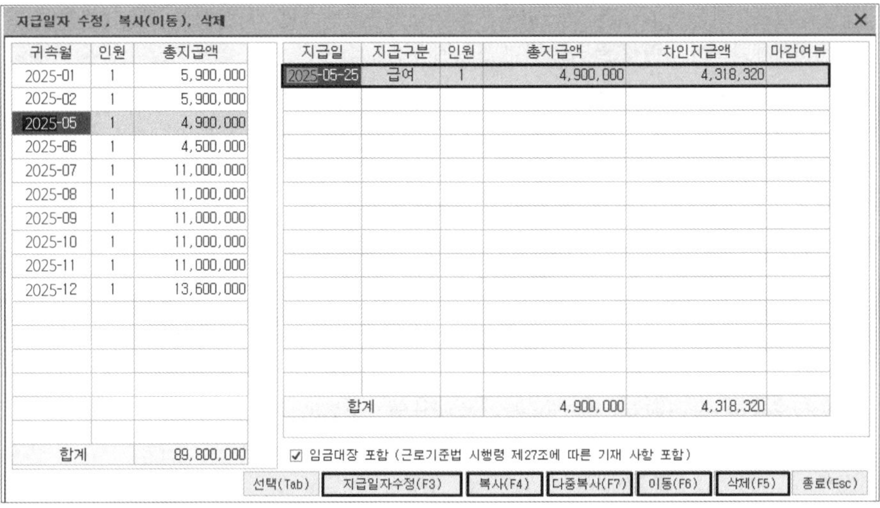

- [지급일자수정(F3)] : 커서가 위치한 지급일을 수정할 수 있다.

- [복사(F4)] : 커서가 위치한 지급일자의 급여자료를 복사하여 다른 월에 입력할 수 있다.

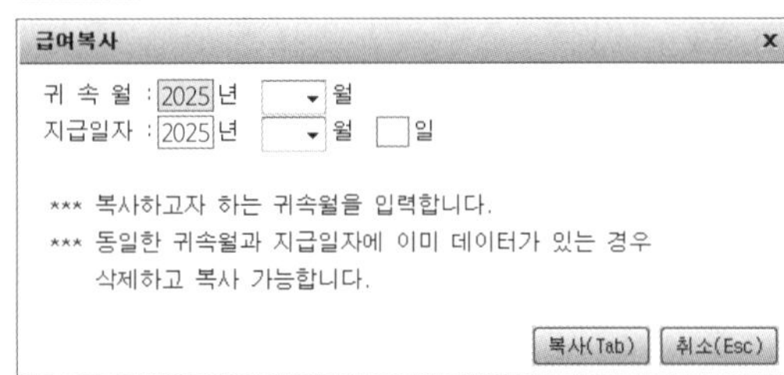

- [다중복사(F7)] : 커서가 위치한 지급일자의 급여자료를 복사하여 둘 이상의 다른 월에 입력할 수 있다.
  예 지급일자 5월 25일의 급여자료와 동일한 내용을 6월, 7월, 8월에 입력

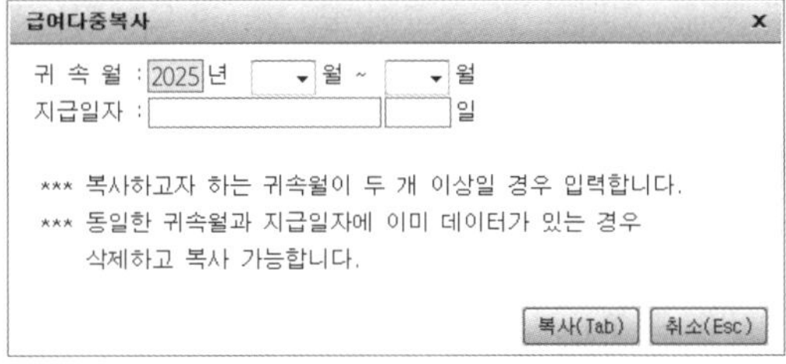

- [이동(F6)] : 커서가 위치한 지급일자의 급여자료에 대하여 귀속월과 지급일자를 수정할 수 있다.

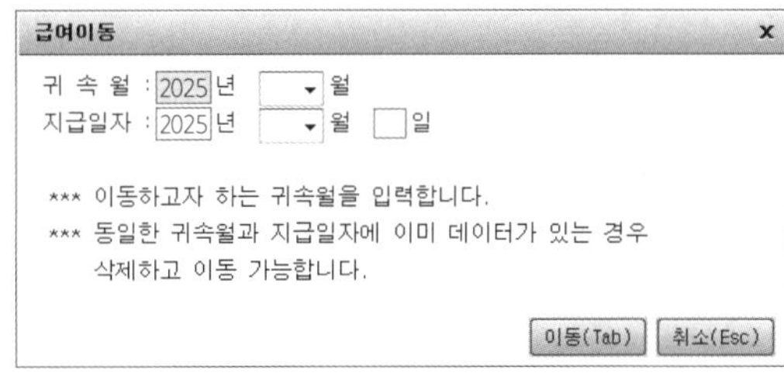

- [삭제(F5)] : 커서가 위치한 지급일자의 급여자료를 삭제할 수 있다.

수당공제등록

· 수당공제등록 보조창의 부수 기능
  · 수당공제등록 보조창에 있는 비과세항목 입력화면 표시여부 ☑란을 체크하면, [급여자료입력] 메뉴 화면에 있는 급여 항목란에서 비과세항목이 파란색 글씨로 구분 표시된다.
  · 수당공제등록 보조창에서 새로 입력하여 등록한 수당 및 공제 항목을 삭제하고자 할 때에는, 해당 항목에 커서를 놓고 보조창 하단에 있는 삭제(F5) (또는 F5)를 클릭하면 된다. 다만, 프로그램에서 기본적으로 등록 되어 있는 수당 및 공제 항목은 삭제할 수 없고, 새로 입력하여 등록한 항목이라 하더라도 [급여자료입력] 메뉴에 해당 항목에 대한 금액이 이미 입력되어 있는 경우에는 삭제할 수 없다.

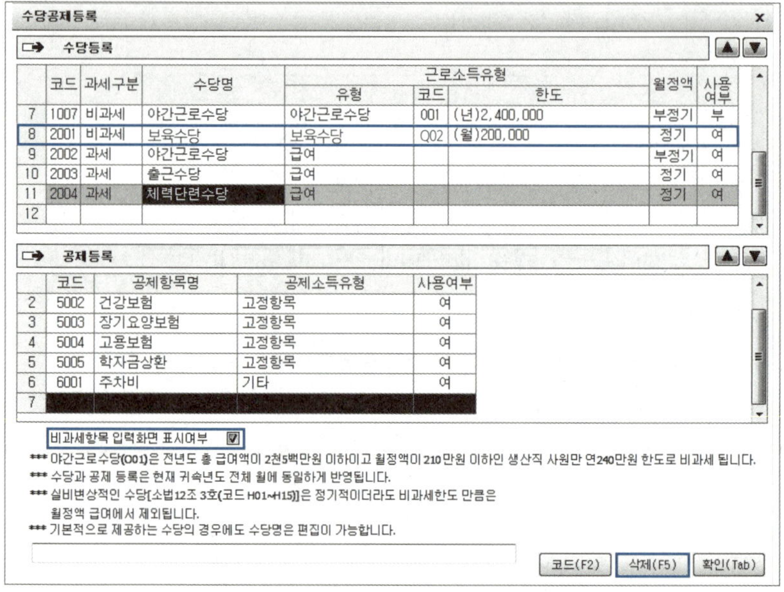

· 수당공제등록의 검색창에서 비과세명을 찾는 방법
  수당등록에서 비과세항목에 대하여 검색창을 사용하여 수당명을 찾을 때, 검색창에서 비과세명의 전부 또 는 일부뿐만 아니라 한도에 관한 정보를 입력하여도 된다. 예를 들어, 보육수당(비과세)을 찾을 때, "보육", "수당", "200,000" 등을 입력하면 비과세 항목 중에서 입력된 정보를 포함하고 있는 항목이 검색된다.

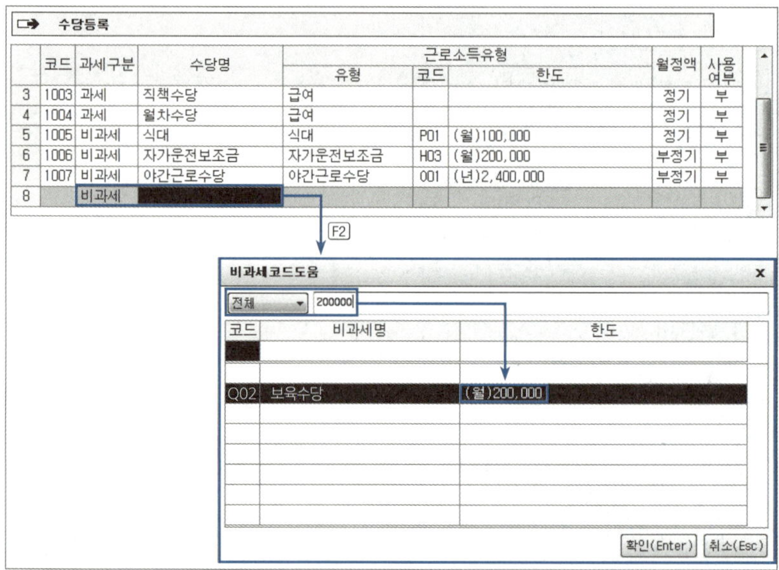

- [원천징수이행상황신고서]는 회사가 급여지급일의 다음 달 10일까지 과세기관에 원천징수 내역을 신고하기 위한 서식을 작성하는 메뉴이다.
- [원천징수이행상황신고서] 메뉴와 관련하여 귀속기간, 지급일, 전월 미환급세액을 입력하는 문제는 실무시험 문제 5(2~6점)로 [급여자료입력]과 연계되어 출제된다.
- [원천징수이행상황신고서] 화면은 [원천징수] ▶ [근로소득관리] ▶ [원천징수이행상황신고서]를 선택하여 들어갈 수 있다.

기출확인문제

㈜제일산업(코드번호 : 0101)의 2025년 귀속 원천징수자료와 관련하여, [급여자료입력] 메뉴에 엄승현(사번 : 101) 사원의 6월분 급여자료가 다음과 같이 입력되어 있다. 이를 근거로 [원천징수이행상황신고서]를 작성하시오. (단, 신고일 현재 전월 미환급세액 150,000원이 있으며, ㈜제일산업이 6월에 급여를 지급하는 사원은 엄승현 사원 한 명밖에 없다고 가정한다) 제58회 수정

- 엄승현의 급여지급일은 매월 25일이다.
- 6월에 지급할 내역은 다음과 같다. (단, 식대, 자가운전보조금, 보육수당은 비과세 요건을 충족하였다)

    - 기본급 : 4,000,000원
    - 자가운전보조금 : 200,000원
    - 식대 : 200,000원
    - 보육수당 : 100,000원

- 6월에 공제할 항목은 다음과 같다.

    - 국민연금 : 180,000원
    - 고용보험료 : 27,300원
    - 건강보험료 : 121,400원(장기요양보험료 : 7,950원)
    - 소득세 : 112,630원(지방소득세 : 11,260원)

기출 따라 하기

▶관련 이론 | 종합소득금액의 계산 p.641

[급여자료입력] 메뉴에서

① 6월분 급여를 6월 25일에 지급하였으므로, 귀속년월은 "6월", 지급년월일은 "6월 25일"이다.

② 해당 일자에 엄승현에게 지급된 급여금액과 그에 대한 공제금액이 입력되어 있다.

③ 해당 일자에 지급된 전체사원의 지급총액과 과세 및 총비과세 금액이 표시된다.

④ 전체 사원의 비과세 합계금액은 다시 원천징수이행상황신고서 작성 시 포함되어야 하는 금액(제출비과세)이 얼마인지, 그리고 포함되지 말아야 하는 금액(미제출비과세)이 얼마인지로 구분되어 표시된다.

   ▶ [급여자료입력] 메뉴에서 비과세 항목 금액이 입력되면 프로그램 내에서 '제출비과세'와 '미제출비과세'로 자동 구분되고, 이 결과는 [원천징수이행상황신고서] 메뉴의 '총지급액' 금액에 자동 반영된다.

 주요 비과세 근로소득에 대한 구분

구 분	비과세 한도	제출/미제출
식 대	월 200,000원	제 출
자가운전보조금	월 200,000원	미제출
보육수당	월 200,000원	제 출

⑤ 해당 일자에 지급된 전체사원 급여에 대한 공제금액이 항목별로 집계되어 표시되며, 그중 소득세 원천징수금액이 얼마인지 표시된다.

🔻 ①~⑤의 입력화면은 아래와 같다.

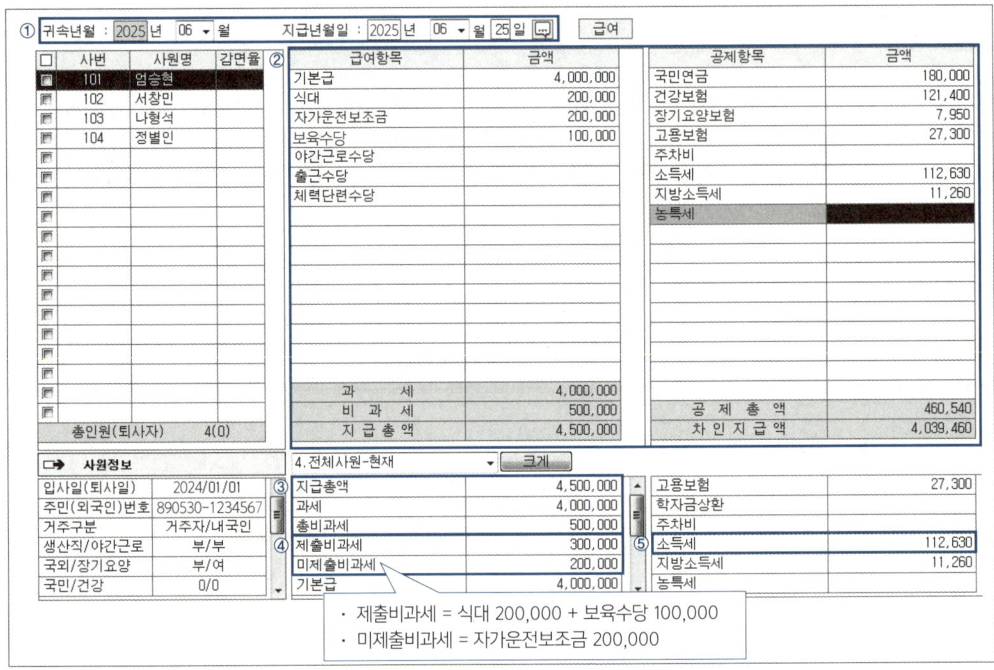

[원천징수이행상황신고서] 메뉴에서

⑥ 6월분 급여를 6월 25일에 지급하였으므로, 귀속기간란에 "6월~6월"을, 지급기간란에 "6월~6월"을 입력한다.

⑦ 신고구분란에 '1.정기신고, 2.수정신고, 3.기한후신고' 중 "1.정기신고"를 선택하여 입력한다.

▶ 신고의 구분

1.정기신고	법정 신고기한인 급여지급일의 다음 달 10일까지 원천세 신고하는 경우를 말하는 것으로, 문제에서 별도의 언급이 없으면 이를 선택한다.
2.수정신고	당초 신고한 내용에 대하여 신고기한이 지난 후 수정하여 다시 신고하는 것을 말한다.
3.기한후신고	당초 신고하지 않았다가 신고기한이 지난 후 신고하는 것을 말한다.

⑧ [급여자료입력] 메뉴에서 입력된 금액이 [원천징수이행상황신고서] 메뉴의 "총지급액"과 원천징수된 "소득세 등"으로 자동 반영되어 있음을 확인한다.

원천징수이행상황신고서	급여자료입력
총지급액 4,300,000원	급여 지급총액 중 과세 금액 4,000,000원과 제출비과세 금액 300,000원의 합산액
소득세 등 112,630원	공제금액 중 소득세 원천징수금액 112,630원

⑨ 전월미환급란에 "150,000"을 입력한다.

⑩ 입력한 전월미환급 세액에서 당월에 납부하여야 할 금액이 차감되어 차월로 이월되는 환급세액이 자동으로 계산됨을 확인한다.

	구 분	금 액	내 용
	12.전월미환급	150,000원	연말정산 결과에 따라 과세기관으로부터 돌려받아야 하는 환급세액으로서 전월까지 환급되지 않고 당월로 이월되어 온 금액을 말함
−	19.당월조정 환급세액계	112,630원	당월에 원천징수한 세액으로서 과세기관에 납부하여야 할 금액을 말함
=	20.차월이월 환급세액	37,370원	전월로부터 이월되어 온 미환급 세액에서 당월에 납부할 원천징수 세액을 차감(상계)한 잔액을 말함

> **참고** 21.환급신청액
>
> 당월까지 환급되지 않은 금액이 있을 때(즉, '20.차월이월 환급세액' 금액이 있을 때) 회사는 이를 차월로 이월하여 차월 납부세액과 상계하는 것이 일반적이지만, 이를 차월로 이월하지 않고 당월에 환급을 신청할 수도 있다. 만약 당월 환급신청을 하고자 하는 경우에는 21.환급신청액란에 해당 금액을 기재하면 된다.

🔻 ⑥~⑩ 입력결과 화면은 아래와 같다.

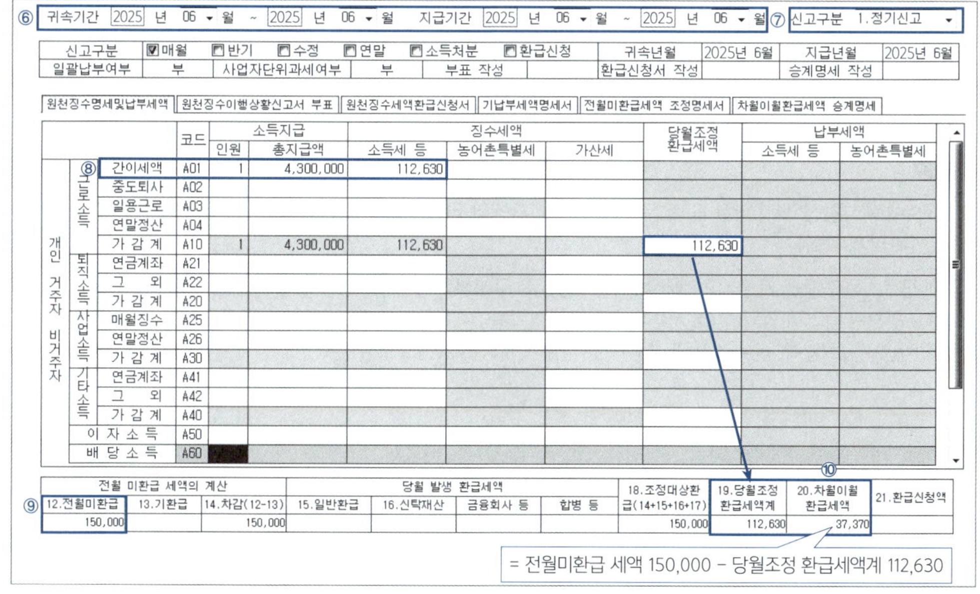

[원천징수이행상황신고서] 메뉴의 주요 입력란

회사가 원천징수한 소득세와 관련하여 각 소득별 해당 메뉴에서 금액이 입력되면 이는 [원천징수이행상황신고서] 메뉴에 자동으로 반영된다. 또한 [원천징수이행상황신고서] 메뉴에서 금액을 직접 입력, 수정, 삭제할 수도 있다.

· 근로소득의 원천징수 주요 입력란

구 분	입력내용	비 고
간이세액 (A01)	상용근로자에게 해당 월에 지급한 급여와 간이세액표에 따라 원천징수한 소득세를 입력	상용근로자에 대한 원천징수(매월)
중도퇴사 (A02)	중도퇴사자에게 1월부터 퇴사일까지 지급한 급여와 이에 대한 연말정산 결과 납부하거나 환급받게 되는 소득세를 입력	중도퇴사자에 대한 연말정산 (퇴직하는 달의 급여 지급 시)
일용근로 (A03)	일용근로자에게 해당 월에 지급한 잡급과 법정 산식에 따라 계산하여 원천징수한 소득세를 입력	일용근로자에 대한 원천징수(매월)
연말정산 (A04)	계속근로자에게 작년 1년(해당 과세기간) 동안 지급한 급여와 이에 대한 연말정산 결과 납부하거나 환급받게 되는 소득세를 입력	계속근로자에 대한 연말정산 (해당 과세기간의 다음 연도 2월)

· 공통사항

> · 인원 = 해당되는 인원
>
> · 총지급액 = 과세 금액 + 제출비과세 금액
>
> · 소득세 등 = 소득세 원천징수금액(지방소득세 제외)

기출유형

[원천징수이행상황신고서] 메뉴 관련 문제에서 전체 사원의 급여자료를 보고 [원천징수이행상황신고서] 메뉴에 직접 입력하는 유형 [제47회]

비과세 근로소득 항목을 제출비과세와 미제출비과세로 구분하여야 한다. 해당 유형의 문제 풀이 방법은 다음과 같다.
| 방법1 | 제시된 비과세 항목을 제출 및 미제출로 직접 구분
| 방법2 | [급여자료입력] 메뉴에 비과세 항목 금액을 입력하면 자동으로 구분되는 기능을 활용

- [연말정산추가자료입력]은 각 사원의 연말정산 시 소득공제 및 세액공제 요건을 충족하는 지출액을 입력하면 한도액과 산식을 적용하여 공제금액을 자동으로 계산해주는 메뉴이다.
- [연말정산추가자료입력] 메뉴와 관련하여 제시된 자료에서 소득공제 및 세액공제 요건을 충족하는 지출액을 파악하여 해당란에 입력하는 문제는 실무시험 문제 5(7~10점)로 출제된다.
- [연말정산추가자료입력] 화면은 [원천징수] ▶ [근로소득관리] ▶ [연말정산추가자료입력]을 선택하여 들어갈 수 있다.

기출확인문제

㈜제일산업(코드번호 : 0101)의 2025년 귀속 원천징수자료와 관련하여, 다음 자료를 보고 [연말정산추가자료입력] 메뉴에서 서창민(사번 : 102) 사원의 [연말정산입력] 탭을 입력하시오. (단, 자료는 모두 국세청 홈택스 연말정산간소화서비스 자료이며, 세부담 최소화를 가정한다) ([연말정산입력] 탭에 지출액이 입력되지 않을 경우, [부양가족] 탭에 입력하고 **F8 부양가족탭불러오기** 를 클릭할 것) 〔제62회 수정〕

- 부양가족 인적사항
  가족 중에 장애인은 없고, 배우자는 총급여액 3,300,000원이 있으며, 자녀들은 소득이 없다.

· 배우자 이정연 : 1980년 4월 12일생	· 자녀 서하나 : 2003년 11월 24일생
· 자녀 서두나 : 2006년 2월 9일생	· 자녀 서세나 : 2007년 7월 9일생

- 보험료, 의료비, 교육비, 기부금 관련 자료
  의료비는 전부 서창민 씨 본인이 부양가족들을 위하여 지출한 금액이다.

보험료	· 배우자의 생명보험료(보장성보험) : 1,200,000원 · 서하나의 자동차보험료 : 600,000원
의료비	· 본인의 의료비 : 2,052,400원 · 서하나의 의료비 : 1,400,500원 · 서두나의 의료비 : 477,250원
교육비	· 본인의 대학원 교육비 : 2,000,000원 · 서하나의 대학교 교육비 : 10,000,000원
기부금	· 본인의 정치자금기부금(금전) : 300,000원 · 배우자의 정치자금기부금(금전) : 160,000원

- 서창민 씨 본인의 신용카드 등 관련 자료
  신용카드 · 현금영수증 · 직불카드 사용액은 전통시장 사용액 및 대중교통 사용액이 제외된 금액이다.

· 신용카드 사용액 : 20,169,390원	· 현금영수증 사용액 : 1,958,408원
· 직불카드 사용액 : 2,484,570원	· 전통시장 사용액 : 70,550원
· 대중교통 사용액 : 62,240원	

(1) 공제대상 지출액 파악

① 기본공제요건 파악

구 분	나이 요건	소득금액 요건
배우자 이정연(45세)	–	O[1]
자녀 서하나(22세)	X	O
자녀 서두나(19세)	O	O
자녀 서세나(18세)	O	O

[1] 근로소득만 있고 총급여액 500만 원 이하이므로 소득금액 요건을 충족한다.

② 소득공제 및 세액공제 요건 파악

구 분	제시된 자료	소득공제 및 세액공제 적용가능 지출액
보험료	· 배우자 생명보험료 : 1,200,000원 · 서하나 자동차보험료 : 600,000원[1]	· 보장성보험 ▶ 일반 : 1,200,000원
의료비	· 본인 의료비 : 2,052,400원 · 서하나 의료비 : 1,400,500원[2] · 서두나 의료비 : 477,250원	· 의료비 ▶ 본인 : 2,052,400원 · 의료비 ▶그 밖의 공제대상자 : 1,877,750원
교육비	· 본인 대학원 : 2,000,000원 · 서하나 대학교 : 10,000,000원[3]	· 교육비 ▶ 본인 : 2,000,000원 · 교육비 ▶ 대학생 : 10,000,000원
기부금	· 본인 정치자금 : 300,000원 · 배우자 정치자금 : 160,000원[4]	· 기부금 ▶ 정치자금기부금(10만 원 이하) : 100,000원 · 기부금 ▶ 정치자금기부금(10만 원 초과) : 200,000원
신용카드	· 신용카드 사용액 : 20,169,390원 · 현금영수증 사용액 : 1,958,408원 · 직불카드 사용액 : 2,484,570원 · 전통시장 사용액 : 70,550원 · 대중교통 사용액 : 62,240원	· 신용카드 ▶ 신용카드(15%) : 20,169,390원 · 신용카드 ▶ 현금영수증(30%) : 1,958,408원 · 신용카드 ▶ 직불카드 등(30%) : 2,484,570원 · 신용카드 ▶ 전통시장(40%) : 70,550원 · 신용카드 ▶ 대중교통(40%) : 62,240원

[1] 일반보장성보험료는 나이 및 소득금액의 제한을 받는다.
[2] 의료비는 나이 및 소득금액의 제한을 받지 않는다.
[3] 교육비는 나이의 제한을 받지 않는다.
[4] 정치자금기부금은 본인 지출분만 인정된다.

▶ 주요 공제항목별 기본공제 요건

구 분	나이 요건[1]	소득금액 요건	비 고
보험료 세액공제	O	O	–
의료비 세액공제	X	X	–
(일반)교육비 세액공제	X	O	직계존속 지출분은 제외
기부금 세액공제	X	O	정치자금기부금·고향사랑기부금은 본인 지출분만 인정
신용카드 등 사용액 소득공제	X	O	형제자매 지출분은 제외
월세액 세액공제	–	–	본인 지출분만 인정

[1] 배우자와 장애인은 나이 요건의 제한을 받지 않는다.

(2) 입력방법

[연말정산추가자료입력] 메뉴의 [부양가족] 탭에서

① 화면 왼쪽에 있는 사번란에 커서를 놓고 화면 상단의 ▣코드 (또는 F2)를 클릭하면 '사원코드도움' 보조창이 나타나는데, 여기서 서창민 사원을 선택하고 확인(Enter)을 클릭한다.

② [부양가족] 탭 상단에 있는 배우자 이정연란에 커서를 놓고 하단에 있는 보험료란을 더블클릭하면 '보험료 등 공제대상금액' 보조창이 나타나는데, 여기서 공제 적용가능 지출액 "1,200,000"을 입력하고 종료(Esc) 를 클릭한다.

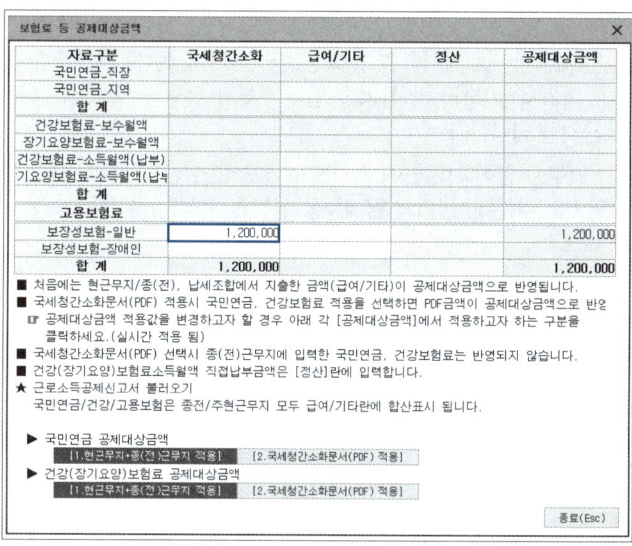

③ [부양가족] 탭 상단에 있는 본인 서창민(또는 자녀 서하나, 자녀 서두나)란에 커서를 놓고 하단에 있는 의료비란을 더블클릭하면 [의료비] 탭으로 화면이 이동되는데, 여기서 공제대상자와 공제 적용가능 지출액을 입력한다.

· 의료비 공제대상자란에 커서를 놓고 화면 상단의 ▣코드 (또는 F2)를 클릭하면 '부양가족코드도움' 보조창이 나타나는데, 여기서 공제대상자(본인 서창민, 자녀 서하나, 자녀 서두나)를 선택하고 확인(Enter)을 클릭한다.

· 지급처의 증빙코드란에 커서를 두면 아래와 같은 선택 창이 나타나는데, 이 중 "1.국세청장"을 선택하여 입력한다.

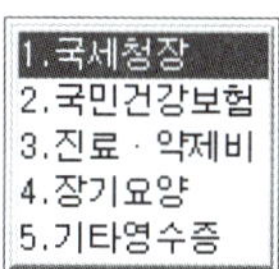

· 지급명세의 금액란에 공제 적용가능 지출액 "2,052,400", "1,400,500", "477,250"을 각각 입력한다.

	의료비 공제대상자				지급처			지급명세					14.산후조리원
							2025년 의료비 지급명세서						
성명	내/외	5.주민등록번호	6.본인등해당여부	9.증빙코드	8.상호	7.사업자등록번호	10.건수	11.금액	11-1.실손보험수령액	12.미숙아선천성이상아	13.납입여부		
서창민	내	781115-1411417	1	0	1				2,052,400		X	X	X
서하나	내	031124-3044786	3	X	1				1,400,500		X	X	X
서두나	내	060209-4044789	3	X	1				477,250		X	X	X
				합계					3,930,150				
일반의료비 (본인)		2,052,400	6세 이하, 65세 이상, 장애인			일반의료비 (그 외)			1,877,750	난임시술비 미숙아.선천성이상아			

④ [부양가족] 탭 상단에 있는 본인 서창민과 자녀 서하나란에 커서를 놓고 하단에 있는 교육비란에 공제 적용가능 지출액을 각각 입력한다.

· 교육비란에 공제 적용가능 지출액을 입력하면 화면 하단에 아래와 같은 도움말이 나타나는데, 인별 교육비 한도가 정확하게 적용될 수 있도록 해당 교육비를 숫자로 입력한다.

> 1.취학전 아동(연300만원/1인), 2.초중고(연300만원/1인), 3.대학생(연900만원/1인), 4.본인, 5.공제대상아님

· 본인 서창민에 대하여 "2,000,000"과 "4.본인"을 입력하고, 자녀 서하나에 대하여 "10,000,000" 과 "3.대학생(연900만원/1인)"을 입력한다.

⑤ [부양가족] 탭 상단에 있는 본인 서창민란에 커서를 놓고 하단에 있는 기부금란을 더블클릭하면 [기부금] 탭으로 화면이 이동되는데, 여기서 [기부금 입력] 세부 탭에 기부자·유형·금액을 입력하고, [기부금 조정] 세부 탭에 당기 공제금액을 입력한다.

· [기부금 입력] 세부 탭에서 기부자 인적 사항란에 커서를 놓고 화면 상단의 코드 (또는 F2)를 클릭하면 '부양가족' 보조창이 나타나는데, 여기서 공제대상자(본인 서창민)을 선택하고 확인(Enter)을 클릭한다.

· 유형란에 커서를 놓고 화면 상단의 코드 (또는 F2)를 클릭하면 '기부유형' 보조창이 나타나는데, 이 중 "20.정치자금기부금"을 선택하고 확인(Enter)을 클릭한다.

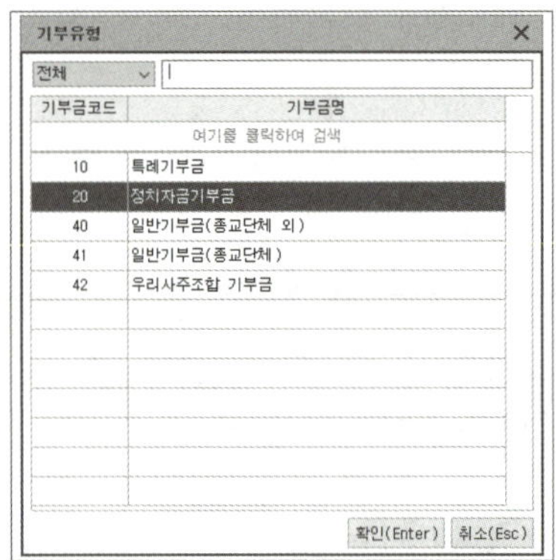

· 기부내용란에 커서를 두면 아래와 같은 선택 창이 나타나는데, 이 중 "1.금전"을 선택하여 입력한다.

· 자료구분란에 커서를 두면 아래와 같은 선택 창이 나타나는데, 이 중 "0.국세청"을 선택하여 입력한다.

· 공제대상 기부금액란에 공제 적용가능 당기 지출액 "300,000"을 입력한다.

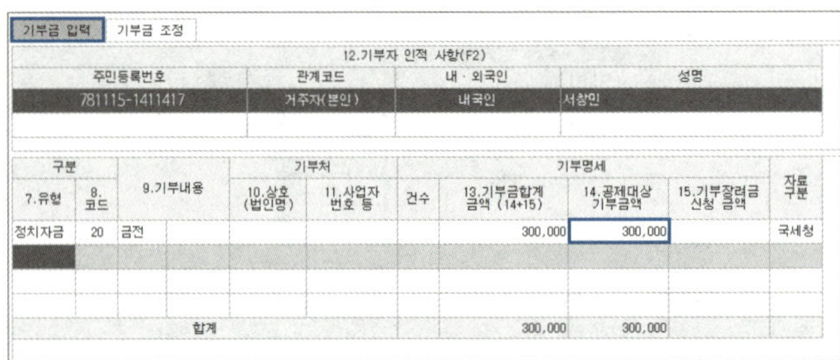

· [기부금 조정] 세부 탭에서 공제금액계산 을 클릭하면 '기부금 공제금액 계산 참조' 보조창이 나타난다. 여기서 불러오기 , 공제금액반영 , 종료(Esc) 를 순차적으로 클릭한다.

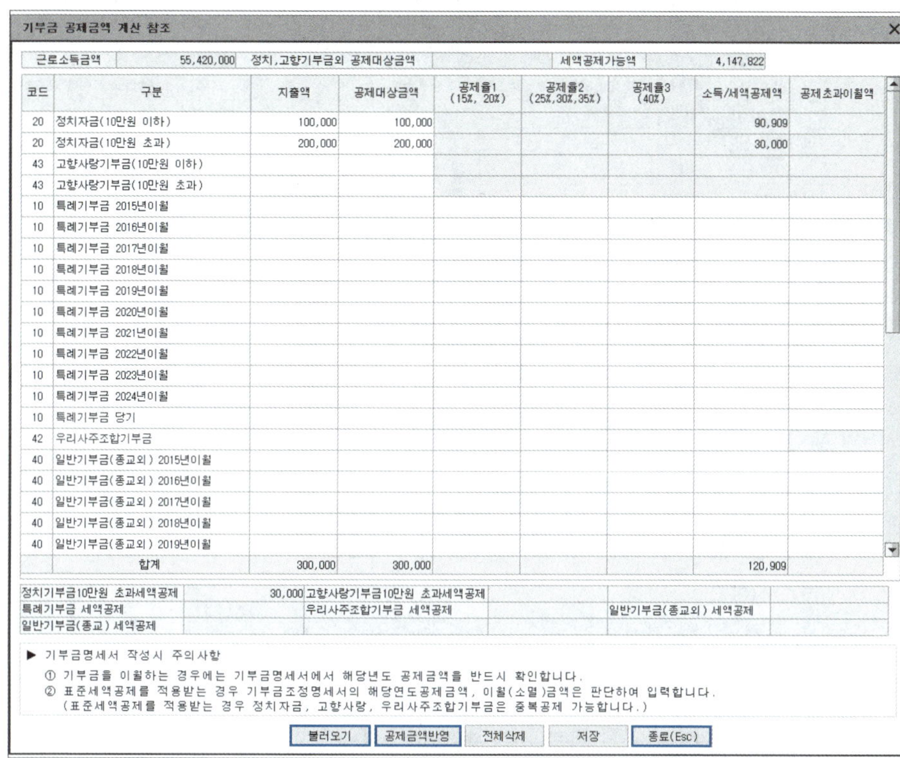

· [기부금 조정] 세부 탭에서 해당연도 공제금액란에 "300,000"이 자동으로 반영되어 있는지 확인한다.

구분		기부연도	16.기부금액	17.전년도까지 공제된금액	18.공제대상 금액(16-17)	해당연도 공제금액	해당연도에 공제받지 못한 금액	
유형	코드						소멸금액	이월금액
정치자금	20	2025	300,000		300,000	300,000		
합계			300,000		300,000	300,000		

> **참고** 기부금 입력 시, [기부금 조정] 세부 탭과 공제금액계산 을 사용하는 이유
>
> 기부금 지출액 중 한도초과로 인해 공제받지 못하는 금액은 이후 10년까지 이월하여 공제받을 수 있는데, ⊙ 당기로 이월되어 온 한도초과 기부금과 ⓒ 다음 연도로 이월시켜야 할 한도초과 기부금을 관리하기 위하여, [기부금 조정] 세부 탭과 공제금액계산 을 사용한다. 만약 ⊙과 ⓒ이 모두 없는 경우라면 당기 기부금 지출액을 [기부금 조정] 탭의 해당연도 공제금액란에 직접 입력하여도 정답으로 인정된다.

⑥ [부양가족] 탭 상단에 있는 본인 서창민란에 커서를 놓고 하단에 있는 신용카드등 사용액공제란을 더블클릭하면 [신용카드 등] 탭으로 화면이 이동되는데, 여기서 공제 적용가능 지출액을 입력한다.

	성명 생년월일	자료 구분	신용카드	직불,선불	현금영수증	도서등 신용	도서등 직불	도서등 현금	전통시장	대중교통	합계
☐	서창민	국세청	20,169,390	2,484,570	1,958,408				70,550	62,240	24,745,158
	1978-11-15	기타									
☐	이정연	국세청									
	1980-04-12	기타									
☐	서하나	국세청									
	2003-11-24	기타									
☐	서두나	국세청									
	2006-02-09	기타									
☐	서세나	국세청									
	2007-07-09	기타									
☐											
☐											
	합계		20,169,390	2,484,570	1,958,408				70,550	62,240	24,745,158

⑦ [부양가족] 탭 상단에 커서를 놓으면 하단에 인별로 보험료, 의료비, 교육비, 기부금, 신용카드 등 사용액에 대한 공제 적용가능 지출액이 표시되는지 확인한다.

· 본인 서창민

자료구분	보험료				의료비					교육비	
	건강	고용	일반보장성	장애인전용	일반	실손	선천성이상아	난임	65세,장애인	일반	장애인특수
국세청					2,052,400 1.전액					2,000,000 4.본인	
기타	1,697,640	445,900									

자료구분	신용카드등 사용액공제						기부금
	신용카드	직불카드등	현금영수증	전통시장사용분	대중교통이용분	도서공연 등	
국세청	20,169,390	2,484,570	1,958,408	70,550	62,240		300,000
기타							

· 배우자 이정연

자료구분	보험료				의료비					교육비	
	건강	고용	일반보장성	장애인전용	일반	실손	선천성이상아	난임	65세,장애인	일반	장애인특수
국세청			1,200,000								
기타											

자료구분	신용카드등 사용액공제						기부금
	신용카드	직불카드등	현금영수증	전통시장사용분	대중교통이용분	도서공연 등	
국세청							
기타							

· 자녀 서하나

자료구분	보험료				의료비					교육비	
	건강	고용	일반보장성	장애인전용	일반	실손	선천성이상아	난임	65세,장애인	일반	장애인특수
국세청					1,400,500 2.일반					10,000,000 3.대학생	
기타											

자료구분	신용카드등 사용액공제						기부금
	신용카드	직불카드등	현금영수증	전통시장사용분	대중교통이용분	도서공연 등	
국세청							
기타							

· 자녀 서두나

자료구분	보험료				의료비					교육비	
	건강	고용	일반보장성	장애인전용	일반	실손	선천성이상아	난임	65세,장애인	일반	장애인특수
국세청					477,250 2.일반						
기타											

자료구분	신용카드등 사용액공제						기부금
	신용카드	직불카드등	현금영수증	전통시장사용분	대중교통이용분	도서공연 등	
국세청							
기타							

[연말정산추가자료입력] 메뉴의 [연말정산입력] 탭에서

⑧ 화면 상단에 있는 **F8 부양가족탭불러오기** (또는 F8)를 클릭하여, [부양가족] 탭에서 표시되는 인별 공제 적용가능 지출액이 [연말정산입력] 탭에 반영되도록 한다.

- 소득공제

	구분	지출액	공제금액
의	41.투자조합출자 등 소득공제		
소	42.신용카드 등 사용액	24,745,158	1,838,918

- 세액공제

		구분		지출액	공제대상금액	공제금액
특	61.보장성보험	일반	1,200,000	1,200,000	1,000,000	120,000
		장애인				
액	62.의료비		3,930,150	3,930,150	1,872,150	280,822
별	63.교육비		12,000,000	12,000,000	11,000,000	1,650,000
	64.기부금		300,000	300,000	300,000	120,909
세	1)정치자금기부금	10만원이하	100,000	100,000	90,909	
액		10만원초과	200,000	200,000	30,000	
	2)특례기부금(전액)					
공	3)우리사주조합기부금					
	4)일반기부금(종교단체외)					
제	5)일반기부금(종교단체)					
	65.특별세액공제 계					2,171,731

- 소득공제 ▶ 신용카드 등 사용액

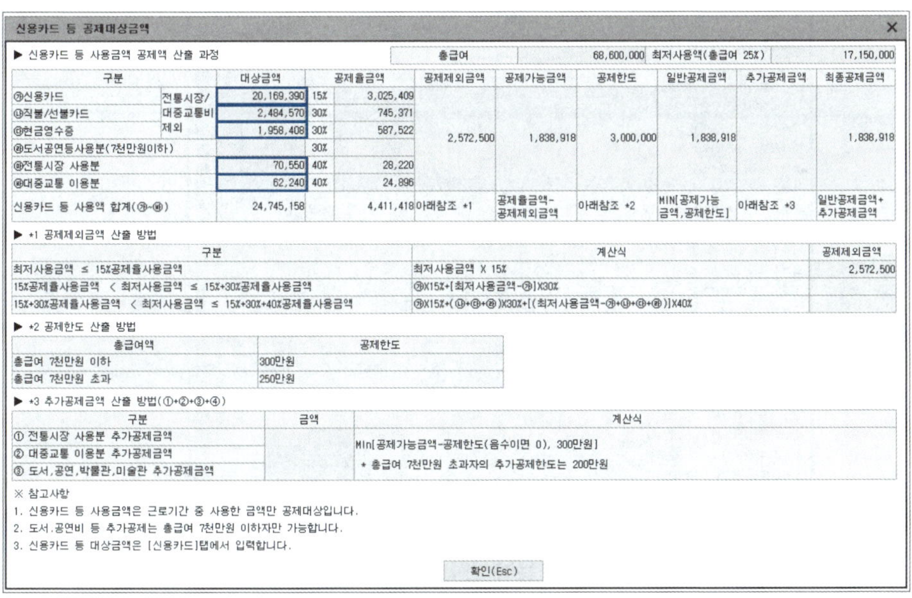

신용카드 등 공제대상금액　　　✕

▶ 신용카드 등 사용금액 공제액 산출 과정　　　총급여　68,600,000　최저사용액(총급여 25%)　17,150,000

구분		대상금액		공제율금액	공제제외금액	공제가능금액	공제한도	일반공제금액	추가공제금액	최종공제금액
㉓신용카드	전통시장/	20,169,390	15%	3,025,409						
㉔직불/선불카드	대중교통비	2,484,570	30%	745,371						
㉕현금영수증	제외	1,958,408	30%	587,522	2,572,500	1,838,918	3,000,000	1,838,918		1,838,918
㉖도서공연등사용분(7천만원이하)			30%							
㉗전통시장 사용분		70,550	40%	28,220						
㉘대중교통 이용분		62,240	40%	24,896						
신용카드 등 사용액 합계(㉓~㉘)		24,745,158		4,411,418	아래참조 *1	공제율금액-공제제외금액	아래참조 *2	MIN[공제가능금액,공제한도]	아래참조 *3	일반공제금액+추가공제금액

▶ *1 공제제외금액 산출 방법

구분	계산식	공제제외금액
최저사용금액 ≤ 15%공제율사용금액	최저사용금액 X 15%	2,572,500
15%공제율사용금액 < 최저사용금액 ≤ 15%+30%공제율사용금액	㉓X15%+[최저사용금액-㉓]X30%	
15%+30%공제율사용금액 < 최저사용금액 ≤ 15%+30%+40%공제율사용금액	㉓X15%+(㉔+㉕+㉖)X30%+[(최저사용금액-㉓+㉔+㉕+㉖)]X40%	

▶ *2 공제한도 산출 방법

총급여액	공제한도
총급여 7천만원 이하	300만원
총급여 7천만원 초과	250만원

▶ *3 추가공제금액 산출 방법(①+②+③+④)

구분	금액	계산식
① 전통시장 사용분 추가공제금액		Min[공제가능금액-공제한도(음수이면 0), 300만원]
② 대중교통 이용분 추가공제금액		＊ 총급여 7천만원 초과자의 추가공제한도는 200만원
③ 도서,공연,박물관,미술관 추가공제금액		

✕ 참고사항
1. 신용카드 등 사용금액은 근로기간 중 사용한 금액만 공제대상입니다.
2. 도서.공연비 추가공제는 총급여 7천만원 이하자만 가능합니다.
3. 신용카드 등 대상금액은 [신용카드]탭에서 입력합니다.

확인(Esc)

· 세액공제 ▶ 의료비

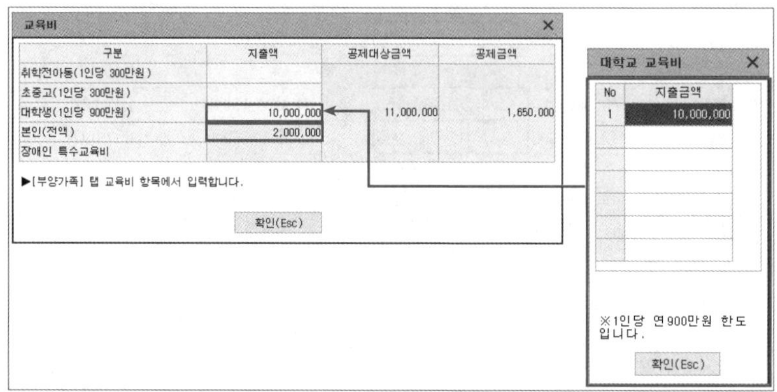

구분	지출액	실손의료보험금	공제대상금액	공제금액
미숙아.선천성 이상아 치료비				
난임시술비				
본인	2,052,400		1,872,150	280,822
6세, 65세, 장애인				
그 밖의 공제대상자	1,877,750			

▶ [부양가족] 탭 의료비 항목에서 입력합니다.
▶ 실손의료보험금은 공제대상자별 지출액에서 각각 차감 적용합니다.
▶ 공제대상금액란은 참고사항입니다.

확인(Esc)

· 세액공제 ▶ 교육비

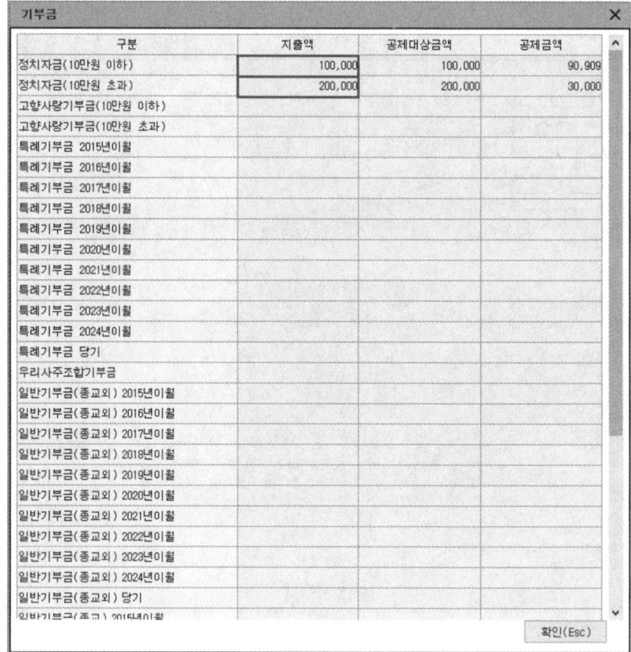

확인(Esc)

· 세액공제 ▶ 기부금

구분	지출액	공제대상금액	공제금액
정치자금(10만원 이하)	100,000	100,000	90,909
정치자금(10만원 초과)	200,000	200,000	30,000
고향사랑기부금(10만원 이하)			
고향사랑기부금(10만원 초과)			
특례기부금 2015년이월			
특례기부금 2016년이월			
특례기부금 2017년이월			
특례기부금 2018년이월			
특례기부금 2019년이월			
특례기부금 2020년이월			
특례기부금 2021년이월			
특례기부금 2022년이월			
특례기부금 2023년이월			
특례기부금 2024년이월			
특례기부금 당기			
우리사주조합기부금			
일반기부금(종교외) 2015년이월			
일반기부금(종교외) 2016년이월			
일반기부금(종교외) 2017년이월			
일반기부금(종교외) 2018년이월			
일반기부금(종교외) 2019년이월			
일반기부금(종교외) 2020년이월			
일반기부금(종교외) 2021년이월			
일반기부금(종교외) 2022년이월			
일반기부금(종교외) 2023년이월			
일반기부금(종교외) 2024년이월			
일반기부금(종교외) 당기			
일반기부금(종교) 2015년이월			

확인(Esc)

[연말정산입력] 탭의 주요 입력란

총급여	[급여자료입력] 메뉴에 입력된 급여항목 중 과세 금액이 자동 반영된다.
국민연금보험료	[급여자료입력] 메뉴에 입력된 공제항목 중 국민연금 금액이 자동 반영된다.
보험료	[급여자료입력] 메뉴에 입력된 공제항목 중 건강보험, 장기요양보험, 고용보험 금액이 자동 반영된다. 참고 국민연금(지역), 건강보험료(지역), 장기요양보험료(지역) : 지역가입자로서 당기에 납부한 금액이 있는 경우 [부양가족] 탭의 해당 보험료 정산란에 입력한다.
주택차입금 원리금상환액	・대출기관 대출기관으로부터 차입한 본인 명의의 주택임차차입금에 대하여 당기에 상환한 원금과 이자의 합계액을 지출액란에 직접 입력 [1] 한다. ・거주자 대부업자가 아닌 개인으로부터 차입한 본인 명의의 주택임차차입금에 대하여 당기에 상환한 원금과 이자의 합계액이 지출액란에 표시되는데, [월세액] 탭의 ② 거주자간 주택임차차입금 원리금 상환액 소득공제 명세 표에 해당 금액을 입력하면 여기에 자동 반영된다.
장기주택저당차입금 이자상환액	본인 명의의 장기주택저당차입금에 대하여 당기에 상환한 이자 금액을 지출액란에 직접 입력 [1] 한다. 단, 차입시기와 상환방식에 따라 입력란이 세분화되어 있으므로 해당되는 란에 입력하여야 한다.
개인연금저축	2000. 12. 31. 이전까지 가입한 본인 명의의 연금저축에 대하여 당기에 저축불입한 금액이 있는 경우 지출액란에 표시되는데, [연금저축 등 I] 탭의 ② 연금계좌 세액공제 – 연금저축계좌 표에 '개인연금저축'으로 해당 금액을 입력하면 여기에 자동 반영된다.
주택마련저축 소득공제	본인 명의의 주택마련저축에 대하여 당기에 저축불입한 금액이 있는 경우 지출액란에 표시되는데, [연금저축 등 I] 탭의 ③ 주택마련저축 공제 표에 해당 저축종류와 금액을 입력하면 여기에 자동 반영된다.
근로자퇴직연금	본인 명의의 퇴직연금에 대하여 당기에 저축불입한 금액이 있는 경우 지출액란에 표시되는데, [연금저축 등 I] 탭의 ① 연금계좌 세액공제 – 퇴직연금계좌 표에 '퇴직연금'으로 해당 금액을 입력하면 여기에 자동 반영된다.
연금저축	2001. 1. 1. 이후에 가입한 본인 명의의 연금저축에 대하여 당기에 저축불입한 금액이 있는 경우 지출액란에 표시되는데, [연금저축 등 I] 탭의 ② 연금계좌 세액공제 – 연금저축계좌 표에 '연금저축'으로 해당 금액을 입력하면 여기에 자동 반영된다.
월세액	본인이 지출한 월세액이 지출액란에 표시되는데, [월세액] 탭의 ① 월세액 세액공제 명세 표에 해당 금액을 입력하면 여기에 자동 반영된다.

[1] [연말정산입력] 탭의 보조창에서 지출액을 직접 입력하는 항목
: ① 주택차입금 원리금상환액 중 대출기관, ② 장기주택저당차입금 이자상환액

[소득명세] 탭의 주요 입력란

구분		⑦ 합계	① 주(현)	납세조합	④ 종(전) [1/1]
소득명세	9.근무처명		주)제일산업		
	9-1.종교관련 종사자		부		
	10.사업자등록번호		214-81-29115	-----------	-----------
	11.근무기간		2025-01-01 ~ 2025-12-31	---------- ~ ----------	---------- ~ ----------
	12.감면기간		---------- ~ ----------	---------- ~ ----------	---------- ~ ----------
	13-1.급여(급여자료입력)	68,600,000	68,600,000		
	13-2.비과세한도초과액				
	13-3.과세대상추가(인정상여추가)				
	14.상여				
	15.인정상여				
	15-1.주식매수선택권행 사이익				
	15-2.우리사주조합 인출금				
	15-3.임원퇴직소득금액한도초과액				
	15-4.직무발명보상금				
	16.계	68,600,000	68,600,000		
		⑧	②		⑤
공제보험료명세	직장	건강보험료(직장)(33)	1,593,340	1,593,340		
		장기요양보험료(33)	104,300	104,300		
		고용보험료(33)	445,900	445,900		
		국민연금보험료(31)	1,285,500	1,285,500		
	공적연금보험료	공무원 연금(32)				
		군인연금(32)				
		사립학교교직원연금(32)				
		별정우체국연금(32)	⑨	③		⑥
세액명세	기납부세액	소득세	6,438,950	6,438,950		
		지방소득세	643,870	643,870		
		농어촌특별세				
	납부특례세액	소득세				
		지방소득세				
		농어촌특별세				

① [급여자료입력] 메뉴에 입력된 현 근무지에서의 급여항목 중 과세 금액이 자동 반영된다.

▶ [급여자료입력] 메뉴에 입력된 급여항목 외에 추가로 현 근무지에서의 과세 금액에 포함시켜야 할 금액이 있는 경우 13-3.과세대상추가(인정상여추가)란을 사용한다.

②, ③ [급여자료입력] 메뉴에 입력된 현 근무지에서의 공제항목 중 건강보험료, 장기요양보험료, 고용보험료, 국민연금보험료, 소득세, 지방소득세 금액이 자동 반영된다.

④ 중도 입사자(또는 이중 근로자)의 경우, 전 근무지(또는 종 근무지)에서의 근로소득원천징수영수증을 참조하여 급여항목 중 과세 금액을 직접 입력한다.

▶ 근로소득원천징수영수증이란 총급여액, 소득공제, 세액공제, 결정세액, 기납부세액, 차감징수세액 등 연말정산 내역이 기재된 서식을 말하며 이를 '지급명세서'라고도 한다.

⑤, ⑥ 중도 입사자(또는 이중근로자)의 경우, 전 근무지(또는 종 근무지)에서의 근로소득원천징수영수증을 참조하여 공제항목 중 건강보험료, 장기요양보험료, 고용보험료, 국민연금보험료, 소득세, 지방소득세 금액을 직접 입력한다.

▶ 전 근무지에서의 소득세 기납부세액에 해당하는 금액은 전 근무지 원천징수영수증에 기재된 결정세액, 기납부세액, 차감징수세액 중에서 **결정세액** 금액이다.

⑦ 현 근무지의 최종 연말정산 시 총급여액으로 자동 반영된다.

⑧ 현 근무지의 최종 연말정산 시 국민연금보험료 및 공적보험료 지출액으로 자동 반영된다.

⑨ 매월 원천징수(현 근무지)와 중도퇴사자 연말정산(전 근무지)을 통하여 이미 납부한 소득세 및 지방소득세에 대한 현 근무지와 전 근무지의 합계액으로서 현 근무지의 최종 연말정산 시 기납부세액으로 자동 반영된다.

[부양가족] 탭의 주요 입력란

· 화면 상단
[사원등록] 메뉴에 입력된 본인, 배우자, 부양가족에 대한 인적사항, 인적공제 및 자녀세액공제 적용 여부가 자동 반영되어 표시된다.

▶ 근로자 본인이 결혼세액공제를 적용받는 경우, 결혼세액 란에서 "1.여"를 선택하여 입력한다.

▶ 배우자·부양가족이 소득금액 요건을 충족하지 못하는 경우, 소득기준 초과여부 란에서 "1.여"를 선택하여 입력한다.[1]

[1] 소득기준 초과여부 란을 "1.여"로 입력하면, 기본공제 란이 자동으로 "부"로 표시되고, 소득금액 요건의 제한을 받는 항목(예 보험료 세액공제)에 대하여 공제받을 수 없다는 안내창이 나타난다.

· 화면 하단
소득공제 및 세액공제 요건을 충족하는 보험료, 의료비, 교육비, 신용카드, 기부금 지출액을 화면 상단에 표시된 인별로 직접 입력한다. 지출액은 국세청 자료와 기타 자료로 구분하여 입력한다.

보험료	더블클릭하면 보조창이 나타나는데, 보조창에 종류별 금액을 입력한다.
의료비	더블클릭하면 [의료비] 탭으로 화면이 이동되는데, [의료비] 탭에 공제대상자(성명란에서 F2 를 사용하여 검색), 증빙코드(국세청 자료 여부), 금액을 입력한다.
교육비	하단에서 금액을 직접 입력한 다음, 1.취학전 아동(연300만원/1인), 2.초중고(연300만원/1인), 3.대학생(연900만원/1인), 4.본인, 5.공제대상아님 중 하나를 선택하여 입력한다.
신용카드 등 사용액	더블클릭하면 [신용카드 등] 탭으로 화면이 이동되는데, [신용카드 등] 탭에 종류별 금액을 입력한다.
기부금	더블클릭하면 [기부금] 탭으로 화면이 이동되는데, **[기부금 입력] 세부 탭**에 기부자 및 유형(F2 를 사용하여 검색), 금액을 입력하고, **[기부금 조정] 세부 탭**에 당기 공제금액을 입력한다.

· 부양가족탭불러오기
[연말정산입력] 탭에서 화면 상단에 있는 **F8 부양가족탭불러오기** (또는 F8)를 클릭하면, [부양가족] 탭에 표시되는 인별 보험료, 의료비, 교육비, 신용카드, 기부금 지출액이 [연말정산입력] 탭으로 자동 반영된다.

[의료비] 탭 입력 시, 주의해야 할 출제 유형

2025년 의료비 지급명세서													14.산후 조리원
의료비 공제대상자				지급처			지급명세						
성명	내/외	5.주민등록번호	6.본인등 해당여부	9.증빙 코드	8.상호	7.사업자 등록번호	10. 건수	11.금액	11-1.실손 보험수령액	12.미숙아 선천성이상아	13.난임 여부		
			③						①	②			
		합계											
일반의료비 (본인)			6세 이하, 65세 이상, 장애인			일반의료비 (그 외)			난임시술비 미숙아.선천성이상아				

① (유형 1) 실손의료보험금을 수령한 경우

   예 병원 치료비 8,000,000원, 그 중 3,000,000원은 실손의료보험금 수령액으로 지급 : '11.금액'란에 "8,000,000"을 입력하고, '11-1.실손보험수령액'란에 "3,000,000"을 입력

      (→ '11.금액'에서 '11-1.실손보험수령액'을 차감한 금액으로 세액공제대상 의료비가 계산됨)

② (유형 2) 미숙아·선천성이상아, 난임시술비, 산후조리원 비용인 경우

   예 배우자의 산후조리원 비용 3,000,000원, 배우자의 그 외 의료비 2,500,000원 : 동일인의 의료비이지만 두 개 라인으로 나누어 입력하고, 산후조리원 비용에 대하여는 '14.산후조리원'란에서 화면 하단의 도움말에 따라 1. 해당, 2. 해당하지 않음 중 "1.해당"을 입력

      (→ 산후조리원 비용에 대하여 출산 1회당 200만 원 한도가 적용됨)

③ (유형 3) 본인 등 해당여부를 수정 입력하여야 하는 경우

   예 65세 이상·6세 이하가 아니고, 장애인이지만 소득금액 요건을 충족하지 못하는 부양가족의 의료비 : '6.본인 등 해당여부'란에서 화면 하단의 도움말

      (1. 본인, 2. 65세이상.장애인,건강보험산정특례자, 3. 그 밖의 기본공제대상자)에 따라 "3.그 밖의 공제대상자"를 "2.장애인"으로 수정 입력

      (→ 해당 의료비가 본인 등 의료비로 분류되어 세액공제대상 의료비가 계산됨)

[연금저축 등 I], [월세액], [출산지원금] 탭의 주요 입력란

· [연금저축 등 I] 탭

  · 1 연금계좌 세액공제 – 퇴직연금계좌(연말정산입력 탭의 58.과학기술인공제, 59.근로자퇴직연금)

  연금계좌 세액공제 요건을 충족하는 퇴직연금 저축불입액을 입력한다.

  · 2 연금계좌 세액공제 – 연금저축계좌(연말정산입력 탭의 38.개인연금저축, 60.연금저축)

  연금저축구분란에 커서를 두면 아래와 같은 선택 창이 나타나는데, 2000.12.31. 이전 가입분은 "1.개인연금저축"을 선택하고, 2001.1.1. 이후 가입분은 "2. 연금저축"을 선택한다.

  1.개인연금저축
  2.연금저축

  개인연금저축 소득공제 요건을 충족하는 개인연금저축 저축불입액(2000.12.31. 이전 가입분), 연금계좌 세액공제 요건을 충족하는 연금저축 저축불입액(2001.1.1. 이후 가입분)을 입력한다.

  · 4 주택마련저축 공제(연말정산탭의 40.주택마련저축소득공제)

  주택마련저축 소득공제 요건을 충족하는 청약저축, 주택청약저축 저축불입액을 입력한다.

- [월세액] 탭

  - 1 월세액 세액공제 명세(연말정산입력 탭의 70.월세액)

    월세액 세액공제 요건을 충족하는 월세지출액을 입력한다.

  - 2 거주자간 주택임차차입금 원리금 상환액 소득공제 명세(연말정산입력 탭의 34.주택차입금원리금상환액의 거주자)

    주택자금 소득공제 요건을 충족하는 주택임차차입금에 대한 원리금 상환액(개인에게 차입한 경우에만 입력함)을 입력한다.

- [출산지원금] 탭

  - [급여자료입력] 메뉴에 입력된 급여항목 중 비과세 요건을 충족하는 출산지원금이 자동 표시된다. 해당 자녀(자녀 성명 란에서 F2를 사용하여 검색), 지급받은 날, 지급받은 금액, 지급회차, 지급처를 입력한다.

+ 더알아보기 6

[연말정산입력] 탭을 통한 연말정산 결과 확인

총급여~결정세액	· 총급여에서 결정세액에 이르는 일련의 연말정산 계산구조(즉, 근로소득원천징수영수증에 기재되는 금액)를 보여 준다. · [급여자료입력] 메뉴와 [소득명세] 탭에 입력된 총급여액 금액이 자동 반영된다. · [사원등록] 메뉴에 입력된 본인, 배우자, 부양가족에 대한 인적공제 및 자녀세액공제 금액이 자동 반영된다.
결정세액(ⓐ)	· 해당 과세기간(1월 1일~12월 31일)의 근로소득에 대한 계속근로자 연말정산 결과 계산된 소득세 결정세액이 반영된다.
전 근무지 기납부세액(ⓑ)	· 중도퇴사자 연말정산을 통하여 전 근무지에서 이미 납부한 소득세(= [소득명세] 탭에서 입력된 전 근무지 기납부세액 = 전 근무지 원천징수영수증에 기재된 결정세액)가 반영된다.
현 근무지 기납부세액(ⓒ)	· 매월 원천징수를 통하여 현 근무지에서 이미 납부한 소득세(= [소득명세] 탭에서 표시된 현 근무지 기납부세액 = [급여자료입력] 메뉴에 입력된 공제항목 중 소득세의 연 합계금액)가 반영된다.
차감징수세액	· 해당 과세기간(1월 1일~12월 31일)의 근로소득에 대한 계속근로자 연말정산을 통하여 계산된 결정세액(= ⓐ)과 전 근무지 및 현 근무지에서의 기납부세액 합계액(= ⓑ + ⓒ)을 비교하여 많이 납부한 경우 돌려받고 부족하게 납부한 경우 추가 납부하게 되는 소득세(= ⓐ - (ⓑ + ⓒ))가 반영된다.

- 중도퇴사자가 있는 경우, 회사는 해당 사원의 1월 1일부터 퇴사일까지의 근로소득에 대하여 연말정산을 하고 이를 퇴직하는 달의 급여를 지급할 때 반영한다.
- 중도퇴사자의 연말정산과 관련된 문제는 실무시험 문제 5(7~10점)로 출제된다.

기출확인문제

㈜제일산업(코드번호 : 0101)의 2025년 귀속 원천징수자료와 관련하여 물음에 답하시오.

나형석(사번 : 103) 사원은 2025년 3월 25일 퇴사하고 퇴사일에 3월분 급여를 받았다. 나형석 사원의 3월분 급여 지급내역 및 퇴사하기 전까지 공제와 관련된 내역은 다음과 같다.

다음 자료를 토대로 중도퇴사자 연말정산을 수행하여 급여자료입력 메뉴에 반영하고, 2025년 3월 지급분으로 4월에 신고해야 될 원천징수이행상황신고서를 작성하시오. (단, ㈜제일산업이 2025년 3월에 급여를 지급하는 사원은 나형석 사원 한 명밖에 없다고 가정한다) 제45회 수정

- 급여내역

지급내역	금액(원)	공제내역	금액(원)
기본급	5,400,000	국민연금	183,600
식 대[1]	200,000	건강보험료	151,750
출근수당	300,000	장기요양보험료	9,930
–	–	고용보험료	37,050
–	–	소득세	446,980
–	–	지방소득세	44,690

[1] 비과세 항목이다.

- 공제 대상 지출 내역

  - 자동차보험료 : 700,000원(국세청 자료는 아님(기타))
  - 신용카드사용액 : 5,280,000원(국세청 자료는 아님(기타))
  - 나형석씨의 부양가족은 없음

① [사원등록] 메뉴에서, 해당 사원을 선택하고 퇴사년월일란에 "2025년 3월 25일"을 입력한다.

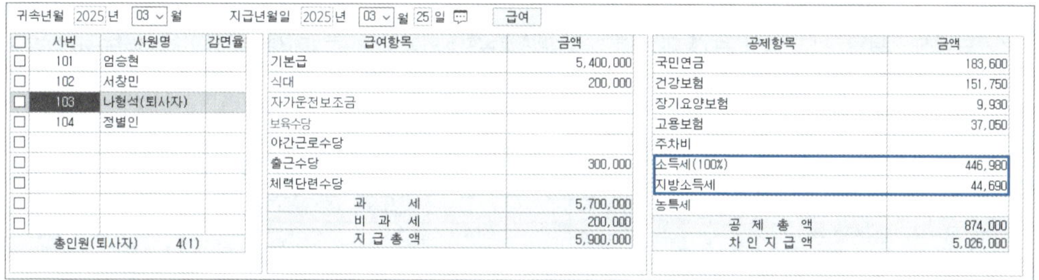

② [급여자료입력] 메뉴에서, 귀속년월란에 "3월", 지급년월일란에 "2025년 3월 25일"을 입력한 후, 해당 사원을 선택하여 급여항목과 공제항목을 입력한다. 이때, 소득세란에도 문제에서 제시된 금액인 "446,980"을 직접 입력한다.

③ [연말정산추가자료입력] 메뉴에서 해당 사원을 선택하여 공제 대상 지출액을 입력한다.

· [연말정산추가자료입력] 메뉴를 열고, 화면 왼쪽에 있는 [중도] 탭에서 나형석 사원을 선택한다.

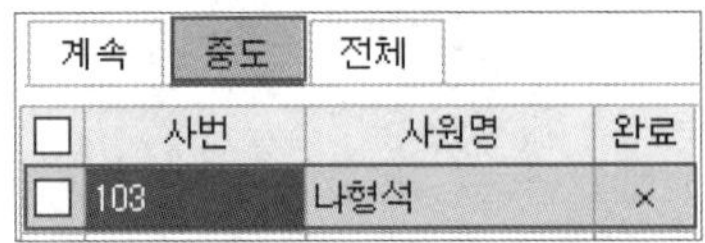

· [부양가족] 탭에서 상단에 있는 본인 나형석란에 커서를 놓고 하단에 있는 보험료란을 더블클릭하면 '보험료 등 공제대상금액' 보조창이 나타나는데, 여기서 '보장성보험-일반 ▶ 급여/기타'란에 "700,000"을 입력하고 종료(Esc) 를 클릭한다.

· [부양가족] 탭에서 상단에 있는 본인 나형석란에 커서를 놓고 하단에 있는 신용카드등 사용액공제란을 더블클릭하면 [신용카드 등] 탭으로 화면이 이동되는데, 여기서 '신용카드 ▶ 기타'란에 "5,280,000"을 입력한다.

· [부양가족] 탭에서 상단에 있는 본인 나형석란에 커서를 놓고 하단에 보험료와 신용카드사용액에 대한 공제 적용가능 지출액이 표시되는지 확인한 다음, [연말정산입력] 탭에서 화면 상단에 있는 **F8 부양가족탭불러오기** (또는 F8)를 클릭한다.

자료구분	보험료				의료비					교육비	
	건강	고용	일반보장성	장애인전용	일반	실손	선천성이상아	난임	65세,장애인	일반	장애인특수
국세청											
기타	485,040	111,150	700,000								

자료구분	신용카드등 사용액공제						기부금
	신용카드	직불카드등	현금영수증	전통시장사용분	대중교통이용분	도서공연 등	
국세청							
기타	5,280,000						

④ [급여자료입력] 메뉴의 '중도퇴사 연말정산' 보조창에서 연말정산 결과를 확인하고 퇴사월의 소득세 등을 합산한 다음, 이를 공제항목에 반영시킨다.

· [급여자료입력] 메뉴에서 화면 상단에 있는 **F7 중도퇴사자정산** (또는 F7)을 클릭하면 '중도퇴사 연말정산' 보조창이 나타나는데, 여기서 퇴사월소득세반영 을 클릭하여 퇴사월의 소득세 및 지방소득세 등을 기납부세액으로 합산 반영한다.

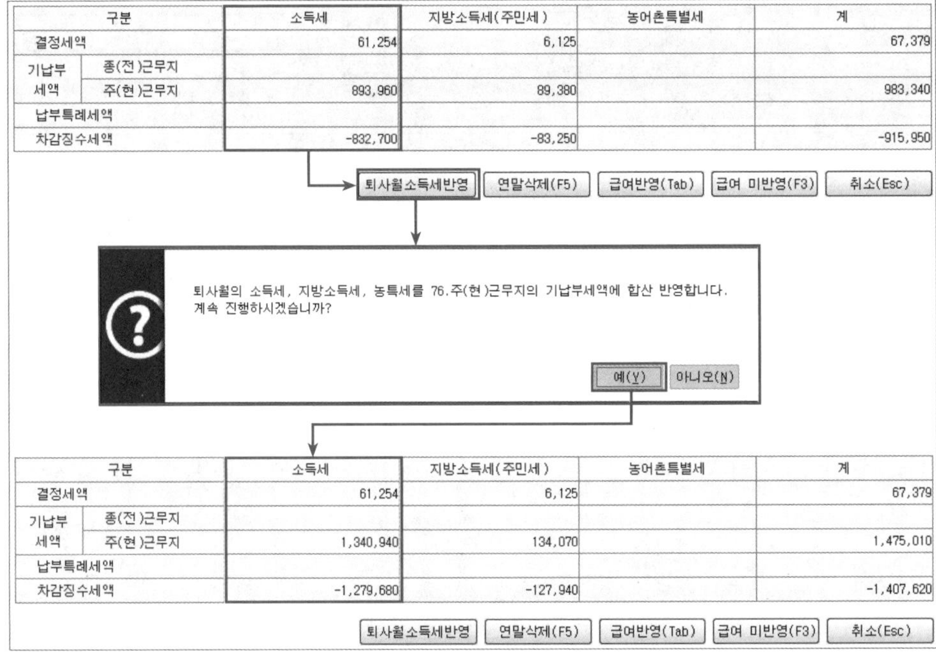

구분		소득세	지방소득세(주민세)	농어촌특별세	계
결정세액		61,254	6,125		67,379
기납부세액	종(전)근무지				
	주(현)근무지	893,960	89,380		983,340
납부특례세액					
차감징수세액		-832,700	-83,250		-915,950

퇴사월소득세반영   연말삭제(F5)   급여반영(Tab)   급여 미반영(F3)   취소(Esc)

구분		소득세	지방소득세(주민세)	농어촌특별세	계
결정세액		61,254	6,125		67,379
기납부세액	종(전)근무지				
	주(현)근무지	1,340,940	134,070		1,475,010
납부특례세액					
차감징수세액		-1,279,680	-127,940		-1,407,620

퇴사월소득세반영   연말삭제(F5)   급여반영(Tab)   급여 미반영(F3)   취소(Esc)

- [급여자료입력] 메뉴의 '중도퇴사 연말정산' 보조창에서, 급여반영(Tab) (또는 Tab)을 클릭하면 중도퇴사 연말정산에 따른 차감징수세액이 [급여자료입력] 메뉴의 공제항목에 반영되어 나타난다.

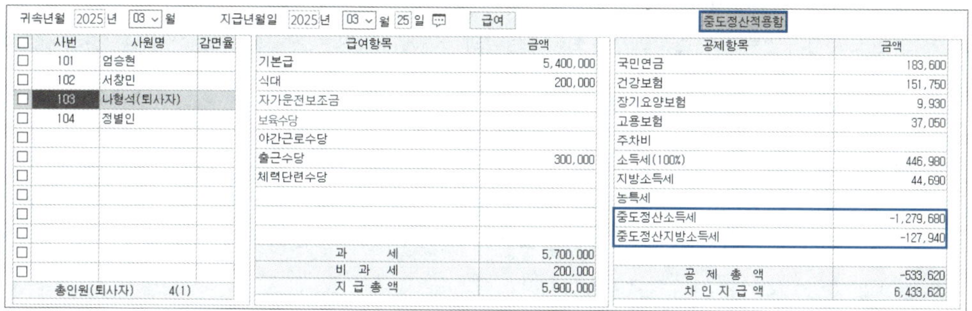

⑤ [원천징수이행상황신고서] 메뉴에서, 귀속기간란에 "3월~3월", 지급기간란에 "3월~3월", 신고구분란에 "1.정기신고"를 입력한 후, 간이세액표에 의한 당월 소득세 "446,980", 중도퇴사 연말정산에 의한 차감징수세액 "(-)1,279,680"을 확인한다.

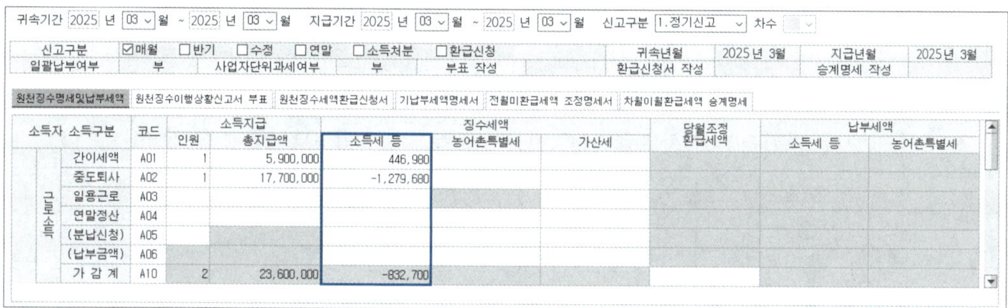

퇴직하는 달의 급여에 대해서는 소득세를 공제하지 않는 경우의 입력 방법

[사례] 중도퇴사자가 있는 경우, 실무에서는 퇴직하는 달의 급여에 대하여는 소득세를 공제하지 않는 것이 일반적이다. 상기 사례에서 퇴직하는 달(2025년 3월)의 급여에 대한 소득세가 446,980원이 아니라 0원이라면, 중도 퇴사 연말정산을 위한 입력방법은 다음과 같이 달라진다.

[풀이] · [사원등록] 메뉴에서, 해당 사원을 선택하고 퇴사년월일란에 "2025년 3월 25일"을 입력한다.

· [급여자료입력] 메뉴에서, 귀속년월란에 "3월", 지급년월일란에 "2025년 3월 25일"을 입력한 후, 해당 사원을 선택하여 급여항목과 공제항목을 입력한다. 이때, 소득세란에는 금액을 입력하지 않는다.

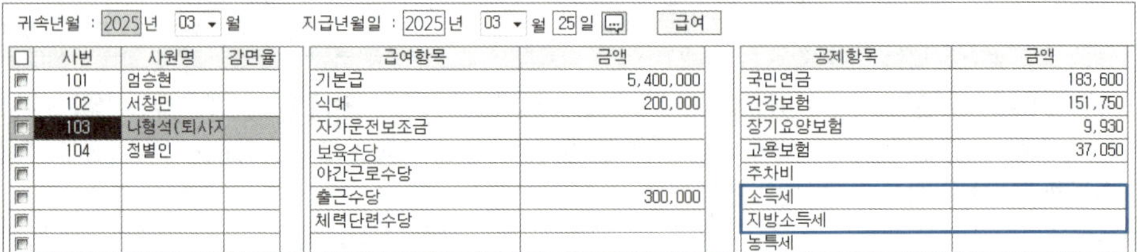

· [연말정산추가자료입력] 메뉴에서, 해당 사원을 선택하여 일반보장성보험료 "700,000"과 신용카드 사용액 "5,280,000"을 입력한다.

· [급여자료입력] 메뉴의 '중도퇴사 연말정산' 보조창에서, 연말정산 결과를 확인한다.

구분		소득세	지방소득세(주민세)	농어촌특별세	계
결정세액		61,254	6,125		67,379
기납부 세액	종(전)근무지				
	주(현)근무지	893,960	89,380		983,340
납부특례세액					
차감징수세액		-832,700	-83,250		-915,950

[퇴사월소득세반영] [연말삭제(F5)] [급여반영(Tab)] [급여 미반영(F3)] [취소(Esc)]

참고 퇴사월의 소득세로 입력된 금액이 없기 때문에 [퇴사월소득세반영]을 클릭하더라도 금액의 변동이 생기지 않는다.

· [급여자료입력] 메뉴의 '중도퇴사 연말정산' 보조창에서, [급여반영(Tab)] (또는 [Tab])을 클릭하면 중도퇴사 연말정산에 따른 차감징수세액이 [급여자료입력] 메뉴의 공제항목에 반영되어 나타난다.

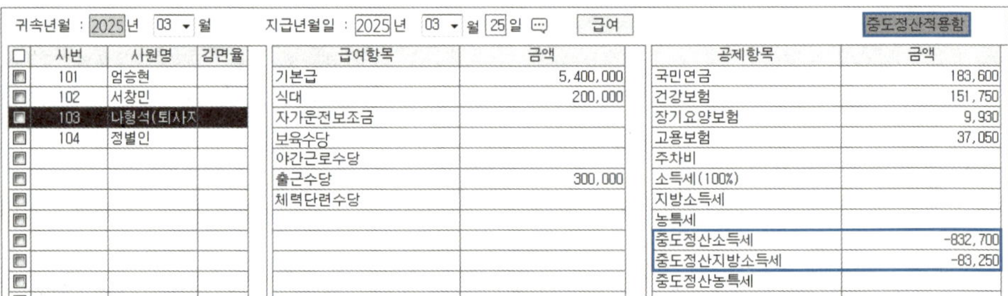

· [원천징수이행상황신고서] 메뉴에서, 귀속기간란에 "3월~3월", 지급기간란에 "3월~3월", 신고구분 란에 "정기신고"를 입력한 후, 간이세액표에 의한 당월 소득세 "0", 중도퇴사 연말정산에 의한 차감 징수세액 "(-)832,700"을 확인한다.

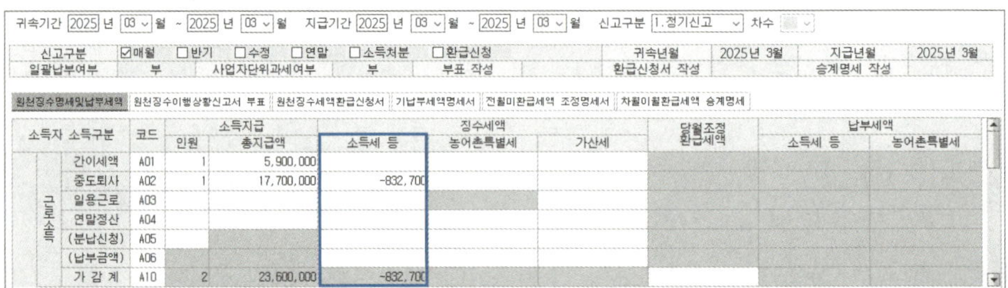

fn.Hackers.com

01 ㈜칠육산업(회사코드 : 0176)의 2025년 귀속 원천징수자료와 관련하여 다음의 물음에 답하시오.

[제76회 수정]

(1) 다음 자료를 보고 영업사원 김대호(직급 : 대리)의 필요한 수당등록과 11월분 급여자료입력을 하시오.

(1) 급여명세서

11월 급여명세서					
급여내역	기본급	3,000,000원	공제내역	소득세	147,110원
	식 대	200,000원		지방소득세	14,710원
	야간근로수당	250,000원		국민연금	135,000원
	자가운전보조금	200,000원		건강보험	91,800원
	보육수당	200,000원		장기요양보험	6,010원
	직무수당	200,000원		고용보험	21,770원
	급여총액	4,050,000원		사내 대출금	500,000원
–	–	–		공제총액	916,400원
–	–	–	차인지급액		3,133,600원
귀하의 노고에 감사드립니다.					

(2) 추가 자료 및 요청 사항
① 급여지급일은 매월 말일이다.
② 수당내역
  - 식대 : 당 회사는 구내식당에서 식사를 별도로 제공하고 있다.
  - 야간근로수당 : 업무시간 외 추가로 근무를 하는 경우 야근수당을 지급하고 있다.
  - 자가운전보조금 : 직원 명의의 차량을 소유하고 있고, 그 차량을 업무수행에 이용하는 경우 자가운전보조금을 200,000원 지급하고 있다.
  - 보육수당 : 6세 이하의 자녀가 있는 경우 200,000원의 보육수당을 지급하고 있다.
  - 직무수당 : 직급에 따른 차등지급액으로 대리급은 200,000원을 지급하고 있다.
  - 야간근로수당 및 자가운전보조금을 제외한 모든 수당은 월정액에 해당한다.
③ 공제내역
  - 국민연금, 건강보험, 장기요양보험 및 고용보험은 당월에 고지된 내역을 반영하였다.
  - 사내 대출금은 주택구입대출금에 대한 상환액이다.
④ 급여대장 작성 시, 과세여부를 판단하여 필요한 수당은 추가 등록하고, 사용하지 않는 수당은 사용여부를 모두 '부'로 변경하며, 급여명세서에 제시된 항목 및 금액이 표시될 수 있도록 작성한다.

01 (1) 　　　　　　　　　　　　　　　　　　　　　　　　▶관련 이론 | 종합소득금액의 계산 p.641

해　설　1단계 [급여자료입력] 메뉴에서 귀속년월 11월, 지급년월일 11월 30일을 입력한 후, [수당공제]를 클릭하여 [수당등록]에 '식대(과세)', '야간근로수당(과세)', '보육수당(비과세)', '직무수당(과세)'를 등록하고, '상여(과세)', '직책수당(과세)', '월차수당(과세)', '식대(비과세)', '야간근로수당(비과세)'를 사용여부 "부"로 표시한다. [공제등록]에 '사내 대출금(대출)'을 등록한다.

- 구내식당에서 식사를 별도로 제공하고 있으므로 식대는 과세 소득에 해당한다.
- 생산직 근로자가 아니므로 야간근로수당은 과세 소득에 해당한다.
- 문제에서 야간근로수당 및 자가운전보조금을 제외한 모든 수당은 월정액에 해당한다는 언급이 있으므로 수당등록 화면에서 야간근로수당, 자가운전보조금에 대하여는 월정액란에 부정기로 표시한다.

　참고 [사원등록] 메뉴에서 야간근로비과세란이 "0 : 부"로 등록되어 있으면 [급여자료입력] 메뉴에서 "야간근로수당(비과세)"로 금액을 입력하더라도 동 금액이 전액 과세로 자동 집계되는 기능이 있기 때문에, 이 문제에서 '야간근로수당(과세)'를 등록하지 않고, 250,000원을 "야간근로수당(비과세)"로 입력하여도 정답으로 인정된다.

2단계 [급여자료입력] 메뉴에서 급여자료를 입력한다.

정답화면 1단계 · [수당등록]

	코드	과세구분	수당명	근로소득유형			월정액	사용여부
				유형	코드	한도		
1	1001	과세	기본급	급여			정기	여
2	1002	과세	상여	상여			부정기	부
3	1003	과세	직책수당	급여			정기	부
4	1004	과세	월차수당	급여			정기	부
5	1005	비과세	식대	식대	P01	(월)200,000	정기	부
6	1006	비과세	자가운전보조금	자가운전보조금	H03	(월)200,000	부정기	여
7	1007	비과세	야간근로수당	야간근로수당	001	(년)2,400,000	부정기	부
8	2001	과세	식대	급여			정기	여
9	2002	과세	야간근로수당	급여			부정기	여
10	2003	비과세	보육수당	보육수당	Q02	(월)200,000	정기	여
11	2004	과세	직무수당	급여			정기	여

· [공제등록]

	코드	공제항목명	공제소득유형	사용여부
1	5001	국민연금	고정항목	여
2	5002	건강보험	고정항목	여
3	5003	장기요양보험	고정항목	여
4	5004	고용보험	고정항목	여
5	5005	학자금상환	고정항목	여
6	6001	사내 대출금	대출	여

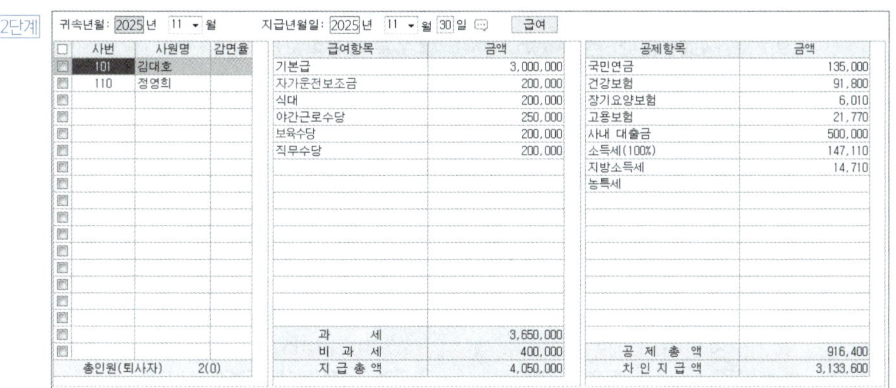

· 과세 = 기본급 + 식대 + 야간근로수당 + 직무수당
　　　= 3,000,000 + 200,000 + 250,000 + 200,000 = 3,650,000원
· 비과세 = 자가운전보조금 + 보육수당
　　　= 200,000 + 200,000 = 400,000원

(2) 다음 자료를 이용하여 사원코드 110번인 정영희(여성)의 [사원등록] 메뉴의 [부양가족명세] 탭과, [연말정산추가자료입력] 메뉴의 [연말정산입력] 탭에 입력하시오. (세부담이 최소화되도록 하고, 기본공제 대상자가 아닌 경우에도 입력하시오) ([연말정산입력] 탭에 지출액이 입력되지 않을 경우, [부양가족] 탭에 입력하고 **F8 부양가족탭불러오기** 를 클릭할 것)

1. 부양가족사항 (모두 생계를 같이함)

이름	관계	연령(만)	주민등록번호	비고
정영희	본 인	43세	821111-2111115	총급여 66,000,000원, 근로소득금액 52,950,000원, 세대주
차민수	배우자	46세	791111-1111115	총급여 3,000,000원
차태영	아 들	15세	101111-3311110	중학생, 소득 없음
차태희	딸	6세	191111-4211116	취학 전 아동, 소득 없음
정호영	아버지	73세	521111-1211110	장애인복지법에 따른 장애인, 소득 없음
차민영	시누이	42세	831111-2222221	배우자의 여동생, 소득 없음

2. 연말정산 추가자료 (모두 국세청 자료임)

항목	내용
보험료	• 본인 생명보험료 : 1,200,000원 • 본인 저축성 변액보험료 : 7,200,000원 • 아버지(정호영) 장애인 전용 보장성 보험료 : 1,500,000원
의료비	• 본인 건강검진비 : 500,000원 • 본인 시력보정용 콘택트렌즈 구입비 : 600,000원 • 아들(차태영) 질병치료목적의 병원 진료비 : 2,000,000원 • 아버지(정호영) 질병치료목적의 병원 입원비 : 6,500,000원 ※ 의료비는 전액 본인(정영희)이 결제하였다.
교육비	• 아들(차태영) 중학교 등록금 : 700,000원, 현장체험학습비 : 500,000원, 교복 구입비 : 500,000원 • 딸(차태희) 미술학원(월 단위 실시, 1주 2일 수업) 수강료 : 300,000원 • 아버지(정호영) 방송통신대학 수업료 : 2,000,000원
기부금	• 본인 정치자금으로 정당에 기부 : 300,000원(금전) • 아버지(정호영) 교회 헌금(일반기부금) : 2,000,000원 (금전)
신용카드 등	• 본인 신용카드사용액 : 자동차리스료 3,000,000원, 도서·공연 사용액 1,000,000원, 그 외 16,000,000원 • 배우자(차민수) 직불카드사용액 : 전통시장 사용액 5,000,000원, 그 외 10,000,000원 • 시누이(차민영) 현금영수증사용액 : 1,500,000원

(2)

▶관련 이론 | 종합소득공제·세액공제 p.671~675

해 설　1단계 [사원등록] 메뉴에서 110.정영희를 선택하고 [부양가족명세] 탭을 입력한다.

- 정영희(본인)의 종합소득금액(근로소득금액)이 30,000,000원을 초과하므로 부녀자공제는 적용 안 됨
- 차민수(배우자)는 소득금액 요건을 충족하므로 기본공제가 적용됨
- 차태영(아들)은 기본공제대상자인 자녀이고 8세 이상이므로 자녀란이 자동 체크됨
- 정호영(아버지)에 대하여 기본공제란에 "장애인"을 입력하여도 정답 인정

2단계 [연말정산추가자료입력] 메뉴에서 [부양가족] 탭에 공제 적용대상 지출액을 입력한다.

구분		제시된 금액	공제 대상 지출액
보험료	· 본인 생명보험료	1,200,000	1,200,000
	· 본인 저축성 변액보험료	7,200,000	0[1]
	· 아버지 장애인 전용 보장성 보험료	1,500,000	1,500,000
의료비	· 본인 건강검진비	500,000	500,000[2]
	· 본인 시력보정용 콘택트렌즈 구입비	600,000	500,000[3]
	· 아들(그 밖의 공제대상자) 질병치료 목적 병원 진료비	2,000,000	2,000,000
	· 아버지(65세 이상, 장애인) 질병치료목적 병원 입원비	6,500,000	6,500,000
교육비	· 아들 중학교 등록금	700,000	700,000
	· 아들 중학교 현장체험학습비	500,000	300,000[4]
	· 아들 중학교 교복구입비	500,000	500,000[5]
	· 딸 취학 전 미술학원 수강료	300,000	300,000[6]
	· 아버지 방송통신대학 수업료	2,000,000	0[7]
기부금	· 본인 정치자금기부금	300,000	300,000
	· 아버지 교회 헌금	2,000,000	2,000,000
신용카드 등	· 본인 신용카드 ▶ 자동차리스료	3,000,000	0[8]
	· 본인 신용카드 ▶ 도서·공연 사용액	1,000,000	1,000,000[9]
	· 본인 신용카드 ▶ 그 외	16,000,000	16,000,000
	· 배우자 직불카드 ▶ 전통시장	5,000,000	5,000,000
	· 배우자 직불카드 ▶ 그 외	10,000,000	10,000,000
	· 시누이 현금영수증	1,500,000	0[10]

[1] 저축성 보험료는 공제 적용 안 됨

[2] 건강검진비도 의료비 공제 적용됨

[3] 시력보정용 안경·콘택트렌즈 구입비는 1인당 연 50만 원을 한도로 공제

[4] 체험학습비는 1인당 연 30만 원을 한도로 공제

[5] 중·고등학교 교복구입비용은 1인당 연 50만 원을 한도로 공제

[6] 취학 전 아동의 학원비는 교육비 공제 적용됨

[7] 방송통신대학 수업료는 일반교육비에 해당하며, 직계존속의 일반교육비는 공제 적용 안 됨

[8] 자동차리스료는 신용카드 등 사용액 공제 적용 안 됨

[9] 정영희(본인)의 총급여액이 7,000만 원 이하이므로, 해당 사용액을 도서등 사용분란에 입력

[10] 형제자매(시누이)의 신용카드 등 사용액은 공제 적용 안 됨

3단계 [연말정산입력] 탭에서 **F8 부양가족탭불러오기** 를 클릭한다.

정답화면

1단계

연말관계	성명	내/외국인		주민(외국인)번호	나이	기본공제	부녀자	한부모	경로우대	장애인	자녀	출산입양	위탁관계
0	정영희	내	1	821111-2111115	43	본인							
3	차민수	내	1	791111-1111115	46	배우자							
4	차태영	내	1	101111-3311110	15	20세이하					○		
4	차태희	내	1	191111-4211116	6	20세이하							
1	정호영	내	1	521111-1211110	73	60세이상			○	1			
6	차민영	내	1	831111-2222221	42	부							

2단계 · [부양가족] 탭 ▶ 본인 정영희

자료구분	보험료				의료비					교육비	
	건강	고용	일반보장성	장애인전용	일반	실손	선천성이상아	난임	65세,장애인	일반	장애인특수
국세청			1,200,000		1,000,000 1.전액						
기타	2,278,300	594,000									

자료구분	신용카드등 사용액공제						기부금
	신용카드	직불카드등	현금영수증	전통시장사용분	대중교통이용분	도서공연 등	
국세청	16,000,000					1,000,000	300,000
기타							

· [부양가족] 탭 ▶ 아버지 정호영

자료구분	보험료				의료비					교육비	
	건강	고용	일반보장성	장애인전용	일반	실손	선천성이상아	난임	65세,장애인	일반	장애인특수
국세청				1,500,000					6,500,000		
기타											

자료구분	신용카드등 사용액공제						기부금
	신용카드	직불카드등	현금영수증	전통시장사용분	대중교통이용분	도서공연 등	
국세청							2,000,000
기타							

· [부양가족] 탭 ▶ 배우자 차민수

자료구분	보험료				의료비					교육비	
	건강	고용	일반보장성	장애인전용	일반	실손	선천성이상아	난임	65세,장애인	일반	장애인특수
국세청											
기타											

자료구분	신용카드등 사용액공제						기부금
	신용카드	직불카드등	현금영수증	전통시장사용분	대중교통이용분	도서공연 등	
국세청		10,000,000		5,000,000			
기타							

· [부양가족] 탭 ▶ 아들 차태영

자료구분	보험료				의료비					교육비	
	건강	고용	일반보장성	장애인전용	일반	실손	선천성이상아	난임	65세,장애인	일반	장애인특수
국세청					2,000,000 2.일반					1,500,000 2.초중고	
기타											

자료구분	신용카드등 사용액공제						기부금
	신용카드	직불카드등	현금영수증	전통시장사용분	대중교통이용분	도서공연 등	
국세청							
기타							

· [부양가족] 탭 ▶ 딸 차태희

자료구분	보험료				의료비					교육비	
	건강	고용	일반보장성	장애인전용	일반	실손	선천성이상아	난임	65세,장애인	일반	장애인특수
국세청										300,000 1.취학전	
기타											

자료구분	신용카드등 사용액공제						기부금
	신용카드	직불카드등	현금영수증	전통시장사용분	대중교통이용분	도서공연 등	
국세청							
기타							

· [부양가족] 탭 ▶ 시누이 차민영

자료구분	보험료				의료비					교육비	
	건강	고용	일반보장성	장애인전용	일반	실손	선천성이상아	난임	65세,장애인	일반	장애인특수
국세청											
기타											

자료구분	신용카드등 사용액공제						기부금
	신용카드	직불카드등	현금영수증	전통시장사용분	대중교통이용분	도서공연 등	
국세청							
기타							

· [신용카드 등] 탭

	성명 / 생년월일	자료구분	신용카드	직불,선불	현금영수증	도서등 신용	도서등 직불	도서등 현금	전통시장	대중교통	합계
☐	정영희	국세청	16,000,000			1,000,000					17,000,000
	1982-11-11	기타									
☐	정호영	국세청									
	1952-11-11	기타									
☐	차민수	국세청		10,000,000					5,000,000		15,000,000
	1979-11-11	기타									
☐	차태영	국세청									
	2010-11-11	기타									
☐	차태희	국세청									
	2019-11-11	기타									
☐	차민영	국세청									
	1983-11-11	기타									
	합계		16,000,000	10,000,000		1,000,000			5,000,000		32,000,000

· [의료비] 탭

2025년 의료비 지급명세서													14.산후 조리원
의료비 공제대상자					지급처			지급명세					
성명	내/외	5.주민등록번호	6.본인등 해당여부	9.증빙 코드	8.상호	7.사업자 등록번호	10. 건수	11.금액	11-1.실손 보험수령핵	12.미숙아 선천성이상아	13.난임 여부		
정영회	내	821111-2111115	1	0	1				1,000,000		X	X	X
정호영	내	521111-1211110	2	0	1				6,500,000		X	X	X
차태영	내	101111-3311110	3	X	1				2,000,000		X	X	X
합계									9,500,000				
일반의료비 (본인)		1,000,000	6세 이하, 65세 이상, 장애인		6,500,000	일반의료비 (그 외)		2,000,000	난임시술비				
									미숙아.선천성이상아				

· [기부금] 탭 ▶ [기부금 입력] 세부 탭 ▶ 본인 정영희

구분		9.기부내용	기부처		건수	기부명세			자료 구분
7.유형	8. 코드		10.상호 (법인명)	11.사업자 번호 등		13.기부금합계 금액 (14+15)	14.공제대상 기부금액	15.기부잘려금 신청 금액	
정치자금	20	금전				300,000	300,000		국세청

· [기부금] 탭 ▶ [기부금 입력] 세부 탭 ▶ 직계존속 정호영

구분		9.기부내용	기부처		건수	기부명세			자료 구분
7.유형	8. 코드		10.상호 (법인명)	11.사업자 번호 등		13.기부금합계 금액 (14+15)	14.공제대상 기부금액	15.기부잘려금 신청 금액	
종교	41	금전				2,000,000	2,000,000		국세청

· [기부금] 탭 ▶ [기부금 조정] 세부 탭

구분		기부연도	16.기부금액	17.전년도까지 공제된금액	18.공제대상 금액(16-17)	해당연도 공제금액	해당연도에 공제받지 못한 금액	
유형	코드						소멸금액	이월금액
정치자금	20	2025	300,000		300,000	300,000		
종교	41	2025	2,000,000		2,000,000	2,000,000		
합계			2,300,000		2,300,000	2,300,000		

3단계 ・ [연말정산입력] 탭 ▶ 소득공제

구분	지출액	공제금액
의 41.투자조합출자 등 소득공제		
소 42.신용카드 등 사용액	32,000,000	5,150,000

・ [연말정산입력] 탭 ▶ 세액공제

구분				지출액	공제대상금액	공제금액
특	61.보장 성보험	일반	1,200,000	1,200,000	1,000,000	120,000
		장애인	1,500,000	1,500,000	1,000,000	150,000
별	62.의료비		9,500,000	9,500,000	7,520,000	1,128,000
세	63.교육비		1,800,000	1,800,000	1,800,000	270,000
액	64.기부금		2,300,000	2,300,000	2,300,000	420,909
공	1)정치자금 기부금	10만원이하		100,000	100,000	90,909
제		10만원초과		200,000	200,000	30,000
	2)특례기부금(전액)					
	3)우리사주조합기부금					
	4)일반기부금(종교단체외)					
	5)일반기부금(종교단체)		2,000,000	2,000,000	300,000
	65.특별세액공제 계					2,088,909

(왼쪽 세로: 액별 / 세액공 / 공제)

・ [연말정산입력] 탭 ▶ 세액공제 ▶ 의료비

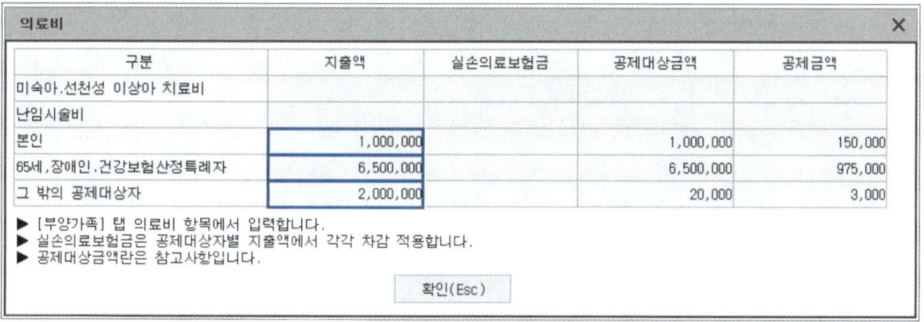

의료비

구분	지출액	실손의료보험금	공제대상금액	공제금액
미숙아.선천성 이상아 치료비				
난임시술비				
본인	1,000,000		1,000,000	150,000
65세,장애인,건강보험산정특례자	6,500,000		6,500,000	975,000
그 밖의 공제대상자	2,000,000		20,000	3,000

▶ [부양가족] 탭 의료비 항목에서 입력합니다.
▶ 실손의료보험금은 공제대상자별 지출액에서 각각 차감 적용합니다.
▶ 공제대상금액란은 참고사항입니다.

확인(Esc)

・ [연말정산입력] 탭 ▶ 세액공제 ▶ 교육비

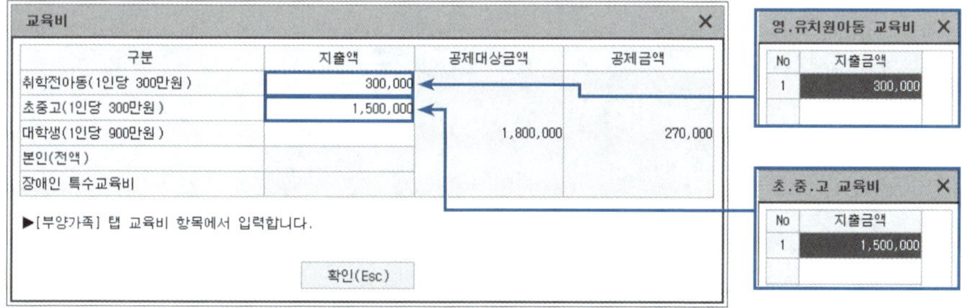

교육비

구분	지출액	공제대상금액	공제금액
취학전아동(1인당 300만원)	300,000		
초중고(1인당 300만원)	1,500,000		
대학생(1인당 900만원)		1,800,000	270,000
본인(전액)			
장애인 특수교육비			

▶[부양가족] 탭 교육비 항목에서 입력합니다.

확인(Esc)

영.유치원아동 교육비

No	지출금액
1	300,000

초.중.고 교육비

No	지출금액
1	1,500,000

02 ㈜육팔산업(회사코드 : 0168)의 2025년 귀속 원천징수자료와 관련하여 다음의 물음에 답하시오.

[제68회]

(1) 관리부 소속인 김수당(사번 : 101) 사원이 올해 7월 31일 퇴사하여, 7월 급여 지급 시 중도퇴사에 대한 연말정산을 실시하였다. 김수당 씨의 올해 7월분의 급여대장을 아래의 내용대로 수당등록 및 공제항목을 추가하여 7월분 급여자료입력을 하고, 7월 급여대장 작성 시 중도퇴사에 대한 연말정산 금액을 급여대장에 반영하시오.

① 김수당의 급여지급일은 매월 말일이다.

② 7월에 지급할 내역은 다음과 같으며 모두 월정액이다. 비과세로 인정받을 수 있는 항목은 최대한 반영하기로 한다.

- 기본급 : 3,000,000원
- 자격수당 : 200,000원
- 보육수당 : 100,000원(만 9세의 자녀가 있음)
- 출근수당 : 50,000원(원거리 출·퇴근자에게 지급함)
- 식대 : 100,000원(별도의 식사를 제공함)
- 야간근로수당 : 100,000원

③ 7월 공제할 항목은 다음과 같다.

- 국민연금 : 180,000원
- 고용보험료 : 23,070원
- 건강보험료 : 121,400원
- 주차비 : 100,000원(공제소득유형 : 기타)
- 장기요양보험료 : 7,950원

02 (1)

▶ 관련 이론 | 종합소득공제·세액공제 p.668

해 설

1단계 [사원등록] 메뉴에서 김수당 사원의 퇴사일(7월 31일)이 입력되어 있는지 확인한다.

2단계 [급여자료입력] 메뉴에서 귀속년월 7월, 지급년월일 7월 31일을 입력한 후, [수당공제]를 클릭하여 수당등록에 "자격수당(과세)", "보육수당(과세)", "출근수당(과세)", "식대(과세)", "야간근로수당(과세)"를 입력하고, '식대(비과세)', '야간근로수당(비과세)'를 사용여부 "부"로 표시한다. 공제등록에 "주차비(공제소득유형 : 기타)"를 입력한다.
  · 별도의 식사를 제공하고 있으므로 식대는 과세 소득에 해당한다.
  · 생산직 근로자가 아니므로 야간근로수당은 과세 소득에 해당한다.
  · 6세 이하의 자녀가 아니므로 보육수당은 과세 소득에 해당한다.

3단계 [급여자료입력] 메뉴에서 급여자료를 입력한다.

4단계 [급여자료입력] 메뉴 상단의 **F7 중도퇴사자정산** 을 클릭하여, '중도퇴사 연말정산' 보조창에서 연말정산 결과를 확인한다. (본 문제에서는 [연말정산추가자료입력] 메뉴에 입력할 공제 적용가능 지출액이 없음)

5단계 '중도퇴사 연말정산' 보조창에서 [급여반영(Tab)] 을 클릭하여 중도퇴사 연말정산에 따른 차감징수세액이 현재 월의 급여자료에 반영되도록 한다.

정답화면 1단계

사번	성명		주민(외국인)번호
101	김수당	1	890221-1234117
102	이기자	1	890412-1458756

기본사항　　부양가족명세　　추가사항

1. 입사년월일　2024 년 1 월 1 일　퇴사
2. 내/외국인　1 내국인
3. 외국인국적　KR 대한민국　　　체류자격
4. 주민구분　1 주민등록번호　　　주민등록번호　890221-1234117
5. 거주구분　1 거주자　　　6. 거주지국코드　KR 대한민국
7. 국외근로제공　0 부　　8. 단일세율적용　0 부　　9. 외국법인 파견근로자　0 부
10. 생산직등여부　0 부　　연장근로비과세　0 부　　전년도총급여
11. 주소
12. 국민연금보수월액　　　국민연금납부액
13. 건강보험보수월액　　　건강보험료경감　0 부　　건강보험납부액
　　장기요양보험적용　1 여　　　건강보험증번호
14. 고용보험적용　1 여　　(대표자 여부　0 부　)
　　고용보험보수월액　　　고용보험납부액
15. 산재보험적용　1 여
16. 퇴사년월일　2025 년 7 월 31 일 (이월 여부 0 부) 사유
※ 메모 (최대100자)

전체인원　2　재직자수　1　퇴직자수　1

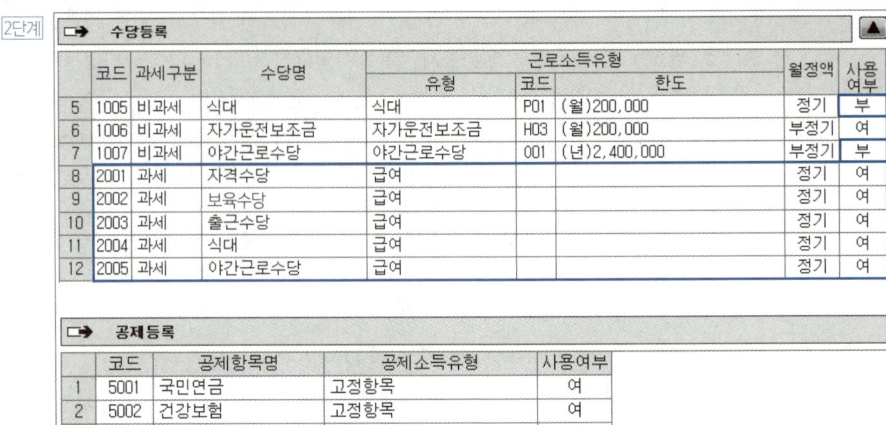

2단계

	코드	과세구분	수당명	근로소득유형 유형	근로소득유형 코드	근로소득유형 한도	월정액	사용여부
5	1005	비과세	식대	식대	P01	(월)200,000	정기	부
6	1006	비과세	자가운전보조금	자가운전보조금	H03	(월)200,000	부정기	여
7	1007	비과세	야간근로수당	야간근로수당	001	(년)2,400,000	부정기	부
8	2001	과세	자격수당	급여			정기	여
9	2002	과세	보육수당	급여			정기	여
10	2003	과세	출근수당	급여			정기	여
11	2004	과세	식대	급여			정기	여
12	2005	과세	야간근로수당	급여			정기	여

공제등록

	코드	공제항목명	공제소득유형	사용여부
1	5001	국민연금	고정항목	여
2	5002	건강보험	고정항목	여
3	5003	장기요양보험	고정항목	여
4	5004	고용보험	고정항목	여
5	5005	학자금상환	고정항목	여
6	6001	주차비	기타	여

3단계

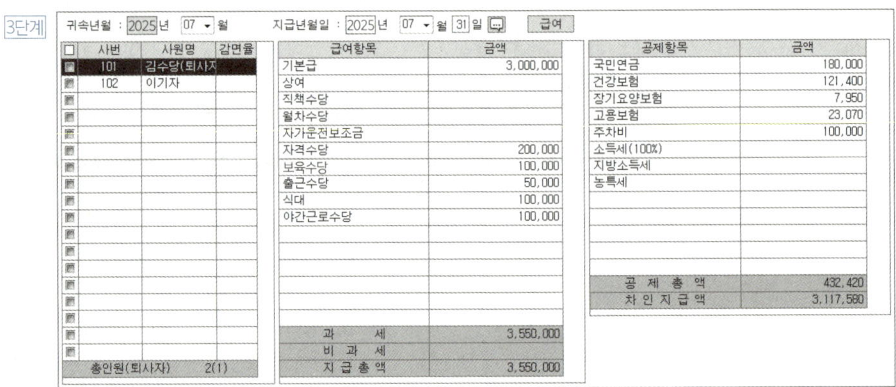

· 과세 = 기본급 + 자격수당 + 보육수당(요건미충족) + 출근수당 + 식대(요건미충족)
      + 야간근로수당(요건미충족)
    = 3,000,000 + 200,000 + 100,000 + 50,000 + 100,000 + 100,000 = 3,550,000원
· 비과세 = 해당사항 없음 = 0원

4단계

구분		소득세	지방소득세	농어촌특별세	계
결정세액					
기납부세액	종(전)근무지				
	주(현)근무지	791,100	79,080		870,180
납부특례세액					
차감징수세액		-791,100	-79,080		-870,180

[퇴사월소득세반영] [연말삭제(F5)] [급여반영(Tab)] [급여 미반영(F3)] [취소(Esc)]

5단계

귀속년월 : 2025 년 07 ▼ 월   지급년월일 : 2025 년 07 ▼ 월 31 일 ▭   급여   중도정산적용함

□	사번	사원명	감면율
■	101	김수당(퇴사자	
■	102	이기자	
	총인원(퇴사자)	2(1)	

급여항목	금액
기본급	3,000,000
상여	
직책수당	
월차수당	
자가운전보조금	
자격수당	200,000
보육수당	100,000
출근수당	50,000
식대	100,000
야간근로수당	100,000
과　세	3,550,000
비　과　세	
지　급　총　액	3,550,000

공제항목	금액
국민연금	180,000
건강보험	121,400
장기요양보험	7,950
고용보험	23,070
주차비	100,000
소득세(100%)	
지방소득세	
농특세	
중도정산소득세	-791,100
중도정산지방소득세	-79,080
중도정산농특세	
공　제　총　액	-437,760
차　인　지　급　액	3,987,760

(2) 다음 연말정산자료를 이용하여 사원코드 102번 이기자의 [연말정산추가자료입력] 메뉴의 [월세액]
탭과 [연말정산입력] 탭에 입력하시오. (단, 이기자는 무주택자이며 본인 외 부양가족은 없다) (모든
자료는 국세청 자료이며, [연말정산입력] 탭에 지출액이 입력되지 않을 경우, [부양가족] 탭에 입력하고
F8 부양가족탭불러오기 를 클릭할 것)

> - 보장성보험료(일반) : 2,500,000원
> - 의료비 : 6,500,000원(이 중 2,000,000원은 본인의 미용성형수술 금액이다)
> - 대학원 교육비 : 3,000,000원
> - 월세 관련 자료(공제 요건을 충족한다)
>   · 임대인 : 나상가(560101-2522148)
>   · 유형 : 오피스텔
>   · 계약면적 : 55㎡
>   · 주소 : 서울특별시 동작구 사당동 사당오피스텔 10동 101호
>   · 계약기간 : 작년 11월 1일~올해 10월 31일
>   · 월세 : 매월 500,000원
> - 근로소득 총급여액 : 60,000,000원

(2)   ▶관련 이론 | 종합소득공제·세액공제 p.671~675

해   설   1단계 [연말정산추가자료입력] 메뉴에서 102.이기자를 선택하고 [부양가족] 탭에서 다음과 같이 입력
한다.
- 본인 이기자
  - 보험료 보조창 ▶ 국세청간소화 ▶ 보장성보험-일반 : 2,500,000
  - [의료비] 탭 ▶ 본인 ▶ 국세청장 ▶ 금액 : 4,500,000[1]
  - 교육비 ▶ 국세청 ▶ 일반 ▶ 본인 : 3,000,000[2]

  [1] 미용성형수술은 의료비 공제 적용 안 됨
  [2] 본인의 경우 대학원 교육비도 공제 적용됨

2단계 [월세액] 탭에서 다음과 같이 입력한다.
- 월세액 세액공제 명세
  - 임대인 : 나상가
  - 주민등록번호 : 560101-2522148
  - 유형 : 오피스텔(F2를 사용하여 검색)
  - 계약면적(㎡) : 55
  - 주소 : 서울특별시 동작구 사당동 사당오피스텔 10동 101호
  - 계약기간 : 2024.11.01.~2025.10.31.
  - 연간 월세액 : 5,000,000[3]
  - 무주택자 해당 여부 : 여

  [3] 500,000원 × 10개월 = 5,000,000원

3단계 [연말정산입력] 탭에서 **F8 부양가족탭불러오기** 를 클릭한다.

정답화면 1단계

· [부양가족] 탭 ▶ 본인 이기자

자료구분	보험료				의료비					교육비	
	건강	고용	일반보장성	장애인전용	일반	실손	선천성이상아	난임	65세,장애인	일반	장애인특수
국세청			2,500,000		4,500,000 1.전액					3,000,000 4.본인	
기타	1,353,700	450,000									

자료구분	신용카드등 사용액공제						기부금
	신용카드	직불카드등	현금영수증	전통시장사용분	대중교통이용분	도서공연 등	
국세청							
기타							

· [의료비] 탭

2025년 의료비 지급명세서													14.산후조리원
의료비 공제대상자					지급처		지급명세						
성명	내/외	5.주민등록번호	6.본인등 해당여부	9.증빙 코드	8.상호	7.사업자 등록번호	10. 건수	11.금액	11-1.실손 보험수령핵	12.미숙아 선천성이상아	13.난임 여부		
이기자	내	890412-1458756	1	0	1				4,500,000		X	X	X
				합계					4,500,000				
일반의료비 (본인)		4,500,000	6세 이하, 65세 이상, 장애인			일반의료비 (그 외)				난임시술비			
										미숙아.선천성이상아			

2단계 · [월세액] 탭 ▶ 월세액 세액공제 명세

임대인명 (상호)	주민등록번호 (사업자번호)	유형	계약 면적(㎡)	임대차계약서 상 주소지	계약서상 임대차 계약기간			연간 월세액	공제대상금액	세액공제금액
					개시일	~	종료일			
나상가	560101-2522148	오피스텔	55.00	서울특별시 동작구 사당동 사	2024-11-01	~	2025-10-31	5,000,000	5,000,000	750,000

■ 무주택자 해당 여부   ✓ 여, ☐ 부

3단계 · [연말정산입력] 탭 ▶ 세액공제

구분			지출액	공제대상금액	공제금액
특	61.보장 성보험	일반	2,500,000	2,500,000	1,000,000	120,000
		장애인				
	62.의료비		4,500,000	4,500,000	2,700,000	405,000
	63.교육비		3,000,000	3,000,000	3,000,000	450,000
	64.기부금					
	1)정치자금 기부금	10만원이하				
		10만원초과				
	2)특례기부금(전액)					
	3)우리사주조합기부금					
	4)일반기부금(종교단체외)					
	5)일반기부금(종교단체)					
	65.특별세액공제 계					975,000
66.표준세액공제					
67.납세조합공제					
68.주택차입금					
69.외국납부		▶			
70.월세액			5,000,000	5,000,000	750,000
71.세액공제 계					2,385,000

[제66회]

다음 자료를 보고 김용식의 필요한 수당등록과 5월분 급여자료입력을 하고, 원천징수이행상황신고서를 작성하시오. (급여지급일은 매월 말일, 원천징수신고는 매월하고 있으며, 연말정산으로 인한 전월미환급세액 130,000원이 있다. 회사는 별도의 식사를 제공하지 않으며, 자가운전에 따른 별도의 보조금은 없고, 6세 이하의 자녀가 있는 경우 자녀 1인당 200,000원의 보육수당을 지급하고 있다)

5월 급여내역			
이 름	김용식	지급일	5월 31일
기본급	2,000,000원	소득세	11,900원
직책수당	300,000원	지방소득세	1,190원
식 대	250,000원	고용보험	16,900원
교통비	150,000원	국민연금	117,000원
보육수당	400,000원	건강보험	79,560원
-	-	장기요양보험	5,210원
급여계	3,100,000원	공제합계	231,760원
노고에 감사드립니다.		차인지급액	2,868,240원

03

▶관련 이론 ㅣ 종합소득금액의 계산 p.641

해 설

1단계 [급여자료입력] 메뉴에서 귀속년월 5월, 지급년월일 5월 31일을 입력한 후, [수당공제]를 클릭하여 수당등록에 "교통비(과세)"와 "보육수당(비과세)"을 입력한다.

2단계 [급여자료입력] 메뉴에서 급여자료를 입력한다.

3단계 [원천징수이행상황신고서] 메뉴에서 귀속기간 "5월~5월", 지급기간 "5월~5월", 신고구분 "정기신고"를 입력하여 해당 월의 금액을 불러온 후, 전월미환급란에 "130,000"을 입력한다.

정답화면

1단계

	코드	과세구분	수당명	근로소득유형 유형	근로소득유형 코드	근로소득유형 한도	월정액	사용여부
8	2001	과세	교통비	급여			정기	여
9	2002	비과세	보육수당	보육수당	Q02	(월)200,000	정기	여

2단계

귀속년월: 2025년 05월 지급년월일: 2025년 05월 31일 급여

	사번	사원명	감면율
	101	김용식	
	102	박경수	

총인원(퇴사자) 2(0)

급여항목	금액
기본급	2,000,000
상여	
직책수당	300,000
월차수당	
식대	250,000
자가운전보조금	
야간근로수당	
교통비	150,000
보육수당	400,000
과 세	2,700,000
비 과 세	400,000
지 급 총 액	3,100,000

공제항목	금액
국민연금	117,000
건강보험	79,560
장기요양보험	5,210
고용보험	16,900
소득세(100%)	11,900
지방소득세	1,190
농특세	
공 제 총 액	231,760
차 인 지 급 액	2,868,240

사원정보 / 임금대장 — 4.전체사원-현재 크게

입사일(퇴사일)	2025/01/01
주민(외국인)번호	970101-1234569
거주/내외국인	거주자/내국인
생산직/연장근로	부/부
국외근로/종교관리	부/부
건강경감/장기요양	부/여

지급총액	3,100,000
과세	2,700,000
총비과세	400,000
제출비과세	400,000
미제출비과세	
기본급	2,000,000

공제총액	231,760
차인지급액	2,868,240
국민연금	117,000
건강보험	79,560
장기요양보험	5,210
고용보험	16,900

- 과세 = 기본급 + 직책수당 + 식대 비과세 한도초과분 + 교통비 + 보육수당 비과세 한도초과분
  = 2,000,000 + 300,000 + 50,000 + 150,000 + 200,000 = 2,700,000원
- 비과세 = 식대(한도) + 보육수당(한도)
  = 200,000(제출) + 200,000(제출) = 400,000원

3단계

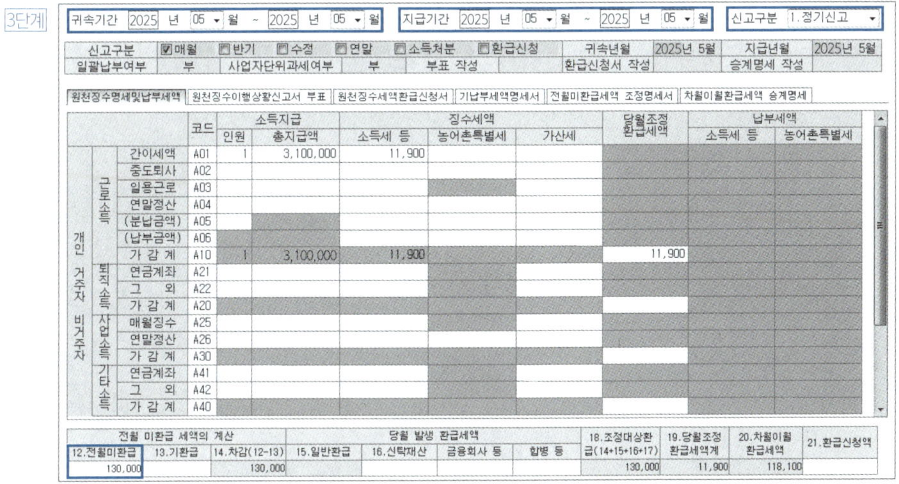

귀속기간 2025 년 05 월 ~ 2025 년 05 월   지급기간 2025 년 05 월 ~ 2025 년 05 월   신고구분 1.정기신고

신고구분	☑매월 □반기 □수정 □연말 □소득처분 □환급신청	귀속년월	2025년 5월	지급년월	2025년 5월
일괄납부여부	부 사업자단위과세여부 부 부표 작성	환급신청서 작성		승계명세 작성	

원천징수명세및납부세액 | 원천징수이행상황신고서 부표 | 원천징수세액환급신청서 | 기납부세액명세서 | 전월미환급세액 조정명세서 | 차월이월환급세액 승계명세

			코드	소득지급 인원	소득지급 총지급액	징수세액 소득세 등	징수세액 농어촌특별세	징수세액 가산세	당월조정환급세액	납부세액 소득세 등	납부세액 농어촌특별세
개인 거주자 비거주자	근로소득	간이세액	A01	1	3,100,000	11,900					
		중도퇴사	A02								
		일용근로	A03								
		연말정산	A04								
		(분납금액)	A05								
		(납부금액)	A06								
		가 감 계	A10	1	3,100,000	11,900			11,900		
	퇴직소득	연금계좌	A21								
		그 외	A22								
		가 감 계	A20								
	사업소득	매월징수	A25								
		연말정산	A26								
		가 감 계	A30								
	기타소득	연금계좌	A41								
		그 외	A42								
		가 감 계	A40								

전월 미환급 세액의 계산				당월 발생 환급세액				18.조정대상환급(14+15+16+17)	19.당월조정환급세액계	20.차월이월환급세액	21.환급신청액
12.전월미환급	13.기환급	14.차감(12-13)	15.일반환급	16.신탁재산	금융회사 등	합병 등					
130,000		130,000						130,000	11,900	118,100	

(1) 다음은 김예림(사번 : 101, 여성, 세대주)의 부양가족 내역이다. [사원등록] 메뉴에서 연말정산 시 세부담을 최소화할 수 있도록 부양가족명세를 입력하시오. 본인 포함 부양가족 전원을 반영하되, 기본공제대상자가 아닌 경우에는 기본공제 항목에 "부"로 입력한다. (단, 본인 및 부양가족의 소득은 다음의 소득이 전부이며, 주민등록번호는 정확한 것으로 가정한다)

성 명	관 계	주민등록번호	연령(만)	내/외국인	동거 여부	비 고
김예림	본 인	890530-2134568	36세	내국인	–	연간 총급여액 2,400만 원
최 영	배우자	840420-1234561	41세	내국인	근무형편상 별거	연간 총급여액 550만 원
김진훈	부	470330-1345678	78세	내국인	주거형편상 별거	복권당첨소득 500만 원
유지유	모	460730-2345675	79세	내국인	주거형편상 별거	소득 없음
최유선	딸	170805-4123455	8세	내국인	취학상 별거	소득 없음, 장애인복지법에 따른 장애인
최상욱	아 들	180505-3123453	7세	내국인	동 거	소득 없음

04 (1)
　　　　　　　　　　　　　　　　　　　　　　　　▶ 관련 이론 | 종합소득공제·세액공제 p.669

해　설　[사원등록] 메뉴의 [부양가족명세] 탭에서, 김예림(사번 : 101) 사원에 대한 부양가족을 다음과 같이 입력한다.

- 근로자 본인으로서 종합소득금액 3,000만 원 이하이고 배우자가 있는 여성이므로, 김예림은 부녀자공제가 가능하다.
- 총급여액 550만 원은 총급여 500만 원을 초과하므로, 최영은 기본공제가 불가능하다.
- 복권당첨소득은 분리과세대상이고, 종합소득·퇴직소득·양도소득에 해당하는 금액이 없으므로, 김진훈은 기본공제가 가능하다.
- 장애인이므로, 최유선은 장애인공제가 가능하다. 기본공제란에 "장애인"을 입력하여도 정답 인정된다.
- 최유선(딸)과 최상유(아들)는 둘 다 기본공제가 적용되나, 8세 이상 세액공제는 최유선(8세)만 가능하다.
- 배우자와 직계비속은 주소지와 관계없이 항상 생계를 같이하는 것으로 보고, 직계존속은 주거형편상 별거하고 있더라도 생계를 같이하는 것으로 본다. 그 외의 부양가족은 취학·질병요양·사업상 형편에 따라 일시 퇴거한 경우 생계를 같이하는 것으로 본다.

정답화면

기본사항	**부양가족명세**	추가사항

연말관계	성명	내/외국인		주민(외국인)번호	나이	기본공제	부녀자	한부모	경로우대	장애인	자녀		출산입양	위탁관계
0	김예림	내	1	890530-2134568	36	본인	○							
3	최영	내	1	840420-1234561	41	부								
1	김진훈	내	1	470330-1345678	78	60세이상			○					
1	유지유	내	1	460730-2345675	79	60세이상			○					
4	최유선	내	1	170805-4123455	8	20세이하				1	○			
4	최상욱	내	1	180505-3123453	7	20세이하								

(2) 2025년 10월 1일 입사한 박용민의 연말정산 관련 자료는 다음과 같다. [연말정산추가자료입력] 메뉴의 [소득명세] 및 [연말정산입력] 탭을 입력하시오. (박용민은 무주택 세대주이며 부양가족은 없다) (모든 자료는 국세청 자료이며, [연말정산입력] 탭에 지출액이 입력되지 않을 경우, [부양가족] 탭에 입력하고 **F8 부양가족탭불러오기** 를 클릭할 것)

현 근무지	• 급여총액 : 18,000,000원(상여·비과세 없음, 국민연금·보험료 등 생략) • 소득세 기납부세액 : 1,500,000원(지방소득세 150,000원)
종전 근무지	• ㈜신승상사(근무기간 2025. 1. 1.~2025. 9. 30., 사업자등록번호 111−11−11119) • 급여총액 : 54,000,000원(상여·비과세 없음, 국민연금·보험료 등 생략) • 소득세 결정세액 : 4,000,000원(지방소득세 400,000원) • 소득세 기납부세액 : 5,000,000원(지방소득세 500,000원) • 소득세 차감징수세액 : (−)1,000,000원(지방소득세 (−)100,000원)

연말정산
자료
	• 신용카드 등 사용금액 내역
	
	  | 구 분 | 연간사용액 |
	  |---|---|
	  | 신용카드 | 10,000,000원(대중교통 2,000,000원 포함) |
	  | 현금영수증 | 16,000,000원(전통시장 4,000,000원 포함) |
	  | 총 계 | 26,000,000원 |
	
	• 일반보장성보험료 : 1,000,000원
	• 본인 의료비 : 치료비 7,000,000원(이 중 3,000,000원은 실손의료보험금 수령액으로 지급함), 건강검진비 1,000,000원

(2)
▶ 관련 이론 | 종합소득공제·세액공제 p.671~675

해 설 [1단계] [연말정산추가자료입력] 메뉴에서 102.박용민을 선택하고 [소득명세] 탭에서 다음과 같이 입력한다.
- 종전 근무지
  - 근무지 : ㈜신승상사
  - 사업자등록번호 : 111−11−11119
  - 근무기간 : 2025.01.01. ~ 2025.09.30.
  - 급여 : 54,000,000
  - 기납부세액 ▶ 소득세 : 4,000,000[1]
  - 기납부세액 ▶ 지방소득세 : 400,000[1]

[1] 전 근무지에서의 기납부세액은 종전근무지 근로소득원천징수영수증에 기재된 결정세액, 기납부세액, 차감징수세액 중 결정세액임

[2단계] [부양가족] 탭에서 다음과 같이 입력한다.
- 본인 박용민
  - 보험료 보조창 ▶ 국세청간소화 ▶ 보장성보험-일반 : 1,000,000
  - [의료비] 탭 ▶ 본인 ▶ 국세청장 ▶ 금액 : 8,000,000[2]
  - [의료비] 탭 ▶ 본인 ▶ 국세청장 ▶ 실손보험수령액 : 3,000,000[3]

[2] 건강검진 비용도 의료비 공제 적용됨

[3] 실손보험금 수령액으로 지급한 의료비는 공제 적용 안 되므로, 서식에서 별도로 표기

[3단계] [연말정산입력] 탭에서 **F8 부양가족탭불러오기** 를 클릭한다.

정답화면 1단계 · [소득명세] 탭

	구분	합계	주(현)	납세조합	종(전) [1/2]
소 득	9.근무처명		(주)육삼산업		(주)신승상사
	9-1.종교관련 종사자		부		부
	10.사업자등록번호		105-81-33130	---.--.-----	111-11-11119
	11.근무기간		2025-10-01 ~ 2025-12-31	----.--.-- ~ ----.--.--	2025-01-01 ~ 2025-09-30
	12.감면기간		----.--.-- ~ ----.--.--	----.--.-- ~ ----.--.--	----.--.-- ~ ----.--.--
	13-1.급여(급여자료입력)	72,000,000	18,000,000		54,000,000
세 액	기납부세액 소득세	5,500,000	1,500,000		4,000,000
	기납부세액 지방소득세	550,000	150,000		400,000
	기납부세액 농어촌특별세				

2단계 · [부양가족] 탭 ▶ 본인 박용민

자료구분	보험료				의료비					교육비	
	건강	고용	일반보장성	장애인전용	일반	실손	선천성이상아	난임	65세,장애인	일반	장애인특수
국세청			1,000,000		8,000,000 1.전액	3,000,000					
기타											

자료구분	신용카드등 사용액공제						기부금
	신용카드	직불카드등	현금영수증	전통시장사용분	대중교통이용분	도서공연 등	
국세청	8,000,000		12,000,000	4,000,000	2,000,000		✓
기타							

· [신용카드 등] 탭

	성명 생년월일	자료 구분	신용카드	직불,선불	현금영수증	도서등 신용	도서등 직불	도서등 현금	전통시장	대중교통	합계
☐	박용민	국세청	8,000,000		12,000,000				4,000,000	2,000,000	26,000,000
☐	1989-04-20	기타									

· [의료비] 탭

2025년 의료비 지급명세서													
의료비 공제대상자					지급처			지급명세					14.산후 조리원
성명	내/외	5.주민등록번호	6.본인등 해당여부	9.증빙 코드	8.상호	7.사업자 등록번호	10. 건수	11.금액	11-1.실손 보험수령핵	12.미숙아 선천성이상아	13.난임 여부		
박용민	내	890420-1987653	1　　0	1				8,000,000	3,000,000	X	X	X	
		합계						8,000,000	3,000,000				
일반의료비 (본인)		8,000,000	6세 이하, 65세 이상, 장애인		일반의료비 (그 외)			난임시술비 미숙아.선천성이상아					

3단계 · [연말정산입력] 탭 ▶ 소득공제

	구분	지출액	공제금액
의 소	41.투자조합출자 등 소득공제		
	42.신용카드 등 사용액	26,000,000	3,000,000

· [연말정산입력] 탭 ▶ 세액공제

		구분		지출액	공제대상금액	공제금액
액별세액공제	특별세액공제	61.보장 성보험 일반	1,000,000	1,000,000	1,000,000	120,000
		61.보장 성보험 장애인				
		62.의료비	8,000,000	8,000,000	2,840,000	426,000
		63.교육비				
		64.기부금				
		1)정치자금 기부금 10만원이하				
		1)정치자금 기부금 10만원초과				
		2)특례기부금(전액)				
		3)우리사주조합기부금				
		4)일반기부금(종교단체외)				
		5)일반기부금(종교단체)				
		65.특별세액공제 계				546,000

05 ㈜육일산업(코드번호 : 0161)의 2025년 귀속 원천징수자료와 관련하여 다음의 물음에 답하시오.

(1) 사원 김용민(남자, 세대주, 장애인복지법에 따른 장애인)의 부양가족사항(생계를 같이함)은 다음과 같다. 김용민의 세부담이 최소화되도록 사원등록에서 부양가족명세서를 작성하시오. (단, 부양가족의 소득은 다음의 소득이 전부이며, 주민등록번호는 정확한 것으로 본다)

관 계	이 름	주민번호	2025년 연말정산 시 참고사항
배우자	정인영	–	2024년 사망
부	김동명	530806-1173915	장애인복지법에 따른 장애인, 2025년 10월 31일 사망
모	유영숙	610914-2535224	장애인복지법에 따른 장애인, 양도소득금액 2백만 원 있음
자	김시은	061130-4035225	대학생, 급여총액 4백만 원(비과세 1백만 원 포함) 있음
자	김윤우	181230-3078519	2025년 입양

05 (1)　　　　　　　　　　　　　　　　　　　　　▶관련 이론 | 종합소득공제·세액공제 p.669

해　설　[사원등록] 메뉴의 [부양가족명세] 탭에서, 김용민 사원에 대한 부양가족을 입력한다.

- 근로자 본인이 배우자가 없는 자로서 기본공제대상자인 직계비속이 있는 세대주이므로, 김용민은 한부모공제가 가능하다.
- 과세기간 종료일 전에 사망한 사람에 대하여는 사망일 전날의 상황에 따라 인적공제를 판단하므로, 김동명은 기본공제, 경로우대공제, 장애인공제 모두 가능하다. 기본공제란에 "장애인"을 입력하여도 정답 인정된다.
- 장애인의 경우 나이요건은 충족하지 않아도 되나 소득금액요건은 충족하여야 하는데, 양도소득금액이 100만 원을 초과하므로, 유영숙은 기본공제와 장애인공제가 모두 불가능하다.
- 총급여액은 급여총액에서 비과세를 차감한 금액인 300만 원이며, 근로소득만 있고 총급여액 500만 원 이하에 해당하므로, 김시은은 소득금액 요건을 충족하여 기본공제가 가능하다.
- 올해에 입양하였고 7세이므로, 김윤우는 기본공제, 출산입양(둘째) 세액공제는 가능하나, 8세 이상 세액공제는 불가능하다.
- 배우자는 2024년에 사망하였으므로 입력하지 않는다.

정답화면

연말관계	성명	내/외국인		주민(외국인)번호	나이	기본공제	부녀자	한부모	경로우대	장애인	자녀	출산입양	위탁관계
0	김용민	내	1	790826-1173914	46	본인		○		1			
1	김동명	내	1	530806-1173915	72	60세이상			○	1			
1	유영숙	내	1	610914-2535224	64	부							
4	김시은	내	1	061130-4035225	19	20세이하					○		
4	김윤우	내	1	181230-3078519	7	20세이하						둘째	

(2) 다음 자료를 이용하여 사무직에서 근무하는 계속근로자인 김신우(남성, 무주택 세대주, 만 43세, 사원코드 : 103)의 세부담이 최소화되도록 [연말정산추가자료입력] 메뉴의 [연말정산입력] 탭을 입력하시오. (모든 자료는 국세청 자료이며, [연말정산입력] 탭에 지출액이 입력되지 않을 경우, [부양가족] 탭에 입력하고 **F8 부양가족탭불러오기** 를 클릭할 것)

구 분	사용 내역
신용카드	• 본인 국내 신용카드사용액 18,000,000원(전통시장사용분 3,000,000원 포함) • 배우자(만 40세, 복권당첨소득 100,000,000원 있음) 국내 현금영수증사용액 2,000,000원 • 배우자 해외신용카드사용액 1,000,000원 • 본인 신규 자동차구입 현금영수증사용액 15,000,000원
보험료	• 본인 저축성보험 1,000,000원 • 장남(만 16세, 고등학생, 소득 없음) 보장성보험 1,200,000원 • 모친(만 73세, 장애인복지법에 따른 장애인, 소득 없음) 장애인전용보장성보험 1,000,000원
의료비	• 모친 치아 임플란트시술 2,000,000원 • 장남 보약 구입 1,000,000원
교육비	• 모친 노인대학등록금 2,000,000원 • 장남 교복 구입 비용 600,000원 • 차남(만 10세, 초등학생, 소득 없음) 초등학교 수업료 2,800,000원
기부금	• 본인 정치자금기부금 300,000원(금전) • 배우자 정치자금기부금 200,000원(금전)
주택차입금 원리금상환액	• 대출기관으로부터 차입한 본인 명의의 주택임차차입금(공제 요건을 충족함)에 대하여 당기에 상환한 원금 3,000,000원과 이자 300,000원

(2)

▶관련 이론 | 종합소득공제·세액공제 p.671~675

해 설 1단계 [연말정산추가자료입력] 메뉴에서 103.김신우를 선택하고 [부양가족] 탭에서 공제 적용대상 지출액을 입력한다.

구분		제시된 금액	공제 대상 지출액
신용카드	· 본인 신용카드 ▶ 전통시장	3,000,000	3,000,000
	· 본인 신용카드 ▶ 그 외	15,000,000	15,000,000
	· 배우자 국내 현금영수증	2.000,000	2,000,000[1]
	· 배우자 해외 신용카드 사용액	1,000,000	0[2]
	· 본인 신규 자동차 구입 현금영수증	15,000,000	0[3]
보험료	· 본인 저축성보험	1,000,000	0[4]
	· 장남 보장성보험	1,200,000	1,200,000
	· 모친 장애인전용보장성보험	1,000,000	1,000,000
의료비	· 모친(65세 이상, 장애인) 치아 임플란트시술	2,000,000	2,000,000[5]
	· 장남 보약 구입	1,000,000	0[6]
교육비	· 모친 노인대학등록금	2,000,000	0[7]
	· 장남(고등학생) 교복 구입 비용	600,000	500,000[8]
	· 차남 초등학교 수업료	2,800,000	2,800,000
기부금	· 본인 정치자금기부금	300,000	300,000
	· 배우자 정치자금기부금	200,000	0[9]

[1] 복권당첨소득은 분리과세 되므로, 배우자는 소득금액 요건을 충족하고 신용카드 등 사용액 공제 가능함

[2] 해외에서 신용카드 등을 사용한 금액은 신용카드 등 사용액 공제 적용 안 됨

[3] 신규 자동차구입은 전액 신용카드 등 사용액 공제 적용 안 됨

[4] 저축성 보험료는 공제 적용 안 됨

[5] 치아 임플란트 시술 비용도 의료비 공제 적용됨

[6] 보약 구입비는 의료비 공제 적용 안 됨

[7] 노인대학등록금은 일반교육비에 해당하며, 직계존속의 일반교육비는 공제 적용 안 됨

[8] 중·고등학교 교복구입비용은 1인당 연 50만 원을 한도로 공제

[9] 정치자금기부금은 본인 지출분만 인정됨

2단계 [연말정산] 탭에서 '주택차입금 원리금상환액' 보조창에 다음과 같이 입력한다.
· 주택임차차입금 원리금상환액 ▶ 대출기관 ▶ 불입/상환액 : 3,300,000[1]

[1] 원리금 상환액 = 원금 상환액 3,000,000 + 이자 상환액 300,000 = 3,300,000원

3단계 [연말정산입력] 탭에서 F8 부양가족탭불러오기 를 클릭한다.

정답화면

1단계 · [부양가족] 탭 ▶ 본인 김신우

자료구분	보험료				의료비					교육비	
	건강	고용	일반보장성	장애인전용	일반	실손	선천성이상아	난임	65세,장애인	일반	장애인특수
국세청											
기타	2,707,320	540,000									

자료구분	신용카드등 사용액공제						기부금
	신용카드	직불카드등	현금영수증	전통시장사용분	대중교통이용분	도서공연 등	
국세청	15,000,000			3,000,000			300,000
기타							

· [부양가족] 탭 ▶ 모친 박선자

자료구분	보험료				의료비					교육비	
	건강	고용	일반보장성	장애인전용	일반	실손	선천성이상아	난임	65세,장애인	일반	장애인특수
국세청				1,000,000					2,000,000		
기타											

자료구분	신용카드등 사용액공제						기부금
	신용카드	직불카드등	현금영수증	전통시장사용분	대중교통이용분	도서공연 등	
국세청							
기타							

· [부양가족] 탭 ▶ 배우자 이영희

자료구분	보험료				의료비					교육비	
	건강	고용	일반보장성	장애인전용	일반	실손	선천성이상아	난임	65세,장애인	일반	장애인특수
국세청											
기타											

자료구분	신용카드등 사용액공제						기부금
	신용카드	직불카드등	현금영수증	전통시장사용분	대중교통이용분	도서공연 등	
국세청			2,000,000				
기타							

· [부양가족] 탭 ▶ 장남 김민석

자료구분	보험료				의료비					교육비	
	건강	고용	일반보장성	장애인전용	일반	실손	선천성이상아	난임	65세,장애인	일반	장애인특수
국세청			1,200,000							500,000 2.초중고	
기타											

자료구분	신용카드등 사용액공제						기부금
	신용카드	직불카드등	현금영수증	전통시장사용분	대중교통이용분	도서공연 등	
국세청							
기타							

· [부양가족] 탭 ▶ 차남 김민혁

자료구분	보험료				의료비					교육비	
	건강	고용	일반보장성	장애인전용	일반	실손	선천성이상아	난임	65세,장애인	일반	장애인특수
국세청										2,800,000 2.초중고	
기타											

자료구분	신용카드등 사용액공제						기부금
	신용카드	직불카드등	현금영수증	전통시장사용분	대중교통이용분	도서공연 등	
국세청							
기타							

- [신용카드 등] 탭

	성명 생년월일	자료 구분	신용카드	직불,선불	현금영수증	도서등 신용	도서등 직불	도서등 현금	전통시장	대중교통	합계
☐	김신우	국세청	15,000,000							3,000,000	18,000,000
	1982-10-01	기타									
☐	박선자	국세청									
	1952-03-20	기타									
☐	이영희	국세청			2,000,000						2,000,000
	1985-06-30	기타									
☐	김민석	국세청									
	2009-07-01	기타									
☐	김민혁	국세청									
	2015-03-28	기타									
☐											
☐											
	합계		15,000,000		2,000,000				3,000,000		20,000,000

- [의료비] 탭

<table>
<tr><td colspan="15" align="center">2025년 의료비 지급명세서</td></tr>
<tr><td colspan="4">의료비 공제대상자</td><td colspan="5">지급처</td><td colspan="4">지급명세</td><td rowspan="2">14.산후
조리원</td></tr>
<tr><td>성명</td><td>내/외</td><td>5.주민등록번호</td><td>6.본인등
해당여부</td><td>9.증빙
코드</td><td>8.상호</td><td>7.사업자
등록번호</td><td>10.
건수</td><td>11.금액</td><td>11-1.실손
보험수령액</td><td>12.미숙아
선천성이상아</td><td>13.난임
여부</td></tr>
<tr><td>박선자</td><td>내</td><td>520320-2122426</td><td>2</td><td>0</td><td>1</td><td></td><td></td><td>2,000,000</td><td></td><td>X</td><td>X</td><td>X</td></tr>
<tr><td></td><td></td><td></td><td></td><td></td><td></td><td></td><td></td><td></td><td></td><td></td><td></td><td></td></tr>
<tr><td></td><td></td><td></td><td></td><td></td><td></td><td></td><td></td><td></td><td></td><td></td><td></td><td></td></tr>
<tr><td></td><td></td><td></td><td></td><td></td><td></td><td></td><td></td><td></td><td></td><td></td><td></td><td></td></tr>
<tr><td colspan="8" align="center">합계</td><td>2,000,000</td><td></td><td></td><td></td><td></td></tr>
<tr><td colspan="2">일반의료비
(본인)</td><td colspan="2">6세 이하, 65세 이상,
장애인</td><td>2,000,000</td><td colspan="2">일반의료비
(그 외)</td><td colspan="6" align="center">난임시술비
미숙아.선천성이상아</td></tr>
</table>

- [기부금] 탭 ▶ [기부금 입력] 세부 탭 ▶ 본인 김신우

구분		9.기부내용	기부처		건수	기부명세			자료 구분
7.유형	8.코드		10.상호 (법인명)	11.사업자 번호 등		13.기부금합계 금액(14+15)	14.공제대상 기부금액	15.기부장려금 신청 금액	
정치자금	20	금전				300,000	300,000		국세청

- [기부금] 탭 ▶ [기부금 조정] 세부 탭

구분		기부연도	16.기부금액	17.전년도까지 공제된금액	18.공제대상 금액(16-17)	해당연도 공제금액	해당연도에 공제받지 못한 금액	
유형	코드						소멸금액	이월금액
정치자금	20	2025	300,000		300,000	300,000		

2단계 · [연말정산입력] 탭 ▶ '주택차입금 원리금상환액' 보조창

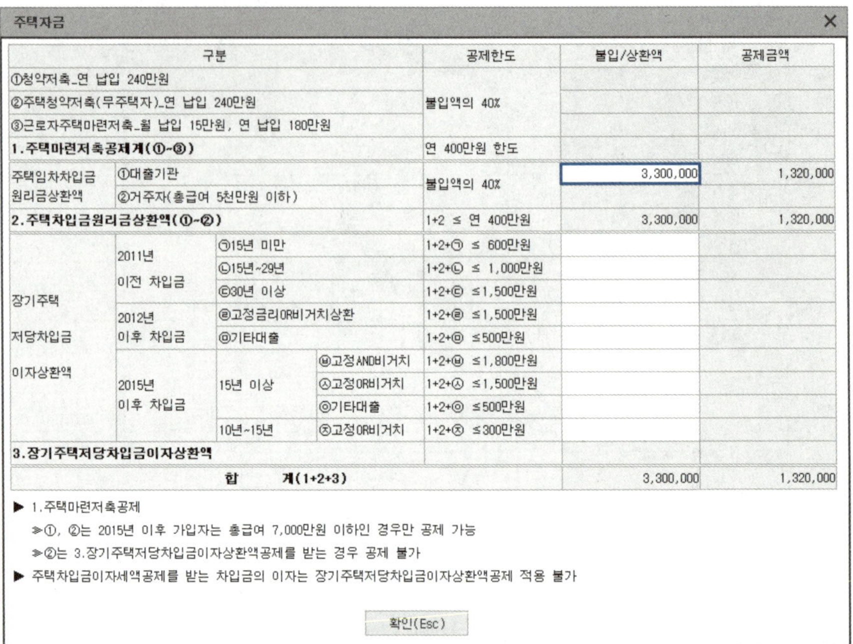

3단계 · [연말정산입력] 탭 ▶ 소득공제

	구분		지출액	공제금액
특별소득공제	34.주택차입금 원리금상환액	대출기관	3,300,000	1,320,000
		거주자		
	34.장기주택저당차입금이자상			
	35.기부금-2013년이전이월분			
	36.특별소득공제 계			4,567,320
37.차감소득금액				30,382,680
그밖의소득공제	38.개인연금저축			
	39.소기업,소상 공인 공제부금	2015년이전가입		
		2016년이후가입		
	40.주택 마련저축 소득공제	청약저축		
		주택청약		
		근로자주택마련		
	41.투자조합출자 등 소득공제			
	42.신용카드 등 사용액		20,000,000	1,800,000

· [연말정산입력] 탭 ▶ 세액공제

구분			지출액	공제대상금액	공제금액
특별세액공제	61.보장성보험	일반	1,200,000	1,200,000	1,000,000	120,000
		장애인	1,000,000	1,000,000	1,000,000	150,000
	62.의료비		2,000,000	2,000,000	200,000	30,000
	63.교육비		3,300,000	3,300,000	3,300,000	495,000
	64.기부금		300,000	300,000	300,000	120,909
	1)정치자금기부금	10만원이하	100,000	100,000	90,909
		10만원초과	200,000	200,000	30,000
	2)특례기부금(전액)				
	3)우리사주조합기부금				
	4)일반기부금(종교단체외)				
	5)일반기부금(종교단체)				
	65.특별세액공제 계				915,909

· [연말정산입력] 탭 ▶ 세액공제 ▶ 의료비

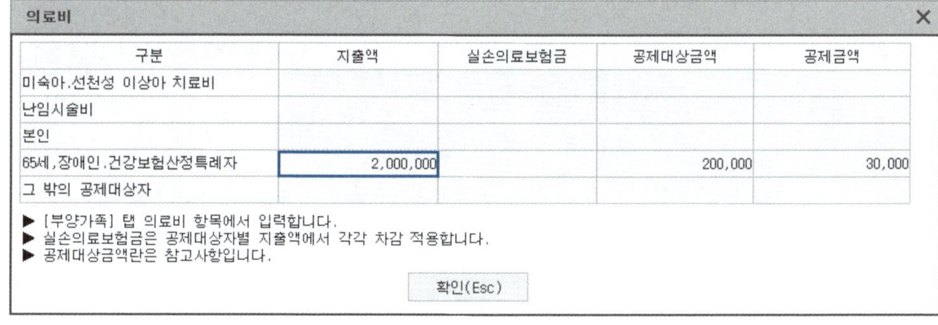

구분	지출액	실손의료보험금	공제대상금액	공제금액
미숙아,선천성 이상아 치료비				
난임시술비				
본인				
65세,장애인,건강보험산정특례자	2,000,000		200,000	30,000
그 밖의 공제대상자				

▶ [부양가족] 탭 의료비 항목에서 입력합니다.
▶ 실손의료보험금은 공제대상자별 지출액에서 각각 차감 적용합니다.
▶ 공제대상금액란은 참고사항입니다.

확인(Esc)

· [연말정산입력] 탭 ▶ 세액공제 ▶ 교육비

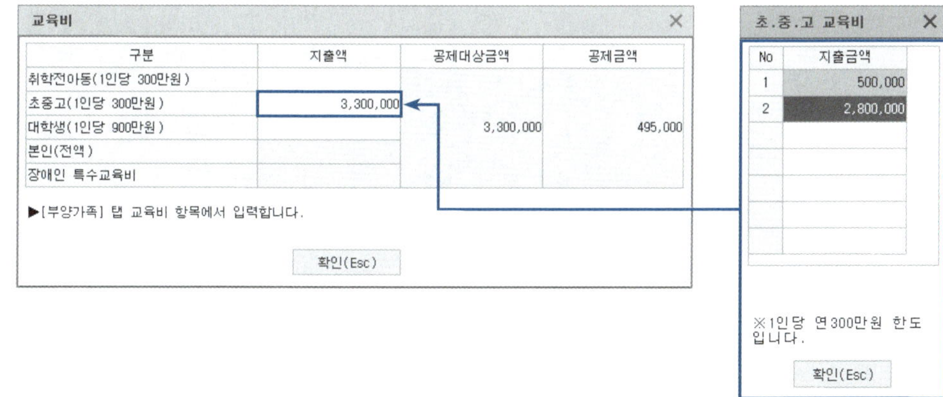

구분	지출액	공제대상금액	공제금액
취학전아동(1인당 300만원)			
초중고(1인당 300만원)	3,300,000	3,300,000	495,000
대학생(1인당 900만원)			
본인(전액)			
장애인 특수교육비			

▶[부양가족] 탭 교육비 항목에서 입력합니다.

확인(Esc)

초.중.고 교육비

No	지출금액
1	500,000
2	2,800,000

※1인당 연300만원 한도입니다.

확인(Esc)

(1) 다음 자료를 보고 내국인이며 거주자인 생산직 사원 조윤진(740128 – 2436802, 세대주, 입사일자 2025년 5월 1일)의 세부담이 최소화되도록 5월분 급여자료를 입력하시오. (단, 급여지급일은 매월 25일이다)

급여 및 제수당	기본급	식 대	시내교통비	보육수당	야간근로수당
금액(원)	1,200,000	200,000	250,000	200,000	2,000,000

- 별도의 식사를 제공하지 않고 있으며, 식대로 매월 200,000원을 지급하고 있다.
- 출퇴근용 시내교통비로 매월 250,000원을 지급하고 있다.
- 보육수당은 비과세 요건을 충족한다.
- 5월 및 7월에는 업무특성상 야간근무를 하고 이에 대하여 별도 수당을 지급하고 있다.
  (조윤진 : 국내근무, 월정액급여 1,850,000원, 직전 과세기간 총급여 21,960,000원)

06 (1) ▶관련 이론 | 종합소득금액의 계산 p.641

해　설　[급여자료입력] 메뉴에서 귀속년월 "5월", 지급년월일 "5월 25일" 101.조윤진의 급여자료를 다음과 같이 입력한다.

- 생산직 사원이고, 직전 연도 총급여액이 3,000만 원 이하로서, 월정액급여액이 월 210만 원 이하이 므로 야간근로수당은 연 240만 원을 한도로 비과세 항목이다.

   참고 [사원등록] 메뉴에서 야간근로비과세란이 "0 : 부"로 등록되어 있으면 [급여자료입력] 메뉴에서 "야간근로수당(비과세)"로 금액을 입력하더라도 동 금액이 전액 과세로 자동 집계되는 기능이 있 기 때문에, [급여자료입력] 메뉴에 "야간근로수당(비과세)"로 금액을 입력하여야 하는 경우에는 [사원등록] 메뉴에서 해당 사원의 야간근로비과세란이 "1 : 여"로 등록되어 있는지 먼저 확인하 여야 한다.

- F4 수당공제 (또는 F4)를 클릭한 후, 수당공제등록 보조창에서 과세 항목인 시내교통비(과세/급여 /정기)를 입력한다.

- 수당공제등록 보조창에서 비과세 항목인 보육수당(비과세/보육수당/정기)을 F2 를 누른 후 검색하 여 입력한다.

정답화면

귀속년월 : 2025 년 05 ▼ 월　지급년월일 : 2025 년 05 ▼ 월 25 일 　급여

	사번	사원명	감면율
	101	조윤진	
	102	장영아	
	총인원(퇴사자)	2(0)	

급여항목	금액
기본급	1,200,000
상여	
직책수당	
월차수당	
식대	200,000
자가운전보조금	
야간근로수당	2,000,000
시내교통비	250,000
보육수당	200,000
과　　세	1,450,000
비　과　세	2,400,000
지　급　총　액	3,850,000

- 과세 = 기본급 + 시내교통비
　　　= 1,200,000 + 250,000 = 1,450,000원
- 비과세 = 식대 + 보육수당 + 야간근로수당
　　　= 200,000 + 200,000 + 2,000,000 = 2,400,000원

(2) 다음 자료를 보고 2025. 12. 31. 현재 사무직 계속근로자인 장영아(820121 – 2232215, 입사일 2023. 7. 1. 세대주, 거주자) 씨의 세부담 최소화를 위한 2025년 [연말정산추가자료입력] 메뉴의 [연말정산입력] 탭을 입력하시오. (단, 배우자는 양도소득금액 1,500,000원이 있고, 다른 부양가족은 소득이 없으며, 모두 생계를 같이하고 있다) (모든 자료는 국세청 자료이며, [연말정산입력] 탭에 지출액이 입력되지 않을 경우, [부양가족] 탭에 입력하고 **F8 부양가족탭불러오기** 를 클릭할 것)

관 계	내 용	금액(원)
본 인	자동차보험료	960,000
	신용카드 사용액(전통시장 사용액 3,000,000원 포함)	25,000,000
	출산 관련 분만 의료비	2,500,000
	산후조리원 비용	3,000,000
배우자	현금영수증 사용액	3,000,000
아들(17세)	고등학교 등록금	2,400,000
	보습학원비	3,000,000
	시력보정용 안경 구입	800,000
딸(0세)	2025년 12월 30일 출생	–
	질병 치료비	1,100,000
동생(23세)	대학교 등록금	10,000,000
	이재민 구호금품 기부금(금전)	200,000
부친(71세) (장애인복지법상 장애인)	장애인전용 보장성보험료	2,000,000

(2)
▶관련 이론 | 종합소득공제·세액공제 p.671~675

해 설 **1단계** [연말정산추가자료입력] 메뉴에서 102.장영아를 선택하고, [부양가족] 탭 상단부에서 배우자(김상식)의 소득기준 초과여부 란을 "1.여"로 입력한 다음, 하단부에서 인별로 공제 적용대상 지출액을 입력한다.

구분		제시된 금액	공제 대상 지출액
본인	· 자동차보험료	960,000	960,000
	· 신용카드 ▶ 전통시장	3,000,000	3,000,000
	· 신용카드 ▶ 그 외	22,000,000	22,000,000
	· 출산 관련 분만 의료비	2,500,000	2,500,000
	· (산후조리원) 산후조리원 비용	3,000,000	2,000,000[1]
배우자	· 현금영수증	3,000,000	0[2]

아들	· 고등학교 등록금 · 보습학원비 · 시력보정용 안경 구입	2,400,000 3,000,000 800,000	2,400,000 0 [3] 500,000 [4]
딸	· (6세 이하) 질병치료비	1,100,000	1,100,000
동생	· 대학교 등록금 · (특례기부금) 이재민 구호금품 기부금	10,000,000 200,000	10,000,000 [5] 200,000 [6]
부친	· 장애인전용 보장성보험료	2,000,000	2,000,000

[1] 산후조리원 비용은 출산 1회당 200만 원 한도가 적용되어야 하므로, [의료비] 탭의 '산후조리원'란에서 "1.해당"을 입력

[2] 신용카드 등 사용액은 나이의 제한은 받지 않으나 소득금액의 제한은 받으므로, 소득금액 요건을 충족하지 못하는 배우자의 현금영수증 사용액은 공제 적용 안 됨

[3] 취학 전 아동 이외의 자녀 학원비는 공제 적용 안 됨

[4] 시력보정용 안경 구입비는 1인당 연 50만 원을 한도로 공제

[5] 교육비는 나이의 제한을 받지 않음

[6] 기부금은 나이의 제한을 받지 않으며, 이재민 구호금품 기부금은 특례기부금에 해당함

2단계 [연말정산입력] 탭에서 **F8 부양가족탭불러오기** 를 클릭한다.

정답화면 1단계 · [부양가족] 탭 ▶ 상단부

연말 관계	성명	내/외국인	주민(외국인)번호	나이	소득기준 초과여부	기본공제	세대주 구분	부녀 자	한부 모	경로 우대	장애 인	자녀	출산 입양	혼해 결세
0	장영아	내	1 820121-2232215	43		본인	세대주							
1	장동진	내	1 540505-1232210	71		60세이상				○	1			
3	김상식	내	1 740827-1538335	51	○	부								
4	김훈	내	1 081212-3538333	17		20세이하						○		
4	김예슬	내	1 251230-4538332	0		20세이하							둘째	
6	장영순	내	1 020314-4214531	23		부								
합 계 [명]					1	4					1	1	1	

· [부양가족] 탭 ▶ 본인 장영아

자료구분	보험료				의료비					교육비	
	건강	고용	일반보장성	장애인전용	일반	실손	선천성이상아	난임	65세,장애인	일반	장애인특수
국세청			960,000		4,500,000 1.전액						
기타	1,804,900	540,000									

자료구분	신용카드등 사용액공제						기부금
	신용카드	직불카드등	현금영수증	전통시장사용분	대중교통이용분	도서공연 등	
국세청	22,000,000			3,000,000			
기타							

· [부양가족] 탭 ▶ 부친 장동진

자료구분	보험료				의료비					교육비	
	건강	고용	일반보장성	장애인전용	일반	실손	선천성이상아	난임	65세,장애인	일반	장애인특수
국세청				2,000,000							
기타											

자료구분	신용카드등 사용액공제						기부금
	신용카드	직불카드등	현금영수증	전통시장사용분	대중교통이용분	도서공연 등	
국세청							
기타							

· [부양가족] 탭 ▶ 배우자 김상식

자료구분	보험료				의료비					교육비	
	건강	고용	일반보장성	장애인전용	일반	실손	선천성이상아	난임	65세,장애인	일반	장애인특수
국세청											
기타											

자료구분	신용카드등 사용액공제						기부금
	신용카드	직불카드등	현금영수증	전통시장사용분	대중교통이용분	도서공연 등	
국세청							
기타							

· [부양가족] 탭 ▶ 아들 김훈

자료구분	보험료				의료비					교육비	
	건강	고용	일반보장성	장애인전용	일반	실손	선천성이상아	난임	65세,장애인	일반	장애인특수
국세청					500,000 2.일반					2,400,000 2.초중고	
기타											

자료구분	신용카드등 사용액공제						기부금
	신용카드	직불카드등	현금영수증	전통시장사용분	대중교통이용분	도서공연 등	
국세청							
기타							

· [부양가족] 탭 ▶ 딸 김예슬

자료구분	보험료				의료비					교육비	
	건강	고용	일반보장성	장애인전용	일반	실손	선천성이상아	난임	65세,장애인	일반	장애인특수
국세청									1,100,000		
기타											

자료구분	신용카드등 사용액공제						기부금
	신용카드	직불카드등	현금영수증	전통시장사용분	대중교통이용분	도서공연 등	
국세청							
기타							

· [부양가족] 탭 ▶ 동생 장영순

자료구분	보험료				의료비					교육비	
	건강	고용	일반보장성	장애인전용	일반	실손	선천성이상아	난임	65세,장애인	일반	장애인특수
국세청										10,000,000 3.대학생	
기타											

자료구분	신용카드등 사용액공제						기부금
	신용카드	직불카드등	현금영수증	전통시장사용분	대중교통이용분	도서공연 등	
국세청							200,000
기타							

· [신용카드 등] 탭

☐	성명 / 생년월일	자료구분	신용카드	직불,선불	현금영수증	도서등 신용	도서등 직불	도서등 현금	전통시장	대중교통	합계
☐	장영아	국세청	22,000,000						3,000,000		25,000,000
	1982-01-21	기타									
☐	장동진	국세청									
	1954-05-05	기타									
☐	김상식	국세청									
	1974-08-27	기타									
☐	김훈	국세청									
	2008-12-12	기타									
☐	김예슬	국세청									
	2025-12-30	기타									
☐	장영순	국세청									
	2002-03-14	기타									
	합계		22,000,000						3,000,000		25,000,000

· [의료비] 탭

2025년 의료비 지급명세서													14.산후조리원
의료비 공제대상자					지급처			지급명세					
성명	내/외	5.주민등록번호	6.본인등해당여부	9.증빙코드	8.상호	7.사업자등록번호	10.건수	11.금액	11-1.실손보험수령핵	12.미숙아선천성이상아	13.난임여부		
장영아	내	820121-2232215	1	0	1			2,500,000		X	X		X
장영아	내	820121-2232215	1	0	1			2,000,000		X	X		O
김예슬	내	251230-4538332	2	0	1			1,100,000		X	X		X
김훈	내	081212-3538333	3	X	1			500,000		X	X		X
					합계			6,100,000					
일반의료비 (본인)		4,500,000	6세 이하, 65세 이상, 장애인		1,100,000	일반의료비 (그 외)		500,000	난임시술비 미숙아·선천성이상아				

- [기부금] 탭 ▶ [기부금 입력] 세부 탭 ▶ 형제자매 장영순

| 구분 | | 9.기부내용 | 기부처 | | | 기부명세 | | | 자료구분 |
7.유형	8.코드		10.상호(법인명)	11.사업자번호 등	건수	13.기부금합계금액(14+15)	14.공제대상기부금액	15.기부장려금신청 금액	
특례	10	금전				200,000	200,000		국세청

- [기부금] 탭 ▶ [기부금 조정] 세부 탭

| 구분 | | 기부연도 | 16.기부금액 | 17.전년도까지 공제된금액 | 18.공제대상 금액(16-17) | 해당연도 공제금액 | 해당연도에 공제받지 못한 금액 | |
유형	코드						소멸금액	이월금액
특례	10	2025	200,000		200,000	200,000		

2단계 · [연말정산입력] 탭 ▶ 소득공제

	구분	지출액	공제금액
비	41.투자조합출자 등 소득공제		
소	42.신용카드 등 사용액	25,000,000	2,250,000

- [연말정산입력] 탭 ▶ 세액공제

구분				지출액	공제대상금액	공제금액
액별세액공제	특별	61.보장성보험	일반 960,000	960,000	960,000	115,200
			장애인 2,000,000	2,000,000	1,000,000	150,000
		62.의료비	6,100,000	6,100,000	4,300,000	645,000
		63.교육비	12,400,000	12,400,000	11,400,000	1,292,665
	세액공제	64.기부금	200,000	200,000		
		1)정치자금기부금	10만원이하			
			10만원초과			
		2)특례기부금(전액)		200,000		
		3)우리사주조합기부금				
		4)일반기부금(종교단체외)				
		5)일반기부금(종교단체)				
		65.특별세액공제 계				2,202,865

- [연말정산입력] 탭 ▶ 세액공제 ▶ 의료비

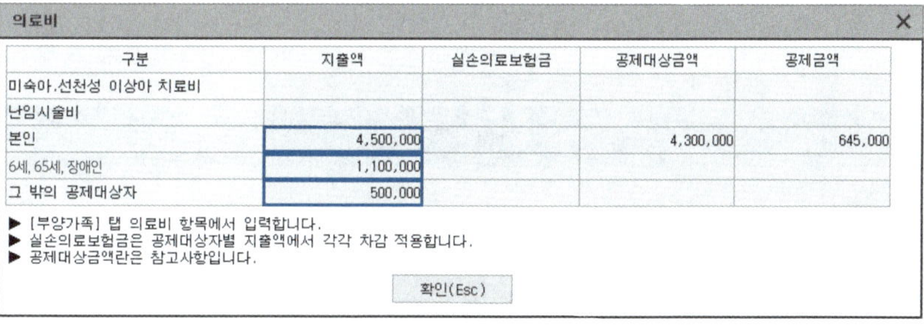

의료비				✕
구분	지출액	실손의료보험금	공제대상금액	공제금액
미숙아.선천성 이상아 치료비				
난임시술비				
본인	4,500,000		4,300,000	645,000
6세, 65세, 장애인	1,100,000			
그 밖의 공제대상자	500,000			

▶ [부양가족] 탭 의료비 항목에서 입력합니다.
▶ 실손의료보험금은 공제대상자별 지출액에서 각각 차감 적용합니다.
▶ 공제대상금액란은 참고사항입니다.

확인(Esc)

- [연말정산입력] 탭 ▶ 세액공제 ▶ 교육비

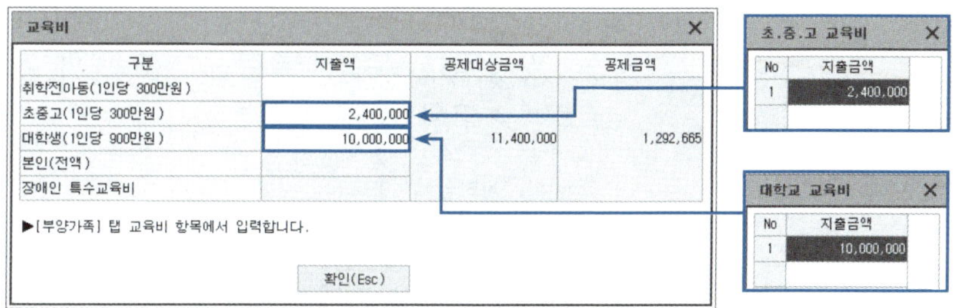

교육비				✕
구분	지출액	공제대상금액	공제금액	
취학전아동(1인당 300만원)				
초중고(1인당 300만원)	2,400,000			
대학생(1인당 900만원)	10,000,000	11,400,000	1,292,665	
본인(전액)				
장애인 특수교육비				

▶[부양가족] 탭 교육비 항목에서 입력합니다.

확인(Esc)

초.중.고 교육비		✕
No	지출금액	
1	2,400,000	

대학교 교육비		✕
No	지출금액	
1	10,000,000	

07 ㈜오팔산업(코드번호 : 0158)의 2025년 귀속 원천징수자료와 관련하여 다음의 물음에 답하시오.

[제58회 수정]

다음은 손민호(사번 : 3)의 연말정산 자료이다. [연말정산추가자료입력] 메뉴의 [부양가족] 탭과 [연금저축] 탭을 입력하고 서식 작성을 완료하시오. 신용카드 사용액은 공제가능한 금액만 입력하시오. (단, 배우자의 소득이 없으며, 지출액은 모두 국세청 자료이다)

본인 : 손민호 (만 27세)	• 연금저축(2년 전 가입, ㈜신한은행, 계좌번호 110-120-1300) 올해 납입액 : 1,200,000원 • 신용카드 사용내역 · 부친의 병원 진료비를 손민호의 신용카드로 결제한 금액 : 2,000,000원 · 그 외 사용액 : 4,200,000원 (공제대상에 해당)
배우자 : 이지은 (만 25세)	• 일반 보장성보험료 : 500,000원 (이지은의 신용카드로 결제함) • 신용카드 사용내역 · 일반 보장성보험료 결제액 : 500,000원 · 국외에서 사용한 신용카드 금액 : 2,300,000원 · 대형할인마트에서 지출한 금액 : 2,400,000원 · 외식비로 지출한 금액 : 800,000원 • 현금영수증으로 지출한 금액 : 4,000,000원 (공제대상에 해당)
부친 : 손중식 (만 63세)	• 장애인복지법에 따른 장애인이며, 사업소득금액 5,000,000원이 있음 • 병원 진료비 : 2,000,000원 (손민호의 신용카드로 결제함)

정답 및 해설

07

▶ 관련 이론 | 종합소득공제·세액공제 p.671~675

해　　설　　1단계 [연말정산추가자료입력] 메뉴에서 3.손민호를 선택하고, [부양가족] 탭 상단부에서 부친(손중식)의 소득기준 초과여부 란을 "1.여"로 입력한 다음, 하단부에서 인별로 공제 적용대상 지출액을 입력한다.

구분		제시된 금액	공제 대상 지출액
본인	• 신용카드 ▶ 부친의 병원비 • 신용카드 ▶ 그 외	2,000,000 4,200,000	2,000,000[1] 4,200,000
배우자	• 일반 보장성보험료 • 신용카드 ▶ 일반 보장성보험료 • 신용카드 ▶ 국외에서 사용한 금액 • 신용카드 ▶ 대형할인마트에서 지출한 금액 • 신용카드 ▶ 외식비로 지출한 금액 • 현금영수증	500,000 500,000 2,300,000 2,400,000 800,000 4,000,000	500,000 0[2] 0[3] 2,400,000 800,000 4,000,000
부친	• (장애인) 병원 진료비	2,000,000	2,000,000[4] [5]

1) 보험료를 신용카드로 결제한 경우, 보험료 공제만 적용됨

2) 의료비를 신용카드로 결제한 경우, 의료비 공제와 신용카드 등 사용액 공제가 모두 적용됨

3) 국외에서 신용카드 등을 사용한 금액은 신용카드 등 사용액 공제 적용 안 됨

4) 의료비는 나이 및 소득금액의 제한을 받지 않음

5) 부친(65세 이상·6세 이하가 아니고, 장애인이지만 소득금액 요건을 충족하지 못하는 부양가족)의 의료비는 본인 등 의료비로 분류되어 세액공제대상 의료비가 계산되어야 하므로, [의료비] 탭의 '6.본인 등 해당여부'란에서 "3.그 밖의 공제대상자"를 "2.장애인"으로 수정 입력

참고 신용카드로 결제한 지출액에 대한 중복공제 적용 여부

구분	적용 여부		비고
	신용카드 등 소득공제	해당 세액공제	
보험료	X	○	
의료비	○	○	중복공제 가능
(공)교육비	X	○	
(사)교육비	○	○	중복공제 가능
기부금	X	○	
월세액	X	○	

2단계 [연금저축 등 I] 탭에서 다음과 같이 입력한다.

· 연금계좌 세액공제
   – 연금저축구분 : 2.연금저축1)
   – 금융회사 등 : ㈜신한은행(F2를 사용하여 검색)
   – 계좌번호 : 110-120-1300
   – 납입금액 : 1,200,000
   1) 2001.1.1. 이후 가입분이므로 1.개인연금저축, 2.연금저축 중 "2.연금저축"을 선택함

3단계 [연말정산입력] 탭에서 F8 부양가족탭불러오기 를 클릭한다.

정답화면

1단계 · [부양가족] 탭 ▶ 상단부

연말 정산	성명	내/외국인		주민(외국인)번호	나이	소득기준 초과여부	기본공제	세대주 구분	부녀 자	한부 모	경로 우대	장애 인	자녀	출산 입양	결혼 세핵
0	손민호	내	1	980606-1538337	27		본인	세대주							
1	손중식	내	1	620202-1538332	63	○	부								
3	이지은	내	1	000330-4560127	25		배우자								
합 계 [명]						1	2								

· [부양가족] 탭 ▶ 본인 손민호

자료구분	보험료		일반보장성	장애인전용	의료비					교육비	
	건강	고용	일반보장성	장애인전용	일반	실손	선천성이상아	난임	65세,장애인	일반	장애인특수
국세청											
기타	821,640	324,000									

자료구분	신용카드등 사용액공제							기부금
	신용카드	직불카드등	현금영수증	전통시장사용분	대중교통이용분	도서공연 등		
국세청	6,200,000							
기타								

· [부양가족] 탭 ▶ 부친 손중식

자료구분	보험료		일반보장성	장애인전용	의료비					교육비	
	건강	고용	일반보장성	장애인전용	일반	실손	선천성이상아	난임	65세,장애인	일반	장애인특수
국세청									2,000,000		
기타											

자료구분	신용카드등 사용액공제							기부금
	신용카드	직불카드등	현금영수증	전통시장사용분	대중교통이용분	도서공연 등		
국세청								
기타								

· [부양가족] 탭 ▶ 배우자 이지은

자료구분	보험료		일반보장성	장애인전용	의료비					교육비	
	건강	고용	일반보장성	장애인전용	일반	실손	선천성이상아	난임	65세,장애인	일반	장애인특수
국세청			500,000								
기타											

자료구분	신용카드등 사용액공제							기부금
	신용카드	직불카드등	현금영수증	전통시장사용분	대중교통이용분	도서공연 등		
국세청	3,200,000		4,000,000					
기타								

· [신용카드 등] 탭

	성명 생년월일	자료 구분	신용카드	직불,선불	현금영수증	도서등 신용	도서등 직불	도서등 현금	전통시장	대중교통	합계
☐	손민호	국세청	6,200,000								6,200,000
	1998-06-06	기타									
☐	손중식	국세청									
	1962-02-02	기타									
☐	이지은	국세청	3,200,000		4,000,000						7,200,000
	2000-03-30	기타									
☐											
☐											
☐											
☐											
☐											
☐											
	합계		9,400,000		4,000,000						13,400,000

- ・ [의료비] 탭

2025년 의료비 지급명세서

의료비 공제대상자					지급처		지급명세					14.산후조리원
성명	내/외	5.주민등록번호	6.본인등해당여부	9.증빙코드	8.상호	7.사업자등록번호	10.건수	11.금액	11-1.실손보험수령액	12.미숙아선천성이상아	13.납입여부	
손중식	내	620202-1538332	2 0	1				2,000,000		X		X
		합계						2,000,000				
일반의료비(본인)		6세 이하, 65세 이상, 장애인		2,000,000	일반의료비(그 외)				난임시술비			
									미숙아.선천성이상아			

2단계 ・ [연금저축 등 Ⅰ] 탭 ▶ ② 연금계좌 세액공제

연금저축구분	코드	금융회사 등	계좌번호(증권번호)	납입금액
2.연금저축	308	(주) 신한은행	110-120-1300	1,200,000

3단계 ・ [연말정산입력] 탭 ▶ 소득공제

	구분	지출액	공제금액
의소	41.투자조합출자 등 소득공제		
	42.신용카드 등 사용액	13,400,000	1,260,000

・ [연말정산입력] 탭 ▶ 세액공제

		구분		지출액	공제대상금액	공제금액
세액별공제	연금계좌	58.과학기술공제				
		59.근로자퇴직연금				
		60.연금저축		1,200,000	1,200,000	180,000
		60-1.ISA연금계좌전환				
	특별세액공제	61.보장성보험	일반	500,000	500,000	500,000	60,000
			장애인			
		62.의료비		2,000,000	2,000,000	920,000	138,000
		63.교육비				
		64.기부금				
		1)정치자금기부금	10만원이하			
			10만원초과			
		2)특례기부금(전액)				
		3)우리사주조합기부금				
		4)일반기부금(종교단체외)				
		5)일반기부금(종교단체)				
		65.특별세액공제 계				198,000

・ [연말정산입력] 탭 ▶ 세액공제 ▶ 의료비

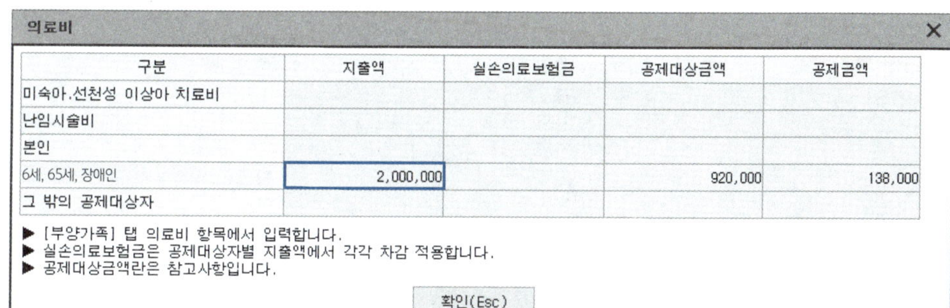

의료비

구분	지출액	실손의료보험금	공제대상금액	공제금액
미숙아.선천성 이상아 치료비				
난임시술비				
본인				
6세, 65세, 장애인	2,000,000		920,000	138,000
그 밖의 공제대상자				

▶ [부양가족] 탭 의료비 항목에서 입력합니다.
▶ 실손의료보험금은 공제대상자별 지출액에서 각각 차감 적용합니다.
▶ 공제대상금액란은 참고사항입니다.

확인(Esc)

 ㈜오칠산업(코드번호 : 0157)의 2025년 귀속 원천징수자료와 관련하여 다음의 물음에 답하시오.

[제57회]

당사 직원 이용규 씨(남, 사원코드 : 102)는 2025년 3월 31일 퇴사하고 3월 급여 수령 시 중도퇴사에 대한 연말정산을 실시하였다. 이용규 씨의 3월 급여명세서로 3월의 급여대장을 작성하고 3월 귀속·3월 지급분에 대한 원천징수이행상황신고서를 작성하시오. 3월 급여대장 작성 시 중도퇴사에 대한 연말정산 금액을 급여대장에 반영하기로 하며, 원천징수이행상황신고서에 환급 발생 시 전액 차월이월하기로 한다. 단, 신고일 현재 전월 미환급세액 98,000원이 있다. (당사의 급여 지급일은 매월 말일이며, 별도 공제항목을 만들지 말 것)

	급여항목	금액(원)	공제항목	금액(원)
	기본급	5,400,000	국민연금	225,000
3월 급여명세서	직책수당	100,000	건강보험	147,250
	식대(비과세)	200,000	장기요양보험	9,640
	–	–	고용보험	35,750

08

▶관련 이론 | 종합소득공제·세액공제 p.668

해 설

1단계 [사원등록] 메뉴에서, 이용규 사원의 퇴사년월일란에 "2025년 3월 31일"을 입력한다. (이미 입력되어 있음)

2단계 [급여자료입력] 메뉴에서, 귀속년월란에 "3월", 지급년월일란에 "3월 31일"을 입력한 후, 다음과 같이 수당공제를 등록하고 급여자료를 입력한다. (본 문제에서는 추가로 등록할 수당공제 사항이 없으며, 소득세란에 금액을 입력하지 않음)

3단계 [급여자료입력] 메뉴 상단의 F7 중도퇴사자정산 ▾ 을 클릭하여 '중도퇴사 연말정산' 보조창에서 연말정산 결과를 확인한다. (본 문제에서는 [연말정산추가자료입력] 메뉴에 입력할 공제 적용가능 지출액이 없음)

4단계 '중도퇴사 연말정산' 보조창에서, 급여반영(Tab) 을 클릭하여 중도퇴사 연말정산에 따른 차감징수세액이 현재 월의 급여자료에 반영되도록 한다.

5단계 [원천징수이행상황신고서] 메뉴에서, 귀속기간란에 "3월~3월", 지급기간란에 "3월~3월", 신고구분란에 "정기신고"를 입력한 후, 간이세액표에 의한 당월 소득세 "0", 중도퇴사 연말정산에 의한 차감징수세액 "(−)766,950"을 확인하고, '12.전월미환급'란에 "98,000"을 입력한다.

정답화면

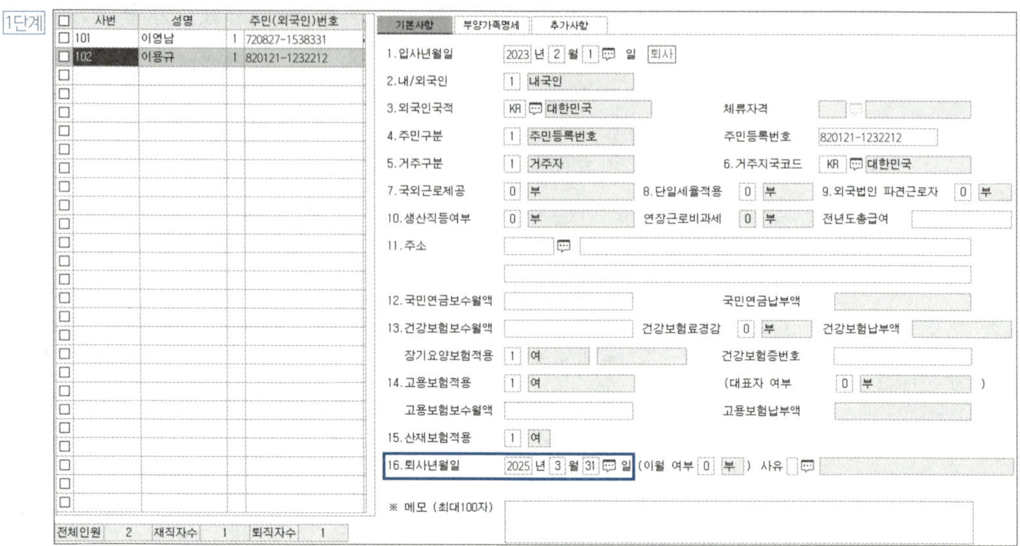

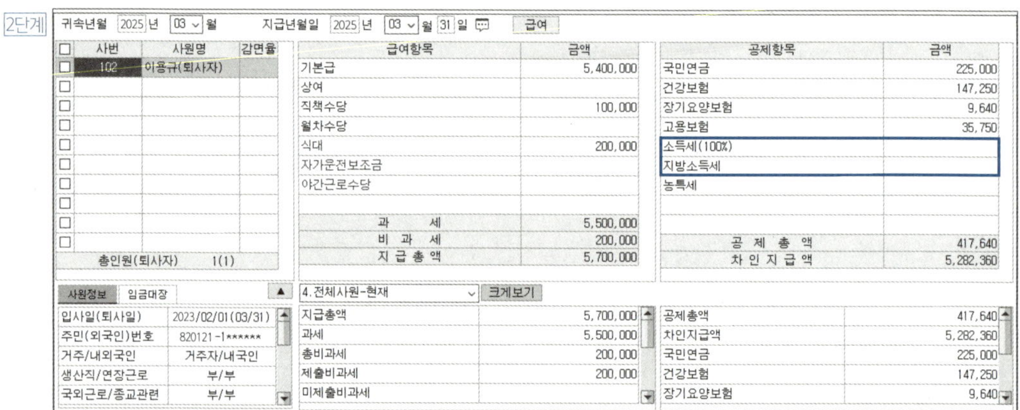

· 과세 = 기본급 + 직책수당 = 5,400,000 + 100,000 = 5,500,000원

· 비과세 = 식대(제출) = 200,000원

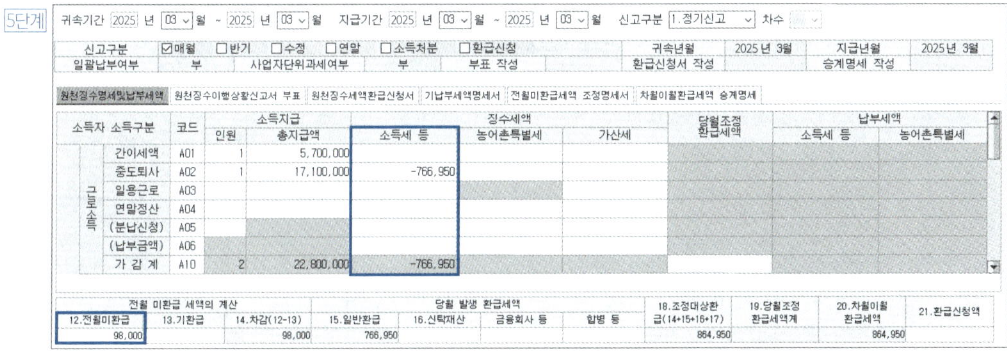

3단계

구분		소득세	지방소득세	농어촌특별세	계
73.결정세액		60,350	6,035		66,385
기납부세액	74.종(전)근무지				
	75.주(현)근무지	827,300	82,720		910,020
76.납부특례세액					
77.차감징수세액		-766,950	-76,680		-843,630

□ 크게 보기   [퇴사월소득세반영] [연말삭제(F5)] [급여반영(Tab)] [급여 미반영(F3)] [취소(Esc)]

4단계

귀속년월 2025 년 03 월   지급년월일 2025 년 03 월 31 일   급여   중도정산적용합

사번	사원명	감면율
102	이용규(퇴사자)	

급여항목	금액
기본급	5,400,000
상여	
직책수당	100,000
월차수당	
식대	200,000
자가운전보조금	
야간근로수당	
과 세	5,500,000
비 과 세	200,000
지 급 총 액	5,700,000

공제항목	금액
국민연금	225,000
건강보험	147,250
장기요양보험	9,640
고용보험	35,750
소득세(100%)	
지방소득세	
농특세	
중도정산소득세	-766,950
중도정산지방소득세	-76,680
공 제 총 액	-425,990
차 인 지 급 액	6,125,990

총인원(퇴사자) 1(1)

5단계

귀속기간 2025 년 03 월 ~ 2025 년 03 월   지급기간 2025 년 03 월 ~ 2025 년 03 월   신고구분 1.정기신고   차수

신고구분	☑매월 □반기 □수정 □연말 □소득처분 □환급신청	귀속년월	2025년 3월	지급년월	2025년 3월
일괄납부여부	부 사업자단위과세여부 부 부표 작성	환급신청서 작성		승계명세 작성	

[원천징수명세및납부세액] 원천징수이행상황신고서 부표 원천징수세액환급신청서 기납부세액명세서 전월미환급세액 조정명세서 차월이월환급세액 승계명세

소득자 소득구분		코드	소득지급		징수세액			당월조정환급세액	납부세액	
			인원	총지급액	소득세 등	농어촌특별세	가산세		소득세 등	농어촌특별세
근로소득	간이세액	A01	1	5,700,000						
	중도퇴사	A02	1	17,100,000	-766,950					
	일용근로	A03								
	연말정산	A04								
	(분납신청)	A05								
	(납부금액)	A06								
	가 감 계	A10	2	22,800,000	-766,950					

전월 미환급 세액의 계산			당월 발생 환급세액			18.조정대상환급(14+15+16+17)	19.당월조정환급세액계	20.차월이월환급세액	21.환급신청액
12.전월미환급	13.기환급	14.차감(12-13)	15.일반환급	16.신탁재산	금융회사 등 / 합병 등				
98,000		98,000	766,950			864,950		864,950	

 ㈜**오룩산업**(코드번호 : 0156)**의 2025년 귀속 원천징수자료와 관련하여 다음의 물음에 답하시오.**

다음 자료를 보고 당사의 원천징수이행상황신고서를 작성하라. (단, 급여자료입력은 생략한다)

- 당월(5월) 정규근로자(일용근로자가 아님) 급여지급내역

성 명	기본급여 및 제수당(원)				공제액(원)			
	기본급	상 여	식 대	지급합계	국민연금 등	근로소득세	지방소득세	공제합계
김갑동	1,500,000	300,000	200,000	2,000,000	110,000	11,000	1,100	122,100
이을동	2,000,000	300,000	200,000	2,500,000	150,000	15,000	1,500	166,500
박병동	2,500,000	300,000	200,000	3,000,000	170,000	21,000	2,100	193,100
최정동	3,000,000	300,000	200,000	3,500,000	190,000	25,000	2,500	217,500
합 계	9,000,000	1,200,000	800,000	11,000,000	620,000	72,000	7,200	699,200

- '식대' 항목은 소득세법상 비과세요건을 충족한다.
- '국민연금 등' 항목은 국민연금, 건강보험, 고용보험료를 합계한 금액이다.
- 당월 중 퇴직직원은 없다.

- 당월(5월) 공장 일용근로자 급여지급내역

성 명	급여액(원)			공제액(원)		
	당월 근로제공 일수	일급여	지급합계	근로소득세	지방소득세	공제합계
이태백	10일	100,000	1,000,000	–	–	–
박문수	10일	50,000	500,000	–	–	–
정약용	5일	250,000	1,250,000	13,500	1,350	14,850
합 계	–	400,000	2,750,000	13,500	1,350	14,850

- 일용근로자 모두는 국민연금, 건강보험, 고용보험 가입대상자가 아니다.

- 기타사항
- 당사는 당월분 급여(일용근로자 급여 포함)를 당월 말일에 일괄 지급하고 있다.
- 당사는 매월별 원천징수세액 납부대상사업자이다.
- 전월분 원천징수이행상황신고서상의 차월이월환급세액은 17,500원이었으며, 환급세액에 대하여는 일체의 환급신청을 하지 않았다.

09

▶관련 이론 Ⅰ 종합소득금액의 계산 p.641

해 설 [원천징수이행상황신고서] 메뉴에서, 귀속기간란에 "5월~5월", 지급기간란에 "5월~5월", 신고구분란에 "1.정기신고"를 입력하여 해당 월의 금액을 불러온 후, 다음과 같이 입력한다.

- 간이세액 : 인원 4 / 총지급액 11,000,000(= 과세 10,200,000 + 제출비과세 800,000) / 소득세 등 72,000(지방소득세 제외)
- 일용근로 : 인원 3 / 총지급액 2,750,000 / 소득세 등 13,500
- 전월미환급 : 17,500

참고 **비과세 항목을 제출비과세와 미제출비과세로 구분하는 방법**

비과세 항목을 제출비과세와 미제출비과세로 구분할 때, [급여자료입력] 메뉴에 비과세 항목 금액을 입력하면 자동으로 구분되는 기능을 활용할 수도 있다. 예를 들어, [급여자료입력] 메뉴에서 임의의 지급일자를 열고, 식대(비과세)에 금액을 입력하면 제출비과세로 집계되는 것을 확인할 수 있다.

급여항목	금액
기본급	
상여	
직책수당	
월차수당	
식대	200,000
자가운전보조금	
야간근로수당	
과　　　세	
비 과 세	200,000
지 급 총 액	200,000

4.전체사원-현재 ∨	크게보기
지급총액	200,000
과세	
총비과세	200,000
제출비과세	200,000
미제출비과세	

정답화면

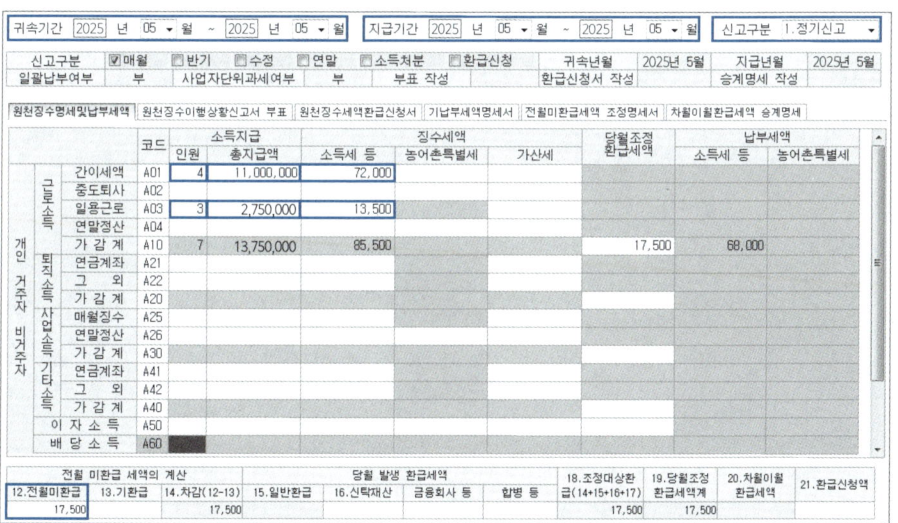

귀속기간 2025 년 05 월 ~ 2025 년 05 월　지급기간 2025 년 05 월 ~ 2025 년 05 월　신고구분 1.정기신고

| 신고구분 | ☑매월 | ☐반기 | ☐수정 | ☐연말 | ☐소득처분 | ☐환급신청 | 귀속년월 | 2025년 5월 | 지급년월 | 2025년 5월 |
| 일괄납부여부 | 부 | 사업자단위과세여부 | | 부 | 부표 작성 | | 환급신청서 작성 | | 승계명세 작성 | |

원천징수명세및납부세액 | 원천징수이행상황신고서 부표 | 원천징수세액환급신청서 | 기납부세액명세서 | 전월미환급세액 조정명세서 | 차월이월환급세액 승계명세

			코드	소득지급		징수세액			당월조정환급세액	납부세액	
				인원	총지급액	소득세 등	농어촌특별세	가산세		소득세 등	농어촌특별세
개인 거주자 비거주자	근로소득	간이세액	A01	4	11,000,000	72,000					
		중도퇴사	A02								
		일용근로	A03	3	2,750,000	13,500					
		연말정산	A04								
		가 감 계	A10	7	13,750,000	85,500			17,500	68,000	
	퇴직소득	연금계좌	A21								
		그 외	A22								
		가 감 계	A20								
	사업소득	매월징수	A25								
		연말정산	A26								
		가 감 계	A30								
	기타소득	연금계좌	A41								
		그 외	A42								
		가 감 계	A40								
	이 자 소 득		A50								
	배 당 소 득		A60								

전월 미환급 세액의 계산			당월 발생 환급세액				18.조정대상환급(14+15+16+17)	19.당월조정환급세액계	20.차월이월환급세액	21.환급신청액
12.전월미환급	13.기환급	14.차감(12-13)	15.일반환급	16.신탁재산	금융회사 등	합병 등				
17,500		17,500					17,500	17,500		

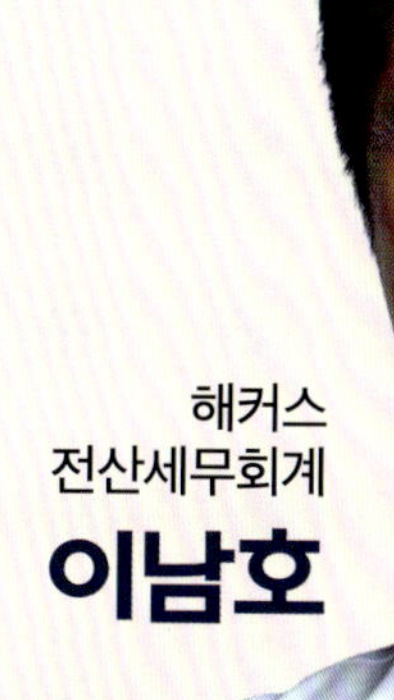

[전산세무회계 1위] 한경비즈니스 선정 2020 한국품질만족도 교육(온·오프라인 전산세무회계) 부문 1위 해커스
[수강생 만족도 1위] 해커스금융 수강후기 강의평점기준(2020.06.13~2021.02.21)
[8년 연속 대표카페] 2017~2024 네이버 대표 인기카페 선정

독금사 전용 전산세무 2급 전 강의 수강권 받기

1. 우측 QR코드로 카페 접속하여 이벤트 참여
2. 참여 후 제공된 수강권을 해커스금융(fn.Hackers.com) ▶ [쿠폰&수강권 등록]에서 등록 후 사용

* 수강권 등록 후 5일간 수강 가능, 중복사용 불가
* 등록과 동시에 강의가 자동으로 시작됩니다.

이벤트 참여하기 ▲

합격의 기준, 해커스금융 fn.Hackers.com

해커스
전산세무 2급
한권합격
이론+실무+최신기출 12회분+무료특강

시험장에 꼭 가져가야 할

빈출분개 80선 +
연말정산 필수이론정리

해커스

전산세무 2급 시험에 자주 출제되는 분개문제 유형을 엄선하여 수록하였습니다. 또한 전산회계 1급에서 새롭게 추가되는 전산세무 2급 분개문제에 "✓" 표시하여, 선별학습이 가능하도록 하였습니다.
※ 분개입력은 ㈜합격산업(코드번호 : 0302) 데이터를 사용하여 연습할 수 있습니다.

1. 당좌자산

✓ **1** 4월 1일 우리은행에 예치된 정기예금(계정과목 : 정기예금)이 만기가 되어 원금 10,000,000원과 예금이자 400,000원에 대한 이자소득세 56,000원이 원천징수 된 후 잔액 344,000원이 보통예금 통장으로 이체되었다.

4월	1일	(차) 보통예금	10,344,000	(대) 정기예금	10,000,000
		선납세금	56,000	이자수익	400,000

2 4월 2일 ㈜강서상사로부터 제품 판매대금으로 수령한 약속어음 30,000,000원을 할인하고, 할인비용 700,000원을 차감한 잔액이 보통예금에 입금되었다. (매각거래로 회계처리할 것)

4월	2일	(차) 보통예금	29,300,000	(대) 받을어음(㈜강서상사)	30,000,000
		매출채권처분손실	700,000		

3 4월 3일 ㈜한맥상사에 대한 외상매입금 2,000,000원을 거래처 ㈜한동케미칼이 발행한 받을어음으로 배서양도하여 결제하다.

4월	3일	(차) 외상매입금(㈜한맥상사)	2,000,000	(대) 받을어음(㈜한동케미칼)	2,000,000

4 4월 4일 당사는 단기매매증권으로 분류되는 ㈜청윤(상장회사)의 주식 5,000주(1주당 액면금액 5,000원)를 1주당 10,000원에 매입하였다. 매입수수료는 매입가액의 1%이고 매입 관련 대금은 모두 현금으로 지급하였다.

4월	4일	(차) 단기매매증권	50,000,000	(대) 현금	50,500,000
		수수료비용(영업외비용)	500,000		

5 4월 5일 단기매매증권 계정에 3,200,000원으로 계상되어 있는 ㈜오로의 주식을 5,000,000원에 매각처분하고 대금은 매각수수료 100,000원을 차감한 후 보통예금으로 입금받았다.

4월	5일	(차) 보통예금	4,900,000	(대) 단기매매증권	3,200,000
				단기매매증권처분이익	1,700,000

2. 재고자산

✓ **6** 5월 6일 원재료로 사용하기 위해 구입한 부품(취득원가 : 700,000원)을 생산공장의 기계장치를 수리하는 데 사용하였다. 수리와 관련된 비용은 수익적 지출로 처리하시오.

| 5월 6일 | (차) 수선비(제조) | 700,000 | (대) 원재료 | 700,000 |

(적요 8. 타계정으로 대체액)

✓ **7** 5월 7일 당사의 제품(원가 : 100,000원, 시가 : 120,000원)을 생산직 직원의 복리후생 목적으로 사용하였다. (재화의 간주공급에 해당하지 아니함)

| 5월 7일 | (차) 복리후생비(제조) | 100,000 | (대) 제품 | 100,000 |

(적요 8. 타계정으로 대체액)

3. 비유동자산

✓ **8** 6월 8일 업무용 승용차를 구입하기 위하여 액면금액 1,000,000원의 10년 만기 무이자부 국공채를 액면금액으로 현금으로 매입하였다. 당 회사는 해당 국공채를 만기까지 보유할 예정이며, 보유할 수 있는 의도와 능력이 충분하다. 구입 당시의 만기보유증권의 공정가액은 600,000원이다.

| 6월 8일 | (차) 차량운반구 | 400,000 | (대) 현금 | 1,000,000 |
| | 만기보유증권(투자자산[1]) | 600,000 | | |

[1] KcLep에서 투자자산에 해당하는 만기보유증권은 코드번호 181을 사용한다.

9 6월 9일 토지와 건물을 모두 사용할 목적으로, 비사업자인 김갑수로부터 토지와 건물을 70,000,000원에 일괄 취득함과 동시에 당좌수표를 발행하여 전액 지급하였다. 토지와 건물의 공정가치는 아래와 같다. (부가가치세는 고려하지 않는다)

> - 토지의 공정가치 : 60,000,000원　　　　　- 건물의 공정가치 : 40,000,000원

| 6월 9일 | (차) 토지 | 42,000,000[1] | (대) 당좌예금 | 70,000,000 |
| | 건물 | 28,000,000 | | |

[1] 70,000,000 × 60,000,000/(60,000,000 + 40,000,000) = 42,000,000원

10 6월 10일 ㈜다현상사로부터 투자목적으로 사용할 토지를 150,000,000원에 현금으로 매입하였다. 또한 당일에 취득세로 6,000,000원을 현금으로 납부하였다. (하나의 전표로 입력할 것)

| 6월 10일 | (차) 투자부동산 | 156,000,000 | (대) 현금 | 156,000,000 |

✓ **11** 6월 11일 신축 중인 사옥의 장기차입금이자 750,000원에 대하여 당좌수표를 발행하여 지급하였다. 사옥은 올해 9월 30일 완공 예정이다. (해당 이자는 자본화대상 요건을 충족한다)

6월 11일 (차) 건설중인자산   750,000   (대) 당좌예금   750,000

✓ **12** 6월 12일 ㈜서울상사에서 발행한 만기 3년인 채권을 다음과 같이 구입하였다. 당사는 동 채권을 만기까지 보유할 의도 및 능력을 갖추고 있다. (하나의 전표로 처리할 것)

구 분	금 액	비 고
㈜서울상사가 발행한 채권의 구입비	1,000,000원	보통예금에서 이체함
채권구입과 관련하여 ㈜유진증권에게 지급한 수수료	30,000원	보통예금에서 이체함
계	1,030,000원	–

6월 12일 (차) 만기보유증권(투자자산)   1,030,000   (대) 보통예금   1,030,000

✓ **13** 6월 13일 당사가 장기투자 목적으로 보유하던 상장주식(투자회사에 대한 지분율이 1% 미만임)을 다음과 같은 조건으로 처분하고 처분대금을 보통예금 계좌로 입금하였다. 단, 전년도에 해당 상장주식에 대한 기말 평가는 기업회계기준에 따라 적절하게 회계처리하였다.

취득가액 (취득일 : 전년도 1월 31일)	시가 (전년도 12월 31일)	양도가액
8,000,000원	5,000,000원	6,000,000원

6월 13일 (차) 보통예금   6,000,000   (대) 매도가능증권(투자자산[1])   5,000,000
           매도가능증권처분손실   2,000,000   매도가능증권평가손실   3,000,000
                                                          (기타포괄손익누계액)

[1] KcLep에서 투자자산에 해당하는 매도가능증권은 코드번호 178을 사용한다.

4. 부채

✓ **14** 7월 14일 본사 영업부의 4대보험 및 근로소득세 납부내역은 다음 표와 같다. 회사는 보통예금으로 동 금액을 납부하였다. 국민연금은 세금과공과 계정을 사용하고 건강보험과 장기요양보험은 복리후생비, 고용보험 및 산재보험은 보험료 계정을 사용한다.

구 분	근로소득세	지방소득세	국민연금	건강보험	장기요양 보험	고용보험	산재보험
회사 부담분	–	–	50,000원	30,000원	2,000원	850원	1,200원
본인 부담분	100,000원	10,000원	50,000원	30,000원	2,000원	550원	–
계	100,000원	10,000원	100,000원	60,000원	4,000원	1,400원	1,200원

7월 14일	(차) 예수금	192,550	(대) 보통예금	276,600
	세금과공과(판관비)	50,000		
	복리후생비(판관비)	32,000		
	보험료(판관비)	2,050		

✓ **15** 7월 15일 ㈜최고생명에서 당사가 가입한 퇴직연금에 대한 이자 500,000원이 퇴직연금 계좌로 입금되었다. 현재 당사는 ㈜최고생명에 확정급여형(DB) 퇴직연금에 가입하고 있다.

7월 15일	(차) 퇴직연금운용자산	500,000	(대) 이자수익	500,000

✓ **16** 7월 16일 생산직 사원 홍길동이 퇴사함에 따라 퇴직금 6,000,000원이 일시금으로 지급되었는데, 이 중 4,000,000원은 연금사인 ㈜최고생명이 퇴직연금(DB형) 적립액으로 현금을 지급하였고, 나머지는 회사가 퇴직소득에 대한 소득세 원천징수액 900,000원을 차감한 후 현금으로 지급하였다. (퇴직일 현재 장부상 퇴직급여충당부채 계정잔액은 5,000,000원이다)

7월 16일	(차) 퇴직급여충당부채	5,000,000	(대) 퇴직연금운용자산	4,000,000
	퇴직급여(제조)	1,000,000	예수금	900,000
			현금	1,100,000

17 7월 17일 당사는 확정기여형 퇴직연금(DC형)을 가입하고 있는데, 당월분 퇴직연금을 다음과 같이 보통예금에서 지급하였다.

> • 영업직 직원 퇴직연금 : 32,000,000원   • 생산직 직원 퇴직연금 : 19,000,000원

7월 17일	(차) 퇴직급여(판관비)	32,000,000	(대) 보통예금	51,000,000
	퇴직급여(제조)	19,000,000		

✓ **18** 7월 18일 영업직 직원들의 서비스 능력 향상을 위하여 외부에서 전문강사를 초빙하여 교육한 후 강의료로 500,000원을 지급하였다. 단, 사업소득에 대한 원천세(3.3%, 지방소득세 포함)를 차감한 나머지 금액을 보통예금 통장에서 계좌에서 이체하여 지급하였다. (예수금의 경우 소득세와 지방소득세를 합한 전체 금액을 기재하시오)

7월 18일 (차) 교육훈련비(판관비)	500,000	(대) 예수금	16,500
		보통예금	483,500

✓ **19** 7월 19일 영업사원의 직무 능력 향상을 위한 외부강사 강연료에 대하여 현금으로 지급하고 기타소득으로 원천징수한 내역이 다음과 같다. 적절한 회계처리를 하시오.

> · 지급총액 : 3,000,000원 · 필요경비 : 지급총액의 60%
> · 소득세율 : 20% · 지방소득세 : 소득세의 10%

7월 19일 (차) 교육훈련비(판관비)	3,000,000	(대) 예수금	264,000[1]
		현금	2,736,000

[1] · 소득세 원천징수세액 = {3,000,000원 − (3,000,000원 × 60%)} × 20% = 240,000원
· 지방소득세 원천징수세액 = 240,000원 × 10% = 24,000원
∴ 원천징수세액 합계 = 240,000원 + 24,000원 = 264,000원

✓ **20** 7월 20일 액면가액 100,000,000원인 3년 만기의 사채를 106,000,000원에 발행하였으며, 대금은 국민은행 보통예금으로 입금받았다.

7월 20일 (차) 보통예금	106,000,000	(대) 사채	100,000,000
		사채할증발행차금	6,000,000

✓ **21** 다음 제시된 자료를 토대로 당초 할인발행한 사채의 이자비용에 대한 기말 회계처리를 하시오.

구 분	금 액	비 고
(올해 귀속) 사채 액면이자	10,000,000원	보통예금으로 이체함(지급일 : 12월 31일)
(올해 귀속) 사채할인발행차금 상각액	1,423,760원	−

12월 31일 (차) 이자비용	11,423,760	(대) 보통예금	10,000,000
		사채할인발행차금	1,423,760

5. 자본

22 8월 22일 당사는 당사의 주식 4,000주(1주당 액면가액 5,000원)를 1주당 4,000원으로 매입 소각하였다. 대금은 보통예금 계좌에서 이체하여 지급하였다.

8월 22일 (차) 자본금	20,000,000	(대) 보통예금	16,000,000
		감자차익	4,000,000

23 8월 23일 현재의 남아있는 자기주식 전부를 5,000,000원에 매각하면서 매각대금은 현금으로 수령하였다. (단, 매각일 현재 자기주식 잔액은 4,000,000원이다)

| 8월 23일 (차) 현금 | 5,000,000 | (대) 자기주식 | 4,000,000 |
| | | 자기주식처분이익 | 1,000,000 |

✓ **24** 8월 24일 유상증자를 위하여 신주 10,000주(1주당 액면가액 5,000원)를 1주당 8,000원에 발행하여 대금은 당좌예금 계좌로 입금되었고, 동 주식발행과 관련하여 법무사수수료 250,000원을 현금으로 지급하였다. 회사에는 현재 주식할인발행차금 750,000원이 존재하고 있다. (하나의 전표로 입력할 것)

8월 24일 (차) 당좌예금	80,000,000	(대) 자본금	50,000,000
		주식발행초과금	29,000,000
		주식할인발행차금	750,000
		현금	250,000

✓ **25** 8월 25일 무상증자를 위하여 이익준비금 20,000,000원을 자본금으로 전입하고 무상주 4,000주(1주당 액면금액 5,000원)를 발행하였다.

| 8월 25일 (차) 이익준비금 | 20,000,000 | (대) 자본금 | 20,000,000 |

6. 수익과 비용

✓ **26** 9월 26일 영업부에서는 법정단체인 무역협회에 일반회비로 500,000원을 보통예금에서 지급하였다.

| 9월 26일 (차) 세금과공과(판관비) | 500,000 | (대) 보통예금 | 500,000 |

27 9월 27일 법인 영업부서 차량에 대한 자동차세 200,000원과 제조부서에서 사용하는 트럭에 대한 자동차세 100,000원을 보통예금에서 납부하였다.

| 9월 27일 (차) 세금과공과(판관비) | 200,000 | (대) 보통예금 | 300,000 |
| 세금과공과(제조) | 100,000 | | |

28 9월 28일 대표이사 이숙경으로부터 시가 100,000,000원(이숙경의 취득가액 : 50,000,000원)의 건물을 증여받았다. 당일 취득세 등으로 3,500,000원을 현금으로 지출하였다.

| 9월 28일 (차) 건물 | 103,500,000 | (대) 자산수증이익 | 100,000,000 |
| | | 현금 | 3,500,000 |

✓ **29** 9월 29일 작년에 미국 스탠다드은행으로부터 차입한 외화장기차입금(계정과목 : 외화장기차입금) $500,000와 이자비용 $15,000를 보통예금에서 지급하여 상환하였다.

> • 작년 12월 31일 기준환율 : 1,100원/$
> • 올해 9월 29일 상환 시 적용환율 : 1,050원/$

9월 29일 (차) 외화장기차입금(스탠다드은행)	550,000,000	(대) 보통예금	540,750,000[1]
이자비용	15,750,000[3]	외환차익	25,000,000[2]

[1] ($500,000 + $15,000) × 1,050원 = 540,750,000원(원금 및 이자비용 상환금액)
[2] ($500,000 × 1,050원) − ($500,000 × 1,100원) = (−)25,000,000원(부채이므로 외환차익)
[3] $15,000 × 1,050원 = 15,750,000원

✓ **30** 9월 30일 본사 건물에 대한 감가상각비가 전년도에 500,000원만큼 과대계상된 오류를 발견하였다. 본 사항은 중대하지 않은 오류로 판단된다.

9월 30일 (차) 감가상각누계액(건물)	500,000	(대) 전기오류수정이익(영업외수익)	500,000

7. 기말수정분개

31 제조용 공장 중 일부를 임차하여 사용하고 있는데 올해 9월 1일에 건물 임차에 대한 1년분 임차료 3,600,000원(임대기간 : 올해 9. 1.~내년 8. 31.)을 현금으로 지급하고 전액 제조원가로 회계처리하였다. 월할 계산하여 기말수정분개를 하시오.

12월 31일 (차) 선급비용	2,400,000	(대) 임차료(제조)	2,400,000[1]

[1] 3,600,000원 × (8개월/12개월) = 2,400,000원
→ 임차료 지급액 중 당기 비용(임차료)으로 계상되는 금액 = 1,200,000원

32 회사는 4월 1일 공장 화재보험료(보험기간 : 올해 4월 1일~내년 3월 31일) 2,400,000원을 보통예금에서 이체하고 선급비용으로 회계처리하였다. 월할 계산하여 기말수정분개를 하시오.

12월 31일 (차) 보험료(제조)	1,800,000[1]	(대) 선급비용	1,800,000

[1] 2,400,000원 × (9개월/12개월) = 1,800,000원
→ 보험료 지급액 중 당기 비용(보험료)으로 계상되는 금액 = 1,800,000원

33 올해 11월 1일에 입금되어 임대료(영업외수익) 계정으로 회계처리한 1,200,000원은 올해 11월 1일부터 내년 4월 30일까지 6개월간의 임대료이다. 음수로 회계처리하지 말고, 월할 계산하여 기말수정분개를 하시오.

12월 31일 (차) 임대료	800,000[1]	(대) 선수수익	800,000

[1] 1,200,000원 × (4개월/6개월) = 800,000원
→ 임대료 수령액 중 당기 수익(임대료)으로 계상되는 금액 = 400,000원

34 국민은행 1년 만기 정기예금에 대한 이자 내역은 다음과 같다. 올해분 경과이자를 인식하여 반영하시오.
(단, 이자수익은 월할 계산하시오)

- 정기예금액 : 1억 원
- 가입기간 : 올해 5. 1.~내년 4. 30.
- 연 이자율 : 4.2%
- 이자수령시점 : 만기일(내년 4. 30.)에 일시불 수령

12월 31일 (차) 미수수익   2,800,000   (대) 이자수익   2,800,000[1]

      [1] (100,000,000원 × 4.2%) × (8개월/12개월) = 2,800,000원
      → 이자 미수령액 중 당기 수익(이자수익)으로 계상되는 금액 = 2,800,000원

35 당기중 실제 현금보다 장부상 현금이 7,000원 많아 현금과부족으로 처리했던 금액 중 결산일에 현금 5,000원은 책상 밑에서 발견되었으나, 나머지 2,000원은 결산일 현재까지도 그 원인을 알 수 없었다.
(영업외비용 항목 중 적절한 계정과목을 선택하여 처리할 것)

12월 31일 (차) 현금   5,000   (대) 현금과부족   7,000
           잡손실   2,000

36 당기중 발생한 현금과부족 800,000원의 원인은 본사 영업부 건물의 화재보험료 납부액을 누락시킨 것으로 확인되었다. 납부한 보험료 중 당해 회계기간 귀속분은 150,000원이다. 누락사항을 결산일에 수정분개하시오. (하나의 전표로 처리할 것)

12월 31일 (차) 보험료(판관비)   150,000   (대) 현금과부족   800,000
           선급비용   650,000

37 당사의 ABC.CO.LTD에 대한 외화외상매출금(계정과목 : 외상매출금)과 관련된 자료는 다음과 같다. 기말수정분개를 하시오.

- 10월 31일 수출 및 선적 : 수출대금 $30,000, 선적일 환율 1,170원/$, 전액 외상으로 수출함
- 11월 30일 : 위 수출대금 중 일부인 $12,000를 회수함(환율 1,150원/$)
- 결산일 환율 : 1,120원/$

12월 31일 (차) 외화환산손실   900,000[1]   (대) 외상매출금(ABC.CO.LTD)   900,000
      [1] $18,000 × (1,120원 − 1,170원) = (−)900,000원 (자산이므로 외화환산손실)

✔ **38** 작년에 외화은행에서 $15,000를 차입한 금액이 당기말 현재 외화장기차입금 계정으로 남아 있고 환율은 다음과 같다.

> • 차입일 현재 환율 : 1,000원/$1 　　　　　• 전기말 현재 환율 : 1,050원/$1
> • 당기말 현재 환율 : 1,030원/$1

12월 31일 (차) 외화장기차입금(외화은행)　　　300,000　　　　(대) 외화환산이익　　　　　　300,000[1]

　　　[1] $15,000 × (@1,030원 − @1,050원) = (−)300,000원(부채이므로 외화환산이익)

✔ **39** 당사는 제품 판매 홍보용으로 USB를 구입하여 전액 광고선전비로 계상하였으나 결산 시 미사용된 잔액 1,000,000원을 자산(소모품)으로 대체한다.

12월 31일 (차) 소모품　　　　　　　　　1,000,000　　　　(대) 광고선전비(판관비)　　　1,000,000

40 당사가 보유하고 있는 유가증권의 내역을 반영하여 기말평가를 하시오. (단, 당기말까지 해당 주식의 매매거래는 없었다)

발행회사	1주당 취득원가 (작년 10. 4.)	1주당 공정가치 (작년 12. 31.)	1주당 공정가치 (올해 12. 31.)	보유주식수	비 고
㈜창대	20,000원	14,000원	22,000원	500주	단기매매증권으로 분류됨

12월 31일 (차) 단기매매증권　　　　　4,000,000　　　　(대) 단기매매증권평가이익　　　4,000,000

✔ **41** 시장성이 있는 매도가능증권에 대한 보유내역이 다음과 같다. 기말 매도가능증권평가에 대한 회계처리를 하시오.

> • 전년도 취득원가 : 2,000,000원
> • 전년도 기말 공정가치 : 2,200,000원
> • 당해연도 기말 공정가치 : 1,900,000원

12월 31일 (차) 매도가능증권평가이익　　　200,000　　　　(대) 매도가능증권(투자자산)　　　300,000
　　　　　　　　매도가능증권평가손실　　　100,000

✓ **42** 당사의 제2기 확정신고기간의 부가가치세와 관련된 내용이 다음과 같다고 가정한다. 12월 31일 부가세예수금과 부가세대급금을 정리하는 회계처리를 하시오. (납부세액은 미지급세금으로 처리한다)

> · 부가세대급금 : 57,000,000원
> · 부가세예수금 : 73,000,000원
> · 전자신고세액공제액 : 10,000원(잡이익으로 처리할 것)

12월 31일 (차) 부가세예수금　　　　　73,000,000　　　(대) 부가세대급금　　　57,000,000
　　　　　　　　　　　　　　　　　　　　　　　　　　잡이익　　　　　　　　10,000
　　　　　　　　　　　　　　　　　　　　　　　　　　미지급세금　　　　15,990,000

43 2025년 기말 현재 하나은행에 대한 장기차입금 내역은 다음과 같다. 아래 자료를 근거로 결산 시 회계처리를 하시오.

구 분	금액(원)	상환예정시기	차입일	상환방법
장기차입금	100,000,000	2026. 8. 31.	2023. 8. 31.	만기 일시상환
장기차입금	150,000,000	2027. 8. 31.	2025. 8. 31.	만기 일시상환
합 계	250,000,000			

12월 31일 (차) 장기차입금(하나은행)　　100,000,000　　　(대) 유동성장기부채(하나은행)　　100,000,000

✓ **44** 당사는 퇴직급여추계액의 100%를 퇴직급여충당부채로 설정하며, 관련 자료는 다음과 같다.

구 분	기초 금액	기중 감소(사용) 금액	퇴직급여추계액
생산직	12,000,000원	5,000,000원	15,000,000원
영업직	8,000,000원	3,000,000원	10,000,000원

12월 31일 (차) 퇴직급여(제조)　　　8,000,000[1]　　　(대) 퇴직급여충당부채　　　13,000,000
　　　　　　　퇴직급여(판관비)　　5,000,000[2]

　　[1] 15,000,000 − (12,000,000 − 5,000,000) = 8,000,000원
　　[2] 10,000,000 − (8,000,000 − 3,000,000) = 5,000,000원

✓ **45** 당해연도 기말 현재 보유하고 있는 제조부문의 감가상각대상 자산은 다음과 같다. 제시된 자료 외 감가상각대상 자산은 없다고 가정한다. 고정자산 등록은 생략하고 감가상각비를 계산하여 전표만 입력한다.

계정과목	취득원가	잔존가치	내용연수	전기말 감가상각누계액	취득연월일	상각방법	상각률
기계장치	80,000,000원	취득원가의 5%	5년	18,000,000원	전년도 7. 20.	정률법	0.451

12월 31일 (차) 감가상각비(제조)　　　　　27,962,000[1]　　　　(대) 감가상각누계액(기계장치)　　　27,962,000
　　　　　[1] (80,000,000원 − 18,000,000원) × 0.451 = 27,962,000원

✓ **46** 당기(2025년) 결산항목 반영 전에 개발비의 기초 미상각잔액 7,200,000원이 있다. 이는 2023년 1월 초에 취득한 것으로서 취득 후 즉시 사용하였으며 모든 무형자산은 사용가능 시점부터 5년간 상각한다. (월할 상각하고, 비용은 판매비와관리비로 분류한다)

12월 31일 (차) 무형자산상각비(판관비)　　　　2,400,000[1]　　　　(대) 개발비　　　　　　　　　2,400,000
　　　　　[1] (전기말 미상각잔액 − 잔존가치) ÷ 기초 현재 잔여내용연수
　　　　　　= (7,200,000원 − 0원) ÷ (5년 − 2년) = 2,400,000원

> **참고** 무형자산 상각 시, 별도의 언급이 없는 경우 잔존가치는 '0', 상각방법은 '정액법'인 것으로 본다.

✓ **47** 당기(2025년) 12월 31일에 기말수정분개를 하려고 한다. 2025년 1월 1일 영업권(무형자산) 미상각잔액이 4,000,000원이 있으며, 이 영업권은 2023년 1월 초에 취득한 것이다. 회사는 당해연도(2025년)부터 영업권의 총내용연수를 기존 10년에서 6년으로 변경하였다. (단, 회계추정의 변경은 기업회계기준에 적합한 것으로 가정하며 상각방법은 정액법이고, 비용은 판매비와관리비로 분류하며 상각기간 계산 시 월할 상각한다)

12월 31일 (차) 무형자산상각비(판관비)　　　1,000,000[1]　　　　(대) 영업권　　　　　　　　　1,000,000
　　　　　[1] · 회계추정의 변경은 당해 회계연도 개시일부터 전진적으로 처리하여 그 효과를 당기와 당기 이후 기간에 반영한다.
　　　　　· 당기초 미상각잔액 = 4,000,000원
　　　　　· 당기 상각비 계산 시 잔여내용연수 = 변경된 총 내용연수 − 경과된 내용연수
　　　　　　　= 6년 − 2년 = 4년
　　　　　· 당기 상각비 = (전기말 미상각잔액 − 잔존가치) ÷ 기초 현재 잔여내용연수
　　　　　　　= (4,000,000원 − 0원) ÷ 4년 = 1,000,000원

✓ **48** 당기분 법인세(지방소득세 포함)가 10,500,000원으로 계산되었다. 단, 회사는 당기 법인세 중간예납세액 4,600,000원을 납부시점에 법인세등으로 계상하였다. 추가 납부할 세금은 미지급세금으로 계상한다.

12월 31일 (차) 법인세등　　　　　　　　5,900,000　　　　(대) 미지급세금　　　　　　　　5,900,000

✓ **49** 기말재고자산의 내역은 다음과 같다. [일반전표입력] 메뉴에 비정상 재고자산감모손실과 관련된 회계처리를 하시오.

> 제품의 실사평가를 한 결과 다음과 같으며, 수량감소 중 60%는 비정상적으로 발생한 것이다.
> (기타 다른 사항은 없는 것으로 한다)
> - 장부상 수량 : 1,000개
> - 실지재고 수량 : 900개
> - 단위당 취득원가 : 15,000원
> - 단위당 시가(공정가치) : 18,000원

12월 31일 (차) 재고자산감모손실	900,000[1]	(대) 제품		900,000

(적요 8.타계정으로 대체액)

[1] 비정상감모손실 = {(1,000개 − 900개) × 60%} × @15,000원 = 900,000원

참고 정상적인 재고감모분에 대한 처리방법

[결산자료입력] 메뉴의 제품 기말재고 금액란에 정상감모손실과 비정상감모손실을 모두 반영한 금액인 13,500,000원 (= 900개 × @15,000원)을 입력한 후 **F3 전표추가** 를 클릭한다. 이에 따라, 정상감모손실(600,000원)에 대한 아래의 회계처리가 장부에 자동으로 반영된다.

12월 31일 (차) 매출원가	600,000	(대) 제품	600,000

✓ **50** 당기의 이익잉여금 처분명세는 다음과 같다. 처분결의일과 지급일(처분결의일의 다음날이라고 가정한다)의 회계처리를 하시오.

> - 처분예정일 : 2026년 2월 19일(전기 : 2025년 2월 25일)
> - 현금배당 : 30,000,000원
> - 주식배당 : 20,000,000원
> - 회사는 금전배당액의 10%를 이익준비금으로 설정하여야 함

[처분결의일의 회계처리] 2026년 2월 19일

(차) 이월이익잉여금	53,000,000	(대) 이익준비금	3,000,000
		미지급배당금	30,000,000
		미교부주식배당금	20,000,000

[지급일의 회계처리] 2026년 2월 20일

(차) 미지급배당금	30,000,000	(대) 현금(또는 보통예금)	30,000,000
미교부주식배당금	20,000,000	자본금	20,000,000

참고 이익잉여금 처분내용에 대하여 기말 결산 시 회계처리는 이루어지지 않고 [이익잉여금처분계산서] 메뉴에만 반영[1]하면 된다. 처분에 대한 회계처리는 추후 실제 처분하는 시점에 이루어진다.

[1] [이익잉여금처분계산서] 메뉴에 처분내역을 입력하고 메뉴 상단의 **F6 전표추가** 를 클릭한다.

당기처분예정일: 2026 년 2 월 19 일 전기처분확정일: 2025 년 2 월 25 일

과목		계정과목명	제 5 (당)기 2025 년01월01일~2025년12월31일 제 5 기(당기) 금액
III. 이익잉여금처분액			53,000,000
1. 이익준비금	0351	이익준비금	3,000,000
2. 재무구조개선적립금	0354	재무구조개선적립금	
3. 주식할인발행차금상각액	0381	주식할인발행차금	
4. 배당금			50,000,000
가. 현금배당	0265	미지급배당금	30,000,000
주당배당금(률)		보통주	
		우선주	
나. 주식배당	0387	미교부주식배당금	20,000,000
주당배당금(률)		보통주	
		우선주	
5. 사업확장적립금	0356	사업확장적립금	
6. 감채적립금	0357	감채적립금	
7. 배당평균적립금	0358	배당평균적립금	

8. 매입매출전표입력 관련 분개

51 10월 1일 ㈜삼정에 제품을 공급하고 전자세금계산서(공급가액 : 10,000,000원, 세액 : 1,000,000원)를 교부하였다. 대금은 지난달에 계약금으로 3,000,000원을 수령하였으며, 나머지는 이달 말에 받기로 하다.

10월 1일 (차) 선수금(㈜삼정)	3,000,000	(대) 제품매출	10,000,000
외상매출금(㈜삼정)	8,000,000	부가세예수금	1,000,000

[입력방법] 유형 : 11.과세 / 공급가액 : 10,000,000 / 부가세 : 1,000,000 / 거래처 : ㈜삼정 / 전자 : 여 / 분개 : 혼합

52 10월 2일 ㈜엘룬으로부터 원재료 공급가액 21,000,000원(부가가치세 별도)을 매입하고 전자세금계산서를 받았다. 지난달에 지급한 선급금 5,000,000원을 제외한 잔액을 보통예금으로 지급하였다.

10월 2일 (차) 원재료	21,000,000	(대) 보통예금	18,100,000
부가세대급금	2,100,000	선급금(㈜엘룬)	5,000,000

[입력방법] 유형 : 51.과세 / 공급가액 : 21,000,000 / 부가세 : 2,100,000 / 거래처 : ㈜엘룬 / 전자 : 여 / 분개 : 혼합

53 10월 3일 수출업체인 ㈜한미상사에 내국신용장(Local L/C)에 의하여 공급가액 10,000,000원의 제품을 납품하고 영세율전자세금계산서를 발급하였다. 대금은 ㈜한미상사가 발행한 당좌수표로 수취하였다.

10월 3일 (차) 현금[1]	10,000,000	(대) 제품매출	10,000,000

    [1] 타인발행 당좌수표에 해당하므로 현금 계정으로 회계처리한다.

[입력방법] 유형 : 12.영세 / 공급가액 : 10,000,000 / 부가세 : 0 / 거래처 : ㈜한미상사 / 전자 : 여 / 분개 : 혼합(현금)
      / (영세율구분 : 3.내국신용장·구매확인서에 의하여 공급하는 재화)

✓ **54** 10월 4일 공장에서 사용하던 다음의 기계장치를 ㈜서해에 매각하면서 전자세금계산서를 발급하고 매각대금은 ㈜서해에서 발행한 약속어음으로 수령하였다. (취득 시 매입세액공제를 받았음)

구 분	공급가액	부가가치세
매각대금	12,000,000원	1,200,000원
취득금액	30,000,000원	3,000,000원

※ 매각일 현재 감가상각누계액 : 16,000,000원

10월 4일 (차) 감가상각누계액(기계장치)	16,000,000	(대) 기계장치	30,000,000
미수금(㈜서해)[1]	13,200,000	부가세예수금	1,200,000
유형자산처분손실	2,000,000		

    [1] 일반적인 상거래 이외의 거래이므로 어음을 수령하더라도 미수금 계정으로 회계처리한다.

[입력방법] 유형 : 11.과세 / 공급가액 : 12,000,000 / 세액 : 1,200,000 / 거래처 : ㈜서해 / 전자 : 여 / 분개 : 혼합

55 10월 5일 다음은 당일에 제품을 공급하고 발행한 전자세금계산서이다. 적절한 회계처리를 하시오.

전자세금계산서(공급자보관용)							승인번호			
							관리번호			
공급자	등록번호	125-81-77559	종사업장번호			공급받는자	등록번호	130-42-27256	종사업장번호	
	상호(법인명)	㈜합격산업	성명(대표자)	이만수			상호(법인명)	서원상사	성명(대표자)	이범수
	사업장주소	서울시 구로구 새말로 97					사업장주소	서울시 마포구 마포대로 58		
	업태	제조, 도소매, 무역	종목	전자제품			업태	소매	종목	전자제품

작성연월일			공급가액											세액									수정사유
년	월	일	천	백	십	억	천	백	십	만	천	백	십	일	십	억	천	백	십	만	천	백	십	일	
20xx	10	5					4	0	0	0	0	0	0				4	0	0	0	0	0	

비고							
월	일	품목	규격	수량	단가	공급가액	세액	비고
10	5	전자제품		1		4,000,000	400,000	

합계금액	현금	수표	어음	외상미수금	이 금액을 영수/청구 함
4,400,000	400,000		2,000,000	2,000,000	

10월 5일 (차) 현금   400,000   (대) 제품매출   4,000,000

     받을어음(서원상사) 2,000,000   부가세예수금   400,000

     외상매출금(서원상사) 2,000,000

[입력방법] 유형 : 11.과세 / 공급가액 : 4,000,000 / 부가세 : 400,000 / 거래처 : 서원상사 / 전자 : 여 / 분개 : 혼합

✓ **56** 10월 6일 광고를 목적으로 ㈜누리상사에서 지난달 매입한 판촉용 수건에 하자가 있어 반품하고 수정 전자세금계산서(공급가액 : (−)100,000원, 부가가치세 : (−)10,000원)를 교부받고 대금은 미지급금과 상계처리하였다.

10월 6일 (차) 광고선전비(판관비) (−)100,000   (대) 미지급금(㈜누리상사) (−)110,000

     부가세대급금   (−)10,000

[입력방법] 유형 : 51.과세 / 공급가액 : (−)100,000 / 부가세 : (−)10,000 / 거래처 : ㈜누리상사 / 전자 : 여 / 분개 : 혼합

✓ **57** 10월 7일 대표이사가 업무를 위해 제주도에 방문하여 업무용 승용차(998cc)를 ㈜탐라렌트카에서 3일간 렌트(렌트대금 : 500,000원, 부가가치세 별도)하고 전자세금계산서를 수령하였다. 대금은 다음달 10일에 지급하기로 하였다. (임차료 계정과목으로 처리할 것)

10월 7일 (차) 임차료(판관비)   500,000   (대) 미지급금(㈜탐라렌트카) 550,000

     부가세대급금   50,000

[입력방법] 유형 : 51.과세[1] / 공급가액 : 500,000 / 부가세 : 50,000 / 거래처 : ㈜탐라렌트카 / 전자 : 여 / 분개 : 혼합

   [1] 배기량 1,000cc 이하의 경차이므로 매입세액이 공제된다.

58 10월 8일 비사업자인 박지성에게 제품을 판매하고, 판매대금 330,000원(부가가치세 포함)을 전액 보통예금으로 수령하였다. 해당 거래에 대하여 별도의 세금계산서나 현금영수증을 발급하지 않았으며 간이영수증만 발급하였다.

10월 8일 (차) 보통예금	330,000	(대) 제품매출	300,000
		부가세예수금	30,000

[입력방법] 유형 : 14.건별 / 공급가액 : 300,000 / 부가세 : 30,000 / 거래처 : 박지성 / 분개 : 혼합

59 10월 9일 마케팅부서의 업무 관련 서적을 ㈜영풍문고로부터 구입하고 대금 800,000원을 보통예금에서 지급하고 전자계산서를 받았다.

10월 9일 (차) 도서인쇄비(판관비)	800,000	(대) 보통예금	800,000

[입력방법] 유형 : 53.면세 / 공급가액 : 800,000 / 거래처 : ㈜영풍문고 / 전자 : 여 / 분개 : 혼합

60 10월 10일 임원용 승용차(3,800cc)를 ㈜중고나라에서 44,000,000원(부가가치세 포함)에 12개월 할부로 구입하고 전자세금계산서를 수취하였다. 취득세 등 4,600,000원은 ㈜동해산업으로부터 수취한 자기앞수표로 지급하였다. (하나의 전표로 입력할 것)

10월 10일 (차) 차량운반구	48,600,000	(대) 미지급금(㈜중고나라)	44,000,000
		현금	4,600,000

[입력방법] 유형 : 54.불공 / 공급가액 : 40,000,000 / 부가세 : 4,000,000 / 거래처 : ㈜중고나라 / 전자 : 여 / 분개 : 혼합
        / (불공제사유 : ③개별소비세법에 따른 자동차(비영업용 소형승용자동차) 구입·유지 및 임차)

✓ **61** 10월 11일 미국에 소재한 댈러스상사에 제품을 $10,000에 직접수출(수출신고일 : 10월 10일, 선적일 : 10월 11일)하고, 수출대금은 10월 30일에 미국달러화로 받기로 하였다. 수출과 관련된 내용은 다음과 같다.

일 자	10월 10일	10월 11일	10월 30일
기준환율	1,150원/1$	1,200원/1$	1,250원/1$

10월 11일 (차) 외상매출금(댈러스상사)	12,000,000	(대) 제품매출	12,000,000

[입력방법] 유형 : 16.수출 / 공급가액 : 12,000,000 / 부가세 : 0 / 거래처 : 댈러스상사 / 분개 : 혼합(외상)
        / (영세율구분 : 1.직접수출(대행수출 포함))

62 10월 12일 ㈜인피니티에 외상 판매했던 제품 중 2대(1대당 2,500,000원, 부가가치세 별도)가 불량으로 반품처리되었다. 이에 따라 반품 전자세금계산서를 발급하였다. 대금은 외상매출금과 상계처리하기로 하였다.

10월 12일 (차) 외상매출금(㈜인피니티)	(−)5,500,000	(대) 제품매출	(−)5,000,000
		부가세예수금	(−)500,000

[입력방법] 유형 : 11.과세 / 공급가액 : (−)5,000,000 / 부가세 : (−)500,000 / 거래처 : ㈜인피니티 / 전자 : 여
        / 분개 : 혼합(외상)

63 10월 13일 영업부에서 매출거래처인 ㈜샤이니의 임시주주총회 행사장에 보내기 위해서 화환(면세)을 참사랑화원에서 170,000원에 현금으로 구입하고 전자계산서를 발급받았다.

10월 13일 (차) 기업업무추진비(판관비)　　　　170,000　　　　(대) 현금　　　　　　170,000

[입력방법] 유형 : 53.면세 / 공급가액 : 170,000 / 거래처 : 참사랑화원 / 전자 : 여 / 분개 : 혼합(현금)

✓ **64** 10월 14일 ㈜대웅으로부터 원재료(1,000개, 단위당 원가 : 20,000원)를 매입하고 영세율전자세금계산서를 수취하였다. 대금은 국민은행 기업구매자금대출(만기 6개월)로 지급하였다.

10월 14일 (차) 원재료　　　　　　20,000,000　　　　(대) 단기차입금(국민은행)　　　　20,000,000

[입력방법] 유형 : 52.영세 / 공급가액 : 20,000,000 / 부가세 : 0 / 거래처 : ㈜대웅 / 전자 : 여 / 분개 : 혼합

> **참고** 기업구매자금대출
> 자재구입대금을 은행에서 차입하여 지급하는 것이므로, 기업 입장에서는 대변을 해당 은행에 대한 차입금으로 회계처리한다.

✓ **65** 10월 15일 회사가 보유하고 있는 원재료 중 원가 600,000원(시가 : 800,000원, 부가가치세 별도)을 매출거래처인 ㈜동양에 명절선물로 제공하였다. (단, 매입 원재료는 적법하게 매입세액공제를 받았다)

10월 15일 (차) 기업업무추진비(판관비)　　　680,000　　　(대) 원재료　　　　　　600,000
　　　　　　　　　　　　　　　　　　　　　　　　　　　(적요 8. 타계정으로 대체액)
　　　　　　　　　　　　　　　　　　　　　　　　　　부가세예수금　　　　　80,000

[입력방법] 유형 : 14.건별 / 공급가액 : 800,000 / 부가세 : 80,000 / 거래처 : ㈜동양 / 분개 : 혼합

✓ **66** 10월 16일 ㈜미생에 다음과 같이 제품을 할부판매하고, 전자세금계산서를 교부하였다. 할부금은 약정 기일에 보통예금으로 입금되었다.

인도일	2025. 10. 16.(총공급가액 : 40,000,000원, 총 세액 : 4,000,000원)			
	구 분	1차 할부	2차 할부	3차 할부	4차 할부
할부내역	약정기일	2025. 10. 16.	2025. 11. 16.	2025. 12. 16.	2026. 1. 16.
	공급가액	10,000,000원	10,000,000원	10,000,000원	10,000,000원
	세 액	1,000,000원	1,000,000원	1,000,000원	1,000,000원

10월 16일 (차) 보통예금　　　　　11,000,000　　　　(대) 제품매출　　　　40,000,000
　　　　　　　외상매출금(㈜미생)　33,000,000　　　　　　부가세예수금　　　4,000,000

[입력방법] 유형 : 11.과세 / 공급가액 : 40,000,000 / 부가세 : 4,000,000 / 거래처 : ㈜미생 / 전자 : 여 / 분개 : 혼합

67 10월 17일 ㈜태현에 제품 300,000,000원(부가가치세 별도)을 장기할부조건으로 판매하고, 2025년 10월 17일에 제품을 인도하였으며, 대가의 각 부분을 받기로 한 때에 전자세금계산서를 정상적으로 발급하였다. 할부금은 약정기일에 정상적으로 보통예금에 입금되었다. 2025년 10월 17일의 회계처리를 입력하시오.

구 분	1차 할부	2차 할부	3차 할부	4차 할부	합 계
약정기일	2025. 10. 17.	2025. 12. 31.	2026. 6. 30.	2026. 12. 31.	
공급가액	75,000,000원	75,000,000원	75,000,000원	75,000,000원	300,000,000원
부가가치세	7,500,000원	7,500,000원	7,500,000원	7,500,000원	30,000,000원

10월 17일 (차) 외상매출금(㈜태현) 225,000,000[1]   (대) 제품매출   300,000,000
　　　　　　　　보통예금　　　　　　 82,500,000　　　　　　 부가세예수금   7,500,000

　　　　[1] 총 외상매출액 − 1차 회수분 = 300,000,000 − 75,000,000 = 225,000,000원

[입력방법] 유형 : 11.과세 / 공급가액 : 75,000,000 / 부가세 : 7,500,000 / 거래처 : ㈜태현 / 전자 : 여 / 분개 : 혼합

> 참고 일반기업회계기준에 따르면 장기할부판매에 대하여 인도한 시점에 매출을 인식하는 것이 원칙이나, 예외적으로 중소기업인 경우에는 회수되는 금액만 매출을 인식하는 것(회수기일 도래기준)도 인정된다. 따라서 중소기업을 전제로 하여 출제되는 전산세무 자격시험에서는 아래의 분개도 정답으로 인정된다.
>
> 10월 17일 (차) 보통예금　　　　　 82,500,000　　　　 (대) 제품매출　　　　 75,000,000
> 　　　　　　　　　　　　　　　　　　　　　　　　　　　　 부가세예수금　　　 7,500,000
>
> [입력방법] 유형 : 11.과세 / 공급가액 : 75,000,000 / 부가세 : 7,500,000 / 거래처 : ㈜태현 / 전자 : 여 / 분개 : 혼합

68 10월 18일 당사의 제조공장에서 제품을 운반하고 있는 지게차에 연료가 부족하여 ㈜부어주유소에서 경유(공급가액 : 150,000원, 세액 : 15,000원)를 넣고 법인명의의 현대카드로 결제하였다.

10월 18일 (차) 차량유지비(제조)　　　 150,000　　　 (대) 미지급금(현대카드)　　 165,000
　　　　　　　　부가세대급금　　　　　 15,000

[입력방법] 유형 : 57.카과 / 공급가액 : 150,000 / 부가세 : 15,000 / 거래처 : ㈜부어주유소 / 분개 : 혼합(카드)
　　　　　 / (신용카드사 : 현대카드)

69 10월 19일 본사 건물의 주차장으로 사용하기 위하여 토지를 구입한 후 토지의 정지비용과 구 건물철거와 관련한 비용으로 ㈜평탄산업에 32,000,000원(부가가치세 별도)을 보통예금으로 지급하고 전자세금계산서를 수취하였다.

10월 19일 (차) 토지　　　　　　　　 35,200,000　　　 (대) 보통예금　　　　　　 35,200,000

[입력방법] 유형 : 54.불공 / 공급가액 : 32,000,000 / 부가세 : 3,200,000 / 거래처 : ㈜평탄산업 / 전자 : 여 / 분개 : 혼합
　　　　　 / (불공제사유 : ⑥토지의 자본적 지출 관련)

✓ **70** 10월 20일 당사의 지정 정비업체인 경학설비에서 기계장치의 내용연수를 연장시키는 주요부품 교체를 하여, 당월분 수리대금 33,000,000원(부가가치세 포함)에 대한 전자세금계산서를 수취하고 법인카드(현대카드)로 결제하였다.

10월 20일	(차) 기계장치	30,000,000	(대) 미지급금(현대카드)	33,000,000
	부가세대급금	3,000,000		

[입력방법] 유형 : 51.과세[1] / 공급가액 : 30,000,000 / 부가세 : 3,000,000 / 거래처 : 경학설비 / 전자 : 여 / 분개 : 혼합

> [1] 매입세액공제 받을 수 있는 지출에 대하여, 대금을 신용카드로 결제함에 따라 세금계산서도 발급받고 신용카드 매출전표도 발급받은 경우 '51.과세'를 선택하여야 한다.

✓ **71** 10월 21일 영업부에서는 사무실 사용 목적으로 임차할 건물을 강남공인중개사로부터 소개를 받았다. 이와 관련하여 당사는 중개수수료 550,000원(부가가치세 포함)을 보통예금에서 이체함과 동시에 강남공인중개사로부터 현금영수증을 수취하였다.

10월 21일	(차) 수수료비용(판관비)	500,000	(대) 보통예금	550,000
	부가세대급금	50,000		

[입력방법] 유형 : 61.현과 / 공급가액 : 500,000 / 부가세 : 50,000 / 거래처 : 강남공인중개사 / 분개 : 혼합

72 10월 22일 캐나다의 벤쿠버상사로부터 원재료를 수입하면서 인천세관으로부터 수입전자세금계산서(공급대가 : 5,500,000원)를 발급받았고, 부가가치세와 관세를 합해서 900,000원을 현금으로 지급하였다. 원재료의 공급가액은 회계처리하지 않고 관세 및 부가가치세만 회계처리하기로 한다.

10월 22일	(차) 원재료	400,000	(대) 현금	900,000
	부가세대급금	500,000		

[입력방법] 유형 : 55.수입 / 공급가액 : 5,000,000 / 부가세 : 500,000 / 거래처 : 인천세관 / 전자 : 여 / 분개 : 혼합

✓ **73** 10월 23일 개인소비자 김미선에게 제품을 880,000원(부가가치세 포함)에 판매하고 현금영수증을 발급하였다. 대금은 기존에 발행하였던 상품권 1,000,000원을 수령하고, 잔액은 현금으로 지급하였다.

10월 23일	(차) 선수금(김미선)	1,000,000	(대) 제품매출	800,000
			부가세예수금	80,000
			현금	120,000

[입력방법] 유형 : 22.현과 / 공급가액 : 800,000 / 부가세 : 80,000 / 거래처 : 김미선 / 분개 : 혼합

74 세진상사로부터 9월 24일에 원재료(공급가액 : 1,000,000원, 부가가치세 : 100,000원)를 외상으로 구입하면서 종이세금계산서를 수취하였다. 제2기 예정 부가가치세 신고 시 해당 세금계산서를 누락하여 제2기 확정 부가가치세 신고에 반영하려고 한다. 해당 세금계산서를 제2기 확정 부가가치세 신고에 반영시킬 수 있도록 입력/설정하시오.

9월 24일 (차) 원재료	1,000,000	(대) 외상매입금(세진상사)	1,100,000
부가세대급금	100,000		

[입력방법] 유형 : 51.과세 / 공급가액 : 1,000,000 / 부가세 : 100,000 / 거래처 : 세진상사 / 전자 : 부 / 분개 : 혼합(외상)

참고 예정신고누락분 확정신고 시 반영

전표 입력 후, 해당 전표를 선택하고 메뉴 화면 상단에 있는 F11간편집계.. ▾ 의 ▾ 를 클릭하고, SF5 예정 누락분 을 선택한 후, 대화창에서 확정신고 개시년월란에 "2025년 10월"을 입력하고 확인(Tab) 을 클릭한다.

75 10월 25일 당사 공장에 설치 중인 기계장치의 성능을 시운전하기 위하여 ㈜웅진주유소에서 휘발유 1,100,000원(부가가치세 포함)을 구입하면서 신한체크카드로 결제하였다. (신한체크카드는 결제 즉시 카드발급은행 보통예금 계좌에서 인출되었다)

10월 25일 (차) 기계장치	1,000,000	(대) 보통예금(신한체크카드)	1,100,000
부가세대급금	100,000		

[입력방법] 유형 : 57.카과 / 공급가액 : 1,000,000 / 부가세 : 100,000 / 거래처 : ㈜웅진주유소 / 분개 : 혼합
　　　　　 / (신용카드사 : 신한체크카드)

참고 체크카드로 결제하는 거래

체크카드는 예금 잔액 범위 내에서만 사용할 수 있으므로, 거래상대방(A거래처)으로부터 재화나 용역을 구입하고 그 대금을 체크카드(B체크카드사)로 결제한 경우, 대변에 대한 회계처리방법은 다음과 같다.
- 계정과목 : 해당 예금 계정과목(예 보통예금)
- 거래처 : B체크카드사(예금 계정과목이더라도 체크카드라는 특성상 거래처를 입력하여 관리하는 것이 일반적이고, 입력하는 거래처는 A거래처가 아니라 B체크카드사임)

76 10월 26일 미래상사로부터 구내식당에서 사용할 목적으로 쌀 2,000,000원을 구입하고 종이계산서를 교부받았다. 대금결제 중 1,500,000원은 ㈜비쥬에서 매출대금으로 받았던 약속어음을 배서양도하고, 나머지는 외상으로 하였다. 쌀은 소모품 계정과목을 이용하기로 하고 의제매입세액은 무시한다.

10월 26일 (차) 소모품	2,000,000	(대) 받을어음(㈜비쥬)	1,500,000
		미지급금(미래상사)	500,000

[입력방법] 유형 : 53.면세 / 공급가액 : 2,000,000 / 거래처 : 미래상사 / 전자 : 부 / 분개 : 혼합

✓ **77** 10월 27일 비사업자인 진종호에게 제품을 판매하고, 판매대금 440,000원(부가가치세 포함)은 신용카드 (비씨카드)로 결제받았다.

10월 27일 (차) 외상매출금(비씨카드)	440,000	(대) 제품매출	400,000
		부가세예수금	40,000

[입력방법] 유형 : 17.카과 / 공급가액 : 400,000 / 부가세 : 40,000 / 거래처 : 진종호 / 분개 : 혼합(외상)
/ (신용카드사 : 비씨카드)

> **참고** 신용카드로 결제받은 수취채권
> 거래상대방(A거래처)에게 재화나 용역을 제공하고 그 대금을 신용카드(B신용카드사)로 결제받은 경우, 동 수취채권에 대한 회계처리방법은 다음과 같다.
> ・계정과목 : 외상매출금(일반적인 상거래) 또는 미수금(일반적인 상거래 이외의 거래)
> ・거래처 : B신용카드사(당사가 향후 대금을 수령하여야 할 곳은 A거래처가 아니라 B신용카드사임)

78 10월 28일 원재료 매입거래처에 선물할 목적으로 ㈜대미전자로부터 노트북을 1,500,000원(부가가치세 별도)에 구입하였고 대금은 현금으로 지급한 후 전자세금계산서를 발급받았다.

10월 28일 (차) 기업업무추진비(제조)	1,650,000	(대) 현금	1,650,000

[입력방법] 유형 : 54.불공 / 공급가액 : 1,500,000 / 부가세 : 150,000 / 거래처 : ㈜대미전자 / 전자 : 여
분개 : 혼합(현금) / (불공제사유 : ④기업업무추진비 및 이와 유사한 비용 관련)

✓ **79** 10월 29일 ㈜사랑전자에 제품판매계약을 체결하고 계약금으로 5,500,000원(부가가치세 포함)을 보통 예금으로 수령하여 전자세금계산서를 발급하였다. 해당 제품은 1개월 후에 인도하기로 하였다.

10월 29일 (차) 보통예금	5,500,000	(대) 선수금(㈜사랑전자)	5,000,000
		부가세예수금	500,000

[입력방법] 유형 : 11.과세 / 공급가액 : 5,000,000 / 부가세 : 500,000 / 거래처 : ㈜사랑전자 / 전자 : 여 / 분개 : 혼합

80 10월 30일 본사 직원용 컴퓨터 관련 서적 12권(@20,000)을 ㈜교보문고에서 구입하고, 대금은 현대카드로 결제하였다.

10월 30일 (차) 도서인쇄비(판관비)	240,000	(대) 미지급금(현대카드)	240,000

[입력방법] 유형 : 58.카면 / 공급가액 : 240,000 / 거래처 : ㈜교보문고 / 분개 : 혼합 / (신용카드사 : 현대카드)

연말정산 필수이론정리

연말정산 개요

1. 연말정산 개요

근로소득에 대한 연말정산이란 상용근로자에게 근로소득을 지급하는 회사(원천징수의무자)가 2월분 급여를 지급하는 때에 작년 1년(해당 과세기간) 동안 지급했던 급여지급액에 대하여 각 종업원별 근로소득세액을 계산한 후, 매월 급여지급 시 간이세액표에 의하여 이미 원천징수한 세액과 비교하여 많이 징수한 세액은 돌려주고, 부족하게 징수한 경우에는 추가징수하는 것을 말한다.

종합소득이 있는 거주자는 해당 과세기간의 소득을 다음 연도 5월에 개인별로 종합소득세 확정신고를 하는 것이 원칙이나, 근로소득(퇴직소득 및 분리과세소득 포함)만 있는 경우에는 원천징수와 연말정산 절차를 통하여 종합소득세와 동일한 금액이 납부되어버리므로 해당 거주자는 번거로운 확정신고를 생략할 수 있게 된다.

한편, 일용근로자의 근로소득은 전액 분리과세가 적용되므로 원천징수 절차만으로 일용근로자의 납세의무가 종결된다. 따라서 일용근로자에게 근로소득을 지급하는 회사는 이에 대하여 연말정산을 할 필요가 없다.

2. 연말정산 시기

(1) 계속근로자

계속근로자란 12월 31일 현재 회사에 재직하고 있는 근로자를 말한다.

계속근로자의 경우, 해당 과세기간(1월 1일~12월 31일)의 급여지급액에 대하여 다음 연도 2월분 급여를 지급할 때 연말정산을 한다.

(2) 중도퇴사자

중도퇴사자란 연도 중에 퇴사하는 근로자를 말한다.

중도퇴사자의 경우, 해당 과세기간 개시일로부터 퇴사일까지(1월 1일~퇴사일)의 급여지급액에 대하여 퇴직하는 달의 급여를 지급할 때 연말정산을 한다.

3. 연말정산 세액의 계산구조

구분		내용
	총급여	= 연봉(급여 + 상여 + 수당 + 인정상여) − 비과세
−	근로소득공제	
=	근로소득금액	
−	인적공제	· 기본공제(1인당 연 150만 원 공제) · 추가공제(경로우대, 장애인, 부녀자, 한부모)
−	연금보험료 소득공제	· 공적연금
−	특별소득공제	· 공적보험료 · 주택자금
−	그 밖의 소득공제	· 개인연금저축 · 주택마련저축 · 신용카드 등 사용액
=	과세표준	
×	기본세율	· 6~45%의 8단계 초과누진세율
=	산출세액	
−	세액감면	
−	세액공제	· 근로소득 세액공제 · 자녀세액공제(8세 이상, 출산 · 입양) · 결혼세액공제 · 연금계좌세액공제(연금저축, 퇴직연금) · 특별세액공제(보장성보험료, 의료비, 교육비, 기부금) · 정치자금기부금 세액공제, 고향사랑기부금 세액공제 · 월세액 세액공제
=	결정세액	
−	기납부세액	· 매월 급여지급 시 원천징수한 세액
=	차감징수세액	

참고 세액감면과 세액공제의 합계액이 산출세액을 초과하는 경우
그 초과하는 금액은 없는 것으로 한다. (즉, 결정세액은 음수(−)가 될 수 없다)

1. 근로소득의 범위

(1) 근로소득의 범위

근로소득이란 고용계약에 따라 비독립적 지위에서 근로를 제공하고 받는 다음과 같은 각종 대가를 말한다.

> - 근로를 제공함으로써 받는 봉급·상여·수당과 이와 유사한 성질의 급여(일반급여)
> - 법인의 주주총회 또는 이에 준하는 의결기관의 결의에 따라 상여로 받는 소득(잉여금 처분에 의한 상여)
> - 법인세법에 따라 상여로 소득처분된 금액(인정상여)
> - 임원의 퇴직금 중에서 법인세법과 소득세법 규정에 따라 퇴직소득으로 인정되지 않고 근로소득으로 간주되는 금액(법인세법 및 소득세법에 따른 임원퇴직금 한도초과액)
> - 발명진흥법에 따른 직무발명으로 회사로부터 재직 중에 받는 보상금(단, 연 700만 원 이하의 금액은 비과세)
> - 종업원이 자사·계열사의 재화 또는 용역을 시가보다 할인하여 공급받은 경우 할인받은 금액(단, Max[시가의 20%, 연 240만 원] 이하의 금액은 비과세)

(2) 근로소득에 포함되는 것

근로소득에는 다음의 소득이 포함된다.

> - 법인의 임직원이 고용 관계에 따라 부여받은 주식매수선택권(스톡옵션)을 재직 중에 행사함으로써 얻는 이익
> - 사택을 제공받음으로써 얻는 이익 (단, ㉠ 비출자임원(주주가 아닌 임원을 말하며, 소액주주인 임원을 포함함)과 ㉡ 직원(임원이 아닌 종업원)이 사택을 제공받음으로써 얻는 이익은 비과세)[1]
>   [1] 출자임원이 사택을 제공받음으로써 얻는 이익만 과세됨
> - 종업원이 계약자이거나 종업원 및 가족을 수익자로 하는 보험에 대하여 사용자(회사)가 부담하는 보험료 (단, 단체순수보장성보험 및 단체환급부보장성보험의 보험료 중 1인당 연 70만 원 이하의 금액은 비과세)
> - 종업원이 주택의 구입·임차자금을 저리 또는 무상으로 대여받음으로써 얻는 이익 (단, 중소기업 종업원이 대여받음으로써 얻는 이익은 비과세)
> - 공무원이 국가·지방자치단체로부터 공무 수행과 관련하여 받는 상금과 부상 (단, 연 240만 원 이하의 금액은 비과세)

(3) 근로소득에 포함되지 않는 것(과세제외)

다음에 해당하는 경우에는 근로소득으로 보지 않는다.

> - 사회통념상 타당하다고 인정되는 범위 내의 경조금

(4) 비과세 근로소득

근로소득 중 다음의 소득에 대해서는 소득세를 과세하지 않는다.

① 실비변상적인 성질의 급여
- 일직료·숙직료 또는 여비(출장비)로서 실제 지출한 영수증에 의해 환급받거나 회사의 지급규정에 의해 지급받는 실비변상 정도의 금액
- 자가운전보조금[1] 중 월 20만 원 이내의 금액
  [1] 종업원의 소유 차량 또는 종업원 본인 명의로 임차한 차량을 종업원이 직접 운전하여 회사의 업무수행에 이용하고, 시내출장 등에 소요된 실제 여비를 받는 대신 회사의 지급규정에 따라 받는 금액을 말한다.
- 학교의 교원이거나 법 소정 연구부서의 연구원이 받는 연구활동비 중 월 20만 원 이내의 금액
- 신문·방송사의 기자가 받는 취재수당 중 월 20만 원 이내의 금액
- 근로자가 산간 등 외진 곳에서 근무함으로 인하여 받는 벽지수당 중 월 20만 원 이내의 금액
- 근로자가 천재지변이나 그 밖의 재해로 인하여 받는 급여

② 국외근로소득

국외에서 근로를 제공하고 받는 보수 중 월 100만 원(단, 원양어선 또는 국외건설은 월 500만 원) 이내의 금액

③ 법 소정 요건을 충족하는 생산직 근로자의 초과근로수당 중 연 240만 원 이내의 금액
- 비과세 요건 : ㉠ 생산직 또는 단순노무직[1]이고, ㉡ 직전연도 총급여액이 3,000만 원 이하로서, ㉢ 월정액급여액[2]이 월 210만 원 이하
  [1] 예 운전, 청소, 경비, 미용, 숙박, 조리
  [2] 월 급여지급액 – 상여 등 부정기적 급여 – 실비변상적인 성질의 급여 – 복리후생적 성질의 급여 – 초과근로수당
- 비과세 금액 : 야간근로·휴일근로 등에 따른 초과근로수당 중 연 240만 원 이내의 금액 (단, 일용근로자는 초과근로수당 전액)

④ 식사 또는 식사대
- 사내급식 등 현물로 제공받는 식사 기타 음식물
- 위 식사 기타 음식물을 제공받지 않는 근로자가 받는 식사대 중 월 20만 원 이내의 금액

⑤ 출산지원금 및 보육수당
- 근로자 또는 그 배우자의 출산과 관련하여 자녀 출생일 이후 2년 이내에 최대 두 차례에 걸쳐 지급받는 출산지원금 전액[1]
  [1] 사업자·지배주주의 특수관계인에 해당하는 경우에는 전액 과세
- 근로자 또는 그 배우자의 6세 이하 자녀[2] 보육과 관련하여 지급받는 보육수당 중 월 20만 원 이내의 금액
  [2] 해당 과세기간 개시일을 기준으로 6세 이하인 자녀를 말한다.

⑥ 법 소정 요건을 충족하는 근로자 본인에 대한 업무 관련 교육비

비과세 요건 : ㉠ 근로자 본인에 대한 교육비로서, ㉡ 회사 업무와 관련이 있는 교육이고, ㉢ 회사 지급규정에 따라 지급받는 것이고, ㉣ 교육기간이 6개월 이상인 경우 교육 후 해당 교육기간을 초과하여 근무하지 아니하는 때에는 지급받은 금액을 반납하는 조건일 것

⑦ 발명진흥법에 따른 직무발명으로 회사로부터 재직 중에 받는 보상금 중 연 700만 원 이하의 금액[1]
  [1] 사업자·지배주주의 특수관계인에 해당하는 경우에는 전액 과세

⑧ 복리후생적 성질의 급여
- ㉠ 비출자임원(주주가 아닌 임원을 말하며, 소액주주인 임원을 포함함)과 ㉡ 직원(임원이 아닌 종업원)이 사택을 제공받음으로써 얻는 이익
- 단체순수보장성보험 및 단체환급부보장성보험의 보험료 중 1인당 연 70만 원 이하의 금액
- 중소기업의 종업원이 주택의 구입·임차 자금을 저리 또는 무상으로 대여 받음으로써 얻는 이익[1]

  [1] 사업자·지배주주의 특수관계인에 해당하는 경우에는 전액 과세

- 공무원이 국가·지방자치단체로부터 공무 수행과 관련하여 받는 상금과 부상 중 연 240만 원 이하의 금액
- 사업주가 영유아보육법에 따라 직장어린이집을 설치·운영하거나 지역의 어린이집과 위탁계약을 맺고 그 비용을 부담함으로써 해당 사업장의 종업원이 얻는 이익

⑨ 종업원이 자사·계열사의 재화 또는 용역을 시가보다 할인하여 공급받은 경우 할인받은 금액[1] 중 Max[시가의 20%, 연 240만 원] 이하의 금액

[1] 본인 소비 목적으로 구입한 것으로서 법 소정 기간(예 2년) 동안 재판매가 금지되며, 회사의 규정에 따라 할인받는 금액을 말한다.

[사례 1] 시가 5,000만 원, 종업원 할인금액 1,500만 원일 때 : 비과세 1,000만 원, 과세 500만 원
(∵ 비과세 한도 = Max[5,000만 원의 20%, 연 240만 원] = 1,000만 원)

[사례 2] 시가 1,000만 원, 종업원 할인금액 300만 원일 때 : 비과세 240만 원, 과세 60만 원
(∵ 비과세 한도 = Max[1,000만 원의 20%, 연 240만 원] = 240만 원)

⑩ 4대 보험료의 법정 회사부담금

국민연금, 국민건강보험, 노인장기요양보험, 고용보험 보험료의 법령에 따른 회사(사용자) 부담금

⑪ 그 외
- 복무 중인 현역병 등이 받는 급여
- 고용보험법에 따라 받는 실업급여, 육아휴직급여, 산전후휴가급여
- 산업재해보상법에 따라 받는 요양급여, 휴업급여, 장해급여, 유족급여

(5) 근로소득의 수입시기

구 분	근로소득의 수입시기
일반급여	근로를 제공한 날
환율인상, 급여인상 등의 이유로 차액을 추가로 지급하는 경우	당초 근로를 제공한 날
잉여금 처분에 의한 상여	해당 법인의 잉여금 처분결의일
인정상여	해당 법인 사업연도 중의 근로를 제공한 날
주식매수선택권(스톡옵션)	주식매수선택권을 행사한 날

[급여자료입력] 메뉴에서 급여항목 추가 시 추가하려는 급여항목이 과세인지 비과세인지 구분할 수 있어야 한다.

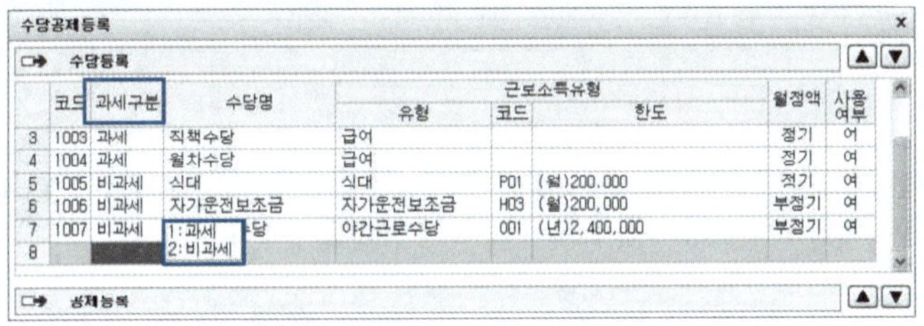

▎♀용어 알아두기 ▎

· 사용자 : 회사를 의미함

· 임원 : 대표이사, 전무이사, 상무이사 등 이사회의 구성원을 말함

· 사용인 : 임원을 제외한 종업원을 의미함(= 직원)

2. 근로소득금액의 계산

근로소득의 총수입금액을 총급여액이라고 하며, 근로소득금액은 해당 연도의 총급여액에서 근로소득 공제를 차감한 금액으로 한다.

근로소득금액 = 총급여액(비과세소득과 분리과세소득은 제외) − 근로소득공제

※ 근로소득공제액은 입력한 총급여액에 의해 KcLep에서 자동으로 계산된다.

참고 근로소득공제

총급여액	근로소득공제[1]
500만 원 이하	총급여액 × 70%
500만 원 초과 1,500만 원 이하	350만 원 + (총급여액 − 500만 원) × 40%
1,500만 원 초과 4,500만 원 이하	750만 원 + (총급여액 − 1,500만 원) × 15%
4,500만 원 초과 1억 원 이하	1,200만 원 + (총급여액 − 4,500만 원) × 5%
1억 원 초과	1,475만 원 + (총급여액 − 1억 원) × 2%

[1] 근로소득공제액 한도 : 2,000만 원

1. 기본공제

(1) 기본공제 금액

기본공제란 근로자에 대하여 다음 중 어느 하나에 해당하는 사람의 수에 **1명당 150만 원**을 곱하여 계산한 금액을 해당 과세기간의 근로소득금액에서 공제하는 것을 말한다.

구 분	대상자	공제 요건	
		나 이	소득금액
본인공제	본 인	–	–
배우자공제	배우자	–	100만 원 이하
부양가족공제	직계존속	60세 이상	100만 원 이하
	직계비속, 입양자	20세 이하	100만 원 이하
	형제자매	20세 이하 또는 60세 이상	100만 원 이하
	기초생활수급자	–	100만 원 이하
	위탁아동	18세 미만	100만 원 이하

(2) 기본공제 적용 여부 판단 시 주의사항

① 장애인의 경우 나이 요건 면제

장애인의 경우 나이 요건은 충족하지 않아도 된다. 그러나 장애인이라 하더라도 소득금액 요건은 반드시 충족하여야 한다.

② 소득금액 요건의 판단

기본공제대상자가 되기 위해서는 해당 과세기간 동안의 **종합소득금액, 퇴직소득금액, 양도소득금액의 합계액**이 100만 원 이하이어야 한다. 다만, 근로소득만 있는 기본공제대상자의 경우에는 예외적으로 총급여 500만 원(= 근로소득금액 150만 원)까지 인정된다.

즉, 기본공제 적용 여부를 판단할 때의 소득금액은 비과세소득과 분리과세소득은 제외하되, 분류과세소득은 포함한 개념이며, 각 소득종류별 소득금액은 총수입금액에서 필요경비·근로소득공제·연금소득공제를 차감한 금액을 말한다.

구 분	소득금액 100만 원 이하 요건을 충족하는 경우의 예
이자소득, 배당소득	· 이자소득과 배당소득의 합계액이 2,000만 원 이하인 경우 (이유 : 분리과세)
사업소득	· 식량작물재배 소득이 있는 경우 (이유 : 과세제외) · 1개의 주택(기준시가 12억 원 초과 아님, 국내 소재)을 소유하는 자의 주택임대소득 (이유 : 비과세)

근로소득	• 일용근로소득이 있는 경우 (이유 : 분리과세) • 근로소득만 있고 상용근로에 따른 총급여액이 500만 원 이하인 경우 (이유 : 특례규정에 따라 인정)
연금소득	• 사적연금 수령액이 1,500만 원 이하이고 분리과세를 선택한 경우 (이유 : 분리과세) • 공적연금과 사적연금의 수령액 합계액이 516만 원 이하인 경우 (이유 : 소득금액 100만 원 이하)
기타소득	• 복권당첨소득이 있는 경우 (이유 : 분리과세) • 일시적 인적용역을 제공하고 받은 수령액이 250만 원 이하인 경우 (이유 : 소득금액 100만 원 이하) • 기타소득금액이 300만 원 이하이고 분리과세를 선택한 경우 (이유 : 분리과세)

[사례] 소득금액 요건 판단

• 부양가족이 인적용역을 일시적으로 제공하고 받은 대가수령액이 700만 원이 있고, 해당 기타소득에 대하여 분리과세를 선택하는 경우 : 기본공제 O

[이유] 일시적 인적용역의 대가는 60% 필요경비가 인정되는 기타소득에 해당하므로, 기타소득금액은 대가수령액 700만 원의 40%인 280만 원이고, 기타소득금액이 300만 원 이하인 경우에는 납세자의 선택에 따라 분리과세를 적용받을 수 있음(선택적 분리과세)

• 부양가족의 사업소득금액이 40만 원, 근로소득금액이 40만 원, 퇴직소득금액이 40만 원 있는 경우 : 기본공제 X

[이유] 종합소득금액, 퇴직소득금액, 양도소득금액의 합계액이 100만 원을 초과함

③ 직계존속, 직계비속, 형제자매의 범위

대상자에는 본인·배우자의 형제자매는 포함되지만, 직계비속·형제자매의 배우자는 포함되지 않는다. 기본공제대상자가 될 수 있는 본인 및 배우자의 직계존속, 직계비속, 형제자매를 그림으로 나타내면 다음과 같다.

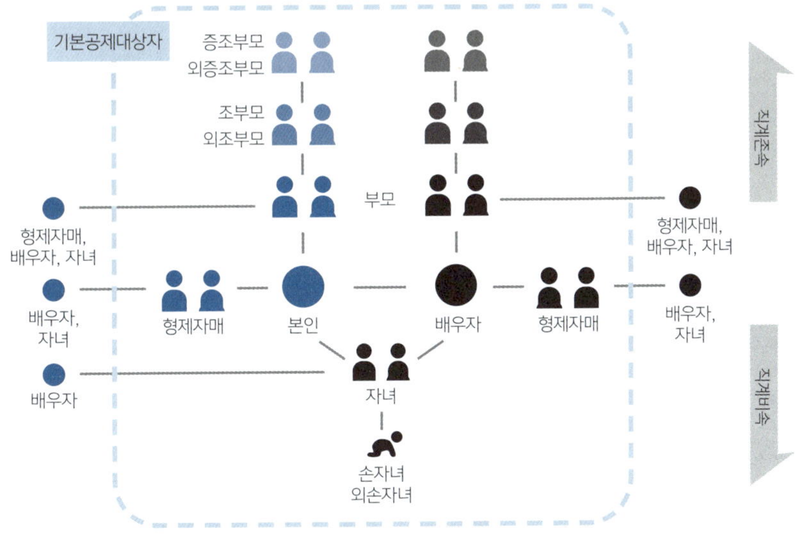

참고 사위, 며느리, 삼촌, 이모, 조카는 기본공제대상자가 아니다. (다만, 직계비속의 부부 모두가 장애인인 경우에는 사위·며느리도 기본공제가 가능하다)

④ 위탁아동

위탁아동이란 '아동복지법'에 따라 가정위탁을 받아 일정기간 이상 직접 양육한 아동을 말한다.

⑤ 배우자와 부양가족의 생계 요건

기본공제대상자가 되려면 원칙적으로 주민등록표상 동거가족으로서 해당 근로자의 주소지에서 현실적으로 생계를 같이 하여야 한다. 다만, 다음의 경우에는 생계를 같이 하는 것으로 보아 기본공제를 적용한다.

> · 배우자, 직계비속, 입양자는 주민등록표상 주소지와 관계없이 항상 생계를 같이 하는 것으로 본다.
> · 본인 및 배우자의 직계존속이 주거 형편에 따라 별거하고 있는 경우에는 생계를 같이 하는 것으로 본다.
> · 근로자 본인 또는 동거가족(직계비속·입양자는 제외)이 취학, 질병의 요양, 근무상 또는 사업상의 형편 등으로 본래의 주소지에서 일시 퇴거한 경우에도 그 사실이 입증될 때에는 생계를 같이 하는 것으로 본다.

실무포인트

[사원등록] 메뉴에서 부양가족명세를 입력할 때 부양가족의 나이와 소득금액으로 공제 요건을 만족하는지 판단할 수 있어야 한다.

| 기본사항 | **부양가족명세** | 추가사항 |

연말관계	성명	내/외국인	주민(외국인)번호	나이	기본공제	부녀자	한부모	경로우대	장애인	자녀	출산입양	위탁관계
0	손민호	내 1	980606-1538337	27	본인							
1	손중식	내 1	620202-1538332	63	부							
3	이지은	내 1	000330-4560127	25	배우자							

0:부
1:본인
2:배우자
3:20세이하
4:60세이상
5:장애인
6:기초생활대상등
7:자녀장려금대상

2. 추가공제

(1) 추가공제 요건

추가공제란 **기본공제대상자**(본인, 배우자, 부양가족)가 다음 중 어느 하나에 해당하는 경우 해당 과세기간 근로소득금액에서 기본공제 외에 아래의 구분별로 정해진 금액을 추가로 공제하는 것을 말한다.

구 분	공제 요건	공제액
경로우대공제	기본공제대상자가 70세 이상인 경우	1인당 100만 원
장애인공제	기본공제대상자가 장애인인 경우	1인당 200만 원
부녀자공제	근로자 본인이 **종합소득금액이 3,000만 원 이하**이고, 다음 중 하나에 해당하는 경우 ① 배우자가 있는 여성(배우자 소득유무에 관계없이 공제 가능) ② ㉠ 배우자가 없는 여성으로서 ㉡ 기본공제대상자인 **부양가족**이 있는 세대주	연 50만 원
한부모공제	근로자 본인이 다음에 해당하는 경우 ㉠ 배우자가 없는 자로서 ㉡ 기본공제대상자인 **직계비속**이 있는 세대주	연 100만 원

(2) 추가공제 적용 여부 판단 시 주의사항

① 중복적용 가능 여부

추가공제에서 둘 이상의 항목에 동시에 해당되더라도 중복적용이 가능하다. 다만, 부녀자공제와 한부모공제에 모두 해당하는 경우에는 중복적용하지 않고 한부모공제만 적용한다.

② 장애인의 범위

장애인이란 다음 중 어느 하나에 해당하는 자를 말한다.

- '장애인복지법'에 따른 장애인
- '국가유공자등 예우 및 지원에 관한 법률'에 따른 상이자 및 이와 유사한 자로서 근로능력이 없는 자
- 중단 없이 주기적인 치료를 요하는 중증환자

실무포인트

[사원등록] 메뉴에서 부양가족명세를 입력할 때 부양가족이 어떤 추가 요건을 만족하는지 판단하여 체크할 수 있어야 한다.

기본사항	부양가족명세	추가사항

연말관계	성명	내/외국인		주민(외국인)번호	나이	기본공제	부녀자	한부모	경로우대	장애인	자녀	출산입양	위탁관계
0	손민호	내	1	980606-1538337	27	본인							
1	손중식	내	1	620202-1538332	63	부							
3	이지은	내	1	000330-4560127	25	배우자					0:부 1:장애인복지법 2:국가유공자등 3:중증환자등		

※ 추가공제액은 추가 요건을 체크하면 KcLep에서 자동으로 계산되어 반영된다.

3. 인적공제 판단 시 기준시점

인적공제(기본공제, 추가공제)와 뒤에서 설명할 자녀세액공제의 공제 여부를 판단할 때 공통적으로 적용되는 기준시점은 다음과 같다.

구 분	기준시점
원 칙	· 공제여부의 판정은 과세기간 종료일인 **12월 31일 현재**의 상황에 따른다.
예 외	· 과세기간 종료일 전에 사망한 사람 또는 장애가 치유된 사람에 대해서는 **사망일 전날** 또는 치유일 전날의 상황에 따른다. · 부양가족 또는 경로우대자의 나이를 판정할 때 해당 과세기간 중에 요건을 충족하는 날이 하루라도 있는 경우에는 공제대상자로 한다. 참고 2025년 과세기간을 기준으로 할 때 　· 70세 이상 : 1955. 12. 31. 이전 출생(∵ 2025년 − 70세 = 1955년) 　· 60세 이상 : 1965. 12. 31. 이전 출생(∵ 2025년 − 60세 = 1965년) 　· 20세 이하 : 2005. 1. 1. 이후 출생(∵ 2025년 − 20세 = 2005년) 　· 18세 미만(= 17세 이하) : 2008. 1. 1. 이후 출생(∵ 2025년 − 17세 = 2008년)

[사례] 사례별 인적공제 적용 여부 판단

· 부양하던 어머님(소득 없음, 나이 75세)이 연도 중에 사망한 경우 : 부양가족 기본공제 O, 경로우대공제 O
　[이유] 사망일 전날의 상황으로 공제 여부를 판단함

· 기본공제대상자인 자녀가 있는 세대주인 여성근로자(근로소득금액 3,000만 원 이하)로서 연도 중에 배우자가 사망한 경우 : 부녀자공제 O, 한부모공제 X
　[이유] 사망일 전날의 상황으로 공제 여부를 판단함

· 기본공제대상자인 자녀가 있는 세대주인 여성근로자(근로소득금액 3,000만 원 이하)로서 연도 중에 배우자와 이혼한 경우 : 한부모공제 O
　[이유] 12월 31일 현재 상황으로 공제 여부를 판단하며, 부녀자공제와 한부모공제에 모두 해당하는 경우에는 한부모공제만 적용함

물적공제

1. 연금보험료 소득공제

근로자가 공적연금 관련법(국민연금법, 공무원연금법, 군인연금법, 사립학교교직원연금법 등)에 따른 개인부담금을 납부한 경우, 그 납입액을 해당 과세기간의 근로소득금액에서 공제한다.

연금보험료 소득공제액 ＝ 국민연금 등 공적연금 보험료의 개인부담금 납입액

2. 특별소득공제

(1) 공적보험료 소득공제

근로자가 공적보험 관련법(국민건강보험법, 노인장기요양보험법, 고용보험법)에 따른 개인부담금을 납부한 경우, 그 납입액을 해당 과세기간의 근로소득금액에서 공제한다.

공적보험료 소득공제액 ＝ 국민건강보험 등 공적보험료의 개인부담분 납입액

실무포인트

4대 보험료 납입액에 대한 연말정산 시 취급
· 직장가입자 납입분(국민연금, 건강보험료, 노인장기요양보험료, 고용보험료)
  · 법정 본인부담금 : 소득공제를 적용받음
  · 법정 회사부담금 : 비과세 근로소득에 해당함
· 지역가입자 납입분(국민연금, 건강보험료, 노인장기요양보험료)
  · 본인부담금 : 소득공제를 적용받음

예 직장가입자 4대 보험료의 법정 본인부담금까지 회사가 대신 부담해준 경우 그 금액에 대한 연말정산 시 취급
  · 회사가 부담해 준 본인부담금은 해당 근로자의 근로소득으로 간주됨
    [이유] 본인이 부담해야 할 금액을 회사가 부담해 준 것임
  · 회사가 부담해 준 본인부담금에 대하여도 해당 근로자는 소득공제를 적용받음
    [이유] 회사가 부담해주었다 하더라도 법정 본인부담금에는 해당함

(2) 주택자금 소득공제

세대주인 근로자가 본인 명의의 주택자금 지출이 다음의 공제 요건을 모두 만족하는 경우 해당 과세기간의 근로소득금액에서 공제한다.

① 주택자금 소득공제액

· 주택임차차입금 원리금상환액 ＝ 원리금상환액 × 40%
· 장기주택저당차입금 이자상환액 ＝ 이자상환액 전액

② 주택자금 소득공제의 공제 요건

주택임차차입금 원리금상환액	금융기관에서 차입한 경우 · 무주택 · 세대주[1] · 국민주택규모 이하의 주택(오피스텔 포함)
	대부업자가 아닌 개인에게 차입한 경우 · 무주택 · 세대주[1] · 총급여액 5,000만 원 이하 · 국민주택규모 이하의 주택(오피스텔 포함)
장기주택저당차입금 이자상환액	· 무주택 또는 1주택 · 세대주[1] · 취득 당시 기준시가가 6억 원 이하인 주택(오피스텔은 공제 제외, 국민주택 　규모 이하 요건 없음)

[1] 세대주가 주택자금 소득공제를 받지 아니한 경우에는 해당 근로자가 세대원이더라도 가능하다.

실무포인트

주택마련저축, 주택임차차입금 원리금상환액, 장기주택저당차입금 이자상환액 소득공제를 합하여 통합한도가 적용되는데, 장기주택저당차입금을 2015년 이후에 차입한 경우 ⊙ 고정금리 방식으로 이자를 지급하는지 여부와 ⓛ 비거치식 분할상환 방식으로 갚아나가는지 여부에 따라 통합한도를 차등 적용하고 2011년 이전 차입분과 2012년 ~ 2014년 차입분을 차등 적용하므로 [연말정산추가자료입력] 메뉴에서는 장기주택저당차입금이자상환액을 입력할 때 기간과 방식에 의해 구분하여 입력하여야 한다.

구분			지출액	공제금액
34.장기 주택저 당차입 금이자 상환액	2011년 이전 차입분	15년미만		
		15년~29년		
		30년이상		
	2012년이후 차입분 ※15년이상	고정금리 이거나비 거치상환		
		기타대출		
	2015년이후 차입분 ※15년이상	고정금리 이면서비 거치상환		
		고정금리 이거나비 거치상환		
		기타대출		
	2015년이후 차입분 ※10~15년ㅇ	고정금리 이면서비 거치상환		

※ 소득공제액과 통합한도는 KcLep에 공제대상금액을 입력하면 자동으로 계산된다.

3. 그 밖의 소득공제

(1) 개인연금저축 소득공제

근로자가 2000. 12. 31. 이전까지 본인 명의의 연금저축에 가입한 경우 다음의 금액을 해당 과세기간의 근로소득금액에서 공제한다. (소득공제 방식 : 개인연금저축 소득공제)

$$개인연금저축 \ 소득공제액 \ = \ 저축불입액 \ \times \ 40\%^{1)}$$

1) 공제액 한도액은 연 72만 원이다.

※ 개인연금저축 소득공제액은 KcLep에 공제대상금액을 입력하면 자동으로 계산된다.

> **참고** 근로자가 2001. 1. 1. 이후에 본인 명의의 연금저축에 가입한 경우
>
> 법 소정 금액을 해당 과세기간의 산출세액에서 공제한다. (세액공제 방식 : 연금계좌 세액공제)

(2) 주택마련저축 소득공제

세대주인 근로자가 본인 명의의 주택마련저축 불입이 다음의 공제 요건을 모두 만족하는 경우 해당 과세기간의 근로소득금액에서 공제한다.

① 주택마련저축 소득공제액

$$주택마련저축 \ 소득공제액 \ = \ 저축불입액 \ \times \ 40\%$$

② 주택마련저축의 공제 요건

- 무주택
- 세대주, 그 배우자
- 총급여액 7,000만 원 이하
- 청약저축, 주택청약종합저축에 납입
- 연 납입액이 300만 원을 초과하는 경우 그 초과금액은 없는 것으로 함

(3) 신용카드 등 사용액 소득공제

근로자의 기본공제대상자(나이의 제한을 받지 않음, 형제자매 분은 공제 제외)가 신용카드 등을 사용한 경우 해당 과세기간의 근로소득금액에서 공제한다.

인정되는 신용카드의 형태	다음에 해당하는 신용카드 등의 사용액을 공제대상으로 한다. · 신용카드　　　　· 직불카드(체크카드), 기명식 선불카드　　　　· 현금영수증
인정되지 않는 신용카드 등 사용액	신용카드 등 사용액 중 다음 항목을 제외한 금액을 공제대상으로 한다. · 회사의 비용으로 계상된 지출액 · 보험료 지불액(국민연금보험료, 국민건강보험료, 노인장기요양보험료, 고용보험료, 보장성보험료) · 공교육비 지불액(어린이집, 유치원, 초등학교, 중학교, 고등학교, 대학교, 대학원에 납부한 수업료, 입학금, 기타 공납금) · 기부금 지불액 · 관련 세액공제를 적용받은 정치자금기부금·고향사랑기부금 지불액 · 관련 세액공제를 적용받은 월세액 지불액 · 국가 및 지방자치단체에 납부하는 각종 공과금, 도로통행료 · 전기료, 수도료, 가스료, 전화료, 인터넷이용료, 핸드폰요금, 아파트관리비 · 취득세 또는 등록면허세가 부과되는 재산의 구입 지불액(주택, 자동차, 중고자동차 등)[1] · 자동차 등에 대한 리스료 지불액 · 상품권 등 유가증권 구입 지불액 · 금융·보험용역 관련 수수료 지불액(차입금 이자상환액, 증권거래수수료 등) · 현금서비스 · 외국에서 신용카드 등을 사용한 금액 · 면세점(시내·출국장면세점, 지정면세점, 기내면세점)에서 신용카드 등을 사용한 금액 · 물품이나 용역의 거래 없이 이를 가장하는 등 비정상적인 사용행위에 해당하는 금액
소득공제액	신용카드 등 사용액 소득공제액 = Min[①, ②] + ③ ① 기본공제대상금액 : ㉠ + ㉡ + ㉢ + ㉣ + ㉤ 　㉠ {일반 신용카드 − (총급여액 × 25%)[2]} × 15% 　㉡ {직불카드·현금영수증 − (총급여액 × 25%)[2]} × 30% 　㉢ {총급여액 7,000만 원 이하인 경우 도서 등 사용분[3] − (총급여액 × 25%)[2]} × 30% 　㉣ {전통시장 − (총급여액 × 25%)[2]} × 40% 　㉤ {대중교통 − (총급여액 × 25%)[2]} × 40% ② 기본공제한도금액 : 연 300만 원[4] ③ 추가공제액 : Min[㉥, ㉦, ◎] 　㉥ 기본공제한도초과액 　㉦ ⓐ (총급여액 7,000만 원 이하인 경우 도서 등 사용분 × 30%) + ⓑ (전통시장 × 40%) + ⓒ (대중교통 × 40%) 　◎ 추가공제한도금액 : 연 300만 원[5]

[1] 중고자동차는 구입금액의 10%를 공제대상 금액에 포함한다.

[2] 기본공제대상금액(①)을 계산할 때, '총급여액 × 25%'(최저사용금액)는 공제율이 낮은 것에서부터 순서대로(㉠ → ㉡ → ㉢ → ㉣ → ㉤) 차감한다.

[3] 총급여액 7,000만 원 이하인 경우 도서·신문·공연·박물관·미술관·영화관람·수영장·체력단련장 사용분

[4] 기본공제한도금액 : 총급여액 7,000만 원 이하인 경우 300만 원, 7,000만 원 초과인 경우 250만 원

[5] 추가공제한도금액 : 총급여액 7,000만 원 이하인 경우 300만 원, 7,000만 원 초과인 경우 200만 원

신용카드 등 사용액 소득공제액은 인정되는 카드 형태별(신용카드, 현금영수증, 직불카드), 사용 내역별(일반, 도서·신문·공연·박물관·미술관·영화관람·수영장·체력단련장 사용분, 전통시장, 대중교통)로 공제액이 달라진다. 따라서 [연말정산추가자료입력] 메뉴에 신용카드 등 공제대상금액을 입력할 때에는 공제대상 신용카드 사용액을 형태별·사용 내역별에 맞게 그 지출액을 구분하여 입력하여야 한다.

신용카드 등 공제대상금액

구분		대상금액	공제율금액	공제제외금액	공제가능금액
전통시장/ 대중교통 제외	㉮신용카드		15%		
	㉯현금영수증		30%		
	㉰직불/선불카드				
㉱전통시장사용액			40%		
㉲대중교통이용액					
㉳도서공연비지출액			30%		
신용카드 등 사용액 합계(㉮~㉳)				아래참조*1	공제율금액- 공제제외금액

확인(Esc)

※ 신용카드 등 사용액 소득공제는 KcLep에 공제대상금액을 입력하면 자동으로 계산된다.

과세표준		기본세율
	1,400만 원 이하	과세표준 × 6%
1,400만 원 초과	5,000만 원 이하	84만 원 + (과세표준 − 1,400만 원) × 15%
5,000만 원 초과	8,800만 원 이하	624만 원 + (과세표준 − 5,000만 원) × 24%
8,800만 원 초과	1억 5천만 원 이하	1,536만 원 + (과세표준 − 8,800만 원) × 35%
1억 5천만 원 초과	3억 원 이하	3,706만 원 + (과세표준 − 1억 5천만 원) × 38%
3억 원 초과	5억 원 이하	9,406만 원 + (과세표준 − 3억 원) × 40%
5억 원 초과	10억 원 이하	1억 7,406만 원 + (과세표준 − 5억 원) × 42%
10억 원 초과		3억 8,406만 원 + (과세표준 − 10억 원) × 45%

1. 근로소득 세액공제

상용근로자에 대한 근로소득 세액공제액과 그 한도는 다음의 금액으로 한다.

(1) 근로소득 세액공제액

산출세액	세액공제액
130만 원 이하	산출세액 × 55%
130만 원 초과	715,000원 + (산출세액 − 130만 원) × 30%

※ 근로소득 세액공제액은 산출세액에 의해 KcLep에서 자동으로 계산된다.

(2) 총급여액 구간별 근로소득 세액공제 한도액

총급여액	세액공제 한도액
3,300만 원 이하	74만 원
3,300만 원 초과 7,000만 원 이하	Max[①, ②] ① 74만 원 − (총급여액 − 3,300만 원) × (8/1,000) ② 66만 원
7,000만 원 초과 1억 2천만 원 이하	Max[①, ②] ① 66만 원 − (총급여액 − 7,000만 원) × (1/2) ② 50만 원
1억 2천만 원 초과	Max[①, ②] ① 50만 원 − (총급여액 − 1억 2천만 원) × (1/2) ② 20만 원

2. 자녀세액공제(= 8세 이상 + 출산·입양)

근로자의 **기본공제대상자**에 해당하는 **자녀**(입양자·위탁아동 포함) 및 **손자·손녀**에 대해서는 다음의 금액을 해당 과세기간의 산출세액에서 공제한다.

(1) 8세 이상 자녀 세액공제

기본공제대상자이고 8세 이상[1]인 자녀(입양자·위탁아동 포함) 및 손자·손녀가 있을 때

- 1명 : 25만 원
- 2명 : 55만 원
- 3명 이상 : 55만 원 + 40만 원 × (자녀수 − 2명)

[1] 적용 대상을 '8세 이상'으로 규정하고 있는 이유 : '만 8세(96개월) 미만'인 모든 아동에게는 아동수당이 지급되기 때문이다.

(2) 출산·입양 자녀 세액공제

기본공제대상자이고 해당 과세기간에 출산하거나 입양신고한 자녀(입양자·위탁아동 포함)가 있을 때

- 첫째 : 30만 원
- 둘째 : 50만 원
- 셋째 이상 : 70만 원

3. 결혼세액공제

근로자 본인이 혼인신고를 하는 경우에는 1회에 한정하여 혼인신고를 한 날이 속하는 과세기간의 산출세액에서 50만 원을 공제한다.

공제 요건	당해 과세기간에 혼인신고를 한 경우
세액공제액	50만 원[1]

[1] 생애 1회에 한정

4. 연금계좌(연금저축, 퇴직연금) 세액공제

근로자가 본인 명의의 연금저축(2001. 1. 1. 이후에 가입한 분에 한함) 또는 퇴직연금에 납입액이 있는 경우 다음의 금액을 해당 과세기간의 산출세액에서 공제한다.

(1) 총급여액 구간별 연금계좌 세액공제액

총급여액	세액공제액
5,500만 원 이하	세액공제대상 연금계좌 납입액 × 15%
5,500만 원 초과	세액공제대상 연금계좌 납입액 × 12%

※ 연금계좌 세액공제액은 KcLep에 공제대상금액을 입력하면 자동으로 계산된다.

(2) 세액공제대상 연금계좌 납입액

세액공제대상 연금계좌 납입액 = Min[①, ②]

① Min[㉠ 연금저축계좌 납입액, ㉡ 연 600만 원] + 퇴직연금계좌 납입액

② 연 900만 원

5. 특별세액공제(= 보장성보험료 + 의료비 + 교육비 + 기부금)

(1) 특별세액공제의 적용방법

근로자가 특별소득공제, 특별세액공제, 월세액 세액공제를 신청하지 않은 경우에는 연 13만 원의 표준세액공제를 적용한다.

(2) 보장성보험료 세액공제

근로자의 기본공제대상자(나이 및 소득금액의 제한을 받음)가 보장성보험의 보험료를 납부한 경우 다음의 금액을 해당 과세기간의 산출세액에서 공제한다.

① 보장성보험료 세액공제액

> · 일반보장성보험료 = Min[㉠ 보장성보험료 납입액, ㉡ 연 100만 원] × 12%
> · 장애인전용보장성보험 = Min[㉠ 보장성보험료 납입액, ㉡ 연 100만 원] × 15%

※ 보장성보험료 세액공제액은 KcLep에 공제대상금액을 입력하면 자동으로 계산되며 공제대상한도를 초과하여 입력하여도 정답으로 처리된다.

② 세액공제대상 보험료 납입액

구 분	공제 요건
일반 보장성보험	㉠ 보험의 '계약자'가 기본공제대상자[1]이고, ㉡ 보험의 '피보험자'가 기본공제대상자[1]이어야 함
장애인전용 보장성보험	㉠ 보험의 '계약자'가 기본공제대상자[1]이고, ㉡ 보험의 '피보험자'가 기본공제대상자[1]인 장애인이어야 함

[1] 기본공제 요건인 나이 요건과 소득금액 요건을 모두 충족하여야 한다. (단, 장애인은 나이 요건을 충족하지 않아도 된다)

참고 **인정되지 않는 보험료**
저축성보험료 납입액

| ♀ 용어 알아두기 |

보장성보험 : 만기에 돌려받는 금액이 납부한 보험료(원금)를 초과하지 않는 보험

(3) 의료비 세액공제

근로자의 기본공제대상자(나이 및 소득금액의 제한을 받지 않음)가 의료비를 지출한 경우 해당 과세기간의 산출세액에서 공제한다.

① 의료비 세액공제액

$$\text{의료비 세액공제액} \ = \ \text{세액공제대상 의료비} \ \times \ 15\%^{1)}$$

1) 미숙아·선천성이상아는 20%, 난임시술비는 30%

※ 의료비 세액공제액은 KcLep에 인정되는 의료비를 공제대상별(본인, 6세 이하, 65세 이상, 장애인, 중증질환자, 미숙아·선천성이상아, 난임시술비, 일반)로 구분하여 입력하면 자동으로 계산된다.

② 세액공제대상 의료비

인정되는 의료비	다음에 해당하는 의료비 지출액을 공제대상으로 한다. · 진찰·진료·질병예방을 위하여 의료법상 의료기관에 지급한 비용 · 치료·요양을 위하여 약사법상 의약품(한약 포함)을 구입하고 지급한 비용 · 장애인 보장구(예 의수족, 휠체어 등) 및 의사·치과의사·한의사 등의 처방에 따른 의료기기를 구입 또는 임차하고 지급한 비용 · 시력보정용 안경·콘택트렌즈를 구입하고 지급한 비용으로서 기본공제대상자(나이 및 소득금액의 제한을 받지 않음) 1인당 연 50만 원 이내의 금액 · 보청기를 구입하고 지급한 금액 · LASIK(레이저각막절삭술) 수술 비용 · 임신 중 초음파·양수 검사비용, 출산 관련 분만비용 · 산후조리원 비용(출산 1회당 200만 원 한도) · 임신을 위해 지출하는 난임시술(예 보조생식술) 관련 비용
인정되지 않는 의료비	다음에 해당하는 의료비 지출액은 공제대상에서 제외한다. · 근로자가 가입한 상해보험 등에 의하여 보험회사로부터 수령한 실손의료보험금으로 지급한 의료비 · 미용·성형수술을 위한 비용 · 건강증진을 위한 의약품(예 보약) 및 건강기능식품 구입 비용 · 간병인에게 지급한 비용 · 외국 의료기관에 지출한 비용
세액공제대상 의료비	세액공제대상 의료비 = ㉠ + ㉡ ㉠ 본인 등 의료비 : 본인, 6세 이하, 65세 이상, 장애인, 중증질환자, 미숙아·선천성이상아, 난임시술비 ㉡ Min[위 ㉠을 제외한 일반의료비 − (총급여 × 3%), 연 700만 원]

(4) 교육비 세액공제

근로자의 기본공제대상자(나이의 제한을 받지 않음, 직계존속 분은 공제 제외)가 교육비를 지출한 경우 해당 과세기간의 산출세액에서 공제한다.

① 교육비 세액공제액

$$교육비 세액공제액 \ = \ 세액공제대상 \ 교육비 \ \times \ 15\%$$

※ 교육비 세액공제액은 KcLep에서 인정되는 교육비를 공제대상별(본인, 배우자, 자녀등, 장애인)로 구분하여 입력하면 자동으로 계산된다.

② 세액공제대상 교육비

구 분	인정되는 교육비의 범위	세액공제대상 교육비
본인에 대한 일반교육비	· 초·중·고 및 대학교 교육비 · 대학원 교육비 · 직업능력개발훈련 수강료	전액 인정
배우자 및 부양가족에 대한 일반교육비[1]	· 취학 전 아동 교육비 · 초·중·고등학교 교육비 · 대학교 교육비	다음 한도 내의 금액 · 취학 전 아동 : 1인당 연 300만 원 · 초·중·고등학생 : 1인당 연 300만 원 · 대학생 : 1인당 연 900만 원
장애인에 대한 특수교육비[2]	장애인의 재활교육을 위한 사회복지시설에 지급하는 특수교육비	전액 인정

[1] 배우자 및 부양가족에 대한 일반교육비
- 기본공제 요건 중 소득금액 요건을 충족하는 배우자 및 부양가족(나이의 제한을 받지 않음)
- 부양가족 중 직계존속은 공제 불가

[2] 장애인에 대한 특수교육비
- 기본공제대상자인 장애인(나이 및 소득금액의 제한을 받지 않음)
- 부양가족 중 직계존속인 장애인도 포함

③ 인정되는 교육비의 상세 범위

다음에 해당하는 교육비 지출액을 공제대상으로 한다.

- 어린이집, 유치원, 초·중·고등학교, 대학교, 대학원(본인에 한함)에 지급한 수업료, 입학금, 보육비 및 각종 공납금
- 취학 전 아동에 대한 학원·체육시설 수강료
- 어린이집, 유치원, 학원·체육시설(취학 전 아동에 한함), 초·중·고등학교에 지급한 급식비
- 어린이집, 유치원, 학원·체육시설(취학 전 아동에 한함), 초·중·고등학교에 지급한 방과후 수업료 및 특별활동비(㉠ 학교 등에서 구입한 도서 구입비와 ㉡ 학교 외에서 구입한 초·중·고등학교의 방과후 수업용 도서 구입비를 포함)
- 학교에서 구입한 교과서 대금(초·중·고등학교에 한함)
- 교복구입비용(중학교와 고등학교에 한하며, 1인당 연 50만 원 한도)
- 체험학습비(초등학교, 중학교, 고등학교에 한하며, 1인당 연 30만 원 한도)
- 대학입학전형료, 수능응시료
- 학자금 대출의 원리금 상환액
- 국외교육기관에 지급한 법 소정의 교육비
  - 고등학생, 대학생 : 제한 없이 인정됨
  - 취학 전 아동, 초등학생, 중학생 : ㉠ 국내에서 중학교 이상을 졸업하였거나, ㉡ 특기생으로서 교육장의 유학인정을 받았거나, ㉢ 부모가 국외에서 1년 이상 거주하다가 귀국한 경우만 인정됨
  - 국외교육기관이란 우리나라의 유치원, 초·중·고등학교, 대학교에 해당하는 곳을 말하는 것으로서, 외국 대학 부설 어학연수 과정은 인정되지 않음

④ 인정되지 않는 교육비의 범위

다음에 해당하는 교육비 지출액은 공제대상에서 제외한다.

- 직계존속의 교육비(단, 장애인특수교육비는 직계존속도 인정)
- 배우자 및 부양가족의 대학원 교육비(단, 본인의 대학원 교육비는 인정)
- 초·중·고등학생의 학원비(단, 취학 전 아동의 학원비는 인정)
- 국외 어학연수기관
- 학생회비, 학교통학버스 이용료, 기숙사비(단, 육성회비, 기성회비는 인정)
- 학습지 대금
- 소득세 또는 증여세가 비과세되는 금액을 수령하여 지급한 교육비
  예 근로자에 대한 업무관련 교육비 지원금, 시내근로복지기금으로부터 받는 장학금

(5) 기부금 세액공제

근로자의 기본공제대상자(**나이의 제한을 받지 않음**)가 기부금을 지출한 경우 해당 과세기간의 산출세액에서 공제한다.

① 기부금 세액공제액

$$기부금\ 세액공제액\ =\ 세액공제대상\ 기부금^{1)}\ \times\ 15\%^{2)}$$

[1] 특례기부금과 일반기부금이 함께 있으면 특례기부금을 먼저 공제한다.

[2] 1,000만 원 초과분은 30%

※ 기부금 세액공제액은 KcLep에 공제대상금액을 입력하면 자동으로 계산된다.

② 세액공제대상 기부금

순 서	구 분		세액공제대상 기부금 한도
1	특례기부금		근로소득금액을 한도로 하여 전액 공제
2	일반 기부금	종교단체기부금이 없는 경우	(근로소득금액 – 한도 내의 특례기부금) × 30%
		종교단체기부금이 있는 경우	(근로소득금액 – 한도 내의 특례기부금) × 10% + Min[㉠, ㉡] ㉠ (근로소득금액 – 한도 내의 특례기부금) × 20% ㉡ 종교단체 외에 지급한 일반기부금

③ 인정되는 기부금의 범위

다음에 해당하는 기부금 지출액을 공제대상으로 한다.

특례기부금	· **국가**나 지방자치단체에 무상으로 기증하는 금품의 가액 · 국방헌금과 국군장병 위문금품의 가액 · 천재지변으로 생기는 **이재민**을 위한 구호금품의 가액 · 국·공립**학교**, 사립학교 등 교육기관에 시설비·교육비·장학금 또는 연구비로 지급하는 기부금 · 국립대학병원, 사립학교 부설 병원 등 의료기관에 시설비·교육비 또는 연구비로 지급하는 기부금 · 사회복지사업을 주된 목적으로 하는 전문모금기관(예 사회복지공동모금회)에 지급하는 기부금 · 특별재난지역을 복구하기 위하여 자원봉사한 경우 (법 소정 산식에 의하여 계산한) 그 용역의 가액 · **정치자금기부금**으로서 **10만 원**을 초과하는 경우 그 **초과금액** · **고향사랑기부금**으로서 **10만 원**을 초과하는 경우 그 **초과금액** 참고 정치자금·고향사랑기부금으로서 10만 원 이내의 금액은 해당액에 110분의 100을 곱한 금액을 '정치자금·고향사랑기부금 세액공제'로 공제한다.
일반기부금	· **종교단체**에 지급하는 기부금 · 법에 열거된 비영리단체(예 사회복지법인, 어린이집, 대한적십자사) 또는 국제기구(예 유엔난민기구)에 지급하는 기부금 · 학교 장이 추천하는 **개인**에게 교육비·연구비 또는 장학금으로 지급하는 기부금 · 사회복지시설 중 무료 또는 실비로 이용할 수 있는 시설(예 아동복지시설)에 지급하는 기부금 · 근로자가 **노동조합**에 납부하는 **회비**

참고 인정되지 않는 기부금

동창회비, 경로당후원금, 종친회비

④ 기부금 한도초과분의 이월공제

기부금 지출액 중 한도초과로 인해 공제받지 못하는 금액은 이후 10년까지 이월하여 공제받을 수 있는데, 당기로 이월되어 온 한도초과 기부금은 산출세액에서 차감하는 방식(세액공제 방식)으로 공제를 적용한다.

6. 정치자금기부금 세액공제

근로자가 정당에 기부한 정치자금이 있는 경우 다음의 금액을 해당 과세기간의 산출세액에서 공제한다.

(1) 정치자금기부금 세액공제액

> 정치자금기부금 세액공제액 = 세액공제대상 정치자금기부금 중 10만 원 이내의 금액 × 100/110

※ 정치자금기부금 세액공제액은 KcLep에서 자동으로 계산된다.

(2) 정치자금기부금의 세액공제 요건

다음 요건을 모두 충족하는 정치자금기부금 지출액을 공제대상으로 한다.

① 근로자 본인이 지출한 것

② 정치자금법에 따라 정당(후원회 및 선거관리위원회 포함)에 기부한 정치자금

(3) 정치자금기부금에 대한 세액공제 적용방법

세액공제대상 정치자금기부금	세액공제 적용방법
10만 원 이내의 금액	정치자금기부금 세액공제
10만 원을 초과하는 경우 그 초과금액	기부금 세액공제(특례기부금)

[사례] 공제 요건을 충족하는 정치자금기부금 금액이 30만 원일 때 세액공제 적용방법과 세액공제액(단, 이 외의 기부금은 없고 근로소득금액은 충분히 크다고 가정함)

· 10만 원 이내의 금액 : 정치자금기부금 세액공제액 = 10만 원 × 100/110 = 90,909원

· 10만 원을 초과하는 경우 그 초과금액 : (특례)기부금 세액공제액 = 20만 원 × 15% = 30,000원

7. 고향사랑기부금 세액공제

근로자가 지방자치단체에 기부한 고향사랑기부금이 있는 경우 다음의 금액을 해당 과세기간의 산출세액에서 공제한다.

(1) 고향사랑기부금 세액공제액

> 고향사랑기부금 세액공제액 = 세액공제대상 고향사랑기부금 중 10만 원 이내의 금액 × 100/110

※ 고향사랑기부금 세액공제액은 KcLep에서 자동으로 계산된다.

(2) 고향사랑기부금의 세액공제 요건

다음 요건을 모두 충족하는 정치자금기부금 지출액을 공제대상으로 한다.

① 근로자 본인이 지출한 것으로서,

② 고향사랑기부금에 관한 법률에 따라 지방자치단체에 기부한 금액이어야 함(연간 상한액 2,000만 원)

(3) 고향사랑기부금에 대한 세액공제 적용방법

세액공제대상 고향사랑기부금	세액공제 적용방법
10만 원 이내의 금액	고향사랑기부금 세액공제
10만 원을 초과하는 경우 그 초과금액	기부금 세액공제(특례기부금)

8. 월세액 세액공제

세대주인 근로자가 월세액을 지출하는 경우 해당 과세기간의 산출세액에서 공제한다.

(1) 월세액 세액공제액

$$\text{월세액 세액공제액} = \text{Min}[①\ \text{세액공제대상 월세액},\ ②\ \text{연 1,000만 원}] \times 15\%^{1)}$$

[1] 총급여액 5,500만 원 이하인 경우는 17%

※ 월세액 세액공제액은 KcLep에 공제대상금액을 입력하면 자동으로 계산되며 공제대상한도를 초과하여 입력하여도 정답으로 처리된다.

(2) 월세액 세액공제의 공제 요건

> · 무주택
> · 세대주[1]
> · 총급여액 8,000만 원 이하
> · 국민주택규모 이하의 주택(오피스텔, 고시원 포함)[2]

[1] 세대주가 주택자금 소득공제, 주택마련저축 소득공제, 월세액 세액공제를 받지 아니한 경우에는 해당 근로자가 세대원이더라도 가능하다.

[2] 해당 근로자의 기본공제대상자가 임대차계약을 체결한 경우에도 (근로자 본인이 월세를 지급한 경우라면) 공제가 가능하다.

9. 공제 적용 시 추가 고려사항

(1) 주요 공제항목별 기본공제 요건

구 분	기본공제 요건[1]		비 고
	나이 요건[2]	소득금액 요건	
보험료 세액공제	O	O	–
의료비 세액공제	X	X	–
(일반)교육비 세액공제	X	O	직계존속 지출분은 제외
기부금 세액공제	X	O	정치자금기부금·고향사랑기부금은 본인 지출분만 인정
신용카드 등 사용액 소득공제	X	O	형제자매 지출분은 제외
월세액 세액공제	–	–	본인 지출분만 인정

[1] 본인은 나이 요건 및 소득금액 요건의 제한을 받지 않는다.

[2] 배우자와 장애인은 나이 요건의 제한을 받지 않는다.

(2) 신용카드로 결제한 지출액에 대한 중복공제 적용 여부

구 분	적용 여부		비 고
	신용카드 등 소득공제	해당 세액공제	
보험료	X	O	-
의료비	O	O	중복공제 가능
(공)교육비	X	O	-
(사)교육비	O	O	중복공제 가능[1]
기부금	X	O	-
월세액	X	O	-

[1] 아래 사례 참고

[사례] 신용카드로 결제한 사교육비의 경우
- 취학 전 아동에 대한 학원·체육시설 수강료 : 신용카드 등 소득공제 O, 교육비 세액공제 O (중복공제 O)
- 초·중·고등학생에 대한 학원비 : 신용카드 등 소득공제 O, 교육비 세액공제 X
- 중·고등학생에 대한 1인당 연 50만 원 이내의 교복구입비용 : 신용카드 등 소득공제 O, 교육비 세액공제 O (중복공제 O)